A POSSE
ESTUDO SOBRE O SEU OBJECTO E EXTENSÃO.
PERSPECTIVA HISTÓRICA E DE DIREITO PORTUGUÊS

A POSSE
ESTUDO SOBRE O SEU OBJECTO E EXTENSÃO.
PERSPECTIVA HISTÓRICA E DE DIREITO PORTUGUÊS

2019 · Reimpressão

José Alberto Vieira

A POSSE
ESTUDO SOBRE O SEU OBJECTO E EXTENSÃO.
PERSPECTIVA HISTÓRICA E DE DIREITO PORTUGUÊS
AUTOR
José Alberto Vieira

EDITOR
EDIÇÕES ALMEDINA, S.A.
Rua Fernandes Tomás, nºs 76-80
3000-167 Coimbra
Tel.: 239 851 904 · Fax: 239 851 901
www.almedina.net · editora@almedina.net

DESIGN DE CAPA
FBA.

PRÉ-IMPRESSÃO
EDIÇÕES ALMEDINA, SA
IMPRESSÃO E ACABAMENTO
PAPELMUNDE

Maio, 2019
DEPÓSITO LEGAL
439413/18

Os dados e as opiniões inseridos na presente publicação são da exclusiva responsabilidade do(s) seu(s) autor(es).
Toda a reprodução desta obra, por fotocópia ou outro qualquer processo, sem prévia autorização escrita do Editor, é ilícita e passível de procedimento judicial contra o infrator.

 GRUPOALMEDINA

BIBLIOTECA NACIONAL DE PORTUGAL – CATALOGAÇÃO NA PUBLICAÇÃO
VIEIRA, José Alberto
A posse : estudo sobre o seu objecto e extensão : perspectiva histórica e de direito português. – (Manuais universitários)
ISBN 978-972-40-7435-1

CDU 347

Em memória da minha querida Avó Joaquina, pelo amor aos netos, pela coragem e pela sempre incondicional dedicação à Família

Em memória da minha sogra Sílvia, uma homenagem saudosa pelo amor, pela disponibilidade, pela entrega às netas e à Família

INTRODUÇÃO

I. A posse constitui uma das figuras mais antigas de todo o Direito privado, com antecedentes que remontam ao período arcaico do Direito romano. Todas as ordens jurídicas do sistema romano-germânico a regulam, com maior ou menor desenvolvimento.

A persistência do pensamento jurídico romano através dos séculos até ao presente, por força de sucessivas recepções, quer ao nível das fontes do Direito quer, sobretudo, por acção do ensino universitário e da investigação científica do Direito, mantiveram a posse no centro do sistema normativo de Direito Reais, conferindo-lhe uma importância que transcende o deste ramo do Direito e entra fundo nos quadros do civilismo e da sua ciência.

Como não podia deixar de ser, o regime jurídico actual da posse não corresponde inteiramente ao pensamento romano, aflorando nele, como produto de influências históricas muito variadas, elementos que são exteriores ao Direito romano e à sua regulação da *possessio*. Seria estranho se fosse de outra maneira para um instituto que atravessou tantos séculos e desempenhou o seu papel em sociedades com ingredientes sociais e culturais muito diferenciados entre si.

De todo o modo, ainda que com traços novos, a posse moderna assenta largamente no pensamento dos grandes jurisprudentes romanos, vertido no *corpus iuris civilis*, e sobre o qual um número considerável de juristas trabalhou ao longo de muitos séculos até ao resultado final constante das codificações civis contemporâneas.

Apesar das raízes do Direito romano e da repercussão de um Direito comum construído sobre os seus alicerces, o regime jurídico da posse que se encontra nas várias ordens jurídicas europeias, sobretudo, as principais (Alemanha, Itália, França), ostenta diferenças assinaláveis entre si, que não se explicam somente em atenção ao facto dos códigos civis serem de primeira ou de segunda geração.

A dogmática moderna de cada ordem jurídica imprimiu à posse cambiantes de regulação que projectam factores distintivos no confronto entre elas. O Direito português da posse, apesar de muito influenciado pelo *codice civile* italiano de 1942, não deixa de apresentar soluções diversas das propugnadas por este e mostra-se já algo distante da regulação possessória alemã contida nos §§ 854 e seguintes do BGB.

II. Para um instituto proveniente de uma tradição jurídica com muitos séculos, que se projectou directamente no conteúdo da regulação normativa vigente, o estudo da história não se reveste de carácter opcional para o investigador na matéria. Sem conhecimento da história da posse não há compreensão do seu regime jurídico e tudo se resume a um enunciado, mais ou menos trabalhado, de carácter semântico, que não constitui Direito.

Assim, o estudo da história dogmática da posse dota o jurista das ferramentas de saber necessárias para colher o sentido correcto do regime jurídico da posse constante do código civil, desde logo, dos seus elementos estruturantes, mas também dos factos (aquisitivos e extintivos), dos efeitos jurídicos ou dos meios de defesa. Conhece-se a história para compreender o presente e o seu Direito.

A história dogmática da posse inicia-se no Direito romano, propagando-se na antiguidade clássica para o mundo grego. Mas é no desenvolvimento posterior que se preparam os quadros do pensamento jurídico à luz do qual surgirão as primeiras codificações civis e o regime jurídico actual da figura.

Na compartimentação histórica que se seguirá na Parte Primeira deste trabalho autonomizam-se as escolas de juristas mais significativas e de maior impacto, assim como os movimentos culturais (o caso da *Gewere* alemã ou da *saisine* francesa) que projectam uma qualquer repercussão no regime jurídico da posse ou na sua concepção.

Da glosa medieval à pandectística alemã do século XIX, múltiplos juristas pensaram e escreveram sobre a posse. E se bem que alguns deles surjam hoje incontornáveis em qualquer investigação sobre o tema da posse, o caso particular de SAVIGNY e, a uma escala apesar de tudo menor, de JHERING, muitos outros aportaram ao tema reflexões que a dogmática possessória moderna não deixa de reflectir. Importa, pois, conhecer esses contributos.

A indagação histórica não se processa unicamente sobre elementos estrangeiros, de outras ordens jurídicas. Na verdade, a uma escala mais modesta, mas não por isso menos esclarecida, o contributo português para a dogmática possessória espalha-se por dezenas de autores, desde, pelo menos, o século XVII. E se é verdade que a influência estrangeira de além Pirenéus, sobretudo, francesa e italiana, nunca se deixou de fazer sentir, num quadro romanista assumido, nem por isso deixa de haver matizes próprias da discussão portuguesa, que justifica conhecer, até porquanto se projectam na leitura dos dados normativos, do código civil de Seabra ao código civil de 1966.

Simultaneamente com a descrição do dado histórico, a alusão ao contributo português representa uma singela homenagem aos nossos professores, que em condições crónicas de exiguidade de meios e de recursos, típicas do país de sempre, cuidaram de deixar um legado de investigação e ciência, que os contemporâneos devem conhecer e honrar.

III. O presente trabalho não pretende versar sobre todo o regime jurídico da posse. O propósito que nos move é bem mais modesto e refere-se unicamente à delimitação do objecto e extensão da posse; do seu âmbito, portanto. Praticamente tudo o resto fica fora da nossa abordagem e o leitor não deve esperar encontrar o respectivo tratamento nas páginas que se seguem.

Através do objecto, o regime possessório pode estender-se muito para além da sua base originária romana. Com isto nasce um problema jurídico: o de saber se, com essa evolução, se mantém a posse como a história a revelou, e os sistemas jurídicos de todos os tempos a consagraram, ou se vem a registar uma evolução para uma realidade diversa, uma forma de tutela do exercício de posição jurídica ou da aparência. Abrir a porta a uma posse de estabelecimento comercial, de participações sociais em sociedade comercial ou aceitar o prolongamento dela sobre coisas incorpóreas (por exemplo, obras literárias e artísticas, invenções, modelos de utilidade, desenhos e outros) estica os limites da figura para além da sua conformação romanista e mesmo moderna. Admitir que sobre todos esses objectos pode incidir uma posse acarreta potencialmente uma descaracterização da figura. Admite-a o Direito positivo português?

A acreditar na já vasta jurisprudência dos tribunais superiores portugueses nesta matéria, parece que o Direito nacional operou uma revolução na história moderna da posse, ao arrepio das fórmulas de sentido integradas nos vários preceitos que constituem o regime jurídico português da posse e que limitam esta às coisas corpóreas. Será realmente assim?

Como sempre, a análise histórica dá a perspectiva sem a qual qualquer abordagem carece de valia científica. O conteúdo normativo do regime jurídico da posse não se constrói a partir de puras análises semânticas de teor literal, nem fica refém de orientações jurisprudenciais avulsas e pouco avisadas: deve ser integrado na história que o originou para encontrar o sentido material subjacente.

De forma semelhante ao problema do objecto, a questão da extensão ou do âmbito da posse consiste em saber quais os direitos que podem ser exteriorizados através dela. O Direito português vigente superou a tendência histórica mais recente de limitar a posse à exteriorização da propriedade, alargando o reconhecimento dela aos outros direitos reais de gozo (art. 1251º do código civil).

Com isto, mesmo no contexto desta categoria de direitos reais, nem todos os problemas ficam resolvidos. Por exemplo, pode haver posse do nu proprietário em caso de propriedade onerada por usufruto? O superficiário tem posse? Há posse relativamente a servidões negativas ou a servidões prediais não aparentes? Sobre as unidades de alojamento em empreendimento sujeito a direito real de habitação periódica pode haver posse nos termos deste direito?

O problema ganha dimensão maior, contudo, quando se passa para a interrogação relativa a direitos reais de outras categorias (garantia e de aquisição) e mesmo direitos subjectivos não reais, nomeadamente, direitos pessoais. Pode haver posse nos termos de direito real de garantia? Se sim, em que casos? Há posse reportada a direitos não reais? Quais e em que casos?

No contexto destas interrogações avultam as qualificações da posição do locatário, do comodatário, do parceiro pensador e do depositário, aos quais a lei portuguesa atribui expressamente a tutela possessória. Envolve isto uma admissão implícita da qualidade de possuidor ou tudo não passa da tutela de meros detentores, por "razões equitativas", para usar a justificação de Pires de Lima/Antunes Varela, que negam a posse neste casos? Será de pensar o mesmo em situações idênticas, mas nas quais a lei não prevê a tutela possessória?

A posição do promitente-comprador investido no controlo material da coisa por tradição feita pelo promitente-vendedor é outro dos problemas a abordar no contexto da extensão da posse no Direito português. Tem posse ou mera detenção? A situação do adquirente em venda com reserva de propriedade com entrega da coisa ao comprador assemelha-se à do promitente-comprador e será igualmente analisada.

IV. Quando se versa sobre o objecto e, particularmente, o âmbito da posse torna-se mister apresentar uma construção da posse que identifique os elementos estruturantes da mesma e aponte o critério ou critérios de distinção entre a posse e a mera detenção, a contraposição basilar do sistema normativo português e decisiva para a qualificação correcta das situações controvertidas.

A jurisprudência portuguesa, esmagadoramente subjectivista, faz um uso extensivo e indiscriminado do *animus*, elevado a critério de decisão único e soberano entre a posse e a detenção. Isto implica, para a crítica deste modo de proceder, a revisitação da controvérsia trazida por JHERING entre o subjectivismo possessório, que este autor alemão identifica, e o objectivismo que ele próprio lança em disputa com SAVIGNY e os seus seguidores.

O problema do subjectivismo *versus* objectivismo não pode mais colocar-se no plano teórico e abstracto da construção jurídica, como se a referência das fontes fosse ainda o *corpus iuris civilis*, à luz do qual argumentaram os mestres da polémica, dependendo sempre, ao invés, da interpretação do Direito constituído. Diferentes regimes jurídicos poderão ditar, assim, respostas diversas, consoante as opções tomadas, o que deixa na interpretação jurídica a resposta actual e concreta sobre o dilema.

PARTE PRIMEIRA
EVOLUÇÃO HISTÓRICO-DOGMÁTICA DA POSSE

Capítulo Primeiro
A Posse no Direito Romano

1. A etimologia da posse

A alusão etimológica mais antiga à palavra *possessio* parece residir num trecho de PAULO[1] no Digesto:

"*Possessio appellata est, ut et labeo ait, a sedibus quasi positio, quia naturaliter tenetur ab eo qui ei insistit, quam graeci katoxyn dicunt*".

PAULO cita LABEÃO e usa o vocábulo grego *katoxyn* para exprimir a ideia de que o possuidor está sentado na coisa, com o que isso implica de domínio ou senhorio físico sobre ela.

Como larga parte de tudo aquilo que rodeia a discussão possessória, não falta quem veja o texto como interpolado[2]. BONFANTE[3] argumenta, contra a esmagadora doutrina alemã, que a origem etimológica provável da *possessio* será *potis* ou *pote sedeo* e não o verbo *sedere*.

Como tudo o que se baseia na investigação histórica das fontes, a etimologia da posse é assunto que não se encontra fechado, apesar da corrente dominante ter aceite a indicação de PAULO no Digesto.

---

[1] D., 41, 2, 1 pr.
[2] BONFANTE, Corso Di Diritto Romano, Vol. III, Milano, 1972, pág. 183 menciona ALBERTARIO como um dos que afirma tal interpolação.
[3] Corso Di Diritto Romano, cit., pág. 183.

2. A terminologia possessória usada entre os romanos. Confronto com a terminologia actual

Uma boa parte das expressões usadas pela dogmática jurídica actual para explicar a posse e os seus elementos não deriva efectivamente das fontes romanas, mas de desenvolvimentos operados desde o período intermédio do Direito comum pelos glosadores e comentadores até à Escola Histórica e à pandectística alemã do século XIX.

No Direito Romano os termos *possessio* e *possidere* exprimem a posse e o possuir, assim como o termo *possessor* designa o possuidor. A *possessio* traduz o senhorio de facto de alguém (o *possessor*) sobre uma coisa (corpórea), uma ligação que traduz um domínio de natureza física ou um poder material de actuação sobre ela.

O elemento material da posse surge hoje correntemente designado por *corpus*[4]. Esta expressão não consta, porém, das fontes romanas, as quais mencionam antes *possessio corpore* ou *possidere corpore, tenere, detinere, esse in possessione, possessio naturalis* ou *corporalis, in re esse* e outras[5].

Para a esmagadora maioria dos romanistas e para uma parte muito significativa da doutrina actual a posse requer, além do domínio fáctico e físico sobre a coisa, um elemento intencional: o *animus*.

No enquadramento do Direito romano, o *animus* exprime a intenção de exercer o senhorio sobre a coisa, o propósito de exteriorizar um domínio fáctico sobre ela[6]. Os romanos utilizam vários termos para indicar este elemento voluntário: *animus possidendi, animus possidenti, affectio possidendi, velle possidere, nolle possidere, propositum possidere, animus possessionem adipiscendi* ou *animus possessionem retinendi, possidere naturaliter tantun* e outros[7].

Na prática do Direito comum, SAVIGNY[8] interpretou o *animus possidendi* como *animus domini*. Segundo ele, a posse exercer-se-ia somente por referência ao direito de propriedade, não sendo admitida fora do âmbito deste

---

[4] O que não parece isento de crítica. A crítica principal surge em BONFANTE, Istituzioni Di Diritto Romano, Milano, 1987, pág. 290 e Corso Di Diritto Romano, cit., pág. 178, o qual explica que o termo *corpus* provém da abreviatura *possessio corpore* e que tal reflecte um erro, pois *corpus* é corpo em latim e tal não significa naturalmente a detenção material de uma coisa.

[5] Sobre este ponto, cf. BRUNS, Das Recht des Besitzes im Mittelalter und in der Gegenwart, Tübingen, 1848, pág. 20 e segs., BONFANTE, Istituzioni Di Diritto Romano, cit., pág. 290 e Corso Di Diritto Romano, cit., pág. 178 e segs.

[6] Sobre o ponto, cf. em especial BONFANTE, Corso Di Diritto Romano, cit., pág. 188 e segs.

[7] BRUNS, Das Recht des Besitzes im Mittelalter und in der Gegenwart, cit., pág. 20 e segs., BONFANTE, Istituzioni Di Diritto Romano, cit., pág. 290 e Corso Di Diritto Romano, cit., pág. 188.

[8] Das Rechts Des Besitzes, Darmstadt, 1967, pág. 110.

direito. Esta teoria valeu-lhe um coro considerável de críticas. No Direito romano a posse era reconhecida, para além do proprietário, ao credor pignoratício, ao *sequester*, ao precarista e, apesar de alguma incerteza, ao enfiteuta e ao superficiário. Ora, como é evidente, nenhum destes possuidores actuava sobre a coisa com *animus domini*. SAVIGNY[9] admite-o expressamente para o penhor, afirmando ser aqui impossível um *animus domini*. A esta dificuldade de construção dogmática na teoria da posse SAVIGNY respondeu elaborando a teoria da posse derivada[10], na qual sustenta a dependência de todas as outras posses relativamente à posse nos termos da propriedade.

Na romanística italiana, também BONFANTE[11] demonstrou que a explicação de SAVIGNY, de fazer coincidir o *animus possidendi* com *animus domini*, seria errada para revelar o significado do *animus* possessório nas fontes romanas. Sugere, em alternativa, a expressão *animus dominantis*, com um alcance próximo do intentado pelo autor alemão. O *animus* possessório seria decalcado da propriedade (*animus possidendi*), mas a existência de verdadeiras posses fora do âmbito da propriedade, a que BONFANTE[12] chama de posses anómalas, mostra que o *animus* não pode ser atido somente a este direito, evitando, assim, o erro de SAVIGNY.

Voltar-se-á a este ponto quando se analisar os elementos da posse na dogmática moderna.

3. A origem da posse no período arcaico do Direito romano

I. A *possessio* romana é termo usado para ilustrar a posição em que alguém se encontra relativamente a uma coisa (corpórea). O *possessor* tem o domínio da coisa, exercendo o seu senhorio sobre ela. Esse senhorio expressa-se fisicamente e corresponde a um controlo material da coisa.

Ainda assim, de *possessio* e de *possessor* só se falará no período clássico do Direito romano, quando se toma consciência da figura e se distingue a mesma da propriedade. Para os romanos[13], e no dizer de ULPIANO, *separata*

---

[9] Das Rechts Des Besitzes, cit., pág. 119.
[10] Cf. *infra* no texto.
[11] Corso Di Diritto Romano, cit., pág. 188 e seg., em particular, pág. 195 e segs.
[12] Corso Di Diritto Romano, cit., pág. 195 e seg.
[13] O Direito romano não se desenvolveu de um modo homogéneo e é possível assistir a flutuações no entendimento acerca da separação entre a *possessio* e a propriedade ao longo dos vários períodos em que se divide a sua evolução histórica. Nomeadamente, e em atenção ao que se diz no texto, sabe-se que no período pós-clássico anterior ao Direito justinianeu se perdeu temporariamente a linha de demarcação entre aquelas duas figuras. Cf., a este propósito, MAX KASER, Römisches Privatrecht, § 19, II e Direito Privado Romano, § 19, II, pág. 129 e seg., KASER/

esse debet possessio a proprietate[14] ou *nihil commune habet proprietas cum possessione*[15]. Propriedade e posse não se confundem, podendo embora a segunda decalcar a actuação que o proprietário tem sobre a coisa, ao permitir igualmente o gozo da coisa. Não falta, por isso, quem diga que a posse era no Direito romano a *imago dominii*[16], uma ideia que somente pode ter algum fundamento na idade clássica, mas que não se afigura exacta nem no período antigo e pré-clássico nem no Direito romano justinianeu.

As raízes da posse remontam ao período arcaico da história de Roma. Todavia, a origem histórica da figura aparece ainda hoje envolvida nalguma penumbra. ALBERTARIO[17] afirma que o antecedente mais remoto da posse se encontra na concessão de terras pelo senhor aos seus clientes (*utendum concedere*[18]), com a obrigação de restituição das mesmas a seu pedido. Assumiria, assim, a veste de um *precarium* no âmbito de uma relação de vassalagem. Este fenómeno teria ocorrido anteriormente às concessões sobre o *ager publicus*[19].

SAVIGNY[20], por sua vez, citando NIEBUHR, faz remontar a posse à concessão de terras do *ager publicus* romano, sobre o qual não podia incidir uma propriedade privada. Nas terras provinciais pertencentes ao povo romano (ao Estado, a um município, a uma colónia), a propriedade privada não era permitida. Essas terras eram públicas, integravam o denominado *ager publicus*, que se contrapunha ao *ager privatus*, para o qual valia a propriedade privada nas mãos de *pater familias*.

Dada a natureza pública das terras, uma das formas de assegurar a sua efectiva ocupação e aproveitamento agrícola consistia em cedê-las para exploração a *pater familias*. Essa cedência mantinha a propriedade pública e

---

/KNÜTEL/LOHSSE, Römisches Privatrecht, cit., pág. 121 e esgs., HONSELL/MAYER-MALY/SELB, Römisches Rechts, Vierter Auflage, 1987.

[14] D. 43, 17, 1, 2.

[15] D. 41, 2, 12, 1.

[16] BONFANTE, Corso Di Diritto Romano, Vol. III, pág. 167. É também como se sabe o entendimento de JHERING, Ueber den Grund des Besitzschutzes, zweite Auflage, Jena, 1869, pág. 45 e segs. e 179 e segs.

[17] Il Diritto Romano, Milano, 1940, pág. 166 e Il possesso, in Studi Di Diritto Romano, Volume Secondo, pág. 111 e segs.

[18] Segundo ALBERTARIO, Il possesso, cit., pág. 111, *utendum concedere* era o acto mediante o qual o senhor (o *pater*) concedia aos seus clientes uma parte do território do grupo. Tratava-se, pois, de atribuir o *usus* da coisa (imóvel) ou a *possessio* como se vem a dizer numa terminologia mais tardia.

[19] Il Diritto Romano, cit., pág. 166 e Il possesso, cit., pág. 111.

[20] Das Rechts Des Besitzes, pág. 197 e segs.

era revogável a todo o tempo, podendo a devolução das terras ser exigida posteriormente pelo poder público.

Existiam várias formas de concessão do *ager publicus*[21]. As mais conhecidas são provavelmente o *ager occupatorius* (concessão revogável de terras do Estado efectuada contra o pagamento de um *cânone* periódico), o *ager quaestorius* (terras do estado vendidas por lotes pelos questores contra o pagamento periódico de um *vectigal*) e o *ager vectigalis* (terras do Estado, de um município ou de uma colónia objecto de cedência revogável contra o pagamento periódico do *vectigal*).

Outros autores, porém, sublinham a ausência de uma matriz única, defendendo que a posse representa o cruzamento de duas proveniências ou matrizes diversas. Nesta última linha de entendimento encontramos romanistas como MAX KASER[22], BONFANTE[23], ALBERTARIO[24], BURDESE[25] ou ALIBRANDI[26]. Segundo estes autores, uma das duas linhas originárias da *possessio* estaria no *usus*, um termo antigo mencionado na Lei das XII Tábuas que designaria um poder de facto conducente à usucapião. Esse poder de facto poderia ser exercido sobre coisas no domínio privado, heranças e até pessoas, tudo o que pudesse constituir o objecto do processo de reivindicação[27]. Esse *usus*, num período mais tardio referido também como *habere*[28], daria posteriormente origem à *possessio*, a qual, por sua vez, sendo *iusta*, viria a denominar-se *possessio civilis*, constituindo a base da usucapião.

---

[21] PAOLI, "Possesso – Diritto Romano", Noviss. Dig. It., pág. 325.
[22] KASER, Das Römische Privatrecht, Das Altrömische, Das Vorklassisches und Klassisches Recht, München, 1955, pág. 325 e segs., KASER/KNÜTEL/LOHSSE, Römisches Privatrecht, cit., pág. 121 e segs. e Direito Privado Romano, § 19, II, pág. 125.
[23] BONFANTE, Corso Di Diritto Romano, Vol. III, cit., pág. 169.
[24] ALBERTARIO, Il possesso, cit., pág. 111. ALBERTARIO explica que na época antiga e republicana do Direito romano, a *possessio*, para além do vocábulo *usus*, era indicada através de outras expressões como *usus fructus, usus fructus possessio* ou *habere possidere uti frui*; cf. do autor, Il Diritto Romano, cit., pág. 166 e 167 e, mais desenvolvidamente, Il possesso, cit., pág. 111. Existe, no entanto, quem veja no *usus* uma segunda linha de dominação da coisa para além da posse e, por conseguinte, não susceptível de confusão com aquela. Cf. HONSELL/MAYER-MALY/SELB, Römisches Rechts, cit., pág. 131.
[25] BURDESE, "Possesso (in generale) – Diritto Romano", Enciclopedia Del Diritto, XXXIV, 1985, 1.
[26] Teoria Del Possesso Secondo Il Diritto Romano, Roma, 1871, pág. 8 e segs.
[27] MAX KASER, Das Römische Privatrecht, Das Altrömische, Das Vorklassisches und Klassisches Recht, cit., pág. 326, Römisches Privatrecht, § 19, II, pág. 99 e segs. e Direito Privado Romano, § 19, II, pág. 125, KASER/KNÜTEL/LOHSSE, Römisches Privatrecht, cit., pág. 121 e segs.
[28] Cf. igualmente BURDESE, "Possesso (in generale) – Diritto Romano", cit., 1.

Um ramo do desenvolvimento da *possessio* romana reside, assim, na prática de concessão de terras do *ager publicus* a privados. Estes, por sua vez, recebiam as terras e ficavam investidos materialmente no seu gozo, mas não eram proprietários e não lhes eram reconhecidos os meios de defesa do *dominium*.

Aqueles que recebiam os imóveis agrícolas públicos, se não beneficiavam da tutela do *dominium*, porque não estavam investidos na propriedade da coisa, eram, no entanto, objecto de protecção contra a turbação e o esbulho através de medidas decretadas pelo pretor: os interditos possessórios (*interdicta*).

À margem do *ius civile*, e por iniciativa pretoriana, geradora de um verdadeiro *ius praetorium*, foram sendo criados vários e sucessivos interditos, que se destinavam a defender o possuidor contra ataques de terceiro à sua posse. Os *interdicta* constituíam uma defesa administrativa, de natureza pública, e eram decretados pelo pretor, conferindo à *possessio* uma tutela que se assemelhava na sua eficácia à que a *rei vindicatio* dava ao *dominium*.

Espelho da sua origem na concessão de terras do *ager publicus*, os principais *interdicta* decretados pelo pretor foram criados para defender o *possessor* contra actos de turbação ou esbulho levados a cabo sobre prédio, portanto, para defesa da *possessio* relativa a coisa imóvel. Os interditos de defesa de coisas móveis, de que o *interdictum utrubi* representa porventura o exemplo principal, foram introduzidos posteriormente.

4. A *possessio civilis* e a *possessio naturalis*. A *possessio ad interdictum*

I. A contraposição entre *possessio civilis* e *possessio naturalis* tem gerado forte controvérsia entre os romanistas desde o tempo dos glosadores, com incidência muito particular no período compreendido entre o século XIX e o início do século XX. Ainda assim, a fazer fé nas palavras de MEICHEIDER[29], ela tem tão pouca importância para a teoria romana da *possessio* que poderia desaparecer sem causar grande dano.

Para além das clivagens puramente terminológicas entre a dogmática romana e a dogmática civilística actual, a ilustração destas categorias no Direito romano tem a utilidade de chamar a atenção para o facto da *possessio* romana não consistir numa categoria unitária. Quanto a este ponto, existe um certo paralelismo com a propriedade, também ela espalhada por vários

---

[29] Besitz und Besitzschutz, Studien über alte Probleme, Berlin, 1876, pág. 77.

regimes jurídicos no Direito romano, embora possivelmente com uma ainda maior dispersão quando comparada com a *possessio*.

A controvérsia acerca do significado da distinção entre a *possessio civilis* e *possessio naturalis* exprime-se através das várias teorias que procuram fazer luz sobre ela. Apresentaremos as principais e manifestaremos a nossa inclinação para uma delas, embora esteja fora do nosso horizonte uma indagação desenvolvida das fontes do Direito romano e uma investigação própria sobre o tema.

II. Possivelmente, a tentativa mais antiga de explicação da classificação entre *possessio naturalis* e *possessio civilis* encontra-se nos glosadores e a sua autoria primária deve-se a PLACENTINO[30]. Este jurista apontava para a existência, não de duas, mas sim de quatro espécies de posse no Direito romano. Para além da contraposição entre *possessio naturalis* e *possessio civilis*, haveria ainda a considerar a *possessio naturalis tantum* e a *possessio civilis tantum*[31].

A *possessio naturalis* seria a mera detenção; se esta existisse juntamente com o *animus* a posse seria simultaneamente *possessio naturalis* e *civilis* (ou *civilis* em sentido próprio). O *animus* desacompanhado da detenção daria origem a uma *possessio civilis tantum* (*possessio solo animus*).

Além de PLACENTINO, partilharam esta teoria, com mais ou menos especificações, outros juristas, como ROGÉRIO, AZO, ALCIATO, DUARENO, FABRO, MENOCHIO e BALDO[32].

SAVIGNY[33] criticaria esta teoria, esclarecendo ser incorrecta a terminologia usada por ela, porquanto a distinção romana entre *possessio naturalis* e *possessio civilis* estaria relacionada com as condições materiais do conceito de posse e não com os seus efeitos.

III. Como ponto de partida moderno da classificação que distingue a *possessio naturalis* da *possessio civilis* encontramos a teoria sustentada por SAVIGNY[34]. Segundo este autor, a *possessio* representaria a simples detenção

---

[30] Utilizaremos as referências, indirectas, colhidas, principalmente, em SAVIGNY, Das Rechts Des Besitzes, cit., pág. 139 e segs. e em BONFANTE, "La "possessio civilis e la possessio naturalis", in Scritti giuridici vari, Vol. III, Torino, 1926, pág. 578 e segs. A obra de PLACENTINO é A Summa in Cod. Tit. de Poss., editada em 1536, pág. 332 e seg.

[31] Seguimos aqui BONFANTE, "La "possessio civilis e la possessio naturalis", cit., pág. 578 e segs.

[32] Cf. SAVIGNY, Das Rechts Des Besitzes, cit., pág. 140 e segs., BONFANTE, "La "possessio civilis e la possessio naturalis", cit., pág. 578.

[33] Das Rechts Des Besitzes, cit., pág. 140.

[34] Das Rechts Des Besitzes, cit., pág. 69 e segs.

da coisa, uma relação de facto, de teor não jurídico[35]. Debaixo de certas condições, no entanto, a detenção poderia transformar-se numa relação jurídica e conduzir à aquisição da propriedade através da usucapião. O que tornaria a simples *possessio*, protegida por meio de interditos, numa relação com conteúdo jurídico e protegida pelo *ius civilis* seria a usucapião. Savigny[36] fala por isso em *possessio civilis* e "Usucapionsbesitz" como sinónimos: "por conseguinte, chamamos-lhe tanto *civiliter possidere* como *usucapionem possidere*"[37].

Em contrapartida, *iure civili non possidere* (*civiliter non possidere*) teria, de acordo com Savigny[38], dois significados. Um primeiro relativo aos efeitos: a *possessio naturalis* não pertence ao *ius civile*, não sendo reconhecida por este. Um segundo concernente à causa. A posse enquanto relação jurídica pressupõe a *possessio naturalis*, estando contida naquela. A *possessio naturalis* seria, afinal, um dos elementos da posse, a detenção, que nunca poderia conduzir à usucapião[39].

Na doutrina de Savigny, a *possessio civilis* não esgotaria o âmbito da posse. Diversamente, este autor sustenta não existir apenas uma posse jurídica, mas sim duas[40]. Além da *civilis possessio*, a posse que conduz à usucapião, haveria ainda a simples *possessio*. Para esta, não seria relevante a *bona fides* e a justa causa, bastando a mera protecção interdital.

Portanto, no pensamento de Savigny a *possessio naturalis* não constituiria uma verdadeira posse, aludindo unicamente a uma situação de facto em que uma pessoa tem a detenção de uma coisa. A *possessio civilis*, ao invés, já seria uma entidade jurídica ("posse jurídica") tutelada pelo *ius civile*, que permitiria a usucapião ao possuidor. Haveria, porém, uma outra posse jurídica: a *possessio*. O que a distingue da *possessio civilis* é a falta dos caracteres que permitem desencadear a aquisição da propriedade pela usucapião, sendo, no entanto, protegida por interditos[41].

---

[35] Das Rechts Des Besitzes, pág. 70.
[36] Das Rechts Des Besitzes, pág. 70.
[37] Das Rechts Des Besitzes, pág. 72.
[38] Das Rechts Des Besitzes, pág. 75.
[39] Das Rechts Des Besitzes, cit., pág. 97.
[40] Das Rechts Des Besitzes, cit., pág. 93 e segs.
[41] Das Rechts Des Besitzes, cit., pág. 93 e segs., em particular, págs. 94 e 95.

IV. A doutrina de Savigny não tardou a encontrar aderentes. Entre eles destacam-se, por exemplo, Thon[42], Molitor[43] ou Puchta[44].

A grande maioria dos romanistas discordou, porém, de Savigny. Uma terceira teoria apareceu encabeçada modernamente por Erb e Thibaut[45], embora seja anterior aos trabalhos destes autores. Na verdade, os fundamentos originários da mesma foram recolhidos de Cupero[46], como o próprio Thibaut[47] explica, e tiveram ainda outros defensores nos séculos XVI e XVII, como Gosia, Caronda, Oroz, Tridero Mindano e Turamino[48].

A tese por detrás desta teoria explica-se com facilidade. Segundo Thibaut[49], a *possessio naturalis* seria tanto "o mero facto da detenção corpórea" – que corresponde a uma detenção sem *animus tenendi*, conforme sucede com o usufrutuário, o depositário e o comodatário – como a detenção com *animus tenendi*, mas em que este último surge dissociado da primeira. A *possessio civilis*, em contrapartida, seria uma posse jurídica, a posse pura e simples ou *possessio*[50].

Como posse jurídica, segundo esta teoria, a *possessio civilis* era objecto de protecção através de interditos, o que não sucedia com a *possessio naturalis*. Não seria, assim, a circunstância de poder conduzir à usucapião que distinguiria a *possessio civilis* da *possessio naturalis*. Esta última, por não representar uma posse jurídica não era defendida por interditos.

Em suma, no quadro desta teoria, a *possessio civilis* representaria a posse verdadeira, a detenção com *animus*, enquanto a *possessio naturalis* encerraria a mera detenção, por falta de *animus* ou por desconsideração jurídica

---

[42] "Über *civilis* und *naturalis possessio*", Rheinisches Museum für Jurisprudenz, Bd. 4, 1833, pág 95 e segs.

[43] La Possession Et Les Actions Possessoires, Deuxiéme Edition, Paris, 1868, pág. 8 e segs.

[44] De civili possessione disputatio, in Kleine civilistische Schriften, Leipzig, 1851, pág. 398 e segs., em particular, pág. 407 e seg.

[45] O trabalho principal de Thibaut sobre esta matéria surge no Archiv für das civilistische Praxis, Vol. XVIII, pág. 317 e segs. e Vol. XXIII, pág. 167 e segs. Do autor veja-se ainda Über Besitz und Verjährung, Jena, 1802, pág. 20 e segs. e System des Pandekten-Rechts, 9. Ausg., Band 1, Jena, 1846, pág. 169 e seg.

[46] Angeli Jacobi Cuperi, observ. sel de natura possessionis, denue edidit, adjectis de naturali et civili possessione animadversionibus Thibaut, Jena, 1804.

[47] Jurisdisches Archiv, Bd. 4, 1804, pág. 419 e segs.

[48] Cf. Savigny, Das Rechts Des Besitzes, cit., pág. 149 e Bonfante, "La "possessio civilis e la possessio naturalis", cit., pág. 579.

[49] Thibaut, Über Besitz und Verjährung, cit., pág. 21.

[50] Thibaut, Über Besitz und Verjährung, cit., pág. 21.

do mesmo. A protecção interdital, inexistente quanto à *possessio naturalis*, caracterizaria a *possessio civilis*.

Como defensores desta teoria encontramos outros autores[51], como Sintenis[52], Kierulff[53], Gans[54], Zachariä[55], Iohanssen[56]. O primeiro destes autores, Sintenis[57], esclarece que nas fontes romanas as expressões *possessio* e *possidere* valiam para a posse em qualquer dos seus sentidos, isto é, tanto para a posse em sentido próprio como para a detenção (*possessio naturalis*). Por sua vez, *possessio civilis* e *civiliter possidere* eram empregues apenas para a posse e não já para a detenção. A protecção interdital apenas estava disponível para a *possessio civilis*[58].

V. Podemos filiar em Burchardi[59] uma terceira teoria. Para este autor, a *possessio civilis* seria a posse em que o possuidor tem a vontade de ter a coisa para si como proprietário, o denominado *animus domini*. Contando que a coisa esteja no comércio, não faça parte de uma outra e o possuidor tenha capacidade jurídica, a existência do *animus* qualifica a posse como *possessio civilis*.

Na mesma linha, Vangerow[60] explica que "a *possessio civilis* existe quando alguém combinou a detenção com o *animus domini*; *possessor naturalis*, porém, é aquele que detém, mas a quem realmente falta este *animus* ou, pura e simplesmente, não o pode ter, porquanto a coisa está fora do comércio, lhe falta a capacidade jurídica para ser proprietário ou ainda porque a posse provém de um negócio nulo segundo o Direito Civil. Nestes últimos casos,

---

[51] Um elenco mais complete encontra-se em Bonfante, "La "possessio civilis e la possessio naturalis", cit., pág. 580.
[52] Das practische gemeine Civilrecht Band 1 – Die allgemeinen Lehren und das Sachenrecht, Leipzig, 1844, pág. 447 e segs.
[53] Theorie des Gemeinen Civilrechts, Altona, 1839, pág. 343 e segs., especialmente, a nota de págs. 344 e segs.
[54] Scholien zum Gaius, Berlin, 1821, pág. 260 e segs., especialmente, 267 e segs.
[55] "Neue Revision der Theorie des Römischen Rechts vom Besitze: mit besonderer Rücksicht auf Savigny", Civilistische Abhandlungen, Vol. 1, 1824.
[56] Begriffsbestimmungen, Heidelberg, 1831, apud Thibauth, System des Pandekten-Rechts, cit., pág. 170 c).
[57] Das practische gemeine Civilrecht Band 1 – Die allgemeinen Lehren und das Sachenrecht, cit., pág. 447 e segs., incluindo as notas 23 e 24.
[58] Das practische gemeine Civilrecht Band 1 – Die allgemeinen Lehren und das Sachenrecht, cit., pág. 449, nota 24.
[59] "Possessio civilis ist weder gleichbedeutend mit possessio ad usucapionem, noch mit possessio at interdicta", Archiv für das civilistische Praxis, Band 20, pág. 14 e segs.
[60] Lehrbuch der Pandekten, 7. Aufl. Band 1, Marburg, 1863, pág. 349.

pode existir no plano fáctico um *animus domini*; aos olhos da lei, porém, ele não existe, podendo aqui somente aceitar-se uma *possessio naturalis*, como uma pura *res facti*".

Na corrente teórica nascida dos ensinamentos de BURCHARDI e VANGEROW viriam a filiar-se também ROSSHIRT[61], BRUNS[62], KARLOWA[63] e BRINZ[64].

VI. Na romanística italiana[65] encontra-se uma outra teoria explicativa relativamente à distinção entre *possessio civilis* e *possessio naturalis*. Ela deve--se, fundamentalmente, a BONFANTE[66], RICCOBONO[67] e ALBERTARIO[68].

De acordo com BONFANTE[69], a *possessio civilis* consistia na posse verdadeira e supunha a existência de uma *iusta causa*[70]. Para além disso, ela requeria ainda o *animus possidendi*. Não havia *possessio civilis* se faltasse tanto o *animus possidendi* quanto a *iusta causa*. O comodatário, o depositário e o usufrutuário não teriam posse por lhes faltar o *animus possidendi*. Mas era realmente a causa da posse que tornava a *possessio* numa *possessio civilis*.

BONFANTE[71] explica igualmente que a *possessio civilis* representaria um estado de direito por contraposição a um estado de facto (da *possessio naturalis*), indo ao ponto de defender que ela significaria um verdadeiro direito garantido por acções reais, quer pela *actio* Publiciana quer por outras acções usadas para defesa da propriedade, para além, pois, daquela acção[72].

---

[61] Gemeines deutsches Civilrecht, Band 2, Vermögensrecht unter Lebenden, Heidelberg, 1840, pág. 36 e segs.
[62] Das Recht des Besitzes im Mittelalter und in der Gegenwart, cit., pág. 20 e segs., em particular, pág. 25.
[63] Römische Rechtsgeschichte, Leipzig, 1901, pág. 310 e segs.
[64] Lehrbuch der Pandekten, 2. Aufl., Band 1, Erlangen, 1873, pág. 492 e segs. O autor é, todavia, muito menos claro que os outros aqui citados.
[65] Não queremos com esta afirmação defender que a teoria que se expõe no texto radica exclusivamente na investigação romanista italiana. Também KASER, Direito Privado Romano, cit., pág. 126 a 128 e KASER/KNÜTEL/LOHSSE, Römisches Privatrecht, cit., pág. 122 e segs. apresentam a mesma tripartição classificatória entre a *possessio civilis*, a posse interdital e a detenção (*naturalis possessio*).
[66] La "possessio civilis e la possessio naturalis", cit., pág. 534 e segs.
[67] "Zur Terminologie der Besitzverhältnisse. [Naturalis possessio, civilis possessio, possessio ad interdicta]", Zeitschrift der Savigny-Stiftung für Rechtsgeschichte/Romanistische Abteilung, Bd. 31, 1910, pág. 321 e segs.
[68] Il Diritto Romano, Milano – Messina, 1940, pág. 172 e segs.
[69] La "possessio civilis e la possessio naturalis", cit., pág. 536 e segs, pág. 557, pág. 561 e segs.
[70] Cf. igualmente CANNATA, "Possesso (Diritto Romano)", Noviss. Dig. It., pág. 328.
[71] La "possessio civilis e la possessio naturalis", cit., pág. 558 e segs.
[72] Em particular, veja-se La "possessio civilis e la possessio naturalis", cit., páginas 576 a 578.

A *possessio naturalis*, ao invés, teria, no exame deste autor, dois significados[73]. Um primeiro, que indica um estado de mero facto por contraposição a outro em que concorrem igualmente elementos volitivos e intencionais (*animus*), e um segundo, que consubstanciaria a oposição entre estado de facto e estado de direito. Este último corresponderia ao chamado *naturaliter possidere*, o elemento material vulgarmente designado por detenção[74].

Na interpretação desta classificação no Direito romano, BONFANTE[75] distingue três situações, as duas primeiras reconduzíveis à *possessio naturalis*:
- O simples *naturaliter detinere*, o nexo material com a coisa também chamado detenção;
- A posse jurídica, representada pelos dois elementos, o *possidere corpore* (detenção) e o *animus possidendi*;
- A *possessio civilis*, uma *possessio* para a qual se exige ademais uma *iusta causa*.

Conquanto não esclareça com nitidez a segunda situação[76], que ficará contudo clara nas abordagens de RICCOBONO e de ALBERTARIO, BONFANTE[77] acentua que a classificação entre *possessio civilis* e *possessio naturalis* evidenciava no Direito romano a distinção entre situação de facto e situação de direito, entre um mero facto (a *possessio naturalis*) e um direito (a *possessio civilis*).

RICCOBONO[78], por sua vez, explicando a terminologia clássica do Direito Romano, sustenta que a *naturalis possessio* designava sempre e só o "ter" fisicamente, materialmente, uma coisa, que constitui o pressuposto essencial de toda a posse. A expressão receberia aplicação em dois contextos distintos: o primeiro para designar o elemento físico, exterior, da posse; o segundo para indicar o puro facto da detenção, a relação de facto sem consequências jurídicas.

A mera relação de facto não era considerada pelo pretor para efeitos de protecção nem desempenhava nenhum papel para o Direito, fosse[79]:

---

[73] La "possessio civilis e la possessio naturalis", cit., pág. 558.
[74] BONFANTE, La "possessio civilis e la possessio naturalis", cit., pág. 536 e segs.
[75] BONFANTE, La "possessio civilis e la possessio naturalis", cit., pág. 549.
[76] É claro, todavia, em BONFANTE que a posse defendida por interditos estava compreendida na categoria da *possessio naturalis*.
[77] La "possessio civilis e la possessio naturalis", cit., pág. 559.
[78] "Zur Terminologie der Besitzverhältnisse. [Naturalis possessio, civilis possessio, possessio ad interdicta]", cit., pág. 325 e 337 e segs..
[79] RICCOBONO, "Zur Terminologie der Besitzverhältnisse. [Naturalis possessio, civilis possessio, possessio ad interdicta]", cit., pág. 327 e segs.

- Por falta de vontade;
- Pelo fundamento da detenção. Em alguns casos, o Direito excluía a relação possessória;
- Por incapacidade patrimonial. Algumas pessoas (os filhos de família, os escravos) não eram admitidas a ter posse;
- Por incapacidade do objecto (as coisas fora do comércio, por exemplo);
- Por falta de autonomia da coisa considerada.

Por contraposição, a *possessio civilis* seria a relação possessória fundada numa *iusta causa* do "ter"[80]. A palavra *"civilis"*, quando surge, significa que essa relação é reconhecida pelo Direito Civil, que a ela liga especiais consequências jurídico-civis, que não se esgotariam na usucapião[81].

Um ponto importante da doutrina de RICCOBONO[82], que se afasta nesta parte dos ensinamentos de BONFANTE, é o do sentido do termo posse quando desacompanhado do qualificativo *"naturalis"* ou *"civilis"*[83]. A simples *possessio* representaria a posse interdital, a posse protegida pelo pretor independentemente da sua causa, ou seja, mesmo que esta não existisse. Esta posse supunha os dois elementos: a relação corpórea com a coisa e a vontade de possuir[84].

A *possessio* era no Direito romano a categoria mais importante. Distinguia-se da *possessio naturalis* pela protecção pretoriana através dos *interdicta* e da *possessio civilis* pela desnecessidade de uma justa causa. A tutela por interditos marca, de resto, segundo RICCOBONO a característica única deste género possessório[85].

---

[80] RICCOBONO, "Zur Terminologie der Besitzverhältnisse. [Naturalis possessio, civilis possessio, possessio ad interdicta]", cit., pág. 330 e segs. e 337 e segs. O autor aponta, em crítica implícita a SAVIGNY, que dentro dessas consequências jurídicas a usucapião não era a mais normal, a mais importante, sequer a única, delas. Poderia, de resto, haver *possessio civilis* sem possibilidade de usucapião (em caso de má fé do possuidor).
[81] RICCOBONO, "Zur Terminologie der Besitzverhältnisse. [Naturalis possessio, civilis possessio, possessio ad interdicta]", cit., pág. 330.
[82] RICCOBONO, "Zur Terminologie der Besitzverhältnisse. [Naturalis possessio, civilis possessio, possessio ad interdicta]", cit., pág. 336 e segs.
[83] Para BONFANTE essa é ainda uma figura que se enquadra no conceito amplo de *possessio naturalis*. Para RICCOBONO, como para ALBERTARIO, ao invés, trata-se verdadeiramente de um terceiro género possessório e não de um dos termos de uma classificação dual (entre *possessio naturalis* e *possessio civilis*).
[84] Idem. Veja-se também BURDESE, "Possesso (in generale) – Diritto Romano", cit., pág. 452 e segs.
[85] Ibidem.

RICCOBONO pôs em relevo que a *possessio* romana não se esgotava nos dois géneros sugeridos pela contraposição da *possessio naturalis* à *possessio civilis*. Além destas, haveria um terceiro género de posse, intermédio entre os outros dois e o mais importante no Direito romano[86]. Enquanto a *possessio naturalis* significava uma pura exteriorização, a *possessio* seria uma relação fáctica entre uma pessoa e uma coisa (*res facti*), constituindo a *possessio civilis* um verdadeiro direito (*res iuris*)[87].

ALBERTARIO[88] apresenta a mesma tripartição que encontramos em RICCOBONO e BONFANTE, mas tem o cuidado de sublinhar que ela vale apenas para a época clássica do Direito romano. A *possessio naturalis* significa a mera detenção[89], uma situação que não é de posse; a *possessio civilis* constitui a posse fundada numa causa considerada idónea para o *ius civile* (*iusta causa*)[90]. No meio existe a *possessio*, situação de facto tutelada por interditos e independente de justa causa, que poderia, portanto, faltar[91].

Segundo ALBERTARIO[92], no Direito justinianeu por *possessio naturalis* entende-se tanto a detenção, como a simples *possessio*, a posse defendida por interditos (*possessio ad interdicta*). Enquanto na época clássica a expressão indica somente a detenção, na época seguinte ela inclui aquela e ainda a *possessio ad interdicta*[93]; portanto, um vasto campo, que abrange a posse de má fé, a posse injusta e a posse sem título, todas elas com protecção interdi-

---

[86] RICCOBONO, "Zur Terminologie der Besitzverhältnisse. [Naturalis possessio, civilis possessio, possessio ad interdicta]", cit., pág. 339. Aderindo à tese de RICCOBONO, veja-se também, ROTONDI, "Possessio quae animo retinetur – Contributo alla dottrina clássica e postclassica del possesso e dell' animus possidendi", cit., pág. 230 e seg. Nem todos os autores que reconhecem esta tripartição conferem a cada uma das categorias de posse o mesmo significado. Por exemplo, SANFILIPPO, Istituzioni Di Diritto Romano, Decima Edizione, 2002, pág. 222 faz corresponder à *possessio civilis* o sentido de *possessio ad usucapionem*, o entendimento de SAVIGNY, o qual, contudo, não autonomizava um terceiro género de posse interdital. Cf. igualmente BIONDO BIONDI, Istituzioni Di Diritto Romano, Milano, 1972, pág. 324 e seg.

[87] RICCOBONO, "Zur Terminologie der Besitzverhältnisse. [Naturalis possessio, civilis possessio, possessio ad interdicta]", cit., pág. 338 e seg.
RICCOBONO, "Zur Terminologie der Besitzverhältnisse. [Naturalis possessio, civilis possessio, possessio ad interdicta]", cit., pág. 339.

[88] Il Diritto Romano, Lilano – Messina, 1940, pág. 167 e segs. Com maior desenvolvimento, cf. do autor o estudo Distinzioni e qualificazioni in materia di possesso, in Studi Di Diritto Romano, cit., pág. 213 e segs.

[89] ALBERTARIO, Distinzioni e qualificazioni in materia di possesso, cit., pág. 216.

[90] ALBERTARIO, Distinzioni e qualificazioni in materia di possesso, cit., pág. 216.

[91] ALBERTARIO, Il Diritto Romano, cit., pág. 172.

[92] ALBERTARIO, Distinzioni e qualificazioni in materia di possesso, cit., pág. 217 e segs.

[93] ALBERTARIO, Distinzioni e qualificazioni in materia di possesso, cit., pág. 219 e 224 e segs.

tal, a posição do credor pignoratício, do *sequester* e do precarista, todos eles detentores na época justinianeia, mas com protecção interdital, e de detentores sem esta protecção (locatário, comodatário, depositário)[94].

A *possessio civilis*, por sua vez, é a posse que pode conduzir à usucapião, ou seja, a *possessio ex iusta causa*, a posse de boa fé exercida com *animus domini* e com justo título de aquisição[95].

Da tripartição clássica que distingue *possessio naturalis*, *possessio ad interdicta* e *possessio civilis*, passa-se no Direito justinianeu a uma bipartição[96], que engloba as duas primeiras num único termo classificatório e reserva para a última o sentido da nova concepção possessória, que consiste na elevação a género da *possessio animus domini*.

VII. O Direito clássico romano conheceu, assim, três categorias de posse. Entre a *possessio naturalis*, que exprimia a mera detenção, e a *possessio civilis*, a posse fundada numa justa causa e reconhecida pelo Direito Civil, havia uma posse protegida por interditos, que era independente de justa causa[97].

Esta tripartição cedeu o lugar, no período justinianeu, a uma bipartição[98]. O campo da *possessio naturalis* e da *possessio ad interdicta* veio a fundir-se, contrapondo-se homogeneamente à *possessio civilis*[99]. O seu âmbito é vasto e vai desde a detenção à posse de má fé[100].

Por outro lado, parece nítido que a classificação que distinguia a *possessio naturalis* da *possessio civilis* perdeu terreno nesta época, sendo gradualmente substituída por outras classificações que assimilam os novos traços da teoria possessória subjacente ao Direito romano justinianeu. Classificações que distinguem *possessio animo* versus *possessio corpore* e *possessio pro suo* versus *possessio pro alieno* fazem a sua aparição[101].

De um modo subtil, mas progressivamente mais firme, a assimilação da posse à imagem da propriedade (*possessio rei*), como referida somente a este direito, vai coexistindo com a negação de que a posse se possa referir a

---

[94] ALBERTARIO, Distinzioni e qualificazioni in materia di possesso, cit., pág. 228.
[95] ALBERTARIO, Distinzioni e qualificazioni in materia di possesso, cit., pág. 227.
[96] ALBERTARIO, Distinzioni e qualificazioni in materia di possesso, cit., pág. 227 e segs., Diritto Romano, cit., pág. 172.
[97] Por todos, cf. ALBERTARIO, Diritto Romano, cit., pág. 172.
[98] ALBERTARIO, Diritto Romano, cit., pág. 172, Distinzioni e qualificazioni in materia di possesso, cit., pág. 227.
[99] ALBERTARIO, Diritto Romano, cit., pág. 172.
[100] ALBERTARIO, Diritto Romano, cit., pág. 172 e Distinzioni e qualificazioni in materia di possesso, cit., pág. 228. Cf. ainda o que dizemos a propósito dos elementos da posse (*infra* no texto).
[101] Cf. o que dizemos no número seguinte.

outros direitos reais; para estes há a *quasi-possessio* ou *possessio iuris*[102], como se prefere dizer no período justinianeu.

5. Outras classificações relevantes

I. Paulo (*libro* 54 *ad edictum*)[103] defendia existir um número infinito de géneros possessórios, tantos quantas as causas de aquisição: "*Genera possessionum tot sunt, quot et causae adquirendi eius quod nostrum non sit, velut pro emptore: pro donato: pro legato: pro dote: pro herede: pro noxae dedito: pro suo, sicut in his, quae terra marique vel ex hostibus capimus vel quae ipsi, ut in rerum natura essent, fecimus. Et in summa magis unum genus est possidendi, species infinitae*".

Não obstante esta doutrina das *causae possessionis*, o certo é que a dogmática romana promove diversas classificações da posse, a que associa um dado regime jurídico. Nenhuma das classificações da posse permaneceu, no entanto, imutável durante o tempo de duração da civilização romana e do seu Direito. Todas as épocas do Direito romano apresentam diferenças, e até clivagens, na teoria possessória. Não surpreende, por isso, que o significado de cada um dos termos das classificações varie de época para época, muito em particular, da época clássica para a época pós-clássica, e dentro desta no período justinianeu, no qual a teoria possessória clássica sofre o abandono de alguns dos seus dogmas principais.

Para além da classificação que distingue *possessio naturalis* e *possessio civilis*, a teoria romana possessória contém outras classificações que importa conhecer. Nem todas elas revestem a mesma importância, mas do seu conjunto emerge um conhecimento mais profundo da construção jurídica romana. Algumas destas classificações ficaram atidas ao Direito romano; outras sobreviveram nas épocas posteriores e foram transportadas para os Direitos modernos de base romanística. Estas classificações distinguem:

– *Possessio bonae fidei* e *malae fidei*;
– Posse *iusta* e posse *iniusta*;
– Posse *pro suo* e *pro aliena*;
– *Possessio animo* e *possessio corpore*.

Analisaremos, de seguida, cada uma delas.

---

[102] Sobre esta, cf. *infra* no texto.
[103] D. 41, 2, 3, 21.

II. A *possessio* pode ser *bonae fidei* ou *malae fidei*[104]. SAVIGNY[105], porém, refere esta classificação como indeterminada e apelida-a mesmo de secundária para a teoria da posse.

Na definição do que seja a posse de boa fé, SAVIGNY[106] liga esta à convicção do possuidor de que tem um fundamento jurídico para a sua posse, um título, por conseguinte, à própria causa da posse.

A conexão desta classificação possessória com a *causa possessionis* apresenta, todavia, pouco ou nenhum interesse[107]. Para isso os romanos têm outras classificações, como a que distingue a posse justa e injusta, e outras expressões, de que constitui exemplo a expressão *possessio ex iusta causa*. Por outro lado, conforme BRUNS[108] demonstrou com eloquência, um título pode atestar negativamente a boa fé, porquanto quem não tem título de aquisição não pode estar de boa fé, mas nada comprova positivamente, dado poder haver título e o possuidor estar de má fé.

Na explicação corrente, o possuidor está de boa fé quando acredita que a sua posse está conforme ao Direito e não lesa a propriedade de outrem por haver sido adquirida do proprietário ou do seu representante[109]. BURCKHARD[110] dá a seguinte definição: "esta convicção de que ele – o possuidor – tinha adquirido e possuía *volente et concedente domino*, de que todos os momentos de facto da sua aquisição estariam em ordem, quando também o Direito emprestava a sua eficácia a esta aquisição, era *bona fides* (...)".

---

[104] Na doutrina antiga, cf. BURCKHARD, "Ueber den Begriff und Beweis der bona fides bei der Eigenthumersitzung", Zeitschrift für Civilrecht und Prozeß, Band 21, 1864, pág. 287 e segs. e pág. 321 e segs., BRUNS, Das Wesen der bona fides bei der Ersitzung, Berlin, 1872, especialmente, pág. 89 e segs., WÄCHTER, Die bona fides, insbesondere bei der Ersitzung des Eigenthums, Leipzig, 1871 e Der Fruchterwerb des bonae fidei possessor, Jena, 1872. Mais recentemente, veja-se, SANTOS JUSTO, Direito Privado Romano, III, cit., pág. 156, BONFANTE, Corso Di Diritto Romano, II, cit., pág. 326 e segs.

[105] Das Recht des Besitzes, cit., pág. 103.

[106] SAVIGNY define a posse de boa fé do seguinte modo: "aquele que crê ter um fundamento jurídico, do qual aquela – a detenção – depende, chama-se *bonae fidei possessor*". Das Recht des Besitzes, cit., pág. 103.

[107] BONFANTE, Corso Di Diritto Romano, II, cit., pág. 333 e seg. acentua que a *bona fides* e a *iusta causa* são requisitos independentes da usucapião.

[108] Das Wesen der bona fides bei der Ersitzung, cit., pág. 99 e segs.

[109] BERGER, Enciclopedic Dictionary Of Roman Law, cit., pág. 638. Para uma explicação desenvolvida, BURCKHARD, "Ueber den Begriff und Beweis der bona fides bei der Eigenthumersitzung", cit., pág. 293 e segs.

[110] "Ueber den Begriff und Beweis der bona fides bei der Eigenthumersitzung, cit., pág. 295.

Existem todavia casos documentados nas fontes em que o possuidor sabe não estar a adquirir do *dominus* ou do seu representante, portanto, de quem não tem legitimidade para a transmissão, e ainda assim pode usucapir, não lhe sendo negada a boa fé[111]. Um dos casos mais antigo é o da transmissão de *res mancipi* por simples *traditio* sem as formalidades legais deste modo de transmissão[112]. E, inversamente, pode acontecer que o adquirente da posse saiba estar a adquirir do proprietário ou do seu representante e mesmo assim não haver *bona fides*[113].

Parece, pois, que o critério decisivo da qualificação não se prende tanto com a legitimidade daquele que transmite a posse como com a confiança do possuidor de não estar a lesar outrem com a sua posse. A qualificação supõe, assim, que o possuidor acredite não prejudicar ninguém, nomeadamente, o proprietário, mesmo que saiba não estar a adquirir validamente o seu direito.

Inversamente, a posse diz-se de má fé quando o possuidor tem conhecimento de não ser o titular do direito de propriedade sobre a coisa e que se encontra a lesar o direito do proprietário com a sua posse.

A posse de boa fé não obsta, porém, à devolução da coisa ao proprietário, não servindo para paralisar o efeito da *actio in rem*[114]. Em concorrência com a propriedade, a posse, ainda que de boa fé, cede sempre. O possuidor de boa fé demandado pelo proprietário está obrigado a devolver a coisa ao autor. Se, inversamente, o possuidor de boa fé demanda o proprietário que, por qualquer razão, tem a coisa de volta consigo, o segundo pode invocar a *exceptio iusti dominii*, alegando ser ele o proprietário[115]; a acção deve improceder, com a vitória do proprietário. O *bonae fides possessor* tem, no entanto, o direito a defender-se defronte de um terceiro não proprietário – para além dos interditos possessórios[116] – mediante a *actio Publiciana in rem*[117]. Esta protecção tem origem pretoriana e foi desenvolvida à margem do *ius civiles*.

---

[111] Cf. BURCKHARD, "Ueber den Begriff und Beweis der bona fides bei der Eigenthumersitzung", cit., pág. 299 e segs. Uma súmula desses factos pode ser vista em BONFANTE, Corso Di Diritto Romano, II, cit., pág. 327, nota 1.

[112] Entre outros, cf. BRUNS, Das Wesen der bona fides bei der Ersitzung, cit., pág. 291.

[113] BURCKHARD, "Ueber den Begriff und Beweis der bona fides bei der Eigenthumersitzung", cit., pág. 299.

[114] Entre outros, BÖCKING, Römisches Privatrecht, cit., pág. 78.

[115] BERGER, Enciclopedic Dictionary Of Roman Law, cit., pág. 638.

[116] Sobre a protecção interdital, cf. *infra* no texto.

[117] Cf. BÖCKING, Römisches Privatrecht, cit., pág. 78.

A boa fé adquire relevância no regime dos frutos e, sobretudo, na usucapião. A *possessio civilis*, que conduz à usucapião, supõe um *bonae fidei possessor*. A boa fé configura, por isso, um dos requisitos da usucapião no Direito romano.

A classificação entre posse de boa fé e de má fé ganhou uma importância acrescida no Direito justinianeu[118], por virtude do facto de se entender nesta época que a verdadeira posse é aquela apta a gerar a usucapião, portanto, a posse exercida nos termos da propriedade, com *animus domini*, na qual o possuidor não apenas se encontra munido de um justo título de aquisição como está de boa fé[119].

O possuidor de má fé, por seu lado, tem nesta época pós-clássica um estatuto de detentor[120], apesar de receber protecção interdital plena. Isto leva ALBERTARIO[121] a defender que esta classificação não se limita a veicular uma mera contraposição, mas expressa "duas gradações diversas de posse".

Uma constante do pensamento romano parece ser a do momento de aferição da boa fé; e este momento é o da aquisição da posse. O possuidor está de boa fé quando ignora nesse momento que está a lesar o direito do proprietário e de má fé no caso contrário.

A discussão sobre o carácter subjectivo ou ético da boa fé foi desencadeada no século XIX tendo por base as fontes romanas, embora seja para nós claro que a definição respectiva não esteve nas cogitações dos jurisprudentes das várias épocas do Direito romano, sendo uma preocupação moderna.

A controvérsia iniciou-se entre WÄCHTER[122] e BRUNS[123-124]. Para o primeiro, defensor de uma concepção subjectiva psicológica de boa fé, esta é a crença na existência do nosso direito[125]. Criticando a posição de STINTZING, que menciona apenas a vertente negativa do desconhecimento de que o direito não pertence ao agente, WÄCHTER[126] realça o lado positivo, que no seu

---

[118] ALBERTARIO, Il possesso, cit., pág. 128 e segs., que considera mesmo que a mesma representa a mais importante classificação possessória nesta época. Ver igualmente, Il Diritto Romano, cit., pág. 169 e seg.
[119] ALBERTARIO, Il possesso, cit., pág. 128 e seg.
[120] ALBERTARIO, Il possesso, cit., pág. 129 e Il Diritto Romano, cit., pág. 169 e seg.
[121] Il Diritto Romano, cit., pág. 169 e seg. e Il possesso, cit., pág. 129.
[122] Die bona fides, insbesondere bei der Ersitzung des Eigenthums, cit., pág. 8 e segs.
[123] Das Wesen der bona fides bei der Ersitzung, cit., pág. 71 e segs. e 89 e segs.
[124] Cf. ainda BONFANTE, Corso Di Diritto Romano, Vol. II, cit., pág. 328 e segs.
[125] WÄCHTER, Die bona fides, insbesondere bei der Ersitzung des Eigenthums, cit., pág. 8.
[126] Die bona fides, insbesondere bei der Ersitzung des Eigenthums, cit., pág. 8 e seg.

entender existe sempre e que significa a crença de que o direito é nosso ou que o vendedor estava legitimado a vender.

De acordo com esta doutrina, a *bonae fidei possessio* constitui um estado de espírito do agente assente no erro sobre uma determinada situação de facto, a de que a coisa não lhe pertence. Segundo Wächter[127], esse erro, mesmo que indesculpável, funda sempre a boa fé do possuidor.

Bruns[128], no polo oposto, defende que o discurso sobre a boa fé não respeita à crença e ao erro sobre esta, mas ao facto de a aquisição da posse ocorrer de uma forma honesta e conscienciosa.

Neste modo de ver, a posse de boa fé repousa numa avaliação ética da conduta do possuidor, mesmo numa situação de erro, que assim não releva para afastar a má fé[129].

Assim, a avaliação do comportamento do possuidor afigura-se imprescindível para o juízo sobre a sua boa ou má fé; e esta última pode ocorrer, ainda que o possuidor esteja em erro sobre a lesão de um direito alheio, contando que tal erro seja indesculpável em atenção às circunstâncias envolvendo a actuação dele.

Conforme dissemos, o sentido desta controvérsia dificilmente pode ser assacado aos juristas romanos e às fontes do seu Direito. Propendemos, porém, a considerar que a compreensão normal da *possessio bonae fidei* romana não isola qualquer dos dois momentos, o psicológico e o ético. Essa representa uma exigência dos modernos.

III. Na caracterização mais corrente, posse *iusta* é a que não padece dos *vitia possessionis* e *iniusta* aquela em que qualquer dos vícios existe[130]. Os vícios possessórios são os três conhecidos: *vi, clam, precario*; ou seja, violência, clandestinidade e precariedade. O possuidor que adquiriu a sua posse com violência (*vi*), de modo clandestino (*clam*) ou a título de *precario* tem uma *vitiosa possessio*.

A fórmula "*nec vi, nec clam, nec precario alter ab altero*" consta do Édito relativo aos principais interditos possessórios, nomeadamente, *uti possidetis* e

---

[127] Die bona fides, insbesondere bei der Ersitzung des Eigenthums, cit., pág. 14 e segs.
[128] Das Wesen der bona fides bei der Ersitzung, cit., pág. 89 e segs.
[129] Bruns, Das Wesen der bona fides bei der Ersitzung, cit., pág. 92 e segs.
[130] Na doutrina, cf., em especial, Albertario, Distinzioni e qualificazioni in materia di possesso, in Studi Di Diritto Romano, cit., pág. 204 e segs. e Il Diritto Romano, Milano-Messina, 1940, pág. 170, Bonfante, Corso Di Diritto Romano, Vol. III, cit., pág. 259 e seg. e Istituzioni Di Diritto Romano, cit., pág. 293, Savigny, Das Recht des Besitzes, cit., pág. 103.

de vi[131] e aplica-se igualmente ao interdito *utrubi*[132]. Ela possibilita àquele cuja posse foi ofendida por acto de violência, de clandestinidade ou que concedeu a posse a título de *precario* defender-se do possuidor invocando a *exceptio vitiosae possessionis* e afastar a tutela interdital deste último.

A *exceptio vitiosae possessionis* tem, como hoje diríamos, eficácia meramente relativa. O trecho da fórmula *"alter ab altero"* significa justamente que o possuidor cuja posse foi adquirida *vi*, *clam* ou a título de *precario* não fica impedido de recorrer à protecção interdital contra um outro qualquer terceiro que não haja sido vítima de violência ou clandestinidade, nem seja o concedente do *precario*. VENULEIO[133] esclarece isto, dizendo: *"adversus extraneos vitiosa possessio prodesse solet"*.

Parece, em todo o caso, que o sentido corrente desta classificação – o que deixámos exposto – pode ter variado em algumas fontes romanas e, principalmente, nas diferentes épocas do Direito romano[134].

Não existem dúvidas que o texto da fórmula *nec vi, nec clam, nec precario* tem origem clássica; e isso pode ser atestado em GAIO. Porém, a expressão *possessio iusta* usada no Direito romano antigo quer dizer simplesmente posse conforme ao Direito e, por isso, legítima, podendo conduzir à usucapião[135].

Também na época clássica o qualificativo *iusto* aplicado à *possessio* induz outros sentidos para o conceito, além da ausência de vícios da posse. A *possessio iusta* é a que reúne os requisitos para a usucapião, o que supõe não apenas a inexistência de vícios, mas igualmente a boa fé e um justo título (*ex iusta causa*). Deste modo, por *possessio iusta* entende-se uma posse obtida sem violência, clandestinidade ou a título de *precario* (*nec vi, nec clam, nec precario*) e, simultaneamente, uma posse de boa fé e com justo título[136], ou seja, uma posse boa para usucapião.

Não obstante as aplicações práticas mais importantes desta qualificação se encontrarem em matéria de protecção interdital e no regime da *longi*

---

[131] Sobre o ponto, cf. *infra* no texto.
[132] Em bom rigor, a fórmula do *interdictum utrubi* não compreende a excepção, mas parece incontroverso que o seu regime se aplica a este interdito na época clássica. Cf. ARANGIO-RUIZ, Istituzioni Di Diritto Romano, cit., pág. 250.
[133] D. 41, 2, 53.
[134] Sobre esta matéria, cf. ALBERTARIO, Distinzioni e qualificazioni in materia di possesso, cit., pág. 204 e segs. e Il Diritto Romano, cit., pág. 170 e seg., BONFANTE, Istituzioni Di Diritto Romano, cit., pág. 293.
[135] ALBERTARIO, Distinzioni e qualificazioni in materia di possesso, cit., pág. 205.
[136] ALBERTARIO, Distinzioni e qualificazioni in materia di possesso, cit., pág. 205.

temporis praescriptio, o significado constante do qualificativo liga-o directamente à usucapião[137]. A *possessio iusta* confere ao possuidor a possibilidade de adquirir o direito por usucapião e, por isso, dado que os requisitos desta no Direito clássico incluem a boa fé e um justo título (*ex iusta causa*), a compreensão da expressão *possessio iusta* é mais lata no confronto com a época anterior. Alusões da *possessio iusta* à boa fé do possuidor, a uma *ex iusta causa*, ou a ambas, para além da ausência de vícios (*nec vi, nec clam, nec precario*), são todas originadas no Direito clássico[138].

No Direito romano justinianeu a *possessio iusta* quer dizer *possessio ex iusta causa*[139], independentemente de poder conduzir ou não à usucapião, assistindo-se, assim, à quebra da ligação tradicional a este último facto que tinha dominado as épocas anteriores[140].

A principal mudança no teor de sentido do conceito de *iusta possessio* está, contudo, no seu alargamento a situações que não são de posse, mas sim de detenção, nomeadamente, as do credor pignoratício e do precarista[141].

No Direito clássico, o precarista tem uma *possessio iniusta* defronte do concedente[142], porque adquirida a título de *precario*. No Direito justinianeu, porém, essa posse já não lhe é reconhecida[143], cabendo-lhe o estatuto de detentor. O contrato de *precario* titula, no entanto, a sua posição sobre a coisa, ainda que ela seja de detenção. E isso basta para os juristas justinianeus afirmarem ser a posse do precarista uma *possessio iusta*.

O mesmo se diga no tocante ao credor pignoratício. No Direito clássico a ele reconhece-se uma verdadeira *possessio*, protegida por interditos[144]. Essa posse é *iusta*, contrariamente à do precarista. Nos desenvolvimentos posteriores do Direito justinianeu, ao credor pignoratício vem negada a posse, embora continue a beneficiar da protecção por interditos[145]. A sua posse

---

[137] ALBERTARIO, Distinzioni e qualificazioni in materia di possesso, cit., pág. 205.
[138] ALBERTARIO, Distinzioni e qualificazioni in materia di possesso, cit., pág. 205.
[139] ALBERTARIO, Distinzioni e qualificazioni in materia di possesso, cit., pág. 206, BONFANTE, Istituzioni Di Diritto Romano, cit., pág. 293, KASER, Das Römische Privatrechts, Die nachklassischen Entwicklungen, cit., pág. 182.
[140] ALBERTARIO, Distinzioni e qualificazioni in materia di possesso, cit., pág. 206.
[141] ALBERTARIO, Distinzioni e qualificazioni in materia di possesso, cit., pág. 206 e segs.
[142] BONFANTE, Corso Di Diritto Romano, Vol. III, cit., pág. 260. Mas já não necessariamente defronte de terceiro.
[143] Sobre a posse do precarista, cf. *infra* no texto.
[144] Sobre a posse do credor pignoratício, cf. *infra* no texto.
[145] Sobre a posse do credor pignoratício, cf. *infra* no texto.

constitui uma posse *iusta*, porque fundada em contrato, o contrato constitutivo de penhor[146].

Portanto, na época pós-clássica, particularmente no período justinianeu, a qualificação da *possessio* como justa depende do sujeito fundar a sua posição num título adequado à aquisição do direito[147], independentemente de poder vir a adquirir por usucapião e ainda que se trate de mera detenção e não de posse em sentido técnico[148]. A razão para esta aparente contradição reside no facto de o Direito justinianeu conferir a algumas situações de detenção a tutela interdital e as fontes falarem nestes casos em *possessio*, lançando uma certa confusão sobre a delimitação exacta da *possessio* para lá das situações de *possessio rei*.

IV. Diz PAULO (*libro 54 ad edictum*)[149]: "*Genera possessionum tot sunt, quot et causae adquirendi eius quod nostrum non sit, velut pro emptore: pro donato: pro legato: pro dote: pro herede: pro noxae dedito: pro suo, sicut in his, quae terra marique vel ex hostibus capimus vel quae ipsi, ut in rerum natura essent, fecimus*". E de novo PAULO (*libro 54 ad edictum*)[150]: "*Est species possessionis, quae vocatur pro suo. hoc enim modo possidemus omnia, quae mari terra caelo capimus aut quae alluvione fluminum nostra fiunt. Item quae ex rebus alieno nomine possessis nata possidemus, veluti partum hereditariae aut emptae ancillae, pro nostro possidemus: similiter fructus rei emptae aut donatae aut quae in hereditate inventa est*".

Por sua vez, afirma ULPIANO (*Ulpianus 31 ad Sabinum*)[151]: "*Et primum de tempore videamus, quando pro dote quis usucapere possit, utrum post tempora nuptiarum an vero et ante nuptias. Est quaestio volgata, an sponsus possit (hoc est qui nondum maritus est) rem pro dote usucapere. Et Iulianus inquit, si sponsa sponso ea mente tradiderit res, ut non ante eius fieri vellet, quam nuptiae secutae sint, usu quoque capio cessabit: si tamen non evidenter id actum fuerit, credendum esse id agi Iulianus ait, ut statim res eius fiant et, si alienae sint, usucapi possint: quae sententia mihi probabilis videtur. Ante nuptias autem non pro dote usucapit, sed pro suo*".

---

[146] ALBERTARIO, Distinzioni e qualificazioni in materia di possesso, cit., pág. 206 e segs., Il possesso, in Studi Di Diritto Romano, cit., pág. e Il Diritto Romano, cit., pág. 171 e segs., KASER, Das Römische Privatrechts, Die nachklassischen Entwicklungen, cit., pág. 182.

[147] Esse é o único sentido considerado por SAVIGNY, Das Recht des Besitzes, cit., pág. 102.

[148] Seja a possessio rei seja a *quasi-possessio* ou *possessio iuris*.

[149] D. 41, 2, 3, 21.

[150] D 41, 10, 2.

[151] D 41, 9, 1, 2.

No entendimento clássico, denomina-se *possessio pro suo*[152] aquela que se exerce sobre:
- *Res nullius*;
- Uma coisa que resulta de obra nossa;
- Os frutos de uma coisa;
- Uma coisa que se adquiriu com base em certo título, mas que pode ser usucapida com base em causa diversa da aquisição[153].

Por contraposição, a *possessio* resultante da venda, doação, sucessão por morte, dote, e por aí adiante, não constitui uma *possessio pro suo*.

No Direito clássico romano, a *possessio pro suo* representa uma espécie ou modalidade de posse, a par de outras. O qualificativo *pro suo* indica somente uma especial *causa possessionis*[154].

As alterações na construção dogmática da posse no Direito justinianeu repercutiram-se naturalmente no significado conceptual desta classificação[155]. Para os juristas justinianeus, a verdadeira posse é a *possessio animo domini*, a posse exercida nos termos do direito de propriedade, por quem seja proprietário ou por quem de boa fé acredite sê-lo. *Possessio rei, possessio animo, possessio pro suo*, são tudo designações que pretendem significar o mesmo: a posse do proprietário, aquela que se exterioriza com *animus domini*. Assim, de mera *causa possessionis* no Direito clássico, a designação passa a inculcar um género possessório na idade justinianeia[156].

Por contraposição, *possessio pro alieno* descreve a situação de alguém que, tendo a coisa em seu poder, não actua sobre ela com *animus domini*, ou seja, como seu proprietário. Trata-se de um campo notoriamente vasto, no qual se incluem casos de verdadeira posse (posse de má fé, *possessio iniusta, possessio ex iniusta causa*, posse nos termos de direitos reais menores) e outros de mera detenção (credor pignoratício, precarista, *sequester*), atendendo à relativa indiferenciação com os juristas justinianeus tratam a *possessio* que não se reconduz à posse genuína e autêntica no seu pensamento, que é a *possessio rei* em nome próprio, a posse nos termos da propriedade[157].

---

[152] Na doutrina, cf. ALBERTARIO, Distinzioni e qualificazioni in materia di possesso, cit., pág. 181 e segs.

[153] ALBERTARIO, Distinzioni e qualificazioni in materia di possesso, cit., pág. 183.

[154] ALBERTARIO, Distinzioni e qualificazioni in materia di possesso, cit., pág. 202.

[155] Sobre o que se diz no texto, cf. ALBERTARIO, Distinzioni e qualificazioni in materia di possesso, cit., pág. 201 e segs.

[156] ALBERTARIO, Distinzioni e qualificazioni in materia di possesso, cit., pág. 202.

[157] ALBERTARIO, Distinzioni e qualificazioni in materia di possesso, cit., pág. 202 e segs.

V. A distinção entre *possessio animo* e *possessio corpore*[158] faz a sua aparição na época justinianeia do Direito romano, não havendo resquícios dela nas épocas anteriores[159]. Na sua génese encontra-se a concepção justinianeia do *animus* possessório, entendido como *animus domini*, que não tem eco em nenhuma das épocas anteriores[160].

Na época clássica a posse existe *corpore et animo*, coexistindo ambos os elementos numa unidade incindível, que se quebra faltando qualquer deles. Como esclarece PAULO[161]: "*Et apiscimur possessionem corpore et animo, neque per se animo aut per se corpore*". O senhorio de facto sobre a coisa, a *naturalis possessio* ou *corporalis possessio*, designa a apreensão material da coisa, sem a qual não pode haver posse. No entanto, a dominação física da coisa não se transforma em posse se não vem acompanhada da intenção de exercê-la, do *animus possidendi*[162].

No tratamento clássico da posse, o *animus*, indispensável para que aquela exista, não tem autonomia perante o elemento físico do senhorio de facto e tão-pouco pode haver uma *possessio* que apenas dele dependa, sem o concurso da retenção material da coisa. GAIO[163] explicava isto afirmando não poder haver posse apenas na ideia.

Os juristas do Direito justinianeu promoveram uma rotura subtil com a visão clássica. Apoiando-se nos contributos doutrinários da época clássica tardia, em particular de PAULO[164], criaram uma verdadeira separação entre os elementos da posse. Surge agora nítida a contraposição entre o elemento físico ou material, que os clássicos denominavam *naturalis possessio* ou *corporalis possessio*, e o voluntário ou intencional, que já não é, no entanto, o *animus possidendi*, mas o *animus domini*, o *animus* referido à propriedade.

A *possessio animo* representa, pois, em primeiro lugar, a posse exercida pelo possuidor com *animus domini* e coincide no seu significado com o conceito pós-clássico e justinianeu de *possessio rei*. Em segundo lugar, e aqui reside o interesse principal da contraposição à *possessio corpore*, a *possessio*

---

[158] Sobre esta classificação, cf. ALBERTARIO, Distinzioni e qualificazioni in materia di possesso, cit., pág. 209 e segs., Il possesso, cit., pág. 128 e segs., Il Diritto Romano, cit., pág. 171 e segs.
[159] Cf. *infra* no texto, a propósito dos elementos da posse.
[160] Sobre as diversas concepções romanas do *animus* possessório, cf. *infra* no texto, no tratamento que damos aos elementos da posse.
[161] D. 41, 2, 3, 1.
[162] Sobre este, cf. *infra* no texto no tratamento dos elementos da posse.
[163] Instituições, IV.
[164] Enumeramos os trechos de PAULO mais adiante, no tratamento dos elementos da posse.

animo compreende os casos em que, não se registando embora um controlo físico da coisa, o Direito reconhece, ainda assim, a *possessio*.

Esta constitui uma das inovações do Direito justinianeu na teoria possessória romana. A retenção física da coisa pode estar perdida, mas ainda assim a posse manter-se, por o possuidor conservar o *animus* (*possessio solo animo*). A casuística identifica uma série de casos em que isso sucede[165].

A delimitação da *possessio corpore* no Direito justinianeu apresenta mais dificuldades. ALBERTARIO[166] esclarece que ela indica negativamente as posses sem *animo domini*, abrangendo desde a detenção à posse de má fé. Mas, explicado desta forma, abre-se uma incongruência. A classificação em análise ou divide o universo da posse, ou, se o transcende, deixa de ser uma classificação possessória.

Na nossa interpretação, a expressão *possessio animo* indica uma categoria de casos em que existe posse mesmo que desacompanhada do elemento material atinente ao controlo material da coisa, ou seja, meramente com o elemento psicológico do *animus domini*. Diferentemente, por *possessio corpore* o Direito justinianeu não pretende explicitar uma espécie de posse oposta à *possessio animo*, mas simplesmente o elemento corporal ou físico da posse, que pode existir em situações de posse – embora não de *possessio rei*, que requer o *animus domini* – e de detenção, com (credor pignoratício, precarista, *sequester*) ou sem tutela interdital (locatário, comodatário, depositário, etc.).

6. O objecto da *possessio*

I. Uma das mais importantes questões do tratamento romano da *possessio* prende-se naturalmente com a definição do seu objecto, ou seja, a realidade objectiva a que se refere.

Escusado será dizer, que tal definição do objecto da posse marca sobremaneira a construção jurídica de todo o instituto, tendo um alcance que ultrapassa realmente o seu âmbito, pois reflecte-se igualmente na extensão da propriedade, para não dizer, pelo menos, de todos os direitos reais de gozo.

---

[165] Cf. *infra* nos números relativos aos elementos da posse e aos factos determinantes da aquisição e perda da posse.

[166] Distinzioni e qualificazioni in materia di possesso, cit., pág. 209.

A POSSE NO DIREITO ROMANO

O objecto da *possessio* romana encontra-se durante o período clássico nas coisas corpóreas[167-168], com exclusão das coisas imateriais ou incorpóreas[169]. Nas palavras de PAULO: *possideri possunt, quae sunt corporalia*[170] e *non intellegitur possideri ius incorporali*[171]. A isto não será alheia a origem histórica da posse, ligada a uma necessidade de aproveitamento do solo agrícola e, portanto, da terra.

Subjacente à posse existe, pois, uma relação física[172], que requer a materialidade do objecto, o seu carácter corpóreo (*corpora*)[173]. Os direitos,

---

[167] Entre tantos outros, veja-se BONFANTE, Corso Di Diritto Romano, cit., pág. 268, ALBERTARIO, Il Diritto Romano, cit., pág. 172, BURDESE, Manuale Di Diritto Privato Romano, cit., pág. 454, DI MARZO, Istituzioni Di Diritto Romano, Milano, 1946, pág. 287, ALIBRANDI, Teoria Del Possesso Secondo Il Diritto Romano, cit., pág. 97, BRUNS, Das Recht des Besitzes im Mittelalter und in der Gegenwart, cit., pág. 2, HONSELL/MAYER-MALY/SELB, Römisches Rechts, cit., pág. 137, KASER/KNÜTEL/LOHSSE, Römisches Privatrecht, cit., pág. 120.

[168] Não falta quem aponte que no período do Direito Romano antigo a posse abrangia tudo aquilo que podia ser objecto da reivindicação, incluindo, para além das coisas, as pessoas privadas de liberdade (os escravos). Cf. neste sentido, BURDESE, Manuale Di Diritto Privato Romano, cit., pág. 454. A verdade, porém, é que a escravatura tende a equiparar a pessoa a uma coisa e, dentro deste prisma, a afirmação produzida em cima, no texto, não deixa de ser exacta.

[169] Não sendo embora o lugar para grandes desenvolvimentos, não deixaremos de dar nota da contraposição romana das coisas corpóreas às coisas incorpóreas. Nas suas Institutiones, Livro II, 12, GAIO afirma *"quaedam praeterea res corporales sunt, quaedam incorporale"*; *"corporales hae sunt quae tangi possunt, uelut fundus homo uestis aurum argentum et denique aliae res innumerabiles"* (Livro II, 13), enquanto *"incorporales sunt quae tangi non possunt, qualia sunt ea quae in iure consistunt, sicut hereditas ususfructus obligationes quoquo modo contractae"* (Livro II, 14). As coisas corpóreas são as que podem ser tocadas (tangíveis), enquanto as incorpóreas existem apenas no âmbito do Direito. Com esta formulação, a classificação entre *res corporales* e *incorporales* constitui uma contraposição entre *corpora* e *iura* (*in iure consistunt*). A este propósito veja-se GROSSO, Corso di diritto romano, Le cose, pág. 11 e segs. e BIONDO BIONDI, "Cosa corporale ed incorporale (Diritto romano)", Noviss. Dig. It., pág. 1014, HONSELL/MAYER-MALY/SELB, Römisches Recht, cit. A identificação entre a corporalidade e o direito de propriedade, típica dos períodos pré-clássico e clássico do Direito romano, tende a deixar o âmbito das coisas corpóreas às coisas materiais que são objecto deste direito e a remeter tudo o resto para o das coisas incorpóreas. Estas, por conseguinte, são entendidas por referência aos demais direitos patrimoniais (usufruto, uso e habitação e servidões), numa objectivação destes. A evolução posterior caminhou no sentido de dissociar a coisa corpórea do direito de propriedade e de admitir que ela pode ser objecto de outros direitos, para além da propriedade.

[170] D. 41, 2, 3 pr.

[171] D. 41, 3, 4, 26. O texto integral de PAULO é este: *"si viam habeam per tuum fundum et tu me ab ea vi expuleris, per longum tempus non utendo amittam viam, quia nec possideri intellegitur ius incorporale nec de via quis (id est mero iure) detruditur"*.

[172] De que fala BRUNS, Das Recht des Besitzes im Mittelalter und in der Gegenwart, cit., pág. 80 e seg.

[173] Parece incontroverso que no Direito romano o conceito de coisa surge decalcado do mundo sensível, daquilo que pode ser visto ou tocado e, nesta ordem de ideias, a verdadeira *res* é a *res*

enquanto realidade imaterial, não são *corpora* e, por conseguinte, a posse está afastada quanto a eles. Como diz Paulo[174]: *quia nec possideri intellegitur ius incorporale nec de via quis (id est mero iure) detruditur.*

Este dado relativo ao objecto da *possessio* confirma-se plenamente quando se ponderam os elementos da posse[175]. Expressões como *possessio corpore* ou *possidere corpore, tenere, detinere, esse in possessione, possessio naturalis* ou *corporalis, in re esse* exteriorizam justamente a dominação física de um objecto, possível apenas relativamente a coisas corpóreas. Toda a construção romana do instituto assenta na materialidade como base da *possessio*[176].

II. Com a exclusão das coisas incorpóreas os romanos da época clássica não pretendiam significar aquilo que hoje entendemos por este conceito[177], mas unicamente que a *possessio* não podia recair sobre direitos (*iura*). Direitos que hoje temos como direitos sobre coisas, em particular, o usufruto, o uso e habitação e as servidões prediais, são vistos como coisas incorpóreas. Ora, uma posse de direitos era algo que repugnava ao pensamento clássico romano, que via na posse uma relação de carácter físico, que só o carácter corpóreo conferia.

Ao mesmo tempo, a materialidade vem interpretada no sentido da dominação da coisa permitida ao proprietário, o que restringe, em larga parte, a *possessio* à propriedade. Os casos de *possessio* admitidos no período clássico, do credor pignoratício, do *sequester* e do precarista, são vistos como excepcionais e não abrangem a actuação de outros titulares de direitos, o usufrutuário, o usuário ou o titular de uma servidão. Para estes não existe uma *possessio* e a sua actuação sobre a coisa não corresponde a um *possidere*.

Um dado de Direito positivo romano gera, no entanto, alguma perplexidade: a protecção possessória concedida através de interditos contempla igualmente a actuação nos termos de outros direitos, como o usufruto, o uso, a habitação e ainda algumas modalidades de servidões prediais, como

---

corporales. A *res incorporales*, ao invés, existe apenas ao nível jurídico. Em particular, veja-se Grosso, Corso di diritto romano, Le cose, pág. 5 e segs. e 11 e segs., em especial, pág. 15, Sohm, Institutionem Des Römischen Rechts, pág. 360. Também Biondo Biondi, "Cosa (Diritto Romano)", Noviss. Dig. It., pág. 1007, explica que no Direito romano se fala de *res* para indicar a materialidade.

[174] D. 41, 3, 4, 26.
[175] Sobre estes, cf. *infra* no texto.
[176] Bonfante, Istituzioni Di Diritto Romano, cit., pág. 290.
[177] São coisas corpóreas as que não se revelam aos sentidos, sendo apenas apreendidas pelo intelecto humano. Sobre o conceito de coisa incorpórea, José Alberto Vieira, Direitos Reais, pag. 136 e seg., Oliveira Ascensão, Direito Civil – Teoria Geral, Volume I, pág. 352 e segs., Menezes Cordeiro, Tratado De Direito Civil Português, I, Parte Geral, Tomo II, Coisas, pág. 106 e segs.

as servidões de passagem e de água[178]. O que levanta um problema: se a posse representa a dominação física do proprietário sobre a coisa, a protecção possessória de outros direitos parece inculcar a ideia de que, afinal, o objecto da posse poderia ser igualmente uma coisa incorpórea (um direito no sentido romano de coisa incorpórea).

Alguns romanistas[179] explicam, porém, que os interditos que defendiam o usufrutuário, o usuário, o morador usuário tinham por objectivo o exercício do direito e não a tutela da posse. ALBERTARIO[180] chama a atenção para a fórmula interdital que atenta à protecção do *uti frui*, do *uti*, mas não da posse[181]. Trata-se de defender o exercício do usufruto ou do uso e não de tutelar o possuidor e a sua posse. O mesmo se diga quanto aos interditos dispostos para algumas servidões de água e de passagem. O que está em causa é a protecção do *usus* do titular do direito e não da posse da coisa[182].

III. Se a posse incidia somente sobre coisas corpóreas nem todas estas poderiam ser objecto da posse. Algumas categorias de coisas corpóreas eram excluídas da posse.

Deste modo, as coisas fora do comércio[183] não podiam ser objecto de posse, assim como os homens livres[184]. Já os escravos constituíam no Direito

---

[178] Sobre isto, cf. *infra* no texto.
[179] KASER, Das Römisches Rechts, Die Nachklassischen Entwicklungen, cit., pág. 256, ALBERTARIO, Il Diritto Romano, cit., pág. 173, BONFANTE, Istituzioni Di Diritto Romano, cit., pág. 300, BIONDO BIONDI, Istituzioni Di Diritto Romano, cit., pág. 333.
[180] Il Diritto Romano, cit., pág. 172 e seg.
[181] Veja-se também KASER, Das Römisches Rechts, Die Nachklassischen Entwicklungen, cit., pág. 256.
[182] ALBERTARIO, Il Diritto Romano, cit., pág. 173, BONFANTE, Istituzioni Di Diritto Romano, cit., pág. 300, BIONDO BIONDI, Istituzioni Di Diritto Romano, cit., pág. 333.
[183] A noção de *res extra commercium* não surge clara nas fontes romanas, sobretudo, na delimitação da coisa denominada *res extra patrimonium*. Sobre o ponto, cf. GROSSO, Corso di diritto romano, Le cose, cit., pág. 15 e segs. No entendimento mais corrente do Direito romano comum, coisa fora do comércio é aquela que, pela sua natureza ou destinação, não pode fazer parte do património de alguém (BIONDO BIONDI, Istituzioni Di Diritto Romano, cit., pág. 153) ou, mais correntemente, que não pode ser objecto de direitos privados (SOHM, Institutionem Des Römischen Rechts, cit., pág. 369). Conforme explica BIONDO BIONDI, Istituizioni Di Diritto Romano, cit., pág. 155, a enumeração das coisas fora do comércio obedece à *summa rerum divisio* entre *res divini iuris* e *res humani iuris*. De entre as coisas fora do comércio pertencentes à última categoria, temos:
– *Res communes omnium*;
– *Res publicae*;
– *Res universitatis*.
As coisas fora do comércio integradas na categoria de *res divini iuris* são:
– *Res sacrae*;
– *Res religiosae*;

romano um objecto possível de posse[185], dado que sobre eles podia incidir uma propriedade de alguém, a consequência lógica de um regime que admite a escravatura.

IV. A posse somente incide sobre coisas corpóreas que tenham individualidade própria e sejam independentes de outras[186]. Se uma coisa está incorporada numa outra, que a absorve na totalidade, não tem autonomia e não pode ser possuída por ninguém, ainda que essa perda de autonomia possa não ser definitiva[187].

Num conhecido trecho da autoria de JAVOLENO[188] lê-se: *"eum, qui aedes mercatus est, non puto aliud quam ipsas aedes possidere: nam si singulas res possidere intellegetur, ipsas non possidebit: separatis enim corporibus, ex quibus aedes constant, universitas aedium intellegi non poterit. Accedit eo, quod, si quis singulas res possidere dixerit, necesse erit dicat possessione superficiei tempori de mobilibus statuto locum esse, solum se capturum esse ampliori: quod absurdum et minime iuri civili conveniens est, ut una res diversis temporibus capiatur, ut puta cum aedes ex duabus rebus constant, ex solo et superficie, et universitas earum possessionem temporis immobilium rerum omnium mutet"*. O jurista argumenta que quem tem a posse de uma casa não pode ter simultaneamente a posse dos materiais que a compõem, pois se estes fossem considerados separadamente não poderiam representar a própria casa.

A doutrina aparece repetida numa lei de VENULEIO[189], num caso que ilustra a relação entre um edifício e as suas telhas. Uma vez mais, rejeita-se uma posse sobre as telhas; ela existe unicamente no que respeita ao edifício. No mesmo sentido vão decisões de outros juristas, nomeadamente, JULIANO, PAULO[190] e GAIO.

– *Res sanctae*.
Sobre esta matéria, cf. BIONDO BIONDI, Istituizioni Di Diritto Romano, cit., pág. 155 e segs., SOHM, Institutionem Des Römischen Rechts, pág. 370 e segs. KASER, Direito Privado Romano, cit., pág. 122 e Römisches Privatrecht, cit., pág. 96 e segs.
[184] GROSSO, Corso di diritto romano, Le cose, cit., pág. 6 e segs.
[185] GROSSO, Corso di diritto romano, Le cose, cit., pág. 7.
[186] BONFANTE, Corso Di Diritto Romano, III, cit., pág. 267 e segs., FERRINI, Manuale Di Pandette, cit., pág. 314, ALIBRANDI, Teoria Del Possesso Secondo Il Diritto Romano, cit., pág. 98 e segs.
[187] FERRINI, Manuale Di Pandette, cit., pág. 314.
[188] D. 41, 3, 23 pr.
[189] D. 43, 24, 8: *"nam origo huius rei a solo proficiscitur. Ceterum per se tegulae non possidentur, sed cum universitate aedificii, nec ad rem pertinet, adfixae sunt an tantum positae"*. As telhas de um edifício não são autonomamente possuídas, apenas o edifício o é.
[190] D. 6, 1, 23, 2.

Uma decisão de Pomponio[191] aparenta contradizer esta doutrina: "*Labeo libris epistularum ait, si is, cui ad tegularum vel columnarum usucapionem decem dies superessent, in aedificium eas coniecisset, nihilo minus eum usucapturum, si aedificium possedisset. Quid ergo in his, quae non quidem implicantur rebus soli, sed mobilia permanent, ut in anulo gemma? In quo verum est et aurum et gemmam possideri et usucapi, cum utrumque maneat integrum*"[192]. Quanto à primeira parte, Pomponio alude à opinião de Labeão, sem dar a sua. De acordo com Labeão, faltando dez dias para o decurso do prazo de usucapião relativo às telhas e colunas usadas para a construção de uma casa, a usucapião ainda assim se daria passado esse prazo, não obstante as coisas fazerem agora parte do imóvel e não terem existência separada. Ora, isto só se afiguraria possível caso se considerasse subsistente a posse sobre os materiais, apesar da incorporação no edifício, o que contraria a doutrina que a posse cessa quando a coisa perde a autonomia por ser integrada noutra[193], postulada por Javoleno, Venuleio, Juliano, Paulo e Gaio[194].

Na segunda parte, Pomponio apresenta como solução para o caso de duas coisas móveis se unirem, mantendo a sua individualidade, que a posse de cada uma delas se mantém e ambas podem vir a ser adquiridas por usucapião. O que sucede no tocante à relação entre o anel de ouro e a sua pedra (gema). Esta solução não vale, no entanto, quando uma das coisas (móveis) passa a fazer parte de uma outra, ainda que não ocorra uma inseparabilidade definitiva[195]. Exemplos de Ulpiano, da roda unida ao carro[196], das tábuas empregues no armário ou no navio, da pega unida à jarra[197], ilustram isto mesmo.

---

[191] D. 41, 3, 30, 1.
[192] Alibrandi, Teoria Del Possesso Secondo Il Diritto Romano, cit., pág. 99 sustenta que este texto foi interpolado pelos compiladores. E inclina-se também nesse sentido Ferrini, Manuale Di Pandette, cit., pág. 314, nota 2.
[193] Ainda que se considere ser apenas para efeitos de usucapião.
[194] O que determinaria a interrupção do prazo de prescrição para as coisas móveis que perdem a sua autonomia com a integração numa outra.
[195] Sobre isto, veja-se Alibrandi, Teoria Del Possesso Secondo Il Diritto Romano, cit., pág. 100 e Bonfante, Corso Di Diritto Romano, III, cit., pág. 268 e seg.
[196] D. 10, 4, 7, 1: "*sed si rotam meam vehiculo aptaveris, teneberis ad exhibendum (et ita pomponius scribit), quamvis tunc civiliter non possideas*".
[197] D. 10, 4, 7, 2: "*idem et si armario vel navi tabulam meam vel ansam scypho iunxeris vel emblemata phialae, vel purpuram vestimento intexeris, aut bracchium statuae coadunaveris*".

V. Levanta-se o problema de saber se pode haver posse sobre uma parte da coisa (corpórea)[198].

Se a posse toma por objecto uma porção bem delimitada de um prédio, que pode subsistir por si, como se fora uma coisa autónoma, ela é admitida, conquanto respeite apenas a uma parte do todo[199]. Um texto de Pomponio[200] faz luz sobre o ponto: *"locus certus ex fundo et possideri et per longam possessionem capi potest et certa pars pro indiviso, quae introducitur vel ex emptione vel ex donatione vel qualibet alia ex causa. Incerta autem pars nec tradi nec capi potest, veluti si ita tibi tradam: "quidquid mei iuris in eo fundo est": nam qui ignorat, nec tradere nec accipere id, quod incertum est, potest"*. A primeira frase da decisão ilustra bem que no Direito clássico se aceita a posse de uma parte de um prédio, desde que ela esteja determinada (certa)[201], ou seja, recaia numa porção bem delimitada daquele.

Inversamente, ninguém pode possuir uma parte de coisa que não esteja determinada (certa). Numa outra decisão, o mesmo Pomponio[202] diz a este propósito: *"incertam partem possidere nemo potest: ideo si plures sint in fundo, qui ignorent, quotam quisque partem possideat, neminem eorum mera suptilitate possidere Labeo scribit"*. E também Paulo[203] se pronuncia sobre o tema, reiterando o que aparenta ser uma doutrina pacífica entre os jurisconsultos da época clássica: *"incertam partem rei possidere nemo potest, veluti si hac mente sis, ut quidquid titius possidet, tu quoque velis possidere"*.

A posse sobre uma parte ideal da coisa vem igualmente admitida na época clássica, sempre contando que esteja determinada (metade, um terço, três quartos, etc.)[204]. Labeão[205] deixa claro que se vários são donos de um prédio, mas nenhum deles conhece o valor da sua posição, ninguém tem a posse, o que leva a tomar por assente a asserção contrária.

Não interessa, por conseguinte, que a parte da coisa esteja dividida (*pro diviso*), podendo estar indivisa (*pro indiviso*), contando que esteja determinada, seja certa para usar a terminologia dos juristas clássicos (*"locus certus*

---

[198] Savigny, Das Rechts Des Besitzes, cit., pág. 260 e segs., Alibrandi, Teoria Del Possesso Secondo Il Diritto Romano, cit., pág. 101.
[199] Savigny, Das Rechts Des Besitzes, cit., pág. 260 e seg.
[200] D. 41, 2, 26.
[201] Seja certa diz Alibrandi, Teoria Del Possesso Secondo Il Diritto Romano, cit., pág. 101.
[202] D. 41, 3, 32, 2.
[203] D. 41, 2, 3, 2.
[204] Savigny, Das Rechts Des Besitzes, cit., pág. 261 e seg., Alibrandi, Teoria Del Possesso Secondo Il Diritto Romano, cit., pág. 101.
[205] Citado por Pomponio em D. 41, 3, 32, 2.

ex fundo et possideri et per longam possessionem capi potest et certa pars pro indiviso, quae introducitur vel ex emptione vel ex donatione vel qualibet alia ex causa")[206].

Fora dos casos enunciados, não pode ser adquirida uma posse sobre parte de coisa, quer dizer, defronte do *ius civilis* ninguém pode ter uma posse que não recaia sobre a totalidade da coisa[207].

Finalmente, quem tem a posse da coisa possui-a na sua integralidade, não havendo simultaneamente posse de cada parte por si[208]. O possuidor da coisa tem a posse relativa ao todo e nessa posse engloba-se a posse de todas as partes da coisa. Uma posse de cada uma das partes, por si, não vem à consideração, sendo de rejeitar, qualquer que seja a época do Direito romano a que se atenda.

VI. Outro problema relevante em tema de objecto da posse respeita à existência de uma *possessio* de coisas *ex distantibus*[209], em particular, do rebanho. Alguns romanistas vislumbram neste caso uma coisa corpórea[210] e abrem o caminho para a discussão sobre a posse do rebanho e respectivos efeitos jurídicos, nomeadamente, a tutela interdital e a usucapião[211].

Quer-nos parecer, porém, que uma tal perspectiva extravasa em demasia dos dados existentes. No único texto das fontes onde o tema surge abordado expressamente, POMPONIO[212] declara, com alguma elaboração, que o regime da usucapião do rebanho, um exemplo de *res ex distantibus*, coincide com o da posse: *"de tertio genere corporum videndum est. Non autem grex universus sic capitur usu quomodo singulae res, nec sic quomodo cohaerentes. Quid ergo est? Etsi ea natura eius est, ut adiectionibus corporum maneat, non item tamen universi gregis ulla est usucapio, sed singulorum animalium sicuti possessio, ita et usucapio. Nec si quid emptum immixtum fuerit gregi augendi eius gratia, idcirco possessionis*

---

[206] ALIBRANDI, Teoria Del Possesso Secondo Il Diritto Romano, cit., pág. 101.

[207] SAVIGNY, Das Rechts Des Besitzes, cit., pág. 263 e seg.

[208] SAVIGNY, Das Rechts Des Besitzes, cit., pág. 264 e segs., BURDESE, Manuale Di Diritto Privato Romano, cit., pág. 455.

[209] Lembramos a tripartição clássica das coisas, que pode ser surpreendida na decisão de POMPONIO (D. 41, 3, 30 pr): *"rerum mixtura facta an usucapionem cuiusque praecedentem interrumpit, quaeritur. Tria autem genera sunt corporum, unum, quod continetur uno spiritu et Graece hynwmenon [continuum] vocatur, ut homo tignum lapis et similia: alterum, quod ex contingentibus, hoc est pluribus inter se cohaerentibus constat, quod sunymmenon vocatur, ut aedificium navis armarium: tertium, quod ex distantibus constat, ut corpora plura non soluta, sed uni nomini subiecta, veluti populus legio grex. Primum genus usucapione quaestionem non habet, secundum et tertium habet"*. Das três, a que está em análise no texto é a terceira (*ex distantibus*).

[210] BONFANTE, Corso Di Diritto Romano, III, cit., pág. 270.

[211] BONFANTE, Corso Di Diritto Romano, III, cit., pág. 269 e segs.

[212] D. 41, 3, 30, 2.

causa mutabitur, ut, si reliquus grex dominii mei sit, haec quoque ovis, sed singulae suam causam habebunt, ita ut, si quae furtivae erunt, sint quidem ex grege, non tamen usucapiantur". Assim como a posse recai sobre cada animal do rebanho, também a usucapião acontece da mesma forma. Por outras palavras, não há uma posse do rebanho, mas apenas dos animais individualmente considerados e, deste modo, a usucapião opera separadamente para cada um deles e não para o conjunto.

VII. A pureza conceitual da posse referida a coisas corpóreas começa a perder-se antes do final da época clássica. A posição do herdeiro perante a herança, do usufrutuário e do usuário, e a situação existente em algumas servidões prediais, que recebem protecção através de interditos, abrem o campo para uma posse de direitos (usufruto, servidões), denominada inicialmente *quasi possessio*.

Este passo representa a admissão que a posse pode também ter por objecto os direitos e não somente coisas (corpóreas) e introduz uma inversão na construção dogmática do instituto relativamente ao seu espírito inicial.

7. *Possessio* e *quasi possessio* ou *possessio iuris*

I. No período clássico do Direito romano, a referência da posse à propriedade, apenas quebrada em casos excepcionais[213], impede que se fale em *possessio* relativamente a outros direitos reais. A posse pode ter como objecto somente uma *res corporale*. Uma coisa incorpórea, ao invés, não é susceptível de posse. Os juristas romanos da época clássica não admitiam uma posse de direitos.

A rigidez desta demarcação fica atenuada, no entanto, pela extensão da protecção interdital ao usufruto, ao uso e habitação e a algumas modalidades de servidões prediais (de água e de passagem). Esta protecção, que está na base da distinção entre *interdicta utilia* e *interdicta directa*[214], não era, porém, uma verdadeira protecção possessória e os interditos possessórios em causa não protegiam um possuidor e a sua posse[215], mas o *usus* ou *uti*[216].

A protecção interdital em situações que reconhecidamente não são de posse leva ao aparecimento progressivo, primeiramente raro, mas crescen-

---

[213] Cf. o que se diz no número seguinte.
[214] Por último, KASER, Das Römisches Rechts, Die Nachklassischen Entwicklungen, cit., pág. 256.
[215] ALBERTARIO, Il Diritto Romano, cit., pág. 172.
[216] Cf. o que dissemos no número anterior.

temente mais frequente, de referências à *quasi possessio* ou *possessio iuris*[217]. Esta engloba, pois, os casos do usufruto, uso e habitação e de algumas servidões prediais relativamente aos quais a posse não era reconhecida, sendo, em todo o caso, outorgada protecção interdital.

Discute-se se a origem da figura da *quasi possessio* ou *possessio iuris* é clássica ou se ela surge somente no período posterior. PEROZZI[218] sustenta que a *quasi possessio* data da época pós-clássica, concretamente, do Direito justinianeu; ALBERTARIO[219], por sua vez, não deixando de sublinhar que se trata de uma construção pós-clássica[220], defende que ela tem as suas raízes ainda na época clássica.

Ao que parece, a expressão *quasi possessio* vem utilizada já nas fontes clássicas, embora sem lhe corresponder o significado técnico preciso que veio a adquirir somente no Direito justinianeu[221]. BONFANTE[222] defende, no entanto, em disputa com ALBERTARIO e PEROZZI, que a *quasi possessio* se identifica com o estado de facto do exercício do usufruto (e do uso) no Direito clássico e nada teria a ver com a *possessio iuris*, de origem grega, portanto, posterior. Ela corresponderia, portanto, a uma situação análoga à *possessio*, sem ser *possessio*[223].

---

[217] Na doutrina, cf. BONFANTE, Istituzioni Di Diritto Romano, cit., pág. 300, BURDESE, Manuale Di Diritto Privato Romano, cit., pág. 470 e "Possesso (dir. rom.)", 12., SANFILIPPO, Istituzioni Di Diritto Romano, cit., pág. 227, ALBERTARIO, Il Diritto Romano, cit., pág. 173, ARANGIO-RUIZ, Istituzioni Di Diritto Romano, cit., pág. 254 e segs., BIONDO BIONDI, Istituzioni Di Diritto Romano, cit., pág. 333, BRUNS, Das Recht des Besitzes im Mittelalter und in der Gegenwart, cit., pág. 77 e segs., VANGEROW, Lehrbuch der Pandekten, cit., pág. 382 e segs., WÄCHTER, Pandekten, Band 2, Leipzig, 1880, pág. 101 e segs., PUCHTA, Lehrbuch der Pandekten, 9. Auflage, Leipzig, 1863, pág. 206 e segs., DERNBURG, Pandekten, cit., pág. 51 e segs., KRÜGER, Die prätorische Servitut, Münster, 1911, pág. 100 e segs.

[218] "I Modi Pretorii D'Acquisto Delle Servitù", Rivista Italiana per le Scienze Giuridiche, 1897, pág. 42 e segs.

[219] Il Diritto Romano, cit., pág. 172 e seg.

[220] Em "VAT. FR. 90 (Contributo Agli Studi Sulla Origine Della Possessio Iuris)", em Studi Di Diritto Romano, pág. 380.

[221] CANNATA, "Possesso (Diritto Romano)", cit., pág. 330, e), BURDESE, "Possesso (Diritto Romano)", cit., 12. Ver ainda KASER, Das Römische Privatrecht, Das Altrömische, Das Vorklassisches und Klassisches Recht, cit., pág. 330, nota 25, Das Römisches Rechts, Die Nachklassischen Entwicklungen, cit., pág. 255 e HONSELL/MAYER-MALY/SELB, Römisches Rechts, cit., pág. 137.

[222] Corso Di Diritto Romano, cit., pág. 206 e segs., e, especialmente, pág. 464.

[223] Enquanto para BONFANTE a *possessio iuris* existe apenas para as servidões prediais, já KRÜGER, Die prätorische Servitut, cit., pág. 100 e seg., sustenta que o conceito de *quasi possessio* ou *possessio iuris* incluiria tanto as servidões pessoais como as prediais.

II. A evolução no Direito justinianeu rompe definitivamente com o dogma anterior, clássico, da impossibilidade da posse incidir sobre direitos (coisas incorpóreas) e consagra a admissão da *possessio* nos termos do usufruto, do uso e, em diferente medida, das servidões prediais. Essa posse não se reconduz, porém, à denominada *possessio rei*, exercida nos termos da propriedade com *animus domini*, mas uma sua espécie menor que vem designada de *quasi-possessio* ou *possessio iuris*[224].

A *possessio iuris* ou *quasi possessio* representa, assim, a posse referida ao direito de usufruto, de uso e habitação e às servidões prediais, ou seja, à categoria lata das servidões[225-226], que incluía na época do Direito justinianeu tanto as servidões pessoais (usufruto, uso e habitação) como as servidões prediais.

Deste modo, neste tempo, ao lado da verdadeira e genuína *possessio*, a posse nos termos da propriedade, existe reconhecida uma posse nos termos de outros direitos reais, que vem chamada de *possessio iuris*. A explicação para esta designação encontra-se no modo como surge entendido o objecto da posse: uma coisa corpórea na *possessio*, um direito na *possessio iuris*.

No período do Direito justinianeu, possuidor é o proprietário da coisa (*possessio rei*); tem a *possessio iuris* o enfiteuta, o superficiário e aquele que exerce de facto uma servidão, pessoal (usufruto, uso e habitação) ou predial.

Esta extensão da *possessio*, entendida como *possessio iuris*, a outros direitos reais provoca o alargamento do campo de actuação de institutos existentes, como a tradição, a usucapião[227] e a *actio Publiciana*[228]. Mas é sobretudo a sua aplicação fora do domínio dos direitos reais que surge como um dado novo. No Direito justinianeu admite-se a *possessio iuris* no âmbito da *heriditalis petitio*, de um *status* pessoal ou de um privilégio[229] e estende-se a eles a tutela possessória.

---

[224] Sobre o tema, cf. ALBERTARIO, Il Diritto Romano, cit., pág. 172, BURDESE, Manuale Di Diritto Privato Romano, cit., pág. 470 e seg., SANFILIPPO, Istituzioni Di Diritto Romano, cit., pág. 227 e seg., BONFANTE, Istituzioni Di Diritto Romano, cit., pág. 300 e segs., IGLESIAS, Instituciones De Derecho Romano, Volume Primero, cit., pág. 210.

[225] Quanto a estas, cf. PEROZZI, "I Modi Pretorii D'Acquisto Delle Servitù", cit., pág. 41 e segs.

[226] ALBERTARIO, "VAT. FR. 90 (Contributo Agli Studi Sulla Origine Della Possessio Iuris)", em Studi Di Diritto Romano, cit., pág. 380 e seg.

[227] Possível agora quanto às servidões.

[228] BURDESE, Manuale Di Diritto Privato Romano, cit., pág. 471 e "Possesso (diritto romano)", 12. Cf. ainda KASER, Das Römisches Rechts, Die Nachklassischen Entwicklungen, cit., pág. 256.

[229] ALBERTARIO, Il Diritto Romano, cit., pág. 174.

8. Os direitos que admitem posse

I. A posse do proprietário[230] surge como um dado inquestionável do Direito romano e constitui um ponto basilar do instituto romano da posse. É a ela que faz referência a lei das XII Tábuas, que confere àquele que tem o *usus*[231] a possibilidade de adquirir o *dominium* da coisa decorridos dois anos ou um ano, consoante se trate de coisa imóvel ou móvel.

No entanto, desde a época do Direito antigo e pré-clássico a *possessio* romana não se esgota de modo algum na relação com a propriedade e estende-se bem para além deste direito. Para além do proprietário, pode dizer-se com segurança que nesta época têm também a posse[232]:
 – O concessionário do *ager publicus*;
 – O precarista;
 – O credor pignoratício;
 – O *sequester*.

Este cenário sofre mudanças nas épocas seguintes. O que leva a dizer, que afirmações de alcance geral sobre os direitos que admitem posse correm o risco de ser inexactas. As três épocas do Direito romano – antiga e pré-clássica, clássica e pós-clássica – falham em oferecer uma identidade absoluta de regime jurídico; muito pelo contrário, conclusões válidas para uma época podem deixar de o ser para a época seguinte.

A observação do regime jurídico da posse revela variações em cada época, muito em particular, da época clássica para a época pós-clássica, no que toca aos direitos nos termos dos quais a posse se exerce. Assim, e exemplificativamente, o precarista, cuja posse obtém reconhecimento nas duas primeiras épocas do Direito romano, vê o seu estatuto degradar-se a detentor no Direito justinianeu.

Deste modo, uma análise correcta e rigorosa sobre cada um dos direitos aos quais a posse se pode referir deve acautelar a situação existente em cada época e chamar a atenção para as diferenças suscitadas pelo processo evolutivo nesta matéria.

---

[230] Apenas a título exemplificativo, KASER, Das Römische Privatrecht, Das Altrömische, Das Vorklassisches und Klassisches Recht, cit., pág. 328.
[231] Conforme explicámos anteriormente, esta constitui a designação mais antiga da *possessio* romana.
[232] Entre tantos outros, e sem prejuízo dos autores citados em baixo, cf., KASER/KNÜTEL/LOHSSE, Römisches Privatrecht, cit., pág. 123 e seg., SOHM, Institutionem Des Römisches Rechts, cit., pág. 424, nota 2, BONFANTE, Corso Di Diritto Romano, cit., pág. 195.

II. O concessionário do *ager publicus*[233] tem a *possessio* do imóvel. Sendo a prática de concessão de terras do *ager publicus* um dos troncos originários da *possessio* romana[234], nada mais natural do que configurar a posse do concessionário respectivo. À defesa da sua posição desenvolveram-se os primeiros interditos possessórios, nomeadamente, o *interdictum uti possidetis* e o *interdictum de vi*[235].

A posse do concessionário do *ager publicus* exerce-se nos termos da sua posição, que não é obviamente a de titular do *dominium*. A propriedade das terras dadas em concessão cabe à entidade pública, seja o Estado ou a cidade, que outorga a favor de privados. E este constitui um dos mais poderosos argumentos que justificam o afastamento da tese de que a posse no Direito romano seria a imagem da propriedade, tão cara a juristas como JHERING ou BONFANTE. Na sua origem, a posse sobre bens do *ager publicus* nasce a favor de quem não é proprietário nem reclama para si o *dominium*, cuja titularidade não vem posta em causa através da concessão, independentemente do funcionamento futuro e meramente eventual da usucapião.

A posse sobre bens do *ager publicus* tem o seu apogeu na época do Direito romano antigo e pré-clássico. À entrada da época clássica o declínio da posse sobre terras do *ager publicus* estava já em marcha, em sintonia com o reforço do poder das entidades públicas para administrar directamente os bens públicos e juntamente com a mudança da própria estrutura fundiária.

Deste modo, de uma percentagem relevante das situações possessórias no Direito pré-clássico, passou-se para um número residual na época clássica, a ponto de na época seguinte, pós-clássica, já não restarem vestígios desta prática. Uma posse que nasceu e morreu, assim, durante a civilização romana.

III. Contrariamente ao que pode ser sugerido na terminologia actual do Código Civil português, que assimila o possuidor precário ao detentor (art. 1253º), no quadro do Direito romano antigo e clássico o precarista é um possuidor[236] e a sua posse aparece equiparada à posse do proprietário, inde-

---

[233] Fazemos em baixo um tratamento específico para o *possessor* do *ager vectigalis*.
[234] Cf. o que dissemos *supra* no texto sobre a origem da *possessio*.
[235] Sobre isto, cf. *infra* no texto, no tratamento que fazemos dos interditos possessórios.
[236] SANTOS JUSTO, Direito Privado Romano, III, cit., pág. 151, KASER, Das Römische Privatrecht, Das Altrömische, Das Vorklassisches und Klassisches Recht, cit., pág. 329, e Direito Privado Romano, cit., pág. 128, KASER/KNÜTEL/LOHSSE, Römisches Privatrecht, cit., pág. 123, SOHM, Institutionem Des Römisches Rechts, cit., pág. 424, nota 2, BRUNS, Das Rechts des Besitzes, cit., pág. 7, BONFANTE, Corso Di Diritto Romano, cit., pág. 196 e segs, BURDESE, Manuale Di Diritto Privato Romano, cit., pág. 453 e "Possesso (diritto romano)", cit., pág. 2, PEROZZI, Istituzioni Di Diritto

pendentemente da ausência do *animus* de ter a coisa para si. Vários juristas romanos confirmam esta posse do precarista[237] e em lugares dispersos surge a referência à *exceptio precariae possessionis*, que só se compreende pela admissão da posse respectiva[238].

O *precario* teve a sua origem histórica na concessão de terras pelos patrícios proprietários aos seus clientes, camponeses dependentes, para que estes as explorassem, uma prática equivalente à que sucedia com as terras do *ager publicus*, que, todavia, parece ser ainda mais antiga. Esse é, pelo menos, o ensinamento que Niebuhr e Savigny[239] deixaram, e que contou com a adesão de Bonfante[240], Burdese[241] e, em Portugal, de Santos Justo[242].

A concessão do imóvel a título de *precario* era livremente revogável pelo concedente, que podia pedir a entrega da coisa a qualquer momento e sem qualquer fundamento (*ad nutum*), estando o precarista obrigado a devolvê-la imediatamente. Deste modo, o *precario* não outorgava ao precarista qualquer direito sobre a coisa[243] e deixava-o inteiramente nas mãos do proprietário relativamente à subsistência da situação.

Quando a entrega da coisa era solicitada ao precarista e este não acatava voluntariamente a interpelação para cumprimento, o concedente tinha ao seu dispor a tutela interdital através do *interdictum quod precario*. A natureza deste interdito não se afigura, porém, clara. Bonfante[244] defende que

---

Romano, cit., pág. 865, Sanfilippo, Istituzioni Di Diritto Romano, cit., pág. 226, Albertario, La involuzione del possesso del precarista, del creditore pignoratizio e del sequestratario nel diritto postclassico giustinianeo, in Studi Di Diritto Romano, cit., pág. 141 e segs. Este último autor vai até mais longe, considerando mesmo o *precario* como a primeira figura histórica da *possessio* romana, ob. cit., pág. 148. Do mesmo autor, cf., ainda, Distinzioni E Qualificazioni In Materia Di Possesso, in Studi Di Diritto Romano, cit., pág. 206. Sustentando, em sentido contrário, porém, que o precarista não tinha posse no Direito romano, e sem fazer qualquer distinção entre épocas históricas, Wieling, Die historischen Voraussetzungen des modernen Besitzschutzes, in Hundert Jahre Japanisches Zivilgesetzbuch, pág. 369.

[237] Um elenco pode encontrar-se em Bonfante, Corso Di Diritto Romano, cit., pág. 196.
[238] Bonfante, Corso Di Diritto Romano, cit., pág. 197.
[239] Das Rechts Des Besitzes, cit., pág. 202 e 458 e segs., em especial, 464 e seg.
[240] Corso Di Diritto Romano, cit., pág. 197.
[241] "Possesso (Diritto romano)", cit., 2, 3 e 4.
[242] Direito Privado Romano, III, cit., pág. 151.
[243] Tão-pouco de natureza obrigacional: o *precario*, do período antigo à época clássica, não era sequer um negócio jurídico. Isto expressa bem a situação de dependência em que o precarista se encontrava defronte do concedente. A partir da época pós-clássica, porém, a nova configuração do *precarium* como um contrato (inominado) permite considerar existente uma relação obrigacional, com a tutela respectiva, entre concedente e precarista.
[244] Corso Di Diritto Romano, cit., pág. 199.

não se trata de um interdito possessório, estando em causa simplesmente a recusa em devolver a coisa.

Discute-se entre os juristas romanos da época clássica se, uma vez constituído o *precario*, haveria uma única posse, a do precarista, ou se mais do que uma pessoa, o concedente e o precarista, teriam a *possessio in solidum*. Enquanto a posse de um, o concedente, seria uma *possessio iusta*, a do precarista seria *iniusta*[245]. Esta era a doutrina de SABINO e TREBAZIO, à qual se opunha a opinião dominante, representada por PAULO[246] e LABEÃO, segundo os quais, haveria apenas uma posse, a do precarista, não sendo o concedente possuidor, ou seja, dito de outra forma, o *precario* importava a perda da posse para o concedente, por transmissão, e a aquisição da *possessio* pelo precarista. Só uma posse existiria, assim, sobre a coisa, e essa seria a do precarista.

O período pós-clássico do Direito romano vem a assistir a uma transformação extrema na fisionomia do *precario*, que passa a ser assimilado à locação, recebendo o precarista um tratamento jurídico equiparado ao locatário (*conductor*)[247]. As duas figuras tendem agora a confundir-se.

Nas constituições imperiais do século IV e V a expressão *precario possidere* não pretende inculcar o sentido de uma posse do precarista, querendo dizer, ao invés, uma posse em nome alheio (*pro alieno possidere*). Não se fala mais em coisa dada em posse (ao precarista), mas antes em *res locata*[248].

Esta equiparação entre precarista e locatário mostra o rebaixamento do estatuto possessório do primeiro relativamente aos períodos anteriores. Se na época pré-clássica e clássica o precarista é um possuidor – e para a doutrina romana dominante o único possuidor, em detrimento mesmo do proprietário –, no período posterior pós-clássico e justinianeu a sua posição sobre a coisa é a de um detentor, como o locatário, e corresponde, por isso, a uma *naturalis possessio* ou *possessio corpore*[249].

---

[245] Vejam-se os termos da discussão em KASER/KNÜTEL/LOHSSE, Römisches Privatrecht, cit., pág. 124 e em ALBERTARIO, La involuzione del possesso del precarista, del creditore pignoratizio e del sequestratario nel diritto postclassico giustinianeo, cit., pág. 144 e seg.

[246] Os termos da discussão podem ser vistos em D. 41, 2, 3, 5. Cf. ainda ALBERTARIO, La involuzione del possesso del precarista, del creditore pignoratizio e del sequestratario nel diritto postclassico giustinianeo, cit., pág. 144.

[247] Por todos, cf. ALBERTARIO, La involuzione del possesso del precarista, del creditore pignoratizio e del sequestratario nel diritto postclassico giustinianeo, cit., pág. 141 e segs.

[248] ALBERTARIO, La involuzione del possesso del precarista, del creditore pignoratizio e del sequestratario nel diritto postclassico giustinianeo, cit., pág. 144.

[249] ALBERTARIO, La involuzione del possesso del precarista, del creditore pignoratizio e del sequestratario nel diritto postclassico giustinianeo, cit., pág. 146 e seg. Ver ainda, do mesmo autor,

Tendo o precarista a mera detenção, ou seja, tratando-se de um possuidor em nome alheio, o possuidor da coisa dada em *precario* é naturalmente o concedente, que possui através daquele. Deste modo, o *precario* não altera a posição possessória das partes sobre a coisa.

A degradação do estatuto possessório do precarista na fase mais tardia do Direito romano teve como consequência, pois, a inversão da posição relativa das partes quando comparada com a época pré-clássica e clássica. O *precario*, uma vez constituído, não importava a perda da posse para o concedente nem, inversamente, a criação de uma posse a favor do precarista.

De relação constitutiva de posse, o *precario* aparece neste último estádio do Direito romano como tendo por base uma relação puramente obrigacional, surgindo a qualificação do mesmo como um contrato, um contrato inominado[250], igualmente uma novidade face aos períodos anteriores.

IV. Outra posse que se afigura incontroversa nas épocas pré-clássica e clássica do Direito romano é a do credor pignoratício[251]. Reconhece-se a este uma posse protegida através de interditos possessórios, que podem ser actuados contra terceiros, mas não contra o dador do penhor.

A justificação dada para a atribuição de posse ao credor pignoratício reside no superior interesse deste em manter a coisa quando comparado com o do devedor[252]. A sua origem parece inspirada na prática da alienação fidu-

---

Do mesmo autor, Distinzioni E Qualificazioni In Materia Di Possesso, in Studi Di Diritto Romano, cit., pág. 206.

[250] Albertario, La involuzione del possesso del precarista, del creditore pignoratizio e del sequestratario nel diritto postclassico giustinianeo, cit., pág. 147. Em Kaser, Direito Privado Romano, cit., pág. 128, encontramos a defesa da tese, segundo a qual, talvez já na época clássica o *precario* fosse tratado como um contrato inominado.

[251] Santos Justo, Direito Privado Romano, cit., pág. 151, Kaser, Das Römische Privatrecht, Das Altrömische, Das Vorklassisches und Klassisches Recht, cit., pág. 329 e Direito Privado Romano, cit., pág. 128, Kaser/Knütel/Lohsse, Römisches Privatrecht, cit., pág. 124, Sohm, Institutionem Des Römisches Rechts, cit., pág. 424, nota 2, Sintenis, "Beiträge zu der Lehre vom juristischen Besitz überhaupt, und den Pfandbesitz in Besondern", Zeitschrift für Civilrecht und Prozeß, Band 7, 1834, pág. 269 e segs., Bruns, Das Rechts des Besitzes, cit., pág. 5 e segs., Bonfante, Corso Di Diritto Romano, cit., pág. 202 e seg., Burdese, "Possesso (Diritto Romano)", cit., 6 e Manuale Di Diritto Privato Romano, cit., pág. 453, Sanfilippo, Istituzioni Di Diritto Romano, cit., pág. 226, Perozzi, Istituzioni Di Diritto Romano, cit., pág. 865, Perozzi, Istituzioni Di Diritto Romano, cit., pág. 865, Albertario, Distinzioni e Qualificazioni In Materia Di Possesso, in Studi Di Diritto Romano, cit., pág. 206 e Il Possesso Dell'Ager Vectigalis E Dell'Enfiteusi, in Studi Di Diritto Romano, cit., pág. 392.

[252] Kaser, Direito Privado Romano, cit., pág. 128, Kaser/Knütel/Lohsse, Römisches Privatrecht, cit., pág. 124.

ciária em garantia. No penhor, porém, não ocorre uma transmissão da propriedade a favor do credor, apenas da posse.

Contrariamente ao que ocorre com o *precario*, que defronte da doutrina clássica dominante gera apenas uma posse, a do precarista, a constituição do penhor origina duas posses: a do credor pignoratício e a do dador do penhor. A primeira reveste a natureza de uma simples posse interdital; a segunda, diferentemente, surge qualificada como *possessio civilis* por PAULO[253] e JAVOLENO[254], possibilitando a usucapião[255].

Deste modo, o credor pignoratício representa o dador do penhor na posse deste último, como um mandatário, um depositário ou um locatário. Um resultado assaz surpreendente quando se lembra a controvérsia suscitada pelo *precario* relativamente a uma pluralidade de posses sobre a mesma coisa (que não a composse).

Conforme sucedeu para o precarista, no período pós-clássico assistiu-se a uma degradação do estatuto possessório do credor pignoratício. A posse deste aparece referida como *possessio pro alieno*, sendo qualificada pelos compiladores do Direito justinianeu como *naturalis* ou *corporalis possessio*[256], tal qual o mandatário, o comodatário, o depositário ou o locatário[257]. O credor pignoratício passa, assim, a ser considerado um simples detentor[258]. Como tal, ele não pode adquirir por usucapião o seu direito[259].

Degradada a posse do credor pignoratício para mera *naturalis possessio*, a conclusão inevitável é a de que com a constituição do penhor, e apesar da entrega da coisa àquele, o dador do penhor permanece com a posse, beneficiando dos efeitos jurídicos desta, incluindo a usucapião. O credor pignoratício não perde, todavia, a tutela possessória através de interditos. Apesar da estranheza que este facto pode causar, a posição de detentor não impede que o credor pignoratício obtenha a protecção como se fosse possuidor.

---

[253] D. 41, 2, 1, 15.
[254] D. 41, 3, 16.
[255] KASER/KNÜTEL/LOHSSE, Römisches Privatrecht, cit., pág. 124, BONFANTE, Corso Di Diritto Romano, cit., pág. 203.
[256] ALBERTARIO, La involuzione del possesso del precarista, del creditore pignoratizio e del sequestratario nel diritto postclassico giustinianeo, cit., pág. 148 e segs.
[257] ALBERTARIO, La involuzione del possesso del precarista, del creditore pignoratizio e del sequestratario nel diritto postclassico giustinianeo, cit., pág. 149.
[258] ALBERTARIO, Distinzioni E Qualificazioni In Materia Di Possesso, in Studi Di Diritto Romano, cit., pág. 206.
[259] ALBERTARIO, La involuzione del possesso del precarista, del creditore pignoratizio e del sequestratario nel diritto postclassico giustinianeo, cit., pág. 152 e seg.

É um dado que só o conhecimento da concepção justinianeia da *possessio* permite compreender[260].

V. O terceiro caso de posse fora do âmbito da propriedade no Direito romano é a do *sequester*[261]. Este recebe a coisa em custódia enquanto as partes lutam no âmbito de processo judicial, tendo o dever de a entregar ao vencedor.

A origem histórica desta figura e a razão de atribuição da posse ao *sequester* permanecem largamente desconhecidas. BONFANTE[262] avança a hipótese da primeira radicar na antiga *vindiciae*, uma posse atribuída provisoriamente pelo magistrado a uma das partes do processo. Uma coisa parece entretanto certa: enquanto o desfecho judicial não tinha lugar e a coisa era entregue ao vencedor da lide, o *sequester*, que não era parte no processo, beneficiava de tutela interdital, podendo, pois, defender a sua *possessio* contra qualquer terceiro.

Se bem que se possa discutir a anomalia da concessão de uma posse a alguém se limitava a manter a coisa fora do alcance das partes em litígio e tinha o dever de a entregar, a sua consagração não oferece dúvidas na época clássica. Aqueles que entregavam a coisa ao *sequester* perdiam a posse a favor deste e não podiam invocar a usucapião.

A época pós-clássica justinianeia desencadeou quanto ao estatuto possessório do *sequester* uma evolução semelhante à retratada para o precarista e o credor pignoratício[263].

O factor decisivo da mudança foi a assumpção da natureza contratual do *sequestrum* e a sua recondução ao depósito, embora inicialmente apenas uma espécie deste, com especificidades próprias, dentro das quais estava a *possessio* do *sequester*, não reconhecida em geral ao depositário.

A progressiva assimilação da posição do *sequester* à do depositário, que não tinha posse nem era protegido por interditos, operada a partir da época

---

[260] Sobre essa matéria, cf. *infra* no ponto atinente aos elementos da posse.
[261] SANTOS JUSTO, Direito privado Romano, cit., pág. 152, KASER, Das Römische Privatrecht, Das Altrömische, Das Vorklassisches und Klassisches Recht, cit., pág. 329, Direito Privado Romano, cit., pág. 128, KASER/KNÜTEL/LOHSSE, Römisches Privatrecht, cit., pág. 124, BRUNS, Das Rechts des Besitzes, cit., pág. 7 e segs., MEISCHEIDER, Besitz und Besitzschutz, cit., pág. 64 e segs., SOHM, Institutionem Des Römisches Rechts, cit., pág. 424, nota 2, BONFANTE, Corso Di Diritto Romano, cit., pág. 203 e seg., BURDESE, "Possesso (Diritto Romano)", cit., 6 e Manuale Di Diritto Privato Romano, cit., pág. 453, SANFILIPPO, Istituzioni Di Diritto Romano, cit., pág. 226.
[262] Corso Di Diritto Romano, cit., pág. 204.
[263] ALBERTARIO, La involuzione del possesso del precarista, del creditore pignoratizio e del sequestratario nel diritto postclassico giustinianeo, cit., pág. 153 e segs.

pós-clássica, fez resvalar o seu estatuto para o de um mero detentor, ao que parece, ainda com tutela interdital[264].

VI. A posse do proprietário, bem como a posse do precarista, do credor pignoratício e do *sequester* durante as épocas do Direito antigo, pré-clássica e clássica é um dado praticamente incontroverso da teoria possessória romana.

Maiores dificuldades surgem, porém, relativamente a outros direitos reais, nomeadamente, a superfície, a enfiteuse, o usufruto, o uso e a habitação e as servidões prediais.

Com efeito, os romanistas não apresentam uma interpretação uniforme dos textos romanos quanto à existência de posse ou de mera detenção no tocante aos outros *iura in re*, sendo frequentes posições antagónicas entre os maiores especialistas no tema.

Uma vez que a evolução histórica da situação relativa à posse em cada direito real menor apresenta aspectos diferenciados, far-se-á de seguida uma exposição individualizada para cada um deles.

VII. A *possessio* do usufrutuário, bem como do titular do uso e da *habitatio* foi negada no Direito romano clássico. A razão para isto era que para os juristas clássicos o usufruto revestia a natureza de uma *res incorporales*. Ora, como a *possessio* não podia recair sobre coisas incorpóreas[265], ela estava logicamente excluída para o usufruto[266].

São vários os textos clássicos genuínos em que a posse do usufrutuário aparece inquestionavelmente arredada[267]. Nas suas Instituições[268], GAIO, efectuando a contraposição entre posse e *o ius utendi fruendi*, esclarece: "*usus*

---

[264] Cf., para ulteriores desenvolvimentos, ALBERTARIO, La involuzione del possesso del precarista, del creditore pignoratizio e del sequestratario nel diritto postclassico giustinianeo, cit., pág. 154.

[265] Veja-se o que dissemos atrás sobre o objecto da *possessio*. Cf., ainda, BRUNS, Das Rechts des Besitzes im Mittelalter und in der Gegenwart, cit., pág. 77 e segs.

[266] Trata-se de um ponto aparentemente pacífico. Cf. SANTOS JUSTO, Direito Privado Romano – III, cit., pág. 152, ALBERTARIO, Il possesso dell'usufruto, dell'uso, della habitatio, in Studi Di Diritto Romano, cit., pág. 307 e segs., BONFANTE, Corso Di Diritto Romano, III, cit., pág. 206 e segs., PEROZZI, Istituzioni Di Diritto Romano, cit., pág. 783 e seg., PUGLIESE, Istituzioni Di Diritto Romano, cit., pág. 537 e "Usufrutto (Diritto romano)", Noviss. Dig. It., pág. 325, RICCOBONO, "Interdicta", Noviss. Dig. It., pág. 794 e "Zur Terminologie der Besitzverhältnisse. [Naturalis possessio, civilis possessio, possessio ad interdicta]", cit., pág. 343, e seg., WESENER, "Zur Frage der Ersitzbarkeit des Ususfructus", cit., pág. 219.

[267] Uma súmula desses textos pode ver-se em ALBERTARIO, Il possesso dell'usufruto, dell'uso, della habitatio, cit., pág. 310 e segs.

[268] 2, 93.

fructuarius ... usucapere non potest; primum quia non possidet sed habet ius utendi fruendi"²⁶⁹. Ulpiano²⁷⁰ afirma: "*et fructuarius, et colonus et inquilinus sunt in praedio et tamen non possident*". E Paulo²⁷¹ observa: "*et ideo si de fundi proprietate inter duos quaestio sit, fructuarius nihilo minus in possessione esse debet satisque ei a possessore cavendum est, quodo non sit prohibiturus frui eum, cui usus fructus relictus est quamdiu de iure suo probet*".

Deste modo, o usufrutuário tem durante a época clássica o estatuto de mero detentor, mesmo relativamente ao seu direito²⁷². Expressões como "*non possidet, sed potius fruitur*", "*non possidet, sed habet ius utendi fruendi*", "*non possidet, sed tenet*", "*non possidet, sed est in possessione*", "*in possessione esse*"²⁷³ e outras²⁷⁴ caracterizam quem não tem a posse, mas sim a mera detenção da coisa. Possuidor desta permanece exclusivamente o proprietário, que possui através do usufrutuário²⁷⁵.

Excluída a posse, os efeitos jurídicos principais desta são naturalmente negados ao usufrutuário, desde a tradição à usucapião, passando pelos interditos possessórios e pela *deiectio*.

Como mero detentor, a protecção possessória era negada ao usufrutuário. Os interditos *unde vi* e *uti possidetis* são concedidos, porém, ao usufrutuário de modo útil, para tutela do uso e da fruição, mas não da posse²⁷⁶, que não lhe era reconhecida. Na fórmula interdital aplicada ao usufruto não surge nunca

---

²⁶⁹ Na tradução portuguesa das Instituições, de Segurado E Campos, pág. 187: "um usufrutuário (...) não pode usucapir: primeiro porque não pode exercer a posse, apenas tem o direito de usar e desfrutar".
²⁷⁰ D. 43, 26, 1, 6.
²⁷¹ D. 7, 1, 60, 1.
²⁷² Cf. também Kress, Besitz und Recht, cit., pág. 78.
²⁷³ Sobre esta e o significado equívoco que pode induzir, cf. Kaser, Das Römische Privatrecht, Das Altrömische, Das Vorklassisches und Klassisches Recht, cit., pág. 330.
²⁷⁴ Veja-se Albertario, Il possesso dell'usufruto, dell'uso, della habitatio, cit., pág. 311 para estas e outras indicações de textos romanos.
²⁷⁵ Sohm, Institutionen Des Römischen Rechts, cit., pág. 435, Dernburg, Pandekten – Sachenrecht, cit., pág. 51.
²⁷⁶ Albertario, Il possesso dell'usufruto, dell'uso, della habitatio, cit., pág. 311 e seg. e Il Diritto Romano, cit., pág. 172 e seg., Perozzi, Istituzioni Di Diritto Romano, cit., pág. 784, Bonfante, Corso Di Diritto Romano, III, cit., pág. 207, Pugliese, Istituzioni Di Diritto Romano, cit., pág. 537, Riccobono, "Zur Terminologie der Besitzverhältnisse. [Naturalis possessio, civilis possessio, possessio ad interdicta]", cit., pág. 343, Kaser, Das Römische Privatrecht, Das Altrömische, Das Vorklassisches und Klassisches Recht, cit., pág. 330 e 380 e Das Römische Privatrechts, Die nachklassischen Entwicklungen, cit., pág. 255 e seg.

a menção à *possessio* do usufrutuário, aparecendo antes a referência à defesa do *usus fructus*[277]. Protecção interdital, pois, mas não possessória[278].

A extensão dos interditos ao usufruto vem revelada nos Fragmentos Vaticano 90 e 91, cuja autoria se discute ser de Venuleio ou de Ulpiano. No primeiro destes Fragmentos (90)[279] diz-se, em conclusão: *"inde et interdictum uti possidetis utile hoc nomine proponitur et unde vi, quia non possideti, utile datur"*. Porquanto o usufrutuário não possui (*"non possidet videtur"*, lê-se no Fragmento 91), os interditos não desempenham a função de protecção da posse, dirigindo-se antes ao efeito útil de tutela do uso e da fruição do usufrutuário, ou seja, do exercício do direito.

Dado não ser possuidor, o usufrutuário privado do exercício do seu direito por esbulho não era considerado *deiectus*, estando-lhe vedada a *deiectio*[280]. Diferentemente, era mencionado como *prohibitus* e podia requerer a extensão do interdito *unde vi* e *uti possidetis* por via útil em sua defesa[281].

O estatuto de mero detentor do usufrutuário impede que seja possível a tradição ou que ele beneficie da usucapião[282]. Num conhecido passo relativo às coisas incorpóreas, Gaio[283] afirma: *"incorporales res traditionem et usucapionem non recipere manifestum est"*.

---

[277] Cf. Albertario, Il possesso dell'usufruto, dell'uso, della habitatio, cit., pág. 311 e seg., Riccobono, "Interdicta", cit., pág. 794 e 795.

[278] Albertario, Il Diritto Romano, cit., pág. 173.

[279] Retiramos a citação de Albertario, Il possesso dell'usufruto, dell'uso, della habitatio, cit., pág. 311.

[280] Albertario, Il possesso dell'usufruto, dell'uso, della habitatio, cit., pág. 312 e 333, Bonfante, Corso Di Diritto Romano, III, cit., pág. 206 e seg.

[281] Albertario, Il possesso dell'usufruto, dell'uso, della habitatio, cit., pág. 312, Pugliese, Istituzioni Di Diritto Romano, cit., pág. 537. Bonfante, Corso Di Diritto Romano, III, cit., pág. 207 defende, todavia, que ao usufrutuário era concedido um interdito especial, *si uti frui prohibitus esse dicetur*.

[282] Esta é, pelo menos, a opinião largamente dominante. No sentido do texto, Lenel, Zeitschrift der Savigny-Stiftung für Rechtsgeschichte, Band 34, 1913, pág. 380, Wesener, "Zur Frage der Ersitzbarkeit des Ususfructus", in Studi In Onore Di Giuseppe Grosso, Volume Primo, Torino, 1968, pág. 214 e segs., Kaser, Direito privado Romano, cit., pág. 175 e Römisches Privatrecht, cit., pág. 145, Grosso, Usufrutto e figure affini nel diritto romano, 2. Edizione, Torino, 1958, pág. 343 e segs., Pugliese, Istituzioni Di Diritto Romano, cit., pág. 537 e "Usufrutto (Diritto romano)", Noviss. Dig. It., pág. 325, Scapini, "Usufrutto (dir. rom.)", Enc. Del Dir., Milano, 1992. No sentido de admissibilidade da usucapião do usufrutuário no Direito romano clássico, a opinião fundamental de Beseler, Beiträge zur Kritik der römischen Rechtsquellen, III, 1913, pág. 171 e IV, 1920, pág. 78 e segs., que sustenta serem interpolados os trechos de Gaio, seguido por Sieber, Römisches Recht in Grundzügen für die Vorlesung (römisches privatrecht), II, 1928, pág. 114.

[283] D. 41, 1, 43, 1.

As observações anteriores têm inteira pertinência para os direitos de uso e de habitação. Os titulares destes direitos são, durante a época clássica, meros detentores, possuidores em nome de outrem (do proprietário). Por ser assim, a protecção interdital possessória está afastada quanto a eles, bem como a *deiectio*, a tradição e a usucapião, que respeitam apenas a quem tem a *possessio*.

Toda esta construção aparece envolta em maior controvérsia para o período justinianeu. Alguma doutrina romanista defende que o Direito justinianeu terá reconhecido a *possessio* ao usufrutuário e a protecção interdital directa[284]. BONFANTE[285], com vários argumentos, sustenta mesmo que a posse do usufrutuário no Direito justinianeu é a *possessio rei*, portanto, a mesma posse do proprietário.

No lado oposto, ALBERTARIO[286] rejeita que a *possessio* do usufrutuário seja a *possessio rei*, afirmando ser antes uma *possessio iuris* ou *quasi possessio*[287]. Segundo este autor, a *possessio rei* respeitava às *res corporales*; inversamente, a *possessio iuris* referia-se às res incorporales[288].

A razão parece estar nesta última posição. Em todo o caso, notam--se efectivamente mudanças na posição possessória do usufrutuário. Este continua a beneficiar da tutela possessória em toda a sua extensão, mas os interditos *unde vi* e *uti possidetis* são aplicados ao usufrutuário para defesa directa da sua posição sobre a coisa. O usufrutuário goza ainda dos interditos *utrubi* e *quod legatorum*[289-290].

Em caso de esbulho, o usufrutuário passa a ser *deiectus*, e não meramente *prohibitus*, e pode recorrer à *deiectio*[291]. A tradição da coisa nos termos do usufruto passa a ser possível, assim como a usucapião do direito e a *actio Publiciana*[292].

---

[284] SANTOS JUSTO, Direito Privado Romano – III, cit., pág. 152 e seg., BONFANTE, Corso Di Diritto Romano, III, cit., pág. 212 e pág. 214, PEROZZI, Istituzioni Di Diritto Romano, cit., pág. 784.
[285] Corso Di Diritto Romano, III, cit., pág. 209 e segs.
[286] Il possesso dell'usufruto, dell'uso, della habitatio, cit., pág.
[287] Veja-se, também neste sentido, PUGLIESE, "Usufrutto (Diritto romano)", Noviss. Dig. It., pág. 325.
[288] Cf. ALBERTARIO, Il possesso dell'usufruto, dell'uso, della habitatio, cit., pág. 329 e segs.
[289] Sobre todo este ponto, cf. ALBERTARIO, Il possesso dell'usufruto, dell'uso, della habitatio, cit., pág. 331 e seg.
[290] BONFANTE, que sustenta que o usufrutuário beneficiava de um interdito especial na época clássica (*si uti frui prohibitus esse dicetur*), explica que este terá sido suprimido no Direito justinianeu por virtude da aplicação directa dos interditos possessórios gerais.
[291] Cf. ALBERTARIO, Il possesso dell'usufruto, dell'uso, della habitatio, cit., pág. 332 e seg.
[292] Cf. ALBERTARIO, Il possesso dell'usufruto, dell'uso, della habitatio, cit., pág. 333 e seg.

A POSSE

A evolução da situação possessória para os direitos de uso e de habitação seguiu os passos do usufruto.

VIII. A posse do superficiário constitui tema altamente controvertido no Direito romano[293], faltando consensos entre os principais romanistas sobre os seus contornos essenciais.

A controvérsia abrange os dois polos opostos da discussão, entre os que negam, pura e simplesmente, que o Direito romano haja reconhecido a *possessio* ao superficiário, como ALIBRANDI[294] e BONFANTE[295], aos que a identificam logo na época clássica, a tese, isolada diga-se, de BIONDO BIONDI[296]. No meio ficam os que admitem a *possessio* do superficiário apenas no Direito justinianeu.

Na época clássica do Direito romano, a superfície tinha por base uma relação pessoal fundada na *locatio conductio*, sendo o superficiário referenciado como *conductor* ou *inquilinus*[297].

Como o gozo permanecia no *locator*, o superficiário tinha um direito pessoal ao gozo da coisa (*re frui licere*)[298] e não um direito real. Isto respeitava o princípio que a superfície não podia ser destacada do solo e separada da propriedade[299]. A posição do superficiário era, por isso, de detenção e não de posse[300]. A *possessio* pertencia ao *dominus*.

Dada a natureza pessoal da sua relação jurídica o superficiário não recebia a tutela por uma *actio in rem*. A única protecção conferida a ele pelo Direito romano, num primeiro momento, era contra o locador, através da *actio conducti*[301].

---

[293] Sobre o tema, cf., em especial, ALBERTARIO, Il possesso della superficie, in Studi Di Diritto Romano, Volume Secondo, Cose – Diritti Reali – Possesso, Milano, 1941, pág. 427 e segs., BIONDO BIONDI, La Categoria Romana Delle "Servitutes", Milano, 1938, pág. 449 e segs., BESELER, Beiträge zur Kritik der römischen Rechtsquellen, cit., pág. 100 e segs., KRÜGER, Das prätorische Servitut, cit., pág. 4 e segs.

[294] Teoria del possesso secondo il diritto romano, cit., pág. 33 e segs.

[295] Esta opinião foi apresentada em Lezioni sul possesso, 1906, pág. 47 e segs., mas seria depois abandonada no Corso Di Diritto Romano, III, cit., pág. 217 e seg. e em Note alle Pandette del Windscheid, pág. 365 e segs., obras onde defende a posse do superficiário no Direito justinianeu.

[296] La Categoria Romana Delle "Servitutes", cit., pág. 449 e segs.

[297] Este termo é usado por ULPIANO, no D. 39, I, fr. 3.3.

[298] A título meramente exemplificativo, cf. SCHMIDT, "Das Recht der Superficies", Zeitschrift der Savigny-Stiftung für Rechtsgeschichte, Romanistische Abteilung, Bd. 11, 1890, pág. 128.

[299] BIONDO BIONDI, La Categoria Romana Delle "Servitutes", cit., pág. 449 e segs.

[300] É a posição dominante. Neste sentido, ver PUGLIESE, Istituzioni Di Diritto Romano, cit., pág. 540, KASER, Das Römische Privatrecht, Das Altrömische, Das Vorklassisches und Klassisches Recht, cit., pág. 330, BRUNS, Das Rechts des Besitzes, cit., pág. 9 e seg.

[301] Cf. SCHMIDT, "Das Recht der Superficies", cit., pág. 129.

A tutela do superficiário contra terceiros foi forjada por via pretoriana[302-303]. A fórmula do pretor, retirada do comentário de ULPIANO[304], diz[305]: *"Uti ex lege locationis [sive conductionis] superficie, qua de agitur, nec vi nec clam nec precario alter ab altero fruemini, quo minus fruamini, vim fieri veto. [Si qua alia actio de superfície postulabitur, causa cognita dabo]"*.

Apesar de a sua autenticidade haver sido posta em causa, primeiro por BESELER[306] e depois por KRÜGER[307], esta fórmula representa a concessão de um interdito genuíno[308], de origem clássica, o *interdictum de superficiebus*[309]. Este interdito, porém, não tem a natureza de um interdito possessório[310]. Decalcado embora do interdito *uti possidetis*[311], com o qual apresenta inegável analogia, o *interdictum de superficiebus* não faz menção à *possessio* ou ao *possidere*, recorrendo diversamente ao termo *frui*, que não tem o sentido técnico de posse. É à tutela do *frui*[312] que o *interdictum de superficiebus* se dirige e não à protecção da *possessio*.

Por outro lado, a alusão à *lege locationis*, no âmbito da qual se desenvolve a actividade do *conductor*, reforça o carácter não possessório deste inter-

---

[302] SCHMIDT, "Das Recht der Superficies", cit., pág. 131 e segs., BIONDO BIONDI, La Categoria Romana Delle "Servitutes", cit., pág. 463 e segs.

[303] Em todo o caso, essa tutela pressupunha já que o gozo da superfície (a coisa) estivesse com o superficiário, não permitindo, ao invés, a constituição desse gozo se o superficiário tivesse de obter a coisa ou a recuperação dela em caso de esbulho por terceiro. Cf. a propósito PALADINI, "Superficie (Diritto Romano)", cit., pág. 942 e PUGLIESE, Istituzioni Di Diritto Romano, cit., pág. 540.

[304] Em D. 43, 18, 1 (ad edictum).

[305] Retirámos esta fórmula de ALBERTARIO, Il possesso della superficie, cit., pág. 412 e seg. Cf. igualmente SCHMIDT, "Das Recht der Superficies", cit., pág. 135.

[306] BESELER, Beiträge zur Kritik der römischen Rechtsquellen, cit..

[307] Die prätorische Servitut, cit., pág. 81 e segs.

[308] ALBERTARIO, Il possesso della superficie, cit., pág. 413 e segs.

[309] Com profundidade, cf. DEGENKOLB, Platzrecht und Miethe, Berlin, 1867, pág. 5 e segs. Veja-se igualmente, SCHMIDT, "Das Recht der Superficies", cit., pág. 135, SITZIA, "Superficie (dir. rom.)", cit., pág. 1461.

[310] Ao superficiário não cabe nenhum dos interditos possessórios. Veja-se PUGLIESE, Istituzioni Di Diritto Romano, cit., pág. 540, HONSELL/MAYER-MALY/SELB, Römisches Rechts, cit., pág. 194 (referindo embora apenas a exclusão do interdito *uti possidetis*).

[311] ARANGIO-RUIZ, Istituzioni Di Diritto Romano, cit., pág. 255. O que faz deste *interdictum* um meio de tutela estritamente defensivo, para manter o superficiário turbado na posse do edifício obtido por via da locação (*locatio conductio*). Para a recuperação da superfície esbulhada por terceiro, o pretor desenvolveu, em particular para a superfície perpétua, uma *actio* (*actio de superficie*). Cf. SITZIA, "Superficie (dir. rom.)", pág. 1461 e nota 13.

[312] HONSELL/MAYER-MALY/SELB, Römisches Rechts, cit., pág. 194 e KASER, Römisches Privatrecth, cit., pág. 148 mencionam a tutela do *uti frui*, mas a fórmula interdital apenas apela ao segundo.

dito[313]. A *locatio* origina unicamente uma relação de natureza pessoal com o locador, o que só por si basta para excluir a *possessio*.

Esta situação ter-se-á alterado no período pós-clássico. A evolução registada no Direito romano justinianeu não podia deixar de se reflectir igualmente na situação possessória do superficiário. O alargamento dos *ius in re*, protegidos por uma *actio in rem*, abrangeu igualmente a superfície. Reconhecido o carácter real do direito de superfície, a *possessio* foi naturalmente admitida para o superficiário[314]. Como consequências, passa a ser possível a *traditio* e a defesa possessória através do interdito *unde vi*[315]. Num passo provavelmente difícil de explicar, o Direito justinianeu mantém o *interdictum de superficiebus*, em vez de simplesmente estender o interdito *uti possidetis* à defesa da posse do superficiário[316].

A *possessio* do superficiário não colhe, porém, o parecer unânime dos romanistas. Para uns, como BONFANTE[317], BURDESE[318], KASER[319], KIERULFF[320], trata-se da *possessio rei*, a *possessio* dos clássicos, portanto, da posse verdadeira; para outros, como SAVIGNY[321], DEGENKOLB[322], ALBERTARIO[323], trata-se de *quasi possessio* ou *possessio iuris*, a posse aferida a direitos, ou seja, uma situação de detenção.

---

[313] Cf. SCHMIDT, "Das Recht der Superficies", cit., pág. 142, ALBERTARIO, Il possesso della superfície, cit., pág. 416, KASER, Römisches Privatrecth, cit., pág. 148 e Direito Privado Romano, cit., pág. 178. BIONDO BIONDI, La Categoria Romana Delle "Servitutes", cit., pág. 465 e seg., reconhece não se tratar de um interdito possessório, mas uma protecção especial (interdito especial) modelada sobre o interdito *uti possidetis* e destinada a tutelar o *frui* "*ex lege locationis*" do superficiário; porém, insiste que tal não exclui que a posição do superficiário fosse de posse da superfície (pág. 467).

[314] SANTOS JUSTO, Direito Privado Romano, III, cit., pág. 152 e seg., ALBERTARIO, Il possesso della superfície, cit., pág. 430 e segs., BONFANTE, Corso Di Diritto Romano, III, cit., pág. 218 e seg. e Istituzioni Di Diritto Romano, cit., pág. 291, PEROZZI, Istituzioni Di Diritto Romano, cit., pág. 863, nota 2.

[315] BONFANTE, Corso Di Diritto Romano, III, cit., pág. 218.

[316] Os requisitos do interdito de superfície no Direito justinianeu eram, no entanto, os mesmos do clássico *uti possidetis*. A propósito, cf. ALBERTARIO, Il possesso della superfície, cit., pág. 429. SAVIGNY, Das Rechts des Besitzes, cit., pág. 499 afirma que este interdito confere todos os direitos do interdito *uti possidetis*.

[317] Corso Di Diritto Romano, III, cit., pág. 219.

[318] Manuale Di Diritto Privato Romano, cit., pág. 471.

[319] Das Römische Privatrechts, Die nachclassischen Entwicklungen, cit., pág. 256.

[320] Theorie des Gemeinen Civilrecht, cit., pág. 359.

[321] Das Rechts des Besitzes, cit., pág. 497 e segs.

[322] Platzrecht und Miethe, cit., pág. 9 e segs.

[323] Il possesso della superfície, cit., pág. 434.

IX. Outra situação possessória no Direito romano encontra-se na prática do denominado *ager vectigalis* nas épocas pré-clássica e clássica. Este antecedente histórico da enfiteuse[324] consistia na concessão[325] de terrenos de comunidades políticas locais (*municipia*)[326], de terrenos colectivos (*coloniae*)[327], de colégios sacerdotais[328] e do Estado[329], portanto, do *ager publicus*[330], por períodos muito longos ou mesmo perpetuamente, havendo, no entanto, casos de concessões temporárias, a cinco anos[331] ou com outra duração determinada.

A concessão tinha por objecto, em regra, terras rurais incultas[332] e o propósito de estimular o respectivo cultivo e aproveitamento. A menção, corrente no Direito romano clássico, ao *agri vectigales* decorre justamente do carácter rural dos terrenos envolvidos na concessão.

O concessionário dessas terras públicas, propriedade do *populus Romanus*, ficava obrigado ao pagamento, em regra anual, do *vectigal*, uma pres-

---

[324] MAYER-MALY, Römisches Recht, cit., pág. 102, SIMONCELLI, Delle Enfiteuse, Volume Primo, Seconda Edizione, Napoli, Torino, 1922, pág. 10 e segs.

[325] O esquema normal de atribuição do *ager vectigalis* ao concessionário parece haver sido a locação (*locatio conductio*). Porém, a prática de concessões a título perpétuo levanta a dúvida sobre se não poderia igualmente revestir a forma de uma venda. Se o dever de pagamento do *vectigal* aponta no sentido da locação, o carácter perpétuo torna a figura próxima de uma venda. A controvérsia ficou definitivamente resolvida quando o Imperador Zenão, no século IV d. C., declarou *sui generis* o contrato constitutivo da enfiteuse: o contrato de enfiteuse. Sobre o tema, cf. SANTOS JUSTO, Direito Privado Romano, III, cit., pág. 207 e seg., BONFANTE, Istituzioni Di Diritto Romano, cit., pág. 284 e seg., PEROZZI, Istituzioni Di Diritto Romano, cit., pág. 800, nota 1 e pág. 803, ALBERTARIO, Il possesso dell' *ager vectigalis* e dell' enfiteusi, in Studi di diritto romano, cit., pág. 401, que desvaloriza, no entanto, a questão.

[326] TEMPORINI/HAASE, Aufstieg und Niedergang der Römischen Welt, Berlin, New York, 1980, pág. 464.

[327] BONFANTE, Corso Di Diritto Romano, III, cit., pág. 214, ARANGIO-RUIZ, Istituzioni Di Diritto Romano, cit., pág. 231.

[328] BONFANTE, Istituzioni Di Diritto Romano, cit., pág. 283.

[329] Quanto a este último ponto, cf. ALBERTARIO, Il possesso dell' *ager vectigalis* e dell' enfiteusi, cit., pág. 401, PEROZZI, Istituzioni Di Diritto Romano, cit., pág. 800, nota 1, VACCARI, "Enfiteusi (Storia)", Enc. Del Dir., Vol. XIV, pág. 916, KASER, Römisches Privatrecht, cit., pág. 147 e Direito Privado Romano, cit., pág. 177, IGLESIAS, Instituciones De Derecho Romano, cit., pág. 193, SANTOS JUSTO, Direito Privado Romano, III, cit., pág. 207.

[330] A concessão da enfiteuse sobre terras privadas só teve lugar a partir no séc. IV d.C. Sobre isto, cf. MITTEIS, "The Amherst Papyri Nr. 68", Zeitschrift der Savigny-Stiftung für Rechtsgeschichte/ /Romanistische Abteilung, Band 22, 1901, pág. 157 e seg.

[331] PEROZZI, Istituzioni Di Diritto Romano, cit., pág. 800, nota 1.

[332] ARNDTS, Gesammelte civilistische Schriften, Band 1, Stuttgart 1873. pág. 210, SIMONCELLI, Delle Enfiteuse, cit., pág. 1 e segs.

tação em dinheiro³³³, que funcionava como a contrapartida da concessão do gozo do imóvel pelo ente público. O seu direito podia ser transmitido a terceiro³³⁴, inclusive, dado em penhor³³⁵, e entrava na sucessão por morte do titular³³⁶. Os frutos produzidos pela coisa pertenciam-lhe, mas, segundo parece, não podia usucapir³³⁷.

O concessionário do *ager vectigalis* recebia protecção contra o município, o Estado ou outros terceiros através de uma *actio in rem* (*actio vectigalis*)³³⁸, modelada sobre a figura da *rei vindicatio*. Beneficiava igualmente de protecção interdital, mas neste ponto parece dever fazer-se uma distinção. Relativamente às concessões por tempo determinado, a protecção do *ager vectigalis* faz-se mediante o interdito *de loco publico fruendo*³³⁹, o que se explicava sobretudo em atenção à natureza pública da concessão.

As concessões a título perpétuo eram, ao invés, protegidas pelo interdito *uti possidetis*³⁴⁰ e pelo *interdito unde vi*³⁴¹, que são interditos possessórios, contrariamente ao interdito *de loco publico fruendo*, um interdito especial de cariz não possessório.

Excepto para uma opinião praticamente isolada³⁴², no Direito romano clássico o concessionário do *ager vectigalis* tem a *possessio* sobre o imóvel, sendo, pois, um *possessor*³⁴³.

---

[333] Ao menos na época clássica. Cf. PEROZZI, Istituzioni Di Diritto Romano, cit., pág. 800, nota 1.
[334] ARNDTS, Gesammelte civilistische Schriften, cit., pág. 216; evidenciando o carácter incerto desta transmissibilidade, SIMONCELLI, Delle Enfiteuse, cit., pág. 10.
[335] ALBERTARIO, Il possesso dell' *ager vectigalis* e dell' enfiteusi, cit., pág. 392, KASER, Römisches Privatrecht, cit., pág. 101 e Direito Privado Romano, cit., pág. 127. Opinião contrária tem PEROZZI, Istituzioni Di Diritto Romano, cit., pág. 800, nota 1.
[336] Cf. ARNDTS, Gesammelte civilistische Schriften, cit., pág. 216 e seg. e TEMPORINI/HAASE, Aufstieg und Niedergang der Römischen Welt, cit., pág. 464.
[337] KASER, Römisches Privatrecht, cit., pág. 101 e Direito Privado Romano, cit., pág. 127.
[338] ARNDTS, Gesammelte civilistische Schriften, cit., pág. 210 e 218, MAYER-MALY, Römisches Recht, cit., pág. 102, SOHM, Institutionem, cit., pág. 451, BONFANTE, Corso Di Diritto Romano, III, cit., pág. 160, IGLESIAS, Instituciones De Derecho Romano, cit., pág. 193. Opinião diversa exprimem MOMMSEN, "Zur Geschichte der Erbpacht", Zeitschrift der Savigny-Stiftung für Rechtsgeschichte / Romanistische Abteilung, Band 23, 1902, pág. 441 e PEROZZI, Istituzioni Di Diritto Romano, cit., pág. 800, nota 1, SIMONCELLI, Delle Enfiteuse, cit., pág. 10.
[339] ALBERTARIO, Il possesso dell' *ager vectigalis* e dell' enfiteusi, cit., pág. 403 e seg. Para a enfiteuse em geral, cf. ARNDTS, Gesammelte civilistische Schriften, cit., pág. 223.
[340] MAYER-MALY, Römisches Recht, cit., pág. 102
[341] ALBERTARIO, Il possesso dell' *ager vectigalis* e dell' enfiteusi, cit., pág. 404.
[342] ALIBRANDI, Teoria del possesso secondo o dirritto romano, Opere, I, cit., pág. 33 e segs.
[343] ALBERTARIO, Il possesso dell' *ager vectigalis* e dell' enfiteusi, cit., pág. 391 e segs., BONFANTE, Corso Di Diritto Romano, III, cit., pág. 160, KASER, Das Römische Privatrecht, Das Altrömische,

A concessão do *ager vectigalis*, como antecedente da enfiteuse, restringe-se à época pré-clássica e clássica do Direito romano[344]. Os primeiros dois séculos depois de Cristo trouxeram largas confiscações de bens das cidades provinciais romanas, diminuindo o número de terras disponíveis para locar segundo o velho *ager vectigalis*, provocando o seu desaparecimento.

No seu lugar, todavia, desenvolveram-se a partir da vertente oriental helénica do Império romano[345] duas novas formas de concessão de terras, públicas e privadas:
– O *ius perpetuum*;
– O *ius emphyteuticarium*.

Ambas estas concessões surgem por volta do século IV d.C. A concessão do *ius perpetuum* tem por objecto os *fundi rei privatae* e, conforme a designação inculca, é, em princípio, irrevogável e não modificável. O *ius emphyteuticarium* tem por objecto os *fundi patrimoniales*, que são terras pertencentes ao domínio privado do Imperador, e tem uma duração prolongada, mas sem carácter perpétuo[346].

Os titulares das concessões estão, como no *ager vectigalis*, obrigados ao pagamento de uma prestação, que já não se designa *vectigal*, mas sim *canone*. A propriedade permanece com o concedente.

No século V. d.C. o *ius perpetuum* e o *ius emphyteuticarium* fundem-se num único instituto, tomando este o nome de *ius emphyteuticum* ou *emphyteusis*. O seu objecto abrange agora terrenos do Estado, das cidades, de corporações, como a igreja, e mesmo privados[347].

Os romanistas dividem-se entre considerar a posição do enfiteuta sobre a coisa como *possessio rei* ou como *possessio iuris*[348]. Depois da análise de

---

Das Vorklassisches und Klassisches Recht, cit., pág. 328 e Direito Privado Romano, cit., pág. 127, KASER/KNÜTEL/LOHSSE, Römisches Privatrecht, cit., pág. 123, SAVIGNY, Das Rechts des Besitzes, cit., pág. 281.

[344] ALBERTARIO, Il possesso dell' *ager vectigalis* e dell' enfiteusi, cit., pág. 404.

[345] Com detalhe, cf. SIMONCELLI, Delle Enfiteuse, cit., pág. 20 e segs.

[346] SANTOS JUSTO, Direito Privado Romano, III, cit., pág. 206 e segs., ARNDTS, Gesammelte civilistische Schriften, cit., pág. 211 e segs., KASER, Römisches Privatrecht, cit., pág. 147 e seg. e Römische Privatrechts, Die nachclassischen Entwicklungen, cit., pág. 308 e segs., SINTENIS, Das practische gemeine Civilrecht, cit., pág. 533, nota 2, ARANGIO-RUIZ, Istituzioni Di Diritto Romano, cit., pág. 233, BONFANTE, Istituzioni Di Diritto Romano, cit., pág. 283 e segs. e Corso Di Diritto Romano, III, cit., pág. 159 e segs., VACCARI, "Enfiteuse, (storia)", cit., pág. 916, FAVARA, "Enfiteusi", Novissimo Digesto Italiano, Volume VI, Torino, 1960, pág. 539, IGLESIAS, Instituciones De Derecho Romano, cit., pág. 194.

[347] Ver igualmente a bibliografia citada na nota anterior.

[348] Uma lista de autores de ambos os lados da doutrina encontra-se em ALBERTARIO, Il possesso dell' *ager vectigalis* e dell' enfiteusi, cit., pág. 389 e seg.

ARNDTS[349], que sustenta que a posse do enfiteuta é somente a *possessio iuris*, outros autores aderiram à sua tese, sustentando a existência de detenção, por exemplo, WÄCHTER[350], WINDSCHEID[351] e ALBERTARIO[352][353]. No campo da *possessio rei* ou *corporis*, o da posse genuína, encontram-se, entre outros, SAVIGNY[354], VANGEROW[355], MEISCHEIDER[356], BRUNS[357], PUCHTA[358], KIERULFF[359] e DERNBURG[360].

X. A *possessio* de servidão predial não era admitida no Direito romano clássico, fosse qual fosse a servidão considerada[361]. Nas palavras de JULIANO[362] "*natura servitutum ea est ut possideri non possint*".

O princípio que justificava esta solução era o mesmo que afastava a posse relativamente aos restantes direitos reais: a *possessio* apenas podia respeitar a coisas corpóreas (*possessio rei vel corporis*) e os direitos, enquanto coisas incorpóreas, não eram susceptíveis de posse.

Paradoxalmente, porém, parece que no final da época republicana as primeiras servidões eram vistas como *res corporales*[363] e identificadas com a porção do prédio afecta a elas, numa relação de pertença, primeiro segundo o esquema da *mancipium* e depois do *dominium ex iure Quiritium*, de acordo com o ensinamento trazido pela investigação de VOIGT[364].

O desenvolvimento de novos tipos de servidão e a impossibilidade de a ligar ao *dominium* em edificações urbanas motivaram a superação da construção originária que identificava as servidões com as *res corporales*. Prova-

---

[349] Gesammelte civilistische Schriften, cit., pág. 277 e segs. e "Zur Lehre von der Emphyteuse", Zeitschrift für Civilrecht und Prozeß, Bd. 3, 1847, pág. 367 e segs.
[350] Pandekten, cit., pág. 103.
[351] Lehrbuch des Pandektenrechts, cit., pág. 506, nota 7.
[352] Il possesso dell' *ager vectigalis* e dell' enfiteusi, cit., pág. 404 e segs.
[353] Cf. outros autores em ALBERTARIO, Il possesso dell' *ager vectigalis* e dell' enfiteusi, cit., pág. 390.
[354] Das Rechts des Bsitezes, cit., pág. 281.
[355] Lehrbuch der Pandekten, cit., pág. 355 e Leitfaden für Pandekten-Vorlesungen, cit., pág. 277.
[356] Besitz und besitzschutz, cit., pág. 67 e segs.
[357] Das Rechts des Besitzes, cit., pág. 9.
[358] Lehrbuch der Pandekten, cit., pág. 190, nota d).
[359] Theorie des Gemeinen Civilrecht, cit., pág. 358 e seg.
[360] Pandekten, cit., pág. 13.
[361] ALBERTARIO, "Il possesso delle servitè prediali", in Studi di diritto romano, cit., pág. 337 e segs., ARANGIO-RUIZ, Istituzioni Di Diritto Romano, cit., pág. 254, BONFANTE, Corso Di Diritto Romano, III, cit., pág. 463, VER BRUGI, ARCH. GIU., 1880, 1881, 1882, 1884,
[362] D. 8, 2, 32, 1.
[363] Concretamente, *res mancipi* as servidões rústicas e *res nec mancipi* as servidões urbanas. Cf. a propósito, ARANGIO-RUIZ, Istituzioni Di Diritto Romano, cit., pág. 217 e 222.
[364] Cf. BURDESE, "Servitù prediali (Diritto Romano), Noviss. Dig. It., pág. 119,

velmente durante o início da época clássica, as servidões surgem agregadas numa nova categoria de direitos de gozo denominados *iura praediorum* ou *servitutes*[365], que por sua vez se classificam em *iura praediorum rusticorum* e *iura praediorum urbanorum*[366], consoante recaiam sobre prédios rústicos ou urbanos.

A impossibilidade legal da *traditio* para as servidões, afirmada primeiramente por LABEÃO e depois por JAVOLENO[367], firme na adesão ao princípio clássico enunciado em GAIO[368] *"res incorporales traditionem non recipere"*, confirma a rejeição da concepção das servidões como coisas corpóreas e o reconhecimento de uma categoria autónoma de direitos de gozo sobre prédios.

Apesar da vigência de uma regra de tipicidade[369], são vários os tipos de servidão predial admitidos, os principais dos quais são as servidões de passagem e de água. À sua defesa é dedicada a *actio sacramento in rem* no sistema das *legis actiones* e posteriormente a *vindicatio servitutis* no sistema do processo formulário[370]. Para além disso, o titular da servidão pode recorrer, já no Direito romano clássico, à *actio aquae pluviae arcendae*[371].

Independentemente da titularidade da servidão predial, e ainda que ela não exista, aquele que exterioriza o exercício do direito tem ainda ao seu dispor uma defesa interdital[372], contando que esse exercício não resulte do uso da força, seja clandestino ou a título de *precario* (*nec vi, nec clam, nec*

---

[365] BURDESE, "Servitù prediali (Diritto Romano), cit., pág. 120.
[366] BURDESE, "Servitù prediali (Diritto Romano), cit., pág. 121, KASER, Das Römische Privatrecht, Das Altrömische, Das Vorklassisches und Klassisches Recht, cit., pág. 370.
[367] PEROZZI, "I Modi Pretorii D'Acquisto Delle Servitù", cit., pág. 31, demonstra que a sentença produzida por JAVOLENO (*"ego punto eius iuris pro traditione accipiundum esse"*) está ainda em conformidade com a regra, segundo a qual, uma coisa incorpórea não se possui e, consequentemente, não pode ser objecto de tradição nem suscitar a usucapião. Cf. a propósito ALBERTARIO, "Il possesso delle servitù prediali", in Studi di diritto romano, cit., pág. 346.
[368] Institutionem, Livro II, 28.
[369] Sobre esta, cf. BIONDO BIONDI, La Categoria Romana Delle "Servitutes", cit., pág. 629 e segs.
[370] BURDESE, "Servitù prediali (Diritto Romano), cit., pág. 123, CORBINO, "Servitù (dir. rom.)", cit., pág. 253 e seg., BIONDO BIONDI, Le Servitù Prediali Nel Diritto Romano, cit., pág. 293, KASER, Das Römische Privatrecht, Das Altrömische, Das Vorklassisches und Klassisches Recht, cit., pág. 375 e KASER/KNÜTEL, Römisches privatrecht, cit., pág. 143. O proprietário que rejeita a oneração pela servidão pode, por sua vez, intentar uma acção negatória. Sobre este último ponto, KASER, Das Römische Privatrecht, Das Altrömische, Das Vorklassisches und Klassisches Recht, cit., pág. 375.
[371] BURDESE, "Servitù prediali (Diritto Romano), cit., pág. 123 e seg.
[372] Existiam várias espécies de interditos com as designações de *itinere actuque privato*, de *aqua cottidiana et aestiva*, de *rivis*, de *fonte* e de *cloacis*. Dentro destas espécies, o pretor reconhecia interditos individualizados. Cf., por exemplo, KRÜGER, Die prätorische Servitut, cit., pág. 90 e segs., KASER,

precario). Os interditos para tutela de servidões prediais, todos proibitórios, não revestem, porém, carácter possessório, destinando-se meramente a preservar o exercício da servidão por quem o leva a cabo[373], mas não a *possessio*, que não é reconhecida relativamente a servidões prediais.

No Direito justinianeu[374] a posição sobre a coisa daquele que exerce uma servidão predial engloba-se no conceito amplo da *possessio iuris*. Ainda assim, efeitos anteriormente negados no Direito clássico, como a tradição[375] e a *longi temporis praescriptio*[376], são agora aceites e generalizados.

Porquanto para as servidões não há uma *possessio*, mas uma *possessio iuris*, o Direito romano justinianeu não promoveu a extensão a elas dos interditos possessórios *unde vi* e *uti possidetis*. Diversamente, alargou a função de defesa dos interditos existentes, que no Direito clássico não existia[377], além de acrescentar outros interditos, como o interdito *de itinere*[378] e o interdito *quod legatorum*[379].

Se relativamente a outros direitos reais menores, como a enfiteuse e a superfície, existe controvérsia acerca da existência de posse ou de detenção, para as servidões prediais o Direito justinianeu consagra incontroversamente uma *possessio iuris*[380], não uma verdadeira posse.

9. Casos em que não há posse

I. Identificaram-se no número anterior os direitos cujo exercício de facto confere a posse no Direito romano. Poder-se-ia dizer agora simplesmente

---

Das Römische Privatrecht, Das Altrömische, Das Vorklassisches und Klassisches Recht, cit., pág. 375, BIONDO BIONDI, La Categoria Romana Delle "Servitutes", cit., pág. 304 e segs.

[373] KASER, Das Römische Privatrecht, Das Altrömische, Das Vorklassisches und Klassisches Recht, cit., pág. 375, BIONDO BIONDI, La Categoria Romana Delle "Servitutes", cit., pág. 304 e segs., especialmente, pág. 309.

[374] BIONDO BIONDI, La Categoria Romana Delle "Servitutes", cit., pág. 312.

[375] Vejam-se desenvolvimentos em PEROZZI, "I Modi Pretorii D'Acquisto Delle Servitù", cit., pág. 36 e segs.

[376] PEROZZI, "I Modi Pretorii D'Acquisto Delle Servitù", cit., pág. 167 e segs., ALBERTARIO, "Il possesso delle servitù prediali", in Studi di diritto romano, cit., pág. 351 e seg.

[377] ALBERTARIO, "Il possesso delle servitù prediali", in Studi di diritto romano, cit., pág. 347, BIONDO BIONDI, La Categoria Romana Delle "Servitutes", cit., pág. 309.

[378] ALBERTARIO, "Il possesso delle servitù prediali", in Studi di diritto romano, cit., pág. 347, BONFANTE, Corso Di Diritto Romano, III, cit., pág. 452.

[379] ALBERTARIO, "Il possesso delle servitù prediali", in Studi di diritto romano, cit., pág. 348.

[380] PEROZZI, "I Modi Pretorii D'Acquisto Delle Servitù", cit., pág. 41 e segs., ALBERTARIO, "Il possesso delle servitù prediali", in Studi di diritto romano, cit., pág. 348 e segs., BONFANTE, Corso Di Diritto Romano, III, cit., pág. 465.

que em todas as outras situações não há posse. Se o fizéssemos dessa forma, porém, estaríamos a omitir informação relevante para a compreensão geral deste instituto.

Existe no Direito romano um conjunto de casos em que alguém tem consigo a coisa, actuando materialmente sobre ela, sem que haja posse. A todos esses casos veio a chamar-se posteriormente detenção, a partir do *ius commune*[381]. Os romanos não têm, contudo, um termo técnico equivalente com a função de aglutinar conceptualmente todas as ocorrências que não correspondem à *possessio*[382].

O uso do verbo *detinere* para exprimir um dos elementos da posse (a detenção), que se encontra na tradição civilística europeia desde o Direito comum, não tem acolhimento nas fontes romanas, que tendem, na maioria das vezes, a conferir-lhe o sentido comum de retenção da coisa (*retinere*), haja ou não posse, e noutras, mais raras, o da própria posse, seja a posse de boa fé ou outra[383]. Este último sentido surge sobretudo nas constituições pós-clássicas ante justinianeias a partir de Diocleciano e parece haver sido muito raro em juristas clássicos, não obstante as referências a textos de PAULO, nos quais o termo *detinere* pode realmente haver sido utilizado na acepção de posse[384].

Para designar a mera materialidade, ou seja, a ligação física entre um sujeito e uma coisa, que só por si não constitui *possessio*, as fontes clássicas usam as expressões *naturalis possessio, corporalis possessio, tenere, detinere, in possessione esse*, entre outras[385], enquanto as fontes justinianeias falam de *naturaliter possidere, corporaliter possidere, detineo, detentio*[386], *detentatio*, etc.

---

[381] É no Direito comum que se generaliza o uso das expressões detenção e detentor para exprimir o senhorio de facto sobre a coisa, que não equivale só por si à posse. Fazem uso da palavra detentor, ZENÃO, (C, 8, 4, 10), JUSTINO (C., 7, 39, 7) e JUSTINIANO (C. 7, 39, 8, Ia); utilizam a palavra detenção os juristas JUSTINO (C., 7, 39, 7, 5) e JUSTINIANO (C., 1, 17, 2, 7D). Cf. WIELING, Die historischen Voraussetzungen des modernen Besitzschutzes, cit., pág. 372, nota 31.

[382] Um estudo sobre o uso da palavra detenção nas fontes romanas é o de MAX RADIN, "Detention at Roman Law", in Studi In Onore Di Pietro Bonfante, Volume Terzo, Milano, 1930, pág. 133 e segs. Este estudo põe em evidência os vários sentidos em que surge usado o verbo *detineo* e as suas derivações, *detentio, detentator, detentatio*.

[383] MAX RADIN, "Detention at Roman law", cit., pág. 156.

[384] Neste sentido, cf. MAX RADIN, "Detention at Roman law", cit., pág. 155.

[385] Para além dos romanistas que fomos citando, veja-se também WIELING, Die historischen Voraussetzungen des modernen Besitzschutzes, cit., pág. 369.

[386] Sobre o uso das palavras *detentio* ou *detineo* nas fontes romanas, cf. MAX RADIN, "Detention at Roman law", cit., pág. 154 e segs.

Conforme sucedeu relativamente à posse, o enquadramento do Direito romano não permaneceu estático no tempo e regista naturais alterações na qualificação dos vários casos consoante a época considerada. Nuns casos, dá-se uma evolução positiva, de detenção para posse, noutros acontece o inverso e situações antes reguladas como possessórias são rebaixadas para o campo da detenção.

As diferenças entre as várias épocas do Direito romano não se limitam à oscilação entre as situações de *possessio* e as que caem fora desta, permanecendo no campo da *naturalis possessio*. Na época pré-clássica e, sobretudo, na clássica, a tutela interdital aparece outorgada unicamente aos casos de posse. Quando não há posse, o pretor recusa a protecção interdital possessória, porquanto falha um dos requisitos para a sua concessão. E mesmo situações próximas, como o usufruto e o uso, se recebem tutela interdital, permanece claro que não se trata de uma protecção possessória, mas sim do gozo (*uti, frui*).

Assim, até ao Direito clássico a protecção interdital possessória encontra-se coerentemente ligada à posse – não obstante esta não representar uma categoria unitária, existindo duas grandes espécies possessórias, a *possessio civilis* e, a residual, *possessio ad interdicta*[387]. Não havendo posse, a tutela interdital ou não é concedida ou, sendo-o, não tem carácter possessório.

Esta coerência perde-se de alguma maneira no Direito pós-clássico, que mantém a protecção interdital possessória em casos que não são qualificados e tratados normativamente como sendo de posse, o que introduz algumas dificuldades de delimitação do âmbito da própria detenção.

II. Para o Direito romano antigo e pré-clássico e para a idade clássica, pode dizer-se que quem não preenche os requisitos da *possessio civilis* ou da protecção interdital possessória não goza da posse[388].

Estão, deste modo, excluídos da *possessio* o colono, o mandatário, o depositário, o comodatário e o locatário[389]. Em todos estes casos, não restam dúvidas de que é o *possessor* que beneficia dos *interdicta possessorium*.

Para além destes, têm ainda a *naturalis possessio*, não sendo, por conseguinte, possuidores, o usufrutuário, o usuário, o superficiário e o titular de servidão predial. Os primeiros dois recebem a extensão útil dos interditos *uti possidetis* e *de vi*, mas apenas o gozo, não a posse, é objecto de pro-

---

[387] Cf. *supra* o que ficou dito
[388] KASER/KNÜTEL/LOHSSE, Römisches Privatrecht, cit., pág. 125.
[389] WIELING, Die historischen Voraussetzungen des modernen Besitzschutzes, cit., pág. 369 e seg.

tecção[390]. O superficiário que tem a coisa consigo beneficia do *interdictum de superficiebus*, ao qual falta carácter possessório[391]. Às servidões são votados numerosos interditos, nenhum deles, porém, reveste a natureza de interdito possessório[392].

III. A época pós-clássica revela uma maior obscuridade nesta matéria, a que não será estranha a dissociação, impensável na época clássica, entre a posse e a tutela interdital possessória.

Os casos mais característicos são os do precarista, do credor pignoratício e do *sequester*. Não obstante o reconhecimento da sua posse nas épocas anteriores, eles têm agora uma mera *possessio corpore*, não lhes cabendo a *possessio rei*, atribuída apenas a quem exterioriza o poder de facto com *animus domini*[393]. Não obstante isso, os interditos possessórios continuam a ser-lhes concedidos em caso de perturbação ou esbulho da coisa, o que faz do precarista, do credor pignoratício e do *sequester* não possuidores (detentores) com protecção possessória.

Por outro lado, o conceito recente de *possessio iuris* não concede no Direito justinianeu o estatuto de possuidor autêntico, que se reconhece apenas à *possessio rei*, a posse com *animo domini*, portanto, nos termos da propriedade, pelo proprietário ou por aquele que, não o sendo, por o seu título de aquisição padecer de algum vício, está de boa fé e pode vir a obter esse direito pela usucapião[394].

Quanto ao possuidor de má fé, ao possuidor injusto e ao possuidor sem *iusta causa* a sua posição revela contornos de alguma ambiguidade no Direito justinianeu. Por um lado, eles beneficiam de todos os interditos possessórios, sem excepção, por outro, o seu estatuto aproxima-os mais da detenção do que da genuína *possessio*[395].

Finalmente, os possuidores em nome alheio, o depositário, o mandatário, o locatário, o comodatário não auferem no Direito pós-clássico qualquer protecção possessória, como nas épocas anteriores, revelando a sua situação apenas um *corporaliter tenere*, a ligação material à coisa despida do

---

[390] Cf. *supra* no texto, no ponto atinente aos direitos que admitem o exercício da *possessio*.
[391] *Idem*.
[392] *Ibidem*.
[393] Cf. o que dizemos a propósito no número seguinte.
[394] ALBERTARIO, Il possesso, cit., pág. 128, BURDESE, "Possesso (dir. rom.)", cit., no número 3, KASER, Das Römische Privatrecht, Die Nachklassischen Entwicklungen, cit., pág. 181.
[395] ALBERTARIO, Il possesso, cit., pág. 128 e pág. 135, Il Diritto Romano, cit., pág. 168 e Distinzioni e qualificazioni in matéria di possesso, cit., pág. 201.

animus domini, que corresponde unicamente à *naturalis possessio* ou detenção na expressão preferida dos juristas desde o Direito comum.

10. Os elementos da posse no Direito romano

I. No tratamento deste tema surge usualmente a referência incontornável aos trabalhos de Savigny e Jhering sobre a posse e à controvérsia suscitada por estes dois mestres entre o subjectivismo e o objectivismo possessórios. Com a exposição dos dois grandes sistemas teóricos da posse vem normalmente a indicação do acervo dos seguidores e dos críticos e a ilustração dos pontos de vista particulares de alguns autores. Nada disto teria a ver com a pesquisa histórica do Direito romano, se toda a construção dogmática da posse operada a partir do século XIX não tivesse por base esse ordenamento jurídico.

A abordagem da doutrina subjectivista da posse desdobra esta em dois elementos constitutivos ou estruturantes: um elemento corpóreo, a detenção da coisa, e um elemento volitivo ou intenção, o *animus domini* de Savigny, embora ele surja caracterizado de forma diversa em outros autores subjectivistas[396]. Para a teoria objectivista, ao invés, o elemento intencional, o *animus*, não tem autonomia e a posse analisa-se na situação em que alguém tem o domínio material de uma coisa e não existe nenhuma norma jurídica que descaracterize a situação para mera detenção.

Vê-se pouco interesse em recorrer às obras destes autores neste enquadramento. As suas construções embora alicerçadas no Direito romano, que lhes confere o suporte normativo, revestem-se, porém, de relativa pouca utilidade para a perspectiva histórica que interessa fazer aqui. E isto por duas ordens de razões. A primeira encontra-se no facto da abordagem oferecida por Savigny e por Jhering se situar a um nível abstracto de concepção dogmática, de elaboração de um sistema explicativo geral da posse, e tender, por isso, a ser intemporal, mesmo que fundamentada aparentemente no Direito positivo.

A segunda razão, mais importante, manifesta-se na imprecisão das doutrinas dos autores referidos em face dos elementos históricos conhecidos do Direito romano. Na verdade, essas doutrinas sugerem um quadro normativo constante e imutável, como se o regime jurídico da *possessio* romana houvesse permanecido sempre o mesmo durante as centenas de anos que mediam a Roma antiga do Império romano do Oriente. Ora, como Ali-

---

[396] Cf. *infra* no texto.

BRANDI[397], RICCOBONO[398], ROTONDI[399] e ALBERTARIO[400] justamente salientaram, existem diferenças assinaláveis entre as várias épocas no tocante a alguns dos aspectos mais marcantes do instituto da posse[401]. O Direito romano clássico não é igual ao Direito romano antigo e pré-clássico e o Direito justinianeu, por sua vez, sofreu uma evolução profunda, a ponto de apresentar mesmo uma ruptura com o pensamento anterior em vários aspectos do regime possessório, já para não falar da própria falta de linearidade em cada época, nomeadamente, entre a primeira e a última idade clássica, e nas divergências entre os jurisprudentes quanto à interpretação do quadro normativo regulador da posse[402].

Deste modo, uma abordagem adequada a oferecer uma perspectiva historicamente correcta do tema dos elementos da posse parece ser a de separar as principais épocas do Direito romano – pré-clássica, clássica e pós-clássica[403] –, numa linha já seguida por ALBERTARIO[404] quanto à posse em geral, identificando as singularidades que cada uma delas apresenta. O tema dos elementos da posse corre, assim, em paralelo com a evolução histórica da própria *possessio*, acabando, sobretudo na fase inicial do aparecimento do instituto, por confundir-se com ela.

Duas notas finais de advertência. Na primeira nota, lembra-se que o pensamento jurídico romano é prático, dirigido à resolução de problemas concretos e sem nenhuma preocupação de construção dogmática ou de sistema. Não surpreende, por isso, que a doutrina romana não tenha empreendido a tarefa de identificação, consciente e dirigida, dos elementos da posse e esta seja feita, ao invés, pelos intérpretes do Direito romano. Esta afirmação não fica comprometida pelas citações dos jurisprudentes romanos, muito em particular de Paulo, a propósito do *animus*.

---

[397] ALIBRANDI, Teoria del possesso secondo il diritto romano, Opere, I, cit.
[398] "Zur Terminologie der Besitzverhältnisse. [Naturalis possessio, civilis possessio, possessio ad interdicta]", cit.
[399] "Possessio quae animo retinetur – Contributo alla dottrina classica e postclassica del possesso e dell'animus possidendi", Scritti Giuridici, Volume III, Milano, 1922, pág. 99 e segs. (= Bullettino dell'Istituto di Diritto Romano, XXX, 1920, pág. 1 e segs.).
[400] Il possesso, cit., pág. 110 e segs.
[401] No mesmo sentido, vejam-se ainda as considerações de LONGO, "In Tema Di Aquisto Del Possesso", in Ricerche Romanistiche, Milano, 1966, pág. 423 e segs.
[402] ROTONDI, "Possessio quae animo retinetur", cit., pág. 99.
[403] Parece ser uma divisão aceitável da história do Direito romano. Como aqui, WIEACKER, Römisches Rechtsgeschichte, München, 1988, pág. 21.
[404] Il possesso, cit., pág. 110.

A segunda nota prende-se com a tentação de observar o Direito romano pelo prisma actual da posse e transportar para o regime histórico as construções dogmáticas do presente. Isto deve ser evitado, porque provoca distorções. A análise histórica é situada; liga-se a um tempo e implica a descoberta de um Direito que foi e não de um Direito que pretende ser.

II. Na origem, no Direito romano antigo e pré-clássico, a posse representa o exercício de um senhorio de facto sobre um fundo ou terra de exploração agrícola, atestando, pois, o poder de alguém sobre a coisa[405]. Esse senhorio assume inicialmente uma veste mais de cariz político e menos económico ou mesmo jurídico[406]. O possuidor tem a soberania da coisa e exerce-a através do seu domínio material sobre ela.

O termo antigo que designa a dominação possessória de uma coisa por uma pessoa, mencionado na Lei das XII Tábuas, é *usus*[407] A utilização da palavra *possessio* para exprimir a posse apenas aparece em momento posterior[408]. Neste período inicial, a terminologia romana, muito rica, oferece várias palavras que indicam a posse: *usus, uti frui, habere, possidere*. Vários destes termos são combinados de modo sugestivo, pretendendo sempre indicar a posse: *usus fructus possessio, habere possidere, frui habere possidere, habere possidere uti frui*[409].

Por conseguinte, nesta época, que abrange também o período republicano, o possuidor está investido no senhorio da coisa, exercendo a autoridade sobre ela e fazendo o aproveitamento dos frutos. Convém, no entanto, sublinhar que este senhorio ou soberania de facto sobre a coisa em momento algum deve ser assimilado à propriedade (*dominium*). Um aspecto absolutamente claro da génese da *possessio* romano consiste no facto de o possuidor na grande maioria dos casos não ser o proprietário da coisa[410], até porque nalguns deles (por exemplo, a concessão de terras do *ager publicus*) a apropriação privada do fundo está excluída.

Quer se trate de *precario*, de concessão do *ager publicus*, portanto de *possessio* revogável, quer de *possessio* irrevogável, de que a transmissão de *res*

---

[405] Acentua, com razão, Kniep, Der Besitz des Bürgerlichen Gesetzbuches gegenübergestellt dem römischen und gemeinen Recht, cit., pág. 62, que o Direito romano antigo vê apenas a relação corpórea e não pondera qualquer vontade possessória. Ainda que uma vontade de ter a coisa existisse no possuidor, tal elemento não relevaria para a ordem jurídica.
[406] Para a explicação, cf. Albertario, Il possesso, cit., pág. 116.
[407] Bonfante, Corso Di Diritto Romano, III, cit., pág. 169, Albertario, Il possesso, cit., pág. 116.
[408] Albertario, Il possesso, cit., pág. 111.
[409] Albertario, Il possesso, cit., pág. 111.
[410] Veja-se também Albertario, Il possesso, cit., pág. 117.

mancipi sem as formalidades legais constitui porventura o caso principal[411], o *usus* ou *possessio* não se confunde ou tão-pouco se refere ao direito de propriedade. A tutela interdital da posse cabe ao precarista, ao credor pignoratício, ao *sequester* e ao concessionário do *ager publicus*, que são possuidores, mas não titulares de nenhuma forma de *dominium*[412]. Este é defendido através de uma *actio in rem*; a protecção possessória do possuidor proprietário acontece somente em momento posterior à das primitivas formas da *possessio*.

Nesta época primitiva do Direito romano, a essência da posse pode muito bem ser representada pela ideia de um senhorio de facto. Qualquer noção de *animus*, seja o *animus domini* seja o *animus possidendi* genuíno dos jurisprudentes clássicos, configura um corpo estranho numa idade em que as subtilezas dos juristas não se sobrepunham ainda à dimensão simples de uma sociedade rural.

Por outro lado, a grande maioria das situações de posse deste tempo, as mais relevantes socialmente, como a do precarista, do concessionário do *ager publicus*, do *sequester* ou do credor pignoratício, não se ajusta com a ideia de *animus*[413], sobretudo, e em particular, se dele se tiver a ideia de exprimir uma determinada relação entre a posse e a propriedade.

III. Na idade clássica, o termo *usus* perde a sua conotação originária com a *possessio*[414]. A par desta evolução, emerge uma ideia de gozo que engloba o *usus fructus* e que se contrapõe à *possessio*. Esta palavra, por sua vez, é a única que permanece para designar a posse[415], a qual se diferencia claramente da propriedade (*separata esse debet possessio a proprietate* ou *nihil commune habet proprietas cum possessione*).

Enquanto na época antiga e pré-clássica os termos *usus*, *fructus*, *habere* e *possessio* são sinónimos e aludem todos à posse, os dois primeiros evoluem para o novo conceito de gozo, que os juristas clássicos separam nitidamente da posse[416]. Diz GAIO[417]: "um usufrutuário (...) não pode usucapir: (...) por-

---

[411] Sobre isto, cf. ALBERTARIO, Il possesso, cit., pág. 116 e segs.
[412] Como se verá no ponto seguinte, o Direito romano de origem pretoriana criou um interdito específico para permitir ao concedente reaver a coisa não entregue pelo precarista após a revogação do *precario*, o denominado *interdictum de precario*, um interdito de recuperação da posse. A tutela interdital do concedente acresce à do precarista, que pode recorrer aos interditos *uti possidetis* e *de vi* para se defender tanto do concedente como de terceiro.
[413] ALBERTARIO, Il possesso, cit., pág. 121 e seg.
[414] ALBERTARIO, Il possesso, cit., pág. 122 e seg.
[415] ALBERTARIO, Il possesso, cit., pág. 122 e seg.
[416] ALBERTARIO, Il possesso, cit., pág. 122 e seg.
[417] Instituições, II, 93.

que não pode exercer a posse, apenas tem o direito de usar e desfrutar".
Usus e *fructus* significam agora o gozo temporário de uma coisa, que pode ter a natureza jurídica de um *ius in re*, o direito de usufruto e o direito de uso, fundar-se numa relação contratual de locação, ou existir apenas como mero facto[418].

A conformação da posse na época clássica, muito em particular no período tardio, representa o paradigma ou modelo sobre o qual se construíram os grandes sistemas explicativos deste instituto, a começar pelo de SAVIGNY. Nessa época emerge com nitidez que a posse repousa numa situação de facto, que se identifica quando existe um controlo físico ou material da coisa por alguém (o possuidor).

Os juristas romanos não tinham, porém, uma palavra adequada a exprimir essa situação. Expressões como "poder de facto", "relação de facto", "*corpus*"[419] ou "*corpus* possessório" não são romanas, mas sim posteriores. Os textos romanos falam, ao invés, em *naturalis possessio, corporalis possessio, possidere corpore,* para expressar o ter física e corporalmente uma coisa[420]. Por *naturalis possessio* os romanos pretendem referir-se ao elemento exterior que subjaz a toda a *possessio*, sendo o adjectivo *naturalis* usado para caracterizar justamente o mero carácter físico ou material da situação em que se encontra alguém relativamente a uma coisa (corpórea)[421]. Outras palavras ou expressões encontradas nas fontes romanas são *tenere, detinere, in fundo esse, in possessionem esse*, etc.[422].

Se é certo que toda a *possessio* se funda numa ideia de materialidade, ou seja, na existência de dominação física da coisa pelo sujeito, convém, no entanto, não exagerar no seu alcance. Uma ligação de contacto constante e permanente com a coisa não se afigura necessária para a existência da

---

[418] ALBERTARIO, Il possesso, cit., pág. 123.

[419] Esta palavra, tão disseminada para ilustrar o elemento fáctico da posse, não tem raízes no Direito romano, sendo a ele estranha. Os romanos falam antes em *possidere corpore* para significar o controlo físico do possuidor sobre a coisa e não a materialidade propriamente dita. Cf. ROTONDI, "Possessio quae animo retinetur – Contributo alla dottrina classica e postclassica del possesso e dell'animus possidendi", cit., pág. 102, nota 1, BONFANTE, Corso Di Diritto Romano, III, cit., pág. 178.

[420] RICCOBONO, "Zur Terminologie der Besitzverhältnisse [Naturalis possessio, civilis possessio, possessio ad interdicta]", cit., pág. 325.

[421] RICCOBONO, "Zur Terminologie der Besitzverhältnisse [Naturalis possessio, civilis possessio, possessio ad interdicta]", cit., pág. 326.

[422] RICCOBONO, "Zur Terminologie der Besitzverhältnisse [Naturalis possessio, civilis possessio, possessio ad interdicta]", cit., pág. 326, ALBERTARIO, Il possesso, cit., pág. 126., Possessio E Detentio, in Studi Di Diritto Romano, Volume Secondo, cit., pág. 161.

posse[423]. Num dos primeiros casos que suscita a reflexão dos juristas romanos, o da posse dos pastos sazonais (*saltus hiberni er aestivi*), defende-se que a posse se mantém, ainda que o possuidor esteja ausente fora dos períodos de utilização, contando que um terceiro não venha a ocupar o imóvel[424]. Se bem que uma larga parte destas situações venha a ser explicada posteriormente pela ponderação do elemento subjectivo da posse, concretamente, através do denominado "*animo retinere possessionem*", elas permitem, em todo o caso, compreender que o elemento da dominação física ou senhorio de facto, subjacente a toda a posse sobre uma coisa, deve ser compreendido no contexto de uma avaliação social e económica da actuação do possuidor e não única ou simplesmente debaixo de um prisma de materialidade[425].

Nas fontes do Direito romano clássico aparecem também amiúde menções a um elemento volitivo, em fórmulas variadas, como sejam, *animus possidendi, animus possidentis, animus rem sibi habendi, affectio possidendi, propositum possidendi, animus possidendi adipiscendi, velle possidere, nolle possidere* e outras[426].

A primeira vez que o *animus* aparece referido como elemento da posse é em LABEÃO, citado por JAVOLENO[427], numa hipótese de aquisição de posse: "*Quarundam rerum animo possessionem apisci nos ait Labeo*". Outros juristas que fazem menção ao *animus* são PROCULO e CELSO. Quanto ao primeiro, diz o seguinte passo do Digesto[428]: "*Deposui apud te decem, postea permisi tibi uti: Nerva Proculus etiam antequam moveantur, condicere quasi mutua tibi haec posse aiunt, et est verum, ut et Marcello videtur: animo enim coepit possidere*". A mais conhecida das formulações será provavelmente a de PAULO[429] relativa à aquisição da posse: "*Et apiscimur possessionem corpore et animo, neque per se animo aut per se corpore*".

O elemento material correspondente ao conceito de *naturalis possessio* ou *corporalis possessio* não chega, assim, para a qualificação da situação como *possessio*. Quem tem simplesmente uma *naturalis possessio* é, na linguagem

---

[423] BONFANTE, Istituzioni Di Diritto Romano, cit., pág. 294.
[424] ARANGIO-RUIZ, Istituzioni Di Diritto Romano, cit., pág. 253, CANNATA, "Possesso (Diritto Romano)", cit., pág. 326.
[425] Sobre o tema, cf. as observações de BONFANTE, Corso Di Diritto Romano, III, cit., pág. 277 e segs. e Istituzioni Di Diritto Romano, cit., pág. 288 e segs. e pág. 294.
[426] BONFANTE, Corso Di Diritto Romano, III, cit., pág. 188, ROTONDI, "Possessio quae animo retinetur – Contributo alla dottrina classica e postclassica del possesso e dell'animus possidendi", cit., pág. 102.
[427] D., 41, 2, 51.
[428] D., 12, 1, 9, 9.
[429] D., 41, 2, 3, 1.

jurídica posterior do *ius commune*, um mero detentor, não um possuidor. Para que haja posse o senhorio de facto sobre a coisa deve ser acompanhado de um elemento intencional: *o animus*.

Com base nestes dados, discute-se se o *animus* tem no regime possessório romano da época clássica a natureza de um requisito autónomo e independente do senhorio de facto ou se, diversamente, ambos formam uma unidade homogénea. No primeiro caso, a *possessio* requer os dois elementos para existir, no segundo caso basta aferir do senhorio de facto, que integra por si um elemento voluntário, sem, porém, lhe conferir o relevo de um elemento com autonomia.

Outro dos pontos de maior controvérsia prende-se com o significado desse *animus*. Na sua obra basilar sobre a posse, SAVIGNY[430] defende que o elemento intencional refere-se à propriedade e, assim, o *animus* possessório seria o *animus domini*. Contudo, conforme já se teve ocasião de dizer, a expressão *animus domini* não consta das fontes romanas clássicas e pré-clássicas; estas mencionam sim o *animus possidendi* ou o *animus possidentis*.

BONFANTE[431], por sua vez, evitando o erro de SAVIGNY, fala num *animus dominantis* como significado intrínseco do *animus possidendi* romano. Mas o sentido propugnado para o *animus dominantis* é idêntico ao *animus domini* defendido pelo mestre alemão e reside, afinal, numa intenção de assenhoriar-se da coisa como um proprietário[432].

Estas doutrinas têm em comum a circunstância de associarem directamente a posse à propriedade e, como tal, não revelam acerto relativamente a nenhuma época do Direito romano. A posse, na sua origem, pode existir nos termos de outros direitos, para além da propriedade, como demonstra a posse do concessionário do *ager publicus* e do *ager vectigalis*, do credor pignoratício, do *sequester* ou do precarista. Por sua vez, no Direito romano justinianeu a posse estende-se à superfície e à enfiteuse, não se reduzindo à propriedade.

Se o *animus* representa um elemento constitutivo da posse e esta pode existir relativamente a outros direitos que não a propriedade, ele não pode esgotar-se na referência a este direito. Para obviar a esta crítica, SAVIGNY[433] desenvolveu a doutrina da posse derivada e BONFANTE[434] a da posse anó-

---

[430] Das Rechts des Besitzes, cit.
[431] Corso Di Diritto Romano, III, cit., pág. 189.
[432] Corso Di Diritto Romano, III, cit., pág. 189.
[433] Das Rechts des Besitzes, cit., pág. 282 e segs.
[434] Corso Di Diritto Romano, III, cit., pág. 195 e segs.

mala. As fragilidades destes modelos explicativos são evidentes, tanto no alcance como na técnica jurídica. No alcance, na medida em que, pretendendo dar da posse a ideia de ser o espelho ou imagem da propriedade, perdem a visão de fundo. A *possessio* romana existe antes e para além da propriedade e a sua essência é muito diversa dela. Na técnica jurídica, porquanto as outras posses nem sempre decorrem de um acto de transmissão do possuidor nos termos da propriedade, por outras palavras, não são sempre derivadas, como defendeu SAVIGNY. Tão-pouco, como sugere BONFANTE, essas outras posses (do precarista, do *sequester*, do concessionário do *ager vectigalis* ou do *ager publicus*, do credor pignoratício) têm natureza excepcional; elas coexistem paralelamente à posse nos termos da propriedade, satisfazendo necessidades de pessoas dentro do modelo económico e social vigente.

A proliferação de termos usados para referir a parte intencional da *possessio* e o carácter genérico destes mostra bem que os juristas clássicos não se preocupavam muito com esse elemento nem tinham dele uma ideia precisa[435]. A preponderância do *animus* na teoria possessória romana, pelo menos na idade clássica, é, provavelmente, muito exagerada. O relevo que ganhou deve-se, fundamentalmente, a PAULO e à influência que a sua doutrina possessória teve nos juristas do Direito romano justinianeu[436]. PAULO oferece um particular desenvolvimento dos temas da posse, em contraste, nomeadamente, com os parcos comentários que sobre a matéria surgem no comentário *ad Edictum* de ULPIANO[437], facto que poderá explicar o recurso mais intenso à sua obra.

Num jurista conhecido por visões independentes dos problemas[438], fica a dúvida sobre se os comentários de PAULO descrevem correctamente o estado da doutrina comum dos juristas clássicos ou uma doutrina própria sobre a posse, como JHERING[439] fez notar.

---

[435] ROTONDI, "Possessio quae animo retinetur – Contributo alla dottrina classica e postclassica del possesso e dell'animus possidendi", cit., pág. 102 e segs. Também BURDESE, "Possesso (dir. rom.)", cit., 2., afirma que os juristas clássicos não elaboraram nenhum conceito abstracto de *animus*.

[436] Cf. o estudo fundamental de ROTONDI, "Possessio quae animo retinetur – Contributo alla dottrina classica e postclassica del possesso e dell'animus possidendi", cit., pág. 94 e segs.

[437] KRÜGER, Geschichte der Quellen und Litteratur des römischen Rechts, Leipzig, 1888, pág. 214, ROTONDI, "Possessio quae animo retinetur – Contributo alla dottrina classica e postclassica del possesso e dell'animus possidendi", cit., pág. 95 e seg.

[438] ROTONDI, "Possessio quae animo retinetur – Contributo alla dottrina classica e postclassica del possesso e dell'animus possidendi", cit., pág. 98.

[439] Sobre este ponto, veja-se BARON, "Zur Lehre vom Besitzwillen", Jahrbücher für die Dogmatik des heutigen römischen und deutschen Privatrechts, Band 29, 1890, pág. 194 e seg. BURDESE, "In

Se parece ser exacto, ao menos a partir da época clássica, que a *possessio* romana requer uma ligação voluntária ou intencional do sujeito à coisa, dificilmente se consegue sustentar, com excepção da obra particular de PAULO, que os romanos concebiam a existência de um elemento separado do senhorio de facto, qualquer coisa que pudesse valer de modo autónomo do *possidere corpore* e sem o qual não haveria posse.

A falta de um termo específico para o *animus*, o carácter impreciso e genérico que emerge das expressões utilizadas nas fontes, indiciam que por ele se pretendia unicamente sublinhar que o possuidor era alguém que estava conscientemente e de vontade no controlo material da coisa[440]. Os juristas que recorrem ao *animus*, ou usam expressões com o mesmo significado, não o fazem seguindo um propósito construtivo de elaboração teórica, para sustentar não haver posse se a vontade do sujeito falta, pretendendo somente encontrar justificação para determinada solução em certos casos práticos que apresentam dificuldades especiais[441].

Um aspecto que evidencia bem que os romanos não sentiram necessidade de afirmar um elemento autónomo está na ausência de uma ligação directa entre a intenção e um determinado *ius in re*. Na época clássica a expressão geral *animus possidendi* não serve para exprimir a relação do possuidor com qualquer direito, em especial com a propriedade, como sugerem as expressões *animus domini* ou *animus dominantis*, mas a actuação de qualquer possuidor defronte da coisa.

Em atenção aos dados do Direito romano clássico, a posse revela um momento intencional ou voluntário da acção do sujeito. O elemento material da posse, o *possidere corpore* ou a *possessio naturalis*, requer do possuidor a existência de uma vontade consciente de estar no senhorio da coisa. Simplesmente, a intenção está subjacente à acção dele, como acção voluntária,

---

Tema Di Animus Possidendi", in Studi in Onore Di Biondo Biondi, Milano, 1965, pág. 547, afasta a tese de que o relevo do *animus possidendi* na obra de PAULO se deva a uma concepção pessoal, preferindo afirmar a tendência para um pensamento generalizador próprio da última idade clássica, que aquele autor levou a cabo de acordo com a doutrina aceite no seu tempo.

[440] ROTONDI, "Possessio quae animo retinetur – Contributo alla dottrina classica e postclassica del possesso e dell'animus possidendi", cit., pág. 104, BURDESE, "Possesso (dir. rom.)", cit., 2., KASER, Das Römische Privatrecht, Das Altrömische, Das Vorklassisches und Klassisches Recht, cit., pág. 331.

[441] ROTONDI, "Possessio quae animo retinetur – Contributo alla dottrina classica e postclassica del possesso e dell'animus possidendi", cit., pág. 106.

não tem o significado de um requisito independente que deva ser aditado ao senhorio de facto para haver posse[442]. Ambos formam uma unidade[443].

Assim explicado, o *animus* integra-se realmente no elemento material da posse[444], revelando um trecho voluntário ou psicológico da actuação do possuidor, conforme Jhering pôs em evidência na sua crítica ao subjectivismo.

O confronto da época anterior com o Direito clássico permite fazer luz sobre o facto de que o *animus* só tardiamente veio a ser reconhecido e que nem sempre a doutrina possessória possessória romana o vislumbrou ou o julgou necessário para explicar qualquer solução prática[445]. O período tardio da época clássica, sobretudo com a obra de Paulo, lançou as sementes de mudança para a idade posterior pós-clássica e justinianeia.

IV. A época pós-clássica trás consigo novidades, sendo algumas delas muito profundas quanto ao seu impacto no regime jurídico da posse. Nalguns pontos, as soluções que vêm a ser seguidas são mesmo as opostas daquelas que existiam nas épocas anteriores, nomeadamente, na época clássica. Ainda assim, não existe uma unidade ou uniformidade na doutrina possessória deste tempo. O Direito possessório ante justinianeu revela traços bem diversos do da idade justinianeia.

As sementes das mudanças que viriam a ocorrer no Império romano do Oriente cresciam já na época clássica. No decurso desta vão-se processando algumas alterações económicas e sociais com repercussão na estrutura fundiária, nomeadamente, a supressão da separação entre fundos itálicos e fundos provinciais, a transformação dos fundos *tributarii* ou *stipendiarii* em propriedade, e a extinção do *dominium ex iure Quiritium*, o que fez diminuir significativamente os casos de dissociação entre a posse e a propriedade[446].

---

[442] Na doutrina, cf. em especial Rotondi, "Possessio quae animo retinetur – Contributo alla dottrina classica e postclassica del possesso e dell'animus possidendi", cit., pág. 102 e segs., Kaser, Das Römische Privatrecht, Das Altrömische, Das Vorklassisches und Klassisches Recht, cit., pág. 331. Veja-se ainda Longo, "In Tema Di Aquisto Del Possesso", cit., pág. 424.

[443] Kaser, Das Römische Privatrecht, Das Altrömische, Das Vorklassisches und Klassisches Recht, cit., pág. 33 e Kaser/Knütel/Lohsse, Römisches Privatrecht, cit., pág. 122 e segs., Kniep, Der Besitz des Bürgerlichen Gesetzbuches gegenübergestellt dem römischen und gemeinen Recht, cit., pág. 63.

[444] De função integradora fala Rotondi, "Possessio quae animo retinetur – Contributo alla dottrina classica e postclassica del possesso e dell'animus possidendi", cit., pág. 103.

[445] Rotondi, "Possessio quae animo retinetur – Contributo alla dottrina classica e postclassica del possesso e dell'animus possidendi", cit., pág. 104.

[446] Sobre este ponto, cf. Albertario, Il possesso, cit., pág. 128 e Il Diritto Romano, cit., pág. 168.

Estes, que até aí constituíam uma parte importante das situações possessórias, passam a representar uma percentagem relativamente residual da posse e o paradigma social passa a ser a coincidência ou, ao menos, a relação entre a posse e a propriedade. Se essa evolução não se repercutiu logo no Direito clássico, não deixou de causar impacto na época seguinte.

O desenvolvimento principal do Direito romano pós-clássico anterior a Justiniano consiste numa tendencial indiferenciação entre posse e propriedade[447]. A partir do Imperador Constantino a expressão *possessio* serve não apenas para indicar a posse como igualmente alude à propriedade[448]. Apesar de tudo, no campo processual, manteve-se separada a tutela possessória da petitória[449].

O Direito justinianeu retorna, todavia, ao regime da época clássica neste aspecto, mantendo separada a posse da propriedade[450]. Mas a concepção de fundo da posse sofre abalos significativos. Enquanto no Direito clássico a detenção física ou material da coisa (*naturalis possessio, possidere corpore*) forma com o *animus possidendi* a estrutura uniforme da *possessio*, uma unidade incindível que requer ambos os elementos, e sem que nenhum deles tenha autonomia, no Direito justinianeu emerge uma cisão muito clara dos dois, separados agora um do outro e independentes entre si.

Ao lado do elemento corpóreo, surge bem delineado um elemento intencional. Este não é já o *animus possidendi* clássico, mas sim o *animus domini* ou *dominantis*[451][452]. Na tradução bizantina da constituição de Constantino[453], diz-se: "*secundum leges possessio est detentio animo dominantis*". Na Paráfrase de Teófilo[454] pode ler-se: "*sine vera possessione non procedit usucapio: tunc enim quis intelligitur possidere cum animo dominantis rem teneat*" e, mais adiante,

---

[447] Kaser, Das Römische Privatrecht, Die Nachklassischen Entwicklungen, cit., pág. 181, Kaser//Knütel/Lohsse, Römisches Privatrecht, cit., pág. 125 e seg.
[448] Burdese, "Possesso (dir. rom.)", cit., 3.
[449] Burdese, "Possesso (dir. rom.)", cit., 3.
[450] Kaser, Das Römische Privatrecht, Die Nachklassischen Entwicklungen, cit., pág. 181, Kaser//Knütel/Lohsse, Römisches Privatrecht, cit., pág. 126, Burdese, "Possesso (dir. rom.)", cit., no número 3.
[451] Albertario, Il possesso, cit., pág. 130, Burdese, "Possesso (dir. rom.)", cit., 3, Cannata, "Possesso (Diritto Romano)", cit., pág. 330.
[452] Usamos as duas expressões como significando intrinsecamente o mesmo, na linha de Albertario, Il possesso, cit., pág. 130. Acentuando, porém, que elas não são sinónimas, veja-se Bonfante, Note al Windscheid, cit., pág. 345 e Rotondi, "Possessio quae animo retinetur – Contributo alla dottrina classica e postclassica del possesso e dell'animus possidendi", cit.
[453] Que se colhe em Albertario, Il possesso, cit., pág. 131.
[454] 2, 9, 4. Usamos a tradução de Albertario, Il possesso, cit., pág. 130.

"differentia autem inter tenere et possidere haec est, quod tenere est naturaliter rem detinere, possidere autem animo dominantis detinere".

A substituição do *animus possidendi* clássico pelo *animus domini* ou *dominantis* revela um prisma inteiramente novo de abordagem do instituto possessório, a que não é naturalmente estranho o último período clássico e, sobretudo, a doutrina de PAULO[455]. Segundo a perspectiva nascente na época pós-clássica, a posse, agora chamada de forma enfática *possessio rei*, vem referida fundamentalmente ao *dominium*, enjeitando-se a sua relação com os outros direitos reais, ainda que, de certa forma paradoxalmente, se reconheça quanto a eles uma *quasi possessio* ou *possessio iuris* e se proteja esta com *interdicta* possessórios, em aberta oposição com o que resultava das fontes clássicas e dos ensinamentos desse tempo.

A explicação para esta aparente antinomia entre, por um lado, a extensão da tutela interdital possessória às servidões pessoais, e, por outro, a recusa em se lhe reconhecer o estatuto de *possessio rei*, decorre do facto de também nestes casos a situação dos titulares de direitos reais menores ser vista como proveniente de *invitio domini*, sendo a sua posse *pro aliena*, quer dizer, provém do possuidor proprietário (ou que aparenta sê-lo) e é exercida em seu nome.

A posse que conta socialmente, e que toma o lugar preponderante no tratamento jurídico do instituto, é a do proprietário[456], a única que os juristas justinianeus chamam *possessio rei* e que constitui a posse plena; quanto às outras situações, reportadas aos restantes direitos reais de gozo, não constituem posse e integram o campo da *possessio iuris*, que tem a sua génese nesta época[457].

A construção possessória do Direito justinianeu, esta sim, repousa realmente nos dois elementos que a doutrina subjectivista da posse viria a imortalizar debaixo da referência ao *corpus* e ao *animus*[458]. Nas fontes justinianeias, expressões como *naturaliter possidere, corporaliter possidere, detentio, detentatio*, a par das clássicas *naturalis possessio* ou *corporalis possessio*, designam o controlo material da coisa por alguém. O elemento físico, se isolado, não vale, no entanto, como posse. Neste caso, o Direito romano justinianeu

---

[455] Vejam-se também as observações muito sucintas de BURDESE, "In Tema Di Animus Possidendi", cit., pág. 546 e seg.

[456] ALBERTARIO, Il Diritto Romano, cit., pág. 168.

[457] Sobre isto., cf. *supra* no texto.

[458] Veja-se também KASER, Das Römische Privatrecht, Die Nachklassischen Entwicklungen, cit., pág. 183.

fala em *possessio corpore*, que equivale a simples detenção, ainda que seja protegida por interditos possessórios.

No Direito justinianeu, apenas o *animus* confere à situação de facto o cunho possessório (*possessio rei*). Não basta, porém, uma intenção genérica e descaracterizada, aferida ao controlo material da coisa, como o *animus possidendi* dos clássicos. A verdadeira posse nesta época é apenas a do proprietário ou daquele que de boa fé crê sê-lo e que pode adquirir o domínio pela usucapião[459]. Deste modo, o *animus* relevante é o *animus domini*[460], o *animus* do sujeito que exerce o senhorio da coisa como proprietário ou, ainda que não o seja, aspire à aquisição do direito de propriedade por via da usucapião, por ter uma posse de boa fé.

A posse sem *animus domini* recebe um estatuto degradado, sendo equiparada a mera detenção. A ela aludem os textos do Direito justinianeu como *possessio naturalis*, *possessio corporalis*, *possessio corpore* ou *pro aliena*[461]. Estamos perante um campo muito vasto e heterogéneo, o qual abrange os casos de *quasi possessio* ou *possessio iuris* (do usufrutuário, do usuário, do enfiteuta, do superficiário), do precarista, do credor pignoratício, do *sequester*, do possuidor injusto, sem justa causa aquisitiva ou de má fé[462] e, de um modo geral, de todos aqueles que simplesmente possuem em nome alheio (comodatário, locatário, depositário, etc.). Dentro deste âmbito, coexistem situações tuteladas por interditos possessórios a par de outras que não recebem qualquer tutela possessória[463].

No jogo concertado entre os dois elementos constitutivos da posse, outra marca impressiva do Direito justinianeu encontra-se no peso superior do elemento intencional ou volitivo sobre o senhorio de facto. A doutrina clássica anterior – pelo menos, a dominante – defendia que a posse assenta

---

[459] ALBERTARIO, Il possesso, cit., pág. 128, BURDESE, "Possesso (dir. rom.)", cit., 3, LONGO, "In Tema Di Aquisto Del Possesso", cit., pág. 425, KASER, Das Römische Privatrecht, Die Nachklassischen Entwicklungen, cit., pág. 181.

[460] ALBERTARIO, Il Diritto Romano, cit., pág. 168 e seg. e Il possesso, cit., pág. 130, BURDESE, "Possesso (dir. rom.)", cit., 3, KASER, Das Römische Privatrecht, Die Nachklassischen Entwicklungen, cit., pág. 181, KASER/KNÜTEL/LOHSSE, Römisches Privatrecht, cit., pág. 126.

[461] ALBERTARIO, Il Diritto Romano, cit., pág. 168 e segs., BURDESE, "Possesso (dir. rom.)", cit., no número 3.

[462] Cf. também ALBERTARIO, Il Diritto Romano, cit., pág. 171 e segs.

[463] No Direito justinianeu cai a tripartição clássica entre *possessio naturalis*, *possessio ad interdicta* e *possessio civilis*. As duas primeiras fundem-se numa única categoria e contrapõe-se à última, que é a posse de boa fé, apta a permitir a usucapião. Sobre isto, cf. *supra* no texto, no ponto atinente à classificação entre *possessio naturalis* e *possessio civilis*.

numa dominação física ou material da coisa e que não pode existir somente com a intenção. Como GAIO[464] escreve: "não há a mínima dúvida de que não podemos adquirir a posse de nada apenas por intenção". Este autor dá, no entanto, notícia da existência de outra doutrina que defende poder haver "posse apenas na ideia"[465].

No Direito justinianeu essa ideia está no centro da nova teoria possessória. A par de uma diminuição relativa da importância do suporte material da posse, a *possessio corporalis* ou *naturalis*, emerge a aceitação geral de que pode haver posse desamparada desse elemento. Os juristas romanos desta época falam em *possessio animo*, abrindo uma contraposição classificatória com a *possessio corpore*[466]. A *possessio animo* é no Direito justinianeu a posse em que existe *animus*, o *animus domini*, mas em que está ausente a retenção física da coisa[467].

Desta forma, no Direito romano justinianeu os dois elementos da posse têm uma importância desigual. E não pode deixar de se notar uma diminuição da natureza estruturante do elemento material na análise da situação possessória[468], assim como a sua desvalorização relativa. A dominação física da coisa tende a encontrar-se nas situações de posse, mas pode faltar em alguns casos, sem que a posse seja eliminada, contando que haja *animus*.

O *animus* (*animus domini*), por sua vez, tem sempre de estar presente no possuidor para existir posse; faltando, a posse não é reconhecida. Pode haver, no entanto, posse *animus solo*, quer dizer, posse em que o possuidor não controla fisicamente a coisa, mas mantém a intenção de a conservar para si como proprietário (*animus domini*).

A construção justinianeia do *animus domini* examina-se primacialmente em matéria de aquisição, conservação e perda da posse. Os exemplos são vários e serão vistos adiante[469]. Entre eles, citem-se como mais significativos[470]:
– O do possuidor feito prisioneiro: a detenção perde-se, mas a posse mantém-se;

---

[464] Instituições, IV, 153.
[465] *Idem*.
[466] ALBERTARIO, Il Diritto Romano, cit., pág. 171.
[467] ALBERTARIO, Il Diritto Romano, cit., pág. 171.
[468] ALBERTARIO, Il possesso, cit., pág. 132 e pág. 136, LONGO, "In Tema Di Aquisto Del Possesso", cit., pág. 424.
[469] Cf. *infra* no texto.
[470] Para uma visão geral, cf. ALBERTARIO, Il possesso, cit., pág. 132 e segs.

- O escravo que enceta uma fuga: *animo quidem possidetur*; o dono do escravo permanece na posse;
- O possuidor ausenta-se do imóvel; a posse do imóvel abandonado não se perde enquanto houver *animus domini*: conserva-se *solo animo*;
- O colono ou o escravo abandona o imóvel: *animo retinebo possessionem*; o possuidor continua na posse da coisa;
- O possuidor sofre um esbulho violento: o esbulhador tem somente a *possessio corpore*, o possuidor esbulhado possui *animus solo*.

Por tudo isto, observa-se no Direito justinianeu a predominância da vertente subjectiva voluntária do possuidor, em detrimento da vertente material, objectiva, da dominação corpórea da coisa. Este subjectivismo privilegia a intenção interior e insondável do possuidor, de natureza psicológica, sobre a *causa possessionis* e o comportamento exterior[471].

V. A investigação histórica das várias épocas do Direito romano revela como a doutrina possessória romana não se apresenta constante e tão--pouco coesa quanto aos elementos constitutivos da *possessio*.

O ponto de partida antigo e pré-clássico reside na dominação física da coisa, o senhorio de facto que ostenta o poder soberano do possuidor sobre ela. A época seguinte (clássica) isola um elemento voluntário da *possessio*, o *animus possidendi*, não lhe conferindo, no entanto, nem autonomia nem preponderância sobre o controlo material da coisa. No fundo, acentua-se simplesmente que o possuidor age intencionalmente quando exerce o domínio físico correspondente à posse.

Na idade clássica, o elemento material da posse, a *naturalis possessio* ou *corporalis possessio*, não aparece separado do *animus possidendi*, não sendo este visto como um elemento distinto do domínio de facto que toda a *possessio* supõe, formando ambos a unidade incindível que constitui a *possessio*.

A época pós-clássica justinianeia altera tudo isto, visto que torna o elemento subjectivo, agora descrito como *animus domini*, no fulcro da posse. Não só não existe *possessio* sem *animus*, como a conservação, a aquisição e a perda dela podem ter lugar *solo animo*.

O *animus domini* justinianeu não é mais um momento da acção do possuidor quando projecta no exterior o senhorio de facto sobre a coisa, o controlo material que lhe permite mantê-la debaixo do seu poder. Ele reveste antes um momento interior do sujeito, da sua consciência oculta, tendo, assim, inquestionavelmente um pendor psicológico inteiramente estranho às épocas anteriores.

---

[471] Cf., sobre este último aspecto, ALBERTARIO, Il possesso, cit., pág. 135 e seg.

O *animus domini* dos justinianeus representa o ponto de partida das modernas teorias subjectivistas da posse e nele encontra-se a fonte de inspiração do *animus domini* de SAVIGNY[472].

11. A tutela possessória. Os *interdicta*

I. Para a tutela da *possessio* o Direito romano não dispõe de nenhuma *actio*[473]. As *actiones in rem* encontram-se previstas para a tutela do direito real, mas não da posse, à qual não se reconhece natureza real. Tal não significa, porém, uma ausência de defesa da posse[474] em caso de violação ou da ameaça de violação desta. À defesa da posse o Direito romano consagrou uma tutela interdital, ou seja, um dado número de *interdicta* possessórios[475]. Os *interdicta* colmatam, assim, uma lacuna das *civiles actiones* no domínio da protecção da posse[476].

O *interdictum* consiste num comando[477] ou proibição, hipoteticamente formulado[478], dado por um magistrado a uma ou a ambas as partes do pro-

---

[472] ALBERTARIO, Il possesso, cit., pág. 130.

[473] A opinião de UBBELODHE, SAVIGNY, BETHMANN-HOLLWEG e BEKKER, Die Aktionen Des Römischen Privatrechts, Band 2, pág. 51, segundo a qual, já no Direito romano clássico os *interdicta* se contavam entre as acções parece ser de rejeitar. Apenas no período justinianeu isso aconteceu. Cf. a propósito o estudo de ALBERTARIO, "Actiones e Interdicta", in Studi Di Diritto Romano, Volume Quarto, Eredità E Processo, pág. 117 e segs. e 159 e segs.

[474] A tutela possessória por *interdicta* pode originariamente não ter envolvido todas as situações de posse. ALBERTARIO, Il possesso, cit., pág. 116 e segs., sustenta que na época antiga do Direito romano haveria uma *possessio* irrevogável que não estaria coberta por tutela interdital, contrariamente à *possessio* do precarista e do *ager publicus*. Segundo este autor, somente no período republicano se viria a dar a extensão da protecção interdital a toda a *possessio* (pág. 118).

[475] Apenas ilustrativamente, cf. KASER, Das Römische Privatrecht, Das Altrömische, Das Vorklassisches und Klassisches Recht, cit., pág. 335 e KASER/KNÜTEL/LOHSSE, Römisches Privatrecht, cit., pág. 128 e segs.

[476] Para uma explicação da relação entre os interditos e as acções civis, cf. SCHMIDT, Das Interdiktenverfahren, cit., pág. 298 e segs.

[477] SCHMIDT, Das Interdiktenverfahren, pág. 1, PEROZZI, Istituzioni Di Diritto Romano, Volume II, cit., pág. 101.

[478] Podendo parecer surpreendente, o comando do pretor vem formulado de modo hipotético, para o caso de ser verdadeira a situação de facto subjacente à sua concessão. Isto liga-se, segundo cremos, por um lado, à vertente administrativa do processo interdital, por outro, ao carácter sumário da produção de prova que aí tem lugar. Na doutrina, sobre este particular aspecto, veja-se, entre outros, KARLOWA, Römisches Rechtsgeschichte, cit., pág. 1012, WENGER, Istituzioni Di Procedura Civile Romana, cit., pág. 245, BISCARDI, La Protezione Interdittale Nel Processo Romano, cit., pág. 94 e segs., GIOFFREDI, Contributo Allo Studio Del Processo Civile Romano, Milano, 1947, pág. 87.

cesso interdital, a pedido de uma delas ou das duas[479] e na sua presença[480], para que seja adoptada uma determinada conduta[481], que pode consistir em fazer ou deixar de fazer alguma coisa[482]. A propósito, explica GAIO[483]: "em determinadas situações, o Pretor, ou o Pro-cônsul, impõe antes de mais a sua autoridade para pôr fim a certas contendas (...) e que se traduz em geral por uma ordem, ou uma proibição, de fazer alguma coisa".

O processo interdital consubstancia um processo, cuja índole, administrativa ou judicial, se discute[484]. Seja como for, distingue-se claramente do processo correspondente à *actio* durante o período clássico[485], levando a contrapor *actio* e *interdictum*[486]. A ordem ou proibição interdital não vem emitida por um juiz, mas sim por um magistrado que exerce a autoridade administrativa. Esse magistrado era, em regra, um pretor; todavia, o próprio GAIO[487] menciona o Pro-cônsul. Discute-se, se outras autoridades administrativas podiam emitir interditos e quais[488]. Em alguns textos (v. g., o capí-

---

[479] Trata-se de uma especificidade do processo interdital relativamente a outros comandos da competência do magistrado. Cf. UBBELODHE, GLÜCK Kommentar, cit., pág. 19, SCHMIDT, Das Interdiktenverfahren, cit., pág. 3, PEROZZI, Istituzioni Di Diritto Romano, Volume II, cit., pág. 101.

[480] KASER, Das Römische Zivilprozessrecht, cit., pág. 323.

[481] Nessa medida, o interdito constitui uma obrigação sobre a parte do processo interdital (o acusado) contra o qual o comando se dirige. Sobre isto, cf. SCHMIDT, Das Interdiktenverfahren, cit., pág. 8.

[482] UBBELODHE, Ausführliche Erläuterung der Pandecten nach Hellfeld, Band 43/44, no GLÜCK Kommentar, Erlangen, 1889, pág. 1 e seg., KASER, Das Römische Zivilprozessrecht, cit., pág. 317 e seg., KASER/KNÜTEL, Römisches Privatrecht, cit., pág. 390, KUNZTE, Institutionem und Geschichte Des Römisches Rechts, Erster Band, pág. 144, WITTE, Das Interdictum Uti Possidetis Als Grundlage des Heutigen Possessorium Ordinarium, Leipzig, 1863, pág. 1, RICCOBONO, "Interdicta", no Novissimo Digesto Italiano, pág. 792 e segs., COLOGNESI, "Interdetti", Enciclopedia Del Diritto, XXI, pág. 901, ARANGIO-RUIZ, Istituzioni Di Diritto Romano, cit., pág. 127, BERGER, Interdictum, no Encyclopedic Dictionary Of Roman Law, pág. 507.

[483] Instituições, IV, 139.

[484] A linha que enquadra os interditos no âmbito do processo administrativo ou de polícia parece ser dominante. Na romanística portuguesa, veja-se RAÚL VENTURA, História Do Direito Romano, Lisboa, 1965, pág. 233 e seg. No sentido do carácter judicial do processo interdital, cf., porém, KASER, Das Römische Zivilprozessrecht, cit., pág. 323 e segs.

[485] Situação que será substancialmente diferente no Direito justinianeu, como se verá adiante no texto. Para uma perspectiva contrária, e largamente minoritária, veja-se BEKKER, Die Aktionen Des Römischen Privatrechts, cit., pág. 51.

[486] Cf. as considerações de BISCARDI, La Protezione Interdittale Nel Processo Romano, Padova, 1938, pág. 14 e segs., COLOGNESI, "Interdetti", cit., pág. 902 e seg.

[487] Idem.

[488] Sobre esta matéria, cf., nomeadamente, UBBELODHE, GLÜCK Kommentar, cit., pág. 6 e segs., KARLOWA, Römisches Rechtsgeschichte, cit., pág. 1003 e seg., e ainda, embora com muito escasso desenvolvimento, WENGER, Istituzioni Di Procedura Civile Romana, cit., pág. 244, nota 3.

tulo 22 da lex Rubria), surge mencionada a competência dos *praeses provinciae* para a decretação de interditos e, particularmente, os interditos *unde vi* e *quod vi aut clam* aparecem igualmente referidos como cabendo ao *praefectus urbi*[489]. Os funcionários municipais não tinham, em regra, competência para intervir e decidir no processo interdital[490].

A limitação da competência para proferir o comando interdital tem uma explicação simples. O interdito representa o exercício do poder imperial, do *imperium* do magistrado[491], e só o pode decretar quem tem esse poder, quer dizer, os mais altos funcionários da administração pública romana[492].

A ordem ou comando interdital decorre de uma fórmula fixa, cujo modelo consta do Édito do pretor[493]. Por sua vez, a admissibilidade do interdito requer a demonstração verdadeira dos seus pressupostos materiais[494], na falta dos quais o pedido de protecção interdital vem a ser rejeitado. Se a situação, com a sua factualidade, não corresponde a nenhum dos interditos previstos no Édito, aos seus pressupostos, ela, pura e simplesmente, permanece sem defesa interdital.

Excepcionalmente, porém, o pretor concede a protecção ao queixoso para além do tipo interdital constante do Édito, criando um *interdictum utile*, o qual, se se assemelha na fórmula ao *interdictum* consagrado, representa, no entanto, uma extensão deste[495]. A protecção interdital do usufruto, do uso

---

[489] UBBELODHE, GLÜCK Kommentar, cit., pág. 6, RICCOBONO, "Interdicta", cit., pág. 793.

[490] É esta, pelo menos, a opinião de RICCOBONO, "Interdicta", cit., pág. 793 e de KARLOWA, Römisches Rechtsgeschichte, cit., pág. 1004. Veja-se, porém, UBBELODHE, GLÜCK Kommentar, cit., pág. 7 e segs. e WENGER, Istituzioni Di Procedura Civile Romana, cit., pág. 244.

[491] É a doutrina maioritária. Cf., por exemplo, RAÚL VENTURA, História Do Direito Romano, cit., pág. 234, SANTOS JUSTO, Direito Privado Romano, III, cit., pág. 165, BISCARDI, La Protezione Interdittale Nel Processo Romano, cit., pág. 20, RICCOBONO, "Interdicta", cit., pág. 793, COLOGNESI, "Interdetti", cit., pág. 904, PEROZZI, Istituzioni Di Diritto Romano, Volume II, Roma, 1928, pág. 100, KASER, Das Römische Privatrecht, Das Altrömische, Das Vorklassisches und Klassisches Recht, cit., pág. 327, KARLOWA, Römisches Rechtsgeschichte, cit., pág. 1004. Num sentido diverso, salientando a competência de funcionários municipais para a emissão de alguns interditos, ver desenvolvidamente UBBELODHE, GLÜCK Kommentar, cit., págs. 6 a 19, BÖHR, Das Verbot der eigenmächtigen Besitzumwandlung im römischen Privatrecht, München, Leipzig, 2002 pág. 89.

[492] KARLOWA, Römisches Rechtsgeschichte, cit., pág. 1004.

[493] Cf., por exemplo, KASER, Das Römische Zivilprozessrecht, cit., pág. 321.

[494] UBBELODHE, GLÜCK Kommentar, cit., pág. 1 e seg., KASER/KNÜTEL/LOHSSE, Römisches Privatrecht, cit., pág. 128 e segs., COLOGNESI, "Interdetti", cit., pág. 901.

[495] SCHMIDT, Das Interdiktenverfahren, cit., pág. 23 e segs., KASER, Das Römische Zivilprozessrecht, cit., pág. 321, KASER/HACKL, Das Römisches Zivilprozessrecht, cit., pág. 412.

e do direito de habitação faz-se através de interditos que tutelam o exercício desse direitos e não a posse do titular, que não é reconhecida no Direito romano.

O processo interdital apresenta vantagens claras para quem a ele recorre. Pela sua natureza, ele oferece, ao menos num primeiro momento[496], uma estrutura simplificada e, sobretudo, mais expedita no confronto com uma acção judicial ordinária segundo a tramitação processual das *actiones*[497], sejam *actiones in rem* ou quaisquer outras. A simplificação e rapidez, por sua vez, ligam-se a um dos traços fundamentais da tutela interdital: a provisoriedade do decidido[498].

O interdito não exige ao autor a demonstração final da titularidade do direito, que pode efectivamente não existir, mas apenas dos pressupostos de facto previstos para a sua concessão. Se aquele que pretende exercer um direito quer vê-lo declarado, provando a sua existência, o interdito não é o meio processual adequado, devendo recorrer à acção judicial pertinente[499]. Do mesmo modo, caso o titular do direito fique derrotado no processo interdital, pode recorrer a essa acção para obter a tutela do mesmo. Inversamente, a parte vitoriosa na decisão interdital não obtém qualquer garantia de um exercício duradouro do direito[500], para além, pois, da eficácia própria do interdito, que não tem carácter definitivo.

---

[496] A maior rapidez do processo interdital, quando comparado com uma acção ordinária, existe apenas quando o demandado cumpre a ordem ou comando interdital. Se escolhe não o fazer, violando o interdito, dá azo a uma segunda fase do processo interdital que, pela sua grande complexidade, pode ser até mais lenta do que uma *actio* ordinária. Não entraremos aqui na explicitação dessa fase.

[497] Cf, por exemplo, KASER, Das Römische Privatrecht, Das Altrömische, Das Vorklassisches und Klassisches Recht, cit., pág. 327, RICCOBONO, "Interdicta", cit., pág. 793. Para uma perspectiva diversa, cf. COLOGNESI, "Interdetti", cit., pág. 903.

[498] Evidenciando igualmente estes traços gerais da tutela interdital, COLOGNESI, "Interdetti", cit., pág. 915 e seg. Também BONFANTE, Corso Di Diritto Romano, III, cit., pág. 432.

[499] Em todo o caso, importa sublinhar que o *interdictum* era, em alguns casos, a única forma de tutela do autor em virtude da falta de consagração legal de uma acção adequada ao interesse em presença. Neste sentido, cf. KUNZTE, Institutionem und Geschichte Des Römisches Rechts, cit., pág. 143. SCHMIDT, Das Interdiktenverfahren, cit. afirma, por sua vez, que os interditos desempenham uma função reguladora de relações entre privados que não estão cobertas pelo *ius civile* (ver igualmente GIOFFREDI, Contributo Allo Studio Del Processo Civile Romano, cit., pág. 93 e segs.). Para a perspectiva que sustentamos no texto, com alargado desenvolvimento, cf. KARLOWA, Römisches Rechtsgeschichte, cit., pág. 1025 e segs.

[500] COLOGNESI, "Interdetti", cit., pág. 904.

Tudo isto ajuda a perceber que os *interdicta* estão vocacionados para uma tutela rápida da situação de facto existente[501], mantendo o *statu quo* das coisas e preservando a ordem pública e a paz social[502]. Por detrás dessa tutela reside sempre um interesse público essencial, mesmo quando o interesse primário imediato que move o processo interdital seja um interesse particular de alguém[503].

II. Em alguns casos, o processo interdital pode vir a desdobrar-se em duas fases[504]. Numa primeira fase, a petição para a protecção interdital é apresentada pelo autor/queixoso contra o acusado; segue-se uma breve e sumária produção de prova, sobretudo indiciária, que culmina com a decisão do Pretor na presença das partes. Caso estejam verificados os pressupostos materiais do Édito para o *interdictum* requerido e o magistrado haja ficado convencido da verosimilhança da pretensão do queixoso, profere a decisão final a favor deste último.

Se o comando ou ordem interdital vem a ser obedecido pelo destinatário, o processo interdital cumpriu o seu escopo e tudo acaba aí. Caso, porém, ocorra uma violação da ordem do pretor, o processo interdital entra numa segunda fase semelhante ao processo judicial ordinário, com produção de prova perante o decisor, que é em tudo um segundo processo[505], dando origem a um interdito secundário, como explica GAIO[506].

A tramitação dos interditos pertence à teoria do processo civil romano e cai fora do âmbito do presente estudo, pelo que não desenvolveremos esta matéria[507].

---

[501] RICCOBONO, "Interdicta", cit., pág. 793.
[502] WENGER, Istituzioni Di Procedura Civile Romana, cit., pág. 245, RICCOBONO, "Interdicta", cit., pág. 793, COLOGNESI, "Interdetti", cit., pág. 904, GIOFFREDI, Contributo Allo Studio Del Processo Civile Romano, cit., pág. 93, BURDESE, Manuale Di Diritto Privato Romano, cit., pág. 461.
[503] Sobre isto, cf. sobretudo KASER, Das Römische Zivilprozessrecht, cit., pág. 319, WENGER, Istituzioni Di Procedura Civile Romana, cit., pág. 245.
[504] Uma boa explicação das duas fases em que se pode desdobrar a tutela interdital encontra-se em KASER, Das Römische Zivilprozessrecht, cit., pág. 318 e 325 e segs.
[505] KASER, Das Römische Zivilprozessrecht, cit., pág. 318, RAÚL VENTURA, História Do Direito Romano, cit., pág. 235.
[506] Instituições, IV, 170. Sobre esta matéria, em especial, KASER/HACKL, Das Römisches Zivilprozessrecht, cit., pág. 416 e segs. Veja-se também UBBELODHE, GLÜCK Kommentar, cit., pág. 295 e segs.
[507] Sobre ela, cf. UBBELODHE, GLÜCK Kommentar, cit., pág. 295 e segs., KASER, Das Römische Zivilprozessrecht, cit., pág. 325 e segs., BISCARDI, La Protezione Interdittale Nel Processo Romano, cit., pág. 24 e segs., WENGER, Istituzioni Di Procedura Civile Romana, cit., pág. 246 e segs., ARANGIO-RUIZ, Istituzioni Di Diritto Romano, cit., pág. 128 e segs.

III. Os *interdicta* são objecto de várias classificações[508]. Ubbelodhe[509] classifica-os como técnicos e formais. Entre os primeiros, distingue:
- *Interdicta popularia* e *interdicta privata*, consoante a natureza da pessoa do queixoso;
- *Interdicta* que têm por causa a propriedade e *interdicta* que têm por causa a posse, consoante a fundamentação da decisão;
- *Interdicta retinendae possessionis, interdicta recuperandae possessionis, und interdicta adipiscendae possessionis*, consoante o seu escopo directo.

De entre os *interdicta* formais, Ubbelodhe[510] aponta:
- *Interdicta in praesens und interdicta in praeteritum relata*, de acordo com a redacção dos pressupostos do Édito;
- *Interdicta prohibitoria, restitutoria, exhibitoria*, atendendo à redacção do comando interdital;
- *Interdicta simplicia und interdicta duplicia*, se dirigido a uma das partes ou a ambas;
- *Interdicta simplicia und interdicta duplicia*, consoante a resolução definitiva do conflito requere apenas um único interdito ou admite um interdito subsequente.

Uma outra classificação reveste interesse particular, aquela que distingue *interdicta directa* e *utilis* (*utilia interdicta*)[511]. Um *utile interdictum* constitui uma extensão de um interdito directo constante do Édito pretoriano a uma situação de facto não contemplada por este. Deste modo, ele requer sempre uma modificação da redacção do Édito de forma a conformar a tutela interdital da situação que não entra literalmente nos dizeres do interdito[512]. Exemplos conhecidos de interdicta *utilia* são o *uti possidetis utile* e *unde vi utile* aplicados à tutela do exercício do usufruto a que se referem os §§ 90 e 91 dos Fragmenta Vaticana[513-514].

---

[508] Para além de Ubbelodhe, que mencionamos de seguida, cf. igualmente Riccobono, "Interdicta", cit., pág. 793 e segs., Colognesi, "Interdetti", cit., pág. 905 e segs.

[509] Ubbelodhe, Glück Kommentar, cit.

[510] Obra e local citado.

[511] Cf. Schmidt, Das Interdiktenverfahren, cit., pág. 13 e segs. e 23 e segs., Wenger, Istituzioni Di Procedura Civile Romana, cit., pág. 251.

[512] Schmidt, Das Interdiktenverfahren, cit., pág. 14.

[513] Outros exemplos podem ser vistos em Schmidt, Das Interdiktenverfahren, cit., pág. 14 e segs. Cf., igualmente, Lenel, Das Edictum Perpetuum, cit., pág. 456 e seg. e Kuntze, Institutionen und Geschichte des römischen Rechts, cit., pág. 422.

[514] A fórmula do interdito *uti possidetis utile* contida no Fragmenta Vaticana 90 diz: "*Interdictum uti possidetis utile hoc nomine proponitur ..., quia non possidet*". Veja-se Lenel, Das Edictum Perpetuum, cit., pág. 457.

Interdicta simplicia são aqueles em que o comando pretoriano se dirige a uma das partes (demandado) do processo interdital. Diz GAIO[515], "são simples, por exemplo, aquelas – interdições – em que o pretor proíbe que o réu faça alguma coisa (...)". *Interdicta duplicia*, por sua vez, constituem todos aqueles em que a decisão interdital tanto se dirige ao autor/queixoso como ao demandado, porquanto as partes assumem simultaneamente o papel de autor e réu: "estas interdições dizem-se duplas porque colocam ambos os litigantes nas mesmas condições, ou seja, nenhum deles pode ser tido preferencialmente como autor ou como réu, mas um e outro assumem o papel tanto de réu como de autor; por isso mesmo o Pretor emprega a mesma linguagem em relação a ambos"[516-517]. Tipicamente, os interditos possessórios *uti possidetis* e *utrubi* constituem interditos duplos.

Explicitaremos de seguida apenas aquelas classificações que se prendam directamente com a tutela da posse e tenham por isso interesse para o nosso trabalho.

IV. Uma das classificações que aparentemente teria maior impacto no tratamento interdital da posse seria a que divide os interditos em *quae proprietatis causam continent* e *quae possessionis causam continent*[518].

Tal classificação surge num texto de PAULO[519] e levanta muitas dúvidas, quer sobre o seu significado quer sobre a sua origem. O fragmento tem o seguinte teor: "*quaedam interdicta rei persecutionem continent, veluti de itinere actuque privato: nam proprietatis causam continet hoc interdictum. Sed et illa interdicta, quae de locis sacris et religiosis proponuntur, veluti proprietatis causa continent, item illa de liberis exhibendis, quae iuris tuendi causa diximus competere, ut non sit mirum, si, quae interdicta, ad rem familiarem pertinent, proprietatis, non possessionis causam habeant*".

BERGER[520] sustenta que a origem desta classificação não remonta ao período clássico, sendo antes pós-clássica, e que PAULO não teria tido em vista

---

[515] Instituições, IV, 159.
[516] GAIO, Instituições, IV, 160.
[517] N$a doutrina, cf. KARLOWA, Römisches Rechtsgeschichte, cit., pág. 1010, PEROZZI, Istituzioni Di Diritto Romano, Volume II, cit., pág. 103, WENGER, Istituzioni Di Procedura Civile Romana, cit., pág. 251.
[518] Sobre esta classificação, cf. UBBELODHE, GLÜCK Kommentar, cit., pág. 92 e segs., BERGER, "Miszellen aus der Interdiktenlehre", Zeitschrift der Savigny-Stiftung für Rechtsgeschichte, Romanistische Abteilung, Band 36, 1915, pág. 183 e segs., COLOGNESI, "Interdetti", cit., pág. 908 e seg., RICCOBONO, "Interdicta", cit., pág. 793 e seg.
[519] D., 43, I, 2.
[520] "Miszellen aus der Interdiktenlehre", cit., pág. 183 e segs.

a contraposição entre interditos respeitantes à propriedade e à posse[521], como ela sugere.

UBBELODHE[522] salienta o carácter pouco preciso desta classificação e adianta que ela teria antes o significado correspondente à contraposição entre interditos provisórios (*possessionis causam*) e definitivos (*proprietatis causam*)[523], uma posição que as fontes não parecem fundamentar[524].

As dúvidas suscitadas pelos peritos romanistas a esta classificação, aliado a um muito escasso tratamento dogmático, tornam desaconselhável o subsequente desenvolvimento da mesma. A ela não daremos mais atenção.

IV. A classificação mais relevante dos interditos romanos separa estes em três espécies:
– Proibitórios;
– Restitutórios;
– Exibitórios.

GAIO[525], que dá a conhecer a classificação, afirma mesmo ser esta "a principal classificação dos interditos", uma doutrina que não suscita reservas defronte dos elementos históricos disponíveis[526].

Como se pode atentar, aparentemente ao menos, a classificação pretende atentar ao fim do comando ou ordem interdital. Modernamente, no entanto, a sua lógica já foi posta em causa por EISELE e UBBELODHE[527]. Este último autor faz notar que dois dos termos da classificação atendem ao conteúdo e o outro à forma do comando[528]. GAIO[529] explica: "Chamam-se decisões quando o Pretor manda fazer alguma coisa, por exemplo, quando ordena que alguma coisa seja exibida ou restituída. Chamam-se "interdições" quando ele proíbe que se faça alguma coisa, por exemplo, quando proíbe o uso da força contra quem está de posse de alguma coisa sem má intenção

---

[521] "Miszellen aus der Interdiktenlehre", cit., pág. 187.
[522] GLÜCK Kommentar, cit., pág. 92 e segs.
[523] Para a crítica deste entendimento, veja-se BERGER, "Miszellen aus der Interdiktenlehre", cit., pág. 195 e segs.
[524] BERGER, "Miszellen aus der Interdiktenlehre", cit., pág. 196.
[525] Instituições, IV, 142.
[526] KASER/HACKL, Das Römisches Zivilprozessrecht, cit., pág. 411, UBBELODHE, GLÜCK Kommentar, cit., pág. 194, SCHMIDT, Das Interdiktenverfahren, pág. 8 e seg., PEROZZI, Istituzioni Di Diritto Romano, Volume II, cit., pág. 102, RAÚL VENTURA, História Do Direito Romano, cit., pág. 237 e seg.
[527] GLÜCK Kommentar, cit., pág. 193, nota 2.
[528] Rejeitando as críticas de EISELE e de UBBELODHE, pode ver-se KARLOWA, Römisches Rechtsgeschichte, cit., pág. 1006.
[529] Instituições, IV, 140.

(...). Por isso as interdições se classificam em "restitutórias", "exibitórias" ou "proibitórias".

Os interditos proibitórios[530] vedam ao destinatário do comando uma determinada conduta[531]. Eles distinguem-se igualmente das outras espécies de interditos pela sua formulação. Na grande maioria dos interditos proibitórios, o Édito menciona a expressão *vim fieri veto*[532]. Noutros (*Ne quid in loco sacro fiat, Ne quid in via publica fiat, Ne quid in flumine publico fiat, quo aliter aqua fluat, quam priore aestate fluxit*), *facere in mittere veto*. E noutros casos ainda (nos interditos *Ne quid in loco publico fiat, Ne quid in flumine publico fiat, quo peius navigetur*), *ne facis immitas*[533].

Qualquer que seja a redacção da fórmula interdital, o interdito proibitório prescreve imperativamente um comportamento ao seu destinatário, enquanto ressalva para o autor/queixoso o âmbito permitido da sua actuação sobre a coisa.

Nos interditos restitutórios a fórmula do pretor usa sempre no comando a palavra *restituas*[534] ou o verbo *restituere*. Existem, todavia, dois significados que identificam o uso do verbo *restituire*[535]. O primeiro reside na entrega (restituição) de uma coisa pelo acusado ao autor/queixoso, quer dizer, a colocação de uma pessoa (autor/queixoso) no domínio (material) de uma coisa. Enquadram-se aqui, segundo UBBELODHE[536], os interditos *Quorum bonorum, Quod legatorum, Quam hereditaten, de vi, de vi armata, si uti frui prohibitus esse dicetur, Quem fundum, Quem usumfructum, de precario* e *fraudatorium*.

O segundo sentido do *restituere* não se prende já somente com a devolução da coisa ao autor/queixoso, mas também com a reposição da coisa no estado anterior à actuação e, portanto, à constituição de uma obrigação sobre o demandado de eliminar as modificações feitas nela[537]. A este sentido

---

[530] UBBELODHE, no GLÜCK Kommentar, cit., pág. 202 e segs., SCHMIDT, Das Interdiktenverfahren, cit., pág. 49 e segs. e 152 e segs., KASER/KNÜTEL, Römisches Privatrecht, cit., pág. 390.
[531] RICCOBONO, "Interdicta", cit., pág. 793.
[532] UBBELODHE, no GLÜCK Kommentar, cit., pág. 202, SCHMIDT, Das Interdiktenverfahren, cit., pág. 50, WENGER, Istituzioni Di Procedura Civile Romana, cit., pág. 249, COLOGNESI, "Interdetti", cit., pág. 905, RICCOBONO, "Interdicta", cit., pág. 793.
[533] UBBELODHE, GLÜCK Kommentar, cit., pág. 203, SCHMIDT, Das Interdiktenverfahren, pág. 9, nota 12.
[534] UBBELODHE, GLÜCK Kommentar, cit., pág. 195, KASER/KNÜTEL/LOHSSE, Römisches Privatrecht, cit., pág. 130, WENGER, Istituzioni Di Procedura Civile Romana, cit., pág. 249 e seg.
[535] UBBELODHE, no GLÜCK Kommentar, cit., pág. 193 e segs., COLOGNESI, "Interdetti", cit., pág. 905, RICCOBONO, "Interdicta", cit., pág. 793.
[536] GLÜCK Kommentar, cit., pág. 196.
[537] UBBELODHE, no GLÜCK Kommentar, cit., pág. 196 e seg., COLOGNESI, "Interdetti", cit., pág. 905.

correspondem os interditos *loco sacro, de via publica, de flumine publico, ne peius navigetur, ne aliter aqua fluat, de cloaca publica, Quod vi aut clam, demolitorium*[538].

Os interditos exibitórios contêm o comando para exibir, exprimindo o verbo *exhibeas*[539]. Trata-se da exibição de coisa, no caso do *interdictum de tabulis exhibendo*, ou de homens livres, nos restantes interditos correspondentes a esta espécie, e que são os interditos *de homine libero exhibendo, de liberis exhibendis* e *de liberto exhibendo*[540].

Por conseguinte, nos interditos exibitórios o comando do magistrado contém uma ordem para que o demandado apresente coisa ou pessoa livre defronte do autor/queixoso, de modo a que este a possa observar ou sentir[541].

V. Em matéria de posse, a classificação fundamental dos interditos é a que distingue:
– Interditos *adipisciendae possessionis*;
– Interditos *retinendae possessionis*;
– Interditos *recuperandae possessionis*[542].

A classificação[543] atende ao escopo do interdito em matéria de posse e procede à divisão dos interditos possessórios consoante a finalidade do comando ou ordem interdital seja o da aquisição, da manutenção ou da recuperação da posse. Diz GAIO[544], "uma classificação ulterior – das interdições[545] – divide-as conforme elas se destinam a obter, a reter ou a recuperar a posse de alguma coisa".

PAULO[546] confirma: *"Haec autem interdicta, quae ad rem familiarem spectant, aut apiscendae sunt possessionis aut reciperandae aut retinendae"*.

---

[538] UBBELODHE, no GLÜCK Kommentar, cit., pág. 197 e segs., com mais desenvolvimentos. Veja-se igualmente SCHMIDT, Das Interdiktenverfahren, pág. 8, nota 10.
[539] UBBELODHE, no GLÜCK Kommentar, cit., pág. 201, KASER/KNÜTEL, Römisches Privatrecht, cit., pág. 390, COLOGNESI, "Interdetti", cit., pág. 905, RICCOBONO, "Interdicta", cit., pág. 793.
[540] UBBELODHE, no GLÜCK Kommentar, cit., pág. 201, SCHMIDT, Das Interdiktenverfahren, pág. 9, nota 11, WENGER, Istituzioni Di Procedura Civile Romana, cit., pág. 250.
[541] UBBELODHE, no GLÜCK Kommentar, cit., pág. 202.
[542] UBBELODHE, no GLÜCK Kommentar, cit., pág. 171 e segs., KASER, Das Römische Privatrecht, Das Altrömische, Das Vorklassisches und Klassisches Recht, cit., pág. 335, WENGER, Istituzioni Di Procedura Civile Romana, cit., pág. 250 e seg., RICCOBONO, "Interdicta", cit., pág. 793, DI MARZO, Istituzioni Di Diritto Romano, cit., pag. 294 e seg.
[543] No campo mais vasto da tutela interdital, estes interditos inserem-se no âmbito dos *interdicta privata* para a protecção de relações patrimonais. Cf. UBBELODHE, no GLÜCK Kommentar, cit., pág. 172.
[544] Instituições, IV, 143.
[545] Esclarecimento nosso.
[546] D. 43, 1, 2, 3.

Estamos defronte de uma classificação controversa. KASER[547] critica-a, dizendo ser a mesma pouco feliz. O primeiro grupo não serviria um propósito de manutenção ou conservação da posse e sim de aquisição, para além de abranger interditos de grande heterogeneidade, como o *interdictum de Salvianum* e o *interdictum de quorum bonorum*. Por outro lado, coloca como conservatórios (*retinendae*) interditos com função igualmente recuperatória, como o *uti possidetis* e o *utrubi*, apontando como de recuperação apenas os interditos *unde vi* e *de vi armata*, e deixa de fora do grupo dos interditos de restituição o *interdictum de precario*[548].

A larga maioria da doutrina romanista ignora os interditos *adipiscendae possessionis* no tratamento dogmático dos *interdicta* possessórios, não os considerando como tal, e prefere efectuar o tratamento somente dos interditos que o Direito romano consagra à tutela da posse. Neste modo de ver as coisas, interditos possessórios são somente aqueles que asseguram a protecção da posse[549].

Com referência aos interditos *adipiscendae possessionis*, GAIO[550] afirma: "A interdição que visa a obtenção da posse é facultada ao possuidor dos bens (...); a finalidade e o alcance desta interdição consiste em que, quando a alguém foi dada a posse de um certo número de bens a título de herdeiro ou de possuidor, esses bens sejam restituídos à pessoa a quem a posse foi concedida (...) Diz-se que esta interdição visa a obtenção de alguma coisa porque apenas tem utilidade para o indivíduo que procura pela primeira vez adquirir a posse de alguma coisa".

PAULO[551], por sua vez, explica: "*apiscendae possessionis sunt interdicta, quae competunt his, qui ante non sunt nancti possessionem*". O autor exemplifica como *apiscendae possessionis* os interditos *de Salvianum, de quorum bonorum, de pigno-*

---

[547] Das Römische Privatrecht, Das Altrömische, Das Vorklassisches und Klassisches Recht, cit., pág. 335.

[548] KASER, Das Römische Privatrecht, Das Altrömische, Das Vorklassisches und Klassisches Recht, cit., pág. 335.

[549] Entre outros, e a título meramente exemplificativo, SANTOS JUSTO, Direito Privado Romano, III, cit., pág. 166 e segs., BONFANTE, Istituzioni Di Diritto Romano, cit., pág. 298 e seg. e Corso Di Diritto Romano, III, cit., pág. 429 e segs., ARANGIO-RUIZ, Istituzioni Di Diritto Romano, cit., pág. 249 e segs., PEROZZI, Istituzioni Di Diritto Romano, cit., pág. 868 e seg., BURDESE, "Possesso (dir. rom.)", cit., 9., KASER, Das Römische Privatrecht, Das Altrömische, Das Vorklassisches und Klassisches Recht, cit., pág. 335 e segs. Indicando, todavia, a classificação tripartida, cf. DI MARZO, Istituzioni Di Diritto Romano, cit., pag. 294 e segs.

[550] Instituições, IV, 144.

[551] D. 43, 1, 2, 3.

ribus, ex hoc genere est e *Quo itinere venditor*⁵⁵². A estes acrescem, os interditos de *Quod legatorum, fraudatorium, tabulis exhibendis, possessorium, sectorium, itinere actuque privato, utilia de aqua aestiva* e *de aqua cottidiana, utilia de rivis, de fonte reficiendo, de fonte, de arboribus caedendis, de glande legenda*⁵⁵³.

Em suma, nos interdicta *adipisciendae possessionis* a situação de facto requer que alguém que não tenha a posse da coisa pretenda obtê-la de quem está obrigado à entrega respectiva e não o haja feito.

Os interditos *retinendae possessionis*, de que os interditos *uti possidetis* e *utrubi* são paradigmas, têm por escopo a conservação na posse daquele que é alvo de turbação ou ameaça de perturbação da posse⁵⁵⁴. Eles contêm uma proibição dirigida à cessação do comportamento violador da posse e debaixo desse prisma são interditos proibitórios. Todavia, conexo com a manutenção da posse surge igualmente um indiscutível efeito de recuperação⁵⁵⁵, em particular, nos casos em que o esbulho se haja consumado, o que, em vista desse efeito, permite duvidar do acerto da qualificação como *retinendae possessionis*⁵⁵⁶.

São *retinendae possessionis* os interditos *Ne quid in loco publico fiat, de cloaca privata, Ne vis fiat eadificanti, de migrando, uti possidetis, utrubi* e *uti possideti utiles, de superficiebus*⁵⁵⁷.

Interditos *recuperandae possessionis*⁵⁵⁸, como a designação inculca, são dirigidos a obter a restituição da coisa que se encontra indevidamente com um terceiro, ou seja, a recuperar uma posse perdida. O comando interdital exprime, por isso, a obrigação de entrega da coisa.

Como *interdicta recuperandae possessionis*, o Direito romano apresenta os interditos *unde vi*, portanto, o interdito *de vi, de vi armata* e o interdito *si*

---

⁵⁵² *Idem*.
⁵⁵³ UBBELODHE, no GLÜCK Kommentar, cit., pág. 179 e segs.
⁵⁵⁴ KASER/KNÜTEL/LOHSSE, Römisches Privatrecht, cit., pág. 130 e seg., KNIEP, Der Besitz des Bürgerlichen Gesetzbuches gegenübergestellt dem römischen und gemeinen Recht, cit., pág. 352 e segs., RICCOBONO, "Interdicta", cit., pág. 793, DI MARZO, Istituzioni Di Diritto Romano, cit., pag. 294 e seg.
⁵⁵⁵ KASER/KNÜTEL/LOHSSE, Römisches Privatrecht, cit., pág. 131.
⁵⁵⁶ Assim, a crítica pertinente de UBBELODHE, no GLÜCK Kommentar, cit., pág. 175.
⁵⁵⁷ UBBELODHE, no GLÜCK Kommentar, cit., pág. 181 e seg.
⁵⁵⁸ Na doutrina, cf. em particular, UBBELODHE, no GLÜCK Kommentar, cit., pág. 171 e segs., RICCOBONO, "Interdicta", cit., pág. 793, DI MARZO, Istituzioni Di Diritto Romano, cit., pag. 296 e seg.

uti frui prohibitus esse dicetur, e os interditos *secundarium* contra o possuidor, *Quod vi aut clam, de remissione* e *demolitorum*[559].

Outros interditos não enquadrados em nenhum dos termos classificatórios apresentados têm natureza mista[560]. Segundo UBBELODHE[561], são simultaneamente *adipiscendae possessionis* e *recuperandae possessionis* os interditos *Quam hereditatem, Quem fundum, Quem Usumfructum, Quam servitutem, Ne vis fiat ei, qui legatorum nomine in possessionem missus est, Ne vis fiat ei, quae ventris nomine in possessionem missa est, Ne vis fiat ei, qui damni infecti nomine in possessionem missus est* e o interdito *de precario*.

Interditos simultaneamente *retinendae possessionis* e *recuperandae possessionis* são os interditos *itenere actuque privato, de aqua cottidiana, de aqua aestiva, de rivis, de fonte* e *de fonte reficiendo*[562].

Interditos que partilham os três escopos, *adipiscendae possessionis, retinendae possessionis* e *recuperandae possessionis* são os interditos *de loco publico fruendo* e *aqua ex castello ducenda*[563].

Enquanto os *interdicta retinendae possessionis* e *recuperandae possessionis* têm na tutela da posse o seu escopo, o mesmo não se pode dizer dos *adipiscendae possessionis*, direccionados para a aquisição da posse por quem ainda não a obteve. Por conseguinte, só os primeiros servem a protecção da posse[564] e, por isso, em bom rigor, somente esses constituem verdadeiros interditos possessórios.

VI. Os interditos *uti possidetis* e *utrubi* são os mais antigos interditos possessórios e, ao que parece, os mais antigos dentro desta forma de protecção processual do Direito romano[565]. O interdito *uti possidetis* protege o possuidor de imóvel daquele que viola a sua posse, ameaçando ou perturbando o exercício respectivo, enquanto o interdito *utrubi* desempenha a mesma função para as coisas móveis[566].

---

[559] UBBELODHE, no GLÜCK Kommentar, cit., pág. 181.
[560] UBBELODHE, no GLÜCK Kommentar, cit., pág. 183 e segs.
[561] GLÜCK Kommentar, cit., pág. 183.
[562] UBBELODHE, no GLÜCK Kommentar, cit., pág. 184.
[563] UBBELODHE, no GLÜCK Kommentar, cit., pág. 184.
[564] KASER, Das Römische Privatrecht, Das Altrömische, Das Vorklassisches und Klassisches Recht, cit., pág. 335, PEROZZI, Istituzioni Di Diritto Romano, cit., pág. 869, nota 2.
[565] KASER, Das Römische Zivilprozessrecht, cit., pág. 319 e KASER/HACKL, Das Römisches Zivilprozessrecht, cit., BISCARDI, La Protezione Interdittale Nel Processo Romano, cit., pág. 98 e seg., COLOGNESI, "Interdetti", cit., pág. 918 e segs.
[566] O conhecimento da tramitação destes dois interditos deve-se largamente a GAIO, Instituições, IV, 148 a 169.

O seu nascimento, ao que tudo indica, radica na necessidade de proteger os possuidores de terras do *ager publicus* contra actos de perturbação ou agressão exterior de terceiros[567]. Por detrás desta defesa possessória, e conforme anteriormente dissemos, encontra-se a salvaguarda de um interesse público[568]. O Estado que concede aos colonos as terras para exploração agrícola tem de estar em posição de assegurar a tutela da situação de facto criada com a concessão.

Esta forma de protecção da propriedade pública rapidamente transita para a protecção da propriedade privada, tanto para coisas imóveis como para móveis. Os interditos possessórios, na falta de uma tutela processual por via de uma *actio* regida segundo o processo civil ordinário, transformam-se no instrumento processual de defesa da *possessio* romana.

Para além da tutela de manutenção de posse, o Direito romano oferece interditos de recuperação da posse, em particular o interdito *unde vi*, em particular, *de vi* e *de vi armata*.

Conquanto a protecção da *possessio* esteja generalizada no Direito romano, e já desde o período antigo pré-clássico, os *interdicta* não operam a defesa da posse em toda e qualquer situação possessória. Na verdade, a protecção interdital dirige-se, ao menos nos *interdicta* principais, à tutela da *possessio iusta*[569], considerando-se *iniusta* ou *vitiosa* a posse adquirida *vi*, *clam* ou *precario*. Realce-se, todavia, a relatividade da qualificação da posse. Uma posse adquirida com violência a alguém pode ser tutelada através de interdito se o esbulhador vem por sua vez a ser esbulhado por um terceiro, embora o primeiro não receba tutela interdital se pretender defender a sua posição contra o esbulhado.

Assim, o esbulhador com posse obtida *vi*, *clam* ou *precario* não tem defesa interdital para fazer valer a sua posse contra o esbulhado, mas pode recorrer a essa defesa para conseguir protecção contra actos de qualquer terceiro que atentem a sua posse[570].

---

[567] Por exemplo, BURDESE, Manuale Di Diritto Privato Romano, cit., pág. 461, BEKKER, "Zu den Lehren von L. A. sacramento, dem Utipossidetis und der Possessio", Zeitschrift der Savigny--Stiftung für Rechtsgeschichte, Band 5, 1884, pág. 144, MAYER-MALY, Römisches Recht, cit., pág. 59.

[568] KASER, Das Römische Zivilprozessrecht, cit., pág. 319, KASER, Das Römische Privatrecht, Das Altrömische, Das Vorklassisches und Klassisches Recht, cit., pág. 327.

[569] BURDESE, Manuale Di Diritto Privato Romano, cit., pág. 462.

[570] Sobre este ponto, ver BURDESE, Manuale Di Diritto Privato Romano, cit., pág. 462, PEROZZI, Istituzioni Di Diritto Romano, cit., pág. 871, nota 1, KASER/KNÜTEL/LOHSSE, Römisches Privatrecht, cit., pág. 131.

Finalmente, não pode deixar de se sublinhar o facto de a posse não ser protegida em todos os casos[571], mas somente em alguns deles e verificados determinados pressupostos materiais, justamente os que constam das fórmulas do Édito pretoriano como interditos.

Ao estudo individualizado de cada um destes interditos procederemos de seguida.

VII. O interdito *uti possidetis* reveste a maior antiguidade entre todos os interditos possessórios[572], seguido do interdito *utrubi*, adaptado à semelhança do primeiro para a defesa possessória, inicialmente, de escravos e, posteriormente, de todas as outras coisas móveis.

O teor deste interdito é conhecido através de duas versões, uma de ULPIANO e outra de FESTO[573]. Infelizmente, elas mostram-se divergentes entre si, o que deixa aberta a porta da incerteza. Na redacção do Édito atribuída a ULPIANO, diz-se: "*Uti eas aedes, quibus de agitur, nec vi nec clam nec precario alter ab altero possidetis, quo minus ita possideatis, vim fieri veto*".

Por sua vez, a fórmula do Édito atribuída a FESTO[574] para o interdito *uti possidetis* é a seguinte: "*Uti nunc possidetis eum fundum, quo de agitur, quod nec vi nec clam nec precario alter ab altero possidetis, ita possideatis, adversus ea vim fieri veto*".

Na redacção do Digesto[575], que corresponde ao Édito juliano, lê-se antes: "*Uti eas aedes, quibus de agitur, nec vi nec clam nec precario alter ab altero possidetis, quo minus ita possideatis, vim fieri veto*". A diferença entre as duas fórmulas reside na incorporação da palavra *nunc*, que terá sido retirada pelos compiladores[576].

GAIO[577] apresenta uma redacção sintetizada deste interdito, na qual não se faz referência aos vícios da posse. A redacção é esta: "Assim como estais

---

[571] Cf. as observações inteiramente pertinentes de PEROZZI, Istituzioni Di Diritto Romano, cit., pág. 869, nota 1.
[572] BONFANTE, Corso Di Diritto Romano, III, cit., pág. 429 e segs., KASER, Das Römische Privatrecht, Das Altrömische, Das Vorklassisches und Klassisches Recht, cit., pág. 335, KASER, Das Römische Zivilprozessrecht, cit., pág. 322
[573] LENEL, Das Edictum Perpetuum, cit., pág. 453.
[574] LENEL, Das Edictum Perpetuum, cit., pág. 453. Cf. também as explicações de PEROZZI, Istituzioni Di Diritto Romano, cit., pág. 870, nota 1.
[575] D. 43, 17, 1.
[576] BONFANTE, Corso Di Diritto Romano, III, cit., pág. 430, PEROZZI, Istituzioni Di Diritto Romano, cit., pág. 870, nota 1.
[577] Instituições, IV, 160.

agora na posse da coisa, proíbo que seja usada a força para vos impedir a posse nestas mesmas condições".

Um elemento característico deste interdito, um *interdictum retinendae possessionis* na trilogia classificatória romana, encontra-se no objecto da tutela possessória por ele efectivada. Apenas a *possessio* de coisas imóveis (*fundus, aedes*) pode ser defendida por meio deste interdito. Para a tutela possessória dos móveis, o interdito apropriado é o *utrubi*.

Outro aspecto individualizador deste interdito possessório existe no facto de ele servir tanto para a protecção da posse de imóveis públicos como privados[578]. Como dissemos, a origem histórica provável do *interdictum uti possidetis* situa-se na reacção contra a perturbação da posse sofrida em bens do *ager publicus*, portanto, de imóveis na propriedade do Estado e outros entes públicos. Daí terá transitado para a protecção da posse em imóveis que são objecto de propriedade privada.

O interdito *uti possidetis* é concedido quando o possuidor actual do imóvel sofre actos de turbação ou simplesmente quando surge a ameaça justificada de que isso vai acontecer. Não se requer, pois, a consumação da violação da posse mediante a prática de actos, sendo suficiente o cenário de possível perturbação, contando que haja um receio fundamentado que legitime o temor da violação da posse[579].

No entanto, o interdito *uti possidetis*, apesar da qualificação clássica de *interdictum retinendae possessionis*, cumpre também na prática uma função de recuperação da posse da coisa[580], em tudo análoga à desempenhada pela *rei vindicatio* quanto ao direito de propriedade.

A cláusula *"nec vi nec clam nec precario"* permite fazer luz sobre o que se acabou de dizer. Aquele que retirou a posse do imóvel do seu opositor usando a violência, clandestinamente ou que a obteve simplesmente mediante um contrato de *precario*, ou seja, que ostenta uma posse viciada (*iniusta*[581]), não recebe protecção pelo interdito *uti possidetis* (*exceptio vitiosae*

---

[578] KASER/KNÜTEL/LOHSSE, Römisches Privatrecht, cit., pág. 131 e seg.
[579] Quanto a este último aspecto, cf. BONFANTE, Corso Di Diritto Romano, III, cit., pág. 431.
[580] KASER/KNÜTEL/LOHSSE, Römisches Privatrecht, cit., pág. 131, KASER, Das Römische Privatrecht, Das Altrömische, Das Vorklassisches und Klassisches Recht, cit., pág. 335 e 337, UBBELODHE, no GLÜCK Kommentar, cit., pág. 175, HÜBNER, A History of Germanic Private Law, New Jersey, 2000, pág. 214 e seg., BONFANTE, Corso Di Diritto Romano, III, cit., pág. 435 e seg.
[581] Nas classificações romanas da *possessio*, uma posse sem vícios denomina-se *iusta*. A posse *iusta* corresponde, pois, à posse obtida *nec vi nec clam nec precario*.

possessio[582])[583-584]. Se tem a coisa consigo, o resultado da decisão interdital, com a rejeição da sua pretensão, só pode ser o da restituição do imóvel à outra parte. A função recuperatória do interdito *uti possidetis* aparece aqui de forma inegável[585].

Pode desta sorte dizer-se que, no Direito romano clássico, o interdito *uti possidetis* está para a protecção da posse como a reivindicação está para a propriedade, isto apesar de tecnicamente ser descrito como *retinendae possessionis* e não *recuperandae possessionis*[586].

---

[582] Esta cláusula, que consta do Édito do pretor, não constitui uma excepção em sentido técnico. Neste sentido, Kaser/Knütel/Lohsse, Römisches Privatrecht, cit., pág. 131.

[583] Entre tantos outros, cf. Kaser/Knütel/Lohsse, Römisches Privatrecht, cit., pág. 129 e segs., Kaser, Das Römische Privatrecht, Das Altrömische, Das Vorklassisches und Klassisches Recht, cit., pág. 337, Bonfante, Corso Di Diritto Romano, III, cit., pág. 435, Arangio-Ruiz, Istituzioni Di Diritto Romano, cit., pág. 250, Berger, interdictum uti possidetis, no Encyclopedic Dictionary Of Roman Law, cit., pág. 512.

[584] A cláusula *nec vi nec clam nec precario* vale unicamente defronte do opositor no processo interdital. Se o possuidor esbulhado praticou actos de violência ou clandestinos com um terceiro para obter a posse, a *exceptio nec vi nec clam nec precario* não tem aplicação. Não interessa, pois, que o esbulhado haja obtido a sua posse *vi, clam* ou *precario* se não praticou nenhum desses actos com o seu antagonista na lide interdital, mas com outro possuidor anterior. É este o significado do trecho *alter ab altero*. O que faz realçar a relatividade dos vícios da posse. Sobre isto, cf. Kaser, Das Römische Privatrecht, Das Altrömische, Das Vorklassisches und Klassisches Recht, cit., pág. 336 e seg. Arangio-Ruiz, Istituzioni Di Diritto Romano, cit., pág. 250 prefere salientar que os vícios da posse não têm carácter objectivo, mas a ideia é a mesma: os vícios da posse podem apenas ser invocados pelo possuidor que foi vítima de violência, clandestinidade ou que concedeu a *possessio* a título de *precario* e contra quem tem a posse viciada.

[585] Sobre este ponto, cf. Bonfante, Corso Di Diritto Romano, III, cit., pág. 435 e seg., Kaser//Knütel/Lohsse, Römisches Privatrecht, cit., pág. 131, Kaser, Das Römische Privatrecht, Das Altrömische, Das Vorklassisches und Klassisches Recht, cit., pág. 335 e 337. Burdese, "Possesso (dir. rom.)", cit., 9. e Manuale Di Diritto Privato Romano, cit., pág. 463 e seg., atribui igualmente ao interdito *uti possidetis* uma função recuperatória; na segunda obra, fá-lo, porém, salientando que a decisão do pretor, ordenando às partes que não usem a violência para modificar a situação possessória que foi objecto da decisão, autoriza o possuidor a recorrer à tutela privada para reagir contra actos de esbulho de que seja alvo e, assim, recuperar a coisa. Os textos clássicos, nomeadamente, o de Gaio, não parecem fundamentar este ponto de vista.

[586] O que pode causar estranheza, atendendo, sobretudo, ao facto de o interdito *unde vi* ter uma função recuperatória da posse. No entanto, a limitação dos interditos *de vi* e de *vi armata* a situações de esbulho violento, associado, por outro lado, à função recuperatória que permeia o interdito *uti possidetis*, faz deste o paralelo à *rei vindicatio* na defesa da posse.

O interdito *uti possidetis* representa o paradigma de um interdito proibitório[587]. Na fórmula do pretor diz-se: *"vim fieri veto"*. Às partes fica proibido o uso da força para alterar a situação possessória do imóvel[588-589].

O interdito *uti possidetis* tem natureza dupla[590]. Ambas as partes figuram no processo como autor e demandado. O comando interdital, por sua vez, é dirigido pelo pretor a ambas as partes para que não usem da força para modificar a situação possessória determinada por ele.

Decidida a questão, a decisão permanece eficaz vinculando as partes até que uma delas recorra à violência para perturbar a posse do possuidor, violando, assim, o comando interdital.

A tramitação subsequente[591] do interdito *uti possidetis*, como interdito duplo, encontra-se descrita em GAIO[592]. O impulso processual não provinha do pretor, com a emissão de uma nova fórmula, mas das partes, que regulavam a posse provisória da coisa enquanto durava o litígio e esperavam pela decisão final do juiz[593]: "Aquele que sair vencedor da licitação dos frutos será investido na posse desde que tenha prestado garantias ao seu adversário por meio da "estipulação frutuária" (...) Esta disputa na licitação é designada por "licitação dos frutos", porque consiste em que os dois litigantes discutem qual deles é que entretanto colhe os frutos (...)"[594].

Por conseguinte, com a *stipulatio fructuaria* as partes obrigam-se a licitar pelos frutos (*fructus licitatio*). O pretor investe na posse provisória da coisa aquele que promete, mediante estipulação, pagar a maior soma pelos frutos em caso do pleito vir a ser julgado contra si[595].

---

[587] Cf. o que dissemos atrás sobre esta classificação.
[588] GAIO, IV, 160.
[589] Maiores desenvolvimentos em BRUNS, Die Besitzklagen des römischen und heutigen Rechts, cit., pág. 43 e segs.
[590] Sobre a classificação entre interditos simples e duplos, cf. *supra* no texto, neste número.
[591] Na doutrina, cf, em particular, SANTOS JUSTO, Direito Privado Romano, III, cit., pág. 166 e segs., KASER, Das Römische Privatrecht, Das Altrömische, Das Vorklassisches und Klassisches Recht, cit., pág. 337 e seg., Das Römische Zivilprozessrecht, cit., pág. 319 e KASER/HACKL, Das Römisches Zivilprozessrecht, cit., UBBELODHE, no GLÜCK Kommentar, cit., pág. 214 e segs., BONFANTE, Corso Di Diritto Romano, III, cit., pág. 432 e segs., COLOGNESI, "Interdetti", cit., pág. 917 e segs., BURDESE, Manuale Di Diritto Privato Romano, cit., pág. 465 e segs.
[592] Instituições, IV, 166. a 169.
[593] Na doutrina, cf. BONFANTE, Corso Di Diritto Romano, III, cit., pág.432 e segs., KASER, Das Römische Privatrecht, Das Altrömische, Das Vorklassisches und Klassisches Recht, cit., pág. 337.
[594] GAIO, Instituições, IV, 166.
[595] Não se trata, em todo o caso, de uma verdadeira fixação do valor dos frutos, mas antes do estabelecimento de uma pena que o vencido terá de pagar à contraparte vencedora por haver violado

De seguida um dos pleiteantes emite uma *sponsio*[596], uma declaração solene nos termos seguintes: "que contra o determinado no Édicto do Pretor, quando estava a exercer a posse da propriedade foi contra si cometida violência"[597]. Na *sponsio* figura a promessa de pagamento de uma determinada soma em caso do promitente vir a perder o litígio a favor do adversário, ou seja, se ficar provado que desrespeitou a ordem do pretor, violando a posse do verdadeiro possuidor[598].

À *sponsio* respondia a outra parte com a *restipulatio*[599], emitindo por sua vez a sua promessa de pagamento de uma quantia, caso fosse reconhecido ter violado o comando interdital. Uma vez que o interdito *uti possidetis* constitui um interdito duplo, ambas as partes devem emitir a estipulação (*sponsio*) e a contra-estipulação (*restipulatio*). GAIO[600] esclarece, porém, que era prática usual a simplificação das estipulações "sobre a forma de uma só", de modo a existir apenas uma estipulação e contra estipulação.

Apresentadas as estipulações pelas partes, segue-se uma fase de prova, na qual o juiz procura fixar os factos, nomeadamente, quem no momento da emissão do interdito possuía sem violência, clandestinidade ou sem ser a título de *precario* (*nec vi nec clam nec precário*)[601]. Segundo o testemunho de GAIO[602]: "(...) o juiz perante o qual se processa a acção requer o esclarecimento dos factos explicitados na interdição do pretor, isto é, qual dos dois teve na sua posse, sem recurso à força, nem às escondidas, nem a título precário, a propriedade fundiária ou o edifício em causa durante o tempo a que diz respeito a interdição".

Feita a prova pelas partes e determinado quem era o possuidor e quem atentou com violência contra a sua posse, o juiz profere a decisão condenando o vencido a pagar a soma que consta da *sponsio* ou da *restipulatio*. Continua GAIO[603]: "Quando o juiz tiver terminado esta averiguação, na

---

a posse desta sobre o imóvel. GAIO, Instituições, IV, 167, esclarece isto sem deixar margem para dúvidas: "A quantia referente à licitação dos frutos não corresponde ao preço atribuído a esses frutos, é, sim, um pagamento feito como penalização por quem reteve durante todo este tempo a posse de uma propriedade alheia e fez uma tentativa de se apropriar dos frutos dela".

[596] Sobre esta. Cf. SCHMIDT, Das Interdiktenverfahren, cit., pág. 235 e segs.
[597] GAIO, Instituições, IV, 166.
[598] BONFANTE, Corso Di Diritto Romano, III, cit., pág. 432.
[599] Na doutrina, cf. SCHMIDT, Das Interdiktenverfahren, cit., pág. 247 e segs.
[600] Instituições, IV, 166.
[601] BONFANTE, Corso Di Diritto Romano, III, cit., pág. 433.
[602] Instituições, IV, 166a.
[603] *Idem*.

hipótese de sentenciar a meu favor, condenará o meu adversário a pagar-me as quantias mencionadas na promessa solene e na contra estipulação que eu lhe fiz, e, consequentemente, liberta-me da promessa solene e da contra estipulação que ele me fez a mim".

Ao que parece, a actividade do juiz poderia não se quedar por essa decisão. Se o vencido tem a posse provisória, por haver ganho a *fructus licitatio*, deve ainda entregar os frutos percebidos durante o tempo da sua posse à parte vencedora[604]. O juiz condena, assim, a parte vencida ao cumprimento dessa obrigação.

Outros dois juízos podem ainda ser proferidos pelo juiz. O primeiro, se o vencido não entrega a coisa que possui provisoriamente, é também condenado nos termos do *iudicium secutorium sive Cascellianum* (julgamento casceliano[605]) a restituir a posse da coisa ao vencedor[606] e a indemnizá-lo dos seus danos.

O segundo juízo é o que vem a incidir sobre a estipulação dos frutos, a pedido do vencedor, em ordem a obter a garantia judicial que o possuidor provisório, que perdeu o litígio, pagará a quantia estipulada (*iudicium fructuarum*). GAIO[607] descreve este passo da seguinte maneira: "Devemos, no entanto, advertir para que a parte vencida na licitação dos frutos goza da possibilidade de, esquecendo o recurso à estipulação frutuária, poder (...) mover uma acção sobre a licitação dos frutos. Para fazer frente a esta situação é que foi propriamente criado o julgamento dito "frutuário", por meio do qual o autor recebe as garantis de que a sentença será executada".

Deste modo, e em síntese, à parte vencida cabe pagar o montante constante da *sponsio* e *restipulatio* do vencedor. Se possuía provisoriamente, por haver ganho a *licitatio fructuarius*, deve ainda entregar-lhe o imóvel, todos os frutos percebidos durante essa posse[608] e o montante prometido na estipulação frutuária.

Diversamente, se o vencido não tem a posse provisória, por ter perdido a *licitatio fructuarius*, deve pagar apenas o montante da *sponsio* ou *restipulatio*[609].

A tutela interdital obtida mediante o interdito *uti possidetis* deve ser reclamada no ano seguinte à perturbação da posse, sob pena de caducidade.

---

[604] GAIO, Instituições, IV, 167.
[605] Na tradução portuguesa das Instituições de GAIO, IV, 166a, pág. 481.
[606] GAIO, Instituições, IV, 166a.
[607] Instituições, IV, 169..
[608] GAIO, Instituições, IV, 166a e 167.
[609] GAIO, Instituições, IV, 168.

Alguns autores, sobretudo alemães, acentuam que o interdito *uti possidetis* representa o espelho da defesa da propriedade. Atentas as especificidades da tutela interdital, parece difícil acompanhar esta tese[610]. Voltaremos mais adiante a este tema.

VIII. Para a defesa da *possessio*, primeiro, sobre escravos, e, depois, outras coisas móveis o Direito romano antigo consagrou o *interdictum utrubi*[611]. A fórmula deste interdito é a seguinte: *"Utrubi vestrum hic homo, quo de agitur, maiore parte huius anni nec vi nec clam nec precário ab altero fuit, quo minus is eum ducat, vim fieri veto"*[612].

Trata-se, tal como o interdito *uti possidetis*, de um *interdictum duplicia* e de um *interdictum* proibitório[613]. O trecho final dos seus dizeres, *"vim fieri veto"*, igual à do interdito *uti possidetis*, proíbe às partes o uso da violência para alterar a situação de posse declarada pelo pretor.

Diferentemente do *uti possidetis*, o interdito *utrubi* não protege a posse actual, mas a posse de maior duração no último ano[614]. O vencedor não é, portanto, aquele que tem a posse no momento do pedido de protecção interdital, cabendo a vitória antes ao que demonstrar que possuiu por mais tempo no ano anterior, contando que essa posse não seja violenta, clandestina ou adquirida a título de *precario*.

Para cálculo da duração da posse, admite-se que o possuidor some o tempo da sua posse com o tempo de posse daquele que lhe transmitiu a coisa (*accessio possessionis*). Deste modo, o vencedor do interdito *utrubi* pode não ser realmente o que possuiu mais tempo no ano anterior, se o opositor, juntando o seu tempo de posse ao do seu transmitente, beneficiar de

---

[610] Rejeita-a BEKKER, "Zu den Lehren von L. A. sacramento, dem Utipossidetis und der Possessio", cit., pág. 146 e segs.

[611] Com especial interesse, cf. SANTOS JUSTO, Direito Privado Romano, III, cit., pág. 166 e segs., KASER, Das Römische Privatrecht, Das Altrömische, Das Vorklassisches und Klassisches Recht, cit., pág. 338, Das Römische Zivilprozessrecht, cit., pág. 327 e segs, KASER/KNÜTEL/LOHSSE, Römisches Privatrecht, cit., pág. 131, BRUNS, Die Besitzklagen des römischen und heutigen Rechts, cit., pág. 167 e segs., BONFANTE, Corso Di Diritto Romano, III, cit., pág. 437 e segs., BURDESE, "Possesso (dir. rom.)", cit., 9., BERGER, Interdictum utrubi, Encyclopedic Dictonary of Roman Law, cit., pág. 512.

[612] D 43, 31, 1. Na tradução portuguesa de GAIO, Instituições, IV, 160: "Aquela das partes a cujo serviço este escravo aqui em litígio esteve durante a maior parte do corrente ano, proíbo que se use a força para o impedir de levar daqui".

[613] KASER, Das Römische Privatrecht, Das Altrömische, Das Vorklassisches und Klassisches Recht, cit., pág. 338, Das Römische Zivilprozessrecht, cit., pág. 327, KASER/KNÜTEL/LOHSSE, Römisches Privatrecht, cit., pág. 131.

[614] GAIO, Instituições, IV, 152.

tempo superior no conjunto da soma das duas posses. Diz GAIO[615]: "No caso da interdição 'Aquela das partes' o possuidor actual da coisa beneficia não apenas do seu tempo de possuidor, mas ainda do tempo em que a coisa esteve em poder daquele a cujos direitos sucede, nomeadamente a pessoa de quem herdou a coisa, ou que lha vendeu, ou de quem ele a recebeu a título de dote ou doação; assim, se o tempo somado em que a coisa esteve na nossa posse e na daquele de quem a recebemos for superior ao tempo em que esteve na posse do nosso adversário, esta interdição dá-nos ganho de causa (...)".

A tramitação do *interdictum utrubi* coincide com a do interdito *uti possidetis*, de acordo com a sequência acima exposta para o segundo.

O interdito *utrubi*, apesar da qualificação clássica de *interdictum retinendae possessionis*, desempenha na prática uma função de recuperação da posse da coisa[616]. De resto, tudo indica que esta função recuperatória fosse ainda mais premente para as coisas móveis do que no interdito *uti possidetis* para os imóveis. E também quanto a este a função recuperatória, se bem que contestada, existe efectivamente.

IX. Os interditos possessórios mais primitivos como o interdito *uti possidetis* ou o *utrubi* têm por escopo proteger o possuidor da subtracção ou perturbação da sua posse, reagindo contra actos ilícitos de violência (*vi*), clandestinos (*clam*) ou de retardamento de entrega de coisa dada em *precarium* que violam a posse. A proibição do pretor dirigida às partes, de se absterem de violência para alterar a situação possessória declarada, pretende fazer cessar a violação da posse.

No entanto, estes interditos são interditos restitutórios e, podendo embora desempenhar residualmente uma função de recuperação da posse da coisa, não almejam esta como fim principal e não asseguram ao possuidor uma defesa consistente contra actos de esbulho.

Naturalmente, a possibilidade do recurso ao processo civil ordinário para fazer valer a propriedade, nomeadamente, através de uma *actio in rem* (*rei vindicatio*), permanece sempre em aberto, mas não uma tutela interdital que promova a restituição da coisa esbulhada.

---

[615] Instituições, IV, 151.
[616] BRUNS, Die Besitzklagen des römischen und heutigen Rechts, cit., pág. 169.

No final da idade republicana, porém, a situação muda, vindo a ser criados novos interditos com o fito de recuperação possessória, em particular, os interditos *unde vi*, *de precario* e de *clandestina possessione*[617].

X. Os interditos *uti possidetis* e *utrubi* sofrem uma evolução marcada no período justinianeu. Enquanto o primeiro permanece como fonte importante de tutela possessória, o segundo perde a sua autonomia e vem absorvido pelo interdito *uti possidetis*, submetido aos requisitos e efeitos deste último, acabando por desaparecer no Direito justinianeu[618].

XI. No Direito romano clássico existiam, não um, mas sim dois interditos *de vi*[619]: o interdito *de vi cottidiana* ou simplesmente *de vi* e o interdito *de vi armata*. Ambos pertencem à classe *unde vi* e ambos são interditos *recuperandae possessionis*, porquanto a sua finalidade reside na recuperação pelo possuidor da coisa a si esbulhada por terceiro mediante o uso de força[620].

As fontes mais antigas de conhecimento da redacção do *interdictum unde vi* encontram-se em CÍCERO e no Digesto. Na redacção do Digesto lê-se: "*Unde tu illum ui deiecisti aut familia tua deiecit, de eo quaeque ille tunc ibi habuit tantummodo intra annum, post annum de eo, quod ad eum qui ui deiecit peruenerit, iudicium dabo*".

Reconhece-se modernamente que este texto contém várias, e graves, interpolações, obra dos compiladores[621]. Estes terão procedido à combinação dos dizeres iniciais do interdito com o teor da fórmula da *actio in factum*, a qual só poderia ser intentada um ano após o esbulho violento, quando não era mais possível o recurso ao interdito *de vi*, que caducava no ano subsequente à violação da posse[622].

---

[617] KASER, Das Römische Privatrecht, Das Altrömische, Das Vorklassisches und Klassisches Recht, cit., pág. 336, KASER/KNÜTEL/LOHSSE, Römisches Privatrecht, cit., pág. 132.
[618] BONFANTE, Corso Di Diritto Romano, III, cit., pág. 439.
[619] BONFANTE, Corso Di Diritto Romano, III, cit., pág. 439 e segs., BURDESE, "Possesso (dir. rom.)", cit., 9., BERGER, interdictum de vi, no Encyclopedic Dictionary Of Roman Law, cit., pág. 510.
[620] Um interdito *unde vi utile*, à semelhança do *uti possidetis utile*, foi igualmente criado para protecção do usufrutuário (e do usuário) contra o esbulho violento da coisa, que o privava do exercício do seu direito (não da posse, visto que o usufrutuário, como o usuário, não era considerado um possuidor no período clássico).
[621] LENEL, Das Edictum Perpetuum, cit., pág. 445, BONFANTE, Corso Di Diritto Romano, III, cit., pág. 440.
[622] BONFANTE, Corso Di Diritto Romano, III, cit., pág. 440.

As obras oratórias de Cícero Pro Tulio e Pro Caecina[623] permitem apontar o seguinte teor para o interdito *de vi*[624]: "*Unde tu aut familia aut procurator tuus illun aut familiam aut procuratorem illius in hoc anno vi deiecisti ... cum ille possideret, quod nec vi nec clam nec precario (a te) possideret, eo restituas*".

Na reconstrução operada pelo trabalho de Lenel[625], a fórmula literal do interdito *unde vi* soa assim: "*Unde in hoc anno tu illum vi deiecisti aut família tua deiecit, cum ille possideret, quod nec vi nec clam nec precario a te possideret, eo illum quaeque ille tunc ibi habuit restituas*". Alguns romanistas fazem-lhe, porém, alguns reparos.

O interdito *de vi* representa, não um interdito proibitório, como os *interdicta retinendae possessionis*, mas um interdito restitutório. Isso decorre explicitamente do uso do verbo *restituere* (*restituas*) na redacção mais verosímil deste interdito.

Diferentemente dos interditos *uti possidetis* e *utrubi*, o interdito *de vi* constitui um interdito simples, sendo demandante o esbulhado e demandado o esbulhador por acção violenta (sem o recurso a armas[626]). Todavia, se a legitimidade activa para o pedido de protecção interdital se encontra com o possuidor esbulhado[627], o *deiectus*, a legitimidade passiva existe tanto naquele que leva a cabo o esbulho físico da coisa, como no que o ordenou. O *deiecisti* da fórmula interdital abrange ambos[628], podendo o possuidor esbulhado escolher aquele contra o qual pede a decretação do interdito[629].

A estrutura básica do interdito *de vi* repousa em dois requisitos, sendo naturalmente o primeiro deles a posse do demandante/queixoso. Outro requisito básico do interdito *de vi*, consiste na consumação do esbulho, no desapossamento do possuidor, ou seja, na *deiectio*. A perturbação sem desapossamento efectivo traduz o factualismo correspondente ao interdito *uti possidetis*; o interdito *de vi*, todavia, como interdito recuperatório, supõe a *deiectio*.

---

[623] Lenel, Das Edictum Perpetuum, cit., pág. 446, nota 1, Bonfante, Corso Di Diritto Romano, III, cit., pág. 439.

[624] Retirámos este texto de Bonfante, Corso Di Diritto Romano, III, cit., pág. 439.

[625] Das Edictum Perpetuum, cit., pág. 449.

[626] Para esse caso existe o interdito *de vi armata*, sobre o qual falaremos mais adiante no texto.

[627] E só ele, excluindo qualquer outra pessoa que não tenha a *possessio*, embora haja sido de facto privada da coisa (comodatário, depositário, mandatário, etc.). Cf. a propósito Bonfante, Corso Di Diritto Romano, III, cit., pág. 443 e seg.

[628] Bonfante, Corso Di Diritto Romano, III, cit., pág. 443 e Istituzioni Di Diritto Romano, cit., pág. 299.

[629] Bonfante, Corso Di Diritto Romano, III, cit., pág. 443.

Para que a *deiectio* se tenha por verificada deve ter ocorrido a denominada *vis atrox*[630]. No contexto do interdito *de vi*, e de modo marcadamente diverso do *uti possidetis*, a violência não consubstancia a mera ficção de violação do comando interdital, devendo registar-se facticamente. Discute-se, no entanto, se o abandono da coisa pelo possuidor com receio da agressão pode ser incluído no conceito da *deiectio* e se também deve ser perpetrada a *vis corporalis*. A opinião dominante nos juristas clássicos parece ser a que o imóvel deva ser ocupado pelos agressores, sob pena de não haver esbulho[631]. E deve entender-se igualmente que o interdito não requer a violência física sobre o possuidor. Essa ideia confirma-se pelo conhecimento de casos de aplicação do interdito em situações de não regresso ao imóvel pelo receio fundado de agressão[632]. Por outro lado, a violência deve ser efectiva[633] e não meramente ameaçada.

A defesa possessória mediante o interdito *unde vi* aparece disponibilizada na fórmula do pretor se a posse do esbulhado não for uma *vitiosae possessionis* (*quod nec vi nec clam nec precario a te possideret*) defronte do seu adversário. De outro modo, a protecção interdital está excluída. Este aspecto do regime jurídico do interdito *unde vi*, comum aos interditos *uti possidetis* e *utrubi*, desaparece no período justinianeu.

A tramitação do interdito *de vi* é mais simples do que a do interdito *uti possidetis*[634]. No caso da ordem do pretor não ser cumprida pelo possuidor, a continuação judicial do litígio envolve um de dois processos[635]. O primeiro consiste na emissão da estipulação (*sponsio*) e contra estipulação (*restipulatio*)[636]. Uma vez que se trata de um interdito simples, o possuidor promete solenemente o pagamento de uma determinada quantia em dinheiro, para o caso de se provar que violou ilicitamente a obrigação de

---

[630] Bonfante, Corso Di Diritto Romano, III, cit., pág. 444 e segs., Perozzi, Istituzioni Di Diritto Romano, cit., pág. 873, Santos Justo, Direito Privado Romano, III, cit., pág. 169.
[631] Para o aprofundamento, consulte-se Bonfante, Corso Di Diritto Romano, III, cit., pág. 444 e segs.
[632] Istituzioni Di Diritto Romano, cit., pág. 299.
[633] Perozzi, Istituzioni Di Diritto Romano, cit., pág. 873, nota 3.
[634] Sobre este ponto, cf., em particular, Kaser, Das Römische Privatrecht, Das Altrömische, Das Vorklassisches und Klassisches Recht, cit., pág. 339 e Das Römische Zivilprozessrecht, cit., pág. 329 e seg., Kniep, Der Besitz des Bürgerlichen Gesetzbuches gegenübergestellt dem römischen und gemeinen Recht, cit., pág. 372 e segs., Burdese, Manuale Di Diritto Privato Romano, cit., pág. 467 e seg.
[635] Kaser, Das Römische Privatrecht, Das Altrömische, Das Vorklassisches und Klassisches Recht, cit., pág. 337, Arangio-Ruiz, Istituzioni Di Diritto Romano, cit., pág. 128 e segs.
[636] Gaio, Instituições, IV, 165.

restituir a coisa ao adversário, e este último faz o mesmo, para o caso de se provar infundada a sua pretensão à restituição.

Gaio[637] dá nota do passo seguinte: "Seguidamente, o juiz perante o qual decorre o processo pergunta se o réu, em desobediência ao Edicto do Pretor, não exibiu, ou não restituiu a coisa; se a sentença for favorável ao autor, condena o adversário a pagar a soma estipulada na promessa solene, e, se este de facto não tiver exibido ou restituído a coisa, condena-o também no processo sequencial, e, quanto ao autor, absolve-o da contra estipulação; mas se a sentença for favorável ao réu, o juiz absolve este tanto da promessa solene como do processo sequencial, e condena o autor a pagar a soma mencionada na contra estipulação".

O segundo processo reside na sujeição ao julgamento por um árbitro. Gaio[638] relata que se o demandado deseja submeter o litígio a um árbitro deve fazê-lo ainda na presença do pretor, sob pena do processo prosseguir até ao fim[639] segundo a tramitação comum, com a emissão da *sponsio* e *restipulatio*.

Emitida a fórmula arbitral pelo pretor, o litígio fica submetido a um juiz. Se o demandado, condenado pelo juiz a entregar a coisa, o faz "sem resistência", dá-se a absolvição, nada mais sendo devido[640]. Caso recuse entregar a coisa ao seu oponente, fica sujeito a pagar o valor atribuído à coisa no processo interdital[641].

Tudo isto evidencia que ao interdito *de vi* é reconhecido carácter penal[642].

Em todo o caso, a reacção do possuidor esbulhado com recurso ao *interdictum unde vi* somente pode ter lugar no ano subsequente ao esbulho, sob pena de cessar a possibilidade de recurso a esta defesa. Decorrido esse prazo, tem ao seu dispor *actiones in factum* contra o esbulhador e contra os seus herdeiros, pelo enriquecimento[643].

---

[637] *Idem*.
[638] Instituições, IV, 164.
[639] Gaio, Instituições, IV, 165.
[640] Gaio, Instituições, IV, 163.
[641] Gaio, Instituições, IV, 163. Na doutrina, cf. Kaser, Das Römische Privatrecht, Das Altrömische, Das Vorklassisches und Klassisches Recht, cit., pág. 339.
[642] Kaser, Das Römische Privatrecht, Das Altrömische, Das Vorklassisches und Klassisches Recht, cit., pág. 339.
[643] Bonfante, Corso Di Diritto Romano, III, cit., pág. 448 e seg., Perozzi, Istituzioni Di Diritto Romano, cit., pág. 874.

À decisão de restituição do imóvel esbulhado ligam-se ainda outros efeitos jurídicos[644]. Assim, o esbulhador deve entregar o imóvel como ele estava, assim como todas as outras coisas que nele se encontravam no momento da *deietio*, independentemente do título que o esbulhado tem relativamente a elas. Deve igualmente entregar os frutos que a coisa produziu e ainda os que teria produzido com um possuidor diligente (percipiendos), bem como todas as acessões e proventos que beneficiou. A isso acresce a obrigação de indemnizar sofridos pelo possuidor lesado e a responsabilidade pela perda da coisa, mesmo que devido a facto de força maior.

O interdito *de vi armata* representa uma espécie do *unde vi*[645]. A sua redacção, divulgada por CÍCERO na oratória Pro Caecina, tem esta forma[646]: *"unde tu aut família aut procurator tuus illum vi hominibus coactis armatisve deiecisti eo restituas"*.

Requisito deste interdito é o esbulho à mão armada[647]; portanto, um grau qualificado de violência, que excede, pela força empregue, a que subjaz ao interdito *de vi*.

Para além do qualificativo da violência requerida por esta espécie de interdito *unde vi*, a violência à mão armada, o seu regime jurídico diferencia-se ainda do *de vi* pela inoponibilidade da *exceptio vitiosae possessionis*.

Outra diferença para o interdito *de vi* reside na perpetuidade do *de vi armata*, que pode ser movido contra o esbulhador além do primeiro ano contado do esbulho, ao contrário do *de vi*.

O interdito *de vi armata* constitui um interdito possessório. Requisito primeiro do mesmo é a posse do queixoso. Uma mera *possessio naturalis*, ou seja, a detenção, não autoriza o recurso a este interdito[648].

Quanto aos efeitos deste interdito, eles são os mesmos do interdito *de vi*: para além da restituição do imóvel, o esbulhador está obrigado a devolver todas as coisas que se encontravam naquele, a entregar os frutos produ-

---

[644] Na doutrina, cf. BONFANTE, Corso Di Diritto Romano, III, cit., pág. 448, PEROZZI, Istituzioni Di Diritto Romano, cit., pág. 874, SANTOS JUSTO, Direito Privado Romano, III, cit., pág. 169 e seg.
[645] A título informativo, cf. KASER, Das Römische Privatrecht, Das Altrömische, Das Vorklassisches und Klassisches Recht, cit., pág. 339, BURDESE, "Possesso (dir. rom.)", cit., 9.
[646] Que colhemos de BONFANTE, Corso Di Diritto Romano, III, cit., pág. 441.
[647] Segundo BONFANTE, Corso Di Diritto Romano, III, cit., pág. 441, além das armas propriamente ditas, o uso de bastões ou de pedras preenchia o requisito de violência armada exigido por este interdito *de vi armata*.
[648] Para a colocação do problema, cf. BONFANTE, Corso Di Diritto Romano, III, cit., pág. 441 e segs.

zidos e os que poderiam ter sido por um possuidor diligente e ainda a indemnizar os danos[649].

O interdito *de vi armata* funde-se com o interdito *de vi* no Direito justinianeu, sendo na prática abolido[650]. Com isso, desaparece a nota distintiva da inoponibilidade da *exceptio vitiosae possessionis*, assim como a perpetuidade concedida ao possuidor esbulhado para recorrer a este meio de defesa.

XII. Discute-se se no Direito romano antigo e clássico haveria um interdito a violação oculta da posse através do *interdictum de clandestina possessione*[651], sendo certo que o mesmo não existe no Direito justinianeu.

KASER[652], KUNTZE[653], BONFANTE[654], PEROZZI[655] e BURDESE[656], nomeadamente, pronunciam-se a favor da sua existência, apesar de as fontes serem aparentemente omissas quanto a ele. PEROZZI[657] argumenta a favor da sua existência, lembrando que se havia um interdito *de vi* e outro *de precario*, pode supor-se com verosimilhança que o Direito romano conheceu também um interdito *de clandestina possessione*.

Requisito deste interdito é a apreensão clandestina (*clam*) da posse de um imóvel.

XIII. Outro interdito *recuperandae possessionis* é o *interdictum de precario*[658]. A fórmula avançada por LENEL[659] para este interdito está assim escrita: "*Quod precario ab illo habes aut dolo malo fecisti, ut desineres habere, qua de re agitur, id illi restituas*".

Este interdito recuperatório permite ao concedente de coisa dada em *precario* obter a entrega respectiva daquele a quem a concedeu a esse tí-

---

[649] PEROZZI, Istituzioni Di Diritto Romano, cit., pág. 874.
[650] Sobre isto, cf. BONFANTE, Corso Di Diritto Romano, III, cit., pág. 443.
[651] Na doutrina, veja-se BONFANTE, Corso Di Diritto Romano, III, cit., pág. 449 e seg. e Istituzioni Di Diritto Romano, cit., pág. 299.
[652] KASER, Das Römische Privatrecht, Das Altrömische, Das Vorklassisches und Klassisches Recht, cit., pág. 339.
[653] Institutionen und Geschichte des römischen Rechts, cit., pág. 398.
[654] Corso Di Diritto Romano, III, cit., pág. 449 e seg., e Istituzioni Di Diritto Romano, cit., pág. 299.
[655] PEROZZI, Istituzioni Di Diritto Romano, cit., pág. 882.
[656] Manuale Di Diritto Privato Romano, cit., pág. 465 e BURDESE, "Possesso (dir. rom.)", cit., 9.
[657] PEROZZI, Istituzioni Di Diritto Romano, cit., pág. 876.
[658] LENEL, Das Edictum Perpetuum, cit., pág. 466 e seg., KASER, Das Römische Privatrecht, Das Altrömische, Das Vorklassisches und Klassisches Recht, cit., pág. 340, KASER/KNÜTEL, Römisches Privatrecht, cit., pág. 108, KUNTZE, Institutionen und Geschichte des römischen Rechts, cit., pág. 399, SANTOS JUSTO, Direito Privado Romano, III, cit., pág. 168, PEROZZI, Istituzioni Di Diritto Romano, cit., pág. 876 e segs., BURDESE, "Possesso (dir. rom.)", cit., 9.
[659] Das Edictum Perpetuum, cit., pág. 466.

tulo⁶⁶⁰. Demandado é, pois, o que recebeu a coisa do queixoso como precarista e não a entregou a ele, como estava obrigado a fazer.

Ao interdito *de precario* não se reconhece carácter penal⁶⁶¹.

XIV. A função primária da defesa interdital reside na protecção da posição do possuidor face a terceiros que violaram ou ameaçam violar a sua posse. Este aspecto, aparentemente evidente, torna-se, todavia, menos claro quando se consideram posições doutrinárias que colocam nos interditos possessórios uma outra função: a da defesa da propriedade, mais precisamente, de preparação do processo de reivindicação.

Assim, VANGEROW⁶⁶² coloca sistematicamente os interditos *uti possidetis* e *utrubi* no quadro da defesa da propriedade. Em todo o caso, dentro desta orientação, a posição proeminente é a de JHERING⁶⁶³. Este autor aponta para a estreita relação que, segundo ele, teria existido historicamente no Direito romano entre a posse, por um lado, e a propriedade e o contencioso desta, por outro⁶⁶⁴: a litigância interdital constituía um momento preliminar, mas integrante, do processo petitório relativo à propriedade.

JHERING⁶⁶⁵ vai, no entanto, ainda mais longe que o mero sublinhar dessa relação, salientando que no Direito romano antigo a palavra *possessor* teria sido empregue no sentido de proprietário e que a posse representaria uma posição de propriedade⁶⁶⁶. A disputa interdital da posse não teria somente por escopo a regulação desta, representando antes uma tutela provisória da propriedade.

A posição de JHERING não passou sem crítica⁶⁶⁷. A refutação directa viria de BRUNS⁶⁶⁸, que pôs a nu as fragilidades da construção daquele ilustre autor. Por nós, acompanhamos BRUNS e aduzimos as nossas razões, que a seguir se expõem.

---

⁶⁶⁰ PEROZZI, Istituzioni Di Diritto Romano, cit., pág. 881.
⁶⁶¹ KASER/KNÜTEL/LOHSSE, Römisches Privatrecht, cit., pág. 132.
⁶⁶² Lehrbuch des Pandektenrechts, cit., pág. 672 e segs.
⁶⁶³ Über den Grund des Besitzesschutzes, Jena, 1869, pág. 72 e segs.
⁶⁶⁴ JHERING, Über den Grund des Besitzesschutzes, cit., pág. 73. Veja-se, também, KNIEP, Der Besitz des Bürgerlichen Gesetzbuches gegenübergestellt dem römischen und gemeinen Recht, cit., pág. 352
⁶⁶⁵ Über den Grund des Besitzesschutzes, cit., pág. 74 e seg.
⁶⁶⁶ Über den Grund des Besitzesschutzes, cit., pág. 76.
⁶⁶⁷ Indicamos ainda o trabalho de BEKKER, "Zu den Lehren von L. A. sacramento, dem Utipossidetis und der Possessio", cit., pág. 146 e segs., o qual, em resposta a DERNBURG e num contexto temático mais delimitado, deixa também alguns argumentos que contrariam a doutrina de JHERING.
⁶⁶⁸ Die Besitzklagen des römischen und heutigen Rechts, cit., pág. 7 e segs.

A tendência evidenciada em JHERING e igualmente em SAVIGNY para praticamente se reduzir o tratamento da posse à relação desta com a propriedade afigura-se fundamentalmente inexacta à luz do Direito romano. Não se desconhece naturalmente a predominância da relação entre a *possessio* e o domínio, sobretudo no período clássico, mas não se deve perder de vista outros aspectos relevantes para a percepção do escopo da tutela interdital.

Conforme se deixou exposto anteriormente[669], a *possessio* nasceu da concessão de terras agrícolas do *ager publicus* sobre as quais não era possível uma propriedade privada. Ora, num contexto destes, a protecção interdital, nomeadamente, pelo interdito *uti possidetis*, não podia significar outra coisa que não fosse simplesmente a regulação da situação possessória, dado que a propriedade estava afastada para esses imóveis.

A extensão posterior do *uti possidetis* à propriedade privada não mudou a configuração da defesa interdital. Ela apresenta exclusivamente a *possessio* como pressuposto e a discussão que ocorre no procedimento de cada um dos interditos possessórios liga-se apenas à posse[670]. Basta pensar que a controvérsia interdital pode ter lugar entre dois litigantes que não pretendem invocar a propriedade ou que admitam não ser proprietários[671], como, por exemplo, dois ladrões.

Por outro lado, os *interdicta* possessórios não levam a cabo somente a protecção da *possessio* nos termos da propriedade da coisa[672]. O Direito romano antigo e clássico protege também a posse do precarista, do *sequester*, do credor pignoratício e do concessionário do *ager vectigalis*[673]. E parece evidente que os interditos possessórios não preparam qualquer contencioso petitório da propriedade quanto a estes possuidores.

Com o alargamento justinianeu da *quasi possessio* ou *possessio iuris* aos direitos menores, em concreto, às servidões, prediais e pessoais, à enfiteuse e à superfície, as situações possessórias debaixo de tutela interdital aumentaram, atenuando ainda mais a ligação da *possessio* à propriedade.

---

[669] Cf. *supra* no texto.
[670] No mesmo sentido, BRUNS, Die Besitzklagen des römischen und heutigen Rechts, cit., pág. 17 e segs.
[671] RUGGIERI, Il Possesso, pág. 17.
[672] Veja-se também BRUNS, Die Besitzklagen des römischen und heutigen Rechts, cit., pág. 11.
[673] Conforme expusemos anteriormente, no texto.

Todos estes argumentos mostram que os romanos não tiveram de modo algum em vista a defesa de uma posição de propriedade, no interdito *uti possidetis*[674] ou em qualquer outro interdito possessório.

Alguns romanistas esclarecem, de modo diverso, que o escopo primitivo dos interditos possessórios teria sido primeiramente a protecção do possuidor contra a perturbação e violação ilícitas da posse. Contudo, com a extensão da tutela interdital à protecção de coisas em propriedade privada, alguns interditos possessórios, em particular, os interditos *uti possidetis*, *utrubi*, e em alguns casos mesmo os *de vi*, adquiriram uma outra e nova função: a de preparação do processo petitório de defesa da propriedade, ou seja, da acção de reivindicação. Sem ligação necessária, pois, a uma situação de violação da posse.

A ideia prática debaixo do desenvolvimento deste segundo escopo dos interditos possessórios seria a de que aquele que tem a posse da coisa não tem o ónus de demonstrar a propriedade, que cabe a quem lhe quiser disputar esse direito. Portanto, ter a posse da coisa implica uma vantagem no processo de reivindicação. Esta doutrina surge explicitada, com maior desenvolvimento, em KASER[675], e também em BURDESE[676] e IGLESIAS[677].

Duvidamos que se possa fundamentar uma segunda função dos interditos possessórios debaixo da mera constatação de que, em alguns casos, se requer a protecção interdital sem que exista uma perturbação ou ameaça de perturbação da posse, ou seja, de violação desta, e que os interditos podem ser usados para facilitar a posição probatória de alguém no processo de reivindicação.

Para nós, o aspecto decisivo continua a ser o de que a discussão da propriedade não aflora no contencioso interdital romano da posse, sendo a posse o pressuposto e critério de decisão de cada interdito possessório. Isto não invalida que, mormente no período pós-clássico, por via da perda de contornos claros entre a *possessio* e o *dominium*, os interditos possam ter estado afectos à preparação da defesa da propriedade. Não pensamos, no entanto, que tal seja suficiente para vislumbrar um segundo escopo da protecção interdital da posse que permaneça constante durante as várias épocas do Direito romano.

---

[674] BRUNS, Die Besitzklagen des römischen und heutigen Rechts, cit., pág. 12.
[675] Das Römische Privatrecht, Das Altrömische, Das Vorklassisches und Klassisches Recht, cit., pág. 335 e seg.
[676] "Possesso (dir. rom.)", cit., 8.
[677] Instituciones De Derecho Romano, cit., pág. 219 e seg.

XV. A passagem do período clássico para o período pós-clássico e justinianeu acarretou mudanças no sistema processual civil romano. Enquanto no Direito clássico a contraposição entre *interdicta* e *actiones* está bem assente, tudo isso muda na época posterior. No Direito romano pós-clássico os interditos perdem a sua natureza de expedientes pedidos ao magistrado para que intervenha na resolução de um litígio, tornando-se acções comuns, de procedimento expedito e simplificado (*extraordinaria iudicia*)[678].

Nesta fase cai, pois, a contraposição clássica que mantinha os *interdicta* separados das *actiones* do processo comum, agora apenas com valor de resquício histórico[679]. No entanto, a nomenclatura clássica daqueles que sobreviveram (*uti possidetis, de vi*) mantém-se e dura durante todo o período do *ius commune* até à pandectística alemã do século XIX. O nome faz perdurar apenas a origem histórica do procedimento, mas já não a sua natureza interdital, definitivamente perdida a partir do Direito justinianeu.

XVI. O Direito romano pós-clássico anterior a Justiniano esbateu as fronteiras entre a propriedade e a posse, confundindo ambas as figuras, o que não deixou de causar alterações significativas face à regulação anterior de tutela da posse. Ainda assim, manteve-se fundamentalmente a separação entre a protecção possessória e a protecção da propriedade[680], embora a primeira surja agora, em regra, com carácter provisório e com o fito de preparação do processo relativo à propriedade[681].

Controvertida parece ser a criação no tempo de Constantino de uma nova acção com base no interdito *unde vi*, denominada *momentaria possessio*. A maioria dos autores romanistas apresenta tal criação como um facto seguro[682], mas PEROZZI[683] refere que a sua existência não está demonstrada.

Esta acção seria dirigida a proteger a situação possessória existente no momento do esbulho violento, repondo o esbulhado[684] na sua posse, oferecendo uma tramitação mais simplificada e expedita quando comparada com

---

[678] Fundamental, ALBERTARIO, "Actiones e interdicta", cit., pág. 118 e seg.
[679] ALBERTARIO, "Actiones e interdicta", cit., pág. 119.
[680] Cf. KASER, Das Römische Privatrecht, Die Nachklassischen Entwicklungen, cit., pág. 184, BURDESE, "Possesso (dir. rom.)", cit., 11.
[681] KASER, Das Römische Privatrecht, Die Nachklassischen Entwicklungen, cit., pág. 184, BURDESE, Manuale Di Diritto Privato Romano, cit., pág. 468.
[682] KASER, Das Römische Privatrecht, Die Nachklassischen Entwicklungen, cit., pág. 185 e seg., BURDESE, "Possesso (dir. rom.)", cit., 11 e Manuale Di Diritto Privato Romano, cit., pág. 468 e seg.
[683] Istituzioni Di Diritto Romano, cit., pág. 876, nota 1.
[684] Não apenas o possuidor nos termos da propriedade, mas igualmente os possuidores *alieno nomine*. Cf. BURDESE, "Possesso (dir. rom.)", cit., 11.

a dos interditos existentes. Ao contrário do interdito *de vi*, as excepções de *possessio vitiosae* são eliminadas e a processo pode ser intentado sem o limite de um ano.

Juntamente com esta nova acção, são introduzidas regras penais que castigam infracções possessórias, aparecendo medidas destinadas a sancionar o comportamento ilícito que implicam, não apenas a perda da posse, mas igualmente da propriedade[685], com isso tornando desnecessário o recurso posterior ao contencioso da propriedade[686].

XVII. O Direito justinianeu alterou novamente o panorama da tutela possessória. Em boa parte, marcou o regresso ao Direito material clássico, que não, contudo, à sua tramitação processual, relativamente à qual não há retorno[687]. Mantidas são as regras penais e sancionatórias respeitantes à violação da posse, que haviam sido desenvolvidas no período pós-clássico anterior[688].

O interdito *unde vi* mantém-se o interdito de defesa da posse em caso de esbulho violento, fora dos casos de legítima defesa[689], seja a posse uma posse efectiva ou meramente putativa[690]. Em contrapartida, desaparece o interdito *de vi armata*, que recebe o tratamento geral do *unde vi*[691]. A excepção de *vitiosae possessio* deixa de ser atendida na acção[692].

O interdito *uti possidetis* readquire a sua importância clássica como o meio de defesa da posse contra actos de perturbação sem esbulho, embora cumpra função de devolução da coisa se o possuidor actual tem uma posse com vícios (*vitiosae possessionis*) defronte do seu opositor no processo[693]. Diferentemente do interdito *de vi*, a excepção de violência, clandestinidade e *precario* pode ser deduzida por aquele a quem interessa.

O interdito *utrubi* de defesa da posse de coisas móveis, que havia sido mantido no período pós-clássico, embora sem a possibilidade de invocação

---

[685] BURDESE, "Possesso (dir. rom.)", cit., 11.
[686] Para mais pormenores, cf. KASER, Das Römische Privatrecht, Die Nachklassischen Entwicklungen, cit., pág. 185 e seg., BURDESE, "Possesso (dir. rom.)", cit., 11.
[687] KASER, Das Römische Privatrecht, Die Nachklassischen Entwicklungen, cit., pág. 187, BURDESE, "Possesso (dir. rom.)", cit., 11.
[688] BURDESE, "Possesso (dir. rom.)", cit., 11 e Manuale Di Diritto Privato Romano, cit., pág. 469.
[689] KASER/KNÜTEL/LOHSSE, Römisches Privatrecht, cit., pág. 132.
[690] KASER, Das Römische Privatrecht, Die Nachklassischen Entwicklungen, cit., pág. 187 e seg.
[691] BURDESE, "Possesso (dir. rom.)", cit., pág. 11 e Manuale Di Diritto Privato Romano, cit., pág. 470.
[692] Para mais detalhes, cf. KASER, Das Römische Privatrecht, Die Nachklassischen Entwicklungen, cit., pág. 187 e seg. e BURDESE, Manuale Di Diritto Privato Romano, cit., pág. 470.
[693] KASER, Das Römische Privatrecht, Die Nachklassischen Entwicklungen, cit., pág. 188.

da *vitiosae possessionis*⁶⁹⁴, vem a ser assimilado pelo interdito *uti possidetis* no Direito romano justinianeu, passando novamente a admitir aquela excepção⁶⁹⁵. Com isso, em caso de perturbação, a posse cabe, já não aquele que possuiu mais tempo no último ano, mas à parte que tenha melhor posse, entendida esta como uma posse sem vícios.

12. Aquisição da posse

I. Nas palavras tantas vezes repetidas de PAULO⁶⁹⁶: "*et apiscimur possessionem corpore et animo, neque per se animo aut per se corpore*". A aquisição da posse da coisa supõe simultaneamente o *possidere corpore*, a apreensão física ou material da coisa, bem como o *animus*, e não se dá sem ambos⁶⁹⁷.

Era essa a lição corrente na doutrina clássica. Relembramos GAIO⁶⁹⁸: "não há a mínima dúvida de que não podemos adquirir a posse apenas pela intenção" ("*possessio solo animo adquiri non potest*"). O próprio PAULO⁶⁹⁹ cita PROCULO e NERAZIO neste sentido: "*Neratius et Proculus et solo animo non posse nos adquirere possessionem, si non antecedat naturalis possessio*"⁷⁰⁰. Um trecho de um texto de LABEÃO⁷⁰¹ parece desmentir, porém, esta orientação: "*animi quodam genere possessio erit aestimanda*"⁷⁰². Alguns autores⁷⁰⁴ explicam

---

⁶⁹⁴ BURDESE, Manuale Di Diritto Privato Romano, cit., pág. 468.
⁶⁹⁵ KASER, Das Römische Privatrecht, Die Nachklassischen Entwicklungen, cit., pág. 188 e seg., BURDESE, "Possesso (dir. rom.)", cit., 11.
⁶⁹⁶ D., 41, 2, 3, 1.
⁶⁹⁷ ROTONDI, "Possessio quae animo retinetur – Contributo alla dottrina classica e postclassica del possesso e dell'animus possidendi", cit., pág. 107, KASER, Das Römische Privatrecht, Das Altrömische, Das Vorklassisches und Klassisches Recht, cit., pág. 331.
⁶⁹⁸ Instituições, IV, 153.
⁶⁹⁹ D., 41, 2, 3, 3.
⁷⁰⁰ Esta opinião estava em contradição com a da escola sabiniana, que postulava uma actividade material complementar para consumar a aquisição da posse, não bastando, pois, o simples *animus*. Atente-se, no entanto, que na opinião de PROCULO e de NERAZIO já está presente o elemento material da posse, uma vez que o adquirente ostenta uma posição de detentor (*naturalis possessio*).
⁷⁰¹ D, 41, 2, 51.
⁷⁰² O texto completo é este: "*quarundam rerum animo possessionem apisci nos ait Labeo: veluti si acervum lignorum emero et eum venditor tollere me iusserit, simul atque custodiam posuissem, traditus mihi videtur. Idem iuris esse vino vendito, cum universae amphorae vini simul essentientiarum sed videamus, inquit, ne haec ipsa corporis traditio sit, quia nihil interest, utrum mihi an et cuilibet iusserim custodia tradatur. In eo puto hanc quaestionem consistere, an, etiamsi corpore acervus aut amphorae adprehensae non sunt, nihilo minus traditae videantur: nihil video interesse, utrum ipse acervum an mandato meo aliquis custodiat: utrubique animi quodam genere possessio erit aestimanda*". A não ser pela colocação da palavra '*animo*' onde deveria estar '*corpore*', segundo CUIACIO, RICOBONO ("Traditio Ficta", cit., pág. 272, nota 1) e ROTONDI ("Possessio quae animo retinetur – Contributo alla dottrina classica e postclassica del possesso e dell'animus possidendi", cit., pág. 107, nota 2) este texto parece inculcar uma contradição entre

que o texto está interpolado e no lugar de *"animo"* deveria estar *"corpore"*. O que revelaria uma dissensão entre Labeão e Javoleno. Seja como for, ainda que se desconsidere a alteração mencionada, trata-se certamente de uma doutrina minoritária durante a época clássica.

Deste modo, a posse não pode ser adquirida *"solo animo"*, a não ser que haja já uma *naturalis possessio*, ou seja, uma situação de facto de dominação da coisa, o elemento material da posse[704]. Sem os dois elementos, a disponibilidade física da coisa e a vontade de exercê-la, a posse não pode ser adquirida[705].

Para a aquisição da posse, o controlo material, físico, da coisa tem de existir, ainda que, nalguns casos, uma actuação corpórea sobre a coisa (apreensão material) seja dispensada de acordo com as concepções sociais vigentes[706]. Registe-se, no entanto, que uma visão diversa, e certamente minoritária, defende que, em vez do controlo material ou físico da coisa, os romanos exigiam apenas o contacto prévio com a coisa ou o equivalente a esse contacto[707]. E que este seria suficiente para dar lugar a um adquirir *corpore*[708].

Se a materialidade inerente à *naturalis possessio* ou *possidere corpore* e o *animus* ou *affectio possessionis* formam uma unidade, no conjunto homogéneo e incindível em que consiste a *possessio* romana, ou se constituem dois elementos separados, com peso diferenciado na qualificação da situação, é pergunta que deve ser respondida diferentemente consoante a época do

---

uma tradição corpórea da coisa e a aquisição *solo animo* no último trecho. Se onde está *animo* se ler *corpore*, cessa a contradição.

[703] Cuiacio, Ricobono, "Traditio Ficta", cit., pág. 272, nota 1, e Rotondi, "Possessio quae animo retinetur – Contributo alla dottrina classica e postclassica del possesso e dell'animus possidendi", cit., pág. 107, nota 2. Sobre a polémica, veja-se também Bonfante, Corso Di Diritto Romano, III, cit., pág. 290 e segs.

[704] Sobre a leitura deste trecho pode ver-se Burdese, In Tema Di Animus Possidendi, cit., pág. 532.

[705] Com grande clareza, veja-se Rotondi, "Possessio quae animo retinetur – Contributo alla dottrina classica e postclassica del possesso e dell'animus possidendi", cit., pág. 106 e seg.

[706] Peremptoriamente, com razão, Kaser, Das Römische Privatrecht, Das Altrömische, Das Vorklassisches und Klassisches Recht, cit., pág. 331. Sobre o último ponto, veja-se também Burdese, "Possesso (dir. rom.)", cit., 5.

[707] Esta doutrina aparece em Olivecrona, Three Essays In Roman Law, Ejnar Munksgaard, 1949, recebendo a adesão de Gordon, Studies In The Transfer Of Property By Traditio, cit., pág. 44 e segs.

[708] Gordon, Studies In The Transfer Of Property By Traditio, cit., pág. 46.

Direito romano considerada[709]. A teorização de PAULO no período clássico tardio e a preferência que a mesma assumiu junto dos compiladores do Direito justinianeu tornam a segunda explicação pertinente para a época pós-clássica, enquanto a primeira corresponde muito provavelmente às épocas anteriores.

Não obstante estas diferenças na teorização da posse sejam muito mais evidentes a propósito da conservação e perda, não deixam de se fazer notar igualmente na aquisição possessória, com a aceitação progressiva de formas crescentemente imaterializadas de tradição, nas quais ocorre a diminuição da intensidade da apreensão corpórea da coisa[710]. PAULO[711] dá o mote: "*si iusserim venditorem procuratori rem tradere, cum ea in praesentia sit, videri mihi traditam priscus ait, idemque esse, si nummos debitorem iusserim alii dare. Non est enim corpore et tactu necesse adprehendere possessionem, sed etiam oculis et affectu (...)*".

Os juristas romanos, em particular os juristas clássicos, não apresentam um tratamento integrado das formas de aquisição da posse. Estas vêm abordadas, em particular, no contexto de factos aquisitivos da propriedade que implicam a *possessio* de alguma forma, nomeadamente, a *occupatio*, a *traditio* e a *usucapio*[712], e sempre de modo casuístico.

Usando uma terminologia moderna, distinguimos a aquisição originária da posse e a aquisição derivada. Na primeira, trataremos do apossamento, incluindo a *inventio* ou a descoberta de tesouro; na segunda abordaremos a *traditio*, nas suas várias modalidades, e o constituto possessório.

II. Na aquisição originária da posse deve distinguir-se consoante se está defronte de coisa móvel ou imóvel. No tocante à primeira espécie de coisas, a regra romana é a de que a coisa livre, sem dono (*nullius*), pode ser possuída por quem a apreender e tomar para si.

Assumem especial relevância nos textos romanos o apossamento de animal selvagem e a aquisição da posse sobre tesouro escondido. No Digesto aflora o problema da aquisição da posse (ocupação) de animal caído em armadilha ou ferido na caça sem que a captura do mesmo se haja consumado. A doutrina mostra-se hesitante em conceder a posse ao caçador que

---

[709] Veja-se a propósito o que dissemos dito em sede de elementos da posse, *supra* no texto.
[710] Cf., por exemplo, BURDESE, "Possesso (dir. rom.)", cit., 5.
[711] D., 2, 1, 21.
[712] BURDESE, "Possesso (dir. rom.)", cit., 5.

não tem ainda o animal preso[713]. Gaio[714], no entanto, afirmando desacordo com Trebazio, mostra-se propenso a considerar a posse adquirida apenas quando o animal se mostre do caçador e este pode evitar a actuação de terceiros[715].

Outra questão prende-se com a aquisição da posse sobre tesouro encontrado em imóvel próprio. Enquanto a escola proculiana parece bastar-se com a própria descoberta, os sabinianos exigem a remoção e transporte do mesmo do local onde se encontrava, bem como a nova custódia[716].

Quanto às coisas imóveis, encontramos uma ilustração novamente num texto conhecido de Paulo[717]: "*quod autem diximus et corpore et animo adquirere nos debere possessionem, non utique ita accipiendum est, ut qui fundum possidere velit, omnes glebas circumambulet: sed sufficit quamlibet partem eius fundi introire, dum mente et cogitatione hac sit, uti totum fundum usque ad terminum velit possidere*". Para o apossamento do imóvel, afigura-se suficiente o ingresso no mesmo sem que haja necessidade de percorrê-lo integralmente. O texto de Paulo evidencia já, embora mitigadamente, a atenuação do valor relativo do elemento material da posse, um prenúncio da evolução infeliz que se seguiria na idade pós-clássica.

Durante os primórdios do Direito romano e até ao final da época clássica, a *possessio* repousa em absoluto no senhorio de facto sobre a coisa, o qual existe quando o possuidor pode actuar, querendo, sobre a coisa. Enquanto esse senhorio de facto perdura a posse mantém-se, mesmo ocorrendo actos de perturbação ou tentativas de esbulho por um terceiro,

---

[713] Cf. o texto de Proculo em D., 41, 1, 55. Na doutrina, cf. Hausmaninger/Selb, Römisches Privatrecht, cit., pág. 129.

[714] D., 41, 1, 5, 1.

[715] O texto de Gaio é o seguinte: "*illud quaesitum est, an fera bestia, quae ita vulnerata sit, ut capi possit, statim nostra esse intellegatur. Trebatio placuit statim nostram esse et eo usque nostram videri, donec eam persequamur, quod si desierimus eam persequi, desinere nostram esse et rursus fieri occupantis: itaque si per hoc tempus, quo eam persequimur, alius eam ceperit eo animo, ut ipse lucrifaceret, furtum videri nobis eum commisisse. Plerique non aliter putaverunt eam nostram esse, quam si eam ceperimus, quia multa accidere possunt, ut eam non capiamus: quod verius est*".

[716] No texto de Paulo, D., 2, 3, 3: "*Neratius et Proculus et solo animo non posse nos adquirere possessionem, si non antecedat naturalis possessio. Ideoque si Thensaurum in fundo meo positum sciam, continuo me possidere, simul atque possidendi affectum habuero, quia quod desit naturali possessioni, id animus implet. Ceterum quod Brutus et Manilius putant eum, qui fundum longa possessione cepit, etiam Thensaurum cepisse, quamvis nesciat in fundo esse, non est verum: is enim qui nescit non possidet Thensaurum, quamvis fundum possideat. Sed et si sciat, non capiet longa possessione, quia scit alienum esse. Quidam putant Sabini sententiam veriorem esse nec alias eum qui scit possidere, nisi si loco motus sit, quia non sit sub custodia nostra: quibus consentio*".

[717] D., 41, 2, 3, 1.

podendo o possuidor perturbado recorrer ao pretor solicitando-lhe protecção interdital para afastar a violação da sua posse, o que se concretiza com o interdito *uti possidetis* (ou *utrubi* caso se trate de coisas móveis)[718].

O apossamento de imóvel livre, devoluto (que pode acontecer, por exemplo, relativamente a terras conquistadas ao inimigo), gera automaticamente uma nova posse com a apreensão material da coisa. Por sua vez, o apossamento de imóvel objecto de uma posse existente apenas origina uma nova posse se o domínio material da coisa pelo possuidor for quebrado com o seu conhecimento e substituído por um novo senhorio de facto a favor do esbulhador[719]. A nova posse não se constitui enquanto a posse do anterior possuidor não estiver perdida. Por isso, o apossamento constitui unicamente facto aquisitivo originário da *possessio* sobre imóvel quando ligado à perda da posse do possuidor anterior e não ocorre antes disso[720].

O caso do apossamento às ocultas levanta algumas interrogações[721]. Até à época clássica, parece, no entanto, não haver dúvidas de que a posse está com quem tem o senhorio de facto sobre a coisa, não importando, em caso de esbulho clandestino, que o possuidor esbulhado não tenha consciência da nova posse de outrem[722]. Perdida a dominação física da coisa, o senhorio de facto, a posse cessa.

O possuidor às ocultas ou clandestino é, assim, um verdadeiro possuidor e as expressões "*clandestina possessio*" ou "*clam possidere*" comprovam justamente essa posse[723]; e, do mesmo modo, o possuidor violento ("*vi*") e o possuidor *precario* são possuidores. No entanto, se em caso de esbulho violento ou pelo precarista contra o concedente o Direito romano oferece uma tutela interdital para o possuidor esbulhado reaver a coisa, mediante os interditos *de vi* e *quod precario* (interditos restitutórios), a consagração histórica

---

[718] Cf. *supra* o que dissemos no ponto atinente aos *interdicta*.

[719] Sobre isto, cf. as sempre certeiras considerações de Rotondi, "Possessio quae animo retinetur – Contributo alla dottrina classica e postclassica del possesso e dell'animus possidendi", cit., pág. 122.

[720] Cf. Hausmaninger/Selb, Römisches Privatrecht, cit., pág. 129, Perozzi, Istituzioni Di Diritto Romano, cit., pág. 848, nota 2.

[721] Rotondi, "Possessio quae animo retinetur – Contributo alla dottrina classica e postclassica del possesso e dell'animus possidendi", cit., pág. 121 e segs.

[722] Rotondi, "Possessio quae animo retinetur – Contributo alla dottrina classica e postclassica del possesso e dell'animus possidendi", cit., pág. 122.

[723] Rotondi "Possessio quae animo retinetur – Contributo alla dottrina classica e postclassica del possesso e dell'animus possidendi", cit., pág. 122.

de um *interdictum de clandestina possessione* permanece incerta, não obstante muito provável[724].

A protecção do possuidor esbulhado pela actuação clandestina do esbulhador abrange também a *exceptio vitiosae possessionis*[725]. O possuidor cuja posse foi obtida clandestinamente não pode fazer prevalecer a sua posição contra aquele que esbulhou *clam*. Este dado causa alguma perturbação[726], visto que possibilita que um não possuidor, cuja posse foi perdida pelo esbulho clandestino[727], derrote o possuidor actual pela alegação do vício na aquisição da sua posse. Incontestavelmente, porém, aquele que, embora clandestinamente, sem o conhecimento do possuidor, alcançou a posição de dominação física da coisa tem a posse e pode defendê-la contra terceiros recorrendo à tutela interdital normal[728]. O esbulhado clandestinamente, porém, não o pode fazer; a *exceptio vitiosae possessionis* pode ser invocada somente contra o esbulhador[729].

A defesa do possuidor contra o apossamento clandestino coincide, no tocante à *exceptio vitiosae possessionis*, com a que o Direito romano consagra para o esbulho com violência (*"vi"*) ou pelo precarista, ou seja, para todos os casos que se reconduzem à *possessio iniusta*[730]. Ela coloca uma questão delicada à teoria possessória romana: se o esbulhador tem posse, por o senhorio da coisa lhe pertencer, podendo obter a tutela interdital dessa posse contra terceiros, e se o possuidor esbulhado também pode invocar a sua posse contra o esbulhador, cuja posse é, relativamente a ele, *iniusta*, existem duas posses em simultâneo sobre a coisa?

TREBAZIO[731] parece haver sido o primeiro a defender a afirmativa: possuidor justo e possuidor injusto, ambos teriam posse. SABINO também sustentou a possibilidade da *possessio plurium in solidum*, mas para a relação de

---

[724] Cf. o que dissemos no ponto referente à protecção interdital da posse.
[725] Cf. *supra* no ponto referente à protecção interdital da posse.
[726] Como nota muito justamente ROTONDI, "Possessio quae animo retinetur – Contributo alla dottrina classica e postclassica del possesso e dell'animus possidendi", cit., pág. 124 e segs., especialmente, pág. 126.
[727] Ou com violência ou a título de *precario* (*nec vi, nec clam, nec precario*, na fórmula interdital).
[728] ROTONDI, "Possessio quae animo retinetur – Contributo alla dottrina classica e postclassica del possesso e dell'animus possidendi", cit., pág. 125.
[729] ROTONDI, "Possessio quae animo retinetur – Contributo alla dottrina classica e postclassica del possesso e dell'animus possidendi", cit., pág. 125.
[730] Sobre a classificação correspondente, cf. o ponto dedicado às classificações possessórias.
[731] Conhecemos a doutrina deste jurista romano através de PAULO, D., 2, 3, 5.

precario (concedente e precaristas teriam a posse da coisa dada em *precario*). A doutrina de TREBAZIO contou com a oposição de LABEÃO, para o qual apenas poderia haver um possuidor. PAULO[732] acolhe esta última doutrina: *"rem in solidum possidere non possunt"*[733].

A doutrina da impossibilidade da dupla posse triunfa na época seguinte, em particular, no período do Direito justinianeu. JUSTINIANO está decerto de acordo com LABEÃO e com PAULO de que só pode haver um possuidor. No entanto, conforme justamente ROTONDI[734] realça, esse acordo não existe sobre quem é o possuidor. Para LABEÃO, a *possessio* pertence àquele que exterioriza o senhorio de facto sobre a coisa, quer dizer, a quem efectua o apossamento. Para o Direito justinianeu, que segue nesta parte as pisadas inauguradas por PAULO, o possuidor é o esbulhado. Perdida que está a dominação física da coisa a favor do esbulhador, a permanência da situação possessória em favor do esbulhado explica-se através da desvalorização do elemento material e pela predominância relativa do *animus*. Enquanto este *animus* se mantém, a posse do esbulhado não cessa.

No Direito justinianeu, diversamente do que sucede nas épocas anteriores, a aquisição da posse através da investidura material no imóvel (apossamento) supõe mais do que o controlo de facto sobre a coisa, que o esbulhado deixe de ter a intenção possessória (*"possessio quae animo retinetur"*).

III. A tradição da coisa (corpórea[735]) representa a forma mais antiga de transmissão da posse[736]. Com ela, o possuidor actual demite-se voluntariamente da sua posse a favor do novo possuidor, que toma a posição do antigo no senhorio de facto sobre a coisa.

---

[732] D., 2, 3, 5.
[733] Discutimos adiante, em número autónomo, o problema da dupla posse; cf. *infra* no texto.
[734] "Possessio quae animo retinetur – Contributo alla dottrina classica e postclassica del possesso e dell'animus possidendi", cit., pág. 128 e seg.
[735] O objecto da tradição coincide no Direito romano com o objecto da *possessio*; e como apenas se possuem coisas corpóreas, porquanto as incorpóreas não podem ser possuídas, a tradição da posse constitui sempre uma tradição de coisas corpóreas. Com desenvolvimento, cf. EXNER, Die Lehre vom Rechtserwerb durch Tradition nach Österreischischen und gemeinem Recht, Wien, 1867, pág. 23 e segs.
[736] Em especial sobre o tema, cf. RICCOBONO, "Traditio Ficta", cit., pág. 259 e segs., SCHULZ, Einführung in das Studium der Digesten, Tübingen, 1916, pág. 63 e segs., KLINCK, Erwerb durch Übergabe an Dritte nach klassischen römischen Recht, Berlin, 2004, HAUSMANINGER, Casebook zum römischen Sachenrecht, 1974 (há outras edições mais recentes), GORDON, Studies In The Transfer Of Property By Traditio, Aberdeen, 1970, pág. 1 e segs., BENÖHR, Der Besitzerwerb durch Gewaltabhängige im klassischen römischen Recht, 1972.

A *traditio* tem, no entanto, uma dupla eficácia jurídica no Direito romano: por um lado, pela *traditio* opera-se a transmissão da posse da coisa a quem beneficia do acto de *tradere*; por outro, a *traditio* constitui também a forma de transmissão do domínio relativamente a uma *res nec mancipi*, contando que exista uma *iusta causa*. Lembramos as palavras de Paulo[737]: "*Numquam nuda traditio transfert dominium, sed ita, si venditio aut aliqua iusta causa praecesserit, propter quam traditio sequeretur*". A tradição da coisa, se isolada, não transmite a propriedade da coisa; mas transmite sempre a *possessio* e para este efeito não se requer nenhuma *iusta causa*.

Na época arcaica e seguramente durante uma larga parte da época clássica, a *traditio* consubstancia um acto material de entrega da coisa[738] ou, mais precisamente, a cedência do senhorio de facto a favor de alguém com a vontade de o exercer. Quando relativa a coisa móvel, nomeadamente, dinheiro, ela processa-se pela entrega da coisa de mão para mão; no que respeita a imóveis, ela supõe o ingresso do novo possuidor, que deve percorrer os limites do prédio.

A passagem da coisa (móvel) de mão para mão e a entrada no prédio do novo possuidor do imóvel representam não apenas as formas mais simples de *traditio* como também aquelas em que tem lugar verdadeiramente a transferência material da coisa. Com o tempo, porém, a prática social tende a aceitar como tradição formas de actuação crescentemente espiritualizadas e em que falta verdadeiramente uma acção de apreensão material da coisa, como a *tradito longa manu*, a *traditio brevi manu* e o *constitutum possessorium*. A evolução justinianeia operada pelos compiladores atinge mesmo um ponto no qual a *traditio* se divisa através de actos puramente simbólicos, sem envolver qualquer materialidade.

De qualquer modo, pode suscitar-se legitimamente a dúvida sobre se os juristas romanos tomavam estas figuras (*tradito longa manu*, *traditio brevi manu* e o *constitutum possessorium*) como verdadeiros casos de *traditio* ou simplesmente como equivalentes dela[739], o que se de uma perspectiva prática pode não importar diferença, nomeadamente, no tocante ao efeito jurídico de transmissão da posse, que vem reconhecido nas fontes, não deve deixar de ser assinalado ao nível da elaboração dogmática. Assim, no contexto da

---

[737] D., 41, 1, 31.
[738] Klinck, Erwerb durch Übergabe an Dritte nach klassischen römischen Recht, cit., pág. 29.
[739] Especificamente em sede de *traditio brevi manu*, cf. Gordon, Studies In The Transfer Of Property By Traditio, cit., pág. 38.

tradito brevi manu, declara Ulpiano[740]: *"si quis rem apud se depositam vel sibi commodatam emerit vel pignori sibi datam, pro tradita erit accipienda, si post emptionem apud eum remansit"*. O uso da expressão *pro tradita*, que aparece igualmente numa decisão de Celso[741], sugere subtilmente o efeito prático que está em causa, a transmissão da posse, sem comprometer a qualificação do acto como *traditio*. O desenvolvimento posterior, todavia, iria caminhar no sentido do alargamento do campo da *traditio* para lá da mera entrega corpórea da coisa.

IV. A figura da *traditio longa manu*[742] surge ilustrada em vários locais no Digesto. O trecho onde se funda a própria designação da figura pertence a Javoleno[743]: *"pecuniam, quam mihi debes, aut aliam rem si in conspectu meo ponere te iubeam, efficitur, ut et tu statim liberereis et mea esse incipiat: nam tum, quod a nullo corporaliter eius rei possessio detinetur, adquisita mihi et quodammodo manu longa tradita existimanda est"*;

Alguns outros textos transcrevem-se de seguida[744]. Assim, diz Celso[745]: *"aut si vicinum mihi fundum mercato venditor in mea turre demonstret vacuamque se possessionem tradere dicat, non minus possidere coepi, quam si pedem finibus intulissem"*; e Paulo[746]: *"si iusserim venditorem procuratori rem tradere, cum ea in praesentia sit, videri mihi traditam priscus ait, idemque esse, si nummos debitorem iusserim alii dare. Non est enim corpore et tactu necesse adprehendere possessionem, sed etiam oculis et affectu argumento esse eas res, quae propter magnitudinem ponderis moveri non possunt, ut columnas, nam pro traditis eas haberi, si in re praesenti consenserint: et vina tradita videri, cum claves cellae vinariae emptori traditae fuerint"*.

Esta última citação de Paulo oferece um especial poder impressivo quanto à figura da *longa manu traditio*. Através dela a posse transmite-se sem necessidade de uma apreensão *corpore et tactu* da coisa, operando à distância ou, como sugestivamente diz Paulo, *oculis et affectu*.

---

[740] D., 6, 2, 9, 1.

[741] D., 21, 2, 69, que transcrevemos adiante no ponto atinente à *traditio brevi manu*.

[742] Cf., em particular, Schulz, Einführung in das Studium der Digesten, cit., pág. 65 e segs., Gordon, Studies In The Transfer Of Property By Traditio, cit., pág. 44 e segs.

[743] D., 46, 3, 79.

[744] Mais textos em que a *longa manu traditio* vem implicada são D., 2, 51 (Javoleno), D., 41, 1, 9 (Gaio), D., 18, 1, 74 (Papiniano), D., 39, 5, 31, 1 8 (Papiniano), D., 47, 2, 43, 2 (Ulpiano), Paulus Sent. 5, 11, 1

[745] D., 41, 2, 18, 2. A primeira parte deste trecho do Digesto reporta-se a uma hipótese de *depositio in domo*. Referências a esta figura encontram-se em Bonfante, Corso Di Diritto Romano, III, cit., pág. 288 e seg. e Riccobono, "Traditio Ficta", cit., pág. 273.

[746] D., 41, 1, 2, 21.

Parece, no entanto, ser regra na época clássica a presença da coisa como pressuposto da transmissão da posse por *traditio*[747]. Expressões como *in praesentia*[748], *in conspectu*[749] e outras semelhantes indicam que a coisa, se bem que não passada de mão para mão ou com ingresso do novo possuidor dentro dos seus limites, permanece ao alcance de outros sentidos, como a visão, tornando, assim, possível a actuação material directa sobre ela pelo adquirente da posse. Na época clássica, a espiritualização progressiva da *traditio* não suprime de todo a materialidade, que persiste ao menos teoricamente. Ainda assim, algumas dúvidas subsistem sobre se nalguns casos a presença da coisa seria realmente dispensada para a transmissão da posse através da *traditio*[750]. SCHULZ[751] nega veementemente esta possibilidade, com adesões significativas, como a de KASER[752], mas outros autores, a começar por RICCOBONO[753] e, embora muito mais mitigadamente, BONFANTE[754], admitem-na, embora o primeiro o faça, sobretudo, para a época pós-clássica.

Dentro desta ordem de ideias, na época clássica a entrega das chaves do armazém com o intuito de transmitir as mercadorias aí fechadas não se afigura suficiente para a transmissão da posse, a não ser que as partes estejam na vizinhança do imóvel[755]. Segundo PAPINIANO[756]: "*Clavibus traditis ita mercium in horreis conditarum possessio tradita videtur, si claves apud horrea traditae sint: quo facto confestim emptor dominium et possessionem adipiscitur, etsi*

---

[747] SCHULZ, Einführung in das Studium der Digesten, cit., pág. 71 e segs., HAUSMANINGER/SELB, Römisches Privatrecht, cit., pág. 129, BONFANTE, Corso Di Diritto Romano, II, cit., pág. 219, RICCOBONO, "Traditio Ficta", cit., pág. 197 e segs.

[748] "*Si iusserim venditorem procuratori rem tradere, cum ea in praesentia sit (...)*", começa por dizer PAULO em D., 41, 1, 2, 21.

[749] "*Pecuniam, quam mihi debes, aut aliam rem si in conspectu meo ponere te iubeam, efficitur (...)*" são palavras, já citadas, de JAVOLENO, em D., 46, 3, 79.

[750] Talvez o caso mais relevante seja o da aquisição da posse *solo animo* levantada por LABEÃO, com a discordância de JAVOLENO, no célebre trecho transcrito em D., 41, 2, 51. RICCOBONO, "Traditio ficta", cit., pág. 273 e segs. indica muitos outros casos nos quais, em a sua opinião, a presença da coisa é dispensada.

[751] Einführung in das Studium der Digesten, cit., pág. 71 e segs.

[752] BONFANTE, Corso Di Diritto Romano, III, cit., pág. 288 e segs.

[753] "Traditio Ficta", cit., pág. 272 e segs.

[754] Das Römische Privatrecht, Das Altrömische, Das Vorklassisches und Klassisches Recht, cit., pág. 332.

[755] SCHULZ, Einführung in das Studium der Digesten, cit., pág. 68, BONFANTE, Corso Di Diritto Romano, II, pág. 219.

[756] D., 18, 1, 74. BONFANTE, Corso Di Diritto Romano, III, cit., pág. 292 e segs. analisa outros textos de GAIO, PAULO e ALEXANDRE SEVERO nos quais a expressão de PAPINIANO "*apud horrea*" não surge.

non aperuerit horrea: quod si venditoris merces non fuerunt, usucapio confestim inchoabitur"[757].

O mero acordo das partes na presença de coisa basta para a transferência da posse, tanto para imóveis como para móveis[758]. No primeiro caso, fica dispensado o ingresso ou penetração no imóvel; no segundo a entrega da caisa de mão para mão. Isso surge testemunhado nas palavras de CELSO[759] (para os imóveis) e de JAVOLENO[760].

Também na figura da *traditio longa manu* se podem detectar alguns dos traços diferenciadores que marcaram a evolução da época clássica para a época seguinte, nomeadamente, uma progressivamente maior espiritualização da *traditio*. É possível que na mente de CELSO a transmissão da posse *in mea turre* operasse apenas para prédios contíguos, que se situavam nos limites de outro, pertença do adquirente. Mas na passagem para o Direito justinianeu ela vale para o prédio que se encontra nos confins do horizonte e, portanto, relativamente ao qual a *traditio* opera verdadeiramente *oculis et affectu*[761].

V. O acordo entre o detentor e o possuidor da coisa provoca a transmissão da posse para o primeiro sem necessidade da entrega material; trata-se da denominada *traditio brevi manu*[762]. Assim, o depositário (o comodatário, o locatário)[763] que adquire o *dominium* do possuidor não tem de entregar à coisa ao transmitente para a receber de volta: a posse considera-se transmitida para o adquirente logo com o acordo das partes[764].

Diz ULPIANO[765]: *"deposui apud te decem, postea permisi tibi uti: Nerva Proculus etiam antequam moveantur, condicere quasi mutua tibi haec posse aiunt, et est verum, ut et Marcello videtur: animo enim coepit possidere. Ergo transit periculum*

---

[757] Sobre a interpretação da entrega das chaves no quadro da transmissão da posse, cf. *infra*, neste número, o que dizemos.

[758] SCHULZ, Einführung in das Studium der Digesten, cit., pág. 69 e seg.

[759] D., 41, 2, 18, 2.

[760] D., 46, 3, 79 e D., 2, 51.

[761] BONFANTE, Corso Di Diritto Romano, III, cit., pág. 298.

[762] SCHULZ, Einführung in das Studium der Digesten, cit., pág. 63 e segs., BIERMANN, Traditio Ficta, cit., pág. 14 e segs., HONSELL/MAYER-MALY/SELB, Römisches Recht, cit., pág. 139, BONFANTE, Corso Di Diritto Romano, II, pág. 220 e seg. e Corso Di Diritto Romano, III, cit., pág. 298 e segs., GORDON, Studies In The Transfer Of Property By Traditio, cit., pág. 36 e segs.

[763] As hipóteses clássicas de discussão da *traditio brevi manu* são as do depósito e do *furtum*; mas a definição da figura permite a extrapolação lógica a outras situações de detenção, como a do comodatário e do locatário.

[764] SCHULZ, Einführung in das Studium der Digesten, cit., pág. 63.

[765] D. 12, 1, 9, 9.

ad eum, qui mutuam rogavit et poterit ei condici". Este texto deixa antever uma divisão nos juristas romanos sobre o alcance do acordo para transmitir a posse. A citação de outras autoridades, NERVA, PROCULO e MARCELO indicia a controvérsia[766].

Na verdade, a figura da *traditio brevi manu* serve de palco à discussão entre proculianos e sabinianos sobre se na aquisição da posse devem estar presentes os dois elementos da *possessio*, a apreensão material e o *animus*, ou se este último basta por si só[767]. A escola sabiniana não aceitava que o mero acordo desencadeasse a transferência da posse sem que houvesse o movimento da coisa, um acto de disponibilização física desta da parte do transmitente, e opunha-se aos proculianos na admissão da *traditio brevi manu*[768], os quais vislumbram na hipótese uma aquisição da posse *solo animo*[769].

As fontes romanas registam decisões acolhendo qualquer das duas teorias. Assim, na perspectiva proculiana, declara GAIO[770], naquele que é provavelmente o texto mais antigo a lidar especificamente com a *traditio brevi manu*[771]: *"interdum etiam sine traditione nuda voluntas domini sufficit ad rem transferendam, veluti si rem, quam commodavi aut locavi tibi aut apud te deposui, vendidero tibi: licet enim ex ea causa tibi eam non tradiderim, eo tamen, quod patior eam ex causa emptionis apud te esse, tuam efficio"*. Existem, no entanto, dúvidas sobre o carácter genuíno deste trecho[772]. Em todo o caso, também segundo CELSO[773]: *"si rem quae apud te esset vendidissem tibi: quia pro tradita habetur, evictionis nomine me obligari placet"*; e, noutro passo[774]: *"infitiando depositum nemo facit furtum (nec enim furtum est ipsa infitiatio, licet prope furtum est): sed si possessionem eius apiscatur intervertendi causa, facit furtum. Nec refert, in digito habeat anulum an dactyliotheca quem, cum deposito teneret, habere pro suo destinaverit"*.

---

[766] SCHULZ, Einführung in das Studium der Digesten, cit., pág. 64.
[767] Para a colocação do problema, cf. ROTONDI "Possessio quae animo retinetur – Contributo alla dottrina classica e postclassica del possesso e dell'animus possidendi", cit., pág. 107 e seg.
[768] SCHULZ, Einführung in das Studium der Digesten, cit., pág. 64, BONFANTE, Corso Di Diritto Romano, II, pág. 220.
[769] ROTONDI "Possessio quae animo retinetur – Contributo alla dottrina classica e postclassica del possesso e dell'animus possidendi", cit., pág. 107 e seg.
[770] D., 41, 1, 9, 5.
[771] GORDON, Studies In The Transfer Of Property By Traditio, cit., pág. 37.
[772] BONFANTE, Corso Di Diritto Romano, II, pág. 220 tem este texto por interpolado pelos compiladores. Cf. também Corso Di Diritto Romano, III, cit., pág. 301.
[773] D., 21, 2, 62, pr.
[774] D., 47, 2, 68, pr.

Um outro texto relevante de ULPIANO sobre a matéria foi já transcrito anteriormente[775].

Na orientação sabiniana, PAULO[776] diz: *"si rem apud te depositam furti faciendi causa contrectaveris, desino possidere. Sed si eam loco non moveris et infitiandi animum habeas, plerique veterum et Sabinus et Cassius recte responderunt possessorem me manere, quia furtum sine contrectatione fieri non potest nec animo furtum admittatur"*. O jurista romano perfilha, assim, a doutrina de SABINO e CASSIO e rejeita a aquisição de posse ao depositário que furta a coisa, por ausência de movimento desta (*"sine contrectatione"*).

A doutrina proculiana ganhou raízes nas compilações justinianeias, embora também aí se exija sempre a *possessio naturalis*[777], ou seja, que exista previamente um controlo material da coisa a favor daquele que beneficia do acto de transmissão. Em tudo o mais, não se notam diferenças na época pós-clássica relativamente ao que decorre dos textos clássicos na matéria[778].

VI. Outra situação tratada no contexto da *traditio brevi manu*[779] deve manter-se diferenciada dela. Trata-se da oposição do depositário ou comodatário contra o possuidor, que determina que este último, contra a sua vontade, perca a posse a favor do primeiro. O texto fundamental nesta matéria pertence a PAPINIANO[780]. Nele diz-se o seguinte: *"si rem mobilem apud te depositam aut ex commodato tibi, possidere neque reddere constitueris, confestim amisisse me possessionem vel ignorantem responsum est. Cuius rei forsitan illa ratio est, quod rerum mobilium neglecta atque omissa custodia, quamvis eas nemo alius invaserit, veteris possessionis damnum adferre consuevit: idque Nerva filius libris de usucapionibus rettulit. Idem scribit aliam causam esse hominis commodati omissa custodia: nam possessionem tamdiu veterem fieri, quamdiu nemo alius eum possidere coeperit, videlicet ideo, quia potest homo proposito redeundi domino possessionem sui conservare, cuius corpore ceteras quoque res possumus possidere. Igitur earum quidem rerum, quae ratione vel anima carent, confestim amittitur possessio, homines autem retinentur, si revertendi animum haberent"*.

---

[775] D., 6., 2, 9, 1. Para comodidade do leitor, transcrevemo-lo novamente: *"si quis rem apud se depositam vel sibi commodatam emerit vel pignori sibi datam, pro tradita erit accipienda, si post emptionem apud eum remansit"*.
[776] D., 41, 2, 3, 18.
[777] BONFANTE, Corso Di Diritto Romano, III, cit., pág. 304.
[778] GORDON, Studies In The Transfer Of Property By Traditio, cit., pág. 78.
[779] SCHULZ, Einführung in das Studium der Digesten, cit., pág. 64 e seg.
[780] D., 41, 2, 48.

A diferença de fundo com a figura da *traditio brevi manu* encontra-se na falta do acordo com o possuidor transmitente, o que faz da oposição do detentor uma hipótese de esbulho, concretamente de *furtum*, que pode inclusivamente implicar, além da ofensa da posse, a violação do direito sobre a coisa. Justamente porque falta o acordo, a aquisição da posse pelo esbulhador dá-se a título originário e não derivado, como na *traditio*.

VII. A figura do constituto possessório[781] como modo de aquisição da posse no Direito romano aparece rodeada de significativa controvérsia, desde a sua consagração ou não na época clássica, até à configuração da mesma no campo das formas directas de aquisição ou, diversamente, de aquisição mediante representante[782].

Se o possuidor aliena o direito sobre a coisa a terceiro e as partes acordam que a coisa ficará com o alienante a um outro título, por exemplo, locação, comodato ou depósito, a posse tem-se por transferida a favor do adquirente do direito, ainda que não tenha lugar um acto de entrega da mesma a seu favor e, inclusive, a coisa permaneça com o alienante e anterior possuidor.

Tal como sucede com a *traditio brevi manu*, o constituto possessório provoca a transmissão da posse[783] para o adquirente do direito sem um acto real de entrega da coisa, uma vez que esta permanece com o transmi-

---

[781] Cf, entre outros, Schulz, Einführung in das Studium der Digesten, cit., pág. 73 e segs., Klinck, Erwerb durch Übergabe an Dritte nach klassischen römischen Recht, cit., pág. 257 e segs., Böhr, Das verbot der eigenmächtigen Besitzumwandlung im römischen Privatrecht, cit., pág. 232 e segs., Biermann, Traditio Ficta, cit., pág. 17 e segs., Gordon, "Constitutum Possessorium", in Studi In Onore Di Biondo Biondi, I, pág. 301 e segs. e Studies In The Transfer Of Property By Traditio, cit., pág. 13 e segs., Last, "Fragen der Besitzlehre", Jherings Jahrbücher für die Dogmatik des bürgerlichen Rechts., Band 62, 1913, pág. 162 e segs., Buckland, "Le Constitut Possessoire, animus et corpus", RHD 4, 1925, pág. 335 e segs., Riccobono, "Traditio Ficta", cit., pág. 278 e segs., Pflüger, Zur Lehre vom Erwerb des Eigentum nach römischen Recht, München, 1937.

[782] Bonfante, Corso Di Diritto Romano, III, cit., pág. 381.

[783] Alguns autores sublinham que o constituto possessório terá servido igualmente o propósito de transmissão da propriedade e não apenas da posse, sendo, por conseguinte, um modo de aquisição (transmissão) desse direito. Conquanto o tema transcenda o objecto do nosso tratamento, razão pela qual não entramos nele, duvidamos que tal doutrina seja exacta. Que, logo na antiguidade, a propriedade haja podido ser transferida por mero acordo das partes na celebração do contrato nada tem a ver com o constituto possessório, que embora tenha uma base igualmente consensual respeita unicamente à posse, representando um facto aquisitivo específico da mesma. Essa visão, a que aderimos, surge explícita em Buckland, "Le Constitut Possessoire, animus et corpus", cit. e Pflüger, Zur Lehre vom Erwerb des Eigentum nach römischen Recht, cit.

tente[784]. Por outro lado, o anterior possuidor, apesar de não ter efectuado a entrega da coisa ao adquirente do direito e continuar com a coisa consigo, passa a mero detentor. Por isso, alguns autores, como SAVIGNY[785], salientam que o constituto possessório representa a hipótese oposta à da *traditio brevi manu*[786].

O constituto possessório tem, assim, o efeito jurídico da *traditio*, ou seja, transmite a posse a favor do adquirente do direito. Para além disso, converte o anterior possuidor, que perde a posse, num detentor, ou seja, alguém que tem a coisa consigo por conta do possuidor.

O alcance prático do constituto possessório afigura-se evidente. Na sua ausência, o transmitente do direito teria de entregar a coisa ao adquirente, num primeiro momento, para depois a receber novamente de volta do último[787]. O constituto possessório evita, deste modo, o formalismo da dupla entrega, considerando a posse transmitida a favor do adquirente da propriedade, poupando este à entrega a que estaria obrigado por força do contrato (locação, depósito, comodato) entretanto celebrado com o transmitente[788].

A terminologia *constitutum possessorium* não resulta directamente das fontes romanas, havendo sido, ao que parece, adoptada na prática documental da Idade Média[789]. O respaldo terminológico nas fontes romanas decorre de um texto de ULPIANO[790]: "*differentia inter dominium et possessionem haec est, quod dominium nihilo minus eius manet, qui dominus esse non vult, possessio autem recedit, ut quisque constituit nolle possidere. Si quis igitur ea mente possessionem tradidit, ut postea ei restituatur, desinit possidere*". Mas a locução constituto

---

[784] Em todo o caso, enquanto na *tradito brevi manu* o adquirente da posse já tinha a coisa consigo, havendo, por conseguinte, um contacto físico prévio com a coisa (detenção), no constituto possessório o controlo material está com o disponente do direito e continua com ele, visto que não ocorre um verdadeiro acto de entrega da coisa.

[785] Das Recht des Besitzes, cit., pág. 318.

[786] BONFANTE, Corso Di Diritto Romano, III, cit., pág. 381, SANFILLIPPO, Istituzioni Di Diritto Romano, cit., pág. 224, BÖHR, Das verbot der eigenmächtigen Besitzumwandlung im römischen Privatrecht, cit., pág. 235, GORDON, Studies In The Transfer Of Property By Traditio, cit., pág. 42 e seg.

[787] Suponha-se, a título de exemplo, que A, possuidor, vende o prédio X a B, que o arrenda ao primeiro.

[788] Cf. GORDON, "Constitutum Possessorium", cit., pág. 304 e Studies In The Transfer Of Property By Traditio, cit., pág. 16 e pág. 43.

[789] KASER, Das Römische Privatrecht, Das Altrömische, Das Vorklassisches und Klassisches Recht, cit., pág. 333, SCHULZ, Derecho Romano Clásico, cit., pág. 417.

[790] D., 41, 2, 17, 1.

possessório não se encontra aqui, fundando-se antes num texto da Glosa, da autoria de Azo[791]: *"illud quod meo nomine possideo, constituo me possidere nomine alieno"*. A expressão *constitutum possessorium* é, ao que parece[792], da autoria do autor ANDREAS TIRAQUELLUS[793].

O ponto de partida substantivo da figura remonta, porém, a um outro trecho da autoria do jurista clássico tardio CELSO[794]: *"quod meo nomine possideo, possum alieno nomine possidere: nec enim muto mihi causam possessionis, sed desino possidere et alium possessorem ministerio meo facio. Nec idem est possidere et alieno nomine possidere: nam possidet, cuius nomine possidetur, procurator alienae possessioni praestat ministerium"*. Na parte inicial, CELSO realça que o que se pode possuir em nome próprio pode igualmente ser possuído em nome de outrem; por outras palavras, aquele que possui a coisa pode igualmente detê-la em nome de outra pessoa.

Esta formulação de CELSO – através da qual é feita a primeira teorização do instituto segundo LAST[795] – tem sido submetida a um enorme criticismo quanto à sua genuinidade[796]. Independentemente das eventuais interpolações existentes, nota-se, porém, que, de modo surpreendente e diversamente ao que sucede com a citação de juristas no Digesto, CELSO não surge neste texto a resolver uma questão concreta[797]. Ao contrário, ele parece enunciar o postulado geral de um instituto, do qual se pode derivar a doutrina para a resolução de casos determinados[798].

Outros textos romanos são usualmente citados para fundamentar o constituto possessório romano. Eles dizem respeito a quatro situações[799], sendo a primeira das quais a transmissão da propriedade com reserva de

---

[791] Summa C. 7, 32. Cf., em detalhe, BIERMANN, Traditio Ficta, cit., pág. 51 e segs.

[792] A indicação surge em WACKE, Besitzkonstitut, cit., pág. 19, nota 56 e em REID, The Law of Property In Scotland, 1996, pág. 623.

[793] De iure constituti posessorii tractatus, Paris, 1549.

[794] D., 41, 2, 18, pr. Veja-se JÖRS/KUNKEL/WENGER, Römisches Recht, cit., pág. 140, nota 26.

[795] "Fragen der Besitzlehre", cit., pág. 165.

[796] Cf., entre outros, GORDON, "Constitutum Possessorium", cit., pág. 314 e segs., KLINCK, Erwerb durch Übergabe an Dritte nach klassischen römischen Recht, cit., pág. 259 e segs.

[797] Inclinando-se em sentido diverso, cf. GORDON, Studies In The Transfer Of Property By Traditio, cit., pág. 72 e segs.

[798] Veja-se a propósito, as considerações de GORDON, "Constitutum Possessorium", cit., pág. 316 e seg.

[799] Para a análise desses textos, cf. SCHULZ, Einführung in das Studium der Digesten, cit., pág. 73 e segs., BIERMANN, Traditio Ficta, cit., pág. 14 e segs., BONFANTE, Corso Di Diritto Romano, III, cit., pág. 384 e segs. GORDON, Studies In The Transfer Of Property By Traditio, cit., pág. 34 e seg. sustenta que na época clássica a evidência do uso do *constitutum possessorium* se limita aos casos de

locação a favor do doador: *"quaedam mulier fundum non marito donavit per epistulam et eundem fundum ab eo conduxit: posse defendi in rem ei competere, quasi per ipsam adquisierit possessionem veluti per colonam. Proponebatur, quod etiam in eo agro qui donabatur fuisset, cum epistula emitteretur: quae res sufficiebat ad traditam possessionem, licet conductio non intervenisset"*[800]. A mulher que surge a doar ingressa na posição de locatária, ficando a representar o donatário na posse, ao qual se reconhece igualmente a *actio in rem*[801].

A segunda das situações ligadas ao constituto possessório, e que surge particularmente na época pós-clássica anterior ao Imperador Justiniano, é a da disposição feita com reserva de usufruto, para as quais as fontes revelam alguns exemplos[802]. Com isso procurava-se obstar à *traditio* real da coisa, prática contrária ao Direito, considerada mesmo fraudulenta, e que alguns imperadores quiseram pôr cobro[803]. As outras duas situações onde se funda o constituto possessório são a disposição com reserva de *precario* e a disposição patrimonial para uma *societas omnium bonorum*[804]. Para ilustrar a primeira delas, recorre-se a POMPONIO[805]. *"qui, cum pro herede vel pro emptore usucaperet, precario rogavit, usucapere non potest: quid porro inter eas res interest, cum utrubique desinat ex prima causa possidere, qui precario vult habere?"*[806]. Relativamente à disposição de bens para uma sociedade universal: *"societas coiri potest vel in perpetuum, id est dum vivunt, vel ad tempus vel ex tempore vel sub condicione"*[807] e *"quia, licet specialiter traditio non interveniat, tacita tamen creditur intervenire"*[808],

---

reserva de usufruto e de venda com reserva de locação. Não deixa, contudo, de referir os outros dois casos mencionados no texto.

[800] D., 6, 1, 77, ULPIANUS libro septimo decimo ad edictum. Para outros textos sobre o constituto possessório na hipótese de transmissão com reserva de locação, cf. BIERMANN, Traditio Ficta, cit., pág. 15.

[801] Sobre as dúvidas que este trecho suscita, cf. SCHULZ, Einführung in das Studium der Digesten, cit., pág. 79 e segs., BONFANTE, Corso Di Diritto Romano, III, cit., pág. 384 e segs., com outras indicações bibliográficas.

[802] Uma boa explanação deste facto encontra-se em SCHULZ, Einführung in das Studium der Digesten, cit., pág. 84 e seg.

[803] Uma constituição do Imperador Honório, datada do ano de 415 d.C., através da qual ele pretende abolir esta prática, tem a seguinte redacção: *"donationes debere sortiri perpetuam firmitatem, quas corporalis traditio fuerit subsecuta, sancimus, ne ususfructus exceptio pro traditione possit intelligi. Qui enim post liberalitatem re donata perfrui concupiscit, hoc sibi quo voluerit modo, consignata videlicet possessione, debet praecipuum custodire, ne imperfecta vaccillet donatio"*, Codex Theodosianus, 8, 12, 8.

[804] BIERMANN, Traditio Ficta, cit., pág. 14 e segs.

[805] D., 41, 4, 6, pr.

[806] Outros textos podem ser conferidos em BIERMANN, Traditio Ficta, pág. 16.

[807] D. 17., 2, 1, pr.

[808] D., 17, 2, 2.

de PAULO e de GAIO, respectivamente. Permanece, no entanto, a dúvida no tocante a esta última situação sobre se estamos defronte de uma verdadeira hipótese de constituto possessório ou de um regime excepcional de transmissão com dispensa de *traditio*, conforme sustentam BONFANTE[809] e RICCOBONO, defendendo este último tratar-se de *traditio ficta*[810].

Sobre a origem e o âmbito do constituto possessório nota-se uma profunda clivagem doutrinária e são apresentadas várias interpretações. Para uma parcela importante da romanística, o constituto possessório representa uma criação bizantina[811], sendo estranho, pois, ao Direito romano clássico[812]. Para outros ao invés, a figura nasce na época clássica (tardia) e encontra-se já consagrada na prática deste tempo[813]. Mas também aqui sobressaem divergências, defendendo uns tratar-se de uma figura geral de transmissão da posse[814], uma modalidade da *traditio*, embora sem entrega física da coisa, limitando-a outros aos casos admitidos de aquisição da posse por procurador, portanto, de representação[815]. Neste último caso, o argumento vem usado justamente para negar a proveniência clássica do constituto possessório[816].

---

[809] Corso Di Diritto Romano, III, cit., pág. 390 e seg. e Lezioni sul possesso, cit., pág. 103.
[810] "Traditio Ficta", cit., pág. 186 e segs.
[811] BONFANTE, Corso Di Diritto Romano, III, cit., pág. 391 e segs., BESELER, Juristische Miniaturen 1929, pág. 94 e segs., BÖMER, Besitzmittlungswille und mittelbarer Besitz, cit., pág. 161 (que defende mesmo que este instituto terá apenas surgido no Direito comum com a obra do jurista AZO). Na doutrina portuguesa, cf. SANTOS JUSTO, Direito Privado Romano, III, cit., pág. 161.
[812] Para além dos autores citados na última nota, cf., muito em particular, SCHULZ, Einführung in das Studium der Digesten, cit., pág. 73 e segs., e Derecho Romano Clásico, cit., pág. 417 e ainda BERGER, Encyclopedic Dictionary of Roman Law, Vol. 43 ("Constitutum Possessorium"), cit., pág. 410.
[813] KASER, Das Römische Privatrecht, Das Altrömische, Das Vorklassisches und Klassisches Recht, cit., pág. 333, LAST, "Fragen der Besitzlehre", cit., pág. 165, GORDON, "Constitutum Possessorium", cit., pág. 303 e segs. e Studies In The Transfer Of Property By Traditio, cit., pág. 14 e segs. e 27 e segs., WATSON, "The Acquisition of Young in the usufructus gregis", in Studies In Roman Private Law, 1990 cit., pág. 137.
[814] KASER, Das Römische Privatrecht, Das Altrömische, Das Vorklassisches und Klassisches Recht, cit., pág. 333.
[815] KNIEP, Vacua Possessio, cit., pág. 324 e segs., SCHULZ, Einführung in das Studium der Digesten, cit., pág. 73 e segs., KLINCK, Erwerb durch Übergabe an Dritte nach klassischen römischen Recht, cit., pág. 259 e segs., JÖRS/KUNKEL/WENGER, Römisches Recht, cit., pág. 140, BONFANTE, Corso Di Diritto Romano, III, cit., pág. 391 e segs., LUZZATTO, AG 108, 1932, pág. 244 e segs., FERRINI, Manuale Di Pandette, cit., pág. 326 e seg. Parece ser essa igualmente a posição de SAVIGNY, Das Recht des Besitzes, cit., pág. 319.
[816] Assim, SCHULZ, Einführung in das Studium der Digesten, cit., pág. 74.

Seja como for, não restam dúvidas de que na época pós-clássica o constituto possessório firma-se no quotidiano jurídico como modo de aquisição da posse que dispensa a entrega física da coisa e que o seu âmbito excede largamente o campo da simples representação. Talvez por isto, alguns autores, entre eles SAVIGNY[817], sustentam que o constituto possessório[818] traduz um modo de aquisição da posse *solo animo*[819]. Como a coisa não muda de mãos, a mudança de estuto do possuidor para detentor e do adquirente do direito para possuidor processa-se meramente através do "*animus possidendi*"[820].

No entanto, conforme começámos por evidenciar no início deste ponto[821], em todas as hipóteses de *traditio* sem entrega material da coisa, o nexo de facto, o elemento material corpóreo, existe sempre. No constituto possessório o transmitente do direito que perde a posse a favor do transmissário passa a exercer um controlo da coisa em favor deste último. O domínio de facto está, assim, presente, não obstante ser actuado directamente por outra pessoa que não o possuidor. Deste modo, a transmissão da posse nunca se dá a partir do elemento isolado do *animus*; o elemento de facto tem de ocorrer conjuntamente[822]. Não há, pois, qualquer aquisição da posse *solo animo*.

O constituto possessório não ofende a regra *nemo sibi ipse causam possessionis mutare potest*[823]. Na verdade, ele suscita uma aquisição derivada da posse, com perda relativa da parte do anterior possuidor, mas não promove nenhuma alteração do título possessório.

No constituto possessório as partes conseguem desencadear a trasmissão da posse sem que a coisa seja mudada, ou seja, sem que aquele que transmite o direito tenha de entregar a coisa ao adquirente para dele a receber de volta a outro título (locação, comodato, usufruto, etc.). O efeito translativo da posse, porém, não é um dos efeitos jurídicos do contrato através do qual se dá a transmissão da propriedade (venda, doação, etc.).

---

[817] Das Recht des Besitzes, cit., pág. 318 e seg.
[818] E também a *traditio brevi manu*.
[819] Cf., em especial, HAUSMANINGER, Besitzerwerb solo animo, in Festgabe für Arnold Herdlitczka, 1972, pág. 113 e segs., HAUSMANINGER/SELB, Römisches Privatrecht, cit., pág. 131.
[820] SAVIGNY, Das Recht des Besitzes, cit., pág. 318 e seg.
[821] Cf. *supra* no texto.
[822] KASER, Das Römische Privatrecht, Das Altrömische, Das Vorklassisches und Klassisches Recht, cit., pág. 392, nota 23.
[823] Veja-se KLINCK, Erwerb durch Übergabe an Dritte nach klassischen römischen Recht, cit., pág. 261 e segs.

Este contrato e o constituto possessório são coisas distintas[824]. A mera celebração do contrato de doação com reserva de usufruto ou de venda com reserva de locação, por exemplo, não produz automaticamente a transmissão da posse como um dos seus efeitos jurídicos[825]. Para isso, torna-se necessário haver declarações específicas das partes nesse sentido. E, acompanhando SAVIGNY[826] neste ponto, o constituto possessório não se presume, o que faz dele um instituto de aplicação relativamente rara no Direito romano.

VIII. Outros casos de aquisição de posse na base da *traditio*, mas sem entrega corpórea, física, da coisa no momento da aquisição aparecem elencados no *corpus iuris civilis*; eles são, em particular:

a) A entrega de chaves

Diz PAPINIANO[827]: "*clavibus traditis ita mercium in horreis conditarum possessio tradita videtur, si claves apud horrea traditae sint: quo facto confestim emptor dominium et possessionem adipiscitur, etsi non aperuerit horrea: quod si venditoris merces non fuerunt, usucapio confestim inchoabitur*"[828]. A entrega das chaves do armazém provoca a tradição da posse da mercadoria armazenada, se feita na vizinhança do imóvel, ou seja, na presença da coisa (*apud horrea*)[829]. Para os juristas clássicos a posse supõe o nexo de facto com o possuidor, a dominação física da coisa e isso não se compadece com subrogados ou símbolos da actuação material[830]. A transmissão da posse pela entrega das chaves exige que o adquirente fique investido no controlo de facto das mercadorias[831]. O que sucede somente na presença da coisa. É por essa razão que PAPINIANO menciona expressamente que as partes permanecem na vizinhança do armazém onde as mercadorias se encontram, como sinal de que elas ficam colocadas à disposição do adquirente.

---

[824] SAVIGNY, Das Rechts Des Besitzes, cit., pág. 319.
[825] Das Rechts Des Besitzes, cit., pág. 319.
[826] Das Rechts Des Besitzes, cit., pág. 320.
[827] D., 18, 1, 74.
[828] Sobre a interpretação desta sentença, Cf. BONFANTE, Corso Di Diritto Romano, III, cit., pág. 292, RICCOBONO, "Traditio Ficta", cit., pág. 197 e segs. Sobre este tema, cf. ainda GORDON, Studies In The Transfer Of Property By Traditio, cit., pág. 56.
[829] Cf. os autores citados na nota anterior, nos locais indicados.
[830] RICCOBONO, "Traditio Ficta", cit., pág. 198. Veja-se igualmente JÖRS/KUNKEL/WENGER, Römisches Recht, cit., pág. 139.
[831] A tradição das chaves é vista na época clássica como uma hipótese de tradição real da coisa e não de tradição simbólica, como posteriormente virá a suceder. Cf. HAUSMANINGER/SELB, Römisches Privatrecht, cit., pág. 129.

Dois outros textos sobre a matéria, de Paulo[832] e de Gaio[833], omitem a expressão *"apud horrea"*. Riccobono[834], esclarecendo que a formulação deles faz transparecer que ela deveria constar originariamente da sua redacção, atribui a ausência a interpolação dos compiladores, que a terão suprimido[835]. O autor toma esta supressão como um sinal que o Direito justinianeu não requer efectivamente a vizinhança da coisa, a presença dela, para suscitar a transmissão da posse (e da propriedade) com a entrega das chaves[836]. Na evolução para a época pós-clássica, as chaves teriam deixado a função de meio mecânico que torna possível o exercício do poder de facto sobre a coisa e passado a ser vistas como um símbolo que representa aquelas[837]. A tradição das chaves importaria, segundo esta interpretação, a transmissão da posse sobre a própria coisa.

No entanto, dúvidas são legítimas sobre se um passo de tal dimensão foi dado ainda durante a civilização romana oriental[838], sendo certo que tal doutrina se solidifica na Idade Média. Quanto ao Direito romano bizantino, tudo indica que continuou a exigir o controlo material, como pressuposto da existência da posse, e a admitir simplesmente a entrega das chaves como facto gerador de transmissão da posse na situação em que aquelas traduzem o efectivo domínio corpóreo da coisa, esteja ou não esta presente nesse momento[839].

Diversamente da entrega das chaves, a entrega de documentos que representam coisas armazenadas não transmite a posse destas. A *traditio per chartam*, que representa um dos casos de tradição simbólica, não tem reconhecimento no Direito romano, qualquer que seja a época considerada[840], portanto, mesmo na época pós-clássica.

---

[832] D. 41, 2, 1, 22: *"et vina tradita videri, cum claves cellae vinariae emptori traditae fuerint"*.

[833] D. 41, 1, 9, 6: *"item si quis merces in horreo repositas vendiderit, simul atque claves horrei tradiderit emptori, transfert proprietatem mercium ad emptorem"*.

[834] "Traditio Ficta", cit., pág. 198 e seg.

[835] "Traditio Ficta", cit., pág. 198 e seg. Cf., também, Bonfante, Corso Di Diritto Romano, III, cit., pág. 292 e segs.

[836] Riccobono, "Traditio Ficta", cit., pág. 199.

[837] Riccobono, "Traditio Ficta", cit., pág. 199.

[838] Bonfante, Corso Di Diritto Romano, III, cit., pág. 295. Em sentido negativo, Gordon, Studies In The Transfer Of Property By Traditio, cit., pág. 80 e segs.

[839] Para a discussão sobre o requisito da presença da coisa no Direito justinianeu, cf. Gordon, Studies In The Transfer Of Property By Traditio, cit., pág. 81.

[840] Entre outros, veja-se Kaser/Knütel, Römisches Privatrecht, cit., pág. 104, Jörs/Kunkel//Wenger, Römisches Recht, cit., pág. 139, Hausmaninger/Selb, Römisches Privatrecht, cit., pág. 129.

b) Coisa entregue em casa do adquirente (*depositio in domo*)

As fontes descrevem o caso da entrega de mercadoria vendida em casa do adquirente[841]. Um dos juristas que se refere a esta hipótese é CELSO[842]: "*si venditorem quod emerim deponere in mea domo iusserim, possidere me certum est, quamquam id nemo dum attigerit*"[843]. Se o vendedor entrega a coisa vendida em casa do comprador, este último adquire posse, é o que afirma CELSO. De facto, havendo a cedência do controlo material da coisa a favor do vendedor, a aquisição da posse não levanta dúvidas. Outro texto, agora de ULPIANO, confirma a ideia geral de transmissão da posse nestes casos: "*quid enim interest, inferantur volente eo in domum eius an ei tradantur?*".

As partes e a coisa devem estar presentes no momento em que a compra é consumada e as instruções dadas ao vendedor[844]. Inversamente, tal não é necessário no momento da entrega. De todo o modo, somente com esta tem lugar a aquisição de posse pelo comprador e não com a celebração da venda (sem entrega).

c) A aposição de sinais na coisa

A colocação de símbolos na coisa pode significar a tomada de poder de facto do adquirente sobre ela e chega, por vezes, para se considerar transmitida a posse em favor dele[845]. Nas fontes, defende TREBAZIO[846]: "*si dolium signatum sit ab emptore, Trebatius ait traditum id videri: Labeo contra, quod et verum est: magis enim ne summutetur, signari solere, quam ut traditum videatur*"; e PAULO[847]: "*materia empta si furto perisset, postquam tradita esset, emptoris esse periculo respondit, si minus, venditoris: videri autem trabes traditas, quas emptor signasset*". O sinal na trave, como marca do adquirente, basta para se admitir a tradição da coisa.

---

[841] KASER, Das Römische Privatrecht, Das Altrömische, Das Vorklassisches und Klassisches Recht, cit., pág. 391, nota 16, BIERMANN, Traditio Ficta, cit., pág. 11, RICCOBONO, "Traditio Ficta", cit., pág. 273, BURDESE, "Possesso (dir. rom.)", cit., 5, GORDON, Studies In The Transfer Of Property By Traditio, cit., pág. 52 e segs.

[842] D., 41, 2, 18, 2.

[843] O texto levanta, no entanto, dúvidas sobre a genuinidade da sua redacção. Cf. SCHULZ, Einführung in das Studium der Digesten, cit., pág. 73, GORDON, Studies In The Transfer Of Property By Traditio, cit., pág. 52.

[844] Dubitativamente, GORDON, Studies In The Transfer Of Property By Traditio, cit., pág. 53.

[845] Cf., por exemplo, KASER, Das Römische Privatrecht, Das Altrömische, Das Vorklassisches und Klassisches Recht, cit., pág. 392, BIERMANN, Traditio Ficta, cit., pág. 11, RICCOBONO, "Traditio Ficta", cit., pág. 273, BURDESE, "Possesso (dir. rom.)", cit., 5, SANTOS JUSTO, Direito Privado Romano, III, cit., pág. 159.

[846] D. 18, 6, 1, 2.

[847] D. 18, 6, 15, 1.

d) Coisa entregue em custódia a terceiro

Outros dos casos assinalados de transmissão da posse sem entrega directa ao adquirente é aquele que em que este último indica alguém (um guarda, um guardador) que receberá a coisa (*custodis appositio*)[848]. A consumação da entrega ao terceiro indicado tem o efeito da transmissão da posse a favor do adquirente do direito.

A fonte fundamental é a declaração de LABEÃO-JAVOLENO[849], já citada noutro contexto: *"quarundam rerum animo possessionem apisci nos ait Labeo: veluti si acervum lignorum emero et eum venditor tollere me iusserit, simul atque custodiam posuissem, traditus mihi videtur. Idem iuris esse vino vendito, cum universae amphorae vini simul essentiarum sed videamus, inquit, ne haec ipsa corporis traditio sit, quia nihil interest, utrum mihi an et cuilibet iusserim custodia tradatur. In eo puto hanc quaestionem consistere, an, etiamsi corpore acervus aut amphorae adprehensae non sunt, nihilo minus traditae videantur: nihil video interesse, utrum ipse acervum an mandato meo aliquis custodiat: utrubique animi quodam genere possessio erit aestimanda".*

e) Coisas de entrega difícil

Outro dos casos que se insere na categoria em apreciação é o das coisas móveis que, nomeadamente, pelo seu peso ou localização, são de transporte custoso, difícil[850]. O acordo entre as partes na presença da coisa é suficiente para a transmissão da posse a favor do adquirente[851]. Neste sentido, afirma PAULO[852]: *"si iusserim venditorem procuratori rem tradere, cum ea in praesentia sit, videri mihi traditam priscus ait, idemque esse, si nummos debitorem iusserim alii dare. Non est enim corpore et tactu necesse adprehendere possessionem, sed etiam oculis et affectu argumento esse eas res, quae propter magnitudinem ponderis moveri non possunt, ut columnas, nam pro traditis eas haberi, si in re praesenti consenserint: et vina tradita videri, cum claves cellae vinariae emptori traditae fuerint".*

---

[848] KASER, Das Römische Privatrecht, Das Altrömische, Das Vorklassisches und Klassisches Recht, cit., pág. 392, BIERMANN, Traditio Ficta, cit., pág. 11, RICCOBONO, "Traditio Ficta", cit., pág. 273, BURDESE, "Possesso (dir. rom.)", cit., 5., SANTOS JUSTO, Direito Privado Romano, III, cit., pág. 159.
[849] D., 41, 2, 51.
[850] KASER, Das Römische Privatrecht, Das Altrömische, Das Vorklassisches und Klassisches Recht, cit., pág. 392, BURDESE, "Possesso (dir. rom.)", cit., 5.
[851] KASER, Das Römische Privatrecht, Das Altrömische, Das Vorklassisches und Klassisches Recht, cit., pág. 392.
[852] D., 41, 2, 1, 21.

f) Coisa entregue a terceiro por ordem do credor na sua presença

Transmite a posse a coisa entregue a terceiro por ordem do credor e na sua presença[853]. O texto fundamental é o de PAULO[854], citado na alínea anterior.

IX. Uma figura envolta em grande mistério é a denominada *vacua possessio*[855]. A expressão está presente no uso linguístico romano mais antigo[856] e aparece com muita frequência em textos jurídicos e não jurídicos, como este de CÍCERO[857]: *"neque tamen hanc centuriam Populianam vacuam tradidit"*. Não obstante as repetidas menções nas fontes romanas[858], escasseia, contudo, o tratamento dogmático correspondente. E nem se pode dizer que os poucos autores que lhe dedicam alguma atenção, apesar da sua proeminência, hajam efectuado um quadro definitivo e compreensivo sobre o seu significado.

Poderemos começar por dizer, que, recorrendo a esta terminologia conceptual, *vacua possessio*, as fontes romanas parecem veicular um determinado estado possessório de uma coisa. Em todo o caso, ela parece restringir-se, contudo, a uma só espécie de coisas, nomeadamente, os imóveis[859]. As coisas móveis ficam, pois, excluídas do seu âmbito.

---

[853] BURDESE, "Possesso (dir. rom.)", cit., 5.

[854] D., 41, 2, 1, 21.

[855] A obra fundamental nesta matéria pertence a KNIEP, Vacua Possessio, Jena, 1886. O autor cita ainda sobre este tema uma obra de PHILIPPI, de vacua possessione, Lipsiae, 1718. Existem depois algumas tomadas de posição em obras gerais sobre a posse, em particular, de SAVIGNY, JHERING e BRUNS, de que se dará conta no texto.

[856] SAVIGNY, Das Recht des Besitzes, cit., pág. 189.

[857] Pro Tulio, Cap. XIII.

[858] Uma descrição detalhada destes locais encontra-se em KNIEP, Vacua Possessio, cit., pág. 9 e segs.

[859] KNIEP, Vacua Possessio, cit., pág. 9 e segs. Podem indicar-se neste sentido algumas decisões; assim, diz POMPONIO (D., 41, 2, 33): *"fundi venditor etiamsi mandaverit alicui, ut emptorem in vacuam possessionem induceret, priusquam id fieret, non recte emptor per se in possessionem veniet. Item si amicus venditoris mortuo eo, priusquam id sciret, aut non prohibentibus heredibus id fecerit, recte possessio tradita erit. Sed si id fecerit, cum sciret dominum mortuum aut cum sciret heredes id facere nolle, contra erit"*. E PAPINIANO (D. 43, 16, 18): *"cum fundum qui locaverat vendidisset, iussit emptorem in vacuam possessionem ire, quem colonus intrare prohibuit: postea emptor vi colonum expulit: de interdictis unde vi quaesitum est. Placebat colonum interdicto venditori teneri, quia nihil interesset, ipsum an alium ex voluntate eius missum intrare prohibuerit: neque enim ante omissam possessionem videri, quam si tradita fuisset emptori, quia nemo eo animo esset, ut possessionem omitteret propter emptorem, quam emptor adeptus non fuisset. Emptorem quoque, qui postea vim adhibuit, et ipsum interdicto colono teneri: non enim ab ipso, sed a venditore per vim fundum esse possessum, cui possessio esset ablata. Quaesitum est, an emptori succurri debeat, si voluntate venditoris colonum postea vi expulisset. Dixi non esse iuvandum, qui mandatum illicitum susceperit"*. Outros textos romanos são citados em KNIEP, Vacua Possessio, cit., pág. 9.

Levando ao fundo o sentido literal da expressão *vacua possessio*, verifica-se que com com ela pretende-se significar um imóvel livre da posse de alguém e, portanto, sem possuidor[860]; daí a expressão posse vazia. Estão nesta situação os imóveis negligenciados pela longa ausência do proprietário ou relativamente aos quais este não haja deixado um sucessor para depois da sua morte[861]. Explica GAIO[862]: "*fundi quoque alieni potest aliquis sine ui possessionem nancisci, quae uel ex neglegentia domini uacet, uel quia dominus sine successore decesserit uel longo tempore afuerit*".

Pontos pacíficos da compreensão do que seja a *vacua possessio* parecem ser o de que o uso da expressão não é suscitado em caso de expulsão violenta do possuidor[863] nem da ausência curta e temporária do imóvel por parte dele[864]. Outros, no entanto, permanecem abertos à discussão.

Os autores que dão atenção a esta figura não concordam com o significado que lhe deve ser atribuído, ressaltando da discussão que ele pode mesmo não ser unívoco, ou seja, haver mais de um sentido compreendido na utilização romana da expressão *vacua possessio*.

SAVIGNY[865] sustenta que *vacua possessio* quer dizer em parte a coisa sem possuidor e em parte a posse que não é exercida fisicamente e que se conserva *quae animo retinetur*. No entanto, apenas o primeiro sentido lhe é geralmente atribuído como sendo a sua posição[866]. O autor adverte, porém, que os romanos usavam igualmente a expressão num sentido semelhante, mas num contexto mais estreitamente determinado, nomeadamente, o que exprimia a tradição de um imóvel não possuído por terceiro, em particular, na compra e venda[867].

JHERING[868], por sua vez, contrariando a tese de SAVIGNY, vê como sentido da expressão a falta de continuidade do exercício de facto sobre o imó-

---

[860] KNIEP, Vacua Possessio, cit., pág. 15 e segs.

[861] Isso surge ilustrado, entre outros locais, por este passo de GAIO (D., 41, 3, 37, 1): "*fundi quoque alieni potest aliquis sine vi nancisci possessionem, quae vel ex neglegentia domini vacet vel quia dominus sine successore decesserit vel longo tempore afuerit*". Cf. igualmente KNIEP, Vacua Possessio, cit., pág. 9 e segs. e 42 e segs.

[862] Instituições, 2, 51.

[863] KNIEP, Vacua Possessio, cit., pág. 18 e segs. Isto não quer dizer, que se o imóvel fica inteiramente livre como resultado da acção violenta de alguém a situação possessória não corresponda a uma *vacua possessio* perante um terceiro. KNIEP, *idem*, sublinha aqui a relatividade do conceito.

[864] KNIEP, Vacua Possessio, cit., pág. 22 e segs.

[865] Das Rechts Des Besitzes, cit., pág. § 11, pág. 188 e seg, § 15, pág. 216 e § 43, pág. 466 e segs.

[866] Cf. BRUNS, Die Besitzklägen des römischen und heutigen Rechts, cit., pág 129.

[867] SAVIGNY, Das Rechts Des Besitzes, cit., pág. 189.

[868] Über den Grund des Besitzsschutzes, cit., pág. 120 e segs.

vel, não directamente por parte do possuidor ou de um seu representante, mas por alguém a quem a coisa estaria confiada (arrendatário, escravo) e que ao tempo se teria afastado dela, numa situação em que, apesar disso, a posse subsistiria[869]; portanto, como posse de um ausente[870].

BRUNS[871] defende um duplo sentido para expressão *vacua possessio*: por um lado, segundo este autor, ela pode traduzir a entrega da coisa livre ao adquirente por compra ou outro negócio similar; por outro, ela pode ser usada como significando a coisa livre de possuidor, "que ninguém possui", embora com proprietário, e, portanto, cuja posse um terceiro pode adquirir por "ocupação"[872].

Temos por correcta a orientação de SAVIGNY e de BRUNS, de acordo com os quais, a *vacua possessio* designa, em princípio, a situação de um imóvel sem possuidor. Não se trata, pois, nesta acepção da expressão, de um qualquer facto aquisitivo da posse, mas do estado da coisa sobre a qual nenhuma posse se exerce[873]. No entanto, por estar livre a coisa, sem possuidor, ela pode ser ocupada por terceiro, o que, mesmo nesta acepção, liga a figura da *vacua possessio* à aquisição da posse[874], uma aquisição originária.

É inequívoco, todavia, que as fontes exprimem um outro sentido, mais preciso e circunscrito para a locução *vacua possessio*, à qual normalmente, nesta acepção, se adiciona um verbo, como veremos. Este segundo sentido, a que aludem já SAVIGNY[875] e BRUNS[876][877], liga a expressão à transmissão da posse operada com a celebração da compra e venda ou outro negócio jurídico translativo: é a *vacuae possessionis traditio*, versada na obra fundamental de ESMARCH[878].

---

[869] Esta última parte assume importância defronte do regime do interdito *unde vi*, para se saber se o regime deste tutela a posse do possuidor em caso da ocupação do imóvel por terceiro.
[870] Veja-se também BRUNS, Die Besitzklägen des römischen und heutigen Rechts, cit., pág 121.
[871] Die Besitzklägen des römischen und heutigen Rechts, cit., pág. 121 e segs., em especial, pág. 129 e seg.
[872] BRUNS, Die Besitzklägen des römischen und heutigen Rechts, cit., pág. 129 e segs.
[873] Em termos puramente possessórios, afigura-se indiferente se o imóvel tem proprietário ou não. Em qualquer dos casos, a coisa pode ser objecto de apossamento por terceiro, estando a tutela possessória excluída. Naturalmente, não estando a propriedade extinta, o proprietário poderá vir a reivindicar a coisa, recuperando-a por esta via.
[874] BRUNS, Die Besitzklägen des römischen und heutigen Rechts, cit., pág. 129.
[875] SAVIGNY, Das Rechts Des Besitzes, cit., pág. 189.
[876] BRUNS, Die Besitzklägen des römischen und heutigen Rechts, cit., pág. 129.
[877] Veja-se também BERGER, Encyclopedic dictionary of Roman Law (Vacua possessio), Vol. 43, cit., pág. 757.
[878] Vacuae Possessionis Traditio, Eine Civilistische Untersuchung, Prag, 1873.

Este outro sentido, ou se quisermos a *vacuae possessionis traditio*, não consubstancia verdadeiramente um acto de entrega, como sucede vulgarmente com a *traditio*, mas sim um acto jurídico[879], mais precisamente, uma convenção ou cláusula negocial inserta num contrato de compra e venda ou negócio jurídico similar (doação, por exemplo)[880], pela qual o transmitente, como possuidor, se obriga a colocar o adquirente no controlo da coisa, livre da sua interferência ou da de terceiro. Esta obrigação encerra um conteúdo diverso do próprio acto de *traditio rei*, da entrega física da coisa[881]e, por isso, não pode ser confundida com ela[882]. Conforme explica ESMARCH[883], a *vacuae possessionis traditio* significa algo inteiramente diferente da mera entrega ou disponibilização corpórea da coisa.

As alusões nas fontes são várias. Citamos as mais impressivas em matéria de aquisição da posse[884]. Assim, declara POMPONIO[885]: "*fundi venditor etiamsi mandaverit alicui, ut emptorem in vacuam possessionem induceret, priusquam id fieret, non recte emptor per se in possessionem venie*"; PAPINIANO[886]: "*cum fundum qui locaverat vendidisset, iussit emptorem in vacuam possessionem ire, quem colonus intrare prohibuit: postea emptor vi colonum expulit: de interdictis unde vi quaesitum est. Placebat colonum interdicto venditori teneri, quia nihil interesset, ipsum an alium ex voluntate eius missum intrare prohibuerit: neque enim ante omissam possessionem videri, quam si tradita fuisset emptori, quia nemo eo animo esset, ut possessionem omitteret propter emptorem, quam emptor adeptus non fuisset. Emptorem quoque, qui postea vim adhibuit, et ipsum interdicto colono teneri: non enim ab ipso, sed a venditore per vim fundum esse possessum, cui possessio esset ablata. Quaesitum est, an emptori succurri debeat, si voluntate venditoris colonum postea vi expulisset. Dixi non esse iuvandum, qui mandatum illicitum susceperit*".

As expressões *vacuam possessionem tradere, in vacuam possessionem inducere, in vacuam possessionem ire* são usadas nas fontes romanas em sinonímia. Os verbos *mittere, inducere, ire jubere* surgem, pois, como sucedâneos na exteriorização da mesma realidade jurídica: o da obrigação que o transmitente

---

[879] ESMARCH, Vacuae Possessionis Traditio, cit., pág. 18.
[880] SAVIGNY, Das Rechts Des Besitzes, cit., pág. 189.
[881] ESMARCH, Vacuae Possessionis Traditio, cit., pág. 21.
[882] ESMARCH, Vacuae Possessionis Traditio, cit., §§ 2, 3, 4.
[883] Vacuae Possessionis Traditio, cit., pág. 32.
[884] Para uma listagem mais detalhada, cf. ESMARCH, Vacuae Possessionis Traditio, cit., pág. 18 e segs. e BONFANTE, Corso Di Diritto Romano, III, cit., pág. 297, nota 1.
[885] D., 41, 2, 33.
[886] D., 43, 16, 18.

(vendedor, doador, etc.) assume defronte do adquirente de passar a coisa livre, sem a presença de qualquer outro possuidor ou detentor.

A questão fundamental levantada nos casos de *vacuae possessionis traditio* consiste em saber se a aquisição da posse ocorre por tradição ou pelo apossamento (*occupatio*) da coisa. A qualificação não se afigura completamente indiferente, ainda que em ambos os casos exista uma aquisição da posse, porquanto a eficácia da transmissão do direito pode depender de um acto verdadeiro de tradição.

À primeira vista, se o possuidor abandona a coisa para que o seu contraente se venha a instalar nela, parece haver uma renúncia à posse (*derelictio*) seguida de uma tomada de posse pelo segundo[887]. Isto não se afigura suficiente, todavia, para que se possa falar num apossamento (*occupatio*) gerador de uma aquisição originária da posse.

Na verdade, nem o antigo possuidor se limita a abandonar a coisa, renunciando à sua posse, nem o novo se apodera simplesmente de uma coisa livre e espontaneamente abandonada. Com efeito, tendo pactuado a *vacuae possessionis traditio*, o possuidor cumpre a sua obrigação deixando a coisa livre para que o adquirente possa iniciar o exercício do seu direito sem qualquer obstáculo representado pela posse ou detenção de quem quer que seja. Ao fazê-lo, colabora voluntariamente com este último para que ele fique investido no domínio corpóreo da coisa. Nada disto sucede com a vulgar *occupatio*, na qual alguém espontaneamente se apodera de uma coisa aparentemente sem possuidor.

Na medida, porém, em que não tem lugar um acto de entrega material da coisa, poder-se-á ainda assim falar de *traditio*?

Conforme vimos anteriormente, a tradição sofreu uma crescente imaterialização durante a época clássica com a admissão de figuras como a *traditio longa manu* e a *traditio brevi manu*, em que se prescinde da entrega física. Não custa aceitar, pois, que a disponibilização física da coisa para o ingresso do novo possuidor, que aparenta ser em tudo uma cedência, requerendo sempre um acto de colaboração voluntária do possuidor anterior, possa valer como uma verdadeira tradição[888] ou, pelo menos, um acto equivalente, uma *quasi traditio*[889].

---

[887] BONFANTE, Corso Di Diritto Romano, III, cit., pág. 297.
[888] Neste sentido, que julgamos inteiramente correcto, BRUNS, Die Besitzklägen des römischen und heutigen Rechts, cit., pág. 129 e, se bem entendemos, ESMARCH, Vacuae Possessionis Traditio, cit.
[889] BONFANTE, Corso Di Diritto Romano, III, cit., pág. 297.

Afinal de contas, *in vacuam possessionem inducere* ou *in vacuam possessionem ire* significa conduzir alguém à posse de outrem. Se possuidor actual pretende que o seu contraente ingresse na posse da coisa e para isso a deixa livre, dificilmente esta actuação pode não implicar uma entrega da coisa e decerto os juristas romanos, pelo menos, os pós-clássicos, assim o entendem.

X. A posse de uma coisa pode ser adquirida por pessoas livres, com capacidade jurídica plena, nomeadamente, pelo *paterfamilias*, independentemente do regime jurídico particular a que aquela esteja sujeita quanto ao modo de aquisição do domínio. Por conseguinte, cada pessoa pode adquirir a posse de uma coisa para si, sem outras restrições que não sejam as que decorrem do regime jurídico a que ela se encontra sujeita. Por exemplo, as coisas fora do comércio não podem ser objecto de posse, o que significa que mesmo uma pessoa livre não pode adquirir posse sobre elas.

Se a aquisição directa da posse pelo próprio não levanta dificuldades, a intervenção de outras pessoas nessa aquisição implica problemas particulares. Podemos distinguir dois grandes grupos: por um lado, o das pessoas que estão debaixo do poder jurídico de outra, os escravos, objecto de *dominium* do *paterfamilias*, e os *filiifamilias*, sujeitos à sua *potestas*, e, por outro, os estranhos, pessoas livres que actuam sobre a coisa no interesse doutra. Neste último grupo, encontramos, pois, os casos de representação na posse ou de intermediário na aquisição da mesma, se não nos quisermos comprometer com uma qualificação jurídica da situação.

Os escravos e os *filiifamilias* podem criar com a sua actuação uma aquisição da posse a favor do *paterfamilias*[890]. Uns e outros, por falta de capacidade jurídica, não podem adquirir direitos. E se a posse, ao menos durante a época clássica, constitui *res facti*, ela produz efeitos jurídicos, estando igualmente excluída da sua capacidade.

Nem escravos nem *filiifamilias* podem adquirir a posse de coisas para si. O seu agir, no entanto, se satisfeitos os pressupostos de aquisição respectivos, é susceptível de gerar uma posse a favor daquele do qual dependem juridicamente. O escravo ou o dependente do *paterfamilias* funcionam aqui

---

[890] As referências bibliográficas são abundantes; por nós, sugerimos a consulta de BENÖHR, Der Besitzerwerb durch Gewaltabhängige im klassischen römischen Recht, cit., pág. 18 e segs. e 83 e segs., KLINCK, Erwerb durch Übergabe an Dritte nach klassischen römischen Recht, cit., pág. 45 e segs. BONFANTE, Corso Di Diritto Romano, III, cit., pág. 334 e segs., ALBERTARIO, Un interessante testo di Giavoleno, in Studi Di Diritto Romano, cit., pág. 299 e segs.

como um instrumento deste na aquisição da posse[891], exercendo o domínio físico da coisa correspondente à *naturalis possessio* ou *possidere corpore*.

PAULO[892] fundamenta teoricamente esta situação: "*possessionem adquirimus et animo et corpore: animo utique nostro, corpore vel nostro vel alieno*". A apreensão material da coisa, a *naturalis possessio*, pode ocorrer através do escravo ou do *filius família*; o *animus possidendi*, contrariamente, e segundo PAULO, pertence sempre ao possuidor, portanto, ao senhor por conta do qual actuam escravos e *filiifamilias*[893]. Contando que pressupostos gerais da posse estejam presentes[894], a aquisição da posse tem-se por consumada a favor do *paterfamilias* por meio da actuação dos seus escravos e dependentes[895].

O Direito romano admite, pois, que o *paterfamilias* adquira posse mediante os seus escravos e os *filiifamilias* submetidos à sua *potestas*[896]. A confirmação aparece em numerosos pontos do Digesto. Citamos dois dos mais importantes, por ordem cronológica dos juristas correspondentes. Segundo PAPIANO[897]: "*quaesitum est, cur ex peculii causa per servum ignorantibus possessio quaereretur. Dixi utilitatis causa iure singulari receptum, ne cogerentur domini per momenta species et causas peculiorum inquirere. Nec tamen eo pertinere speciem istam, ut animo videatur adquiri possessio: nam si non ex causa peculiari quaeratur aliquid, scientiam quidem domini esse necessariam, sed corpore servi quaeri possessionem*". Por sua vez, diz PAULO[898]: "*item adquirimus possessionem per servum aut filium, qui in potestate est, et quidem earum rerum, quas peculiariter tenent, etiam ignorantes, sicut Sabino et Cassio et Iuliano placuit, quia nostra voluntate intellegantur possidere, qui eis peculium habere permiserimus. Igitur ex causa peculiari et infans et furiosus adquirunt possessionem et usucapiunt, et heres, si hereditarius servus emat*".

---

[891] KLINCK, Erwerb durch Übergabe an Dritte nach klassischen römischen Recht, cit., pág. 75.

[892] Sententiae, 5, 2, 1.

[893] Isto não quer dizer, que o escravo adquire sempre a *possessio* para o seu senhor. Pode tal não acontecer, por exemplo, quando ele age em nome de outra pessoa ou no contexto particular da fuga (*servus fugitivus*). Pela sua especificidade, não desenvolveremos o tema.

[894] KLINCK, Erwerb durch Übergabe an Dritte nach klassischen römischen Recht, cit., pág. 75 e seg.

[895] Veja-se, porém, o que dissemos na penúltima nota.

[896] Para as doutrinas sobre a fundamentação desta aquisição, cf. BENÖHR, Der Besitzerwerb durch Gewaltabhängige im klassischen römischen Recht, cit., pág. 18 e segs. Neste tema, cf., igualmente, KLINCK, Erwerb durch Übergabe an Dritte nach klassischen römischen Recht, cit., pág. 40 e segs.

[897] D. 41, 2, 44, 1.

[898] D. 41, 2, 1, 5.

A aquisição da posse pelo escravo ou pelo *filiusfamilias* suscita, todavia, um problema ulterior. Para que ela se dê, basta o estado de servidão, de dependência, do agente ou são necessários outros requisitos[899], para além do *animo et corpore*? Esta questão afigura-se altamente controvertida nos romanistas, tendo conduzido ao surgimento de várias posições diferenciadas[900]. Está em causa, nomeadamente, saber se o *paterfamilias* deve conhecer os actos praticados pelo escravo ou dependente, portanto, a relevância do conhecimento do primeiro para a aquisição da posse. Adquire a posse o *paterfamilias* que não conhece a actuação do seu escravo ou dependente?

Em vários passos do Digesto, o problema discute-se frequentemente tendo por pano de fundo o pecúlio castrense do escravo. Neles dá-se por assente que o senhor tem a posse das coisas adquiridas pelo escravo para o seu *peculium* ainda que ignore essa aquisição, contanto que haja autorizado a criação do *peculium*. PAULO[901] afirma convictamente: *"item adquirimus possessionem per servum aut filium, qui in potestate est, et quidem earum rerum, quas peculiariter tenent, etiam ignorantes (...)"*.

No entanto, outros trechos das fontes sobre esta matéria omitem qualquer menção a uma actuação *peculium nomine* ou *ex peculiaris causa*, lançando a dúvida sobre se a necessidade de conhecimento se põe nos limites da actuação *ex peculiaris causa* ou se dele se prescinde em todos os casos, mesmo, por conseguinte, quando o escravo age *extra causa peculiarem, ex omni causa*, para senhor *etiam ignoranti*[902]. ULPIANO[903] diz: *"servus quoque meus ignoranti mihi adquiret possessionem. Nam et servus alienus, ut Celsus scribit, sive a me sive a nemine possideatur, potest mihi adquirere possessionem, si nomine meo eam adipiscatur: quod et ipsum admittendum est"*. No tocante aos actos praticados pelo escravo sem ser *ex peculiari causa*, pode o senhor adquirir a posse desconhecendo os mesmos?

---

[899] Para a colocação do problema, cf. BENÖHR, Der Besitzerwerb durch Gewaltabhängige im klassischen römischen Recht, cit., pág. 83 e segs. e também KLINCK, Erwerb durch Übergabe an Dritte nach klassischen römischen Recht, cit., pág. 45 e segs.

[900] Para o cenário geral, cf. BONFANTE, Corso Di Diritto Romano, III, cit., pág. 334 e segs., BENÖHR, Der Besitzerwerb durch Gewaltabhängige im klassischen römischen Recht, cit., pág. 83 e segs. e KLINCK, Erwerb durch Übergabe an Dritte nach klassischen römischen Recht, cit., pág. 45 e segs.

[901] D. 41, 2, 1, 5.

[902] BONFANTE, Corso Di Diritto Romano, III, cit., pág. 335. Veja-se também BENÖHR, Der Besitzerwerb durch Gewaltabhängige im klassischen römischen Recht, cit., pág. 83.

[903] D. 41, 2, 34, 2.

Uma primeira posição nesta polémica vem atribuída a Cujácio[904], na sequência dos ensinamentos de Acúrsio. De acordo com aquele humanista francês do século XVI, o conhecimento seria importante apenas em sede de usucapião. O dono do escravo adquire sempre a posse por acção deste, ainda que a desconheça, mas somente pode beneficiar da usucapião se conhecer a posse ou a aquisição haja tido lugar para o *peculium*[905]. Neste modo de ver, apenas a usucapião, não a aquisição da posse, depende do conhecimento do senhor ou de se tratar de uma acção *ex causa peculiari*.

Uma segunda doutrina foi desenvolvida no séc. XIX e tornou-se maioritária com a pandectística[906]. A aquisição de posse por escravo (ou *filiusfamilia*) requer o conhecimento do *dominus*. Porém, tratando-se de coisa integrante do *peculium* do escravo, prescinde-se do conhecimento dele[907]. Vários textos de Paulo no Digesto[908] sugerem este sentido, bem como outros de Juliano, Pomponio, Javoleno, Trifonio e Ulpiano[909]. Paulo[910], aliás, no Livro 41, 2, 1, 5 do Digesto, invoca a favor da opinião por si emitida a autoridade de outros juristas, nomeadamente, de Sabino, Cassiano e Juliano, para fundamentar a sua doutrina. Isto inculca, à primeira vista, a ideia de que o ponto poderia ser controverso entre os juristas romanos clássicos.

Seja como for, transparece do texto anteriormente citado de Papiniano[911], que a solução de admitir a posse do dono ignorante dos actos do escravo constitui *ius singulare* (*"quaesitum est, cur ex peculii causa per servum ignoranti-*

---

[904] Na sua anotação ao Título II do Lib. XLI Digest., ad § 5 item.

[905] Cf. a propósito Benöhr, Der Besitzerwerb durch Gewaltabhängige im klassischen römischen Recht, cit., pág. 85, Klinck, Erwerb durch Übergabe an Dritte nach klassischen römischen Recht, cit., pág. 46, Bonfante, Corso Di Diritto Romano, III, cit., pág. 336.

[906] Kniep, Vacua Possessio, cit., pág. 210 e segs., Dernburg, Pandekten, cit., pág. 26 e seg., Ferrini, Manuale Di Pandette, cit., pág., cit., pág. 323 e segs. Mais bibliografia pode ser vista em Benöhr, Der Besitzerwerb durch Gewaltabhängige im klassischen römischen Recht, cit., pág. 84, nota 4.

[907] Benöhr, Der Besitzerwerb durch Gewaltabhängige im klassischen römischen Recht, cit., pág. 20 e segs., Mayer-Maly, Römisches Recht, cit., pág. 58, Albertario, Un interessante testo di Giavoleno, in Studi Di Diritto Romano, cit., pág. 302 e segs. Embora sem desenvolvimento, cf.

[908] Solazzi, Di alcuni punti controversi nella dottrina romana dell'acquisto del possesso per mezzo di rappresentanti, cit., pág. 295 e segs. conta sete, enquanto Bonfante, Corso Di Diritto Romano, III, cit., pág. Corso Di Diritto Romano, III, cit., pág. 340 precisa serem oito.

[909] Uma análise a esses textos pode ser vista em Bonfante, Corso Di Diritto Romano, III, cit., pág. 340 e segs.

[910] D. 41, 2, 1, 5.

[911] D. 41, 2, 44, 1.

bus possessio quaereretur. Dixi utilitatis causa iure singulari receptum, ne cogerentur domini per momenta species et causas peculiorum inquirere"). O que não surpreende, na medida em que, nesta hipótese, ambos os elementos da posse, incluindo o *animus possidendi*, verificam-se no escravo[912], contra a doutrina de que o *animus* deve existir no possuidor (o senhor), embora PAULO[913] cite a doutrina sabiniana, nos termos da qual, um elemento voluntário geral residiria ainda na permissão dada pelo *paterfamilias* à constituição do *peculium*[914].

Uma terceira posição encontra-se num estudo de DE FRANCISCI[915]. Segundo este autor, o facto de algumas fontes exigirem a ligação da actuação do escravo ao *peculium* enquanto outras a omitem deve-se à intervenção dos compiladores, os quais teriam suprimido dos textos originais clássicos as frases com menções ao pecúlio, interpolando-os, com o propósito de vincar o novo Direito, que prescinde do conhecimento do *dominus* do escravo para a aquisição da posse pelo primeiro, mesmo, portanto, para actos exteriores e fora do âmbito do pecúlio castrense. Seguindo DE FRANCISCI, indicam-se, principalmente, RICCOBONO[916], ALBERTARIO[917], ROTONDI[918], BURDESE[919] e GORDON[920-922].

---

[912] Cf., por exemplo, KASER, Das Römische Privatrecht, Das Altrömische, Das Vorklassisches und Klassisches Recht, cit., pág. 393, KLINCK, Erwerb durch Übergabe an Dritte nach klassischen römischen Recht, cit., pág. 48 e seg., ROTONDI, "Possessio quae animo retinetur – Contributo alla dottrina classica e postclassica del possesso e dell'animus possidendi", cit., pág. 215, BURDESE, "In tema di animus possidendi", cit., pág. 524, BUCKLAND, A Text-Book of Roman Law, cit., pág. 200.

[913] D. 41, 2, 1, 5. Noutro local o mesmo PAULO menciona POMPONIO num texto em que fica claro que o *animus* pertence ao escravo quando a aquisição se dá *ex peculiaris causa*: "*Pomponius quoque in his, quae nomine domini possideantur, domini potius quam servi voluntatem spectandam ait: quod si peculiari, tunc mentem servi quaerendam. Et si servus mala fide possideat eaque dominus nanctus sit, ut suo nomine possideat, adempto puta peculio, dicendum est, ut eadem causa sit possessionis et ideo usucapio ei non magis procedat*". Mais clara, todavia, é a afirmação contida em D. 41, 2, 3, 12: "*ceterum animo nostro, corpore etiam alieno possidemus, sicut diximus per colonum et servum, nec movere nos debet, quod quasdam etiam ignorantes possidemus, id est quas servi peculiariter paraverunt: nam videmur eas eorundem et animo et corpore possidere*".

[914] Na doutrina, pode consultar-se com proveito KLINCK, Erwerb durch Übergabe an Dritte nach klassischen römischen Recht, cit., pág. 50 e seg.

[915] "Sull'acquisto dell possesso per mezzo dello schiavo", RIL 40, 1907, pág. 1002 e segs.

[916] "Zur Terminologie der Besitzverhältnisse", cit., pág. 357.

[917] Un interessante testo di Giavoleno, cit., pág. 302 e segs.

[918] "Possessio quae animo retinetur – Contributo alla dottrina classica e postclassica del possesso e dell'animus possidendi", cit., pág. 108 e seg.

[919] "In tema di animus possidendi", cit., pág. 519 e segs.

[920] "Acquisition Of Ownership By Traditio And Acquisition Of Possession", RIDA, 1965, pág. 270 e segs.

Uma posição não inteiramente oposta à anterior, mas com algumas precisões, que a tornam diferente, é a de SOLAZZI[922]. Este autor interpreta alguns trechos das fontes, em particular, de ULPIANO, para defender que mesmo no Direito clássico a aquisição da posse pelo escravo a favor de senhor ignorante teria excedido o âmbito do pecúlio castrense em algumas hipóteses, nomeadamente, a do *infans*, do *furiosus*, da herança jacente, do *postliminio reversus* e dos *municipes*[923]. Em todos estes casos, o escravo adquiriria a posse para o seu senhor, independentemente do conhecimento deste e da ligação ao *peculium*.

Com um entendimento diametralmente oposto às teses anteriores, BESELER[924] sustenta que na época clássica o senhor adquire a posse através da actuação dos dependentes e dos escravos ainda que não tome conhecimento da aquisição, dê-se esta no interesse do *peculium* ou não. Segundo o autor, somente no Direito justinianeu se teria limitado a aquisição por senhor ignorante aos actos praticados *ex peculiarii causa* ou *in peculium nomine*. Portanto, de acordo com BESELER, durante a época clássica a acção dos escravos (e *fillifamilias*) seria sempre de molde a fazer o senhor ignorante beneficiar da aquisição da posse (contando que os requisitos respectivos estivem cumpridos), houvesse ou não uma ligação ao *peculium*, ou seja, ainda que o escravo ou dependente actuasse *ex omni causa*. Seguidores desta doutrina são SCHULZ[925] e NICOSIA[926].

Finalmente, em tempo mais recente, BENÖHR[927] veio defender que o senhor ignorante somente adquire a posse em relação aos actos praticados a favor do *peculium* e isto tanto na época clássica como no Direito justinianeu.

---

[921] Outros autores tributários desta posição, nomeadamente, FUENTESECA e DI LELLA podem ser ainda conferidos em BENÖHR, Der Besitzerwerb durch Gewaltabhängige im klassischen römischen Recht, cit., pág. 84.
[922] Di alcuni punti controversi nella dottrina romana dell'acquisto del possesso per mezzo di rappresentanti, Scritti Di Diritto Romano, Vol. 1, Napoli, 1972, pág. 295 e segs.
[923] Di alcuni punti controversi nella dottrina romana dell'acquisto del possesso per mezzo di rappresentanti, cit., 13., pág. 345 e segs.
[924] Beiträge, IV, cit., pág. 61 e segs.
[925] Derecho Romano Clásico, cit., pág. 418 e seg.
[926] L'acquisto del possesso mediante i «Potestati subiecti», Milano, 1960, pág. 88 e segs. Para a crítica aos argumentos de NICOSIA, pode ver-se BURDESE, "In tema di animus possidendi", cit., pág. 519 e segs.
[927] Der Besitzerwerb durch Gewaltabhängige im klassischen römischen Recht, cit., pág. 151 e segs.

Pronunciando-nos sobre o tema, diremos que o senhor adquire a posse das coisas cuja apreensão material pelo escravo ou dependente, o *possidere corpore* ou *naturalis possessio*, é do seu conhecimento. Trata-se de um ponto pacífico. O escravo ou o *filiusfamilia* concretiza o controlo material da coisa como um instrumento do poder do senhor, cujo conhecimento fornece o *animus possidendi* necessário à aquisição da posse.

Problemática afigura-se a hipótese de desconhecimento do senhor relativamente aos actos dos seus escravos e dependentes. A variedade de posições sobre este tema resulta em larga parte das diversas flutuações das fontes, umas que referem a actuação *ex peculiaris causa* ou *in peculium nomine*, outras que não o fazem, para além das suspeitas de interpolação levadas a cabo pelos compiladores em algumas delas. Não custa admitir, porém, que os juristas se encontrassem divididos e também aqui se notasse uma oposição de escolas, com PAULO a seguir a doutrina da escola sabiniana, ele que cita SABINO num dos mais importantes textos constantes das fontes (D. 41, 2, 1, 5.), e ULPIANO mais próximo da escola proculeiana.

Pouco verosímil parece ser a interpretação de BESELER. Uma boa parte dos textos clássicos nesta matéria dá nota da actuação do escravo *ex peculiaris causa*, delimitando a aquisição da posse de senhor ignorante aos casos em que a actuação do escravo se processa para o *peculium*. O facto de alguns passos do Digesto não mencionarem a actuação do escravo a favor do pecúlio castrense não conduz necessariamente à irrelevância do conhecimento do senhor para a aquisição da posse nem apaga o significado dos outros locais onde essa ligação ao *peculium* surge afirmada.

Seja como for, na passagem para o Direito justinianeu ocorre uma decidida escolha da solução favorável à quebra da ligação entre o conhecimento do senhor e a actuação para o *peculium*[928]. O senhor adquire a posse das coisas que o escravo tenha obtido *corpore et animo*, não relevando o seu conhecimento dessa aquisição; portanto, a aquisição da posse ocorre mesmo que o senhor ignore a actuação do escravo (*etiam ignoranti*).

A aquisição da posse pelos escravos ou dependentes (*fillifamilia*) representa para todos os efeitos uma hipótese de aquisição directa pelo próprio

---

[928] Neste sentido, cf. DE FRANCISCI, "Sull'acquisto dell possesso por mezzo dello schiavo", cit., pág. 1002 e segs., ALBERTARIO, Un interessante testo di Giavoleno, in Studi Di Diritto Romano, cit., pág. 302 e segs. Inclina-se igualmente neste sentido BONFANTE, Corso Di Diritto Romano, III, cit., pág. 329 e segs. Contra, porém, BENÖHR, Der Besitzerwerb durch Gewaltabhängige im klassischen römischen Recht, cit., pág. 151 e segs., segundo o qual, mesmo no Direito pós-clássico se teria continuado a exigir a ligação ao *peculium* ou o conhecimento do senhor.

senhor[929], realizada com a ajuda daqueles, e surge justificada nas fontes por razões práticas (*utilitatis causa*). E não obsta a esta conclusão o facto de, havendo ignorância do *paterfamilias*, ambos os elementos da posse se verificarem no escravo ou dependente, como reconhece PAULO[930]: *"ceterum animo nostro, corpore etiam alieno possidemus, sicut diximus per colonum et servum, nec movere nos debet, quod quasdam etiam ignorantes possidemus, id est quas servi peculiariter paraverunt: nam videmur eas eorundem et animo et corpore possidere"*[931]. PAPIANO[932], aliás, deixa explícita a natureza excepcional da regra, que contraria o princípio firmado, segundo qual, o *animus possidendi* reside no possuidor[933].

Se a aquisição da posse por uma pessoa livre não suscita dúvidas, a intervenção de estranhos que não o próprio nessa aquisição gera dificuldades[934], conhecida como é a aversão do Direito romano a admitir a representação[935]. A formulação romana mais antiga esclarece: *"per extraneam personam nihil adquiri potest"*[936-937]. Esta máxima foi alargada à posse, de modo a excluir, ao

---

[929] Contra, BONFANTE, Corso Di Diritto Romano, III, cit., pág. 334, o qual afirma que, neste caso, o escravo e o *filiusfamilias*, que fornecem o tanto a *possessio corpore* como o *animus possidendi*, agem como verdadeiros representantes.

[930] D. 41, 2, 3, 12.

[931] Sobre o ponto, cf. ainda KLINCK, Erwerb durch Übergabe an Dritte nach klassischen römischen Recht, cit., pág. 48 e segs.

[932] D. 41, 2, 44, 1.

[933] Sobre este ponto específico, veja-se HAUSMANINGER/SELB, Römisches Privatrecht, cit., pág. 132.

[934] Cf., especificamente, KLINCK, Erwerb durch Übergabe an Dritte nach klassischen römischen Recht, cit., pág. 189 e segs., BREMER, "Beiträge zur der Lehre von dem Besitzerwerbe durch einen Stellvertreter", Zeitschrift für Civilrecht und Prozeß, Band 11, 1854, pág. 211 e segs., "Besitzerwerb durch einen procurator omnium bonorum", Zeitschrift für Civilrecht und Prozeß, Band 17, 1860, pág. 193 e segs. e "Beitrag zur Lehre von dem Besitzerwerbe durch einen Stellvertreter – Unterschied zwischen dem Besitzerwerbe durch einen Stellvertreter und dem Besitzerwerbe mittelst Tradition von Seiten einer Mittelsperson", Zeitschrift für Civilrecht und Prozeß, Band 20, 1863, pág. 25 e segs., VIKTOR BRUNS, Besitzerwerb durch Interessenvertreter, Tübingen, 1910, pág. 10 e segs., SOLAZZI, "Di alcuni punti controversi nella dottrina romana dell'acquisto del possesso per mezzo di rappresentanti", cit., pág. 295 e segs., LEWALD, na recensão a SIRO SOLLAZI, em Zeitschrift der Savigny-Stiftung für Rechtsgeschichte / Romanistische Abteilung., Band 34, 1913, pág. 449 e segs., WATSON, Acquisition Of Possession per Extraneam Personam, in Studies in Roman Private Law, cit., pág. 63 e segs.

[935] MITTEIS, Die Lehre von der Stellvertretung nach römischem Recht mit Berücksichtigung des österreichischen, Aalen, 1962, pág. 9 e segs. Em matéria de representação na aquisição da posse, cf. pág. 51 e segs.

[936] SANTOS JUSTO, Direito Privado Romano, III, cit., pág. 160.

[937] Em vários locais do Digesto aparece a expressão *per liberam personam* em vez de *per extraneam personam*. A primeira não tem, porém, origem clássica e terá sido introduzida posteriormente.

menos inicialmente, a aquisição da posse por estranhos, que não, portanto, o próprio *pater familias*.

No Direito romano antigo e decerto durante uma larga parte da época clássica, a aquisição da posse por meio de representante está, assim excluída[938]. Essa aquisição confina-se ao produto da acção directa do próprio, embora o alcance disto fique, em larga, parte mitigado pela intervenção dos escravos e *filiifamilias* a favor do senhor, conforme vimos antes. Dentro desta orientação, afirma Javoleno[939]: "*item quaero, si vinxero liberum hominem ita, ut eum possideam, an omnia, quae is <si> possidebat, ego possideam per illum. Respondit: si vinxeris hominem liberum, eum te possidere non puto: quod cum ita se habeat, multo minus per illum res eius a te possidebuntur: neque enim rerum natura recipit, ut per eum aliquid possidere possimus, quem civiliter in mea potestate non habeo*".

Também neste como noutros temas o confronto das escolas proculeiana e sabiniana gera um choque de posições[940]. Nerazio[941], um proculeiano, exterioriza uma opinião contrária a Javoleno no seguinte trecho: "*si rem subreptam mihi procurator meus adprehendit, quamvis per procuratorem possessionem apisci nos iam fere conveniat, nihilo magis eam in potestatem meam redisse usuque capi*

Cf. a propósito Bonfante, Corso Di Diritto Romano, III, cit., pág. 356.

[938] Kniep, Vacua Possessio, cit., pág. 210 e segs. aponta como prova desta solução a opinião de Labeão, citado por Javoleno em D. 41, 2, 51: "*quarundam rerum animo possessionem apisci nos ait Labeo: veluti si acervum lignorum emero et eum venditor tollere me iusserit, simul atque custodiam posuissem, traditus mihi videtur. Idem iuris esse vino vendito, cum universae amphorae vini simul essentientiarum sed videamus, inquit, ne haec ipsa corporis traditio sit, quia nihil interest, utrum mihi an et cuilibet iusserim custodia tradatur. In eo puto hanc quaestionem consistere, an, etiamsi corpore acervus aut amphorae adprehensae non sunt, nihilo minus traditae videantur: nihil video interesse, utrum ipse acervum an mandato meo aliquis custodiat: utrubique animi quodam genere possessio erit aestimanda*". A entrega de ânforas de vinho a alguém encarregado pelo comprador de as receber do vendedor, é explicado por Labeão como uma hipótese de aquisição de posse *solo animo*, pelo *animus*. Javoleno discorda, argumentando com a apreensão corpórea da coisa, mas em lado nenhum se menciona a representação da pessoa encarregue de receber a coisa do vendedor a favor do comprador. Sobre isto, veja-se Kniep, Vacua Possessio, cit., pág. 210 e seg.

[939] D. 41, 2, 23, 2.

[940] Sobre isto, cf. Klinck, Erwerb durch Übergabe an Dritte nach klassischen römischen Recht, cit., pág. 206 e segs.

[941] D. 41, 3, 41. Outro texto usualmente citado é o que se encontra em D. 41, 1, 13: "*si procurator rem mihi emerit ex mandato meo eique sit tradita meo nomine, dominium mihi, id est proprietas adquiritur etiam ignoranti*". Não se menciona aqui a aquisição da posse por acção do procurador; em causa está a aquisição da propriedade. Simplesmente esta dá-se pela *traditio*, ou seja, por meio da entrega da coisa, o que implica a posse. Implicitamente, Nerazio exprime uma opinião favorável à aquisição da posse por meio de procurador.

posse existimandum est, quia contra statui captiosum erit". Segundo este jurista romano, o procurador pode adquirir a posse para o seu representado[942].

A regra, segunda a qual, a aquisição da posse não pode ter lugar por intervenção de um terceiro estranho (que não escravo ou *filiusfamilia*) é dada como controvertida no século II d.C. por GAIO[943], portanto, ainda durante a época clássica. O autor dá conta da disputa doutrinal nas suas Instituições[944], evidenciando, deste modo, que a questão estava aberta no momento em que escrevia.

Uma constituição do Imperador Severo[945] clarifica a questão, perfilhando a perspectiva proculeiana: *"per liberam personam ignoranti quoque adquiri possessionem et, postquam scientia intervenerit, usucapionis condicionem inchoarim posse tam ratione utilitatis quam iuris pridem receptum est"*.

Ao tempo de ULPIANO e de PAULO a solução estabelecida já era a da possibilidade de a posse poder ser adquirida por pessoa livre a favor de outra[946]. PAULO[947] diz: *"per liberas personas, quae in potestate nostra non sunt, adquiri nobis nihil potest. Sed per procuratorem adquiri nobis possessionem posse utilitatis causa receptum est. Absente autem domino comparata non aliter et, quam si rata sit, quaeritur"*. PAULO começa por proclamar a regra que nega a aquisição de direitos por pessoa livre a favor de outra, por conseguinte a aquisição por representante, enunciando de seguida a excepção relativamente à posse, que justifica *utilitatis causa receptum*[948]. Isto demonstra justamente que no

---

[942] Na doutrina, com desenvolvimento e análise de outros textos de NERAZIO, veja-se KLINCK, Erwerb durch Übergabe an Dritte nach klassischen römischen Recht, cit., pág. 200 e segs.

[943] Entre outros, cf. SANTOS JUSTO, Direito Privado Romano, III, cit., pág. 161, KLINCK, Erwerb durch Übergabe an Dritte nach klassischen römischen Recht, cit., pág. 194 e segs., especialmente, pág. 206 e segs., KASER, Das Römische Privatrecht, Das Altrömische, Das Vorklassisches und Klassisches Recht, cit., pág. 393, SCHULZ, Derecho Romano Clásico, cit., pág. 419, BONFANTE, Corso Di Diritto Romano, III, cit., pág. 357, BUCKLAND, A Text-Book of Roman Law: From Augustus to Justinian, cit., pág. 200, WATSON, Acquisition Of Possession per Extraneam Personam, cit., pág. 68 e segs.

[944] II, 95.

[945] C. 7, 32, 1.

[946] WATSON, Acquisition Of Possession per Extraneam Personam, cit., pág. 63 e segs.

[947] Sententiae, 5, 2, 2.

[948] Esta solução trás naturais dificuldades à construção romana da *possessio*, em especial quando se autonomiza o elemento *animus* do mero *possidere corpore*, da *naturalis possessio*. Parece claro que o representado não tem nem a disponibilidade física da coisa nem o *animus*, o que é particularmente evidente quando ignora a actuação do procurador. Estes elementos existem, ao invés, no último. Não surpreende, por isso, que PAULO procure justificar a solução, de natureza excepcional, com o seu carácter utilitário (*utilitatis causa receptum*). No que respeita à análise dos elementos da posse nos casos de intermediação de procurador, no sentido de que ambos os elementos

tempo anterior a ele a aquisição da posse por estranho era negada e que havia sido introduzida pelos juristas em oposição ao princípio[949].

ULPIANO, por sua vez, manifesta-se no sentido da admissibilidade de aquisição da posse por pessoa livre a favor de outra: *"procurator si quidem mandante domino rem emerit, protinus illi adquirit possessionem: quod si sua sponte emerit, non nisi ratam habuerit dominus emptionem"*[950]. E noutro lugar: *"si ego et Titius rem emerimus eaque Titio et quasi meo procuratori tradita sit, puto mihi quoque quaesitum dominium, quia placet per liberam personam omnium rerum possessionem quaeri posse et per hanc dominium"*[951].

De todo o modo, nem todas as pessoas livres podem investir outra na posse de uma coisa. No Direito romano clássico essa possibilidade está reduzida unicamente ao procurador[952-953], e possivelmente ao tutor e ao curador[954], não abrangendo, assim, qualquer pessoa livre: *"per procuratorem possessio nobis adquiri potest"*[955]. O procurador, e somente ele, pode adquirir posse para outra pessoa[956]. Esta limitação terá sido eventualmente ultrapas-

---

da posse se aferem no procurador, cf. MEYLAN, Per Procuratorem Possessio Nobis Adquiri Potest, in Festschrift Hans Lewald, Basel, 1953, pág. 105 e segs., em particular, na pág. 114 e ROTONDI, "Possessio quae animo retinetur – Contributo alla dottrina classica e postclassica del possesso e dell'animus possidendi", cit., pág. 213 e segs., em particular, pág. 215.

[949] Sobre o ponto, cf. as observações de WATSON, Acquisition Of Possession per Extraneam Personam, cit., pág. 67.

[950] D. 41, 2, 42, 1.

[951] D. 41, 1, 20, 2.

[952] A caracterização da figura do procurador não está isenta de dificuldades. Está fora de causa neste estudo aprofundarmos esta questão.

[953] Cf. SCHULZ, Derecho Romano Clásico, cit., pág. 419 e seg., HAUSMANINGER/SELB, Römisches Privatrecht, cit., pág. 133, BONFANTE, Corso Di Diritto Romano, III, cit., pág. 355 e segs., MEYLAN, Per Procuratorem Possessio Nobis Adquiri Potest, cit., pág. 105 e seg.

[954] Neste último sentido, ver por exemplo WATSON, Acquisition Of Possession per Extraneam Personam, cit., pág. 63 e segs. e HAUSMANINGER/SELB, Römisches Privatrecht, cit., pág. 133. A opinião tradicional vem expressa normalmente em sentido contrário, rejeitando que o tutor possa adquirir a posse para o *infans*. O facto de o tutor ter de recorrer à sua *auctoritas* para que o *infans* possa adquirir a posse serve como argumento principal para esta posição. Assim, exemplificativamente, veja-se FERRINI, Manuale Di Pandette, cit., pág. 323. Cf., neste sentido, SOLAZZI, "Di alcuni punti controversi nella dottrina romana dell'acquisto del possesso per mezzo di rappresentanti", cit., pág. 296 e segs., KASER, Das Römische Privatrecht, Das Altrömische, Das Vorklassisches und Klassisches Recht, cit., pág. 393 (referindo somente o tutor).

[955] SCHULZ, Derecho Romano Clásico, cit., pág. 420.

[956] Não se exige o conhecimento do representado; mesmo aquele que ignora a actuação do representante adquire a posse, tal como sucede no que respeita aos escravos quanto às coisas do pecúlio castrense. Cf. BONFANTE, Corso Di Diritto Romano, III, cit., pág. 357.

sada ainda na época clássica tardia, mas o ponto está longe de reunir o consenso dos romanistas[957].

No Direito justinianeu, agora sem controvérsia, a regra clássica sofre uma extensão, de modo a abranger a aquisição da posse por qualquer pessoa livre e não apenas pelo procurador: *"per liberam personam possessio etiam ignoranti adquiritur et per hanc dominium"*[958]. A regra abrange inequivocamente a actuação do tutor e do curador para os pupilos e menores, bem como os administradores quanto às pessoas jurídicas[959].

Diversamente do que sucede na época anterior do Direito clássico, Justiniano exige o conhecimento do representado para a aquisição da posse por pessoa livre, situação que somente surge excepcionada relativamente aos representantes legais[960]. O representado ignorante da apreensão da coisa não adquire posse, a não ser que ratifique a actuação do representante.

Discute-se finalmente se o procurador deve estar munido de mandato, geral ou especial, para adquirir a posse ou se o mandato não é requerido para este efeito[961]. Para aqueles que caracterizam o procurador no período clássico como um escravo liberto que se ocupa da administração geral do património do antigo senhor e o distinguem do mandatário[962], o mandato não é necessário para a aquisição da posse. O procurador adquire a posse a favor de representado *etiam ignoranti*, sem necessidade de ratificação, tal qual o escravo para o *peculium*[963]. Mandato e procuração permanecem, assim, distintos[964].

Outra doutrina, disseminada com a pandectística[965], sustenta, inversamente, que apenas o procurador munido de mandato pode adquirir a posse

---

[957] Em sentido favorável a esta evolução, cf. KASER, Das Römische Privatrecht, Das Altrömische, Das Vorklassisches und Klassisches Recht, cit., pág. 393, KLINCK, Erwerb durch Übergabe an Dritte nach klassischen römischen Recht, cit., pág. 206 e segs., com o argumento que os textos do final da época clássica não distinguem entre procurador e outras pessoas livres.

[958] Cf. SCHULZ, Derecho Romano Clásico, cit., pág. 420.

[959] BONFANTE, Istituzioni Di Diritto Romano, cit., pág. 296 e seg.

[960] BONFANTE, Istituzioni Di Diritto Romano, cit., pág. 297.

[961] Em sentido afirmativo, veja-se, por exemplo, MEYLAN, Per Procuratorem Possessio Nobis Adquiri Potest, cit., pág. 106 e segs.

[962] Cf. BONFANTE, Corso Di Diritto Romano, III, cit., pág. 374 e seg.

[963] BONFANTE, Corso Di Diritto Romano, III, cit., pág. 370 e segs., ROTONDI, "Possessio quae animo retinetur – Contributo alla dottrina classica e postclassica del possesso e dell'animus possidendi", cit., pág. 214.

[964] BONFANTE, Corso Di Diritto Romano, III, cit., pág. 374.

[965] Veja-se na doutrina moderna, KLINCK, Erwerb durch Übergabe an Dritte nach klassischen römischen Recht, cit., pág. 218 e segs.

para o seu representado ignorante da aquisição, acrescentando alguns que esse mandato deve ser especial[966]. Faltando o mandato, apenas a ratificação permite tornar eficaz para o representado a aquisição da posse.

Tomando posição, diremos que a distinção entre procurador e mandatário, que surge vincada no Direito clássico, torna verosímil a doutrina, segundo a qual, ao procurador não era exigido mandato, geral ou especial, para adquirir a posse para o representado[967] e que tal exigência existia sim exclusivamente para a aquisição da propriedade[968].

No Direito justinianeu não existem dúvidas: o mandato especial é sempre necessário para o representante adquirir a posse para o representado[969]; na sua falta, a posse somente vem adquirida pelo representado caso ele proceda à ratificação.

13. Conservação e perda da posse

I. Em matéria de conservação e perda da posse[970] o ponto de partida é dado pelos pressupostos da figura. Se a aquisição da posse requer a apreensão material da coisa (*possidere corpore, naturalis possessio*) e a intenção (*animus possidendi*), a posse mantém-se enquanto estes pressupostos se verifiquem[971]

---

[966] Por exemplo, SAVIGNY, Das Recht des Besitzes, cit., pág. 304 e segs., ALIBRANDI, Teoria Del Possesso Secondo Il Diritto Romano, cit., pág. 75.

[967] Também nesta hipótese, como na do escravo e no filho de família, os dois elementos da posse, o material e o intencional, ocorrem não na pessoa do representado, mas sim na pessoa do representante. A este propósito, cf. ROTONDI, "Possessio quae animo retinetur – Contributo alla dottrina classica e postclassica del possesso e dell'animus possidendi", cit., pág. 215. Com a exigência justinianeia de mandato especial ou da ratificação para que o representado adquira a posse, a aquisição faz-se sempre com a ciência do pos suidor, ou seja, sempre com o seu *animus* e já não com o do representante. Neste ponto, surge nítida uma diferença para a época anterior. Cf. Uma vez mais ROTONDI, "Possessio quae animo retinetur – Contributo alla dottrina classica e postclassica del possesso e dell'animus possidendi", cit., pág. 214 e seg.

[968] Neste entido, veja-se igualmente ROTONDI, "Possessio quae animo retinetur – Contributo alla dottrina classica e postclassica del possesso e dell'animus possidendi", cit., pág. 213 e segs.

[969] BONFANTE, Istituzioni Di Diritto Romano, cit., pág. 297, ROTONDI, "Possessio quae animo retinetur – Contributo alla dottrina classica e postclassica del possesso e dell'animus possidendi", cit., pág. 213 e segs.

[970] Na doutrina, cf. os trabalhos fundamentais de ROTONDI, "Possessio quae animo retinetur – Contributo alla dottrina classica e postclassica del possesso e dell'animus possidendi", cit., e de ALBERTARIO, D. 41, 2, 8 e la perdita del possesso nella dottrina giustinianea, in Studi Di Diritto Romano, Volume Secondo, cit., pág. 245 e segs. Para além destas obras, cf. também, BURDESE, In Tema Di Animus Possidendi, cit., pág. 535 e segs., KASER, Das Römische Privatrecht, Das Altrömische, Das Vorklassisches und Klassisches Recht, cit., pág. 333.

[971] KASER, Das Römische Privatrecht, Das Altrömische, Das Vorklassisches und Klassisches Recht, cit., pág. 333.

e a favor daquele relativamente aos quais eles respeitem. Diferentemente, a falta de um deles implica a perda da posse[972], seja a quebra do senhorio de facto sobre a coisa, por acto do possuidor ou de terceiro, seja a ausência de vontade (do possuidor) de continuar a exercer o mesmo[973]: *"possessionem amitti vel animo vel etiam corpore"*[974].

A rigidez desta regra sofre, no entanto, uma atenuação considerável, sobretudo, quando comparada com o que acontece em sede de aquisição da posse. E não é apenas a maior largueza de entendimento relativamente ao *possidere corpore*, concebido mais de acordo com a visão social e económica da sociedade romana e menos dentro de uma noção puramente materialista ou física do controlo da coisa. Razões utilitárias (*utilitatis causa*) são sugeridas em várias ocasiões para justificar uma decisão que não está aparentemente em conformidade com as concepções basilares da posse[975].

Neste particular, deve-se destacar a crescente importância dada ao *animus* e o recurso a ele para explicar algumas soluções excepcionais adoptadas na época clássica tardia em tema de conservação da posse, como resultado, nomeadamente, da doutrina de PROCULO[976], PAPINIANO e, sobretudo, de PAULO.

Por outro lado, também aqui se faz sentir a evolução marcante da época pós-clássica, em particular, do período justianeu. O pensamento possessório dos compiladores colide em vários pontos com a construção clássica do instituto e a matéria da manutenção e perda da posse é um deles, vingando no Direito justianeu soluções que não podiam ser defendidas por um jurista romano clássico, mas que são fruto de novos tempos.

As alterações, muito profundas, do Direito justianeu nesta matéria não configuram apenas uma imaterialização ou espiritualização crescente

---

[972] Entre tantos outros, ARANGIO-RUIZ, Istituzioni Di Diritto Romano, cit., pág. 252 e seg.
[973] Poderia, a propósito, citar-se o célebre texto de PAULO, em D. 41, 2, 8: *"quemadmodum nulla possessio adquiri nisi animo et corpore potest, ita nulla amittitur, nisi in qua utrumque in contrarium actum est"*. Mas o texto tem sido sujeito a tão forte controvérsia sobre o seu sentido e genuinidade, que mais vale fazer-lhe apenas uma breve referência sem o utilizar para fundar qualquer interpretação do regime romano da perda da posse.
[974] PAPIANO em D. 41, 2, 44, 2.
[975] Uma lista, exemplificativa, desses lugares nas fontes romanas pode ver-se em ALBERTARIO, D. 41, 2, 8 e la perdita del possesso nella dottrina giustinianea, cit., pág. 263.
[976] BURDESE, In Tema Di Animus Possidendi, cit.pág. 535 e segs. sustenta que PROCULO, e não PAULO, constitui o verdadeiro autor da individualização do elemento do *animus* na doutrina possessória romana.

da posse, que já estava em curso desde a época clássica[977]; elas trazem consigo o reforço da autonomização dos elementos da posse, revestindo o elemento subjectivo, o *animus*, uma assumida predominância sobre o elemento material, a ponto de se entender mesmo poder a posse subsistir somente através dele (*possessio quae animo retinur*), uma extrapolação da construção originária da posse com antecedentes conhecidos na obra de juristas clássicos tardios.

No fundo, a mudança fundamental de perspectiva da posse, nos clássicos tratada como mera *res facti*, mas pelos juristas justinianeus assimilada a um verdadeiro direito, leva a uma tendencial equiparação da aquisição e perda da posse ao regime jurídico dos direitos. A sublimação da dimensão voluntária do possuir, da intenção do possuidor (*animus*), representa uma consequência natural da nova perspectiva justinianeia de equiparação (ou recondução) da posse a um direito[978].

II. Para a jurisprudência romana clássica, que concebe a posse como o senhorio de facto sobre uma coisa (corpórea) com a vontade de o exercer, surgindo os dois aspectos imbricados unitariamente na respectiva noção, a falta de qualquer um deles motiva a perda da posse[979].

Para o jurista romano clássico, não faz qualquer sentido pensar numa posse se não existe a possibilidade de actuar o senhorio sobre a coisa ou se falta a consciência ou vontade de actuar esse senhorio. Nesta visão, o *animus* liga-se à persistência da *naturalis possessio* ou *possidere corpore*. E quebrado o nexo material à coisa, por qualquer razão, o *animus* cessa do mesmo modo, dado a compenetração entre os dois aspectos da posse[980]. Um exemplo das fontes retrata bem isto: se o rio ou o mar inunda um terreno, e este desaparece debaixo da água, sem regresso à situação anterior, a posse perde-se[981].

---

[977] Cf. também, sobre este ponto, BURDESE, In Tema Di Animus Possidendi, cit.pág. 535 e segs. e KASER, Das Römische Privatrecht, Die Nachklassischen Entwicklungen, cit., pág. 182 e segs.

[978] Sobre estes desenvolvimentos, cf. em geral ROTONDI, "Possessio quae animo retinetur – Contributo alla dottrina classica e postclassica del possesso e dell'animus possidendi", cit., pág. 101 e segs., ALBERTARIO, D. 41, 2, 8 e la perdita del possesso nella dottrina giustinianea, cit., pág. 247 e segs., KASER, Das Römische Privatrecht, Die Nachklassischen Entwicklungen, cit., pág. 182 e segs.

[979] Cf., em especial, ROTONDI, "Possessio quae animo retinetur – Contributo alla dottrina classica e postclassica del possesso e dell'animus possidendi", cit., pág. 109 e segs., ALBERTARIO, D. 41, 2, 8 e la perdita del possesso nella dottrina giustinianea, cit., pág. 251 e segs. Veja-se também SCHULZ, Derecho Romano Clásico, cit., pág. 422.

[980] ROTONDI, "Possessio quae animo retinetur – Contributo alla dottrina classica e postclassica del possesso e dell'animus possidendi", cit., pág. 111, no qual se rejeita a doutrina contrária sugerida em texto de ULPIANO no D. 41, 2, 17, 1.

[981] Cf. BONFANTE, Corso Di Diritto Romano, III, cit., pág. 406.

PAULO[982] cita a autoridade de dois juristas clássicos, LABEÃO e NERVA filho, para elucidar a regra: *"Labeo et Nerva filius responderunt desinere me possidere eum locum, quem flumen aut mare occupaverit"*.

A ligação do possuidor à coisa terá sido concebida inicialmente de um modo estritamente material, exigindo um contacto físico permanente com a coisa. Ainda assim, a compreensão do que seja o *possidere corpore* adere à concepção social, pondera a função económica da coisa e tende progressivamente a atenuar o rigor da exigência de uma relação material permanente.

Deste modo, o afastamento temporário do possuidor, por um breve período de tempo, com intenção de retornar, não determina a perda da posse se ele não for impedido de o fazer por força da ocupação de terceiro (*deiectio*)[983]. O exemplo clássico é o do possuidor que se desloca ao mercado, suspendendo transitoriamente o contacto com a coisa[984]. Neste caso, subsistindo a vontade de possuir[985], persiste igualmente a disponibilidade da coisa, o que mantém objectivamente o *possidere corpore*[987].

Já o afastamento não temporário, sem propósito de regressar ou por longo período de tempo, implica na época clássica a perda da posse[987], por envolver quer o desaparecimento do controlo de facto sobre a coisa quer a intenção de permanecer nesse controlo (*animus possidendi*). Uma deci-

---

[982] D. 41, 2, 3, 17.

[983] ROTONDI, "Possessio quae animo retinetur – Contributo alla dottrina classica e postclassica del possesso e dell'animus possidendi", cit., pág. 119, ALBERTARIO, D. 41, 2, 8 e la perdita del possesso nella dottrina giustinianea, cit., pág. 261, nota 1 e pág. 268, BONFANTE, Corso Di DirittoRomano, III, cit., pág. 406.

[984] Em D. 41, 2, 6, 1: *"qui ad nundinas profectus neminem reliquerit et, dum ille a nundinis redit, aliquis occupaverit possessionem, videri eum clam possidere Labeo scribit: retinet ergo possessionem is, qui ad nundinas abiit <abit>: verum si revertentem dominum non admiserit, vi magis intellegi possidere, non clam"*.

[985] As fontes onde a solução se apoia, GAIO, Instituições, IV, 153 e ULPIANO (D. 43, 16, 24, 1) fazem referência explícita ao *animus*, embora em contexto no qual a disponibilidade da coisa se mantém a favor do possuidor. Sobre isto, cf. ROTONDI, "Possessio quae animo retinetur – Contributo alla dottrina classica e postclassica del possesso e dell'animus possidendi", cit., pág. 119 e segs.

[986] A explicação será outra no final da época clássica, com recurso à doutrina da possessio *solo animo*. Assim, pode ler-se em ULPIANO (D. 43, 16, 1, 24): *"sive autem corpore sive animo possidens quis deiectus est, palam est eum vi deiectum videri. Idcircoque si quis de agro suo vel de domo processisset nemine suorum relicto, mox revertens prohibitus sit ingredi vel ipsum praedium, vel si quis eum in medio itinere detinuerit et ipse possederit, vi deiectus videtur: ademisti enim ei possessionem, quam animo retinebat, etsi non corpore"*.

[987] ALBERTARIO, D. 41, 2, 8 e la perdita del possesso nella dottrina giustinianea, cit., pág. 261, nota 1 e pág. 268.

são de GAIO[988] faz luz sobre isto: "*licet possessio nudo animo adquiri non possit, tamen solo animo retineri potest. Si igitur desertam praediorum possessionem non derelinquendi adfectione transacto tempore non coluisti, sed ex metus necessitate culturam eorum distulisti, praeiudicium tibi ex transmissi temporis iniuria generari non potest*". Versando embora sobre o furto, GAIO explica que qualquer pessoa pode obter licitamente a posse de um prédio que se tornou vago pela negligência do possuidor ou pela sua ausência durante muito tempo, o que quer dizer que nesse caso se considerava já inexistente a posse anterior[989].

Mais difícil é estabelecer uma solução firme para o caso do terceiro que ocupa clandestinamente o prédio do possuidor temporariamente ausente[990-991]. Pelo menos nos tempos mais antigos e durante uma boa parte da época clássica, parece seguro dizer que aquele que ocupa um prédio possuído por outrem adquire a posse e, em contrapartida, o anterior possuidor cessa de possuir, perdendo a sua posse[992]. Diz LABEÃO, segundo a relação de ULPIANO[993]: "*qui ad nundinas profectus neminem reliquerit et, dum ille a nundinis redit, aliquis occupaverit possessionem, videri eum clam possidere Labeo scribit*". O ocupante é um possuidor "*clam*", a sua posse vem qualificada como "*clandestina possessio*" e o seu possuir descrito como um "*clam possidere*"[994]. Even-

---

[988] D. 41, 3, 37, 1.

[989] No mesmo sentido, que consideramos o único possível, cf. ROTONDI, "Possessio quae animo retinetur – Contributo alla dottrina classica e postclassica del possesso e dell'animus possidendi", cit., pág. 173 e seg.

[990] Na doutrina, cf. o desenvolvido tratamento dado por ROTONDI, "Possessio quae animo retinetur – Contributo alla dottrina classica e postclassica del possesso e dell'animus possidendi", cit., pág. 121 e segs.

[991] Uma situação com alguma analogia, mas diversa, encontra-se na ocupação clandestina parcial do prédio. Porquanto o controlo material sobre a coisa não está inteiramente perdido, podendo ainda ser recuperado pelo possuidor o poder de facto sobre a porção do prédio ocupada por terceiro, entende-se que ele não perde a posse do prédio, nem sequer da parte em que está o ocupante clandestino. CELSO (D. 41, 2, 18, 3) oferece a perspectiva clássica: "*si, dum in alia parte fundi sum, alius quis clam animo possessoris intraverit, non desisse ilico possidere existimandus sum, facile expulsurus finibus, simul sciero*". Sobre o ponto, cf. ALBERTARIO, D. 41, 2, 8 e la perdita del possesso nella dottrina giustinianea, cit., pág. 247 a 251, ROTONDI, "Possessio quae animo retinetur – Contributo alla dottrina classica e postclassica del possesso e dell'animus possidendi", cit., pág. 135.

[992] ROTONDI, "Possessio quae animo retinetur – Contributo alla dottrina classica e postclassica del possesso e dell'animus possidendi", cit., pág. 122, SCHULZ, Derecho Romano Clásico, cit., pág. 424.

[993] D. 41, 2, 6, 1.

[994] Sobre as excepções de posse viciada, de que a *possessio clam* constituía um dos casos, cf. *supra* no ponto atinente a protecção interdital.

tualmente, ao possuidor esbulhado terá cabido uma defesa interdital de recuperação da posse através do *interdictum de clandestina possessionem*[995].

A solidez da solução surge abalada primeiramente pela discussão relativa à existência ou não de uma situação de dupla posse (*possessio plurium in solidum*), que ganha defensores durante a época clássica[996]. Debatendo-se a questão de saber se com a ocupação clandestina existem duas posses sobre o prédio ou uma só, não se duvida que o ocupante é sempre possuidor, mas discute-se se ao esbulhado cabe ainda a posse depois da ocupação, em concorrência com a do esbulhador. A resposta afirmativa de TREBAZIO, primeiro, e SABINO, depois, sofre a oposição de LABEÃO. É uma matéria que será vista adiante[997].

Seja como for, essa era ainda uma controvérsia tida nos limites da concepção tradicional da posse, assente firmemente nas duas vertentes que a consubstanciam, a *naturalis possessio*, o nexo material do senhorio sobre a coisa, e a vontade de permanecer no controlo da coisa, o *animus possidendi*. Porém, ainda na época clássica parece adquirir força uma nova doutrina cujo alcance ameaça fazer perigar a noção corrente de posse conforme havia sido concebida até aí.

Na origem desta doutrina encontra-se o problema possessório levantado pelos *saltus hiberni et aestivi*. O possuidor de prédio de utilização sazonal, que, por razões económicas ou outras, se afasta temporariamente numa parte do ano, deixando-o desocupado, perde a posse ou permanece possuidor? A resposta dada vem no último sentido: ele conserva a sua posse. Na relação de ULPIANO[998] cita-se PROCULO: "*quod volgo dicitur aestivorum hibernorumque saltuum nos possessiones animo retinere, id exempli causa didici proculum dicere (...)*".

A novidade da decisão não está tanto na solução avançada, que a construção tradicional suportava inteiramente, se o *possidere corpore* fosse ponderado menos numa estrita perspectiva materialista ou física e mais de acordo com a envolvente social e económica da situação[999]. Ela reside na fórmula "*possessiones animo retinere*", que PROCULO utiliza e que envolve a ideia de uma posse mantida "*solo animo*", portanto, com defeito do senhorio de facto sobre a coisa (*possidere corpore*).

---

[995] Sobre a incerteza histórica acerca da consagração romana deste interdito, cf. *supra* no texto.
[996] Cf. *infra* no ponto seguinte.
[997] *Infra* no ponto seguinte.
[998] D. 41, 2, 6, 1.
[999] Conforme salienta ROTONDI, "Possessio quae animo retinetur – Contributo alla dottrina classica e postclassica del possesso e dell'animus possidendi", cit., pág. 117.

A doutrina proculiana, que surge várias vezes nas fontes, sobretudo em decisões do próprio Proculo[1000], de Papiniano[1001], de Pomponio[1002], de Paulo[1003] e de Ulpiano[1004], tem possivelmente a sua melhor formulação no seguinte texto de Paulo[1005]: *"sed nudo animo adipisci quidem possessionem non possumus, retinere tamen nudo animo possumos, sicut in saltibus hibernis aestivisque contingit"*. Este jurista romano afirma peremptoriamente que a posse não pode ser adquirida somente com o *"nudo animo"*, mas pode ser conservada somente com o *animus*.

No texto de Paulo, o caso dos *saltus* vem apresentado como exemplificativo. E Proculo, segundo a informação dada por Ulpiano[1006], considerava esta como uma das hipóteses possíveis de conservação da posse *solo animo*[1007]. Isto sugere haver outros casos em que a conservação da posse pode ocorrer pela incidência isolada da vontade do possuidor (*animus*), desacompanhada da vertente física do domínio da coisa. Neste ponto a romanística divide-se.

Segundo Rotondi[1008], já na época clássica aparece defendida a opinião de que a posse se conserva em caso de ocupação clandestina do prédio. Em

---

[1000] Em D. 41, 2, 27: *"si is, qui animo possessionem saltus retineret, furere coepisset, non potest, dum fureret, eius saltus possessionem amittere, quia furiosus non potest desinere animo possidere"*.

[1001] Em D. 41, 2, 44, 2: *"quibus explicitis, cum de amittenda possessione quaeratur, multum interesse dicam, per nosmet ipsos an per alios possideremus: nam eius quidem, quod corpore nostro teneremus, possessionem amitti vel animo vel etiam corpore, si modo eo animo inde digressi fuissemus, ne possideremus: eius vero, quod servi vel etiam coloni corpore possidetur, non aliter amitti possessionem, quam eam alius ingressus fuisset, eamque amitti nobis quoque ignorantibus. Illa quoque possessionis amittendae separatio est. Nam saltus hibernos et aestivos, quorum possessio retinetur animo"*; em D. 41, 2, 46: *"quamvis saltus proposito possidendi fuerit alius ingressus, tamdiu priorem possidere dictum est, quamdiu possessionem ab alio occupatam ignoraret. Ut enim eodem modo vinculum obligationum solvitur, quo quaeri adsolet, ita non debet ignoranti tolli possessio quae solo animo tenetur"*.

[1002] D. 41, 2, 25, 2. A citação é feita em texto, mais adiante.

[1003] Para além das decisões citadas no texto, vejam-se ainda, D., 41, 2, 27 (*"Proculus libro quinto epistularum – si is, qui animo possessionem saltus retineret, furere coepisset, non potest, dum fureret, eius saltus possessionem amittere, quia furiosus non potest desinere animo possidere"*), D. 41, 2, 3, 11 (**Paulus libro 54 ad edictum** – *"saltus hibernos aestivosque animo possidemus, quamvis certis temporibus eos relinquamus"*).

[1004] Em D. 41, 2, 6, 1: *"qui ad nundinas profectus neminem reliquerit et, dum ille a nundinis redit, aliquis occupaverit possessionem, videri eum clam possidere Labeo scribit: retinet ergo possessionem is, qui ad nundinas abiit <abit>: verum si revertentem dominum non admiserit, vi magis intellegi possidere, non clam"*.

[1005] *Sententiae*, 5, 2, 1.

[1006] D. 41, 2, 6, 1.

[1007] Veja-se a este propósito Rotondi, "Possessio quae animo retinetur – Contributo alla dottrina classica e postclassica del possesso e dell'animus possidendi", cit., pág. 116 e seg.

[1008] "Possessio quae animo retinetur – Contributo alla dottrina classica e postclassica del possesso e dell'animus possidendi", cit., pág. 130 e segs.

abono, o autor cita um texto de Ulpiano[1009] e o seguinte de Pomponius[1010]: *"quod autem solo animo possidemus, quaeritur, utrumne usque eo possideamus, donec alius corpore ingressus sit, ut potior sit illius corporalis possessio, an vero (quod quasi magis probatur) usque eo possideamus, donec revertentes nos aliquis repellat aut nos ita animo desinamus possidere, quod suspicemur repelli nos posse ab eo, qui ingressus sit in possessionem: et videtur utilius esse"*. Este último jurista põe em confronto os dois pontos de vista aparentemente em disputa no seu tempo: ou que a posse se perde com a ocupação ou que se conserva *"solo animo"* até que o possuidor venha a tomar conhecimento da situação e, neste último caso, uma vez conhecida a intrusão, tente sem sucesso ingressar novamente no prédio ou renuncie à tentativa de o fazer. Para Rotondi[1011], Pomponius expressa aqui a sua preferência pela terminologia de origem proculiana.

Albertario[1012], por sua vez, coloca em causa o carácter genuíno dos textos mencionados por Rotondi, sustentando que os mesmos terão sofrido alterações por acção dos compiladores[1013], que os ajustaram à nova ideia reguladora do Direito justinianeu: a de que a posse subsiste em caso de desapossamento enquanto o possuidor mantém o *animus*. Fora dos casos relativos aos *saltus hiberni et aestivi*, o autor[1014] defende que o Direito romano clássico não teria reconhecido qualquer posse desacompanhada dos seus elementos constitutivos tradicionais, pelo que também o apossamento clandestino, por fazer desaparecer o controlo material da coisa, teria causado a cessação da posse a favor do esbulhador[1015].

[1009] D. 41, 2, 6, 1.

[1010] D. 41, 2, 25, 2.

[1011] D. 41, 2, 8 e la perdita del possesso nella dottrina giustinianea, cit., pág. 251 e segs.

[1012] "Possessio quae animo retinetur – Contributo alla dottrina classica e postclassica del possesso e dell'animus possidendi", cit., pág. 133.

[1013] O autor defende também que tal desfecho terá ocorrido igualmente com o texto constante de D. 41, 2, 3, 6-9 de Paulo. Cf. Albertario, D. 41, 2, 8 e la perdita del possesso nella dottrina giustinianea, cit., pág. 254 e segs.

[1014] A agudíssima análise de Albertario não pode ser reconstituída nesta sede, pelo que, para os aprofundamentos devidos, nos limitamos a remeter para a magnífica exposição do romanista em D. 41, 2, 8 e la perdita del possesso nella dottrina giustinianea, cit., pág. 247 e segs.

[1015] Em sentido idêntico ao de Albertario, sustentando que a manutenção de uma posse *solo animo* fora do caso dos *saltus* não corresponde ao Direito romano clássico, cf. Kaser, Das Römische Privatrecht, Das Altrömische, Das Vorklassisches und Klassisches Recht, cit., pág. 334. Schulz, Derecho Romano Clásico, cit., pág. 421 e segs. tem uma posição aproximada, alargando, contudo, o leque de situações em que a posse se conserva por referência ao *animus* do possuidor de modo a abranger os casos de morte do escravo ou arrendatário e do *servus fugitivus*.

A alteração das opiniões de jurisconsultos clássicos por obra dos compiladores não representa nenhuma raridade, embora a demonstração concreta desse facto ofereça sempre obstáculos de monta. Impressiona, realmente, que os exemplos das fontes contemplem quase sempre os *saltus*. O exemplo das vilas suburbanas, contido nas Paráfrases de Teófilo[1016], não aparece nas fontes romanas[1017]. Mas as decisões de POMPONIUS, de PAPINIANO e de PAULO nem sempre aludem somente aos *saltus*, mencionando também outros casos, com relevo para a ocupação clandestina de prédios por terceiro. BURDESE[1018] explica isto, dizendo que a expressão *animo retinere possessionem*, surgida originariamente no caso dos *saltus*, foi estendida e generalizada a outros casos pelos juristas subsequentes.

Tudo isto não favorece a tese de ALBERTARIO, que envolve o ónus tremendo da demonstração de interpolação ou alteração de todos os textos do *corpus iuris civilis* onde se pressupõe a manutenção da *possessio solo animo*. Julgamos efectivamente ser mais provável que algumas interpolações nos textos originais hajam resultado do aproveitamento da opinião daqueles juristas que, recorrendo ao *animus* para fundamentar determinadas decisões, iam ao encontro das soluções preferidas pelos compiladores e consagradas no Direito justinianeu.

Um contexto similar ao versado, conquanto com algumas diferenças, tem lugar quando a posse do prédio se processa através de um intermediário do possuidor. Quanto a este ponto, nenhuma dúvida existe de que na época clássica a posse pode ser mantida através de terceiro[1019]. Relembramos PAULO[1020]: "*possessionem adquirimus et animo et corpore: animo utique nostro, corpore vel nostro vel alieno*" e, mais incisivamente quanto a este tema, noutro texto[1021]: "*ceterum animo nostro, corpore etiam alieno possidemus, sicut diximus per colonum et servum, nec movere nos debet, quod quasdam etiam ignorantes posside-*

[1016] 4, 15, 5.

[1017] Como ALBERTARIO coloca em evidência; cf. D. 41, 2, 8 e la perdita del possesso nella dottrina giustinianea, cit., pág. 264, nota 1.

[1018] In Tema Di Animus Possidendi, cit., pág. 535 e segs.

[1019] Na doutrina, cf., por exemplo, ROTONDI, "Possessio quae animo retinetur – Contributo alla dottrina classica e postclassica del possesso e dell'animus possidendi", cit., pág. 184 e segs., BONFANTE, Corso Di DirittoRomano, III, cit., pág. 395 e segs. SCHULZ, Derecho Romano Clásico, cit., pág. 422 explica que quando o possuidor entrega a coisa a um arrendatário, comodatário ou arrendatário conserva a posse, mantendo-a através do detentor.

[1020] *Sententiae*, 5, 2, 1.

[1021] D. 41., 2, 3, 12.

mus, id est quas servi peculiariter paraverunt: nam videmur eas eorundem et animo et corpore possidere"[1022].

Deste modo, se a coisa vem a ser entregue tanto a um escravo como a um colono ou arrendatário[1023], a posse conserva-se no possuidor, com *animus* próprio e *corpore alieno*. Ambos os elementos da posse estão presentes e a hipótese não representa nenhum desvio à concepção corrente, dado que o *possidere corpore* tem lugar em nome e por conta do possuidor através de um detentor.

A posse exercida através de intermediário equipara-se, assim, à posse exercida directamente pelo possuidor. De tal modo, que se ocorre a expulsão deste último do seu prédio, mas neste permanecem os seus escravos ou colonos, a posse mantém-se[1024].

A morte do intermediário detentor, do colono ou do arrendatário, poderia levantar o problema da cessação da posse, por se considerar quebrado o nexo de ligação material à coisa. LABEÃO[1025], contudo, rejeita esse resultado e afirma a continuação da posse: *"heredem coloni, quamvis colonus non est, nihilo minus domino possidere existimo"*. A decisão aparece reiterada noutros

---

[1022] Outros locais nas fontes com directa relevância são os textos de PAPIANO em D. 41, 2, 44, 2 (*"quibus explicitis, cum de amittenda possessione quaeratur, multum interesse dicam, per nosmet ipsos an per alios possideremus: nam eius quidem, quod corpore nostro teneremus, possessionem amitti vel animo vel etiam corpore, si modo eo animo inde digressi fuissemus, ne possideremus: eius vero, quod servi vel etiam coloni corpore possidetur, non aliter amitti possessionem, quam eam alius ingressus fuisset, eamque amitti nobis quoque ignorantibus. Illa quoque possessionis amittendae separatio est. Nam saltus hibernos et aestivos, quorum possessio retinetur animo"*) e em D. 41, 2, 47 (*"potest homo proposito redeundi domino possessionem sui conservare, cuius corpore ceteras quoque res possumus possidere"*).
[1023] O leque de intermediários inclui um número vasto de pessoas, para além do colono ou do locatário, compreendendo o depositário, o comodatário, o usufrutuário e até aqueles que com o possuidor não têm qualquer relação jurídica, como um hóspede ou um amigo. GAIO, em D. 41, 2, 9, diz o seguinte: *"generaliter quisquis omnino nostro nomine sit in possessione, veluti procurator hospes amicus, nos possidere videmur"* Cf. BONFANTE, Corso Di DirittoRomano, III, cit., pág. 396, ROTONDI, "Possessio quae animo retinetur – Contributo alla dottrina classica e postclassica del possesso e dell'animus possidendi", cit., pág. 187.
[1024] Cf. os textos de ULPIANO, em D. 43, 16, 1, 45 (*"non alii autem, quam ei qui possidet, interdictum unde vi competere argumentum praebet, quod apud Vivianum relatum est, si quis me vi deiecerit, meos non deiecerit, non posse me hoc interdicto experiri, quia per eos retineo possessionem, qui deiecti non sunt"*) e do AFRICANO, D.41, 2, 40, pr. (*"si de eo fundo, quem, cum possiderem, pignori tibi dedi, servus tuus te deiciat, adhuc te possidere ait, quoniam nihilo minus per ipsum servum possessionem retineas"*). Cf. também BONFANTE, Corso Di DirittoRomano, III, cit., pág. 397 e ROTONDI, "Possessio quae animo retinetur – Contributo alla dottrina classica e postclassica del possesso e dell'animus possidendi", cit., pág. 187.
[1025] D. 19, 2, 60, 1.

textos de Africano[1026] e de Pomponio[1027]. De um ponto de vista social, enquanto o prédio se encontra com os herdeiros do colono falecido, ele está ainda à disposição do possuidor, que pode providenciar pelo seu destino[1028]. Africano justifica a solução com razões de utilidade, mas nada disso se opõe ao pensamento possessório tradicional e está em plena conformidade com ele.

Diferente, porém, é a explicação de Paulo[1029]: *"si quis nuntiet domum a latronibus occupatam et dominus timore conterritus noluerit accedere, amisisse eum possessionem placet. Quod si servus vel colonus, per quos corpore possidebam, decesserint discesserintve, animo retinebo possessionem"*. Como se vê, Paulo invoca aqui o critério do *animus* para explicar a conservação da posse no caso da morte do servo e do colono, parecendo implicitamente rejeitar a subsistência do nexo material na medida em que a manutenção da posse surge justificada apenas com a intenção do possuidor (*"animo retinebo possessionem"*)[1030]. E esta torna-se realmente a doutrina adoptada no Direito justinianeu[1031]. Que ela rompe com os cânones clássicos, não admite polémica, porquanto a posse pode subsistir com a vontade do possuidor e na ausência de qualquer controlo material sobre a coisa.

O problema inteiramente análogo de cessação superveniente da capacidade do escravo, colono ou arrendatário recebe a mesma solução do caso de morte. Isso resulta evidente em Pomponio[1032].

[1026] D. 41, 2, 40, 1: *"si forte colonus, per quem dominus possideret, decessisset, propter utilitatem receptum est, ut per colonum possessio et retineretur et contineretur: quo mortuo non statim dicendum eam interpellari, sed tunc demum, cum dominus possessionem apisci neglexerit. Aliud existimandum ait, si colonus sponte possessione discesserit. Sed haec ita esse vera, si nemo extraneus eam rem interim possiderit, sed semper in hereditate coloni manserit"*.

[1027] D. 41, 2, 25, 1: *"et per colonos et inquilinos aut servos nostros possidemus: et si moriantur aut furere incipiant aut alii locent, intellegimur nos retinere possessionem. Nec inter colonum et servum nostrum, per quem possessionem retinemus, quicquam interest"*.

[1028] Cf. igualmente Rotondi, "Possessio quae animo retinetur – Contributo alla dottrina classica e postclassica del possesso e dell'animus possidendi", cit., pág. 188, Albertario, D. 41, 2, 8 e la perdita del possesso nella dottrina giustinianea, cit., pág. 256, Schulz, Derecho Romano Clásico, cit., pág. 423.

[1029] D. 41, 2, 3, 8.

[1030] Sobre este ponto, cf. Rotondi, "Possessio quae animo retinetur – Contributo alla dottrina classica e postclassica del possesso e dell'animus possidendi", cit., pág. 188.

[1031] Rotondi, "Possessio quae animo retinetur – Contributo alla dottrina classica e postclassica del possesso e dell'animus possidendi", cit., pág. 188.

[1032] Os textos são D. 41, 2, 25, 1 e D. 41, 3, 31, 3. Na doutrina, cf. Schulz, Derecho Romano Clásico, cit., pág. 423.

Um aspecto que se liga ao tema da posse exercida por via de outra pessoa é o da infidelidade do intermediário. Neste contexto, são várias as hipóteses. Numa primeira, o colono[1033] inicia uma posse para si e afasta o possuidor; no Direito clássico o caso é tratado como uma *deiectio*: o representante torna-se possuidor (violento) e o representado perde a posse[1034].

Uma outra hipótese reside no afastamento voluntário do prédio pelo escravo ou pelo colono[1035]. As fontes obrigam, no entanto, a distinguir o abandono temporário do abandono definitivo. No primeiro caso, se o intermediário retorna, o possuidor conserva a posse. Diz POMPONIO[1036]: *"si colonus non deserendae possessionis causa exisset de fundo et eo redisset, eundem locatorem possidere placet"*.

Registando-se um abandono definitivo por parte do colono ou arrendatário, o possuidor perde a posse ou conserva-a? As pronúncias conhecidas de juristas romanos não indiciam uma resposta unitária, apontando antes para uma controvérsia ou, se se preferir, uma evolução quanto à solução a dar ao problema. Em dois dos textos, um do AFRICANO[1037] outro de JULIANO[1038], considera-se perdida a posse logo que o escravo ou o colono deixam vago o prédio. Mas noutros locais das fontes faz-se a defesa da doutrina, segundo a qual, somente com a ocupação do terceiro o possuidor vem a perder a sua posse. O jurista que defende esta última tese é PAPINIANO (D. 41, 2, 44, 2)[1039]: *"(...) eius vero, quod servi vel etiam coloni corpore possidetur,*

[1033] Esta hipótese não se coloca com o escravo, que não tem capacidade jurídica para possuir e não pode ser possuidor. Um texto de AFRICANO (D. 41, 2, 40 pr.): *"si de eo fundo, quem, cum possiderem, pignori tibi dedi, servus tuus te deiicit, adhuc te possidere ait, quoniam nihilo minus per ipsum servum possessionem retineas"*.

[1034] ROTONDI, "Possessio quae animo retinetur – Contributo alla dottrina classica e postclassica del possesso e dell'animus possidendi", cit., pág. 189.

[1035] Cf. ROTONDI, "Possessio quae animo retinetur – Contributo alla dottrina classica e postclassica del possesso e dell'animus possidendi", cit., pág. 188 e segs., ALBERTARIO, D. 41, 2, 8 e la perdita del possesso nella dottrina giustinianea, cit., pág. 247 e segs., BONFANTE, Corso Di Diritto Romano, III, cit., pág. 398 e segs.

[1036] D. 41, 2, 31.

[1037] D. 41, 2, 40, 1. Fizemos a citação completa em nota anterior.

[1038] D. 41, 4, 7 pr.: *"qui fundum pro emptore possidebat, antequam diutinam possessionem impleret, decessit: servi, qui in possessionem relicti fuerant, discesserunt relinquendae eius gratia: quaesitum est, an nihilo minus heredi tempus longae possessionis procedere potest. Respondit etiam discedentibus servis hoc tempus heredi procedere"*.

[1039] ROTONDI, "Possessio quae animo retinetur – Contributo alla dottrina classica e postclassica del possesso e dell'animus possidendi", cit., pág. 192 e seg., levanta a possibilidade de haver sido

non aliter amitti possessionem, quam eam alius ingressus fuisset, eamque amitti nobis quoque ignorantibus"[1040].

Resulta das palavras de Papiniano que quando o servo ou o colono abandona o prédio o terceiro tem de ingressar no mesmo para que ocorra a perda da posse, independentemente do conhecimento do possuidor[1041]. A doutrina de Papiniano vem a triunfar e a tornar-se dominante nos tempos subsequentes[1042]. Aparentemente, ela encontra-se em concordância com os postulados clássicos anteriores, pois parece supor que a posse apenas se perde quando o controlo material da coisa foi tomado por um terceiro. Tal asserção é decerto enganadora, sendo Papiniano um dos adeptos da nova teoria do *animus*.

Paulo[1043], que neste ponto não está sozinho, tendo antecedentes explícitos em Proculo, Pomponio[1044] e em Papiniano, pelo menos[1045], fornece uma explicação em moldes que, se não eram completamente estranhos ao tempo, envolvem uma ruptura com a concepção clássica tradicional da posse: "*si quis nuntiet domum a latronibus occupatam et dominus timore conterritus noluerit accedere, amisisse eum possessionem placet. Quod si servus vel colonus, per quos corpore possidebam, decesserint discesserintve, animo retinebo possessionem*". A ocupação do prédio por terceiro após o abandono do escravo ou do locatário não provoca imediatamente a perda da posse, que se conserva somente pela vontade ("*animo retinebo possessionem*") num quadro em que a ligação material à coisa deixou de existir.

A afirmação contida em D. 41, 2, 3, 7, se de facto o texto não foi alterado, ilumina o pensamento de Paulo: "*sed et si animo solo possideas, licet alius in fundo sit, adhuc tamen possides*". Com Paulo, a ocupação clandestina de um

---

primeiramente Proculo a sustentar esta doutrina em D. 4, 3, 31, 1, mas avança a hipótese do texto ser interpolado.

[1040] O texto completo da decisão de Ulpiano encontra-se citado anteriormente.
[1041] Portanto, quer a ocupação seja clandestina quer não seja.
[1042] Rotondi, "Possessio quae animo retinetur – Contributo alla dottrina classica e postclassica del possesso e dell'animus possidendi", cit., pág. 186 e segs., Burdese, "Possesso (dir. rom.)", cit., 6., Para Schulz, Derecho Romano Clásico, cit., pág. 424, esta doutrina só se torna Direito vigente na época pós-clássica; discordamos, pelas razões apontadas no texto.
[1043] D. 41, 2, 3, 8.
[1044] Relembra-se D. 41, 2, 25, 2.
[1045] Que outros juristas poderão ter sustentado a nova doutrina entre Pomponio e Papiniano e Paulo é objecto de análise de Rotondi, "Possessio quae animo retinetur – Contributo alla dottrina classica e postclassica del possesso e dell'animus possidendi", cit., pág. 134 e segs., cujo resultado não se afigura de modo algum conclusivo.

prédio, possuído directamente ou através de escravo, colono ou arrendatário, não determina a extinção imediata da posse se subsistir o *animus*[1046]. Quer dizer, o *possidere corpore* pode simplesmente não existir mais que, mantendo-se o *animus* do possuidor, a posse conserva-se.

Até quando pode durar esta posse dissociada de qualquer nexo material com o prédio? Enquanto o possuidor ignora a ocupação do terceiro, a posse deve considerar-se mantida, uma vez que o *animus* continua. Conhecedor da ocupação ilegítima, o possuidor perde, todavia, a posse, por quebra do *animus*, se falha a sua tentativa de reocupar o prédio[1047] ou se, temendo o insucesso, renuncia a fazê-lo[1048-1049]. A desistência voluntária e espontânea do possuidor em retornar ao prédio ou o uso efectivo ou esperado da força pelo ocupante, que desmobiliza o primeiro, provoca o desaparecimento do *animus*[1050]. E se a posse se havia mantido já sem ligação material à coisa, *solo animo*, ela perde-se definitivamente no momento em que não se pode mais falar de *animus*.

A introdução de um regime positivo no qual a posse pode subsistir sem o elemento material de dominação da coisa, unicamente com base no *animus* do possuidor, pode prolongar-se por tempo indeterminado mesmo com o conhecimento deste se, na ausência de vontade de renúncia, existe o medo de voltar. Numa debatida constituição de Diocleciano e de Maximiano (7, 32, 4) dispõe-se: *"licet possessio nudo animo adquiri non possit, tamen solo animo retineri potest. Si igitur desertam praediorum possessionem non derelinquendi adfectione transacto tempore non coluisti, sed ex metus necessitate culturam eorum distulisti, praeiudicium tibi ex transmissi temporis iniuria generari non potest".*

A doutrina de PAULO[1051], autonomizando o *animus possidendi* da *possessio naturalis* – com a quebra da unidade destes elementos forjada pelo pensa-

---

[1046] Cf., igualmente, BURDESE, "Possesso (dir. rom.)", cit., 6.
[1047] PAPINIANO, D. 41, 2, 25, 2.
[1048] PAULO, D. 41, 2, 3, 8.
[1049] Na doutrina, cf. ROTONDI, "Possessio quae animo retinetur – Contributo alla dottrina classica e postclassica del possesso e dell'animus possidendi", cit., pág. 129 e segs., ALBERTARIO, D. 41, 2, 8 e la perdita del possesso nella dottrina giustinianea, cit., pág. 251 e segs.
[1050] Cf. também ALBERTARIO, D. 41, 2, 8 e la perdita del possesso nella dottrina giustinianea, cit., pág. 264.
[1051] Tendo em conta as várias decisões em que surge a propugnar a conservação da posse apenas com o *animus*, causa alguma perplexidade o texto de PAULO contido em D. 41, 2, 8 (= a D. 50, 17, 153): *"quemadmodum nulla possessio adquiri nisi animo et corpore potest, ita nulla amittitur, nisi in qua utrumque in contrarium actum est"*. Aparentemente, PAULO parece sustentar a ideia de que a posse, para cuja aquisição se torna necessário a verificação dos dois elementos em conjunto ("*nulla*

mento clássico até aí – e admitindo a subsistência da posse apenas com o elemento voluntário (*possessio solo animo, possessio quae animo retinur*), numa lógica de predominância deste último sobre o *possidere corpore*, necessário para a aquisição da posse, mas já não para a sua conservação, torna-se o pensamento oficial do Direito justinianeu[1052].

Para além do já abordado problema da posse em caso de ocupação clandestina de prédio, que no Direito justinianeu nunca conduz à perda da posse, que se conserva sempre *solo animo* (*possessio quae animo retinur*), essa doutrina serve igualmente para regular outros problemas possessórios delicados, tais como, a posse pelo ausente[1053] e a posse por prisioneiro[1054].

Uma última hipótese de infidelidade do intermediário consiste na entrega da coisa directamente a um terceiro. Não se trata agora de deixar meramente desocupado o prédio à mercê da ocupação de outra pessoa, mas

possessio adquiri nisi animo et corpore potest"), pode cessar se falta qualquer deles, o que colide frontalmente com outras decisões do mesmo jurista. Esta suposta antinomia foi objecto de várias tentativas de interpretação, sem que nenhuma delas se haja imposto peremptoriamente. Sobre o problema, cf. ALBERTARIO, D. 41, 2, 8 e la perdita del possesso nella dottrina giustinianea, cit., pág. 247 e segs., BONFANTE, Corso Di Dirtto Romano, III, cit., pág. 428, ROTONDI, "Possessio quae animo retinetur – Contributo alla dottrina classica e postclassica del possesso e dell'animus possidendi", cit., pág. 113 e seg., FERRINI, Manuale Delle Pandette, cit., pág. 328, nota 2.

[1052] Para a compreensão deste passo evolutivo da dogmática possessória no Direito romano, cf. ROTONDI, "Possessio quae animo retinetur – Contributo alla dottrina classica e postclassica del possesso e dell'animus possidendi", cit., pág. 167 e segs., ALBERTARIO, D. 41, 2, 8 e la perdita del possesso nella dottrina giustinianea, cit., pág. 247 e segs., KASER, Das Römische Privatrecht, Die Nachklassischen Entwicklungen, cit., pág. 182 e seg.

[1053] No Direito romano clássico, ao ausente não é dispensada nenhuma protecção especial. O afastamento do prédio por tempo indeterminado, implicando a perda da *possessio naturalis*, redunda na perda da posse para o possuidor. A coisa, ao invés, adquire o estatuto de vaga (*vacua possessio*) e fica à mercê da ocupação de terceiro. Se isto acontecer, a nova posse nem é *clam* nem é *vi*, visto que o prédio se encontrava sem possuidor, como, aliás, decorre de GAIO, D. 41, 3, 37, 1 (contra KNIEP, Vacua Possessio, cit., pág. 184; no sentido aqui proposto, ROTONDI, "Possessio quae animo retinetur – Contributo alla dottrina classica e postclassica del possesso e dell'animus possidendi", cit., pág. 173 e segs.). O Direito justinianeu assume, no entanto, uma preocupação de defesa do ausente, que se projecta, entre outros aspectos, na conservação da posse *solo animo*. Para o aprofundamento necessário veja-se ROTONDI, "Possessio quae animo retinetur – Contributo alla dottrina classica e postclassica del possesso e dell'animus possidendi", cit., pág. 177 e segs., BONFANTE, Corso Di Diritto Romano, III, cit., pág. 417 e segs.

[1054] O prisioneiro perde a posse no Direito clássico não só pela perda do senhorio de facto, mas também por incapacidade de possuir. No Direito justinianeu, o seu estatuto vem assemelhado ao ausente e a posse das suas coisas conservada em termos idênticos. Sobre este tema, cf. ROTONDI, "Possessio quae animo retinetur – Contributo alla dottrina classica e postclassica del possesso e dell'animus possidendi", cit., pág. 184 e segs., BONFANTE, Corso Di Diritto Romano, III, cit., pág. 421.

de proceder à entrega da coisa a ela. No Direito clássico, não restam dúvidas de que o possuidor perde a posse com a entrega feita pelo escravo ou colono a terceiro[1055]. Essa solução vem ditada pela base realística do *possesso*. Sem a *possessio naturalis*, a detenção física da coisa, que encerra o controlo material dela, não pode haver posse, que implica o conjunto dos dois elementos.

Com a manifesta inclinação bizantina pela doutrina do *animus*, a solução oposta foi a adoptada no Direito justinianeu. Qualquer dúvida sobre o ponto vem esclarecida pela conhecida constituição de Justiniano (7, 32, 12): "*ex libris sabinianis quaestionem in divinas nostri numinis aures relatam tollentes definimus, ut sive servus sive procurator vel colonus vel inquilinus vel quispiam alius, per quem licentia est nobis possidere, corporaliter nactam possessionem cuiuscumque rei eam derelinquerit vel alii prodiderit, desidia forte vel dolo, ut locus aperiatur alii eandem possessionem detinere, nihil penitus domino praeiudicium generetur, ne ex aliena malignitate alienum damnum emergat, sed et ipse, si liberae condicionis est, competentibus actionibus subiugetur, omni iactura ab eo restituenda domino rei vel ei, circa quem neglegenter vel dolose versatus est*"[1056]. É a doutrina subjectivista do *animus possidendi*, triunfante no seu tempo, que permite a Justiniano salvar a posse do esbulhado quando o senhorio de facto sobre a coisa se encontra com terceiro[1057].

III. Para lá dos elementos constitutivos da noção de posse, a conservação desta requer igualmente que se mantenham os pressupostos ligados ao objecto ou à pessoa do possuidor. Assim, se a coisa é posta fora do comércio, a posse deixou de ser possível e, se existir a favor de alguém, extingue-se nesse momento.

Em caso de a coisa deixar de ser autónoma, nomeadamente, por ter funcionado o regime da acessão ou da especificação, a posse cessa igualmente, visto que só pode ter por objecto coisas com individualidade própria e juridicamente autónomas.

[1055] Cf. ROTONDI, "Possessio quae animo retinetur – Contributo alla dottrina classica e postclassica del possesso e dell'animus possidendi", cit., pág. 188 e segs., BONFANTE, Corso Di Diritto Romano, III, cit., pág. 401.
[1056] Não obstante a disputa interpretativa sobre o real alcance desta constituição de Justiniano, quer-nos parecer que ela engloba patentemente a hipótese de entrega da coisa a terceiro pelo intermediário.
[1057] ROTONDI, "Possessio quae animo retinetur – Contributo alla dottrina classica e postclassica del possesso e dell'animus possidendi", cit., pág. 200.

Se o possuidor deixa de ser capaz de exercício não perde por isso a sua posse. A sujeição à escravidão, porém, implica a extinção das situações possessórias existentes na sua esfera jurídica.

IV. No que respeita às coisas móveis, o regime da conservação ou perda da posse exprime de modo mais vincado a ideia de materialidade subjacente ao *possidere corpore* ou *possessio naturalis* quando comparado com o que sucede relativamente aos prédios. Enquanto o possuidor de uma coisa móvel a tem na sua custódia, a posse mantém-se; se a custódia vem a desaparecer, por qualquer razão, a posse extingue-se, acompanhando a cessação do domínio de facto sobre a coisa.

Um simples afastamento efémero ou ocasional, sem carácter duradouro, não desencadeia a perda da posse se persistir o senhorio da coisa, entendido de acordo com as concepções sociais vigentes. Contudo, a coisa perdida e não encontrada, que não pode ser achada, deixa de estar na posse de alguém[1058]. A este propósito, diz PAULO[1059]: "*nerva filius res mobiles excepto homine, quatenus sub custodia nostra sint, hactenus possideri, id est quatenus, si velimus, naturalem possessionem nancisci possimus. Nam pecus simul atque aberraverit aut vas ita exciderit, ut non inveniatur, protinus desinere a nobis possideri, licet a nullo possideatur: dissimiliter atque si sub custodia mea sit nec inveniatur, quia praesentia eius sit et tantum cessat interim diligens inquisitio*".

Como sempre, a ideia de custódia não exprime senão o controlo material da coisa inerente ao possuir. Enquanto o possuidor pode agir sobre a coisa, caso o queira fazer, a posse mantém-se. Quebrado, todavia, o enlace material, a posse acabou. É o que sucede com as coisas perdidas: "*si id quod possidemus ita perdiderimus, ut ignoremus, ubi sit, desinimus possidere*", afirma POMPONIO[1060].

De modo semelhante, as pedras afundadas no rio durante um naufrágio deixam de estar na posse do seu antigo possuidor. Sustenta-o ULPIANO[1061]: "*Pomponius refert, cum lapides in Tiberim demersi essent naufragio et post tempus extracti, an dominium in integro fuit per id tempus, quo erant mersi. Ego dominium me retinere puto, possessionem non puto (...)*".

[1058] Naturalmente, esta consequência respeita apenas à posse e não à propriedade, que tem os seus próprios factos extintivos. ULPIANO, por exemplo, deixa isso bem claro em D. 41, 2, 13 pr.
[1059] D. 41, 2, 3, 13.
[1060] D. 41, 2, 25 pr.
[1061] D. 41, 2, 15.

Também relativamente às coisas roubadas a posse cessa, pois o possuidor não está mais no controlo material das mesmas. Segundo GAIO[1062]: *"rem, quae nobis subrepta est, perinde intellegimur desinere possidere atque eam, quae vi nobis erepta est"*.

O regime da posse oferece, no entanto, algumas especificidades com respeito às coisas móveis animadas[1063] e aos escravos fugitivos[1064]. Os animais que vivem em prédio de alguém consideram-se possuídos ainda que se ausentem periodicamente, contando que o afastamento seja temporário e não definitivo. PAULO[1065] exemplifica com os pombos e as abelhas. No entanto, este jurista não deixa de fazer uma distinção importante: os animais selvagens que recebem clausura são objecto de posse, mas aqueles que permanecem livres, no seu estado natural, esses não são possuídos por ninguém, nem mesmo pelo proprietário do prédio, ainda que este esteja vedado[1066].

V. A situação do escravo fugitivo levanta alguns problemas possessórios especiais[1067]. Apenas faremos uma muito breve menção a um deles, a saber, se o escravo fugitivo continua a ser possuído depois da fuga. A relevância que este tema assume prende-se com a evolução da doutrina possessória romana e a importância dada ao *animus*, crescentemente visto como elemento autónomo da posse.

A escola proculiana nega a continuação da posse em caso de fuga do escravo, enquanto alguns dos seguidores da escola sabiniana adoptam a posição oposta. PAULO[1068], que não toma partido nem exprime uma opinião própria neste trecho, dá nota da divergência entre escolas a propósito deste problema: *"per servum, qui in fuga sit, nihil posse nos possidere nerva filius ait, licet*

[1062] D. 41, 2, 13 pr.

[1063] Cf. a este propósito ROTONDI, "Possessio quae animo retinetur – Contributo alla dottrina classica e postclassica del possesso e dell'animus possidendi", cit., pág. 114 e segs., BONFANTE, Corso Di Diritto Romano, III, cit., pág. 406.

[1064] Sobre isto, cf. o ponto seguinte, neste número.

[1065] D. 41, 2, 3, 16 *"quidam recte putant columbas quoque, quae ab aedificiis nostris volant, item apes, quae ex alveis nostris evolant et secundum consuetudinem redeunt, a nobis possideri"*.

[1066] PAULO, D. 41, 2, 3, 14: *"item feras bestias, quas vivariis incluserimus, et pisces, quos in piscinas coiecerimus, a nobis possideri. Sed eos pisces, qui in stagno sint, aut feras, quae in silvis circumseptis vagantur, a nobis non possideri, quoniam relictae sint in libertate naturali: alioquin etiam si quis silvam emerit, videri eum omnes feras possidere, quod falsum est"*.

[1067] Cf., em particular, ROTONDI, "Possessio quae animo retinetur – Contributo alla dottrina classica e postclassica del possesso e dell'animus possidendi", cit., pág. 143 e segs., BONFANTE, Corso Di Diritto Romano, cit., pág. 411 e segs., BUCKLAND, The Roman Law Of Slavery, cit., pág. 267.

[1068] D. 41, 2, 1, 14.

respondeatur, quamdiu ab alio non possideatur, a nobis eum possideri ideoque interim etiam usucapi. Sed utilitatis causa receptum est, ut impleatur usucapio, quamdiu nemo nactus sit eius possessionem. Possessionem autem per eum adquiri, sicut per eos, quos in provincia habemus, Cassii et Iuliani sententia est". À posição negativa junta-se a voz de Pomponio[1069]: *"sed nec per servum alienum, quem nos bona fide possidemus, dominus peculiari nomine ignorans usucapere poterit, sicuti ne per fugitivum quidem, quem non possidet"*[1070].

Na época clássica tardia a opinião favorável à conservação da posse sobre o escravo fugitivo tende a impor-se. Nesse sentido pronuncia-se Hermogeniano[1071]: *"per servum in fuga agentem, si neque ab alio possideatur neque se liberum esse credat, possessio nobis adquiritur"*; e igualmente Ulpiano[1072]: *"illud quaesitum est, si, cum in fuga esset servus, furtum domino fecisset, an aeque posset habere actionem adversus eum, qui in potestatem domini non regressum bona fide possidere coeperit. Movet quaestionem, quod, quamvis possidere servum eo tempore, quo in fuga est, videor, attamen furti actione non teneor, quasi non sit in mea potestate: quod enim videor possidere, ad usucapionem tantum mihi proficere Iulianus scribit. Dicit igitur Pomponius libro septimo decimo ex Sabino competere furti actionem huic domino, cuius servus in fuga fuit"*[1073].

Paulo realiza a formulação decisiva da doutrina favorável à conservação da posse. No Digesto[1074] este jurista proclama: *"si servus, quem possidebam, fugerit, si pro libera se gerat, videbitur a domino possideri: sed hoc tunc intellegendum est, cum, si adprehensus fuerit, non sit paratus pro sua libertate litigare: nam si paratus sit litigare, non videbitur a domino possideri, cui se adversarium praeparavit"*. Mas é nas *Sententiae* que surgem as afirmações mais esclarecedoras. Assim, em 2, 31, 37: *"servus, qui in fuga est, a domino quidem possidetur, sed dominus furti actione eius nomine non tenetur, quia in potestate eum non habet"*; e em

---

[1069] D. 41, 2, 54, 4.

[1070] Um outro texto do mesmo jurista, onde se reitera implicitamente esta posição, é o D. 6, 2, 15: *"si servus meus, cum in fuga sit, rem a non domino emat, publiciana mihi competere debet, licet possessionem rei traditae per eum nactus non sim"*.

[1071] D. 41, 2, 50, 1.

[1072] D. 47, 2, 17, 3.

[1073] Noutros textos, Ulpiano afirma: *"si fugitivus meus quasdam res instruendi sui causa emerit eaeque raptae sint, quia in bonis meis hae sunt res, possum de his vi bonorum raptorum actione agere"* (D. 47, 8, 25, 2) e *"Pomponius refert, cum lapides in Tiberim demersi essent naufragio et post tempus extracti, an dominium in integro fuit per id tempus, quo erant mersi. Ego dominium me retinere puto, possessionem non puto, nec est simile fugitivo: namque fugitivus idcirco a nobis possideri videtur, ne ipse nos privet possessione: at in lapidibus diversum est"* (D. 41, 2, 13 pr).

[1074] D. 41, 3, 15, 1.

4, 14, 3: *"quotiens numerus servorum propter legem Fufiam Caniniam ineundus est, fugitivi quoque, quorum semper possessio animo retinur, computandi sunt"*.

Fugido o escravo, afastando-se definitivamente da esfera de acção do seu senhor, desaparece o nexo material de dominação que constitui o *possidere corpore*. Para PAULO, porém, a posse não está perdida, não obstante o defeito do elemento físico. A posse conserva-se *solo animo* (*possessio animo retinur*). Um desenvolvimento que decerto PROCULO não previu, mas que se torna no fulcro do regime possessório da época seguinte. No Direito justinianeu, o possuidor conserva a posse sobre o escravo em fuga, posse essa que se retém somente pela vontade (*solo animo*)[1075].

VI. O abandono consubstancia a actuação do possuidor dirigida a desfazer a sua ligação material com a coisa e distingue-se, por isso, claramente da perda dela, que é sempre involuntária.

O possuidor tem o poder de renunciar à posse da coisa e pode fazê-lo livrando-se materialmente dela; com isso revela a sua vontade de não continuar na posse (*animus derelinquendi*). No abandono a posse perde-se *corpore et animo*[1076]

Com o abandono cessa a posse da coisa, que fica sem possuidor, numa situação de *vacua possessio*[1077].

VII. A *deiectio* traduz o desapossamento pela força de uma coisa que está na posse directa de alguém e representa uma das hipóteses mais típicas de extinção da posse tanto na época clássica como no Direito justinianeu[1078].

O possuidor esbulhado vê cessar a sua posse com o esbulho, dado que ficou privado da coisa e está impossibilitado de retomar a sua actuação

---

[1075] Por todos, cf. ROTONDI, "Possessio quae animo retinetur – Contributo alla dottrina classica e postclassica del possesso e dell'animus possidendi", cit., pág. 160 e segs., BONFANTE, Corso Di Diritto Romano, III, cit., pág. 411 e seg.

[1076] BONFANTE, Corso Di Diritto Romano, III, cit., pág. 428, ROTONDI, "Possessio quae animo retinetur – Contributo alla dottrina classica e postclassica del possesso e dell'animus possidendi", cit., pág. 142, BURDESE, "Possesso (dir. rom.)", cit., 6, KASER/KNÜTEL/LOHSSE, Römisches Privatrecht, cit., pág. 128..

[1077] O que não pode nem deve ser confundido com uma situação de *res derelicta*, sem dono (*nullius*), susceptível de ocupação. Na verdade, isso somente acontece se a posse coincide com a propriedade e o possuidor reúne igualmente a condição de proprietário. Porém, num cenário em que o possuidor que realiza o abandono não é o proprietário, a coisa não fica *nullius* e a ocupação não transforma o possuidor no seu proprietário. Daí que falemos simplesmente em *vacua possessio*, para designar a situação da coisa livre de qualquer posse, uma expressão que surge amiúde nas fontes com esse significado.

[1078] ROTONDI, "Possessio quae animo retinetur – Contributo alla dottrina classica e postclassica del possesso e dell'animus possidendi", cit., pág. 130.

material sobre ela. A perda da posse resulta do desaparecimento dos seus elementos constitutivos, *possidere corpore* e *animus possidendi*.

VIII. A *traditio*, sendo embora, em regra, um facto aquisitivo da posse quando visto do lado de quem dela beneficia, importa a perda da posse pelo possuidor que se despoja da coisa pela entrega material a outrem[1079]. Um texto instrutivo de CELSO[1080] ilustra isto: "*quod meo nomine possideo, possum alieno nomine possidere: nec enim muto mihi causam possessionis, sed desino possidere et alium possessorem ministerio meo facio*".

Na *traditio* encontra-se outro caso paradigmático – a par da *deiectio* – de perda da posse pela cessação simultânea de ambas as vertentes da posse, o senhorio de facto sobre a coisa e a intenção (*animus*) de permanecer com ela em seu poder.

Um problema muito discutido entre os juristas romanos consiste em saber se a perda da posse através da *traditio* está ou não condicionada à aquisição correspectiva da posse pela outra parte que recebe a coisa[1081]. As fontes revelam decisões conflituantes a este propósito. De um lado, diz CELSO[1082]: "*si furioso, quem suae mentis esse existimas, eo quod forte in conspectu inumbratae quietis fuit constitutus, rem tradideris, licet ille non erit adeptus possessionem, tu possidere desinis: sufficit quippe dimittere possessionem, etiamsi non transferas. Illud enim ridiculum est dicere, quod non aliter vult quis dimittere, quam si transferat: immo vult dimittere, quia existimat se transferre*". CELSO distingue aqui nitidamente a aquisição e a perda da posse: o possuidor que entrega a coisa em tradição a um *furiosus* perde a posse, ainda que este último não a adquira. E não interessa que a causa da transmissão não opere o efeito desejado, visto que o possuidor que procede à entrega da coisa manifesta a sua intenção de ceder a posse[1083]. Esta opinião suscita um aparente paradoxo: aquele que operou a tradição perde a posse, mas o que recebe, neste caso, um *furiosus*, não a adquire, em função da sua impossibilidade natural de formar a

---

[1079] BONFANTE, Corso Di Diritto Romano, III, cit., pág. 426.

[1080] D. 41, 2, 18 pr.

[1081] Cf. ROTONDI, "Possessio quae animo retinetur – Contributo alla dottrina classica e postclassica del possesso e dell'animus possidendi", cit., pág. 215 e segs., BONFANTE, Corso Di Diritto Romano, III, cit., pág. 426 e segs.

[1082] D. 41, 2, 18, 1.

[1083] Não obstante a expressa menção neste texto à intenção de transferir a coisa e, portanto, à quebra do *animus* de possuir, quer-nos parecer inexacto dizer-se que existe neste caso uma perda de posse com base na intenção, uma vez que, havendo tradição, a coisa é entregue ao *furiosus*, envolvendo também, por conseguinte, a *possessio corpore*. Neste sentido, ROTONDI, "Possessio quae animo retinetur – Contributo alla dottrina classica e postclassica del possesso e dell'animus possidendi", cit., pág. 216, nota 3.

intenção inerente à *possessio*. PAULO[1084] parece concordar com CELSO numa decisão envolvendo o representante do adquirente e ULPIANO[1085] menciona igualmente que MARCELO partilha a opinião do segundo.

De opinião contrária são PAPINIANO e ULPIANO. De acordo com o primeiro[1086]: *"cum fundum qui locaverat vendidisset, iussit emptorem in vacuam possessionem ire, quem colonus intrare prohibuit: postea emptor vi colonum expulit: de interdictis unde vi quaesitum est. Placebat colonum interdicto venditori teneri, quia nihil interesset, ipsum an alium ex voluntate eius missum intrare prohibuerit: neque enim ante omissam possessionem videri, quam si tradita fuisset emptori, quia nemo eo animo esset, ut possessionem omitteret propter emptorem, quam emptor adeptus non fuisset. Emptorem quoque, qui postea vim adhibuit, et ipsum interdicto colono teneri: non enim ab ipso, sed a venditore per vim fundum esse possessum, cui possessio esset ablata. Quaesitum est, an emptori succurri debeat, si voluntate venditoris colonum postea vi expulisset. Dixi non esse iuvandum, qui mandatum illicitum susceperit"*. Pode duvidar-se, no entanto, se o caso tratado por PAPINIANO coincide com o de CELSO e haja, por conseguinte, uma verdadeira divergência entre ambos, na medida em que nele não chega sequer a concretizar-se a tradição material da coisa. DERNBURG defende que o caso a que PAPINIANO se refere respeita a uma hipótese de *traditio longa manu*, o que poderia justificar a diferença de opiniões. BONFANTE[1087] adere à leitura de DERNBURG.

ULPIANO[1088], por sua vez, profere a seguinte decisão: *"si me in vacuam possessionem fundi Corneliani miseris, ego putarem me in fundum Sempronianum missum et in Cornelianum iero, non adquiram possessionem, nisi forte in nomine tantum erraverimus, in corpore consenserimus. Quoniam autem in corpore consenserimus, an a te tamen recedet possessio, quia animo deponere et mutare nos possessionem posse et Celsus et Marcellus scribunt, dubitari potest: et si animo adquiri possessio potest, numquid etiam adquisita est? Sed non puto errantem adquirere: ergo nec amittet possessionem, qui quodammodo sub condicione recessit de possessione"*[1089]. Neste caso,

---

[1084] D. 41, 2, 1, 20: "(...) *Alioquin si dicamus per eos non adquiri nobis possessionem, qui nostro nomine accipiunt, futurum, ut neque is possideat cui res tradita sit, quia non habeat animum possidentis, neque is qui tradiderit, quoniam cesserit possessione*". Cf. ROTONDI, "Possessio quae animo retinetur – Contributo alla dottrina classica e postclassica del possesso e dell'animus possidendi", cit., pág. 216.

[1085] D. 41, 2, 34 pr., adiante citado no texto.

[1086] D. 43, 16, 18 pr.

[1087] Corso Di Diritto Romano, III, cit., pág. 427 e seg.

[1088] D. 41, 2, 34 pr.

[1089] Uma proposta de reconstrução de sentido deste texto pode ver-se em ROTONDI, "Possessio quae animo retinetur – Contributo alla dottrina classica e postclassica del possesso e dell'animus possidendi", cit., pág. 217 e seg.

o adquirente vem a ser colocado na posse de um prédio que julga ser o que adquiriu, não o sendo, havendo, portanto, uma divergência na intenção.

A intenção possessória do adquirente não respeita ao prédio recebido. ULPIANO nega, assim, a aquisição da posse por aquele a favor do qual o prédio foi desocupado: uma pessoa em erro sobre a coisa não pode adquirir a posse dela; e rejeita igualmente a perda de posse do possuidor, assumindo a sua divergência com CELSO e MARCELO[1090].

A solução propugnada por ULPIANO torna-se a regra no Direito justinianeu[1091]. A aproximação do regime possessório ao regime dos direitos permite explicar, sem dificuldade, que faltando a causa da transmissão ou sendo a mesma inválida, a posse não se transmite como um direito não se transmite.

Da *tradito* deve manter-se separada a mera entrega da coisa pelo possuidor ao colono, ao locatário, ao comodatário ou ao depositário em cumprimento de um contrato ou de outro facto jurídico qualquer que determine tal dever. Esta entrega não encerra o significado de uma *traditio*, não implica a perda da posse pelo possuidor, nem a sua aquisição pelo beneficiário do acto de entrega, que apenas fica investido na *possessio naturalis*[1092].

IX. Atendendo a que a posse envolve estruturalmente o senhorio de facto e o *animus possidendi*, pode levantar-se a hipótese de ela se considerar perdida por mera vontade do possuidor ("*solo animo*"), mesmo quando este continua a reter a coisa em seu poder[1093]. Tal hipótese não fere a lógica clássica do instituto, que vê a posse na combinação dos dois momentos: o do domínio de facto e o da vontade de exercê-lo. Ora, se falha um deles, neste caso o elemento voluntário, parece natural dizer que a posse se perde. Isso vai de encontro, aparentemente, à máxima, segundo a qual, a posse se perde *aut corpore aut animo*[1094].

[1090] DERNBURG e BONFANTE, ob. ult. cit., equiparam este caso de ULPIANO com o de PAPINIANO. Nós somos de opinião diversa; enquanto no caso trazido por PAPINIANO nunca chega a haver controlo material da coisa, porque o locatário se opõe à entrada do adquirente no prédio, no caso abordado por ULPIANO a coisa fica à disposição do adquirente (*vacua possessio*), que chega a entrar no prédio, embora em erro sobre identidade dele.

[1091] Sobre o ponto, veja-se ROTONDI, "Possessio quae animo retinetur – Contributo alla dottrina classica e postclassica del possesso e dell'animus possidendi", cit., pág. 218 e seg.

[1092] SCHULZ, Derecho Romano Clásico, cit., pág. 422.

[1093] ROTONDI, "Possessio quae animo retinetur – Contributo alla dottrina classica e postclassica del possesso e dell'animus possidendi", cit., pág. 109 e segs., BONFANTE, Corso Di Diritto Romano, III, cit., pág. 421 e segs., KNIEP, Vacua Possessio, cit., pág. 235 e segs.

[1094] SCHULZ, Derecho Romano Clásico, cit., pág. 422, BURDESE, "Possessio (dir. rom.)", cit., 7.

ROTONDI[1095] insurge-se contra esta ideia, caracterizando-a como "privada da mais remota verosimilhança". BONFANTE[1096], por seu lado, não a afastando completamente, como faz ROTONDI, qualifica-a como "quase quimérica". Em jogo não estão, porém, todos os casos em que a doutrina sustenta haver perda de posse com a cessação do *animus*, mas o caso singular correspondente ao *nolle possidere*. E apenas no âmbito respeitante aos imóveis[1097].

As fontes romanas contêm três textos, dois de PAULO[1098] e um de ULPIANO[1099], onde se versa este caso. Dificuldades emergem, porém, do facto de todos eles apresentarem indícios fortes de interpolação, o que os torna menos credíveis e fiáveis[1100]. De acordo com ULPIANO: "*differentia inter dominium et possessionem haec est, quod dominium nihilo minus eius manet, qui dominus esse non vult, possessio autem recedit, ut quisque constituit nolle possidere. Si quis igitur ea mente possessionem tradidit, ut postea ei restituatur, desinit possidere*". O texto não tem uma leitura fácil e sugere interpretações variadas. ROTONDI[1101], na antítese entre a perda da propriedade e a perda da posse, vê nele a referência a uma situação de constituto possessório, em que se dá a perda da posse pelo cessar do *animus*, conservando o antigo possuidor a coisa, agora como mero detentor. BONFANTE[1102], que rejeita a origem clássica do constituto possessório, inclina-se a afastar o simples *nolle possidere*, defendendo que provavelmente a vontade de perda da posse se manifesta através de um facto qualquer que importe a renúncia a ela. KNIEP[1103], por seu lado, defende que o caso tem a especificidade de incidir sobre uma transmissão temporária da propriedade.

A julgar pelo trecho final do texto de ULPIANO ("*si quis igitur ea mente possessionem tradidit, ut postea ei restituatur, desinit possidere*"), o jurista refere-se muito provavelmente a um negócio sob condição resolutiva, que importa

---

[1095] "Possessio quae animo retinetur – Contributo alla dottrina classica e postclassica del possesso e dell'animus possidendi", cit., pág. 109 e segs.
[1096] Corso Di Diritto Romano, III, cit., pág. 421.
[1097] Quanto a este último plonto, cf. KNIEP, Vacua Possessio, cit., pág. 236.
[1098] D. 41, 2, 1, 4 e D. 41, 2, 3, 6.
[1099] D. 41, 2, 17, 1.
[1100] Vejam-se as severas observações de BESELER, Beiträge, III, Tübingen, 1913, pág. 146.
[1101] "Possessio quae animo retinetur – Contributo alla dottrina classica e postclassica del possesso e dell'animus possidendi", cit., pág. 11 e seg.
[1102] Corso Di Diritto Romano, III, cit., pág. 424.
[1103] Vacua Possessio, cit., pág. 237 e segs.

uma propriedade temporária[1104], com obrigação posterior de restituição da coisa. ULPIANO esclarece que a posse se perde a favor do novo adquirente. Duas observações impõem-se a este propósito. A primeira, que se trata de um caso em que o transmitente permanece com a coisa em seu poder[1105], apesar da transmissão (temporária) da propriedade. A segunda, a de que o *nolle possidere* a que ULPIANO se reporta não decorre de uma vontade nua de renúncia à posse, exteriorizada sem contexto, mas da celebração de um acto com terceiro – de transmissão da propriedade – de onde emerge objectivamente não apenas a cessação do *animus*, mas igualmente a transmissão da posse. Tudo traços caracterizadores da figura do constituto possessório.

PAULO[1106], por sua vez, proclama: "*si vir uxori cedat possessione donationis causa, plerique putant possidere eam, quoniam res facti infirmari iure civili non potest: et quid attinet dicere non possidere mulierem, cum maritus, ubi noluit possidere, protinus amiserit possessionem*". O caso objecto da decisão envolve uma doação entre cônjuges, do marido para a mulher, em que a coisa se encontra no domínio de facto da última. PAULO afirma que o marido perdeu a posse logo que deixou de querer retê-la. Em rigor, porém, a coisa já estava com a mulher, pelo que o caso cai fora do âmbito do simples *nolle possidere*[1107]. A cessação da posse não opera aqui somente pela força isolada do *animus*[1108].

Em outro texto de PAULO[1109], pode ler-se: "*in amittenda quoque possessione affectio eius qui possidet intuenda est: itaque si in fundo sis et tamen nolis eum possidere, protinus amittes possessionem. Igitur amitti et animo solo potest, quamvis adquiri non potest*". Se alguém está num prédio, mas não tem intenção de o reter, perde a posse. Conquanto a posse não possa ser adquirida meramente com base no *animus*, pode cessar, no entanto, *solo animo*.

Nesta decisão de PAULO apoia-se uma boa parte da melhor doutrina romanista que admite a perda da posse pelo desaparecimento do *animus* do possuidor[1110]. Para além dos casos em que isso sucede pela quebra do senhorio de facto sobre a coisa (*possidere corpore, possessio naturalis*) ou pelo desa-

---

[1104] KNIEP, Vacua Possessio, cit., pág. 239, ROTONDI, "Possessio quae animo retinetur – Contributo alla dottrina classica e postclassica del possesso e dell'animus possidendi", cit., pág. 111, nota 2.
[1105] Isto parece ser um dado inequívoco. Veja-se também KNIEP, Vacua Possessio, cit., pág. 239.
[1106] D. 41, 2, 1, 4.
[1107] Neste sentido, com razão, ROTONDI, "Possessio quae animo retinetur – Contributo alla dottrina classica e postclassica del possesso e dell'animus possidendi", cit., pág. 112.
[1108] KNIEP, Vacua Possessio, cit., pág. 237.
[1109] D. 41, 2, 3, 6.
[1110] Cf. BURDESE, In tema de Animus Possidendi, cit., pág. 544 e seg. e Manuale Di Diritto Privato Romano, cit., pág. 461,

parecimento simultâneo dos dois aspectos da posse (*possidere corpore* e *animus possidendi*), a ausência da vontade de possuir implica também a perda da posse.

Alguns dos mais importantes romanistas colocam, todavia, em crise o carácter genuíno deste passo da doutrina de PAULO. BESELER[1111] tem-o por interpolado pelos compiladores e sugere uma formulação própria para o texto original do jurista. KÜBLER[1112], KASER[1113], ROTONDI[1114] e CANNATA, todos eles estão de acordo na defesa da tese de que existe interpolação.

Não custa admitir, porém, que a lógica do texto está de acordo com o pensamento romano original. Se a posse compreende os dois elementos apontados, falhando um deles, no caso a vontade de estar na posse, a consequência esperada reside na extinção desta. E nada mais natural que um dos grandes, senão o maior, teórico romano da posse o afirme.

Em todo o caso, convém não esquecer que na doutrina possessória de PAULO, e no Direito pós-clássico posterior, o *animus* ganha a dimensão de um elemento autónomo da posse[1115], diferenciado da detenção material da coisa, e que, por esta razão, a asserção de que a posse se perde quando o possuidor deixa de ter vontade de reter a coisa assume um significado que não podia ter na época clássica anterior a PAULO. Durante este período afigura-se impensável que alguém que não tem mais a intenção de possuir permaneça com a coisa em seu poder. A retenção da coisa surge como incompatível com a intenção de não possuir e, por isso, se o possuidor deixou de ter vontade de possuir a coisa, abandona-a (*derelictio*) ou transmite-a a terceiro (*traditio*), destruindo o nexo de ligação material gerador da *naturalis possessio*[1116]. A permanência na coisa, excepto na posição de intermediário de outrem, indicia, pois, a intenção de a ter para si, na simbiose perfeita dos dois aspectos – *animus possidendi* e *possidere corpore* – em que se traduz a posse na época clássica. E enquanto dura essa permanência, a posse conserva-se.

Se a doutrina de PAULO não foi alterada pelos compiladores, a evolução da concepção do *animus* como elemento autónomo da posse e o seu ascen-

---

[1111] Beiträge, III, cit., pág. 146 e seg..
[1112] Berliner Philologische Wochenschrift, 1914, pág. 1258.
[1113] KASER, Das Römische Privatrecht, Das Altrömische, Das Vorklassisches und Klassiches Recht, cit., pág. 333, nota 24.
[1114] ROTONDI, "Possessio quae animo retinetur – Contributo alla dottrina classica e postclassica del possesso e dell'animus possidendi", cit., pág. 114.
[1115] Cf. *supra* no texto, no ponto atinente aos elementos da posse.
[1116] Vejam-se as certeiras considerações de ROTONDI, "Possessio quae animo retinetur – Contributo alla dottrina classica e postclassica del possesso e dell'animus possidendi", cit., pág. 112 e segs.

dente sobre a ligação física e material à coisa, aspectos que germinam na teoria possessória deste jurista, podendo fundamentar a conservação da *possessio solo animo* em alguns casos, justificariam logicamente que ela se pudesse perder apenas pela vontade do possuidor (perda *solo animo*)[1117]. Desde logo, nos mesmos casos em que é admitida a conservação da posse *solo animo*, a quebra do *animus* não pode deixar de importar a cessação da posse. Uma posse mantida unicamente pela vontade, cessa quando esta acaba, seja espontaneamente seja pelo uso da força por parte de terceiro.

Dúvidas subsistem, no entanto, se em D. 41, 2, 3, 6 Paulo tem em vista a perda da posse pelo simples *nolle possidere*. Uma pura declaração de vontade no prédio, sem ninguém em particular a quem se dirija, deve rejeitar-se[1118-1119]. Não obstante a falta de detalhes no texto, o caso reporta-se certamente a uma situação em que o possuidor, provavelmente cedendo o direito a um terceiro (venda, doação, etc.), fica no prédio a qualquer título (locatário, comodatário ou outro)[1120]. A declaração de perda do *animus* retira-se do facto que, transmitido o direito, autoriza o antigo possuidor a permanecer na coisa (locação, comodato ou outro). Tudo notas distintivas de um caso de constituto possessório[1121].

Afastada a hipótese de perda da posse na situação referida por Paulo e por Ulpiano de *nolle possidere*, a perda da posse unicamente pelo *animus* ocorre nos casos de constituto possessório e de posse conservada *solo animo*[1122], neste último, quando o possuidor, perante a ocupação do prédio por terceiro, renuncia espontaneamente a recuperar o controlo material da coisa ou é forçado coercivamente a fazê-lo[1123].

[1117] Em sentido contrário, cf. Rotondi, "Possessio quae animo retinetur – Contributo alla dottrina classica e postclassica del possesso e dell'animus possidendi", cit., pág. 114, que defende que a lógica da teoria de Paulo deveria levar este a rejeitar a perda *solo animo*. Não acompanhamos este ilustre romanista, pois não vemos como negar que uma posse conservada *solo animo* se extinga quando o *animus* cessa. Se já não havia a ligação material que caracteriza o senhorio de facto, a perda da posse só pode resultar justamente da falta do *animus* (perda *solo animo*).

[1118] Cf. também a breve consideração de Kniep, Vacua Possessio, cit., pág. 236.

[1119] Kaser, Das Römische Privatrecht, Das Altrömische, Das Vorklassisches und Klassisches Recht, cit., pág. 333, parece supor, de modo algo diferente, que, mesmo continuando a haver o poder de facto sobre a coisa, uma confirmação exteriorizada de modificação de vontade seja suficiente para a perda da posse (*solo animo*).

[1120] É também a leitura de Bonfante, Corso Di Diritto Romano, III, cit., pág. 423.

[1121] Igualmente neste sentido, cf. Burdese, "Possesso (dir. rom.)", cit., 7.

[1122] Cf. Burdese, "Possesso (dir. rom.)", cit., 7.

[1123] Cf. o que dizemos *supra* a prpósito da conservação da posse.

De qualquer modo, no Direito justinianeu clarifica-se definitivamente que a posse pode perder-se pelo desaparecimento de qualquer dos seus elementos, seja o poder de facto seja o *animus*[1124].

X. Na época clássica a morte do possuidor trás consigo a perda da posse. Os herdeiros, por sua vez, só ficam investidos nela quando ocorre a apreensão material a seu favor e nunca antes[1125]. Nas palavras de JAVOLENO[1126]: *"cum heredes institui sumus, adita hereditate omnia quidem iura ad nos transeunt, possessio tamen nisi naturaliter comprehensa ad nos non pertinet".*

XI. A destruição da coisa faz cessar quer o senhorio de facto sobre a coisa quer o *animus* de actuar sobre ela e, nessa medida, tem como consequência a perda da posse, seja qual for a época considerada do Direito romano.

14. *Possessio plurium in solidum*

A introdução da *exceptio vitiosae possessionis* (*"nec vi nec clam nec precario alter ab altero"*) nos interditos possessórios, em particular no interdito *uti possidetis*, implicou uma alteração substancial na índole da defesa interdital[1127]. O possuidor esbulhado com violência ou clandestinamente, assim como o precarista, podem reagir por meio de interdito contra o terceiro que agora tem a coisa, solicitando ao pretor a sua restituição. A excepção de posse viciada permite, assim, a quem já não tem a coisa consigo, tendo perdido o controlo material respectivo, recuperar a posse, em detrimento do esbulhador.

As implicações teóricas da defesa interdital implicando a *exceptio vitiosae possessionis* são consideráveis. Aquele que, pela força ou clandestinamente, ganha o controlo material da coisa e tem, deste modo, o senhorio de facto sobre ela está em condições de reclamar uma posse para si e pode, por isso, defender a mesma defronte de um terceiro que desafie a sua posição. Mas o esbulhado consegue através da *exceptio* derrotar o esbulhador, reavendo a coisa. Quem é, então, o possuidor? O esbulhador? O esbulhado? Ambos?[1128]

[1124] ALBERTARIO, D. 41, 2, 8 e la perdita del possesso nella dottrina giustinianea, cit., pág. 247 e segs. KASER/KNÜTEL, Römisches Privatrecht, cit., pág. 105.

[1125] Cf. BONFANTE, Corso Di Diritto Romano, III, cit., pág. 273 e seg., KASER/KNÜTEL/LOHSSE, Römisches Privatrecht, cit., pág. 128.

[1126] D. 41, 2, 23 pr.

[1127] Sobre este ponto, veja-se muito em particular ROTONDI, "Possessio quae animo retinetur – Contributo alla dottrina classica e postclassica del possesso e dell'animus possidendi", cit., pág. 124 e segs.

[1128] Sobre este tema, cf. muito em particular SAVIGNY, Das Recht des Besitzes, cit., § 11, pág. 170 e segs., ROTONDI, "Possessio quae animo retinetur – Contributo alla dottrina classica e postclassica

Muito antes do advento da teoria do *animus*, e do desenvolvimento que PAULO lhe conferiu na doutrina possessória, TREBAZIO inaugura a defesa da tese da dupla posse, relacionando-a com a dicotomia posse justa posse injusta e, por isso, com o funcionamento da *exceptio vitiosae possessionis*. É em PAULO[1129] que encontramos o relato da posição deste jurista clássico: *"ex contrario plures eandem rem in solidum possidere non possunt: contra naturam quippe est, ut, cum ego aliquid teneam, tu quoque id tenere videaris. Sabinus tamen scribit eum qui precario dederit et ipsum possidere et eum qui precario acceperit. Idem Trebatius probabat existimans posse alium iuste, alium iniuste possidere, duos iniuste vel duos iuste non posse. Quem Labeo reprehendit, quoniam in summa possessionis non multum interest, iuste quis an iniuste possideat: quod est verius. Non magis enim eadem possessio apud duos esse potest, quam ut tu stare videaris in eo loco, in quo ego sto, vel in quo ego sedeo, tu sedere videaris".*

Para TREBAZIO, conquanto não seja possível haver duas posses da mesma espécie, pode dar-se o caso de um dos possuidores ter uma posse justa (o esbulhado) e o outro possuidor uma posse injusta (o esbulhador). Até à resolução do conflito com a intervenção do pretor, uma dupla posse incide, assim, sobre a coisa, apesar da diferente qualificação da posse de cada um dos possuidores (*possessio plurium in solidum* ou *possessio duorum in solidum*).

O apego à doutrina da dupla posse surge também em outros juristas posteriores e maioritariamente com ligação aos casos da *exceptio vitiosae possessionis*[1130]. Assim, diz ULPIANO[1131] referindo-se a um caso de esbulho pela força (*vi*): *"si quis vi de possessione deiectus sit, perinde haberi debet ac si possideret, cum interdicto de vi reciperandae possessionis facultatem habeat"*. O possuidor esbulhado pela força mantém-se na posse, uma vez que pode recuperar a coisa por via interdital em virtude do uso da força pelo esbulhador contra si.

Agora num plano mais geral, numa outra decisão, que envolve tanto o uso da força como a actuação clandestina, ULPIANO[1132] sustenta: *"si duo possideant in solidum, videamus, quid sit dicendum. Quod qualiter procedat, tractemus, si quis proponeret possessionem iustam et iniustam. Ego possideo ex iusta causa, tu vi*

---

del possesso e dell'animus possidendi", cit., pág. 124 e segs., FERRINI, Manuale Di Pandette, cit., pág. 312, BONFANTE, Corso Di Diritto Romano, III, cit., pág. 276.
[1129] D. 41, 2, 3, 5.
[1130] Um relato doutrinário pode igualmente ser confrontado em SAVIGNY, Das Recht des Besitzes, cit., § 11, pág. 173 e segs.
[1131] D. 41, 2, 17 pr.
[1132] D. 43, 17, 3 pr.

aut clam: si a me possides, superior sum interdicto, si vero non a me, neuter nostrum vincetur: nam et tu possides et ego".

Finalmente, Juliano[1133], em tema de *precario*, afirma: *"duo in solidum precario habere non magis possunt, quam duo in solidum vi possidere aut clam: nam neque iustae neque iniustae possessiones duae concurrere possunt".*

Outro dos juristas clássicos em que aparece a defesa da dupla posse é Sabino. Segundo Paulo[1134]: *"Sabinus tamen scribit eum qui precario dederit et ipsum possidere et eum qui precario acceperit".* Aventa-se, no entanto, a interpretação, segundo a qual, Sabino estaria a pronunciar-se a favor da dupla posse com um sentido diverso de Trebazio. Enquanto para este último a dupla posse de uma coisa seria entre um possuidor justo e outro injusto[1135], para Sabino, que se reporta à relação instituída entre o concedente do *precario* e o precarista, ela significaria diversamente uma repartição dos efeitos da posse: ao concedente caberia a posse para o efeito da usucapião; o precarista, por sua vez, seria o possuidor que beneficiaria da protecção interdital (*possessio ad interdictum*)[1136]. Esta deve considerar-se, todavia, uma posição restringida a este jurista. As pronúncias posteriores, de Juliano e de Ulpiano, tocam novamente no tema da posse justa e injusta[1137].

Labeão, citado por Paulo[1138], opõe-se a esta doutrina da dupla posse defendida por Trebazio e Sabino: *"quem Labeo reprehendit, quoniam in summa possessionis non multum interest, iuste quis an iniuste possideat".* A posição de Labeão colhe o favor de Paulo: *"(...) quod est verius. Non magis enim eadem possessio apud duos esse potest, quam ut tu stare videaris in eo loco, in quo ego sto, vel in quo ego sedeo, tu sedere videaris".*

Para Labeão e Paulo pode haver somente um possuidor da coisa em caso de esbulho violento, de ocupação clandestina ou de concessão de *precario*; nisso ambos acordam. Mas quem é ele? Aqui a divergência surge, apesar de não sugerida pelo texto da decisão de Paulo. Na época de Labeão, uma posse não acompanhada do senhorio de facto, da *naturalis possessio*, não vem à consideração. Por isso, possuidor é somente o esbulhador ou o preca-

---

[1133] D. 43, 26, 19 pr.
[1134] D. 41, 2, 3, 5.
[1135] Cf. D. 41, 2, 3, 5.
[1136] Cf. neste sentido Rotondi, "Possessio quae animo retinetur – Contributo alla dottrina classica e postclassica del possesso e dell'animus possidendi", cit., pág. 127 e seg.
[1137] Rotondi, "Possessio quae animo retinetur – Contributo alla dottrina classica e postclassica del possesso e dell'animus possidendi", cit., pág. 128.
[1138] D. 41, 2, 3, 5.

rista (não o concedente), que tem a coisa em seu poder. A visão de PAULO, por sua vez, assenta noutra construção da posse. A autonomização do *animus* face ao *possidere corpore* e a predominância que o primeiro adquire sobre o segundo, sugerem-lhe outra resposta. Mesmo privado do poder de facto sobre a coisa, o esbulhado pelo uso da força ou pela actuação clandestina de um terceiro mantém a posse enquanto conserva a intenção de a preservar (*possessio solo animo*). E somente quando o *animus* se quebra a posse se perde, não antes.

E se a controvérsia existe na época clássica, no Direito justinianeu a resposta não oferece dúvidas. Ela surge na interpolação de uma decisão de POMPONIO[1139-1140] e igualmente em tema de *precario*: "*eum, qui precario rogaverit, ut sibi possidere liceat, nancisci possessionem non est dubium: an is quoque possideat, qui rogatus sit, dubitatum est. Placet autem penes utrumque esse eum hominem, qui precario datus esset, penes eum qui rogasset, quia possideat corpore, penes dominum, quia non discesserit animo possessione*". A parte final desta decisão, interpolada, de POMPONIO revela o pensamento dos compiladores e a solução do Direito justinianeu[1141]. Aquele que recebe a coisa em *precario* possui somente *corpore*, quer dizer, tem somente a detenção da coisa. O concedente, proprietário da coisa, não pretendendo renunciar a ela e mantendo o *animus*, conserva a posse[1142].

No Direito justinianeu a entrega da coisa ao precarista pelo concedente não suscita nenhuma situação de dupla posse. Apenas existe uma posse. Simplesmente, e ao contrário da época clássica, a posse permanece no concedente, sendo o precarista um mero detentor.

O mesmo se passa nas hipóteses de esbulho violento (*vi*) ou clandestino (*clam*). O possuidor esbulhado permanece com a posse enquanto subsiste

---

[1139] D. 43, 16, 15, 4.

[1140] Sustentam a existência de interpolação BESELER, Beiträge, IV, cit., pág. 77, ROTONDI, "Possessio quae animo retinetur – Contributo alla dottrina classica e postclassica del possesso e dell'animus possidendi", cit., pág. 126, nota 2, ALBERTARIO, La involuzione Del Possesso Del Precarista, Del Creditore Pignoratizio, E Del Sequestratario Nel Diritto Postclassico Giustinianeo, cit., pág. 145, nota 1, HAEGERSTRÖM, R.. Obligationsbegriff, SCHERILLO, RIL 62 (1929), 395, RIL 63 (1930), 513 e 528.

[1141] Cf. *supra* o que dissemos sobre a posse do precarista. Na doutrina, veja-se ainda ALBERTARIO, La involuzione Del Possesso Del Precarista, Del Creditore Pignoratizio E Del Sequestratario Nel Diritto Postclassico Giustinianeo, cit., pág. 143 e segs.

[1142] Cf. ALBERTARIO, La involuzione Del Possesso Del Preccarista, Del Creditore Pignoratizio, E Del Sequestratario Nel Diritto Postclassico Giustinianeo, cit., pág. 145, ROTONDI, "Possessio quae animo retinetur – Contributo alla dottrina classica e postclassica del possesso e dell'animus possidendi", cit., pág. 128 e seg.

o *animus*[1143]; na relação entre os dois, esbulhador e esbulhado, apenas este último tem a posse. E isto apenas muda se entretanto, por qualquer razão, o *animus* do esbulhado vem a faltar.

Portanto, no Direito justinianeu a regra absoluta, que não conhece excepções, é a de que a posse representa uma situação de exclusividade e não pode haver duas posses sobre a mesma coisa: *"plures eandem rem in solidum possidere non possunt"*. A máxima oposta, *possessio plurium in solidum*, aparece firmemente rejeitada[1144].

15. *Compossessio*

I. Uma recente interpretação do Direito romano rejeita que este haja reconhecido a *compossessio* com o argumento assente no princípio: *plures eandem rem in solidum possidere non possunt*[1145]. Vários não podem possuir a coisa na sua integralidade; apenas um pode exercer o senhorio integral da mesma.

Não se crê que a afirmação do mencionado princípio haja tido o significado de negar a *compossessio*. Não obstante o princípio geral *plures eandem rem in solidum possidere non possunt*, que significava estar excluída a posse integral de vários sobre a coisa, o Direito romano reconhecia ainda assim a *compossessio*[1146], uma posse de vários em comunhão, num desenvolvimento paralelo da figura da comunhão geral de outros direitos, mormente da compropriedade[1147]. Trechos de Pomponio e de Paulo parecem fundar esta opinião. São eles:

– *"Locus certus ex fundo et possideri et per longam possessionem capi potest et certa pars pro indiviso, quae introducitur vel ex emptione vel ex donatione vel qualibet alia ex causa. incerta autem pars nec tradi nec capi potest, veluti si ita tibi tradam: " quidquid mei iuris in eo fundo est": nam qui ignorat, nec tradere nec accipere id, quod incertum est, potest"*[1148];

[1143] Cf. o que dissemos no ponto anterior relativo à conservação e perda da posse.
[1144] Sobre o ponto, cf. Savigny, Das Recht des Besitzes, cit., § 11, pág. 185.
[1145] Balestra, Proprietà e diritti reali, in Il Diritto Privatto Nella Giurisprudenza, a cura de Paolo Cendon, III, Torino, 2012, pág. 258, Cervelli, I diritti reali, terza edizione, Milano, 2014, pág. 329.
[1146] Cf. o trabalho fundamental de Segrè, Sulla Natura Dell Compossesso In Diritto Romano – Contributo Alla Teoria Della Divisibilità Delle Cose E Dei Diritti, Roma, 1889, pág. 3 e segs.
[1147] Sobre este ponto, cf. Bonfante, Corso Di Diritto Romano, III, cit., pág. 275.
[1148] Pomponio, D. 41.2.26.

- *"Incertam partem possidere nemo potest: ideo si plures sint in fundo, qui ignorent, quotam quisque partem possideat, neminem eorum mera suptilitate possidere labeo scribit"*[1149].
- *Incertam partem rei possidere nemo potest, veluti si hac mente sis, ut quidquid titius possidet, tu quoque velis possidere*[1150].

A posse de coisa indivisa levanta, no entanto, algumas dúvidas. Para o que aqui interessa, a controvérsia maior reside no carácter certo ou não da parte de cada compossuidor na coisa indivisa. Nenhuma dúvida existe da possibilidade de composse quando cada compossuidor possui a coisa comum por referência a uma parte ou quota certa. POMPONIO[1151] afirma a regra, segundo a qual, a posse existe em *certa pars pro indiviso*. Contando que a quota esteja determinada – e a determinação resulta do título aquisitivo do direito – a composse não oferece problema.

Ao invés, no que tange às partes indeterminadas, diz igualmente POMPONIO[1152]: *"incertam partem possidere nemo potest: ideo si plures sint in fundo, qui ignorent, quotam quisque partem possideat, neminem eorum mera suptilitate possidere labeo scribit"*.

O princípio, segundo o qual, *incertam partem possidere nemo potest* representa porventura uma filiação do princípio mais amplo *ignoranti non adquiritur possessio*[1153]. Permanece em todo o caso a dúvida sobre se aqueles que se encontram no prédio sem conhecimento da parte que lhes cabe na comunhão da coisa não são realmente possuidores e se, afinal, tanto POMPONIO como LABEÃO não acabam por concordar que são, em derrogação geral do princípio antes afirmado: de que não se pode possuir quota indeterminada de coisa indivisa[1154].

O próprio WINDSCHEID[1155] defende a desnecessidade de determinação da quota do compossuidor. Essa determinação aparece apenas como necessária para aquele que tem a vontade de possuir para si uma parte da coisa e não o que quer possuir a coisa em conjunto com outro ou outros[1156].

[1149] POMPONIO, D. 41.3.32.2.
[1150] PAULO, D. 41.2.3.2
[1151] D. 41, 2, 26.
[1152] D. 41, 3, 32, 2.
[1153] SEGRÈ, Sulla Natura Dell Compossesso In Diritto Romano – Contributo Alla Teoria Della Divisibilità Delle Cose E Dei Diritti, cit., pág. 18.
[1154] SEGRÈ, Sulla Natura Dell Compossesso In Diritto Romano – Contributo Alla Teoria Della Divisibilità Delle Cose E Dei Diritti, cit., pág. 18.
[1155] Lehrbuch des Pandektenrechts, cit., pág. 497, nota 12.
[1156] WINDSCHEID, Lehrbuch des Pandektenrechts, cit., pág. 497, nota 12.

Seja como for, ainda que por razões práticas ou de oportunidade[1157] se possa reconhecer a posse numa situação de *incertam partem*, o princípio geral continua a ser o inverso[1158]. A quota do compossuidor decorre do título aquisitivo do direito. Esclarece POMPONIO[1159]: *locus certus ex fundo et possideri et per longam possessionem capi potest et certa pars pro indiviso, quae introducitur vel ex emptione vel ex donatione vel qualibet alia ex causa (...)*.

Neste enquadramento, o compossuidor possui a sua parte ou quota e não o todo. Nenhum dos compossuidores tem a posse da coisa na íntegra.

16. A posse é um facto ou um direito?

I. Na parte final da nossa digressão pelo Direito romano da posse, eis-nos chegados a uma das magnas questões levantadas pelo estudo do instituto. A posse é um facto (*res facti*) ou é um direito (*res iuris*)[1160-1161]?

Em abono da verdade, convém deixar claro que a questão nunca ocupou os juristas romanos, que não deixaram nenhum pensamento elaborado sobre ela. Esclarecer qual seja a natureza da posse preocupa sobretudo os modernos, que promovem uma discussão intensa à volta do assunto.

No contexto da nossa análise, de índole puramente histórica, não nos interessam as opiniões que discutem a natureza da posse em termos puramente construtivos, abstractos, dogmáticos, em suma, sem ponderar os da-

---

[1157] SEGRÈ, Sulla Natura Dell Compossesso In Diritto Romano – Contributo Alla Teoria Della Divisibilità Delle Cose E Dei Diritti, cit., pág. 19.
[1158] SEGRÈ, Sulla Natura Dell Compossesso In Diritto Romano – Contributo Alla Teoria Della Divisibilità Delle Cose E Dei Diritti, cit., pág. 19.
[1159] D. 41, 2, 26.
[1160] Da extensa literatura jurídica sobre o tema, recomendamos BRINI, Possesso Delle Cose E Possessio Dei Diritti Nel Diritto Romano, Roma, 1978 (reimpressão integral da edição original de 1906), ROTONDI, "Possessio quae animo retinetur – Contributo alla dottrina classica e postclassica del possesso e dell'animus possidendi", cit., pág. 201 e segs., ALBERTARIO, In tema di classificazione del possesso, in Studi Di Diritto Romano, Volume Secondo, cit., pág. 175 e segs., BONFANTE, Corso Di Diritto Romano, III, cit., pág. 223 e segs., BEKKER, Das Recht des Besitzes Bei Den Römern, cit., pág. 25 e segs. e 33 e segs., KASER, Das Römische Privatrecht, Die Nachklassischen Entwicklungen, cit., pág. 182 e segs., SAVIGNY, Das Recht des Besitzes, § 5, pág. 43 e segs.
[1161] Na sua obra sobre a posse, SAVIGNY contorna esta questão, afirmando ser a posse simultaneamente um facto e um direito (Das Recht des Besitzes, § 5, pág. 43 e segs.). A posse seria um facto em si; porém, ela revestiria a natureza jurídica de um direito nas suas consequências jurídicas. A tese é em si mesmo contraditória; uma realidade não pode ser facto e direito simultaneamente. Na verdade, a tese de SAVIGNY, defendendo a dupla natureza da posse, envolve a confusão entre o seu pressuposto material e a própria posse. Se a natureza de facto advém do controlo material da coisa, deixando os efeitos jurídicos de fora, só pode referir-se ao pressuposto da posse, mas não à própria posse. Resta, pois, o lado da posse como direito.

dos das fontes romanas, que constituem o alicerce único de toda a posição possível na matéria[1162]. Por outro lado, interessa-nos somente o que resulta do denominado Direito romano puro, afastando tomadas de posição à luz do Direito comum e ainda aquelas que sob o pano de fundo da posse discutem realmente a noção técnica de direito subjectivo.

Conforme se viu relativamente a outros aspectos do regime jurídico possessório, também quanto a este tema dar uma resposta única que seja válida e verdadeira para todas as épocas do Direito romano significa ignorar factores evolutivos que tornam a abordagem da posse diversa em cada uma delas. A mudança de orientação, sobretudo da época clássica para a época pós-clássica, em particular no período justinianeu, em pontos tão diversos como sejam os elementos da posse, a representação na posse, os factos que ditam a sua aquisição, conservação ou perda, quem tem posse e quem não tem, a defesa possessória, etc., não pode deixar de ser reflectida na fisionomia jurídica do instituto.

Evidentemente, a forma mais directa de se perceber aquilo que os jurisconsultos romanos pensavam ser a natureza da posse consiste em atentar no uso de expressões onde se revela essa natureza. Ainda assim, essa abordagem corre sérios riscos de não produzir os frutos esperados. A suspeita de alteração de alguns textos pelos compiladores ou por algum anotador tardio confere sempre insegurança ao valor dos mesmos para a clarificação do problema.

Em alguns lugares, aparece sugerida explicitamente a ideia da posse como um direito, nomeadamente, através da alocução *ius possessionis*[1163], já que a expressão *ius possidendi* não consta das fontes romanas[1164]. Assim, PAPINIANO[1165] afirma: *"peregre profecturus pecuniam in terra custodiae causa condiderat: cum reversus locum Thensauri memoria non repeteret, an desisset pecuniam possidere, vel, si postea recognovisset locum, an confestim possidere inciperet, quaesitum est. Dixi, quoniam custodiae causa pecunia condita proponeretur, ius possessionis ei,*

[1162] Com toda a razão, ROTONDI, "Possessio quae animo retinetur – Contributo alla dottrina classica e postclassica del possesso e dell'animus possidendi", cit., pág. 207.

[1163] KARLOWA, Römische Rechtsgeschichte, cit., pág. 331, explica que o ter uma coisa reconhecido pelo Direito constitui o *ius possessionis*, que não é meramente uma situação de facto. Na sua amplidão, esta teoria não se compatibiliza com as fontes romanas em todas as épocas da história do Direito romano.

[1164] ALBERTARIO, In tema di classificazione del possesso, cit., pág. 175 e segs., BONFANTE, Corso Di Diritto Romano, III, cit., pág. 226 e segs., ROTONDI, "Possessio quae animo retinetur – Contributo alla dottrina classica e postclassica del possesso e dell'animus possidendi", cit., pág. 206 e segs.

[1165] D. 41, 2, 44, pr.

qui condidisset, non videri peremptum, nec infirmitatem memoriae damnum adferre possessionis, quam alius non invasit: alioquin responsuros per momenta servorum, quos non viderimus, interire possessionem. Et nihil interest, pecuniam in meo an in alieno condidissem, cum, si alius in meo condidisset, non alias possiderem, quam si ipsius rei possessionem supra terram adeptus fuissem. Itaque nec alienus locus meam propriam aufert possessionem, cum, supra terram an infra terram possideam, nihil intersit". O mesmo PAPINIANO[1166] escreve noutro local: *"qui in aliena potestate sunt, rem peculiarem tenere possunt, habere possidere non possunt, quia possessio non tantum corporis, sed et iuris est"*[1167].

ULPIANO[1168], por sua vez, explica: *"habere eum dicimus, qui utitur et iure possessionis fruitur, sive ipse opus fecit sive ex causa emptionis vel conductionis vel legato vel hereditate vel quo alio modo adquisiit".* Mais incisivamente, MARCIANO[1169] afirma: *"si de vi et possessione vel dominio quaeratur, ante cognoscendum de vi quam de proprietate rei divus Pius tw koinw twn vessalwn Graece rescripsit: sed et decrevit, ut prius de vi quaeratur quam de iure dominii sive possessionis".*

Numa constituição do Imperador Constantino, em C. 7, 32, 10, pode ler-se o seguinte: *"nemo ambigit possessionis duplicem esse rationem, aliam quae iure consistit, aliam quae corpore, utramque autem ita demum esse legitimam, cum omnium adversariorum silentio ac taciturnitate firmetur: interpellatione vero et controversia progressa non posse eum intellegi possessorem, qui, licet corpore teneat, tamen ex interposita contestatione et causa in iudicium deducta super iure possessionis vacillet ac dubitet".*

VASSALI, ALBERTARIO[1170] e ROTONDI[1171] demonstraram ampla e convincentemente que em nenhuma das decisões citadas a expressão *ius possessionis* ou a asserção da natureza jurídica da posse, o direito de posse, tem carácter genuíno, sendo o produto da intervenção corruptora dos compi-

---

[1166] D. 41, 2, 49, 1.
[1167] ALBERTARIO, In tema di classificazione del possesso, cit., pág. 177 e seg., indica mais dois textos de PAPIANO onde sobressairia uma natureza jurídica da posse, embora induzida por alterações feitas por redactores justinianeus nas decisões originárias deste jurisconsulto romano. O primeiro contido em D. 41, 2, 49 pr.: *"possessio quoque per servum, cuius usus fructus meus est, ex re mea vel ex operis servi adquiritur mihi, cum et naturaliter a fructuario teneatur et plurimum ex iure possessio mutuetur"*; e o segundo em D. 4., 6, 19.
[1168] D. 43, 8, 2, 38.
[1169] D. 48, 6, 5, 1.
[1170] In tema di classificazione del possesso, cit., pág. 175 e segs., para o qual remetemos integralmente. Veja-se também BONFANTE, Corso Di Diritto Romano, III, cit., pág. 227.
[1171] ROTONDI, "Possessio quae animo retinetur – Contributo alla dottrina classica e postclassica del possesso e dell'animus possidendi", cit., pág. 207 e segs.

ladores ou de anotadores das opiniões dos jurisconsultos clássicos. O que significa que essas decisões são de pouca utilidade para aferir a natureza da posse na época clássica, não obstante guardarem valor para exprimir a inovação do Direito justinianeu.

O entendimento da posse como *res facti* emerge, por sua vez, de uma série de outras decisões de jurisconsultos romanos. Assim, em D. 41, 2, 3, Paulo cita a opinião de Ofelio e de Nerva filho, num trecho em que é afirmada a natureza de facto da posse: *"furiosus, et pupillus sine tutoris auctoritate, non potest incipere possidere, quia affectionem tenendi non habent, licet maxime corpore suo rem contingant, sicuti si quis dormienti aliquid in manu ponat. Sed pupillus tutore auctore incipiet possidere. Ofilius quidem et Nerva filius etiam sine tutoris auctoritate possidere incipere posse pupillum aiunt: eam enim rem facti, non iuris esse: quae sententia recipi potest, si eius aetatis sint, ut intellectum capiant"*. E o mesmo Paulo[1172], logo de seguida, sustenta igualmente: *"si vir uxori cedat possessione donationis causa, plerique putant possidere eam, quoniam res facti infirmari iure civili non potest: et quid attinet dicere non possidere mulierem, cum maritus, ubi noluit possidere, protinus amiserit possessionem?"*. Apesar da doação entre cônjuges não ser admitida pelo *ius civile*, a entrega da coisa à mulher pelo marido que pretende fazer uma doação investe a primeira na posse, pois esta constitui *res facti*. Numa outra decisão, agora de Papiniano[1173], este afirma: *"denique si emptor, priusquam per usum sibi adquireret, ab hostibus captus sit, placet interruptam possessionem postliminio non restitui, quia haec sine possessione non constitit, possessio autem plurimum facti habet: causa vero facti non continetur postliminio"*.

Mais do que enumerar os trechos das fontes romanas onde aflora a afirmação num sentido ou noutro, parece preferível atentar nos dados atinentes ao regime positivo da posse[1174]. Quanto a este ponto, as alterações sofridas ao longo de centenas de anos evidenciam uma lenta, mas segura, mudança de perspectiva quanto à natureza da posse, de mera situação de facto para um direito ou, em todo o caso, para um regime análogo ao dos direitos.

Enquanto a posse se associa simplesmente ao momento objectivo do controlo físico ou material da coisa, ao senhorio sobre ela, e a materialidade surge combinada de modo incindível com a vontade de permanecer

---

[1172] D. 41, 2, 1, 4.
[1173] D. 4, 6, 19.
[1174] Seguindo esta orientação, veja-se Rotondi, "Possessio quae animo retinetur – Contributo alla dottrina classica e postclassica del possesso e dell'animus possidendi", cit., pág. 207.

nesse controlo, portanto, sem que surja uma verdadeira autonomização de elementos, do *animus possiden*di face à *naturalis possessio*, nenhuma dúvida se pode levantar de que ela constitui uma genuína *res facti*. Por isso, ninguém pode adquirir a posse por simples vontade (*solo animo*), se à intenção não corresponder a investidura no domínio físico da coisa[1175]. E, do mesmo modo, aquele que perde a coisa de vista no mercado, que se ausenta do prédio por tempo indeterminado ou vê o mesmo ser ocupado por um terceiro, perde a posse, independentemente da vontade de que tal não aconteça[1176], porque se quebrou o senhorio de facto sobre a coisa.

Outros traços do regime jurídico confirmam este direccionamento. Não obstante a representação em geral não ser admitida, a posse pode ser adquirida por intermédio da acção de um terceiro[1177]. O pupilo não pode adquirir direitos sem a intervenção da autoridade do tutor, mas pode adquirir a posse[1178]. A doação entre cônjuges encontra-se excluída pelo *ius civile*; no entanto, o cônjuge que receba a coisa por esta causa tem a posse dela[1179]. Se o possuidor morre, o sucessor não tem posse enquanto não se consumar a apreensão material da coisa[1180], o que significa que ela não se transmite como efeito da morte. O prisioneiro que vem a ser libertado reingressa na titularidade dos seus direitos, mas a posse fica excluída do acervo destes e somente com um novo facto aquisitivo o liberto volta a ser possuidor[1181].

Supomos ser admissível pensar-se que a confusão do início da época pós-clássica entre a propriedade e a posse, envolvendo os factos aquisitivos e translativos respectivos, haja tido algum peso na mudança de perspectiva a que se assiste em toda essa época, em particular, no período do Direito romano justinianeu. Contudo, a semente dessa mudança encontra-se nos

---

[1175] Cf. *supra* no texto.
[1176] Cf. *supra* no texto.
[1177] Cf. *supra* no texto.
[1178] PAULO, D. 41, 2, 3.
[1179] PAULO, D. 41, 2, 1, 4.
[1180] JAVOLENO, D. 41, 2, 23 pr.
[1181] JAVOLENO, D. 41, 2, 23, 1: "*in his, qui in hostium potestatem pervenerunt, in retinendo iura rerum suarum singulare ius est: corporaliter tamen possessionem amittunt: neque enim possunt videri aliquid possidere, cum ipsi ab alio possideantur: sequitur ergo, ut reversis his nova possessione opus sit, etiamsi nemo medio tempore res eorum possederit*". Veja-se também TRIFONINO em D. 49, 15, 12, 2: "*facti autem causae infectae nulla constitutione fieri possunt. Ideo eorum, quae usucapiebat per semet ipsum possidens qui postea captus est, interrumpitur usucapio, quia certum est eum possidere desisse. Eorum vero, quae per subiectas iuri suo personas possidebat usuque capiebat, vel si qua postea peculiari nomine comprehenduntur, Iulianus scribit credi suo tempore impleri usucapionem remanentibus isdem personis in possessione. Marcellus nihil interesse, ipse possedisset an subiecta ei persona. Sed Iuliani sententiam sequendum est*".

últimos juristas clássicos, muito em especial, na doutrina da conservação da posse *solo animo*, que tem em Paulo[1182] o seu mais forte sustentáculo, podendo dizer-se, pois, que a alteração da visão clássica da posse como *res facti* estava já em curso no dealbar da última época do Direito romano.

A autonomização dos elementos da posse, da *possessio naturalis* e do *animus possidendi*, aparece nos casos em que se considera poder a posse subsistir com a ausência de um deles, o elemento material, contando que o possuidor mantenha a vontade de possuir (*possessio quae animo retinur*). Esta dissociação daquilo que anteriormente se via como uma unidade inextrincável, favorecendo a predominância de um dos elementos, o elemento intencional ou voluntário, sobre o elemento material de senhorio sobre a coisa, provoca uma aproximação da posse ao regime dos direitos, nomeadamente, ao direito de propriedade[1183]. Este direito não se extingue nunca se a coisa vem a ser objecto de esbulho por um terceiro.

Os aspectos de regime jurídico onde a nova visão aflora, sobretudo, através do relevo concedido ao *animus*, foram em grande parte mencionados anteriormente. Se o possuidor se afasta do prédio possuído com carácter sazonal (*saltus hiberni et aestivi*), não perde a posse[1184]. Idêntica solução aparece-nos quanto ao abandono do prédio entregue a escravo ou a terceiro e possuído através deste[1185], ao caso de infidelidade do intermediário[1186], ou à ocupação clandestina da coisa, sempre contando que o possuidor esbulhado mantém o *animus possidendi*[1187].

Também nas situações de ausência ou de retorno de prisioneiro de guerra, as soluções clássicas mostram-se postas em crise pelo reconhecimento de que a posse se mantém por força da subsistência do elemento intencional[1188]. E é por força da manutenção do *animus* que, de acordo com a doutrina que Paulo propugna, o possuidor de escravo fugitivo mantém a posse, ainda que ignore o seu paradeiro e haja perdido por completo o controlo dos seus movimentos[1189].

[1182] Cf. O que dissemos, em especial, no ponto atinente à conservação e perda da posse.
[1183] Vejam-se a apropósito as muito pertinentes observações de Rotondi, "Possessio quae animo retinetur – Contributo alla dottrina classica e postclassica del possesso e dell'animus possidendi", cit., pág. 209.
[1184] Cf. *supra* no texto.
[1185] Cf. *supra* no texto.
[1186] Cf. *supra* no texto.
[1187] Cf. *supra* no texto.
[1188] Cf. *supra* no texto.
[1189] Cf. *supra* no texto.

Outros pontos, como a aquisição da posse por adquirente não presente ou sem entrega efectiva da coisa, a aquisição da posse a *domino etiam ignoranti*, que constitui a regra para a aquisição de direitos tanto na época clássica como na época pós-clássica, a exigência de mandato especial ou ratificação para a aquisição da posse por procurador[1190], a amplidão da defesa possessória, estendida para além dos interditos possessórios gerais[1191], confirmam a diferente perspectiva do Direito justinianeu no confronto com o Direito clássico romano.

A análise do regime jurídico comprova orientações dissonantes nas várias épocas do Direito romano e faz luz sobre a inexistência de uma resposta única para o problema da natureza da posse[1192]. Enquanto até à época clássica a posse reveste indiscutivelmente a natureza de uma *res facti*[1193], na emergência da época pós-clássica vão triunfando soluções que não se compatibilizam com ela. E se uma proclamação aberta e inequívoca da posse como um direito não surge em nenhum lugar, as alterações às fontes clássicas pelos compiladores mostram que a direcção do pensamento do período justinianeu aponta no sentido da equiparação da posse a um *ius*, com o tratamento correspondente[1194].

Portanto, na época pós-clássica, com relevo para o período justinianeu, a posse sofre uma mutação de regime que a torna incompatível com uma pura situação de facto. Também neste ponto se acentua a degenerescência da posse clássica a favor de outras ideias que a tornam distante da sua feição originária na Roma antiga, pré-clássica e clássica.

II. À afirmação da posse como situação de facto segue-se normalmente uma outra, segunda a qual, da posse derivam efeitos jurídicos[1195]. A estes efeitos jurídicos corresponderia a designação de *commoda possessionis* ou,

---

[1190] Cf. *supra* no texto.

[1191] Sobre o ponto, cf. ROTONDI, "Possessio quae animo retinetur – Contributo alla dottrina classica e postclassica del possesso e dell'animus possidendi", cit., pág. 225 e segs.

[1192] ALBERTARIO, In tema di classificazione del possesso, cit., pág. 175 e segs.

[1193] Cf., muito em particular, ALBERTARIO, In tema di classificazione del possesso, cit., pág. 177 e 182, ROTONDI, "Possessio quae animo retinetur – Contributo alla dottrina classica e postclassica del possesso e dell'animus possidendi", cit., pág. 201 e segs., KASER, Das Römische Privatrecht, Die Nachklassischen Entwicklungen, cit., pág. 182.

[1194] ALBERTARIO, In tema di classificazione del possesso, cit., pág. 182, ROTONDI, "Possessio quae animo retinetur – Contributo alla dottrina classica e postclassica del possesso e dell'animus possidendi", cit., pág. 229 e segs., KASER, Das Römische Privatrecht, Die Nachklassischen Entwicklungen, cit., pág. 183.

[1195] Cf., por exemplo, SAVIGNY, Das Recht des Besitzes, cit., pág. 43 e seg., BONFANTE, Corso Di Diritto Romano, III, cit., pág. 231, ALIBRANDI, Teoria Del Possesso Secondo Il Diritto Romano,

na expressão de alguns[1196], *ius possessionis*. Esta última expressão, porém, não existe nos textos romanos e não deve ser usada para exprimir qualquer dado histórico do Direito romano.

Afigura-se indiscutível que as fontes do *corpus iuris civilis* aludem a efeitos decorrentes da *possessio*. O mais evidente é o da tutela interdital; o outro reside na usucapião[1197]. Contudo, a construção dos *commoda possessionis* como consequências (efeitos) jurídicas da posse não pertence aos romanos, seja qual for a época considerada, sendo obra dos autores modernos.

Nesta ordem de ideias, julgamos que os *commoda possessionis* não oferecem nenhum argumento relevante para a discussão sobre a natureza jurídica da *possessio* romana.

---

cit., pág. 130 e segs, o qual menciona, porém, ainda mais dois: o poder de fruição e o poder de recorrer à *actio publiciana*.

[1196] SAVIGNY, Das Recht des Besitzes, cit., pág. 27 e pág. 43, nota 1.

[1197] SAVIGNY, Das Recht des Besitzes, cit., § 2, pág. 29 e segs. BONFANTE, Corso Di Diritto Romano, III, cit., pág. 231,

Capítulo II
A Posse na Idade Média e na Idade Moderna

17. A posse na glosa

I. Com os glosadores inicia-se uma nova época do ensino e investigação do Direito com recurso a uma metodologia que tem por base o Direito romano e as suas fontes[1198] e que retoma a discussão possessória romana em quase toda a sua extensão. De qualquer modo, não nos interessam aqui todos os pormenores da abordagem do regime da posse pelos glosadores, mas apenas aqueles aspectos que permitem reconstituir o pensamento dogmático central desta escola sobre o instituto.

Em obras anónimas com data provável apontada ao século XIII e à escola bolonhesa surgem definições mais ou menos elaboradas da posse[1199]. Assim, no título De Possessione contido no Libellus de verbis legalibus[1200] pode ler-se: "*Possessio dicitur quasi positio sedis, quia naturaliter tenetur ab eo qui ei insistit. possessio naturalis siue ciuilis detentio est. naturalis, quando corpori incumbimos; ciuilis, quando uel animo retinemus, uel tanto nomine nostro tenet quis, uelut es cui locaui uel commodaui uel apud quem deposui. Possessio est separata multociens a dominio, et possidet qui dominus non est et e conuerso, et uincitur in iudicio possessorio [non] est. Aliquando qui de dominio litigat de iure uictor futurus est*"[1201].

[1198] Bruns, Das Recht des Besitzes im Mittelalter und in der Gegenwart, cit., pág. 103 e segs., Diurni, "Possesso (dir. interm.)", cit., 7, Barni, "Possesso (Diritto Intermedio)", cit., pág. 332 e seg..
[1199] Cf. Diurni, "Possesso (dir. interm.), cit., 7.
[1200] Cf. Fitting, Juristische Schriften Des Früheren Mittelalters, Halle, 1876, pág. 200 e seg.
[1201] O texto segue assim: "*Possessio alia habet plurimum facti et nichil iuris, ut in depositário; alia habet plurimum iuris et nichil facti, ut in possessione que habetur per seruum; alia aliquid iuris et aliquid facti, ut ea*

Para além da alusão etimológica, esta formulação aborda os elementos da posse, o controlo corporal da coisa e o *animus* (*animo et corpore*), distingue entre a *naturalis possessio* e a *civilis possessio*, esta última caracterizada por ser a posse com *animus* (*quando uel animo retinemus*) e mantém clara a separação entre o domínio e a posse.

No Brachylogus[1202] refere-se simplesmente, que "*possessio vero est corporalis rei detentio*", uma formulação que acentua exclusivamente o elemento material da dominação da coisa, que vem chamado de detenção, sem qualquer menção ao elemento intencional.

Os principais autores desta escola oferecem definições próprias sobre a posse. Um olhar atento capta diferenças que não podem ser atribuídas somente ao enunciado linguístico, reflectindo antes pensamentos conflituantes sobre a posse e os seus elementos.

Numa primeira leva[1203], encontramos formulações que prescindem de identificar os elementos da posse, apelando à etimologia da figura ou à posição jurídica sobre a coisa. Assim, ROGERIO[1204] diz que, "*possessio est positio s. assessio, cum corpus corporis incumbit, seu naturaliter assidet, quod interpretatione juris latius porrigitur*". BASSIANO escreve: "*possessio est jus quoddam rem detinendi sibi*". E, por sua vez, PLACENTINO[1205] afirma: "*possessio appellata est quasi pedum positio, vel à sedibus quasi positio, ergo proprie et vero, et secundum idioma sermonis duntaxat naturalis posessio apellatur possessio*".

Noutros casos, a caracterização possessória envolve a explicitação dos seus elementos constitutivos. Impressivamente, AZO[1206] descreve a *possessio* como "*corporalis rei detentio, corporis et animi, item iuris adminiculo concurrente*", noção para a qual remete ACURSIO[1207].

II. A distinção entre posse e detenção ocupa alguns dos glosadores mais conhecidos[1208]. E, também aqui, unanimidade de vistas é algo que não se

---

quam habet captus ab hostibus animo et corpore; alia nec aliquid iuris nec aliquid facti, ut ea quam captus ab hostibus non habet nec animo nec corpore, cum desperat reuerti". Cf. FITTING, Juristische Schriften Des Früheren Mittelalters, cit., pág. 201.

[1202] Na edição de BOECKING, Corpus legum sive Brachylogus iuris civilis, Berlin, 1829, 2, 8, 2.

[1203] Seguimos aqui de perto a sequência que encontramos em BRUNS, Das Recht des Besitzes im Mittelalter und in der Gegenwart, cit., pág. 104.

[1204] Esta noção colhe-se em BRUNS, Das Recht des Besitzes im Mittelalter und in der Gegenwart, cit..

[1205] Summa Codicis, edição de Francesco Calasso, Torino, 1962, pág. 329.

[1206] Summa Codicis et Institutionum, 1168, l. 1., De adquirendaet retinenda possessionis.

[1207] Glossa Ordinaria, Codex, Liber 1-9, 1316, VII.

[1208] BRUNS, Das Recht des Besitzes im Mittelalter und in der Gegenwart, cit., pág. 105e segs.

encontra. Opiniões opostas sugerem uma controvérsia, o que, em todo o caso, impede que se fale numa orientação comum na Glosa quanto a este tema.

PLACENTINO[1209] realça que a posse se exerce em nome próprio; quem actua uma posse em nome alheio não é possuidor. Assim, o tutor, o curador, o procurador, o condutor e o precarista não têm posse[1210]; e não a têm igualmente, o colono, o credor e, de um modo geral, quem não possui *pro suo*.

O elemento intencional, subjectivo, da posse afigura-se fundamental na análise possessória de PLACENTINO e funda, para este autor, a distinção entre quem tem a posse e quem não a tem, ainda que a coisa esteja em seu poder. Por outro lado, a preponderância do *animus* sobre o elemento corpóreo surge bem evidenciada: quem possui *animo solo* – *animo suo et corpore alieno* – é possuidor, bastando a intenção para manter a posse. Deste modo, tem posse todo aquele que incumbe outrem de actuar por si, contando que mantenha o *animus* (*animo solo* ou *possessio solo animo retinetur*)[1211]; o colono, o inquilino, o comodatário, o depositário, o *fructuarium* são, por conseguinte, meros detentores[1212].

Em PLACENTINO, o *animus* aparece descrito como correspondente à actuação do *dominus*, embora a expressão *animus domini* não seja nunca usada por este autor[1213-1214]. Quem possui a coisa *nomine alieno*, e não *pro suo*, não tem posse.

AZO[1215] oferece uma perspectiva integralmente diversa. Segundo ele, o facto de alguém possuir em nome de outrem não o exclui da posse. A este propósito, introduz uma distinção fundamental[1216], entre aqueles que

---

[1209] Summa Codicis, cit., pág. 331.
[1210] PLACENTINO, ob e loc. cit.
[1211] *Idem*.
[1212] Como consequência, os meios de defesa da posse (os interditos) estão excluídos. PLACENTINO ressalva, porém, que o enfiteuta, o usufrutuário e o feudatário, se não têm a tutela interdital directa, por não serem possuidores, gozam de uma extensão dela por via útil (Summa Codicis, cit., pág. 319 e segs.). Veja-se a propósito DIURNI, "Possesso (dir. interm.), cit., 7, nota 133.
[1213] BRUNS, Das Recht des Besitzes im Mittelalter und in der Gegenwart, cit., pág. 105 caracteriza o *animus* indicado por PLACENTINO como *animus domini*. Se o sentido parece ser esse, o autor medieval não utiliza a expressão. Cf. igualmente DIURNI, "Possesso (dir. interm.)", cit., 7.
[1214] No Exordium à Summa Codicis, PLACENTINO escreve: "*item interpretantur colonum non possidere licet naturaliter teneat, et solum dominum possidere licet proprie et secundum idioma sermonis non possideat, ut C. de prescriptione XXX. Annorum, I. male (C. 7, 39, 2)*".
[1215] Summa Codicis et Institutionum, cit., em VII, De adquirendaet retinenda possessionis.
[1216] Azo, Summa Codicis et Institutionum, cit., em VII, De adquirendaet retinenda possessionis. Na doutrina, cf. BRUNS, Das Recht des Besitzes im Mittelalter und in der Gegenwart, cit., pág. 106.

possuem para outrem, mas que também possuem para si (*pro alieno seu ut alienum*), e os que simplesmente possuem para outrem (*pro alieno sed sibi possidere*). O credor, o vassalo, o usufrutuário e similares[1217] pertencem ao primeiro grupo, "*ut alienum possident, et tamen possident sibi*"; o comodatário e outros semelhantes, por sua vez, pertencem ao segundo grupo, "*nomine alieno seu alii*"[1218].

Enquanto PLACENTINO identifica o *animus* possessório como *animus domini*, Azo[1219] fá-lo mais amplamente como *animus sibi possidendi*[1220]. Escusado será dizer, que isto implica um alargamento considerável do âmbito da posse, admitida, assim, além do domínio, a favor de todos aqueles que afirmem um direito próprio[1221] sobre a coisa.

A classificação da posse entre *possessio naturalis* e *possessio civilis* assume entre os glosadores um significado estruturante e não meramente terminológico, como no Direito romano[1222]. Nela assentam as coordenadas básicas do pensamento possessório desta escola e que influenciarão todos os juristas dos séculos vindouros.

Para começar, os glosadores retiram do significado etimológico do termo posse que nela deve existir sempre uma relação física, de carácter corpóreo, sobre a coisa. E de que uma *possessio solo animo* somente pode ser considerada por ficção jurídica[1223]. PLACENTINO[1224] diz: "*item et alieno nomine alius possidet, ergo colonus possidet duntaxat naturaliter per naturalem positionem pedum et sedium: et possidet civiliter, id est, per legum artificium*". Incisivamente, BASSIANO[1225] deixa claro: "*ea (possessio) quae consistit in animo, dicitur civilis, quia veritata inspecta non possidemus, sed fictione juris fingimur possidere*". E, radical-

---

[1217] Do contexto resulta claro que Azo inclui também o credor e BRUNS, Das Recht des Besitzes im Mittelalter und in der Gegenwart, cit., pág. 106, menciona-o ao lado dos outros; no texto, porém, Azo refere apenas o vassalo, o usufrutuário e similares.

[1218] A doutrina, para além de BRUNS, Das Recht des Besitzes im Mittelalter und in der Gegenwart, cit., pág. 106, veja-se também DIURNI, "Possesso (dir. interm.), cit., 7.

[1219] Summa Codicis et Institutionum, cit., De adquirendaet retinenda possessionis.

[1220] Cf. BRUNS, Das Recht des Besitzes im Mittelalter und in der Gegenwart, cit., pág. 106, veja-se também DIURNI, "Possesso (dir. interm.), cit., 7.

[1221] BRUNS, Das Recht des Besitzes im Mittelalter und in der Gegenwart, cit., pág. 106, limita-o aos direitos reais ("allen dinglich berechtigten"), mas isso não decorre inequivocamente da exposição de Azo, que não parece ter em vista uma categoria delimitada de direitos.

[1222] BRUNS, Das Recht des Besitzes im Mittelalter und in der Gegenwart, cit., pág. 107.

[1223] BRUNS, Das Recht des Besitzes im Mittelalter und in der Gegenwart, cit., pág. 107.

[1224] Summa Codicis, cit., pág. 329.

[1225] Este trecho do pensamento de JOHANNES BASSIANUM é-nos trazido ao conhecimento por outro glosador, ODOFREDO, na sua obra Super Codicem.

mente, ALDERICUS[1226] afirma: *"civile possessio ne imprope poni dicebat (...) non est vera possessio sed ficta vl'iterptaria"*. Que a posse *solo animo* consubstancia uma verdadeira posse, ainda que ficcionada, está, em todo o caso, fora de toda a dúvida. RODOFREDO[1227] afirma-o inequivocamente (*"certù est"*), admitindo que o possuidor *solius animi* possa defender a sua posse mediante o interdito *unde vi* se esbulhado por terceiro.

Segundo PLACENTINO[1228], a posse tanto pode ser, simultaneamente, *civilis et naturalis*, como, isoladamente, *civilis tantum* ou *tantum naturaliter*. Uma posse mantida *corpore et animo* está no primeiro caso, o exemplo típico do proprietário que tem a coisa para si (*pro suo*). Já se o colono abandona a coisa, a posse de quem a tinha permanece *"animo retinet"* (*possessio enim solo animo retinetur*)[1229]. Quando o *dominus* transfere a coisa para o enfiteuta, o superficiário, o usufrutuário, o comodatário, o depositário e similares, ele continua a possuir (*animo suo et corpore alieno*), enquanto os outros possuem apenas *tantum naturaliter*, não sendo, por isso, verdadeiros possuidores: *"ut autem quis possideat tantum naturaliter (...) elle non potest"*[1230-1231].

Em PLACENTINO, os elementos da posse apresentam uma existência autónoma e separada. O elemento físico da apreensão ou detenção da coisa, por si só, origina um *naturaliter possidere*, que não confere posse a não ser quando acompanhado do *animus*, que, para este glosador, consiste em possuir para si nos termos do domínio (*pro suo*). A posse meramente civil, *tantum civiliter*, existe quando o possuidor retém a coisa *solo animo*.

Aproximada de PLACENTINO, afirmam alguns autores ser a doutrina de BASSIANO[1232]. No testemunho de ODOFREDO[1233]: *"dixit Johannes, duae sunt possessiones eiusdem rei, et duae substantiae possessionis eiusdem rei, una civilis et alia naturalis. Nam si possideo istam seu animo et corpore, ex ea parte, qua possideo animo, possideo civiliter, exe a parte, qua possideo corpore, possideo naturaliter.* E, num passo mais adiantado, esclarece: *"igitur apparet, quod aliquis potest*

[1226] Citado por Azo, Summa Codicis, Liber Septimus, pág. 161.
[1227] Tractatus Iudiciarii Ordinis, Parte II, cit., *De interdicto unde vi*, 2, pág. 78.
[1228] Summa Codicis, cit., pág. 331 e seg.
[1229] PLACENTINO, Summa Codicis, cit., pág. 331.
[1230] PLACENTINO, Summa Codicis, cit., pág. 331.
[1231] Alguns autores chamam a atenção para uma possível contradição de PLACENTINO, tendo em conta, nomeadamente, a sua definição de posse. A propósito, veja-se, BRUNS, Das Recht des Besitzes im Mittelalter und in der Gegenwart, cit., pág. 108, DIURNI, "Possesso (dir. interm.), cit., 7.
[1232] BRUNS, Das Recht des Besitzes im Mittelalter und in der Gegenwart, cit., pág. 108, DIURNI, "Possesso (dir. interm.), cit., 7.
[1233] Super Codice, 1514, pág. 443.

possidere civiliter et naturaliter, vel civiliter tantum, vel naturaliter tantum". Não se possui sem *animo et corpore*; na parte em que se possui *animo*, a posse é civil, sendo natural quando se retém, *corpore*, a coisa.

De modo concordante com PLACENTINO, BASSIANO afirma que tanto se pode possuir simultaneamente *civiliter et naturaliter*, como somente *civiliter tantum* ou *naturaliter tantum*. Mas, chegado a este ponto, as semelhanças acabam e o alcance da doutrina de BASSIANO vai muito para além do explicitado por PLACENTINO. Quando a posse civil não coincida com a posse natural, tanto a posse civil como a posse natural são duas posses diferentes e podem respeitar a pessoas diversas. ODOFREDO[1234] relata, que, segundo BASSIANO, "*duo possunt possidere eandem rem, unus iuste, et civiliter, alius iniuste, et naturaliter*". E adiante, "*qui naturaliter possidet dicitur iniuste possidere*".

BASSIANO leva esta separação das duas posses até às últimas consequências e admite a transmissão a terceiro da *possessio civilis* sem a *possessio naturalis* e vice-versa[1235]: "*possum tradere civilem sine naturali, et naturalem sine civili, qui duae sunt possessiones diversae, sicut si binas aedes habeo, unam possum vendere et tradere*"[1236]. BRUNS[1237] vê aqui a menção a uma posse derivada, na qual se incluiriam as posses nos termos de direitos reais.

Assim, BASSIANO admite que sobre uma mesma coisa possam existir simultaneamente duas posses. Depõe, como sempre, ODOFREDO[1238]: "*secundum Johannes, duos in solidum possidere, unos civiliter, alter naturaliter, sicut fructuarius et proprietarius, item dominus et vasallus, item dominus et emphyteuta*". Torna-se claro, neste ponto, o distanciamento entre o pensamento de BASSIANO e o de PLACENTINO[1239], para o qual, muito claramente, "*duo enim in solidum possidere non possunt*"[1240]. BASSIANO[1241] exemplifica o seu pensamento: "*si habeo nudam proprietate et tu es usufructuarius: indubitater possideo civiliter (...) tu usufructuarius possides naturaliter*"; e, mais adiante: "*igitur due sunt possessiones*".

[1234] Super Codice, cit., pág. 443.
[1235] Cf. também BRUNS, Das Recht des Besitzes im Mittelalter und in der Gegenwart, cit., pág. 109.
[1236] BASSIANO, citado por ODOFREDO, Super Codice, cit., pág. 445.
[1237] Das Recht des Besitzes im Mittelalter und in der Gegenwart, cit., pág.
[1238] Super Codice, cit., pág. 443.
[1239] Summa Codicis, cit., pág. 329.
[1240] PLACENTINO versa sobre a situação do procurador, mas a máxima expressa o seu pensamento geral sobre o problema.
[1241] ODOFREDO, Super Codice, cit., pág. 443.

A doutrina de BASSIANO[1242] torna-se mais interessante não apenas por discernir duas posses, mas por diferenciar ainda um terceiro grupo de casos, em que aquele que tem a coisa consigo não alcança o estatuto de possuidor (civil ou natural), tendo uma mera detenção: *"si colonus possidet res non est possessor sed detentor"*[1243]; nas palavras postas na boca de BASSIANO por ODOFREDO[1244], *"colonus non possidebat sed detinebat"*[1245]. Assim, segundo BASSIANO, *"non omnis detentatio est possessio, sed triplex est; nam alia civilis, alia naturalis, alia detentatio, qualem etiam habet colonus"*[1246].

BASSIANO teve sequazes confessos da sua doutrina. ACÚRSIO[1247] nomeia ALBERICO e HUGOLINUS[1248] entre eles.

Contra essa doutrina, ergue-se provavelmente o maior glosador de todos: AZO. ODOFREDO[1249] dá também nota da divergência entre os dois glosadores, sintetizando desta forma a doutrina de AZO[1250]: *"unica est possessio in sui substantia, non due in sui substantia. Sed possessio que unica est in sui substantia est binomia: duo bñs nomina duas bñs qualitates, aliqñ appellat civilis: cuz solo animo retinet, aliqñ naturalis: cum solo corpore retinet, aliqñ naturalis et civilis: cum animus et corpore possidemus (...) sic ergo unica é possessio: no due (...)"*.

Azo, diversamente de PLACENTINO e de BASSIANO, não autonomiza o *animus* e o *corpore*. Sem deixar de os referir amiúde, trata-os como componentes de um conceito unitário de *possessio* e não como elementos separados[1251]. Eles conferem nomes ou qualidades à posse (civil ou natural), sem alterarem o seu carácter unitário: só há uma posse.

Não obstante o seu ponto de partida ser diferente dos outros dois glosadores, o contraste afigura-se mais radical com BASSIANO. ODOFREDO[1252],

---

[1242] Sobre esta vejam-se as observações sumárias de WESENBERG/WESENER, Neuere deutsche Privatrechtsgeschichte im Rahmen der europäischen Rechtentwicklung, Vierte Auflage, Wien, Köln, Graz, 1985, pág. 41.
[1243] ODOFREDO, Super Codice, cit., pág. 443.
[1244] Super Codice, cit., pág. 444.
[1245] Com isto, defende BASSIANO que a venda da coisa pelo colono acompanhada da tradição não transfere a posse da mesma, pois ninguém pode transmitir direitos que não tem.
[1246] Cf. BRUNS, Das Recht des Besitzes im Mittelalter und in der Gegenwart, cit., pág. 109.
[1247] Glosa Ordinaria, cit., VII.
[1248] Veja-se igualmente BRUNS, Das Recht des Besitzes im Mittelalter und in der Gegenwart, cit., pág. 110.
[1249] Super Codice, cit., pág. 443.
[1250] Veja-se também a Summa Codicis, Liber Septimus, pág. 161.
[1251] BRUNS, Das Recht des Besitzes im Mittelalter und in der Gegenwart, cit., pág. 110 e segs., DIURNI, "Possesso (dir. interm.), cit., 7.
[1252] Super Codice, cit., pág. 443 e seg.

quem melhor dá conta da contraposição existente entre as doutrinas de JOHANNES BASSIANO e de AZO, explica que o último diz o contrário do primeiro. O ponto fulcral da divergência situa-se em admitir que haja apenas uma ou, pelo contrário, duas posses. PLACENTINO[1253], que com BASSIANO partilha a autonomização dos elementos da posse, sublinha de modo inequívoco que não podem existir duas posses sobre a mesma coisa ("*duo enim in solidum possidere non possunt*"), o contrário do sustentado pelo segundo, sempre de acordo com ODOFREDO.

Para AZO, sobre uma coisa só pode haver uma posse, não várias (nomeadamente, duas). Para ele, o próprio significado atribuído à palavra implica o singular, de posse, e não o plural, de posses[1254].

Deste modo, na perspectiva de AZO, toda a posse existe *corpore et animo*. O possuidor retém as duas qualidades da posse, mas não duas posses (civil e natural): "*si possideo animo et corpore unà habeo possessione: nó due possessiones quá retineo in duabus qualitatib animo et corpore*"[1255].

O proprietário que tem a coisa, possui *corpore et animo*. No entanto, se ele concede a fruição a um enfiteuta, feudatário ou usufrutuário, passa a ter uma posse civil ("*meo animo retinet*"), enquanto aquele que recebe a coisa tem uma posse natural[1256-1257]. É verdade que AZO[1258] explicita bem que a essa posse natural não corresponde nenhuma posse, mas acaba por fazer a mesma distinção que BASSIANO fizera[1259], entre a posse civil do proprietário e a posse natural do titular do direito real menor[1260].

Convém, no entanto, não confundir o alcance que a classificação assume em cada um destes glosadores. Para BASSIANO "*duos in solidum possidere, unos*

[1253] Summa Codicis, cit.
[1254] ODOFREDO, Super Codice, cit., pág. 443.
[1255] ODOFREDO, Super Codice, cit., pág. 443.
[1256] Azo, Summa Codicis, Liber Septimus, pág. 161.
[1257] Segundo Azo, a mera entrega da coisa a quem tem um direito de natureza obrigacional não retira ao proprietário sequer a posse natural, que vem a ser exercida através do detentor. Sobre este ponto, ver também WESENBERG/WESENER, Neuere deutsche Privatrechtsgeschichte im Rahmen der europäischen Rechtentwicklung, cit., pág. 41.
[1258] Azo, Summa Codicis, Liber Septimus, pág. 161.
[1259] Com bem nota BRUNS, Das Recht des Besitzes im Mittelalter und in der Gegenwart, cit., pág. 112, nota 2.
[1260] A diferença para BASSIANO reside no facto deste autor supor a coexistência simultânea de duas verdadeiras posses (uma posse civil e uma posse natural) sobre a coisa, enquanto Azo esclarece que a posse natural não representa uma verdadeira posse, deixando o estatuto de detentor àquele que retém a coisa nos termos de um direito real menor, apesar de lhe reconhecer a tutela interdital (por via útil).

civiliter, alter naturaliter, sicut fructuarius et proprietarius, item dominus et vasallus, item dominus et emphyteuta"[1261]; segundo Azo, *"unica est possessio in sui substantia, non due in sui substantia"*. Para este glosador, aquele que retém a coisa nos termos de um direito real menor, ainda que ostente um *"naturalis possidere"*, não tem posse, a qual permanece no proprietário *solo animo* (posse civil), uma conclusão inteiramente contrária ao pensamento de Bassiano.

De acordo com Azo, quando ocorre um esbulho o possuidor não perde a posse, que permanece *solo animo*; a sua posse é, neste caso, uma posse civil[1262], que coexiste com a situação material da detenção da coisa. A posse civil de Azo ocorre apenas na situação em que o possuidor perde, contra a sua vontade, a detenção material da coisa; continua possuidor, defende Azo, e tal posse consubstancia, no seu ver, uma *civile possessione*[1263].

Azo rejeita, pois, a concepção de Bassiano, segundo a qual, na mesma pessoa pode coincidir uma posse civil e uma posse natural. Sendo una a posse, ela subsiste em quem reúna as duas qualidades, *corpore et animo*. Excepcionalmente, se o possuidor é afastado contra a sua vontade da retenção material da coisa, a posse permanece quanto a ele *solo animo*, assumindo nesse caso a natureza de uma posse civil.

O simples controlo material da coisa não confere posse. Os titulares de direitos reais, investidos na qualidade de possuidores naturais, não têm nenhuma posse, que cabe somente ao proprietário. Outros titulares de direitos não reais, como o locatário, o comodatário, o depositário e similares nem sequer ostentam a posição de possuidores naturais[1264-1265]; neste caso, a posse, unitária, permanece com o proprietário.

Fica claro desta breve súmula sobre alguns aspectos do pensamento possessório de Azo, que a posse, sendo única, respeita ao proprietário, ficando para os outros titulares de direitos reais a posição de meros detentores.

A doutrina de Azo torna-se dominante na glosa. Para além de partilhada por Rogerio, Jakob e Aldrico[1266], ela vem a ser assumida quase como posição oficial da glosa na obra de Acúrsio[1267].

[1261] Cf. *supra* o que dissemos sobre a doutrina de Bassiano.
[1262] Azo, Summa Codicis, Liber Septimus, pág. 161, Odofredo, Super Codice, cit., pág. 443. Cf. igualmente Bruns, Das Recht des Besitzes im Mittelalter und in der Gegenwart, cit., pág. 110.
[1263] Azo, Summa Codicis, Liber Septimus, pág. 161.
[1264] Azo, Summa Codicis, Liber Septimus, pág. 161 e seg.
[1265] Sem concordarmos inteiramente, veja-se Bruns, Das Recht des Besitzes im Mittelalter und in der Gegenwart, cit., pág. 112.
[1266] Cf. Bruns, Das Recht des Besitzes im Mittelalter und in der Gegenwart, cit., pág. 110.
[1267] Glosa Ordinaria, cit., VII.

III. A glosa não contém uma teorização do objecto da posse, tudo se cingindo a breves afirmações, todas no mesmo sentido e despidas de qualquer desenvolvimento argumentativo[1268]: a posse apenas pode recair sobre coisas corpóreas; sobre coisas incorpóreas não pode haver posse, apenas *quasi possessio*. O pensamento romano tardio, da época justinianeia, serve de pano de fundo à doutrina enunciada, sem desvios ou inovações de qualquer espécie.

Dentro dos glosadores, os passos mais esclarecedores encontram-se em ROGERIO, PLACENTINO e AZO. Nas palavras do primeiro[1269], "*incorporalia proprie possideri non possunt, sed quasi possessio ex juris civilis interpretatione juris latius porrigitur*".

Por sua vez, diz PLACENTINO[1270]: "*adqiritur autem possessio vera etiam per municipes, verum re probata sententia eorum duntaxat quae sunt corporalia. Sanè incorporalia quasi possidentur, ut praediorum iura (...)*".

AZO[1271] não opina diferentemente. Depois de definir a posse como "*corporalis rei detentio*", este glosador[1272] explica um pouco mais detalhadamente: "*de re corporali ideo dixi, que incorporalia non possunt possideri, nec usucapi, nec tradi; sed tñ dicunt quasi possideri*". E insiste, a propósito do tratamento do interdito *uti possidetis*: "*nec est vere possessio vel traditio res incorporalia*"; e, um pouco mais adiante, "*incorporales sed quasi possessio*"[1273].

Azo sintetiza nestas breves palavras o pensamento básico dos glosadores, o qual, conforme dissemos, não se afasta em nada das fontes romanas da época justinianeia. Só existe posse relativamente a coisas corpóreas; sobre coisas incorpóreas, ou seja, direitos, há uma *quasi possessio*, estando, por isso, afastada, quer a usucapião, quer a tradição, que requerem uma verdadeira posse.

IV. Na glosa, concebe-se, como no Direito romano, que os interditos possessórios tenham aplicação directa à posse nos termos da propriedade, quer para o proprietário quer para o possuidor de boa fé que afere a sua actuação sobre a coisa ao domínio[1274].

[1268] Sobre esta matéria, cf. BRUNS, Das Recht des Besitzes im Mittelalter und in der Gegenwart, cit., pág. 19 e segs.
[1269] Apud BRUNS, Das Recht des Besitzes im Mittelalter und in der Gegenwart, cit., pág. 120.
[1270] Summa Codicis, cit., pág. 330.
[1271] Summa Codicis, Liber Septimus, cit., pág. 161.
[1272] Summa Codicis, Liber Septimus, cit., pág. 161.
[1273] Azo, Summa Codicis, Liber Octavus, cit., pág. 175.
[1274] Para uma perspectiva processual na glosa, e por todos, ROFREDO, Tractatus Iudiciarii Ordinis, Coloniae Agrippinae, 1659, pág. 78 e segs.

O interdito *uti possidetis* vê a sua aplicabilidade reconhecida, por via útil, à *quasi possessio* exercida nos termos dos outros direitos reais. PLACENTINO[1275] elucida isto do seguinte modo: *"utile datur non dominus ius in re habentibus, ut emphyteutae, fructuario. (...) Servitorum quod realium quasi possessoribus hoc interdictum utile attribuitur (...)"*. Também Azo[1276] menciona que o interdito *uti possidetis* protege as situações de *quasi possessio* relativamente a coisas incorpóreas, exemplificando com o usufruto, o uso e as servidões[1277]. A doutrina vem assumida pacificamente em ACURSIO[1278].

A extensão por via útil do interdito *unde vi* surge igualmente na glosa. PLACENTINO[1279] di-lo eloquentemente: *"datur interdictum unde vi tam directum, quam utile (...)"*; e, adiante, *"tam directum quam utile unde vi datur in eum, qui deiecit (...)"*[1280]. ACURSIO[1281], que colhe esta doutrina, cita BASSIANO (JOHANNES) como seu suporte. Em obras de cariz processual, como o Tractatus Iudiciarii Ordinis de ROFREDO[1282], isso vem desenvolvido com toda a naturalidade, sem indicação de nenhuma controvérsia ou opinião contrária de alguém.

PLACENTINO esclarece igualmente: *"item utile datur etiam iuris possessori licet quod et quasi possessori, detur, ut fructuario, ut (...) multo fortius rei corporae, immobilis, vel utiliter dominis, ut emphyteutae, superficiario, feudatario"*. ACURSIO[1283] veio a consolidar definitivamente esta doutrina no âmbito da glosa.

O comodatário, o inquilino e o colono, por sua vez, não podem ser defendidos com recurso ao interdito *unde vi*[1284]. PLACENTINO sustenta, assim, que a aplicação, por via útil, do interdito *unde vi* ocorre unicamente

---

[1275] Summa Codicis, cit., pág. 376.
[1276] Summa Codicis, Liber Octavus, cit., pág. 175.
[1277] Cf., igualmente, BRUNS, Das Recht des Besitzes im Mittelalter und in der Gegenwart, cit., pág. 120.
[1278] Glossa Ordinaria, cit., Liber Octavus, *Uti possidetis*.
[1279] Summa Codicis, cit., pág. 373.
[1280] PLACENTINO, Summa Codicis, cit., pág. 373.
[1281] Glossa Ordinaria, cit., Liber Octavus, Unde vi.
[1282] Tractatus Iudiciarii Ordinis, Parte II, cit., De interdicto unde vi, especialmente, pontos 4 a 7, pág. 79 e segs.
[1283] Glossa Ordinaria, cit., Liber Octavus, *Unde vi*.
[1284] PLACENTINO, Summa Codicis, cit., pág. 373. O autor apenas menciona o comodatário e o colono, mas ACURSIO, Glossa Ordinaria, cit., Liber Octavus, Unde vi, menciona expressamente também o inquilino. Cf. igualmente ROFREDO, Tractatus Iudiciarii Ordinis, Parte II, cit., *De interdicto unde vi*, 6 e 7.

nos casos em que está em causa uma detenção (*quasi possessio*) nos termos de um direito real[1285].

No entanto, as servidões prediais não são mencionadas, nem por PLACENTINO nem por AZO ou ACURSIO[1286], o que leva BRUNS[1287] a sustentar que, contrariamente ao que sucede com o interdito *uti possidetis*, relativamente ao qual se afirma na glosa ser aplicável às servidões prediais, o interdito *unde vi* não seria usado para defender o esbulho do detentor (quase possuidor) nos termos deste direito. Temos, porém, dúvidas sobre o acerto deste entendimento.

V. Muito embora a problemática da extensão (âmbito) da posse não seja abordada pelos glosadores[1288], há uma observação deveras interessante em ACURSIO[1289]: "*incorporalia, ut servitutes, improprie quis dicitur possidere, et magis improprie creditor jus quod habet in debito, impropriissime, cum ipse debitor dicitur hoc jus possidere*". É provável que os desenvolvimentos do Direito canónico desde a alta Idade Média, no que respeita à extensão da tutela possessória a situações jurídicas de cariz obrigacional, estivessem presentes no pensamento do autor. Fiel aos dogmas do Direito romano, ACURSIO rejeita a doutrina dos juristas da Igreja Católica, chamando-lhe "impropríssima".

A obra de ROFREDO[1290], de índole processual, lança alguma luz sobre a discussão prática da extensão dos meios possessórios de defesa da posse, em particular, do interdito *unde vi*, a direitos de natureza pessoal (créditos), fora, portanto, do círculo da propriedade e dos outros direitos reais[1291]. ROFREDO[1292] formula o problema: "*quaeritur circa interdictum: et est quaestio ista utilis, et multùm de ea tota die dubitatur, habet aliquando quis certos reditus et servitia, quae praestant sibi rustici: habet etiam iura, putà, colligendi pedagium, vel iura patronatus ut alia iura simili à quibus iuribus dominus spoliatur, quia rustici reddere contradicunt: quaeritur quòd ius vel actio competat illi domino, qui fuit ab illis iuri bus seu redditibus spoliatus?*".

[1285] BRUNS, Das Recht des Besitzes im Mittelalter und in der Gegenwart, cit., pág. 120.
[1286] Glossa Ordinaria, cit., Liber Octavus, *Unde vi*.
[1287] Das Recht des Besitzes im Mittelalter und in der Gegenwart, cit., pág. 120.
[1288] Conforme bem salienta BRUNS, Das Recht des Besitzes im Mittelalter und in der Gegenwart, cit., pág. 120.
[1289] Glossa Ordinaria, cit., Liber nonus, hereditatio petitio.
[1290] Tractatus Iudiciarii Ordinis, cit., Parte II, especialmente no tratamento dos interditos *unde vi*, pág. 78 e segs. e *uti possidetis*, pág. 87 e segs.
[1291] BRUNS, Das Recht des Besitzes im Mittelalter und in der Gegenwart, cit., pág. 121.
[1292] Tractatus Iudiciarii Ordinis, Parte II, cit., De interdicto unde vi, 23 a 25, pág. 81 e segs.

O mesmo ROFREDO[1293] dá nota da discussão em volta disto, explicando que muitos advogados e juízes do seu tempo propugnam a aplicação do interdito *unde vi* (e do *uti possidetis*) à tutela destes direitos (pessoais), aplicação por via útil e nunca directa, porquanto se reporta a direitos nos termos dos quais não se pode possuir[1294]. O que evidencia que o problema devia ser muito controvertido e a prática espelhava já os desenvolvimentos entretanto operados pelo Direito canónico na matéria. ROFREDO[1295] cita igualmente a opinião de um tal HUGO, que tudo indica ser o glosador HUGOLINO[1296], o qual manifesta opinião favorável à extensão da tutela possessória interdital a situações de violação de réditos e serviços (créditos).

No seu tratado, também ROFREDO[1297] sustenta a inaplicabilidade do interdito *unde vi* para tutela dos casos de violação de réditos e serviços. Este glosador lembra que os direitos em causa não são imóveis e que o interdito *unde vi* apenas tem cabimento no tocante a estas coisas, o que serviria para fundamentar a recusa de aplicação desse interdito às situações em causa[1298].

18. O Direito canónico

I. O Direito canónico fez um largo aproveitamento da doutrina possessória romana durante toda a Idade Média. Esta incursão em domínios que estão fora da religião não causa admiração. Apesar da separação clara entre o poder do Imperador e o poder da Igreja, entre o secular e o religioso, a verdade é que durante toda a Idade Média a riqueza da igreja em bens materiais não parou de crescer.

Em tempos nos quais os seus bens estavam tantas vezes à mercê de intervenções violentas e as acções de esbulho se multiplicavam com inusitada frequência, não apenas como resultado de guerras e de querelas militares, mas simplesmente das pretensões territoriais de senhores feudais e até de outros dignatários eclesiásticos, ciosos do poder e rendimento que a terra oferecia, a posse romana oferecia à igreja um manancial efectivo de soluções contra a turbação e o esbulho que afectavam tanto do seu património.

[1293] Tractatus Iudiciarii Ordinis, Parte II, cit., *De interdicto unde vi*, 23.
[1294] Por esta razão, menciona-se por vezes um *interdictum quasi unde vi* e um *interdictum quasi uti possidetis*. Cf. ROFREDO, Tractatus Iudiciarii Ordinis, Parte II, cit., *De interdicto unde vi*, 24, pág. 82.
[1295] Tractatus Iudiciarii Ordinis, Parte II, cit., *De interdicto unde vi*, 26, pág. 85.
[1296] Neste sentido, veja-se BRUNS, Das Recht des Besitzes im Mittelalter und in der Gegenwart, cit., pág. 121.
[1297] Tractatus Iudiciarii Ordinis, Parte II, cit., *De interdicto unde vi*, 26, pág. 85.
[1298] ROFREDO, Tractatus Iudiciarii Ordinis, Parte II, cit., *De interdicto unde vi*, 26, pág. 85.

A extensão e a importância do Direito canónico para a doutrina e dogmática da posse não colhem idêntico parecer dos autores que se debruçaram sobre o tema. Se o Direito da Igreja Católica apenas operou um mero desenvolvimento lógico e sequencial do Direito romano a situações que os romanos não conheceram ou se o transcendeu, construindo soluções que uma evolução lógica não compreendia, permanece debatido e controvertido.

Savigny[1299] opinou no sentido de que o Direito canónico não modificou o Direito romano da posse, limitando-se a desenvolvê-lo a objectos novos, numa linha lógica de evolução. Outros, como Bruns[1300], põem em evidência elementos que comprovam ter havido no Direito canónico uma modificação substancial que os quadros do pensamento romano do instituto possessório não comportavam.

Pensamos que os elementos históricos existentes apontam para a verosimilhança da doutrina de Bruns, sem prejuízo de ser sempre necessário atender ao momento histórico de que se trata. Na realidade, o Direito canónico foi sendo concebido ao longo de um período largo de algumas centenas de anos e o tratamento da posse apresenta variações consoante o momento histórico que se considera, estendendo-se não apenas pelo *Corpus Iuris Canonici*, mas espraiando-se por outras fontes do Direito da Igreja Católica.

Neste estudo, não aprofundaremos senão o que nos interessa para a pesquisa do nosso tema, sem deixarmos de fazer uma breve menção a alguns contributos verdadeiramente inovadores do Direito canónico para a posse, como a *exceptio spolii* ou a *actio spolii*.

II. De acordo com a investigação levada a cabo por Bruns[1301], a incursão do Direito canónico pelos temas da posse, que pertencem ao Direito privado e, por isso, à esfera temporal do poder laico, começou por ser muito modesta. O modo preferido no início para tentar evitar as acções, maioritariamente violentas, de perturbação e esbulho sobre os bens da igreja era através de proibições e ameaças[1302] de natureza religiosa (por exemplo, a excomunhão).

Os primeiros indícios do aproveitamento da posse romana pelo Direito canónico antigo surgem a propósito do denominado Direito episcopal da

---

[1299] Das Recht des Besitzes, cit., pág. 509 e segs.
[1300] Das Recht des Besitzes im Mittelalter und in der Gegenwart, cit., pág. 127 e segs.
[1301] Das Recht des Besitzes im Mittelalter und in der Gegenwart, cit., pág.
[1302] Bruns, Das Recht des Besitzes im Mittelalter und in der Gegenwart, cit., pág. 128.

A POSSE NA IDADE MÉDIA E NA IDADE MODERNA

igreja[1303]. O contexto é o da protecção do património de bispados contra a acção de alguns bispos que pretendem aumentar o seu poder e rendimento fora da área da sua circunscrição territorial e no território de outros bispos.

A reacção inicial da Igreja nos primeiros Concílios da era cristã consiste na proibição de tais condutas e ainda na criminalização das mesmas[1304]. A ligação à posse é, num primeiro momento, verdadeiramente incipiente, surgindo indirectamente em expressões como *usurpare alienas plebes* ou *invadere alienam ecclesiam*[1305]. Daqui ainda não se retira, contudo, nenhuma ideia particular de uma relação entre a posse e o direito sobre a coisa e somente um olhar atento percebe o prelúdio de um novo campo de aplicação para a posse criado pelo Direito canónico.

A partir do século V. d.C. começam a vislumbrar-se as primeiras menções à posse, entendida no seu sentido conceptual romano. No *Codex ecclesiae Africanae*, aprovado no sexto Concílio de Cartago (419 d.C.), o cânone 119 contém a seguinte formulação: "*utsim quam dioecesim episcopus ab haerisi liberans trienio possederit, nullus eam repetat*". Para além da alusão ao "possuir", outras expressões usadas no Concílio como usucapião ou reivindicação reforçam a ligação à posse romana, que vem usada num quadro inteiramente novo e estranho ao Direito romano[1306].

O recurso à posse para resolução de problemas patrimonais do episcopado proliferou nos séculos seguintes, estendendo-se a outras regiões de influência católica e, naturalmente, à Europa[1307].

Seja como for, nesta altura, nos séculos iniciais da era cristã, o apelo ao instituto da posse e à terminologia romana que o exprime não teve associada nenhuma particular clareza, nomeadamente, da relação entre a propriedade e a posse ou sobre os direitos que poderiam estar envolvidos nesta nova extensão da figura. Uma clarificação terá de esperar por séculos vindouros.

III. A partir do século IX d.C. começa a despontar na doutrina jurídica da Igreja Católica um meio de defesa da posse que não pode de modo

---

[1303] BRUNS, Das Recht des Besitzes im Mittelalter und in der Gegenwart, cit., pág. 128 e segs.
[1304] ?????????
[1305] BRUNS, Das Recht des Besitzes im Mittelalter und in der Gegenwart, cit., pág. 129.
[1306] Como observa BRUNS, Das Recht des Besitzes im Mittelalter und in der Gegenwart, cit., pág. 130, o Concílio teve ainda lugar durante a dominação romana de África, mas com uma aplicação do instituto da posse de que os romanos ainda não haviam pensado.
[1307] BRUNS, Das Recht des Besitzes im Mittelalter und in der Gegenwart, cit., pág. 128 e segs.

algum ser reconduzido ao Direito romano: a *exceptio spolii*[1308-1309]. Como fonte da mesma aponta-se a colecção aprócrifa de documentos denominada Falso Isidoro (Pseudo-Isidoro)[1310], mas parece que ela já constituía Direito vigente muito antes dessa compilação, estando documentada a sua aplicação noutros casos[1311].

Na colecção do Falso Isidoro existem algumas menções directas ao significado da *exceptio spolii*[1312]:

"*Redintegranda sunt omnia exspoliatis vel eiectis episcopis praesentaliter ordinatione pontificum et in eorum, unde abscesserunt funditus revocanda quacumque condicione temporis aut dolo aut captivitate aut virtute maiorum aut per quascumque iniustas causas res ecclesiae vel proprias aut substantias suas perdidisse noscuntur ante accusationem aut regularem ad synodum vocationem eorum, et reliqua*".

No seu significado original, a *exceptio spolii* representava um meio de defesa reconhecido a um Bispo de não responder no Sínodo defronte do acusador queixoso enquanto não fosse devolvido ao exercício do seu ofício, caso houvesse sido removido ilicitamente, e restituído dos bens que lhe haviam sido esbulhados[1313].

[1308] Para os antecedentes, cf. BRUNS, Das Recht des Besitzes im Mittelalter und in der Gegenwart, cit., pág. 131 e segs.

[1309] Sobre esta matéria, cf., entre outros, BRUNS, Das Recht des Besitzes im Mittelalter und in der Gegenwart, cit., pág. 131 e segs., SAVIGNY, Das Recht Des Besitz, cit., WIELING, Die historischen Voraussetzungen des modernen Besitzschutzes, cit., pág. 382 e seg., e Sachenrecht, Sachen, Besitz und Rechte an beweglichen Sachen, cit., pág. 128, MÜLLER, Besitzschutz in Europa, cit., pág. 21 e segs., GOECKE, De exceptione spolii, 1858, GENIUS, Der Bestandschutz des Mieterverhältnisses in seiner historischen Entwicklung bis zu den Naturrechtskodifikationen, pág. 61 e segs., MEISCHEIDER, Besitz und besitzschutz, cit., pág. 144 e seg.

[1310] BRUNS, Das Recht des Besitzes im Mittelalter und in der Gegenwart, cit., pág. 131 e segs., MÜLLER, Besitzschutz in Europa, cit., pág. 21 e segs., WIELING, Die historischen Voraussetzungen des modernen Besitzschutzes, cit., pág. 382.

[1311] Uma identificação detalhada destes casos pode ver-se em BRUNS, Das Recht des Besitzes im Mittelalter und in der Gegenwart, cit., pág. 132 e segs.

[1312] São três os locais onde pode ser lido esse trecho, nomeadamente, na 2ª carta a Eusébio, na carta do Papa João I ao Arcebispo Zacarias e no 5º Sínodo do Papa Symmachus. Todos eles podem ser consultados em www.pseudoisidor.mgh.de (última consulta 5 de Fevereiro de 2013).

[1313] BRUNS, Das Recht des Besitzes im Mittelalter und in der Gegenwart, cit., pág. 131 e segs., SAVIGNY, Das Recht Des Besitz, cit., WIELING, Sachenrecht, Band 1, Sachen, Besitz und Rechte an beweglichen Sachen, cit., pág. 129 e Die historischen Voraussetzungen des modernen Besitzschutzes, cit., pág. 382 e seg., MÜLLER, Besitzschutz in Europa, cit., pág. 21 e segs., GENIUS, Der Bestandschutz des Mieterverhältnisses in seiner historischen Entwicklung bis zu den Naturrechtskodifikationen, cit., pág. 62, MASSEN, "Zur dogmengeschichte der Spolienklage", Jahrbuch des gemeinen deutschen Rechts, Band. 3, 1859, pág. 227 e segs.

A *exceptio spolii*, uma mera excepção dilatória no parecer de SAVIGNY[1314], supunha, pois, que o Bispo havia sido afastado do seu cargo ou simplesmente privado do seu património e conferia-lhe o poder de diante do Sínodo, defronte de uma acusação criminal, não se defender enquanto não fosse devolvido à posse do seu cargo e das suas coisas.

A caracterização correcta desta figura não a pode limitar, no entanto, à função de uma simples excepção dilatória num processo criminal. O Bispo que invoca a *exceptio spolii* em sua defesa apresenta simultaneamente ao Tribunal eclesiástico o pedido de restituição das suas coisas, pedido esse, dirigido contra o esbulhador que está na posse dos bens[1315]. Este pedido não encerra de modo nenhum uma acção autónoma e independente de restituição das coisas esbulhadas, estando ligado ainda à dedução da excepção no quadro de um processo criminal. Em todo o caso, ele não deixa de representar um direito de queixa (condicionado à invocação da *exceptio spolii*) desenvolvido no contexto próprio do Direito canónico[1316] e que não está contido nos remédios possessórios romanos anteriores.

Segundo a colecção do Falso Isidoro, a devolução das coisas do Bispo esbulhado não se limitava às que fossem objecto do direito de propriedade, estendendo-se a todas aquelas que eram por ele possuídas, com ou sem direito[1317]. O objecto da devolução não se limitava a coisas concretas, abarcando a totalidade ou uma grande parte do património esbulhado, do Bispo ou da Igreja. Isto incluía tanto as coisas móveis como as imóveis e os frutos ou outros rendimentos gerados pela coisa até ao momento da entrega[1318].

O modo como se consumou o esbulho do património episcopal não parece ter relevância. Não importa, nomeadamente, se houve ou não violência, contando apenas o resultado: a subtracção ilícita dos bens do Bispo. Sendo irrelevante o modo do desapossamento[1319], em particular, não sendo necessária a violência sobre o possuidor esbulhado, a *exceptio spolii* pode ser deduzida em qualquer caso em que tenha havido perda de posse dos bens do Bispo pela intervenção ilícita de terceiro.

[1314] Das Recht Des Besitz, cit.
[1315] BRUNS, Das Recht des Besitzes im Mittelalter und in der Gegenwart, cit., pág. 148 e seg., MÜLLER, Besitzschutz in Europa, cit., pág. 21 e seg.
[1316] BRUNS, Das Recht des Besitzes im Mittelalter und in der Gegenwart, cit., pág. 148.
[1317] BRUNS, Das Recht des Besitzes im Mittelalter und in der Gegenwart, cit., pág. 152. Veja-se igualmente no local citado a discussão sobre se as coisas meramente detidas poderiam ser restituídas ao Bispo.
[1318] BRUNS, Das Recht des Besitzes im Mittelalter und in der Gegenwart, cit., pág. 155.
[1319] BRUNS, Das Recht des Besitzes im Mittelalter und in der Gegenwart, cit., pág. 157 e seg.

A restituição ligada à invocação da *exceptio spolii* não se limita ao esbulhador, podendo ser dirigida ao possuidor actual dos bens do Bispo, quer dizer, também naqueles casos em que esses bens não se encontram mais com o esbulhador, não importando a boa ou má fé do possuidor actual[1320], portanto, se este sabia ou não da ocorrência do esbulho.

Nascida no quadro das querelas entre dignatários da Igreja Católica, na luta pelo poder que a terra e os seus rendimentos representavam, procurando um tratamento diferenciado dos Bispos face ao clero inferior e aos leigos, a *exceptio spolii* vem a libertar-se nos séculos posteriores do seu contexto original, assumindo uma amplitude bem maior de meio de defesa da posse, mesmo sem a confundir com a figura, que germina consigo, da *actio spolii*.

IV. As Decretais de Graciano, o "pai da canonística", que constituem a base inicial do *corpus iuris canonici*, recolhem os preceitos da compilação do Falso Isidoro quanto à *exceptio spolii* e constituem a segunda das fontes históricas que a documentam[1321-1322]. Graciano concede-lhe, contudo, um tratamento que faz diferir significativamente o sentido que a *exceptio* assume na colecção do Falso Isidoro, sendo controverso se o fez intencionalmente ou se tal aconteceu por virtude de algum equívoco ou erro do próprio Graciano[1323]. Como nota Bruns[1324], Graciano não trata a matéria num único lugar, dando uma visão global do instituto, abordando-a, ao invés, em dois lugares distintos. E enquanto num a invocação de uma excepção (a *exceptio spolii*) não levanta dúvidas, no outro emerge uma acção autónoma de defesa, que não se confunde com aquela.

A novidade das Decretais de Graciano encontra-se na Questio I, C.3: "*redintegranda sunt omnia expoliatis uel eiectis episcopis presentialiter ordinatione pontificum, et in eo loco unde abscesserant, funditus reuocanda, quacumque condi-*

[1320] Bruns, Das Recht des Besitzes im Mittelalter und in der Gegenwart, cit., pág. 154 e seg.
[1321] Müller, Besitzschutz in Europa, cit., pág. 21, Wieling, Die historischen Voraussetzungen des modernen Besitzschutzes, cit., pág. 383.
[1322] Nas Decretais de Graciano integradas no Corpus Iuris Canonici (Questio 1, C. 2) lê-se: "*Episcopi, si a propriis sedibus aut ecclesiis sine auctoritate Romani Pontificis expulsi fuerint, antequam ad sinodum uocentur, proprius locus et sua omnia redintegranda sunt*".
[1323] Bruns, Das Recht des Besitzes im Mittelalter und in der Gegenwart, cit., pág. 163 e segs., Massen, "Zur dogmengeschichte der Spolienklage", cit., pág. 228, Delbrück, Die dingliche Klage des deutschen Rechts, Leipzig, 1857, pág. 152.
[1324] Das Recht des Besitzes im Mittelalter und in der Gegenwart, cit., pág. 164. Veja-se também Genius, Der Bestandschutz des Mieterverhältnisses in seiner historischen Entwicklung bis zu den Naturrechtskodifikationen, cit., pág. 62.

tione temporis, aut captiuitate, aut dolo, aut violentia malorum, et per quascumque iniustas causas res ecclesiae, uel proprias, id est suas subtantias perdidisse noscuntur".

Confrontando a redacção do texto de Graciano com a redacção do *canone redintegranda* contida na colecção do Falso Isidoro, nota-se no primeiro a falta da expressão *"ante accusationem"*, que constava do teor dos documentos daquela compilação[1325]. Erro ou não de Graciano, o sentido que emerge das suas Decretais leva a supor o esboço de um novo meio de acção contra a perda da posse, que não se confunde com uma excepção, nomeadamente, a *exceptio spolii*, e que surge em contraste com este meio de defesa, não tendo, nomeadamente, de ser deduzido defronte de uma acusação num processo-crime, mas podendo fundar uma mera acção civil[1326].

Não custa perceber o enorme alcance de tudo isto na dogmática da defesa da posse. As Decretais de Graciano consagram um meio de defesa da posse que não tem antecedentes anteriores, nem no Direito romano nem no próprio Direito canónico[1327]. Esta defesa tem lugar por acção e já não por excepção, como a *exceptio spolii*, e com plena autonomia desta última. A ideia é muito simples: trata-se de assegurar que aquele que foi privado ilicitamente das suas coisas[1328] seja restituído à posse delas. A formulação das Decretais de Graciano não comporta qualquer limitação quanto ao objecto da acção e qualquer coisa móvel ou imóvel, pode ser recuperada através dela. O esbulhado pode assim pedir ao tribunal para ser restituído à posse de tudo o que foi ilicitamente afastado.

A construção permitida pela formulação do *canone redintegranda* de Graciano tem uma grande amplitude. Ela não está atida apenas à defesa no sínodo de Bispos cujos bens foram esbulhados[1329], apesar de haver sido

---

[1325] Cf. igualmente BRUNS, Das Recht des Besitzes im Mittelalter und in der Gegenwart, cit., pág. 165, MÜLLER, Besitzschutz in Europa, cit., pág. 22.

[1326] E também a *exceptio spolii* passa a poder ser deduzida num processo civil, portanto, desligada de qualquer acusação de crime.

[1327] Com interesse, cf. também BERMAN, Law and Revolution: The Formation of the Western Legal Tradition, pág. 240 e segs. e GENIUS, Der Bestandschutz des Mieterverhältnisses in seiner historischen Entwicklung bis zu den Naturrechtskodifikationen, cit., pág. 57 e segs.

[1328] Falamos em coisas, mas a formulação abrange genericamente os bens desapossados, incluindo-se não apenas as coisas em sentido estrito, mas igualmente direitos, títulos e poderes do esbulhado.

[1329] BRUNS, Das Recht des Besitzes im Mittelalter und in der Gegenwart, cit., pág. 166, MASSEN, "Zur dogmengeschichte der Spolienklage", cit., pág. 228, BERMAN, Law and Revolution: The Formation of the Western Legal Tradition, pág. 241.

forjada por causa deles, por razões políticas[1330], estendendo-se a outros membros do Clero, de condição inferior. O mais relevante encontra-se, porém, na eficácia da acção, que, na verdade, pode ser oposta contra terceiros e não apenas contra o esbulhador, não dependendo também de violência, como sucede com o interdito romano *unde vi*, do qual inequivocamente se distingue[1331].

O fundamento do *canone redintegranda*, segundo Graciano, pode ser qualquer um que envolva o esbulho ilícito dos bens do possuidor, seja a violência empregue ou usado simplesmente a fraude ou o dolo[1332]. O esbulho sem causa lícita constitui a razão de ser desta acção de recuperação de bens, independentemente da causa por que aconteceu.

De forma semelhante aos interditos romanos, o *canone redintegranda* não envolve a discussão do título da posse ou do direito que lhe pode estar subjacente[1333]. Tudo o que importa é a prova da ilicitude do esbulho e a posse do esbulhado para que possa ser procedente, com a condenação judicial à restituição de todos os bens desapossados ilicitamente.

V. Embora sem desenvolvimentos ou especificidades dignos de nota, a construção da posse no Direito canónico desta época continua a evidenciar integralmente os traços do regime possessório do Direito romano, por referência ao elemento material (*naturalem possessionem*) e volitivo, que têm de estar presentes para haver posse. O seguinte trecho das Decretais de Graciano[1334], que respeita à restituição da coisa ordenada judicialmente, elucida isto:

"*sed notandum est, quod restitutionis sententiasola non sufficit, nisi presentialiter omnia iudicis offitio restituantur, ut eiectus uel expoliatus etiam naturalem possessionem recipiat, siue animo suo et corpore alieno, ueluti per procuratorem, siue animo et corpore suo*".

A coisa só vem a ser restituída, o mesmo é dizer, a posse do esbulhado devolvida, quando ocorra *animo et corpore*, ou *animo suo et corpore alieno*, no caso do procurador. Os elementos da posse celebrados desde PAULO são

---

[1330] GENIUS, Der Bestandschutz des Mieterverhältnisses in seiner historischen Entwicklung bis zu den Naturrechtskodifikationen, cit., pág. 62 e seg.

[1331] Uma síntese das diferenças entre o interdito *unde vi* e a *condictio ex canone redintegranda* pode ser confrontada em BRUNS, Die Besitzklagen des römischen und heutigen Rechts, cit., pág. 213 e segs.

[1332] HÜBNER, Grundzüge des deutschen Privatrechts, 5. Auflage, 1930.

[1333] BRUNS, Das Recht des Besitzes im Mittelalter und in der Gegenwart, cit., pág. 167, HÜBNER, Grundzüge des deutschen Privatrechts, cit..

[1334] C. II. De eodem.

postos em evidência como seus pressupostos, sem a verificação dos quais ela não existe.

VI. A glosa posterior às Decretais de Graciano denota sem ambiguidades a separação entre a *exceptio spolii* e a *actio* subjacente ao *canone redintegranda*, bem como a sua finalidade de garantir a restituição das coisas esbulhadas[1335]. Quem sem causa lícita vem a ser esbulhado dos bens que possui pode pedir sempre a restituição incondicional dos mesmos[1336]. E o mesmo se pode dizer ainda quando não está em causa um esbulho, mas a simples perda da coisa[1337].

Esta nova *actio*, surgindo perfeitamente autonomizada da *exceptio spolii* e tendo por base a doutrina do *canone redintegranda* contida nas Decretais de Graciano, toma agora a designação de *condictio ex canone redintegranda*[1338], a precursora da futura *actio spolii*. A menção originária à protecção dos Bispos desaparece, conforme, de resto, já sugeriam as Decretais de Graciano, abrindo a latitude do campo de aplicação desta *actio* a outros membros do Clero. Simultaneamente, inverte-se a relação de dependência entre a *actio* e a *exceptio*; de predominante a *exceptio spolii* passa a estar subordinada e a sua invocação depende da prévia dedução da *condictio ex canone redintegranda*, também ela sujeita a pressupostos civis[1339].

Diversamente da posição original de Graciano, que sustenta dever o juiz decretar imediatamente a restituição da posse, a subsequente glosa às suas Decretais nega este efeito e exige que a restituição dos bens esbulhados opere com o recurso aos interditos possessórios, nomeadamente, ao *unde vi*[1340]. Esta teria sido a contrapartida da extensão do *cânone redintegranda* aos outros membros do Clero, que não bispos[1341].

O fundamento da *condictio ex canone redintegranda* reside na posse, estando ao que parece excluída a detenção. A admissão de algumas excepções fazem duvidar da firmeza do princípio e realçam uma preocupação com a protecção da situação de facto das coisas contra actos de turbação e esbulho.

[1335] BRUNS, Das Recht des Besitzes im Mittelalter und in der Gegenwart, cit., pág. 168, MASSEN, "Zur dogmengeschichte der Spolienklage", cit., pág. 230 e segs.
[1336] BRUNS, Das Recht des Besitzes im Mittelalter und in der Gegenwart, cit., pág. 170.
[1337] BRUNS, Das Recht des Besitzes im Mittelalter und in der Gegenwart, cit., pág. 170.
[1338] BERMAN, Law and Revolution: The Formation of the Western Legal Tradition, cit., pág. 241.
[1339] GENIUS, Der Bestandschutz des Mieterverhältnisses in seiner historischen Entwicklung bis zu den Naturrechtskodifikationen, cit., pág. 63.
[1340] GENIUS, Der Bestandschutz des Mieterverhältnisses in seiner historischen Entwicklung bis zu den Naturrechtskodifikationen, cit., pág. 62 e seg.
[1341] GENIUS, Der Bestandschutz des Mieterverhältnisses in seiner historischen Entwicklung bis zu den Naturrechtskodifikationen, cit., pág. 63.

Outro ponto de muito interesse da glosa às Decretais de Graciano encontra-se na matéria da posse de direitos[1342]. Esta vem reconhecida com muita largueza, num movimento de grande abertura, e a aplicação da *condictio ex canone redintegranda* à tutela de direitos surge admitida na sua máxima amplitude, embora escasseiem os detalhes acerca dessa aplicação ou até da sua fundamentação. No comentário à expressão "*omnia jura restituantur*" das Decretais de Graciano (...), diz a glosa: "*etiam incorporalia, et etiam communio hominum est restituenda, si est injuste excommunicatus, quia verbum restituendi plenam et perfectam habet significationem*"[1343]. Especialmente desenvolvida aparece a posse dos cônjuges no casamento[1344].

VI. A separação entre a *exceptio spolii* e a *condictio ex canone redintegranda* surge como adquirida nas decretais da Igreja Católica originárias dos séculos XII e XIII d.C.[1345]. A admissibilidade da *condictio* nas acções civis e a possibilidade de ser deduzida por religiosos e não apenas por bispos encontram-se já assentes.

BRUNS[1346] explicita, no entanto, que no respeitante aos fundamentos em caso de esbulho da coisa e às pessoas contra as quais pode ser deduzida a acção, as decretais papais dos séculos XII e XIII se teriam afastado do regime anterior da *condictio ex canone redintegranda*, com os contornos dados inicialmente nas decretais de Graciano, mostrando-se ao invés em conformidade com o regime romano do interdito *unde vi*[1347]. Tem particular importância a este propósito o texto do Papa Inocêncio III, c. 18 X 2, 13: "*Saepe contingit, quod spoliatus per spoliatorem in alium re translata, dum adversus possessorem non subvenitur per restitutionis beneficium spoliato, commodo possessionis amisso propter difficultatem probationum iuris proprietatis ammitit effectum. Unde non obstante iuris civilis rigore sancimus, ut, si quis de cetero scienter rem talem receperit, cum spoliatori quasi succedat in vitium (eo quod non multum intersit quod periculum animae iniuste detinere ac invadere alienum) contra possessorem huiusmodi spoliato per restitutionis beneficium succuratur*". A acção apenas poderia ter por fundamento o esbulho violento (não a coacção e o dolo) e ser intentada

---

[1342] Sobre ele, cf. BRUNS, Das Recht des Besitzes im Mittelalter und in der Gegenwart, cit., pág. 171 e seg.

[1343] Retirámos este trecho directamente de BRUNS, Das Recht des Besitzes im Mittelalter und in der Gegenwart, cit., pág. 171.

[1344] BRUNS, Das Recht des Besitzes im Mittelalter und in der Gegenwart, cit., pág. 171.

[1345] BRUNS, Das Recht des Besitzes im Mittelalter und in der Gegenwart, cit., pág. 174 e segs.

[1346] BRUNS, Das Recht des Besitzes im Mittelalter und in der Gegenwart, cit., pág. 174 e segs.

[1347] BRUNS, Das Recht des Besitzes im Mittelalter und in der Gegenwart, cit., pág. 182 e segs.

contra o esbulhador, estando claro que não o pode ser contra qualquer outro terceiro[1348].

É bem possível que durante este período se tenham debatido na canonística duas orientações opostas quanto ao esbulho de bens da Igreja Católica, uma favorável à construção romana do interdito *unde vi*, mais restrita quanto aos fundamentos da restituição (a violência do esbulho) e o destinatário da acção (unicamente o esbulhador), e que estava em consonância com os ensinamentos da glosa, assentes no Direito romano, a outra favorável à *condictio ex canone redintegranda* como decorria das decretais de Graciano, aberta a todos os fundamentos do esbulho (o medo, o dolo e não apenas a violência) e garantindo a oponibilidade da acção ao terceiro que tem a coisa consigo, não obstante não ser o esbulhador.

Na orientação contrária à admissão da *condictio ex canone redintegranda* são célebres as palavras do Papa Inocêncio IV (no Comentário ao cânone 15 de rest. spol.): *"in rebus ecclesiasticis dixerunt quidam contra quem libet agi posse condictione ex. c. Red., sed nos hoc non dicimus, et intelligimus hoc caput Red. et alia jura quae pro eo facere videntur, quod omnia sunt spoliatis restituenda, non condictione ex canone, sed interdicto U. V., vel aliis competentibus actionibus, puta si dolo contraxit, actione de dolo, si metu, actione q. metus c., et sic de aliis"*. Inocêncio IV deixa claro que, em caso de esbulho, não se deve recorrer à *condictio ex canone redintegranda*, mas sim ao interdito *unde vi*. A sua posição, no entanto, ficaria derrotada na história.

A compilação das Decretais do Papa Gregório IX, aprovadas no IV Concílio de Latrão, em 1215, abre caminho para a vitória do regime inovador de Graciano. Assim, pode ler-se no Livro Segundo, Titulus XIII. De Restitutione Spoliaturum, Cap. XVIII: *"recipiens scienter rem invasam a spoliatore, tenetur eam spoliato restituere, licet non probet dominium"*. Este trecho, conhecido como *"Caput Saepe"* vem apontado por alguns[1349] como uma das duas fontes precursora da futura *actio spolii*. Aquele terceiro que tem conhecimento do esbulho deve restituir a coisa ao esbulhado, sem que este tenha de provar a propriedade. Não interessa, pois, a posição jurídica do terceiro, nem este se pode escudar na entrega pelo esbulhador para se furtar aos efeitos da acção de restituição intentada pelo esbulhado.

[1348] Cf. sobre isto GENIUS, Der Bestandschutz des Mieterverhältnisses in seiner historischen Entwicklung bis zu den Naturrechtskodifikationen, cit., pág. 64, MEISCHEIDER, Besitz und besitzschutz, cit., pág. 146.
[1349] MÜLLER, Besitzschutz in Europa, cit., pág. 22.

Com esta extensão, apesar da concorrência com outros meios romanos de tutela possessória para os casos de esbulho, que subsistem na época, nomeadamente, o interdito *unde vi*, a *actio quod metus causa* e a *actio doli*[1350], a *condictio ex canone redintegranda* – e o *iudicis officium*[1351] – tende a integrá-los a todos num único procedimento[1352] e apresenta, por isso, face aos demais, uma vantagem indiscutível, que alicerça o ascendente que terá nos séculos seguintes na defesa da posse contra actos de esbulho.

VII. O Direito canónico operou a partir dos séculos XII e XIII uma extensão considerável do âmbito da posse[1353]. Esta extensão não tem paralelo com algo semelhante na época romana ou em qualquer outra época anterior e transporta a posse para uma nova dimensão, muito para além daquela que o Direito romano lhe havia emprestado na sua concepção.

De um modo geral, todos os bens objecto de direitos eclesiásticos aparecem susceptíveis de posse[1354], começando, desde logo, pelas próprias igrejas, conventos, mosteiros, claustros e terras envolventes. Também as funções e ofícios eclesiásticos, como o episcopado, a abadia, a diocese, o priorado, aparecem como susceptíveis de posse e da sua defesa[1355]. E com eles, os seus benefícios e prebendas[1356].

[1350] Sobre este ponto, cf. MASSEN, "Zur dogmengeschichte der Spolienklage", cit., pág. 235 e segs. e GENIUS, Der Bestandschutz des Mieterverhältnisses in seiner historischen Entwicklung bis zu den Naturrechtskodifikationen, cit., pág. 61 e segs., MEISCHEIDER, Besitz und besitzschutz, cit., pág. 145 e seg.

[1351] GOFFREDO, Summa super titulis Decretalium, De resti. spol., pág. 96.

[1352] MASSEN, "Zur dogmengeschichte der Spolienklage", cit., pág. 239, GENIUS, Der Bestandschutz des Mieterverhältnisses in seiner historischen Entwicklung bis zu den Naturrechtskodifikationen, cit., pág. 61 e segs., MEISCHEIDER, Besitz und besitzschutz, cit., pág. 146.

[1353] WESENER, Zur Dogmengeschichte des Rechtsbesitz, cit., pág. 460, BEERMANN, Besitzschutz bei beschränkten dinglichen Rechten, cit., pág. 19 e segs.

[1354] Como sempre, a exposição fundamental sobre esta matéria pertence a BRUNS, Das Recht des Besitzes im Mittelalter und in der Gegenwart, cit., pág. 183 e segs. Sobre este ponto, veja-se igualmente WESENER, Zur Dogmengeschichte des Rechtsbesitz, cit., pág. 460, BEERMANN, Besitzschutz bei beschränkten dinglichen Rechten, cit., pág. 20, COING, Europäisches Privatrecht, Band I, Älteres Gemeines Recht, München, 1985, pág. 278 e 343, RANDA, Der Besitz nach österreichischem Rechte, cit., pág. 634 e segs., GAERTNER, Der gerichtliche schutz gegen besitzverlust, cit., pág. 97.

[1355] BRUNS, Das Recht des Besitzes im Mittelalter und in der Gegenwart, cit., pág. 187 e seg., WESENER, Zur Dogmengeschichte des Rechtsbesitz, cit., pág. 460, BEERMANN, Besitzschutz bei beschränkten dinglichen Rechten, cit., pág. 20.

[1356] BRUNS, Das Recht des Besitzes im Mittelalter und in der Gegenwart, cit., pág. 188 e seg., WESENER, Zur Dogmengeschichte des Rechtsbesitz, cit., pág. 460, COING, Europäisches Privatrecht, Band I, Älteres Gemeines Recht, cit., pág. 343.

De especial relevo é a posse reportada a direitos dependentes do exercício de funções eclesiásticas, como o bispado ou o arquidiaconato[1357]. Alguns dos textos das decretais mencionam a propósito uma *"quasi possessione"* ou *"quasi possessionem"*[1358], numa assunção clara da *quasi possessio* romana, que era entendida como tendo por objecto o exercício de direitos e não a própria coisa corpórea e que aqui se menciona quanto ao exercício de direitos advenientes do cargo ou função desempenhado pelo dignatário da igreja.

Outro domínio de particular importância encontra-se nos ónus reais, em especial, no dízimo, havendo vários trechos nas fontes que referem uma posse a este propósito[1359]. Para além destes casos, existe uma extensa análise de casos de posse entre cônjuges no casamento[1360], de posse por pertença a uma determinada família[1361] e introduz-se ainda o conceito de posse de estado.

Nestes primeiros tempos de adaptação do instituto romano da posse aos bens da Igreja Católica ao longo dos séculos XII e XIII, as decretais não oferecem quaisquer princípios ordenadores, abstractos, que orientem soluções ou façam luz sobre quais os direitos envolvidos na tutela, sobre os quais se admite uma posse jurídica e a sua defesa[1362]. Tudo o que existe são casos resolvidos num dado sentido e que constituem Direito.

De um modo genérico, pode dizer-se que as decretais deste período conferem a posse relativamente a quaisquer direitos cuja natureza o permita[1363]. Que direitos são estes não resulta, porém, claro nas fontes[1364].

[1357] BRUNS, Das Recht des Besitzes im Mittelalter und in der Gegenwart, cit., pág. 189 e seg.

[1358] Para uma lista de trechos sobre o tema, cf. BRUNS, Das Recht des Besitzes im Mittelalter und in der Gegenwart, cit., pág. 189. Cf. também COING, Europäisches Privatrecht, Band I, Älteres Gemeines Recht, cit., pág. 343 e seg.

[1359] BRUNS, Das Recht des Besitzes im Mittelalter und in der Gegenwart, cit., pág. 190 e segs., WESENER, Zur Dogmengeschichte des Rechtsbesitz, cit., pág. 460, COING, Europäisches Privatrecht, Band I, Älteres Gemeines Recht, cit., pág. 343.

[1360] BRUNS, Das Recht des Besitzes im Mittelalter und in der Gegenwart, cit., pág. 191 e segs., WESENER, Zur Dogmengeschichte des Rechtsbesitz, cit., pág. 460, BEERMANN, Besitzschutz bei beschränkten dinglichen Rechten, cit., pág. 21.

[1361] BEERMANN, Besitzschutz bei beschränkten dinglichen Rechten, cit., pág. 21.

[1362] Como sempre, cf. as observações esclarecedoras de BRUNS, Das Recht des Besitzes im Mittelalter und in der Gegenwart, cit., pág. 194 e segs. Cf. também RANDA, Der Besitz nach österreichischem Rechte, cit., pág. 634.

[1363] BRUNS, Das Recht des Besitzes im Mittelalter und in der Gegenwart, cit., pág. 195, RANDA, Der Besitz nach österreichischem Rechte, cit., pág. 634, WESENER, Zur Dogmengeschichte des Rechtsbesitz, cit., pág. 460.

[1364] BRUNS, Das Recht des Besitzes im Mittelalter und in der Gegenwart, cit., pág. 195. Veja-se, porém, a análise de BEERMANN, Besitzschutz bei beschränkten dinglichen Rechten, cit., pág. 20 e seg.

A POSSE

A ideia de um exercício duradouro ou periódico do direito parece conferir, no entanto, a base do pensamento canónico nesta matéria, que se alicerça na construção justinianeia da existência de posse quanto ao exercício de direitos (*quasi possessio, possessio iuris*)[1365]. Um direito cujo exercício se prolonga no tempo, e que não se esgota, portanto, na realização de uma única prestação ou num acto, desencadeia potencialmente a defesa contra comportamentos de perturbação ou esbulho, ou seja, admite uma posse do titular relativamente a ele.

Penetrar na natureza desses direitos, saber, nomeadamente, se a posse se pode referir a um direito pessoal de crédito permanece um ponto discutido, ainda em aberto[1366]. Nenhuma razão há para supor, todavia, que o âmbito da posse no Direito canónico desta época se refere e se esgota nos direitos reais (*ius in re*)[1367]. BRUNS[1368] indica nesse contexto a posse no casamento e em outros domínios do Direito da família (o exemplo é o do poder paternal)[1369], como argumento contrário à limitação da posse aos direitos reais no Direito canónicos dos séculos XII e XIII, um traço que atesta a superação quer do Direito romano da posse, quanto este aspecto, quer do Direito germânico.

Há ainda, por outro lado, situações jurídicas fundadas num novo Direito episcopal ou mais amplamente no Direito da Igreja Católica, que não são conhecidas e não têm paralelo no mundo temporal, cuja natureza não cabe em nenhuma das categorias romanas (ou germânicas) conhecidas e às quais o Direito canónico deste tempo reconhece posse e outorga a protecção respectiva[1370].

[1365] BRUNS, Das Recht des Besitzes im Mittelalter und in der Gegenwart, cit., pág. 195, COING, Europäisches Privatrecht, Band I, Älteres Gemeines Recht, cit., pág. 343 e seg., BEERMANN, Besitzschutz bei beschränkten dinglichen Rechten, cit., pág. 21.

[1366] BRUNS, Das Recht des Besitzes im Mittelalter und in der Gegenwart, cit., pág. 195, WESENER, Zur Dogmengeschichte des Rechtsbesitz, cit., pág. 461.

[1367] BRUNS, Das Recht des Besitzes im Mittelalter und in der Gegenwart, cit., pág. 194 e segs., RANDA, Der Besitz nach österreichischem Rechte, cit., pág. 635 e seg., COING, Europäisches Privatrecht, Band I, Älteres Gemeines Recht, cit., pág. 344, BEERMANN, Besitzschutz bei beschränkten dinglichen Rechten, cit., pág. 20 e seg

[1368] Das Recht des Besitzes im Mittelalter und in der Gegenwart, cit., pág. 195 e seg. No mesmo sentido veja-se igualmente BEERMANN, Besitzschutz bei beschränkten dinglichen Rechten, cit., pág. 20.

[1369] No mesmo sentido, cf. COING, Europäisches Privatrecht, Band I, Älteres Gemeines Recht, cit., pág. 344, BEERMANN, Besitzschutz bei beschränkten dinglichen Rechten, cit., pág. 21.

[1370] Cf. também BEERMANN, Besitzschutz bei beschränkten dinglichen Rechten, cit., pág. 21.

Uma larga parte da casuística da época reporta-se, no entanto, a coisas que constituem objecto de propriedade da Igreja Católica. Quanto a esses casos nenhuma dúvida se levanta e a aplicação canonística da posse encontra-se, de resto, em harmonia com o Direito romano. Diferentemente do Direito romano e do Direito germânico, porém, a canonística medieval dos séculos XII e XIII aceita a posse do titular de ónus reais e de obrigações reais; mas também aqui a natureza real ou a ligação da prestação à titularidade de um direito real facilita a expansão da posse a estas situações.

O reconhecimento da posse pelo Direito canónico relativamente a direitos de crédito permanece discutido e controverso, revelando-se uma questão em aberto[1371]. Com segurança, pode dizer-se que o Direito canónico, nas pisadas do Direito romano, nega a posse e a protecção possessória ao locatário[1372]. Quanto a outros direitos de crédito, WESENER[1373] chama a atenção para o facto de para as obrigações pessoais alguns canonistas falarem num estado semelhante ao da posse, um *"status percipiendi"*[1374], citando ANTONIUS DE BUTRIO[1375]: "(...) *etiam in jure debiti personalis est dare quasi possessionem, quamquam impropriam, sc. quando habet multiplices praestaciones. Proprie loquendo non est possessio, vel quasi possessio, quia in illo non cadit possessio, sed bem inprimitur status quidam, cujus respectu eo quod innovatur potest agi possessorio, ut status integretur, et hoc aperte voluit c. 24"* (c. 24 X. 1, 6). Note-se como o autor menciona as "múltiplas prestações", por contraposição aos créditos de prestação única sobre os quais nenhuma dúvida se levanta acerca da rejeição da posse.

[1371] BRUNS, Das Recht des Besitzes im Mittelalter und in der Gegenwart, cit., pág. 195, WESENER, Zur Dogmengeschichte des Rechtsbesitz, cit., pág. 461, COING, Europäisches Privatrecht, Band I, Älteres Gemeines Recht, cit., pág. 343 e segs., BEERMANN, Besitzschutz bei beschränkten dinglichen Rechten, cit., pág. 20 e seg., RANDA, Der Besitz nach österreichischem Rechte, cit., pág. 636.

[1372] GENIUS, Der Bestandschutz des Mieterverhältnisses in seiner historischen Entwicklung bis zu den Naturrechtskodifikationen, cit., pág. 57 e segs., WESENER, Zur Dogmengeschichte des Rechtsbesitz, cit., pág. 461, nota 64.

[1373] Zur Dogmengeschichte des Rechtsbesitz, cit., pág. 461. Uma exposição mais detalhada pode ver-se em BRUNS, Das Recht des Besitzes im Mittelalter und in der Gegenwart, cit., pág. 242 e segs.

[1374] Veja-se também C. 24 X de election em BRUNS, Das Recht des Besitzes im Mittelalter und in der Gegenwart, cit., pág. 190. Cf. igualmente GAERTNER, Der gerichtliche schutz gegen besitzverlust, cit., pág. 97 e seg. e BEERMANN, Besitzschutz bei beschränkten dinglichen Rechten, cit., pág. 20.

[1375] WESENER, Zur Dogmengeschichte des Rechtsbesitz, cit., pág. 461. A citação encontra-se igualmente em BRUNS, Das Recht des Besitzes im Mittelalter und in der Gegenwart, cit., pág. 243, o qual indica ainda outros nomes da canonística medieval em favor desta doutrina.

Para os canonistas que tomavam em consideração a concepção justinianeia de posse afigurava-se difícil aceitar uma *quasi possessio* para simples obrigações pessoais, sem nenhum carácter real associado. A ideia da protecção de um exercício do direito[1376] que se desenrola no tempo através do cumprimento em várias prestações adequa-se, no entanto, à *quasi possessio* romana[1377]. E a verdade é que, embora sem a coerência de uma orientação guiada por um princípio geral, a maioria da canonística do século XIII em diante tende a alargar a protecção possessória a puras obrigações (de exercício duradouro), podendo afirmar-se, assim, que o Direito canónico ampliou a posse também para o campo das Obrigações[1378].

O alargamento considerável da posse a situações em que o Direito romano não a contemplava, representa indiscutivelmente uma ultrapassagem deste. Contudo, o legado romanista continua a providenciar a base sobre a qual a canonística desenvolve as novas ideias de regulação possessória. Assim, o Direito canónico da posse repousa na distinção romana, mais exactamente justinianeia, entre a posse referida à coisa coisa (corpórea), que a tem por objecto, e a posse de direitos (*quasi possessio*), entendidos como coisas incorpóreas, que incide sobre o seu exercício[1379]. Ora, se a posse pode incidir sobre o exercício dos direitos, não importa a sua natureza, como faz notar BRUNS[1380], o que permite ampliar consideravelmente o número de situações em que existe posse[1381-1382].

[1376] COING, Europäisches Privatrecht, Band I, Älteres Gemeines Recht, cit., pág. 343.
[1377] Sobre o ponto, cf. COING, Europäisches Privatrecht, Band I, Älteres Gemeines Recht, cit., pág. 343 e segs.
[1378] Neste sentido, BRUNS, Das Recht des Besitzes im Mittelalter und in der Gegenwart, cit., pág. 242 e segs., BEERMANN, Besitzschutz bei beschränkten dinglichen Rechten, cit., pág. 20 e seg., RANDA, Der Besitz nach österreichischem Rechte, cit., pág. 636, GAERTNER, Der gerichtliche schutz gegen besitzverlust, cit., pág. 97, COING, Europäisches Privatrecht, Band I, Älteres Gemeines Recht, cit., pág. 344.
[1379] BRUNS, Das Recht des Besitzes im Mittelalter und in der Gegenwart, cit., pág. 197 e segs., WESENER, Zur Dogmengeschichte des Rechtsbesitz, cit., pág. 460, BEERMANN, Besitzschutz bei beschränkten dinglichen Rechten, cit., pág. 19 e seg., COING, Europäisches Privatrecht, Band I, Älteres Gemeines Recht, cit., pág. 343 e segs.
[1380] BRUNS, Das Recht des Besitzes im Mittelalter und in der Gegenwart, cit., pág. 198.
[1381] Cf. também BEERMANN, Besitzschutz bei beschränkten dinglichen Rechten, cit., pág. 20 e seg.
[1382] COING, Europäisches Privatrecht, Band I, Älteres Gemeines Recht, cit., pág. 343 e segs. fala sempre em *quasi-possessio* e não em posse. Porém, se a figura romana da *quasi-possessio* serve de base ao desenvolvimento do Direito Canónico, não há razão paara pensar que não se trate de verdadeira posse (e não de simples *quasi-possessio*).

A posse de direitos – a que tem direitos por objecto – recebe tutela pelos meios existentes para a defesa da posse, os quais, para além da nova *condictio ex canone redintegranda*, incluem o interdito *uti possidetis utile*, o interdito *unde vi utile*, e as outras *condictios* do Direto romano[1383].

VIII. O Direito canónico da posse, do século XIII aos séculos XIV e XV, reveste-se de extrema importância para a dogmática moderna deste instituto, marcando algumas rupturas com o Direito romano, ou continuando as que já haviam sido feitas desde o século XII, acentuando através da prática da Igreja Católica ou das suas fontes particularidades que lhe conferem o papel de agente motor do desenvolvimento da posse na Idade Média.

Neste período solidifica-se a aceitação do *canone redintegranda*[1384], apesar das pontuais discordâncias de que é exemplo a posição do Papa Inocêncio IV[1385]. E com isso emerge um novo meio de defesa da posse, uma nova acção, totalmente concebida pelo Direito canónico, que mais tarde, na primeira metade do século XVI, tomará a designação de *actio spolii*.

Este novo meio de defesa, que já não está atido à defesa de bispos, como na compilação do Falso Isidoro, ultrapassa os limites da igreja e, com isso, da protecção exclusiva dos bens da igreja e dos membros do clero, passando a considerar-se a sua aplicação mundana aos leigos, mesmo que a ideia haja gerado resistência nos primeiros tempos[1386].

Enquanto o interdito *unde vi* oferece uma oponibilidade limitada ao esbulhador, não garantindo a defesa contra o terceiro que possui actualmente a coisa, discute-se inicialmente se a *condictio ex canone redintegranda* pode ser movida contra o terceiro de boa fé que está na posse da coisa[1387]. Originariamente concebida para defesa de bispos esbulhados dos seus bens, a *condictio* era dotada de oponibilidade contra terceiros, aqueles que tivessem consigo as coisas esbulhadas. Esta orientação acaba por triunfar nos séculos XIV e XV, convertendo-a num meio geral de defesa da posse, que não se detém na sua eficácia simplesmente por aquele que tem a coisa consigo não ser efectivamente o esbulhador.

[1383] BRUNS, Das Recht des Besitzes im Mittelalter und in der Gegenwart, cit., pág. 243 e seg., BEERMANN, Besitzschutz bei beschränkten dinglichen Rechten, cit., pág. 22 e segs.
[1384] BRUNS, Das Recht des Besitzes im Mittelalter und in der Gegenwart, cit., pág. 220 e segs.
[1385] Cf. o que dissemos no ponto anterior.
[1386] BRUNS, Das Recht des Besitzes im Mittelalter und in der Gegenwart, cit., pág. 225 e segs. Cf. também GAERTNER, Der gerichtliche schutz gegen besitzverlust, cit., pág. 97.
[1387] BRUNS, Das Recht des Besitzes im Mittelalter und in der Gegenwart, cit., pág. 227 e seg.

O alargamento da protecção possessória às coisas móveis, raramente mencionado nas fontes desta altura, aparece como um dado pressuposto, que decorre da própria natureza desta *actio*[1388], contribuindo igualmente para diferenciar a *condictio ex canone redintegranda* do interdito *unde vi*, vocacionado exclusivamente para a defesa possessória contra actos de esbulho violento perpetrados no tocante a imóveis.

Um aspecto característico da *condictio ex canone redintegranda* está nos seus fundamentos. Enquanto os meios romanos de defesa têm todos uma limitação estrutural quanto ao fundamento do procedimento – lembre-se o interdito *unde vi*, que assenta na violência do esbulho, e só com esse fundamento pode ser procedente – a *condictio* pode ser usada em todos os casos de violência, medo e coacção e, de um modo geral, quando o desapossamento não tem causa lícita ou, nas palavras de CALDERINI[1389], "(...) *qui quoqunque modo injuste amiserunt possessionem rei* (...)"[1390].

IX. A canonística medieval recusa a posse para o locatário, o arrendatário[1391], o comodatário, o depositário e o colono. Nesta parte, não há nenhuma inovação que se possa atribuir ao Direito canónico, que se encontra, assim, em conformidade com o Direito romano e com a glosa, que segue a lição romana.

Existem, todavia, outros dados que perturbam a lógica que se poderia esperar desta posição e que seria, em coerência, a de negar igualmente a defesa possessória ao detentor, até porquanto os meios de defesa da posse originários do Direito romano, esses excluem peremptoriamente a tutela da detenção.

No entanto, alguns canonistas, sem deixar de negar a posse, aceitam, no início timidamente, mas depois com crescente convicção, o alargamento da defesa possessória ao mero detentor[1392], em particular, o recurso por este

---

[1388] BRUNS, Das Recht des Besitzes im Mittelalter und in der Gegenwart, cit., pág. 231. Cf. também, GAERTNER, Der gerichtliche schutz gegen besitzverlust, cit., pág. 96 e seg.

[1389] O texto surge citado apud por BRUNS, Das Recht des Besitzes im Mittelalter und in der Gegenwart, cit., pág. 228 e nota 1 dessa página.

[1390] Para o confronto das diferenças entre o interdito *unde vi* e a *condictio ex canone redintegranda*, veja-se BRUNS, Die Besitzklagen des römischen und heutigen Rechts, cit., pág. 213 e segs. Cf. igualmente a síntese de SAVIGNY, Das Recht des Besitzes, cit., pág. 511 e seg.

[1391] GENIUS, Der Bestandschutz des Mieterverhältnisses in seiner historischen Entwicklung bis zu den Naturrechtskodifikationen, cit., pág. 58 e segs., WESENER, Zur Dogmengeschichte des Rechtsbesitz, cit., pág. 461, nota 64.

[1392] Cf. BRUNS, Das Recht des Besitzes im Mittelalter und in der Gegenwart, cit., pág. 231 e Die Besitzklagen des römischen und heutigen Rechts, cit., pág. 213, GENIUS, Der Bestandschutz des

à *condictio ex canone redintegranda*. ROFFREDO[1393] vem usualmente apontado como um deles[1394], embora não encontremos na sua Summa nenhuma afirmação explícita neste sentido. Outro canonista mencionado no contexto do alargamento da tutela possessória ao detentor é DURANTIS[1395], o qual admite que tanto o comodatário como o depositário possam recorrer à *condictio ex canone redintegranda* para obter a restituição da coisa em caso de esbulho[1396].

Com o caminho assim aberto, a canonística posterior admitiu crescentemente que meros detentores beneficiassem da tutela possessória, alargando esta muito para além do campo reconhecido à posse e ao seu âmbito originário de aplicação.

A influência canonística estendeu-se ao mundo leigo, nomeadamente, ao Direito Civil e actualmente os códigos civis modernos reconhecem, em vários casos, a tutela possessória a um possuidor em nome alheio[1397]. Se se trata de uma protecção possessória a um detentor ou sempre de tutela possessória a um possuidor pode merecer hoje uma resposta diferente à que seria natural esperar da canonística, mais preocupada em resolver casos concretos do que em construir uma teoria da posse.

X. Outra modificação marcada do Direito canónico quanto ao pensamento romano da posse revela-se na admissão da possibilidade de existirem várias posses simultaneamente sobre o mesmo objecto[1398]. Ainda assim, as fontes são muito parcas de referências a esta ideia, mas a gradual modificação do conceito de propriedade, já não entendida como forma absoluta de gozo da coisa e concebida ao invés como coexistindo com o aproveitamento propiciado por outros direitos menores, apoia este novo desenvolvimento.

Mieterverhältnisses in seiner historischen Entwicklung bis zu den Naturrechtskodifikationen, cit., pág. 65 e seg., WIELING, Die historischen Voraussetzungen des modernen Besitzschutzes, cit., pág. 384.

[1393] Summa super titulis Decretalium, De resti. spol., pág. 96.
[1394] Vejam-se os autores citados na penúltima nota.
[1395] Speculum iudiciale, Lib. 2, Petitori et possessori, spoliatione.
[1396] GENIUS, Der Bestandschutz des Mieterverhältnisses in seiner historischen Entwicklung bis zu den Naturrechtskodifikationen, cit., pág. 66.
[1397] WIELING, Die historischen Voraussetzungen des modernen Besitzschutzes, cit., pág. 384.
[1398] BEERMANN, Besitzschutz bei beschränkten dinglichen Rechten, cit., pág. 23 e seg. BRUNS, Das Recht des Besitzes im Mittelalter und in der Gegenwart, cit., pág. 231 e Die Besitzklagen des römischen und heutigen Rechts, cit., pág. 203.

Se uma única posse sobre a coisa, global, não levanta problema algum, a atribuição a várias pessoas de poderes jurídicos de actuação sobre ela, mormente nos termos de direitos reais menores, conduz quase inevitavelmente ao reconhecimento de posse separadas e independentes umas das outras.

Deste modo, com a propriedade do Bispo sobre os bens do seu bispado, e respectiva posse, coexistem direitos de outras pessoas, religiosos e não religiosos, que beneficiam igualmente de tutela possessória[1399]. Com esses direitos, nascem, assim, várias posses, todas elas distintas entre si, cabendo a possuidores separados, e tendo a mesma coisa por objecto[1400].

A ideia de um concurso de posses sobre a mesma coisa (*"possessio plurium in solidum"*) tinha tido já defensores ilustres no Direito romano. No entanto, ela não tinha obtido os favores da maioria dos jurisconsultos, que postulavam a máxima oposta (*"plures eandem rem in solidum possidere non possunt"*), seguida também pelos glosadores. Neste ponto, o Direito canónico opera outra ruptura com o Direito romano.

XI. A partir do século XV generaliza-se o recurso da *condictio ex canone redintegranda* à tutela da posse em caso de esbulho. No século XVI esta acção passa a ser conhecida debaixo da designação de *actio spolii*.

A *actio spolii*, como a sua precursora, a *condictio ex canone redintegranda*, constitui uma criação do Direito canónico, ostentando, por isso, feições distintivas, em vários traços, relativamente aos meios romanos de defesa da posse, sobretudo, ao interdito *unde vi*[1401]. Para além do alargamento considerável dos fundamentos da *actio spolii* quando confrontada com aquele interdito e da sua extensão às coisas móveis, podem recorrer à *actio spolii* não apenas os que segundo o Direito romano são possuidores, mas todos aqueles que controlam materialmente uma coisa ou que exercem de modo continuado um direito a ela relativo. E podem-no sem dependência de prazo e não apenas no ano subsequente ao esbulho.

Legitimidade passiva para a *actio spolii* têm não apenas os que esbulharam a coisa, mas igualmente os terceiros que a possuem actualmente. A controvérsia existe entre os que sustentam que a *actio* pode apenas ser intentada contra terceiro de boa fé e os que a entendem como oponível a qualquer terceiro[1402].

[1399] BEERMANN, Besitzschutz bei beschränkten dinglichen Rechten, cit., pág. 23 e seg.
[1400] BEERMANN, Besitzschutz bei beschränkten dinglichen Rechten, cit., pág. 24.
[1401] BRUNS, Die Besitzklagen des römischen und heutigen Rechts, cit., pág. 213 e segs., SAVIGNY, Das Recht des Besitzes, cit., pág. 511 e seg., MÜLLER, Besitzschutz in Europa, cit., pág. 23 e seg.
[1402] Para uns, este terceiro é apenas o terceiro de boa fé, a opinião de WIELING, Die historischen Voraussetzungen des modernen Besitzschutzes, cit., pág. 383. Para a maioria, porém, a *actio spolii*

A partir do século XV a *actio spolii* começa a ser aplicada a leigos por tribunais não eclesiásticos[1403]. Com isso, ela converte-se num meio universal de defesa da posse[1404] e representa, sem dúvida, um dos maiores contributos do Direito canónico e dos canonistas para a prática deste instituto.

19. Os pós-glosadores. Os ultramontanos e a escola dos comentadores (conciliadores)

I. No final do século XIII e durante o século XIV emerge um novo movimento de pensamento jurídico, os pós-glosadores, uma corrente não inteiramente homogénea que integra aquele que é provavelmente o núcleo central do movimento, a escola dos comentadores (ou conciliadores), de origem italiana, mas que apresenta outras ramificações, nomeadamente, a da escola ultramontana, assente no ensino jurídico ministrado em França. Naturalmente, os pós-glosadores versam também sobre a posse e importa conhecer os traços gerais do seu pensamento na matéria.

Durante este período, que abarca sensivelmente os séculos XIV e XV, não existem desenvolvimentos marcantes em matéria de posse. O conceito de posse e as classificações mais relevantes apoiam-se na glosa anterior, particularmente, em BASSIANO e em AZO – constantemente citados nas obras dos comentadores e dos juristas ultramontanos – sem trazerem quaisquer traços distintos, inovadores, que impulsionem uma diferente abordagem ou uma teoria possessória nova, ao menos em alguns pontos. BRUNS[1405] adjectiva inclusivamente esta escola como improdutiva e não autónoma, desiludido talvez com os fracos resultados da investigação deste tempo.

As fontes primárias para a exposição do Direito continuam a ser as romanas, nomeadamente, o *corpus iuris civilis*; porém, são introduzidos amiúde elementos normativos do Direito canónico[1406], em especial, quanto à tutela possessória, que os canonistas tinham laborado intensamente nos dois séculos anteriores, oscilando os comentadores entre si quer no sentido

---

pode ser intentada pelo esbulhado contra todo e qualquer terceiro com a posse actual da coisa. Uma análise desenvolvida sobre este ponto encontra-se em GAERTNER, Der gerichtliche schutz gegen besitzverlust, cit., pág. 101 e segs.
[1403] MÜLLER, Besitzschutz in Europa, cit., pág. 24.
[1404] WIELING, Die historischen Voraussetzungen des modernen Besitzschutzes, cit., pág. 383.
[1405] Das Recht des Besitzes im Mittelalter und in der Gegenwart, cit., pág. 252.
[1406] A escola dos comentadores recorre igualmente a elementos legais dos territórios italianos, divergindo nesta parte dos glosadores, que se concentram exclusivamente com as fontes romanas. Contudo, em matéria de posse essa tendência não se fez sentir e os principais autores desta escola ignoram os elementos legais contemporâneos.

a dar às fontes quer na combinação delas (Direito romano e Direito canónico) no momento da sua aplicação.

II. Uma definição de posse que rompa com a tradição anterior ou que introduza elementos novos de caracterização do instituto não se encontra em regra nos comentadores, que conservam as definições anteriores dos textos romanos e da glosa e as citam abundantemente nos seus trabalhos. Assim, BARTOLO[1407] refere, sem nenhuma originalidade: *"possessio a pedum positione dicta est"*. E mais à frente[1408] explica que na glosa se avança com três definições de posse: a primeira seria, que *"possessio est quoddam ius rem detinendi sibi"* (BASSIANO); a segunda, que *"possessio est ius quoddam, quo quis re corporale vere, vel interpretatiue sibe habeat"* e a terceira que *"possessio est corporalis rei detentatio, corporis et animi, iuris adminiculo concurrente"* (AZO).

ALEXANDER DE IMOLA[1409] repete a mesma definição romana (*"possessio a pedum positione dicta est"*) e salienta que ela acentua três partes: a primeira vocabular, a segunda e terceira relativas aos efeitos. E PAULO DE CASTRO[1410] refere do mesmo modo que a posse equivale a uma *"pedum positio"*.

Um olhar mais atento revela, no entanto, nalguns pós-glosadores, um aprofundamento das noções adoptadas pela glosa e inclusivamente algum, modesto embora, desvio de orientação. JACOBO DE RAVANIS[1411] (JACQUES DE RÉVIGNI), um jurista ultramontano, apreciando a definição de posse dada por Azo, observa: *"do ergo descriptionem possessionis certe quicquid dicat Azo formaliter; nos dicemus casualiter"*. E continua, *"unde ipse dixit possessio est rei corporalis detentio corpore et animis nos dicemus possessio est ex corporali apprehensione facta corpore et animo iuris adminiculo concurrente. Unde omnia que ipse dixit corporaliter formaliter nos dicemus casualiter possetis possessionem diffinire per suos effectus cum dicitir iuris vinculum qua de necessitate affirmamus"*.

BARTOLO[1412] vai mais longe. Segundo ele, a posse pode ser definida em género e em espécie. Quanto ao género, BARTOLO define: *"possessio est ius insistendi rei non prohibitae possideri"*. Uma definição praticamente igual encontra-se em Baldo[1413] (*"possessio est ius insistendi rei"*). Segundo BARTOLO[1414],

---

[1407] Commentaria In Primam Digesti Noui Partem, Tomus Quintus, 1602, De Acquirenda possessione, cit., pág. 74.
[1408] Commentaria, De Acquirenda possessione, cit., pág. 74.
[1409] Commentaria, cit., pág. 59.
[1410] In Secundam Codicis Partem Commentaria, Lugduni, 1583, pág. 121.
[1411] Lectura super codice, De Acquirenda possessione.
[1412] Commentaria, De Acquirenda possessione, cit., pág. 74.
[1413] Commentaria in Quartam & Quintum Codicis libros, pág. 51.
[1414] Commentaria, De Acquirenda possessione, cit., pág. 74.

à posse assim definida corresponderiam três espécies, um trecho original de pensamento nesta matéria que não encontra correspondência em nenhum outro autor, da sua época ou dos séculos anteriores. Essas espécies seriam:
- *Possessio civilis*, que "*est ius insistendi rei non prohibitae possideri, aptum producere ciuiles effectus*", efeitos civis esses que seriam a usucapião ou a prescrição;
- *Possessio naturalis*, que "*est ius insistendi rei non prohibitae possideri, aptum producere ciuiles effectus respectu alicuius iuris a dominio separati et respectu naturalium accessionum*". BARTOLO[1415] exemplifica com o usufruto e direitos similares, como o direito do feudatário e do enfiteuta, que adquirem os frutos da coisa e tudo o que acresce por acessão;
- *Possessio corporalis*, que "*est ius insistendi rei non prohibitae possideri, retentionis, & recuperationis produces effectum* ". Esta posse, segundo BARTOLO[1416], não atribui a fruição e nem permite a usucapião, mas atribui um "*ius detinendi*", que permite a defesa interdital mediante o interdito *unde vi*, *de vi armata* e *uti possidetis*.

A estranheza da posição de BARTOLO não cativou adeptos ou defensores, passando desapercebida ou com censura negativa. Nenhum dos outros pós-glosadores menciona uma *possessio corporalis* e lhe dá algum papel no regime jurídico do instituto[1417].

III. A estrutura da posse quanto aos seus elementos constituintes mantém-se nos pós-glosadores, como nas épocas seguintes até à actualidade. Sem novidade, BUTRIGARIO[1418] afirma que a aquisição da posse pelo donatário "*requiratur animus, & corpus*". DECIO[1419] escreve: "*ut igitur nulla possessio acquiri nisi animo & corpore potest*". SALYCETO[1420] diz: "*quod cum in possessione quaerenda oportet quod concurrant corpus, & animus*"[1421]. E PAULO DE CASTRO reitera idêntico sentido para a aquisição da posse, a qual "*requiritur actus corporalis, & etiam animus*"; e, mais adiante, "*civilis possessio licet non possit solo*

[1415] Commentaria, De Acquirenda possessione, cit., pág. 74.
[1416] Commentaria, De Acquirenda possessione, cit., pág. 74.
[1417] Cf. também, a propósito, BRUNS, Das Recht des Besitzes im Mittelalter und in der Gegenwart, cit., pág. 254 e seg.
[1418] In primam e secundam veteris digesti partem, pág. 381.
[1419] De Regulis iuris, 374.
[1420] In VII, VIII et IX Codicis Libros Commentaria, Venetiis, 1586, pág. 119.
[1421] Note-se a disseminação do termo "*corpus*", que não é de traça romana, e que tenderá a impor-se no uso linguístico do tratamento jurídico da posse até aos nossos dias.

animo acquiri: imo requirit actus corporalis una cum animo". Deparamos com afirmações semelhantes nos autores desta época[1422].

Reafirma-se, pois, nos autores pós-glosadores, que posse assenta em dois elementos, um material ou corpóreo e o outro intencional, não bastando este para a aquisição da posse, pois, conforme aduz ARETINO[1423], *"licet solo animo non acquiratur"*. A posse não se adquire somente com a vontade (ou sem ela), requer a detenção da coisa.

Em todo o caso, se para a aquisição da posse se exige o concurso dos dois elementos, a conservação da posse basta-se com o mero *animus*. Trata-se de um ponto que reúne consenso entre os pós-glosadores: *"et quis dicitur etiam possidere, qui per alium possidet, et possessio solo animo retinet, licet solo animo non acquiratur"*, sustenta ARETINO[1424]. E no mesmo sentido, e a título meramente exemplificativo, PIETRO DE BELLAPERTICA[1425], JACOBO DE RAVANIS[1426], SALYCETO[1427], PAULO DE CASTRO[1428].

IV. Tal como sucede com os glosadores, não se encontra nos comentadores nenhuma abordagem direccionada para esclarecer o objecto da posse. O dogma romano de que a posse incide apenas sobre coisas corpóreas[1429] e que sobre coisas incorpóreas (direitos) não pode haver posse, unicamente uma *quasi possessione*, mantém-se plenamente.

Sobre o primeiro ponto, ouçamos BUTRIGARIO[1430]: *"possessio propria dicitur de re corporali, impropria si possedo ius"*[1431]. No mesmo sentido, BALDO[1432] escreve: *"circa hoc dico regulariter nulla res incorporalis per se possedibilis est"*; inversamente, *"res corporalis possedibilis est"* [1433].

[1422] Por exemplo, PIETRI JACOBI, Aurea Practica Libellorum, Coloniae Agrippinae, 1575, pág. 580, que segue nesta parte a opinião de JOHANNES BASSIANO, contra a de AZO, largamente maioritária no seu tempo, sobre a qual diz: *"non est ita clara"*.

[1423] In Quattor Institutionum Iustiani Libri Commentaria, Venetia, 1609, pág. 355.

[1424] In Quattor Institutionum Iustiani Libri Comentaria, cit., pág. 355.

[1425] Commentaria in digestum novum, cit., Tit. XV De Vi et De Vi Armata, pág. 31.

[1426] Lectura super codice, De acquirenda possessione.

[1427] In VII, VIII et IX Codicis Libros Commentaria, cit., pág. 119.

[1428] In Secundam Codicis partem Commentaria, cit., pág. 121.

[1429] Sem prejuízo de poder estar vedada quanto a algumas categorias delas. BARTOLO tem o cuidado de definir a sua tripartição possessória ressalvando sempre que em cada caso a posse apenas recai sobre coisas cuja posse não se encontra proibida. Para a descrição das proibições possessórias quanto ao objecto, veja-se ODO, Summa Othonis Senosensis de interdictis iuditiisque possessoris, et eorum libellis, Moguntiae, 1536, pág. 82.

[1430] In primam e secundam veteris digesti, cit., pág. 355.

[1431] E continua, *"improprissima, ut quia debitor dicitur possidere ius, quo mihi tenetur"*.

[1432] Commentaria in Quartam & Quintum Codicis libros, 74.

[1433] Commentaria in Quartam & Quintum Codicis libros, 75.

Relativamente ao segundo ponto, PIETRO DE BELLAPERTICA[1434] explica de um modo eloquente a doutrina da glosa com referência à admissibilidade de recurso ao interdito *uti possidetis*: *"pone, aliquis turbatur in possessionis sui iuris incorporalis, aliquis habet usumfructum, usum, seruitutem realem turbatur, quasi possessione, nunquid habet locum istud interdictum? Glossa quantoq; diceret quòd non, quia non possidentur, tamen non possunt possideri"*.

DINO[1435] refere igualmente: *"certum est enim que incorporalia non posidentur"* e, mais adiante, *"incorporalibus est quedam quasipossesso"*.

A doutrina surge reiterada sem qualquer controvérsia em outros comentadores, como ALEXANDER DE IMOLA[1436], ARETINO[1437], SALYCETO[1438] ou ODO[1439].

V. Ainda em tema de objecto da posse encontramos em BARTOLO[1440] uma menção que não surge abordada por nenhum dos outros pós-glosadores: *"corpus integrale possidentur, non res singulare"*. A posse reporta-se a toda a coisa e não pode ser reclamada quanto a uma parte isolada da mesma.

Na verdade, a formulação de BARTOLO tem uma maior amplidão: *"universitas licet possideatur, tamen singula possideri non possunt"*. Numa coisa complexa, a posse vem aferida ao todo e não a qualquer das suas partes.

VI. O debate sobre a distinção entre posse e detenção configura outro dos pontos de interesse da doutrina possessória dos pós-glosadores. Como sempre, o enquadramento subjacente à discussão encontra-se nas posições da glosa, muito em particular, nas de BASSIANO e AZO, que são sempre tomadas em consideração pelos autores, para divergir, concordar ou simplesmente expor a matéria[1441].

Este debate tem lugar ainda debaixo do pano de fundo da classificação romana que distingue e contrapõe a *possessio civilis* à *possessio naturalis*, não se autonomizando dela. Há que reconhecer, no entanto, que os termos em que tal debate se processa estão já relativamente longe da colocação romana e das respostas dos seus jurisconsultos. Por exemplo, ODO[1442], que

---

[1434] Commentaria in digestum novum, Tit. XVI Uti Possidetis, pág. 45. Veja-se também na página 39 relativamente ao interdito *unde vi*.
[1435] De regulis iuris, 4.
[1436] Commentaria, 59, 10.
[1437] In Quator Institutionum Iustiani Libri Comentaria, cit., pág. 71.
[1438] In VII, VIII et IX Codicis Libros Commentaria, cit., pág. 27 e pág. 119, 7.
[1439] ODO, Summa Othonis, cit., pág. 71e seg.
[1440] Commentaria, De Acquirenda possessione, cit., pág. 97.
[1441] Veja-se um exemplo deste último caso em DINO, De regulis iuris, 4 e 5.
[1442] Summa Othonis, cit., pág. 72.

neste ponto não está sozinho, explica que a posse civil e a posse natural diferem entre si pelos factos aquisitivos respectivos. A primeira teria os modos de aquisição do *iure civili*, enquanto a segunda os modos do *ius gentium*.

Para a generalidade dos pós-glosadores, no entanto, a *possessio naturalis* representa um mero estado de apreensão material da coisa que se contrapõe à possessio civilis e à qual estão vedados os efeitos jurídicos desta última, nomeadamente, a protecção interdital directa (não a por via útil) e a usucapião. Assim, PIETRO DE BELLAPERTICA[1443] enuncia singelamente *"civiliter possidet, qui animo possidet, naturaliter, qui corpore possidet, & habet locum hoc Interdictum"*.

Existem, porém, algumas diferenças de entendimento e nem todos postulam a opinião de AZO ou de BASSIANO sobre o sentido a dar à contraposição entre *possessio civilis* e *possessio naturalis*[1444]. JACOBO DE RAVANIS[1445] acredita que existe uma única posse, com efeitos separados: *"una est possessio que habet effectum duorum ubi separantur"*. No entanto, quando existem direitos diversos sobre a coisa, propriedade e usufruto, o autor[1446] clama: *"due sunt scilicet quando ponimus eos in auersis, scilicet unam in proprietario aliam in usufructuario vel simili"*. A posse divide-se, pois, segundo JACOBO DE RAVANI, cabendo ao proprietário a posse civil e ao usufrutuário a posse natural. A posse de cada um deles, sendo única, corresponde, porém, a uma diferente espécie, com efeitos diversos[1447].

Com uma argumentação diferente da de JACOBO DE RAVANIS, BUTRIGARIO[1448] defende igualmente que as situações de *quasi possessio* são igualmente de *possessio naturalis*. BARTOLO[1449] discorda vivamente, pois, *"quia possessio civilis est ius"*, enquanto *"quasi possessio non est ius, sed consistit in facto (...), ergo non diuiditur in civilem et naturalem"*. O próprio BARTOLO[1450], porém,

---

[1443] Commentaria in digestum novum, cit., Tit. XV De Vi et De Vi Armata, pág. 27.
[1444] BRUNS, Das Recht des Besitzes im Mittelalter und in der Gegenwart, cit., pág. 253 e segs.
[1445] Lectura super codice, De Acquirenda possessione, cit.
[1446] JACOBUS DE RAVANIS, Lectura super codice, cit., De Acquirenda possessione.
[1447] Lectura super codice, De Acquirenda possessione, cit. JACOBUS DE RAVANIS contrapõe a posição de AZO, segunda a qual pode haver simultaneamente três possuidores sobre a coisa, à de BASSIANO, que sustenta poderem existir quatro posses, afastando-se de qualquer delas, dizendo não poder haver simultaneamente mais do que um possuidor sobre a coisa (*"duo non possunt simul possidere"*), embora possa exitir simultaneamente um possuidor civil e um possuidor natural.
[1448] É BARTOLO quem cita directamente a lição de JACOBO BUTRIGARIUS, para se afastar da sua doutrina. Cf. Commentaria, De acquirenda possessione, cit., pág. 74.
[1449] Commentaria, De acquirenda possessione, cit., pág. 74.
[1450] Commentaria, De acquirenda possessione, cit., pág. 74. Confrontem-se, nomeadamente, os pontos 9 e 11 a 15.

apresenta uma incongruência evidente na sua doutrina[1451], sustentando, por um lado, o pensamento tradicional, de que as coisas incorpóreas não podem ser objecto de posse, originando apenas uma *quasi possessio*, dando como exemplo as servidões, enquanto, simultaneamente, defende que o usufrutuário tem uma *possessio naturalis*, uma crítica, de resto, que pode ser dirigida a outros pós-glosadores, conforme veremos de seguida.

Percebendo a contradição, e no intuito de a ultrapassar, JOHANNES DE IMOLA afirma que todas as situações de *quasi possessio* se reconduzem à *possessio naturalis*, enquanto ALEXANDER DE IMOLA[1452-1453] prefere falar em *quasi possessio civilis* e *quasi possessio naturalis*, uma anomalia que se distancia significativamente do pensamento romano e mesmo da glosa, mas que parece ser justificada, ao menos, por razões de coerência: se não se possuem coisas incorpóreas não se pode referir uma *possessio naturalis* quanto a elas.

VII. Na doutrina dos pós-glosadores não se encontra um tratamento jurídico articulado de quais os direitos a que a posse se pode referir. Não se levanta qualquer dúvida, porém, que ela se pode exercer quanto à propriedade, independentemente da separação, perfeitamente assente e incontroversa, entre ambas.

Dentro do quadro doutrinário da época, herdado dos glosadores, as coisas incorpóreas são direitos e no seu âmbito englobam-se tanto as servidões reais como as servidões pessoais. Diz ARETINO[1454] "*incorporalia ... siue sunt seruitutes reales, siue personales*". Por isso, considerando que "*licet alia iura non possideantur*"[1455], uma posse relativamente às servidões encontra-se excluída, podendo apenas falar-se de *quasi possessio*. BALDO[1456] sintetiza: "*seruitutes sunt res incorporales et incorporalia non possidentur*", concuindo, adiante, "*seruitutes non possideantur*"[1457].

Em consonância com o entendimento de que as coisas incorpóreas não se possuem, havendo quanto a elas uma mera *quasi possessio*, profere-se habitualmente a afirmação de que o usufrutuário, o usuário e os titulares de servidões prediais não possuem, excluindo-se, por conseguinte, uma

---

[1451] Que se encontra em quase todos os pós-glosadores.
[1452] Commentaria, cit., pág. 76, 11.
[1453] Veja-se também PIETRI JACOBI, Aurea Practica Libellorum, cit., pág. 586 e FABER, In Quator Libros Institutionum Commentaria, Venetiis, 1672, pág. 35.
[1454] In Quator Institutionum Iustiani Libri Commentaria, cit., pág. 71.
[1455] In Quator Institutionum Iustiani Libri Commentaria, cit., pág. 71.
[1456] Commentaria in Quartam & Quintum Codicis libros, cit., pág. 23.
[1457] BALDO, Commentaria in Quartam & Quintum Codicis libros, cit., pág. 23.

posse nos termos desses direitos. Assim, BELLAPERTICA[1458], confrontando a sua opinião com a Glosa, pronuncia-se desta forma: "*concedo quòd superficiarius possidet suum fundum*[1459], *cùm petitorium habeat, ideo habet possessorium, sed usufructuarius et usuarius, nullum ius reale habent, nullum dominium quantùm ad istum fundum habent, ideo non habent possessorium, tamen correlatiua sint possessorium et petitorium*"; e logo de seguida remata: "*usufructuarius non possidet*". E, do mesmo modo, expressa-se BUTRIGARIO[1460], dizendo singelamente "*fructuario non possunt*".

Os pareceres doutrinários da época vão no sentido de que todas estas situações são de detenção (*possessio naturalis*). Assim, JACOBO DE RAVANIS[1461] esclarece caber ao usufrutuário a *possessio naturalis*, o mesmo acontecendo, na sua opinião, com o superficiário, o enfiteuta e "similares". BARTOLO[1462], na sua conhecida classificação tripartida das espécies de posse, defende igualmente que ao usufrutuário corresponde uma *possessio naturalis*, indicando que nessa posição se encontram igualmente o enfiteuta e o feudatário[1463], uma posição seguida na íntegra por PIETRI JACOBI[1464], que acrescenta ainda o usuário. SALYCETO[1465] acompanha: "*in re fructuaria, cum fructuarius verè possideat naturaliter*".

O quadro que daqui resulta tem naturalmente integral similitude com o Direito romano, como seria de esperar. Se, por um lado, a *possessio naturalis* corresponde a uma detenção da coisa e, portanto, quem a tem é um mero detentor, em alguns casos reconhece-se ao detentor uma tutela interdital, ainda que por via útil e não directa, enquanto noutros igualmente qualificados como de *naturalis possessio* essa tutela vem recusada. Englobam-se

---

[1458] Commentaria in digestum novum, cit., Tit. XV. De Vi et De Vi Armata, pág. 32.
[1459] A posição do superficiário (possuidor ou detentor) reveste alguma controvérsia. A opinião de BELLAPERTICA, de que o superficiário é um possuidor, está longe de reunir o consenso dos comentaristas, parecendo ser antes uma doutrina minoritária. Para a perspectiva oposta, pode ver-se ODO, Summa Othonis, cit., pág. 70 e segs.
[1460] In primam e secundam veteris digesti, pág. 388.
[1461] Lectura super codice, De Acquirenda possessione, cit.
[1462] Commentaria, De Acquirenda possessione, cit., pág. 74.
[1463] A confusão aumenta quando se fala numa *quasi possessio civilis* e numa *quasi possessio naturalis*. Cf. ALEXANDER DE IMOLA, Commentaria, cit., pág. 76, 11.
[1464] Aurea Practica Libellorum, cit., pág. 580.
[1465] In VII, VIII et IX Codicis Libros Commentaria, cit. pág. 119, 7.

neste último campo, o colono[1466], o depositário[1467], o comodatário[1468] e o arrendatário[1469], todos eles com posse natural e aos quais o Direito Civil não reconhece qualquer tutela possessória, ou seja, a possibilidade de recurso à protecção interdital, ainda que por via útil. Nestas situações, a posse encontra-se com o proprietário, com o depositante, com o comodante ou com o locador[1470].

No caso da constituição de penhor, a doutrina dos comentadores pende para considerar que tem posse o devedor que constitui a garantia, tendo o credor pignoratício uma mera *possessio naturalis*, ou seja, a detenção da coisa[1471], a versão justinianeia do Direito romano.

Noutro aspecto menos relevante, esclarece-se que o procurador que tem a coisa em seu poder não se pode arrogar possuidor e não lhe cabe qualquer tutela interdital[1472], que pertence apenas ao representado.

Durante todo este período, no entanto, salta à vista uma crescente tensão entre a perspectiva possessória romana, crescentemente insuficiente para abarcar as necessidades da vida real, ou seja, de uma vivência social diversa daquela que o Direito romano regulava, e a influência da doutrina

---

[1466] DECIO, Consiliorum, Venetia, 1575, pág. 114, BELLAPERTICA, Commentaria in digestum novum, cit., Tit. XV. De Vi et De Vi Armata, pág. 31 e seg., BARTOLO, Commentaria, De acquirenda possessione, cit., pág. 85, ARETINO, In Quator Institutionum Iustiani Libri Comentaria, cit., pág. 356, ALEXANDER DE IMOLA, Commentaria, cit., pág. 60, 46, PAULO DE CASTRO, In Secundam Codicis partem Commentar, cit., pág. 119, ODO, Summa Othonis, cit., pág. 71, PIETRI JACOBI, Aurea Practica Libellorum, cit., pág. 581.

[1467] "*Nec et depositarius possidet*", clama ARETINO, In Quator Institutionum Iustiani Libri Comentaria, cit., pág. 356, equipando o comodatário e o depositário. No mesmo sentido, ALEXANDER DE IMOLA, Commentaria, cit., pág. 60, 46.

[1468] "*Commodatarius non possidet*" diz ARETINO, In Quator Institutionum Iustiani Libri Comentaria, cit., pág. 356. No mesmo sentido, RAVANIS, Lectura super codice, cit., pág. 696, PIETRI JACOBI, Aurea Practica Libellorum, cit., pág. 581.

[1469] BALDO, In Quartum Et Quintum Codicis Libri, pág. 123 e segs., ARETINO, In Quator Institutionum Iustiani Libri Comentaria, cit., pág. 356, RAVANIS, Lectura super codice, cit., pág. 696, PAULO DE CASTRO, In Secundam Codicis partem Commentar, cit., pág. 119, PIETRI JACOBI, Aurea Practica Libellorum, cit., pág. 581. Na doutrina moderna, GENIUS, Der Bestandschutz des Mieterverhältnisses in seiner historischen Entwicklung bis zu den Naturrechtskodifikationen, cit., pág. 70 e seg.

[1470] ARETINO, In Quator Institutionum Iustiani Libri Comentaria, cit., pág. 356, PAULO DE CASTRO, In Secundam Codicis partem Commentaria, cit., pág. 119. Na doutrina moderna, cf. GENIUS, Der Bestandschutz des Mieterverhältnisses in seiner historischen Entwicklung bis zu den Naturrechtskodifikationen, cit., pág. 70 e seg.

[1471] ALEXANDER DE IMOLA, Commentaria, cit., pág. 76, 13.

[1472] Cf., em especial, BELLAPERTICA, Commentaria in digestum novum, cit., Tit. XV. De Vi et De Vi Armata, pág. 31.

possessória do Direito Canónico – que alarga consideravelmente o âmbito da posse e da sua tutela – na doutrina civilista do tempo[1473].

Essa tensão nota-se, desde logo, nos direitos que têm prestações por objecto, independentemente da fonte, pública ou privada, da sua atribuição. Curiosamente, o mesmo não se passa relativamente a outos direitos, que não suscitam polémica entre os autores. Com efeito, dos juristas ultramontanos franceses aos juristas italianos dos séculos XIV e XV, menciona-se a posse e a tutela possessória sobre os bens do cônjuge no casamento, defronte do outro cônjuge, nas relações familiares (de filiação, de fraternidade, de paternidade)[1474], no exercício de cargos públicos (funcionários públicos, notários, etc.), de profissões privadas (médico, advogado, etc.), na herança, e até na simples liberdade pessoal[1475].

Em tema de obrigações pessoais, a polémica apresenta-se mais intensa[1476]. Um número apreciável de autores, incluindo ALEXANDER DE IMOLA e DECIO[1477], pronuncia-se, sobretudo em obras práticas, como os Consilia, favorável à existência de posse ou, pelo menos, à extensão da protecção possessória a essas situações, doutrina que alguns tribunais de Cidades italianas terão seguido[1478]. Este entendimento, porém, sempre se mostrou longe de ser pacífico. BALDO[1479] afirma com autoridade *"quia iura personalia non possidentur"*. O ilustre comentarista dá nota da opinião contrária dos canonistas nesta matéria, com os quais discorda vivamente[1480-1481]. BALDO não está sozinho na sua tese. ARETINO[1482], defendendo a mesma doutrina, e citando em seu favor BARTOLO e RAVANIS, escreve: *"quòd immo nullum*

[1473] Sobre este ponto, cf. BRUNS, Das Recht des Besitzes im Mittelalter und in der Gegenwart, cit., pág. 274 e seg., cuja exposição nem sempre seguimos.

[1474] BRUNS, Das Recht des Besitzes im Mittelalter und in der Gegenwart, cit., pág. 275.

[1475] Uma exposição mais detalhada destas situações pode ver-se em BRUNS, Das Recht des Besitzes im Mittelalter und in der Gegenwart, cit., pág. 276 e seg.

[1476] Esta discussão não pode ser vista debaixo do prisma da teoria do nosso tempo sobre os direitos subjectivos, nem pode ser esperada uma certa coerência na mesma. A grande maioria dos comentadores está decerto de acordo que o comodatário, o locatário e o depositário não possuem nem gozam de tutela possessória, mas isso não impede alguns de defender a posse, e a protecção possessória, relativamente a outros direitos pessoais.

[1477] Um rol mais alargado de autores desta época pode confrontar-se em BRUNS, Das Recht des Besitzes im Mittelalter und in der Gegenwart, cit., pág. 278.

[1478] BRUNS, Das Recht des Besitzes im Mittelalter und in der Gegenwart, cit., pág. 278.

[1479] Commentaria in Quartam & Quintum Codicis libros, pág. 59.

[1480] BALDO, Commentaria in Quartam & Quintum Codicis Libros, pág. 59.

[1481] Sobre o contributo do Direito Canónico para a posse, veja-se o que dissemos no título anterior.

[1482] In Quator Institutionum Iustiani Libri Comentaria, cit., pág. 353.

possessorium datur pro praestationibus, siue redditibus, quia sunt iura personalia quae improprissime dicuntur possideri".

Isto ilustra que, muito provavelmente, durante os séculos XIV e XV (e possivelmente até mais tarde) terão coexistido duas noções antagónicas sobre a extensão da posse: a civilista, baseada nos postulados romanos e da glosa, que recusa a posse referida a créditos, e a canonista, sufragada também por alguns civilistas, que reconhece protecção possessória em todas as situações em que o titular do direito possa ficar privado de prestações duradouras por um acto ilícito de terceiro, com reflexos naturais na prática dos tribunais comuns e dos tribunais eclesiásticos.

VIII. Quanto ao problema de saber se uma coisa pode ser objecto de uma única posse ou se várias posses podem coexistir simultaneamente relativamente a ela (*"plures in solidum"*), o quadro doutrinal dos pós-glosadores não oferece mais do que se encontra na glosa, repetindo-se reiteradamente os pareceres de PLACENTINO e, sobretudo, de AZO e BASSIANO, pendendo esmagadoramente para a rejeição da pluralidade (simultânea) de posses (*"non possunt duo in solidum vere possidere"*)[1483], com a excepção significativa de PIETRI JACOBI[1484].

No entanto, alguns dos mais proeminentes autores da época, como BARTOLO[1485], admitem que a pluralidade ocorra relativamente a espécies diferentes de posse, nomeadamente, uma posse civil e outra natural em simultâneo, uma construção de sabor linguístico, que mascara, sob nomes diversos, um concurso de posses sobre mesma coisa, que a doutrina da época se recusa a aceitar.

IX. A defesa da posse corporiza-se através dos interditos possessórios[1486], nomeadamente, e como sempre, o *unde vi* (e *undi vi armata*), o *uti possidetis* e o *utrubi* (para as coisas móveis)[1487]. Nesta como noutras matérias a doutrina dos pós-glosadores não se afasta muito da glosa e não contém,

---

[1483] Para a discussão, pode ver-se BARTOLO, Commentaria, De acquirenda possessione, cit., pág. 74, 7 a 10, ALEXANDER DE IMOLA, Commentaria, cit., pág. 60, 43 a 48, DINO, De regulis iuris, 4 e 5, PAULO DE CASTRO, In Secundam Codicis partem Commentaria, cit., pág. 121. Na doutrina, ver igualmente BRUNS, Das Recht des Besitzes im Mittelalter und in der Gegenwart, cit., pág. 253.

[1484] Afirma este comentador que *"duae sunt possessiones, naturalis e civilis"*, in Aurea Practica Libellorum, cit., pág. 579.

[1485] Commentaria, De Acquirenda possessione, cit., pág. 74.

[1486] Outras acções (por exemplo, a reivindicação) e remédios não possessórios podiam repercutir-se na situação possessória, sem terem, no entanto, natureza possessória.

[1487] Sobre esta matéria, cf. em especial ODO, Summa Othonis, cit., pág. 70 e segs., BARTOLO, Commentaria, cit., pág. 137 e segs., BELLAPERTICA, Commentaria in digestum novum, cit., Tit. XV. De

em regra, traços inovadores que justifiquem uma ilustração particularmente desenvolvida.

A protecção possessória pertence, desde logo, àquele que possui como proprietário da coisa. Os interditos que protegem a posse referida ao *dominium* são directos. À protecção interdital directa da *possessio* acresce a tutela útil da *quasi possessio*, a que respeita ao âmbito das coisas incorpóreas[1488]. Integram-se aqui o usufrutuário esbulhado ou perturbado[1489], o usuário, o superficiário e o enfiteuta.

Outro modo de tutela apresentado por alguns autores, como ODOFREDO, BELLAPERTICA, PIETRO JACOBI e FABER como possessório reside na chamada *actio metus*[1490], que acresce à protecção interdital.

Para além dos meios de tutela mencionados, importa ponderar a repercussão dos desenvolvimentos do Direito Canónico na civilística do tempo, em particular, o que concerne ao *canone redintegranda*.

Neste domínio, a aplicação do *canone redintegranda* em matéria de recuperação de posse levantou sempre dificuldades fora do âmbito do Direito Canónico. Parece que os primeiros juristas laicos a referirem a possibilidade de recurso a este meio de defesa são os ultramontanos ODO[1491], BELLAPERTICA[1492], PIETRO JACOBI[1493] e FABER[1494]. Em Itália, porém, as primeiras reacções a isto foram de discordância. Apontam-se os nomes de ROSATE, CINUS e ANGELUS DE UBALDUS. Outros aceitaram-no, todavia, como BUTRIGARIUS, BALDO, BARTOLO ou ARETINO[1495], para os casos, limitados, em que o terceiro tem uma causa possessória contra o esbulhador[1496]. A partir do século XV a sua aplicação encontra-se generalizada nos tribunais de grandes cidades italianas, sendo documentada nas compilações dos *Concilia*[1497].

Vi et De Vi Armata, pág. 32 e Tit. XVI. Uti Possidetis, pág. 45, SALYCETO, In VII, VIII et IX Codicis Libros Commentaria, cit., pág. 119, 7.

[1488] Para uma ampla justificação da solução, cf. PIETRI JACOBI, Aurea Practica Libellorum, cit., pág. 584 e segs.

[1489] ODO, Summa Othonis, cit., pág. 75 e 82.

[1490] BRUNS, Das Recht des Besitzes im Mittelalter und in der Gegenwart, cit., pág. 256.

[1491] Summa Othonis, cit., pág. 69 e segs.

[1492] BELLAPERTICA, Commentaria in digestum novum, cit., Tit. XV. De Vi et De Vi Armata, pág. 41, 4.

[1493] Aurea Practica Libellorum, cit., pág. 593, 56.

[1494] Cf. neste sentido BRUNS, Das Recht des Besitzes im Mittelalter und in der Gegenwart, cit., pág. 257 e seg.

[1495] In Quator Institutionum Iustiani Libri Comentaria, cit., pág. 35.

[1496] Cf. BRUNS, Das Recht des Besitzes im Mittelalter und in der Gegenwart, cit., pág. 257 e seg.

[1497] BRUNS, Das Recht des Besitzes im Mittelalter und in der Gegenwart, cit., pág. 258 e segs.

Uma última nota deve fazer-se acerca de um novo meio de tutela possessória que se começa a desenvolver nesta época: o *summariissimum*[1498]. Desenvolvido originariamente como prelúdio de um processo interdital e mais tarde como acessório a este processo, o *summariissimum* surge concebido como um meio provisório de atribuição da posse enquanto esta não fica resolvida no processo. Quer dizer, a decisão do *summariissimum* não está destinada a ser a decisão final em matéria de conflito possessório, atribuindo a posse a um dos contendores, mas apenas uma atribuição temporária, não definitiva, da posse a um deles até que chegue a decisão final ou do processo principal[1499].

20. O Direito germânico da Idade Média. A *Gewere*

I. O Direito germânico antigo e medieval não conheceu a posse. Este instituto só muito mais tarde penetrou nos quadros jurídicos dos povos germânicos e por força dos actos de recepção do Direito romano que se foram sucedendo em diversos períodos posteriores da história.

No lugar da posse, porém, assistiu-se à génese no Direito germânico medieval de um instituto que, sem se confundir com a posse[1500], apresenta, no entanto, alguns traços de identificação com ela: a *Gewere*[1501]. Conquanto

---

[1498] BRUNS, Das Recht des Besitzes im Mittelalter und in der Gegenwart, cit., pág. 259 e segs.

[1499] Sobre tudo isto, com mais desenvolvimento, cf. BRUNS, Das Recht des Besitzes im Mittelalter und in der Gegenwart, cit., pág. 259 e segs.

[1500] Para uma primeira apresentação do problema, cf. ALBRECHT, Die Gewere als Grundlage des ältern deutschen Sachenrechts, cit., pág. 3 e segs. Mais tardiamente, AGRICOLA, Die Gewere zur rechter Vormundschaft als Princip des Sächsischen ehelichen Güterrechts, Gotha, 1869, pág. 96, veio defender que a *Gewere* corresponde no essencial à posse romana e actual. Esta opinião choca com a natureza peculiar deste instituto e não aderimos a ela, pelas razões que se expõem no texto. Neste sentido, cf., entre outros, LABAND, Die Vermögensrechtlichen Klagen Nach Den Sächsischen Rechtsquellen Des Mittelalters, Königsberg, 1869, pág. 158.

[1501] ALBRECHT, Die Gewere als Grundlage des ältern deutschen Sachenrechts, Königsberg, 1828, HEUSLER, Die Gewere, Weimar, 1872 e Institutionen des Deutschen Privatrechts, Band 2, Leipzig, 1886, HUBER, Die Bedeutung der Gewere im deutschen Sachenrecht, in Festschrift in Namen und Auftrag Der Universität Bern, Bern, 1894, HÜBNER, A History Of Germanic Private Law, Boston, 1918, STOBBE, "Gewere", in Ersch und Gruber Enzyklopädie 56, 1857, pág. 428 e segs. (= Gewere, Leipzig, 1860) e Handbuch des deutschen Privatrechts, 2. Auflage, Band 2, 1883, AGRICOLA, Die Gewere zur rechter Vormundschaft als Princip des Sächsischen ehelichen Güterrecht, cit., GAUPP, "Kritische Untersuchungen über die Gewere des deutschen Rechts", Zeitschrift für deutsches Recht und deutsche Rechtswissenschaft, Band 1, 1839, pág. 86 e segs., BRACKENHOEFT, "Ueber die Sogen. Juristische Gewere an Immobilien", Zeitschrift für deutsches Recht und deutsche Rechtswissenschaft, Band 3, 1840, pág. 1 e segs. e "Ueber die Sog. Juristische Gewere an Mobilien", Zeitschrift für deutsches Recht und deutsche Rechtswissenschaft, Band 5,

a *Gewere* revele um âmbito muito mais extenso do que o simples domínio possessório, a ponto mesmo de representar, no dizer de alguns[1502], a base do sistema germânico medieval do Direito das coisas, ela contém uma vertente de controlo material da coisa que lhe confere semelhança com o instituto da posse.

A semelhança de que damos conta constitui, deve dizer-se, apenas uma afinidade remota, tão diversa a *Gewere* germânica se apresenta da posse romana, num dos seus pressupostos e, particularmente, na função e nos efeitos jurídicos que desencadeia a favor do seu titular.

Como instituto independente, de matriz puramente germânica[1503], a *Gewere* não resistiu às tensões evolutivas dos povos germânicos, vindo progressivamente a desaparecer até à sua extinção. Ela já não consta das codificações modernas de língua alemã e apenas através da investigação histórico-jurídica do século XIX, primeiro com o estudo pioneiro de um membro da Escola Histórica, ALBRECHT[1504], e depois de outros civilistas, entre os quais v. GIERKE[1505], se veio a fazer luz sobre os contornos da figura e os princípios jurídicos a ela subjacentes, dando-os a conhecer à comunidade jurídica.

Não obstante extinta, a *Gewere* influenciou, estamos convencidos, a construção dogmática da posse moderna, mais do que geralmente se crê ou se tem consciência. Na verdade, sobretudo nas codificações civis de língua alemã, e também por isso, nas abordagens científicas dos juristas desse

---

1841, pág. 133 e segs. BERGER, "Ueber die Gewere in den deutschrechtlichen Quellen des Mittelalters", Zeitschrift für Civilrecht und Prozeß, Band 11, 1854, pág. 1 e segs., STINTZING, "Besitz, Gewere, Rechtsschein", Archiv für die civilistische Praxis, 109, 1912, pág. 347 e segs., GIERKE, Deutsches Privatrecht, Band 2, Leipzig, 1905 e Die Bedeutung des Fahrnisbesitzes für streitiges Recht nach dem Bürgerlichen Gesetzbuch für das Deutsche Reich, Jena, 1897, HOMEYER, Des Sachsenspiegels, Zweiter Theil, Zweiter Band, Berlin, 1844, RÜCKERT, Untersuchungen über das Sachenrechts der Rechtsbücher zunächst des Sachsenspiegels, Leipzig, 1860, LABAND, Die Vermögensrechtlichen Klagen Nach Den Sächsischen Rechtsquellen Des Mittelalters, cit., DELBRÜCK, Die dingliche Klage des deutschen Rechts, Leipzig, 1857, SANDHAAS, Germanistische Abhandlungen, Ricker, 1852, pág. 79 e segs., STEIN, Die Entwicklung und Fortbildung des deutschen Sachenrechtes in der Zeit vor Aufnahme des römischen Rechtes, Erlanger, 1857, BLUNTSCHLI, Deutsches Privatrechts, Dritte Auflage, München, 1864, MEYER, Entwerung und Eigentum Im Deutschen Fahrnisrecht, Jena, 1902.

[1502] É como se sabe a posição de Albrecht, Die Gewere als Grundlage des ältern deutschen Sachenrechts, cit., depois seguida por outros autores, como BERGER, "Ueber die Gewere in den deutschrechtlichen Quellen des Mittelalters", cit., pág. 3.

[1503] Ainda que possa apresentar algumas variações nos vários povos germânicos.

[1504] Die Gewere als Grundlage des ältern deutschen Sachenrechts, cit.

[1505] Deutsches Privatrecht, cit.

espaço, nota-se o influxo de soluções que são estranhas ao pensamento romano, ao seu Direito, e ao Direito Canónico da posse e que se reconduzem directamente ao tratamento jurídico da *Gewere*.

Por esta razão, tem naturalmente importância conhecer a *Gewere* nos seus traços essenciais e naquilo em que mais tarde pode ter servido para modificar, ou fazer evoluir, como se queira, a posse romana. Não se fará aqui um tratamento circunstanciado e detalhado sobre a *Gewere*, nem isso seria de esperar numa obra dedicada à posse, limitando-nos a expor os pontos fundamentais para uma distinção clara entre dois institutos desenvolvidos por povos diferentes em momentos separados da história.

II. HEUSLER[1506] define *Gewere* desta maneira: "a *Gewere* não é, em si própria, um direito nem vem colocada nas fontes como tal, mas sim, e acima de tudo, a expressão de facto do senhorio e do direito subjacente que se arroga". Também HUBER[1507], em estudo subsequente, dá a sua concordância a esta formulação. LABAND[1508], por sua vez, define-a como "o exercício de facto de um direito de posse, independentemente de a mesma existir na detenção física imediata ou na cobrança do uso"[1509].

O mais primitivo significado da *Gewere*[1510-1511], originado ao que parece tempo dos Francos[1512], liga-se à denominada investidura de alguém numa coisa[1513]. Os substantivos *"Gewere"*, *"Gewer"*, *"Were"* equivalem etimologica-

---

[1506] Institutionen des Deutschen Privatrechts, cit.
[1507] Die Bedeutung der Gewere im deutschen Sachenrecht, cit., pág. 6.
[1508] Die Vermögensrechtlichen Klagen Nach Den Sächsischen Rechtsquellen Des Mittelalters, cit., pág. 165.
[1509] Naturalmente, cada autor que estuda o tema tende a dar a sua própria definição de *Gewere*, razão pela qual não nos deteremos mais sobre este aspecto.
[1510] A primeira tentativa de explicação dos sentidos possíveis da palavra encontra-se em ALBRECHT, Die Gewere als Grundlage des ältern deutschen Sachenrechts, cit., pág. 1 e segs. As exposições posteriores dos autores germânicos variam muito quanto a este ponto. DELBRÜCK, por exemplo, na sua obra Die dingliche Klage des deutschen Rechts, cit., pág. 66 refere que as fontes permitem identificar cinco sentidos possíveis para a palavra *Gewere*. Por sua vez, SANDHAAS, Germanistische Abhandlungen, cit., pág. 81 e segs. refere quatro, nem todos coincidentes com a interpretação de DELBRÜCK. Seguimos no texto uma leitura diversa destes autores.
[1511] Sobre os vários significados da palavra *Gewere* veja-se STOBBE, "Gewere", cit., pág. 432.
[1512] HEUSLER, Die Gewere, cit., pág. 1 e segs.
[1513] HEUSLER, Die Gewere, cit., pág. 1 e segs., STOBBE, "Gewere", cit., pág. 429 e Handbuch des deutschen Privatrechts, cit., pág 11, BLUNTSCHLI, Deutsches Privatrechts, cit., pág. 142 e seg., RÜCKERT, Untersuchungen über das Sachenrechts der Rechtsbücher zunächst des Sachsenspiegels, cit., pág. 69 e segs.

mente aos substantivos latinos *"vestitura"*, *"investitura"*[1514], e aludem ao acto através do qual, publicamente e debaixo de certas formalidades, uma coisa, um pedaço de terra, passa para o controlo físico do adquirente do direito real[1515].

A *Gewere* confere, assim, a roupagem exterior, uma veste, à transmissão do direito real, implicando simultaneamente a passagem do poder material sobre a coisa. Aquele que adquire o direito real fica, mediante os actos de *vestitura* ou *investitura*, "vestido" (*vestitus*) ou "investido" na coisa[1516-1517]. A entrega da coisa está incluída na veste que se empresta ao acto de transmissão do direito real sobre o imóvel e que o formaliza, publicitando-o[1518], defronte das partes e de terceiros.

Para além do significado inicial, da *Gewere* como acto de "investidura" na coisa, usado para transferir formalmente o direito real sobre ela, desenvolveu-se um segundo sentido, mais relevante, que atende ao resultado do acto de investidura, no senhorio de facto da coisa pelo adquirente[1519-1520]. Neste segundo sentido, a *Gewere* surge como a "relação jurídica"[1521] em que alguém se encontra pelo facto de controlar uma coisa e de lhe haver sido

---

[1514] Huber, Die Bedeutung der Gewere im deutschen Sachenrecht, cit., pág. 185, Stobbe, Handbuch des deutschen Privatrechts, cit., pág. 11 e seg.

[1515] Huber, Die Bedeutung der Gewere im deutschen Sachenrecht, cit, pág. 185, Gierke, Deutsches Privatrecht, cit., pág. 187. Veja-se também Gaupp, "Kritische Untersuchungen über die Gewere des deutschen Rechts", cit., pág. 96 e segs.

[1516] Stobbe, "Gewere", cit., pág. 430.

[1517] Stobbe, "Gewere", cit., pág. 430, explica que a transmissão de direitos sobre imóveis no antigo direito alemão podia resultar de dois actos: pela *traditio*, *sala*, que tinha lugar diante de testemunhas ou no tribunal e no qual o transmitente declarava com o uso de símbolos a transmissão do seu direito ao outro; e a *vestitura*, *geweri*, que tinha lugar no próprio imóvel, também com o uso de símbolos, e natravés da qual o transmitente introduzia o adquirente na posse da coisa.

[1518] Gierke, Deutsches Privatrecht, cit., pág. 188 e seg., esclarece que a *Gewere* trouxe a publicidade para o primeiro plano dos Direitos Reais, desdobrando-se quer na divulgação pública do senhorio sobre a coisa, ou seja, da titularidade do direito real, quer na forma de exteriorização dessa titularidade, pela aparência criada.

[1519] Heusler, Die Gewere, cit., pág. 50, fala "estado da posse" para designar este segundo sentido da *Gewere* desenvolvido no tempo dos Francos.

[1520] Sobre este segundo sentido, cf. Huber, Die Bedeutung der Gewere im deutschen Sachenrecht, cit., pág. 185, Stobbe, "Gewere", cit., pág. 430 e seg., Gierke, Deutsches Privatrecht, cit., pág. 187.

[1521] A expressão é de Gierke, Deutsches Privatrecht, cit., pág. 188, mas surge igualmente em outros autores, como Heusler, Institutionen des Deutschen Privatrechts, Band 2, Leipzig, 1886, pág. 22.

formalmente reconhecido e outorgado esse controlo por causa da aquisição de um direito real sobre ela.

No significado final que veio a assumir, a *Gewere* representa o lado exterior dos direitos reais[1522], o modo como eles são divulgados. Em todo o caso, ela não se deve confundir materialmente com os direitos reais exteriorizados, representando apenas uma veste formal e exterior da titularidade de alguém relativamente a um direito sobre a coisa.

Cada *Gewere* corresponde a um direito real sobre a coisa e cada titular de direito real tem a aspiração a beneficiar da *Gewere*, a expressão formal do seu direito[1523]. O direito real exteriorizado através da *Gewere* pode não estar na titularidade do seu beneficiário, mas enquanto aquela não for "quebrada" por decisão judicial, continua a produzir os seus efeitos jurídicos.

III. A *Gewere* estrutura-se com base em dois requisitos[1524], numa construção que oferece semelhanças evidentes com a posse romana. O primeiro, em tudo idêntico ao da posse, reside no senhorio material da coisa, no domínio físico que abre a possibilidade de praticar actos de uso e fruição sobre ela, de a gozar, e que surge nas fontes em expressões características como, por exemplo, "*in nut und in gelde*" ("para gozar e lucrar")[1525].

Esta susceptibilidade de actuar sobre a coisa através de actos de gozo manifesta-se de forma visível e palpável, todos os membros da comunidade a podem perceber, exprimindo uma perspectiva assente nos sentidos, típica de sociedades para quem a aparência funda a confiança na existência do direito.

O gozo que o elemento material da *Gewere* exterioriza não enuncia somente uma possibilidade abstracta de aproveitamento, exigindo-se uma utilização concreta da coisa, ou seja, que a mesma seja explorada e dela retirados lucros[1526]. A utilização, todavia, não requer sempre a fruição, bastando-se com o mero uso, o que explica a existência da *Gewere* igualmente nas coisas móveis, onde a fruição normalmente não tem lugar[1527].

[1522] GIERKE, Deutsches Privatrecht, cit., pág. 189, AGRICOLA, Die Gewere zur rechter Vormundschaft als Princip des Sächsischen ehelichen Güterrecht, cit., pág. 96.

[1523] GIERKE, Deutsches Privatrecht, cit., pág. 189.

[1524] HUBER, Die Bedeutung der Gewere im deutschen Sachenrecht, pág. 22 e segs., HÜBNER, A History Of Germanic Private Law, cit., pág. 186 e segs., BLUNTSCHLI, Deutsches Privatrechts, cit., pág. 143.

[1525] HEUSLER, Die Gewere, cit., pág. 116, HÜBNER, A History Of Germanic Private Law, cit., pág. 186, AGRICOLA, Die Gewere zur rechter Vormundschaft als Princip des Sächsischen ehelichen Güterrecht, cit., pág. 97, HOMEYER, Des Sachsenspiegels, cit., pág. 403 e segs.

[1526] HÜBNER, A History Of Germanic Private Law, cit., pág. 186.

[1527] HUBER, Die Bedeutung der Gewere im deutschen Sachenrecht, cit., pág. 23. O que não significa que este instituto se desenvolva primariamente para as coisas imóveis. Neste sentido, cf.

O Direito germânico da *Gewere* admite várias formas de gozo económico da coisa para além do gozo típico da propriedade[1528]. À hipótese em que o proprietário directamente, com os seus servos e escravos, explora a terra coexiste frequentemente com várias outras em que ele cede o gozo a outros para que a gozem a troco de rendas, impostos, serviços, etc. Assim, com base numa locação, num vínculo de natureza feudal (vassalagem) ou uma qualquer outra relação jurídica, arrendatários, vassalos e outros titulares de direitos sobre a coisa exploram-na economicamente, retirando benefícios dessa exploração.

A cada uma dessas formas de gozo da coisa corresponde uma *Gewere*. Nesta parte, constata-se uma distância considerável para a posse romana. Enquanto nesta se concebe o elemento material, a *possessio naturalis*, simplesmente como dominação física da coisa (juntamente com o *animus*), o Direito germânico concentra este elemento em dois momentos: no gozo e nos rendimentos[1529]. Se o proprietário cede a coisa a um terceiro a troco de uma renda (locatário) ou de serviços (vassalagem) e continua a beneficiar de um aproveitamento dela, sob a forma de rendimentos ou de outras vantagens, não perde a *Gewere*. Por outro lado, o adquirente do direito a um aproveitamento da coisa, recebendo-a do proprietário, tem também uma *Gewere*.

Numa orientação neste ponto inteiramente distinta do Direito romano, que propugna desde o início a exclusividade da posse, o Direito germânico da *Gewere* admite mais do que uma *Gewere* simultânea sobre a mesma coisa[1530]. Com a *Gewere* superior do proprietário concorre a *Gewere* do locatário, do vassalo ou do titular de qualquer outro direito ao gozo da coisa, num quadro de pluralidade de situações, cada uma delas material e formalmente *Gewere*. Sempre que existam vários direitos sobre a coisa haverá, em princípio, outras tantas situações de *Gewere*[1531].

O segundo elemento da *Gewere* encontra-se na afirmação de um direito próprio sobre a coisa[1532]. O criado ou o servo, actuando por conta do seu

---

Stobbe, Handbuch des deutschen Privatrechts, cit., pág. 13 e segs. Para a apreciação da *Gewere* sobre coisas móveis, aspecto que não desenvolvemos no texto, cf. Brackenhoeft, "Ueber die Sog. Juristische Gewere an Mobilien", cit., pág. 133 e segs. e Stobbe, "Gewere", cit., pág. 438 e segs.

[1528] Huber, Die Bedeutung der Gewere im deutschen Sachenrecht, cit., pág. 23 e segs.
[1529] Huber, Die Bedeutung der Gewere im deutschen Sachenrecht, cit., pág. 25.
[1530] Cf. o que dizemos adiante no texto.
[1531] Sobre este aspecto, cf. adiante neste mesmo ponto.
[1532] Heusler, Die Gewere, cit., pág. 50 e segs. e 114 e segs., Huber, Die Bedeutung der Gewere im deutschen Sachenrecht, cit., pág. 25, Hübner, A History Of Germanic Private Law, cit.,

Senhor, não são mais do que "instrumentos" deste, não lhes cabendo, por isso, uma *Gewere*. Esta vem reconhecida somente a quem reclama um direito independente, e próprio, sobre a coisa, seja ele um direito de propriedade ou um outro direito qualquer. E isso explica igualmente que o representante do titular da *Gewere* que tem a coisa consigo não tenha a *Gewere*[1533], que permanece com o representado.

O direito afirmado na *Gewere* não tem de existir objectivamente[1534], mas o titular da *Gewere* tem de acreditar na existência dele e exteriorizar a sua titularidade através do gozo da coisa. As fontes germânicas descrevem casos desses, em que o direito falta sem que a *Gewere* deixe de ser reconhecida. Tudo isto se fundamenta na veste do acto de aquisição do direito – na transmissão pelo proprietário, na herança, no arrendamento, etc. – que confere a legitimação formal. Aquele que recebe o direito mediante o formalismo que o investe no controlo de facto da coisa tem a *Gewere*, mesmo que eventualmente o acto de transmissão possa estar ferido de invalidade. Neste último caso, a *Gewere* subsiste até que um tribunal a "quebre", declarando o contrário[1535].

Na falta de um acto que possibilite a constituição ou transmissão de um direito sobre a coisa não pode haver *Gewere*[1536], mesmo que ocorra um controlo físico dela. A mera vontade do detentor da coisa de afirmar um direito sobre a coisa, por si só, não basta para produzir a *Gewere* se não acolher um elemento do Direito objectivo[1537] que mais não é de que o facto aquisitivo, não um qualquer, mas o *legitimus modus acquirendi*, o título, do qual resulta o direito que se afirma sobre a coisa[1538]. Encontramos aqui uma diferença de fundo com a posse romana, porquanto nesta, e ao contrário da *Gewere*, o somatório do elemento material com o elemento intencional (o *animus*) origina sempre uma posse, independentemente do modo como o possuidor obtém a coisa para si, e, portanto, mesmo que haja sido obtido ilicitamente, um resultado que o Direito germânico da *Gewere* não admite, equiparando na prática o titular ao possuidor de boa fé do Direito romano.

pág. 186 e seg., AGRICOLA, Die Gewere zur rechter Vormundschaft als Princip des Sächsischen ehelichen Güterrecht, cit., pág. 100 e seg.
[1533] Sobre o ponto, HEUSLER, Die Gewere, cit., pág. 121 e seg.,
[1534] HUBER, Die Bedeutung der Gewere im deutschen Sachenrecht, cit., pág. 41 e seg.
[1535] HUBER, Die Bedeutung der Gewere im deutschen Sachenrecht, cit, pág. 41 e seg.
[1536] HUBER, Die Bedeutung der Gewere im deutschen Sachenrecht, cit, pág. 41 e seg.
[1537] HUBER, Die Bedeutung der Gewere im deutschen Sachenrecht, cit, pág. 42.
[1538] HUBER, Die Bedeutung der Gewere im deutschen Sachenrecht, cit, pág. 42, STOBBE, "Gewere", cit., pág. 430.

Ao controlo material da coisa deve acrescer, pois, a afirmação do direito real, sem a qual não há *Gewere*. Embora a *Gewere* suponha cumulativamente os dois requisitos aludidos, as fontes germânicas fazem menção a casos em que a se reconhece a *Gewere* a alguém que não tem, todavia, o senhorio de facto sobre a coisa[1539-1540]. Esses casos são:
- A *Auflassung*;
- A declaração judicial
- A herança;
- A *Entwerung*.

A *Auflassung* constitui o acto translativo de direitos sobre a terra na Idade Média e consubstancia uma declaração de transmissão do titular do direito a favor de alguém (o adquirente). Esse acto (a *Auflassung*) confere a *Gewere* ainda que a coisa não seja entregue ao adquirente e o controlo físico requeira posteriormente uma actuação do adquirente ou a intervenção do tribunal[1541].

A Gewere pode ser quebrada por decisão judicial. Se num pleito aquela parte que até aí tinha a *Gewere* vê ser proferida uma decisão contrária a si, perde a *Gewere*, sendo a mesma atribuída à parte vencedora, que poderá iniciar o gozo físico da coisa[1542].

O herdeiro adquire a *Gewere* com a morte do testador. Este desfecho tem lugar na ausência de qualquer ligação física com a coisa e também na situação em que um terceiro, sem título ou com título falso, ocupa as terras do herdeiro[1543].

Finalmente, o quarto caso de *Gewere* incorpórea respeita à situação do esbulhado com recurso à força ou a qualquer outro meio ilícito[1544]. Apesar de privado do gozo da coisa, e, portanto, da possibilidade de actuar sobre ela, as fontes germânicas mostram que o esbulhado mantém a *Gewere*, negando ao esbulhador essa protecção, um afloramento da ideia de *legitimus modus acquirendi*, que não existe evidentemente no esbulho.

[1539] HÜBNER, A History Of Germanic Private Law, cit., pág. 189 e segs., GIERKE, Deutsches Privatrecht, cit., pág. 193 e segs., BLUNTSCHLI, Deutsches Privatrechts, cit., pág. 143.

[1540] Estes casos respeitam unicamente a coisas imóveis; para os móveis a detenção da coisa constitui pressuposto sem o qual não há *Gewere*. Sobre este ponto, veja-se STOBBE, Handbuch des deutschen Privatrechts, cit., pág. 13 e seg.

[1541] HÜBNER, A History Of Germanic Private Law, cit., pág. 190.

[1542] HÜBNER, A History Of Germanic Private Law, cit., pág. 190.

[1543] HÜBNER, A History Of Germanic Private Law, cit., pág. 190.

[1544] HÜBNER, A History Of Germanic Private Law, cit., pág. 190 e seg.

A explicação para as formas de *Gewere* incorpórea encontram-se no facto de qualquer dos actos mencionados estar sujeito a formalidades e envolver publicidade da posição jurídica sobre a terra, tornando-a conhecida da comunidade. Num ordenamento jurídico em que se implementa o carácter público da aquisição do direito (quanto a imóveis), a publicidade serve de fundamento à própria *Gewere*, tornando despicienda a apreensão física da coisa.

IV. A *Gewere* desencadeia a produção de certos efeitos jurídicos[1545]. Alguns autores[1546] falam primacialmente num efeito defensivo, num efeito ofensivo e num efeito translativo da *Gewere*.

A *Gewere* confere uma veste ao direito real sobre a coisa e indicia a terceiros a quem pertence a respectiva titularidade. Para a comunidade, ao titular da *Gewere* cabe o direito real pelo que qualquer acção não autorizada sobre a coisa antes de um tribunal a quebrar, fazendo-a cessar, traduz-se na violação daquele direito, desencadeando o denominado efeito defensivo da *Gewere*. Quem quiser pôr em causa a *Gewere* tem de o fazer através de acção judicial.

A protecção da situação de dominação física da coisa pelo titular representa o primeiro aspecto do efeito defensivo da *Gewere*, aquilo que no sistema romanístico da posse seria a protecção desta contra actos de perturbação ou esbulho cometidos por terceiro. Perante estes actos, o titular da *Gewere* está autorizado a defender-se e a recorrer à força, se for caso disso, para impedir o esbulho ou a simples turbação do seu gozo da coisa.

O segundo aspecto defensivo da *Gewere* decorre do Direito processual germânico[1547]. Em caso da sua *Gewere* ser desafiada, o titular tem de demonstrar a licitude da sua posição, que o direito sobre a coisa lhe pertence legitimamente, pois, se não o fizer, arrisca-se a que o tribunal "quebre" a *Gewere* a favor da outra parte. Na posição de réu, o titular da *Gewere* tem, porém, o direito de ser o primeiro a fazer a prova da sua *Gewere* e de

---

[1545] Sobre o ponto, cf. STOBBE, "Gewere", cit., pág. 44 e segs., HEUSLER, Institutionen des Deutschen Privatrechts, cit., pág. 42 e segs., HÜBNER, A History Of Germanic Private Law, cit., pág. 193 e segs., HOMEYER, Des Sachsenspiegels, cit., pág. 405 e segs., BLUNTSCHLI, Deutsches Privatrechts, cit., pág. 145 e seg.

[1546] HÜBNER, A History Of Germanic Private Law, cit., pág. 193 e segs.

[1547] Sobre este ponto, cf. LABAND, Die Vermögensrechtlichen Klagen Nach Den Sächsischen Rechtsquellen Des Mittelalters, cit., pág. 166 e segs., DELBRÜCK, Die dingliche Klage des deutschen Rechts, cit., pág. 36 e segs.

não se limitar a esperar o que o autor da acção provar ou não, o que no antigo Direito processual germânico se vê como uma vantagem[1548].

O autor da acção judicial contra o titular da *Gewere* visa pô-la em causa; ao réu cabe demonstrar a licitude da sua posição, o que acaba por redundar na prova do seu direito. O fracasso em fazê-lo determina a "quebra" da *Gewere*, por ausência do direito a ela subjacente.

O que importa salientar, em todo o caso, é que o ataque à *Gewere* não se dirige a contestar o controlo material da coisa, mas a disputar o direito inerente a ela[1549]. Por isso, o confronto judicial coloca-se sempre no plano substantivo da discussão do direito sobre a coisa e não da mera apreensão física dela. A função defensiva da *Gewere* reside na protecção do direito afirmado sobre a coisa pelo seu titular.

O efeito ofensivo[1550] ilustra-se na oponibilidade da *Gewere* perante os terceiros que desafiam o gozo da coisa pelo seu titular. Ele manifesta-se imediatamente na possibilidade do recuso à força para obter a restituição da coisa esbulhada por terceiro.

Na *Gewere* incorpórea, na qual se inclui aquele que foi privado fisicamente da coisa, o titular pode interpor uma acção contra quem tem o controlo material da coisa e beneficiar da vantagem probatória que cabe normalmente ao réu[1551]. A *Gewere* possibilita sempre ao seu titular recuperar judicialmente a coisa que não está consigo, removendo com a intervenção do tribunal a resistência do terceiro que não prova um direito ao gozo dela.

Um ponto importante que cabe salientar respeita ao limite temporal de defesa da *Gewere*. Em caso de desapossamento, qualquer que seja o motivo, e, portanto, mesmo que seja ilícito, nomeadamente, pelo recurso à força, o titular da *Gewere* tem um ano para reagir. Decorrido um ano e um dia, fica-lhe vedada a defesa judicial e o esbulhador adquire a *Gewere*[1552]. Não interessa, pois, neste caso, a ilicitude da proveniência da retenção da coisa, contando que o titular da *Gewere* não reaja judicialmente no ano

---

[1548] HÜBNER, A History Of Germanic Private Law, cit., pág. 194. Para um enquadramento geral, cf. LABAND, Die Vermögensrechtlichen Klagen Nach Den Sächsischen Rechtsquellen Des Mittelalters, cit., pág. 166 e segs. e DELBRÜCK, Die dingliche Klage des deutschen Rechts, cit., pág. 36 e segs.
[1549] HÜBNER, A History Of Germanic Private Law, cit., pág. 195. Cf. igualmente LABAND, Die Vermögensrechtlichen Klagen Nach Den Sächsischen Rechtsquellen Des Mittelalters, cit., pág. 159.
[1550] HÜBNER, A History Of Germanic Private Law, cit., pág. 198.
[1551] HÜBNER, A History Of Germanic Private Law, cit., pág. 198.
[1552] HÜBNER, A History Of Germanic Private Law, cit., pág. 201 e segs.

seguinte. O decurso do prazo tem aqui uma função constitutiva da chamada *Rechtsgewere*.

À *Gewere* associa-se um terceiro efeito: um efeito translativo[1553]. E tanto para a *Gewere* normal ou corpórea como para a *Gewere* incorpórea. A aquisição do direito sobre a coisa supõe a legitimação formal conferida pela *Gewere*; quem transmite um direito ao gozo da coisa tem a *Gewere* e esta funda o acto de transmissão ao adquirente. É verdade que, por falta ou vício no direito do transmitente, a posição do titular da *Gewere* pode ser atacada judicialmente e quebrada a *Gewere*. Enquanto tal não sucede, porém, ela permanece a favor de quem foi constituída.

Julgamos possível falar num quarto efeito, de algum modo ligado ao terceiro, e que consiste na publicidade do direito exteriorizado através da *Gewere*[1554] e que funda um gérmen das futuras formas de publicidade dos direitos reais sobre imóveis.

V. No Direito germânico medieval uma coisa pode constituir o objecto de vários direitos reais, ou seja, o gozo pode estar repartido simultaneamente por várias pessoas. Atendendo a que a cada direito real exteriorizado sobre a coisa corresponde uma *Gewere*, na prática, podem coexistir uma pluralidade de situações de *Gewere* de cada vez[1555-1556]. Se alguns destes direitos entram em colisão apenas o titular de um deles pode actuar os seus poderes e exercer a *Gewere*[1557].

Conforme se pode perceber, as diferenças para o Direito romano são vincadas. O Direito romano apenas admite uma posse sobre a coisa e somente nos termos da propriedade[1558]; tudo o resto (servidões) constitui

---

[1553] Hübner, A History Of Germanic Private Law, cit., pág. 200.

[1554] Sobre este ponto, Meyer, Entwerung und Eigentum Im Deutschen Fahrnisrecht, cit., pág. 123 e segs.

[1555] Num sentido diferente, Stobbe, Die Gewere, cit. e Handbuch des deutschen Privatrechts, cit., pág. 16 defende haver apenas uma *Gewere* juridica, que cabe, em regra, ao proprietário, podendo, no entanto, haver uma *Gewere* por cada direito que incida sobre o aproveitamento da coisa. No sentido do texto, Heusler, Die Gewere, cit., pág. 134 e Institutionen des Deutschen Privatrechts, cit., pág. 26 e segs., Gierke, Deutsches Privatrecht, cit., pág. 192, Agricola, Die Gewere zur rechter Vormundschaft als Princip des Sächsischen ehelichen Güterrecht, cit., pág. 102, Hübner, A History Of Germanic Private Law, cit., pág. 199, Laband, Die Vermögensrechtlichen Klagen Nach Den Sächsischen Rechtsquellen Des Mittelalters, cit., pág. 165 e segs.

[1556] Para os casos em que uma pluralidade de direitos não gera uma pluralidade de situações de Gewere, cf. Heusler, Institutionen des Deutschen Privatrechts, cit., pág. 25 e segs.

[1557] Heusler, Die Gewere, cit., pág. 132.

[1558] Lembramos, em todo o caso, os casos da posse do precarista, do *sequester* e do credor pignoratício na época clássica, que configuram, no entanto, excepções à regra, segundo a qual, a posse sobre a coisa cabe apenas ao proprietário.

quasi possessio ou *possessio iuris*, uma posse de direitos, não de coisas. Assim, enquanto no Direito romano apenas pode haver uma única posse sobre a coisa, em regra[1559] do proprietário, no Direito germânico, sob o formato da *Gewere*, admite-se uma pluralidade simultânea de posses.

Na perspectiva germânica, a *Gewere* articula-se consoante a situação real da coisa. Se alguém exerce o gozo da coisa e afirma um direito próprio relativamente a ela, tendo-o adquirido com respeito pelo formalismo público definido, beneficia da *Gewere*. Diversamente, quem actua sobre a coisa não assumindo relativamente a ela um direito independente, próprio, não tem a *Gewere* e o seu estatuto corresponde a um mero representante daquele em nome do qual se dá a sua actuação. Sendo afirmados por pessoas diferentes vários direitos reais sobre a coisa e havendo um gozo efectivo por cada um deles, a cada um dos alegados titulares cabe a *Gewere*.

A *Gewere* de cada um dos titulares de direito real sobre a coisa não tem, contudo, o mesmo valor ou posição hierárquica. A *Gewere* do proprietário constitui a *Gewere* plena, superior às restantes. Havendo um conflito entre o titular do direito real maior, nomeadamente, a propriedade, e um terceiro, o titular do direito real menor (vassalo, rendeiro, etc.) constitui apenas um representante do primeiro[1560], quer dizer, a sua *Gewere* não conta. No entanto, na hipótese de conflito entre um titular de um direito real maior e outro titular de um direito real menor, a *Gewere* do último prevalece, outorgando-lhe o poder de exercer o seu direito com exclusão do primeiro, contando que ambos estejam no controlo físico da coisa (o elemento material da *Gewere*)[1561].

Segundo HEUSLER[1562], a concepção germânica assentaria num desmembramento da propriedade. A cada *Gewere* acabaria por corresponder a uma propriedade e teria a mesma extensão de eficácia deste direito[1563]. O titular do direito real menor enquanto age em nome próprio, exercendo um direito que reclama para si, tem a *Gewere*, mas passa a ser um mero representante do titular do direito maior relativamente ao direito maior. A mesma pessoa pode reunir, por conseguinte, duas qualidades, consoante age no exercício do seu direito ou como representante no exercício de um direito maior.

[1559] Com as excepções apontadas.
[1560] HEUSLER, Die Gewere, cit., pág. 134.
[1561] HEUSLER, Die Gewere, cit., pág. 134, LABAND, Die Vermögensrechtlichen Klagen Nach Den Sächsischen Rechtsquellen Des Mittelalters, cit., pág. 165.
[1562] Die Gewere, cit., pág. 134.
[1563] Die Gewere, cit., pág. 134.

VI. Não obstante o parecer contrário de alguns estudiosos do tema, como ALBRECHT[1564], SANDHAAS[1565] ou AGRICOLA[1566], a *Gewere* não tem a natureza de um direito, real ou outro[1567][1568], razão pela qual não julgamos apropriado falar de um objecto da *Gewere*[1569]. Alguns autores alemães[1570], todavia, falam numa *Gewere* corpórea por contraposição a uma *Gewere* incorpórea.

Enquanto a *Gewere* corpórea não levanta problemas de compreensão, por se reportar aos direitos reais sobre a terra ou outras coisas, a *Gewere* incorpórea, igualmente chamada *Rechtsgewere*[1571], pretende significar as situações em que o titular não tem a coisa consigo[1572]. Estariam aqui incluídos os direitos a rendas, juros, e outros encargos sobre a terra[1573], na maioria, ónus reais[1574]. Esta *Gewere* está sujeita ao regime jurídico da *Gewere* corpórea.

Segundo a concepção germânica medieval, os direitos e outros benefícios constituem todos eles bens. Daí que, debaixo dos mesmos pressupostos de uma coisa imóvel como a terra, possa existir do mesmo modo uma *Gewere* sobre direitos (*Rechtsgewere*)[1575]. O tratamento jurídico da *Gewere* de

---

[1564] Die Gewere als Grundlage des ältern deutschen Sachenrechts dargestellt, cit., §§ 4 a 10.
[1565] Germanistische Abhandlungen, cit., pág. 151 e seg.
[1566] Die Gewere zur rechter Vormundschaft als Princip des Sächsischen ehelichen Güterrecht, cit., pág. 101. Este autor defende que a *Gewere* não consiste num mero facto, tratando-se antes de um direito, concretamente, de um direito de posse (*Besitzrecht*).
[1567] Cf., entre outros, STOBBE, Handbuch des deutschen Privatrechts, cit., pág. 15.
[1568] Não desenvolvemos aqui o tema da natureza da *Gewere*, que transcende o objecto da nossa investigação, que respeita à posse e não à *Gewere*, considerando apenas a a repercussão deste instituto na posse moderna.
[1569] Fazem-no, no entanto, alguns germanistas, como, por exemplo, SANDHAAS, Germanistische Abhandlungen, cit., pág. 82, o qual indica que objecto da *Gewere* pode ser:
– A propriedade ou outro direito semelhante à propriedade (*Gewere* de coisas);
– Um direito de outro género (*Gewere* de direitos).
O autor explica (ob. e loc. cit.) que estariam incluídos no primeiro grupo os direitos reais do Direito romano, direitos que atribuem o senhorio sobre coisas, enquanto no segundo caberiam os direitos subjectivos reais de matriz germânica, os quais não confeririam um senhorio sobre coisas, mas sim sobre pessoas, num contexto de relação patrimonial relativo a coisas. Estes direitos poderiam ser públicos, privados, reportadas a coisas determinadas individualizadamente ou a coisas integradas em determinado âmbito.
[1570] HÜBNER, A History Of Germanic Private Law, cit., pág. 203 e seg.
[1571] HÜBNER, A History Of Germanic Private Law, cit., pág. 203.
[1572] Cf. o que dissemos atrás sobre os casos de *Gewere* desacompanhada do elemento material.
[1573] HÜBNER, A History Of Germanic Private Law, cit., pág. 203.
[1574] HEUSLER, Die Gewere, cit., pág. 275.
[1575] HEUSLER, Die Gewere, cit., pág. 274 e segs. Veja-se também SANDHAAS, Germanistische Abhandlungen, cit., pág. 156 e segs., Gaupp, "Kritische Untersuchungen über die Gewere des deutschen Rechts", cit., pág. 105 e segs. e 107 e segs.

direitos apresenta-se nas fontes germânicas inteiramente idêntico ao da *Gewere* de coisas, não existindo nada de comparável à classificação romana entre *possessio* e *quasi possessio*[1576]. Do mesmo modo, enquanto as situações de *quasi possessio* se reportam todas elas ao exercício de direitos sobre coisas, essa limitação não parece existir nos quadros germânicos da *Gewere*[1577]: nem todos os direitos sobre os quais pode incidir a *Gewere* são direitos reais, sustentam HEUSLER[1578], STOBBE[1579] e SANDHAAS[1580]. HEUSLER[1581] explica que isso se deve à falta de uma distinção aguda entre coisa e direito, sendo ambos vistos como objecto patrimonial no Direito germânico medieval. BRUNS[1582], porém, tem opinião diversa, defendendo a raiz real dos direitos a que a *Gewere* se refere.

VII. As fontes de Direito germânico permitem fundamentar mais do que uma espécie de *Gewere*[1583]. Dentro do conceito geral de *Gewere* surgem, pois, modalidades desta, as quais se diferenciam em atenção a alguns aspectos. A terminologia dos germanistas oscila, no entanto, na nomenclatura dada às várias espécies de *Gewere*.

HEUSLER[1584] fala em "*ledigliche*" *Gewere* para significar a *Gewere* daquele que exerce directamente o gozo sobre a coisa através da respectiva detenção. Contrapor-se-ia à *Gewere* daquele que apenas se aproveita indirectamente da coisa, porque não tem a apreensão material dela (detenção). A figura não pode confundir-se com a mera detenção[1585]. A *Gewere* não se basta com o elemento material, requerendo sempre a sustentação de um direito próprio pelo beneficiário. Esta modalidade de *Gewere* compreende-se no quadro de multiplicidade de *Gewere* sobre a mesma coisa que o Direito germânico admite. Porquanto podem existir vários titulares de

---

[1576] HEUSLER, Die Gewere, cit., pág. 274.
[1577] HEUSLER, Die Gewere, cit., pág. 274.
[1578] HEUSLER, Die Gewere, cit., pág. 274.
[1579] STOBBE, Handbuch des deutschen Privatrechts, cit., pág. 15 e seg.
[1580] Germanistische Abhandlungen, cit., pág. 81 e segs.
[1581] HEUSLER, Die Gewere, cit., pág. 274.
[1582] Das Recht des Besitzes im Mittelalter und in der Gegenwart, cit., pág. 331.
[1583] Cf. GIERKE, Deutsches Privatrecht, cit., pág. 190 e segs., STOBBE, Handbuch des deutschen Privatrechts, cit., pág. 15, HÜBNER, A History Of Germanic Private Law, cit., pág. 199 e seg., GAUPP, "Kritische Untersuchungen über die Gewere des deutschen Rechts", cit., pág . 101 e segs.
[1584] Die Gewere, cit., pág. 144 e segs. Veja-se também HOMEYER, Des Sachsenspiegels, cit., pág. 403 e BERGER, "Ueber die Gewere in den deutschrechtlichen Quellen des Mittelalters", cit., pág. 7, este último, num sentido não coincidente com o do texto.
[1585] Die Gewere, cit., pág. 145.

direitos reais sobre a coisa, todos eles com a *Gewere* respectiva, aquele ao qual cabe a detenção efectiva dela tem uma *"ledigliche" Gewere*.

As expressões *"hebbender Gewere"*[1586], *"gemeine Gewere"*[1587] ou *"brukender Gewere"*[1588] que as fontes mencionam levam alguns autores a falar numa *"leibliche Gewere"*[1589]. A esta espécie de *Gewere*, a mais comum, corresponde o senhorio de facto sobre a coisa acompanhado da aparência da titularidade do direito, que se consubstancia na afirmação desse direito pelo beneficiário através do gozo (*"in nutz und gelde"*). Ela equivale, grosso modo, se uma tal comparação é permitida, à *possessio civilis* romana[1590] e não deve ser confundida com a *"ledigliche" Gewere*, por não requerer uma detenção actual da coisa[1591].

À *"hebbender Gewere"* opõe-se a *Lehnsgewere*[1592], aquela em que a *Gewere* se funda num facto aquisitivo do direito a que se refere e a que, por isso, pode encontrar analogia com a posse titulada do Direito romano. Portanto, à mera *Gewere* contrapõe-se a *Gewere* fundada num direito sobre a coisa e que repousa num facto jurídico aquisitivo do mesmo. Por sua vez, atenta a possibilidade de poderem coexistir vários direitos sobre a coisa e de relativamente a todos eles haver uma *Gewere*, a *Lehnsgewere* pode surgir com a designação do direito a que se reporta[1593].

[1586] ALBRECHT, Die Gewere als Grundlage des ältern deutschen Sachenrechts, cit., pág. 7 e seg., HEUSLER, Die Gewere, cit., pág. 146 e segs., SANDHAAS, Germanistische Abhandlungen, cit., pág. 84, BERGER, "Ueber die Gewere in den deutschrechtlichen Quellen des Mittelalters", cit., pág. 6, GAUPP, "Kritische Untersuchungen über die Gewere des deutschen Rechts", cit., pág. 101 e segs., BRACKENHOEFT, "Ueber die Sogen. Juristische Gewere an Immobilien", cit., pág. 5.

[1587] ALBRECHT, Die Gewere als Grundlage des ältern deutschen Sachenrechts, cit., pág. 8, HEUSLER, Die Gewere, cit., pág. 148 e seg., HOMEYER, Des Sachsenspiegels, cit., pág. 402, SANDHAAS, Germanistische Abhandlungen, cit., pág. 84, GAUPP, "Kritische Untersuchungen über die Gewere des deutschen Rechts", cit., pág . 101 e segs., BRACKENHOEFT, "Ueber die Sogen. Juristische Gewere an Immobilien", cit., pág. 5.

[1588] GIERKE, Deutsches Privatrecht, cit., pág. 190.

[1589] GIERKE, Deutsches Privatrecht, cit., pág. 190 e segs., STOBBE, Handbuch des deutschen Privatrechts, cit., pág. 14, ALBRECHT, Die Gewere als Grundlage des ältern deutschen Sachenrechts, cit., pág. 8.

[1590] HEUSLER, Die Gewere, cit., pág. 146.

[1591] HEUSLER, Die Gewere, cit., pág. 147.

[1592] HEUSLER, Die Gewere, cit., pág. 148 e seg.

[1593] Para o tratamento detalhado, HEUSLER, Die Gewere, cit., pág. 149 e segs. Cf. igualmente, neste ponto, BLUNTSCHLI, Deutsches Privatrechts, cit., pág. 143.

A *"ideelle Gewere"*[1594] constitui a *Gewere* dissociada do controlo material da coisa, em que, portanto, o beneficiário não tem, ou não tem ainda, o poder de facto sobre ela. Ela corresponde aos casos de Gewere incorpórea que atrás se descreveram. A *"ideelle Gewere"* pode coexistir com uma *"leibliche Gewere"*[1595] enquanto o beneficiário da *Gewere* ideal não a fizer valer contra o titular daquela, em última análise, com o recurso ao tribunal.

Por *"Rechte Gewere"*[1596] entende-se a *Gewere* que se consolida com o decurso do tempo. O caso mais relevante é o do esbulho seguido da inacção do titular de *Gewere* por um ano e um dia. O decurso deste prazo fundamenta a constituição de uma nova *Gewere* para o esbulhador, apesar da ilicitude da sua acção, levando à perda concomitante da *Gewere* do esbulhado. Passado o prazo assinalado, o recurso do esbulhado para o tribunal embaterá com a recusa deste em "quebrar" a *Gewere* do esbulhador. O tempo funciona aqui como facto atributivo de uma *Gewere* assente numa acção ilícita que não obteve a reacção esperada do esbulhado.

VIII. O Direito germânico da Idade Média não conhece nada de semelhante à tutela possessória romana, o que não deve causar admiração, atendendo ao facto da *Gewere* constituir um instituto diverso da posse[1597]. Não obstante, poderia pensar-se, em todo o caso, num qualquer meio destinado a evitar a perturbação do gozo ou mesmo a restituição da coisa esbulhada, se esta situação ocorresse. Mas nem isto se encontra no regime jurídico da *Gewere*, não havendo sido desenvolvido nenhum meio processual específico para cobrir os casos que no Direito romano se compreendem no campo de aplicação dos interditos *uti possidetis* e *unde vi*.

No Direito germânico da *Gewere* a dimensão possessória e a dimensão petitória encontram-se confundidas[1598] e não são autonomizadas como no

---

[1594] ALBRECHT, Die Gewere als Grundlage des ältern deutschen Sachenrechts, cit., GAUPP, "Kritische Untersuchungen über die Gewere des deutschen Rechts", cit., pág. 101 e segs., SANDHAAS, Germanistische Abhandlungen, cit., pág. 84, GIERKE, Deutsches Privatrecht, cit., pág. 195 e seg., BLUNTSCHLI, Deutsches Privatrechts, cit., pág. 144.

[1595] GIERKE, Deutsches Privatrecht, cit., pág. 195 e seg., BLUNTSCHLI, Deutsches Privatrechts, cit., pág. 144.

[1596] GIERKE, Deutsches Privatrecht, cit., pág. 196 e seg., BLUNTSCHLI, Deutsches Privatrechts, cit., pág. 147, RÜCKERT, Untersuchungen über das Sachenrechts der Rechtsbücher zunächst des Sachsenspiegels, cit., pág. 188 e segs.

[1597] Cf., em especial, HEUSLER, Die Gewere, cit., pág. 114 e segs.. e Institutionen des Deutschen Privatrechts, cit., pág. 44 e segs., HÜBNER, A History Of Germanic Private Law, cit., pág. 193 e segs.

[1598] Existe, no entanto, no processo germânico um procedimento preliminar através do qual a questão do controlo da coisa é decidida. Isso acontece em dois casos: perturbação do gozo da

Direito romano, que permite uma tutela da posse separada da tutela da propriedade e com meios processuais de defesa distintos. Por essa razão, o Direito germânico medieval não oferece nenhuma teoria da defesa possessória[1599].

Esta falta de autonomização daquilo que no Direito romano surge tratado na posse leva a que a defesa da *Gewere* seja exclusivamente orientada para a protecção do direito real que lhe está subjacente[1600], e não meramente do controlo da coisa, e busque uma solução definitiva do conflito, sem a provisoriedade inerente à discussão possessória.

IX. Conforme fomos deixando explicitado, a *Gewere* germânica medieval não se confunde com a posse romana, nos pressupostos e na função, revelando uma impermeabilidade à segunda que se manifesta na multiplicidade de soluções diferentes daquelas que surgem no regime possessório do Direito romano[1601].

Representando a "veste" do direito sobre a coisa, a *Gewere* confere a quem dela beneficia a legitimação formal para o exercício e transmissão do direito, desempenhando simultaneamente um papel de publicidade da situação real envolvida verdadeiramente precursor do sistema de Registo Predial. Tudo isto é estranho ao Direito romano, que separa muito nitidamente a posse e o direito a que esta se refere, não atribuindo à primeira, por outro lado, qualquer função de legitimação, mas apenas de ordenação provisória dos bens.

Não obstante o elemento do controlo físico da coisa aparecer tanto na teoria possessória romana como na *Gewere*, a verdade é que no regime desta última ele pode faltar inicialmente sendo reconhecida na mesma a *Gewere* (*Gewere* incorpórea), algo impensável no Direito romano, para qual a detenção corporal da coisa constitui a essência do senhorio de facto[1602].

No Direito romano, a posse respeita em regra ao proprietário, ou melhor, exerce-se por referência ao direito de propriedade, excepto na época

---

coisa e esbulho. A decisão sobre este procedimento é estritamente atinente ao controlo material da coisa, à matéria possessória, como se diria no quadro da posse romana. Cf. HEUSLER, Institutionen des Deutschen Privatrechts, cit., pág. 44 e seg., HÜBNER, A History Of Germanic Private Law, cit., pág. 196 e segs.

[1599] HEUSLER, Die Gewere, cit., pág. 254.

[1600] HEUSLER, Institutionen des Deutschen Privatrechts, cit., pág. 44 e segs., HÜBNER, A History Of Germanic Private Law, cit., pág. 193 e segs.

[1601] Para o confronto entre a posse romana e a *Gewere* pode ver-se HÜBNER, A History Of Germanic Private Law, cit., pág. 206 e segs., GIERKE, Deutsches Privatrecht, cit., pág. 189 e segs.

[1602] Embora este admita que a *possessio* subsista sem ele (*possessio solo animo*).

clássica as posses do precarista, do *sequester* e do credor pignoratício. Por outro lado, nas situações de constituição de servidão, pessoal ou predial, o Direito romano aceita apenas uma *quasi possessio* ou *possessio juris*, que não constitui uma verdadeira posse. Muito diferentemente, no Direito germânico da *Gewere* a afirmação de um qualquer direito independente (exercido em nome próprio) sobre a coisa importa uma *Gewere*, a qual abrange, assim, uma multiplicidade de situações jurídicas reais[1603] num âmbito muito mais lato do que o da *possessio*.

Esta abertura do Direito germânico a aceitar uma *Gewere* relativamente a toda a série de direitos que geram um aproveitamento dos rendimentos da coisa implica a coexistência de uma pluralidade de situações de *Gewere* sobre a mesma coisa, portanto, de uma multiplicidade simultânea delas, o que contrasta com a visão romana de uma única posse de cada vez, em regra, do proprietário. Deste modo, no regime germânico a mesma coisa pode ser objecto de várias situações de *Gewere*, o que não sucede no regime da *possessio* romana, em que a posse pertence exclusivamente a um só, sendo, por conseguinte, única.

Finalmente, enquanto o Direito romano consagra meios de defesa específicos da posse, os interditos possessórios, que não se confundem com os meios próprios de tutela do direito real sobre a coisa, levando a uma contraposição entre o possessório, em que apenas está em causa a posse sobre a coisa, sem consideração pela titularidade do direito sobre ela, e o petitório, em que se discute o direito e não a posse, o Direito germânico da *Gewere* não conhece senão meios de defesa do direito exteriorizado pela *Gewere*. Portanto, de um lado o Direito romano com os interditos possessórios, protegendo a posse sem consideração à titularidade do direito subjacente e à licitude da sua aquisição, do outro, o Direito germânico, preocupado apenas com a defesa do direito exteriorizado na *Gewere* e sem prever nenhuma acção especial de tutela do elemento material.

X. A evolução da *Gewere* desde os tempos medievos do feudalismo conta uma história de lenta aculturação, pela entrada em cena de elementos de Direito estrangeiro, nomeadamente, do Direito romano, não do puro Direito romano clássico, mas daquele que decorria da teoria e da prática dos legalistas italianos, e também do Direito canónico e dos seus cultores, os canonistas[1604].

[1603] E para alguns autores também situações jurídicas não reais.
[1604] Para mais desenvolvimentos, cf. HÜBNER, A History Of Germanic Private Law, cit., pág. 205 e segs.

Esta evolução marca uma vitória do instituto romano da posse sobre a *Gewere*, cuja designação acabará por desaparecer, com a morte do próprio do Instituto, embora não sem que alguns dos seus aspectos normativos penetrem na teoria e prática possessória, antes que a recepção do Direito romano original, depurado dos elementos do Direito comum, faça uma nova aparição, agora pelas mãos da Escola Histórica alemã, primeiro, e da pandectística, depois.

A ramificação da *Gewere* no surgimento e implementação do registo predial, com a sua função na aquisição e publicidade dos direitos reais sobre imóveis, é bem conhecida[1605]. Quanto a este aspecto, o registo predial tomou o lugar da *Gewere*, de uma maneira, aliás, que transcendeu o propósito publicitário originário da segunda; em vez de a inscrição registal se constituir sobre a base de uma transacção negocial operada pelas partes e que dava nota a terceiros, fazendo presumir a sua existência e validade, ela tornou-se no acto gerador da eficácia real, que ao negócio jurídico vem recusada[1606]. Isso já não pertence de todo à *Gewere*, sendo fruto de um percurso histórico a ela estranho.

Apesar do seu desaparecimento, derrotada pela força do prestígio do Direito romano e dos seus cultores, a repercussão da *Gewere* na posse romana e na teoria possessória é maior do que usualmente se crê ou se tem consciência. O objectivismo possessório, a concorrência de posses sobre a mesma coisa e o alargamento dos direitos nos termos dos quais existe posse, devem provavelmente à *Gewere* germânica uma boa parte da sua explicação histórica.

21. O Direito francês da Idade Média. A *saisine*

I. Até ao século XII o Direito francês tem uma evolução em tudo similar ao Direito germânico[1607]. Como equivalente ao instituto germânico da *Gewere*

[1605] Cf. Hübner, A History Of Germanic Private Law, cit., pág. 218 e segs.

[1606] Ou passa a não ter.

[1607] Bruns, Das Recht des Besitzes im Mittelalter und in der Gegenwart, cit., pág. 352 e seg. Na doutrina francesa, em particular, cf. Klimrath, Travaux Sur L'Histoire Du Droit Français, Tome Second, Strasbourg, Paris, 1848, pág. 339 e segs, em especial, pág. 343 e seg., Brissaud, Manuel D'Histoire Du Droit Privé, Paris, 1908, pág. 249 e segs., Viollet, Histoire Du Droit Privé Français, Seconde Édition, Paris, 1893, pág. 569 e segs., Glasson, "De la possession et des actions possessoires au moyen-âge", Nouvelle revue historique de droit français et étranger, 1890, pág. 588, Champeaux, Essai sur la Vestitura ou Saisine, Paris, 1899, Laferriere, Histoire du Droit Français, Tome Premier, Paris, 1837, pág. 118 e segs., Ourliac/Gazzaniga, Histoire du droit privé

o Direito francês da alta Idade Média apresenta a *saisine*, que vem descrita por historiadores como a base do regime francês de Direitos Reais[1608].

No sentido primitivo, étre saisi e *ensaisiner* constituem expressões empregues nas fontes para designar simultaneamente o acto de transmissão do direito real e da coisa dele objecto[1609]. Em todo o caso, durante o século XIII, a venda e a doação de imóveis afiguravam-se muito raras[1610]. Quando tinham lugar, porém, revestiam-se de uma solenidade tal que permitiam o conhecimento por todos[1611]: envolviam uma declaração do transmitente e a resposta do adquirente, às quais se seguia a investidura propriamente dita[1612]. Era comum o uso de sinais e de símbolos na cerimónia[1613] para representar esta mudança de poder sobre a coisa, a nova *saisine*. Em alternativa, a *saisine* podia ter lugar por acção de um tribunal, com o ritual judiciário vigente.

A *saisine* expressa a ligação em que uma pessoa se encontra com uma coisa, facultando-lhe o uso e a fruição dela[1614], ou seja, a utilização da coisa mediante o seu aproveitamento, e que garante a protecção judicial, uma acção, em caso de perturbação ou desapossamento[1615].

A *saisine* indicia, por outro lado, uma situação de licitude no aproveitamento da coisa, que advém da aparência de titularidade do direito sobre ela, e que faz presumir essa titularidade, atribuindo, por isso, a defesa judicial ao respectivo titular.

---

français, de L'an mil au Code Civil, Paris, 1985, pág. 207 e segs., LAMOUZÈLE, Abrégé D'Histoire Du Droit Privé Français, des Origines au Code Civil, Paris, 1908, pág. 98 e segs.

[1608] WARNKÖNIG/WARNKÖNIG, Geschichte der Rechtsquellen und des Privatrechts, Band 2, Basel, 1848, in WARNKÖNIG/STEIN, Französische Staats- und Rechtsgeschichte, pág. 295.

[1609] WARNKÖNIG/WARNKÖNIG, Geschichte der Rechtsquellen und des Privatrechts, em WARNKÖNIG/STEIN, Französische Staats- und Rechtsgeschichte, cit., pág. 295, LAFÈRRIERE, Histoire du Droit Français, cit., pág. 121.

[1610] OURLIAC/GAZZANIGA, Histoire du droit privé français, cit., pág. 208.

[1611] OURLIAC/GAZZANIGA, Histoire du droit privé français, cit., pág. 208.

[1612] OURLIAC/GAZZANIGA, Histoire du droit privé français, cit., pág. 208, WARNKÖNIG//WARNKÖNIG, Geschichte der Rechtsquellen und des Privatrechts, em WARNKÖNIG/STEIN, Französische Staats- und Rechtsgeschichte, cit., pág. 326.

[1613] OURLIAC/GAZZANIGA, Histoire du droit privé français, cit., pág. 208, WARNKÖNIG//WARNKÖNIG, Geschichte der Rechtsquellen und des Privatrechts, em WARNKÖNIG/STEIN, Französische Staats- und Rechtsgeschichte, cit., pág. 326 e seg.

[1614] Como a *Gewere* germânica, a *saisine* assenta no uso da coisa, no aproveitamento que dela faz o seu titular. Sobre este aspecto, ainda que muito brevemente, OURLIAC/GAZZANIGA, Histoire du droit privé français, cit., pág. 207 e pág. 209.

[1615] BRISSAUD, Manuel D'Histoire Du Droit Privé, cit., pág. 257 e segs.

Assim concebida, a *saisine* assume a veste do direito real, chegando mesmo, para alguns, a confundir-se com ele[1616]. Mesmo, porém, que não se partilhe esta última ideia, saliente-se que todo o direito real se afere a uma *saisine*, sendo debaixo da sua forma que se exerce e transmite a terceiros[1617].

II. De modo semelhante ao Direito germânico, também no Direito francês surgem várias classificações de *saisine*. Assim, segundo KLIMRATH[1618], distinguir-se-iam, por um lado, a *saisine de fait* e a *saisine de droit* e, por outro, a *simple saisine* e a *vraie saisine*[1619].

Reconhece-se a *saisine de fait*[1620] a quem tem a mera detenção da coisa, portanto, com quem a coisa se encontra. Neste campo incluem-se o depositário, o comodatário, o locatário, a mulher casada, relativamente aos bens que trouxe para o casamento, e mesmo o possuidor de má fé[1621].

O facto de ter a coisa consigo dá ao detentor a possibilidade de a usar e dispor dela[1622]. Defronte de terceiros, aquele que tem a *saisine de fait* está autorizado à legítima defesa para se defender da agressão[1623]. No campo da actuação judicial, aquele que sofre um ataque na sua situação de facto relativamente à coisa, pode recorrer a tribunal para se defender, obtendo a protecção do juiz[1624]. Se o seu direito sobre a coisa é contestado por um terceiro, o titular da *saisine de fait* só pode ser desapossado (*dessaisi*) mediante uma decisão judicial num processo em que goza dos benefícios da defesa[1625]; e se o desapossamento se consuma contra a sua vontade, por acto de terceiro, a possibilidade de recurso a uma acção real permite-lhe recuperar a coisa[1626].

[1616] KLIMRATH, Travaux Sur L'Histoire Du Droit Français, cit., nesta parte, claramente influenciado pela doutrina de ALBRECHT, Die Gewere, cit., que seria, no entanto, claramente superada na Alemanha na segunda parte do século XIX, a favor da distinção entre *Gewere* e direito real.
[1617] OURLIAC/GAZZANIGA, Histoire du droit privé français, cit., pág. 209.
[1618] Travaux Sur L'Histoire Du Droit Français, cit., pág. 344 e segs.
[1619] Veja-se também LAFÈRRIERE, Histoire du Droit Français, cit., pág. 122 e segs.
[1620] Para um tratamento mis desenvolvido, cf. WARNKÖNIG/WARNKÖNIG, Geschichte der Rechtsquellen und des Privatrechts, em WARNKÖNIG/STEIN, Französische Staats- und Rechtsgeschichte, cit., pág. 297 e segs.
[1621] KLIMRATH, Travaux Sur L'Histoire Du Droit Français, cit., pág. 345.
[1622] KLIMRATH, Travaux Sur L'Histoire Du Droit Français, cit., pág. 345.
[1623] KLIMRATH, Travaux Sur L'Histoire Du Droit Français, cit., pág. 345.
[1624] KLIMRATH, Travaux Sur L'Histoire Du Droit Français, cit., pág. 345.
[1625] KLIMRATH, Travaux Sur L'Histoire Du Droit Français, cit., pág. 346, cf. WARNKÖNIG//WARNKÖNIG, Geschichte der Rechtsquellen und des Privatrechts, em WARNKÖNIG/STEIN, Französische Staats- und Rechtsgeschichte, cit., pág. 311.
[1626] KLIMRATH, Travaux Sur L'Histoire Du Droit Français, cit., pág. 346.

A *saisine de droit* tem por objecto apenas imóveis[1627] e respeita aos casos em que falta ao titular a posse da coisa, quer porque cessou de haver o controlo material sobre ela quer porque este controlo nunca chegou a existir[1628]. Se, no primeiro caso, a *saisine de droit* mantém a situação possessória relativamente a alguém que perdeu o poder de facto sobre a coisa, no segundo, ela implica atribuir a *saisine* a quem está despojado do senhorio físico da coisa[1629]. Isso acontece, sobretudo, em duas situações[1630]:
– Decisão judicial;
– Herança a favor dos herdeiros de sangue, no momento da morte do autor da sucessão.

Segundo KLIMRATH[1631], a *simple saisine* compreende a um tempo a *saisine de fait* e a *saisine de droit*, contrapondo-se à *vraie saisine*[1632]. Como junção da *saisine de fait* e da *saisine de droit*, na *simple saisine* deparamos com a soma dos mesmos efeitos[1633] jurídicos daquelas modalidades de *saisine*: legítima defesa em caso de agressão, acção real para reconhecimento do direito e possibilidade de recurso ao tribunal para tutela da posição em caso de agressão de terceiro ou de disputa sobre a titularidade do direito real[1634].

[1627] WARNKÖNIG/WARNKÖNIG, Geschichte der Rechtsquellen und des Privatrechts, em WARNKÖNIG/STEIN, Französische Staats- und Rechtsgeschichte, cit., pág. 322.
[1628] KLIMRATH, Travaux Sur L'Histoire Du Droit Français, cit., pág. 346 e segs., BRISSAUD, Manuel D'Histoire Du Droit Privé, cit., pág. 262 e segs. Sobre a figura, cf. igualmente WARNKÖNIG//WARNKÖNIG, Geschichte der Rechtsquellen und des Privatrechts, em WARNKÖNIG/STEIN, Französische Staats- und Rechtsgeschichte, cit., pág. 322 e segs.
[1629] WARNKÖNIG/WARNKÖNIG, Geschichte der Rechtsquellen und des Privatrechts, em WARNKÖNIG/STEIN, Französische Staats- und Rechtsgeschichte, cit., pág. 323 sustentam que o significado da *saisine* no antigo Direito francês era o de um *ius in re*, uma relação entre uma pessoa e uma coisa protegida por um juiz através de uma acção real. Não perfilhámos este entendimento para o Direito germânico e não cremos que ele seja pertinente para o Direito francês antigo, nomeadamente, porque confunde dois conceitos diferentes, o de *saisine* e o de direito real.
[1630] KLIMRATH, Travaux Sur L'Histoire Du Droit Français, cit., pág. 347 e seg., LAMOUZÈLE, Abrégé D'Histoire Du Droit Privé Français, cit., pág. 99, BRISSAUD, Manuel D'Histoire Du Droit Privé, cit., pág. 262, WARNKÖNIG/WARNKÖNIG, Geschichte der Rechtsquellen und des Privatrechts, em WARNKÖNIG/STEIN, Französische Staats- und Rechtsgeschichte, cit., pág. 322.
[1631] Travaux Sur L'Histoire Du Droit Français, cit., pág. 348 e segs.
[1632] Cf. também sobre esta classificação BRISSAUD, Manuel D'Histoire Du Droit Privé, cit., pág. 264 e seg.
[1633] KLIMRATH, Travaux Sur L'Histoire Du Droit Français, cit., pág. 348 e seg. fala, porém, em efeitos análogos.
[1634] KLIMRATH, Travaux Sur L'Histoire Du Droit Français, cit., pág. 349.

A *vraie saisine*, que somente pode ter por objecto imóveis, é a aquela que durou um ano e um dia[1635]. No essencial, ela não difere da *simple saisine*, sendo a diferença para esta meramente de grau[1636]. Com o decurso de um ano e um dia a *saisine* confere ao titular uma posição inatacável contra a acção real de um terceiro ou uma *simple saisine*, um efeito análogo a uma prescrição aquisitiva[1637]. Para que a *saisine* adquira o estatuto de *vraie saisine* o titular, para além do decurso do tempo (um ano e um dia), deve ter exteriorizado o seu direito pública e pacificamente, sem contestação à sua posição[1638].

III. A *saisine* sobre um prédio confere ao titular o direito de se apropriar e gozar de todas as coisas móveis que aí se encontrem[1639]. Quer dizer, a *saisine* adquirida sobre o imóvel estende-se às coisas móveis compreendidas nele, conferindo, pois, ao titular uma posição jurídico-real relativamente a elas.

De um modo inteiramente igual à *Gewere*, também no regime jurídico deste instituto admite-se uma pluralidade de *saisines* sobre o mesmo imóvel[1640], podendo estas reportar-se a factos jurídicos aquisitivos distintos, assim como a diferentes direitos sobre a coisa e não apenas à propriedade[1641]. Com a *saisine* do proprietário coexiste a *saisine* do rendeiro, do marido sobre os bens da mulher, do credor garantido sobre o bem do devedor, etc.[1642]. Em caso de *saisines* incompatíveis, por exemplo, nos termos do mesmo direito, prevalece a mais antiga em data[1643], excepto no caso da *vraie saisine*, em que prevalece a mais recente.

[1635] KLIMRATH, Travaux Sur L'Histoire Du Droit Français, cit., pág. 351 e segs. Ver igualmente, embora muito sinteticamente, WARNKÖNIG/WARNKÖNIG, Geschichte der Rechtsquellen und des Privatrechts, em WARNKÖNIG/STEIN, Französische Staats- und Rechtsgeschichte, cit., pág. 326.

[1636] KLIMRATH, Travaux Sur L'Histoire Du Droit Français, cit., pág. 351 e seg.

[1637] KLIMRATH, Travaux Sur L'Histoire Du Droit Français, cit., pág. 351.

[1638] Cf. KLIMRATH, Travaux Sur L'Histoire Du Droit Français, cit., pág. 352.

[1639] KLIMRATH, Travaux Sur L'Histoire Du Droit Français, cit., pág. 349.

[1640] Ourliac/Gazzaniga, Histoire du droit privé français, cit., pág. 208, BRISSAUD, Manuel D'Histoire Du Droit Privé, cit., pág. 259 e seg. Já não, no entanto, no tocante a coisas móveis, relativamente às quais apenas pode haver uma única *saisine*. Cf. KLIMRATH, Travaux Sur L'Histoire Du Droit Français, cit., pág. 350.

[1641] KLIMRATH, Travaux Sur L'Histoire Du Droit Français, cit., pág. 349 e seg., Ourliac/Gazzaniga, Histoire du droit privé français, cit., pág. 208, GLASSON, "De la possession et des actions possessoires au moyen-âge", cit., pág. 598, WARNKÖNIG/WARNKÖNIG, Geschichte der Rechtsquellen und des Privatrechts, em WARNKÖNIG/STEIN, Französische Staats- und Rechtsgeschichte, cit.

[1642] KLIMRATH, Travaux Sur L'Histoire Du Droit Français, cit., pág. 350, Ourliac/Gazzaniga, Histoire du droit privé français, cit., pág. 208.

[1643] Princípio que vale para as *saisines* incompatíveis sobre coisas móveis. Cf. KLIMRATH, Travaux Sur L'Histoire Du Droit Français, cit., pág. 350.

O mero detentor, não tendo uma *saisine* sobre o imóvel, não goza de qualquer protecção da sua posição sobre a coisa[1644].

IV. Até aqui não se detectam diferenças significativas com a *Gewere* germânica, o que se explica facilmente por ser o mesmo instituto de raiz[1645]. Essas diferenças entre a *saisine* e a *Gewere* encontram-se, porém, em matéria de acções, acentuando-se ainda mais pela circunstância da tutela judicial francesa variar, segundo o costume local, de província para província[1646]. Seja como for, enquanto o Direito germânico não oferece nenhum desenvolvimento particular de protecção do titular da *Gewere* relativamente a acções de perturbação ou esbulho da sua posição sobre a coisa[1647], no Direito francês são criados meios específicos de protecção do beneficiário da *saisine*[1648-1649].

Nos séculos XII e XIII, a criação desses meios de tutela específicos de defesa da posição do beneficiário da *saisine* relativamente a actos de agressão praticados por terceiro ligam-se à superação dos meios tradicionais de resolução dos litígios relativos a terras através de duelos e outras contendas armadas, onde o puro acaso, associado pelas pessoas à intervenção divina, serve para solucionar a disputa consoante o seu desfecho[1650].

[1644] GLASSON, "De la possession et des actions possessoires au moyen-âge", cit., pág. 599.

[1645] Veja-se, de resto, como um dos principais historiadores de Direito francês do século XIX, KLIMRATH, Travaux Sur L'Histoire Du Droit Français, cit., se apoia largamente na obra do autor alemão ALBRECHT, Die Gewere, cit, para descrever o instituto da *saisine* na França medieval.

[1646] KLIMRATH, Travaux Sur L'Histoire Du Droit Français, cit., pág. 353 e segs., WARNKÖNIG/ /WARNKÖNIG, Geschichte der Rechtsquellen und des Privatrechts, em WARNKÖNIG/STEIN, Französische Staats- und Rechtsgeschichte, cit., pág. 297 e segs., BRUNS, Das Recht des Besitzes im Mittelalter und in der Gegenwart, cit., pág. 353 e segs.

[1647] Cf. o que dissemos a propósito deste instituto.

[1648] Sobre a matéria, cf. KLIMRATH, Travaux Sur L'Histoire Du Droit Français, cit., pág. 353 e segs., VIOLLET, Histoire Du Droit Privé Français, cit., pág. 581 e segs.

[1649] O que não equivale de modo nenhum a reconhecer a existência de uma dogmática ou de uma teoria possessória no Direito francês antigo. Tudo se resume a um conjunto de procedimentos judiciais pensados estritamente em função de necessidades práticas de substituir os duelos e as contendas entre partes desavindas, ultrapassando a irracionalidade a eles subjacente, e não de desenvolvimento de um particular instituto como a posse. Neste sentido, veja-se WARNKÖNIG/ /WARNKÖNIG, Geschichte der Rechtsquellen und des Privatrechts, em WARNKÖNIG/STEIN, Französische Staats- und Rechtsgeschichte, cit., pág. 297 e segs., BRUNS, Das Recht des Besitzes im Mittelalter und in der Gegenwart, cit., pág. 353.

[1650] Quanto a este ponto, BRISSAUD, Manuel D'Histoire Du Droit Privé, cit., pág. 266, WARNKÖNIG/WARNKÖNIG, Geschichte der Rechtsquellen und des Privatrechts, em WARNKÖNIG/ /STEIN, Französische Staats- und Rechtsgeschichte, cit., pág. 297 e segs., BRUNS, Das Recht des Besitzes im Mittelalter und in der Gegenwart, cit., pág. 353 e segs.

No século XII, na província francesa da Normandia[1651], assim como na Inglaterra normanda e anglo-normanda, o costume tradicional dos duelos e contendas armadas foi combatido pela acção do rei Henrique II através das denominadas *Recognitiones per XII juratoren*, que se tornaram eficazes por lei régia[1652]. Com o teor de defesa possessória consagraram-se a *recognitio de morte antecessoris* e, principalmente, a *recognitio de nova disseisina*[1653], um meio de defesa da posse[1654] contra actos violentos de perturbação ou esbulho da coisa, a qual terá servido de base ao desenvolvimento posterior do regime jurídico de outras acções com a mesma finalidade[1655].

A *recognitio de nova disseisina* pode ser intentada somente pelo esbulhado, se tiver a coisa em nome próprio ou nos termos de um laço feudal, o que afasta da legitimidade os meros rendeiros e outros detentores[1656]; quaisquer outros terceiros e mesmo os herdeiros estão excluídos[1657], embora se admita a representação por um mandatário[1658]. Demandado pode ser naturalmente o esbulhador, mas também o senhor ou vassalo, neste último caso, se existir um vínculo feudal e o prédio estiver com algum deles[1659].

Objecto desta *recognitio* é um imóvel e a violação refere-se sempre a um direito sobre ele, incluindo, além da propriedade, servidões e ónus reais[1660]. Essa violação reside na "*disseisine*"[1661], definida como "uma violação ilícita da posse"[1662] ou "uma violação ilícita da posse de uma coisa ou de um

---

[1651] BRISSAUD, Manuel D'Histoire Du Droit Privé, cit., pág. 265 e segs.

[1652] BRUNS, Das Recht des Besitzes im Mittelalter und in der Gegenwart, cit., pág. 354, WARNKÖNIG/WARNKÖNIG, Geschichte der Rechtsquellen und des Privatrechts, em WARNKÖNIG//STEIN, Französische Staats- und Rechtsgeschichte, cit., pág. 298 e segs.

[1653] BRISSAUD, Manuel D'Histoire Du Droit Privé, cit., pág. 266, BRUNS, Das Recht des Besitzes im Mittelalter und in der Gegenwart, cit., pág. 354, WARNKÖNIG/WARNKÖNIG, Geschichte der Rechtsquellen und des Privatrechts, em WARNKÖNIG/STEIN, Französische Staats- und Rechtsgeschichte, cit., pág. 298 e 301 e segs..

[1654] Sobre o carácter inequivocamente possessório deste meio de defesa, cf. BRUNS, Das Recht des Besitzes im Mittelalter und in der Gegenwart, cit., pág. 354.

[1655] BRUNS, Das Recht des Besitzes im Mittelalter und in der Gegenwart, cit., pág. 354.

[1656] BRUNS, Das Recht des Besitzes im Mittelalter und in der Gegenwart, cit., pág. 356, WARNKÖNIG/WARNKÖNIG, Geschichte der Rechtsquellen und des Privatrechts, em WARNKÖNIG//STEIN, Französische Staats- und Rechtsgeschichte, cit., pág. 302.

[1657] A não ser que a coisa haja ficado com eles logo desde o esbulho. Cf. BRUNS, Das Recht des Besitzes im Mittelalter und in der Gegenwart, cit., pág. 356.

[1658] BRUNS, Das Recht des Besitzes im Mittelalter und in der Gegenwart, cit., pág. 356.

[1659] BRUNS, Das Recht des Besitzes im Mittelalter und in der Gegenwart, cit., pág. 356.

[1660] BRUNS, Das Recht des Besitzes im Mittelalter und in der Gegenwart, cit., pág. 357.

[1661] BRISSAUD, Manuel D'Histoire Du Droit Privé, cit., pág. 275 e segs.

[1662] BRUNS, Das Recht des Besitzes im Mittelalter und in der Gegenwart, cit., pág. 357.

direito"[1663], abrangendo tanto actos de mera perturbação, como o esbulho propriamente dito, o que confere simultaneamente a este meio processual características de manutenção e de recuperação da posse da coisa[1664] e não apenas de uma ou de outra.

Pressupostos para este procedimento de tutela são, assim, que[1665]:
– Exista uma *saisine*;
– A *saisine* tenha sido obtida de modo lícito;
– Se haja verificado a *"disseisine"*, através de uma violação ilícita da *saisine*;
– A *saisine* violada seja nova, ou seja, tenha sido constituída no decurso do último ano;
– Não haja ainda decorrido o prazo de um ano e um dia desde a violação. Se isto tiver acontecido, o esbulhado já não pode recuperar a coisa com base nesta acção e terá de recorrer à acção típica de defesa do seu direito[1666].

A partir do século XIII, a regulação primariamente surgida na província da Normandia sob a forma de *recognitio de nova disseisina* dissemina-se pelo território francês, espalhando-se por outras províncias sob a forma de uma acção denominada *nouvelle disseisine*[1667], que surge mencionada em fontes francesas, designadamente, nos *Etablissements* de St. Louis, nas decisões do Conselho de Pierre des Fontaines, nos usos antigos d'Ártois, numa Lei de 1277 atribuída a Phillipe, o Bravo, e em decisões do parlamento parisiense[1668].

Todas estas fontes, com excepção da Lei de 1277, que trata somente de processo, enunciam um princípio abstracto que se liga inequivocamente à

[1663] WARNKÖNIG/WARNKÖNIG, Geschichte der Rechtsquellen und des Privatrechts, em WARNKÖNIG/STEIN, Französische Staats- und Rechtsgeschichte, cit., pág. 301.
[1664] BRUNS, Das Recht des Besitzes im Mittelalter und in der Gegenwart, cit., pág. 357.
[1665] Cf. WARNKÖNIG/WARNKÖNIG, Geschichte der Rechtsquellen und des Privatrechts, em WARNKÖNIG/STEIN, Französische Staats- und Rechtsgeschichte, cit., pág. 302.
[1666] WARNKÖNIG/WARNKÖNIG, Geschichte der Rechtsquellen und des Privatrechts, em WARNKÖNIG/STEIN, Französische Staats- und Rechtsgeschichte, cit., pág. 302.
[1667] WARNKÖNIG/WARNKÖNIG, Geschichte der Rechtsquellen und des Privatrechts, em WARNKÖNIG/STEIN, Französische Staats- und Rechtsgeschichte, cit., pág. 306, BRUNS, Das Recht des Besitzes im Mittelalter und in der Gegenwart, cit., pág. 358 e segs., LAMOUZÈLE, Abrégé D'Histoire Du Droit Privé Français, cit., pág. 100.
[1668] WARNKÖNIG/WARNKÖNIG, Geschichte der Rechtsquellen und des Privatrechts, em WARNKÖNIG/STEIN, Französische Staats- und Rechtsgeschichte, cit., pág. 306, BRUNS, Das Recht des Besitzes im Mittelalter und in der Gegenwart, cit., pág. 358.

exceptio spolii do Direito Canónico[1669]: *nul ne doit pleder dessesis*[1670]. Todo o esbulhado tem uma acção para reagir contra o esbulhador e recuperar a sua *saisine*, ou seja, reaver a coisa, não tendo de permanecer desapossado. Essa acção tem o nome de *nouvelle disseisine*[1671].

O que entender por *nouvelle disseisine* não decorre das fontes. Em todo o caso, parece que o esbulho deve ter sido consumado mediante o uso da força[1672] e naturalmente contra a vontade do esbulhado. A acção contraria o uso arbitrário da força e repõe a situação anterior, trazendo o esbulhado de novo ao exercício da sua *saisine*, com a coisa em seu poder.

Em França, o prazo de caducidade da acção de *nouvelle disseisine* parece ter sido um ano e um dia[1673]. A partir daí, o esbulho consuma-se numa *saisine* inatacável a favor do esbulhador.

No século XIII este quadro alterou-se com o surgimento de novas acções de índole possessória. A fonte de conhecimento principal desta época, e de todo o Direito antigo francês, é a compilação dos *Coutumes de Beauvaisis*, datada de 1283, da autoria do jurista Philippe de Remy, sire de Beaumanoir. No capítulo XXXII dos *Coutumes de Beauvaisis*, BEAUMANOIR[1674] descreve novos meios de tutela possessória cuja fonte, dizem alguns[1675], baseados no testemunho daquele jurista, é um decreto *régio da autoria de* Phillipe, o Bravo, enquanto outros negam que tal decreto haja existido.

O regime jurídico introduzido por esta nova regulação não implica apenas uma modificação da situação até aí existente, ele tem ainda a virtualidade de

---

[1669] BRUNS, Das Recht des Besitzes im Mittelalter und in der Gegenwart, cit., pág. 358.

[1670] Cf. WARNKÖNIG/WARNKÖNIG, Geschichte der Rechtsquellen und des Privatrechts, em WARNKÖNIG/STEIN, Französische Staats- und Rechtsgeschichte, cit., pág. 306.

[1671] Sobre esta, cf. GLASSON, "De la possession et des actions possessoires au moyen-âge", cit., pág. 606 e segs.

[1672] Sobre isto, WARNKÖNIG/WARNKÖNIG, Geschichte der Rechtsquellen und des Privatrechts, em WARNKÖNIG/STEIN, Französische Staats- und Rechtsgeschichte, cit., pág. 306.

[1673] WARNKÖNIG/WARNKÖNIG, Geschichte der Rechtsquellen und des Privatrechts, em WARNKÖNIG/STEIN, Französische Staats- und Rechtsgeschichte, cit., pág. 308, BRUNS, Das Recht des Besitzes im Mittelalter und in der Gegenwart, cit., pág. 359.

[1674] BRISSAUD, Manuel D'Histoire Du Droit Privé, cit., pág. 276 e seg., GLASSON, "De la possession et des actions possessoires au moyen-âge", cit., pág. 602 e segs. PARIEU, Études historiques et critiques sur les actions possessoires, Paris, 1850, pág. 105 e segs.

[1675] WARNKÖNIG/WARNKÖNIG, Geschichte der Rechtsquellen und des Privatrechts, em WARNKÖNIG/STEIN, Französische Staats- und Rechtsgeschichte, cit., pág. 308, BRUNS, Das Recht des Besitzes im Mittelalter und in der Gegenwart, cit., pág. 361.

estender-se a todo o território francês e não apenas à Normandia[1676]. No início do capítulo XXXII dos *Coutumes de Beauvaisis*, BEAUMANOIR enumera os meios de defesa do esbulhado, nomeadamente, as acções[1677]:
- De *force*;
- *Nouvele disseisine*, e
- *Novel tourble*.

A distinção entre estas acções oferece relativa simplicidade. A acção *de force* aparece predisposta para os casos de esbulho violento. Quanto à acção de *nouvele disseisine*, BEAUMANOIR explica que ela pode ter lugar nos casos em que força não é empregue. A acção de *novel tourble*, por sua vez, respeita às situações de mera perturbação do gozo, quer dizer, aos casos em que a violação da *saisine* não vem acompanhada da privação da coisa.

A protecção possessória assim explicitada não se atém ao direito de propriedade. BEAUMANOIR explica que todo aquele que invoca um direito real imobiliário (usufruto ou outro) tem posse e goza, por conseguinte, das acções possessórias[1678].

Deste modo, aquilo que até aí consistia num conjunto de acções de natureza delitual, cuja aplicação tinha lugar numa extensão territorial delimitada, passa a configurar um verdadeiro dispositivo de protecção jurídico-possessório, no qual, portanto, a própria posse surge como o objecto da tutela[1679]. Todo o beneficiário da *saisine* tem o direito de continuar com a coisa em seu poder e somente por ordem judicial a situação pode ser interrompida. Se houver esbulho e ele for afastado da coisa, só poderá ser a ela restituído com recurso ao tribunal, estando proibido o uso da força pessoal.

Um aspecto essencial da nova regulação encontra-se no valor dado à posse de um ano e um dia. Enquanto no regime jurídico da Normandia o decurso desse período determina a caducidade da acção de *nouvelle disseisine*, no novo regime jurídico a posse de um ano e um dia torna-se inatacável se decorrido esse tempo o esbulhado não haja reagido judicialmente para defender a sua posição sobre a coisa[1680], permanecendo, no entanto, em aberto a defesa do direito de propriedade[1682].

[1676] WARNKÖNIG/WARNKÖNIG, Geschichte der Rechtsquellen und des Privatrechts, em WARNKÖNIG/STEIN, Französische Staats- und Rechtsgeschichte, cit., pág. 309.

[1677] GLASSON, "De la possession et des actions possessoires au moyen-âge", cit., pág. 613 e segs.

[1678] GLASSON, "De la possession et des actions possessoires au moyen-âge", cit., pág. 614.

[1679] WARNKÖNIG/WARNKÖNIG, Geschichte der Rechtsquellen und des Privatrechts, em WARNKÖNIG/STEIN, Französische Staats- und Rechtsgeschichte, cit., pág. 309.

[1680] KLIMRATH, Essai Sur L'Étude Historique Du Droit, Et Son Utilité Pour L'Interprétation Du Code Civil, Strausbourg, 1833, pág. 38 e segs., WARNKÖNIG/WARNKÖNIG, Geschichte der

Com esta solução abre-se uma nova classificação, a que separa, por um lado, a simples posse, e, por outro, a posse de um ano e um dia[1682]. A verdadeira *saisine* adquire-se somente pela posse de um ano e um dia[1683]. Alguns autores referem a propósito que BEAUMANOIR terá suprimido verdadeiramente a distinção entre a *saisine* e a posse, confundindo-as[1684] ou, pelo menos, tornando-as idênticas[1685].

Um outro aspecto que deve ser salientado reside na contracção do sentido de *disseisine*, que anteriormente designa toda a violação da *saisine*, seja na forma de mera perturbação seja na forma de esbulho, violento ou não, e que agora tende a cobrir unicamente os casos de esbulho[1686]. Por isso, a acção de *nouvelle disseisine*, que se mantém no elenco dos meios de defesa em vigor, segundo BEAUMANOIR, passa a abarcar simplesmente os casos de esbulho arbitrário da coisa[1687].

Todas as acções enumeradas por BEAUMANOIR, as acções de *force*, *nouvele disseisine* e *novel tourble*, tem um fundamento comum: a posse de um ano e um dia. Quanto à posse simples (aquela que tem menos de um ano e um dia) não vem feita qualquer referência a um meio de tutela específico. BRUNS[1688] alvitra que ela não seria protegida a não ser contra acções com uso da força ou violentas, neste último caso, pela *actio spolii* regida pelo Direito Canónico[1689]. Aquele que que sofre um esbulho violento deve ser restituído à simples posse de facto, que KLIMRATH[1690] afirma resultar da máxima *spoliatus ante omnia restituendus*[1692].

Rechtsquellen und des Privatrechts, em WARNKÖNIG/STEIN, Französische Staats- und Rechtsgeschichte, cit., pág. 309.
[1681] GLASSON, "De la possession et des actions possessoires au moyen-âge", cit., pág. 615.
[1682] WARNKÖNIG/WARNKÖNIG, Geschichte der Rechtsquellen und des Privatrechts, em WARNKÖNIG/STEIN, Französische Staats- und Rechtsgeschichte, cit., pág. 310.
[1683] Cf. igualmente LAMOUZÈLE, Abrégé D'Histoire Du Droit Privé Français, cit., pág. 99.
[1684] BRUNS, Das Recht des Besitzes im Mittelalter und in der Gegenwart, cit., pág. 362 e seg.
[1685] WARNKÖNIG/WARNKÖNIG, Geschichte der Rechtsquellen und des Privatrechts, em WARNKÖNIG/STEIN, Französische Staats- und Rechtsgeschichte, cit., pág. 314.
[1686] BRUNS, Das Recht des Besitzes im Mittelalter und in der Gegenwart, cit., pág. 360, WARNKÖNIG/WARNKÖNIG, Geschichte der Rechtsquellen und des Privatrechts, em WARNKÖNIG//STEIN, Französische Staats- und Rechtsgeschichte, cit., pág. 310.
[1687] WARNKÖNIG/WARNKÖNIG, Geschichte der Rechtsquellen und des Privatrechts, em WARNKÖNIG/STEIN, Französische Staats- und Rechtsgeschichte, cit., pág. 310.
[1688] Das Recht des Besitzes im Mittelalter und in der Gegenwart, cit., pág. 362.
[1689] O que coincide com a doutrina ensinada por KLIMRATH, Essai Sur L'Étude Historique Du Droit, Et Son Utilité Pour L'Interprétation Du Code Civil, cit., pág. 38.
[1690] Essai Sur L'Étude Historique Du Droit, Et Son Utilité Pour L'Interprétation Du Code Civil, cit., pág. 38. Veja-se igualmente VIOLLET, Histoire Du Droit Privé Français, cit., pág. 582.

Embora o texto de Beaumanoir não seja claro a este propósito, parece que todo aquele que haja sido investido na *saisine* por referência a um direito pode recorrer a qualquer destas acções e não apenas o proprietário[1692]. O autor não esclarece, todavia, se um detentor tem legitimidade para as intentar[1693]. Em todo o caso, parece certo que enquanto dura o vínculo contratual o locatário e o prestador da garantia gozam da acção de *nouvelle disseisine*, o que já não sucede, porém, após a extinção daquele vínculo.

Em meados do século XIV, em França, este desenho da tutela do beneficiário da *saisine* traçado por Beaumanoir no século anterior dá lugar a um outro quadro onde, ao invés de três acções para as hipóteses de esbulho, violento ou não, e de mera turbação, se admite uma única acção denominada *complainte de saisine et nouvelleté*[1694].

Simultaneamente a esta mudança nos meios de protecção, emerge um novo conceito de *saisine*, que corresponde agora à posse de um ano e um dia (*vraie saisine*) e, assim, se diferencia da simples ou mera posse (*saisine de fait*), aquela que tem duração inferior[1695]. A confusão que se descortinava entre a posse e a *saisine* na obra de Beaumanoir fica, desta forma, ultrapassada a partir do século XIV. A *saisine* ou *vraie saisine* adquire-se com o decurso de um ano e um dia e não se perde com a privação da coisa, apenas pela prescrição de um ano e um dia a favor de um terceiro.

À defesa da *vraie saisine* está votada a acima aludida *complainte de saisine et nouvelleté*[1696]. Por força de um entendimento particular, que leva considerar o esbulho como uma espécie de perturbação da *saisine*, concebe-se a *complainte de saisine et nouvelleté* como uma *actio retinendae possessionis*[1697]. Debaixo

---

[1691] Cf. também Glasson, "De la possession et des actions possessoires au moyen-âge", cit., pág. 603.

[1692] Neste sentido, Warnkönig/Warnkönig, Geschichte der Rechtsquellen und des Privatrechts, em Warnkönig/Stein, Französische Staats- und Rechtsgeschichte, cit., pág. 312.

[1693] Warnkönig/Warnkönig, Geschichte der Rechtsquellen und des Privatrechts, em Warnkönig/Stein, Französische Staats- und Rechtsgeschichte, cit., pág. 312.

[1694] Parieu, Études historiques et critiques sur les actions possessoires, cit., pág. 127 e segs., Warnkönig/Warnkönig, Geschichte der Rechtsquellen und des Privatrechts, em Warnkönig/Stein, Französische Staats- und Rechtsgeschichte, cit., pág. 314, Bruns, Das Recht des Besitzes im Mittelalter und in der Gegenwart, cit., pág. 363.

[1695] Warnkönig/Warnkönig, Geschichte der Rechtsquellen und des Privatrechts, em Warnkönig/Stein, Französische Staats- und Rechtsgeschichte, cit., pág. 314, Bruns, Das Recht des Besitzes im Mittelalter und in der Gegenwart, cit., pág. 363 e seg.

[1696] Brissaud, Manuel D'Histoire Du Droit Privé, cit., pág. 279 e segs., Klimrath, Essai Sur L'Étude Historique Du Droit, Et Son Utilité Pour L'Interprétation Du Code Civil, cit., pág. 38, Viollet, Histoire Du Droit Privé Français, cit., pág. 583 e seg.

[1697] Bruns, Das Recht des Besitzes im Mittelalter und in der Gegenwart, cit., pág. 363.

de uma influência romanista crescente, compara-se esta acção ao interdito *uti possidetis*[1698].

No quadro processual da *complainte de saisine et nouvelleté* e inserido nesta mantém-se também nesta época a *recréance* como procedimento sumário e preliminar de protecção da *saisine*, que permite conceder a posse provisória da coisa a uma das partes mediante caução[1699] e que apresenta uma inteira similitude com o *summariissimum* do Direito Canónico[1700].

A mera posse (posse com duração inferior a um ano e um dia) recebe protecção a partir do século XIV e até ao século XVI através do *canone redintegranda*[1701]. A partir do século XVI, porém, essa forma de defesa surge nas fontes sob a designação de *réintegrande*, sendo assimilada, debaixo de uma intensa romanização, ao interdito *unde vi* e igualmente à *actio spolii*[1702].

Na doutrina jurídica e na prática judiciária dos séculos subsequentes foi esquecida a diferença originária do âmbito de aplicação da *complainte* e da *réintegrande* e, de forma equivocada, colocadas ambas lado a lado, como fundamentalmente idênticas, a primeira usada para os casos de perturbação da posse, a segunda para os casos de desapossamento[1703], numa analogia clara com a contraposição romana entre os interditos *uti possidetis* e *unde vi*. O requisito da posse de um ano e um dia, implícito na defesa pela *complainte de saisine et nouvelleté*, transitou, assim, para a *réintegrande*[1704].

[1698] GLASSON, "De la possession et des actions possessoires au moyen-âge", cit., pág. 602 e segs., BRUNS, Das Recht des Besitzes im Mittelalter und in der Gegenwart, cit., pág. 363, WARNKÖNIG//WARNKÖNIG, Geschichte der Rechtsquellen und des Privatrechts, em WARNKÖNIG/STEIN, Französische Staats- und Rechtsgeschichte, cit., pág. 315.

[1699] BRISSAUD, Manuel D'Histoire Du Droit Privé, cit., pág. 281 e segs., BRUNS, Das Recht des Besitzes im Mittelalter und in der Gegenwart, cit., pág. 364 e seg., WARNKÖNIG/WARNKÖNIG, Geschichte der Rechtsquellen und des Privatrechts, em Warnkönig/Stein, Französische Staats- und Rechtsgeschichte, cit., pág. 315.

[1700] BRISSAUD, Manuel D'Histoire Du Droit Privé, cit., pág. 283, nota 5, BRUNS, Das Recht des Besitzes im Mittelalter und in der Gegenwart, cit., pág. 364 e seg.

[1701] BRUNS, Das Recht des Besitzes im Mittelalter und in der Gegenwart, cit., pág. 365.

[1702] VIOLLET, Histoire Du Droit Privé Français, cit., pág. 582, WARNKÖNIG/WARNKÖNIG, Geschichte der Rechtsquellen und des Privatrechts, em WARNKÖNIG/STEIN, Französische Staats- und Rechtsgeschichte, cit., pág. 315.

[1703] Sobre esta, cf. GLASSON, "De la possession et des actions possessoires au moyen-âge", cit., pág. 626 e segs., BRUNS, Das Recht des Besitzes im Mittelalter und in der Gegenwart, cit., pág. 365 e segs., WARNKÖNIG/WARNKÖNIG, Geschichte der Rechtsquellen und des Privatrechts, em WARNKÖNIG/STEIN, Französische Staats- und Rechtsgeschichte, cit., pág. 315.

[1704] VIOLLET, Histoire Du Droit Privé Français, cit., pág. 582, BRUNS, Das Recht des Besitzes im Mittelalter und in der Gegenwart, cit., pág. 366.

Aquilo que na sua concepção representa um erro[1705], por desconsiderar a diferença entre a *vraie saisine* (posse de um ano e um dia) e a *saisine de fait* (posse de duração inferior a uma ano e um dia, simples posse), encontrou o seu caminho para a esfera legislativa. Numa lei processual, com data de 1667, do Rei Ludwigs XIV, o título XVIII ostenta a epígrafe *"De complaintes et réintegrandes"*. Aí surgem ambas as acções lado a lado, a *complainte* para a turbação da posse[1706], a *réintegrande* para os casos de esbulho (com e sem violência).

Para além da *complainte* e da *réintegrande*, o Direito francês dos séculos XIV e XV viu surgir uma nova forma de protecção possessória: a *action de simples saisine*[1707]. Os contornos desta acção e o seu fundamento permanecem em grande obscuridade e sobre eles existe forte controvérsia. Parece que se fundava numa posse longa, de mais de dez anos, e que permitia ao possuidor que, por qualquer razão, havia deixado passar um ano e um dia sem se defender, opor com sucesso a sua posse, mais antiga, contra o novo possuidor. A falta de clareza e a sobreposição com as outras formas de tutela da *saisine* terão contribuído para a sua extinção durante o século XVI[1708].

V. A *saisine* medieval francesa teve um destino semelhante à *Gewere* do Direito germânico, vindo praticamente a desaparecer na Idade Moderna, por força da romanização que se seguiu. Com esta última, surge a adopção da posse e do seu regime jurídico, com o progressivo estertor da *saisine*, substituída e abandonada como instituto autónomo.

Em todo o caso, um resquício histórico permaneceu no Direito francês e foi colhido no *Code Civil* para significar restritamente a aquisição da posse da herança pelos sucessores, nomeadamente, os herdeiros (art. 724), os legatários universais (Art. 724) e os herdeiros testamentários (art. 1004).

22. A posse no humanismo francês do século XVI (*mos gallicus*)

I. Durante o século XVI, em França, desenvolve-se um movimento intelectual de conhecimento e de pesquisa da antiguidade greco-romana, o

---

[1705] Sublinham-no WARNKÖNIG/WARNKÖNIG, Geschichte der Rechtsquellen und des Privatrechts, em WARNKÖNIG/STEIN, Französische Staats- und Rechtsgeschichte, cit., pág. 315 e BRUNS, Das Recht des Besitzes im Mittelalter und in der Gegenwart, cit., pág. 367.

[1706] GLASSON, "De la possession et des actions possessoires au moyen-âge", cit., pág. 620 e segs.

[1707] PARIEU, Études historiques et critiques sur les actions possessoires, cit., pág. 141 e segs., VIOLLET, Histoire Du Droit Privé Français, cit., pág. 584 e seg.

[1708] PARIEU, Études historiques et critiques sur les actions possessoires, cit., pág. 146.

qual postula o uso correcto do latim (e do grego) e o regresso às fonte originais do Direito romano, como forma de prevenir as interpolações justinianeias, consideradas frequentemente fontes de erro e de inexactidões do verdadeiro Direito romano, o Direito da época clássica e dos seus jurisprudentes.

O humanismo francês, na sua vertente jurídica, também conhecida como *mos gallicus*, por oposição ao *mos italicus* – o Direito leccionado nas universidades italianas debaixo da influência fortíssima da glosa e dos comentadores, defende o ensino do Direito romano clássico, expurgado quer de imprecisões linguísticas, quer das interpolações contidas no *corpus iuris civilis* por obra dos juristas de Justiniano.

O Direito professado pelos juristas franceses do *mos gallicus*, exclusivamente Direito romano, insere-se na ambiência histórica de Roma, dentro da qual vem interpretado, sem quaisquer preocupações de adaptação ao presente e às suas necessidades práticas, o que explica em grande parte a sua contenção às universidades e a preferência da *praxis* pelos juristas do *mos italicus*.

No que respeita à posse, as novidades trazidas pelo *mos gallicus* não são muitas ou não fosse o humanismo francês tributário do Direito romano. Não convém, no entanto, subestimar os seus méritos. A crítica de HUGO DONELLUS (Hugues Donneau) à classificação romana entre posse civil e posse natural prenuncia a sua superação a favor da contraposição entre a posse e a detenção, que ele próprio inaugura. E a clareza da exposição, desde a definição da posse aos seus elementos, merece ser destacada. Tudo isto só se percebe, porém, com um olhar mais detido.

O humanismo francês pode não ter o brilho de outros momentos de fulgor da ciência jurídica, mas este constitui decerto um tempo de grandes vultos do Direito, sobretudo, CUJACIUS (Jacques Cujas) e DONELLUS, mas sem esquecer os precursores do movimento, ANDREAS ALCIATUS (Andrea Alciato), FRANCISCUS DUARENUS (François Douaren) ou FRANCISCUS HOTOMANUS (François Hotman).

No campo estrito da dogmática possessória do *mos gallicus*, o contributo de DONELLUS surge incontornável, pela extensão do tratamento dado à posse e pela qualidade da abordagem, que mereceu inclusive o elogio posterior de SAVIGNY.

II. À etimologia da palavra *possessio* e à estrutura do verbo *possidere* são normalmente dedicados desenvolvimentos generosos na doutrina do *mos gallicus*. Assim, ALCIATUS[1709], HOTOMANUS[1710], DONELLUS[1711], CUJACIUS[1712], CORASIUS[1713], BARO[1714], CONNANUS[1715]. Não vislumbramos, porém, quaisquer progressos na dogmática possessória em virtude dessa maior atenção à origem etimológica da *possessio* e do *possidere* e, por essa razão, não cremos realmente necessário um aprofundamento sobre este ponto.

III. Em DONELLUS[1716] encontra-se uma crítica funda à contraposição romana entre *possessio civilis* e *possessio naturalis*. No seu lugar, esse jurista apresenta uma outra, que vingará nos séculos seguintes, a contraposição entre posse e a detenção[1717]:

"*Tertio modo, ut intelligatur non vera possessio, sed quae abusive ita dicitur, it est detentio eorum, qui rem pro aliena tenet ex iusta caussa*".

Apesar da qualificação de toda a posse em nome de outrem como detenção e, assim, da perspectiva, muito redutora, de recondução da posse somente ao direito de propriedade, que grassa na grande maioria dos humanistas franceses, a classificação ficará para a história e tomará, aos poucos, o lugar daquela que no Direito romano distingue a posse civil da posse natural[1718].

IV. Os juristas humanistas do *mos gallicus*, desde ALCIATUS[1719], acentuam também a existência de dois elementos estruturantes da posse. Quanto a isto não existe, como seria de esperar, qualquer novidade. Ainda assim, a

---

[1709] Opera Omnia, Basilea, 1582, pág. 1412.
[1710] Commentarius verborum iuris, antiquitatum Ro. elementis amplificatus, Basileae, 1558, C, "Possidere".
[1711] Opera Omnia, Commentariorum De Iure Civili, Tomus Primus, 1762, pág. 957 e segs.
[1712] Operum, Tomus Secundus, Napoli, 1722, pág. 472.
[1713] CORASIUS, In aliquot titulos & capita legum Secundi ac tertii tomi Pandectarum (Infortiatum & Digestum nouum uocant) nusquam hactenus editi commentarii, Lugduni, 1566, pág. 267.
[1714] BARO, Ad digesta seu pandectas, Livro VII, Colonia, 1557, pág. 221 e seg.
[1715] Commentarium iuris ciuiles libri derem argumentis tum ante singulorum librorum capita, Hanovia, 1609, pág. 215 e segs.
[1716] Opera Omnia, Commentariorum De Iure Civili, Tomus Primus, cit., pág. 980 e segs.
[1717] Chama a atenção para este ponto, verdadeiramente crucial no desenvolvimento da doutrina possessória, WESENER, Zur Dogmengeschichte des Rechtsbesitzes, cit., pág. 466.
[1718] Como é próprio dos fenómenos evolutivos, mesmo no Direito, a transição para uma nova terminologia demora tempo e introduz, por vezes, combinações variadas, que tomam o antigo e o transportam juntamente com o novo em sínteses que nem sempre são superadoras da situação anterior. Assim, MARANUS, Opera Omnia, pág. 601 fala em "*naturalis detentio*", uma combinação da nova terminologia com um dos termos da anterior classificação dominante da *possessio* (*possessio naturalis*). A verdadeira superação só acontece, porém, quando se deixa cair integralmente a classificação romana que distingue a *possessio civilis* da *possessio naturalis*.
[1719] Opera Omnia, cit., pág. 1412.

terminologia usada nem sempre coincide integralmente com a de outras escolas romanistas, como os glosadores e os comentadores, o mesmo sucedendo com o sentido que atribui a eles, em particular, quanto ao *animus*.

O primeiro elemento da posse no tratamento romanista do *mos gallicus* reside na detenção da coisa. São muito ilustrativas as palavras de DONELLUS[1720]: "*primum in persona possidentis exigimus, ut quis rem teneat, quippe, ut iam diximus, possessio detentio est; et possidere dicitur is, qui naturaliter possessioni insistit (...)*". E também CUJACIUS[1721] explica que "*possessio non potest adquiri sine tactu et corporale apprehensione*"[1722].

A detenção material da coisa, só por si, não tem o valor de posse, nem vem reconhecida como tal, se não for acompanhada da vontade, da intenção, de possuir. Com efeito, para a aquisição da posse não se afigura suficiente o controlo corpóreo da coisa. A posse adquire-se *corpore et animo* ou, nas palavras de CUJACIUS[1723]: "*nam neque corpus nudum, neque nudu animus sufficit ad possessionem adquirendam*". Noutro lugar[1724], o mesmo CUJACIUS reitera: "*possessio non adquiritur nisi duo concurrant, factum, id est, apprehensio, sive occupatio rei corporalis, et animus: corporis factum, et animi affectio*".

Na doutrina dominante do humanismo jurídico francês a dimensão volitiva da posse não se encontra num qualquer *animus possidendi*. Para a larga maioria dos juristas do *mos gallicus*, a intenção reporta-se à propriedade[1725-1726]

[1720] Opera Omnia, Tomus Primus, cit., pág. 959 e seg.

[1721] Operum, Tomus Quintus, Napoli, 1722, pág. 706.

[1722] Cf. também CORASIUS, In aliquot titulos & capita legum Secundi ac tertii tomi Pandectarum (Infortiatum & Digestum nouum uocant) nusquam hactenus editi commentarii, cit., pág. 263 e segs.

[1723] Operum, Tomus Quintus, cit., pág. 706.

[1724] Operum, Tomus Quintus, cit., pág. 694.

[1725] Na doutrina do *mos gallicus*, além dos autores que se citam no texto, ver CORASIUS, In aliquot titulos & capita legum Secundi ac tertii tomi Pandectarum (Infortiatum & Digestum nouum uocant) nusquam hactenus editi commentarii, cit., pág. 264, BARO, Ad digesta seu pandectas, cit., pág. 222 ("*que adfectu dominantis teneri solet*"), DUARENUS, Opera Omnia, Lucae, 1768, pág. 20, CONNANUS, Commentarium iuris ciuiles libri derem argumentis tum ante singulorum librorum capita, cit., pág. 216 e seg., ANTONIUS FABER, Jurisprudentiae Papinianeae scientia, ad ordinem Institutionum imperialium efformata, 1607, pág. 53, HOTOMANUS, Commentarius verborum iuris, antiquitatum Ro. elementis amplificatus, cit. C, "Possidere". Fora do contexto dos autores humanistas, cf. BRUNS, Das Recht des Besitzes im Mittelalter und in der Gegenwart, cit., pág. 368.

[1726] Não se pode dizer, no entanto, que isto seja assim para todos os juristas do *mos gallicus*. Uma minoria de autores, embora com o nome de peso de CUJACIUS, referem o *animus domini* apenas a uma categoria de posse: *a possessio civilis*. Entre eles encontra-se MARANUS, Opera Omnia, cit., pág. 600 e segs. Este autor admite uma *possessio nauralis iusta* ou *iniusta* consoante haja ou não título para a posse e sempre que esta seja afirmada sem *animus domini*, no que se afasta conside-

e a este direito somente[1727]. A esse *animus* aludem como *domini affectu*. DONELLUS[1728] exprime a ideia com a elegância habitual: *"is possidet, qui rem tenet domini affectu, idest qui pro sua, seu tanquam suam tenet, eique ita insistit"*.

Quem não tem a coisa como sua, age para outro, não lhe sendo reconhecida, por isso, a posse: *"qui alieno nomine rem corporale tenet, possident ue, absolute et simpliciter possidere non dicuntur"*, esclarece BARO[1729]. Toda a *possessio pro aliena* se encontra, assim, excluída do âmbito possessório[1730], significando isso, que a posse não se pode exercer relativamente a outros direitos reais menores ou, por maioria de razão, a quaisquer outros direitos, seja qual for a sua natureza.

V. Sobre o objecto da posse os juristas do *mos gallicus* repisam a abordagem clássica romana, partindo da classificação das coisas em corpóreas e incorpóreas, fazendo coincidir estas com os direitos[1731]. As coisas corpóreas constituem o único objecto da posse; relativamente às coisas incorpóreas haverá apenas um *quasi possidere*, que não representa verdadeiramente uma posse.

CUJACIUS[1732] exprime este pensamento de uma forma linear: *"nitio proponitur, res tantum corporales possideri: res incorporales, veluti jura praediorum, vel hominum quasi possideri; non vero possideri recte: quia sub tactum, vel sub sensus non cadunt, et possessio non potest adquiri sine tactu et corporale apprehensione"*.

---

ravelmente da linha central do pensamento do *mos gallicus* nesta matéria. Seja como for, MARANUS, ob. e loc. cit., não considera existirem duas espécies de posse, apenas dois fundamentos distintos para a posse; e a *possessio naturalis* constitui também uma posse, tanto quanto a *possessio civilis*. Nesta parte, há realmente um grande distanciamento entre este autor e a corrente largamente maioritária do humanismo jurídico francês.

[1727] O *animus* de propriedade não deve confundir-se com a convicção de que se é proprietário. DONELLUS (Opera Omnia, Tomus Primus, cit., pág. 961) deixa isto bem claro: *"notandum, non exigere nos ad possessionem, ut quis teneat opinione domini: sed solum ut domini affectu"*. O texto de CUJACIUS, Operum, Tomus Quintus, cit., pág. 693, mostra, todavia, que o ponto não estava isento de controvérsia.

[1728] Opera Omnia, Tomus Primus, cit., pág. 960.

[1729] Ad digesta seu pandectas, cit., pág. 222.

[1730] Cf. também DUARENUS, Opera Omnia, cit., pág. 20, HOTOMANUS, Commentarius verborum iuris, antiquitatum Ro. elementis amplificatus, cit. C, "Possidere".

[1731] Cf., por exemplo, BARO, Ad digesta seu pandectas, cit., pág. 237 e Institutionum, Lutetia, 1562, pág. 88, HOTOMANUS, Commentarius verborum iuris, antiquitatum Ro. elementis amplificatus, cit., C, "Possessio", CONNANUS, Commentarium iuris ciuiles libri derem argumentis tum ante singulorum librorum capita, cit., pág. 191, ANTONIUS FABER, Conjecturarum juris civilis libre XX, Lugduni, 1661, pág. 750, REBUFFUS, Repetitiones Variae, Lugduni, 1600, pág. 304 e segs.

[1732] Operum, Tomus Quintus, cit., pág. 706.

E, noutro lugar[1733], afirma igualmente: *"possidemus rem corporalem, ut fundum, quasi possidemus rem incorporalem, veluti usumfructum"*.

DONELLUS[1734] imprime ainda mais firmeza na afirmação da regra: *"in re possessa exigimus primum, ut res sit corporalis. Quod non tam iure, quam natura possessionis ita cogente efficitur. Sola enim corporalia, ut tangi, ita et tenere possunt (...) Incorporalium contraria de caussa nula possessio est, et servitutum. Ideo nec servitutes usucapi possunt"*.

No pensamento jurídico do *mos gallicus* unicamente as coisas corpóreas podem ser possuídas, *"quia res incorporales non possidentur"*[1735], ou, nas palavras de DUARENUS[1736], *"non possunt enim possideri, cum res sint incorporales"*. Os direitos, enquanto coisas incorpóreas, estão excluídos da posse, podendo falar-se apenas quanto a eles de um *"quasi possideri"*[1737].

O fundamento desta doutrina liga-se aos elementos da posse, em particular, ao *corpus* possessório. Os direitos não podem ser tocados, quer dizer, a apreensão material, a detenção, não se afigura possível quanto a eles e, sem essa apreensão corpórea, não existe posse.

VI. No tratamento dogmático do *mos gallicus* a posse tem um âmbito muito reduzido, menor inclusive do que aquele com que se depara no Direito romano clássico, que admite a posse do precarista, do credor pignoratício e do *sequester*[1738].

Na verdade, segundo a doutrina jurídica do humanismo francês a posse pode ser referida unicamente ao direito de propriedade. A apreensão física da coisa nos termos de outro direito, qualquer que seja a sua natureza, constitui uma posse por conta de outrem e quem não tem coisa para si, como proprietário, não ostenta a qualidade de possuidor, sendo apenas detentor.

Esta construção assenta, desde logo, na delimitação do *animus* possessório, que não aparece caracterizado simplesmente como *animus possidendi*, mas muito mais restritamente como *domini affectu*. Quem não detém a coisa *pro suo*, mas *pro aliena*, está afastada da posse.

[1733] Operum, Tomus Quartus, Napoli, 1722, pág. 70.
[1734] Opera Omnia, Tomus Primus, cit., pág. 962.
[1735] DONELUS, Commentarii Ad Codicis Iustinianis, Partes Eas quas sequens pagina indicabit, ex Office Plantiniana, apud Franciscum Raphelengium, 1587, pág. 274.
[1736] Opera Omnia, cit., pág. 30.
[1737] Cf. também ANTONIUS FABER, Codex Fabrianus Definitionum, Lugduni, 1661 pág. 754 e REBUFFUS, Repetitiones Variae, cit., pág. 304 e segs.
[1738] Cf. *supra* no texto.

A teorização do *mos gallicus* não distingue entre os direitos reais menores e os outros direitos não reais. O critério, sempre o mesmo, afere a posse à manifestação da propriedade; nos outros casos, há uma *quasi possessio*, que não é posse, mas sim detenção. Para expressar esta ideia, Cujacius[1739] começa por relembrar um traço muito antigo do pensamento romano pré-clássico: *"possessio est usus"*. E, mais à frente[1740], *"possessio est dominium usus (...) possessio autem dicta est* à sedibus quasi possessio". Para este jurista[1741], *"nec enim est possessio qui communiter dicitur usus (...) ut servitus usus, vel ususfructus, vel conductio, commodatum, precarium, sed detentio (...)".*

Donellus[1742] ensina:

"Declaratur hoc exemplo eorum omnium, qui rem aliquam etiam iusta ex caussa tenent, non tamen ut suam: sed ut in aliena versantur. In quo numero sunt colonus, inquilinus, creditor in pignore, fructuarius, item qui in possessionem a magistratu missi sunt, item filius familias, et servus". Quem tem coisa em seu poder por conta de outrem, podendo embora ter uma justa causa, não age quanto a ela como se fosse sua; logo, não tem posse nem pode usucapir o direito[1743].

O mesmo discurso vem repetido por Donellus[1744] no quadro dos direitos pessoais de gozo (embora naturalmente o autor nunca faça menção explícita a esta categoria): *"is possessionem inuadit, qui ipse non possidens rem, quae ab alio possidetur, occupat. Qui autem possidet, et rem quae corpore ab alio detinetur, occupat, is detentionem inuadere dici potest; possessionem non potest; sed magis possessionem, quae apud se fuit, retinere (...) Nam neque depositarius, neque commodatarius, neque colonus, aut inquilinus possident; sed dominus per eos. § possidere"*.

Também Alciatus[1745], contrapondo a posição do depositário, do colono, do inquilino e do usufrutuário, reserva para estes a posição que corresponde a um *naturaliter possidere*, porquanto *"dominus verò ipse verus est possessor"*, uma doutrina quase pacífica no humanismo jurídico francês[1746], com a excepção conhecida de Maranus[1747].

[1739] Operum, Tomus Secundus, cit., pág. 472.
[1740] Idem.
[1741] Operum, Tomus Secundus, cit., pág. 472.
[1742] Opera Omnia, Tomus Primus, cit., pág. 960.
[1743] Donellus, Opera Omnia, Tomus Primus, cit., pág. 960 e segs.
[1744] Donellus, Commentarii Ad Codicis Iustinianis, cit., pág. 273.
[1745] Opera Omnia, cit., pág. 1419.
[1746] Cf. igualmente Hotomanus, Commentarius verborum iuris, antiquitatum Ro. elementis amplificatus, cit. C, "Possidere", Connanus, Commentarium iuris ciuiles libri derem argumentis tum ante singulorum librorum capita, cit., pág. 216, pág. 223, pág. 226.
[1747] Opera Omnia, cit., pág. 607 e segs. e pág. 614. Maranus afirma peremptoriamente: *"fructuarius possidet"* (pág. 607). A sua posse, todavia, consiste numa posse natural, uma vez que para a

O comodatário, o depositário ou o inquilino ostentam a coisa por conta do proprietário e não como coisa sua; logo, o proprietário tem a posse, enquanto os outros permanecem numa situação simples de detenção[1748]. CONNANUS[1749] deixa claro: *"fructuarius aut colonus aut seruus detinent, non possident"*[1750]. Por esta razão, a entrega a coisa não tem nestes casos a virtualidade da transferência da posse pelo proprietário, com a consequente perda da mesma. DONELLUS[1751] explica isto de forma límpida: *"si quis rem tradit ex locati, commodati, aut depositi caussa: is possessioni non amittit, quia non id agit, ut possessionem in conductorem, commodatarium aut depositarium transferat, ipse deferat: sed magis ut per eos retineat, qui, ut in re nostra versantur, non ut in sua; quod non est possessorum"*.

Nesta construção dogmática, somente se pode falar de posse nos termos do direito de propriedade, ainda que alguém beneficie de um título de constituição de um outro direito, que tal direito seja um direito real e retenha a coisa.

Pode compreender-se, assim, como o pensamento jurídico do *mos gallicus* se apresenta impermeável a qualquer influência do Direito canónico e naturalmente também do Direito germânico da *Gewere* ou da *saisine*, mantendo a orientação clássica do Direito romano, embora sem deixar de apresentar algumas pequenas divergências com ele.

VII. Numa construção dogmática onde apenas existe espaço para a posse referida à propriedade, ou nos termos desta, não se concebe uma pluralidade de posses sobre mesma coisa, uma situação na qual o mesmo objecto serve várias posses simultaneamente, todas elas reportadas a direitos diversos. Era assim, maioritariamente, o pensamento dos juristas da época clássica romana e os cultores do *mos gallicus* não vislumbram razões para se

---

posse civil se requer o *animus domini*. E embora MARANUS mencione a *pars dominii* para o usufruto, não chega ao ponto de qualificar a posse do usufrutuário como *possessio civilis*. Também para o comodatário e o locatário MARANUS, Opera Omnia, cit., pág. 614, contradizendo a doutrina dominante do *mos gallicus*, sustenta que possuem, embora o negue para o credor pignoratício e para o depositário, com o argumento de que posse é uso e o credor pignoratício não o tem.

[1748] CORASIUS, In aliquot titulos & capita legum Secundi ac tertii tomi Pandectarum (Infortiatum & Digestum nouum uocant) nusquam hactenus editi commentarii, cit., pág. 261, afirma igualmente: *"commodatarius non possidet; non item conductor, seu colonus"*.

[1749] Commentarium iuris ciuiles libri derem argumentis tum ante singulorum librorum capita, cit., pág. 233.

[1750] E o mesmo afirma, mais à frente, para a locação. Apenas o locador tem a posse da coisa locada, não o inquilino. Cf. CONNANUS, Commentarium iuris ciuiles libri derem argumentis tum ante singulorum librorum capita, cit., pág. 235.

[1751] Opera Omnia, Tomus Primus, cit., pág. 1032.

distanciarem deste ensinamento. Em vários lugares os jurisprudentes do humanismo jurídico francês reafirmam a máxima romana: *"duos in solidum esse non posse"*[1752]. CORASIUS[1753] vinca-o bem: *"quum unam rem duo nequeant pro solido possidere"*.

No sentido contrário, apenas se viria a pronunciar MARANUS[1754], uma posição praticamente isolada na dogmática do humanismo francês do seu tempo, apesar da bondade da argumentação expendida.

23. A posse na Alemanha dos séculos XVI, XVII e XVIII

I. A doutrina alemã do século XVI sobre a posse não se distingue verdadeiramente em coisa nenhuma do tratamento italiano da matéria[1755]. No final do século, porém, começa a sentir igualmente a influência da doutrina francesa do *mos gallicus*[1756].

Uma dogmática própria da posse terá de esperar, porém, pelos séculos seguintes, e isto apesar das obras de TENGLER[1757] e BRAND versarem sobre a violação da posse com ponderação unicamente do Direito romano, uma vez que não se crê que hajam influenciado a prática forense, atida sempre aos ensinamentos da escola italiana da glosa e dos comentadores[1758].

Neste quadro, julgamos preferível desenvolver o período seguinte, dos séculos XVII e XVIII, no qual germina verdadeiramente, e aos poucos, uma doutrina alemã sobre a posse, por contraposição ao quadro dominante de influência italiana (e francesa) sobre aquela que no século XVI e que se estende à prática judicial.

II. No espaço jurídico alemão, os séculos XVII e XVIII trazem algumas novidades[1759]. Para começar, entra em cena o tratamento monográfico da

---

[1752] CUJACIUS, Operum, Tomus Secundus, cit., pág. 472, ALCIATUS, Opera Omnia, cit., pág. 1418, BARO, Ad digesta seu pandectas, cit., pág. 223, DUARENUS, Opera Omnia, cit., pág. 20, HOTOMANUS, Commentarius verborum iuris, antiquitatum Ro. elementis amplificatus, cit. C, "Possidere", CONTIUS, I. C. celeberrimi: ad VIII. titulos libri VII. Codicis Materiam Praescriptionum Continentes, Spirae Nemetum, 1595, pág. 46,
[1753] CORASIUS, In aliquot titulos & capita legum Secundi ac tertii tomi Pandectarum (Infortiatum & Digestum nouum uocant) nusquam hactenus editi commentarii, cit., pág. 264.
[1754] Opera Omnia, cit., pág. 616.
[1755] Em geral, cf. BRUNS, Das Recht des Besitzes im Mittelalter und in der Gegenwart, cit., pág. 373 e segs.
[1756] BRUNS, Das Recht des Besitzes im Mittelalter und in der Gegenwart, cit., pág. 374.
[1757] Layen Spiegel, 1536.
[1758] BRUNS, Das Recht des Besitzes im Mittelalter und in der Gegenwart, cit., pág. 374.
[1759] Como sempre, cf. o contributo imprescindível de BRUNS, Das Recht des Besitzes im Mittelalter und in der Gegenwart, cit., pág. 384 e segs.

posse em obras específicas sobre o tema[1760], as quais passam a concorrer com os trabalhos dogmáticos, longos e pesados, sobre o Digesto, nos quais se encontra ainda a abordagem tradicional da posse[1761]. Embora inicialmente limitadas a alguns aspectos do regime jurídico, como a natureza ou a aquisição da posse, essas obras comportam, em todo o caso, uma abordagem inovadora do instituto.

A inovação não se encontra tanto nos resultados da investigação, infelizmente, não muito ricos e tributários ainda dos velhos conceitos e classificações da romanística dos séculos anteriores, sobretudo, a italiana. Ela decorre, fundamentalmente, do intuito sistematizador da posse, numa nova onda metodológica que se vislumbra começar a preocupar os estudiosos do Direito.

O afloramento de um pensamento sistemático[1762], presente de forma explícita na obra de SPANGENBERG[1763], ainda que naturalmente de uma forma muito incipiente, projecta-se a dois níveis: um primeiro, de ordenação interna do instituto; e um segundo, de colocação da posse no âmbito dos *ius in re* e do ordenamento jurídico em geral[1764]. Naturalmente, este segundo nível de sistematização da posse só faz sentido quando se entende a mesma como um direito e não como um facto, o que explica que só alguns autores a levem a cabo[1765] e outros não o façam, mesmo que manifestem propósitos sistematizadores.

Até à época do estudo monográfico de THIBAUT[1766], que, não obstante datado do início do século XIX, se integra indiscutivelmente na dogmática possessória do século antecedente, salientam-se, em particular, as obras de

---

[1760] BRUNS, Das Recht des Besitzes im Mittelalter und in der Gegenwart, cit., pág. 384.

[1761] Seria inexacto referir este despoletar do tratamento monográfico da posse apenas à doutrina alemã. Também em outros quadrantes surgem neste período obras sobre a posse, em particular, a do italiano CESARE ARGELO, De Acquirenda Possessione, Roma, 1624, ou do holandês ANGELUS JACOBUS CUPERUS, Observationes selectae de natura possessionis, Jena, 1804 (referida à dogmática possessória dos séculos anteriores). Contudo, a explosão do tratamento monográfico da posse dá-se realmente no território alemão e não em qualquer outro lado.

[1762] A preocupação sistematizadora não nasce em tema de posse nem por causa deste instituto, inserindo-se antes num movimento geral que atravessa o Direito Civil na dogmática alemã dos séculos XVII e XVIII.

[1763] Versuch einer Systematischen Darstellung der Lehre vom Besitz, Bayreuth, 1794.

[1764] Relativamente a este aspecto, destaque-se HAHN, De Iure Rerum Et Juris In Re Speciebus, Halmstadt, 1647.

[1765] Sobre o ponto, cf. adiante no texto.

[1766] Ueber Besitz und Verjährung, cit.

MINDANI[1767], GABLER[1768], BICCIO[1769], SCHRÖTER[1770], STRYK[1771], SLEVOGT[1772], FRIESEN[1773], ALEF[1774], RIVINUS[1775], SPANGENBERG[1776], ZIEGENHORN[1777], FLECK[1778] e SIBETH[1779]. Há, ainda, obras sobre temas específicos da posse e numerosas outras dissertações universitárias em tema geral de posse.

Nem todas estas obras têm idêntico peso científico e a relevância dos autores respectivos não pode ser medida por igual. Seja como for, este elenco mostra uma orientação científica dirigida especificamente ao instituto possessório, fora, pois, do enquadramento tradicional do comentário ao *Corpus Iuris Civilis* ou a alguma das suas partes. E nisto reside uma nota distintiva da abordagem científica da posse na Alemanha dos séculos XVII e XVIII, que preparará a entrada em cena das grandes obras do século XIX, de SAVIGNY, primeiro, e de JHERING, posteriormente.

III. Na busca de uma definição para a posse, os autores germânicos deste período não se afastam em muitos aspectos do enquadramento fornecido pelas abordagens tradicionais, italiana e francesa, e mostram-se inclusivamente condicionados por elas. No meio do intrincado de posições diversas, um dos autores do princípio do século XVII, MINDANI[1780], chega mesmo a confessar-se perplexo perante a obscuridade do tema, enquanto outro, CLUDIUS[1781], realça a frequência, recorrente, da controvérsia que o rodeia. É ponto repetido pelos autores do tempo[1782].

[1767] De Cavsa Et Materia Possessionis Commentarius perspicuus: Ad Tit. De Acqvirenda Vel Amittenda posseßione, Frankfurt, 1600.
[1768] De Possessione, Basel, 1630.
[1769] Commentatio Ad L. Possideri. 3. §. Ex contrario. 5. ff. de acquir. vel. amitt. possessi: In qua De Possessione Duorum Pluriumve Unius Ejusdemque Rei Disseritur, Argentorati, 1645.
[1770] De Essentia Possessionis, Jena, 1653.
[1771] Disputatio Juridica de Possessione Instrumentali, Frankfurt, 1700.
[1772] De possessione non transeunte, Jenae, 1707.
[1773] De Genuina Possessionis Indole, Ienae, 1725.
[1774] De Vera Possessionis Indole, Heidelberg, 1743.
[1775] De eurematicis in materia possessionis et compossessionis, Wittenberg, 1743.
[1776] Versuch einer Systematischen Darstellung der Lehre vom Besitz, cit.
[1777] Iuris Civilis Romani De Possessione, Ienae, 1734.
[1778] Hermeneutices tituli pandectarum. De adquirenda vel amittenda possessione, Lipsiae, 1796.
[1779] Erörterungen aus der Lehre vom Besitz, Stiller, 1800 e Versuche ueber den Quasi-Besitz, Halle, 1806.
[1780] De Cavsa Et Materia Possessionis, cit., pág. 2 e seg.
[1781] Res quotidianae, 1620, pág. 17.
[1782] OBRECHT, Disputationes, 1603, pág. 517, SCHRÖETER, De Essentia Possessionis, cit., pág. 1, LEYSER, Meditationes ad Pandectas, Quibus Praecipua Juris Capita Ex Antiquitate Explican-

A velha contraposição entre a visão da posse como um facto, que os cultores do *mos gallicus* haviam renovado no século XVI, e a afirmação da posse como um direito, não deixa de dominar as abordagens científicas deste período, até porque o marco de partida, as posições da glosa e de comentadores como BARTOLO, obriga a isso. Observa BRUNS[1783], que os autores alemães do início do século XVII tendem a defender ser a posse um facto[1784]; contudo, essa doutrina será em grande parte contrariada durante o mesmo século, não obstante, no século seguinte[1785] e início do século XIX, os cultores do tema voltarem à perspectiva da posse como um facto, num movimento elucidativo das contradições a que se assiste neste tema, que são uma constante na história.

Logo no início do século XVII, MINDANI[1786] define a posse deste modo: *"possessio est rei detentio"*; mas acrescenta logo de seguida, envolvendo o tradicional elemento subjectivo, que a posse verdadeira e própria cabe unicamente a quem *"affectionem tenendi habent"*[1787]. Muito próximo, ZIEGENHORN[1788] diz ser a posse *"detentio rei corporalis"*[1789]. OBRECHT[1790], por sua vez, apresenta a seguinte definição de posse: *"possessionem esse detentionem rei vacuae, in commercio existentis, cum animo sibi habendi"*. Este autor está no campo daqueles que entendem a posse como um facto[1791]. Cludius[1792] não oferece nenhuma noção de posse, mas afirma convictamente que se trata de um facto (*"quia possessio facti est"*). Já para TREUTLER[1793] *"possession in genere est detentio rei corporalis animo affectione domino concurrente"* e ela constitui igualmente, no seu parecer, um mero facto.

---

tur Cum Juribus Recentioribus Conferuntur Atque Variis Celebrium Colegiorum Responsis Et Rebus Ivdicatis Illustrantur, Volumen VII, Halae, 1772, pág. 96.
[1783] Das Recht des Besitzes im Mittelalter und in der Gegenwart, cit., pág. 385.
[1784] Não o confirmámos na nossa investigação, parecendo-nos antes que a doutrina do século XVII estava bem dividida sobre o tema.
[1785] De um modo elucidativo, cf. COCCEJI, Jus Civile Controversum, Francofurti Et Lipsiae, 1740, pág. 119 e segs. e COCCEJI, Jus Civile Controversum, Pars II, Francofurti, 1727, pág. 437 e segs.
[1786] De Cavsa Et Materia Possessionis, cit., pág. 9.
[1787] De Cavsa Et Materia Possessionis, cit., pág. 10.
[1788] Iuris Civilis Romani De Possessione, cit., pág. 10.
[1789] Com *animo possidendi*. O autor integra a corrente dos que entendem a posse como mero facto. Cf. Iuris Civilis Romani De Possessione, cit., pág. 7 e 25.
[1790] Disputationes, cit, pág. 520.
[1791] OBRECHT, Disputationes, cit., pág. 521.
[1792] Res quotidianae, cit., pág. 60.
[1793] Selectarum disputationum ad jus civile Justinianaeum, Volume II, 1628, pág. 179.

No campo oposto, durante o século XVII, na defesa da doutrina de que a posse consiste num direito e não num mero facto, Giphanii[1794] afirma: *"possessio non tantum corporis et factis; sed etiam juris esse"*; Bachovii[1795] sustenta peremptoriamente que *"verissima haec sententia est, quod possessio potestate juris"* e Schröter[1796] remata: *"possessio est jus insistendi rei vacuae"*. Hahn[1797] irá, contudo, mais longe, sistematizando a posse como um *ius in re*, ao lado dos outros indicados[1798-1799]. Depois de mostrar concordância com o postulado de Bachovii – a *possessio* constitui *"jus seu facultas corporaliter rei insistendi"*, assentando numa detenção, a que deve acrescer o *animo sibi*

[1794] In Quator Libros Institutionum Iuris Civilis Iustiniani Principis, Commentarius Absolutissimus, 1629, pág. 203.

[1795] Notae et animadversiones ad disputationes Hieronymi Trevtleri, Coloniae Agripinae, Volume II, Pars Prior, 1688, Disputatio XII, pág. 353 e Notae et animadversiones ad disputationes Hieronymi Trevtleri, Coloniae Agripinae, Volume II, Pars Posterior, 1688, Disputatio XXI, pág. 119 e segs.

[1796] De Essentia Possessionis, cit., III.

[1797] De Iure Rerum Et Juris In Re Speciebus, cit., LVII.

[1798] Esta posição seria criticada por uns e seguida por outros. Contra, negando a natureza de direito real à posse e conferindo unicamente esta natureza à propriedade, Born, De Jure In Re Actiones Reales Producente, Lipsiae, 1704, pág. 12 e segs.; Friesen, De Genuina Possessionis Indole, cit., pág. 2 e segs, especialmente, pág. 4, onde o autor defende ser a posse um terceiro género de direitos dentro da divisão correspondente ao *jus rerum*, não um *ius in re* ou um *ius ad rem*; igualmente, mas invocando simplesmente a natureza da posse como facto, e não como direito, Heinecii, Recitationes In Elementa Juris Civilis Secundum Ordinem Institutionum, Tomus I, Bassani, 1838, pág. 281 e seg.; em sentido favorável, Struvii, Annotationes Succinctae, Frankfurt, 1816, pág. 160 e 167 e segs., Schaumburg, Compendium Iuris Digestorum, volume I, Editio Secunda, Jenae, 1751, pág. 68, Lauterbachs, Collegii theorico-practici a Libro Trigesimo Nono Pandectarum, cit., pág. 239, Wieling, (Wielingii), Repetitio institutionum iuris civilis, Lispiae, 1781, pág. 65. Considerando não poder dizer-se ser a posse um *ius in re* ou um *ius ad rem*, cf. Huber, Digressiones Justinianeae, Franequerae, 1677, pág. 295 e seg., Cocceji, Jus Civile Controversum, cit., pág. 119 e segs. Em Hahn, De Iure Rerum Et Juris In Re Speciebus, cit., XIV, pode confrontar-se a posição de vários autores sobre o tema. Cf. ainda Bruns, Das Recht des Besitzes im Mittelalter und in der Gegenwart, cit., pág. 386.

[1799] Alguns autores afirmam ser a posse um direito especial entre os *jura in re* e os *jura ad rem* (ou além destes). Assim, cf. Friesen, De Genuina Possessionis Indole, cit., pág. 1 e segs., Nettelbladt, Nova Introductio In Iurisprudentiam Positivam Germanorum Communem, 1772, pág. 717 e segs., Höpfner, Theoretisch practischer Commentar über die Heineccischen Institutionen, Frankfurt, 1803, pág. 282 e segs. Huber, Digressiones Justinianeae, cit., pág. 295 nega à posse a natureza de *ius in re* ou *ad rem*, mas não adianta nada sobre a sua natureza. Cocceji, Jus Civile Controversum, cit., pág. 119 e segs., explica ser a posse um facto e não um direito e não pertencer, por isso, nem à categoria dos *ius in re* nem à categoria dos *ius ad rem*.

habendi[1800] – HAHN[1801] define posse como *"jus in re constitutum insistendi rei corporali cum affectione sibi habendi"*. Neste sentido pronuncia-se igualmente GABLER[1802].

A estruturação da posse nos dois elementos habituais, um objectivo, a detenção da coisa, e outro subjectivo, o *animus*, não representa naturalmente qualquer novidade da doutrina possessória germânica dos séculos XVII e XVIII. No entanto, a formulação do elemento intencional da posse como *animus sibi habendi*[1803], comum à quase totalidade dos autores germânicos deste século[1804], marca uma ideia de que a posse transcende a propriedade e se alarga a outros direitos. O *animus* não se deve confundir com a *opinione domini*, alerta BACHOVII[1805]. E, com efeito, a *"affectionem tenendi habent"*, de que fala MINDANI[1806], ou a *"affectione possidendi"* mencionada por GABLER[1807], significa uma coisa diversa da *"affectio dominii"*, a exteriorização de um direito em nome próprio, que não tem de ser a propriedade, podendo ser outro *ius in re* ou mesmo um direito com diferente natureza[1808-1809].

No segundo quartel do século XVIII, HEINECCII[1810] sustenta que *"possessio est detentio rei corporalis com animo sibi habendi"*. Aquele que não exerce *"iure in re"* ou *"iure ad rem"* com *animus sibi habendi* não tem a posse, mas somente uma nua detenção[1811].

HOFACKER[1812], por seu lado, descreve a posse como *"detentio rei corporalis in commercio existentis coniuncta cum animo detinendi"* e deixa claro que a

---

[1800] HAHN, De Iure Rerum Et Juris In Re Speciebus, cit., LIX.

[1801] De Iure Rerum Et Juris In Re Speciebus, cit., LX.

[1802] De Possessione, cit., XXXII.

[1803] Na quase totalidade dos autores deste período. Para além dos autores citados no texto, vejam-se ainda GABLER, De Possessione, cit., II.

[1804] No entanto, reconduzindo o elemento voluntário ao *animus domini*, pode ver-se TREUTLER, Selectarum disputationum ad jus civile Justinianaeum, cit., pág. 179.

[1805] Notae et animadversiones ad disputationes Hieronymi Trevtleri, Volume II, Pars Posterior, cit., pág. 122.

[1806] De Cavsa Et Materia Possessionis, cit., pág. 9.

[1807] De Possessione, cit., II. Clarifiquemos, porém, que GABLER não usa esta expressão para descrever o elemento subjectivo da posse, referindo antes o *animo sibi possidendi*, como a generalidade dos civilistas alemães do século XVII.

[1808] Cf. *infra* neste número.

[1809] Cf. sobre o ponto as importantes considerações de BACHOVII, Notae et animadversiones ad disputationes Hieronymi Trevtleri, Coloniae Agripinae, Volume II, Pars Posterior, cit., pág. 122.

[1810] Citamos uma edição tardia de Elementa Iuris Civilis Secundum Ordinem Institutionum, Editio Quarta, Goettingae, 1796, pág. 104.

[1811] HEINECCII, Elementa Iuris Civilis Secundum Ordinem Institutionum, cit., pág. 104.

[1812] Principia Iuris Civilis Romano-Germanici, Tomo II, 1794, pág. 35.

possessio "facti est"[1813-1814]. No final do século XVIII, SPANGENBERG[1815] dirá que a *possessio "est detentio alicuius rei cum animo sibi habendi"*, sintetizando praticamente dois séculos de discussão possessória.

As formulações de outros autores não se afastam, no essencial, do significado veiculado por aqueles dois pesos-pesados da doutrina germânica do século XVIII. E, no seguimento de um século rico de contributos e no início do seguinte, THIBAUT[1816] descreverá a posse como uma situação de facto protegida pelo Direito e a advertirá o jurista para reconhecer somente a posse quando, ao controlo material da coisa, a *detentio rei*, acrescer a vontade de ter posse, que refere como *animus detenendi*[1817].

Não se suponha, porém, um pensamento unitário nesta matéria. ALEF[1818], em estudo sobre a natureza da posse, insiste na ideia de que a *possessio* constitui o exercício da propriedade (*"purum dominii exercitium"*), no qual residiria, de resto, a sua origem histórica. Segundo ele[1819], a *possessio* consiste em *"detentio rei, animo habendi, ùt suam"* e, enquanto tal, *"sit quid puri facti"*[1820], um ponto no qual, como se foi vendo, os autores do século XVIII germânico tendem a concordar em maioria[1821].

IV. No período histórico considerado do Direito germânico a posse vem afirmada somente no que toca às coisas corpóreas, as quais, por sua vez, vêm contrapostas às coisas incorpóreas nos termos já conhecidos nos séculos anteriores e que são colhidos das fontes romanas[1822].

Na dogmática do tempo relativa à classificação que divide as coisas em corpóreas e incorpóreas, um dos vultos jurídicos do século XVIII, HOFACKER[1823], explica que *"res corporales sunt quae natura sua tangit possunt, vel in*

[1813] HOFACKER, Principia Iuris Civilis Romano-Germanici, cit., pág. 35.
[1814] Aspecto que evidentemente continua controverso durante este século. Uma opinião contrária, no século XVIII, qualificando a posse como direito, pode conferir-se em BÖHMER, Introductio In Ius Digestorum, cit., pág. 865: *"possessio est ius insistendi rei exercitiumque eius habendi cum animo sibi & suo nomine possidendi"*.
[1815] Versuch einer Systematischen Darstellung der Lehre vom Besitz, cit., no Prefácio da obra.
[1816] Ueber Besitz und Verjährung, cit., pág. 4.
[1817] THIBAUT, Ueber Besitz und Verjährung, cit., pág. 5.
[1818] De Vera Possessionis Indole, cit., pág. 5.
[1819] ALEF, De Vera Possessionis Indole, cit., pág. 4.
[1820] ALEF, De Vera Possessionis Indole, cit., pág. 5.
[1821] No sentido da posse ser tanto facto como direito no século XVIII germânico, cf. SCHAUMBURG, Compendium Juris Digestorum, cit.
[1822] WESTPHALS, System des römischen Rechts über die Arten der Sachen, Besitz, Eigenthum, und Verjährung, Leipsig, 1788, pág. 47 e segs.
[1823] Principia Iuris Civilis Romano-Germanici, cit., pág. 3.

sensus externos incurrunt", podendo ser móveis ou imóveis. Por sua vez, *"res incorporales sunt, quae tangit nequeunt vel in sensus externos non incurrunt licet earum subiecta forte res corporales sint. Ideo vero, quod non sensu, sed intellectu tantum comprehenduntur, in iure consistir dicuntur"*[1824]. Estes ensinamentos repetem-se em outros autores[1825] e formam uma corrente largamente maioritária[1826]. MOGEN[1827], por exemplo, repete a mencionada doutrina estóica: *"sunt corpora, quae tangit possunt"*, enquanto são coisas incorpóreas, *"qude solius intellectus ope cognoscentur"*[1828].

A posse de coisas incorpóreas entende-se unicamente num sentido impróprio, fictício, interpretativo ou por analogia, como *quasi possessio*, não consistindo, pois, numa verdadeira posse, uma posse em sentido próprio, como os autores desta época gostam de dizer.

Não obstante se poder detectar neste período do Direito germânico o gérmen superador da clássica distinção romana entre a *possessio* e a *quasi possessio*, patente em autores como SPANGENBERG[1829], ALEF[1830] ou TITIUS[1831], ela mantém-se ainda assim com grande vigor nos autores deste tempo, sempre assente na ideia tradicional, segundo a qual, a posse propriamente dita se reporta somente às coisas corpóreas e apenas por ficção, por via interpretativa ou por analogia se estende às coisas incorpóreas, entendidas basicamente como direitos[1832].

[1824] HOFACKER, Principia Iuris Civilis Romano-Germanici, cit., pág. 5.
[1825] Cf., em particular, HEINECII, Recitationes In Elementa Juris Civilis Secundum Ordinem Institutionum, cit., pág. 312 e segs.
[1826] Polémica, contudo, seria a doutrina de WESENBECII, Commentarii in Pandectas Juris Civilis Et Codicem Justinianeum olim dicti Paratitla, pág. 33 e seg., segundo o qual, as coisas incorpóreas seriam razão e não bens apreensíveis pelo intelecto, conforme, aliás, a interpretação de BACHOVII, que anota o Comentário na mesma página. Esta posição de WESENBECII seria sujeita à crítica severa de HUBER, Digressiones Justinianeae, cit., pág. 260 e segs., que defende o ponto de vista estóico dominante.
[1827] Commentatio juridica de vera ac genuina rerum mobilium et immobilium indole, secundum diversa juris Romani et Germanici principia, Gissae, 1760, pág. 2 e seg.
[1828] MOGEN, Commentatio juridica de vera ac genuina rerum mobilium et immobilium indole, secundum diversa juris Romani et Germanici principia, cit., pág. 2.
[1829] Versuch einer Systematischen Darstellung der Lehre vom Besitz, cit., pág. 38 e segs. O qual, no entanto, persiste no tratamento separado da *quasi possessio*.
[1830] De Vera Possessionis Indole, cit., pág. 12. ALEF fala em posse verdadeira e *"quasi talem"*, que englobaria as coisas incorpóreas.
[1831] Observationum Ratiocinantium in compendium Iuris Lauterbachianum Centuriae quindecim, 1717, pág. 676 e segs.
[1832] Para além dos autores referidos neste ponto, cf. ainda SCHAUMBURG, Compendium Iuris Digestorum, volume I, cit., pág. 73 e seg., HEINECII, Elementa Iuris Civilis Secundum Ordinem

Nesta ordem de ideias, lê-se em MINDANI[1833]: *"possessio duplex est. Propria vel quasi, siue impropria. Propria est rei corporalis detentio (...) Impropria vel quasi possessio est rerum incorporalium detentio"*[1834]. Como de costume, a explicação para isto surge clara e sem sofismas: *"propriè enim incorporalia non possidentur"*[1835]. A explicação repete-se praticamente em todos os tratadistas germânicos da posse dos séculos XVII e XVIII, tornando desnecessário o elenco de todos eles[1836]. De modo ilustrativo, GABLER[1837] afirma que *"servitutes et jura incorporalia non possidentur propriè (...) possessio est actus corporalis"*. SCHRÖTER[1838] vinca bem que *"intelligenda veniat res corporalis, quae propriè possideri potest. Incorporalis verò qualis est servitus propriè non possidetur"*. NETTELBLADT[1839] insiste que *"possideri possunt quae sunt corporalia"*, dizendo de seguida que *"indeque incorporalia quidem possideri nequeunt"*[1840].

Institutionum, cit., pág. 105 e Recitationes In Elementa Juris Civilis Secundum Ordinem Institutionum, cit., pág. 312 e segs., BÖHMER, Introductio In Ius Digestorum, cit., pág. 55 e seg. e 864 e seg., LAUTERBACHS, Collegii theorico-practici a Libro Trigesimo Nono Pandectarum, cit., pág. 237 e seg., HÖPFNER, Theoretisch practischer Commentar über die Heineccischen Institutionen, cit., pág. 289, WIELING, Repetitio institutionum iuris civilis, cit., pág. 67, OBRECHT, Disputationes, cit, 65 e 66, pág. 520, BACHOVII, Notae et animadversiones ad disputationes Hieronymi Trevtleri, Coloniae Agripinae, Volume II, Pars Posterior, cit., pág. 129 e segs. Para um maior desenvolvimento no campo da doutrina possessória, cf. SIEBETH, Versuche ueber den Quasi-Besitz, cit., pág. 5 e segs., STRYK, Disputatio Juridica de Possessione Instrumentali, cit., pág. 9, ZIEGENHORN, Iuris Civilis Romani De Possessione, cit., pág. 8.

[1833] De Cavsa Et Materia Possessionis, cit., pág. 10.

[1834] De Cavsa Et Materia Possessionis, cit., pág. 11.

[1835] MINDANI, De Cavsa Et Materia Possessionis, cit., pág. 11, HEINECII, Recitationes In Elementa Juris Civilis Secundum Ordinem Institutionum, cit., pág. 313.

[1836] Cf. ZIEGENHORN, Iuris Civilis Romani De Possessione, cit, § 14, pág. 7, ALEF, De Vera Possessionis Indole, cit., 11., pág. 12, STRYK, Disputatio Juridica de Possessione Instrumentali, cit., pág. 9 e seg., SIBETH, Versuche ueber den Quasi-Besitz, cit., pág. 4 e segs., BICCIO, Commentatio Ad L. Possideri. 3. §. Ex contrario. 5. ff. de acquir. vel. amitt. possessi: In qua De Possessione Duorum Pluriumve Unius Ejusdemque Rei Disseritur, cit., pág. 22. Por sua vez, SPANGENBERG, Versuch einer Systematischen Darstellung der Lehre vom Besitz, cit., pág. 38 e segs. e 151 e segs., tratando embora separadamente a *possessio* e a *quasi possessio* defende tratar-se, em ambos os casos, do mesmo instituto e, portanto, de uma posse unitária. Na doutrina generalista, mas com uma explicação detalhada sobre o porquê da posse incidir apenas sobre coisas corpóreas, cf. OBRECHT, Disputationes, cit., pág. 522, 65 e 66 (*"possessionem esse rerum corporalium"*).

[1837] De Possessione, cit., IIX.

[1838] De Essentia Possessionis, cit., V.

[1839] Nova Introductio In Iurisprudentiam Positivam Germanorum Communem, cit., pág. 666.

[1840] NETTELBLADT, Nova Introductio In Iurisprudentiam Positivam Germanorum Communem, cit., pág. 666.

No final deste período, consolidando o pensamento da dogmática possessória dos séculos antecedentes, THIBAUT[1841] remata: "o objecto da posse deve ser uma coisa corpórea e uma coisa determinada".

V. Não oferece dúvidas nos autores dos séculos XVII e XVIII de que quem tem a detenção da coisa sem *animus* de actuar como titular de um direito, seja um *ius in re*, seja um *ius ad rem*, não tem a posse, sendo antes um "nu detentor"[1842].

Salvo casos raros, como TREUTLER[1843], ALEF[1844] ou MINDANI[1845], que caracterizam o *animus* possessório como *animus domini*, durante esta época o elemento subjectivo da posse, a intenção, não vem simplesmente aludido como *animus possidendi*, "*affectionem tenendi habent*" ou "*affectione possidendi*", de sabor neutro e não comprometido, mas mais impressivamente como *animus rem sibi habendi*, em fórmulas nem sempre iguais[1846].

A expressão *animus rem sibi habendi*, não tendo embora acolhimento legal – o que nunca se ignora[1847] – acentua o lado intencional da posse, sem o ligar, no entanto, à propriedade[1848].

Nada disto carece de sentido ou de importância quando se tenta compreender a doutrina do tempo para o problema da extensão da *possessio*. Enquanto a vontade de possuir dirigida unicamente à propriedade circunscreve a posse a este direito, a formulação, muita mais lata, do elemento intencional da posse como *animus sibi habendi* abre significativamente o

---

[1841] Ueber Besitz und Verjährung, cit., pág. 6.
[1842] HEINECCII, Elementa Iuris Civilis Secundum Ordinem Institutionum, cit., pág. 104.
[1843] Selectarum disputationum ad jus civile Justinianaeum, cit., pág. 179.
[1844] De Vera Possessionis Indole, cit., pág. 3 e segs.
[1845] De Cavsa Et Materia Possessionis, cit., pág. 8 e seg. O autor define aí a posse como "*detentio rei corporalis animo & affectione domini*".
[1846] Sobre o ponto, cf. BRUNS, Das Recht des Besitzes im Mittelalter und in der Gegenwart, cit., pág. 387. Na doutrina possessória do tempo, cf. RIVINUS, De eurematicis in materia possessionis et compossessionis, cit., VIII, § 3, SCHRÖTER, De Essentia Possessionis, cit., IV, STRYK, Disputatio Juridica de Possessione Instrumentali, cit., pág. 8, ZIEGENHORN, Iuris Civilis Romani De Possessione, cit., pág. 10. Na doutrina generalista, entre outros, LEYSER, Meditationes ad Pandectas Volumen VII, cit., pág. 104, HEINECCII, Recitationes In Elementa Juris Civilis Secundum Ordinem Institutionum, cit., pág. 344, NETTELBLADT, Nova Introductio In Iurisprudentiam Positivam Germanorum Communem, cit., pág. 650 e segs., BÖHMER, Introductio In Ius Digestorum, cit., pág. 356. THIBAUT, Ueber Besitz und Verjährung, cit., pág. 4 e segs., fala, porém, simplesmente, em *animus detinendi*.
[1847] SPANGENBERG, Versuch einer Systematischen Darstellung der Lehre vom Besitz, cit., pág. 18.
[1848] A propósito, cf. SPANGENBERG, Versuch einer Systematischen Darstellung der Lehre vom Besitz, cit., pág. 17, em nota de rodapé.

campo dela a outros direitos[1849]; e não somente a direitos reais, abrangendo também os denominados *iura ad rem*. Conforme observa SCHRÖTER[1850], embora a posse represente o estado normal da propriedade, ela deve manter-se diferenciada deste direito; também se possui de modo autêntico sem *animo domini*, contando que exista um *animo tenendi*, que integra justamente a definição da posse[1851].

Com a excepção daqueles – poucos – que continuam a fazer equivaler o sentido próprio da *possessio* à posse nos termos da propriedade[1852], a maioria dos autores germânicos deste período concebe a posse fora da referência estrita ao domínio e mesmo para além dos direitos reais propriamente ditos, um entendimento que toma em consideração os contributos anteriores e a influência do Direito Canónico e do Direito germânico.

VI. Um aspecto de importância crucial na análise possessória deste período – e sempre sublinhado em várias ocasiões pelos autores[1853] – encontra-se na distinção entre a actuação sobre a coisa em nome próprio e a actuação em nome alheio. Usualmente, esta distinção vem envolvida com a questão da intenção (o *animus*) com que o detentor age sobre a coisa[1854]. Uma actuação sobre a coisa em nome alheio e sem intenção de exercer um direito representa para NETTELBLADT[1855], HEINECCIUS[1856], LAUTERBACHS[1857] e THIBAUT[1858] uma situação de nua detenção ou para HOFACKER[1859] de sim-

---

[1849] Veja-se igualmente THIBAUT, Ueber Besitz und Verjährung, cit., pág. 14.

[1850] De Essentia Possessionis, cit., IV.

[1851] SCHRÖTER, De Essentia Possessionis, cit., IV.

[1852] Assim, ALEF, De Vera Possessionis Indole, cit., pág. 12, que distingue três sentidos para a *possessio*: um sentido latíssimo, um sentido lato e um sentido estrito ou próprio da posse, coincidindo este último com a posse referida à propriedade.

[1853] ALEF, De Vera Possessionis Indole, cit., pág. 13, FLECK, Hermeneutices tituli pandectarum. De adquirenda vel amittenda possessione, Cap. II, NETTELBLADT, Nova Introductio In Iurisprudentiam Positivam Germanorum Communem, cit., pág. 651 e segs., BÖHMER, Introductio In Ius Digestorum, cit., pág. 364, HÖPFNER, Theoretisch practischer Commentar über die Heineccischen Institutionen, cit., pág. 291, nota 8.

[1854] Por exemplo, HEINECCII, Elementa Iuris Civilis Secundum Ordinem Institutionum, cit., pág. 104 e seg.

[1855] NETTELBLADT, Nova Introductio In Iurisprudentiam Positivam Germanorum Communem, cit., pág. 652.

[1856] HEINECCII, Elementa Iuris Civilis Secundum Ordinem Institutionum, cit., pág. 104.

[1857] LAUTERBACHS, Collegii theorico-practici a Libro Trigesimo Nono Pandectarum, cit., pág. 237.

[1858] Ueber Besitz und Verjährung, cit., pág. 14.

[1859] HOFACKER, Principia Iuris Civilis Romano-Germanici, cit., pág. 36 e seg.

ples detenção; ela nunca confere a posse[1860]. Todavia, se o detentor age em seu nome, com *animus* de exercer um direito próprio, existe posse[1861].

De qualquer modo, e não sem contradição, casos mencionados expressamente como de mera detenção são várias vezes englobados num sentido lato ou latíssimo de posse[1862]. Por outro lado, o recurso recorrente à contraposição romana entre a posse natural e a posse civil e a tendência, frequente, de mencionar dentro do âmbito da *possessio naturalis* situações antes qualificadas como de "nua detenção" ou "simples detenção"[1863] deixam persistir uma certa obscuridade no tema[1864].

Mesmo assim, não suscita qualquer controvérsia que aquele que age sobre a coisa com *animus dominii* e em nome próprio tem a posse[1865] (uma *possessio civilis*[1866-1867]), qualquer que seja o seu *titulus possessionis*: *pro herede, pro emptore, pro donato, pro derelicto, pro legato*[1868].

Diferenças entre os autores detectam-se, no entanto, no contexto do problema da extensão da posse, nomeadamente, no tocante aos direitos que a admitem (nos termo da qual pode ser exercida) e aqueles relativa-

---

[1860] Böhmer, Introductio In Ius Digestorum, cit., pág. 358.
[1861] Hofacker, Principia Iuris Civilis Romano-Germanici, cit., pág. 38.
[1862] Alef, De Vera Possessionis Indole, cit., pág. 12, Hofacker, Principia Iuris Civilis Romano--Germanici, cit., pág. 36 e seg.
[1863] Veja-se, a título exemplificativo, Heineccii, Elementa Iuris Civilis Secundum Ordinem Institutionum, cit., pág. 104, Hofacker, Principia Iuris Civilis Romano-Germanici, cit., pág. 36 e segs., Alef, De Vera Possessionis Indole, cit., pág. 13.
[1864] Lauterbachs, Collegii theorico-practici a Libro Trigesimo Nono Pandectarum, cit., pág. 241, VIII, tem clara noção desta antinomia e explica que uma concepção ampla (*lata*) da *possessio naturalis* "*est impropria*".
[1865] A título meramente exemplificativo, Mindani, De Cavsa Et Materia Possessionis, cit., pág. 20 e seg.
[1866] Cf., por exemplo, Hofacker, Principia Iuris Civilis Romano-Germanici, cit., pág. 38, Nettelbladt, Nova Introductio In Iurisprudentiam Positivam Germanorum Communem, cit., pág. 652, Böhmer, Introductio In Ius Digestorum, cit., pág. 356, Wesenbecii, Commentarii in Pandectas Juris Civilis Et Codicem Justinianeum olim dicti Paratitla, cit., pág. 510, Schröter, De Essentia Possessionis, cit., VII, Fleck, Hermeneutices tituli pandectarum. De adquirenda vel amittenda possessione, cit., Cap. II.
[1867] Num assomo de originalidade face à doutrina corrente, Lauterbachs, Collegii theorico-practici a Libro Trigesimo Nono Pandectarum, cit., pág. 241 e seg. observa argutamente que constitui *possessio civilis* toda aquela que o Direito Civil reconhece e tutela mediante interditos possessórios, afastando assim a figura do campo restrito e confinado do direito de propriedade. E exemplifica com o credor pignoratício, que, a seu ver, e contra a corrente esmagadora dos autores, tem uma posse civil. Sobre o ponto, cf. igualmente Schröter, De Essentia Possessionis, cit., VIII, Fleck, Hermeneutices tituli pandectarum. De adquirenda vel amittenda possessione, cit., Cap. II.
[1868] Mindani, De Cavsa Et Materia Possessionis, cit., pág. 21.

mente aos quais a mesma se deve ter por excluída (nua detenção). Seja como for, o alargamento do âmbito possessório resulta inequívoco. A posse estende-se para além da propriedade e, inclusive, para fora do campo dos direitos reais.

Nesta ordem de ideias tem posse aquele que embora sem intenção de agir sobre a coisa como proprietário o faz em seu nome, actuando para si nos termos de um direito próprio (*sibi possideri*[1869]). Reside aí, de resto, o sentido profundo da construção do *animus possidendi* como *animus sibi habendi* levada a cabo pela doutrina germânica do tempo. MINDANI[1870], que rebate com grande autoridade os argumentos que fundam a posição tradicional de recusa de posse ao usufrutuário, explica singela mas agudamente que ele possui verdadeira e propriamente, "*animo sanè non domini, sed fructuarii*"[1871].

Por actuarem em nome próprio, e por referência a um direito seu, têm também a posse da coisa, para além do proprietário, o usufrutuário[1872], o usuário[1873],

---

[1869] A expressão encontra-se em MINDANI, De Cavsa Et Materia Possessionis, cit., pág. 46.
[1870] De Cavsa Et Materia Possessionis, cit., pág. 34 e segs.
[1871] MINDANI, De Cavsa Et Materia Possessionis, cit., pág. 42.
[1872] MINDANI, De Cavsa Et Materia Possessionis, cit., pág. 21 e seg. e 40 e segs., SPANGENBERG, Versuch einer Systematischen Darstellung der Lehre vom Besitz, cit., pág. 157 e seg., LAUTERBACHS, Collegii theorico-practici a Libro Trigesimo Nono Pandectarum, cit., pág. 242 e seg., COCCEJI, Jus Civile Controversum, Pars II, cit., pág. 441, HOFACKER, Principia Iuris Civilis Romano-Germanici, cit., pág. 42, nota f), SCHRÖTER, De Essentia Possessionis, cit., VII. No sentido da mera detenção, WESENBECII (embora debaixo da contraposição entre a posse civil e natural), Commentarii in Pandectas Juris Civilis Et Codicem Justinianeum olim dicti Paratitla, cit., pág. 510, GABLER, De Possessione, cit., XIIX, afirma que o usufrutuário não possui, mas tem uma *quasi possessio* ("*quasi possessionem civilis juris, ususfructus*"). Negam também a posse ao usufrutuário, GIPHANII, In Quator Libros Institutionum Iuris Civilis Iustiniani Principis, Commentarius Absolutissimus, cit., pág. 181, OBRECHT, Disputationes, cit., pág. 541 e seg. e BICCIO, Commentatio Ad L. Possideri. 3. §. Ex contrario. 5. ff. de acquir. vel. amitt. possessi: In qua De Possessione Duorum Pluriumve Unius Ejusdemque Rei Disseritur, cit., pág. 71 e segs. Naturalmente, todos aqueles que se limitam a reconstituir o pensamento romano na matéria tendem a negar a posse ao usufrutuário.
[1873] MINDANI, De Cavsa Et Materia Possessionis, cit., pág. 21 e seg., SCHRÖTER, De Essentia Possessionis, cit., VII. Contra, porém, veja-se BICCIO, Commentatio Ad L. Possideri. 3. §. Ex contrario. 5. ff. de acquir. vel. amitt. possessi: In qua De Possessione Duorum Pluriumve Unius Ejusdemque Rei Disseritur, cit., pág. 71 e segs.

o enfiteuta[1874], o vassalo[1875], o precarista[1876], o credor pignoratício[1877], o *sequester*[1878],

[1874] MINDANI, De Cavsa Et Materia Possessionis, cit., pág. 22, BACHOVII, Notae et animadversiones ad disputationes Hieronymi Trevtleri, Coloniae Agripinae, Volume II, Pars Posterior, cit., pág. 154 e seg., COCCEJI, Jus Civile Controversum, Pars II, cit., pág. 441, SPANGENBERG, Versuch einer Systematischen Darstellung der Lehre vom Besitz, cit., pág. 157, LAUTERBACHS, Collegii theorico-practici a Libro Trigesimo Nono Pandectarum, cit., pág. 244, HOFACKER, Principia Iuris Civilis Romano-Germanici, cit., pág. 40, THIBAUT, Ueber Besitz und Verjährung, cit., pág. 12, SCHRÖTER, De Essentia Possessionis, cit., VII. No sentido da mera detenção (embora debaixo da contraposição entre a posse civil e natural), WESENBECII, Commentarii in Pandectas Juris Civilis Et Codicem Justinianeum olim dicti Paratitla, cit., pág. 510, OBRECHT, Disputationes, cit., pág. 541 e seg., BICCIO, Commentatio Ad L. Possideri. 3. §. Ex contrario. 5. ff. de acquir. vel. amitt. possessi: In qua De Possessione Duorum Pluriumve Unius Ejusdemque Rei Disseritur, cit., pág. 74.
[1875] MINDANI, De Cavsa Et Materia Possessionis, cit., pág. 22, LAUTERBACHS, Collegii theorico-practici a Libro Trigesimo Nono Pandectarum, cit., pág. 244, COCCEJI, Jus Civile Controversum, Pars II, cit., pág. 441, HOFACKER, Principia Iuris Civilis Romano-Germanici, cit., pág. 40, SCHRÖTER, De Essentia Possessionis, cit., VII. Contra, OBRECHT, Disputationes, cit., pág. 541 e seg.
[1876] MINDANI, De Cavsa Et Materia Possessionis, cit., pág. 22 e seg., BACHOVII, Notae et animadversiones ad disputationes Hieronymi Trevtleri, Coloniae Agripinae, Volume II, Pars Posterior, cit., pág. 153 e seg., GIPHANII, In Quator Libros Institutionum Iuris Civilis Iustiniani Principis, Commentarius Absolutissimus, cit., pág. 181, LAUTERBACHS, Collegii theorico-practici a Libro Trigesimo Nono Pandectarum, cit., pág. 243, COCCEJI, Jus Civile Controversum, Pars II, cit., pág. 441, HOFACKER, Principia Iuris Civilis Romano-Germanici, cit., pág. 40, THIBAUT, Ueber Besitz und Verjährung, cit., pág. 13, SCHRÖTER, De Essentia Possessionis, cit., VII (*possessio naturalis*).
[1877] MINDANI, De Cavsa Et Materia Possessionis, cit., pág. 22 e seg. e pág. 42, BACHOVII, Notae et animadversiones ad disputationes Hieronymi Trevtleri, Coloniae Agripinae, Volume II, Pars Posterior, cit., pág. 351 e seg., GIPHANII, In Quator Libros Institutionum Iuris Civilis Iustiniani Principis, Commentarius Absolutissimus, cit., pág. 181, LAUTERBACHS, Collegii theorico-practici a Libro Trigesimo Nono Pandectarum, cit., pág. 243, BACHOVII, Commentarii in primam partem Pandectarum, Moeno-Francofurtensis, 1630, pág. 502 e seg.e pág. 505, COCCEJI, Jus Civile Controversum, Pars II, cit., pág. 441, HEINECCII, Elementa Iuris Civilis Secundum Ordinem Institutionum, cit., pág. 104, HOFACKER, Principia Iuris Civilis Romano-Germanici, cit., pág. 40, HÖPFNER, Theoretisch practischer Commentar über die Heineccischen Institutionen, cit., pág. 285, THIBAUT, Ueber Besitz und Verjährung, cit., pág. 12, SCHRÖTER, De Essentia Possessionis, cit., VII, GABLER, De Possessione, cit., XXI. No sentido da mera detenção (embora debaixo da contraposição entre a posse civil e natural), WESENBECII, Commentarii in Pandectas Juris Civilis Et Codicem Justinianeum olim dicti Paratitla, cit., pág. 510, BICCIO, Commentatio Ad L. Possideri. 3. §. Ex contrario. 5. ff. de acquir. vel. amitt. possessi: In qua De Possessione Duorum Pluriumve Unius Ejusdemque Rei Disseritur, cit., pág. 71 e segs.
[1878] MINDANI, De Cavsa Et Materia Possessionis, cit., pág. 24, LAUTERBACHS, Collegii theorico-practici a Libro Trigesimo Nono Pandectarum, cit., pág. 243, COCCEJI, Jus Civile Controversum, Pars II, cit., pág. 441, THIBAUT, Ueber Besitz und Verjährung, cit., pág. 12.

o superficiário[1879] e o titular de servidões (prediais)[1880]. À posse assim reconhecida cabe, em geral[1881], a defesa por interditos possessórios.

Uma actuação em nome alheio afasta a posse. Quem não age para si, mas em nome de outrem, não tem estatuto de possuidor[1882], sendo um nu ou simples detentor. O colono[1883], o locatário[1884], o comodatário[1886]

[1879] BACHOVII, Notae et animadversiones ad disputationes Hieronymi Trevtleri, Coloniae Agripinae, Volume II, Pars Posterior, cit., pág. 155, SPANGENBERG, Versuch einer Systematischen Darstellung der Lehre vom Besitz, cit., pág. 157, LAUTERBACHS, Collegii theorico-practici a Libro Trigesimo Nono Pandectarum, cit., pág. 244, COCCEJI, Jus Civile Controversum, Pars II, cit., pág. 441, HOFACKER, Principia Iuris Civilis Romano-Germanici, cit., pág. 40. Contra, OBRECHT, Disputationes, cit., pág. 541 e seg.

[1880] MINDANI, De Cavsa Et Materia Possessionis, cit., pág. 26. Contra, GIPHANII, In Quator Libros Institutionum Iuris Civilis Iustiniani Principis, Commentarius Absolutissimus, cit., pág. 181. Naturalmente, todos aqueles que se limitam a reconstituir o pensamento romano na matéria tendem a negar a posse aos titulares de servidões.

[1881] Não é, porém, o caso da posse do credor pignoratício, à qual cabe um interdito próprio.

[1882] MINDANI, De Cavsa Et Materia Possessionis, cit., pág. 26 e segs., OBRECHT, Disputationes, cit, pág. 541 e segs.

[1883] BACHOVII, Notae et animadversiones ad disputationes Hieronymi Trevtleri, Coloniae Agripinae, Volume II, Pars Posterior, cit., pág. 123, MINDANI, De Cavsa Et Materia Possessionis, cit., pág. 27 e seg., GIPHANII, In Quator Libros Institutionum Iuris Civilis Iustiniani Principis, Commentarius Absolutissimus, cit., pág. 181. OBRECHT, Disputationes, cit,, pág. 541 e seg., LAUTERBACHS, Collegii theorico-practici a Libro Trigesimo Nono Pandectarum, cit., pág. 238, COCCEJI, Jus Civile Controversum, Pars II, cit., pág. 440, HEINECCII, Elementa Iuris Civilis Secundum Ordinem Institutionum, cit., pág. 104, HOFACKER, Principia Iuris Civilis Romano-Germanici, cit., pág. 40, LEYSER, Meditationes ad Pandectas, Volumen VII, cit., pág. 96 e segs., SCHRÖTER, De Essentia Possessionis, cit., IX, WESENBECII, Commentarii in Pandectas Juris Civilis Et Codicem Justinianeum olim dicti Paratitla, cit., pág. 510, BICCIO, Commentatio Ad L. Possideri. 3. §. Ex contrario. 5. ff. de acquir. vel. amitt. possessi: In qua De Possessione Duorum Pluriumve Unius Ejusdemque Rei Disseritur, cit., pág. 34 e segs.

[1884] MINDANI, De Cavsa Et Materia Possessionis, cit., pág. 27 e seg., GIPHANII, In Quator Libros Institutionum Iuris Civilis Iustiniani Principis, Commentarius Absolutissimus, cit., pág. 181, OBRECHT, Disputationes, cit., pág. 541 e seg., SPANGENBERG, Versuch einer Systematischen Darstellung der Lehre vom Besitz, cit., pág. 19 e seg., LAUTERBACHS, Collegii theorico-practici a Libro Trigesimo Nono Pandectarum, cit., pág. 238, STRUVII, Syntagma jurisprudentiae secundum ordinem Pandectarum concinnatum, Jenae, 1663, pág. 400, STRYKII, Succintae annotationes ad W.A. Lauterbachii Compendio Digestorum, Lipsiae, 1741, pág. 462, SCHRÖTER, De Essentia Possessionis, cit., IX. No sentido de reconhecer posse ao locatário, porém, cf. HÖPFNER, Theoretisch practischer Commentar über die Heineccischen Institutionen, cit., pág. 285, FRANTZKE, Commentariun In Viginti Et Unum Libros Pandectarum Juris Civilis Priores, cit., pág. 231, THIBAUT, Ueber Besitz und Verjährung, cit., pág. 14, BRUNNEMANN, Commentarius in quinquaginta libros Pandectarum, Lipsiae, 1672, pág. 842, MEVIUS, Decisiones super causis praecipuis ad summum tribunal regium Vismariense delatis, Francofurti ad Moenum, 1712, Pars VI, decisão 74, pág. 28 e Pars VII, decisão 159, pág. 105, BICCIO, Commentatio Ad L. Possideri. 3. §. Ex contrario. 5. ff. de acquir. vel. amitt. possessi: In qua De Possessione Duorum Pluriumve Unius Ejusdemque Rei Disseritur,

e o depositário[1886] e, de um modo geral, quem possui para outrem, procura-

cit., pág. 34 e segs. Numa perspectiva contrária, porém, salientam-se dois nomes, o de Böhmer, Consultationes Et Decisiones Iuris, tomo 2, Iuris Civilis Et Criminalis Argumenta Selectiora Iuxta Ordinem Digestorum A Libro I usque ad Librum XXX Exhibens, Halae Magdebvrgicae, 1758, pág. 363 e seg. e o de Leyser, Meditationes ad Pandectas, Volume VII, cit., pág., 96 e segs., que contesta a dogmática largamente maioritária, que vê no locatário um nu detentor e lhe nega a defesa possessória contra terceiros em caso de esbulho. Leyser considera, ao contrário, que o locatário exterioriza um direito e que deve ter acesso à tutela da posse, concretamente aos interditos possessórios, em caso de esbulho da coisa por terceiros. Thibaut, Ueber Besitz und Verjährung, cit., pág. 24, parece ser da mesma opinião, pelo menos, no tocante ao interdito *unde vi*. Para a perspectiva histórica relativa à posição possessória do locatário neste período, e com mais indicações bibliográficas, cf. Genius, Der Bestandschutz des Mieterverhältnisses in seiner historischen Entwicklung bis zu den Naturrechtskodifikationen, cit., pág. 142 e segs.

[1885] Bachovii, Notae et animadversiones ad disputationes Hieronymi Trevtleri, Coloniae Agripinae, Volume II, Pars Posterior, cit., pág. 123, Mindani, De Cavsa Et Materia Possessionis, cit., pág. 28, Spangenberg, Versuch einer Systematischen Darstellung der Lehre vom Besitz, cit., pág. 19 e seg., Fleck, Hermeneutices tituli pandectarum. De adquirenda vel amittenda possessione, cit., Cap. II, Bachovii, Notae et animadversiones ad disputationes Hieronymi Trevtleri, Volume I, cit, pág. 443, Giphanii, In Quator Libros Institutionum Iuris Civilis Iustiniani Principis, Commentarius Absolutissimus, cit., pág. 181, Lauterbachs, Collegii theorico-practici a Libro Trigesimo Nono Pandectarum, cit., pág. 238, Heineccii, Elementa Iuris Civilis Secundum Ordinem Institutionum, cit., pág. 104, Hofacker, Principia Iuris Civilis Romano-Germanici, cit., pág. 40, Frantzke, Commentariun In Viginti Et Unum Libros Pandectarum Juris Civilis Priores, cit., pág. 231, Thibaut, Ueber Besitz und Verjährung, cit., pág. 14, Huber, Digressiones Justinianeae, cit., pág. 292, Struvii, Syntagma jurisprudentiae secundum ordinem Pandectarum concinnatum, cit., pág. 400.

[1886] Bachovii, Notae et animadversiones ad disputationes Hieronymi Trevtleri, Coloniae Agripinae, Volume II, Pars Posterior, cit., pág. 123 e 149 e seg., Mindani, De Cavsa Et Materia Possessionis, cit., pág. 28, Giphanii, In Quator Libros Institutionum Iuris Civilis Iustiniani Principis, Commentarius Absolutissimus, cit., pág. 181, Cocceji, Jus Civile Controversum, Pars II, cit., pág. 440, Spangenberg, Versuch einer Systematischen Darstellung der Lehre vom Besitz, cit., pág. 19 e seg., Fleck, Hermeneutices tituli pandectarum. De adquirenda vel amittenda possessione, cit., Cap. II, Lauterbachs, Collegii theorico-practici a Libro Trigesimo Nono Pandectarum, cit., pág. 238, Heineccii, Elementa Iuris Civilis Secundum Ordinem Institutionum, cit., pág. 104, Hofacker, Principia Iuris Civilis Romano-Germanici, cit., pág. 40, Frantzke, Commentariun In Viginti Et Unum Libros Pandectarum Juris Civilis Priores, cit., pág. 231, Thibaut, Ueber Besitz und Verjährung, cit., pág. 14, Gabler, De Possessione, cit., XVII, Huber, Digressiones Justinianeae, cit., pág. 292, Struvii, Syntagma jurisprudentiae secundum ordinem Pandectarum concinnatum, cit., pág. 400, Biccio, Commentatio Ad L. Possideri. 3. §. Ex contrario. 5. ff. de acquir. vel. amitt. possessi: In qua De Possessione Duorum Pluriumve Unius Ejusdemque Rei Disseritur, cit., pág. 43.

dores[1887], tutores[1888], curadores[1889], amigos[1890], familiares[1891], está nesta situação.

Ainda assim, no turbilhão de ideias de uma doutrina possessória florescente e pujante, há espaço para abanar um pouco mais alguns dogmas da doutrina civilística. SPANGENBERG[1892] afirma que o exercício de poderes pessoais pode originar nalguns casos uma (quase) posse. A actuação nos termos de um direito pessoal, fora, portanto, do domínio dos direitos reais, mostra analogia com a *quasi possessio* e legitima, assim, que se fale em posse e no estatuto de possuidor. Deste modo, aceita-se que o âmbito da posse transcenda os *iura in re*[1893], uma orientação que o Direito Canónico (e os tribunais da Igreja Católica) sancionava há alguns séculos, mas a que o Direito romano não dava cobertura e começa aos poucos a singrar no tratamento da posse da dogmática civilista alemã dos séculos XVII e XVIII.

VII. Num quadro de abertura da posse a mais direitos mantém-se, ainda assim, a questão clássica: *"an plures eandem rem in solidum possidere possint"*? Pode haver mais de um possuidor sobre a mesma coisa?

BICCIO[1894] dedica ao tema uma larga parte da sua monografia, facto demonstrativo, aliás, de que ele já era à época sentido como de grande relevância dogmática. A abordagem de BICCIO adopta a linha tradicional romana desde LABEÃO, criticando ao longo do caminho todos aqueles que consideram poder haver várias posses simultâneas sobre a mesma coisa, ainda que posses de espécie diferente. No centro dessa crítica encontra-se,

---

[1887] MINDANI, De Cavsa Et Materia Possessionis, cit., pág. 29, OBRECHT, Disputationes, cit., pág. 541 e seg., GIPHANII, In Quator Libros Institutionum Iuris Civilis Iustiniani Principis, Commentarius Absolutissimus, cit., pág. 181, LAUTERBACHS, Collegii theorico-practici a Libro Trigesimo Nono Pandectarum, cit., pág. 238, BICCIO, Commentatio Ad L. Possideri. 3. §. Ex contrario. 5. ff. de acquir. vel. amitt. possessi: In qua De Possessione Duorum Pluriumve Unius Ejusdemque Rei Disseritur, cit., pág. 34 e segs.

[1888] OBRECHT, Disputationes, cit., pág. 541 e seg.

[1889] OBRECHT, Disputationes, cit., pág. 541 e seg.

[1890] GIPHANII, In Quator Libros Institutionum Iuris Civilis Iustiniani Principis, Commentarius Absolutissimus, cit., pág. 181.

[1891] LAUTERBACHS, Collegii theorico-practici a Libro Trigesimo Nono Pandectarum, cit., pág. 238.

[1892] SPANGENBERG, Versuch einer Systematischen Darstellung der Lehre vom Besitz, cit., § 26, pág. 40 e segs. e § 103, pág. 154 e segs.

[1893] Veja-se também RIVINUS, De eurematicis in materia possessionis et compossessionis, cit., pág. VIII e seg.

[1894] Commentatio Ad L. Possideri. 3. §. Ex contrario. 5. ff. de acquir. vel. amitt. possessi: In qua De Possessione Duorum Pluriumve Unius Ejusdemque Rei Disseritur, cit., pág. 2.

porém, a doutrina recente de Mindani (e de Bachovii), passada a pente fino, argumento a argumento, e sempre refutada[1895].

Para Biccio[1896] afigura-se incontestável de que só pode haver uma posse sobre uma mesma coisa e que a natureza desta figura exclui igualmente um concurso de posses de espécie diferente. As suas conclusões[1897] sobre o tema incluem o dogma romano sancionado por Paulo: *"plures eandem rem in solidum possidere non possunt"*.

Biccio não se encontra evidentemente sozinho na doutrina defendida. A sua pronúncia vai, como se sabe, no sentido da corrente histórica dominante, incluindo, naturalmente, a do seu tempo. Obrecht[1898], de resto, já havia expressado que *"at plures eandem rem in solidum possidere non possunt, quia contra naturam est"*. O autor[1899] explica que a posse requer a apreensão corpórea da coisa; ora, *"duo eandem rem non possunt in solidum suo corpore occupare"* e finaliza, criticando os glosadores que pensaram em sentido diverso, como Rogerio e Bassiano, entre outros[1900].

À época, porém, o vento começava a soprar noutra direcção. Mindani[1901] observa que nem todo aquele que age com intenção de ter a coisa para si o faz como proprietário e que uma actuação sobre a coisa em nome próprio se pode fazer nos termos de outros direitos. Há, assim, outros possuidores além do proprietário[1902], sendo essa posse defendida por meio dos interditos *uti possidetis* e *unde vi*[1903].

Não sendo, nem de perto nem de longe, como sabemos, o primeiro autor a desafiar a doutrina dominante da impossibilidade de uma pluralidade de posses simultâneas tendo a mesma coisa por objecto, Mindani[1904] explica que se pode possuir uma coisa em nome próprio e simultaneamente possuí-la em nome alheio.

[1895] Biccio, Commentatio Ad L. Possideri. 3. §. Ex contrario. 5. ff. de acquir. vel. amitt. possessi: In qua De Possessione Duorum Pluriumve Unius Ejusdemque Rei Disseritur, cit., pág. 63 e segs.
[1896] Commentatio Ad L. Possideri. 3. §. Ex contrario. 5. ff. de acquir. vel. amitt. possessi: In qua De Possessione Duorum Pluriumve Unius Ejusdemque Rei Disseritur, cit., pág. 83.
[1897] Biccio, Commentatio Ad L. Possideri. 3. §. Ex contrario. 5. ff. de acquir. vel. amitt. possessi: In qua De Possessione Duorum Pluriumve Unius Ejusdemque Rei Disseritur, cit., pág. 214.
[1898] Disputationes ex variis iuris civilis, cit., pág. 524 e pág. 543 e seg.
[1899] Obrecht, Disputationes ex variis iuris civilis, cit., pág. 543.
[1900] Obrecht, Disputationes ex variis iuris civilis, cit., pág. 544.
[1901] De Cavsa Et Materia Possessionis, cit., pág. 20 e segs.
[1902] Sobre o ponto, cf. o que dissemos imediatamente em cima.
[1903] Mindani, De Cavsa Et Materia Possessionis, cit., pág. 26 e 39.
[1904] De Cavsa Et Materia Possessionis, cit., pág. 46 e segs.

Assim, se o proprietário transfere a coisa para o usufrutuário ou o credor pignoratício, este, não tendo *"affectione domini"*, não possui como proprietário; no entanto, se tem a coisa para si, em seu nome, como usufrutuário ou credor pignoratício, *"sibi possidere"*[1905]; quer dizer, tem posse quanto ao seu direito. Nesta situação, alguém tem a coisa para si, como possuidor, mas simultaneamente retém a coisa em nome alheio – como detentor – para o proprietário[1906].

Quanto a este ponto, o pensamento de MINDANI rompe, de facto, não apenas com a doutrina tradicional vertida na máxima *"plures eandem rem in solidum possidere non possunt"*, mas igualmente com aqueles, que desafiando este postulado, defendem ser possível uma sobreposição de posses quanto à mesma coisa. A novidade reside em ver no usufrutuário, no usuário, no enfiteuta, no superficiário, no credor pignoratício possuidores em nome alheio (do proprietário) e simultaneamente possuidores em nome próprio por referência ao direito nos termos do qual têm a coisa para si.

No espaço alemão jurídico alemão, algumas décadas mais tarde, e agora com a influência de CUPERUS, alguns notáveis juristas juntavam a sua voz à admissão de uma pluralidade de posses sobre a mesma coisa. NETTELBLATD[1907], um pouco timidamente, defende não ser impossível haver vários possuidores simultaneamente sobre a mesma coisa, contanto que as posses sejam de género diverso. Muito mais firmes e convincentes parecem, todavia, COCCEJI e SPANGENBERG.

COCCEJI[1908] explica que o usufrutuário, o vassalo, o enfiteuta e o superficiário têm a coisa para si nos termos do seu direito. No que respeita à situação de usufruto, o proprietário possui através do *corpus* do usufrutuário, mas este não deixa de ter posse. Segundo o autor[1909], a posse do proprietário configura uma posse civil, enquanto a posse do usufrutuário (como dos outros titulares de direitos) reveste a natureza de uma posse natural.

Não obstante COCCEJI admitir abertamente a pluralidade de posses sobre a mesma coisa, criticando a doutrina de PAULO (*"duo in solidum non possidere"*), a parte interessante da sua argumentação consiste no facto de o autor rejeitar que este concurso de posse corresponda a um *"solidum possidere"*, ou seja, por outras palavras, que ambos, proprietário e usufru-

---

[1905] MINDANI, De Cavsa Et Materia Possessionis, cit., pág. 46.
[1906] MINDANI, De Cavsa Et Materia Possessionis, cit., pág. 34 e segs.
[1907] Nova Introductio In Iurisprudentiam Positivam Germanorum Communem, cit., pág. 654 e seg.
[1908] COCCEJI, Jus Civile Controversum, Pars II, cit., pág. 438 e segs.
[1909] COCCEJI, Jus Civile Controversum, Pars II, cit., pág. 441.

tuário (ou outro titular), possuam simultaneamente *"in solidum"*[1910]. Na lógica de Cocceji, cada um deles tem posse, mas cada uma dessas posses reveste uma natureza diferente.

Em todo o caso, Cocceji[1911] demonstra, com brilho, como nas situações de posse obtida *clam*, *vi* ou a título de *precario* existem duas posses concorrentes sobre a mesma coisa e referidas ao mesmo direito. A argumentação assume particular clarividência no caso de esbulho da coisa com afastamento do possuidor. Se este retém a coisa *solo animo* e o esbulhador reúne o controlo corpóreo da coisa tendo igualmente o *animus*, ambos possuem, tendo a posse a mesma natureza (posse civil). Por isso, Cocceji[1912] não hesita em defender, neste caso, que *"duo in solidum possidere possunt"*.

Spangenberg[1913], por sua vez, apresenta uma defesa viva e desenvolvida da ideia de pluralidade de posses. Segundo o autor, o usufrutuário, o enfiteuta e o superficiário são possuidores naturais (detentores) enquanto retêm a coisa consigo em nome do proprietário; ostentam, no entanto, uma posse civil quando exteriorizam poderes sobre a coisa em nome próprio e de forma referida ao seu direito[1914].

Incidindo a sua análise especificamente no usufrutuário, Spangenberg[1915] justifica a posse civil daquele explicando que o proprietário não vê a sua posse enfraquecida e muito menos a perde com a posse do usufrutuário, até porque este age primariamente em nome dele; quando, todavia, o faz no exercício do seu direito, o usufrutuário possui a coisa e a sua posse constitui uma posse civil.

24. A posse na escola humanista holandesa dos séculos XVII e XVIII

Tem interesse autonomizar uma escola holandesa, não só atendendo à diversidade e à qualidade dos juristas holandeses deste período, mas à incidência de uma orientação própria, que tem raízes no Direito feudal costumeiro holandês e o combina com o Direito romano, formando o que se conhece como Direito romano-holandês (*roman-dutch law*).

[1910] Cf. Cocceji, Jus Civile Controversum, Pars II, cit., pág. 441.
[1911] Jus Civile Controversum, Pars II, cit., pág. 442 e seg.
[1912] Jus Civile Controversum, Pars II, cit., pág. 442 e seg.
[1913] Versuch einer Systematischen Darstellung der Lehre vom Besitz, cit., § 26, pág. 40 e segs., § 103, pág. 154 e segs. e § 123, pág. 182 e segs.
[1914] Spangenberg, Versuch einer Systematischen Darstellung der Lehre vom Besitz, cit., pág. 183.
[1915] Versuch einer Systematischen Darstellung der Lehre vom Besitz, cit., pág. 183 seg.

O pano de fundo da investigação jurídica desta escola reside naturalmente no Direito romano, o qual predomina amplamente sobre a influência costumeira local, sendo aproveitados os contributos doutrinários de várias proveniências, não apenas dos civilistas alemães, mas também dos autores italianos, franceses e espanhóis, numa perspectiva alargada de análise e debate.

Como destaque dentro dos juristas holandeses deste período apontamos, naturalmente, o inevitável Hugo De Groot (Hugo Grotius); e embora as suas obras mais celebradas não sejam as dedicadas ao Direito Civil, não falta nos seus trabalhos um pensamento em matéria possessória. Além de Grotius, mencionamos também Antonius Schultingh (Anton Schulting), Ulrik Huber (Ulrici Huberi), Cornelis Van Bynkershoek (Cornelii van Bynkershoek), Dominicus Arumaeus (Dominici Arumaei), Arnoldus Vinnius (Arnoldi Vinnii), Henricus Zoesius (Henrici Zoesii), Johannes Jacobus Wissenbach (Johanis Jacobi Wissenbachii), Paulus Voet (Pauli Voet), Johannes Voet (Johannis Voet), Gerard Noodt (Gerardi Noodt) e, finalmente, mas não menos relevante no nosso tema, Angelus Jacobus Cuperus, autor de uma das mais relevantes monografias sobre a posse escritas neste época.

II. O tratamento possessório da escola humanista holandesa, Cuperus à parte, não rompe com nenhum dos dogmas da matéria. As definições de posse dos autores assentam nos dois elementos tradicionais[1916], sem qualquer novidade: um elemento corpóreo, implicando a detenção da coisa, e a intenção ou *animus*, que vem mencionado predominantemente, embora nem sempre, como *animus sibi habendi*, a intenção de ter a coisa para si.

Assim, Grotius[1917] define a posse singelamente como detenção de uma coisa com a intenção de a ter para si. Vinnii[1918], por seu lado, afirma que

---

[1916] Cf., por exemplo, Zoesii, Commentarius Ad Institutionum Juris Civilis Librus IV, Lugduni, 1738, pág. 721 e 731 e segs., Wissenbachii, Disputationes Juris Civilis, Franekerae, 1648, pág. 397, Disputationes Ad Instituta Imperialia, Franekerae, 1700, pág. 266, Vinni, Jurisprudentiae Contractae Sive Partitionum Juris Civilis, Libri IV, Lugduni, 1748, pág. 42, Pauli Voet, In Quatuor Libros Institutionum Imperialium, Ubi juris Civilis Tum Antiqui, Tum Novi Cum Divino, Forensi, Canonico & Feudali In Multis Collatio Instituitur, Pars Posterior, Gorinchemi, 1668, pág. 532, Noodt, Opera Omnia, Lugduni Batavorum, 1735, pág. 43 e Opera Varia, Quibus Continentur Probabilium Iuris Civilis Libri IV, De Iurisdictione Et Imperio Libri II, Ad Legem Aquiliam Liber Singularis, Lugduni Batavorum, 1705, pág. 133, Johannis Voet, Commentarius Ad Pandectas, Tomus Secundus, Coloniae Allobrogum, 1778, pág. 617.

[1917] Grotius, The Introduction To Dutch Jurisprudence, London, 1845, pág. 69.

[1918] In Quatuor Libros Institutionum Imperialium Commentarius Academicus & Forensis, Tomus Secundus, Lugduni, 1755, Selectarum Juris Quaestionum, Libri Duo, pág. 179.

"possessio est rei corporalis detentio, cui enest effectus vel proprio vel alieno nomine rem tenendi", acrescentando depois: *"At detentio, quae in possessione locum habeat, juncta esse debet cum affectione & voluntate tuendi"*[1919]. Huberi[1920] apresenta uma formulação muito próxima de Vinnii, ao qual alude, dizendo ser a posse *"detentio rei corporalis cum animo sibi, aut alii, eam habendi"*; e, finalmente, Wissenbachii[1921] define-a como *"rei detentio cum affectu sibi habendi"*.

Uma análise detida de cada um dos elementos estruturantes da posse encontra-se na doutrina holandesa, particularmente, em Cuperus[1922]. Em todo o caso, mais do que salientar o comum, que a posse no seu significado implica um *possidere detinere, insistere*[1923], Cuperus[1924] põe em evidência o papel caracterizador do elemento intencional: *"Hoc autem sensu intellecta, ut jam fere percipitur, non tantum corporis est, sed etiam animi"*, aduzindo adiante: *"Sed animus iste, qui praeter detentionem corporale in Possessionem juridice sumta requiritur (...)"*[1925].

Apesar de ocasionalmente se definir o *animus* como *"affectu domini rei detentio"*, a posição de Arumaei[1926], a generalidade dos autores holandeses deste período definem-no como *"animus sibi habendi"*, de Grotius[1927] a Cuperus[1928], incluindo Huberi[1929], Pauli Voet[1930] Johannis Voet[1931] e Wissenbachii[1932].

[1919] Vinni, Selectarum Juris Quaestionum, Libri Duo, cit., pág. 179.

[1920] Praelectionum Juris Civilis Secundum Institutionem Et Digesta Justiniani, Tomus I, Maceratae, 1838, pág. 142 e Digressiones Justinianeae, Franequerae, 1696, pág. 291.

[1921] Exercitationum ad quinquaginta libros Pandectarum partes duae: quae in praecipuis, cognituque maxime necessariis difficultatibus & controversiis commentarii vice funguntur, Editio Tertia, Franekerae Frisiorum, 1661, pág. 821.

[1922] Observationes Selectae de Natura Possessionis, cit., pág. 9 e segs.

[1923] Cuperus, Observationes Selectae de Natura Possessionis, cit., pág. 11.

[1924] Observationes Selectae de Natura Possessionis, cit., pág. 11 e segs.

[1925] Cuperus, Observationes Selectae de Natura Possessionis, cit., pág. 12.

[1926] Disputationes Ad Praecipuas Pandectarum Et Codicis Leges, Consuetudines Feudales, Quatuor Institutionum Libros, Jenae, 1613, pág. 324 e segs. e Exercitationes Iustiniani Ad Institutiones Juris, Jenae, 1607, pág. 333.

[1927] The Introduction To Dutch Jurisprudence, cit., pág. 69.

[1928] Observationes Selectae de Natura Possessionis, cit., pág. 9 e segs.

[1929] Praelectionum Juris Civilis, cit., pág. 142.

[1930] In Quatuor Libros Institutionum Imperialium, Ubi juris Civilis Tum Antiqui, Tum Novi Cum Divino, Forensi, Canonico & Feudali In Multis Collatio Instituitur, Pars Posterior, cit., pág. 532.

[1931] Commentarius Ad Pandectas, cit., pág. 617.

[1932] Exercitationum ad quinquaginta libros Pandectarum partes duae: quae in praecipuis, cognituque maxime necessariis difficultatibus & controversiis commentarii vice funguntur, cit., pág. 821.

III. Uma vez definida a posse da forma que se viu, os autores holandeses classificam-na ora como facto[1933], ora como direito[1934], não faltando as visões cruzadas, que reconhecem ser a posse simultaneamente uma realidade de facto e uma situação jurídica, consoante o aspecto visado: um facto no tocante à detenção corporal da coisa, uma realidade de Direito quando a ela acresce o *animus possidendi*[1935].

IV. Nos juristas holandeses desta época a posse pode ter apenas por objecto as coisas corpóreas, as quais são definidas, sem novidade, de acordo com a concepção estoica romana como as que podem ser tocadas, ou seja, percepcionadas pelos sentidos, por contraposição às coisas incorpóreas, que têm uma realidade meramente intelectual, basicamente os direitos (herança, usufruto, uso e similares)[1936], referindo alguns ainda as quantidades numéricas[1937].

Assim, se a posse tem por objecto as coisas corpóreas, haverá apenas uma *quasi possessio* relativamente às incorpóreas. Nas palavras de PAULI VOET[1938] possui quem *"rem detinet corporalem, quia rei incorporalis est quasi possessio"*.

[1933] ARUMAEI, Disputationes Ad Praecipuas Pandectarum Et Codicis Leges, Consuetudines Feudales, Quatuor Institutionum Libros, cit., pág. 325 e seg., WISSENBACHII, Exercitationum ad quinquaginta libros Pandectarum partes duae: quae in praecipuis, cognituque maxime necessariis difficultatibus & controversiis commentarii vice funguntur, cit., pág. 828 e seg.

[1934] HUBERI, Praelectionum Juris Civilis Secundum Institutionem Et Digesta Justiniani, Tomus I, cit., pág. 142.

[1935] PAULI VOET, In Quatuor Libros Institutionum Imperialium, Ubi juris Civilis Tum Antiqui, Tum Novi Cum Divino, Forensi, Canonico & Feudali In Multis Collatio Instituitur, cit., pág. 532, JOHANNIS VOET, Commentarius Ad Pandectas, cit., pág. 617, ZOESII, Commentarius Ad Institutionum Juris Civilis Librus IV, cit., pág. 732, SCHULTINGII, Jurisprudentia Vetus Ante-Justinianea, Lipsiae, 1737, pág. 89.

[1936] Na doutrina holandesa desta época, cf. especialmente HUBERI, Praelectionum Juris Civilis, cit., pág. 142, PAULI VOET, In Quatuor Libros Institutionum Imperialium, Ubi juris Civilis Tum Antiqui, Tum Novi Cum Divino, Forensi, Canonico & Feudali In Multis Collatio Instituitur, Pars Prior, Gorinchemi, 1668, pág. 471 e segs. e Jurisprudentiae Contractae Sive Partitionum Juris Civilis, Libri IV, cit., pág. 39 e seg.

[1937] Na doutrina holandesa desta época, cf. especialmente PAULI VOET, In Quatuor Libros Institutionum Imperialium, Ubi juris Civilis Tum Antiqui, Tum Novi Cum Divino, Forensi, Canonico & Feudali In Multis Collatio Instituitur, Pars Prior, Gorinchemi, 1668, pág. 471 e segs.

[1938] HUBERI, Praelectionum Juris Civilis, cit., pág. 145, PAULI VOET, In Quatuor Libros Institutionum Imperialium, Ubi juris Civilis Tum Antiqui, Tum Novi Cum Divino, Forensi, Canonico & Feudali In Multis Collatio Instituitur, Pars Posterior, cit., pág. 532.

Dentro das coisas corpóreas, divididas em móveis e imóveis, qualquer delas pode ser objecto da *possessio*, incluindo, pois, uma coisa móvel[1939].

V. Na questão de saber se podem incidir duas ou mais posses sobre uma mesma coisa, a resposta corrente dos juristas holandeses não oferece surpresa. Nas palavras de Arumaei[1940]: *"unius rei duo in solidum possessores esse nequeunt"*. Dois (ou mais) não podem possuir simultaneamente a mesma coisa; só pode haver uma posse, de cada vez, sobre a coisa[1941].

Em todo o caso, a posição contrária também se encontra, nomeadamente, em Johaniis Voet[1942], que, expondo a controvérsia romana sobre o tema, elogia a posição de Trebazio e Ulpiano[1943]. Johaniis Voet[1944] explica que nada obsta a que sobre a mesma coisa incidam posses de género diverso e, assim, um pode possuir corporeamente e outro com *animus*, como o precarista e o concedente de precário. E, do mesmo modo, na situação em que o possuidor sofre um esbulho violento, ele permanece na posse, mas isso não impede a posse do esbulhador, ainda que esta seja injusta e de má fé[1945].

Cuperus[1946] aponta na mesma direcção, embora com uma abordagem diferente. Pronunciando-se no contexto da distinção entre posse natural e posse civil, Cuperus[1947] afirma que o usufrutuário tem igualmente uma posse civil no tocante ao usufruto, solução que estende ao superficiário e enfiteuta.

VI. Na delimitação do âmbito da posse, a doutrina jurídica holandesa dos séculos XVII e XVIII ostenta um claro conservadorismo, com posições muito próximas do Direito romano e menos arrojadas que a sua congénere alemã do mesmo período histórico.

[1939] Pauli Voet, Mobilium Et Immobilium Natura, Modo Academico Et forensi Ad Evidentiorem Juris Statutarii Intellectum Strictim Proposita, Leodii, 1699, pág. 144 e seg., Vinni, Jurisprudentiae Contractae Sive Partitionum Juris Civilis, Libri IV, cit., pág. 43.

[1940] Exercitationes Iustiniani Ad Institutiones Juris, cit., pág. 533; do mesmo autor, cf. ainda Disputationes Ad Praecipuas Pandectarum Et Codicis Leges, Consuetudines Feudales, Quatuor Institutionum Libros, cit., pág. 333 e segs.

[1941] No mesmo sentido, Huberi, Praelectionum Juris Civilis, cit., pág. 142, Wissenbachii, Exercitationum ad quinquaginta libros Pandectarum partes duae: quae in praecipuis, cognituque maxime necessariis difficultatibus & controversiis commentarii vice funguntur, cit., pág. 823 e pág. 828.

[1942] Commentarius Ad Pandectas, cit., pág. 618 e seg.

[1943] Johannis Voet, Commentarius Ad Pandectas, cit., pág. 618 e seg.

[1944] Johannis Voet, Commentarius Ad Pandectas, cit., pág. 618 e seg.

[1945] Johannis Voet, Commentarius Ad Pandectas, cit., pág. 619.

[1946] Observationes Selectae de Natura Possessionis, cit., pág. 50 e seg.

[1947] Cuperus Observationes Selectae de Natura Possessionis, cit., pág. 51 e nota 12 na mesma página.

A POSSE

Nesta ordem de ideias, a posse vem associada, sem novidade, ao direito de propriedade; o usufrutuário[1948], o locatário[1949], o comodatário[1950], o depositário[1951] e o colono[1952] não têm posse, sendo vistos como meros detentores (*possessio naturalis*); e o mesmo para os meros procuradores[1953] e amigos[1954], tudo debaixo da ideia de que o possuidor é aquele em cujo nome se tem a coisa consigo[1955]. CUPERUS, porém, apresenta uma visão diversa quanto ao usufrutuário, o superficiário e o enfiteuta[1956].

25. Outros autores relevantes do mesmo período (século XVII e XVIII). A doutrina italiana e espanhola

I. Isolar escolas de pensamento em matéria possessória durante um dado período histórico, neste caso os séculos XVII e XVIII, como fizemos quanto aos autores alemães e holandeses, não deve levar a pensar que ocorre nesta época uma compartimentação científica atida a um espaço territorial, como

---

[1948] NOODT, Opera Omnia, cit., pág. 393, SCHULTINGII, Jurisprudentia Vetus Ante-Justinianea, cit., pág. 91, HUBERI, Digressiones Justinianeae, cit., pág. 191.

[1949] PAULI VOET, In Quatuor Libros Institutionum Imperialium, Ubi juris Civilis Tum Antiqui, Tum Novi Cum Divino, Forensi, Canonico & Feudali In Multis Collatio Instituitur, Pars Posterior, cit., pág. 522.

[1950] NOODT, Opera Omnia, cit., pág. 393, PAULI VOET, In Quatuor Libros Institutionum Imperialium, Ubi juris Civilis Tum Antiqui, Tum Novi Cum Divino, Forensi, Canonico & Feudali In Multis Collatio Instituitur, Pars Posterior, cit., pág. 533, HUBERI, Praelectionum Juris Civilis, cit., pág. 142 e Digressiones Justinianeae, cit., pág. 191, CUPERUS Observationes Selectae de Natura Possessionis, cit., pág. 12.

[1951] PAULI VOET, In Quatuor Libros Institutionum Imperialium, Ubi juris Civilis Tum Antiqui, Tum Novi Cum Divino, Forensi, Canonico & Feudali In Multis Collatio Instituitur, Pars Posterior, cit., pág. 533, HUBERI, Praelectionum Juris Civilis, cit., pág. 142 e Digressiones Justinianeae, cit., pág. 191, CUPERUS Observationes Selectae de Natura Possessionis, cit., pág. 12.

[1952] NOODT, Opera Omnia, cit., pág. 393, PAULI VOET, In Quatuor Libros Institutionum Imperialium, Ubi juris Civilis Tum Antiqui, Tum Novi Cum Divino, Forensi, Canonico & Feudali In Multis Collatio Instituitur, Pars Posterior, cit., pág. 533, HUBERI, Digressiones Justinianeae, cit., pág. 191, CUPERUS Observationes Selectae de Natura Possessionis, cit., pág. 12.

[1953] PAULI VOET, In Quatuor Libros Institutionum Imperialium, Ubi juris Civilis Tum Antiqui, Tum Novi Cum Divino, Forensi, Canonico & Feudali In Multis Collatio Instituitur, Pars Posterior, cit., pág. 533, CUPERUS Observationes Selectae de Natura Possessionis, cit., pág. 12.

[1954] PAULI VOET, In Quatuor Libros Institutionum Imperialium, Ubi juris Civilis Tum Antiqui, Tum Novi Cum Divino, Forensi, Canonico & Feudali In Multis Collatio Instituitur, Pars Posterior, cit., pág. 533.

[1955] PAULI VOET, In Quatuor Libros Institutionum Imperialium, Ubi juris Civilis Tum Antiqui, Tum Novi Cum Divino, Forensi, Canonico & Feudali In Multis Collatio Instituitur, Pars Posterior, cit., pág. 522 e 533.

[1956] Cf. o que dissemos no ponto imediatamente anterior.

se tivesse sido fechado o diálogo fora das fronteiras. Nada seria mais errado. Este período revela, diferentemente, um intenso diálogo intelectual, que atravessa países e ordens jurídicas, facilitado naturalmente pelas fontes comuns do Direito romano, recebido como Direito vigente.

Nesta ordem de ideias, alguns dos autores que apresentam o tratamento mais notável sobre a posse encontram-se no espaço italiano e espanhol, estando profundamente envolvidos na discussão científica do seu tempo e sendo muitas vezes tidos em conta, a favor ou contra, pelos seus pares de outras paragens. A omissão de qualquer referência sobre o seu contributo para a dogmática possessória do tempo – e da posteridade – constituiria decerto uma injustiça. Referimo-nos, em concreto, e correndo o risco de deixar alguns de fora, a ANTONII PEREZII, GALVANO, ANTONII MERENDAE ou FRANCISCO DE MANZANO, sem esquecer JACOBI MENOCHII, embora este último reporte a sua obra ainda ao século XVI.

Faz-se aqui uma indicação individualizada e não de movimento ou de escola. Na verdade, não se pode falar numa escola italiana ou espanhola em matéria de posse, como se indicou no tocante aos autores alemães e holandeses. No espaço italiano e espanhol a influência do *mos italicus*, e dos seus cultores, durante este período continuou forte e largamente dominante, sobretudo, na prática forense. E isso não deixa de estar igualmente reflectido nas obras dos autores enunciados. O que justifica a opção perfilhada.

De seguida, apontam-se as opiniões específicas de cada um deles relativamente aos pontos sob investigação.

II. Para PEREZII[1957] a posse não é mais do que "*detentio rei, animo affectioneque possidendi*". Faltando o *animus affectu* a posse não existe[1958]. E seguindo a ideia, PEREZII[1959] afirma ainda que nem o colono nem o inquilino se podem dizer possuir, porquanto detêm a coisa em nome alheio, estando ausente, portanto, a intenção de posse.

O autor não caracteriza o *animus* relevante para a posse. No entanto, a propósito da classificação entre a posse civil e a natural, PEREZII[1960] identifica a primeira como a posse exercida nos termos da propriedade (*animum possessoris opinione domini*); quem não manifesta *affectionem domini* tem uma

---

[1957] ANTONII PEREZII, Praelectiones In Duodecim Libros Codicis Justiniani Imp. Quib. Leges Omnes, Et Authenticae Perpetua serie explicantur, mores hodierni inseruntur & quid sit juris antiqui, novi, & novissimi Enodatur, ac breviter exponitur,Tomus Primus, Neapoli, 1755, pág. 384.
[1958] Praelectiones In Duodecim Libros Codicis Justiniani Imp., cit., pág. 384.
[1959] Praelectiones In Duodecim Libros Codicis Justiniani Imp., cit., pág. 384.
[1960] Praelectiones In Duodecim Libros Codicis Justiniani Imp., cit., pág. 384.

mera posse natural, o caso, no seu entender[1961], do credor pignoratício e do precarista.

Como objecto da posse, PEREZII[1962] reafirma a doutrina corrente: *"materia possessionis est res corporalis, non prohibita possideri"*. A posse tanto se reporta a coisas móveis como a imóveis[1963]. E, reiterando o postulado corrente, aduz: *"incorporalis proprie non possidetur"*; para elas apenas pode haver *quasi possessio*[1964].

Num tratamento raramente encontrado nos tratadistas da época, PEREZZI[1965] ensina que se pode possuir a coisa no seu todo, mas também em parte, seja ela divisível ou indivisível.

No tocante à possibilidade de múltiplas posses sobre a coisa, Perezzi[1966] oferece a perspectiva tradicional. Requerendo a posse uma apreensão material e devendo a coisa estar desocupada para poder ser possuída por um novo possuidor (*vacua possessio*), vale a regra *"plures eamdem rem in solidum possidere non possint"*. Só pode existir uma posse sobre a mesma coisa; vários não podem possuir simultaneamente a mesma coisa.

III. Outro autor espanhol, cujo trabalho vem bastas vezes mencionado pelos seus pares alemães, franceses, holandeses, é ANTONII MERENDAE (ANTONIO MERENDA).

MERENDAE[1967] esclarece o óbvio: a posse tem por objecto as coisas corpóreas; sobre as coisas incorpóreas jamais pode existir uma posse. Por outro lado, se dois não podem ocupar simultaneamente a mesma coisa, traduz-se numa impossibilidade dois serem simultaneamente possuidores[1968].

Acentuando a lição romana, de acordo com a qual, a posse não deve ser confundida com a propriedade, MERENDAE, que reconduz a posse a uma retenção intencional (*animus possidendi*) da coisa, sustenta que a posse existe no âmbito do direito que permite essa retenção[1969], o que alarga natural-

---

[1961] Praelectiones In Duodecim Libros Codicis Justiniani Imp., cit., pág. 384.
[1962] Praelectiones In Duodecim Libros Codicis Justiniani Imp., cit., pág. 386.
[1963] Praelectiones In Duodecim Libros Codicis Justiniani Imp., cit., pág. 386.
[1964] Praelectiones In Duodecim Libros Codicis Justiniani Imp., cit., pág. 386.
[1965] Praelectiones In Duodecim Libros Codicis Justiniani Imp., cit., pág. 386.
[1966] Praelectiones In Duodecim Libros Codicis Justiniani Imp., cit., pág. 386.
[1967] Controversiarum Iuris Libri Sex. Opus quaestionum illustrium, et rerum forensium, ac diffillimarum diligenti tractatione, novarumque animadversionum ingenti numero, versantibus in Iure proficuum, Venetiis, 1625, pág. 98 (10).
[1968] MERENDAE, Controversiarum Iuris Libri Sex, cit., pág. 98 (6).
[1969] MERENDAE, Controversiarum Iuris Libri Sex, cit., pág. 99 (20).

mente o âmbito da posse. O autor menciona expressamente servidões e acções[1970]. A posse pode ser defendida através de interditos possessórios.

IV. Jacobi Menochii (Giacomo Menocchio) evidencia-se pelo tratado processual em matéria de aquisição, manutenção e restituição da posse, a obra De Adipiscenda, Retinenda Et Recuperanda Possessione Doctissima Commentaria[1971].

Do ponto de vista material ou substantivo Menochii perfilha largamente os pontos de vista dominantes no *mos italicus*. Sobre coisas incorpóreas incide apenas uma *quasi possessio*. O colono[1972], o inquilino[1973], assim como o enfiteuta[1974], o usufrutuário[1975] e o usuário[1976] são meros detentores, actuando em nome de outrem, e tendo, por isso, apenas uma posse natural.

V. Marco Aurelli Galvani[1977], em obra sobre o usufruto, desenvolve um dos mais penetrantes ensaios sobre a posse levados a cabo na época, afastando-se largamente dos pontos de vista dominantes. A agudeza da sua análise e a pertinência constante dos argumentos enunciados merece uma atenção especial. O seu pensamento sobre a posse encontra-se numa linha evolutiva que viria, posteriormente, a vingar em larga medida.

Galvani[1978] começa por admitir com naturalidade a possibilidade da posse sobre a coisa existir sem *affectu domini*, ou seja, sem referência ao direito de propriedade. A posse, que tem a natureza de um facto[1979], consiste simplesmente na *detentio rei*. Quem age sem *affectu domini* detém a coisa e pode igualmente ser possuidor, tanto quanto aquele que actua com a intenção de ser proprietário.

A posse, implicando uma intenção na sua aquisição, não requer um *animus domini*, podendo subsistir a favor de titulares de outros direitos, portanto, de quem, detendo a coisa, não exterioriza qualquer *affectu*

[1970] Merendae, Controversiarum Iuris Libri Sex, cit., pág. 99 (20).
[1971] Lugduni, 1606.
[1972] De Adipiscenda, Retinenda Et Recuperanda Possessione, cit., pág. 199.
[1973] De Adipiscenda, Retinenda Et Recuperanda Possessione, cit., pág. 199.
[1974] De Adipiscenda, Retinenda Et Recuperanda Possessione, cit., pág. 200.
[1975] De Adipiscenda, Retinenda Et Recuperanda Possessione, cit., pág. 117.
[1976] De Adipiscenda, Retinenda Et Recuperanda Possessione, cit., pág. 117.
[1977] De usufructu dissertationes variae. Tractatibus nonnullis per occasionem intercisæ ac potissimum. Quibus Justinianicum ius; partim ad Antiqua Principia, cum Romanaem tum Atticae Sapientiae revocatur; partim multiplici usu veterum historiarum illustratur, Genevae, 1776.
[1978] De usufructu dissertationes variae, cit., pág. 472.
[1979] De usufructu dissertationes variae, cit., pág. 506.

domini[1980]. A separação entre propriedade e posse, assente no Direito romano, surge apontada como mais um argumento que alicerça a doutrina defendida[1981].

Partindo da ideia, segundo a qual, a posse representa uma situação de *detentio rei*, GALVANI[1982] distingue quatro espécies de posse:
– *Detentionem simplicem*;
– *Detentionem sibi*;
– *Detentionem sibi cum affectu dominii*, e
– *Detentio sibi cum iure dominii*.

Quanto à primeira espécie, diz GALVANI[1983]:
"Detinet simpliciter is, qui quoad suam personam corporaliter tantum insistit, sed dita ut ab eo res teneatur non suo nomine, sed alieno".

Como exemplos desta posse simples, GALVANI[1984] indica nas fontes romanas os casos do locatário (*conductorem*) e do colono (*coloni*).

No tocante à *detentio sibi*, GALVANI[1985] caracteriza-a assim:
"Detentio sibi est eus, qui non alieno nomine detinet, sed sua ita tamen ut nullo sensu afficiatur dominii qualis est emphyteuta, & alii similes". Trata-se dos casos em que aquele que detém a coisa o faz em nome próprio e não simplesmente em nome alheio, nomeadamente, para o proprietário[1986].

Por *detentionem sibi cum affectu dominii*, GALVANI[1987] alude ser a que *"pertinet ad eum, qui non solum eo, quem diximus modo rem sibi tenet, sed etiam ita tenet, ut aut putet se dominum esse, aut omnino velit dominus esse"*, seja possuidor de boa fé seja possuidor de má fé.

Finalmente, a *Detentio sibi cum iure dominii* existe para aquele que não só tem a coisa para si (*detentio sibi*) com a intenção de propriedade (*affectu dominii*), mas que exterioriza um autêntico direito de propriedade.

Usando este quadro classificatório, GALVANI[1988] desafia o dogma tradicional, segundo o qual, *duos in solidum non posse possidere*, propondo a solução oposta. Para o autor, como se disse, quando alguém detém a coisa tem

---

[1980] De usufructu dissertationes variae, cit., pág. 474 e segs.
[1981] De usufructu dissertationes variae, cit., pág. 475.
[1982] De usufructu dissertationes variae, cit., pág. 475 e segs.
[1983] De usufructu dissertationes variae, cit., pág. 476.
[1984] De usufructu dissertationes variae, cit., pág. 476.
[1985] De usufructu dissertationes variae, cit., pág. 476.
[1986] GALVANI, De usufructu dissertationes variae, cit., pág. 481 e segs.
[1987] De usufructu dissertationes variae, cit., pág. 476.
[1988] De usufructu dissertationes variae, cit., pág. 477 e segs.

a posse[1989]. Assim, uma pessoa pode exteriorizar uma detenção em nome de outrem e deter simultaneamente para si[1990]. O autor[1991] explica que quem simultaneamente detém em nome de outrem e em seu nome manifesta um *"duplici animo afficitur: possidendi alteri, & possidendi sibi"*.

Assim, verdadeiros detentores podem ser também possuidores[1992]. A mesma pessoa pode ser a um tempo possuidora e detentora[1993].

Dentro do alinhamento seguido, de que uma posse em sentido próprio ocorre já com a simples detenção da coisa, segundo GALVANI o depositário[1994], o comodatário[1995] e o colono[1996] são todos eles possuidores da coisa.

A parte mais relevante da construção dogmática deste autor reside na delimitação do que chama *possessio sibi*. No conceito cabem todas os casos em que alguém, detendo a coisa, age em nome próprio, e não simplesmente em nome alheio (do proprietário), não tendo, todavia, o *affectus dominii*[1997].

Dentro do campo amplo da *possessio sibi*, que constitui uma posse em sentido próprio, GALVANI coloca o credor pignoratício[1998], o precarista[1999], o *sequester*[2000], o vassalo[2001], o enfiteuta[2002], o superficiário[2003], o usuário[2004], o usufrutuário[2005] e similares. Todos possuem em sentido lato, por contraposição à posse estrita do proprietário (ou nos termos da propriedade).

Analisando a relação estrita entre o proprietário e o usufrutuário, durante a pendência do usufruto sobre a coisa, GALVANI[2006] esclarece que o

---

[1989] De usufructu dissertationes variae, cit., pág. 480.
[1990] De usufructu dissertationes variae, cit., pág. 480.
[1991] De usufructu dissertationes variae, cit., pág. 481.
[1992] De usufructu dissertationes variae, cit., pág. 481.
[1993] De usufructu dissertationes variae, cit., pág. 478.
[1994] De usufructu dissertationes variae, cit., pág. 481.
[1995] De usufructu dissertationes variae, cit., pág. 481.
[1996] De usufructu dissertationes variae, cit., pág. 481.
[1997] GALVANI, De usufructu dissertationes variae, cit., pág. 481 e segs.
[1998] De usufructu dissertationes variae, cit., págs. 487 e 489 e segs.
[1999] De usufructu dissertationes variae, cit., pág. 482 e 494 e seg.
[2000] De usufructu dissertationes variae, cit., pág. 483 e 499.
[2001] De usufructu dissertationes variae, cit., pág. 487.
[2002] De usufructu dissertationes variae, cit., pág. 485 e 535 e seg.
[2003] De usufructu dissertationes variae, cit., pág. 500 e 535 e seg.
[2004] De usufructu dissertationes variae, cit., pág. 502.
[2005] De usufructu dissertationes variae, cit., pág. 502, 532 e segs.
[2006] De usufructu dissertationes variae, cit., pág. 540 e segs.

usufrutuário possui, assim como o proprietário, neste caso através do corpo daquele. Quer dizer, ambos possuem a coisa, em nome próprio, cada um no tocante ao seu direito. Com isto, GALVANI[2007] rebate o dogma de que dois não podem possuir simultaneamente a mesma coisa.

[2007] De usufructu dissertationes variae, cit., pág. 541.

Capítulo III
Dos Primórdios da Codificação Civil na Idade Contemporânea ao Primeiro Código Civil Português

26. O ALR prussiano e o ABGB austríaco

I. O Allgemeines Landrecht für die Preußischen Staaten de 1 de Junho de 1794 regula a posse no Título Sétimo da Parte Primeira. No diploma a posse surge estruturada a partir da detenção da coisa a que acresce a intenção de dispor dela para si (§§ 1 a 3). Ter a coisa com o propósito de dispor dela para outrem ou em nome de outrem confere apenas detenção (§ 2).

Segundo o ALR prussiano o exercício de um direito constitui detenção (§ 4); quem exerce um direito para si não tem uma mera detenção, mas sim posse (§ 5). A posse não se encontra, assim, confinada às coisas, estendendo-se aos direitos. Que direitos são esses, porém, não se retira imediatamente da interpretação dos preceitos citados.

Uma classificação original de posse encontra-se no § 6 do ALR prussiano. Este preceito distingue a posse em posse completa (*vollständiger*) e posse incompleta (*unvollständiger*). Quem tem uma coisa alheia ou um direito em seu poder com o propósito de dispor dela ou dele para si tem uma posse incompleta. Posse completa tem quem possui uma coisa ou direito como seu (§ 7). A posse completa não surge, assim, atida exclusivamente à propriedade. O possuidor incompleto de uma coisa é possuidor completo do direito (§ 9).

Da classificação prussiana entre posse completa e posse incompleta GIERKE[2008] virá a dizer corresponder inteiramente ao pensamento posses-

---

[2008] GIERKE, Der Entwurf eines bürgerlichen Gesetzbuchs und das deutsche Recht, Leipzig, 1889, pág. 296.

sório alemão, em contraposição à concepção romanista do primeiro projecto do BGB, de 1888. Ainda assim, nem a doutrina alemã do século XIX nem o futuro BGB reservarão um lugar para esta classificação.

II. O ABGB austríaco de 1811 versa sobre a posse na Parte Segunda, dedicada aos Direitos Reais (a partir do § 285). A regulação da posse vem no seguimento do regime jurídico das coisas e antes da propriedade, nos §§ 309 e seguintes.

O § 309 descreve a posse a partir de dois elementos: a detenção e a vontade. Quem tem a coisa em seu poder ou senhorio tem a detenção; a vontade de a manter ou guardar para si confere à detenção o carácter de posse.

Na caracterização da posse do § 309 do ABGB estão presentes os dois elementos tradicionais em que a posse se estrutura, apesar de denominação escolhida para a vertente de controlo material da coisa (detenção), uma influência ostensiva do pensamento de SAVIGNY. O elemento voluntário (a vontade), porém, não vem referido a qualquer direito, nomeadamente, à propriedade, assumindo o carácter de um genérico *animus rem sibi habendi*[2009]. Isso permite depois uma projecção da posse para um âmbito muito para além da propriedade.

Ao objecto da posse o ABGB dedica o § 311. Segundo este, podem ser objecto da posse tanto as coisas corpóreas como as incorpóreas. O § 292, classificando as coisas em corpóreas e incorpóreas, faz corresponder estas últimas aos direitos, neste ponto, em perfeita sintonia com o Direito romano. Por conseguinte, e conforme decorre do § 311 do ABGB, a posse tanto pode incidir sobre coisas como sobre direitos.

O ABGB caracteriza o tipo de actuação que exterioriza a posse de coisas móveis e de coisas imóveis (§ 312). Relativamente a estas últimas, o preceito dispõe que a mesma tem lugar através do uso (*Gebrauch*) da coisa ou do direito em nome próprio.

O § 313 estabelece o âmbito sobre o qual pode ter lugar o uso da coisa imóvel. E esse abrange:
- A realização de prestação a favor de quem a recebe;
- O uso de uma coisa de outrem;
- A execução de uma actividade anteriormente proibida a favor de outrem.

[2009] A expressão pertence-nos.

O primeiro grupo de casos inclui os ónus reais e os direitos de crédito com prestações duradouras[2010]. O segundo refere-se aos direitos menores de gozo e o terceiro aos comportamentos contrários a deveres que geram direitos (servidões prediais)[2011].

Não se torna difícil perceber que a extensão da posse acolhida pelo ABGB transcende largamente a delimitação positiva do instituto constante do Direito romano a favor da orientação tradicional germânica da *Gewere*, muito mais generosa quanto aos direitos abrangidos.

27. A doutrina possessória de SAVIGNY

I. Um dos mais conceituados juristas de todos os tempos, SAVIGNY, escreveu uma importante monografia sobre o regime jurídico da posse[2012]. O seu papel na renovação do método jurídico, na véspera da entrada em cena da pandectística, e nos trabalhos de recepção do Direito romano – do que decorre dos textos do *corpus iuris civilis* e não daquele que se disseminara na prática das nações europeias dos séculos anteriores – conferem um estatuto particular à sua obra.

JHERING, um feroz adversário da doutrina possessória de SAVIGNY, dirá posteriormente que a mesma funda o que chamou a teoria subjectivista da posse, por contraposição à sua, que JHERING clama ser a teoria objectivista. O criticismo de JHERING a SAVIGNY revela-se, porém, fundamentalmente injusto, inexacto mesmo, defronte de todos os antecedentes dogmáticos que remontam, pelo menos, a PAULO e aos civilistas romanos da idade clássica tardia.

Se existe um subjectivismo possessório ele não se pode atribuir certamente a SAVIGNY, sendo muito anterior. E se esse subjectivismo surge como decorrência da construção dogmática da posse como estruturada em dois elementos, um físico ou material, assente no controlo da coisa, e outro voluntário, uma vontade ou *animus* de ter a coisa para si, então, e se exceptuarmos talvez a época clássica inicial do Direito romano, toda a doutrina anterior a SAVIGNY integra decerto o campo do subjectivismo possessório.

[2010] Cf. ZEILLER, Commentar über das allgemeine bürgerliche Gesetzbuch für die gesammten Deutschen Erbländer der Oesterreichischen Monarchie, Zweiter Band, Erste Abtheilung, Wien und Triest, 1812, pág. 45.

[2011] ZEILLER, Commentar über das allgemeine bürgerliche Gesetzbuch für die gesammten Deutschen Erbländer der Oesterreichischen Monarchie, cit., pág. 46.

[2012] Das Recht des Besitzes, Eine Civilistische Abhandlung, Darmstadt, 1967.

II. Como tantos e tantos autores antes dele, também Savigny[2013] estrutura a posse em dois elementos:
- Um primeiro a que chama detenção da coisa;
- Um segundo, o *animus*.

Nisto a doutrina possessória de Savigny não oferece qualquer novidade ou superação face ao estado anterior da doutrina civilística, que reitera à exaustão. De resto, importa fazer notar, que Savigny tem a intenção de reconstituir o regime possessório do Direito romano e não tanto de erguer qualquer novo sistema explicativo da posse. Em todo o caso, a caracterização de cada um dos elementos da posse levada a cabo por este autor alemão não deixa de apresentar pontos marcados de controvérsia, estando muito longe de colher os votos favoráveis de muitos dos mais reputados romanistas.

Savigny[2014] começa por explicar que a posse representa a situação em que alguém pode actuar fisicamente sobre a coisa e simultaneamente impedir qualquer intromissão por terceiro. Essa situação o autor denomina-a de detenção, a qual, contudo, não representa ainda a posse, embora esteja na base dela[2015].

Na detenção, segundo Savigny[2016], reside o exercício da propriedade, consistindo no estado de facto que corresponde a esse direito. A detenção consiste, pois, no estado de facto a que equivale a situação jurídica da propriedade[2017]. E aqui encontra-se um dos pontos mais marcantes da doutrina possessória deste autor, na ideia de que a intervenção e o controlo possessório da coisa se reportam somente à propriedade e exteriorizam apenas este direito[2018].

A detenção, isoladamente tomada, não equivale a posse. O detentor não tem posse se à detenção não juntar ao mesmo tempo a vontade de ter a coisa[2019]. Esta vontade, que Savigny[2020], num primeiro momento, e ainda

---

[2013] Das Recht des Besitzes, cit., § 1, § 2, § 9 (108. a 110.), § 20.
[2014] Das Recht des Besitzes, cit., pág. 26.
[2015] Savigny, Das Recht des Besitzes, cit., pág. 26 e seg. O autor explica igualmente que nem a detenção constitui objecto do regime jurídico nem o seu conceito reveste a natureza de um conceito jurídico.
[2016] Das Recht des Besitzes, cit., pág. 27 e 108 e seg.
[2017] Savigny, Das Recht des Besitzes, cit., pág. 27 e 108 e seg.
[2018] Com a excepção dos casos que Savigny denomina de posse derivada, sobre os quais versaremos adiante no texto.
[2019] Savigny, Das Recht des Besitzes, cit., pág. 108 e segs.
[2020] Das Recht des Besitzes, cit., pág. 109.

sem precisar, chama *animus possidendi*, surge concretizada depois, e sempre, como *animus domini*[2021]. Assim, à detenção como exteriorização do exercício da propriedade deve acrescer a vontade de actuação como proprietário da coisa.

Na interpretação a que Savigny procede do Direito romano, e com a ressalva dos casos excepcionais de posse derivada[2022], a posse refere-se sempre à propriedade. Só tem posse aquele que, detendo a coisa, actua sobre ela para si, como seu proprietário. Aquele que, ao invés, detém a coisa exercendo uma propriedade alheia, não tem a posse[2023].

O *animus possidendi* das fontes romanas recebe em Savigny o significado de *animus domini*. Se uma detenção da coisa sem vontade ou *animus* não alcança relevância para ascender ao conceito de posse, um genérico e indeterminado *animus possidendi* ou *animus sibi habendi* não chega para caracterizar o controlo da coisa como posse jurídica.

Como se vê, a leitura de Savigny sobre os textos romanos conduz a posse para um equivalente de facto do direito de propriedade, limitando--a ao exercício deste direito através da caracterização do elemento voluntário ou intencional como *animus domini*. A posse estreita-se, deste modo, nos limites da propriedade e quem, tendo embora a coisa consigo, não exteriorize a propriedade não vê reconhecido pelo Direito o estatuto de possuidor ou, por outras palavras, não tem a posse. Onde não há *animus domini* não existe posse[2024].

III. Se a verdadeira posse ocorre quando a detenção da coisa vem acompanhada do *animus domini*, o que dizer dos casos em que o Direito romano reconhece posse sem que esteja em causa o exercício da propriedade, ou seja, os casos em que o detentor da coisa tem posse sem exteriorizar a *opinio domini*?

[2021] O que lhe valeu críticas severas fora da pandectística. Cf., em particular, Lenz, Das Recht des Besitzes und seine Grunlagen. Zur Einleitung in die Wissenschaft des Römischen Recht, Berlin, 1860, pág. 101 e segs. Sem afrontar directamente Savigny, mas propondo um sentido inteiramente diverso para a expressão *animus domini*, veja-se Kielruff, Theorie des Gemeinen Civilrechts, cit., pág. 352 e segs.
[2022] Dos quais falaremos adiante neste ponto.
[2023] Savigny, Das Recht des Besitzes, cit., pág. 109.
[2024] Savigny, Das Recht des Besitzes, cit., pág. 108 e segs.

Para estes casos, SAVIGNY[2025] apresenta e desenvolve o conceito de posse derivada[2026]. O autor explica que em casos excepcionais[2027] previstos na lei a posse pode ser manifestada sem referência ao direito de propriedade, quando o proprietário transmite o *ius possessionis* sem transmitir simultaneamente a propriedade da coisa[2028]. O possuidor recebe a coisa do proprietário (possuidor originário) e tem a sua apreensão material, mas não exterioriza a propriedade, não tendo, por isso, o *animus domini*[2029]. Não deixa, contudo, de revelar uma vontade de possuir – sem a qual não haveria posse – a que SAVIGNY[2030] chama genericamente, e de uma forma incaracterística, *animus possidendi*.

Os casos de posse derivada, segundo SAVIGNY, seriam os da posse do enfiteuta[2031], do credor pignoratício[2032], do precarista[2033] e do *sequester*[2034], justamente aqueles que os romanistas apontam como casos de posse no Direito romano, além, portanto, da posse nos termos do *dominium*[2035].

IV. No que toca ao objecto da posse, SAVIGNY[2036] afirma expressamente de que a posse só se refere a coisas corpóreas. E sobre estas a posse processa-se unicamente nos termos do direito de propriedade, quer dizer, a situação do usufrutuário, do titular de uma servidão predial ou do superficiário não confere posse, mesmo se, sendo perturbado o exercício destes direitos, possa haver lugar a uma tutela interdital[2037].

Sem novidade, SAVIGNY[2038] qualifica os direitos reais menores como coisas incorpóreas, sobre os quais, repete-se, não pode haver uma verdadeira

---

[2025] Das Recht des Besitzes, cit., pág. 119 a 121, pág. 246 e pág. 282 e segs.

[2026] Se este conceito viria a receber a surpreendente adesão da larga maioria dos pandectistas posteriores, foi também sujeito a crítica severa, por vezes, retumbante, primeiro, pela limitação do *animus possidendi* ao *animus domini*, e, segundo, pela excepcionalidade com que trata casos que no Direito romano não tinham essa natureza. Na análise a que procedemos do pensamento alemão seguinte indicamos, em nota de rodapé, os autores alemães críticos de SAVIGNY; cf. *infra*.

[2027] SAVIGNY deixa claro que se trata sempre de excepções à regra (a de que a posse existe sempre no âmbito do direito de propriedade).

[2028] SAVIGNY, Das Recht des Besitzes, cit., pág. 282.

[2029] SAVIGNY, Das Recht des Besitzes, cit., pág. 246 e pág. 282 e segs.

[2030] Das Recht des Besitzes, cit., pág. 119 e pág. 246.

[2031] SAVIGNY, Das Recht des Besitzes, cit., pág. 293.

[2032] SAVIGNY, Das Recht des Besitzes, cit., pág. 119 e segs. e 293 e segs.

[2033] SAVIGNY, Das Recht des Besitzes, cit., pág. 301 e segs.

[2034] SAVIGNY, Das Recht des Besitzes, cit., pág. 301 e segs.

[2035] Sobre isto, cf. *supra* no texto.

[2036] SAVIGNY, Das Recht des Besitzes, cit., pág. 190 e segs.

[2037] SAVIGNY, Das Recht des Besitzes, cit., pág. 192 e segs.

[2038] SAVIGNY, Das Recht des Besitzes, cit., pág. 193.

posse jurídica, mas apenas um *quasi possidere* (*quasi possessio*). A posse fica reservada, assim, para as coisas corpóreas e sempre no âmbito da propriedade[2039].

Explanando o seu pensamento neste ponto, SAVIGNY[2040] oferece um desenvolvimento interessante sobre a posição do usufrutuário, em controvérsia com alguns autores anteriores, nomeadamente, com GALVANO[2041]. O autor alemão analisa a afirmação de que na mesma pessoa pode residir simultaneamente uma *possessio corporis* e uma *possessio juris*, ou seja, aquilo que hoje diríamos ser ao mesmo tempo um possuidor e detentor, e rejeita que o usufrutuário tenha uma posse da coisa, conferindo-lhe o estatuto de detentor (SAVIGNY menciona literalmente uma *possessio naturalis*). A posse está sempre com o proprietário, ainda que o usufrutuário detenha a coisa, sendo exercida através dele[2042]. Ao usufrutuário caberá a posse jurídica, relativa ao direito de usufruto, que constitui uma *quasi possessio* ou *possessio iuris*[2043], ou seja, por outras palavras, não tem posse.

Pode a posse ter por objecto uma parte de coisa? SAVIGNY[2044] dedica à questão um parágrafo inteiro da sua obra sobre o Direito da posse. Na sua opinião, a posse pode incidir sobre uma parte de coisa em dois casos:
- A parte de coisa poder valer autonomamente como coisa, por se encontrar bem delimitada[2045];
- O todo da coisa ser somente partilhado de forma ideal, contando que também aqui a extensão de cada parte esteja totalmente determinada[2046]. O exemplo dado reside na quota de uma herança adquirida juntamente com outros.

Fora destes dois casos, uma posse de parte de coisa deve ter-se por impossível, ou por ser fisicamente impossível ou pela impossibilidade resultar de fundamentos jurídicos vários[2047].

V. Se em regra a posse se reporta somente ao proprietário e, excepcionalmente, nos casos denominados de posse derivada, ao enfiteuta, credor pignoratício, precarista e *sequester*, todas as outras situações em que o titular

---

[2039] SAVIGNY, Das Recht des Besitzes, cit., pág. 190 e segs.
[2040] SAVIGNY, Das Recht des Besitzes, cit., pág. 193.
[2041] Sobre este autor, cf. *supra* no texto.
[2042] SAVIGNY, Das Recht des Besitzes, cit., pág. 194.
[2043] SAVIGNY, Das Recht des Besitzes, cit., pág. 194.
[2044] Das Recht des Besitzes, cit., pág. 260 e segs.
[2045] SAVIGNY, Das Recht des Besitzes, cit., pág. 260 e seg.
[2046] SAVIGNY, Das Recht des Besitzes, cit., pág. 261 e segs.
[2047] SAVIGNY, Das Recht des Besitzes, cit., pág. 263 e seg.

de um direito, real ou de outra natureza, tem a coisa fisicamente consigo, mas não actua com *animus domini*, são para SAVIGNY[2048] de mera detenção e não de posse. A posse representa a exteriorização da propriedade; sem *animus domini* a ordem jurídica não reconhece a posse.

Deste modo, são meros detentores, o comodatário[2049], o locatário[2050], o depositário[2051] (com excepção do *sequester*), o procurador[2052], bem como os titulares de *ius in re*, nomeadamente, o usufrutuário[2053], o usuário[2054], o titular de servidões prediais[2055] e o superficiário[2056].

VI. No problema de saber se sobre uma coisa podem incidir várias posses ou se apenas uma se afigura possível SAVIGNY[2057] reitera a máxima perfilhada por LABEÃO e PAULO contra SABINO e TREBAZIO e que o Imperador Justiniano adoptou como regra geral nas suas compilações: *"plures eandem rem in solidum possidere non possunt"*.

SAVIGNY não admite praticamente situações excepcionais de concorrência de posses sobre a mesma coisa: toda a posse é exclusiva, diz ele[2058]. E isto sucede mesmo nos casos denominados de posse derivada, nomeadamente, o do enfiteuta ou o credor pignoratício, que recebem a coisa por entrega do possuidor originário. Neste caso, o proprietário e possuidor perde a posse e o enfiteuta recebe o *ius possessionis*, permanecendo apenas uma posse (do enfiteuta) sobre a coisa.

Da pluralidade de posses sobre a mesma coisa distingue SAVIGNY[2059] a situação de pluralidade de possuidores (*compossessio*), que admite somente nos casos em que a posse incide sobre uma parte delimitada da coisa e se refira a uma parte ideal e não real, excluindo-a em todos os outros casos.

Das fontes romanas SAVIGNY retira duas regras que declara aplicáveis na actualidade:

[2048] Das Recht des Besitzes, cit., pág. 114 e segs. e pág. 282 e segs.
[2049] SAVIGNY, Das Recht des Besitzes, cit., pág. 283.
[2050] SAVIGNY, Das Recht des Besitzes, cit., pág. 283.
[2051] SAVIGNY, Das Recht des Besitzes, cit., pág. 301.
[2052] SAVIGNY, Das Recht des Besitzes, cit., pág. 283.
[2053] SAVIGNY, Das Recht des Besitzes, cit., pág. 286.
[2054] SAVIGNY, Das Recht des Besitzes, cit., pág. 286.
[2055] SAVIGNY, Das Recht des Besitzes, cit., pág. 289.
[2056] SAVIGNY, Das Recht des Besitzes, cit., pág. 289.
[2057] Das Recht des Besitzes, cit., pág. 170 e segs.
[2058] Das Recht des Besitzes, cit., pág. 170.
[2059] Das Recht des Besitzes, cit., pág. 170 e seg.

– Quando, segundo as fontes, uma posse continua, então, nenhuma nova posse se segue[2060];
– Quando o Direito romano reconhece uma nova posse, a anterior deve considerar-se extinta[2061].

Todos os contributos renovadores dos séculos anteriores sobre a possibilidade de uma pluralidade simultânea de posses sobre a coisa são ignorados por Savigny, que procede a uma crítica vigorosa dessas posições. Em seu abono, talvez se possa dizer que se limitou a abraçar o pensamento romano dominante e, afinal, a sua intenção era a reconstituição do sistema jurídico romano da posse e não propriamente a apresentação de uma nova dogmática possessória.

VII. Na repetida controvérsia sobre se a posse constitui um facto ou um direito, Savigny[2062] afirma que ela tem simultaneamente a natureza de um facto e de um direito. Primitivamente, teria nascido sem consideração a regras jurídicas, sendo independente do Direito; adquiria-se e perdia-se pelo uso da força e não poderia ser transmitida de um possuidor a outro[2063], o que lhe conferiria a sua dimensão fáctica. Na actualidade, este carácter de facto proviria da relação estabelecida com a coisa, da detenção dela[2064].

A circunstância de à posse se ligarem efeitos jurídicos[2065] faz dela, por outro lado, e segundo Savigny[2066], uma entidade jurídica, um direito. De que direito se trata, em que classe de direitos patrimoniais se integra, responde Savigny[2067] em capítulo dedicado ao tema.

O tratamento de Savigny sobre a natureza da posse parte dos dois efeitos jurídicos que o autor liga sempre a ela: a usucapião e os interditos[2068]. Porquanto, de acordo com Savigny[2069], não tem interesse indagar sobre a

---

[2060] Savigny, Das Recht des Besitzes, cit., pág. 185 e seg.
[2061] Savigny, Das Recht des Besitzes, cit., pág. 186.
[2062] Das Recht des Besitzes, cit., pág. 43 e segs.
[2063] Savigny, Das Recht des Besitzes, cit., pág. 44 e seg., explica que um possuidor não pode ser sucessor de outro e que a nova posse vem a ser sempre independente da anterior.
[2064] Savigny, Das Recht des Besitzes, cit., pág. 47.
[2065] Nomeadamente, a usucapião e os interditos.
[2066] Das Recht des Besitzes, cit., pág. 43 e segs.
[2067] Das Recht des Besitzes, cit., § 6, pág. 48 e segs.
[2068] O que lhe valeu a crítica de alguns dos romanistas da época. Cf., por exemplo, Burchardi, "Possessio civilis ist weder gleichbedeutend mit possessio ad usucapionem, noch mit possessio ad interdicta", Archiv für die civilistische Praxis, 1837, 20, pág. 14 e segs.
[2069] Das Recht des Besitzes, cit., pág. 48.

natureza da posse relativamente à usucapião, a análise do tema incide sobre os interditos.

Ora, esclarece Savigny[2070], dado que os romanos centraram a construção do seu sistema de protecção no âmbito processual e não substantivo, o regime da protecção interdital da posse evidencia que esta se integra, dentro do Direito privado, no Direito das Obrigações. No Direito romano – e apesar deste não o fazer – Savigny[2071] observa que os interditos se enquadram nas *obligationes ex maleficiis*, as quais corresponderiam no processo civil alemão do seu tempo a *obligationes ex delictis*.

Sem contar com o efeito jurídico da usucapião, a natureza da posse como direito decorre para Savigny[2072] unicamente da protecção interdital contra situações de violação. Abstraindo deste efeito a posse não seria um direito, mas um mero facto[2073]. Por esta razão, o fundador da Escola Histórica do Direito analisa a natureza da posse unicamente a partir dos interditos possessórios e da sua inserção sistemática na ordem jurídica.

Neste enquadramento tão redutor, e tecnicamente impreciso, em que a natureza da posse como direito se avalia tão-somente a partir da natureza dos interditos possessórios, confundindo-se ambas as coisas, não admira que Savigny não discuta a opinião – que conhece evidentemente – dos autores anteriores e contemporâneos que a qualificam como um *ius in re, ius ad rem* ou como outro direito. Aliás, Savigny[2074] chega mesmo a afirmar não ser ali o local adequado para versar sobre o confronto da posse com os *ius in re, ad rem* ou qualquer outro direito, o que não pode deixar de se estranhar.

Não deve surpreender, assim, que a opinião de Savigny sobre a natureza da posse não seja atendida ou sequer discutida pelos autores, preferindo-se, pura e simplesmente, omitir a referência a ela. Reconduzir a posse em geral ao Direito das Obrigações em virtude dos interditos possessórios, olvidando a ponderação do direito posse no confronto com os outros direitos subjectivos patrimoniais, nomeadamente, os direitos reais, sem excluir a categoria dogmática dos *iura ad rem*, não contribui realmente para os predicados de mérito da obra deste grandioso mestre alemão.

[2070] Das Recht des Besitzes, cit., pág. 48 e segs.
[2071] Das Recht des Besitzes, cit., pág. 49 e seg.
[2072] Das Recht des Besitzes, cit., pág. 51.
[2073] Das Recht des Besitzes, cit., pág. 51.
[2074] Das Recht des Besitzes, cit., pág. pág. 51 e segs.

28. O pensamento possessório alemão na pandectística do século XIX e para além dela

I. O século XIX oferece uma rica e diversificada abordagem do instituto possessório, que não se limita, muito longe disso, à dogmática pandectística, embora se deva reconhecer o papel central que esta desempenha na sistematização do material jurídico e, naturalmente, também na posse, sem esquecer, em particular, a sua repercussão na discussão do Código civil alemão e na redacção final do BGB.

Dentro da doutrina do século XIX, começa-se por citar THIBAUT[2075], com uma monografia sobre a posse logo no princípio desse século, não obstante a sua obra se dever integrar no período anterior, a cuja discussão científica alude[2076]. Em todo o caso, impressiona particularmente a quase ausência de menções ou citações que este trabalho de THIBAUT merece nos autores alemães do século XIX.

A monografia de SAVIGNY[2077], ao invés, marca todo o debate científico sobre o tema durante este século, com reflexos que se mantêm ainda no presente. SAVIGNY, então um jovem de 24 anos, prescinde da prática do Direito comum dos séculos anteriores e da dogmática que se erguera na sua discussão, incluindo o Direito germânico, apresentando o Direito romano das fontes primitivas como Direito positivo. Basta ler a pandectística posterior para se ter uma ideia da influência do pensamento de SAVIGNY no tratamento da posse e de como a sua interpretação do Direito romano triunfou largamente nos autores alemães posteriores[2078]. Discordâncias individuais, aqui e ali, por exemplo, na qualificação da posse como um facto que predomina na pandectística, não comprometem a ideia geral: o pensamento pandectista da posse radica em larga parte na investigação de SAVIGNY sobre este instituto no Direito romano.

Fora da pandectística, existe uma plêiade de autores com trabalhos monográficos sobre a posse, alguns deles de importância assinalável, como BRUNS[2079] ou JHERING[2080], a que dedicaremos um tratamento separado, e

---

[2075] Ueber Besitz und Verjährung, cit.
[2076] Conforme se explanou anteriormente. Cf. *supra* no texto.
[2077] Das Recht des Besitzes, cit.
[2078] Não se pense, porém, que o pensamento possessório de SAVIGNY foi aceite sem escrutínio ou mesmo debaixo de severas afirmações de desacordo. Para além dos conhecidos trabalhos de JHERING, a que aludiremos adiante no texto, cf. a análise crítica de LENZ, Das Recht des Besitzes und seine Grunlagen. Zur Einleitung in die Wissenschaft des Römischen Recht, Berlin, 1860.
[2079] BRUNS, Das Recht des Besitzes im Mittelalter und in der Gegenwart, cit.
[2080] Sobre este autor, cf. o número seguinte.

outros, como Hufeland[2081], Gans[2082], Lenz[2083], Pfeifer[2084], Tigerström[2085] e, no espaço austríaco de língua alemã, Zielonacki[2086] e Randa[2087].

A pandectística, se bem que dominante durante o curso do século XIX no espaço jurídico de língua alemã, não absorveu todos os esforços científicos em matéria de posse e os seus postulados dogmáticos nem sempre triunfaram na visão dos cultores germânicos do Direito. Há ainda as soluções positivadas nos vários Ländern no curso do século XIX[2088].

II. Na pandectística encontra-se uma pluralidade de noções de posse, praticamente uma por cada autor. Essas noções podem classificar-se em duas espécies: as que definem a posse simplesmente como um domínio, um poder, ou, mais frequentemente, um senhorio sobre a coisa e aquelas que a integram numa relação jurídica entre o sujeito e a coisa.

Assim, e sem nenhum preocupação de exaustividade, Burchardi[2089] diz ser a posse "o senhorio corpóreo, de facto, sobre uma coisa"; Windscheid[2090] afirma ser a posse o poder de facto que alguém tem sobre a coisa. Dernburg[2091], por sua vez, define a posse como "o senhorio real sobre o bem coisa" e Puchta[2092] como "o poder de facto sobre a coisa". De modo semelhante, Baron[2093] ensina que a posse constitui "o senhorio de facto de uma pessoa sobre uma coisa corpórea", Wendt[2094] alude simplesmente ao senhorio sobre coisas, explicando que onde haja de facto um senhorio

---

[2081] Neue Darstellung der Rechtslehre vom Besitz vorzüglich durch genauere Feststellung ihres Hauptgesichtspunkts, Tasche, 1815.
[2082] Ueber der Grundlage des Besitzes, Berlin, 1839.
[2083] Das Recht des Besitzes und seine Grunlagen, cit.
[2084] Was ist und gilt im römischen Recht des Besitz? – Eine Abhandlung gerichtet gegen die von Savignysche Doktrin über das Rechts des Besitzes, Tübingen, 1840.
[2085] Die bonae fidei possessio oder Das Recht des Besitzes – Eine civilistische Abhandlung, Berlin, 1836.
[2086] Der Besitz nach dem Römischen Rechte, Berlin, 1854.
[2087] Der Besitz nach österreichischem Rechte, 4. Auflage, Leipzig, 1895.
[2088] A título de exemplo Koch, Die Lehre vom Besitz nach Preussischen Rechte, mit Rüchsicht auf das gemeine Recht und die Materialen des Allgemeinen Landrechts, Zweite Ausgabe, Breslau, 1839.
[2089] Das System und die Innere Geschichte des Römischen Privatrechts, Zweite Abtheilung, Stuttgart, 1844, pág. 369.
[2090] Lehrbuch des Pandektenrechts , 6. Auflage, Frankfurt, 1887, pág. 477.
[2091] Pandekten, 6. Auflage, Band 1, 2, Berlin, 1900, pág. 1.
[2092] Lehrbuch der Pandekten, cit., pág. 185.
[2093] Pandekten, 9. Auflage, Leipzig, 1896, pág.
[2094] Lehrbuch der Pandekten, Jena, 1888, pág. 287.

sobre uma coisa existe posse, e Keller[2095] enuncia que a posse "é o senhorio físico e corpóreo sobre uma coisa, total e exclusivo".

Outras formulações constroem a posse como uma relação entre uma pessoa e uma coisa, o que as deixa, aliás, à mercê das críticas levadas a cabo posteriormente pelas concepções personalistas do Direito e da relação jurídica. Assim, para Arndts[2096] a posse constitui "o senhorio sobre uma coisa correspondente à relação fáctica de uma pessoa a uma coisa"; Wächter[2097] sublinha que "a posse não é mais do que uma relação fáctica (a uma coisa)" e Brinz[2098] diz que a posse "é uma relação fáctica de uma coisa corpórea a uma pessoa"[2099]. A ideia repete-se em outros, como, por exemplo, Pfeifer[2100], Böcking[2101], Sintenis[2102], Mackeldey[2103] ou Wening-Ingenheim[2104].

III. Apesar da visão de Savigny[2105], segundo o qual, a posse seria simultaneamente um facto e um direito, a pandectística revela uma prática unanimidade quanto à sua qualificação como um mero facto[2106-2107]. Desse facto decorrem, no entanto, efeitos jurídicos, que não se repercutem, porém, na natureza jurídica do instituto.

[2095] Pandekten, 2. Auflage, Band 1, Leipzig, 1867, pág. 255.
[2096] Arndts, Lehrbuch der Pandekten, 9. Auflage, Stuttgart 1877.
[2097] Pandekten, Band 2, Besonderer Theil, Leipzig 1880, pág. 30 e seg.
[2098] Lehrbuch der Pandekten, Band 1, cit., pág. 492.
[2099] Uma crítica a esta formulação pode ler-se em Randa, Der Besitz nach österreichischem Rechte, 4. Auflage, Leipzig, 1895, pág. 2, 2a).
[2100] Was ist und gilt im römischen Recht des Besitz?, cit., pág. 1, pág. 6, pág. 10.
[2101] Römisches Privatrecht, cit., pág. 51 e seg.
[2102] Das practische gemeine Civilrecht, cit., pág. 441.
[2103] Lehrbuch des heutigen römischen Rechts, cit., pág. 11.
[2104] Lehrbuch des Gemeinen Civilrechtes, Band 1, pág. 445.
[2105] Cf. *supra* no texto.
[2106] Para além de Windscheid e de Dernburg, que citamos em baixo, cf., entre outros, Wächter, Pandekten, cit., pág. 30 e segs., Thibaut, cit., pág. 165 e seg., Brinz, Lehrbuch der Pandekten, Band 1, cit., pág. 492, Baron, Pandekten, cit., pág. 217, Keller, Pandekten, cit., pág. 255. Fora da pandectística, entre outros, Burchardi, Das System und die Innere Geschichte des Römischen Privatrechts, cit., pág. 369, Pfeifer, Was ist und gilt im römischen Recht des Besitz?, cit., pág. 1 e pág. 6, Wening-Ingenheim, Lehrbuch des Gemeinen Civilrechtes, cit., pág. 244, Mackeldey, Lehrbuch des heutigen römischen Rechts, cit., pág. 11, Glück, Ausführliche Erläuterung der Pandecten nach Hellfeld, 2. Auflage, Band 2, Erlangen, 1800, pág. 556.
[2107] Para uma perspectiva geral, cf. Rudorff, "Ueber den Rechtsgrund der possessorischen Interdikte", Zeitschrift für geschichtliche Rechtswissenschaft, Band 7, 1831, pág. 93 e segs., onde se encontram referências bibliográficas na questão da natureza da posse.

WINDSCHEID[2108] expressa isto de uma forma sintética: "a posse, não sendo embora nenhum direito, tem efeitos jurídicos". Por seu lado, DERNBURG[2109] sustenta que "a posse não é, como muitos crêem, um direito. É antes um fenómeno que fica no exterior do Direito, mesmo que estejam direitos ligados a ela".

Singular apresenta-se a posição de PUCHTA[2110], para o qual a posse constitui uma exteriorização fáctica da personalidade; em si, ela configura uma realidade de facto, mas simultaneamente encerra uma relação jurídica, que lhe advém, ao contrário da propriedade, de um outro direito ao qual se liga e que para PUCHTA é o direito de personalidade[2111].

IV. Os velhos elementos estruturais da posse são repetidos, mas a semelhança esconde, por vezes, diferenças subtis que se vão afirmando na doutrina possessória alemã do século XIX.

Seguindo SAVIGNY, também a maioria dos autores pandectistas parte do conceito de detenção como base da posse[2112], sem deixar de reconhecer, na linha da tradição multisecular romana, que o controlo de facto sobre a coisa representa o primeiro elemento estruturante da posse[2113]. Alguns[2114] continuam a chamar a este elemento o *corpus* da posse e não falta quem o descreva como uma relação de facto entre uma pessoa (o possuidor) e a coisa[2115].

[2108] Lehrbuch des Pandektenrechts, cit., pág. 479 e 489 e segs.

[2109] Pandekten, cit., pág. 1 e seg.

[2110] Lehrbuch der Pandekten, cit., pág. 185 e seg.

[2111] Lehrbuch der Pandekten, cit., pág. 185 e seg.

[2112] Por exemplo, WÄCHTER, Pandekten, cit., pág. 31, BARON, Pandekten, cit., pág. 217 e seg., GLÜCK, Ausführliche Erläuterung der Pandecten nach Hellfeld, cit., pág. 552. Fora da pandectística, SINTENIS, Das practische gemeine Civilrecht, cit., pág. 441, MACKELDEY, Lehrbuch des heutigen römischen Rechts, cit., pág. 11 e segs. Já VANGEROW, Lehrbuch der Pandekten, cit., pág. 362, fala antes em apreensão da coisa. Veja-se também ZIELONACKI, Der Besitz nach dem Römischen Rechte, cit., pág. 4 e segs., WARNKÖNIG, Institutiones iuris Romani privati, in usum praelectionum academicarum vulgatae cum introd. in universam iurisprudentiam et in studium iuris romani, Bonnae, 1860, pág. 81, BURCHARDI, Das System und die Innere Geschichte des Römischen Privatrechts, cit., pág. 369 e segs., WENING-INGENHEIM, Lehrbuch des Gemeinen Civilrechtes, Band 1, pág. 257 e segs.

[2113] Assim, WINDSCHEID, Lehrbuch des Pandektenrechts, cit., pág. 484 e segs.

[2114] DERNBURG, Pandekten, cit., pág. 18, WÄCHTER, Pandekten, cit., pág. 31, WENDT, Lehrbuch der Pandekten, cit., pág. 291, TIGERSTRÖM, Die bonae fidei possession, cit., pág. 238 e segs.

[2115] ARNDTS, Lehrbuch der Pandekten, cit., pág. 206 e seg., BRINZ, Lehrbuch der Pandekten, Band 1, cit., pág. 493 e segs.

O controlo fáctico da coisa vem entendido de forma explícita como referido à coisa na sua globalidade ou totalidade[2116], independentemente desse controlo ser exercido pelo próprio possuidor ou por outro em seu nome. Quem exerce apenas uma parte dos poderes sobre a coisa não tem o senhorio dela, não podendo ser considerado possuidor da coisa (*Sachbesitz*).

A este controlo ou senhorio de facto acrescentam alguns[2117] o poder de excluir terceiros da coisa. Quer dizer, o controlo ou senhorio da coisa apareceria ligado igualmente ao facto do possuidor estar na posição de impedir qualquer terceiro de actuar sobre ela[2118].

Para além do elemento material, físico, de controlo ou senhorio sobre a coisa, existe o elemento subjectivo ou intencional, definido como vontade: a vontade de ter a coisa para si[2119]. As menções às expressões tradicionais romanas e a outras posteriores, como *animus possidendi* e *animus sibi habendi*[2120], tendem a ver mitigado o seu uso, permanecendo embora alusões esparsas ao *animus*[2121] e ao *animus domini*, em linha com a tendência dominante de reconduzir a posse (*Sachbesitz*) ao direito de propriedade.

V. A contraposição classificatória principal na pandectística deixa de ser a velha distinção romana entre a *possessio civilis* e a *possessio naturalis* (conquanto esta ainda seja referida e explicada), substituída por uma outra: a que confronta a posse da coisa (*Sachbesitz*) ou simplesmente posse com a posse de direitos (*Rechtsbesitz*).

Enquanto se vai abandonando lenta e gradualmente a classificação romana entre a *possessio civilis* e a *possessio naturalis*, o sentido fundamental da mesma permanece, agora na contraposição entre a posse e a detenção

---

[2116] WINDSCHEID, Lehrbuch des Pandektenrechts, cit., pág. 484 e segs., WENDT, Lehrbuch der Pandekten, cit., pág. 287.

[2117] WÄCHTER, Pandekten, cit., pág. 31 e segs.

[2118] Falta na pandectística a discussão sobre a amplitude do *corpus* possessório, nomeadamente, se se deve atender à formulação de SAVIGNY, que o entende como um controlo físico de uma coisa presente ou, pelo menos, visível, ou se basta a mera possibilidade de actuação sobre ela, como defendem JHERING, PININSKI, STROHAL e RANDA. Veja-se sobre o tema a obra deste último autor, Der Besitz nach österreichischem Rechte, cit., pág. 3.

[2119] WINDSCHEID, Lehrbuch des Pandektenrechts, cit., pág. 485 e segs., GLÜCK, Ausführliche Erläuterung der Pandecten nach Hellfeld, cit., pág. 553 e seg., SINTENIS, Das practische gemeine Civilrecht, cit., pág. 441.

[2120] Cf, em todo o caso, WÄCHTER, Pandekten, cit., pág. 61, WENDT, Lehrbuch der Pandekten, cit., pág. 287, GLÜCK, Ausführliche Erläuterung der Pandecten nach Hellfeld, cit., pág. 553.

[2121] DERNBURG, Pandekten, cit., pág. 18, WÄCHTER, Pandekten, cit., pág. 31, BÖCKING, Pandekten – Grundriß eines Lehrbuches des gemeinen auf das römische Recht gegründeten Civilrechts, fünfte Auflage, Bonn, 1861, pág. 42.

(*Detention, Innehabung*). Esta, considerada juridicamente irrelevante, por não lhe estarem associados efeitos jurídicos, nomeadamente, qualquer um dos efeitos jurídicos da posse (interditos, usucapião, etc.), vem descrita como uma situação fáctica de retenção da coisa, à qual falta a vontade de ter a coisa para si[2122].

Por *Sachbesitz*[2123] entende-se na pandectística a posse da coisa propriamente dita, a *possessio corporis* dos romanos, aquilo que tantas vezes se descreve como a relação de facto entre o sujeito possuidor e a coisa[2124], que tem a expressão física do domínio e assenta no senhorio da coisa.

No pensamento da pandectística alemã existem, no entanto, duas notas distintivas que caracterizam o conceito de *Sachbesitz* e que convém salientar convenientemente. Uma, a primeira, de teor quantitativo, explica-se pela ideia de que a *Sachbesitz* incide sobre a totalidade da coisa e não meramente sobre a coisa em si. WINDSCHEID[2125] exprime isto aludindo a um "poder de facto sobre a coisa na totalidade dos seus aspectos"[2126] e que equivale à maior extensão possível do senhorio sobre a coisa[2127], nomeadamente, no confronto com o que sucede na actuação por referência às servidões (*Rechtsbesitz*).

A segunda nota distintiva tem carácter qualitativo: a *Sachbesitz* constitui uma posse exclusiva sobre a coisa[2128]. E aqui, nesta ideia de exclusividade, recupera-se o velho argumento naturalístico romano, de que a mesma coisa não pode estar simultaneamente debaixo do senhorio de várias pessoas, mas apenas de uma só[2129]. O que leva, inclusive, alguns pandectistas a repetir a formulação textual romana: *"plures eandem rem in solidum possidere non possunt"*[2130].

[2122] WÄCHTER, Pandekten, cit., pág. 31 e seg.
[2123] Cf., por todos, RANDA, Der Besitz nach österreichischem Rechte, pág. 1 e segs.
[2124] WENDT, Lehrbuch der Pandekten, cit., pág. 287 e segs., BARON, Pandekten, cit., pág. 312, ARNDTS, Lehrbuch der Pandekten, cit., pág. 305.
[2125] Lehrbuch des Pandektenrechts, cit., pág.485 e segs.
[2126] Cf. igualmente DERNBURG, Pandekten, cit., pág. 3 e seg.
[2127] Sobre o ponto, e para além de WINDSCHEID, WENDT, Lehrbuch der Pandekten, cit., pág. 288 e Das Faustrecht oder Besitzvertheidigung und Besitzverfolgung, Jena, 1883, pág. 129 e segs., BARON, Pandekten, cit., pág. 312, PUCHTA, Lehrbuch der Pandekten, cit., pág. 187.
[2128] DERNBURG, Pandekten, cit., pág. 3, BRINZ, Lehrbuch der Pandekten, cit., pág. 493, MÜHLENBRUCH, Lehrbuch des Pandekten-Rechts, cit., pág. 49 e segs., PUCHTA, Lehrbuch der Pandekten, cit., pág. 194 e segs.
[2129] BRINZ, Lehrbuch der Pandekten, cit., pág. 493.
[2130] WENDT, Lehrbuch der Pandekten, cit., pág. 287.

A *Sachbesitz* ou posse em sentido próprio, caracterizada nestes termos, respeita unicamente ao direito de propriedade[2131-2132] e nem mesmo os exemplos romanos de posse fora deste direito (do precarista, do *sequester*, do credor pignoratício) impressionam os pandectistas alemães. A posse da coisa, ou simplesmente a posse, reporta-se sempre à propriedade, sendo exercida nos termos respectivos, não faltando alusões a ela como a relação fáctica do exercício daquele direito. Note-se que não está em causa a titularidade do direito de propriedade, sempre irrelevante para a posse, mas só o âmbito de actuação sobre a coisa.

A *Rechtsbesitz*[2133], por sua vez, opondo-se à *Sachbesitz* ou simplesmente à posse, constitui uma posse imprópria, que na literatura da pandectística alemã aparece descrita como não recaindo sobre a coisa corpórea, pelo menos não na sua plenitude ou totalidade, rejeitando a maioria dos autores atribuir-lhe a natureza de uma verdadeira posse[2134]. Ela corresponde nos seus termos à *iuris possessio*, *iuris quasi possessio* ou *quasi possessio* do Direito romano.

O paralelo com o Direito romano surge mais frequentemente por via da assimilação da *Rechtsbesitz* ao uso da coisa nos termos de um direito real menor[2135] ou ao respectivo exercício[2136]. Quem o faz não tem a coisa para si,

---

[2131] Apenas a título de exemplo, cf. KELLER, Pandekten, cit., pág. 255, ARNDTS, Lehrbuch der Pandekten, cit., pág. 205 e segs., BRINZ, Lehrbuch der Pandekten, cit., pág. 495, WINDSCHEID, Lehrbuch des Pandektenrechts, cit., pág. 487, DERNBURG, Pandekten, cit., pág. 3, MÜHLENBRUCH, Lehrbuch des Pandekten-Rechts, cit., pág. 50, WÄCHTER, Pandekten, cit., pág. 50, SEUFFERT, Practisches Pandektenrecht, Erster Band, Zweite Auflage, Würzburg, 1848, pág. 143, BUCHHOLTZ, Versuche über einzelne Theile der Theorie des heutigen Römischen Rechtes, cit., pág. 76 e segs.

[2132] Uma refutação desta doutrina, feita com base numa interpretação muito diversa dos dados do Direito romano, pode ser vista em KIERULFF, Theorie des Gemeinen Civilrechts, cit., pág. 358 e segs. Veja-se também a análise de GLÜCK, Ausführliche Erläuterung der Pandecten nach Hellfeld, cit., pág. 553 e segs., que neste ponto se enquadra muito mais na discussão do século XVIII que na pandectística do século seguinte.

[2133] Sobre ela, cf. DERNBURG, Pandekten, cit., pág. 50 e segs., WINDSCHEID, Lehrbuch des Pandektenrechts, cit., pág. 546 e segs., WÄCHTER, Pandekten, cit., pág. 101 e segs., BRINZ, Lehrbuch der Pandekten, cit., pág. 786 e segs., BARON, Pandekten, cit., pág. 311 e segs., RANDA, Der Besitz nach österreichischem Rechte, cit., pág. 618 e segs.

[2134] As abordagens dos pandectistas não são inteiramente uniformes sobre o ponto. WÄCHTER, Pandekten, cit., pág. 101, afirma que o conceito jurídico de posse não se restringe apenas às coisas corpóreas, englobando igualmente o exercício de facto do conteúdo dos principais direitos reais menores.

[2135] BRINZ, Lehrbuch der Pandekten, cit., pág. 495.

[2136] WÄCHTER, Pandekten, cit., pág. 101 e seg., ARNDTS, Lehrbuch der Pandekten, cit., pág. 305, PUCHTA, Lehrbuch der Pandekten, cit., pág. 206. Na doutrina alemã mais antiga do século XIX,

mas para outro (o proprietário), tendo, por isso, a posição de um mero detentor.

WINDSCHEID[2137], com superior elegância, caracteriza a *Rechtsbesitz* como um senhorio limitado sobre a coisa, que não a atinge na sua globalidade, mas apenas em alguns dos seus aspectos, os que estão implicados nos direitos reais menores a que ela se pode reportar[2138].

Os direitos nos termos dos quais pode haver uma *Rechtsbesitz* são também *iura in re*, como a propriedade[2139]. Desde logo, e à cabeça, as servidões, tanto pessoais (usufruto, uso) como prediais, bem como a enfiteuse e a superfície. Os direitos reais de garantia, em particular, a posição do credor pignoratício no penhor, são excluídos do âmbito da *Rechtsbesitz*[2140].

VI. Sobre o objecto da posse a pandectística alemã revela aparentemente uma perspectiva unitária. Existem, todavia, diferenças menos aparentes na posição de alguns autores que tem muito interesse evidenciar para se perceber fielmente o que se encontra em jogo.

Tomando como ponto de partida a distinção entre a *Sachbesitz* e a *Rechtsbesitz*, que eleva a primeira a posse em sentido próprio, excluindo a segunda dessa qualificação, os autores alemães do século XIX asseveram sem controvérsia que a posse (*Sachbesitz*) tem por objecto as coisas corpóreas e somente estas[2141]. Assim, nas palavras impressivas de KELLER[2143]:

---

cf. THIBAUT, System des Pandekten-Rechts, cit., pág. 227 e seg., GÜNTHER, Principa Iuris Romani Privati Novissimi, Ienae, 1809, pág. 212 e segs., KONOPAC, Die Institutionen des römischen Privatrechts als Grundlage zu Vorlesungen darüber, Jena, 1824, pág. 150 e segs., LANG, Lehrbuch des justinianisch römischen Rechts – Zum Gebrauche bei Institutionenvorlesungen, Mainz, 1830, pág. 139 e segs., SEUFFERT, Practisches Pandektenrecht, cit., pág. 143, MACKELDEY, Lehrbuch des heutigen römischen Rechts, cit., pág. 1 e segs., WENING-INGENHEIM, Lehrbuch des Gemeinen Civilrechtes, Band 1, pág. 433 e seg.

[2137] Lehrbuch des Pandektenrechts, cit., pág. 546.

[2138] WINDSCHEID, Lehrbuch des Pandektenrechts, cit., pág. 546 e segs.

[2139] Cf. BRINZ, Lehrbuch der Pandekten, cit., pág. 756 e segs.

[2140] BRINZ, Lehrbuch der Pandekten, cit., pág. 758.

[2141] WINDSCHEID, Lehrbuch des Pandektenrechts, cit., pág. 493 e segs., BRINZ, Lehrbuch der Pandekten, cit., pág. 475 e 497, LENZ, Das Recht des Besitzes, cit., pág. 118, VANGEROW, Lehrbuch der Pandekten, cit., pág. 360, DERNBURG, Pandekten, cit., pág. 17, BARON, Pandekten, cit., pág. 217, WÄCHTER, Pandekten, cit., pág. 58 e segs., ARNDTS, Lehrbuch der Pandekten, cit., pág. 213, KELLER, Pandekten, cit., pág. 259, PUCHTA, Lehrbuch der Pandekten, cit., pág. 192 e segs., MÜHLENBRUCH, Lehrbuch des Pandekten-Rechts, cit., pág. 53 e segs. Fora da pandectística, veja-se LENZ, Das Recht des Besitzes und seine Grunlagen, cit., pág. 118 e segs, ROSSHIRT, "Zu der Lehre vom Besitz und in besondere von der quasipossessio", Archiv Für die Zivilistiche Praxis, 8, 1825, pág. 22, HUFELAND, Neue Darstellung der Rechtslehre vom Besitz vorzüglich durch genauere Feststellung ihres Hauptgesichtspunkts, cit., pág. 57 e segs., MACKELDEY, Lehrbuch des

"Somente o que pode ser controlado corporeamente pode ser propriamente possuído, não as coisas incorpóreas, não as meras partes de um todo".

Assumindo o lado contrário do argumento, a generalidade dos autores pandectistas sustenta, em conformidade com o pensamento romano na matéria, que a posse não pode incidir sobre coisas incorpóreas[2143]. WINDSCHEID[2144] sintetiza este entendimento, explicando que "por razões naturalísticas, a posse não é possível em objectos incorpóreos".

Neste ponto, porém, a doutrina pandectística alemã desprende-se umbilicalmente do pensamento romano originário. No Direito romano a *iuris possessio* ou *quasi possessio* tem por objecto os *iura* (direitos) – o usufruto, o direito de uso, as servidões prediais – e estes *iura* constituem, no modo de ver romano, verdadeiras coisas incorpóreas[2145]. Isso não sucede, no entanto, na pandectística alemã do século XIX[2146] ou, pelo menos, para não se cometer uma generalização imprudente, com os seus autores mais preponderantes.

Na verdade, as situações identificadas pelos romanos como de *iuris possessio* ou *quasi possessio* aparecem classificadas na pandectística alemã debaixo do conceito de *Rechtsbesitz*, uma posse imprópria, que não constitui verdadeira posse. Pode até dizer-se que a doutrina alemã do século XIX amplia o âmbito da detenção no confronto com o Direito romano, recusando a posse (*Sachbesitz*) ao precarista, ao credor pignoratício e ao *sequeste*r, uma diferença assinalável com o pensamento romano clássico[2147].

---

heutigen römischen Rechts, cit., pág. 11, GOESCHEN, Vorlesungen über das gemeine Civilrecht, Band 1, Einleitung und allgemeiner Teil, Göttingen, 183, pág. 611, WARNKÖNIG, Institutiones iuris Romani privati, cit., pág. 81 e 83, BÖCKING, Pandekten – Grundriß eines Lehrbuches des gemeinen auf das römische Recht gegründeten Civilrechts, cit., pág. 43, REINHARDT, Ueber die gegenstände (Objekte) des Besitzes, in Vermischte Aufsätze aus dem Gebiete der reinen und angewandten Rechtswissenschaft, Erstes Heft, Stuttgart, 1822, pág. 55 e segs., WENING-INGENHEIM, Lehrbuch des Gemeinen Civilrechtes, cit., pág. 256, FRITZ, Erläuterungen, Zusätze und Berichtigungen zu v. Wening-Ingenheims Lehrbuch des gemeinen Civilrechts Freiburg, 1833, pág. 220, SINTENIS, Das practische gemeine Civilrecht, cit., pág. 452, TIGERSTRÖM, Die bonae fidei possessio, cit., pág. 267, nota 1.

[2142] Pandekten, cit., pág. 259.
[2143] Cf. a propósito os autores e locais citados na penúltima nota.
[2144] Lehrbuch des Pandektenrechts, cit., pág. 494.
[2145] Sobre isto, cf. *supra* no texto.
[2146] Para uma abordagem tradicional, veja-se ELVERS, Die römische Servitutenlehre, Marburg, 1856, pág. 817 e segs.
[2147] Para uma visão diferente da pandectística no século XIX alemão, cf. em especial BUCHHOLTZ, Versuche über einzelne Theile der Theorie des heutigen Römischen Rechtes, cit., pág. 76 e segs.

O objecto da *Rechtsbesitz* não reside, todavia, de acordo com o pensamento alemão maioritário do século XIX, no direito ao qual a situação se refere, como acontece na *possessio iuris* ou *quasi possessio* romana, mas sim na própria coisa[2148]. BARON[2149] explica isto da seguinte forma: "as expressões: posse de servidões, posse de direitos, *iuris quasi possessio* são incorrectas, porquanto, nem a servidão nem o direito são possuídos; de modo mais acertado fala-se de um senhorio de facto de uma coisa corpórea em aspectos particulares (...)".

Igualmente esclarecedor, WENDT[2150] escreve: "na verdade, porém, o objecto da posse de direitos (*Rechtsbesitz*) não é outro senão o da posse (*Sachbesitz*), nomeadamente, em ambas, a própria coisa, e somente se distinguem entre si na extensão, uma abrangendo a coisa na totalidade dos seus aspectos, a outra apenas o *uti frui* e também este nalguns casos somente em algumas particularidades". WINDSCHEID[2151] remata: "na realidade, a posse de direitos (*Rechtsbesitz*) e a posse da coisa (*Sachbesitz*) são apenas manifestações de um mesmo conceito mais elevado: o senhorio de facto da vontade sobre a coisa"[2152].

Nesta concepção nota-se outra diferença de fundo com a visão romana da *possessio iuris* ou *quasi possessio*. O objecto desta *possessio iuris* ou *quasi possessio* encontra-se, segundo os juristas romanos, nos *iura*, nunca na coisa, que por razões físicas ou naturais nunca pode estar com mais do que uma pessoa. No entanto, no pensamento pandectista alemão dominante, a *Rechtsbesitz* tem por objecto a coisa corpórea, embora não envolvida na sua totalidade, em toda a extensão do seu aproveitamento possível.

VII. A doutrina pandectística sobre o objecto da posse vai para além das simples considerações enunciadas relativas às coisas corpóreas e incor-

---

[2148] Porém, aparentemente neste sentido, DERNBURG, Pandekten, cit., pág. 4. Sobre esta matéria, cf. as considerações de BUCHHOLTZ, Versuche über einzelne Theile der Theorie des heutigen Römischen Rechtes, cit., pág. 92 e segs.
[2149] Pandekten, cit., pág. 311.
[2150] Lehrbuch der Pandekten, cit., pág. 312. Do mesmo autor veja-se igualmente Das Faustrecht oder Besitzvertheidigung und Besitzverfolgung, cit., pág. 129 e segs.
[2151] Lehrbuch des Pandektenrechts, cit., pág. 492 e seg. e pág. 546 e segs.
[2152] Cf. ainda RIELRUFF, Theorie des Gemeinen Civilrechts, cit., pág. 359 e segs. e BUCHHOLTZ, Versuche über einzelne Theile der Theorie des heutigen Römischen Rechtes, cit., pág. 92 e segs. Contra, BRINZ, Lehrbuch der Pandekten, cit., pág. 786 e segs., para o qual a *Rechtsbesitz* recai sobre direitos e não sobre uma coisa corpórea, e DEGENKOLB, que sublinha a ideia de que a *quasi possessio* romana incidia apenas no *uti frui*, não na coisa. Para uma visão crítica das posições de BRINZ e de DEGENKOLB, Platzrecht und Miethe, cit., pág. 58 e segs., pode ver-se WENDT, Das Faustrecht oder Besitzvertheidigung und Besitzverfolgung, cit., pág. 130 e segs.

póreas. Reiterada a asserção tradicional, segundo a qual, as coisas fora do comércio não podem ser possuídas[2153], o postulado dogmático mais relevante respeita às partes de coisa. E aqui a doutrina alemã não deixa lugar a dúvidas: partes integrantes de coisas não podem constituir objecto de uma posse autónoma[2154].

Em todo o caso, convém precisar um pouco melhor a dogmática alemã do século XIX. Começando pelos imóveis, a pandectística sustenta muito firmemente que a posse de uma coisa imóvel tem carácter unitário. Assim:
- Havendo uma construção no solo, a posse recai sobre a unidade do prédio e não sobre o solo e a construção separadamente[2155];
- Se duas coisas imóveis se combinam, a posse existe sobre o todo. Apenas ocorrendo posteriormente uma separação haverá uma posse para cada uma das coisas separadas[2156];
- Combinando-se uma coisa móvel com uma coisa imóvel, subsiste apenas a posse do imóvel, perdendo a primeira a sua autonomia jurídica na segunda[2157].

Ainda assim, a posse pode vir a incidir sobre uma parte de um imóvel[2158]. A explicação para esta aparente contradição reside no simples facto de essa parte poder valer como coisa independente, se separada da outra parte do

---

[2153] Por vezes, surge também a afirmação de que a coisa deve ser legalmente susceptível de constituir objecto do direito de propriedade. Assim, cf. MÜHLENBRUCH, Lehrbuch des Pandekten-Rechts, cit., pág. 53 e seg., WÄCHTER, Pandekten, cit., pág. 41. Trata-se, no entanto, de uma exigência que não colhe na larga maioria dos autores alemães, pandectistas ou não.

[2154] Fundamental, WINDSCHEID, Lehrbuch des Pandektenrechts, cit., pág. 495 e segs., DERNBURG, Pandekten, cit., pág. 17, BARON, Pandekten, cit., pág. 224, PUCHTA, Lehrbuch der Pandekten, cit., pág. 193, BRINZ, Lehrbuch der Pandekten, cit., pág. 497, ROSSHIRT, "Zu der Lehre vom Besitz und in besondere von der quasipossessio", cit., pág. 22, BURCHARDI, Das System und die Innere Geschichte des Römischen Privatrechts, cit., pág. 374 e seg., BÖCKING, Pandekten – Grundriß eines Lehrbuches des gemeinen auf das römische Recht gegründeten Civilrechts, cit., pág. 43, RIELRUFF, Theorie des Gemeinen Civilrechts, cit., pág. 373 e segs., TIGERSTRÖM, Die bonae fidei possessio, cit., pág. 268, nota 1, MACKELDEY, Lehrbuch des heutigen römischen Rechts, cit., pág. 16 e segs.

[2155] WÄCHTER, Pandekten, cit., pág. 60. Veja-se também RIELRUFF, Theorie des Gemeinen Civilrechts, cit., pág. 375 e seg.

[2156] WÄCHTER, Pandekten, cit., pág. 60.

[2157] WÄCHTER, Pandekten, cit., pág. 60.

[2158] WINDSCHEID, Lehrbuch des Pandektenrechts, cit., pág. 495 e seg., BARON, Pandekten, cit., pág. 224, ARNDTS, Lehrbuch der Pandekten, cit., pág. 213. Para uma explicação disto segundo o pensamento romano, cf. LENZ, Das Recht des Besitzes und seine Grunlagen, cit., pág. 130 e segs., RIELRUFF, Theorie des Gemeinen Civilrechts, cit., pág. 374 e segs., SINTENIS, Das practische gemeine Civilrecht, cit., pág. 452.

imóvel[2159]. Neste caso, não se entende haver posse sobre uma parte de coisa, mas sim sobre uma coisa *a se*.

Neste ponto, a análise muda defronte das coisas móveis. As partes inseparáveis de uma coisa móvel, essas, nunca podem ser possuídas de modo independente; a posse recai somente sobre toda a coisa[2160]. Já as partes separáveis podem ser objecto de posse autónoma, mas somente quando a separação está consumada; até lá existe apenas uma posse da coisa[2161].

Sobre partes meramente intelectuais, as quotas, de uma coisa pode incidir uma posse[2162]. A situação corresponde a uma coisa possuída por várias pessoas nos termos da chamada composse[2163]. Contando que a quota esteja determinada e a vontade de possuir se dirija para ela existe posse sobre a

---

[2159] Diz WINDSCHEID, Lehrbuch des Pandektenrechts, cit., pág. 496, que "partes de um prédio podem ser possuídas como tal, porquanto constituem de facto coisas autónomas". Cf. igualmente SINTENIS, Das practische gemeine Civilrecht, cit., pág. 452.

[2160] WINDSCHEID, Lehrbuch des Pandektenrechts, cit., pág. 496, DERNBURG, Pandekten, cit., pág. 17, BARON, Pandekten, cit., pág. 224, WÄCHTER, Pandekten, cit., pág. 59, ARNDTS, Lehrbuch der Pandekten, cit., pág. 213, PUCHTA, Lehrbuch der Pandekten, cit., pág. 193, BRINZ, Lehrbuch der Pandekten, cit., pág. 497, BURCHARDI, Das System und die Innere Geschichte des Römischen Privatrechts, cit., pág. 375, BÖCKING, Pandekten – Grundriß eines Lehrbuches des gemeinen auf das römische Recht gegründeten Civilrechts, cit., pág. 43, Rielruff, Theorie des Gemeinen Civilrechts, cit., pág. 376 e seg., SINTENIS, Das practische gemeine Civilrecht, cit., pág. 453.

[2161] WÄCHTER, Pandekten, cit., pág. 59, KELLER, Pandekten, cit., pág. 262, PUCHTA, Lehrbuch der Pandekten, cit., pág. 193, BRINZ, Lehrbuch der Pandekten, cit., pág. 497, SCHILLING, Lehrbuch für Institutionen und Geschichte des Römischen Privatrechts, cit., pág. 462, BURCHARDI, Das System und die Innere Geschichte des Römischen Privatrechts, cit., pág. 375, SINTENIS, Das practische gemeine Civilrecht, cit., pág. 453.

[2162] WINDSCHEID, Lehrbuch des Pandektenrechts, cit., pág. 496, DERNBURG, Pandekten, cit., pág. 4 e notas 10 e 11, ARNDTS, Lehrbuch der Pandekten, cit., pág. 67, KELLER, Pandekten, cit., pág. 262, LENZ, Das Recht des Besitzes und seine Grunlagen, cit., pág. 118, BRINZ, Lehrbuch der Pandekten, cit., pág. 497, WENDT, Lehrbuch der Pandekten, cit., pág. 297, HUFELAND, Neue Darstellung der Rechtslehre vom Besitz vorzüglich durch genauere Feststellung ihres Hauptgesichtspunkts, cit., pág. 58, SCHILLING, Lehrbuch für Institutionen und Geschichte des Römischen Privatrechts, cit., pág. 462, WARNKÖNIG, Institutiones iuris Romani privati, cit., pág. 81, MACKELDEY, Lehrbuch des heutigen römischen Rechts, cit., pág. 17.

[2163] DERNBURG, Pandekten, cit., pág. 4, BARON, Pandekten, cit., pág. 223, ARNDTS, Lehrbuch der Pandekten, cit., pág. 67, LENZ, Das Recht des Besitzes und seine Grunlagen, cit., pág. 118, WENDT, Lehrbuch der Pandekten, cit., pág. 296 e seg., HUFELAND, Neue Darstellung der Rechtslehre vom Besitz vorzüglich durch genauere Feststellung ihres Hauptgesichtspunkts, cit., pág. 58, MACKELDEY, Lehrbuch des heutigen römischen Rechts, cit., pág. 17.

mesma²¹⁶⁴. Quanto ao primeiro aspecto, segue-se a regra romana expressada por POMPONIO: *"incertam partem possidere nemo potest"*²¹⁶⁵.

Em coisas complexas (universalidades), a posse existe relativamente a cada uma das coisas que compõem o conjunto²¹⁶⁶, não recaindo nenhuma posse sobre este último²¹⁶⁷. Há, pois, que contar com tantas posses quantas as coisas que integram a universalidade, mas não com uma posse unitária sobre a própria universalidade.

VIII. No problema da extensão ou âmbito da posse, a larga maioria da doutrina alemã do século XIX parte de um postulado central: a posse constitui a exteriorização do exercício do direito de propriedade. Por esta razão, a verdadeira posse (*Sachbesitz*) reporta-se unicamente a este direito.

Quanto à possibilidade de uma posse autêntica relativamente ao exercício de outros direitos, a única fonte de discussão encontra-se nos casos do Direito romano em que se admite a posse sem que esta se refira à propriedade²¹⁶⁸. Neste ponto, o magistério de SAVIGNY faz-se sentir fortemente e uma boa parte da doutrina alemã²¹⁶⁹⁻²¹⁷⁰ fala também em posse derivada –

---

²¹⁶⁴ WINDSCHEID, Lehrbuch des Pandektenrechts, cit., pág. 496.

²¹⁶⁵ Sobre o ponto, e fora da pandectística, cf. LENZ, Das Recht des Besitzes und seine Grunlagen, cit., pág. 117 e segs.

²¹⁶⁶ BARON, Pandekten, cit., pág. 224, WÄCHTER, Pandekten, Band 1, pág. 265 e seg., ARNDTS, Lehrbuch der Pandekten, cit., pág. 213, SCHILLING, Lehrbuch für Institutionen und Geschichte des Römischen Privatrechts, cit., pág. 462, ROSSHIRT, "Zu der Lehre vom Besitz und in besondere von der quasipossessio", cit., pág. 22, SINTENIS, Das practische gemeine Civilrecht, cit., pág. 454 e "Ueber Besitz und Ersitzung verbundener Sachen", Archiv für die civilistische Praxis, 1837, 20, pág. 75 e segs., TIGERSTRÖM, Die bonae fidei possessio, cit., pág. 267, nota 1.

²¹⁶⁷ BARON, Pandekten, cit., pág. 224, WÄCHTER, Pandekten, Band 1, pág. 265 e seg., ARNDTS, Lehrbuch der Pandekten, cit., pág. 213, ZIELONACKI, Der Besitz nach dem Römischen Rechte, cit., pág. 82, GOESCHEN, Vorlesungen über das gemeine Civilrecht, cit., pág 611, SCHILLING, Lehrbuch für Institutionen und Geschichte des Römischen Privatrechts, cit., pág. 462, ROSSHIRT, "Zu der Lehre vom Besitz und in besondere von der quasipossessio", cit., pág. 22, SINTENIS, Das practische gemeine Civilrecht, cit., pág. 454, TIGERSTRÖM, Die bonae fidei possessio, cit., pág. 267, nota 1.

²¹⁶⁸ Cf., porém, BUCHHOLTZ, Versuche über einzelne Theile der Theorie des heutigen Römischen Rechtes, cit., pág. 88 e segs., que sustenta haver no Direito romano posse nos termos do usufruto e das servidões prediais.

²¹⁶⁹ Uma visão crítica da doutrina de SAVIGNY e da maioria dos pandectistas encontra-se em DERNBURG, Pandekten, cit., pág. 11 e seg, que afirma expressamente ser a posse derivada uma construção jurídica estranha às fontes romanas. Cf. a bibliografia indicada na nota seguinte.

²¹⁷⁰ Apesar de se poder dizer que a maioria dos pandectistas de maior relevo apoiaram a tese de SAVIGNY, o seu entendimento da posse derivada foi igualmente sujeito a um forte criticismo de uma mancha significativa de autores, que lhe apontaram o desvirtuamento do entendimento romano do *animus*, por SAVIGNY limitado ao *animus domini*, em aberta colisão com as fontes romanas,

uma posse "anómala" e excepcional – para designar esses casos[2171], que são os do precarista[2172], do *sequester*[2174], do credor pignoratício[2175] e também, para

que em parte alguma indiciam uma tal limitação. A este propósito, cf. WARNKÖNIG, "Über die richtige Begriffsbestimmung des animus possidendi", Archiv für die civilistische Praxis, Band XIII, Heft 2, 1830, pág. 169 e segs., LENZ, Das Recht des Besitzes und seine Grunlagen, cit., pág. 101 e segs., RIELRUFF, Theorie des Gemeinen Civilrechts, cit., pág. 353 e segs., PFEIFER, Was ist und gilt im römischen Recht des Besitz?, cit., pág. 68 e segs., SCHMIDT, Das Commodatum und precarium – Eine Revision der Grundlehren beider, Leipzig, 1841, pág. 10 e segs. e "Ueber den Willen und die Grenze der Tätigkeit des Besitzers", Zeitschrift für Civilrecht und Prozess, Band 10, 1844, pág. 112 e segs., SINTENIS, Das practische gemeine Civilrecht, cit., pág. 443, nota 13, BÖCKING, Pandekten – Grundriß eines Lehrbuches des gemeinen auf das römische Recht gegründeten Civilrechts, cit., pág. 44, GUYET, "Noch einige Bemerkungen über den Begriff des animus possidendi", Zeitschrift für Civilrecht und Prozess, Band 4, 1831, pág. 361 e segs., BUCHHOLZ, Versuche über einzelne Theile der Theorie des heutigen Römischen Rechtes, cit., pág. 75 e segs.
[2171] SCHRÖTER, "Ueber den abgeleiteten Besitz", Zeitschrift für Civilrecht und Prozess, Band 2, 1829, pág. 233 e segs., BARTELS, "Zweifel gegen die Theorie vom abgeleiteten Besitz", Zeitschrift für Civilrecht und Prozess, Band 6, 1833, pág. 177 e segs., BURCHARDI, Das System und die Innere Geschichte des Römischen Privatrechts, cit., pág. 369 e segs. e "Ueber die richtige Begriffsbestimmung des animus possidendi", Archiv für die civilistische Praxis, Band XIII, zweites heft, 1830, pág. 169 e segs., ROSSHIRT, "Zu der Lehre vom Besitz und in besondere von der quasipossessio", cit., pág. 7 e segs. e "Ueber den sogenannten abgeleiteten Besitz", Archiv für die civilistische Praxis, 1838, 21, pág. 242 e segs., VANGEROW, Lehrbuch der Pandekten, cit., pág. 353 e segs., WINDSCHEID, Lehrbuch des Pandektenrechts, cit., pág. 488, nota 6, PUCHTA, Lehrbuch der Pandekten, cit., pág. 190 e seg., WENDT, Lehrbuch der Pandekten, cit., pág. 294 e segs., WÄCHTER, Pandekten, cit., pág. 43, BRINZ, Lehrbuch der Pandekten, cit., pág. 517 e segs. (com crítica ao uso da expressão e propondo outra em alternativa – *"anvertrauter Besitz"*), ARNDTS, Lehrbuch der Pandekten, cit., pág. 209, nota 8 (igualmente com uma análise crítica do termo), MÜHLENBRUCH, Lehrbuch des Pandekten-Rechts, cit., pág. 55 e segs., BÜCHEL, Über die Natur des Pfandrechts, Marburg, 1833, pág. 44 e segs. e Civilrechtliche Erörterungen, Band 1, cit., pág. 159 e segs., GOESCHEN, Vorlesungen über das gemeine Civilrecht, cit., pág. 604 e segs., SCHILLING, Lehrbuch für Institutionen und Geschichte des Römischen Privatrechts, cit., pág. 450, nota k), SINTENIS, "Beiträge zur der Lehre vom juristischen Besitz überhaupt, und dem Pfandbesitz im Besondern", Zeitschrift für Civilrecht und Prozess, cit., pág. 223 e segs. e 414 e segs., WENING-INGENHEIM, Lehrbuch des Gemeinen Civilrechtes, cit., pág. 261 e segs.
[2172] WINDSCHEID, Lehrbuch des Pandektenrechts, cit., pág. 505, DERNBURG, Pandekten, cit., pág. 12, WENDT, Lehrbuch der Pandekten, cit., pág. 294, WÄCHTER, Pandekten, cit., pág. 43, MÜHLENBRUCH, Lehrbuch des Pandekten-Rechts, cit., pág. 56, GOESCHEN, Vorlesungen über das gemeine Civilrecht, cit., pág. 606, SINTENIS, Das practische gemeine Civilrecht, cit., pág. 445, nota 14; contra, BRINZ, Lehrbuch der Pandekten, cit., pág. 495, WENING-INGENHEIM, Lehrbuch des Gemeinen Civilrechtes, cit., pág. 263, BURCHARDI, "Ueber die richtige Begriffsbestimmung des animus possidendi", cit., pág. 169, PFEIFER, Was ist und gilt im römischen Recht des Besitz?, cit., pág. 80 e segs., RIELRUFF, Theorie des Gemeinen Civilrechts, cit., pág. 353 e segs.

DOS PRIMÓRDIOS DA CODIFICAÇÃO CIVIL NA IDADE CONTEMPORÂNEA

alguns, que não a maioria, do enfiteuta[2175] e do superficiário[2176], embora se possam notar diferenças significativas nalguns autores no tocante aos casos admitidos dessa posse[2177].

[2173] WINDSCHEID, Lehrbuch des Pandektenrechts, cit., pág. 506, DERNBURG, Pandekten, cit., pág. 13, WENDT, Lehrbuch der Pandekten, cit., pág. 294, WÄCHTER, Pandekten, cit., pág. 43, MÜHLENBRUCH, Lehrbuch des Pandekten-Rechts, cit., pág. 56, GOESCHEN, Vorlesungen über das gemeine Civilrecht, cit., pág. 606, SINTENIS, Das practische gemeine Civilrecht, cit., pág. 445, nota 14; contra, BRINZ, Lehrbuch der Pandekten, cit., pág. 495, WENING-INGENHEIM, Lehrbuch des Gemeinen Civilrechtes, cit., pág. 263, BURCHARDI, "Ueber die richtige Begriffsbestimmung des animus possidendi", cit., pág. 169, PFEIFER, Was ist und gilt im römischen Recht des Besitz?, cit., pág. 87 e segs., RIELRUFF, Theorie des Gemeinen Civilrechts, cit., pág. 355 e segs.

[2174] BÜCHEL, Über die Natur des Pfandrechts, cit., pág. 44 e segs., WINDSCHEID, Lehrbuch des Pandektenrechts, cit., pág. 505, DERNBURG, Pandekten, cit., pág. 13, WENDT, Lehrbuch der Pandekten, cit., pág. 294, WÄCHTER, Pandekten, cit., pág. 43, MÜHLENBRUCH, Lehrbuch des Pandekten-Rechts, cit., pág. 55 e seg., GLÜCK, Ausführliche Erläuterung der Pandecten nach Hellfeld, cit., pág. 554, GOESCHEN, Vorlesungen über das gemeine Civilrecht, cit., pág. 606, BUCHHOLTZ, Versuche über einzelne Theile der Theorie des heutigen Römischen Rechtes, cit., pág. 79 e seg.; contra, BRINZ, Lehrbuch der Pandekten, cit., pág. 495, SCHILLING, Lehrbuch für Institutionen und Geschichte des Römischen Privatrechts, cit., pág. 448, WENING-INGENHEIM, Lehrbuch des Gemeinen Civilrechtes, cit., pág. 2612, BURCHARDI, "Ueber die richtige Begriffsbestimmung des animus possidendi", cit., pág. 169, PFEIFER, Was ist und gilt im römischen Recht des Besitz?, cit., pág. 75 e segs., RIELRUFF, Theorie des Gemeinen Civilrechts, cit., pág. 357 e segs.

[2175] DERNBURG, Pandekten, cit., pág. 13, MÜHLENBRUCH, Lehrbuch des Pandekten-Rechts, cit., pág. 55, BUCHHOLTZ, Versuche über einzelne Theile der Theorie des heutigen Römischen Rechtes, cit., pág. 82 e seg., GOESCHEN, Vorlesungen über das gemeine Civilrecht, cit., pág. 605, FRITZ, Erläuterungen, Zusätze und Berichtigungen zu v. Wening-Ingenheims Lehrbuch des gemeinen Civilrechts, cit., pág. 223; negam a posse do enfiteuta, ARNDTS, "Zur Lehre von der Emphyteuse", Zeitschrift für Civilrecht und Process, cit., pág. 367 e segs., BRINZ, Lehrbuch der Pandekten, cit., pág. 495, WÄCHTER, Pandekten, cit., pág. 43, SCHILLING, Lehrbuch für Institutionen und Geschichte des Römischen Privatrechts, cit., pág. 448, WENING-INGENHEIM, Lehrbuch des Gemeinen Civilrechtes, cit., pág. 262, BURCHARDI, "Ueber die richtige Begriffsbestimmung des animus possidendi", cit., pág. 169, PFEIFER, Was ist und gilt im römischen Recht des Besitz?, cit., pág. 71 e segs., RIELRUFF, Theorie des Gemeinen Civilrechts, cit., pág. 359, SINTENIS, Das practische gemeine Civilrecht, cit., pág. 445, nota 14.

[2176] DERNBURG, Pandekten, cit., pág. 13, GOESCHEN, Vorlesungen über das gemeine Civilrecht, cit., pág. 606, RIELRUFF, Theorie des Gemeinen Civilrechts, cit., pág. 359, BUCHHOLTZ, Versuche über einzelne Theile der Theorie des heutigen Römischen Rechtes, cit., pág. 83 e segs.; Negam a posse do superficiário, RUDORFF, "Beitrag zur Geschichte der Superficies", Zeitschrift für Geschichtliche Rechtswissenschaft, Band 11, 1842, pág. 228 e segs., BRINZ, Lehrbuch der Pandekten, cit., pág. 495, WÄCHTER, Pandekten, cit., pág. 43, WENING-INGENHEIM, Lehrbuch des Gemeinen Civilrechtes, cit., pág. 262, PFEIFER, Was ist und gilt im römischen Recht des Besitz?, cit., pág. 124 e segs., FRITZ, Erläuterungen, Zusätze und Berichtigungen zu v. Wening-Ingenheims Lehrbuch des gemeinen Civilrechts, Zweites Heft, Freiburg, 1834, pág. 406 e segs.

[2177] Assim, e a título exemplificativo, PUCHTA, Lehrbuch der Pandekten, cit., pág. 190 e nota d) admite apenas o *sequester* e o credor pignoratício, alegando que estes possuidores exteriorizam o *ani-*

Nesta linha de raciocínio não há lugar para a admissão de uma pluralidade de posses (*Sachbesitz*) sobre a mesma coisa[2178]. A posse, importando o senhorio de alguém sobre uma coisa corpórea, só pode caber a um de cada vez (exclusividade); a este propósito, os juristas proeminentes deste período – exceptuando Rierulff[2179] e Buchholtz[2180] – repetem ou citam sempre a regra romana: *"plures eandem rem in solidum possidere non possunt"*.

Seja como for, se a posse, a *Sachbesitz*, respeita a um só, com exclusividade, ela pode coexistir simultaneamente com a *iuris possessio* (*Rechtsbesitz*) sobre a mesma coisa. A exemplificação dada pelos autores alemães relaciona normalmente a posse do proprietário com a situação do usufrutuário[2181], mas vale igualmente para os outros direitos reais de gozo. Àquele que refere a sua actuação sobre a coisa à propriedade cabe a posse (*Sachbesitz*); o que tem a coisa em seu poder para exercer um direito real menor, usufruto ou outro, tem uma *possessio iuris* (*Rechtsbesitz*), que não constitui, já se sabe, uma verdadeira posse.

Posse e quase posse podem, pois, existir simultaneamente com a mesma coisa (corpórea) por objecto, reflexo da incidência simultânea de mais do que um direito real sobre ela. Ainda assim, não deixa de se notar algumas peculiaridades de raciocínio. Windscheid[2182] defende expressamente que só pode haver uma posse e uma quase posse ao mesmo tempo sobre a coisa,

---

mus domini, o que não sucederia nos outros três casos indicados por Savigny. E, como vimos nas notas anteriores, Brinz, Lehrbuch der Pandekten, cit., pág. 495, rejeita a posse em todos esses casos, alegando tratar-se sempre de mera detenção. Cf. igualmente Arndts, Lehrbuch der Pandekten, cit., pág. 209, nota 8.

[2178] Dernburg, Pandekten, cit., pág. 3 e seg., Windscheid, Lehrbuch des Pandektenrechts, cit., pág. 496 e seg., Wendt, Lehrbuch der Pandekten, cit., pág. 287 e 296 e seg., Keller, Pandekten, cit., pág. 259 e segs., Wächter, Pandekten, cit., pág. 58 e segs., Baron, Pandekten, cit., pág. 223 e seg., Mühlenbruch, Lehrbuch des Pandekten-Rechts, cit., pág. 56, Brinz, Lehrbuch der Pandekten, cit., pág. 497 e seg., Schilling, Lehrbuch für Institutionen und Geschichte des Römischen Privatrechts, cit., pág. 461 e seg., Lenz, Das Recht des Besitzes und seine Grunlagen, cit., pág. 135 e segs., Mackeldey, Lehrbuch des heutigen römischen Rechts, cit., pág. 17.

[2179] Com enorme eloquência e brilho, Rielruff, Theorie des Gemeinen Civilrechts, cit., pág. 359 e segs. Como o pensamento romano, que reconhece dividido, não se opõe a várias hipóteses de genuína pluralidade de posses sobre a mesma coisa, nos casos do precarista com o concedente, do superficiário e do proprietário, do credor pignoratício e do devedor.

[2180] Versuche über einzelne Theile der Theorie des heutigen Römischen Rechtes, cit., pág. 76 e segs.

[2181] Cf., por exemplo, Windscheid, Lehrbuch des Pandektenrechts, cit., pág. 485 e segs. e, especialmente, pág. 487, notas 2 e 3.

[2182] Windscheid, Lehrbuch des Pandektenrechts, cit., pág. 547.

com a justificação de que os princípios da posse (*Sachbesitz*) são os mesmos da posse de direitos (*Rechtsbesitz*).

IX. Surgindo a posse somente por referência ao direito de propriedade e constituindo a actuação sobre a coisa nos termos de outro direito real sempre uma quase posse ou posse de direitos (*Rechtsbesitz*), o que dizer relativamente aos direitos de crédito que permitem ao credor ter a coisa consigo, como o depositário, o comodatário, o locatário, etc.?

A questão não oferece dúvidas na generalidade dos autores germânicos[2183] do século XIX: todos eles são detentores, não beneficiando de nenhum dos efeitos da posse (tutela interdital, usucapião, etc.).

O alargamento do âmbito possessório ocorrido no Direito comum nos últimos três séculos debaixo do impulso inicial dos canonistas morre com a pandectística e a sua influência[2184]. A posse confina-se ao comportamento como proprietário da coisa e todos os outros direitos que legitimam uma actuação sobre ela ou atribuem uma posse de direitos (*Rechtsbesitz*) ou a simples detenção, casos do comodatário, do locatário, do depositário, etc.

Todo este cenário seria, no entanto, profundamente alterado na versão final do BGB que entrou em vigor a 1 de Janeiro de 1900 e na ciência jurídica alemã do século XX e XXI.

29. CARL GEORG BRUNS. O pensamento de um historiador da posse

I. A obra fundamental de BRUNS[2185] oferece, essencialmente, uma análise evolutiva no tempo sobre a posse e a dogmática jurídica subjacente, os vários regimes jurídicos vigentes ao longo dos séculos de aplicação do instituto e os intérpretes civilistas dessa história. Ela permanece, ainda hoje, a investigação mais detalhada e compreensiva sobre o tema e deve servir de amparo a quem cuida de aprender a repercussão da história da posse sobre o Direito positivo.

[2183] A título exemplificativo, SINTENIS, Das practische gemeine Civilrecht, cit., pág. 441, nota 4, BARON, Pandekten, cit., pág. 218, PUCHTA, Lehrbuch der Pandekten, cit., pág. 190 e nota d), BRINZ, Lehrbuch der Pandekten, cit., pág. 494 e segs., SCHILLING, Lehrbuch für Institutionen und Geschichte des Römischen Privatrechts, cit., pág. 448, BÜCHEL, Civilrechtliche Erörterungen, Band 1, cit., pág. 159, BUCHHOLTZ, Versuche über einzelne Theile der Theorie des heutigen Römischen Rechtes, cit., pág. 97, GLÜCK, Ausführliche Erläuterung der Pandecten nach Hellfeld, cit., pág. 558.

[2184] Pelo menos até ao advento do segundo e do terceiro projectos do BGB, que realçam aspectos jurídicos da *Gewere* e os combinam no contexto do instituto romano da posse. Sobre isto, cf. adiante no texto.

[2185] BRUNS, Das Recht des Besitzes im Mittelalter und in der Gegenwart, cit.

Ainda assim, se o contributo conhecedor de BRUNS tem tido aproveitamento na reconstituição do passado da posse, pouco ou nada se diz sobre o pensamento filosófico ou científico que o autor expressa na sua obra[2186].

Não se fugirá à verdade, reconhecendo a pouca repercussão do pensamento possessório de BRUNS noutros autores ou na produção legislativa vindoura, da Alemanha e de outros países. Se compararmos a reacção ao trabalho deste autor com o impacto da monografia de SAVIGNY, o pensamento de BRUNS permanece basicamente ignorado. Talvez por não aparentar o mesmo mérito dogmático da sua exposição sobre a história da posse.

Seja como for, entende-se ser de justiça abrir umas breves linhas a ilustrar a concepção de BRUNS sobre a posse.

II. De modo semelhante ao século XIX alemão, também BRUNS[2187] apresenta uma classificação estruturante da posse, dividindo-a em posse de coisa e posse de direito. A primeira tem por base a detenção da coisa[2188], que BRUNS se esforça por demonstrar não assentar numa pura relação fáctica de poder ou actividade física de contacto e controlo sobre a coisa, incluindo igualmente uma componente de vontade. Somente uma vontade de exercer a actividade física sobre a coisa conduz a uma posse da mesma[2189].

Na distinção da vontade subjacente ao controlo físico sobre a coisa pretende BRUNS[2190] fundar a diferença entre a mera detenção e a posse. Para isso, entende o autor, teria de verificar-se, primeiro, o conteúdo e a direcção da vontade e, segundo, a qualidade jurídica da vontade, se ela tem reconhecimento jurídico ou não[2191].

No tocante ao primeiro aspecto, quem possui para si tem posse, quem possui para outrem não tem, não passando de um detentor[2192]. BRUNS esclarece os casos extremos daquele que tem vontade de deter a coisa como proprietário, por um lado, e o que exterioriza um direito no interesse exclusivo de outro, como o procurador, o depositário ou o prestador de serviço. No meio destes extremos, BRUNS afirma existir controvérsia nos casos em que alguém afirma um interesse próprio, nos termos de um direito real ou pessoal.

[2186] BRUNS, Das Recht des Besitzes im Mittelalter und in der Gegenwart, cit., pág. 462 e segs.
[2187] Das Recht des Besitzes im Mittelalter und in der Gegenwart, cit., pág. 465 e segs.
[2188] BRUNS, Das Recht des Besitzes im Mittelalter und in der Gegenwart, cit., pág. 465 e segs.
[2189] BRUNS, Das Recht des Besitzes im Mittelalter und in der Gegenwart, cit., pág. 473 e segs.
[2190] BRUNS, Das Recht des Besitzes im Mittelalter und in der Gegenwart, cit., pág. 467 e seg.
[2191] BRUNS, Das Recht des Besitzes im Mittelalter und in der Gegenwart, cit., pág. 467.
[2192] BRUNS, Das Recht des Besitzes im Mittelalter und in der Gegenwart, cit., pág. 467 e segs.

Ainda assim, BRUNS deixa claro que a detenção geradora de posse supõe o *animus domini*[2193], o que significa, afinal, que a posse existe unicamente nos termos da propriedade e apenas quanto a este direito[2194]. Quem actua sobre coisa alheia, exercendo um direito real ou pessoal, não a detém em toda a sua extensão, ou seja, não a detém para si. Isso engloba o usufruto, o penhor, a enfiteuse, a superfície e também os direitos pessoais[2195]. Neste ponto, BRUNS não se afasta dos autores do seu tempo, sobretudo da SAVIGNY, e acaba na prática por sustentar o mesmo ponto de vista da pandectística alemã.

Quanto ao segundo aspecto, BRUNS[2196] tem em vista as situações de menoridade e de incapacidade. Se o Direito não reconhece a vontade, ou não lhe confere validade, o controlo físico da coisa mostra-se insuficiente para a existência de posse.

Na limitação da posse ao direito de propriedade, BRUNS não revela realmente grande originalidade face à doutrina do seu tempo e à influência largamente dominante de SAVIGNY. Para ele, enquanto a propriedade constitui a atribuição jurídica de uma coisa, a posse representa a exteriorização fáctica deste direito[2197].

III. Analisando a posse de servidões, no contexto da denominada posse de direitos (*Rechtsbesitz*), e numa análise que estende depois aos outros direitos reais de gozo[2198], BRUNS[2199] rejeita que a mesma tenha por base o exercício da servidão, lembrando que esse exercício apenas tem relevo legal em matéria de posse no capítulo da aquisição. A partir do momento que a posse está adquirida, apenas interessa a mera possibilidade fáctica de exercício e não este propriamente dito[2200].

De qualquer modo, segundo BRUNS[2201], aquilo que verdadeiramente carateriza a posse das servidões reside no senhorio limitado sobre a coisa. Enquanto o possuidor nos termos da propriedade ostenta um senhorio global sobre a coisa, estendendo potencialmente a sua actuação a toda ela, o

---

[2193] BRUNS, Das Recht des Besitzes im Mittelalter und in der Gegenwart, cit., pág. 469.
[2194] BRUNS, Das Recht des Besitzes im Mittelalter und in der Gegenwart, cit., pág. 469 e segs.
[2195] BRUNS, Das Recht des Besitzes im Mittelalter und in der Gegenwart, cit., pág. 472.
[2196] Das Recht des Besitzes im Mittelalter und in der Gegenwart, cit., pág. 472 e seg.
[2197] BRUNS, Das Recht des Besitzes im Mittelalter und in der Gegenwart, cit., pág. 473 e segs.
[2198] BRUNS, Das Recht des Besitzes im Mittelalter und in der Gegenwart, cit., pág. 479 e segs.
[2199] Das Recht des Besitzes im Mittelalter und in der Gegenwart, cit., pág. 475 e segs.
[2200] BRUNS, Das Recht des Besitzes im Mittelalter und in der Gegenwart, cit., pág. 475.
[2201] BRUNS, Das Recht des Besitzes im Mittelalter und in der Gegenwart, cit., pág. 476 e segs.

possuidor de servidão tem um senhorio circunscrito, acompanhando o conteúdo do seu direito.

Quer dizer, o possuidor de uma servidão não deixa de ter, em paralelo com o possuidor da propriedade, a possibilidade de facto de actuar sobre a coisa e, portanto, de exercer o direito. Simplesmente, essa possibilidade existe de modo limitado, o que não sucede com a posse referida à propriedade. Esta última configura um senhorio global sobre a coisa, enquanto a posse referida à servidão representa um senhorio limitado[2202]. E aqui aflora, afinal, a relação em que se encontram no regime jurídico a propriedade e a servidão.

Com esta explicação, BRUNS[2203] desvio o critério de distinção entre a posse de coisa (*Sachbesitz*) e a posse de direito (*Recthbesitz*) do objecto, a coisa ou o direito, para a extensão do controlo de facto sobre a coisa possuída. Conquanto a coisa seja o alvo da vontade é o conteúdo ou o direito que surge no seu carácter incorpóreo como objecto desta, surgindo a coisa apenas mediatamente[2204]. A extensão ou amplitude do senhorio de facto dita a diferenciação entre a posse da coisa, que se refere a toda ela, e a posse do direito, limitada pelo conteúdo do direito.

IV. Perguntando se a posse pode surgir em outros direitos, BRUNS[2205] começa por identificar a analogia entre a posse referida às servidões e outros direitos reais de gozo, como a enfiteuse, a superfície, e ainda com um direito real de garantia, em concreto, o penhor.

À pergunta sobre se a posse pode existir em direitos que não sejam reais BRUNS[2206] aponta o carácter duvidoso da questão. Esclarece, porém, que tal questão só tem pertinência quanto à posse de direitos, afastando qualquer aproximação à posse de coisas (*Sachbesitz*)[2207].

Postas as coisas nestes termos, BRUNS[2208] considera a possibilidade de um senhorio de facto sobre a vontade juridicamente vinculada do devedor de uma obrigação, não sem esclarecer que um tal senhorio não se dirige contra a pessoa do modo como sucede com os direitos reais contra a coisa,

---

[2202] BRUNS, Das Recht des Besitzes im Mittelalter und in der Gegenwart, cit., pág. 476 e seg.
[2203] Das Recht des Besitzes im Mittelalter und in der Gegenwart, cit., pág. 477.
[2204] BRUNS, Das Recht des Besitzes im Mittelalter und in der Gegenwart, cit., pág. 478.
[2205] BRUNS, Das Recht des Besitzes im Mittelalter und in der Gegenwart, cit., pág. 479 e segs.
[2206] BRUNS, Das Recht des Besitzes im Mittelalter und in der Gegenwart, cit., pág. 480.
[2207] BRUNS, Das Recht des Besitzes im Mittelalter und in der Gegenwart, cit., pág. 480.
[2208] BRUNS, Das Recht des Besitzes im Mittelalter und in der Gegenwart, cit., pág. 481.

mas no sentido de dispor da prestação do obrigado como objecto do seu direito[2209].

Da forma assim definida, BRUNS[2210] não vê nenhum inconveniente numa admissibilidade de princípio à posse exercida nos termos de um direito de crédito, contando que com a realização da prestação a obrigação não se extinga[2211], sendo exercida repetidamente ou de modo duradouro. O credor de uma obrigação deste tipo pode considerar-se na posse do seu crédito[2212]. O comodato e o arrendamento são dados como exemplo[2213].

Na questão de saber se relativamente a outros direitos, como a família, e a situações pessoais, como o poder paternal ou mesmo o exercício de uma função, BRUNS[2214] afasta um cenário de posse, demarcando-se neste ponto da canonística do século XVIII.

V. Descritas as coisas nestes termos, BRUNS[2215] defende que a posse representa o senhorio de facto do sujeito sobre o objecto do direito.

A posse corresponde, assim, no plano de facto, ao conteúdo do direito sobre o objecto. Se pensarmos na propriedade, a posse constitui o estado de facto desse direito[2216]; se pensarmos na servidão, a posse da servidão será o estado de facto deste direito[2217] e assim por diante.

30. JHERING. A crítica ao pensamento possessório de SAVIGNY e o combate pela teoria objectivista

I. RUDOLF von JHERING vem citado inúmeras vezes como o pai da denominada doutrina objetivista da posse, centrando-se nesse particular aspecto as referências feitas a ele – o da ausência de relevância do *animus* como elemento de distinção entre a posse e a detenção – como se o contributo central deste autor para a dogmática possessória se esgotasse aí.

O trabalho de JHERING em tema de posse ultrapassa muito a controvérsia entre o que ele próprio designa como doutrina subjectivista, apontando SAVIGNY como o seu sustentáculo, e a autoproclamada doutrina objecti-

---

[2209] BRUNS, Das Recht des Besitzes im Mittelalter und in der Gegenwart, cit., pág. 481.
[2210] BRUNS, Das Recht des Besitzes im Mittelalter und in der Gegenwart, cit., pág. 481 e segs.
[2211] Obrigações de prestação instantânea estão, pois, fora do círculo de créditos susceptíveis de constituir objecto de posse.
[2212] BRUNS, Das Recht des Besitzes im Mittelalter und in der Gegenwart, cit., pág. 482.
[2213] BRUNS, Das Recht des Besitzes im Mittelalter und in der Gegenwart, cit., pág. 483.
[2214] BRUNS, Das Recht des Besitzes im Mittelalter und in der Gegenwart, cit., pág. 484 e seg.
[2215] BRUNS, Das Recht des Besitzes im Mittelalter und in der Gegenwart, cit., pág. 486 e segs.
[2216] BRUNS, Das Recht des Besitzes im Mittelalter und in der Gegenwart, cit., pág. 486.
[2217] BRUNS, Das Recht des Besitzes im Mittelalter und in der Gegenwart, cit., pág. 487.

vista, de que surge como arauto e fautor. Não obstante não esgotar a análise do regime jurídico da posse, versando sobre todos os aspectos do instituto, a extensão do seu trabalho abarca o fundamento e a estrutura do mesmo em monografias distintas e neste sentido compreende a espinha dorsal e a filosofia de qualquer doutrina possessória de fundo.

A obra de JHERING em tema de posse constitui certamente uma das mais relevantes da história da posse, embora nos queira parecer que o seu impacto se afigura, apesar de tudo, relativamente diminuto, sobretudo no seu país de origem, onde a doutrina possessória de SAVIGNY, que representa em muitos pontos a ortodoxia dogmática da posse, prevaleceu largamente, ao contrário de alguns países latinos, nomeadamente, Portugal, em que a sua doutrina é equiparada à de SAVIGNY e discutida e ensinada conjuntamente.

Os dois trabalhos mais significativos de JHERING são de índole monográfica, o primeiro sobre o fundamento da posse[2218] e o segundo, talvez mais célebre pelo antagonismo com a doutrina subjectivista da posse, sobre o âmbito da vontade na posse[2219]. Estas obras complementam-se com a publicação de outros estudos, alguns de grande fôlego e relevância dogmática, em várias revistas jurídicas[2220]. Há ainda uma dissertação académica, menos conhecida e muito menos citada, do início da sua carreira[2221].

Apesar da lucidez e do rasgo da análise em múltiplos lugares da sua obra, para além do brilhantismo pessoal do autor, a doutrina de JHERING

[2218] Über den Grund des Besitzschutzes. Eine Revision der Lehre vom Besitz, 2. Auflage, Jena, 1869.

[2219] Der Besitzwille. Zugleich eine Kritik der herrschenden juristischen Methode, Jena, 1889.

[2220] "Beiträge zur Lehre vom Besitz", In Jahrbücher für die Dogmatik des heutigen römischen und deutschen Privatrechts, Band 9, 1868, págs. 1-196, "Der Besitz, die Thatsächlichkeit des Eigenthums", In Allgemeine österreichische Gerichtszeitung, 1868, págs. 171-173, "Besitz", in Johannes Conrad und Wilhelm Elster (Hg.): Handwörterbuch der Staatswissenschaften, Babeuf – Dutot, Band 2, 2 Bände, Jena, 1891, págs. 406-426, "Der Besitz", In Jahrbücher für die Dogmatik des heutigen römischen und deutschen Privatrechts, Band 32, 1893, págs. 41-98. Outros trabalhos com referências possessórias são: "Beiträge zur Lehre von der Gefahr zum Kaufcontract", Teil 1, in Jahrbücher für die Dogmatik des heutigen römischen und deutschen Privatrechts, Band 3, 1859, págs. 449-488, "Beiträge zur Lehre von der Gefahr zum Kaufcontract", Teil 2, In Jahrbücher für die Dogmatik des heutigen römischen und deutschen Privatrechts, Band 4, 1861, págs. 366-483, "Ist der ehemalige gutgläubige Besitzer einer fremden Sache verpflichtet, nach deren Untergang dem Eigenthümer derselben den gelösten Kaufpreis herauszugeben? Ein Beitrag zur Lehre von den Grenzen des Eigenthumschutzes", In Jahrbücher für die Dogmatik des heutigen römischen und deutschen Privatrechts, Band 16, 1878, págs. 230-318.

[2221] De heridate possidente. Dissertation, Berlin, 1842.

não projectou influência sobre os trabalhos do BGB nem arrastou consigo um número considerável de autores, mesmo contando com o âmago da disputa entre o subjectivismo e objectivismo, a que na Alemanha foi sempre dada uma importância muito contida e limitada à matéria de aquisição da posse.

II. No seu estudo sobre o fundamento da posse, JHERING[2222] sustenta ser ela o estado de facto da propriedade[2223] e o seu regime um amparo auxiliar para a defesa desse direito[2224]. É no "interesse" da propriedade que se justificam os meios de tutela da posse e o próprio conceito de posse, diz JHERING[2225].

A posse facilita, por conseguinte, a acção do proprietário na defesa do direito de propriedade[2226]. A essa defesa fica votada, no entender de JHERING[2227], a protecção possessória, que constitui, defende o autor, um complemento do sistema romano de propriedade[2228].

No desenvolvimento desta ideia, da posse como meio de defesa da propriedade, JHERING[2229] chega mesmo a afirmar que a posse constitui uma posição de propriedade ("Eigenthumsposition")[2230] e que o seu exercício representa a vontade associada a este direito[2231]. Para o demonstrar, JHERING[2232] assume os seguintes postulados:

– Os limites à possibilidade da propriedade constituem os limites à possibilidade da posse; onde não pode haver propriedade não pode haver

---

[2222] Über den Grund des Besitzschutzes, cit., pág. 45 e segs. O autor volta ao tema no seu trabalho "Beiträge zur Lehre vom Besitz", cit., pág. 3 e segs., insistindo na análise já feita anteriormente na primeira obra.

[2223] Über den Grund des Besitzschutzes, cit., pág. 45 e segs., pág. 179 e segs. e pág. 187 e segs. e "Beiträge zur Lehre vom Besitz", cit., pág. 44 e segs., 122 e segs. e particularmente 153 e segs.; veja-se também "Der Besitz, die Thatsächlichkeit des Eigenthums", cit., págs. 171 e segs. e "Der Besitz", cit., pág. 42.

[2224] Über den Grund des Besitzschutzes, cit., pág. 45 e segs. e 62 e segs.

[2225] Über den Grund des Besitzschutzes, cit., pág. 185. A mesma ideia surge igualmente desenvolvida em "Beiträge zur Lehre vom Besitz", cit., pág. 122 e segs.

[2226] Über den Grund des Besitzschutzes, cit., pág. 45 e pág. 64 e "Beiträge zur Lehre vom Besitz", cit., pág. 44 e segs.

[2227] Über den Grund des Besitzschutzes, cit., pág. 46.

[2228] Über den Grund des Besitzschutzes, cit., pág. 46 e segs. e "Beiträge zur Lehre vom Besitz", cit., pág. 46 e segs., especialmente, pág. 51 e segs.

[2229] Über den Grund des Besitzschutzes, cit., pág. 54 e segs.

[2230] Posição e argumento expressamente reiterados em "Beiträge zur Lehre vom Besitz", cit., pág. 44 e segs.

[2231] Über den Grund des Besitzschutzes, cit., pág. 54.

[2232] Über den Grund des Besitzschutzes, cit., pág. 143 e segs.

posse²²³³; o inverso pode dizer-se igualmente²²³⁴. Posse e propriedade andam em paralelo²²³⁵;
– A posse representa a factualidade, a visualidade da propriedade²²³⁶.

Esta relação entre a posse e a propriedade parece apontar para que a primeira esteja compreendida no conteúdo da segunda, um aspecto que JHERING deixará explicitado num dos seus últimos estudos sobre a posse²²³⁷. As palavras do autor são claras²²³⁸: em si a posse constitui uma relação jurídica sem sentido jurídico e somente da propriedade recebe "um significado jurídico reflectido".

JHERING²²³⁹, contudo, não deixa de esclarecer a autonomia e independência da posse face à propriedade, ilustrando com o facto de o não proprietário possuidor receber também tutela possessória, podendo-a usar, inclusive, não apenas contra terceiros, mas também contra o proprietário não possuidor²²⁴⁰.

Seja como for, colocando as coisas neste plano, JHERING abdica de procurar um fundamento para a posse no interior desta. A função da posse reside na facilitação da prova da propriedade e está ao serviço deste desiderato²²⁴¹.

O pensamento de JHERING, na parte exposta, provoca algumas interrogações. Da mera constatação histórica de que a posse pode ter nascido para defesa da posição jurídica do precarista e do concessionário bens do *ager publicus*²²⁴², portanto, em situações nas quais a propriedade não se afigura legalmente possível, e que surge igualmente em outras situações que não a propriedade, referida a outros direitos, como o próprio JHERING exporá noutra obra²²⁴³, nascem dúvidas legítimas sobre se a posse, concebida e

---

[2233] JHERING, "Beiträge zur Lehre vom Besitz", cit., pág. 124.
[2234] JHERING, "Beiträge zur Lehre vom Besitz", cit., pág. 132 e segs.
[2235] JHERING, Über den Grund des Besitzschutzes, cit., pág. 144. Cf. igualmente "Beiträge zur Lehre vom Besitz", cit., pág. 123 e seg.
[2236] JHERING, Über den Grund des Besitzschutzes, cit., pág. 144 e "Beiträge zur Lehre vom Besitz", cit., pág. 124.
[2237] "Der Besitz", cit., pág. 41 e segs.
[2238] JHERING, Über den Grund des Besitzschutzes, cit., pág. 143.
[2239] Über den Grund des Besitzschutzes, cit., pág. 54.
[2240] JHERING, Über den Grund des Besitzschutzes, cit., pág. 54.
[2241] Com muita clareza, veja-se a pág. 54 (no final) e seg. e págs. 62 e segs., em Über den Grund des Besitzschutzes, cit. e em "Beiträge zur Lehre vom Besitz", cit., pág. 46 e segs., especialmente, 51 e segs.
[2242] Cf. *supra* no texto.
[2243] Der Besitzwille. Zugleich eine Kritik der herrschenden juristischen Methode, cit. Cf. *infra* no texto, ainda neste número, para mais pormenores.

construída nos alicerces do Direito romano, se apresenta verdadeiramente como a guarda avançada da propriedade, tendo como fundamento facilitar a prova deste direito.

Se a isto se juntar a opinião de que a posse tem valor patrimonial e uma natureza jurídica, podendo fazer constituir um direito à reparação de danos, se violada, encontrar-se-á certamente argumentos para uma crítica definitiva e superadora de JHERING quanto ao fundamento da posse.

III. Segundo JHERING[2244], a posse é um objecto com valor jurídico-patrimonial. Ela assegura na prática o gozo da coisa através da segurança dos meios de tutela, beneficiando quer o proprietário quer o não proprietário[2245].

Dentro desta perspectiva, JHERING descreve a posse como ajustando-se à imagem das "pertenças" jurídicas[2246] ("rechtlichen Gehörens"), como se fosse um terceiro género entre os factos e os direitos. Da sua violação resultam danos[2247]. O autor não adianta como compatibiliza essa visão híbrida e mitigada da posse com a sua descrição da mesma como estado de facto da propriedade.

IV. Apresentada como uma teoria do fundamento da posse, a construção trazida por JHERING na sua obra Über den Grund des Besitzschutzes respeita apenas à denominada *Sachbesitz*.

No entanto, e criticando, uma vez mais, SAVIGNY, por assentar a posse num senhorio físico sobre a coisa, JHERING[2248] abre a porta a uma extensão da sua teoria sobre o fundamento possessório à denominada *quasi possessio*, no caso daqueles direitos em que se possa falar num estado de facto duradouro do respectivo exercício[2249].

Desta forma, e sempre de acordo com JHERING, a quase posse pode configurar-se igualmente como uma protecção jurídica complementar do direito a que se refere, o estado de facto desse direito, de modo inteiramente análogo à relação entre a propriedade e a posse[2250].

[2244] Über den Grund des Besitzschutzes, cit., pág. 64 e seg.
[2245] JHERING, Über den Grund des Besitzschutzes, cit., pág. 64.
[2246] JHERING, Über den Grund des Besitzschutzes, cit., pág. 65.
[2247] JHERING, Über den Grund des Besitzschutzes, cit., pág. 65.
[2248] Über den Grund des Besitzschutzes, cit., pág. 158 e segs. e "Beiträge zur Lehre vom Besitz", cit., pág. 166 e segs.
[2249] JHERING, Über den Grund des Besitzschutzes, cit., pág. 158 e 160 e "Beiträge zur Lehre vom Besitz", cit., pág. 166 e segs.
[2250] Cf. igualmente o pensamento do autor nas curtas considerações expendidas em "Beiträge zur Lehre vom Besitz", cit., pág. 135 e seg.

V. O ponto mais marcante de toda a teoria de JHERING sobre a posse acha-se na análise à vontade possessória (*Besitzwille*) na sua obra Der Besitzwille. Zugleich eine Kritik der herrschenden juristischen Methode. Neste trabalho JHERING lança-se contra os ventos da história e da interpretação, chamemos-lhe, ortodoxa do Direito romano, sobre o papel do *animus* para a existência da posse e distinção dos casos de detenção, à cabeça da qual põe a construção dogmática de SAVIGNY[2251], sujeitando-a a uma crítica severa.

Embora usualmente o foco de análise do pensamento de JHERING sobre a posse esteja no *animus* e do papel que ele desempenha na dogmática possessória, esse constitui apenas um dos pilares dogmáticos da doutrina deste autor alemão. O outro, se assim podemos dizer, está na qualificação da detenção. Enquanto para SAVIGNY[2252], e aquela mancha significativa de autores alemães que o seguiram, o conceito de partida para a posse reside na detenção da coisa (corpórea), o senhorio de facto sobre ela que juntamente com o *animus* (*domini*) gera posse a favor daquele que tem o controlo físico, para JHERING a detenção surge quando uma norma jurídica exclui a posse daquele que tem a coisa consigo.

Na apresentação preliminar da sua teoria, JHERING[2253] esquematiza o seu pensamento sobre a posse da seguinte forma:

Relação jurídica possessória
I. Posse
II. Detenção
  1. Absoluta
  2. Relativa (ao possuidor)
     a. Procuratória
     b. Para gozo próprio.

[2251] Uma tremenda injustiça, a nosso ver. SAVIGNY, se introduz alguns elementos inovadores na dogmática possessória do seu tempo (por exemplo, o conceito de posse derivada), permanece em larga parte fiel às interpretações dominantes do Direito romano que vinham dos romanistas dos séculos anteriores. E isso inclui, naturalmente, a questão do *animus* e do seu papel na posse. Em particular, o relevo dado ao *animus* é, neste autor, o que decorre da teoria possessória cultivada desde os glosadores, mesmo que SAVIGNY perfilhe uma concepção restrita do mesmo, ligando-o exclusivamente à propriedade, e essa orientação seja apenas partilhada por alguns dos seus colegas e surja altamente controversa nos autores antecedentes.

[2252] E para outros, naturalmente. Quanto a este aspecto, remete-se para a indagação histórica constante dos números anteriores.

[2253] Der Besitzwille. Zugleich eine Kritik der herrschenden juristischen Methode, cit., pág. 1 e segs., em particular, pág. 3 e seg.

A detenção absoluta existe nos casos em que a posse não é admitida[2254]. JHERING[2255] exemplifica com a situação referente às coisas fora do comércio. Só pode haver detenção, nunca posse. A detenção relativa retrata a situação de alguém que possui em nome alheio para um possuidor[2256].

Por sua vez, a posse relativa divide-se em "procuratória" (*procuratorische*) e para gozo próprio (*selbstnüssige*)[2257]. A primeira, explica JHERING[2258], cabe aos que têm a coisa exclusivamente no interesse do possuidor, como o mandatário e o depositário; a segunda aos que exteriorizam também um interesse próprio sobre a coisa, casos do locatário, do arrendatário e do comodatário[2259].

Esta classificação, no seio do conceito de detenção, entre uma detenção "procuratória" e uma detenção para gozo próprio, que não se encontra em lado nenhum no espectro doutrinário antecedente e no Direito romano, explica JHERING[2260], impõe-se para a discussão do *animus rem sibi habendi* e para esclarecimento do regime jurídico do Landrecht prussiano.

VI. Como se disse anteriormente, a marca impressiva de JHERING na dogmática possessória decorre do seu entendimento do papel do *animus* na estrutura da posse.

Para contrariar a doutrina corrente – que apesar das menções constantes a SAVIGNY vai muito além deste autor e a um tempo muito anterior – JHERING[2261] chama-lhe a doutrina ou teoria subjectivista ou da vontade e a esta contrapõe a sua, nova, teoria, a que dá o nome de teoria objectivista.

A formulação da teoria objectivista feita por JHERING[2262] tem um enunciado simples e conciso:

– Quando estão presentes os dois pressupostos para a constituição de posse, *corpus* e *animus*, há posse, contando que não exista norma

---

[2254] Der Besitzwille. Zugleich eine Kritik der herrschenden juristischen Methode, cit., pág. 2.
[2255] Der Besitzwille. Zugleich eine Kritik der herrschenden juristischen Methode, cit., pág. 2.
[2256] JHERING, Der Besitzwille. Zugleich eine Kritik der herrschenden juristischen Methode, cit., pág. 2.
[2257] JHERING, Der Besitzwille. Zugleich eine Kritik der herrschenden juristischen Methode, cit., pág. 3 e seg.
[2258] Der Besitzwille. Zugleich eine Kritik der herrschenden juristischen Methode, cit., pág. 2 e seg.
[2259] JHERING, Der Besitzwille. Zugleich eine Kritik der herrschenden juristischen Methode, cit., pág. 2 e seg.
[2260] Der Besitzwille. Zugleich eine Kritik der herrschenden juristischen Methode, cit., pág. 3.
[2261] Der Besitzwille. Zugleich eine Kritik der herrschenden juristischen Methode, cit., pág. 8 e depois em múltiplos outros locais.
[2262] Der Besitzwille. Zugleich eine Kritik der herrschenden juristischen Methode, cit., pág. 8, segundo parágrafo.

legal que a afaste e que dê à situação, excepcionalmente, o carácter de mera detenção.

A razão pela qual JHERING denomina de objectivista a sua própria teoria, por contraposição à teoria da vontade ou subjectivista, encontra-se no facto do autor prescindir do *animus* para diferenciar as situações de posse e de detenção[2263]. Para esta tarefa, proclama enfaticamente JHERING[2264], o *animus* não tem importância alguma, não sendo ele a permitir qualificar em concreto se uma dada situação corresponde a posse ou a simples detenção. O autor vai, aliás, ainda mais longe, afirmando que o *animus* pode até ser o mesmo em situações que são tratadas como posse e outras que o são como detenção[2265].

O *animus*, sustenta JHERING[2266], está subjacente ao *corpus* possessório. Aquele que tem a coisa como senhor dela tem a vontade correspondente. Simplesmente, em lado algum se lhe exige que tenha de provar o *animus* autonomamente. Ele integra o próprio *corpus*.

Chegado a este ponto, JHERING[2267] expressa o fulcro da sua ideia:

– Havendo *corpus* existe posse, a não ser que se prove a incidência de uma norma legal que, a título excepcional, retire carácter possessório à situação, conferindo-lhe a natureza de detenção.

A fórmula exteriorizada por JHERING[2268] para o seu pensamento, ou seja para a teoria objectivista, consiste nisto (considerando que X representa a posse, a o *corpus*, c o *animus*, Y a detenção e n a norma legal que retira a natureza de posse à relação possessória, relegando-a para mera detenção):

$X = a + c$
$Y = a + c - n$

Diferentemente, a fórmula da teoria subjectivista, segundo JHERING[2269], teria a seguinte expressão (em que @ traduz o *plus* necessário para haver posse):

$X = a + @ + c$
$Y = a + c$

[2263] JHERING, Der Besitzwille. Zugleich eine Kritik der herrschenden juristischen Methode, cit., pág. 8.
[2264] Der Besitzwille. Zugleich eine Kritik der herrschenden juristischen Methode, cit., pág. 8.
[2265] JHERING, Der Besitzwille. Zugleich eine Kritik der herrschenden juristischen Methode, cit., pág. 52.
[2266] Der Besitzwille. Zugleich eine Kritik der herrschenden juristischen Methode, cit., pág. 8.
[2267] Der Besitzwille. Zugleich eine Kritik der herrschenden juristischen Methode, cit., pág. 8.
[2268] Der Besitzwille. Zugleich eine Kritik der herrschenden juristischen Methode, cit., pág. 53.
[2269] Der Besitzwille. Zugleich eine Kritik der herrschenden juristischen Methode, cit., pág. 53.

JHERING[2270] defende que a teoria objectivista considera haver posse com a soma de a + c e que para a teoria subjectivista a situação corresponde apenas a mera detenção[2271]. A diferença entre ambas as teorias estaria, para o autor, que a teoria subjectivista requereria um elemento qualitativo adicional positivo (@), enquanto a teoria objectivista a incidência de um elemento negativo (n)[2272].

VII. No âmbito processual, JHERING[2273] faz a demonstração de que o *animus*, seja ele individual ou concreto seja ele típico ou abstracto, não serve no processo para diferenciar a posse da detenção, ilustrando ainda que a alusão à *causa possessionis*, como forma de provar o *animus*, para além de não se afigurar um critério correcto em todos os casos, não cabe no âmbito de uma teoria subjectivista[2274].

Recorrendo à sua teoria, JHERING afirma ser tudo uma questão de aplicação do princípio da relação entre regra e excepção. Quem tem a seu favor a relação jurídica possessória (o *corpus*) nada mais tem a fazer em matéria de prova; cabe àquele que invoca a existência de uma excepção (que afasta a posse) o ónus de a provar[2275].

VIII. Na questão sobre se pode haver mais do que uma posse sobre a coisa, JHERING[2276] apenas repete ocasionalmente o postulado romano, segundo o qual, não pode haver mais do que uma posse sobre a mesma coisa.

Muito mais detalhada surge a distinção entre os casos de posse e de detenção, que JHERING, em todo o caso, trata no âmbito da crítica ao subjectivismo e ao significado que o conceito de detenção assume nesta teoria.

[2270] Der Besitzwille. Zugleich eine Kritik der herrschenden juristischen Methode, cit., pág.53.

[2271] Que JHERING considera ser o ponto de partida da teoria subjectivista, contrariamente ao da teoria objectivista, que partiria da própria posse. Cf. Der Besitzwille. Zugleich eine Kritik der herrschenden juristischen Methode, cit., pág. 54.

[2272] JHERING, Der Besitzwille. Zugleich eine Kritik der herrschenden juristischen Methode, cit., pág. 53 e seg.

[2273] Der Besitzwille. Zugleich eine Kritik der herrschenden juristischen Methode, cit., pág. 11 e segs.

[2274] JHERING, Der Besitzwille. Zugleich eine Kritik der herrschenden juristischen Methode, cit., pág. 12 e seg.

[2275] JHERING, Der Besitzwille. Zugleich eine Kritik der herrschenden juristischen Methode, cit., pág. 18.

[2276] JHERING, Der Besitzwille. Zugleich eine Kritik der herrschenden juristischen Methode, cit., pág. 365.

Como meros detentores, JHERING[2277] aponta o mandatário, que tem a coisa para a execução de uma tarefa encomendada[2278], o depositário[2279], que guarda a coisa para outro, o locatário[2280], o arrendatário[2281] e o comodatário[2282], que têm a coisa consigo no interesse do possuidor[2283].

Em todos estes casos existe uma relação contratual[2284], que determina uma posição de mera detenção, funcionando como a letra *n* da fórmula da teoria objectivista do próprio JHERING[2285], a regra excepcional que afasta a posse convertendo a situação numa simples detenção[2286].

Os casos de posse (*Sachbesitz*), para além evidentemente daquele que tem a propriedade da coisa, busca-os JHERING[2287] no Direito romano, incluindo, o titular do *ager vectigalis*[2288], da enfiteuse[2289], o ocupante da coisa[2290], o credor pignoratício[2291] e o *sequester*[2292]. Curiosamente, a posição do

---

[2277] Der Besitzwille. Zugleich eine Kritik der herrschenden juristischen Methode, cit., pág. 2 e seg. e pág. 364 e segs.

[2278] JHERING, Der Besitzwille. Zugleich eine Kritik der herrschenden juristischen Methode, cit., pág. 2.

[2279] JHERING, Der Besitzwille. Zugleich eine Kritik der herrschenden juristischen Methode, cit., pág. 2.

[2280] JHERING, Der Besitzwille. Zugleich eine Kritik der herrschenden juristischen Methode, cit., pág. 3. Cf. ainda a pág. 364 e segs.

[2281] JHERING, Der Besitzwille. Zugleich eine Kritik der herrschenden juristischen Methode, cit., pág. 3. Cf. ainda a pág. 364 e segs.

[2282] JHERING, Der Besitzwille. Zugleich eine Kritik der herrschenden juristischen Methode, cit., pág. 3.

[2283] JHERING, Der Besitzwille. Zugleich eine Kritik der herrschenden juristischen Methode, cit., pág. 3.

[2284] JHERING, Der Besitzwille. Zugleich eine Kritik der herrschenden juristischen Methode, cit., pág. 366 e pág. 368 e seg.

[2285] Cf. acima neste ponto.

[2286] Cf. JHERING, Der Besitzwille. Zugleich eine Kritik der herrschenden juristischen Methode, cit., pág. 365 e seg.

[2287] JHERING, Der Besitzwille. Zugleich eine Kritik der herrschenden juristischen Methode, cit., pág. 368 e segs.

[2288] JHERING, Der Besitzwille. Zugleich eine Kritik der herrschenden juristischen Methode, cit., pág. 370 e segs.

[2289] JHERING, Der Besitzwille. Zugleich eine Kritik der herrschenden juristischen Methode, cit., pág. 370 e segs.

[2290] JHERING, Der Besitzwille. Zugleich eine Kritik der herrschenden juristischen Methode, cit., pág. 365 e segs.

[2291] JHERING, Der Besitzwille. Zugleich eine Kritik der herrschenden juristischen Methode, cit., pág.

[2292] JHERING, Der Besitzwille. Zugleich eine Kritik der herrschenden juristischen Methode, cit., pág. 382 e seg.

precarista, quase unanimemente considerado possuidor pela doutrina anterior, vem descrita no âmbito das relações jurídicas que geram dúvidas[2293].

Como situações controversas, que podem levar tanto a posse como a detenção, nalguns casos, JHERING aponta três: o precarista[2294], o superficiário[2295] e o gestor de negócios[2296].

No tocante ao superficiário, JHERING[2297] aduz que a questão de saber se o superficiário tinha ou não posse (*Sachbesitz*) só tem interesse doutrinário. A ele cabia certamente uma protecção petitória e interdital, através de um interdito próprio.

IX. Apesar do desenvolvimento crítico da ortodoxia possessória do seu tempo, cujo expoente reside na figura da SAVIGNY, e na excelência argumentativa em muitos pontos, o pensamento de JHERING teve um relativamente diminuto impacto na dogmática germânica contemporânea. A redacção do BGB assenta nos postulados tradicionais do instituto e mereceu largos reparos do próprio JHERING[2298].

A contraposição subjectivismo/objectivismo, que JHERING inicia, teve repercussão, sobretudo, nas doutrinas latinas, italiana e portuguesa, e menor influência na dogmática posterior do seu país.

31. A posse nos projectos do BGB alemão e na doutrina alemã contemporânea deles

I. Após um projecto preliminar em matéria de Direitos Reais, da autoria de JOHOW, a Primeira Comissão para a elaboração do código civil concluiu os seus trabalhos no ano de 1887, sendo publicado no ano seguinte (1888) aquele que ficaria conhecido como o primeiro projecto do BGB[2299-2301].

[2293] JHERING, Der Besitzwille. Zugleich eine Kritik der herrschenden juristischen Methode, cit., pág. 385 e segs.
[2294] JHERING, Der Besitzwille. Zugleich eine Kritik der herrschenden juristischen Methode, cit., pág. 385 e segs.
[2295] JHERING, Der Besitzwille. Zugleich eine Kritik der herrschenden juristischen Methode, cit., pág. 385 e segs.
[2296] JHERING, Der Besitzwille. Zugleich eine Kritik der herrschenden juristischen Methode, cit., pág. 385 e segs.
[2297] Der Besitzwille. Zugleich eine Kritik der herrschenden juristischen Methode, cit., pág. 385.
[2298] Der Besitzwille. Zugleich eine Kritik der herrschenden juristischen Methode, cit., pág. 470 e segs.
[2299] A grande obra de cariz histórico sobre a posse nos projectos de lei conducentes ao BGB é a de WERNER SCHUBERT, Die Entstehung der Vorschriften des BGB über Besitz und Eigentumsübertragung. Ein Beitrag zur Entstehungsgeschichte des BGB, Münster, 1966. Para uma síntese mais moderna, BÖMER, Besitzmittlungswille und mittelbarer Besitz, Tübingen, 2009, pág. 116 e segs.,

A sistemática do primeiro projecto do BGB em matéria possessória assenta numa distinção basilar entre posse e detenção (*Inhabung*)[2301]. Esta última, por sua vez, ergue-se não apenas como elemento estruturante da posse, a par do *animus* (*Besitzwille*), mas como delimitação negativa da própria posse, à qual tudo se reconduz na ausência do *animus* possessório.

Uma definição de posse vem expressamente rejeitada nos Motivos[2302] ao projecto, com o argumento da ausência de demonstração da sua necessidade. No lugar de uma definição, a posse vem simplesmente caracterizada a partir da soma de dois elementos: uma situação de detenção (*Inhabung*), à qual acresce o *animus* possessório (*Besitzwille*). A este propósito, recorda-se nos Motivos[2303] o pensamento romano de exigência de uma combinação

---

ERNST, Eigenbesitz und Mobiliarerwerb, Tübingen, 1992, pág. 3 e segs., BEERMANN, Besitzschutz bei beschränkten dinglichen Rechten, cit., pág. 90 e segs.

[2300] Na doutrina do tempo, sobre o primeiro projecto do BGB em matéria de posse, cf. BEKKER, "Zur Reform des Besitzrechts", Jahrbücher für die Dogmatik des heutigen römischen und deutschen Privatrechts, Band 30, 1891, pág. 235 e segs., WENDT, "Besitz und Inhabung. Entwurf eines bürgerlichen Gesetzbuches für das deutsche Reich. Drittes Buch. Zweiter Abschnitt", Archiv für die civilistische Praxis, Band 74, 1889, pág. 135 e segs., GIERKE, Der Entwurf eines bürgerlichen Gesetzbuchs und das deutsche Recht, cit., JHERING, Besitzwille, cit., pág. 470 e segs., MEISCHEIDER, Die alten Streitfragen gegenüber dem Entwurfe eines Bürgerlichen Gesetzbuches für das Deutsche Reich, Berlin, 1889, STROHAL, "Zum Besitzrecht des Entwurfs eines bürgerlichen Gesetzbuchs für das Deutsche Reich", Jahrbücher für die Dogmatik des heutigen römischen und deutschen Privatrechts, Band 29, 1890, pág. 336 e segs. e "Zum Besitzrecht des Entwurfs eines bürgerlichen Gesetzbuchs für das Deutsche Reich: Zweiter Beitrag", Jahrbücher für die Dogmatik des heutigen römischen und deutschen Privatrechts, Band 31, 1892, pág. 1 e segs., REATZ, "Der Besitz", in Gutachten aus dem Anwalts-Stande über die 1. Lesung eines bürgerlichen Gesetzbuch, Berlin, 1890, pág. 747 e segs., BÄHR, Zur Beurtheilung des Entwurfes eines bürgerlichen Gesetzbuches für das Deutsche Reich, München, 1888, "Ein weiterer Beitrag zum bürgerlichen Gesetzbuch", Archiv für bürgerliches Recht, Band 2, 1889, pág. 97 e segs., Zur Frage des bürgerlichen Gesetzbuches, Leipzig, 1891 e Gegenentwurf zu dem Entwurfe eines bürgerlichen Gesetzbuches für das Deutsche Reich, Kassel, 1892, COSACK, Das Sachenrecht mit Ausschluß des besonderen Rechts der unbeweglichen Sachen im Entwurf eines Bürgerlichen Gesetzbuches für das Deutsche Reich, Berlin, 1889, JACOBI, "Immobiliar Miethe und Pacht, im Sisteme des Entwurfs des bürgerlichen Gesetzbuch für das Deutsche Reich", Archiv für bürgerliches Recht, Band 2, 1889, pág. 31 e segs., GOLDSCHMIDT, Kritische Erörterungen Zum Entwurf Eines Burgerlichen Gesetzbuchs Fur das Deutsche Reich, Leipzig, 1889, pág. 131 e segs., LEONHARD, Die Besonderen Rechtszweige Im Entwurfe, eines Burgerlichen Gesetzbuchs Fur Das Deutsche Reich, Marburg, 1892.

[2301] Cf. o § 797 do projecto.

[2302] Motive zu dem Entwurfe eines Bürgerliches Gesetzbuch für das Deutsche Reich, Band III., Sachenrecht, Amtliche Ausgabe, zweite unveränderte Auflage, Berlin, 1896, pág. 80.

[2303] Motive, cit., pág. 80.

entre o poder de facto sobre a coisa e a vontade, o *corpus* e o *animus*, para a aquisição da posse.

O poder de facto sobre a coisa equivale a uma situação de detenção; quem a tem recebe a designação de detentor[2304]. O detentor deve ter consciência e vontade de ter o poder de facto sobre a coisa, pois, a diferença entre um possuidor e um detentor funda-se na direcção da sua vontade[2305].

O *animus* possessório corresponde à vontade do detentor de ter a coisa para si como sua. Embora a expressão *animus dominii* não seja usada no primeiro projecto, sendo, aliás, evitada[2306], a formulação literal do § 797, por si ou em conjugação com outros preceitos, particularmente com o § 798, evidencia bem o entendimento subjacente: o *animus* que conduz à posse é unicamente o *animus* de propriedade. Sem ele não há posse, mas mera detenção.

Neste quadro de orientação, o regime possessório aparece visto como submetido à regulação da propriedade[2307], a cujo serviço se encontra, podendo a posse existir somente nas coisas relativamente às quais a propriedade se afigura legalmente possível. Neste último sentido depõe expressamente o § 798 projecto[2308].

Com isto fica claro o âmbito limitado da posse no primeiro projecto do BGB: ela apenas se pode referir ao direito de propriedade. O poder de facto relativo a outros direitos constitui sempre detenção, nunca posse, seja qual for o direito considerado, real ou não, e seja qual for a vontade exteriorizada pelo detentor, nomeadamente, a de exercer um direito próprio sobre a coisa ou de simplesmente representar o possuidor.

A posse assim caracterizada vem limitada às coisas corpóreas (*Sachbesitz*). Nos Motivos[2309] explica-se que se perfilhou a mesma solução seguida para a propriedade; porque esta se atém às coisas (corpóreas), a posse incide unicamente sobre elas. Ainda assim, o projecto afasta a posse separada sobre partes essenciais de uma coisa (§ 798)[2310].

[2304] Motive, cit., pág. 80.

[2305] Motive, cit., pág. 80.

[2306] Na verdade, e de um modo até surpreendente, os Motive argumentam no sentido da inexactidão do uso da expressão *animus dominii*, embora reiterem ser o ter a coisa como sua a diferenciar a posse da detenção. Cf. Motive, cit., pág. 82.

[2307] Motive, cit., pág. 82.

[2308] Motive, cit., pág. 83 e segs.

[2309] Motive, cit., pág. 78.

[2310] Para a crítica a esta solução do projecto, veja-se JHERING, Der Besitzwille. Zugleich eine Kritik der herrschenden juristischen Methode, cit., pág. 474 e segs.

De forma surpreendente, a tutela possessória surge alargada de forma a abranger não apenas as pretensões possessórias, mas também posições assentes em mera detenção (§§ 822 a 824)[2311]. Assim, alguém sem vontade de propriedade, sem o *animus* relativo a este direito, não tendo embora posse, tem a tutela da posse[2312]. As acções possessórias cobrem, assim, o âmbito da detenção e não apenas da posse, uma solução abertamente contrária ao Direito romano[2313].

II. O primeiro projecto do BGB de 1888 em matéria de posse recebeu severas apreciações negativas de diversos académicos ilustres. No topo dessas críticas salienta-se o apego do projecto ao pensamento romanista em detrimento do Direito nacional alemão e da tradição germânica[2314], de que o desprezo da *Gewere* constitui exemplo[2315], e o exagero a que chega por vezes, ultrapassando o regime que resulta do próprio Direito romano[2316-2317].

[2311] Uma protecção possessória sem posse como lhe chama JACOBI, "Immobiliar Miethe und Pacht, im Sisteme des Entwurfs des bürgerlichen Gesetzbuch für das Deutsche Reich", cit., pág. 47.

[2312] Para uma crítica incisiva deste ponto do primeiro projecto, cf. GIERKE, Der Entwurf eines bürgerlichen Gesetzbuchs und das deutsche Recht, cit., pág. 32. Veja-se ainda WENDT, "Besitz und Inhabung. Entwurf eines bürgerlichen Gesetzbuches für das deutsche Reich, cit., pág. 135 e segs. e 137 e segs.

[2313] WENDT, "Besitz und Inhabung. Entwurf eines bürgerlichen Gesetzbuches für das deutsche Reich, cit., pág. 140. Cf. igualmente MEISCHEIDER, Die alten Streitfragen gegenüber dem Entwurfe eines Bürgerlichen Gesetzbuches für das Deutsche Reich, cit., pág. 77.

[2314] GIERKE, Der Entwurf eines bürgerlichen Gesetzbuchs und das deutsche Recht, cit., pág. 30 e segs. Cf. também JACOBI, "Immobiliar Miethe und Pacht, im Sisteme des Entwurfs des bürgerlichen Gesetzbuch für das Deutsche Reich", cit., pág. 41 e segs., LEONHARD, Die Besonderen Rechtszweige Im Entwurfe, eines Burgerlichen Gesetzbuchs Fur Das Deutsche Reich, cit., pág. 94 e segs. e MEISCHEIDER, Die alten Streitfragen gegenüber dem Entwurfe eines Bürgerlichen Gesetzbuches für das Deutsche Reich, cit., pág. 77 e segs. Para o código civil em geral, cf. HÖLDER, Ueber den Entwurf eines deutschen bürgerlichen Gesetzbuches, Erlangen, 1889, pág. 4 e segs.

[2315] GIERKE, Der Entwurf eines bürgerlichen Gesetzbuchs und das deutsche Recht, cit., pág. 294, BEKKER, "Zur Reform des Besitzrechts", cit., pág. 316 e seg.

[2316] JHERING, Der Besitzwille. Zugleich eine Kritik der herrschenden juristischen Methode, cit., pág. 471, GIERKE, Der Entwurf eines bürgerlichen Gesetzbuchs und das deutsche Recht, cit., pág. 30 e segs.

[2317] Na sua análise muito crítica ao uso do elemento *animus* no projecto, JHERING recorre mesmo a um argumento demolidor para expressar a relação do projecto com o Direito romano: o projecto recorreria ao Direito romano e à teoria romanista como fundamento para as soluções apresentadas, sendo, porém, ambos usados apenas nominalmente e afastados nas soluções normativas encontradas. Cf. Der Besitzwille. Zugleich eine Kritik der herrschenden juristischen Methode, cit., pág. 498.

Sabe-se, com efeito, que o primeiro projecto do BGB adopta o purismo romanista, influenciado ostensivamente pelo pensamento de Savigny e pela interpretação que este autor faz do Direito romano da posse, aceite e tratado como uma espécie de "verdade eterna"[2318] do instituto.

A ilustração disto vem dada pelos conceitos de posse e de detenção usados no projecto[2319], o primeiro que resume a posse ao exercício do poder de facto (detenção) com *animus domini*, portanto, restringindo a posse ao direito de propriedade, o segundo abarcando todo o universo de situações em que havendo embora detenção da coisa falta a vontade de exercício do direito de propriedade[2320].

A esta concepção objecta-se que o Direito alemão e a prática construída à sua sombra reconhecem a posse em vários outos casos, nomeadamente, do usufrutuário[2321], do credor pignoratício[2322], do locatário[2324]

[2318] A expressão pertence a Gierke, Der Entwurf eines bürgerlichen Gesetzbuchs und das deutsche Recht, cit., pág. 294. Cf. igualmente Bekker, "Zur Reform des Besitzrechts", cit., pág. 240 e segs., Jacobi, "Immobiliar Miethe und Pacht, im Sisteme des Entwurfs des bürgerlichen Gesetzbuch für das Deutsche Reich", cit., pág. 41 e segs.

[2319] Gierke, Der Entwurf eines bürgerlichen Gesetzbuchs und das deutsche Recht, cit., pág. 30 e segs., Wendt, "Besitz und Inhabung. Entwurf eines bürgerlichen Gesetzbuches für das deutsche Reich, cit., pág.153 e segs., Cosack, Das Sachenrecht mit Ausschluß des besonderen Rechts der unbeweglichen Sachen im Entwurf eines Bürgerlichen Gesetzbuches für das Deutsche Reich, cit., pág. 8 e segs., Bähr, "Ein weiterer Beitrag zum bürgerlichen Gesetzbuch", cit., pág. 117 e segs., Leonhard, Die Besonderen Rechtszweige Im Entwurfe, eines Burgerlichen Gesetzbuchs Fur Das Deutsche Reich, cit., pág. 100 e segs., Meischeider, Die alten Streitfragen gegenüber dem Entwurfe eines Bürgerlichen Gesetzbuches für das Deutsche Reich, cit., pág. 76 e segs.

[2320] Com interesse, Cosack, Das Sachenrecht mit Ausschluß des besonderen Rechts der unbeweglichen Sachen im Entwurf eines Bürgerlichen Gesetzbuches für das Deutsche Reich, cit., pág. 9, Jacobi, "Immobiliar Miethe und Pacht, im Sisteme des Entwurfs des bürgerlichen Gesetzbuch für das Deutsche Reich", cit., pág. 32 e segs. e 39 e segs., Leonhard, Die Besonderen Rechtszweige Im Entwurfe, eines Burgerlichen Gesetzbuchs Fur Das Deutsche Reich, cit., pág. 100, Meischeider, Die alten Streitfragen gegenüber dem Entwurfe eines Bürgerlichen Gesetzbuches für das Deutsche Reich, cit., pág. 82.

[2321] Gierke, Der Entwurf eines bürgerlichen Gesetzbuchs und das deutsche Recht, cit., pág. 31, Wendt, "Besitz und Inhabung. Entwurf eines bürgerlichen Gesetzbuches für das deutsche Reich, cit., pág. 173 e seg., Cosack, Das Sachenrecht mit Ausschluß des besonderen Rechts der unbeweglichen Sachen im Entwurf eines Bürgerlichen Gesetzbuches für das Deutsche Reich, cit., pág. 8, Bekker, "Zur Reform des Besitzrechts", cit., pág. 264 e segs., Leonhard, Die Besonderen Rechtszweige Im Entwurfe, eines Burgerlichen Gesetzbuchs Fur Das Deutsche Reich, cit., pág. 103, Bähr, "Ein weiterer Beitrag zum bürgerlichen Gesetzbuch", cit., pág. 118, Stintzing, Zur Besitzlehre, cit., pág. 31 e seg.

[2322] Gierke, Der Entwurf eines bürgerlichen Gesetzbuchs und das deutsche Recht, cit., pág. 31., Cosack, Das Sachenrecht mit Ausschluß des besonderen Rechts der unbeweglichen Sachen im Entwurf eines Bürgerlichen Gesetzbuches für das Deutsche Reich, cit., pág. 8, Bekker, "Zur

do arrendatário[2324] e dos que exercem servidões prediais[2325]. BEKKER[2326] lembra a propósito que para além da *rei possessio* os romanos desenvolveram igualmente a *iuris quasi possessio* para os outros direitos reais, salientando ainda que o projecto do BGB gostaria de ver a *possessio iuris* "fora do mundo"[2327]. Também GIERKE[2328] observa que o projecto não inclui sequer os casos denominados de "posse derivada", aqueles que no Direito romano eram tidos como de verdadeira posse, apesar de esta não ser reportada à propriedade[2329-2330].

No cerne do criticismo ao primeiro projecto do BGB em matéria de posse encontra-se igualmente o ostensivo desprezo pelos instrumentos normativos do tempo, em particular, do Landesrecht prussiano e do ABGB austríaco, e pela doutrina possessória contemporânea[2331], na qual afloram

---

Reform des Besitzrechts", cit., pág. 264 e segs., LEONHARD, Die Besonderen Rechtszweige Im Entwurfe, eines Burgerlichen Gesetzbuchs Fur Das Deutsche Reich, cit., pág. 103, BÄHR, "Ein weiterer Beitrag zum bürgerlichen Gesetzbuch", cit., pág. 118, STINTZING, Zur Besitzlehre, cit., pág. 31 e seg.

[2323] GIERKE, Der Entwurf eines bürgerlichen Gesetzbuchs und das deutsche Recht, cit., pág. 31. Cf. a propósito, JACOBI, "Immobiliar Miethe und Pacht, im Sisteme des Entwurfs des bürgerlichen Gesetzbuch für das Deutsche Reich", cit., pág. 32 e segs., LEONHARD, Die Besonderen Rechtszweige Im Entwurfe, eines Burgerlichen Gesetzbuchs Fur Das Deutsche Reich, cit., pág. 103, BÄHR, "Ein weiterer Beitrag zum bürgerlichen Gesetzbuch", cit., pág. 118, STINTZING, Zur Besitzlehre, cit., pág. 31 e segs.

[2324] GIERKE, Der Entwurf eines bürgerlichen Gesetzbuchs und das deutsche Recht, cit., pág. 31. Cf. também Jacobi, "Immobiliar Miethe und Pacht, im Sisteme des Entwurfs des bürgerlichen Gesetzbuch für das Deutsche Reich", cit., pág. 32 e segs., LEONHARD, Die Besonderen Rechtszweige Im Entwurfe, eines Burgerlichen Gesetzbuchs Fur Das Deutsche Reich, cit., pág. 103, BÄHR, "Ein weiterer Beitrag zum bürgerlichen Gesetzbuch", cit., pág. 118, STINTZING, Zur Besitzlehre, cit., pág. 31 e segs.

[2325] GIERKE, Der Entwurf eines bürgerlichen Gesetzbuchs und das deutsche Recht, cit., pág. 31.

[2326] "Zur Reform des Besitzrechts", cit., pág. 237.

[2327] BEKKER, "Zur Reform des Besitzrechts", cit., pág. 237 e pág. 277. No mesmo sentido, mencionando a "Rechtsbesitz" GIERKE, Der Entwurf eines bürgerlichen Gesetzbuchs und das deutsche Recht, cit., pág. 31.

[2328] Der Entwurf eines bürgerlichen Gesetzbuchs und das deutsche Recht, cit., pág. 31.

[2329] Cf. também COSACK, Das Sachenrecht mit Ausschluß des besonderen Rechts der unbeweglichen Sachen im Entwurf eines Bürgerlichen Gesetzbuches für das Deutsche Reich, cit., pág. 9 e segs., JACOBI, "Immobiliar Miethe und Pacht, im Sisteme des Entwurfs des bürgerlichen Gesetzbuch für das Deutsche Reich", cit., pág. 39 e seg.

[2330] Sobre o ponto, cf. ainda MEISCHEIDER, Die alten Streitfragen gegenüber dem Entwurfe eines Bürgerlichen Gesetzbuches für das Deutsche Reich, cit., pág. 81 e seg.

[2331] GIERKE, Der Entwurf eines bürgerlichen Gesetzbuchs und das deutsche Recht, cit., pág. 295.

nomes como os de JHERING, BEKKER, WÄHR, MEISCHEIDER ou WENDT, entre outros.

III. Olhando mais detidamente para o campo técnico jurídico, o criticismo ao primeiro projecto do BGB recai primeiramente sobre a contraposição entre posse e detenção. Sobre ela JHERING[2332] dirá ser de eliminar totalmente, enumerando os casos do Direito romano em que o detentor do projecto tem posse e beneficia de meios possessórios de defesa da mesma.

O recurso ao conceito de detenção como elemento estruturante da posse e a sua caracterização como poder de facto, ensinada por SAVIGNY e adoptada pela maioria da dogmática alemã do século XIX, recebe também fortes avaliações negativas dos autores[2333]. Atacando, uma vez mais, SAVIGNY, e o projecto assente na concepção possessória deste último autor, JHERING[2334] aponta a falta de ponderação do escopo económico da posse quando se concebe o *corpus* possessório como poder de facto no sentido romano e aponta[2335] numerosos exemplos em que tal poder de facto não existe e mesmo assim o Direito reconhece a posse e protege-a[2336-2337].

Outro aspecto técnico de elevada controvérsia reside na formulação do *animus* possessório no projecto. Neste ponto, JHERING[2338] assume-se como o campeão da crítica, observando que a teoria do *animus domini* subjacente

---

[2332] JHERING, Der Besitzwille. Zugleich eine Kritik der herrschenden juristischen Methode, cit., pág. 492 e segs.

[2333] JHERING, Der Besitzwille. Zugleich eine Kritik der herrschenden juristischen Methode, cit., pág. 507 e segs., WENDT, "Besitz und Inhabung. Entwurf eines bürgerlichen Gesetzbuches für das deutsche Reich, cit., pág. 153 e segs., COSACK, Das Sachenrecht mit Ausschluß des besonderen Rechts der unbeweglichen Sachen im Entwurf eines Bürgerlichen Gesetzbuches für das Deutsche Reich, cit., pág. 9, MEISCHEIDER, Die alten Streitfragen gegenüber dem Entwurfe eines Bürgerlichen Gesetzbuches für das Deutsche Reich, cit., pág. 77. Para uma crítica da concepção do *corpus* possessório como poder de facto sobre a coisa, fora do âmbito do projecto do BGB, cf. STINTZING, Zur Besitzlehre, cit., pág. 1 e segs.

[2334] Der Besitzwille. Zugleich eine Kritik der herrschenden juristischen Methode, cit., pág. 477 e segs.

[2335] JHERING, Der Besitzwille. Zugleich eine Kritik der herrschenden juristischen Methode, cit., pág. 478 e segs.

[2336] JHERING aproveita o contexto para esclarecer que não é a relação exterior que conta na posse, mas a relação económica que a determina. Der Besitzwille. Zugleich eine Kritik der herrschenden juristischen Methode, cit., pág. 483.

[2337] Outras considerações de natureza técnico-jurídica sobre o conceito de detenção no projecto podem ver-se em Bekker, "Zur Reform des Besitzrechts", cit., pág. 316, COSACK, Das Sachenrecht mit Ausschluß des besonderen Rechts der unbeweglichen Sachen im Entwurf eines Bürgerlichen Gesetzbuches für das Deutsche Reich, cit., pág. 10 e seg.

[2338] Der Besitzwille. Zugleich eine Kritik der herrschenden juristischen Methode, cit.

ao projecto do regime da posse no BGB consiste numa "ideia puramente doutrinária"[2339], refutando mesmo que possa estar subjacente ao Direito romano.

JHERING não está sozinho na crítica à adopção do conceito de *animus domini* no projecto do BGB. Praticamente todos aqueles que se pronunciam sobre o regime da posse contido nesse projecto manifestam reservas e antagonismos quanto à formulação apresentada. WENDT[2340] clama que ela não corresponde a nenhum estádio do Direito romano e que não encontra nele o seu fundamento, concordando com JHERING no tocante à origem doutrinária do conceito. WENDT[2341] argumenta ainda com a existência de erros e equívocos do projecto na concepção do *animus* possessório.

IV. Embora a discussão em torno do projecto de código civil alemão domine em boa parte a doutrina alemã especializada, o último quartel do século XIX alemão assiste a tentativas de revisão do pensamento romanista em matéria de posse, influenciado marcadamente por SAVIGNY, com o afastamento frequente das posições da pandectística dominante. Neste quadro, e para além dos trabalhos de MEISCHEIDER[2342] e, naturalmente, de JHERING[2343], salientam-se os de BEKKER[2344], BÄHR[2345], WENDT[2346], HÖLDER[2347],

---

[2339] JHERING, Der Besitzwille. Zugleich eine Kritik der herrschenden juristischen Methode, cit., pág. 492.
[2340] "Besitz und Inhabung. Entwurf eines bürgerlichen Gesetzbuches für das deutsche Reich", cit., pág. 141.
[2341] WENDT, "Besitz und Inhabung. Entwurf eines bürgerlichen Gesetzbuches für das deutsche Reich", cit., pág. 141 e 153 e segs.
[2342] Besitz und Besitzschutz, Studien über alte Probleme, cit. e também "Die alten Streitfragen gegenüber dem Entwurfe eines Bürgerlichen Gesetzbuches für das Deutsche Reich", cit.
[2343] Besitzwille, cit.
[2344] Ueber Besitz und Besitzklagen, Kritische Vierteljahresschrift für Gesetzgebung und Rechtswissenschaft, Vol. 18, nº 1, 1876, pág. 1 e segs., Das Recht des Besitzes Bei Den Römern, cit. e "Zur Reform des Besitzrechts", cit. Posterior ao primeiro projecto e já no contexto do segundo projecto, Der Besitz beweglicher Sachen, Jena, 1895.
[2345] "Zur Besitzlehre", Jahrbücher für die Dogmatik des heutigen römischen und deutschen Privatrechts, Band 26, 1888, pág. 224 e segs.
[2346] "Besitz und Inhabung. Entwurf eines bürgerlichen Gesetzbuches für das deutsche Reich, cit., Lehrbuch der Pandekten, Jena, 1888, pág. 294 e segs., Das Faustrecht, oder Besitzvertheidigung und Besitzverfolgung, Jena, 1883, pág. 129 e segs. O autor viria a publicar posteriormente Besitz und Besitzwille, Berlin, 1907, que concerne já ao BGB.
[2347] Institutionen des römischen Rechtes, 2. Auflage, Freiburg, 1883, pág. 150 e segs.

KINDEL[2348], DUNCKLER[2349], GOLDSCHMIDT[2350], STINTZING[2351], PFLÜGER[2352], KLEIN[2353], STROHAL[2354] contra outros autores seguidores do pensamento romanista mais conservador, como RANDA[2355], KUNTZE[2356] ou SCHEURL[2357].

Especialmente crítico da concepção romanista do tempo surge BEKKER[2358], que declara mesmo romper com o pensamento romano aqui e ali[2359], a começar com a concepção de posse como soma de *corpus* e *animus*, que rejeita[2360]. Em adesão ao pensamento de JHERING, também BEKKER[2361] concebe igualmente uma posse sem *animus*, sem vontade ou intenção (*Besitzwille*).

Noutro ponto BEKKER[2362] insurge-se contra a orientação que aparece vertida no primeiro projecto do BGB em matéria de posse, a de reconduzir todos os efeitos de posse a uma única previsão normativa: a da posse nos termos da propriedade ou *rei possessio*. O autor lembra a teoria romana da *iuris quasi possessio* e menciona a possibilidade, aceite pelos juristas romanos, de uma posse sobre coisas incorpóreas (direitos).

Em vez de uma posse atida simplesmente à propriedade, ou incluindo, além desta, os outros casos admitidos pelo Direito romano, BEKKER[2363]

[2348] Die Grundlagen des römischen Besitzrechts, Berlin, 1883.
[2349] Die Besitzklage und der Besitz, Ein Beitrag zur Revision der Theorie vom subjektiven Recht, Berlin und Leipzig, 1884, pág. 161 e segs.
[2350] Studien zum Besitzrecht, Festgabe für Rudolf von Gneist zum Doktorjubiläum am XX. November MDCCCLXXXVIII, Berlin, 1888, pág. 63 e segs. e Kritische Erörterungen Zum Entwurf Eines Burgerlichen Gesetzbuchs Fur das Deutsche Reich, cit.
[2351] Der Besitz, Eine rechtswissenschaftliche Abhandlung, 1. Theil, Der Sachbesitz, München, Ackermann, 1889, e Zur Besitzlehre, cit.
[2352] Über Besitz und Ersitzung von Teilen einer Sache, Bremen, 1886.
[2353] Sachbesitz und Ersitzung, Forschungen im Gebiete des römischen Sachenrechtes und Civilprocesses, ein Beitrag zur Geschichte jener beiden Institute, Berlin, 1891.
[2354] "Der Sachbesitz nach dem B.G.B", Jherings Jahrbücher für die Dogmatik des bürgerlichen Rechts, Band 38, 1898, pág. 1 e segs.
[2355] Der Besitz nach österreichischem Rechte, Mit Berücksichtigung des gemeinen Rechtes, des preußischen, französischen und italienischen, des sächsischen und züricherischen Gesetzbuches, 4. Auflage, Leipzig, 1895, cit., pág. 37 e segs.
[2356] Zur Besitzlehre. Für und wider R. v. Jhering, Leipzig, 1890.
[2357] Zur Lehre vom römischen Besitzrecht, Deichert, 1886.
[2358] Cf. as obras anteriormente citadas, em particular, pág. 240 e segs.
[2359] BEKKER, "Zur Reform des Besitzrechts", cit., pág. 236 e seg.
[2360] BEKKER, "Zur Reform des Besitzrechts", cit., pág. 359 e segs.
[2361] BEKKER, "Zur Reform des Besitzrechts", cit., pág. 236 e seg.
[2362] BEKKER, "Zur Reform des Besitzrechts", cit., pág. 237.
[2363] "Zur Reform des Besitzrechts", cit., pág. 237.

apresenta a ideia de um conceito genérico de posse, ao qual se reconduzem depois várias espécies, desde logo, as relativas aos outros direitos reais (posse referida à superfície, posse referida às servidões, etc.).

Sem deixar de notar que cada posse se encontra numa dada relação com um direito subjectivo, BEKKER[2364] define-a como o exercício de um direito, agora em contraposição a JHERING, que a descreve como conteúdo de um direito (o de propriedade).

Afirmando que a posse somente pode ter por objecto coisas "palpáveis"[2365], BEKKER[2366] identifica cinco modos de exercício de um direito sobre uma coisa[2367]:

– O *uti*;
– O *frui*;
– O *consumere*;
– O *arcere*;
– O *habere*.

Diferentemente de JHERING, que indica os três primeiros como conteúdo da propriedade a que se reporta a actuação do possuidor, BEKKER[2368] esclarece que o exercício dos poderes que autonomiza tanto podem surgir no exercício da propriedade como em qualquer outro direito sobre uma coisa e aponta o exemplo dos demais direitos reais (*iura in re aliena*)[2369]. Nesta construção, BEKKER identifica a posse nos direitos reais de gozo, mas também nos ónus reais[2370], nas obrigações (de *dare*) com prestações duradouras (como as rendas)[2371] e até nos direitos sobre coisas incorpóreas, nomeadamente, bens intelectuais, como obras, marcas, firmas e patentes[2372], que trata no âmbito da *iuris quasi possessio*[2373], num quadro completamente alheio ao Direito romano.

[2364] BEKKER, "Zur Reform des Besitzrechts", cit., pág. 238 e segs.

[2365] BEKKER, "Zur Reform des Besitzrechts", cit., pág. 259. O autor não identifica, porém, o objecto da posse com as coisas corpóreas e faz mesmo menção a uma posse sobre coisas incorpóreas (cf., por exemplo, a pág. 263).

[2366] "Zur Reform des Besitzrechts", cit.

[2367] Alargando os três que JHERING (Besitzwille, cit.) indicara: o *uti*, o *frui* e o *consumere*.

[2368] "Zur Reform des Besitzrechts", cit., pág. 260.

[2369] "Zur Reform des Besitzrechts", cit., pág. 262.

[2370] BEKKER, "Zur Reform des Besitzrechts", cit., pág. 358.

[2371] BEKKER, "Zur Reform des Besitzrechts", cit., pág. 358 e seg.

[2372] BEKKER, "Zur Reform des Besitzrechts", cit., pág. 353 e segs. Aparentemente no mesmo sentido para as obras literárias e artísticas, BÄHR, Juristische Abhandlungen, Leipzig, 1895, pág. 326 e segs.

[2373] BEKKER, "Zur Reform des Besitzrechts", cit., pág. 348e segs.

Sem ir tão longe quanto Bekker, uma parte significativa da doutrina alemã dos anos oitenta e noventa do século XIX reconhece o conceito de posse muito para além da propriedade, vislumbrando uma posse na enfiteuse[2374], na superfície[2375], no usufruto[2376], no direito de uso[2377], nas servidões[2378], no penhor[2379] e também na locação[2380] e no arrendamento[2381]. Bähr[2382] esclarece, porém, que a posse se encontra excluída para aquelas pessoas que agem aparentemente com um senhorio sobre o imóvel, mas que não exercem um direito sobre ele.

A posse vem afirmada quanto a coisas corpóreas. Wendt[2383] desenvolve, todavia, uma superação da dicotomia entre a posse de coisa e a posse de direitos, defendendo a ideia de que há igualmente uma posse, e uma posse sobre a coisa, no âmbito tradicional da *iuris quasi possessio* romana[2384]. Nuns casos, que envolvem os direitos reais menores de gozo, toda a coisa (o *corpus*) estaria envolvida nessa posse[2385], noutros haveria um "*corpus* especial limitado" que não afectaria praticamente a posse do proprietário[2386].

[2374] Bähr,"Zur Besitzlehre", cit., pág. 292 e segs., Wendt, Lehrbuch der Pandekten, cit., pág. 313, Dunckler, Die Besitzklage und der Besitz, cit., pág. 164.
[2375] Bähr,"Zur Besitzlehre", cit., pág. 292 e segs., Wendt, Lehrbuch der Pandekten, cit., pág. 313, Dunckler, Die Besitzklage und der Besitz, cit., pág. 164.
[2376] Bähr,"Zur Besitzlehre", cit., pág. 292 e segs., Wendt, Lehrbuch der Pandekten, cit., pág. 313, Dunckler, Die Besitzklage und der Besitz, cit., pág. 164.
[2377] Dunckler, Die Besitzklage und der Besitz, cit., pág. 164, Wendt, Lehrbuch der Pandekten, cit., pág. 313.
[2378] Bähr, "Zur Besitzlehre", cit., pág. 310 e segs., Dunckler, Die Besitzklage und der Besitz, cit., pág. 164.
[2379] Dunckler, Die Besitzklage und der Besitz, cit., pág. 165, "Noch einmal der Besitzwille", Jahrbücher für die Dogmatik des heutigen römischen und deutschen Privatrechts, Band. 30, 1891, pág. 213, Wendt, Lehrbuch der Pandekten, cit., pág. 313. Este último autor sustenta que a posse do credor pignoratício não concorre com a do proprietário que constitui o penhor.
[2380] Bähr,"Zur Besitzlehre", cit., pág. 292 e segs., Dunckler, Die Besitzklage und der Besitz, cit., pág. 165, Stintzing, Zur Besitzlehre, cit., pág. 9, Baron, "Noch einmal der Besitzwille", cit., pág. 213.
[2381] Bähr,"Zur Besitzlehre", cit., pág. 292 e segs., Dunckler, Die Besitzklage und der Besitz, cit., pág. 165, Stintzing, Zur Besitzlehre, cit., pág. 9, Baron, "Noch einmal der Besitzwille", cit., pág. 213.
[2382] "Zur Besitzlehre", cit., pág. 293.
[2383] Das Faustrecht, oder Besitzvertheidigung und Besitzverfolgung, cit., pág. 129 e segs. e Lehrbuch der Pandekten, cit., pág. 287 e seg. e 311 e segs.
[2384] Wendt, Lehrbuch der Pandekten, cit., pág. 287 e seg. e pág. 312.
[2385] Cf. igualmente Wendt em Lehrbuch der Pandekten, cit., pág. 287 e seg. e págs. 311 e segs.
[2386] Wendt, Das Faustrecht, oder Besitzvertheidigung und Besitzverfolgung, cit., pág. 146 e segs.

WENDT[2387] exemplifica com alguns tipos de servidões de águas e outras servidões prediais. Seja como for, a coisa (corpórea) constitui sempre o objecto da posse e não os direitos, mesmo na denominada *possessio iuris*[2388].

Diferentemente da generalidade dos autores alemães oitocentistas, WENDT[2389] considera que o possuidor nos termos de um direito menor ("Rechtsbesitzer") tem a particulariedade de se encontrar em duas relações com a coisa: detentor em nome alheio quanto à posse do proprietário e posse em nome próprio relativamente ao direito que exterioriza sobre a coisa. Esta última vista sempre como posse sobre a coisa (*Sachbesitz*)[2390].

No tocante ao objecto da posse, DUNKLER[2391] tem a posse de parte de coisa móvel por inadmissível. Numa universalidade de coisas a posse respeita a cada uma delas, assim como a protecção respectiva[2392]. Já a posse de parte de imóvel afigura-se possível, contando que possa ser separada e protegida autonomamente[2393].

V. Na parte final do século XIX um dos pontos quentes da doutrina possessória surge em torno da crítica contundente de JHERING[2394] ao *animus* como elemento estruturante da posse e ao assomo de uma nova teoria objectivista (contraposta à denominada teoria subjectivista), que desconsidera o elemento da vontade na qualificação de uma situação como posse.

Não podemos deixar de reiterar, todavia, que, não obstante o inegável prestígio e projecção do trabalho de JHERING o impacto da nova teoria na Alemanha foi relativamente modesto, para não dizer mesmo, muito modesto. Para além de referências de passagem, pronunciaram-se mais detidamente sobre o tema BEKKER[2395], com uma adesão de princípio, MANDRN[2396], que faz coincidir a vontade possessória com o *animus detinendi*, a "vontade

---

[2387] Das Faustrecht, oder Besitzvertheidigung und Besitzverfolgung, cit., pág. 146.
[2388] WENDT, Lehrbuch der Pandekten, cit., pág. 312.
[2389] Lehrbuch der Pandekten, cit., pág. 313.
[2390] WENDT, Lehrbuch der Pandekten, cit., pág. 313.
[2391] Die Besitzklage und der Besitz, cit., pág. 214 e segs.
[2392] DUNCKLER, Die Besitzklage und der Besitz, cit., pág. 216.
[2393] Sobre o tema, a obra fundamental de PFLÜGER, Über Besitz und Ersitzung von Teilen einer Sache, cit. Dada a pertinência do tema para este trabalho e o desenvolvimento dado ao mesmo pela doutrina alemã do século XIX, desenvolveremos o mesmo adiante. Cf. *infra* no texto.
[2394] Besitzwille, cit.
[2395] Cf. *supra* no texto
[2396] "Zur Lehre vom Besitzeswille", Archiv für die civilistische Praxis, 63, 1880, pág. 1 e segs.

de ter a coisa para si"[2397], BARON[2398], que contesta a limitação do *animus* à propriedade (*animus domini*), por haver outras relações jurídicas a que respeita, desde logo, a dos outros direitos reais de gozo, KINDEL[2399], KUNTZE[2400], um adversário, HÖLDER[2401], STINTZING[2402], com críticas apreciáveis, PININSKI[2403], entre outros[2404].

No fundo, apesar da veemência do novo objectivismo, a construção romana do instituto da posse, estruturada em torno de dois elementos (*corpus* e *animus*), sendo um deles a vontade possessória, conforme decorre historicamente dos escritos de PAULO, permaneceu acolhida pela generalidade dos autores e largamente dominante na doutrina do tempo. Nesta linha de orientação, e no final do século XIX, comprovam isso os estudos de RANDA[2405], KUNTZE[2406], SCHEURL[2407] e STROHAL[2408].

VI. Os segundo e terceiro projectos do BGB, trabalhos de Comissão posterior, trouxeram uma demarcação clara do pensamento romanista puro em matéria de posse, ponderando igualmente as "concepções de vida"[2409] do povo alemão e, sobretudo, a tradição jurídica germânica, ambas postergadas integralmente pelo primeiro projecto de 1888[2410].

[2397] MANDRN, "Zur Lehre vom Besitzeswille", cit., pág. 26. O autor rejeita a construção do *animus* como vontade de propriedade (*animus domini*) e associa o elemento subjectivo a uma vontade de deter a coisa, ou seja, de ter a coisa para si, o que apresenta uma clara semelhança com o fulcro da doutrina de JHERING sobre o *animus*.

[2398] "Noch einmal der Besitzwille", cit., pág. 197 e segs.

[2399] Die Grundlagen des römischen Besitzrechts, cit., pág. 1 e segs.

[2400] Zur Besitzlehre. Für und wider R. v. Jhering, cit.

[2401] "R. v. Jhering, der Besitzwille. Zugleich eine Kritik der herrschenden juristischen Methode. Jena, Fischer. 1889. XVI und 540 S. J. E. Kuntze, zur Besitzlehre. Für und wider R. v. Jhering, Leipzig, Hinrichs. 1890 W. Stintzing, zur Besitzlehre. Kritische Streifzüge. München, Ackermann. 1892 Zur Besitzlehre", Kritische Vierteljahresschrift für Gesetzgebung und Rechtswissenschaft, Band 34, \\1892, pág. 219 e segs.

[2402] Zur Besitzlehre, cit., pág. 19 e segs.

[2403] Der Thatbestand des Sachbesitzerwerbs nach gemeinem Recht, Leipzig, 1885, pág. 160 e segs.

[2404] Alguns outros autores em Randa, Der Besitz nach österreichischem Rechte, 4. Auflage, cit., pág. 37.

[2405] Der Besitz nach österreichischem Rechte, 4. Auflage, cit.

[2406] Zur Besitzlehre. Für und wider R. v. Jhering, cit.

[2407] Zur Lehre vom römischen Besitzrecht, cit.

[2408] "Der Sachbesitz nach dem B.G.B", Jherings Jahrbücher für die Dogmatik des bürgerlichen Rechts, cit., pág. 66 e segs.

[2409] "Der Sachbesitz nach dem B.G.B", cit., pág. 3.

[2410] Veja-se também BÖMER, Besitzmittlungswille und mittelbarer Besitz, cit., pág. 129 e segs.

Da construção do regime possessório do BGB GIERKE[2411] dirá ser de cunho alemão, por contraposição ao influxo romanista presente no primeiro projecto. E, na verdade, diversamente do que sucedeu com este, os projectos seguintes, que deram origem à redacção inicial do código civil alemão, mesclam aspectos do regime da *Gewere* com a *possessio* romana[2412]. Num instituto originariamente romano (a *possessio*), com efeitos jurídicos puramente romanos (as acções possessórias, a usucapião) integram-se e incorporam-se elementos germânicos provenientes da *Gewere*, como a função de publicidade que lhe está associada[2413].

Os traços marcantes dos projectos que redundaram no actual BGB serão versados adiante no texto; eles constituem parte integrante do Direito vigente alemão, não são meros trechos de um tempo passado.

32. A posse na doutrina francesa imediatamente anterior ao *Code Civil*, o regime possessório acolhido neste e a dogmática oitocentista

I. No período antecedente à elaboração e entrada em vigor do Code Civil de 1804, e sem prejuízo dos estudos em matéria de *saisine*, não se colhe na doutrina francesa nenhum movimento teórico próprio em matéria de posse[2414]. Nas escolas de Direito de França ensina-se a posse com base no Direito romano e os ensinamentos são os tradicionais, os mesmos que se expõem nas universidades de Itália e da Alemanha pelos juristas italianos e alemães.

Essa circunstância não obsta naturalmente ao surgimento de um ou outro jurista cujo trabalho em sede de posse deixa uma marca impressiva, desde logo, o grande nome de ROBERT-JOSEPH POTHIER[2415], depois o de JEAN DOMAT[2416] e, a outro nível, ARGOU[2417] e DUNOD[2418].

[2411] Deutsches Privatrecht, Band 2, Sachenrecht, cit., pág. 218.
[2412] GIERKE, Deutsches Privatrecht, Band 2, Sachenrecht, cit., pág. 211.
[2413] GIERKE, Deutsches Privatrecht, Band 2, Sachenrecht, cit., pág. 212 e seg.
[2414] O mesmo não se pode dizer, porém, quanto à protecção possessória, pelas acções possessórias, que tem doutrina abundante. Cf. adiante no texto.
[2415] Em especial, Traités De La Possession Et De La Prescription, Tome II, Paris, 1772 e Pandectae Justinianeae, In Novum Ordinem Digestae, Cum Legibus Codicis, Et Novellis, Tomus Quintus, Parisiis, 1770, pág. 73 e segs.
[2416] Les Loix Civiles Dans Leur Ordre Naturel, Le Droit Public Et Legum Delectus, Nouvelle Edition, Tome Premier, Paris, 1767, pág. 262 e segs.; veja-se ainda do mesmo autor, Legum Delectus Ex Libris Digestorum Et Codicis, Paris, 1700, pág. 559 e segs.
[2417] Institution au droit françois, Tome Premier, huitiéme edition, Paris, 1753, pág. 357 e segs.
[2418] Traités Des Prescriptions De l'Aliénation Des Biens D'Église Et Des Dixmes, Seconde Edition, Paris, 1744, pág. 44 e segs., embora com uma análise muito limitada e circunscrita da posse.

Uma originalidade científica da doutrina francesa desta época encontra-se, porém, no tratamento conjunto da posse e da prescrição (aquisitiva), uma orientação dogmática mais tarde acolhida integralmente pelo Code Civil de 1804 (artigo 2228 e seguintes). Esta relativa perda de autonomia da posse, inserida no contexto do regime jurídico da prescrição aquisitiva, e à sua sombra, surge apresentada e justificada por DOMAT[2419]:

"Nós juntamos debaixo de um mesmo título a matéria da posse e da prescrição porque através da posse se adquire a prescrição e, assim, uma é como que a causa e a outra o efeito".

Uma boa parte dos civilistas franceses posteriores, POTHIER incluído, seguiram a proposta de DOMAT, sendo recorrente o tratamento do regime jurídico da posse no âmbito da prescrição[2420], tendência que se manteve pontualmente após a entrada em vigor do *Code Civil*, por força da natural influência exercida pela sistemática legal adoptada[2421].

II. DOMAT[2422] define a posse como:

"A detenção de uma coisa em que aquele que nela está investido, ou crê estar, a tem em seu poder ou de outro que para si possui".

O autor acentua a ligação da posse à propriedade, explicando que esta sem aquela não pode ser exercida; uma não pode ser separada da outra[2423]. Postas as coisas nestes termos, DOMAT[2424] defende ser a posse simultaneamente um facto e um direito: o direito de gozar a coisa ligado à propriedade; o facto da detenção efectiva da coisa. Com a aquisição do direito de propriedade o proprietário adquire também o direito a possuir[2425].

A formulação da noção de posse em DOMAT aparece despida de qualquer alusão ao *animus* e a um particular entendimento deste. O que não deixa de ser curioso, atendendo ao ambiente doutrinário do tempo.

No tocante ao objecto da posse DOMAT[2426] reitera o postulado romano quanto às coisas corpóreas. A posse somente pode incidir sobre estas. Todavia, mais adiante afirma haver uma espécie de posse de coisas que não

---

[2419] Les Loix Civiles Dans Leur Ordre Naturel, cit., pág. 262.
[2420] Cf. POTHIER Traités De La Possession Et De La Prescription, cit. e DUNOD, Traités Des Prescriptions De l'Aliénation Des Biens D'Église Et Des Dixmes, cit.
[2421] Cf., por exemplo, TROPLONG, Commentaire Du Titre XX Du Livre III Du Code Civil: De La Prescrition, Paris, 1835, pág. 373 e segs.
[2422] Les Loix Civiles Dans Leur Ordre Naturel, cit., pág. 264.
[2423] DOMAT, Les Loix Civiles Dans Leur Ordre Naturel, cit., pág. 264.
[2424] Les Loix Civiles Dans Leur Ordre Naturel, cit., pág. 264.
[2425] DOMAT, Les Loix Civiles Dans Leur Ordre Naturel, cit., pág. 267.
[2426] Les Loix Civiles Dans Leur Ordre Naturel, cit., pág. 264.

consiste senão em direitos[2427]. Nestes casos, Domat[2428] explica que a posse reside no exercício do direito e exemplifica com as servidões. Quem tem uma servidão de passagem sobre o imóvel do vizinho e exerce o seu direito possui a servidão[2429]. A clareza da explicação fica, no entanto, um pouco turvada pelo facto de noutro lugar[2430] o autor sustentar que o usufrutuário e o locatário, entre outros, são meros detentores da coisa e não possuidores.

No que diz respeito à possibilidade de uma pluralidade de posses tendo a mesma coisa por objecto, Domat[2431] recorre ao exemplo da propriedade para sustentar que assim como não podem existir dois direitos de propriedade sobre a mesma coisa, o mesmo sucede quanto à posse: dois não podem ser possuidores integrais e simultâneos relativamente à mesma coisa.

III. Apesar da notoriedade de Domat, na França setecentista ninguém chegou à projecção da obra Pothier no domínio da posse (e em outros, naturalmente). O autor[2432] justifica a elaboração de um tratado sobre a posse com a separação entre a propriedade e a posse, na presunção de propriedade que resulta da posse e ainda na circunstância de a posse consistir numa das maneiras possíveis de adquirir a propriedade.

Considerando a opinião autorizada de Troplong[2433] a noção de posse inserta no artigo 2228 do Code Civil francês foi colhida de Pothier. Ora, segundo este autor[2434], a posse consiste na "detenção de uma coisa corpórea que temos em nosso poder, por nós mesmos, ou por aquele que a tem para nós e em nosso nome". Para Pothier[2435], a posse tem a natureza de um facto e não de um direito.

Apesar da definição estritamente objectivista[2436] da posse, Pothier[2437] não deixará de salientar que a posse se adquire "*corpore et animo*": "é evidente que não se pode adquirir a posse de uma coisa sem haver vontade de

---

[2427] Domat, Les Loix Civiles Dans Leur Ordre Naturel, cit., pág. 264.
[2428] Domat, Les Loix Civiles Dans Leur Ordre Naturel, cit., pág. 264.
[2429] Domat, Les Loix Civiles Dans Leur Ordre Naturel, cit., pág. 264.
[2430] Domat, Les Loix Civiles Dans Leur Ordre Naturel, cit., pág. 263.
[2431] Les Loix Civiles Dans Leur Ordre Naturel, cit., pág. 264.
[2432] Traités De La Possession Et De La Prescription, cit., pág. 1.
[2433] Commentaire Du Titre XX Du Livre III Du Code Civil: De La Prescrition, cit.
[2434] Traités De La Possession Et De La Prescription, cit., pág. 3.
[2435] Pothier, Traités De La Possession Et De La Prescription, cit., pág. 3.
[2436] Como doutrina da posse, o objectivismo nascerá mais de um século depois da obra de Pothier pela pena de Jhering. Com o uso da palavra "objectivista" pretende-se unicamente destacar a ausência de alusão ao *animus* na definição da posse dada por este autor francês.
[2437] Traités De La Possession Et De La Prescription, cit., pág. 34 e seg.

a possuir"²⁴³⁸. Que vontade (*animus*) seja essa, POTHIER não esclarece no contexto da sua análise aos elementos necessários para a aquisição da posse.

Quanto ao objecto da posse, POTHIER²⁴³⁹ reitera a máxima romana: "*possideri possunt quae sunt corporalia*". Possuir, ter uma coisa para nós mesmos ou por outros em nosso nome só pode acontecer quanto a coisas corpóreas, diz POTHIER²⁴⁴⁰.

Por sua vez, as coisas incorpóreas, ou direitos, não são susceptíveis de uma posse verdadeira, mas unicamente de uma quase-posse: "*jura non possidentur sed quasi-possidentur*", proclama POTHIER²⁴⁴¹. Nesta parte POTHIER²⁴⁴² vai muito além do Direito romano, sustentando, em desacordo com este, que qualquer direito que origine uma prestação de fazer durante um tempo dá lugar a uma *quasi-possession*. Os exemplos dados, para além das servidões, englobam direitos não reais, os censos, as rendas, os encargos fundiários e até os actos de um funcionário de justiça num dado território²⁴⁴³.

Na discussão sobre se podem incidir duas posses completas ou integrais (*in solidum*) na mesma coisa POTHIER²⁴⁴⁴ cita a passagem romana tradicional "*plures eamdem rem in solidum possidere non possunt: contra naturam quippe est ...*", replicando depois o debate entre sabinianos e proculianos e a intervenção final de PAULO, no sentido favorável a esta última escola²⁴⁴⁵. Também POTHIER se reclama do lado dos proculianos e afirma que a posse integral de várias pessoas somente pode incidir sobre uma coisa indivisa em regime de comunhão²⁴⁴⁶.

Em matéria de extensão ou âmbito da posse POTHIER não se pronuncia especificamente. No entanto, sustenta que a posse civil (*possessio civilis*) somente pode pertencer ao proprietário²⁴⁴⁷, que o usufrutuário tem a *possessio naturalis*²⁴⁴⁸, ou seja, uma mera detenção, e que às servidões corresponde uma *quasi possessio*²⁴⁴⁹.

---

²⁴³⁸ POTHIER, Traités De La Possession Et De La Prescription, cit., pág. 35.
²⁴³⁹ Traités De La Possession Et De La Prescription, cit., pág. 31.
²⁴⁴⁰ Traités De La Possession Et De La Prescription, cit., pág. 31.
²⁴⁴¹ Traités De La Possession Et De La Prescription, cit., pág. 32.
²⁴⁴² Traités De La Possession Et De La Prescription, cit., pág. 32 e segs.
²⁴⁴³ POTHIER, Traités De La Possession Et De La Prescription, cit., pág. 33.
²⁴⁴⁴ Traités De La Possession Et De La Prescription, cit., pág. 4 e segs.
²⁴⁴⁵ POTHIER, Traités De La Possession Et De La Prescription, cit., pág. 4 e segs.
²⁴⁴⁶ POTHIER, Traités De La Possession Et De La Prescription, cit., pág. 7.
²⁴⁴⁷ POTHIER, Traités De La Possession Et De La Prescription, cit., pág. 9.
²⁴⁴⁸ POTHIER, Traités De La Possession Et De La Prescription, cit., pág. 14.
²⁴⁴⁹ POTHIER, Traités De La Possession Et De La Prescription, cit., pág. 33.

Degradada a uma posição inferior à *possessio naturalis*, que POTHIER[2450] chama ainda assim de detenção, encontram-se aqueles que, segundo ele, têm uma mera posição de custódia da coisa e na qual inclui, entre outros, o locatário, o depositário e o comodatário[2451]. Segundo POTHIER, estes não deteriam a coisa em seu nome, mas em nome e por conta daquele que lhes entregou a coisa. O autor lembra a propósito que dois não podem ter a mesma coisa *in solidum*, quer dizer, não pode haver duas posses sobre a mesma coisa[2452].

Nesta parte, a doutrina de POTHIER sofre de alguma fragilidade. Ao locatário e ao comodatário não vem reconhecida uma posse natural, mas uma simples detenção, que POTHIER considera um estatuto mais distante da verdadeira posse, enquanto relativamente a outros direitos de crédito, que não envolvem actuações sobre coisas corpóreas, apenas prestações continuadas de fazer, POTHIER reconhece uma quase posse.

IV. No geral, o Direito francês setecentista da posse assenta no paradigma romano[2453], mas a prática dos tribunais revela um afloramento forte do costume[2454], influenciado, por sua vez, pelo antigo Direito germânico e pelo Direito canónico, sobretudo, nos meios de tutela possessória. A posse tida como verdadeira, a *possessio civilis* romana, existe somente para a propriedade[2455]. As demais situações são de detenção[2456]. Existe, no entanto, a menção a um terceiro termo classificatório ao lado da *possessio civilis* e *naturalis*, a denominada posse artificial ou fictícia[2457].

ARGOU explica que esta última espécie possessória não consiste numa verdadeira posse, havendo sido "inventada" à imagem da *possessio civilis*[2458], mas não beneficiando sequer da tutela possessória[2459]. Os exemplos dados por aquele autor são o do proprietário que transmite a propriedade da coisa, mantendo o usufruto (reserva de usufruto), o proprietário que transmite a propriedade, celebrando uma locação da coisa a seu favor, o usufrutuário

---

[2450] Traités De La Possession Et De La Prescription, cit., pág. 16.
[2451] POTHIER, Traités De La Possession Et De La Prescription, cit., pág. 16.
[2452] POTHIER, Traités De La Possession Et De La Prescription, cit., pág. 17.
[2453] STOULS, Étude sur la protection de la possession, Paris, 1874, pág. 129 e segs.
[2454] ARGOU, Institution au droit françois, cit., pág. 240.
[2455] ARGOU, Institution au droit françois, cit., pág. 238 e segs.
[2456] ARGOU, Institution au droit françois, cit., pág. 239 e seg.
[2457] ARGOU, Institution au droit françois, cit., pág. 239.
[2458] ARGOU, Institution au droit françois, cit., pág. 243.
[2459] ARGOU, Institution au droit françois, cit., pág. 245.

que transmite o usufruto a um terceiro, com acordo de precário, ou a cláusula de constituto possessório[2460].

Seja qual for o valor desta última classificação, não restaram dela traços nos séculos seguinte.

V. O regime da posse no *Code Civil* francês surge no Título XX, Capítulo II, do Livro III intitulado "Da Prescrição", uma originalidade que encontra explicação na sistematização adoptada pelos autores franceses, durante o século anterior, com destaque para POTHIER[2461].

Esta orientação tem um custo muito significativo: o regime jurídico do *Code Civil* francês não regula efectivamente a posse, mas apenas os aspectos, nomeadamente classificatórios, que conduzem à prescrição. Tudo o resto está ausente ou reveste carácter muito fragmentário e incompleto.

Seja como for, no Direito francês afiguram-se evidentes as influências exteriores ao Direito romano da posse. Este muito dificilmente se reconhece na regulação do *Code Civil*. As explicações para isto encontram-se nos séculos antecedentes. As inovações do Direito Canónico ao nível da extensão possessória (dos direitos a que a posse se pode referir) e da tutela da posse foram recebidas em França e penetraram no próprio Direito costumeiro do país[2462], de onde irradiaram para a *praxis* e para a dogmática jurídica construída sobre ela.

Por seu lado, institutos originários do Direito germânico antigo, como a *saisine*, tiveram uma projecção directa no instituto da posse romana. Assim, com este cruzamento de influências, do Direito Canónico e do Direito germânico, o regime francês da posse denota consideráveis e importantes modificações no confronto com o seu congénere romano[2463].

O *Code Civil* contém uma definição da posse no art. 2228º, que se atribui, como se disse anteriormente, a POTHIER[2464]:

[2460] ARGOU, Institution au droit françois, cit., pág. 243 e seg.

[2461] Cf. a doutrina citada no ponto I deste número.

[2462] Cf. STOULS, Étude sur la protection de la possession, pág. 128 e segs. e 157 e segs.

[2463] PLANCK, Die Lehre vom Besitze nach den Grundsätzen des französischen Civil-Rechtes, Göttingen, 1811, pág. 4 e segs., ZACHARIÄ VON LINGENTHAL, Handbuch des französischen Civilrechts, 8. Auflage, Band 1, Freiburg, 1894, pág. 452.

[2464] Não obstante este postulado corrente, a definição possessória do *Code Civil* diverge da doutrina de POTHIER quanto à admissibilidade de uma posse de direitos. No seu Traités De La Possession Et De La Prescription, cit., pág. 32, POTHIER delimita bem o conceito da *quasi possessio*, distinguindo-o da posse "verdadeira", que, segundo o autor, se reporta unicamente à propriedade. Em sentido diverso, veja-se, porém, PLANCK, Die Lehre vom Besitze nach den Grundsätzen des französischen Civil-Rechtes, cit., pág. 5, nota 3.

"A posse é a detenção, o gozo de uma coisa ou de um direito que nós temos ou exercemos para nós ou para outro que a tem ou que a exerce em nosso nome".

Comentadores alemães[2465] ao *Code Civil* defendem haver uma consonância integral desta noção com os elementos da posse identificados no Direito romano, e isto mesmo no tocante ao *animus* (*animus domini*)[2466]. Trata-se, segundo se julga, de uma afirmação difícil de demonstrar. O *Code Civil* não faz alusão ao *animus* em nenhum dos preceitos do regime possessório e muito menos limita (expressamente) a posse ao direito de propriedade, englobando situações de exercício de direitos no conceito de posse.

Ainda assim, a larga incompletude do regime normativo francês da posse tornou-o permeável a novas correntes de pensamento jurídico na matéria, incluindo estrangeiras. A influência da doutrina alemã, em particular de SAVIGNY[2467], mas não só, tornou-se incisiva e, por sua via, um certo recrudescimento do romanismo e da dogmática que o envolve[2468], em detrimento da tradição francesa coeva do *Code Civil* tributária das influências do Direito Canónico e do Direito germânico plasmadas no costume.

VI. Na doutrina francesa oitocentista, AUBRY ET RAU[2469] apresentam a seguinte noção de posse:

"Nós chamamos posse, no sentido mais lato da expressão, o estado ou a relação de facto que dão a uma pessoa a possibilidade física, actual e exclusiva, de exercer sobre uma coisa actos materiais de uso, de gozo ou de transformação".

Esta formulação, como a de outros autores, a exemplo do próprio *Code Civil* (art. 2228º), assume um claro pendor objectivista, que depois surge desmentido no desenvolvimento explicativo da noção, onde se apela

---

[2465] PLANCK, Die Lehre vom Besitze nach den Grundsätzen des französischen Civil-Rechtes, cit., pág. 5 e nota 3.

[2466] PLANCK, Die Lehre vom Besitze nach den Grundsätzen des französischen Civil-Rechtes, cit., pág. 5, nota 3. O autor reconhece expressamente, contudo, que o elemento intencional (o *animus*) não aparece devidamente realçado no preceito.

[2467] Cf., por exemplo, muito ilustrativamente, MOLITOR, La Possession Et Les Actions Possessoires, Deuxiéme Edition, Paris, 1868, pág. 1 e segs.

[2468] A título de exemplo, AUBRY ET RAU, Cours De Droit Civil Français, Après La Methode De Zachariae, Cinquieme Édition, Tome Deuxieme, Paris, 1897, pág. 106 mencionam uma "possession naturelle" ou detenção, importando a contraposição romana, inteiramente estranha ao Direito francês e não utilizada pelo *Code Civil*. Veja-se ainda o comentário sobre a *quasi-possession*, na pág. 107.

[2469] Cours De Droit Civil Français, cit., pág. 106.

também ao elemento intencional ou *animus*, fruto da influência da civilística alemã e do romanismo nela reinante.

Nota-se, no entanto, que as referências ao *animus* ou intenção do possuidor se encontram desenquadradas de uma teoria assente, bem enraizada e com um domínio pleno dos dados pertinentes das fontes romanas[2470]. A título de exemplo, AUBRY ET RAU[2471] afirmam que existe posse quando uma pessoa tem uma coisa em seu poder com a intenção de a submeter ao exercício da propriedade, identificando esta intenção com o *animus sibi habendi*[2472].

Seja como for, as abordagens correntes tendem a identificar os dois elementos possessórios da tradição romanista[2473], com a particularidade do elemento do senhorio ou poder sobre a coisa surgir denominado como detenção[2474], um resquício evidente da influência da teoria possessória de SAVIGNY e da doutrina germânica oitocentista em geral.

VII. Sendo estranha à *praxis* francesa e aparentemente contrária ao sistema do *Code Civil*, que apresenta uma noção unitária de posse, englobando a posse de coisas e a posse de direitos, a doutrina francesa do século XIX recebe de braços abertos a distinção romana entre a *possessio* e a *quasi possessio*,

---

[2470] Fazemos esta afirmação sem pôr em causa abordagens mais informadas e sistematizadas, como a de SALEILLES, Étude Sur Les Éléments Constitutifs De La Possession, Dijon, 1894, que, no entanto, representa uam obra de final de século.

[2471] Cours De Droit Civil Français, cit., pág. 107.

[2472] O tratamento mais desenvolvido do *animus* possessório na doutrina francesa oitocentista encontra-se em SALEILLES, Étude Sur Les Éléments Constitutifs De La Possession, cit., pág. 101 e segs. SALEILLES fala simplesmente em *animus possidendi*, num sentido, porém, que nos parece coincidente com a leitura corrente da expressão *animus sibi habendi*. Quanto à doutrina defensora da posição a que se alude acima no texto, veja-se ZACHARIÄ VON LINGENTHAL, Handbuch des französischen Civilrechts, cit., pág. 454, DURANTON, Cours De Droit Français Suivant Le Code Civil, Quatrième Edition, Tome Quatrième, Paris, 1844, pág. 186. BELIME, porém, menciona expressamente o *animus domini*, Traité Du Droit De Possession Et Des Actions Possessoires, Paris, 1842, pág. 7 e seg., WODON, Traitè Théorique Et Pratique De La Possession Et Des Actions Possessoires, Tome Premiere, Bruxelles, 1866, pág. 11.

[2473] STOULS, Étude sur la protection de la possession, pág. 158, BELIME, Traité Du Droit De Possession Et Des Actions Possessoires, Paris, 1842, pág. 7.

[2474] AUBRY ET RAU, Cours De Droit Civil Français, cit., pág. 106 e seg., DURANTON, Cours De Droit Français Suivant Le Code Civil, cit., pág. 186, BELIME, Traité Du Droit De Possession Et Des Actions Possessoires, cit., pág. 7, WODON, Traitè Théorique Et Pratique De La Possession Et Des Actions Possessoires, cit., pág. 11 e segs., BIOCHE, Traité Des Actions Possessoires, Paris, 1865, pág. 2.

aparentemente sem nenhum efeito prático, porquanto o exercício de um direito real de gozo menor surge integrado no conceito legal de posse[2475].

VIII. À posse definida nos termos acima referidos confere-se, de modo amplamente maioritário[2476], a natureza de um facto, na conhecida questão, posse: facto ou direito?

"A propriedade é o direito, a posse o facto", diz Troplong[2477]. Aubry et Rau[2478], por sua vez, afirmam que "a posse não constitui senão um estado de facto a que a lei liga de forma dependente certos efeitos jurídicos". Uma circunstanciada defesa da posse como direito encontra-se, todavia, em Molitor[2479], cuja posição se exprime no confronto com a teoria possessória de Savigny.

IX. No tema do objecto da posse, e na ausência de qualquer indicação normativa no *Code Civil*, a doutrina francesa oscila entre a orientação romanista da posse e quase-posse, que distingue entre as coisas corpóreas e as coisas incorpóreas ou direitos, as primeiras como objecto da posse e as segundas como susceptíveis apenas da *quasi possessio*[2480], e o entendimento tradicional francês que a posse tanto pode recair sobre coisas móveis como em direitos.

Nesta última linha, Troplong[2481] esclarece que o Direito francês não adoptou as especificidades de linguagem romanas, que Pothier terá tentado introduzir[2482], e que o art. 2228º declara consistir a posse na detenção ou gozo de uma coisa ou de um direito, exemplificando com a posse do direito de usufruto, das servidões ou do direito de superfície[2483].

[2475] Aubry et Rau, Cours De Droit Civil Français, cit., pág. 106 e seg.
[2476] Cf., por exemplo, Troplong, Commentaire Du Titre XX Du Livre III Du Code Civil: De La Prescrition, cit., pág. 383, Zachariä von Lingenthal, Handbuch des französischen Civilrechts, cit., pág. 453 e seg., Stouls, Étude sur la protection de la possession, pág. 165 e segs., Bioche, Traité Des Actions Possessoires, cit., pág. 2, Wodon, Traité Théorique Et Pratique De La Possession Et Des Actions Possessoires, cit., pág. 12; no sentido da posse como direito, cf. Belime, Traité Du Droit De Possession Et Des Actions Possessoires, cit., pág. 14 e seg.
[2477] Troplong, Commentaire Du Titre XX Du Livre III Du Code Civil: De La Prescription, cit., pág. 383.
[2478] Aubry et Rau, Cours De Droit Civil Français, cit., pág. 107.
[2479] Molitor, La Possession Et Les Actions Possessoires, cit., pág. 15 e segs.
[2480] Aubry et Rau, Cours De Droit Civil Français, cit., pág. 109 e segs., Molitor, La Possession Et Les Actions Possessoires, cit., pág. 31.
[2481] Commentaire Du Titre XX Du Livre III Du Code Civil: De La Prescription, cit., pág. 430.
[2482] Di-lo Troplong, Commentaire Du Titre XX Du Livre III Du Code Civil: De La Prescription, cit., pág. 430.
[2483] Troplong, Commentaire Du Titre XX Du Livre III Du Code Civil: De La Prescription, cit., pág. 430.

Negada surge a posse sobre universalidades de direito[2484], como a herança[2485]. Quanto a esta, AUBRY ET RAU rejeitam quer a posse quer a quase posse. Alguns autores[2486] admitem, porém, que a *saisine* de Direito francês ofereça aos herdeiros, e em alguns casos a legatários, "efeitos próprios da posse" relativamente a objectos possuídos pelo falecido[2487].

Afirmada, ao invés, vem a impossibilidade de posse sobre parte incerta de uma coisa, reiterando a decisão de POMPONIUS[2488]. Isso não impede a admissibilidade de posse quanto a parte certa de coisa imóvel, mesmo que esta seja indivisível[2489].

As partes de coisas conexas que subsistem autónomas são susceptíveis de posse e sobre elas pode incidir a usucapião[2490]. Se a individualidade desaparece, porém, a posse deixa de ser possível[2491].

A originalidade maior do Direito francês em tema de objecto de posse reside, porém, na consagração costumeira (Costume de Paris) de uma regra de inadmissibilidade da posse quanto a coisas móveis, que o *Code Civil* verteu no art. 2279º[2492]. Com a adopção neste preceito do princípio "posse vale título" relativamente às coisas móveis, a questão possessória tende a confundir-se com a propriedade[2493], deixando de ter autonomia. Deste modo, e como consequência, a tutela possessória francesa não contempla a protecção da posse sobre coisas móveis[2494].

X. Ponderando o teor literal do art. 2228º do *Code Civil* parece que a posse, tendo por objecto coisas corpóreas (imóveis) e direitos, pode

---

[2484] AUBRY ET RAU, Cours De Droit Civil Français, cit., pág. 110.
[2485] AUBRY ET RAU, Cours De Droit Civil Français, cit., pág. 110.
[2486] AUBRY ET RAU, Cours De Droit Civil Français, cit., pág. 110. Para as acções possessórias relativas a "universalidades" de móveis, GARNIER, Traité De La Possession Et Des Actions Possessoires Et Pétitoires, cit., pág. 233 e segs.
[2487] AUBRY ET RAU, Cours De Droit Civil Français, cit., pág. 110.
[2488] TROPLONG, Commentaire Du Titre XX Du Livre III Du Code Civil: De La Prescrition, cit., pág. 431.
[2489] TROPLONG, Commentaire Du Titre XX Du Livre III Du Code Civil: De La Prescrition, cit., pág. 431, MOLITOR, La Possession Et Les Actions Possessoires, cit., pág. 74 e segs.
[2490] MOLITOR, La Possession Et Les Actions Possessoires, cit., pág. 77 e segs.
[2491] MOLITOR, La Possession Et Les Actions Possessoires, cit., pág. 78.
[2492] GARNIER, Traité De La Possession Et Des Actions Possessoires Et Pétitoires, cit., pág. 227 e segs., WODON, Traitè Théorique Et Pratique De La Possession Et Des Actions Possessoires, cit., pág. 376 e seg.
[2493] WODON, Traitè Théorique Et Pratique De La Possession Et Des Actions Possessoires, cit., pág. 377.
[2494] Cf., entre tantos outros, GARNIER, Traité De La Possession Et Des Actions Possessoires Et Pétitoires, cit., pág. 227 e segs.

estender-se para além dos direitos reais, incluindo, pois, direitos de outra natureza[2495].

Neste ponto, a doutrina francesa não apresenta a riqueza de análise da sua congénere alemã ou mesmo italiana. O problema da posse do locatário, do comodatário, do depositário, para dar alguns exemplos correntes, não são normalmente desenvolvidos pelos autores franceses. DURANTON[2496], no entanto, afirma expressamente que o colono, o locatário e o comodatário não possuem, tendo apenas a detenção da coisa.

Existem, todavia, alusões genéricas, usualmente vagas e pouco extensas, ao tema do âmbito da posse, com algumas excepções. MOLITOR[2497], partindo do postulado central da posse reportada à propriedade, aceita a analogia da posse para as servidões (pessoais e "reais"), considerando justificada a qualificação da sua situação como *iuris possessio*. Defende, contudo, que essa analogia seria um erro para outros direitos[2498] e rejeita abertamente a posse de créditos[2499]. O autor parece, no entanto, ter em vista os créditos com prestação instantânea, referindo-se ao acto de pagamento, deixando em aberto, todavia, a possibilidade de direitos de exercício continuado e repetido[2500], mas excluindo sempre o exercício daqueles que se referem ao estado civil ou político de uma pessoa.

WODON[2501] aceita que o conceito de posse do *Code Civil* admite, para além das coisas corpóreas imóveis que estejam no comércio, uma posse sobre direitos, defendendo, contudo, que, neste caso, apenas pode ter por objecto os direitos reais sobre imóveis, com exclusão de outras coisas ou direitos.

AUBRY ET RAU[2502] defendem que o conceito de *quasi-possession* se aplica unicamente aos "direito reais imobiliários" de servidão, de gozo e de uso. Os direitos de crédito[2503] não são, no entender dos autores citados, suscep-

---

[2495] STOULS, Étude sur la protection de la possession, pág. 157 e seg. Sobre o tema, cf. igualmente WODON, Traitè Théorique Et Pratique De La Possession Et Des Actions Possessoires, cit., pág. 377 e segs.
[2496] Cours De Droit Français Suivant Le Code Civil, cit., pág. 186.
[2497] La Possession Et Les Actions Possessoires, cit., pág. 52 e segs.
[2498] MOLITOR, La Possession Et Les Actions Possessoires, cit., pág. 52.
[2499] MOLITOR, La Possession Et Les Actions Possessoires, cit., pág. 52.
[2500] MOLITOR, La Possession Et Les Actions Possessoires, cit., pág. 52.
[2501] Traitè Théorique Et Pratique De La Possession Et Des Actions Possessoires, cit., pág. 377 e segs.
[2502] Cours De Droit Civil Français, cit., pág. 109.
[2503] Com excepção de títulos de crédito ao portador; cf. Cours De Droit Civil Français, cit., pág. 109.

tíveis de posse ou de quase posse²⁵⁰⁴. Englobam-se aqui os direitos pessoais de gozo²⁵⁰⁵, ainda que incidentes sobre imóveis, as rendas fundiárias²⁵⁰⁶, as rendas sobre o património do Estado²⁵⁰⁷.

XI. Uma das consequências da escassa regulação normativa da posse no *Code Civil* reside na ausência de resposta para uma série de problemas jurídicos, um dos quais, o problema da possibilidade ou não de uma pluralidade de posses sobre a mesma coisa²⁵⁰⁸.

De um modo geral, a resposta dos autores vai no sentido de afastar, por impossibilidade, a concorrência de duas posses com mesma natureza sobre a coisa²⁵⁰⁹. A posse tem cariz exclusivo²⁵¹⁰. A isto não se opõe a composse sobre coisa indivisa. Os comunheiros possuem em comum a coisa indivisa objecto do seu direito²⁵¹¹.

No entanto, TROPLONG²⁵¹² salienta ser válida a solução inversa relativamente a posses não iguais. Posses diversas podem existir sobrepostas e escalonadas sobre a mesma coisa. Havendo conflito, o mesmo resolve-se atendendo à mais "perfeita", mais "integral", a posse da propriedade²⁵¹³.

Já MOLITOR²⁵¹⁴ explica de modo diverso, afirmando que no Direito francês o usufrutuário, o enfiteuta e o superficiário são a um tempo possuidores precários²⁵¹⁵ e possuidores não precários. Precários em relação à coisa que

---

²⁵⁰⁴ AUBRY ET RAU, Cours De Droit Civil Français, cit., pág. 109.
²⁵⁰⁵ AUBRY ET RAU, Cours De Droit Civil Français, cit., pág. 110.
²⁵⁰⁶ AUBRY ET RAU, Cours De Droit Civil Français, cit., pág. 109.
²⁵⁰⁷ AUBRY ET RAU, Cours De Droit Civil Français, cit., pág. 110.
²⁵⁰⁸ PLANCK, Die Lehre vom Besitze nach den Grundsätzen des französischen Civil-Rechtes, cit., pág. 16 e segs.
²⁵⁰⁹ TROPLONG, Commentaire Du Titre XX Du Livre III Du Code Civil: De La Prescrition, cit., pág. 420, MOLITOR, La Possession Et Les Actions Possessoires, cit., pág. 53 e segs.
²⁵¹⁰ TROPLONG, Commentaire Du Titre XX Du Livre III Du Code Civil: De La Prescrition, cit., pág. 420.
²⁵¹¹ TROPLONG, Commentaire Du Titre XX Du Livre III Du Code Civil: De La Prescrition, cit., pág. 420, MOLITOR, La Possession Et Les Actions Possessoires, cit., pág. 56.
²⁵¹² TROPLONG, Commentaire Du Titre XX Du Livre III Du Code Civil: De La Prescrition, cit., pág. 420.
²⁵¹³ TROPLONG, Commentaire Du Titre XX Du Livre III Du Code Civil: De La Prescrition, cit., pág. 421.
²⁵¹⁴ La Possession Et Les Actions Possessoires, cit., pág. 191.
²⁵¹⁵ MOLITOR, La Possession Et Les Actions Possessoires, cit., pág. 190 e seg. dá conta de que no Direito francês a expressão "possuidor precário" assume um significado mais amplo do que no Direito romano se atribuía ao precarista, englobando todas as posições sobre a coisa que não sejam atinentes à propriedade.

detêm em nome de outrem e possuidores no que toca ao direito exteriorizado por si como "juris possessores"[2516].

XII. Uma grande parte dos autores franceses que tratam a posse fazem-no no contexto específico das acções possessórias. Surpreende, de resto, o elevado número de obras dedicado a esta temática[2517] em contraste, por exemplo, com um número muito mais reduzido na doutrina alemã.

Em matéria de acções possessórias o Direito francês afastou-se consideravelmente do Direito romano dos interditos possessórios, oferecendo um quadro regulador que funda, desde o século XIII, uma verdadeira tradição francesa, com soluções próprias, ao nível dos meios de tutela e dos seus fundamentos[2518].

Para começar, enquanto os interditos romanos protegem a posse actual, quando exista, no Direito francês medieval a simples posse não basta para desencadear a protecção possessória, a não ser que ocorra a *saisine*[2519], quer dizer, uma posse com a duração de um ano e um dia[2520].

Para além disso, no Direito romano, uma vez esgotada a tutela interdital, ou seja, proferida a decisão pelo pretor no culminar do processo interdital, ao esbulhador derrotado resta somente a tutela petitória para tentar recuperar a coisa. No Direito francês dos séculos XIII e seguintes, todavia, a decisão final da *réintégrande* com a devolução da coisa ao esbulhado não impede o esbulhador de tentar a entrega da coisa através de uma outra

---

[2516] MOLITOR, La Possession Et Les Actions Possessoires, cit., pág. 191.

[2517] Citamos ESQUIROU DE PARIEU, Études Historiques Et Critiques Sur les Actions Possessoires, Paris, 1850, ALAUZET, Histoire De La Possession Et Des Actions Possessoires En Droit Français, Paris, 1849, Aulanier, Traité des actions possessoires, Nantes, 1829, CRÉMIEU, Théorie des actions possessoires, Paris, 1866, CAROU, Traité Théorique Et Pratique Des Actions Possessoires, Seconde Edition, Paris, 1841, CURASSON, Traité Des Actions Possessoires Du Bornage Et Autres Droits De Voisinage, Dijon, 1842, GARNIER, Traité De La Possession Et Des Actions Possessoires Et Pétitoires, cit., Douard, La Réintégrande, Paris, 1899, BOURCART, Étude Historique Et Pratique Sur Les Actions Possessoires, Paris, 1880, MOLITOR, La Possession Et Les Actions Possessoires, cit., BELIME, Traité Du Droit De Possession Et Des Actions Possessoires, cit., WODON, Traitè Théorique Et Pratique De La Possession Et Des Actions Possessoires, cit., BIOCHE, Traité Des Actions Possessoires, cit. Há ainda numerosos trabalhos no âmbito académico, nomeadamente, teses, que podem ser confrontados em www.gallica.pt.

[2518] Cf. igualmente o que se disse anteriormente a propósito da *saisine*.

[2519] TROPLONG, Commentaire Du Titre XX Du Livre III Du Code Civil: De La Prescription, cit., pág. 477 MOLITOR, La Possession Et Les Actions Possessoires, cit., pág. 181 e seg.

[2520] Há, porém, segundo Beaumanoir, um caso em que a posse pode ser defendida antes de haver decorrido um ano e um dia e que ocorre quando o possuidor vem a ser desapossado com o recurso ao uso da força e violência. Cf., a propósito, TROPLONG, Commentaire Du Titre XX Du Livre III Du Code Civil: De La Prescription, cit., pág. 477.

acção possessória: a *complainte*[2521]. TROPLONG[2522] explica que a *réintégrande* não confere ao esbulhado vencedor uma verdadeira *saisine*, apenas uma "detenção de facto", que não derrota definitivamente o possuidor com posse de um ano e um dia, o que, aliás, compromete, segundo o autor, a sua natureza de acção possessória e lhe atribui antes o carácter de uma medida de salvaguarda da ordem e paz públicas contra a violência[2523].

Ainda que o regime jurídico das acções possessórias haja mudado no curso do século XIX, o Direito francês distingue três modalidades de acções possessórias[2524]:
– *La complainte*;
– *La dénonciation de nouvel-oeuvre*;
– *La réintégrande*.

Todas elas requerem uma posse de um ano e um dia e que essa posse não haja sido adquirida a título de precário, com violência e de forma clandestina[2525].

Estas acções distinguem-se entre si quanto ao seu objecto e ao facto constitutivo que origina a posse[2526]. A acção possessória denominada *complainte* representa a herdeira directa da *complainte en cas de saisine et de*

[2521] TROPLONG, Commentaire Du Titre XX Du Livre III Du Code Civil: De La Prescription, cit., pág. 477 e seg.
[2522] TROPLONG, Commentaire Du Titre XX Du Livre III Du Code Civil: De La Prescription, cit., pág. 478.
[2523] TROPLONG, Commentaire Du Titre XX Du Livre III Du Code Civil: De La Prescription, cit., pág. 478.
[2524] AUBRY ET RAU, Cours De Droit Civil Français, cit., pág. 178 e segs., TROPLONG, Commentaire Du Titre XX Du Livre III Du Code Civil: De La Prescription, cit., pág. 461 e segs., ESQUIROU DE PARIEU, Études Historiques Et Critiques Sur les Actions Possessoires, cit. pág. 158 e segs., ALAUZET, Histoire De La Possession Et Des Actions Possessoires En Droit Français, cit., pág. 257 e segs., AULANIER, Traité des actions possessoires, cit., pág. 206 e segs., CRÉMIEU, Théorie des actions possessoires, cit., pág. 235 e segs., CAROU, Traité Théorique Et Pratique Des Actions Possessoires, cit., pág. 48 e segs., CURASSON, Traité Des Actions Possessoires Du Bornage Et Autres Droits De Voisinage, cit., pág. 2 e segs., GARNIER, Traité De La Possession Et Des Actions Possessoires Et Pétitoires, cit., pág. 1 e segs., MOLITOR, La Possession Et Les Actions Possessoires, cit., pág. 179 e segs. BELIME, Traité Du Droit De Possession Et Des Actions Possessoires, cit., pág. 381 e segs., WODON, Traitè Théorique Et Pratique De La Possession Et Des Actions Possessoires, cit., pág. 311 e segs., BIOCHE, Traité Des Actions Possessoires, cit., pág. 1 e segs., BOURCART, Étude Historique Et Pratique Sur Les Actions Possessoires, cit., pág. 210 e segs.
[2525] Cf., entre vários outros, MOLITOR, La Possession Et Les Actions Possessoires, cit., pág. 181 e segs.
[2526] MOLITOR, La Possession Et Les Actions Possessoires, cit., pág. 181.

nouvelleté do antigo Direito francês[2527]. No sistema romano dos interditos possessórios esta acção encontra-se próxima do interdito *uti possidetis*. Tem com ele a semelhança de exigir uma posse pública, pacífica e não precária. Diferencia-se dele, porém, na medida que apenas protege o possuidor com posse de um ano e um dia, ainda que haja perdido essa posse há mais de um ano, enquanto o interdito *uti possidetis* protege unicamente o possuidor actual[2528].

A acção possessória chamada de *dénonciation de nouvel-oeuvre* obteve consagração legal em França pela Lei de 25 de Maio de 1838 como acção distinta da *complainte*. Ela visa deter um processo de construção de obra nova em curso com a oposição do possuidor.

A *réintégrande*[2529], por sua vez, vertida igualmente em texto de lei pela Lei de 25 de Maio de 1838, constitui o produto do influxo do Direito canónico na tradição jurídica francesa[2530], primeiro, no costume, e depois na lei. Por ela, o possuidor esbulhado com violência ou de modo clandestino pode demandar o esbulhador e, nalguns casos, mesmo terceiros com a coisa em seu poder.

33. O *codice civile* italiano de 1865

O *codice civile* italiano de 1865 regula a posse no art. 685 e seguintes. O preceito contém a tradicional contraposição entre posse de coisa e posse de direitos. A primeira vem mencionada como tendo por objecto a coisa, a segunda radica ao invés no "gozo de um direito".

A posse estrutura-se na detenção de uma coisa ou no gozo do direito. A primeira só pode existir relativamente a coisas sobre as quais possa incidir o direito de propriedade (art. 690).

Peculiar no *codice civile* italiano de 1865 afigura-se a classificação entre posse legítima e ilegítima (art. 686), que surge estranha à tradição romanística e que BARASSI[2531] vislumbra numa remota influência do código civil austríaco.

[2527] AUBRY ET RAU, Cours De Droit Civil Français, cit., pág. 179. Cf. também o que se disse *supra* sobre esta acção possessória no ponto referente à *saisine*.

[2528] AUBRY ET RAU, Cours De Droit Civil Français, cit., pág. 179.

[2529] A expressão evoca o *canone redintegranda*, precursor da actio spolii. Sobre isto, cf. o que se disse sobre o Direito Canónico da posse, *supra* no texto.

[2530] Para a história desta acção possessória, cf. DOUARD, La Réintégrande, cit., pág. 45 e segs.

[2531] Il Possesso, pág. 72 e segs.

No demais, o mais característico da regulação italiana da posse no código civil de 1865 consiste na ampla noção de *possesso*, que integra casos qualificados como de detenção, nomeadamente, a posição do locatário, do comodatário, etc, que estão, porém, subtraídos a alguns dos principais efeitos da posse, em particular, a usucapião.

A dogmática principal do código civil de 1865, pelas dificuldades interpretativas que gerava e pelo afastamento considerável com os quadros do romanismo foi largamente substituída no *codice civile* de 1942.

34. O Direito português da posse. Das Ordenações do Reino até ao Código Civil de Seabra

I. A não ser em matéria de tutela possessória – onde surge clara a influência do regime interdital romano[2532] – e num ou noutro aspecto incidental[2533], as Ordenações do Reino de Portugal omitem qualquer forma de regulação normativa da posse. E nem adianta falar sequer na sistematização do instituto, que, pura e simplesmente, não existe no Direito português medieval e na Idade Moderna.

Não deve surpreender, assim, que as Ordenações do Reino não hajam servido à doutrina portuguesa para elaborar o tratamento dogmático da posse e que seja, ao invés, o Direito romano e a doutrina estrangeira sobre ele, em particular, a castelhana, a fonte inspiradora desse tratamento.

Por outro lado, a menos que estejamos enganados[2534], não se conhece em Portugal a incidência de institutos provenientes de povos germânicos, como a *Gewere* na Alemanha ou a *saisine* em França. O costume dos povos, ao que parece, também não deu nenhum contributo para a formação do regime possessório português, medieval e moderno.

Tendo isto presente, a fonte normativa da posse durante a Idade Média e a Idade Moderna encontra-se, como não podia deixar de ser, no Direito romano. Porém, e como se verá mais abaixo, o mesmo movimento de

---

[2532] LOBÃO, Tratado encyclopedico compendiario, pratico e systematico dos interdictos e remedios possessorios geraes e especiaes conforme o direito romano, patrio e uso das nações, Lisboa, 1867, § 103, pág. 68.

[2533] Por exemplo, na necessidade da tradição da coisa, e, por isso, da transmissão da posse sobre ela, para a transmissão da propriedade. Cf. o Livro IV, Título XXXXII, das Ordenações Afonsina, o Livro IV, Título XXVIII, das Ordenações Manuelinas e o Livro IV, Título VII, das Ordenações Filipinas.

[2534] Um estudo histórico sobre a posse na Idade Média portuguesa, e mesmo na Idade Moderna, que atenda aos documentos existentes e a outras fontes portuguesas, permanece por fazer no nosso país. Não entraremos nesse domínio.

influência do Direito Canónico no pensamento jurídico romanista, que ocorreu na Europa a partir da Idade Média, em particular, em matéria de tutela possessória, entrou igualmente em Portugal por obra da canonística portuguesa[2535], de modo semelhante ao que sucedeu na Europa desse tempo e seguindo as novas linhas dos canonistas europeus.

Ainda assim, não deixa de se mencionar, pela sua relevância, o disposto no ponto 10. do Título XLV do Livro III das Ordenações Filipinas. Aí se preceitua que se for demandado lavrador, colono, inquilino, rendeiro, feitor ou procurador que tenha a coisa e a possua em nome de outro "deve nomear por autor à tal demanda o senhor da cousa, em cujo nome a possúe, e a quem principalmente essa demanda pertence".

Parece inequívoco que o Direito das Ordenações Filipinas toma como possuidor aquele que tem a coisa em nome próprio e que este coincide sempre (e somente) com o proprietário:

"E vindo o senhor a defender a demanda ao termo, que lhe foi assinado, será ouvido com seu direito perante o Juiz de seu fôro, pois he demandado por a cousa, que diz ser sua, e de que stá de posse, per aquelle, que primeiramente foi citado por ella".

Todos os outros que têm a coisa consigo sem ser na qualidade de proprietário da mesma (lavrador, colono, inquilino, rendeiro, feitor ou procurador) são vistos como possuidores em nome de outrem; sem a posse, portanto. E, por essa razão, em caso de contenda judicial que envolva a posse da coisa devem chamar o possuidor, saindo da demanda, que não lhes cabe como meros possuidores em nome de outrem.

II. Na trajectória evolutiva do Direito português, o espaço temporal até ao século XVII contém um deserto de referências atinentes à posse, quer normativas, quer doutrinárias. No século XVIII, porém, registam-se dois momentos de viragem. O primeiro ocorre com a aprovação da Lei da Boa Razão, de 18 de Agosto de 1769; o segundo com a Reforma dos Estudos da Universidade de Coimbra, de 1772[2536].

A Lei da Boa Razão introduziu alterações muito significativas no sistema de fontes de Direito em Portugal, intentando acabar com o predomínio da aplicação do Direito romano e assegurar a aplicação do Direito nacional: as

---

[2535] Cf. *infra* no texto.
[2536] Sobre esta Reforma, cf. José ALBERTO VIEIRA, Direitos Reais, Perspectiva Histórica Do Seu Ensino Em Portugal, Coimbra, 2008, pág. 6 e segs., com ulteriores indicações bibliográficas.

Ordenações, as leis extravagantes, os forais, os costumes e os usos portugueses[2537].

Para um sistema de fontes em que o Direito nacional devia apresentar supremacia sobre o Direito romano, agora e doravante meramente subsidiário, faltava ainda reformar o ensino jurídico, moldado na Universidade de Coimbra sobre um plano de estudos em que não entrava a lecionação do Direito português.

Com efeito, até à Reforma de 1772, o Direito ensinado na Universidade de Coimbra no Curso de Leis e no Curso de Cânones era exclusivamente o Direito romano, assente na glosa de ACCURSIO e nos comentários de BARTOLO, e o Direito Canónico[2538]. Com a aprovação do novo plano de curso, ambos os cursos passaram a integrar uma cadeira de Direito Pátrio, no quinto ano[2539], situação que se alteraria em 1805, pelo Alvará de 18 de Janeiro desse ano, que introduziu mais duas cadeiras de Direito Pátrio[2540], num movimento de sucessivo crescimento do ensino do Direito português, em detrimento do Direito romano, que teria lugar nas décadas seguintes durante o século XIX[2541].

Outro aspecto de enorme relevância foi a mudança de paradigma do ensino do Direito. A um ensino baseado no método escolástico e do bartolismo[2542] sucedeu um outro inspirado em CUJACIO, de índole histórico-crítica[2543]. Os novos Estatutos da Universidade de Coimbra impõem mesmo a adopção de um estudo por lições, ou seja, de um ensino radicado em compêndios[2544], que devem ser "breves, claros e bem orde-

---

[2537] JOSÉ ALBERTO VIEIRA, Direitos Reais, Perspectiva Histórica Do Seu Ensino Em Portugal, cit., pág. 7 e seg.
[2538] Cf. JOSÉ ALBERTO VIEIRA, Direitos Reais, Perspectiva Histórica Do Seu Ensino Em Portugal, cit., pág. 6 e segs.
[2539] JOSÉ ALBERTO VIEIRA, Direitos Reais, Perspectiva Histórica Do Seu Ensino Em Portugal, cit., pág. 10.
[2540] JOSÉ ALBERTO VIEIRA, Direitos Reais, Perspectiva Histórica Do Seu Ensino Em Portugal, cit., pág. 10.
[2541] JOSÉ ALBERTO VIEIRA, Direitos Reais, Perspectiva Histórica Do Seu Ensino Em Portugal, cit., pág. 10 e segs.
[2542] JOSÉ ALBERTO VIEIRA, Direitos Reais, Perspectiva Histórica Do Seu Ensino Em Portugal, cit., pág. 7 e segs., com indicações bibliográficas pertinentes.
[2543] JOSÉ ALBERTO VIEIRA, Direitos Reais, Perspectiva Histórica Do Seu Ensino Em Portugal, cit., pág. 8 e segs.
[2544] JOSÉ ALBERTO VIEIRA, Direitos Reais, Perspectiva Histórica Do Seu Ensino Em Portugal, cit., pág. 9.

nados"²⁵⁴⁵. A lecionação do Direito romano deve ter por base o *usus modernus* identificado pela moderna ciência jurídica, em particular, a alemã, sempre tendo em vista as necessidades nacionais²⁵⁴⁶.

III. Na doutrina portuguesa que versa em matéria de posse e embora num tempo ainda anterior à Reforma dos Estudos da Universidade de Coimbra, começamos por destacar MANUEL ÁLVARES PEGAS, autor dos *Commentaria ad ordinationes Regni Portugalliae*, em vários volumes, e que aborda o tema da posse no *Tractatus de competentiis inter archiepiscopos, Episcoposve, Et Nuntium Apostolicum*²⁵⁴⁷ e em *Opusculum de maioratus possessorio interdicto seu De ordine procedendi in Causis Maioratus possessionis, et proprietatis*²⁵⁴⁸.

No *Tractatus de competentiis*²⁵⁴⁹ ÁLVARES PEGAS defende ser a posse um facto, não um direito, estruturando-a em facto (*corporis possessio*) e *animus*²⁵⁵⁰. A discussão faz-se em torno do Direito romano, recorrendo aos juristas romanos, aos glosadores (em particular ACCURSIO), aos comentadores (BARTOLO) e a vários outros autores modernos, incluindo escritores franceses do *mos gallicus*.

Quem não possui para si, possuindo para outrem, não tem posse, aduz ÁLVARES PEGAS, sendo possuidor aquele em cujo nome possui²⁵⁵¹. Nesta ordem de ideias, o usufrutuário²⁵⁵², o colono²⁵⁵³ e o depositário²⁵⁵⁴ não são possuidores.

Sobre a possibilidade de concorrência de posses sobre a mesma coisa, ÁLVARES PEGAS²⁵⁵⁵ mantém o ensinamento tradicional romano, de que

---

[2545] PAULO MERÊA, "Esboço de uma história da Faculdade de Direito", Boletim da Faculdade de Direito, 1952, pág. 124 e "Lance de olhos sobre o ensino do Direito (Cânones e Leis) desde 1772 até 1804", BFD, Vol. XXXIII, 1957, pág. 196.

[2546] JOSÉ ALBERTO VIEIRA, Direitos Reais, Perspectiva Histórica Do Seu Ensino Em Portugal, cit., pág. 9.

[2547] Lugduni, 1685, pág. 210 e segs.

[2548] Ulyssipone, 1695.

[2549] Cit., 33. pág. 215 e 216, pág. 235.

[2550] ÁLVARES PEGAS, *Tractatus de competentiis inter archiepiscopos, Episcoposve, Et Nuntium Apostolicum*, cit., 33, pág. 215 e 213, pág. 235.

[2551] ÁLVARES PEGAS, *Tractatus de competentiis inter archiepiscopos, Episcoposve, Et Nuntium Apostolicum*, cit., 51 a 54, pág. 217.

[2552] ÁLVARES PEGAS, *Tractatus de competentiis inter archiepiscopos, Episcoposve, Et Nuntium Apostolicum*, cit., 51 a 54, pág. 117 e 141, pág. 227.

[2553] ÁLVARES PEGAS, *Tractatus de competentiis inter archiepiscopos, Episcoposve, Et Nuntium Apostolicum*, cit., 51 a 54, pág. 117.

[2554] ÁLVARES PEGAS, *Tractatus de competentiis inter archiepiscopos, Episcoposve, Et Nuntium Apostolicum*, cit., 51 a 54, pág. 117.

[2555] *Tractatus de competentiis inter archiepiscopos, Episcoposve, Et Nuntium Apostolicum*, cit., pág. 217.

vários não podem possuir simultaneamente a totalidade da coisa, que se repete em outros juristas portugueses do tempo, incluindo canonistas como AUGUSTO BARBOSA[2556].

Em matéria de tutela possessória ÁLVARES PEGAS[2557] segue primacialmente o Direito romano. Os interditos possessórios directos de manutenção e recuperação da posse pertencem ao possuidor proprietário e também ao usufrutuário[2558]. Aqueles que meramente detêm a coisa (inquilinos, procuradores, servos, colonos) não recebem tutela possessória[2559]. No entanto, ÁLVARES PEGAS[2560] admite a extensão por via útil ao detentor quando tenha havido esbulho violento para o afastar da coisa.

Em todo o caso, uma menção ao remédio *reintegranda* mostra que nesta altura a influência do Direito Canónico na matéria tinha já penetrado na civilística portuguesa por via da consulta de autores europeus[2561].

GONÇALVES DA SYLVA[2562], outro comentador lusitano das Ordenações Filipinas, promove algumas considerações sobre a posse no contexto específico da tutela possessória, aquele em que a matéria surge abordada nas Ordenações. Não se encontra, por isso, neste autor um tratamento sistematizado e estruturado do instituto, existindo apenas algumas observações esparsas.

GONÇALVES DA SYLVA[2563] chama a atenção para o facto de à defesa da posse de coisas móveis não caber o interdito *unde vi*, que respeita unicamente aos imóveis. No entanto, quem tem a detenção da coisa, não a possuindo, não goza da protecção deste interdito[2564], o que envolve, segundo

---

[2556] *Repertorium Juris Civilis Et Canonici* (obra póstuma), Lugduni, 1712, pág. 176.
[2557] *Opusculum de maioratus possessorio interdicto seu De ordine procedendi in Causis Maioratus possessionis, et proprietatis*, cit., pág. 6 e segs.
[2558] ÁLVARES PEGAS, *Opusculum de maioratus possessorio interdicto seu De ordine procedendi in Causis Maioratus possessionis, et proprietatis*, cit., 17., pág. 7.
[2559] ÁLVARES PEGAS, *Opusculum de maioratus possessorio interdicto seu De ordine procedendi in Causis Maioratus possessionis, et proprietatis*, cit., pág. 42.
[2560] *Opusculum de maioratus possessorio interdicto seu De ordine procedendi in Causis Maioratus possessionis, et proprietatis*, cit., pág. 7 e seg.
[2561] ÁLVARES PEGAS, *Opusculum de maioratus possessorio interdicto seu De ordine procedendi in Causis Maioratus possessionis, et proprietatis*, cit., pág. 42.
[2562] *Commentaria Ad Ordinationes Regni Portugalliae*, Tomus Secundus, Ulyssipone Occidentali, 1732, pág. 1 e segs.
[2563] GONÇALVES DA SYLVA, *Commentaria Ad Ordinationes Regni Portugalliae*, cit., pág. 6.
[2564] GONÇALVES DA SYLVA, *Commentaria Ad Ordinationes Regni Portugalliae*, cit., pág. 6.

o autor, o colono[2565], o inquilino[2566] e o procurador[2567]. O interdito *unde vi* compete principalmente ao proprietário[2568].

Em todo o caso, GONÇALVES DA SYLVA[2569] explica que quem tem o domínio útil da coisa imóvel recebe a tutela interdital pelo *unde vi* se esbulhado, ainda que a sua posse se deva considerar natural e a situação seja de *quasi possessione*[2570]. Nessa situação encontra-se o enfiteuta[2571], o usufrutuário[2572] e o usuário[2573]. Também ao credor pignoratício cabe a defesa pelo *unde vi*[2574], embora GONÇALVES DA SYLVA não esclareça se assim sucede por ser possuidor, como decorre do Direito romano.

Entre o final do século XVII e o século XVIII a abordagem da posse pelos autores portugueses faz-se, insiste-se, pelo prisma da tutela possessória. O que está em linha com o regime jurídico que decorre das Ordenações do Reino. Neste âmbito destaca-se, de novo, ÁLVARES PEGAS, com uma monografia sobre o tema dos interditos possessórios[2575].

Sem haver preocupação aqui com o regime comum dos interditos possessórios[2576], que os autores portugueses bebem das fontes romanas, filtradas por doutrina espanhola e de Além Pirenéus, interessa, em particular, salientar que o *canone reintegranda* foi recebido pela canonística portuguesa e aplicado na prática dos tribunais portugueses em conjunto com as outras formas de protecção possessória interdital consagradas no Direito romano.

O significado desta recepção para a análise do regime jurídico da posse liga-se naturalmente à extensão dos direitos cuja tutela surge abrangida por este meio judicial de reacção contra o esbulho e que excede a propriedade ou o campo específico dos *iura in re*.

[2565] GONÇALVES DA SYLVA, *Commentaria Ad Ordinationes Regni Portugalliae*, cit., pág. 6.
[2566] GONÇALVES DA SYLVA, *Commentaria Ad Ordinationes Regni Portugalliae*, cit., pág. 6.
[2567] GONÇALVES DA SYLVA, *Commentaria Ad Ordinationes Regni Portugalliae*, cit., pág. 6.
[2568] GONÇALVES DA SYLVA, *Commentaria Ad Ordinationes Regni Portugalliae*, cit., pág. 6.
[2569] GONÇALVES DA SYLVA, *Commentaria Ad Ordinationes Regni Portugalliae*, cit., pág. 7.
[2570] GONÇALVES DA SYLVA, *Commentaria Ad Ordinationes Regni Portugalliae*, cit., 30, pág. 7.
[2571] GONÇALVES DA SYLVA, *Commentaria Ad Ordinationes Regni Portugalliae*, cit., 27 e 30, pág. 7.
[2572] GONÇALVES DA SYLVA, *Commentaria Ad Ordinationes Regni Portugalliae*, cit., 30, pág. 7.
[2573] GONÇALVES DA SYLVA, *Commentaria Ad Ordinationes Regni Portugalliae*, cit., 30, pág. 7.
[2574] GONÇALVES DA SYLVA, *Commentaria Ad Ordinationes Regni Portugalliae*, cit., 34, pág. 7.
[2575] *Opusculum de maioratus possessorio interdicto seu De ordine procedendi in Causis Maioratus possessionis, et proprietatis*, cit., pág. 6 e segs.
[2576] Sobre os quais a obra fundamental deste período, de ÁLVARES PEGAS, *Opusculum de maioratus possessorio interdicto seu De ordine procedendi in Causis Maioratus possessionis, et proprietatis*, cit.

Como se disse, a importação do *canone reintegranda* para o Direito nacional foi fruto do trabalho de cultores portugueses do Direito Canónico, avultando neste campo o nome de Augusto Barbosa[2577]. O autor[2578] explica que o *remedium reintegranda* concorre com o interdito *unde vi* no campo da tutela possessória, podendo ser intentado tanto em tribunais eclesiásticos como em tribunais laicos[2579], competindo – para além dos religiosos – igualmente aos leigos cuja posse foi violada[2580].

O *remedium reintegranda* supõe um esbulho do possuidor, sendo a posse o seu requisito[2581]. Ele pode ter lugar em casos de esbulho doloso ou com violência, nomeadamente, nos casos em que o agente esbulhador não tem título algum[2582]. Uma vez provados o esbulho e a posse do esbulhado perante o juiz, o espoliado vem a ser restituído integralmente à sua posse no lugar do esbulho[2583].

Segundo Augusto Barbosa[2584], o *remedium reintegranda* deve ser ampliado[2585] em cinco casos. O primeiro desses casos consiste na *quasi possessionem* de coisas incorpóreas[2586]. O autor lusitano não concretiza, porém, que situações ficam aqui abrangidas.

Como segundo caso de "ampliação" desta forma de tutela possessória Augusto Barbosa[2587] menciona o usufrutuário. Fica por explicar por que razão o usufrutuário não está incluído no anterior grupo de casos, dado que o usufruto se integra no domínio da *quasi possessio* romana.

O terceiro caso é o do comodatário[2588], citando ainda Augusto Barbosa outros autores que englobam juntamente com o comodatário também o locatário[2589] e o cessionário[2590].

[2577] Pronotarii Apostolici, Collectanea Doctorum, Tomus Quintus, Lugduni, 1688, pág. 207 e segs.
[2578] Augusto Barbosa, Pronotarii Apostolici, Collectanea Doctorum, cit., 2, pág. 207.
[2579] Augusto Barbosa, Pronotarii Apostolici, Collectanea Doctorum, cit., 4, pág. 207.
[2580] Augusto Barbosa, Pronotarii Apostolici, Collectanea Doctorum, cit., 4, pág. 207.
[2581] Augusto Barbosa, Pronotarii Apostolici, Collectanea Doctorum, cit., 5, pág. 207.
[2582] Augusto Barbosa, Pronotarii Apostolici, Collectanea Doctorum, cit., 4, pág. 207
[2583] Augusto Barbosa, Pronotarii Apostolici, Collectanea Doctorum, cit., 5, 8, 9, 10, 11, pág. 207
[2584] Pronotarii Apostolici, Collectanea Doctorum, cit., 12 a 15, pág. 207 e seg.
[2585] O autor não esclarece qual a realidade "ampliada". É de supor, de que se trate da posse referida à propriedade. Não se vê outra hipótese.
[2586] Augusto Barbosa, Pronotarii Apostolici, Collectanea Doctorum, cit., 12, pág. 207 e seg.
[2587] Pronotarii Apostolici, Collectanea Doctorum, cit., 13, pág. 208.
[2588] Augusto Barbosa, Pronotarii Apostolici, Collectanea Doctorum, cit., 14, pág. 208.
[2589] Augusto Barbosa, Pronotarii Apostolici, Collectanea Doctorum, cit., 14, pág. 208.
[2590] Augusto Barbosa, Pronotarii Apostolici, Collectanea Doctorum, cit., 14, pág. 208.

No quarto grupo de casos de extensão do *remedium reintegranda* Augusto Barbosa[2591] elenca os herdeiros. Trata-se aqui de bens de que o defunto era possuidor em vida e que em vida foi esbulhado dos mesmos[2592].

Por último, e em quinto lugar, Augusto Barbosa[2593] indica o locatário de longa duração, sobre o qual recai o domínio útil da coisa.

Não fica realmente claro em Augusto Barbosa se a "ampliação" do *remedium reintegranda* importa uma extensão da posse ou apenas da sua tutela a outras situações jurídicas, não havendo, no entanto, qualquer dúvida que várias das situações referidas não respeitam aos *iura in re*.

Para além da canonística, também em obras jurídicas escritas por civilistas portugueses[2594] surgem menções ao *canone reintegranda*, ao lado do regime dos interditos possessórios, o que evidencia, que não só o mesmo devia obter aplicação prática pelos tribunais portugueses, como tinha ultrapassado também em Portugal o campo restrito do Direito Canónico e dos tribunais da Igreja, sendo admitido igualmente a leigos[2595].

IV. O ano de 1788 conhece a primeira publicação portuguesa orientada para o ensino do Direito pátrio no Curso de Leis da Universidade de Coimbra, da autoria de José Pascoal de Mello Freire[2596]. Intitulada *Institutiones Juris Civilis Lusitani, cum Publici tum Privati*[2597], a obra está dividida em quatro livros, dos quais o terceiro compreende a matéria atinente a Direitos Reais, incluindo a posse.

Escritas em latim, as *Institutiones* de Mello Freire baseiam-se ainda no Direito romano, embora se revele o propósito de inverter o predomínio daquele sobre o Direito português[2598]. Representando o primeiro compêndio de autor português a ser usado nos Cursos de Leis e Cânones da Universi-

---

[2591] Augusto Barbosa, Pronotarii Apostolici, Collectanea Doctorum, cit., 14, pág. 208.
[2592] Augusto Barbosa, Pronotarii Apostolici, Collectanea Doctorum, cit., 14, pág. 208.
[2593] Augusto Barbosa, Pronotarii Apostolici, Collectanea Doctorum, cit., 15, pág. 208.
[2594] Gonçalves da Sylva, Commentaria Ad Ordinationes Regni Portugalliae, cit., 60 e 61, pág. 10 e seg. No século seguinte, cf. Lobão, Tratado encyclopedico compendiario, pratico e systematico dos interdictos e remedios possessorios geraes e especiaes conforme o direito romano, patrio e uso das nações, pág. 148 e segs.
[2595] Gonçalves da Sylva, *Commentaria Ad Ordinationes Regni Portugalliae*, cit., 60 e 61, pág. 10 e seg.
[2596] José Alberto Vieira, Direitos Reais, Perspectiva Histórica Do Seu Ensino Em Portugal, cit., pág. 13 e segs., com mais indicações bibliográficas.
[2597] Usa-se aqui a edição de 1828 para o III Livro.
[2598] Cf. José Alberto Vieira, Direitos Reais, Perspectiva Histórica Do Seu Ensino Em Portugal, cit., pág. 13 e segs.

dade de Coimbra, as *Institutiones* de MELLO FREIRE rompem a prática portuguesa de recurso exclusivo a obras de autores estrangeiros[2599]. Por Aviso Régio de 7 de Maio de 1805, as *Institutiones* tornam-se obrigatórias para as disciplinas de Direito Pátrio, lecionadas no 3º e no 4º ano dos Cursos de Leis e Cânones[2600].

A influência das *Institutiones* fez-se sentir de modo determinante, no ensino do Direito na Universidade de Coimbra e na prática forense, desde o último quartel do século XVIII até quase metade do século XIX, quando surgem o Comentário de LIZ TEIXEIRA (1845) e, sobretudo, as Instituições de COELHO DA ROCHA (1844)[2601].

No campo específico de exposição da posse, as *Institutiones* de MELLO FREIRE dedicam perto meia dúzia de páginas à matéria, em conjunto com a propriedade, um tratamento incipiente e insuficiente, que merecerá, mais tarde, um reparo crítico acutilante de LOBÃO[2602].

MELLO FREIRE[2603] apresenta a posse citando GEORG STRUVE: *"naturalis facultas rei insistendi animo sibi habendi"*. A posse adquire-se *corpore et animo*[2604] e distingue-se da detenção, que existe na actuação em nome alheio[2605]. O colono, o inquilino e o procurador detêm a coisa, não são verdadeiros possuidores[2606].

V. MANUEL DE ALMEIDA E SOUSA DE LOBÃO escreveu as suas conhecidas Notas a Mello[2607], nas quais aborda igualmente a posse[2608]. Um prático e não um académico ilustre como MELLO FREIRE, alguns não lhe pouparam a

---

[2599] JOSÉ ALBERTO VIEIRA, Direitos Reais, Perspectiva Histórica Do Seu Ensino Em Portugal, cit., pág. 16.
[2600] Cf. JOSÉ ALBERTO VIEIRA, Direitos Reais, Perspectiva Histórica Do Seu Ensino Em Portugal, cit., pág. 16.
[2601] JOSÉ ALBERTO VIEIRA, Direitos Reais, Perspectiva Histórica Do Seu Ensino Em Portugal, cit., pág. 16.
[2602] Notas Do Uso Prático E Críticas, Adições, Ilustrações E Remissões, À Imitação Desde As de Muller A Struvio, Sobre Todos Os Títulos E Todos Os Paragraphos Do Livro Terceiro Das Instituições Do Direito Civil Lusitano Do Dr. Pascoal José De Mello Freire, Parte III, Lisboa, 1883, pág. 69 e, sobretudo, pág. 72.
[2603] *Institutiones Juris Civilis Lusitani, cum Publici tum Privati*, cit., pág. 14.
[2604] MELLO FREIRE, *Institutiones Juris Civilis Lusitani, cum Publici tum Privati*, cit., pág. 15.
[2605] MELLO FREIRE, *Institutiones Juris Civilis Lusitani, cum Publici tum Privati*, cit., pág. 15.
[2606] MELLO FREIRE, *Institutiones Juris Civilis Lusitani, cum Publici tum Privati*, cit., pág. 15.
[2607] Notas Do Uso Prático E Críticas, Adições, Ilustrações E Remissões, À Imitação Desde As de Muller A Struvio, Sobre Todos Os Títulos E Todos Os Paragraphos Do Livro Terceiro Das Instituições Do Direito Civil Lusitano Do Dr. Pascoal José De Mello Freire, Parte III, Lisboa, 1883.
[2608] Notas Do Uso Prático E Críticas, Parte III, cit., pág. 68 e segs.

ousadia de escrever sobre as linhas de um mestre[2609]. No entanto, para além de um estudioso com mérito próprio, Lobão era conhecedor da prática do seu tempo e do seu texto colhem-se ensinamentos preciosos, que não devem ser ignorados nem subestimados.

Inspirado em autores estrangeiros, nomeadamente, castelhanos, como Francisco Ramos del Manzano e José Fernández de Retes, e em portugueses, particularmente, Álvares Pegas, Lobão[2610] define a posse como *detentio cum animo dominantes, seu affectu dominii* ou *cum adfectione et animo sibi habendi*. Parece claro que Lobão não distingue o *affectu dominii* do *animo sibi habendi*, tratando-os como duas formas sinónimas de *animus* possessório.

A esta definição, Lobão[2611] acrescenta dois requisitos mais: que não haja uma proibição de posse para a coisa[2612] e que esta seja certa e indivisível[2613], reiterando o postulado corrente da possibilidade de uma composse ("compossessão") nas coisas comuns *pro indiviso*[2614].

Sobre o objecto da posse Lobão não se pronuncia expressamente. No entanto, a propósito do requisito de que a coisa seja certa para haver posse o autor fala em coisas corpóreas e incorpóreas, aquelas que não podem ser tocadas e que englobam basicamente os direitos[2615]. Não conseguimos, porém, descortinar o pensamento de Lobão neste ponto.

No problema da possibilidade de posses concorrentes sobre a coisa, Lobão[2616] reitera o postulado tradicional romano: "muitos não podem possuir a mesma cousa e ao mesmo tempo".

Meros detentores são, segundo Lobão[2617], colonos, procuradores, feitores, depositários, "que não possuem em seu nome, mas em nome alheio"[2618], "conservando" a posse dos verdadeiros possuidores. Quem sejam estes, sobretudo, a que direitos se pode referir a posse, Lobão não esclarece,

---

[2609] São conhecidas as críticas de Alexandre de Herculano e de Coelho da Rocha. Sobre isto, cf. José Alberto Vieira, Direitos Reais, Perspectiva Histórica Do Seu Ensino Em Portugal, cit., pág. 17.
[2610] Notas Do Uso Prático E Críticas, Parte III, cit., pág. 69.
[2611] Notas Do Uso Prático E Críticas, Parte III, cit., pág. 70.
[2612] Lobão, Notas Do Uso Prático E Críticas, Parte III, cit., pág. 70.
[2613] Lobão, Notas Do Uso Prático E Críticas, Parte III, cit., pág. 70.
[2614] Lobão, Notas Do Uso Prático E Críticas, Parte III, cit., pág. 70.
[2615] Sobre o conceito de coisa incorpórea, veja-se Lobão, Notas Do Uso Prático E Críticas, Parte III, cit.
[2616] Notas Do Uso Prático E Críticas, Parte III, cit., pág. 70.
[2617] Notas Do Uso Prático E Críticas, Parte III, cit., pág. 70.
[2618] Lobão, Notas Do Uso Prático E Críticas, Parte III, cit., pág. 70.

limitando-se a uma alusão para o elemento subjectivo: *cum adfectione, et animo dominii* e *cum adfectione, et animo sibi habendi*[2619], que só por si nada esclarece. O autor levanta a questão sobre se o usufrutuário tem posse, respondendo apenas ser questão controvertida.

Ao tempo que LOBÃO escreve a sua obra sobre a tutela possessória[2620] afigura-se certo que os contributos do Direito Canónico nessa matéria haviam sido recebidos em Portugal e estavam em prática. Em todo o caso, a polémica existia em torno da extensão dessa tutela a alguns detentores, admitida por uns, rejeitada por outros.

No que concerne ao arrendatário, LOBÃO[2621] perfilha a orientação afirmativa, defendendo que lhe cabe a "acção de espolio" contra o senhorio que o esbulha, contando que o arrendamento subsista. A mesma razão fundamenta a sua posição quanto à acção de manutenção[2622].

Relativamente às denominadas coisas incorpóreas LOBÃO[2623] aceita amplamente a aplicação da "acção de espolio", nomeando expressamente os direitos de servidão[2624]. O exemplo mais significativo reside, todavia, na "pensão imposta em beneficio ecclesiastico", relativamente à qual se aceita o recurso à "acção de espolio"[2625], uma solução completamente estranha ao Direito romano da posse e apenas compreensível no quadro de influência do Direito Canónico em matéria de protecção possessória, que como se vê também se repercutiu na *praxis* portuguesa.

A posse, por contraposição à propriedade, constitui um facto, no juízo de LOBÃO[2626].

[2619] LOBÃO, Notas Do Uso Prático E Críticas, Parte III, cit., pág. 71.

[2620] Tratado encyclopedico compendiario, pratico e systematico dos interdictos e remedios possessorios geraes e especiaes conforme o direito romano, patrio e uso das nações, cit., pág. 28 e seg. e 68 e segs.

[2621] Tratado encyclopedico compendiario, pratico e systematico dos interdictos e remedios possessorios geraes e especiaes conforme o direito romano, patrio e uso das nações, cit., § 223, pág. 159 e seg.

[2622] LOBÃO, Tratado encyclopedico compendiario, pratico e systematico dos interdictos e remedios possessorios geraes e especiaes conforme o direito romano, patrio e uso das nações, cit., pág. 159.

[2623] Tratado encyclopedico compendiario, pratico e systematico dos interdictos e remedios possessorios geraes e especiaes conforme o direito romano, patrio e uso das nações, cit., pág. 163 e segs.

[2624] LOBÃO, Tratado encyclopedico compendiario, pratico e systematico dos interdictos e remedios possessorios geraes e especiaes conforme o direito romano, patrio e uso das nações, cit., pág. 163.

[2625] LOBÃO, Tratado encyclopedico compendiario, pratico e systematico dos interdictos e remedios possessorios geraes e especiaes conforme o direito romano, patrio e uso das nações, cit., pág. 163 e seg.

[2626] LOBÃO, Notas Do Uso Prático E Críticas, Parte III, cit., pág. 73.

VI. Correia Telles na sua obra de referência[2627] propõe um regime jurídico para a posse, elaborado como contributo para a discussão do Código Civil (o futuro Código Civil de Seabra de 1867).

A inserção do regime jurídico da posse surge, porém, não no Tomo III, no Tratado dos modos de adquirir a propriedade, mas no Tomo I[2628], como fonte de obrigações ("Dos direitos e obrigações que resultam da posse").

No artigo 568 Correia Telles[2629] define o detentor como aquele que tem em seu poder uma coisa de outrem com falta de "intenção de a ter por sua". Os exemplos são os do colono, do inquilino (artigo 633) e do procurador (artigo 656).

Quem tiver a coisa em seu poder por ter direito a usá-la por certo tempo "é possuidor imperfeito"[2630]. A intenção de ter a coisa como sua confere ao que tem a coisa em seu poder o estatuto de "possuidor perfeito"[2631].

Correia Telles recorre, assim, a uma classificação possessória usada no estrangeiro e com inegáveis semelhanças com a distinção entre a posse completa e incompleta do código civil prussiano e que surge na redacção de outos preceitos[2632]. A posse nos termos da propriedade representa a posse perfeita; a posse exercida nos termos de outro direito constitui uma posse imperfeita.

Este modo de classificar a posse representa uma abertura cabal a uma posse referida a outros direitos que não somente a propriedade. Embora imperfeita, a posse sem intenção de ter a coisa como sua configura uma posse autêntica.

A que direitos se reporta a "posse imperfeita" não fica esclarecido no articulado de Correia Telles[2633]. Nem parece que a divisão romana entre a *possessio* e a *quasi possessio* seja aqui de utilidade incontroversa ou forneça um argumento conclusivo do pensamento do autor. Ainda assim, o usufrutuário surge indicado exemplificativamente no artigo 655 como possuidor imperfeito[2634].

[2627] Digesto Portuguez Ou Tratado Dos Direitos E Obrigações Civis, Accommodado Às Leis E Costumes Da Nação Portugueza, Para Servir De Subsídio Ao Novo Código civil, Tomo I, 5ª edição, Coimbra, 1860.
[2628] Título XIII, artigos 529 e seguintes.
[2629] Digesto Portuguez, cit., pág. 91.
[2630] Correia Telles, Digesto Portuguez, cit., pág. 91, artigo 569.
[2631] Correia Telles, Digesto Portuguez, cit., pág. 91, artigo 570.
[2632] Correia Telles, Digesto Portuguez, cit., pág. 86 e segs.
[2633] Pelo modo como o *animus* surge caracterizado parece evidente que Correia Telles associa a "posse perfeita" à propriedade.
[2634] Correia Telles, Digesto Portuguez, cit., pág. 104.

Em todo o caso, o autor do Digesto Portuguez esclarece que a posse pode recair tanto sobre coisas corpóreas como sobre direitos, falando expressamente de uma "posse de direitos" no artigo 598[2635]. Parece que esta posse de direitos não coincide com a posse de coisas incorpóreas na acepção romana; isto decorre do artigo 660, que enumera "os direitos de jurisdicção, de padroado, de cobrar foros, ou de exercer alguma servidão activa"[2636].

Tendo em conta isto, afigura-se evidente que os direitos a que a posse se pode referir, no pensamento de CORREIA TELLES, excedem o quadro dos *iura in re*, envolvendo situações jurídicas que não têm essa natureza, desde logo, e de forma mais evidente, direitos de crédito, contando que sejam permanentes.

Dispõe-se, com efeito, na redacção proposta para o artigo 599:
"O acto de pagamento de um fôro permanente a um senhorio, constitue o senhorio na posse de cobrar aquelle fôro".

Para além de direitos a prestação positiva de um devedor, CORREIA TELLES[2637] inclui também como geradora de posse a actuação de um obrigado a acto de abstenção com a prática da conduta proibida:
"O obrar um acto, ao qual outro se podia oppor, e não oppoz, adquire posse áquelle de exigir, que este para o futuro soffra outros taes actos" (artigo 600).

CORREIA TELLES[2638] acrescenta, no entanto, que aquele que actua contra a proibição deve fazê-lo com o propósito ("o intento") de adquirir um direito permanente, não sendo bastante o acto isolado e circunstancial.

Apesar da indeterminação patente do âmbito quer da posse perfeita quer da sua contraposta posse imperfeita, ou seja, da falta de indicação precisa de quais os direitos compreendidos num e noutro caso, resulta evidente da proposta legislativa de CORREIA TELLES que a posse se estende para o autor para lá da propriedade e dos direitos reais, alargando-se a direitos de crédito e a outras situações jurídicas ("os direitos de jurisdicção") cuja qualificação se afigura difícil.

VII. No plano universitário, na Faculdade de Direito de Coimbra, o magistério de domínio absoluto das Instituições de MELLO FREIRE no ensino do Direito Civil quebra-se perto da metade do século XIX com a entrada

---

[2635] CORREIA TELLES, Digesto Portuguez, cit., pág. 95.
[2636] CORREIA TELLES, Digesto Portuguez, cit., pág. 105.
[2637] CORREIA TELLES, Digesto Portuguez, cit., pág. 96.
[2638] Artigo 601.

em cena quase simultânea dos compêndios de Liz Teixeira e de Coelho da Rocha[2639]. As obras destes autores dão, assim, um novo contributo à dogmática portuguesa da posse, que importa conhecer.

Liz Teixeira[2640] leccionou a partir de 1842 as duas cadeiras de Direito Civil existentes no plano de estudos da Faculdade de Direito de Coimbra ao tempo, alternando em cada uma delas com Coelho da Rocha[2641]. O seu ensino foi documentado com lições próprias, nas quais naturalmente se versa sobre a matéria da posse[2642].

Liz Teixeira[2643] não apresenta uma noção original de posse, definindo como a "faculdade natural de deter a cousa com animo ou intenção d'o detentor a conservar como sua: *Naturalis facultas rei insistendi animo sibi habendi*".

A esta definição segue-se a defesa da posse somente quanto à propriedade[2644]; a posse liga-se à propriedade e não deve ser separada dela, sustenta Liz Teixeira[2645]. Esta posição implica, em conformidade, atribuir o estatuto de detentor a todos os outros que tenham uma coisa em seu poder sem exteriorizarem o direito de propriedade, embora o autor[2646] apenas mencione expressamente como tal o colono, o inquilino e o procurador e faça uma referência indirecta ao "locatário administrador" e ao depositário[2647].

Quanto ao objecto da posse Liz Teixeira[2648] deixa claro que se podem possuir tanto as coisas móveis como as imóveis, aditando ainda que existe uma posse "particular" para as coisas incorpóreas[2649]. Esta posse recai sobre direitos e sobre ela não se afigura possível uma detenção física.

[2639] José Alberto Vieira, Direitos Reais, Perspectiva Histórica Do Seu Ensino Em Portugal, cit., pág. 21 e segs.
[2640] Para a informação sobre o papel e obra de Liz Teixeira no ensino de Direitos Reais, cf. José Alberto Vieira, Direitos Reais, Perspectiva Histórica Do Seu Ensino Em Portugal, cit., pág. 27 e segs.
[2641] José Alberto Vieira, Direitos Reais, Perspectiva Histórica Do Seu Ensino Em Portugal, cit., pág. 27.
[2642] Curso De Direito Civil Portuguez Ou Commentario Às Instituições Do Dr. Paschoal José De Mello Freire Sobre O Mesmo Direito, Parte Segunda, Divisão 1ª, Segunda edição, Coimbra, 1848, pág. 37 e segs.
[2643] Curso De Direito Civil Portuguez, cit., pág. 38.
[2644] "Para se dar a posse é necessário gozar a cousa como própria", afirma Liz Teixeira, Curso De Direito Civil Portuguez, cit., pág. 39.
[2645] Curso De Direito Civil Portuguez, cit., pág. 38.
[2646] Liz Teixeira, Curso De Direito Civil Portuguez, cit., pág. 39.
[2647] Liz Teixeira, Curso De Direito Civil Portuguez, cit., pág. 38.
[2648] Curso De Direito Civil Portuguez, cit., pág. 40.
[2649] Liz Teixeira, Curso De Direito Civil Portuguez, cit., pág. 40.

Os direitos são assim impropriamente possuídos, reclama LIZ TEIXEIRA[2650]. Para eles não há uma posse, mas uma "quasi posse"[2651], que se fundamenta no exercício do direito[2652]. O exemplo dado por este professor coimbrão é o da servidão. O exercício do direito de servidão não confere a posse do prédio serviente, até porque não podem existir duas posses sobre o mesmo prédio[2653-2654].

Neste contexto LIZ TEIXEIRA[2655] reclama o pensamento romanista na matéria:

"Cabe notar que é contrario á natureza das cousas, que duas pessoas ao mesmo tempo possuão pelo total a mesma cousa, pois que o gozo total d' um separadamente exclue outro de ter um gozo igual". Assim como não se afigura possível que a propriedade pertença a duas pessoas, a posse apenas pode ser de um só[2656].

A pluralidade de posses sobre uma coisa fica, assim, afastada, incluindo o exercício relativo a direitos reais menores. Uma posse que incida sobre o direito a prestações de um devedor não vem sequer equacionada por LIZ TEIXEIRA.

Dentro do pensamento tradicional do Direito romano admite LIZ TEIXEIRA[2657] uma posse comum de coisa indivisível, com o argumento de que todos possuem conjuntamente pelo total, não se podendo possuir em parte coisa indivisível[2658].

Como se pode atentar, diferentemente de outros autores do seu tempo, LIZ TEIXEIRA assume uma construção da posse dentro da ortodoxia do romanismo puro, como também sucedia na Alemanha oitocentista com SAVIGNY e todos aqueles que acolheram a sua leitura do Direito romano.

VIII. COELHO DA ROCHA[2659], professor da cadeira de Direito Civil na Faculdade de Direito de Coimbra desde 1838, publicou as suas Instituições

---

[2650] LIZ TEIXEIRA, Curso De Direito Civil Portuguez, cit., pág.40.
[2651] LIZ TEIXEIRA, Curso De Direito Civil Portuguez, cit., pág. 40.
[2652] LIZ TEIXEIRA, Curso De Direito Civil Portuguez, cit., pág. 40.
[2653] LIZ TEIXEIRA, Curso De Direito Civil Portuguez, cit., pág. 40.
[2654] Implicitamente considera LIZ TEIXEIRA a posição do proprietário do prédio serviente, cuja posse se tem por exclusiva.
[2655] LIZ TEIXEIRA, Curso De Direito Civil Portuguez, cit., pág. 40.
[2656] LIZ TEIXEIRA, Curso De Direito Civil Portuguez, cit., pág. 39.
[2657] LIZ TEIXEIRA, Curso De Direito Civil Portuguez, cit., pág. 40.
[2658] LIZ TEIXEIRA, Curso De Direito Civil Portuguez, cit., pág. 40.
[2659] Sobre o papel da COELHO DA ROCHA no ensino dos Direitos Reais em Portugal, cf. JOSÉ ALBERTO VIEIRA, Direitos Reais, Perspectiva Histórica Do Seu Ensino Em Portugal, cit., pág. 21 e segs.

De Direito Civil Portuguez em 1844, com outras edições posteriores[2660]. A importância desta obra, para além da notoriedade do seu autor, prende-se com o facto de se terem tornado, em 1853, o compêndio oficial de estudo do Direito Civil na Faculdade de Direito de Coimbra, já depois da morte de COELHO DA ROCHA[2661].

COELHO DA ROCHA[2662] caracteriza a posse como um efeito da propriedade, falando mesmo de um direito a possuir[2663] e de um direito de posse[2664], o *ius possidendi* e o *ius possessionis* mencionados amiúde na doutrina estrangeira.

Como elementos da posse, COELHO DA ROCHA[2665] indica a detenção da coisa ("o facto de ter uma pessoa em seu poder uma cousa corporea") e o "animo de ter, ou dispor da cousa como propria"[2666].

Atendendo ao elemento intencional (o "animo"), COELHO DA ROCHA[2667] distingue entre a posse "perfeita" e a posse "imperfeita", no trilho do ensino de MELLO FREIRE[2668]. O possuidor "perfeito" manifesta o ánimo de ter a coisa para si como própria, enquanto o possuidor "imperfeito" ostenta a intenção de usar para si coisa de outrem[2669]. Os exemplos dados desta posse "imperfeita" são os do usufrutuário e do locatário[2670].

Não está claro em COELHO DA ROCHA o critério de distinção entre a posse "imperfeita" e a detenção. Parece, em todo o caso, que este professor assimila os dois conceitos. A propósito da classificação entre posse civil e posse natural, diz COELHO DA ROCHA[2671]:

"Chama-se posse civil a do possuidor perfeito: e natural a do possuidor imperfeito. Também ás vezes se dá este nome á simples detenção"[2672].

[2660] Utiliza-se aqui o Tomo II, 4ª edição, Coimbra, 1857.
[2661] Cf. JOSÉ ALBERTO VIEIRA, Direitos Reais, Perspectiva Histórica Do Seu Ensino Em Portugal, cit., pág. 22.
[2662] Instituições De Direito Civil Portuguez, cit., pág. 341 e seg.
[2663] COELHO DA ROCHA, Instituições De Direito Civil Portuguez, cit., pág. 341.
[2664] COELHO DA ROCHA, Instituições De Direito Civil Portuguez, cit., pág. 342.
[2665] COELHO DA ROCHA, Instituições De Direito Civil Portuguez, cit., pág. 343.
[2666] COELHO DA ROCHA, Instituições De Direito Civil Portuguez, cit., pág. 343.
[2667] Instituições De Direito Civil Portuguez, cit., pág. 343.
[2668] Como, aliás, refere. Cf. Instituições De Direito Civil Portuguez, cit., pág. 343. Note-se que esta classificação já havia sido adoptada anteriormente por CORREIA TELLES.
[2669] COELHO DA ROCHA, Instituições De Direito Civil Portuguez, cit., pág. 343.
[2670] COELHO DA ROCHA, Instituições De Direito Civil Portuguez, cit., pág. 343.
[2671] COELHO DA ROCHA, Instituições De Direito Civil Portuguez, cit., pág. 343.
[2672] Atente-se, porém, no que se diz na pág. 344.

Nesta ordem de ideias e seguindo nesta parte Savigny, para Coelho da Rocha a posse existe somente quanto à propriedade. O usufrutuário e o locatário são possuidores "imperfeitos" ou meros detentores, assim como o são o colono e o procurador[2673].

Sobre o objecto da posse, Coelho da Rocha[2674] lembra que a coisa não pode estar fora do comércio e deve estar "exactamente determinada". Por outro lado, a posse existe quanto às coisas corpóreas, mas o regime destas aplica-se igualmente à posse dos direitos, que corresponde a uma *quasi possessio*[2675]. A *quasi possessio* de direitos repousa no exercício dos mesmos[2676].

Seguindo o paradigma romanista, também Coelho da Rocha[2677] defende a ideia de uma posse exclusiva, que não admite concorrência de possuidores sobre a mesma coisa: "uma cousa não póde ao mesmo tempo ser possuída por muitas pessoas no seu todo". Isto não obsta a uma posse comum de uma coisa relativamente a coisa indivisível ("compossessão")[2678].

Em matéria de protecção judicial da posse Coelho da Rocha[2679] combina preceitos das Ordenações Filipinas com leis do Digesto e ainda disposições do ALR prussiano, em termos que não são fáceis de seguir. Quanto ao detentor diz este autor o seguinte[2680]:

"Ao simples detentor mesmo competem todos os direitos necessários para a conservação da cousa com a maior vantagem daquelle, a quem pertence a posse legitima".

Trata-se da solução contida no art. 137, Parte Primeira, Título Sétimo do ALR prussiano. Os detentores recebem, pois, os meios de tutela da posse que a lei reconhece ao possuidor da coisa.

De seguida, porém, Coelho da Rocha[2681] avança que "o possuidor imperfeito tem direito a conservar e defender a sua posse, emquanto dura o titulo especial, que lh'a deferiu, v. g., o usufructo, a locação: e isto não só contra terceiros, mas também contra o proprietário, ou possuidor perfeito".

[2673] Coelho da Rocha, Instituições De Direito Civil Portuguez, cit., pág. 356.
[2674] Instituições De Direito Civil Portuguez, cit., pág. 346.
[2675] Coelho da Rocha, Instituições De Direito Civil Portuguez, cit., pág. 343.
[2676] Coelho da Rocha, Instituições De Direito Civil Portuguez, cit., pág. 348.
[2677] Coelho da Rocha, Instituições De Direito Civil Portuguez, cit., pág. 351.
[2678] Coelho da Rocha, Instituições De Direito Civil Portuguez, cit., pág. 351.
[2679] Instituições De Direito Civil Portuguez, cit., § 447, pág. 351 e seg.
[2680] Coelho da Rocha, Instituições De Direito Civil Portuguez, cit., § 447, pág. 351.
[2681] Coelho da Rocha, Instituições De Direito Civil Portuguez, cit., § 447, pág. 352.

Nesta ordem de ideias os meios de tutela da posse são os mesmos para a posse (perfeita e imperfeita) e para a mera detenção, uma solução, de resto, que fundaria uma polémica na discussão prévia à aprovação do Código Civil de Seabra[2682].

O ensino de Coelho da Rocha em matéria de posse, para além da influência, muito moderada, de Mello Freire, oscila entre uma inspiração no ALR prussiano[2683], do qual colhe a classificação entre posse perfeita e imperfeita, além de outros aspectos, nomeadamente, da tutela possessória, e um romanismo colhido em Savigny[2684]: na redução da posse à propriedade, no afastamento declarado de outras posses sobre a coisa, na adopção da destrinça entre *possessio* e *quasi possessio* a propósito das coisas corpóreas e dos direitos.

IX. Exposto o pensamento em matéria de posse dos principais juristas portugueses dos séculos XVIII e XIX (até ao Código Civil de Seabra) há tendências nítidas a assinalar, as quais, no seu conjunto, compõem a dogmática nacional do tempo e o Direito aplicado no foro.

Largamente dominante surge o confinamento da posse, ou da denominada "posse perfeita", ao direito de propriedade. Essa tendência fortalece-se nos alvores do Código de Seabra com os magistérios de Liz Teixeira e Coelho da Rocha, influenciados de forma marcante pela leitura alemã dominante das fontes romanas baseada em Savigny. Desta orientação demarca-se acentuadamente a proposta de Correia Telles para o regime possessório do futuro Código Civil, radicada predominantemente nas soluções do ALR prussiano, que amplia a posse muito além da propriedade e dos direitos reais[2685].

Conquanto nem sempre surja claro nos juristas portugueses desta época o critério de distinção da posse face à detenção, nota-se a constante enumeração do colono, do inquilino e do procurador como meros detentores. Em todo o caso, a falta de trabalho na distinção entre os casos de posse e de detenção ou entre a *possessio* e a *quasi possessio* deixa muitos hiatos por preencher no esclarecimento desta matéria, nomeadamente, quanto ao usufrutuário, o usuário, o enfiteuta, o superficiário e mesmo o credor pigno-

---

[2682] Sobre isto, cf. o número seguinte, no texto.
[2683] A ela alude Manuel Rodrigues, A Posse, Estudo De Direito Civil Português, 3ª edição, 1980, pág. 86.
[2684] Várias vezes citado nas Instituições.
[2685] Cf. *supra* no texto.

ratício. E nem mesmo os dados do Direito romano são referidos a este propósito pelos autores portugueses.

Dúvidas ficam sobre a *praxis* do regime possessório no foro. Seja como for, e independentemente da qualificação dos casos ou até da sua justificação, a introdução do cânone reintegranda desde pelo menos o século XVIII e a aplicação dos desenvolvimentos posteriores da *actio spolii*, versão portuguesa, que são elucidados pelos tratadistas da tutela possessória, evidenciam um alargamento desta tutela a situações jurídicas reais e não reais, nomeadamente, obrigacionais, num espectro que transcende largamente a propriedade.

A noção da exclusividade da posse vem salientada praticamente sempre, com a excepção de CORREIA TELLES. O postulado romano de que vários não podem ser possuidores totais sobre a coisa reitera-se repetidamente entre os autores nacionais do tempo. O que vem normalmente acompanhado da contraposição romana entre a *possessio* e a *quasi possessio*.

No tocante ao objecto da posse verifica-se uma unanimidade de vistas. Tanto as coisas móveis como as imóveis podem ser possuídas. Quanto aos direitos pode haver uma quase posse (posse de coisas incorpóreas), originada pelo exercício reiterado do direito, que constitui, mesmo quando surja em outras construções, uma herança do romanismo.

35. O Direito português da posse. A dogmática portuguesa do código civil de Seabra ao código civil de 1966

I. A matéria da posse no Projecto para o primeiro código civil português, apresentado em 1858[2686] por Antonio Luiz de Seabra, VISCONDE DE SEABRA, vem inserida na Parte II (Da Acquisição Dos Direitos), Livro I (Dos Direitos Originarios, E Que Se Adquirem Por Facto E Vontade Propria, Independentemente Da Cooperação De Outrem), Título IV ("Dos Direitos Que Se Adquirem Por Méra Posse E Prescripção"), Capítulo I (Da Posse).

O art. 563º do Projecto para o primeiro código civil português tem a seguinte redacção:

"Diz-se posse a retenção ou fruição effectiva de qualquer cousa ou direito, abstrahindo da questão de propriedade".

[2686] Codigo Civil Portuguez, Projecto, Redigido Por Antonio Luiz De Seabra, Coimbra, 1858, pág. 144.

E no art. 567º do mesmo Projecto[2687] dispõe-se:
"Só podem ser objecto de posse, cousas e direitos, certos e determinados, susceptiveis de appropriação".

A publicação do Projecto de SEABRA para o código civil português não vem acompanhada de comentários ou de notas do autor ao regime jurídico proposto no articulado, tudo se resumindo ao preceituado. Afigura-se incontornável, porém, a inspiração no Code Civil francês, desde logo, na sistemática, depois na noção similar ao art. 2228 daquele Código e, finalmente, no casamento com a matéria da prescrição.

A formulação do regime da posse proposta por SEABRA não passaria, no entanto, incólume à crítica. A principal viria de um dos membros da Comissão Revisora[2688], o vogal JOAQUIM JOSÉ PAIS DA SILVA[2689].

PAIS DA SILVA[2690] começa por notar que o Projecto de SEABRA "está muito doutrinal", nas definições, nas classificações e nos princípios gerais "em que assentam as materias". No domínio estrito da posse, PAIS DA SILVA[2691] critica que se haja omitido na definição de posse constante do art. 563º "a intenção de ter a cousa como sua em virtude do título hábil para transferir o domínio, *animo sibi habendi*, que quasi todos os escriptores incluem na definição de posse".

No entender de PAIS DA SILVA[2692], esta omissão faria perigar a distinção entre posse civil e natural e entre a posse justa e injusta. Temia o autor[2693] que assim se equiparassem na tutela ("em direitos e acções") o que possui em nome próprio e os possuidores em nome alheio – que PAIS DA SILVA[2694] identifica exemplificativamente com o colono, o depositário, o comodatário e o credor pignoratício – que receberiam igualmente a tutela pelas acções possessórias. PAIS DA SILVA[2695], que rejeita esta equiparação e defende que os possuidores em nome de outrem não devem beneficiar das acções que

---

[2687] Codigo Civil Portuguez, Projecto, Redigido Por Antonio Luiz De Seabra, cit., pág. 144.
[2688] A formação inicial desta comissão integrava Vicente Ferrer Neto Paiva, Coelho da Rocha, Joaquim José Pais da Silva e Domingos José de Sousa Magalhães, a que se juntaram posteriormente outros elementos.
[2689] Observações Sobre O Projecto Do Codigo Civil, Coimbra, 1859.
[2690] Observações Sobre O Projecto Do Codigo Civil, cit., pág. 7 e segs.
[2691] Observações Sobre O Projecto Do Codigo Civil, cit., pág. 20.
[2692] Observações Sobre O Projecto Do Codigo Civil, cit., pág. 20.
[2693] Observações Sobre O Projecto Do Codigo Civil, cit., pág. 20 e seg.
[2694] Observações Sobre O Projecto Do Codigo Civil, cit., pág. 20.
[2695] Observações Sobre O Projecto Do Codigo Civil, cit., pág. 21.

cabem unicamente ao possuidor, cita em sua defesa a doutrina de Pereira e Sousa e de Lobão[2696].

Embora não o diga explicitamente, Pais da Silva parece restringir a posse à propriedade, como com êxito e sob o magistério de Savigny se defendia na Alemanha do tempo. No entanto, este vogal da Comissão Revisora ao Projecto de Seabra não se pronuncia sobre a posse nos termos de outros direitos reais de gozo (o usufruto ou as servidões prediais), atendo-se nos seus exemplos a situações jurídicas de índole obrigacional, o que não permite retirar conclusões seguras sobre o seu pensamento neste ponto.

A contundência das observações críticas de Pais da Silva motivou uma resposta imediata e enérgica de Seabra[2697-2698]. O autor do Projecto do Código Civil explica que tomou "a posse no seu primeiro e característico elemento – o facto visível da detenção ou fruição". E à crítica de Pais da Silva de que falta na definição da posse o elemento intencional (*animo sibi habendi*), Seabra[2699] responde:

"Sempronio apodéra-se de certo objecto. Qual foi o *animo*, com que o fez? Ninguém o póde advinhar; e só póde revelar-se pelos factos consequentes. O anymo é um facto psycologico, que se não pode conhecer *a priori*. Só vemos a simples detenção".

E, um pouco à frente no texto, Seabra[2700] reitera:

"(...) para que são precisas na definição as palavras *animo sibi habendi*? Esse *animo* apparecerá, quando seja preciso, nos factos; aliás é indiferente e só póde servir para dar logar a disputas"

Mais de vinte anos antes de Jhering haver combatido o subjectivismo possessório na sua conhecida obra *Die Besitzwille*, o nosso Visconde de Seabra assumia num projecto legislativo de código civil o repúdio pelo subjectivismo, rejeitando o elemento intencional na estrutura da posse com o argumento básico, mas verdadeiro, da impossibilidade de alguém – a não ser o próprio – poder conhecer a vontade do possuidor.

[2696] No seu tratado sobre os interditos possessórios, este autor admite, porém, a extensão da defesa da posse ao locatário. Cf. o número anterior.

[2697] Resposta Do Auctor Do Projecto Do Código Civil Às Observações Do Sr. Doutor Joaquim José Paes Da Silva, Coimbra, 1859

[2698] E uma nova resposta de Pais da Silva em Novas Observações Sobre O Projecto Do Codigo Civil, Coimbra, 1863, as quais, contudo, não se referem à posse.

[2699] Resposta Do Auctor Do Projecto Do Código Civil Às Observações Do Sr. Doutor Joaquim José Paes Da Silva, cit., pág. 40.

[2700] Resposta Do Auctor Do Projecto Do Código Civil Às Observações Do Sr. Doutor Joaquim José Paes Da Silva, cit., pág. 42.

Quanto à questão levantada por PAIS DA SILVA de que o Projecto de SEABRA não procedia à distinção entre o possuidor em nome próprio e o possuidor em nome alheio em matéria de acções possessórias, SEABRA[2701] esclarece que os possuidores em nome alheio não têm posse alguma e de que só em nome do possuidor poderão exercer os direitos que derivam da posse[2702]. À questão de saber se o depositário, o comodatário e o colono podem usar em seu nome os meios possessórios, SEABRA[2703] responde peremptoriamente: "É evidente que não, porque não possuem em proprio nome".

Chegados a este ponto, porém, SEABRA[2704] introduz na controvérsia uma nova distinção, a que contrapõe a posse de coisas à posse de direitos:

"É comtudo preciso não perder de vista uma distincção indispensavel. O colono, o arrendatário, não têm sem dúvida a posse da cousa em si mesma; mas têm certamente a posse do direito, que adquire pelo seu arrendamento, e é fóra de dúvida, que possue em seu nome o usufructo; e por consequência póde, nesta parte, usar dos meios possessorios, tanto contra terceiros, como contra aquelles, de quem houve o seu direito".

Se bem se compreende o pensamento de SEABRA, a posse verdadeira exerce-se em nome próprio[2705] e corresponde, embora SEABRA nunca o explicite cabalmente, ao direito de propriedade. As outras situações relativas às coisas (corpóreas), em que SEABRA[2706] compreende o usufruto, são de detenção ou posse em nome de outrem.

Não sendo embora possuidores da coisa, o colono, o arrendatário, o depositário e, parece, o usufrutuário, têm a posse do direito respectivo e nessa qualidade gozam afinal da mesma tutela possessória do possuidor da coisa., tutela essa que pode ser usada contra terceiro e contra aquele de quem recebeu a posse (o senhorio, comodante, etc.).

[2701] Resposta Do Auctor Do Projecto Do Código Civil Às Observações Do Sr. Doutor Joaquim José Paes Da Silva, cit., pág. 41 e seg.

[2702] SEABRA, Resposta Do Auctor Do Projecto Do Código Civil Às Observações Do Sr. Doutor Joaquim José Paes Da Silva, cit., pág. 41.

[2703] Resposta Do Auctor Do Projecto Do Código Civil Às Observações Do Sr. Doutor Joaquim José Paes Da Silva, cit., pág. 41 e seg.

[2704] Resposta Do Auctor Do Projecto Do Código Civil Às Observações Do Sr. Doutor Joaquim José Paes Da Silva, cit, pág. 42.

[2705] Resposta Do Auctor Do Projecto Do Código Civil Às Observações Do Sr. Doutor Joaquim José Paes Da Silva, cit, pág. 40 e segs.

[2706] Resposta Do Auctor Do Projecto Do Código Civil Às Observações Do Sr. Doutor Joaquim José Paes Da Silva, cit, pág. 42.

A influência do pensamento originário do *Code Civil* francês revela-se ostensivamente na resposta de Seabra a Pais da Silva e com isto a mesma inconsistência. A posse existe relativamente ao proprietário, o único que age em nome próprio; todos os outros são quanto a ele meros detentores ou possuidores em nome de outrem. Simplesmente, estes últimos acabam também por ser qualificados como possuidores, não da coisa, mas do direito que permite a "fruição" dela (posse de direitos).

Julga-se, assim, não ser abusivo enfileirar Seabra no campo daqueles que reconhecem a posse para além da propriedade, e dos direitos reais, ainda que debaixo da alusão romanista à posse de direitos.

Que direitos são esses Seabra não desenvolve; em todo o caso, ficam os exemplos de direitos obrigacionais, como o do comodatário, do arrendatário ou do depositário e, assim, de um âmbito possessório que se alarga para além dos direitos reais propriamente ditos.

Uma outra crítica ao Projecto de Seabra viria de Bandeira de Neiva[2707]. Ela não teve, porém, nem a extensão nem a acutilância da que foi promovida por Pais da Silva e não motivou, que se saiba, qualquer escrito do Visconde de Seabra em defesa do seu Projecto.

Bandeira de Neiva[2708] aponta ao projecto o conformismo da noção de posse constante do Code Civil francês e considera que a definição de posse apresentada por Seabra se limita à posse natural ou de facto[2709], uma vez que a posse verdadeira, a civil nas suas palavras[2710], se exerce somente *animo domini* e pertence exclusivamente ao proprietário[2711]. O locatário e o depositário são meros detentores ou possuidores de facto[2712].

II. O Código Civil de 1867[2713] define a posse no art. 474º[2714] como "a retenção ou fruição de qualquer cousa ou direito". A distinção proposta por Seabra no seu Projecto de Código Civil entre posse de coisas e posse de direitos transitou assim para o novo Código Civil português.

[2707] Observações Sôbre O Projecto Do Codigo Civil, Coimbra, 1860, pág. 92 e segs.
[2708] Observações Sôbre O Projecto Do Codigo Civil, cit., pág. 92 e seg., especialmente, pág. 95.
[2709] Bandeira de Neiva, Observações Sôbre O Projecto Do Codigo Civil, cit., pág. 94.
[2710] Bandeira de Neiva, Observações Sôbre O Projecto Do Codigo Civil, cit., págs. 94 e 105.
[2711] Bandeira de Neiva, Observações Sôbre O Projecto Do Codigo Civil, cit., pág. 94 e seg.
[2712] Bandeira de Neiva, Observações Sôbre O Projecto Do Codigo Civil, cit., pág. 95.
[2713] Aprovado pela Carta de Lei de 1 de Julho de 1867.
[2714] Inserido na Parte II (Da aquisição dos direitos), Livro I (Dos direitos originarios e dos que se adquirem por facto e vontade propria independentemente da cooperação de outrem), Título IV, Dos direitos que se adquirem por mera posse e prescripção, Capitulo I (Da posse).

Saliente-se nesta definição a ausência de referência ao *animus sibi habendi* (ou a qualquer outra formulação do *animus*)[2715]. Dias Ferreira[2716] dá nota que na sessão da Comissão Revisora do dia 4 de Janeiro de 1861 se discutiu o art. 563º do Projecto inicial de Seabra, havendo sido apresentadas três proposta de alteração por outros tantos membros da dita Comissão, propostas essas, nas quais se procurava inserir menções ao elemento intencional da posse[2717]. Todas as propostas foram rejeitadas[2718] e embora a redacção inicial tenha sofrido alterações de pormenor continuou a omitir qualquer alusão ao *animus*[2719].

Complementarmente, o art. 479º do primeiro Código Civil português dispõe deste modo:

"Só podem ser objecto de posse cousas e direitos certos e determinados, e que sejam susceptíveis de apropriação".

Dias Ferreira[2720] interpreta a definição de posse do art. 472º, conjugando com o art. 479º, para defender que ela abrange tanto as coisas corpóreas como as incorpóreas, exemplificando quanto a estas últimas a servidão e o usufruto[2721], num claro alinhamento com o romanismo mais puro.

Chegados a este ponto, porém, a análise dos civilistas portugueses nem sempre oferece a clareza, ou coerência, esperada. Apesar do código civil de Seabra consagrar a distinção de duas posses, de coisas e de direitos, apenas a posse de coisa vem considerada como verdadeira posse.

Os direitos emergentes da posse pertencem unicamente a quem possui em nome próprio, quer dizer, ao proprietário da coisa[2722]. O depositário, o comodatário, o arrendatário e o colono não podem lançar mão dos meios possessórios[2723], apesar de, para além de "mandatários" ou "delegados"[2724] do possuidor, serem também possuidores dos direitos respectivos[2725]. Quer

---

[2715] José Tavares enfileirá mais tarde o código civil de Seabra na corrente objectivista da posse. Cf. Os Princípios Fundamentais Do Direito Civil, Volume I, Coimbra, 1929, pág. 635.
[2716] Codigo Civil Portuguez Annotado, Volume II, Lisboa, 1871, pág. 10.
[2717] Dias Ferreira, Codigo Civil Portuguez Annotado, Volume II, cit., pág. 10.
[2718] Dias Ferreira, Codigo Civil Portuguez Annotado, Volume II, cit., pág. 10.
[2719] O que mereceu o aplauso de Dias Ferreira, Codigo Civil Portuguez Annotado, Volume II, cit., pág. 10.
[2720] Dias Ferreira, Codigo Civil Portuguez Annotado, Volume II, cit., pág. 11.
[2721] Dias Ferreira, Codigo Civil Portuguez Annotado, Volume II, cit., pág. 11.
[2722] Dias Ferreira, Codigo Civil Portuguez Annotado, Volume II, cit., pág. 16.
[2723] Dias Ferreira, Codigo Civil Portuguez Annotado, Volume II, cit., pág. 16.
[2724] Dias Ferreira, Codigo Civil Portuguez Annotado, Volume II, cit., pág. 16.
[2725] Dias Ferreira, Codigo Civil Portuguez Annotado, Volume II, cit., pág. 16.

dizer, como detentores não podem lançar mão da tutela possessória, que somente cabe ao possuidor da coisa, sendo, no entanto, admitidos a recorrer a essa tutela como possuidores de direito.

Também a posição do usufrutuário reflecte alguma desorientação. Não obstante qualificada a um tempo como de posse de direito[2726], vem depois, e pelos mesmos autores, qualificada como posse em nome próprio, por ser referida a um direito real[2727].

III. Com o código civil de SEABRA entrou-se num novo período do sistema português do Direito Civil[2728]. Este período abarca a concretização da reforma do ensino de Direito de 1865[2729] e a reforma de 1901[2730], ambas em Coimbra, até às Instituições de GUILHERME MOREIRA, com a germanização progressiva da investigação e do ensino do Direito em Portugal.

Nesta época o Direito civil português sofre a influência da civilística francesa e do método de exegese aí reinante[2731]. O Código Civil surge erguido como o objecto de estudo, a sua sistemática como um ponto de chegada da actividade científica do Direito, assimilando-se o sistema normativo com o sistema científico, visto, além do mais, como completo e fechado.

Esta desgraça metodológica gerou na Faculdade de Direito de Coimbra práticas de ensino com base no estudo exclusivo do código civil[2732] e a renúncia à elaboração de lições próprias pelos docentes das cadeiras de Direito privado, num recuo claro da linha que resultara da reforma pombalina e de todas as outras que se seguiram e que permitira as obras de MELO FREIRE, BORGES CARNEIRO, CORREIA TELES, COELHO DA ROCHA e LIZ TEIXEIRA.

No período que vai do código civil de SEABRA até à obra de MANUEL RODRIGUES sobre a posse medeiam mais de 60 anos, nos quais, e tirando

---

[2726] DIAS FERREIRA, Codigo Civil Portuguez Annotado, Volume II, cit., pág. 11.

[2727] DIAS FERREIRA, Codigo Civil Portuguez Annotado, Volume II, cit., pág. 16.

[2728] Na periodização que fizemos situamos este período (o 2º período do sistema português de Direitos Reais) entre o Código civil de Seabra e as Instituições de GUILHERME MOREIRA. Cf. JOSÉ ALBERTO VIEIRA, Direitos Reais, Perspectiva Histórica Do Seu Ensino Em Portugal, cit., pág. 32 e segs.

[2729] Sobre esta, JOSÉ ALBERTO VIEIRA, Direitos Reais, Perspectiva Histórica Do Seu Ensino Em Portugal, cit., pág. 33 e segs.

[2730] JOSÉ ALBERTO VIEIRA, Direitos Reais, Perspectiva Histórica Do Seu Ensino Em Portugal, cit., pág. 42.

[2731] Para maiores desenvolvimentos, JOSÉ ALBERTO VIEIRA, Direitos Reais, Perspectiva Histórica Do Seu Ensino Em Portugal, cit., pág. 32 e segs.

[2732] JOSÉ ALBERTO VIEIRA, Direitos Reais, Perspectiva Histórica Do Seu Ensino Em Portugal, cit., pág. 35 e segs.

a segunda edição da Anotação ao Código Civil de DIAS FERREIRA, pouco ou nada há mais do que o terceiro volume das Instituições de GUILHERME MOREIRA[2733]. A anotação de CARNEIRO PACHECO ao Código Civil e os Princípios De Direito Civil de JOSÉ TAVARES são praticamente contemporâneos da monografia de MANUEL RODRIGUES. Impressiona, pois, nesta larga fatia de tempo a indigência da produção científica nacional em matéria de posse[2734].

IV. GUILHERME MOREIRA introduziu uma viragem científica no tratamento jurídico da posse, como, de resto, o fez relativamente a todo o Direito civil[2735]. Essa viragem consubstancia-se na mudança do paradigma da ciência do Direito, com a passagem da cultura jurídica francesa, de pendor acentuadamente exegético, para a ciência jurídica alemã (e italiana), em particular, a pandectística.

Não se pode estranhar, por isso, a similitude de tratamento da posse com o pensamento jurídico alemão, bebido através de traduções e, mediatamente, da sempre presente doutrina italiana, mencionada na bibliografia de apoio usada[2736].

GUILHERME MOREIRA[2737] define a posse do seguinte modo:
"A relação de facto entre uma pessoa e uma cousa pela qual esta fica sob o seu poder, de fórma que disponha della ou aproveite as utilidades que é destinada a produzir".

A definição da posse como relação de facto entre uma pessoa e a coisa constitui realmente uma novidade na doutrina portuguesa e evidencia ostensivamente o resultado da orientação pandectista maioritária na formulação dos *ius in re* e também da posse: o direito real (e o direito subjectivo em geral) descrito debaixo do conceito de relação jurídica e esta concebida ou aceite como relação entre uma pessoa e uma coisa.

Partindo da noção avançada, GUILHERME MOREIRA não restringe ou acantona a posse ao direito de propriedade, reconhecendo abertamente que a relação de facto "varia conforme a natureza do direito que por ella se

---

[2733] Instituições Do Direito Civil Português, Livro III, Dos direitos reaes, Coimbra, 1907.
[2734] E de Direito Reais em geral. Sobre isto, JOSÉ ALBERTO VIEIRA, Direitos Reais, Perspectiva Histórica Do Seu Ensino Em Portugal, cit., pág. 43 e segs.
[2735] JOSÉ ALBERTO VIEIRA, Direitos Reais, Perspectiva Histórica Do Seu Ensino Em Portugal, cit., pág. 43 e segs., com outras indicações bibliográficas.
[2736] Que inclui MAZZONI, CHIRONI, FIORE e CIMBALI.
[2737] Instituições Do Direito Civil Português, Livro III, Dos direitos reaes, cit., pág. 9.

manifesta"[2738], o que constitui uma admissão implícita da possibilidade de outras posses sobre a mesma coisa, para além, pois, daquela que pertence ao proprietário.

Em tema de estrutura da posse, GUILHERME MOREIRA[2739] menciona os elementos habituais: um elemento material, denominado *corpus*, e um elemento espiritual, o *animus*. Enquanto o primeiro abrange o conjunto de actos materiais através dos quais se retém ou frui a coisa[2740], o *animus* vem caracterizado como a intenção "de possuir por conta própria ou a título de proprietario, *animus rem sibi habendae*"[2741].

Na contraposição fundamental contida no código civil de SEABRA entre posse em nome próprio e posse em nome alheio, GUILHERME MOREIRA[2742] não deixa de dizer que a posse exercida com a intenção da propriedade da coisa consubstancia o sentido preciso da expressão posse em nome próprio. E quando o ânimo do possuidor se dá a título diverso de proprietário, como de arrendatário, de comodatário, de depositário ou de credor pignoratício, a posse designa-se em nome de outrem ou a título precário[2743] e não constitui uma verdadeira posse, mas sim uma situação de detenção ou posse natural[2744].

A novidade maior que se encontra em GUILHERME MOREIRA, face à posição quase unânime da doutrina portuguesa anterior[2745], reside, porém, na extensão que dá ao conceito de posse em nome próprio, no qual inclui os outros direitos reais de gozo e não somente a propriedade[2746]:

"(...) A posse representa a manifestação de um direito real, a exteriorização desse direito (...)", diz o autor[2747].

[2738] GUILHERME MOREIRA, Instituições Do Direito Civil Português, Livro III, Dos direitos reaes, cit., pág. 9.
[2739] Instituições Do Direito Civil Português, Livro III, Dos direitos reaes, cit., pág. 10 e segs.
[2740] GUILHERME MOREIRA, Instituições Do Direito Civil Português, Livro III, Dos direitos reaes, cit., pág. 10.
[2741] GUILHERME MOREIRA, Instituições Do Direito Civil Português, Livro III, Dos direitos reaes, cit., pág. 10.
[2742] Instituições Do Direito Civil Português, Livro III, Dos direitos reaes, cit., pág. 10.
[2743] GUILHERME MOREIRA, Instituições Do Direito Civil Português, Livro III, Dos direitos reaes, cit., pág. 11.
[2744] GUILHERME MOREIRA, Instituições Do Direito Civil Português, Livro III, Dos direitos reaes, cit., pág. 11.
[2745] Cf. o que dissemos nos pontos anteriores deste número.
[2746] GUILHERME MOREIRA não alude expressamente a esta categoria, mas tal resulta de modo inequívoco dos direitos reais indicados.
[2747] GUILHERME MOREIRA, Instituições Do Direito Civil Português, Livro III, Dos direitos reaes, cit., pág. 12.

O alcance mais fundo do pensamento de Guilherme Moreira[2748] surge a propósito da protecção possessória, dos meios de tutela da posse. Segundo este professor, só quem tem posse em nome próprio pode intentar uma acção possessória (qualquer uma das que a lei prevê)[2749]. O detentor não o pode fazer, por não ter a posse[2750]. Guilherme Moreira toma, assim, posição no debate dos práticos e da jurisprudência do século antecedente sobre quem pode interpor estas acções, afastando com firmeza que o arrendatário, o comodatário, o depositário e afins tenham legitimidade (activa) para elas.

No número dos possuidores em nome próprio, aqueles que segundo Guilherme Moreira[2751] têm legitimidade para recorrer aos meios de defesa da posse, o autor enumera, além do proprietário, o usufrutuário, o enfiteuta e o titular do direito de uso e habitação[2752]. Não são feitas referências expressa aos direitos de superfície e de servidão; no entanto, mais abaixo, Guilherme Moreira[2753] engloba no conceito de possuidor em nome próprio "qualquer pessoa que, em nome proprio, tenha um direito fraccionario da propriedade", o que decerto os inclui.

A doutrina de Guilherme Moreira encontra-se, assim, em patente rotura com a concepção tradicional romanista, para a qual a posição do usufrutuário, do usuário e do titular de servidão predial sobre a coisa constitui uma *quasi possessio*, e não uma posse da coisa, e igualmente com a civilística portuguesa antecedente[2754], que na linha da dogmática francesa fala de uma posse de direitos a este propósito. A influência do pensamento jurídico da pandectística alemã manifesta-se aqui ostensivamente nas posições adoptadas.

A rejeição da figura da posse de direitos assume, de resto, em Guilherme Moreira uma amplitude que não se reduz aos direitos reais de gozo (com excepção da propriedade). Discutindo a opinião de outros

---

[2748] Guilherme Moreira, Instituições Do Direito Civil Português, Livro III, Dos direitos reaes, cit., pág. 31 e seg.
[2749] Guilherme Moreira, Instituições Do Direito Civil Português, Livro III, Dos direitos reaes, cit., pág. 31.
[2750] A não ser como representante do possuidor em nome próprio, não como detentor. Cf. Guilherme Moreira, Instituições Do Direito Civil Português, Livro III, Dos direitos reaes, cit., pág. 31.
[2751] Guilherme Moreira, Instituições Do Direito Civil Português, Livro III, Dos direitos reaes, cit., pág. 31.
[2752] Guilherme Moreira, Instituições Do Direito Civil Português, Livro III, Dos direitos reaes, cit., pág. 31.
[2753] Guilherme Moreira, Instituições Do Direito Civil Português, Livro III, Dos direitos reaes, cit., pág. 31.
[2754] E naturalmente a doutrina estrangeira que os autores portugueses acolhem.

autores[2755], segundo os quais, ao arrendatário e parceiro agrícola estaria disponível a tutela possessória em nome próprio, fundada na transmissão do direito nos termos do contrato respectivo (posse de direitos), GUILHERME MOREIRA[2756] reputa esta doutrina de "innaceitável"[2757], afastando-a.

Parece implícito neste ponto, como ademais na construção da distinção entre posse em nome próprio e posse em nome alheio, a rejeição da teoria da posse de direitos. O arrendatário, o comodatário, o depositário e semelhantes são meros detentores, não tendo qualquer posição possessória, não beneficiando, deste modo, de nenhuma das acções possessórias previstas na lei para a tutela da posse[2758].

Interpretando o art. 860º, nº 2 do código de SEABRA, que confere ao credor pignoratício legitimidade para fazer uso de todos os meios conservatórios da posse, GUILHERME MOREIRA[2759] explica a solução legal com o recurso à figura do direito de retenção. Haveria aqui não uma simples relação de facto, mas uma relação de direito que protege o credor pignoratício contra o devedor[2760]. Em caso de turbação levada a cabo por terceiro, o credor pignoratício não poderia invocar a sua posse, visto ser possuidor em nome alheio, sendo possível unicamente a invocação de direitos do devedor[2761].

Neste ponto, GUILHERME MOREIRA faz tábua rasa da solução romana, que reconhece a posse da coisa ao credor pignoratício e recorre à figura do direito de retenção, sem que se perceba a relação ou o alcance da mesma no contexto da situação possessória do credor pignoratício. Uma obscuridade no pensamento possessório deste mestre.

Em tema de objecto de posse, GUILHERME MOREIRA[2762] não se afasta nada da doutrina corrente e reproduz o teor do art. 479º do Código Civil,

---

[2755] Que não cita.
[2756] GUILHERME MOREIRA, Instituições Do Direito Civil Português, Livro III, Dos direitos reaes, cit., pág. 32.
[2757] GUILHERME MOREIRA, Instituições Do Direito Civil Português, Livro III, Dos direitos reaes, cit., pág. 32.
[2758] GUILHERME MOREIRA abre, todavia, a excepção do esbulho violento, situação na qual o detentor esbulhado poderia recorrer à acção de restituição da posse, sem discutir a questão da propriedade. Cf. a propósito, Instituições Do Direito Civil Português, Livro III, Dos direitos reaes, cit., pág. 32 e seg.
[2759] Instituições Do Direito Civil Português, Livro III, Dos direitos reaes, cit., pág. 33.
[2760] GUILHERME MOREIRA, Instituições Do Direito Civil Português, Livro III, Dos direitos reaes, cit., pág. 33.
[2761] GUILHERME MOREIRA, Instituições Do Direito Civil Português, Livro III, Dos direitos reaes, cit., pág. 33.
[2762] Instituições Do Direito Civil Português, Livro III, Dos direitos reaes, cit., pág. 19.

sem deixar de aludir a que ficam sempre excluídas da posse as coisas fora do comércio:

"Só podem ser objecto de posse cousas ou direitos certos e determinados, e que sejam susceptíveis de apropriação".

Não obstante a alusão à posse de direitos, que o preceituado no código civil de SEABRA torna inevitável, GUILHERME MOREIRA[2763] não adopta nunca a categoria e esclarece, de forma inequívoca, que as coisas ou direitos objecto de posse apenas podem ser direitos reais[2764].

Que direitos reais são esses, GUILHERME MOREIRA nunca clarifica, embora os exemplos dados em matéria de posse em nome próprio e a posição adoptada quanto ao credor pignoratício deixem vislumbrar que o autor tem em vista a categoria dos direitos reais de gozo.

Outros direitos subjectivos, em particular, os direitos do arrendatário, comodatário, depositário, parceiro pecuário, são sempre aludidos por GUILHERME MOREIRA como dando azo a uma posse em nome de outrem, ou seja, a uma posição de detenção, sem praticamente nenhuma tutela possessória[2765].

V. A controvérsia judiciária e doutrinal sobre o uso dos meios possessórios por simples detentores motivou diversas intervenções legislativas no primeiro quartel do século XX. A primeira pelo decreto de 30 de Agosto de 1907, o qual atribui ao arrendatário de prédios rústico o direito à defesa da sua posição sobre a coisa mediante acções possessórias (art. 27º).

A solução seria generalizada aos arrendamentos de prédios urbanos pelo decreto de 27 de Junho de 1918 e pelo decreto 5.411, de 17 de Abril de 1919. Dispõe, com efeito, o art. 20º deste último diploma:

"O inquilino que fôr ilegalmente perturbado ou esbulhado da posse dos direitos que, pelo arrendamento, tem sobre o respectivo prédio, pode usar das acções possessórias e dos embargos de terceiro, a fim de ser mantido ou restituído da sua posse durante o prazo de arrendamento".

Estes preceitos marcam o fim da contenda sobre o recurso às acções possessórias pelo arrendatário, equiparado ao possuidor nos termos da propriedade para efeito da defesa possessória (durante o prazo contratual do arrendamento). O citado art. 20º vai mais longe ainda, permitindo fundar

---

[2763] Instituições Do Direito Civil Português, Livro III, Dos direitos reaes, cit., pág. 19.

[2764] "Só podem ser objecto de posse as cousas, ou direitos a ellas respeitantes, sobre que seja possível exercer direitos reaes (...)". Cf. Instituições Do Direito Civil Português, Livro III, Dos direitos reaes, cit., pág. 19.

[2765] Ressalva-se o que se disse anteriormente no caso de esbulho violento.

uma posse de direito ao arrendatário, posse essa fundamentada no direito do arrendatário.

VI. A obra A Posse, de MANUEL RODRIGUES[2766], constitui o estudo clássico da posse no Direito português e o trabalho mais desenvolvido sobre o tema produzido até hoje pela ciência jurídica portuguesa. O que justifica uma atenção cuidada.

No culminar da análise ao regime jurídico constante do Código de SEABRA, MANUEL RODRIGUES[2767] dá a seguinte definição de posse:

"Constitui posse todo o poder de facto sobre as coisas, exercido no próprio interesse, quer tenha na sua base um direito real, quer uma relação de obrigação".

Segundo MANUEL RODRIGUES, a posse assim definida forma-se a partir de dois elementos:

– Um material, que chama *corpus*[2768];
– Outro intencional, que designa de *animus sibi habendi*[2769].

No *corpus* possessório MANUEL RODRIGUES[2770] identifica a retenção, fruição ou possibilidade de fruição de direitos reais ou pessoais. O *corpus* somente se converte em posse quando acompanhado de uma intenção determinada[2771]. Sem ela existe uma mera posse precária ou detenção[2772].

Quanto ao elemento intencional, o *animus sibi habendi*, MANUEL RODRIGUES[2773] adopta o entendimento mais amplo do mesmo, como referido ao exercício de um "interesse" próprio sobre a coisa[2774], que constitui na prática o exercício de um direito, real ou pessoal, sobre a coisa e não somente de um direito de propriedade ou de um direito real.

Na aferição do *animus sibi habendi* MANUEL RODRIGUES[2775] adere à teoria da causa: o título existente (o acto jurídico de onde emerge o interesse

---

[2766] A Posse, Estudo De Direito Civil Português, 3ª edição, Coimbra, 1980.
[2767] A Posse, cit., pág. 92. Veja-se ainda a página 101, onde MANUEL RODRIGUES afirma: "no sistema do direito português a posse é a retenção ou fruição do direito de propriedade, dos direitos reais que implicam retenção ou fruição, e dos direitos pessoais que recaem sobre as coisas e se exercem no interesse do seu titular".
[2768] MANUEL RODRIGUES, A Posse, cit., pág. 101.
[2769] MANUEL RODRIGUES, A Posse, cit., pág. 101.
[2770] A Posse, cit., pág. 71 e segs. e pág. 101.
[2771] MANUEL RODRIGUES, A Posse, cit., pág. 73.
[2772] MANUEL RODRIGUES, A Posse, cit., pág. 102.
[2773] A Posse, cit., pág. 73 e segs. e pág. 191 e segs.
[2774] MANUEL RODRIGUES, A Posse, cit., pág. 75 e seg.
[2775] MANUEL RODRIGUES, A Posse, cit., pág. 102 e seg., pág. 191 e segs. e pág. 336 e segs.

daquele que tem a coisa) define o *animus* possessório. A vontade a considerar é, pois, uma vontade abstracta (a que se reporta ao direito constante do título) e não a vontade concreta do possuidor. O *animus* presume-se, pertencendo o ónus da prova contrária[2776] àquele que o põe em causa.

Em matéria de objecto da posse Manuel Rodrigues[2777] analisa sucessivamente a orientação do Direito romano, da canonística e ainda os regimes jurídicos consagrados no ALR prussiano e no código civil austríaco e conclui que a posse e a tutela possessória vem reportada quer a direitos públicos quer a direitos privados e que, dentro destes últimos, o âmbito abrange direitos da família, direitos de crédito – contando que o seu exercício seja duradouro e continuado – e direitos reais[2778]. O próprio código civil de Seabra prevê igualmente uma posse de direitos.

A posição de princípio de Manuel Rodrigues[2779] consiste, todavia, em considerar apenas como susceptíveis de posse os direitos directamente referidos a coisas:

"A posse mantém-se dentro do direito das coisas e aí deverá manter-se"[2780].

Com isto são sucessivamente afastados do objecto da posse os direitos da família, em particular, o denominado estado das pessoas[2781], e os direitos de crédito que não se reportem a coisas. Quanto a estes últimos, Manuel Rodrigues formula a sua ideia desta forma:

"A posse de direitos que têm na base uma relação de obrigação, mas que não estão imediatamente relacionados com as coisas, a posse de uma prestação em dinheiro, de um serviço, não é possível".

Note-se que Manuel Rodrigues não exclui que a posse possa ser exercida nos termos de direitos de crédito, conforme, aliás, se alcança da sua definição de posse, apenas o defende para aqueles créditos cuja prestação não se refira a coisas, e ainda que o seu exercício seja continuado.

Na linha traçada, Manuel Rodrigues[2782] afasta do objecto da posse os créditos com prestações em dinheiro – quer elas envolvam um cumprimento instantâneo quer um exercício "sucessivo e distinto"[2783] –, os títulos

---

[2776] Manuel Rodrigues, A Posse, cit., pág. 336 e segs.
[2777] A Posse, cit., pág. 107 e segs.
[2778] Manuel Rodrigues, A Posse, cit., pág. 110.
[2779] A Posse, cit., pág. 111 e segs.
[2780] Manuel Rodrigues, A Posse, cit., pág. 114.
[2781] Manuel Rodrigues, A Posse, cit., pág. 112 e segs.
[2782] Manuel Rodrigues, A Posse, cit., pág. 114 e segs.
[2783] Manuel Rodrigues, A Posse, cit., pág. 114 e segs.

de crédito e os serviços, como os serviços de abastecimento de água ou de gás, que têm por objecto exclusivamente uma prestação[2784].

Dentro das coisas, MANUEL RODRIGUES[2785] deixa de fora do objecto da posse as coisas fora de comércio, defendendo que as coisas públicas estão submetidas a um regime administrativo que afasta a tutela possessória, exclusiva do âmbito jurídico-privado segundo o autor.

Objecto de posse, segundo MANUEL RODRIGUES[2786] são tanto as coisas móveis como as imóveis, contando que sejam certas e determinadas[2787]. Isso abrange os seus "elementos constitutivos" e as partes integrantes[2788].

MANUEL RODRIGUES[2789] aborda o problema da posse das universalidades, considerando, no entanto, apenas as universalidades de facto, aduzindo que as universalidades de direito não terão recebido consagração no código civil[2790]. Quanto às primeiras, a susceptibilidade de posse sobre elas vem rejeitada, com o argumento de que a posse tem por objecto cada uma das coisas da universalidade e não esta como tal[2791].

No tocante à concorrência de posses sobre a mesma coisa, MANUEL RODRIGUES[2792] cita o princípio romano *plures eamdem rem in solidum possidere non possunt*, mas dá-lhe um sentido ligeiramente diverso da leitura romana do mesmo, falando simplesmente na impossibilidade de uma posse simultânea nos termos de direitos da mesma natureza[2793] e não na impossibilidade de mais do que uma posse sobre a coisa. Como excepção indica o exemplo tradicional da composse nos termos da compropriedade[2794], indo, todavia, mais além do que a generalidade dos autores, esclarecendo que o compossuidor que actua por referência à compropriedade possui em nome alheio quanto aos outros comproprietários e em nome próprio no que respeita ao seu direito[2795].

[2784] MANUEL RODRIGUES, A Posse, cit., pág. 115 e seg.
[2785] MANUEL RODRIGUES, A Posse, cit., pág. 11.
[2786] A Posse, cit., pág. 139.
[2787] MANUEL RODRIGUES, A Posse, cit., pág. 139.
[2788] MANUEL RODRIGUES, A Posse, cit., pág. 140.
[2789] A Posse, cit., pág. 140 e seg.
[2790] MANUEL RODRIGUES, A Posse, cit., pág. 140, nota 3.
[2791] MANUEL RODRIGUES, A Posse, cit., pág. 141.
[2792] MANUEL RODRIGUES, A Posse, cit., pág. 141.
[2793] MANUEL RODRIGUES, A Posse, cit., pág. 141.
[2794] MANUEL RODRIGUES, A Posse, cit., pág. 142 e segs.
[2795] MANUEL RODRIGUES, A Posse, cit., pág. 145.

A posse tem para MANUEL RODRIGUES um âmbito superior ao considerado pela generalidade da doutrina portuguesa anterior, com excepção de CORREIA TELLES. A sua extensão inclui para este professor direitos reais e não reais, nomeadamente, no tocante aos últimos, direitos pessoais de gozo. Por sua vez, dentro dos direitos reais MANUEL RODRIGUES[2796] inclui expressamente no âmbito da posse os direitos reais de garantia que permitam a detenção da coisa[2797].

No campo dos direitos reais de gozo não há surpresas. Pode existir, segundo MANUEL RODRIGUES[2798], para além naturalmente da posse referente à propriedade, uma posse relativa ao usufruto, à enfiteuse e às servidões prediais "afirmativas" (positivas)[2799]. Dando como exemplo o usufrutuário, MANUEL RODRIGUES[2800] deixa claro que este tem a posse em nome próprio "do usufruto", sendo possuidor em nome alheio da propriedade.

Não obstante a redacção do seu pensamento poder levantar dúvidas, a posse nos termos de direito real de gozo menor constitui para MANUEL RODRIGUES uma posse de direito e não uma posse autêntica da coisa. O mesmo se diga para os demais direitos para os quais se admite uma posse:

"Formulámos já por mais de uma vez o princípio, de que, em face do direito português, se possuem direitos e não coisas e que, portanto, não há uma única espécie de posse"[2801].

MANUEL RODRIGUES não tem dificuldade em fundar esta doutrina no Código de SEABRA, que menciona expressamente os direitos como objecto da posse (art. 472º). Para além disso, a influência da dogmática possessória italiana nota-se fortemente nas posições defendidas por MANUEL RODRIGUES, que se demarca de forma notória dos autores portugueses antecedentes.

Se a admissão da posse nos termos dos direitos reais de gozo menores parece não acarretar uma rotura com a doutrina portuguesa anterior,

---

[2796] MANUEL RODRIGUES, A Posse, cit., pág. 138.
[2797] MANUEL RODRIGUES, A Posse, cit., pág. 138.
[2798] MANUEL RODRIGUES, A Posse, cit., pág. 145 e segs.
[2799] Sobre as servidões negativas MANUEL RODRIGUES limita-se a contrapor às positivas, sem, contudo, se pronunciar expressamente sobre as mesmas. A afirmação de que há posse sobre as servidões positivas parece indicar que o autor exclui a posse sobre as servidões negativas. Cf A Posse, cit., pág. 148, nota 3.
[2800] MANUEL RODRIGUES, A Posse, cit., pág. 146.
[2801] MANUEL RODRIGUES, A Posse, cit., pág. 171. Não se cuida aqui da incongruência manifesta como o que se defende em matéria de objecto da posse.

muito maior impacto tem a posição de MANUEL RODRIGUES[2802] referente aos direitos reais de garantia. Contando que haja um "poder de facto" do credor sobre o "objecto garante" há posse a seu favor[2803]. O que excluindo a hipoteca e o privilégio creditório[2804] confere posse nas situações de penhor, direito de retenção, anticrese, penhora e arresto[2805].

Quanto à penhora e ao arresto, MANUEL RODRIGUES[2806] qualifica-os como direitos reais de garantia, atribuindo a posse ao credor em nome dos quais se realiza a apreensão judicial da coisa arrestada ou penhorada.

Finalmente, MANUEL RODRIGUES assume poder haver posse fora do círculo dos direitos reais, nomeadamente, nas relações obrigacionais de gozo[2807]. Se existir um "poder de facto" sobre uma coisa exercido num "interesse próprio" essa situação gera uma posse[2808]. Todos s direitos pessoais em que isto sucede são, pois, susceptíveis de posse[2809].

Os direitos pessoais de gozo incluídos por MANUEL RODRIGUES[2810] no âmbito da posse são, desde logo, o arrendamento e o aluguer. O autor dá nota da controvérsia anterior ao código civil de SEABRA e já no domínio da aplicação deste em tema de aplicação da tutela possessória ao arrendatário, defendendo estar ao tempo a questão resolvida pelo art. 20º do Decreto nº 5.411[2811], a favor da posse do arrendatário[2812].

Com a defesa da posse do arrendatário MANUEL RODRIGUES argumenta, contudo, que a posse do arrendatário não é igual à do possuidor "puro e simples"[2813], sendo exercida estritamente no âmbito dos poderes praticados que se ligam ao título aquisitivo do direito de arrendamento[2814].

A somar à posse do locatário encontra-se a posse do comodatário[2815]. Também quanto a este se verifica a detenção da coisa e um exercício no

---

[2802] MANUEL RODRIGUES, A Posse, cit., pág. 158 e segs.
[2803] MANUEL RODRIGUES, A Posse, cit., pág. 158.
[2804] MANUEL RODRIGUES, A Posse, cit., pág. 158.
[2805] MANUEL RODRIGUES, A Posse, cit., pág. 158.
[2806] MANUEL RODRIGUES, A Posse, cit., pág. 165.
[2807] MANUEL RODRIGUES, A Posse, cit., pág. 166 e segs.
[2808] MANUEL RODRIGUES, A Posse, cit., pág. 166.
[2809] MANUEL RODRIGUES, A Posse, cit., pág. 166 e segs.
[2810] MANUEL RODRIGUES, A Posse, cit., pág. 167 e segs.
[2811] Cf. *supra* neste número a redacção do preceito.
[2812] MANUEL RODRIGUES, A Posse, cit., pág. 168 e seg.
[2813] MANUEL RODRIGUES, A Posse, cit., pág. 169. Pensa-se que MANUEL RODRIGUES tem em vista o senhorio possuidor nos termos da propriedade, embora tal afirmação não surja no texto.
[2814] MANUEL RODRIGUES, A Posse, cit., pág.169 e seg.
[2815] MANUEL RODRIGUES, A Posse, cit., pág. 170 e seg.

interesse do comodatário[2816], os elementos da posse referida a direitos pessoais, segundo MANUEL RODRIGUES[2817].

A posse do direito real menor, do direito real de garantia ou do direito pessoal de gozo não briga com a posse do proprietário, nomeadamente, não a faz extinguir a favor da nova posse do usufrutuário, arrendatário, etc.[2818] Ao contrário, ambas coexistem, sendo o usufrutuário ou o arrendatário possuidores em nome próprio do seu direito e possuidores em nome alheio quanto à propriedade[2819].

Contrariando e rebatendo a opinião dominante, tanto em Portugal como no estrangeiro, MANUEL RODRIGUES[2820] sustenta ser a posse um direito e não um facto, divisando nela todos os elementos do conceito de direito subjectivo[2821].

A posse enquanto direito subjectivo tem a natureza de um direito real, partilhando todas as características do carácter real de um direito[2822].

A obra de MANUEL RODRIGUES, tendo embora o amparo de alguma doutrina do tempo, sobretudo italiana, não teve em Portugal a influência que se poderia esperar de uma monografia dedicada exclusivamente ao tema. A sua repercussão no sistema científico português de Direitos Reais foi relativamente modesta e uma boa parte da construção dogmática que ela contém não foi partilhada pela doutrina especializada posterior e mesmo pela jurisprudência dos tribunais, não obstante citações esporádicas.

VII. Praticamente na mesma altura da publicação de A Posse, de MANUEL RODRIGUES, na década de vinte do século XX, surgem trabalhos de JOSÉ TAVARES e de CARNEIRO PACHECO em Direito Civil, que tocam na matéria da posse.

Na primeira edição dos seus Princípios JOSÉ TAVARES[2823] concebe a posse "como uma mera relação de facto, em que o homem se utiliza no todo ou em parte da cousa sujeita ao seu poder, e que é protegida em si e por si, independentemente da legitimidade objectiva daquele poder"[2824].

[2816] MANUEL RODRIGUES, A Posse, cit., pág. 170.
[2817] MANUEL RODRIGUES, A Posse, cit., pág. 166.
[2818] MANUEL RODRIGUES, A Posse, cit., pág. 172.
[2819] MANUEL RODRIGUES, A Posse, cit., pág. 172 e segs.
[2820] A Posse, cit., pág. 33 e segs.
[2821] MANUEL RODRIGUES, A Posse, cit., pág. 37.
[2822] MANUEL RODRIGUES, A Posse, cit., pág. 38 e segs.
[2823] Os Princípios Fundamentais Do Direito Civil, cit., pág. 644 e segs.
[2824] JOSÉ TAVARES, Os Princípios Fundamentais Do Direito Civil, cit., pág. 629.

Na segunda edição, de 1929, o autor deixa cair esta formulação, caracterizando-a como "um simples poder exercido sobre coisa alheia"[2825]. O autor acentua particularmente a separação da posse relativamente à propriedade e a independência da primeira face à titularidade do direito que exterioriza.

No ponto relativo à extensão da posse José Tavares[2826] manifesta uma concordância de princípio com Manuel Rodrigues: o regime jurídico do código civil (de Seabra) não restringe a posse aos direitos reais, abarcando outros direitos, nomeadamente, pessoais.

Ainda assim, embora defensor de princípio de que a posse existe fora do âmbito dos direitos reais, incluindo, pois, direitos pessoais, José Tavares[2827] exprime a sua discordância com Manuel Rodrigues no tocante aos direitos pessoais susceptíveis de posse. No entender daquele professor[2828], os mandatários, os depositários e os testamenteiros não devem ser excluídos do âmbito possessório, o que significa que no seu entender têm posse.

O argumento usado por José Tavares na defesa da sua tese não deixa de ser peculiar[2829]: tendo o código civil, sustenta, adoptado uma concepção objectivista de posse[2830], esta só vem afastada em concreto por força da aplicação de normas jurídicas que a excluem, o que sucede somente, no seu entender, quanto aos actos facultativos ou de mera tolerância (art. 474. § 1) e ainda aos actos praticados por dementes (art. 480º).

Na discussão sobre a questão se saber se a posse consiste num facto ou num direito, José Tavares[2831] enfileira no número daqueles que a qualificam como um direito e um direito real.

VIII. Conhece-se o pensamento de Jaime de Gouveia em matéria de posse a partir de lições publicadas por alunos[2832].

Jaime de Gouveia[2833], depois de expor as doutrinas de Savigny, acaba por se juntar à orientação subjectivista dominante, vislumbrando na posse

---

[2825] Os Princípios Fundamentais Do Direito Civil, pág. 644.
[2826] Os Princípios Fundamentais Do Direito Civil, cit., pág. 652 e segs.
[2827] Os Princípios Fundamentais Do Direito Civil, cit., pág. 635.
[2828] José Tavares, Os Princípios Fundamentais Do Direito Civil, cit., pág. 653.
[2829] Tendo em conta que constrói a posse segundo o modelo subjectivista, conforme se pode ver pela estrutura de elementos adoptada.
[2830] José Tavares, Os Princípios Fundamentais Do Direito Civil, cit., pág. 653.
[2831] José Tavares, Os Princípios Fundamentais Do Direito Civil, cit., pág. 646.
[2832] Direitos Reais, lições coligidas por António de Castro Guimarais, Emídio Pires da Cruz e João Lima Amaral Marques proferidas no ano lectivo de 1935-36 ao Curso do 3º ano da Faculdade de Direito de Lisboa, publicadas em Lisboa, 1935.
[2833] Direitos Reais, cit., pág. 174 e segs.

um "elemento material" e um "elemento psicológico"[2834]. O elemento material sem o elemento psicológico origina a detenção da coisa[2835].

A caracterização do *corpus* possessório vem apresentada como o "poder autónomo, independente de causa jurídica, de uma pessoa sôbre uma cousa e consiste na prática de actos de usufruição e transformação em interêsse próprio e de harmonia com a natureza do direito que se invoca ou da cousa que se possui"[2836]. O *animus* caracteriza-se de forma simples como "intenção de exercer um poder sôbre as cousas no próprio interêsse"[2837].

Esta posse recai, segundo JAIME DE GOUVEIA[2838], não apenas sobre a propriedade, mas igualmente sobre outros direitos reais e ainda direitos pessoais "que, tendo na sua base uma relação de obrigação, recaem sôbre as cousas e se exercem no próprio interêsse do titular".

A posição de JAIME DE GOUVEIA coincide nesta parte com a doutrina de MANUEL RODRIGUES, na aceitação de um âmbito da posse que transcende a propriedade e os direitos reais em geral, e se estende aos direitos de crédito, contando, porém, que se refiram a coisas corpóreas, com exclusão, pois, da posse relativa a serviços ou a dinheiro[2839]. Também segundo JAIME DE GOUVEIA[2840], o domínio das relações familiares fica fora do instituto possessório e da sua tutela.

Detentores são, assim, apenas aqueles que exercem poderes sobre a coisa no interesse exclusivo de outra pessoa[2841]. Quem exerce poderes no seu interesse próprio e no interesse de outra pessoa reveste simultaneamente a qualidade de possuidor em nome próprio e de possuidor e em nome alheio[2842]. Os exemplos dados por JAIME DE GOUVEIA[2843] são os do usufrutuário e do comodatário.

[2834] JAIME DE GOUVEIA, Direitos Reais, cit., pág. 177.
[2835] JAIME DE GOUVEIA, Direitos Reais, cit., pág. 177.
[2836] JAIME DE GOUVEIA, Direitos Reais, cit., pág. 195.
[2837] JAIME DE GOUVEIA, Direitos Reais, cit., pág. 195.
[2838] JAIME DE GOUVEIA, Direitos Reais, cit., pág. 177.
[2839] JAIME DE GOUVEIA, Direitos Reais, cit., pág. 196.
[2840] Direitos Reais, cit., pág. 196.
[2841] JAIME DE GOUVEIA, Direitos Reais, cit., pág. 195, menciona o gerente, o doméstico e o motorista.
[2842] JAIME DE GOUVEIA, Direitos Reais, cit., pág. 196.
[2843] Direitos Reais, cit., pág. 196.

Na questão da natureza jurídica da posse JAIME DE GOUVEIA[2844] adere à linha que vê na posse um direito e não um facto, com o argumento de que todos os requisitos do direito subjectivo[2845] se encontram na posse[2846].

À pergunta sobre a natureza, real ou obrigacional, deste direito subjectivo, JAIME DE GOUVEIA[2847] cita e enfileira com JOSÉ TAVARES, MANUEL RODRIGUES e CUNHA GONÇALVES, defendendo a natureza de direito real da posse. O argumento usado coincide com o afirmado para a questão de saber se a posse consiste num facto ou num direito, mas agora com a expressa invocação das características do direito real[2848].

IX. Durante larga parte dos anos lectivos da década de quarenta e de cinquenta do século XX o ensino de Direitos Reais na Faculdade de Direito de Lisboa ficou a cargo de LUÍS PINTO COELHO[2849] e o conteúdo das suas prelecções foi coligido por alunos em lições autorizadas pelo professor.

Nas Lições de Direitos Reais referentes ao ano lectivo de 1944-45[2850] LUÍS PINTO COELHO não leva a cabo qualquer tratamento sistematizado da posse, abordando apenas a contraposição entre posse causal e posse formal[2851] e fundamentalmente a questão de saber se a posse constitui um facto ou um direito[2852].

No problema de saber se na posse se está perante um facto ou um direito LUÍS PINTO COELHO[2853] cita os artigos 486º e 489º do código civil de SEABRA para fundamentar a sua opinião no sentido da posse ser uma situação jurídica, um direito subjectivo: a posse do possuidor constitui um direito, defende o professor[2854].

[2844] Direitos Reais, cit., pág. 196.
[2845] "Poder, interêsse e garantia", diz o autor. Cf. JAIME DE GOUVEIA, Direitos Reais, cit., pág. 172.
[2846] Direitos Reais, cit., pág. 172.
[2847] Direitos Reais, cit., pág. 196 e seg.
[2848] JAIME DE GOUVEIA, Direitos Reais, cit., pág. 196. O autor segue uma concepção mista de conceito de direito real; sobre esta concepção pode ver-se JOSÉ ALBERTO VIEIRA, Direitos Reais, Coimbra, 2016, pág. 71 e segs.
[2849] JOSÉ ALBERTO VIEIRA, Direitos Reais, Perspectiva Histórica Do Seu Ensino Em Portugal, cit., pág. 89 e segs., 109 e segs. e 124 e segs.
[2850] Recolhidas por MARIA JÚLIA LOPES CARDOSO, MARIA LUCÍLIA MIRANDA SANTOS e CLEMENTE ROGÉRIO, Lisboa, 1945.
[2851] LUÍS PINTO COELHO, Lições De Direitos Reais, cit., pág. 114.
[2852] LUÍS PINTO COELHO, Lições De Direitos Reais, cit., pág. 114 e segs.
[2853] LUÍS PINTO COELHO, Lições De Direitos Reais, cit., pág. 115 e segs.
[2854] LUÍS PINTO COELHO, Lições De Direitos Reais, cit., pág. 116.

A discussão sobre a natureza da posse enquanto direito subjectivo abre a parte mais interessante dos ensinamentos de Luís Pinto Coelho. Também o ilustre mestre concorda com Manuel Rodrigues quanto à extensão da posse[2855]. Discorda dele[2856], porém, em dois aspectos de grande relevância.

O primeiro desses aspectos prende-se com a primazia da posse nos termos da propriedade, que Luís Pinto Coelho[2857] coloca em causa: a posse respeita em igual medida aos outros direitos reais menores.

O outro aspecto revela a grande singularidade do pensamento possessório de Luís Pinto Coelho. Refutando a posição de Manuel Rodrigues, segundo a qual, a posse representa um direito real, Luís Pinto Coelho nega que a posse tenha sempre esta natureza; ao invés, afirma que "a sua natureza é definida em relação ao direito possuído"[2858]:

"As situações de posse variam com o conteúdo do direito possuído: é necessário atender ao conteúdo do direito"[2859].

Na sequência desta afirmação, Luís Pinto Coelho[2860] esclarece que a natureza da posse muda consoante o direito exercido e que "tem a natureza do direito que exterioriza". Assim, reportando-se a posse a um direito real a sua natureza é real; referindo a um direito de crédito "é, puramente, um direito de crédito"[2861].

Se a admissão da posse como direito e como situação jurídica de âmbito mais extenso do que a propriedade ou dos direitos reais em geral está apenas na linha dos seus contemporâneos com escritos anteriores, a aferição da natureza do direito posse de acordo com o direito exteriorizado através da posse constitui uma originalidade de Luís Pinto Coelho e uma novidade no panorama doutrinário português, seja qual for a época considerada, o que confere à sua doutrina uma coloração que a dos demais autores não tem.

Nas lições publicadas por Luís Pinto Coelho[2862] relativas ao ensino no ano lectivo de 1953-54 na Faculdade de Direito de Lisboa, o autor retoma

---

[2855] Luís Pinto Coelho, Lições De Direitos Reais, cit., pág. 118 e segs.
[2856] E dos que estão com ele, como José Tavares e Jaime de Gouveia.
[2857] Luís Pinto Coelho, Lições De Direitos Reais, cit., pág. 118.
[2858] Luís Pinto Coelho, Lições De Direitos Reais, cit., pág. 119.
[2859] Luís Pinto Coelho, Lições De Direitos Reais, cit., pág. 119.
[2860] Luís Pinto Coelho, Lições De Direitos Reais, cit., pág. 119.
[2861] Luís Pinto Coelho, Lições De Direitos Reais, cit., pág. 119.
[2862] Direitos Reais, Lisboa, 1954.

o pensamento basilar que já orientara as suas lições de 1941. Esclarecendo que a posse consiste numa situação de facto quando aferida à titularidade do direito exteriorizado nela, reitera ser simultaneamente uma situação jurídica, por a lei a tutelar[2863]. Essa situação jurídica, um direito, ostenta a natureza do direito exteriorizado, podendo ser um direito real ou um direito de crédito[2864].

X. Fora do domínio das Faculdades de Direito do país, Coimbra e Lisboa, saliente-se a obra de CUNHA GONÇALVES. Para além do Comentário ao Código Civil nos artigos respeitantes à posse, CUNHA GONÇALVES escreveu ainda uma obra sobre a propriedade e a posse[2865], onde aborda, de forma, aliás, pouco desenvolvida, a construção dogmática do instituto.

Criticando a noção legal de posse (art. 474º do código civil de SEABRA), CUNHA GONÇALVES[2866] oferece a sua própria definição:

"Posse é o poder de facto exercido por uma pessoa sobre uma cousa, normalmente alheia ou pertencente a dono ignorado ou que não tem dono, relação tutelada pela lei e em que se revela a intenção de exercer um direito por quem não é titular dele, embora este direito não exista, nem tenha que ser demonstrado".

Quanto à estrutura da posse, CUNHA GONÇALVES[2867] repete a discussão tradicional dos dois elementos, *corpus* e *animus*, perfilhando ambos como elementos da posse.

Sobre o problema da extensão da posse este autor, sem citar, adere à posição de MANUEL RODRIGUES, defendendo expressamente que a posse pode existir tanto nos direitos reais quanto nos direitos de crédito, exemplificando, no tocante a estes últimos, com o arrendatário, o comodatário, o depositário[2868], o transportador e o credor pignoratício, aditando ainda que esta posse se restringe ao exercício do próprio direito e não exclui a posse do proprietário[2869].

XI. No final do ano lectivo de 1949-50 PAULO CUNHA publica umas lições de Direitos Reais[2870]. Nelas classifica a posse como uma protecção

---

[2863] LUÍS PINTO COELHO, Direitos Reais, cit., pág. 129.
[2864] LUÍS PINTO COELHO, Lições De Direitos Reais, cit., pág. 132.
[2865] Da Propriedade E Da Posse, Lisboa, 1952.
[2866] Da Propriedade E Da Posse, cit., pág. 183.
[2867] Da Propriedade E Da Posse, cit., pág. 183.
[2868] CUNHA GONÇALVES aponta o depositário noutro local como mero detentor. Cf. Da Propriedade E Da Posse, cit., pág. 188.
[2869] CUNHA GONÇALVES, Da Propriedade E Da Posse, cit., pág. 185.
[2870] Coligidas por MARIA FERNANDA SANTOS E CASTRO MENDES, Lisboa, 1950.

provisória de interesses[2871], contrapondo-a a direitos reais de protecção definitiva.

Definindo a posse, PAULO CUNHA[2872] afirma que ela "é a exteriorização de um direito, fundada ou não na sua titularidade". Essa exteriorização, por ser protegida pela lei, tem o carácter de um direito[2873]. Esse direito, por sua vez, reveste a natureza de um direito real[2874].

A posse pode incidir sobre outros direitos reais que não somente a propriedade[2875]. Nesse caso, e sempre de acordo com PAULO CUNHA[2876], "não se pode falar em posse de coisa, mas em posse de certo direito". Aliás, o autor considera mesmo que toda a posse constitui posse de um direito e que a expressão posse da coisa[2877] serve unicamente para designar a posse da propriedade[2878].

XII. Na Faculdade de Direito de Coimbra, nos anos trinta, quarenta e cinquenta, o ensino de Direitos Reais esteve entregue, em grande parte, a PIRES DE LIMA[2879]. E mesmo na sua ausência, no desempenho de tarefas governativas e legislativas, os seus ensinamentos continuaram a ser leccionados, podendo dizer-se sem qualquer espécie de exagero que em Coimbra, após GUILHERME MOREIRA e até ao advento do novo código civil de 1966, o pensamento jurídico em matéria de posse coube exclusivamente a PIRES DE LIMA.

O principal testemunho do ensino de PIRES DE LIMA foi dado por ANTUNES VARELA, que publicou as lições do mestre[2880-2881], em sucessivas edições, até à sua morte.

[2871] PAULO CUNHA, Direitos Reais, cit., pág. 104 e segs.
[2872] Direitos Reais, cit., pág. 104.
[2873] Direitos Reais, cit., pág. 105.
[2874] Direitos Reais, cit., pág. 107.
[2875] PAULO CUNHA, Direitos Reais, cit., pág. 107.
[2876] PAULO CUNHA, Direitos Reais, cit., pág. 107.
[2877] "Expressão elíptica" chama-lhe PAULO CUNHA.
[2878] PAULO CUNHA, Direitos Reais, cit., pág. 107.
[2879] JOSÉ ALBERTO VIEIRA, Direitos Reais, Perspectiva Histórica Do Seu Ensino Em Portugal, cit., pág. 100 e segs. e 115 e segs. e pág. 149.
[2880] PIRES DE LIMA/ANTUNES VARELA, Noções Fundamentais De Direito Civil, Vol. II, 5ª edição, 1962, pág. 130 e segs.
[2881] Na Faculdade de Direito de Coimbra, por força da orientação pedagógica adoptada, o regime jurídico sumário do Direito Civil era avançado logo no 1º ano e isso implicava igualmente a antecipação da matéria de Direitos Reais, incluindo a posse, assim lecionada com alguma superficialidade. Este inconveniente não era superado na cadeira de Direitos Reais, que sob a regência de

Tal como outros autores portugueses do tempo[2882], também PIRES DE LIMA autonomiza a posse formal da posse causal, defendendo que o tratamento da posse se justifica apenas para a primeira[2883], com o argumento de que a posse causal se confunde com o conteúdo do direito exercido[2884].

Nos elementos da posse PIRES DE LIMA[2885] afasta-se da orientação seguida no código de SEABRA, enveredando pela tradicional abordagem subjectivista: a posse supõe a existência cumulativa de *corpus* ("elemento material") e *animus* ("elemento psicológico"). Na falta de intenção de exercer os poderes no próprio interesse há mera detenção ou posse precária. O *animus* permite, pois, segundo PIRES DE LIMA[2886], distinguir a posse da mera detenção.

Em tema de objecto da posse PIRES DE LIMA[2887] reitera que somente podem ser objecto dela as coisas sobre as quais pode incidir o direito de propriedade. Elas devem ser certas e determinadas e não estarem fora do comércio.

À matéria da extensão ou âmbito da posse PIRES DE LIMA não dedica a sua atenção. No entanto, em nota[2888], este professor alude à possibilidade de uma posse concorrente de várias pessoas sobre a mesma coisa, havendo títulos diferentes, e dá o exemplo do arrendamento. Neste caso, defende PIRES DE LIMA[2889], tanto o proprietário como o arrendatário são possuidores, tendo ambos a posse simultânea da coisa.

XIII. No estertor da vigência do código civil de SEABRA, JOSÉ DIAS MARQUES, professor da Faculdade de Direito de Lisboa, viria a publicar duas obras em Direitos Reais, umas lições[2890] e uma monografia de concurso para Professor Extraordinário intitulada Prescrição Aquisitiva[2891], ambas com considerável tratamento das questões possessórias.

PIRES DE LIMA não incluía a matéria da posse. Sobre isto, cf. JOSÉ ALBERTO VIEIRA, Direitos Reais, Perspectiva Histórica Do Seu Ensino Em Portugal, cit., pág. 101 e segs. e 115 e segs.

[2882] Como MANUEL RODRIGUES, JAIME DE GOUVEIA e LUÍS PINTO COELHO.

[2883] PIRES DE LIMA/ANTUNES VARELA, Noções Fundamentais De Direito Civil, cit., pág. 122 e segs.

[2884] PIRES DE LIMA/ANTUNES VARELA, Noções Fundamentais De Direito Civil, cit., pág. 122.

[2885] PIRES DE LIMA/ANTUNES VARELA, Noções Fundamentais De Direito Civil, cit., pág. 124 e segs.

[2886] PIRES DE LIMA/ANTUNES VARELA, Noções Fundamentais De Direito Civil, cit., pág. 125.

[2887] PIRES DE LIMA/ANTUNES VARELA, Noções Fundamentais De Direito Civil, cit., pág. 127 e segs.

[2888] PIRES DE LIMA/ANTUNES VARELA, Noções Fundamentais De Direito Civil, cit., pág. 127, nota 2.

[2889] *Idem*.

[2890] Direitos Reais, Lisboa, 1960.

[2891] Lisboa, 1960.

Dias Marques[2892] partilha a opinião veiculada pelos seus antecessores das últimas décadas, segunda a qual, apenas haverá que atender à posse formal, que representa a "posse em sentido próprio". A posse causal, a que exterioriza um direito de que o possuidor é titular, tem apenas uma "importância secundária"[2893]. Levando até ao fim esta perspectiva, Dias Marques[2894] sustenta mesmo que a prescrição aquisitiva (usucapião) apenas tem lugar quanto à posse formal.

Para Dias Marques[2895] quer a posse quer a detenção se referem a direitos e não a coisas: "posse é posse de direitos, não de coisas". Sucede o mesmo com a detenção: "detenção é detenção de direitos não de coisas"[2896]. As coisas, por sua vez, são o objecto dos direitos possuídos ou detidos[2897].

A posse surge estruturada em Dias Marques[2898] segundo a doutrina comum subjectivista, com recurso aos habituais *corpus* e *animus*, este último definido de acordo com a teoria da causa, temperada com a observação concreta do *corpus* quando falta o título[2899].

Os direitos sobre os quais pode haver posse não são sempre direitos reais, defende Dias Marques[2900], que indica direitos de crédito que podem ser possuídos, nomeadamente, o direito do comodatário e do parceiro.

A ocorrência simultânea de vários direitos sobre a coisa determina a possibilidade de várias posses ao mesmo tempo. Nesse cenário haverá posse em nome próprio quanto ao direito exteriorizado e posse em nome alheio relativamente ao direito de propriedade[2901].

Diversamente dos seus antecessores próximos na Faculdade de Direito de Lisboa, Dias Marques[2902] não vê a posse como um direito, atribuindo-lhe a natureza de um facto com relevância jurídica.

[2892] Prescrição Aquisitiva, cit., pág. 9.
[2893] Dias Marques, Prescrição Aquisitiva, cit., pág. 9.
[2894] Dias Marques, Prescrição Aquisitiva, cit., pág. 8 e pág. 22.
[2895] Dias Marques, Prescrição Aquisitiva, cit., pág. 12.
[2896] Dias Marques, Prescrição Aquisitiva, cit., pág. 13.
[2897] Dias Marques, Prescrição Aquisitiva, cit., pág. 13.
[2898] Dias Marques, Prescrição Aquisitiva, cit., pág. 26 e segs.
[2899] Dias Marques, Prescrição Aquisitiva, cit., pág. 30 e segs.
[2900] Dias Marques, Direitos Reais, cit., pág. 184.
[2901] Dias Marques, Prescrição Aquisitiva, cit., pág. 12, nota 2.
[2902] Dias Marques, Prescrição Aquisitiva, cit., pág. 65 e segs.

PARTE SEGUNDA
O DIREITO POSITIVO PORTUGUÊS DA POSSE

Capítulo I
Os Elementos da Posse

36. Considerações gerais

Na doutrina portuguesa a análise da estrutura da posse surge realizada usualmente a propósito dos denominados elementos da posse. Por sua vez, estes são definidos em atenção às duas teorias dominantes na matéria: o subjectivismo e o objectivismo.

Perfilhado o subjectivismo possessório – a posição ainda hoje dominante no espectro doutrinal português e esmagadora ao nível da jurisprudência dos tribunais portugueses – os autores identificam os dois elementos do costume: o *corpus* e o *animus* da tradição romanística, entendidos, no entanto, em termos já algo distantes do significado contido nas fontes romanas.

A adesão ao objectivismo propugnado por JHERING[2903] implica a renúncia à autonomização do *animus* e a irrelevância geral deste na construção e explicação da posse e do seu regime jurídico. Permanece a referência ao *corpus* possessório conjugada agora com a norma ou normas jurídicas delimitadoras da posse.

Qualquer que seja a concepção da estrutura da posse que se perfilhe, ela não assenta hoje, não pode assentar, numa discussão puramente dogmática como aquela que teve lugar da glosa à pandectística alemã do século XIX. Enquanto a referência normativa esteve no Direito romano e este foi aceite como fazendo parte do sistema de fontes da ordem jurídica interna a

---

[2903] Sobre o pensamento possessório de JHERING, cf. o que se disse na Parte Primeira.

posse pôde ser explicada com base em leituras variadas do *corpus iuris civilis*, entendido como Direito vigente. Todavia, com a alteração das fontes de Direito das várias ordens jurídicas tal não se torna mais possível.

Todas as ordens jurídicas do sistema romano-germânico têm hoje códigos civis, mais ou menos recentes, e uma extensa regulação normativa da posse proveniente de fonte legal interna (do próprio código civil). Deste modo, a autonomização dos elementos da posse deve fazer-se exclusivamente a partir desses dados normativos, tendo por base uma interpretação jurídica metodologicamente orientada, vinculativa para o intérprete, e não numa concepção abstracta e intemporal do instituto alicerçada nas fontes romanas e no seu Direito.

Seguindo esta linha de orientação, a única possível actualmente, e sem prejuízo da demonstração a realizar ao longo deste trabalho, autonomizam-se dois elementos estruturantes da posse[2904]:

– O controlo material da coisa (*corpus* possessório);
– A exteriorização de um direito.

Com base nestes dois elementos pode-se até avançar neste momento com uma noção de posse:

A posse consiste no controlo material de uma coisa (corpórea) nos termos de um direito.

Toda a posse repousa no senhorio físico, de facto, sobre a coisa, quer dizer, num dado controlo material do seu objecto. Nenhuma posse se adquire sem esse controlo, embora posteriormente se possa manter sem ele durante o prazo de um ano até se extinguir, se entretanto a coisa não for recuperada pelo possuidor (art. 1267º, alínea d) do código civil).

Existem, contudo, situações de controlo material de uma coisa que não conferem posse segundo o Direito, mas mera detenção ou posse precária[2905]. Isso pode suceder por várias razões, desde logo, por a coisa não ser susceptível de posse, nomeadamente, por estar fora do comércio.

A razão mais frequente para que uma situação de controlo material da coisa não outorgue posse ao sujeito reside, porém, na falta de exteriorização de um direito sobre ela. Com efeito, quem não afirma um direito próprio sobre a coisa não tem posse. Ao invés, e não havendo norma legal dis-

---

[2904] Numa linha de orientação não muito distante, DE MARTINO, Del Possesso, pág. 3 e segs.
[2905] Esta expressão vem utilizada amiúde nos autores portugueses clássicos e tem assento no código civil de 1966. Doravante, porém, aludir-se-á no texto apenas a detenção e detentor, para não multiplicar expressões que nada acrescentam em termos de significado.

pondo em sentido contrário, quem tem uma coisa em seu poder, exercendo o controlo dela nos termos de um direito, tem a posse.

Defronte do Direito português actual, nenhuma dúvida se levanta de que a posse se pode reportar a qualquer direito real de gozo tipificado na lei, envolvendo, pois, a propriedade, o usufruto, o uso e a habitação, a superfície, a servidão predial e ainda o direito real de habitação periódica[2906]. Isso resulta, de forma incontroversa, da parte final do art. 1251º do código civil ("quando alguém actua por forma correspondente ao exercício do direito de propriedade ou de outro direito real").

A limitação doutrinária da posse à propriedade – ou por força da teoria do *animus* (*animus domini*), defendida abundantemente ao longo da história e que tem na monografia de SAVIGNY[2907] o seu epílogo de importância, ou por força da tese de que a posse representa uma tutela avançada da propriedade, a doutrina de JHERING[2908] – enfrenta o dado contrário do Direito positivo português. O usufrutuário, o usuário, o superficiário, etc., são possuidores, contando naturalmente que exerçam o controlo material da coisa.

A posse nos termos de um direito real menor, ou de qualquer outro direito nos termos do qual se admita a posse, não prejudica ou afasta só por si a posse do proprietário. O usufrutuário, o superficiário, etc. têm a posse relativa ao seu direito, ostentando simultaneamente a qualidade de detentores quanto à propriedade. São, pois, a um tempo possuidores em nome próprio nos termos do direito exteriorizado (o usufruto, a superfície, etc.) e possuidores em nome alheio ou simplesmente detentores no tocante ao direito de propriedade[2909].

Na medida em que a posse não se encontra confinada à exteriorização da propriedade, a posse em nome próprio não pode considerar-se atida a este direito. Todo o possuidor tem posse em nome próprio relativamente ao direito por si exteriorizado através do *corpus* possessório.

Seja como for, dizer-se que a posse representa um controlo material de uma coisa nos termos de um direito não diz ainda tudo sobre ela. Fica por

---

[2906] Sobre tudo isto, cf. *infra* no texto
[2907] Das Recht des Besitzes, cit.
[2908] A posição conhecida deste autor, que concebe a posse como uma "posição de propriedade" e o estado de facto deste direito. Cf. *supra* no texto, na Parte Primeira, e directamente em JHERING, Ueber den Grund des Besitzschutzes, cit., pág. 45 e segs. e 179 e segs.
[2909] Sobre o ponto, que caracteriza o entendimento português da matéria do concurso de posses, cf. BARBERO, Sistema Del Diritto Privato Italiano, Volume Primo, Torino, 1965, pág. 293 e seg. e nota 1.

desvendar que coisas podem ser objecto da posse e também se esta pode recair sobre uma parte de coisa ou mesmo sobre direitos, na linha da *possessio iuris* ou *iuris quasi possessio* romana.

37. Subjectivismo possessório. O problema do *animus*

I. Nas palavras de Paulo[2910]:

"*Et apiscimur possessionem corpore et animo, neque per se animo aut per se corpore*".

A posse adquire-se *corpore et animo* nem com um nem com outro desses elementos isoladamente.

O subjectivismo possessório nas fontes romanas encontra-se ligado ao momento da aquisição da posse[2911]. E do mesmo modo a conjugação cumulativa desses elementos. Uma vez adquirida a posse, porém, os textos romanos revelam vários casos em que a posse subsiste apenas com o elemento intencional: *solo animo*[2912].

Na sua teoria da posse, Savigny[2913] começa por colocar o *animus* na função que lhe surge reservada nas fontes romanas do fim do período clássico e do período justinianeu, sintetizando o que praticamente todos os autores antes dele, durante séculos, sustentaram na interpretação do Direito romano: o *animus* occore no acto de aquisição da posse.

Savigny[2914] vai, no entanto, muito mais longe do que as fontes romanas e a doutrina romanista dos séculos precedentes, erigindo o *animus* como elemento de conservação ou continuidade da posse, sem a qual esta se perde; portanto, como condição de subsistência da posse.

O *animus* desempenha, assim, na leitura de Savigny do Direito romano da posse:

– Em primeiro lugar, uma condição de aquisição da posse, a par da detenção da coisa, que constitui verdadeiramente a base da posse[2915];
– Em segundo lugar, uma condição da continuidade (conservação) da posse, sem a qual ela se perde ou extingue[2916].

[2910] D. 41, 2, 3, 1.
[2911] Cf. o que se disse *supra* na Parte Primeira.
[2912] Cf. o que se disse *supra* na Parte Primeira.
[2913] Das Rechts des Besitzes, cit., § 20.
[2914] Na 1ª edição do seu Das Rechts des Besitzes, cit., a páginas 298 e segs.
[2915] Das Rechts des Besitzes, cit., § 14.
[2916] Savigny, Das Rechts des Besitzes, cit., pág. 298 e segs.

A discussão das teorias possessórias e o surgimento de um verdadeiro subjectivismo possessório a partir do século XIX elevou o *animus* a elemento estruturante da posse – juntamente com o *corpus* possessório – reservando-lhe uma função multifacetada que já não se confina somente ao momento aquisitivo dela, estendendo-o à decisão sobre a sua continuidade (conservação da posse), extinção e, sobretudo, erguendo-o em critério absoluto e único de distinção entre situações de posse e de mera detenção.

Estes desenvolvimentos do subjectivismo possessório provieram em larga medida da pura discussão teórica, sobretudo, nas doutrinas italiana e portuguesa, discussão essa, desprendida e desapegada dos dados do Direito positivo, muitas vezes, inteiramente desconsiderados. Apenas na Alemanha o *animus* ficou contido na sua dimensão histórica original, a da aquisição da posse, e, ainda assim, não para todos os autores[2917].

II. A doutrina portuguesa anterior ao actual código civil foi sempre esmagadoramente subjectivista[2918], apegada aos ecos dominantes que chegavam do estrangeiro. Com a entrada em vigor do código civil de 1966 a situação não se alterou dramaticamente, pelo menos, nos primeiros anos de vigência da nova lei. As últimas décadas revelam, todavia, um crescendo do objectismo na literatura jurídica especializada.

O subjectivismo possessório teve sempre a sua casa particular na Faculdade de Direito de Coimbra. Logo após a entrada em vigor do novo código civil HENRIQUE MESQUITA[2919] afirma que "a nossa lei acolheu a concepção subjectivista, como claramente resulta dos arts. 1251º e 1253º", expressando a sua adesão a ela. Partilhando a mesma concepção, ORLANDO DE CARVALHO[2920], MOTA PINTO[2921] e SANTOS JUSTO[2922].

Na Faculdade de Direito de Lisboa, OLIVEIRA ASCENSÃO[2923], na primeira edição do seu manual de Direitos Reais, LIMA ARAÚJO/FERNANDO

[2917] VIEWEG/WERNER, Sachenrecht, cit., pág. 20, WILHELM, Sachenrecht, 5. Auflage, Berlin, 2016, pág. 232 e seg. Exprimindo grandes reticências quanto à necessidade do *animus*, WESTERMANN, BGB-Sachenrecht, 12. Auflage, Heidelberg, 2012, pág. 14 e seg., LORENZ, ERMAN BGB, cit., pág. 3748, MÜHL, SOERGEL BGB, cit., pág. 38 e seg. Para uma apreciação mais detida, cf., porém, BÖMER, Besitzmittlungswille und mittelbarer Besitz, Tübingen, cit., pág. 19 e segs., PETERSEN, "Grundfragen zum Recht des Besitzes", JURA Juristische Ausbildung, 2002, 3, pág. 161 e seg.

[2918] Com excepções que fomos notando, como, por exemplo, JOSÉ TAVARES. Cf. *supra* no número 37.

[2919] Direitos Reais, Coimbra, 1967, pág. 68.

[2920] Direito Das Coisas, Coimbra, 2012, pág. 268 e segs.

[2921] Direitos Reais, Coimbra, 1972, pág. 189.

[2922] Direitos Reais, 5ª edição, Coimbra, 2017, pág. 159 e segs.

[2923] Direito Civil – Reais, 1ª ed., Coimbra, 1971, pág. 249. O autor inverteria a sua posição, aderindo à teoria objectivista, nas edições seguintes desta obra, até hoje.

Seara[2924], Eduardo Dos Santos[2925] Paula Costa e Silva[2926] e Rui Pinto[2927] manifestaram igualmente a adesão à teoria subjectivista da posse, o mesmo sucedendo com Rui Pinto Duarte[2928], na Faculdade de Direito da Universidade Nova de Lisboa e Sousa Antunes[2929], na Escola de Direito de Lisboa da Universidade Católica. Outros nomes de autores subjectivistas são os de Durval Ferreira[2930], Penha Gonçalves[2931], José Alberto González[2932].

De todas as obras em que se perfilha a teoria subjectivista, o Código Civil Anotado de Pires de Lima/Antunes Varela[2933] assumiu um protagonismo à parte, sobretudo, ao nível da jurisprudência dos tribunais superiores, onde serviu de apoio a um número considerável de decisões assentes na teoria subjectivista da posse, ajudando a fundar correntes jurisprudenciais que se mantêm praticamente inalteradas até ao presente.

Pires de Lima/Antunes Varela[2934] fundam o subjectivismo nas várias alíneas do art. 1253º do código civil, sem nunca, no entanto, aprofundarem ou desenvolverem por via interpretativa o significado de qualquer delas, para além de uma vaga e nunca demonstrada afirmação de que subjacente a cada uma das alíneas do preceito estaria a ausência de *animus*.

O *animus*, sem o qual para os autores não há posse, vem definido como "a intenção de exercer, como seu titular, um direito real sobre a coisa e não um poder de facto sobre ela"[2935] e caracterizado depois como *animus possidendi*[2936].

A falta de *animus possidendi* explica, segundo Pires de Lima/Antunes Varela[2937], que o locatário, o parceiro pensador, o comodatário e o depositário, sejam meros detentores, apesar de a lei lhes atribuir a tutela pos-

---

[2924] Direitos Reais, Lisboa, 1980, páginas 171 e 186.
[2925] Curso De Direitos Reais, Volume I, Introdução. Direitos Reais De Gozo, Lisboa, 1983, pág. 303 e segs.
[2926] Posse Ou Posses?, Coimbra, 2004, pág. 23 e segs.
[2927] Direitos Reais De Moçambique, Coimbra, 2006, pág. 501 e segs.
[2928] Curso De Direitos Reais, 3ª edição, Lisboa, pág. 326 e segs.
[2929] Direitos Reais, Lisboa, 2017, pág. 299, falando, porém, numa "concepção subjectiva mitigada".
[2930] Posse e Usucapião, 3ª edição, Coimbra, 2008, pág. 141 e segs.
[2931] Curso De Direitos Reais, 2. Edição, Lisboa, pág. 243 e segs.
[2932] Direitos reais e direito registal imobiliário, 4ª Edição, Lisboa, 2009, pág. 512 (se bem interpretamos o pensamento do autor).
[2933] Volume III, 2ª ed. (Reimpressão), Coimbra, 1987.
[2934] Código Civil Anotado, cit., pág. 5.
[2935] Pires de Lima/Antunes Varela, Código Civil Anotado, cit., pág. 5.
[2936] Pires de Lima/Antunes Varela, Código Civil Anotado, cit., pág. 6.
[2937] Pires de Lima/Antunes Varela, Código Civil Anotado, cit., pág. 5 e seg.

sessória. E aqui reside a fonte do uso que os tribunais portugueses fazem do *animus* como critério de distinção entre situações de posse e de mera detenção.

III. A jurisprudência portuguesa tributária fiel do magistério de Pires de Lima/Antunes Varela permanece acantonada a um subjectivismo radical e extremado[2938]. Exceptuando um curto período no princípio da década de noventa na jurisprudência da Relação de Lisboa, o cenário decisório dos tribunais superiores do país implica o *animus* para todas as dificuldades do regime jurídico possessório, à míngua de trabalho interpretativo sobre ele, e apresenta-se, variadíssimas vezes, em aberta contradição com o mesmo.

Meramente a título exemplificativo, mas com uma doutrina reiterada à exaustão em múltiplos arestos semelhantes, decidiu ao Supremo Tribunal de Justiça em acórdão de 12.03.2015[2939]:

"O contrato promessa de compra e venda, embora acompanhado de tradição da coisa prometida vender, mas sem que se mostre integralmente pago o preço devido pela transacção, não é, em regra, susceptível de transmitir a posse ao promitente comprador que, normalmente, não se verificando circunstâncias excepcionais, adquire o *corpus* possessório, mas não o *animus possidendi*, ficando numa situação de mero detentor".

No presente enquadramento, sublinha-se a menção aos dois elementos tradicionais da doutrina possessória subjectivista, nomeadamente, o *animus possidendi*, usado no caso para afastar a posse do promitente-comprador beneficiário de tradição da coisa.

Numa outra decisão, de 23.06.2016[2940], o mesmo Supremo Tribunal de Justiça reafirma:

"De acordo com o entendimento commumente aceite, a posse é constituída por dois elementos: o *corpus* (que corresponde ao poder de facto sobre a coisa) e o *animus* (que corresponde à intenção de agir como titular do direito real em causa) – art. 1287º e ss. do CC".

IV. Todo o subjectivismo possessório enfrenta, porém, dificuldades insuperáveis[2941]: logo para começar, aquelas que se referem ao conhecimento

---

[2938] Pelo elevado número de arestos e a constante repetição do seu sentido decisório, opta-se apenas por ilustrar a jurisprudência portuguesa com as decisões citadas no texto.
[2939] Proc. nº 3566/06.8TBVFX.L1.S2, em www.dgsi.pt.
[2940] Proc. nº 4753/07.7TBALM.L2.S1, em www.dgsi.pt.
[2941] Na doutrina portuguesa, cf. as observações de Menezes Cordeiro, A Posse – Perspectivas Dogmáticas Actuais, cit., pág. 52 e segs.

da vontade ou intenção do possuidor. O *animus* concreto, enquanto momento interior da pessoa, é imperscrutável, não podendo ser conhecido ou comprovado por ninguém. Os mistérios insondáveis da mente humana só ao próprio são acessíveis.

A teoria da causa[2942] tenta superar esta impossibilidade de conhecer a vontade do possuidor dentro do quadro da doutrina subjectivista, vislumbrando no título aquisitivo do direito a sua intenção Esta apura-se, assim, a partir do título existente e não de uma especulação sobre o querer do possuidor. Trata-se, por isso, como já Jhering pôs em evidência, de uma construção que recorre a um elemento objectivo, o título[2943], para afirmar a vontade de alguém, o que desmente e infirma a lógica interna da mesma (o subjectivismo).

Por outro lado, a teoria da causa falha sempre em revelar o *animus* quando não existe um título de aquisição do direito. O que sucede variadas vezes em situações de posse. Aquele que meramente se apossa da coisa (art. 1263º, alínea a) do código civil) sem ter praticado um acto aquisitivo do direito (por exemplo, o furto ou o roubo) ou o que procede à inversão do título da posse por oposição ao possuidor (art. 1265º do código civil) não tem título de aquisição do direito. Como apurar o *animus* nesse caso?

O trecho seguinte da crítica ao subjectivismo encontra-se naquelas situações em que não se pode falar de *animus*, por o possuidor não revelar qualquer intenção. Uma criança muito pequena ou uma pessoa afectada por anomalia psíquica ou qualquer outra doença que impeça a formação de vontade própria pode ter a posse de uma coisa. O art. 1266º do código civil não desmente isto, apenas o confirma relativamente às coisas móveis sem dono ("susceptíveis de ocupação"). Nestes casos, as pessoas não podem formar uma vontade esclarecida, um *animus* de posse, mas ainda assim esta posse existe, sem o *animus*, contando naturalmente que os pressupostos legais da posse estejam presentes.

No que respeita às outras coisas – para além, pois, das susceptíveis de ocupação referidas no art. 1266º do código civil – as pessoas sem o uso da razão podem igualmente ter posse. A isso não se opõe aquele preceito. No seu significado ínsito, o art. 1266º não proíbe ou afasta a posse de pessoas privadas do uso da razão, determinando apenas que a aquisição

---

[2942] Na doutrina portuguesa, cf. Manuel Rodrigues, A Posse, cit., pág. 77, Dias Marques, Prescrição Aquisitiva, cit., pág. 30 e segs.
[2943] O facto aquisitivo do direito (o negócio jurídico ou outro).

respectiva deva ser realizada por meio de pessoa com capacidade, ou seja, um intermediário no sentido do art. 1252º, nº 1 do código civil. Adquirida a posse por meio deste intermediário, ela mantém-se naquele que não tem o uso da razão, quer dizer, sem *animus*.

A exigência do *animus* torna impossível uma posse sem o conhecimento da coisa possuída. Não se pode ter uma intenção para algo que se ignora. Todavia, o regime jurídico português, consagrando a solução oposta ao Direito romano[2944], prevê a transmissão *mortis causa* da posse a favor dos sucessores do *de cuius* (art. 1255º do código civil). Se o sucessor do possuidor, após a aceitação da herança, desconhece as coisas que fazem parte dela, ou algumas dessas coisas, não deixa de ser legalmente considerado possuidor. Uma vez mais, o *animus* não conta para aferir da existência da posse e o sucessor vem considerado possuidor ainda que não tenha qualquer intenção de possuir a coisa.

Quando se atém o *animus* à aquisição da posse – a ideia original de PAULO e dos juristas romanos do final da época clássica[2945] – a sua função fica circunscrita a esse momento e esgota-se nele, não contando para aferir a posse em momento posterior. Todavia, ao erguer-se o *animus* em elemento da posse e parte da sua estrutura em conjunto com o *corpus* possessório, como faz a doutrina (subjectivista) e a jurisprudência dominantes em Portugal, ele tem de estar sempre presente para que a posse subsista. O que origina problemas delicados e difíceis de resolver. Tomem-se dois exemplos.

Em Lisboa, há anos atrás, alguns proprietários e possuidores de automóveis, quando se desinteressavam dos mesmos, deixavam-nos na via pública, normalmente junto das suas residências, ocupando espaço útil de estacionamento, além de outros inconvenientes. Simultaneamente, mantinham as chaves dos veículos e a possibilidade de actuar sobre eles. Noutro exemplo, possuidores de matas e de terrenos florestais pelo país fora não cuidam dos seus prédios, não querendo saber deles para nada, podendo embora a todo o tempo retomar a sua actuação sobre a coisa.

Nestes exemplos, falta a intenção de possuir, mantendo-se, no entanto, o *corpus* possessório, sendo esta, aliás, a razão pela qual não se pode falar em abandono, que extinguiria a posse. No rigor do pensamento subjectivista, que toma a intenção como elemento da posse, em ambos os casos exem-

---

[2944] Cf. o que se disse na Parte Primeira sobre o Direito romano da posse.
[2945] Cf. o que se disse na Parte Primeira sobre o Direito romano da posse.

plificados a posse estaria perdida, por falta de *animus*, em patente contradição com a consciência social e com o Direito positivo português.

Por último, e paradoxalmente, a posse pode ser negada mesma havendo simultaneamente *corpus* e *animus*. Os actos de mera tolerância[2946] (at. 1253º, alínea b) do código civil) constituem um bom exemplo disso mesmo. Suponha-se que o possuidor de lugar de estacionamento permite a um amigo estacionar livremente no mesmo enquanto não compra um carro novo ou que o possuidor de um prédio rústico autoriza o vizinho do prédio contíguo a aí dar de beber e pernoitar com rebanho durante o verão, para evitar a deslocação constante dos animais entre os prédios.

A doutrina dominante sobre o novo código civil é a de que os actos de mera tolerância não conferem posse, por ausência de *animus*[2947]. Esta doutrina parte da premissa lógica de que aquele que actua sobre a coisa por tolerância do possuidor não tem intenção de possuir. Mas os desígnios da vontade humana não se acantonam em certezas pré-formatadas. O que recebe a coisa para a utilizar sem ter um direito a fazê-lo pode gerar no seu espírito uma intenção própria de possuir, mesmo sem praticar qualquer acto de inversão do título da posse. Quem pode assegurar que isso não sucede nos meandros da mente humana?

O art. 1253º alínea b) do código civil dispõe, em todo o caso, que seja qual for a intenção do que actua sobre a coisa por tolerância do possuidor, e independentemente dela, existe sempre detenção. O *animus* não tem aqui qualquer relevância, sendo indiferente tanto para a atribuição da posse como para a sua desqualificação em mera detenção.

Atentando a que pode haver na actuação do agente uma conjugação simultânea do *corpus* possessório e do *animus* e ainda assim a posse ser rejeitada, compreende-se imediatamente a irrelevância geral do mesmo como elemento da posse. Não se vê como se possa chegar a outra conclusão.

Tudo isto, e o mais que se dirá de seguida, já deveria ter suscitado uma revisão teórica a favor de uma teoria objectivista. A persistência de uma tradição com séculos, desde o Direito romano, contendo múltiplas referências ao *animus*, bem como a acomodação ao uso de um cripto-argumento, que não envolve ulterior justificação ou desenvolvimento argumentativo, funciona a favor da inércia dogmática e facilita muito a tarefa do julgador em controvérisas judiciais. O *animus* substitui a interpretação do sistema

---

[2946] Faz-se mais abaixo o tratamento desenvolvido destes actos.
[2947] Pires de Lima/Antunes Varela, Código Civil Anotado, cit., pág. 5.

normativo e toma o lugar dela na resolução de casos concretos, em particular, quando está em causa a qualificação de uma situação como posse ou detenção, facultando de modo automático um critério de decisão simples, o que explica em larga parte o recurso jurisprudencial a ele.

O primeiro, e principal, obstáculo à teoria subjectivista da posse, a impossibilidade humana de conhecer o *animus* de alguém enquanto vontade interior, recomenda a refutação e o abandono do subjectivismo. Na ausência de conhecimento concreto da intenção do possuidor o *animus* torna-se uma ficção, ficando dependente de juízos mais ou menos arbitrários sobre a sua existência e conformação. O que não se desvenda no campo da realidade objectiva, não pode servir para estruturar e regular um instituto jurídico.

Por outro lado, a teoria possessória não pode mais ser construída à semelhança dos juristas do Direito comum defronte das várias leituras do *corpus iuris civilis*. O Direito romano não integra mais o sistema de fontes da ordem jurídica portuguesa e o código civil regula normativamente a posse.

Qualquer concepção subjectivista tem, pois, de passar pelo crivo da interpretação jurídica da lei, ser ajustada a ela, e não proceder nos termos de uma concepção abstracta de posse, uma elaboração universalmente válida e intemporal, como se não houvesse um regime jurídico vigente a atender. O intérprete está vinculado à lei e ao Direito.

Os problemas de atribuição ou não de posse – nomeadamente, a qualificação de uma situação de controlo material da coisa como posse ou mera detenção – assim como da sua conservação e extinção devem ser resolvidos sempre de acordo com os critérios de decisão normativos insertos no sistema do código civil e não debaixo de uma qualquer construção teórica do *animus* sem qualquer acolhimento normativo.

A análise preliminar que se realizou neste ponto permite já suspeitar sumariamente da falência do subjectivismo perante o quadro normativo traçado pelo código civil de 1966. Há, no entanto, ainda outros aspectos a considerar.

V. Ao longo da história as múltiplas e sucessivas menções ao *animus* não foram nunca acompanhadas de uma visão uniforme e incontroversa do mesmo. Pelo contrário, para além das várias expressões que designam o elemento intencional nas fontes romanas[2948], que se foram perdendo no decurso do tempo, nos últimos dois séculos os autores falam preferencial-

---

[2948] Sobre isto cf. *supra* na Parte Primeira atinente ao Direito romano.

mente em *animus, animus possidendi, animus domini* e *animus sibi habendi*, com conotações diversas.

A doutrina subjectivista portuguesa que escreve à luz do novo código civil recorre maioritariamente à expressão mais simples, o *animus*, para designar a intenção do possuidor. Algumas vezes, porém, os autores portugueses falam também em *animus possidendi*[2949]. E assim sucede igualmente na jurisprudência[2950]. Nenhum trabalho se faz, porém, para justificar a escolha ou para preencher o significado do conceito.

Sem outro qualificativo a palavra *animus* pode ser usada tanto para indicar uma intenção geral, nomeadamente, de apreensão da coisa no momento da aquisição da posse, como uma intenção de possuir a coisa, uma intenção de aquisição ou de exteriorização de um direito sobre ela ou ainda para decidir se uma situação em que ocorre *corpus* possessório corresponde a posse ou a detenção, quer dizer, para delimitar os direitos nos termos dos quais a posse pode existir.

Independentemente da questão sobre a sua consagração ou não pela lei portuguesa, a ausência de um sentido preciso da palavra *animus* torna este elemento imprestável e fonte de frequentes equívocos. O *animus* pode faltar e a lei reconhecer a posse de alguém, assim como pode existir e a posse ser negada, conforme se chamou a atenção no ponto anterior.

Por outro lado, o recurso ao *animus* como critério de decisão sobre a posse ou detenção implica uma previsão normativa do mesmo, que não existe no regime do código civil português.

Finalmente, o *animus* não pode servir para fundamentar uma solução contrária a uma norma jurídica, ou seja, contrária ao Direito: quando a lei outorga tutela possessória àquele que exterioriza um direito, a posse não pode ser negada com o argumento do *animus* (falta dele). Uma construção teórica da posse não pode sobrepor-se ao regime jurídico instituído pelo legislador.

A expressão *animus possidendi* não tem mais valor, sendo igualmente imprestável. Uma intenção genérica de posse tem os mesmos defeitos da

---

[2949] Por exemplo, ORLANDO DE CARVALHO, Direito Das Coisas, cit., pág. 266, SANTOS JUSTO, Direitos Reais, cit., pág. 169, HENRIQUE MESQUITA, Direitos Reais, cit., pág. 68.

[2950] Por exemplo, lê-se no Ac. STJ de 23.06.2016, Proc. nº 581/07.8TBTVR.E1.S1, em www.dgsi.pt: "a posse é a exteriorização de um direito real que se define por dois elementos: o *corpus* (elemento material) e o *animus* (intenção de exercer um determinado direito real como se fora seu titular); já a detenção engloba as situações em que, embora haja exercício do poder de facto sobre uma coisa, não existe o *animus possidendi* (arts. 1251º e 1253º do CC)".

expressão *animus* isoladamente tomada, mas acrescenta um outro quando não é correctamente aplicada: o de negar a posse em situações em que a intenção possessória vem afirmada. O credor pignoratício, o arrendatário, o comodatário, etc., todos eles, revelam uma intenção possessória, ou não tivessem a coisa consigo nos termos de um direito. No entanto, a doutrina subjectivista portuguesa e a jurisprudência que segue no seu encalço, apesar de erguerem o *animus* como elemento estruturante da posse e de afirmarem a necessidade de *animus possidendi* para a posse, negam a mesma em situações em que ele se manifesta de modo evidente.

O *animus domini* tem a inequívoca vantagem de fixar um sentido ao elemento intencional, mas a tremenda desvantagem de não corresponder ao regime jurídico da posse. Apesar dos esforços de SAVIGNY[2951], de conter o *animus* na referência à propriedade, a sua doutrina, para além de historicamente inexacta[2952], colide directamente com o regime jurídico. No Direito português, o art. 1251º do código civil estende a posse aos direitos reais, pelo menos, e de forma incontroversa, aos demais direitos reais de gozo.

A expressão *animus sibi habendi* compreende-se melhor no confronto com a doutrina do *animus domini*, traduzindo a ideia de um âmbito maior da posse, para além, pois, do direito de propriedade. Em alguns períodos do debate doutrinário, em particular durante o século XVIII, a expressão *animus sibi habendi* surge empregue para designar a possibilidade de posse fora do campo dos direitos reais, numa linha de proximidade com a doutrina possessória do Direito Canónico[2953]. No entanto, não faltam menções a ela como significando posse nos termos da propriedade, inclusive na doutrina portuguesa[2954], o que turva a clareza do conceito.

Nenhuma concepção de *animus* foi adoptada pelo Direito português. De forma semelhante aos seus congéneres europeus[2955], que fazem tábua raza do *animus* nos seus preceituados, o código civil não contém nenhuma menção à intenção ou vontade do possuidor. O art. 1251º, que define a posse, omitiu-o por completo, na linha, aliás, da tradição vinda do código civil de

---

[2951] Cf. *supra* no texto, na Parte Primeira.
[2952] Cf. o que se disse a propósito do Direito romano da posse sobre a posse do credor pignoratício, do *sequester*, do precarista, do enfiteuta e do superficiário.
[2953] Sobre isto, cf. o que se disse na Parte Primeira.
[2954] Cf. o que se disse na Parte Primeira no ponto relativo à dogmática portuguesa anterior ao código civil de SEABRA.
[2955] O código civil italiano de 1865 constituiu uma excepção a isto, preceituando no art. 686º a necessidade do *animus sibi habendi* ("com a intenção de ter a coisa como própria").

SEABRA[2956]. E os preceitos seguintes, incluindo o art. 1253º não lhe fazem igualmente qualquer referência, apesar do contrário ser muitas vezes afirmado, contra a evidência do regime jurídico.

O *animus* permanece, assim, como parte de uma mera concepção teórica da posse e dos seus elementos. Porquanto estranho ao regime jurídico português, de matriz puramente objectivista, todo o subjectivismo deve ser abandonado, promovendo-se uma construção da posse elaborada a partir dos dados do sistema normativo.

VI. A doutrina portuguesa subjectivista filia no art. 1253º do código civil o fundamento normativo para a defesa do *animus* como elemento da posse. A este propósito, as posições mais influentes são as de PIRES DE LIMA/ /ANTUNES VARELA[2957] e de HENRIQUE MESQUITA[2958]. Escrevem os primeiros: "ao elemento subjectivo – o *animus* – não se refere ostensivamente o art. 1251º, mas ele deriva de outras disposições do Código, especialmente os preceitos do artigo 1253º. (...) Verifica-se por estas sucessivas exclusões, que o nosso legislador não aceitou a concepção objectivista da posse, consagrada em alguns códigos estrangeiros (...)".

O amparo mais forte ao subjectivismo possessório no Direito português encontra-se no art. 1253º, alínea a) do código civil. Segundo o preceito, consideram-se detentores ou possuidores precários:

"Os que exercem o poder de facto sem intenção de agir como beneficiários do direito".

Dos três preceitos que qualificam casos de detenção a alínea a) do art. 1253º contém a única referência à intenção, o que vem assinalado pelos partidários do subjectivismo como a confirmação da adesão da lei portuguesa aos fundamentos da teoria subjectista da posse[2959].

No Código Civil Anotado, PIRES DE LIMA ANTUNES VARELA[2960] defendem que a alínea a) do art. 1253º contempla duas categorias de actos. A primeira das quais seria relativa aos "casos de posse em nome alheio", dando-se como exemplo os trabalhadores do proprietário ou do usufrutuário[2961].

Se fosse, assim, porém, haveria uma duplicação inútil na lei portuguesa, porquanto a disposição residual de sentido mais amplo, a alínea c) do art.

[2956] Cf. o que ficou dito na Parte Primeira.
[2957] Código Civil Anotado, cit., pág. 5.
[2958] Direitos Reais, cit., pág. 68 e segs.
[2959] Neste sentido, cf. PAULA COSTA E SILVA, Posse Ou Posses?, pág. 23 e segs.
[2960] Ob. cit., pág. 9 e seg.
[2961] Código Civil Anotado, cit., pág. 9.

1253º, inclui já todas as situações de posse em nome de outrem e faz expressa menção a elas. Não haveria qualquer razão para aditar uma outra previsão com o mesmo âmbito de aplicação. No rigor das coisas, todas as situações de detenção consubstanciam casos de posse em nome alheio, pelo que não se perceberia a autonomização do preceito. Afasta-se, assim, liminarmente que a alínea a) se refira genericamente à posse em nome alheio.

O segundo grupo de casos seria, segundo PIRES DE LIMA ANTUNES VARELA[2962], o dos actos facultativos. A alusão a estes, contudo, prevista no anterior código civil português, foi suprimida intencionalmente do anteprojecto de LUÍS PINTO COELHO, que contemplava a categoria dos actos facultativos e de mera tolerância, para deixar apenas uma previsão atinente a estes últimos, na alínea b), conforme resulta do art. 1144 do *codice civile* italiano, a fonte de inspiração do legislador de 1966. Os actos facultativos não integram o regime da posse ou da detenção no Direito português[2963].

De resto, e seja qual for o significado dado à categoria controvertida dos actos facultativos, ele nada tem a ver com a hipótese contemplada no art. 1253º, alínea a) do código civil[2964], que supõe um *corpus* possessório, o que nunca sucede com os actos facultativos, que se ligam apenas ao não exercício do direito real pelo titular. Voltar-se-á ao tema no ponto seguinte.

OLIVEIRA ASCENSÃO[2965] avançou com uma proposta interpretativa para o art. 1253º alínea a) que pretende conciliar a aparente referência ao *animus* própria do subjectivismo com uma teoria objectivista da posse. Segundo este professor, a intenção referida nessa alínea tem o sentido da declaração do agente sobre a própria posse[2966]. O exemplo dado é o do vizinho que toma conta dos bens do emigrante e esclarece publicamente que os restituirá quando o proprietário voltar[2967]. A lei atenderia à declaração como elemento objectivo para fixar as consequências jurídicas, no caso, a mera detenção.

Além do sentido interpretativo da alínea a) do art. 1253º do código civil ser outro, como se verá de seguida, a posição de OLIVEIRA ASCENSÃO tem

---

[2962] Código Civil Anotado, cit., pág. 9 e seg.
[2963] Sem prejuízo dos desenvolvimentos que adiante se farão no texto, no ponto seguinte deste número, cf. MENEZES CORDEIRO, A Posse – Perspectivas Dogmáticas Actuais, cit., pág. 58 e segs.
[2964] No mesmo sentido, MENEZES CORDEIRO, A Posse – Perspectivas Dogmáticas Actuais, cit., pág. 62.
[2965] Direito Civil – Reais, cit., pág. 88.
[2966] OLIVEIRA ASCENSÃO, Direito Civil – Reais, cit., pág. 88.
[2967] OLIVEIRA ASCENSÃO, Direito Civil – Reais, cit., pág. 88.

o manifesto inconveniente de dar ao próprio agente a qualificação da sua situação, permitindo-lhe oscilar da posse para a detenção segundo o comportamento declarativo querido[2968]. Nesta medida, a esta posição pode mover-se a mesma crítica do subjectivismo em geral: a posse, dados os efeitos jurídicos que lhes estão associados, não pode estar dependente da vontade do possuidor.

PAULA COSTA E SILVA[2969] liga o sentido da alínea a) do art. 1253º do código civil a um comportamento concludente do agente possuidor, salientando que a acção deste ostenta a intenção subjacente à finalidade da actuação sobre a coisa, num quadro harmonizado com o subjectivismo possessório.

MENEZES LEITÃO[2970] recusando as interpretações propostas para o art. 1253º, alínea a) do código civil, propõe o seguinte sentido: "ele corresponde a situações em que há exercício de poderes de facto sobre a coisa, mas os mesmos correspondem ao conteúdo de um direito ao qual a lei não reconhece a tutela possessória". Dá o exemplo do contrato de hospedagem e do direito real de habitação periódica[2971].

Na parte de sentido que corresponde à rejeição da interpretação corrente da alínea a) do art. 1253º, concorda-se com MENEZES LEITÃO. Na parte restante, e essencial, da leitura deste autor, não se acompanha o mesmo, pelas razões que se aduzirão em baixo. A elas acresce, que o art. 1253º alude somente aos casos em que a actuação de alguém sobre uma coisa é susceptível de gerar uma posse, portanto, relativamente a direitos nos termos dos quais a posse pode existir. Só quanto a esses faz sentido descaracterizar a posse para mera detenção. Os outros estão já excluídos pelo art. 1251º do código civil.

MENEZES CORDEIRO[2972], depois de examinar as várias explicações propostas pela doutrina portuguesa e de rever a sua anterior posição[2973], que reconduzia a alínea a) do art. 1253º à categoria dos actos facultativos[2974], acaba por renunciar a uma explicação fora do enquadramento subjectivista

---

[2968] Para esta crítica veja-se MENEZES CORDEIRO, A Posse – Perspectivas Dogmáticas Actuais, cit., pág. 62, que fala num princípio geral de irrelevância da *protestatio facta contraria*.
[2969] Posse Ou Posses?, cit., pág.
[2970] Direitos Reais, cit., pág. 111.
[2971] MENEZES LEITÃO, Direitos Reais, cit., pág. 111.
[2972] MENEZES CORDEIRO, A Posse – Perspectivas Dogmáticas Actuais, cit., pág. 61 e segs.
[2973] MENEZES CORDEIRO, Direitos Reais, Lisboa, 1979, pág. 398 e segs.
[2974] Rejeitando igualmente essa aproximação dos actos facultativos à alínea a) do art. 1253º do código civil, MENEZES LEITÃO, Direitos Reais, cit., pág. 108 e segs.

do *animus*, o que o leva inclusivamente a defender uma natureza mista para o sistema português, ao mesmo tempo subjectivista e objectivista[2975].

O que pensar?

O apuramento do sentido vinculante da alínea a) do art. 1253º do código civil não se faz senão no enquadramento histórico-doutrinário que lhe deu origem. E esta origem não reside em nenhuma influência próxima a qualquer disposição de lei estrangeira, mas na leitura subjectivista das fontes romanas propugnada inicialmente por SAVIGNY.

Com efeito, num passo muito controverso defronte do Direito romano, SAVIGNY[2976] vem dizer que a conservação da posse, tal como a sua aquisição, supõe a vontade do possuidor, o *animus*. Quer dizer, para a posse continuar, o possuidor deve manter a todo o tempo a reprodução da sua vontade original (de adquirir), bem como a "relação física" com a coisa[2977].

Seguindo esta ordem de ideias, SAVIGNY[2978] defende que a posse se perde com o mero *animus*, contando que o possuidor venha a manifestar uma vontade de sinal contrário à vontade inicial de possuir. Trata-se de uma nova vontade que se contrapõe ao *animus possidendi* anterior[2979].

SAVIGNY[2980] admite ser muito difícil e raro acontecer uma declaração expressa do possuidor a esclarecer a perda do *animus*, pelo que esta só pode ser reconhecida através da interpretação de outras acções dele. O autor identifica três acções que permitiriam comprovar a perda ou não da intenção do possuidor de manter a posse:

– A primeira seria o constituto possessório[2981];
– A segunda respeitaria à acção de reivindicação[2982]. A reivindicação mostra-se incompatível com a perda do *animus*, segundo SAVIGNY, dado que quem reivindica mostra vontade de conservar a coisa consigo e, portanto, de se manter possuidor;
– A terceira residiria na mera abstenção do possuidor[2983-2984].

[2975] MENEZES CORDEIRO, A Posse – Perspectivas Dogmáticas Actuais, cit., pág. 61 e segs. e 63 e segs.

[2976] Das Rechts des Besitzes, 1ª edição, cit., pág. 298 e segs. Na 7ª edição (de RUDORFF), pág. 354 e segs. De seguida, cita-se a 7ª edição, se não se fizer outra indicação.

[2977] A detenção da coisa. Cf. SAVIGNY, Das Rechts des Besitzes, cit., pág. 354 e seg.

[2978] Das Rechts des Besitzes, cit., pág. 355.

[2979] SAVIGNY, Das Rechts des Besitzes, cit., pág. 355.

[2980] Das Rechts des Besitzes, cit., pág. 357 e seg.

[2981] SAVIGNY, Das Rechts des Besitzes, cit., pág. 358.

[2982] SAVIGNY, Das Rechts des Besitzes, cit., pág. 358 e segs.

[2983] SAVIGNY, Das Rechts des Besitzes, cit., pág. 359 e segs.

[2984] Das três acções mencionadas por SAVIGNY apenas o constituto possessório tem relevância. O recurso à acção de reivindicação afasta qualquer intenção de perda de posse e a abstenção do

A doutrina de Savigny teve um eco considerável na pandectística alemã, que classifica a perda do *animus* como facto extintivo da posse[2985]. No entanto, a hipótese vem considerada como tendo na base uma declaração de vontade do possuidor, para a qual se requer capacidade de exercício[2986].

Diferentemente da leitura de Oliveira Ascensão para a alínea a) do art. 1253º do código civil português, a declaração que Savigny e posteriormente Windcheid e Dernburg[2987-2988] têm em vista consiste numa declaração negocial de onde se retira a mudança do *animus* do possuidor e não numa qualquer declaração deste sobre a sua posse. O caso paradigmático que Savigny[2989] aponta é o do constituto possessório e nele reside, segundo se pensa, o esclarecimento de sentido do art. 1253º, alínea a) do código civil.

Com o devido respeito pelos meus Mestres, nenhuma das interpretações até hoje avançadas surpreende o sentido ínsito no art. 1253º, alínea a) do código civil português. Nele está em causa unicamente a fixação dos efeitos daquele que tendo celebrado um negócio jurídico de transmissão do direito nos termos do qual possuía a coisa, permanece com ela em seu poder, ou seja, dos efeitos do constituto possessório sobre o até aí possuidor da coisa[2990].

O constituto possessório, uma das formas antigas da *traditio* imaterializada ou *ficta*, representa um facto translativo da posse numa hipótese em que o transmitente do direito real, e possuidor, permanece com a coisa em seu poder, apesar de haver transmitido o direito sobre ela[2991]. Dando exemplos clássicos, o proprietário que vende[2992] a coisa e reserva para si o usufruto (reserva de usufruto), o proprietário que vende a coisa e simultaneamente celebra um contrato de locação, passando a locatário da mesma, o

---

possuidor não constitui facto extintivo da posse. Uma vez adquirida, a posse mantém-se com a mera possibilidade de continuação da actuação sobre a coisa (art. 1257º, nº 1 do código civil).

[2985] Cf., por exemplo, Windscheid, Lehrbuch des Pandektenrechts, cit., pág. 521 e segs., Baron, Pandekten, cit., pág. 230 e seg.

[2986] Windscheid, Lehrbuch des Pandektenrechts, cit., pág. 522.

[2987] Pandekten, cit., pág. 25.

[2988] Veja-se também Baron, Pandekten, cit., pág. 230.

[2989] Das Rechts des Besitzes, cit., pág. 358.

[2990] No quadro de uma leitura subjectivista, veja-se numa perspectiva actual de interpretação do BGB a ligação do constituto possessório ao *animus* que faz Bömer, Besitzmittlungswille und mittelbarer Besitz, cit., pág. 159 e segs.

[2991] Cf. José Alberto Vieira, Direitos Reais, cit., pág. 524 e segs., com outras indicações bibliográficas.

[2992] Ou transmite a propriedade por qualquer outro facto, doação, permuta ou outro.

proprietário que vende a coisa e celebra um comodato a seu favor, o proprietário que vende a coisa e fica seu depositário, etc.

Todas as situações de constituto possessório têm em comum o facto do transmitente do direito real (de gozo), simultaneamente possuidor, manter o controlo material da coisa após a celebração do negócio jurídico translativo do direito real, em virtude de um acordo que lhe confere um direito a actuar sobre ela (cláusula de constituto possessório). O efeito desse acordo consiste na transmissão jurídica da posse para o adquirente do direito real (art. 1264º e art. 1263º, alínea c) do código civil), afastando a necessidade de tradição da coisa.

O que dispõe a alínea a) do art. 1253º para os casos de constituto possessório, é que o transmitente do direito real apesar de ter o *corpus* possessório (o "poder de facto"), mantendo a coisa consigo e podendo actuar sobre ela, deixa de ser possuidor e passa a mero detentor.

O constituto possessório, efeito da denominada cláusula de constituto, resulta da prática pelo possuidor de um negócio jurídico, o negócio de transmissão do direito real (a compra e venda, a doação, a permuta, etc.), envolvendo naturalmente da sua parte a emissão de uma declaração negocial ou declaração de vontade como alguns preferem dizer.

É esse comportamento declarativo, essa declaração jurídico-negocial, que o art. 1253º, alínea a) do código civil tem em vista, e em que assenta, para qualificar a situação como detenção. Aquele que transmitiu o seu direito, por declaração negocial de transmissão, perdeu o mesmo, deixando de o exteriorizar. A lei parte do negócio jurídico translativo com cláusula de constituto possessório para desvalorizar o que até aí era uma posse e que passa para mera detenção.

Nada disto tem a ver com a intenção, apesar da fórmula legal. O *animus* é, como sempre, irrelevante. O negócio de transmissão do direito real com cláusula de constituto possessório transmite igualmente a posse para o adquirente, qualquer que seja a vontade do transmitente e, portanto, mesmo que essa vontade seja contrária ao efeito legal. O vendedor da coisa que se tornou arrendatário, pode muito bem manter a mesma intenção relativamente à sua actuação sobre a coisa, que nem por isso continua possuidor.

Na lógica legal a posse representa a exteriorização de um direito sobre a coisa. Se falta essa exteriorização, ou se deixou de existir, a posse sucumbe e transforma-se em detenção. E é essa a razão da mudança de estatuto do até aí possuidor, não qualquer pretenso *animus*.

A interpretação que agora se apresenta sobre o art. 1253º, alínea a), ligando o seu sentido ao efeito da cláusula de constituto possessório, articula-se bem com a sistemática de todo o preceito. Na verdade, se a distinção entre posse e detenção dependesse do *animus*, mal se compreenderiam as duas alíneas seguintes como casos de detenção: bastava a menção singular ao *animus* no corpo do preceito. Numa doutrina subjectista não existe outro critério para além do *animus* para se aferir se alguém adquire a posse ou se tem antes a mera detenção.

Na economia do art. 1253º, porém, a regra geral da detenção, aquela que aglutina todos os casos não mencionados nas alíneas anteriores, é a alínea c), não a alínea a). O âmbito desta deve ser, por isso, consideravelmente menor e aludir a uma hipótese de menor extensão. O contrário seria contrário à lógica e não pode ser assumido como subjacente à norma legal.

VII. A alínea b) do art. 1253º do código civil dispõe que são havidos como meros detentores "os que simplesmente se aproveitam da tolerância do titular do direito". A fonte próxima do preceito reside, como já se disse, no art. 1144 do *codice civile* italiano.

No Direito anterior, o Artigo 474º, § 1 do código civil de Seabra[2993] preceituava assim:

"Os actos facultativos ou de mera tolerância não constituem posse".

A ideia antecedente mais remota desta regulamentação no Direito português[2994], e anterior ao código civil de Seabra, incide na relação do possuidor com o precarista[2995], quer dizer, na figura romana do *precarium*[2996]. Dizia Liz Teixeira[2997]: "como a posse precaria não é mais do que o effeito da tolerancia do proprietário concedente, ella não dá direito algum ao possuidor".

[2993] Veja-se o Artigo 568º do Projecto de Código Civil, da autoria do Visconde de Seabra.

[2994] A ideia de aproximação dos actos de tolerância ao *precarium* romano não consiste numa originalidade portuguesa, encontrando-se, nomeadamente, na doutrina novecentista francesa, de onde foi transposta para a doutrina portuguesa. Veja-se, por exemplo, Troplong, Commentaire Du Titre XX Du Livre III Du Code Civil: De La Prescrition, cit., pág. 587.

[2995] A evolução do *precario* no Direito português (e europeu, em geral) confere a esta figura um tratamento diverso daquele que tinha no Direito romano, onde o precarista era reconhecido como possuidor em detrimento do *dominus*. Sobre isto, cf. o que se disse na Parte Primeira. Crítico da expressão posse precária, justamente pelo equívoco criado com o regime oposto do Direito romano, Jaime De Gouveia, Direitos Reais, cit., pág. 178 e seg.

[2996] Sobre isto, cf. Manuel Rodrigues, A Posse, cit., pág. 196.

[2997] Curso De Direito Civil Portuguez, cit., pág. 50.

Dois traços ressaltavam desta análise de Liz Teixeira: por um lado, a prática de um acto de tolerância do proprietário a favor de alguém; por outro lado, a ausência de constituição de um direito próprio a favor daquele que beneficia dessa tolerância. Daí a ausência de posse.

Durante a vigência do código civil de Seabra vários autores esclareceriam o seu entendimento destes actos. Dias Ferreira[2998] explicava-os do seguinte modo:

"A proposição de que os actos facultativos ou de mera tolerancia não constituem posse, é consequência da definição de posse, dada pelo código. Deixo colher os fructos nas minhas arvores, deixo apascentar os gados alheios no meu campo, por mais tempo que dure esse goso, posso acabar com elle quando eu quizer, cessando a tollerancia, que os permitia".

Manuel Rodrigues[2999] enquadra os actos facultativos e de mera tolerância na análise ao *animus* como elemento de aquisição da posse; e Pires de Lima[3000] veio a sufragar essa posição. Nessa parte pode dizer-se que Pires de Lima/Antunes Varela e Henrique Mesquita se filiam na mesma corrente de pensamento no domínio do novo código civil.

Na análise à fórmula legal do Artigo 474º, § 1 do código civil de Seabra, Manuel Rodrigues[3001] interpreta a expressão actos facultativos como relativas às situações em que alguém aproveita o não exercício de poderes por parte do titular do direito real. O exemplo dado é a não edificação no prédio vizinho, que propicia o aproveitamento das vistas.

No que concerne aos actos de tolerância[3002], Manuel Rodrigues define-os como "os actos practicados por um indivíduo que não é o titular da coisa ou do direito sobre que incidem, e que, em virtude de motivos de amizade, de parentesco ou de vizinhança, a lei supõe praticados com o consentimento daquele titular e não significam, portanto, a afirmação de um direito próprio"[3003].

[2998] Codigo Civil Portuguez Annotado, Volume II, cit., pág. 11.
[2999] A Posse, cit., pág. 195 e segs.
[3000] Pires de Lima/Antunes Varela, Noções Fundamentais De Direito Civil, cit.
[3001] A Posse, cit., pág. 198.
[3002] A Posse, cit., pág. 200.
[3003] Apesar do posicionamento do tema dos actos de mera tolerância em sede de *animus*, Manuel Rodrigues não afirma nunca que a intenção está ausente, recorrendo antes à ideia de que falta a exteriorização de um direito, considerando esta razão o verdadeiro motivo para a não atribuição de posse ao que se aproveita da tolerância de outrem.

PIRES DE LIMA[3004], que observa ser a distinção entre estes actos "deveras difícil", viria a aderir à posição de MANUEL RODRIGUES, sem, porém, adiantar uma argumentação própria.

CUNHA GONÇALVES[3005] avança as seguintes formulações de actos facultativos e de mera tolerância: "são actos facultativos aqueles que alguém pratica em cousa alheia por mero favor do dono desta, que tem a faculdade de os permitir ou proibir. Dizem-se facultativos, porque o proprietário da cousa não é obrigado a permiti-los, nem quis constituir um direito a favor da pessoa a quem consentiu esses actos. (...) Actos de tolerância são aqueles que uma pessoa não impede por mera benevolência, no intuito de evitar escusados conflitos".

CUNHA GONÇALVES não atende à discussão estrangeira, francesa e italiana, sobre a diferença entre actos facultativos e de mera tolerância e também não caracteriza os mesmos como um problema atinente ao *animus*. No resto, o conteúdo dado aos actos facultativos corresponde ao que tradicionalmente se confere aos actos de mera tolerância, uma confusão frequente que ajudaria à supressão da categoria dos actos facultativos nas revisões ministeriais ao anteprojecto de LUÍS PINTO COELHO para a regulação da posse no novo código civil.

A distinção entre actos facultativos e de mera tolerância foi introduzida legislativamente no *Code Civil* francês, concretamente, no art. 2232. Segundo o preceito, nem os primeiros nem os segundos conferem posse ou prescrição (aquisitiva). Por sua vez, o art. 688º do código civil italiano de 1865 preceitua, de modo semelhante, que os actos meramente facultativos e de mera tolerância não podem ser fundamento à aquisição legítima da posse.

O anteprojecto de LUÍS PINTO COELHO para o regime jurídico da posse mantinha esta dicotomia entre actos facultativos e de mera tolerância:

"Os actos facultativos ou de mera tolerância são irrelevantes para a manifestação da posse".

A versão final do art. 1253º, alínea b) do código civil de 1966 eliminou a dicotomia citada, seguindo-se, ao que parece, a orientação do *codice civile* italiano de 1942[3006], que refere apenas os actos de mera tolerância.

Na verdade, não existe qualquer razão para autonomizar uma categoria de actos facultativos no regime jurídico da posse. Da sua prática não resul-

---

[3004] PIRES DE LIMA/ANTUNES VARELA, Noções Fundamentais De Direito Civil, cit.
[3005] Da Propriedade E Da Posse, cit., pág. 186.
[3006] MENEZES CORDEIRO, A Posse – Perspectivas Dogmáticas Actuais, cit., pág. 60.

ta nem posse nem detenção³⁰⁰⁷. Esclareça-se primeiro, porém, o que sejam actos facultativos. Na formulação que se prefere, constitui acto facultativo o que atribui um benefício a terceiro mediante o não exercício, pelo titular de um direito real, de um poder conteúdo desse direito³⁰⁰⁸.

Exemplos de actos facultativos encontram-se no não aproveitamento de águas pluviais pelo proprietário do prédio, que as deixa correr para o prédio inferior, permitindo que o proprietário³⁰⁰⁹ deste as utilize, e na não construção ou edificação de obra que obste às vistas alcançadas a partir do prédio vizinho, beneficiando o proprietário respectivo³⁰¹⁰.

Aquele que tira vantagem do não exercício de um poder pelo titular do direito real não ganha por esse facto o controlo material da coisa, faltando, assim, o *corpus* possessório, sem o qual não existe posse. Não há, pois, razão nestes casos para considerar, sequer, a mera detenção.

O "acto facultativo", ou dito de outra forma, o não exercício do direito real por parte do titular pode ter na sua génese a cortesia, a amizade, o estímulo da boa vizinhança e, nessa medida, coincidir com os actos de mera tolerância, provavelmente, um dos motivos que levou o legislador português a suprimir a categoria. Basta pensar no proprietário de águas particulares que deixa correr as mesmas para o prédio inferior para evitar que os animais morram de sede ou que falte água para a lavoura.

Seja como for, os actos de mera tolerância não têm a vertente negativa de abstenção presente nos actos facultativos. Ao contrário, eles requerem uma autorização específica de actuação³⁰¹¹ pelo titular do direito real³⁰¹² a favor do terceiro beneficiário, sem constituir embora um direito a favor deste.

Apresentando uma definição:

Constituem actos de mera tolerância aqueles em que o titular do direito real autoriza um terceiro a uma dada actuação sobre a coisa, sem a constituição de qualquer direito (real ou outro) a seu favor.

---

³⁰⁰⁷ No mesmo sentido, cf. MENEZES CORDEIRO, A Posse – Perspectivas Dogmáticas Actuais, cit., pág. 60.
³⁰⁰⁸ Para confrontar outros sentidos do conceito, cf. MENEZES CORDEIRO, A Posse – Perspectivas Dogmáticas Actuais, cit., pág. 59.
³⁰⁰⁹ Ou qualquer outro titular de direito real ou pessoal de gozo.
³⁰¹⁰ Ou qualquer outro titular de direito real ou pessoal de gozo.
³⁰¹¹ Expressa ou tácita. No mesmo sentido, MENEZES CORDEIRO, A Posse – Perspectivas Dogmáticas Actuais, cit., pág. 60, MENEZES LEITÃO, Direitos Reais, cit., pág. 111.
³⁰¹² No rigor das coisas, essa autorização pode ser concedida por um simples possuidor formal, uma vez que a tolerância não implica a constituição de qualquer direito a favor do terceiro e não outorga posse a este, mas mera detenção.

Assim, a título de exemplo, o proprietário de lugar de garagem autoriza o seu vizinho do lado a parquear o carro nesse lugar enquanto não precisar dele; o proprietário do prédio rústico dá permissão ao seu vizinho para dar de beber aos seus animais no riacho aí existente; o proprietário de uma moradia de férias empresta a mesma a um amigo para aí passar as férias com a família.

O acto de mera tolerância apresenta as duas características enunciadas, que já foram postas em relevo na tradição jurídica portuguesa dos séculos XIX e XX[3013]:
– Pressupõe uma autorização a terceiro da parte do titular do direito real;
– Não gera um direito a favor deste terceiro.

Diversamente do acto facultativo, que decorre de uma não actuação da parte do titular do direito real, o acto de mera tolerância propicia a actuação material sobre a coisa possuída e, por isso, um dado controlo dela (*corpus* possessório). A existência de uma norma de exclusão da posse (o próprio art. 1253º, alínea b) do código civil) clarifica a situação, mas não fundamenta por si a solução legal.

Os actos de mera tolerância conferem apenas mera detenção, porquanto não envolvem a exteriorização de um direito sobre a coisa. O beneficiário da tolerância não exerce qualquer direito próprio sobre a coisa. E sem exteriorização de um direito não há posse, apenas detenção.

A explicação para a detenção do terceiro que aproveita a tolerância do titular do direito real não reside, assim, em qualquer pretensa falta de *animus*. Este, aliás, até pode existir, sendo, no entanto, indiferente para efeitos do regime possessório: quem se aproveita da tolerância de outrem não adquire posse, sendo sempre mero detentor[3014].

A hipótese de detenção contida no art. 1253º, alínea b) do código civil tem, assim, a sua justificação fora do quadro teórico da doutrina subjectivista. O *animus* não desempenha aí qualquer função, podendo até existir, sem ter associada a consequência atribuída pelo subjectivismo: a outorga de posse.

No campo de aplicação dos actos de tolerância a ausência de posse explica-se exclusivamente pela circunstância de aquele que está investido no

---

[3013] Na doutrina actual, cf. também MENEZES CORDEIRO, A Posse – Perspectivas Dogmáticas Actuais, cit., pág. 60, MENEZES LEITÃO, Direitos Reais, cit., pág. 111.

[3014] A não ser, evidentemente, que haja inversão do título da posse.

corpus possessório não exteriorizar, assumindo, um direito próprio sobre a coisa. No momento em que o faça, nomeadamente, por inversão do título, a situação transforma-se logo em posse (art. 1265º do código civil). Acontecendo isto, a única coisa que muda e que justifica o reconhecimento da posse está na exteriorização de um direito próprio – independentemente da titularidade do mesmo, que não conta – sobre a coisa, que até aí não ocorria.

VIII. A alínea c) do art. 1253º do código civil preceitua que são havidos como detentores:

"Os representantes ou mandatários do possuidor e, de um modo geral, todos os que possuem em nome de outrem".

Este preceito elucida de modo claro o segundo dos elementos estruturantes da posse: a exteriorização de um direito. Aquele que não afirma um direito sobre a coisa, não actuando sobre ela de modo a evidenciar para os outros a titularidade respectiva, recebe o estatuto de mero detentor, sendo-lhe negada a posse.

Ao invés, a posse é reconhecida ao que exterioriza um direito seu sobre a coisa, ainda que a titularidade do mesmo não exista (por exemplo, por haver adquirido por título inválido) e esta circunstância seja, inclusive, por si conhecida (o caso do ladrão).

A posse integral da coisa tem lugar unicamente nos termos da propriedade. Sendo este um direito exclusivo, não admite a concorrência de um outro direito de igual natureza sobre o mesmo objecto; isso transfere-se para a posse do mesmo exacto modo. Não por acaso, os romanos e os juristas que se lhe seguiram, da glosa ao Direito comum, repetem à exaustão: *plures eandem rem in solidum possidere non possunt*.

Relativamente à propriedade da coisa, todos os outros direitos reais são direitos sobre coisa alheia (*ius in re aliena*), o que faz com que a posse nos termos destes seja igualmente uma posse em nome alheio, uma posse em nome do proprietário[3015]. Assim, o usufrutuário, o usuário, o superficiário e o titular de uma servidão predial, tendo a coisa consigo (*corpus* possessório), são sempre detentores quanto à propriedade, ou, recorrendo à terminologia legal, possuidores em nome alheio, intermediários do proprietário na posse.

Quando se concebe a posse limitando-a à propriedade – uma corrente de pensamento largamente dominante na europa, com o seu auge no

---

[3015] Ou dos comproprietários se houver comunhão do direito de propriedade.

século XIX[3016], que inclui os nomes de SAVIGNY e de JHERING, e que mereceu a adesão de quase todos os autores portugueses[3017] – só o proprietário[3018], ou o que exterioriza a propriedade[3019], pode ter posse, sendo meros detentores todos os demais titulares de direitos sobre a coisa.

Essa concepção, errada à luz do Direito romano, que reconhecia outros casos de posse[3020], foi sendo posta em causa sucessivas vezes ao longo da história, com particular destaque para os canonistas, que ampliaram o âmbito da posse muito para além da propriedade[3021].

O código civil vigente, muito influenciado nesta parte pelo seu congénere italiano e pela respectiva dogmática, estendeu expressamente a posse aos outros direitos reais (art. 1251º), não o limitando, assim, à propriedade. A posse pode existir, desta forma, por referência a um direito real de gozo menor, seja ele qual for. Isto não levanta qualquer controvérsia defronte da lei portuguesa[3022].

A admissão expressa da posse quanto aos direitos reais de gozo e não apenas à propriedade significa que quando o controlo material da coisa (*corpus* possessório) se exerce nos termos de um direito real menor, há posse. Esta posse não é naturalmente referida à propriedade, mas ao direito exteriorizado no comportamento do possuidor. O que actua sobre a coisa por referência ao usufruto tem a posse nos termos deste direito, o que o faz como superficiário tem a posse nos termos da superfície e assim por diante no tocante aos demais direitos reais de gozo.

Seja como for, a actuação sobre a coisa que exterioriza um direito real menor constitui também sempre uma posse em nome alheio, uma posse em nome do proprietário. O que faz deste possuidor, simultaneamente, um detentor. O possuidor nos termos de um direito de uso, por exemplo, tem a posse referida a este direito, mas actua sempre em nome do proprietário quanto ao direito deste. É, assim, a um tempo possuidor e simples detentor, na acepção da alínea c) do art. 1251º do código civil[3023]. Sucede o mesmo

---

[3016] Cf. o que se disse na Parte Primeira.
[3017] Cf. o que se disse na Parte Primeira sobre a doutrina portuguesa anterior ao código civil vigente.
[3018] Ou os comproprietários com a composse.
[3019] A posse, que deve manter-se separada do direito a que se refere, existe sempre de modo independente dele, podendo o possuidor ser ou não titular do direito a que a sua posse se reporta.
[3020] Cf. *supra* na Parte Primeira o que se disse sobre os possuidores no Direito romano.
[3021] Sobre isto, cf. *supra* na Parte Primeira.
[3022] Esclarece-se adiante no texto que a posse também existe quanto a direitos reais de garantia e direitos pessoais de gozo. Cf. *infra* no texto.
[3023] Cf. também MENEZES CORDEIRO, A Posse – Perspectivas Dogmáticas Actuais, cit., pág. 61.

com a exteriorização possessória atinente a todos os restantes direitos reais de gozo.

Por conseguinte, um detentor na acepção do art. 1251º, alínea c) do código civil pode ser igualmente possuidor, contanto que afirme um direito próprio na sua actuação sobre a coisa e a lei não exclua a posse. Quanto à exteriorização deste direito há uma posse em nome próprio[3024].

Deste modo, a expressão posse em nome próprio, durante tanto tempo associada à posse do proprietário, pode, afinal, dizer respeito a outro possuidor. O superficiário ou o usufrutuário possui em nome próprio no tocante ao direito que exterioriza sobre a coisa, não deixando de ser um detentor, e por isso um possuidor em nome alheio, quanto à posse do proprietário.

Para além da situação do detentor igualmente possuidor, que se acabou de versar, existe ainda uma outra, que se poderia denominar de pura detenção. Aquele que tendo embora o *corpus* possessório, com a coisa em seu poder, age meramente em nome do possuidor, não afirmando qualquer direito próprio, vê a posse negada, recebendo o estatuto de detentor. Trata-se de um puro ou simples detentor, que não reveste simultaneamente a qualidade de possuidor.

O art. 1251º, alínea c) menciona o representante e o mandatário, mas outras situações se podem indicar exemplificativamente, como o trabalhador da empresa, relativamente ao carro ou ao computador que lhe é cedido para o exercício da prestação laboral, o caseiro, no que toca à herdade que vigia por conta do dono, o gestor de negócios e o empreiteiro no concernente às coisas na posse do dono do negócio ou do dono da obra e, em geral, aquele que tem a coisa consigo para prestar um serviço.

Aqui chegados, e para o que importa analisar neste ponto, confirma-se a irrelevância do *animus* no contexto do art. 1253º alínea c) do código civil. A lei portuguesa desvaloriza o *corpus* possessório qualificando a situação como detenção não por qualquer imaginário *animus*, que não se requer para nada, mas porque que aquele que tem a coisa em seu poder ("o poder de facto") actua exclusivamente por conta do interesse de outra pessoa, não exercendo um direito próprio sobre ela. É a falta de exteriorização de um direito que motiva a desvalorização para mera detenção operada pela norma legal e não uma pretensa falta de *animus*.

De resto, se o *animus* contasse para alguma coisa no quadro do art. 1253º, alínea c) do código civil, quando fosse declarado ou de qualquer

---

[3024] Veja-se também Menezes Cordeiro, A Posse – Perspectivas Dogmáticas Actuais, cit., pág. 61.

forma afirmado pelo detentor haveria posse e não detenção. Não é, porém, isso que sucede; o detentor ou inverte o título da posse ou continua detentor. Uma eventual vontade de possuir[3025], desacompanhada da mencionada inversão do título, não altera o estatuto do detentor. Isto mostra bem a irrelevância do *animus* e a falência de uma explicação da detenção fundada no subjectivismo.

IX. O art. 1251º do código civil tem a seguinte redacção:

"Posse é o poder que se manifesta quando alguém actua por forma correspondente ao exercício do direito de propriedade ou de outro direito real".

Não parece que se possa divisar neste preceito qualquer espécie de dúvida interpretativa. O "poder que se manifesta" nele aludido corresponde ao "poder de facto" de outras disposições (artigos 1252º, nº 2 e 1253º, alínea a)), ou seja, ao denominado *corpus* possessório.

Por sua vez, a actuação "correspondente ao exercício do direito de propriedade ou de outro direito real" manifesta o segundo elemento de toda a posse: a exteriorização de um direito.

A estrutura da posse evidenciada pelo art. 1251º nada revela da teoria subjectivista, nomeadamente, a necessidade do *animus*, que não surge mencionado, sequer implicitamente.

Ora, a omissão do *animus* na noção legal de posse não constitui um indício sério da sua irrelevância normativa? Não seria de esperar, que nessa noção o subjectivismo aflorasse naturalmente, com a indicação do seu elemento caracterizador?

O preceito seguinte dispõe sobre a possibilidade do *corpus* possessório ser exercido por um terceiro a actuar por conta do possuidor, que pode, deste modo, não ter a coisa consigo e ainda assim, manter o "poder de facto", o *corpus* possessório. Definida a posse e estabelecido que o *corpus* possessório pode estar com um terceiro sem que a posse fique comprometida, o art. 1253º fixa os casos de mera detenção.

Todo este desenho normativo do código civil português coincide com o modelo objectivista propugnado por JHERING[3026] e seguido pela generalidade dos códigos civis modernos, incluindo o alemão e o italiano[3027], aliás,

---

[3025] Seja qual for a caracterização que se dê à mesma.
[3026] A teoria objectivista de JHERING pode ser confrontada na Parte Primeira, no número que se dedicou a este autor.
[3027] O *code civil* francês, anterior a JHERING, não tem igualmente nenhum traço da teoria subjectivista da posse. Sobre isto, cf. o que se disse na Parte Primeira.

com maior clareza do que qualquer destes últimos: define-se a posse, aludindo-se simplesmente ao controlo material da coisa e à exteriorização de um direito real, para de seguida, no art. 1253º, se despromover para mera detenção aquilo que seria uma posse.

O uso da palavra "intenção" surge no art. 1253º, alínea a) do código civil numa formulação, que não sendo estranha ao subjectivismo, não consagra o *animus* como elemento da posse, conforme se viu no ponto anterior. Para isso, e de resto, ele não poderia servir simplesmente para desvalorizar uma situação que seria de posse, qualificando-a como mera detenção; teria de valer como elemento estruturante da posse, o que a interpretação do art. 1251º põe decisivamente em causa.

A análise do regime jurídico dos factos constitutivos da posse – o apossamento (art. 1263º, alínea a)) e a inversão do título da posse (art. 1263, alínea) – confirma esta leitura do sistema normativo, porquanto seria de esperar que na sede natural do subjectivismo possessório – a aquisição da posse – fosse feita alguma espécie de menção ao elemento voluntário da posse. Contudo, como se sabe, não se faz nenhuma, nem no apossamento nem na inversão do título: a aquisição da posse por alguém depende unicamente do controlo material da coisa nos termos de um direito.

Em matéria de conservação da posse (art. 1257º, 1 do código civil) a lei portuguesa não podia ser mais clara:

"A posse mantém-se enquanto durar a actuação correspondente ao exercício do direito".

Seria de esperar, se fosse o caso, que fizesse aqui aparição o elemento voluntário ou não fosse verdade que a teoria subjectiva da posse postula igualmente o *animus* em matéria de conservação de posse. Porém, não se vislumbra no preceito o mais pequeno traço de subjectivismo possessório, com a referência ao *animus*. Enquanto durar o *corpus* e se mantiver a exteriorização do direito ("a actuação correspondente ao exercício do direito"), a posse persiste.

Como sempre, a redacção do art. 1257º do código civil afasta-se do paradigma subjectivista, tornando irrelevante qualquer menção ao *animus*. Mas o preceito permite tirar uma conclusão ainda mais forte contra o subjectivismo: a posse mantém-se enquanto durar a exteriorização do direito, ou seja, e isto afigura-se de particular relevância, independentemente da vontade (*animus*) contrária do possuidor. Este sentido deixa bem evidente que o *animus* não constitui elemento estruturante da posse no Direito português.

Finalmente, o regime jurídico da extinção da posse ilustra o mesmo cenário. O abandono (art. 1267º, nº 1 alínea a) do código civil) gera a extinção da posse para o possuidor pela quebra do *corpus* possessório e da exteriorização do direito, não por nenhuma vontade contrária à posse, que até pode existir sem perda da posse[3028]. Todas as outras hipóteses contempladas no art. 1267º, nº 1 revelam mais do mesmo: quebra do *corpus* possessório ou impossibilidade de exteriorização de um direito relativamente à coisa, no caso de esta vir a ser posta fora do comércio (art. 1267º, nº 1 alínea b), segunda parte).

Num outro plano, o da construção teórica, não se pode perder de vista as dificuldades insuperáveis e irremovíveis de todo o subjectivismo: a vontade (o *animus*) como elemento interior do indivíduo não pode ser conhecida pelos outros. A este propósito, a teoria da causa, concebida para salvar o subjectivismo da sua fraqueza genética, não permite ultrapassar o problema. O título constitui um negócio jurídico que em si é exterior à vontade humana; ele prova a exteriorização de um direito, a que o título alude, e não uma vontade ficcionada através dele. Por outro lado, pode faltar o título na posse: como se afere nesse caso o *animus* possessório?

Todo o *animus* carece de uma concretização de significado (*animus domini?*, *animus sibi habendi?*, *animus possidendi?*). Uma alusão genérica a ele, como surge amiúde na doutrina e jurisprudência portuguesas, desagua normalmente na desconsideração de elementos normativos e sistemáticos e, por isso, em soluções contrárias ao Direito português, como se terá oportunidade de demonstrar, por exemplo, na posse do promitente-comprador que beneficia de tradição da coisa ou do adquirente com reserva de propriedade que recebe a coisa por tradição do vendedor.

A existência de posse em pessoas desprovidas de vontade (incapazes) coloca um desafio explicativo hercúleo à teoria subjectista. No entanto, uma posse que se mantém sem e mesmo contra a vontade do possuidor[3029] inviabiliza-a de todo. No sistema português a intenção não vem requerida nem para a aquisição da posse, nem para a conservação ou extinção da mesma.

[3028] Como se disse anteriormente, exemplificando-se com o carro deixado na via pública ou com o terreno deixado sem atenção, mantendo a possibilidade de actuação sobre a coisa.
[3029] Os casos possíveis dos actos de mera tolerância e do constituto possessório, como se disse no ponto anterior.

Se o *animus* constitui parte da estrutura da posse tem de existir a todo o tempo; prescindir-se da intenção do possuidor significa que a posse não o requer como seu elemento de base, existindo sem ele.

O último argumento contrário à teoria subjectivista da posse encontra-se no papel que esta dá ao possuidor de decidir sobre a existência ou não da sua posse. Se tem *animus* tem posse, se não tem, a posse fica excluída. Não se vê como pode isto ser aceitável.

À posse ligam-se efeitos jurídicos, alguns deles, deveres em sentido próprio, que cabe ao possuidor cumprir em obediência ao escopo inserto nas normas jurídicas que os impõem. Se ao possuidor se reconhece, no fundo, o poder de qualificar a sua situação como posse ou detenção, a ele passa a caber a decisão sobre o cumprimento dos deveres associados à posse.

A época de Savigny e dos seus apóstolos doutrinários concebe a posição do proprietário como um direito absoluto e praticamente isento de deveres, que radica na vontade humana livre. O presente, todavia, vê na propriedade e na posse uma fonte de obrigações, jurídicas e sociais.

Uma desvinculação livre do possuidor em função de uma simples declaração de vontade contraria a lógica de vinculação e de obediência ao Direito e não encontra qualquer tipo de justificação. A defesa de um dogma não pode ir tão longe que comprometa a função reguladora do Direito.

X. Todo o subjectivismo possessório, na concepção trazida por Savigny, e feita sua por uma mancha muito considerável de autores, está dependente de uma leitura das fontes romanas. Essas fontes não estão mais em vigor.

Sendo embora um instituto romano, a posse tem hoje uma extensa regulação normativa nas várias ordens jurídicas de matriz romanista. Por essa razão, a sua construção dogmática não pode mais fazer-se numa ideia abstacta dos romanos e dos seus intérpretes de outras épocas, mas a partir dos dados normativos de cada sistema, que são específicos e não garantem uma total coincidência com o que resulta de outras ordens jurídicas próximas. O Direito português da posse apresenta diferenças para o Direito alemão, francês e mesmo para o italiano, apesar de este ter sido a matriz reguladora que serviu de influência ao código civil de Portugal.

Para aquilo que importa deixar sublinhado neste momento, o *animus* não foi erigido pelo Direito português como elemento aferidor da aquisição, conservação e extinção da posse, muito menos como critério geral e único de qualificação entre a posse e a detenção. Isto significa, que esta qualificação há-de ser somente o resultado da aplicação das regras jurídicas que regulem a situação e não do uso de um abstracto e indeterminado *animus* possessório, qualquer que seja o significado que se lhe atribua.

Minoritária mas forte, a doutrina objectivista tem guiado um crescente número dos mais ilustres civilistas portugueses. Oliveira Ascensão[3030], Menezes Cordeiro[3031], num primeiro momento, numa posição hoje revista, Carvalho Fernandes[3032], Menezes Leitão[3033], Pedro de Albuquerque[3034] e nós próprios[3035], embora, reconheça-se, com pouco reconhecimento da jurisprudência, persistentemente subjectivista.

38. O controlo material de uma coisa (*corpus* possessório)

I. Toda a posse repousa num dado controlo material de uma coisa (corpórea). A esse controlo autores de vários séculos chamaram-lhe o *corpus* possessório, uma expressão inexistente nas fontes romanas que elucida o senhorio ou domínio de facto ("poder de facto") sobre uma coisa corpórea[3036].

Durante um largo período de tempo a posse foi entendida como um senhorio exclusivo sobre a coisa, que não admitia a concorrência de ninguém. Apenas um pode possuir a coisa integralmente e de cada vez[3037], diziam os romanos[3038]:

Plures eandem rem in solidum possidere non possunt.

A admissão de uma posse da coisa nos termos de outros direitos reais menores – para além, pois, do direito de propriedade – que hoje resulta ex-

---

[3030] Direito Civil – Reais, cit., pág. 86 e segs.
[3031] Direitos Reais, cit., pág. 395 e segs.
[3032] Lições De Direitos Reais, 6ª edição, Lisboa, 2010, pág. 289.
[3033] Direitos Reais, cit., pág. 107 e segs.
[3034] Direito Das Obrigações, Contratos Em Especial, Volume I, Tomo I, Coimbra, 2017, pág. .
[3035] Direitos Reais, cit., pág. 463 e segs.
[3036] Na doutrina portuguesa, cf. Rui Ataíde, Posse E Detenção, Lisboa, 2015, pág. 8 e segs. Na doutrina estrangeira actual, cf. Schwab/Prütting, Sachenrecht, 32. Auflage, München, 2006, pág. 23, Prütting, Sachenrecht, cit., pág. 20 e segs., Fritzsche, BeckOK BGB, Bamberger/Roth/Rau/Poseck, 43. Edition, 2017, § 854, 21, Ernst, Eigenbesitz und Mobiliarerwerb, cit., pág. 40 e segs.; na doutrina mais antiga, cf., entre outros, Savigny, Das Rechts Des Besitzes (7ª ed.), cit., pág. 206 e seg., Jhering, Uber den Grund des Besitzschutzes, cit., pág. 179 e segs., Windscheid, Lehrbuch des Pandektenrechts, cit., pág. 498 e segs., Pininski, Der Thatbestand des Sachbesitzerwerbs nach gemeinem Recht, cit., pág. 39 e segs., Exner, Die Lehre vom Rechtserwerb durch Tradition nach österreichischem und gemeinem Recht, Manz, 1867, pág. 86 e segs.
[3037] Excepção feita à compose nos termos da compropriedade.
[3038] Cf. o que se disse na Parte Primeira no contexto da análise ao Direito romano da posse, *supra* no texto.

pressamente do Direito português (art. 1251º do código civil, no fim) compromete boa parte do sentido originário daquela regra romana, que não pode mais ser entendida no seu sentido literal. Se uma posse nos termos da propriedade singular pode existir sozinha, numa situação de propriedade plena, nada impede que outras posses incidam igualmente sobre a coisa, na mesma exacta medida em que a propriedade pode ser onerada por outros direitos reais menores e todos eles coexistem simultaneamente uns com os outros e sobre o mesmo objecto.

A exclusividade do *corpus* possessório adequa-se a uma concepção de posse única sobre a coisa, como se entendia maioritariamente no Direito romano[3039]. Quando se transita para um sistema de possibilidade de concurso de posses sobre o mesmo objecto, cada uma elas tida como posse de coisa, o caso do Direito português actual, a exclusividade deixa de poder afirmar-se como característica do *corpus* possessório[3040].

Por esta razão, alude-se a um *dado* controlo material e não *ao* controlo material sobre a coisa. O possuidor nos termos de uma propriedade que se encontre onerada com um direito de superfície e cujo superficiário exerça a posse, a situação normal, não tem o senhorio integral da coisa. O controlo material é partilhado e actuado nos termos das posses em concorrência sobre a coisa[3041].

II. O *corpus* possessório tem uma expressão física e representa a possibilidade real de agir materialmente sobre a coisa: um poder de actuação sobre a coisa[3042]. Uma mera possibilidade jurídica, nomeadamente, pela titularidade do direito real de gozo, não chega[3043]. Aquele que adquire um direito real de gozo por força de negócio jurídico (compra e venda, doação, etc.) não tem ainda o *corpus* possessório (e a posse) se a esse negócio jurídico não se seguir uma qualquer forma de apreensão material da coisa: ou por tradição ou por apossamento. Fora das hipóteses de constituto posses-

---

[3039] Sobre isto, cf. o que se disse *supra* na Parte Primeira.
[3040] E naturalmente da própria posse.
[3041] Por esta razão, uma concepção do *corpus* possessório como o estado de facto (a factualidade) da propriedade, devida a JHERING, Uber den Grund des Besitzschutzes, cit., pág. 179 e segs., afigura-se actualmente inaceitável, sob qualquer ponto de vista.
[3042] JOOST, Münchener Kommentar, 7. Auflage, 2017, § 854, 3 e 5, ELMAR BUND, STAUDINGER BGB, cit, § 854, pág. 88, WILHELM, Sachenrecht, cit., pág. 226 e seg., FRITZSCHE, BECKOK BGB, BAMBERGER/ROTH/RAU/POSECK, cit., § 854, 21, LORENZ, ERMAN BGB, cit., pág. 3748.
[3043] ELMAR BUND, STAUDINGER BGB, cit, § 854, pág. 88 e 89, JOOST, Münchener Kommentar, cit., § 854, 7. MONTEL, Il Possesso, Seconda edizione, Torino, 1962, pág. 41 fala numa "possibilidade concreta" de actuação e não somente numa "possibilidade abstracta".

sório, a posse não se adquire por negócio jurídico, ainda que este último sirva em regra para a aquisição do direito real (art. 408º, nº 1 do código civil)[3044].

No campo doutrinário, SAVIGNY[3045] avançou com uma formulação do *corpus* possessório (a que chama *factum*) que constitui o ponto de partida da discussão posterior:

"A possibilidade física de actuar directamente sobre a coisa e de excluir qualquer actuação de terceiro".

Esta definição apresenta duas vertentes:

– A possibilidade física de se agir directamente sobre a coisa;
– A possibilidade de excluir a actuação de qualquer terceiro sobre ela.

Conquanto a primeira vertente pareça corresponder à ideia geral, a segunda foi duramente criticada[3046], por fazer depender o *corpus* possessório, e assim a própria posse, de um juízo sobre a capacidade de defesa de cada possuidor defronte de terceiros[3047], o que se afigura inaceitável[3048]. A formulação de SAVIGNY teve, em todo o caso, vários apoiantes de peso[3049], mantendo-se inclusive algum desse apoio no presente[3050].

A formulação de SAVIGNY sobre o *corpus* possessório não é aceitável apenas por causa do poder de exclusão de terceiros que ela encerra. Como se disse anteriormente, o *corpus* possessório consubstancia um dado controlo material sobre uma coisa corpórea[3051]. Uma mera possibilidade de agir directamente sobre a coisa não chega ainda para que se possa falar num

---

[3044] Sobre o princípio da consensualidade, cf. JOSÉ ALBERTO VIEIRA, Direitos Reais, cit., pág. e segs., com indicações bibliográficas.
[3045] Das Rechts Des Besitzes, 1ª edição, cit., pág. 151; na 7ª edição, cit., a pág. 210.
[3046] Cf., por exemplo, JHERING, Uber den Grund des Besitzschutzes, cit., pág. 160 e segs., PININSKI, Der Thatbestand des Sachbesitzerwerbs nach gemeinem Recht, cit., pág. 40 e segs., DERNBURG, Pandekten, cit., pág. 20, nota 4.
[3047] Com razão, PININSKI, Der Thatbestand des Sachbesitzerwerbs nach gemeinem Recht, cit., pág. 41 e seg.
[3048] Esta parece ser a interpretação dominante na Alemanha no momento presente. Cf. JOOST, Münchener Kommentar, cit., § 854, 5, FRITZSCHE, BECKOK BGB, BAMBERGER/ROTH/RAU//POSECK, cit., § 854, 22.
[3049] Por exemplo, RANDA, RUDORFF, ERNER e MEISCHEIDER.
[3050] SCHWAB/PRÜTTING, Sachenrecht, cit., pág. 26, PRÜTTING, Sachenrecht, cit., pág. 21, ECKERT, Sachenrecht, 4. Auflage, Baden-Baden, 2005, pág. 42, WILHELM, Sachenrecht, cit., pág. 226 e seg., LORENZ, ERMAN BGB, cit., pág. 3748.
[3051] Este particular aspecto, atinente ao objecto da posse, será tratado no capítulo seguinte.

controlo material³⁰⁵². A vivência moderna de intensa proximidade entre pessoas e coisas confere a cada um de nós a possibilidade de actuar directamente em múltiplas coisas, sem que isso signifique alguma forma de controlo sobre elas e, assim, de *corpus* possessório³⁰⁵³.

Não se ignora que a doutrina de SAVIGNY representa um avanço moderno na concepção do *corpus*, nomeadamente, defronte do Direito romano, que tinha dele uma noção física de ligação constante à coisa, um "senhorio físico"³⁰⁵⁴. A menção à possibilidade de agir elimina a necessidade do contacto permanente com a coisa e alarga a noção de posse às situações em que existe simplesmente uma susceptibilidade de se agir sobre ela. Rejeita-se, porém, a noção do autor alemão, porquanto a mera possibilidade de actuação não se afigura suficiente para descrever correctamente o *corpus* possessório, que consiste num controlo material e não numa possibilidade, abstracta ou concreta, de acção sobre a coisa, que pode existir sem posse.

O mesmo se diga no tocante a uma situação muitíssimo frequente na sociedade contemporânea: o simples contacto com a coisa. No quotidiano pessoal e profissional as pessoas entram amiúde em contacto físico com coisas: o professor utiliza o seu gabinete na universidade e os móveis lá colocados, o aluno senta-se no assento da sala de aula e usa a mesa, o transeunte descansa no banco do jardim, o condutor passeia no terreno à beira da estrada, descansando da sua jornada, o leitor consulta o livro na biblioteca, etc.

O *corpus* possessório não pode ser confundido nem com uma genérica possibilidade de actuação sobre a coisa nem com qualquer contacto episódico e eventual sobre ela. Ele tem de significar algo mais do que aquilo que outras pessoas, terceiros, podem fazer com a coisa³⁰⁵⁵.

Na posse a coisa está em poder do possuidor e este pode actuar sobre ela. Por conseguinte, para que se possa falar em *corpus* possessório tem de haver uma qualquer espécie de dominação física da coisa, ainda que esta seja eventualmente partilhada com compossuidores (na situação de composse) ou outros possuidores, no caso de concurso de várias posses sobre a coisa.

[3052] Igualmente crítico, PININSKI, Der Thatbestand des Sachbesitzerwerbs nach gemeinem Recht, cit., pág. 42 e seg.

[3053] Mencionando igualmente este ponto, JOOST, Münchener Kommentar, cit., § 854, 6, que manifesta a dificuldade em distinguir estas situações da verdadeira posse.

[3054] Sublinhando este aspecto, SACCO/CATERINA, Il Possesso, cit., pág. 65 e segs.

[3055] Também neste sentido, ELMAR BUND, STAUDINGER BGB, cit, § 854, pág. 88.

Chegados a este ponto, avança-se com uma definição provisória de *corpus* possessório:

O *corpus* possessório consiste no controlo material da coisa (corpórea).

Enquanto controlo material, o *corpus* possessório assenta numa qualquer forma de dominação física da coisa, aquilo que confere ao possuidor o poder de actuar sobre ela de acordo com a sua vontade[3056].

Em todo o caso, dominação física não pode significar mais o senhorio absoluto, único, sobre a coisa. Seria assim, se a posse exteriorizasse sempre o direito de propriedade. Como isso não corresponde ao Direito português, que reconhece a posse de coisa, pelo menos[3057], relativamente a outros direitos reais de gozo, quando se fala em controlo material da coisa deve entender-se a dominação física nos termos do direito exteriorizado através da posse.

Deste modo, percebe-se que o controlo material associado ao *corpus* possessório não deve ser ajuizado sempre da mesma maneira como se só houvesse uma posse singular. Ao invés, ele deve ser avaliado de acordo com o conteúdo do direito que a posse exterioriza. A posse do proprietário não é igual à do usufrutuário, do usuário ou do superficiário; e cada uma destas, por sua vez, difere da que exterioriza outros direitos.

Por ser assim, o *corpus* possessório pode indicar um diferente controlo material da coisa, consoante o direito exteriorizado. A posse nos termos de uma servidão de passagem ou de uma servidão de águas, por exemplo, assenta num *corpus* possessório de extensão modesta, que compreende, no limite, a actuação física sobre a coisa tendente ao aproveitamento das utilidades contidas na servidão. Já a posse relativa à propriedade confere potencialmente o exercício de todos os poderes que envolvem o gozo, nomeadamente, o uso, a fruição e a transformação.

III. A doutrina de SAVIGNY sobre o *corpus* possessório incluía um segundo elemento, para além do material, que consistia, como se viu, na possibilidade de excluir terceiro de actuar sobre a coisa[3058].

Por ser insustentável, fazendo depender a posse da força particular do possuidor, a generalidade dos autores afastou-se dela. Alguns, porém,

---

[3056] A parte de verdade da doutrina do *corpus* de JHERING, quando dissociada de qualquer ligação à imagem ou factualidade do direito de propriedade. Esclarece-se que esta vontade é uma vontade de acção e não qualquer ficcionada vontade de possuir.
[3057] Questionar-se-á adiante sobre a posse nos termos de direitos de natureza não real, e responder-se-á afirmativamente quanto aos direitos pessoais de gozo.
[3058] Cf. *supra* no ponto anterior.

continuaram a ver no *corpus* um segundo elemento envolvendo a posição de terceiros, particularmente na doutrina italiana, os casos de FEDELE[3059], MONTEL[3060], SACCO/CATERINA[3061] e RISI[3062].

Segundo SACCO/CATERINA[3063], o poder de facto na posse seria constituído por dois elementos: a ingerência da pessoa no bem e a abstenção de terceiros. Este último elemento significaria que o *corpus* possessório, para existir, teria de contar com a omissão de terceiros em agir sobre a coisa, uma espécie de vertente negativa associada à possibilidade de actuar sobre a coisa, a vertente positiva do *corpus* possessório.

SACCO/CATERINA[3064] qualificam a abstenção de terceiros como "um facto (omissivo) material". O terceiro abster-se-ia conscientemente por respeito – voluntário – ao poder de outrem[3065]. Isso aconteceria no momento inicial de criação do poder de facto e posteriormente, na conservação da posse[3066].

Reflectindo-se sobre esta doutrina fica-se com a sensação de que o *corpus* possessório, e a posse, existe menos pela situação material de controlo sobre a coisa, mas porque os outros deixam. No fundo, cada um de nós apenas tem a posse de coisas pela vontade consciente dos outros! Todos os outros! Sim, porquanto se a abstenção dos terceiros relativamente à coisa objecto de posse tem natureza voluntária, sendo consciente, então, toda a humanidade está envolvida no consentimento possessório.

Não há como não ver nesta doutrina uma reminiscência do conceito de relação jurídica absoluta e da obrigação geral de respeito que gravava o resto da humanidade sempre que alguém se encontrava na posição de titular de um direito subjectivo absoluto e o absurdo que ela representa.

O controlo material do possuidor sobre a coisa, o *corpus* possessório, ocorre quando o possuidor tem a dominação física dela o que exclui naturalmente o controlo de outros, a não ser nos casos de composse e de posses concorrentes referidas a outros direitos que coexistam sobre a coisa ou permitam uma actuação sobre ela.

[3059] Nozioni generali sulla fattispecie del possesso, Torino, 1974.
[3060] Il Possesso, cit., pág. 39 e segs.
[3061] Il Possesso, cit., pág. 76 e segs.
[3062] Il Possesso, cit., pág. 52 e segs.
[3063] Il Possesso, cit., pág. 73 e segs.
[3064] Il Possesso, cit., pág.
[3065] SACCO/CATERINA, Il Possesso, cit., pág. 77.
[3066] SACCO/CATERINA, Il Possesso, cit., pág. 78 e segs. e 81 e segs.

O terceiro releva apenas para o Direito quando se coloca em posição de desafiar e retirar o controlo material que o possuidor exerce sobre a coisa, por exemplo, por apossamento ou inversão do título da posse. Até esse momento ele carece de qualquer importância para a posse e não conta para qualquer efeito jurídico, nomeadamente, para o reconhecimento do *corpus* possessório.

Seria realmente estranho que um conceito que repousa na ideia de uma submissão da coisa (corpórea) à actuação de alguém ficasse na dependência, já não na capacidade de defesa própria contra os outros, como SAVIGNY defendia, mas do consentimento da humanidade, como se a posse decorresse da indiferença daquela face ao controlo material que alguém exerce sobre uma coisa.

Se alguém controla materialmente uma coisa, os terceiros estão excluídos desse controlo. Por isso se diz justamente haver controlo material da coisa. Se terceiros o consentiram ou se é para eles indiferente, não conta para o Direito. O regime jurídico da posse atende unicamente à posição do sujeito sobre a coisa enquanto ela expressar a submissão física à sua acção.

IV. Tendo uma expressão física, todo o *corpus* possessório surge num dado momento. Este momento coincide com a apreensão material da coisa, que tem lugar através de qualquer um dos factos pelos quais se adquire a posse[3067].

Uma vez consumada a apreensão material, o *corpus* possessório permanece até ser quebrado. A quebra do *corpus* ocorre por acção do possuidor – no abandono, na tradição e no constituto possessório – ou sem ela, nas hipóteses de esbulho da coisa por terceiro: apossamento e inversão do título da posse.

Enquanto a coisa se mantém em poder do possuidor, e na ausência de norma legal que disponha em sentido contrário, a posse continua. Para tal, não se requer uma actuação constante sobre a coisa ou sequer qualquer tipo de actuação: o possuidor de terreno agrícola que não o cultiva, nada fazendo, o possuidor de veículo automóvel que o deixa estacionado na rua, sem o utilizar, não deixa de ter o *corpus* possessório. Basta que se mantenha o controlo material da coisa.

[3067] Com a colaboração do possuidor anterior, a tradição e o constituto possessório; sem essa colaboração o apossamento e a inversão do título da posse (art. 1263º do código civil).

O art. 1257º do código civil, no fim, dispõe nesse sentido:

"A posse mantém-se enquanto durar a actuação correspondente ao exercício do direito ou a possibilidade de a continuar".

Assim, se o possuidor se ausenta de sua casa para o estrangeiro ou se deixa o seu carro num parque público de estacionamento o *corpus* possessório não se quebra, porquanto a actuação física pode a todo o tempo ser retomada, mantendo-se o controlo material sobre a coisa.

A solução portuguesa citada retrata a longa evolução ocorrida desde o Direito romano. Este, sem prejuízo da solução que dispunha para os pastos sazonais de verão e inverno, postulava o contacto permanente do possuidor com a coisa e determinava a perda da posse quando esse contacto cessava, o contrário do que preceitua hoje o Direito português.

V. Enquanto controlo material de uma coisa (corpórea) o *corpus* possessório deve ostentar algumas características. Essas características podem variar, porém, de acordo com a espécie de coisa que se trate. O controlo material de uma coisa móvel acontece em termos muito diversos de um prédio ou de uma coisa imóvel em geral, pela simples razão de que uma coisa móvel se pode transportar de um lado para o outro, o que não sucede com terrenos e edifícios, sempre ligados a um local bem concreto e determinado no espaço e no tempo.

Dentro de cada espécie de coisas também se pode esperar diferenças acentuadas relativamente ao modo como se exerce o controlo material respectivo. Não é a mesma coisa possuir um telemóvel, um livro ou um relógio e um camião pesado de transporte de mercadorias, possuir um cão ou um elefante, uma mesa ou uma grua.

Cada coisa pode oferecer, assim, possibilidades bem distintas de actuação sobre ela e, com isso, exigir formas também elas diferentes de dominação física, quer dizer, de exercer o controlo material respectivo.

Tendo isto presente, atente-se nalgumas das características usualmente apontadas ao *corpus* possessório:

a) Relação de facto com a coisa

A caracterização da posse (e não apenas do *corpus* possessório) como uma relação de facto entre o possuidor e a coisa aparece com muita frequência entre os autores de todas as épocas[3068]. A expressão "poder de

---

[3068] Na doutrina moderna ver, por exemplo, ELMAR BUND, Staudinger BGB, cit, pág. 89, JOOST, Münchener Kommentar, cit., § 854, 5, MÜHL, SOERGEL BGB, Band 6, 12. Auflage, pág. 37, SACCO//CATERNINA, Il Possesso, cit., pág. 3 e segs., RISI, Il Possesso, cit., pág. 41 e segs.

facto", que a lei portuguesa usa em vários preceitos, liga-se tradicionalmente a essa maneira de conceber a posse, como "relação de facto".

Do ponto de vista lógico, porém, as relações processam-se entre pessoas e não entre estas e objectos, sejam estes coisas ou outras realidades. Uma pessoa não está, assim, em relação com a coisa; esta consiste, quando muito, no objecto de uma situação jurídica de que a pessoa é titular.

Neste modo de ver, o *corpus* possessório não exprime nenhuma "relação", mas uma pura situação de facto na qual uma pessoa domina fisicamente uma coisa e tem, por isso, o seu controlo material, o poder de actuar sobre ela.

b) Cognoscibilidade do controlo material sobre a coisa

Traduzindo um senhorio físico sobre a coisa, o *corpus* possessório tem existência exterior e objectiva, estando sujeito a prova. Isto significa que deve poder ser reconhecido por qualquer terceiro interessado?

Uma parte da doutrina entende que sim[3069]. Discorda-se dessa orientação[3070]. A posse não tem de ser pública, podendo ser oculta, mesmo se a esta qualificação se associem efeitos jurídicos mais desfavoráveis, como, nomeadamente, o prazo para a perda da posse só correr quando esta se torna pública (art. 1267º, nº 2 do código civil) ou a usucapião não beneficiar o possuidor oculto (art. 1297º do código civil).

Em todo o caso, a posse oculta não deixa de ser uma posse verdadeira; se vê reduzidos alguns dos seus efeitos, como acabou de se ver, mantém íntegros os restantes. Por exemplo, o possuidor oculto beneficia da tutela possessória geral contra o terceiro que o esbulhou, pode invocar contra ele a presunção de titularidade do direito, etc.

A cognoscibilidade releva para a aplicação de alguns dos efeitos da posse, mas não constitui característica do *corpus* possessório.

c) Relação espacial com a coisa

Vários autores[3071] aludem a uma relação espacial do possuidor com a coisa, conquanto previnam para a possibilidade de a mesma se manifestar de

---

[3069] Cf. ELMAR BUND, STAUDINGER BGB, cit, pág. 89, FRITZSCHE, BECKOK BGB, BAMBERGER//ROTH/RAU/POSECK, 43. Edition, 2017, cit., § 854, 29, MÜLLER/GRUBER, Sachenrecht, München, 2016, pág. 47, LORENZ, ERMAN BGB, cit., pág. 3748, MÜHL, SOERGEL BGB, cit., pág. 38.
[3070] Cf. também JOOST, Münchener Kommentar, cit., § 854, 13, WESTERMANN/GURSKY/EICKMANN, Sachenrecht, cit., pág. 93.
[3071] ELMAR BUND, STAUDINGER BGB, cit, pág. 89 e seg., BAUR/STÜRNER, Sachenrecht, cit., pág. 68, JOOST, Münchener Kommentar, cit., § 854, 5, FRITZSCHE, BECKOK BGB, BAMBERGER/ROTH//RAU/POSECK, 43. Edition, 2017, cit., § 854, 22, MÜLLER/GRUBER, Sachenrecht, cit., pág. 47, VIEWEG/WERNER, Sachenrecht, cit., pág. 13, MÜHL, SOERGEL BGB, cit., pág. 37 e seg.

formas muito diferentes consoante a natureza da coisa e o seu uso social e económico e de, por essas razões, ter de ser avaliada de forma não uniforme e igual[3072]. BAUR/STÜRNER[3073] alertam mesmo para o facto de essa relação espacial poder ter uma força ou intensidade distinta.

Julga-se que esta característica dificilmente faz sentido relativamente a coisas imóveis. O *corpus* define-se aqui pelo senhorio físico da coisa e menos pela distância entre o possuidor e a coisa. Um australiano a viver na Austrália que comprou um imóvel em Portugal, havendo recebido as chaves da coisa e podendo gozá-la quando entender, tem o controlo material da mesma e, por isso, o *corpus* possessório, apesar de estar tão longe da coisa quanto é possível estar no planeta Terra.

No que diz respeito a coisas móveis aceita-se sem dificuldade que quanto a algumas delas (telemóveis, jóias, dinheiro, etc.) o controlo material exija um local de acesso próprio e reservado do possuidor que o ponha a coberto do esbulho ou subtracção da coisa por terceiro. Mas esse local tanto pode ser o do domicílio do possuidor como o cofre-forte de um banco ou qualquer outra instalação afastada e não controlada inteiramente pelo possuidor, mas por terceiro. Pense-se num animal selvagem, ou mesmo doméstico, que é conservado numa quinta gerida por empresa especializada.

Outras coisas podem mesmo ficar na rua ou num parque público, longe de uma zona ou local controlado pelo possuidor. O possuidor que estacione o seu carro na via pública ou num parque destinado ao efeito continua a possuí-lo ainda assim, desde que tenha acesso a ele livremente para o utilizar.

Não se vê, assim, em que medida o *corpus* possessório apela a uma relação de espacialidade. Prefere-se, ao invés, salientar a sua irrelevância. Existindo um poder irrestrito e livre de actuação sobre a coisa, o *corpus* possessório não fica comprometido pela distância nem se afere por um critério espacial.

d) Duração

Outra das características apontadas pela doutrina[3074] para o *corpus* possessório reside na sua duração temporal. O *corpus* possessório deveria durar

---

[3072] ELMAR BUND, STAUDINGER BGB, cit, pág. 89.

[3073] Sachenrecht, cit., pág. 68.

[3074] ELMAR BUND, STAUDINGER BGB, cit, pág. 90, BAUR/STÜRNER, Sachenrecht, cit., pág. 68 e seg., WOLFF/RAISER, Sachenrecht, cit., pág. 24 e segs., MÜLLER/GRUBER, Sachenrecht, cit., pág. 47, VIEWEG/WERNER, Sachenrecht, cit., pág. 13, WESTERMANN/GURSKY/EICKMANN, Sachenrecht, cit., pág. 93 e seg., LORENZ, ERMAN BGB, cit., pág. 3748, MÜHL, SOERGEL BGB, cit., pág. 38, PETERSEN, "Grundfragen zum Recht des Besitzes", cit., pág. 162.

por um certo tempo para haver posse[3075]. Como exemplo, alude-se à pessoa que se senta num banco de jardim durante um tempo antes de se ir embora; não chegaria a ser possuidor ou teria uma "curta posse"[3076].

Conforme se referiu antes, o simples contacto material com a coisa não confere ainda o *corpus* possessório, que requer a estabilidade do controlo físico sobre ela. Uma utilização de banco de jardim por um transeunte nunca poderá conferir posse, sequer detenção, porque não confere o controlo material da coisa inerente à posse. Trata-se, porém, de uma questão de intensidade da actuação sobre a coisa, que é, no caso, insuficiente para garantir uma apreensão material (no caso, um apossamento), não de duração dessa actuação.

O art. 1263º, alínea a) do código civil fala, porém, em "prática reiterada" para se consumar o apossamento da coisa, o que poderia sugerir realmente um sentido tendente à duração do *corpus* possessório.

Ainda assim, o tempo de duração não constitui uma característica do *corpus* possessório[3077]. Em muitos casos, um único acto material instantâneo gera uma dominação física da coisa, suscitando um controlo material imediato da coisa. O vendedor entrega ao comprador o relógio ou o anel acabado de vender, o ladrão coloca no bolso a carteira acabada de subtrair do bolso do passageiro incauto, o pescador põe no balde o peixe tirado do anzol nesse momento.

Poder-se-ia pensar que nos imóveis a realidade é diversa. Todavia, e uma vez mais, a questão reside na intensidade da actuação[3078]: a entrega das chaves de um imóvel devoluto ao adquirente (tradição simbólica da coisa) coloca imediatamente a coisa debaixo do seu controlo material: é o que basta para haver *corpus* possessório.

A consideração dos casos de tradição da coisa e de várias situações de apossamento deixa perceber que o tempo nem sempre interfere na criação do *corpus* possessório. A intensidade da actuação é tudo o que importa apurar. Foi ela de molde a colocar a coisa debaixo do poder de actuação mate-

---

[3075] BAUR/STÜRNER, Sachenrecht, cit., pág. 68.
[3076] ELMAR BUND, STAUDINGER BGB, cit, pág. 90, BAUR/STÜRNER, Sachenrecht, cit., pág. 68 e seg., FRITZSCHE, BECKOK BGB, BAMBERGER/ROTH/RAU/POSECK, 43. Edition, 2017, cit., § 854, 23.
[3077] No mesmo sentido, JOOST, Münchener Kommentar, cit., § 854, 12, WESTERMANN/GURSKY//EICKMANN, Sachenrecht, cit., pág. 93 e seg.
[3078] Neste sentido, já OLIVEIRA ASCENSÃO, Direito Civil – Reais, cit., pág. 80 e segs.

rial do agente, conferindo-lhe o seu controlo? Se sim, o *corpus* possessório está consumado; a lei não exige nenhum prazo particular para a posse[3079].

Uma vez colocada a coisa em poder do possuidor a duração desse não tem relevância jurídica. Uma posse de curtíssima duração não deixa de ser uma posse. A pessoa que compra o jornal na banca da rua e logo na esquina da mesma o entrega a seu pai, que encontra ali, não deixou de ser possuidor, ainda que a sua posse haja durado segundos ou minutos.

A duração do *corpus* não é, deste modo, característica a atender.

VI. Como se afere a existência de *corpus* possessório?

Uma muito divulgada orientação alemã[3080] defende que o senhorio ou o poder de facto sobre a coisa deve ser avaliado segundo as "concepções do tráfego". Existirá um senhorio de facto quando assim parecer à consciência geral[3081].

Esta doutrina não reúne, porém, a determinação necessária e precisa para que possa servir como critério normativo de um elemento estruturante da posse[3082]. Que concepções do tráfego são essas? De onde se retiram? As pessoas não conhecem os pressupostos jurídicos da posse[3083]. Por outro lado, um tal critério exigiria uma norma legal que remetesse para ele, o que não se encontra em lado nenhum do regime jurídico português.

Não se afastando muito desta perspectiva, mas dando uma formulação ligeiramente diferente, BAUR/STÜRNER[3084] afirmam que o que seja o senhorio de facto sobre a coisa se apura segundo as "concepções da vida", embora mitiguem depois esta fórmula com a indicação de pontos de vista a atender,

---

[3079] O argumento é aduzido por JOOST, Münchener Kommentar, cit., § 854, 12.
[3080] Os precursores são GOLDSCHMIDT, "Studien zum Besitzrecht", cit., pág. 61 e segs. e, de uma forma mais modesta, DERNBURG, Pandekten, cit., pág. 20, GIERKE, Deutsches Privatrecht, cit., pág. 228. Aderiram a esta doutrina, entre outros, WOLFF/RAISER, Sachenrecht, cit., pág. 25, STADLER, SOERGEL BGB, cit., pág. 24, BREHM/BERGER, Sachenrecht, Tübingen, 2014, pág. 37, ECKERT, Sachenrecht, cit., pág. 42, FRITZSCHE, BECKOK BGB, BAMBERGER/ROTH/RAU/POSECK, 43. Edition, 2017, cit., § 854, 20, LORENZ, ERMAN BGB, cit., pág. 3748, VIEWEG/WERNER, Sachenrecht, cit., pág. 13, WESTERMANN/GURSKY/EICKMANN, Sachenrecht, 8. Auflage, Heidelberg, 2011, pág. 89 e seg., MÜHL, SOERGEL BGB, cit., pág. 37. Uma visão adaptada desta doutrina dão MÜLLER, Sachenrecht, cit., pág. 25 e seg., ELMAR BUND, STAUDINGER BGB, cit, pág. 89. Contra ela, cf., por exemplo, ERNST, Eigenbesitz und Mobiliarerwerb, cit., pág. 42 e seg.
[3081] WOLFF/RAISER, Sachenrecht, cit., pág. 25.
[3082] JOOST, Münchener Kommentar, cit., § 854, 4.
[3083] JOOST, Münchener Kommentar, cit., § 854, 4.
[3084] Sachenrecht, cit., pág. 68.

nomeadamente, a relação espacial com a coisa e o tempo de duração da mesma[3085].

Não são diferentes da doutrina anterior as críticas que se podem fazer a esta forma de aferir o *corpus* possessório. Para além disso, não existe nada a que se possa chamar concepções da vida, a não ser pontos de vista filosóficos, sociológicos, antropológicos ou outros pertencentes a escolas ou a indivíduos. Por ser assim, uma remissão para tais "concepções" aponta para o domínio da opinião individual sobre o mundo e as coisas, dando azo a discussões intermináveis, sem conferir simultaneamente a possibilidade de um juízo controlável sobre a correcção ou não de qualquer decisão num caso concreto. Trata-se de uma doutrina que não pode ser aceite.

Uma resposta à questão apresentada – a aferição da existência do *corpus* possessório – não parece que se possa fazer fora da análise do prisma em que se coloca o *corpus*: o domínio material ou físico de actuação sobre a coisa.

Neste enquadramento, o passo a dar deve ser o do conhecimento do modo que determinou a apreensão da coisa pelo possuidor e que constitui simultaneamente a investidura legal na posse, isto é, o facto aquisitivo da mesma, qualquer que seja: o apossamento, a inversão do título, a tradição ou o constituto possessório (art. 1263º do código civil)[3086]. A aquisição legal da posse coincide, pois, e sempre, com o surgimento do *corpus* possessório ou não fosse o *corpus* possessório um dos elementos estruturantes da posse.

O *corpus* afere-se, deste modo, pela apreensão material da coisa. Na medida em que com esta apreensão se passa a exprimir o poder físico de actuação sobre a coisa, com ela fica criado o *corpus* possessório, que a lei faz automaticamente corresponder a posse[3087] se acompanhado da exteriorização de um direito.

Uma vez criado, o *corpus* possessório permanece até ser quebrado, o que somente sucede com a verificação dos factos extintivos da posse (art. 1267º do código civil). O *animus* é neste contexto perfeitamente irrelevante, como houve oportunidade de se explicar. A intenção do possuidor, por si só, não faz extinguir a posse se se mantiverem os seus dois elementos estrutu-

---

[3085] BAUR/STÜRNER, Sachenrecht, cit., pág. 68.
[3086] Na sucessão da posse o *corpus* possessório pré-existe na esfera do *de cuius* e continua no sucessor, sem se formar um novo *corpus*.
[3087] O *corpus* possessório apenas existe na posse, não na detenção. Por ser assim, o facto de um detentor ter a coisa consigo não constitui nunca um *corpus* possessório, correspondendo apenas ao estado físico da detenção. Cf. *infra* no texto o que se dirá no número relativo á detenção, neste Capítulo.

rantes. Por isso, ao possuidor não basta declarar uma qualquer vontade contrária à posse para que esta cesse: tem de destruir os elementos em que ela se alicerça.

VII. O *corpus* possessório não é igual em todas as posses[3088]. O que se compreende bem, se se tiver presente que a posse pode exteriorizar vários direitos, desde logo, todos os direitos reais de gozo, que têm conteúdos diversos.

Um sistema jurídico como o português que torna possível a coexistência simultânea de uma pluralidade de direitos reais, de gozo e não só, sobre o mesmo objecto dá azo a uma situação potencial de concorrência de posses relativamente aos direitos reais a que a posse se pode reportar. Cada uma dessas posses não exclui as demais, articulando-se todas sobre a coisa na mesma exacta medida dos direitos reais a que se referem.

Havendo várias posses o *corpus* possessório existe quanto a cada um dos possuidores, multiplicando-se pelo seu número. Tendo a posse por base o *corpus* possessório ele está sempre presente quando há posse.

Alguns dos efeitos jurídicos da posse estão dependentes do conhecimento do direito exteriorizado através dela: a usucapião e a presunção de titularidade (art. 1268º, nº 1 do código civil), por exemplo, dão-se nos termos do direito a que a posse se refere. Aquele que possui nos termos do usufruto não pode usucapir o direito de propriedade nem pode invocar a presunção da propriedade. Apenas o pode fazer quanto ao direito de usufruto.

O *corpus* possessório pode revelar o direito exteriorizado através da posse e com isso auxiliar a resolver os casos de dúvida em que esteja em causa algum ou alguns dos efeitos jurídicos da posse. O mais frequente será a usucapião, mas o mesmo pode suceder com o direito aos frutos ou às benfeitorias realizadas na coisa.

No plano teórico, o *corpus* possessório de uma posse nos termos da propriedade tem uma amplidão de controlo material superior ao do possuidor nos termos de um direito de superfície ou de uma servidão predial, porquanto o direito de propriedade oferece ao titular uma maior extensão de aproveitamento da coisa e a posse replica isso na dominação física da coisa.

Como distinguir em concreto o *corpus* possessório de um possuidor do *corpus* possessório de outro possuidor sobre a mesma coisa?

[3088] Cf. também Rui Ataíde, Posse E Detenção, cit., pág. 12 e seg.

Havendo título de aquisição do direito exteriorizado através da posse e mantendo-se a actuação material do possuidor no âmbito do conteúdo desse direito[3089], deve-se presumir que o *corpus* possessório se reporta a ele.

Não havendo título a resposta surge bem mais difícil. Primeiro, porque a posse, uma vez constituída com a apreensão material da coisa, não requer a prática de qualquer acto sobre ela, mas a mera possibilidade de isso acontecer (art. 1257º do código civil, no fim). Ora, se o possuidor não actua sobre a coisa torna-se virtualmente impossível reconhecer o direito exteriorizado pela posse através do recurso ao *corpus* possessório.

Em segundo lugar, mesmo agindo sobre a coisa, o possuidor não tem de praticar todos os actos materiais insertos no conteúdo de aproveitamento do direito exteriorizado, o que, por vezes, não permite destrinçar o *corpus* de uma posse nos termos da propriedade face a uma posse nos termos do usufruto ou do uso e habitação, por exemplo.

Ainda assim, haverá casos em que a decisão se afigura mais fácil. O proprietário de imóvel que leva o seu gado a pastar no prédio vizinho ou que nele faz uma derivação de água para o seu prédio não pode clamar uma posse de proprietário ou de usufrutuário para usucapir esse direito. O seu controlo material da coisa não excede a exteriorização de uma servidão predial, pelo que os efeitos da posse se devem ajustar ao direito exteriorizado através do *corpus* possessório.

VIII. O art. 1252º, nº 1 do código civil dispõe o seguinte:

"A posse tanto pode ser exercida pessoalmente como por intermédio de outrem".

Não se refere neste preceito a representação na posse. A representação em sentido técnico está excluída quanto ao *corpus* possessório e à posse em geral[3090]. Se bem que possa existir representação para a celebração do negócio jurídico através do qual se adquire a posse[3091], a aquisição do *corpus* possessório não se processa por negócio jurídico, ou qualquer outro comportamento declarativo-negocial, mas simplesmente através de uma acção física sobre a coisa.

O art. 1252º do código civil prevê a possibilidade do *corpus* possessório ser adquirido ou exercido através de um terceiro, um intermediário,

---

[3089] Se exceder esse âmbito deverá averiguar-se se tal corresponde a uma inversão do título da posse ou unicamente à violação de direito real ou da posse de outrem.

[3090] Cf., por exemplo, ELMAR BUND, STAUDINGER BGB, cit, pág. 102 e seg., JOOST, Münchener Kommentar, cit., § 854, 38.

[3091] Numa hipótese de constituto possessório.

que actua por conta de outra pessoa, o possuidor[3092]. Suponha-se, a título exemplificativo, que o procurador ou o mandatário com poderes de representação para comprar celebra o negócio de compra e venda e recebe do vendedor a coisa por tradição. Nesta hipótese, o *corpus* possessório, a posse, cabe ao comprador da coisa, embora esta esteja fisicamente com o procurador ou mandatário. O facto deste último ser um terceiro não obsta a que o *corpus* pertença a outra pessoa, em virtude da actuação ou sujeição física da coisa ocorrer por conta dessa pessoa.

No Direito alemão dir-se-á que o procurador ou mandatário reveste a qualidade de um "servidor da posse" ("Besitzdiener", § 855 do BGB). No Direito português dispõe-se simplesmente que o representante ou mandatário do possuidor[3093] é um possuidor em nome de outrem, um detentor da coisa (art. 1253º alínea c) do código civil).

O exemplo dado em cima respeita ao momento inicial de aquisição da posse, mas o mesmo sucede durante o exercício da posse. O possuidor do cão que deixa o animal num tratador enquanto vai ao estrangeiro ou a empresa que disponibiliza o carro de serviço ao trabalhador para ele ir de férias com a família não vê quebrado o seu *corpus* possessório, apesar de haver um terceiro que fica com a coisa consigo. Este tem, segundo a lei portuguesa, o estatuto de detentor, nos termos do art. 1253º alínea c) do código civil: possui para outrem, não para si.

Nos casos assinalados existe alguém com o qual a coisa se encontra fisicamente, sendo que o *corpus* possessório respeita a outra pessoa. Isto acontece, pelo facto de o intermediário ter a coisa por conta do possuidor, sem pôr em causa o direito exteriorizado por ele.

Um ponto em comum nos exemplos apresentados até agora reside nisto: em todos eles, o terceiro não afirma nenhum direito próprio sobre a coisa, limitando-se a agir por conta daquele que o faz. Por essa razão é sempre detentor e só detentor.

Há, no entanto, outro grupo de casos em que um terceiro age por conta do possuidor, permitindo que este continue a ter o controlo material da coisa, enquanto simultaneamente afirma um controlo material próprio nos termos de um direito. A situação típica encontra-se na oneração entre direitos reais de gozo. O usufrutuário, o usuário, o superficiário, o titular de

---

[3092] Cf., entre outros, ELMAR BUND, STAUDINGER BGB, cit, pág. 103.
[3093] Representante ou mandatário para a celebração do negócio jurídico, não para a aquisição da posse.

uma servidão predial, quando em poder da coisa, exteriorizam um direito próprio sobre ela e, nessa medida, juntam os dois elementos da posse: o *corpus* possessório e a exteriorização de um direito, o que lhes confere o estatuto de possuidores (art. 1251º do código civil).

O exercício do direito real de gozo menor requer que o titular actue materialmente sobre a coisa[3094], sendo essa a forma de aproveitamento inserta no tipo legal respectivo. Consoante mais extenso o conteúdo de aproveitamento propiciado pelo direito real, maior a susceptibilidade de actuação material sobre a coisa.

O *corpus* possessório do possuidor nos termos do direito real de gozo menor não preclude ou afasta o *corpus* possessório do possuidor nos termos da propriedade[3095]. Ambas as posses coexistem simultaneamente sobre a coisa. Estando esta com o possuidor nos termos do direito real menor, a subsistência da posse do proprietário[3096] explica-se pelo facto de o *corpus* possessório ser mantido pelo primeiro por conta do segundo. O possuidor nos termos do direito real menor tem, assim, a posse relativa ao direito que exterioriza, sendo detentor no tocante ao possuidor nos termos do direito maior, de acordo com a alínea c) do art. 1253º do código civil.

Na Alemanha, o § 868 do BGB contempla uma classificação entre posse imediata e mediata. Havendo posse do usufrutuário ou do superficiário, esta vem qualificada como uma posse imediata, por contraposição à posse mediata do proprietário, exercida através do primeiro possuidor. O Direito português não adoptou esta classificação. No regime do código civil não existe posse imediata e mediata, existe apenas posse. O proprietário, o usufrutuário, o usuário, etc., todos têm posse, que se diferencia apenas pelo direito a que se refere. Por sua vez, os possuidores nos termos do direito real menor são meros detentores, possuidores em nome alheio, relativamente à

[3094] Com excepção do poder de disposição, de exercício exclusivamente jurídico.

[3095] As situações são em todo o caso muito distintas. O aproveitamento do usufrutuário abrange todo o uso e fruição da coisa, pelo que a sua posse impede à partida a actuação material do possuidor nos termos da propriedade. A posse do superficiário, por sua vez, não impede o exercício de alguns dos poderes de gozo relativos à propriedade; por exemplo, se a superfície envolve o poder de construir uma obra no subsolo (um parque de estacionamento ou outra), o proprietário continua a poder gozar a coisa na parte restante do prédio, o que implica a actuação material. Por sua vez, uma servidão predial positiva tem, em regra, uma extensão de gozo muito reduzida, pelo que a actuação material do possuidor nos termos desse direito não exclui a actuação material concreta do possuidor nos termos da propriedade na parte do prédio não afectada pela servidão.

[3096] Ou nos termos da propriedade, para o caso em que o possuidor não seja o titular do direito de propriedade.

posse nos termos da propriedade, reunindo o duplo estatuto de possuidores e detentores consoante o direito considerado, o que exercem em nome próprio (possuidores) e o que exercem em nome alheio (detentores).

O desenho da situação possessória havendo oneração entre um direito real maior e um direito real menor existe igualmente com direitos da mesma espécie em comunhão. O comproprietário possuidor tem a posse atinente ao direito que exterioriza (a compropriedade), sendo detentor quanto aos demais compossuidores que com ele estão em comunhão.

Finalmente, para quem admite a posse nos termos de direitos pessoais de gozo (do locatário, do comodatário, etc.), a doutrina que se propugnará adiante neste trabalho, a dualidade acima mencionada nos casos anteriores tem igualmente lugar. O usufrutuário possuidor que dá de arrendamento o imóvel ou o proprietário possuidor que celebra um comodato do automóvel mantém a sua posse relativamente ao direito que exterioriza (o usufruto e a propriedade), o que quer dizer, que a entrega da coisa ao locatário ou ao comodatário não afecta o *corpus* possessório, e com isso a posse. Por seu lado, o locatário ou o comodatário que recebe a coisa do possuidor actua por conta dele quanto ao direito exteriorizado por este último, mas afirma ao mesmo tempo um direito próprio, o crédito que emerge do contrato de locação ou do comodato; ou seja, tem a detenção da coisa e a posse.

Vê-se, desta forma, que o *corpus* possessório pode ser criado ou mantido através da intermediação de outra pessoa que não o possuidor. A circunstância da coisa se encontrar com um terceiro não impede a formação do *corpus* possessório, nem o destrói, contando que aquele actue por conta do possuidor quanto ao direito por ele exteriorizado e exprima, dessa forma, o controlo material do último sobre a coisa.

IX. O *corpus* possessório pode pertencer a uma pessoa colectiva, qualquer que seja a sua espécie ou o regime jurídico a que se encontre legalmente sujeita[3097]. Isso resulta naturalmente do facto de o Direito português admitir a posse a favor de pessoa colectiva, em paridade absoluta com as pessoas singulares. Nesta medida, o *corpus* possessório, elemento estruturante da posse, existirá – terá de existir – em qualquer posse de pessoa colectiva sobre uma coisa.

[3097] Sobre a matéria, cf. Elmar Bund, Staudinger BGB, cit, pág. 104 e seg., Joost, Münchener Kommentar, cit., § 854, 15 a 25, Fritzsche, BeckOK BGB, Bamberger/Roth/Rau/Poseck, 43. Edition, 2017, cit., § 854, 50 a 52, Vieweg/Werner, Sachenrecht, cit., pág. 41, Petersen, "Sonderfragen zum Recht des Besitzes", Jura Juristische Ausbildung, 2002, 3, pág. 256 e seg.

De modo inteiramente similar ao do possuidor pessoa singular, o *corpus* possessório de pessoa colectiva consiste igualmente num dado controlo material da coisa[3098]. Em todo o caso, há que reconhecer as diferenças atinentes ao poder de actuação sobre a coisa, que na pessoa singular depende, em regra, apenas da sua acção, enquanto na pessoa colectiva depende da organização interna e de regras de competência no seu funcionamento.

Com respeito pelas regras de organização interna e de competência, a pessoa colectiva adquire o *corpus* possessório da coisa através dos modos normais de aquisição da posse (art. 1263º, alínea a) do código civil) e mantém-no enquanto durar o seu poder de actuação sobre a coisa (art. 1257º do código civil).

As pessoas singulares titulares dos órgãos sociais, os representantes e demais colaboradores da pessoa colectiva actuam o poder material sobre a coisa nos termos do direito exteriorizado por ela. Quando o fazem, não representam a pessoa colectiva na posse[3099] nem têm a detenção da coisa[3100]: exercem simplesmente a posse da pessoa colectiva[3101]. A sua actuação sobre a coisa confunde-se com a actuação da pessoa colectiva.

Deste modo, a actuação das pessoas singulares que integram os órgãos sociais da pessoa colectiva, ou, se se preferir, a actuação dos órgãos sociais, e, quando for o caso, dos seus representantes e colaboradores, toma o lugar que na posse de pessoa singular cabe a esta. São os órgãos sociais, os representantes e colaboradores da pessoa colectiva que criam e exercem o *corpus* possessório, tornando possível a posse das coisas em poder dela.

Se bem que se pense usualmente o *corpus* possessório da pessoa colectiva por referência ao direito de propriedade, nenhuma razão há para que assim seja. A posse da pessoa colectiva pode reportar-se a um direito real menor, a um direito de crédito quando a posse for possível (locação, comodato, etc.)[3102] e a um direito em comunhão (compropriedade, co-usufruto ou outro).

[3098] Num sentido aparentemente diferente, Joost, Münchener Kommentar, cit., § 854, 15.

[3099] Sobre a impossibilidade legal de representação na posse, cf. o que se disse neste número.

[3100] Com isto não se quer dizer que um titular de órgão social, um trabalhador ou outro colaborador da pessoa colectiva não possa ser detentor da coisa possuída por esta. No entanto, quando qualquer daquelas pessoas, por competência própria ou autorização, actua materialmente sobre a coisa em nome da pessoa colectiva, exteriorizando um direito afirmado por esta última, não tem a detenção, apenas exerce a posse da pessoa colectiva.

[3101] Aparentemente neste sentido, Joost, Münchener Kommentar, cit., § 854, 18 a 20, Fritzsche, BeckOK BGB, Bamberger/Roth/Rau/Poseck, 43. Edition, 2017, cit.,

[3102] Sobre isto, cf. *infra* no texto, no capítulo respeitante ao âmbito da posse.

X. No regime jurídico português a posse somente pode ser adquirida com a formação do *corpus* possessório (o "poder de facto"); sem ele não há ainda posse. Do mesmo modo, a conservação da mesma pressupõe que o *corpus* possessório se mantenha (art. 1257º do código civil).

Excepcionalmente, porém, a posse pode subsistir ainda quando o *corpus* possessório vem a ser quebrado por esbulho de terceiro. Dispõe a alínea d) do art. 1267º do código civil que o possuidor perde a posse:

"Pela posse de outrem, mesmo contra a vontade do antigo possuidor, se a nova posse houver durado por mais de um ano".

Durante o ano seguinte ao esbulho, a posse permanece com o possuidor esbulhado[3103], embora já sem o controlo material da coisa, perdido a favor de um terceiro.

Dos glosadores à pandectística alemã sempre se explicou esta solução com recurso à vontade do possuidor: a posse seria mantida *solo animo*. Ela teria de ser adquirida *corpore et animo*, mas poderia ser mantida – durante um ano – somente com o *animus* do possuidor.

O fundamento legal da continuação da posse após a perda do seu elemento estruturante não tem nada a ver com a intenção do possuidor, que, como sempre, não releva para nada. Um exemplo: a coisa vem a ser roubada ao possuidor e este desiste de a recuperar, por não lhe interessar mais. Morre dois meses depois e os sucessores intentam uma acção de restituição; pode ser objectado à procedência da acção que o possuidor já não tinha *animus*?

Não pode. A perda da posse ocorre objectivamente com o decurso do prazo de caducidade previsto no art. 1267º, alínea d) do código civil e não por qualquer suposta ou real perda do *animus*.

A razão para a subsistência da posse reside na necessidade de um tempo suficiente para o possuidor reagir judicialmente ao esbulho. Se a posse se extinguisse no momento deste facto, o esbulhado ficaria privado de encetar a defesa possessória (através da acção de restituição), por já não poder invocar a posse. A tutela possessória seria, assim, uma ficção.

[3103] Sem prejuízo da nova posse adquirida pelo terceiro com o esbulho (apossamento, inversão do título da posse). No ano seguinte a esse facto coexistem duas (ou mais) posses incompatíveis sobre a mesma coisa, ambas aferidas ao mesmo direito, que pode ser naturalmente também a propriedade. Duas posses simultâneas sobre a mesma coisa nos termos da propriedade representa, provavelmente, a derrogação moderna mais significativa da regra romana *plures eandem rem in solidum possidere non possunt*.

Com a conservação da posse após a quebra do *corpus* possessório a lei portuguesa não põe em crise que o mesmo seja um elemento estruturante daquela; ao invés, limita-se a proteger a situação existente, que repousava no controlo material da coisa, para permitir que o possuidor o recupere. Se isso suceder, e o possuidor for restituído ao *corpus* possessório, a lei portuguesa ficciona que ele nunca teve lugar (art. 1283º do código civil), permitindo com isto a continuidade dos prazos ligados à posse, nomeadamente, o prazo para a usucapião.

XI. O *corpus* possessório é a situação de facto subjacente à posse. Na questão tradicional sobre se a posse é um facto ou um direito, que tem dividido os juristas de todos os tempos, não se atenta, em regra, para os seus elementos estruturantes, analisando-se unicamente a posse.

No entanto, saber se existe ou não corpus *possessório* representa uma questão de facto, a provar por aquele que invoca judicialmente a posse.

39. A exteriorização de um direito

I. Na doutrina objectivista apresentada por JHERING[3104] o *corpus* possessório equivale a posse quando não haja uma norma legal que descaracterize a situação para mera detenção. Esta estrutura da posse assenta, assim, num único elemento positivo (o *corpus* possessório) e pressupõe um outro negativo (a inexistência de uma norma que exclua a posse), contrapondo-se aos dois elementos tradicionais revelados por PAULO e erguidos como fundamento do subjectivismo possessório: o *corpus* e o *animus*.

A teoria objectivista de JHERING representa um indiscutível avanço na dogmática possessória, ligando a vontade (*animus*) unicamente à acção humana de controlo material da coisa, ao mesmo tempo que a dissocia da estrutura da posse como elemento autónomo, quer dizer, lhe retira qualquer papel na atribuição, manutenção e perda da posse.

Este modo de construir a estrutura da posse não se afigura, porém, isento de reparos. No seu afã principal de afastar de cena o *animus* possessório e de destruir a doutrina subjectivista nele baseada, JHERING[3105] deixa na sombra a razão substantiva pela qual ao controlo material de uma coisa – que pode ser até ilícito por estar em violação de um direito real – estão asso-

---

[3104] Cf. *supra* o que se disse sobre este autor na Parte Primeira.
[3105] Justiça seja feita, JHERING afirma com todas as letras que a mera proximidade física entre uma pessoa e uma coisa não tem relevância jurídica e que esta resulta apenas de uma relação possessória. Besitzwille, cit., pág. 21. Simplesmente, falta uma menção explícita e bem delimitada a um direito exteriorizado na posse, que para JHERING é sempre a propriedade.

ciados efeitos jurídicos e um conteúdo de protecção, incluindo acções próprias que não cabem no regime de nenhum outro direito real de gozo.

Essa razão substantiva encontra-se na exteriorização de um direito[3106]. Isso decorre com muita clareza da conjugação dos artigos 1251º e 1253º do código civil português. Começando pelo último preceito e analisando cada uma das hipóteses legais de detenção, as únicas previstas no sistema jurídico português, todas elas revelam um traço comum: o detentor é alguém que actua por conta de outra pessoa (o possuidor), não afirmando um direito próprio sobre a coisa.

Não obstante as três alíneas do art. 1253º, o critério que constitui a regra geral da detenção consta da alínea c) do preceito. Segundo ela, são detentores ou possuidores precários:

"(...) todos os que possuem em nome de outrem".

Na verdade, o art. 1253º poderia ter simplesmente esta redacção que nada se alteraria no regime jurídico da posse. Nem a hipótese da alínea a) (constituto possessório) nem a hipótese da alínea b) (actos de mera tolerância) dispõem nada de diverso. Em ambos os casos, aquele que tem a coisa em seu poder age em nome de outrem, não afirmando um direito próprio sobre a coisa.

Quem não exterioriza um direito sobre a coisa é sempre detentor, segundo o art. 1253º do código civil. A actuação sobre a coisa por conta de outrem gera apenas detenção, não a posse, apesar da coisa se encontrar fisicamente com o detentor.

Se o art. 1253º desvaloriza para detenção aquele que tendo a coisa consigo age por conta de outrem, acentuando a dimensão negativa da ausência de direito, o art. 1251º dispõe pela positiva que a posse se manifesta quando alguém age sobre a coisa nos termos da propriedade ou de outro direito

---

[3106] JOOST, Münchener Kommentar, cit., § 854, 14 critica como errada, e de afastar, a opinião de alguns autores (WOLFF/RAISER, GUTZEIT) de que só haveria posse em caso de aparência de uma relação jurídica com a coisa, afirmando tratar-se de uma reminiscência da doutrina de JHERING sobre o fundamento da posse. E dá como exemplo a posse do ladrão conhecida publicamente. Faltaria a relação jurídica com a coisa e, ainda assim, haveria posse. Esta crítica não pode ser dirigida à doutrina que se defende no texto, segundo a qual, a posse requer a exteriorização de um direito. Na verdade, esta exteriorização não pode ser confundida com a titularidade do direito, o que acontece na crítica de JOOST. Mesmo o ladrão exterioriza um direito (a propriedade) e comporta-se como titular do mesmo, usando, fruindo e dispondo da coisa. A circunstância de saber que não é o titular do direito não altera isso: o regime possessório sempre foi indiferente à falta de titularidade do direito, mas nunca à falta de afirmação de um direito (posse em nome alheio), qualificada invariavelmente como mera detenção.

real, ou seja, dito por outras palavras, quando exterioriza um direito sobre a coisa.

E aqui reside a verdadeira razão pela qual desde a antiguidade romana até aos nossos dias o Direito protege a posse: porque nela ocorre a exteriorização de um direito. A exteriorização de um direito através da posse reveste uma intensidade tal, que a lei portuguesa presume a titularidade do mesmo (art. 1268º, nº 1 do código civil)[3107].

Possuidor não é, por conseguinte, aquele que tem o mero controlo material da coisa, em si, juridicamente irrelevante[3108], mas sim o que, exercendo esse controlo, afirma simultaneamente a titularidade de um direito, ainda que não a tenha. Quem não exterioriza um direito não tem posse, mas detenção (art. 1253º do código civil), não beneficiando, assim, do conteúdo de protecção que cabe ao possuidor, incluindo as acções possessórias.

A afirmação ou exteriorização de um direito constitui o elemento estruturante da posse que acresce ao *corpus* da teoria objectivista de JHERING e substitui a referência, ficcionada e inútil, ao *animus* da teoria subjectivista. Ao mesmo tempo concilia o regime jurídico com o seu fundamento principal: a tutela provisória de um direito[3109], o direito exteriorizado na posse.

Com isto, evidencia-se devidamente um dos fundamentos da posse, a tutela provisória de um direito, e devolve-se ao sistema normativo o seu papel de regulação da mesma, afastando a tentação ingénua de deixar na vontade incognoscível, aleatória e arbitrária do possuidor o seu reconhecimento e efeitos jurídicos.

II. A exteriorização de um direito não deve ser confundida nem com a aparência de um direito nem tão-pouco com a titularidade do mesmo[3110]. Se a posse apenas fosse protegida em caso de aparência de titularidade do direito, esta protecção não seria concedida quando a não titularidade do possuidor fosse conhecida em geral. No entanto, isso não acontece. Um adquirente da propriedade por título inválido ou um esbulhador cujo esbulho seja do conhecimento do círculo de interessados tem na mesma a posse se os requisitos gerais estiverem presentes, ou seja, mesmo que falhe a aparência de titularidade do direito.

[3107] Presunção essa elidível, como se sabe.
[3108] Para o regime da posse, claro está.
[3109] Sobre este ponto, cf. *infra* no capítulo dedicado ao tema.
[3110] Por isso, julga-se que as críticas de JOOST, Münchener Kommentar, cit., § 854, 14 não são pertinentes quanto à posição que se exprime no texto.

Isto vale igualmente para a falta de titularidade do direito. Por muito que tal gere perplexidade, a ausência de titularidade do direito nunca impediu historicamente, desde o Direito romano, a protecção possessória do possuidor formal, seja a posse deste adquirida com violação da propriedade, o caso típico do furto, ou não, como no negócio jurídico inválido.

Aquele que tem o controlo material da coisa, o senhorio de facto sobre a mesma, exterioriza um direito sobre ela. Isso não depende nem da aparência suscitada nem da titularidade do direito. O ladrão afirma um direito próprio sobre a coisa e actua sobre ela como se o tivesse, exercendo poderes de uso, fruição e de disposição.

Por esta razão, também o possuidor formal beneficia da presunção da titularidade do direito (art. 1268º do código civil), pode recorrer às acções possessórias, defendendo a sua posse, e pode vir ainda a adquirir o direito que exterioriza por usucapião.

III. Num sistema jurídico como o romano em que não vem admitida mais do que uma posse sobre a coisa, ou se tem a posse desta ou se tem a simples detenção. Para quem sustenta que a posse só existe nos termos da propriedade, por via do *animus domini* (SAVIGNY)[3111] ou simplesmente da exteriorização que a ela vem associada (JHERING)[3112], a falta de afirmação deste direito implica inelutavelmente o estatuto de detenção. A exteriorização de qualquer outro direito confere sempre a posição de detentor sobre a coisa, uma *possessio naturalis* ou uma *quasi possessio* (ou *iuris possessio*), dependendo dos casos, para usar terminologia romana[3113].

A superação da regra romana p*lures eandem rem in solidum possidere non possunt* nos códigos civis modernos eliminou a característica da exclusividade ligada à posse. Para além da propriedade, pode haver posse, pelo menos, no tocante a qualquer outro dos direitos reais de gozo (art. 1251º do código civil), independentemente da questão de saber se ela pode existir por referência a outras espécies de direitos reais (nomeadamente, de garantia) e mesmo a direitos subjectivos não reais.

Uma posse exercida nos termos de um direito real menor[3114] implica sempre a detenção por referência à propriedade. O possuidor nos termos de um direito de casa de morada ou de uma superfície, e que tem a coisa

---

[3111] Cf. as referências doutrinárias que se fizeram na Parte Primeira.
[3112] Sobre esta matéria cf. o que ficou dito na Parte Primeira.
[3113] Sobre o significado destes conceitos, cf. o que se disse na análise ao Direito romano na Parte Primeira.
[3114] Ou de qualquer outro direito para além da propriedade.

consigo³¹¹⁵, não exterioriza a propriedade, sendo, por conseguinte, quanto a este direito, um mero detentor, de acordo com o disposto na parte final da alínea c) do art. 1253º do código civil. No entanto, a posição de detentor relativamente à propriedade não obsta a que seja afirmado um outro direito sobre a coisa, o direito de casa de morada ou de superfície, o que somado à existência do controlo material da coisa (*corpus* possessório) redunda numa posse a seu favor.

A exteriorização de um direito real menor sobre a coisa possibilita, desta forma, a posse àquele que actua por conta do proprietário no que respeita ao direito deste: possuidor nos termos do direito real menor, detentor relativamente à posse do proprietário³¹¹⁶.

O direito exteriorizado através da posse não tem de ser a propriedade, podendo ser outro direito sobre a coisa (direito real) ou um direito de diferente natureza que permita uma actuação sobre ela, conforme se verá adiante. A actuação material sobre a coisa por conta do possuidor acarreta sempre detenção; quando acompanhada da afirmação simultânea de um direito próprio confere posse. Deste modo, uma mesma pessoa pode actuar por conta de outra enquanto exterioriza simultaneamente um direito próprio: a um tempo detentor e possuidor.

IV. Como se afere a exteriorização do direito pelo possuidor?

Saber se aquele que tem uma coisa (corpórea) consigo e que pode actuar sobre ela exterioriza um direito próprio ou um direito alheio constitui uma questão de facto³¹¹⁷, a resolver segundo as regras gerais de prova.

Àquele que invoca a posse cabe provar o facto aquisitivo respectivo. Contudo, e diversamente do que sucede com as outras situações jurídicas, a posse mantém-se enquanto durarem os seus elementos constitutivos, pelo que, além da prova do facto aquisitivo, o que invoca a qualidade de possuidor deve provar igualmente³¹¹⁸⁻³¹¹⁹:

[3115] Parte-se aqui da situação normal: o titular do direito real de gozo estar na posse da coisa para exercício do seu direito. Porém, tal pode não acontecer, porque nunca foi investido na posse ou sofreu entretanto um esbulho e decorreu um ano após o mesmo (art. 1267º, alínea d) do código civil).

[3116] Ou de quem não o seja, mas possua nos termos da propriedade.

[3117] Não deve ser confundida a exteriorização de um direito com a titularidade do mesmo, que constitui evidentemente uma questão de direito. A posse existe independentemente da titularidade do direito exteriorizado, que pode não ocorrer e o facto ser, inclusive, do conhecimento do possuidor, por exemplo, nos casos de invalidade formal, de furto ou roubo da coisa.

[3118] Cf. também FRITZSCHE, BECKOK BGB, BAMBERGER/ROTH/RAU/POSECK, cit., § 854, 56.

[3119] Uma vez adquirida a posse ela pode ser perdida, por quebra do *corpus* possessório ou por falta de exteriorização de um direito. Por esta razão, ao autor da acção possessória não basta provar que

- O controlo material da coisa;
- A exteriorização de um direito próprio sobre ela.

Dado que a posse representa o somatório destes dois elementos, aquele que pretende fazer valer a posse tem de os provar. Falhando a prova de qualquer deles, não se demonstra que a posse exista.

No que diz respeito à questão que ora se aborda, a exteriorização do direito pode ser provada, fundamentalmente, por três vias:
- Pelo título aquisitivo do direito exteriorizado;
- Pelo registo do facto aquisitivo do direito;
- Pelo próprio *corpus* possessório.

Antes de se abordar cada uma destas vias, convém esclarecer que nenhuma delas constitui prova absoluta e definitiva da exteriorização de um direito. Por exemplo, o registo pode estar desactualizado, o direito pode entretanto haver sido transmitido depois de adquirido, etc.

A existência de um título aquisitivo constitui provavelmente a prova mais segura da exteriorização de um direito. Os factos com eficácia real, como a compra e venda, a doação, a permuta, o testamento, etc., celebrados a favor do que tem o *corpus* possessório, atestam verosivelmente essa exteriorização. O título aquisitivo não tem, porém, de ser negocial, dado que a lei prevê factos não negociais de aquisição de direitos reais, como a usucapião, a ocupação, a acessão, a aquisição tabular por força de efeito atributivo do registo predial, etc.

A validade do título aquisitivo não tem relevância jurídica neste contexto. Como a posse não requer a titularidade do direito, existindo sem atender a ela, a invalidade do título aquisitivo não compromete, em princípio, a aparência de exteriorização do direito que resulta dele.

Um título translativo do direito a favor de outrem pode infirmar a exteriorização resultante de um título aquisitivo anterior nos casos de constituto possessório, por força da aplicação do disposto no art. 1253º, alínea b) do código civil. Fora desses casos, a celebração de um facto translativo não é suficiente para afastar a exteriorização do direito: o possuidor que celebra a compra e venda (sem cláusula de constituto), mas recusa-se a realizar a tradição a favor do comprador permanece na posse, apesar do contrato celebrado. A posse não supõe a titularidade do direito e pode existir na mesma

---

em determinado momento a adquiriu, tem igualmente de provar que ela se mantém, o que passa pela demonstração actual dos seus elementos constitutivos.

quando o possuidor conhece a ausência de titularidade; o exemplo do possuidor ladrão elucida isto sem dificuldade.

O registo do facto aquisitivo confirma ou prova por si a exteriorização do direito. De resto, o Código do Registo Predial presume mesmo a titularidade do direito a que se reporta o facto registado (art. 7º). Nos casos em que o registo se faz na dependência do título aquisitivo, como, por exemplo, a inscrição predial, ele apenas reforça a exteriorização que decorre já desse título. Noutros casos, como o registo automóvel, em que a inscrição registal opera pela mera declaração *ad probationem* das partes para efeito do registo, este ganhará uma importância probatória autónoma no esclarecimento da existência da exteriorização de um direito.

Finalmente, a exteriorização do direito pode advir do próprio *corpus* possessório, a partir de uma interpretação que se faça do âmbito da actuação do sujeito sobre a coisa. Aquele que, sem autorização do proprietário ou o seu conhecimento, mas às claras, faz uma derivação de águas do ribeiro existente no prédio vizinho para o seu, actua como titular de uma servidão de águas, sem ter título aquisitivo ou registo a seu favor. A exteriorização retira-se por interpretação do *corpus* possessório, que coincide com o exercício de uma servidão. Do mesmo modo, o ladrão que toma a coisa de outra pessoa para vender e realizar dinheiro com ela actua como seu proprietário e essa actuação permite vislumbrar o direito nos termos do qual a actuação tem lugar.

O disposto no art. 1252º, nº 2 do código civil apoia esta leitura do *corpus* possessório. Dispõe o preceito:

"Em caso de dúvida, presume-se a posse naquele que exerce o poder de facto".

A preferência por aquele que tem o *corpus* em caso de conflito possessório, havendo dúvidas sobre quem é o possuidor da coisa, denota uma valorização desse elemento que só pode ser explicada pela manifestação de um direito que dele resulta.

Com isto não se pretende dar qualquer relevância isolada ao *corpus*. Este só origina posse quando acompanhado da exteriorização de um direito. Todavia, na ausência de outros elementos de prova, ele pode servir para demonstrar essa mesma exteriorização.

40. Exteriorização de um direito e *animus* possessório

A exteriorização de um direito não deve ser confundida com qualquer intenção do possuidor, seja qual for a designação que se adopte para essa intenção: *animus, animus possidendi, animus sibi habendi* ou outra.

Na construção dogmática que se perfilha sobre os elementos da posse, a exteriorização do direito não toma o lugar do *animus*, como um seu qualquer sucedâneo ou substituto, acentuando antes a diferença de perspectiva entre uma teoria que se contenta em fundar-se numa dada leitura de extractos históricos de juristas romanos contidos no *corpus iuris civilis* e o conteúdo moderno apurado através da interpretação das fontes normativas em vigor.

Segundo a perspectiva primitiva dos romanos, mantida durante séculos na Europa continental por força das sucessivas recepções do Direito romano, a posse vem reconhecida àquele que tem o senhorio da coisa e a intenção de o exercer. A transformação do regime da posse operada pelos códigos civis modernos, e para o que aqui interessa, pelo código civil português, não guardou, todavia, nenhum papel para a vontade. A posse pode subsistir sem a vontade do possuidor e mesmo contra ela. É o Direito e não o possuidor que define quando a posse existe, quando se mantém e quando se extingue.

Na teleologia do sistema jurídico português a protecção atribuída ao possuidor acontece por causa da associação da posse a um direito daquele a actuar sobre a coisa. A posse faz presumir a titularidade desse direito (art. 1268º, nº 1 do código civil).

Nada disto tem a ver com o *animus*, mas com o fundamento da posse: a tutela provisória de um direito.

41. A mera detenção

I. Na doutrina de alguns autores[3120], com destaque para SAVIGNY[3121], a detenção é o elemento físico correspondente ao estado de apreensão material da coisa, o qual se soma ao *animus* (nas doutrinas subjectivistas).

O conceito de detenção tem, todavia, outro significado na lei portuguesa. Detentor é alguém que, tendo embora a coisa consigo, actua nela por conta de outra pessoa, de quem é um mero intermediário. O detentor não exterioriza, assim, o direito sobre a coisa, sendo essa a razão primária do seu estatuto legal[3122].

[3120] Cf. sobre isto o que se disse na Parte Primeira.
[3121] Das Recht des Besitzes, cit., pág. 25 e segs.
[3122] Em sentido diverso, defendendo ser através do *corpus* que se distingue posse e detenção, RUI ATAÍDE, Posse E Detenção, cit., pág. 53 e segs.

O art. 1253º do código civil contém o elenco das situações principais de detenção, que se podiam resumir, no entanto, ao teor constante da alínea c) do preceito: tem a detenção da coisa aquele que, actuando sobre ela, exterioriza direito alheio ou, se se preferir, não exterioriza um direito próprio.

II. O art. 1251º do código civil não esgota, contudo, o âmbito da detenção. Há pelo menos um outro grupo de casos em que não está em causa a falta de exteriorização de um direito, mas uma impossibilidade legal de posse.

Tem-se em vista, em concreto, as coisas fora do comércio, que não podem ser objecto de posse. O que apreende um bem do domínio público e o retém fisicamente, com o poder de actuar sobre ele, tem somente detenção da coisa.

A detenção existe nestes casos, porquanto a lei impossibilita a posse sobre as coisas do domínio público (ou equiparado), declarando inaplicável o seu regime jurídico, e não pela falta de qualquer um dos seus elementos estruturantes.

III. Se bem que a ausência de exteriorização do direito seja o principal critério de distinção entre a situação possessória e a de mera detenção[3123], convém precisar ainda que o detentor não tem o "poder de facto" sobre a coisa, como por vezes se lê[3124].

Na verdade, intermediando a actuação do possuidor sobre a coisa, o detentor concretiza o senhorio físico daquele, não o seu. Por esta razão, não se pode falar de um *corpus* possessório do detentor. Tal *corpus*, enquanto expressão de uma dominação física da coisa, pertence apenas ao possuidor.

Ainda assim, a detenção caracteriza uma situação em que alguém tem a coisa consigo com a intensidade suficiente para exprimir o controlo do possuidor, o que a coloca num patamar de estabilidade e intensidade que a diferenciam do mero contacto esporádico e pontual de alguém sobre uma coisa, que não constitui nem posse nem detenção[3125].

IV. A distinção entre posse e detenção com base no *animus* fez escola a partir dos trechos romanos que mencionam aquele elemento. O possuidor teria *animus*, qualquer que ele fosse (*animus domini, animus possidendi, animus sibi habendi*), enquanto este estaria ausente no detentor. No contexto da

---

[3123] O detentor não exterioriza um direito próprio sobre a coisa.
[3124] SACCO/CATERINA, Il Possesso, cit., pág. 155 e segs. Parece ser esse também o pensamento de RUI ATAÍDE, Posse E Detenção, cit., pág. 54, que, contudo, considera estar aí – e não na falta de exteriorização de um direito – o critério de distinção entre posse e detenção.
[3125] Sobre isto, cf. o que se disse no número atinente ao *corpus* possessório.

detenção, há quem leve a ficção subjectivista ao limite, falando num *animus detinendi* do detentor[3126].

As explicações fundadas na vontade do agente não correspondem ao regime jurídico da posse, como se teve a oportunidade de se expor. Aquele que tem a coisa consigo exteriorizando um direito é possuidor, ainda que a sua vontade seja contrária à posse; inversamente, o que tem *animus possidendi*, mas a norma jurídica qualifica a situação como detenção, é um detentor, independentemente da vontade contrária, que não reveste qualquer relevância para o Direito.

O mesmo se diga para a detenção. Esta decorre da aplicação de uma norma jurídica que retira a posse numa situação de controlo material de alguém sobre uma coisa corpórea. Qual a vontade do detentor, não se pergunta nem se requer para coisa alguma no regime jurídico da posse.

V. Alguns autores, e por vezes tribunais, nacionais e estrangeiros, fundam o estatuto do detentor numa combinação do elemento voluntário (*animus*) com o título[3127]. Assim, o contrato de locação e de comodato, por exemplo, dariam o título que permitiria a qualificação da situação como de mera detenção. Trata-se, como se percebe, de uma reminiscência da teoria da causa, versada agora não no contexto de aferição do *animus*, mas da ausência dele.

Isto pressupõe uma tomada de posição apriorista quanto à posição do contraente de um dado contrato, assente como sempre na afirmação paralela da falta de *animus*. O contrato serviria como prova do *animus*, ou melhor, da falta dele, e permitiria qualificar determinadas posições contratuais como correspondendo a detenção.

Nada disto se harmoniza com o Direito positivo da posse. Havendo controlo material de uma coisa nos termos de um direito, só não haverá posse se uma norma jurídica descaracterizar a situação para detenção. O que torna a decisão sobre a posse ou detenção dependente do regime jurídico, não de uma proclamada intenção ou falta dela.

VI. São apresentadas por vezes classificações de detenção. Assim fazem, por exemplo, SACCO[3128], SACCO/CATERINA[3129] e RISI[3130], em Itália, que falam

---

[3126] SACCO/CATERINA, Il Possesso, cit., pág. 166 e segs., RISI, Il Possesso, cit., pág. 159, TORRENTE//SCHLESINGER, Manuale Di Diritto Privatto, Ventitressima Edizione, Roma, 2017, pág. 355 e segs.
[3127] SACCO/CATERINA, Il Possesso, cit., pág. 167 e segs., RISI, Il Possesso, cit., pág.161 e segs.
[3128] "Detenzione autonoma e qualificata", Digesto delle Discipline Privatistiche, Sezione Civile, Aggiornamento, Torino, 2010, pág. 515 e segs.
[3129] Il Possesso, cit., pág. 170 e segs.
[3130] Il Possesso, cit., pág. 168 e segs.

em detenção autónoma e qualificada. A razão para esta qualificação reside no art. 1168 do *codice civile* italiano, que nos casos de esbulho violento e clandestino concede acções possessórias ao detentor, mencionando separadamente o que detém por razões de serviço e de hospitalidade. Este último tem uma detenção "autónoma", por contraposição aos demais detentores, com uma detenção "qualificada" ou "interessada"[3131].

Defronte dos dados normativos portugueses, não se vê qualquer razão para uma classificação da detenção ou dos detentores. O Direito português não conhece nenhuma situação como as que o art. 1168 do *codice civile* prevê em Itália ou o BGB contempla para o denominado "servidor da posse" (*Besitzdiener*) nos §§ 855 e 860[3132]. O regime jurídico português não atribui no art. 1251º e seguintes do código civil qualquer forma de tutela possessória ao detentor, que nunca pode reagir sozinho em caso de esbulho da coisa realizado por terceiro. Ao possuidor cabe a tutela possessória, não ao detentor.

Com isto não deve ser confundida a situação emergente dos regimes da locação (art. 1037º, nº 2), comodato (art. 1133º, nº 2), parceria pecuária (art. 1125º, nº 2) e depósito (art. 1188º, nº 2), nos quais a lei outorga protecção possessória ao locatário, comodatário, parceiro pensador e depositário. Trata-se, nestes casos, de verdadeira protecção de posse e não de outorga de legitimidade activa ao detentor para defesa da sua "posição"[3133]. Estes preceitos fundam uma protecção possessória diferenciada para a posse fora do âmbito dos direitos reais de gozo, não dão azo a qualquer diferenciação de tratamento jurídico entre os detentores.

VII. Não havendo um tratamento jurídico diferenciado da detenção, não se vislumbra qualquer razão para fazer uma classificação de figuras que se reconduzam ao conceito, mas apresentem notas distintivas próprias. O Direito português não propicia qualquer fundamento para isso, conforme se fez notar no ponto anterior.

[3131] SACCO/CATERINA, Il Possesso, cit., pág. 172.

[3132] Este conceito é estranho ao Direito romano e não aparece igualmente na pandectística alemã do século XIX. A sua aparição no BGB não deixou, por isso, de produzir ondas de choque na dogmática possessória do final do século XIX. Para uma ilustração, veja-se WENDT, "Der mittelbare Besitz des bürgerlichen Gesetzbuches", Archiv für die civilistische Praxis, 1897, 37, pág. 40 e segs., WIELING, "Voraussetzungen, Übertragung und Schutz des mittelbaren Besitzes", 1984, 184, pág. 439 e segs.

[3133] Que não é nenhuma. O detentor é um intermediário do possuidor no controlo material da coisa, nada mais.

Não se ignora, contudo, que os termos em que o sistema jurídico português aceita o concurso de posses sobre a mesma coisa[3134] possibilita a ocorrência de múltiplas situações em que um detentor reveste simultaneamente a qualidade de possuidor. Para dar os exemplos mais simples e incontroversos, o caso do possuidor nos termos do usufruto, do uso e habitação e da superfície relativamente ao direito de propriedade, o do possuidor nos termos da servidão de passagem no tocante à propriedade, etc.

Nestes casos não se vê inconveniente em falar numa detenção combinada, para assinalar que o detentor tem ao mesmo tempo a posse referida a um outro direito diverso daquele em que actua por conta de outrem. Esta detenção combinada contrapõe-se aos casos de detenção simples ou pura, em que o detentor reveste apenas essa qualidade, não tendo qualquer posse a seu favor. Os exemplos são os do mandatário (representativo), do procurador, do trabalhador por conta de outrem relativamente às coisas da entidade empregadora, do gestor de negócios, do empreiteiro relativamente às coisas fornecidas pelo dono da obra, etc.

De qualquer forma, uma tal classificação entre a detenção combinada e a detenção simples ou pura serve apenas o propósito, modesto, de salientar a circunstância de o estado de detenção poder coexistir com uma posse na mesma pessoa e não para expressar qualquer regime jurídico próprio da detenção, uma diferença de tratamento normativo para alguns detentores, que o Direito português não prevê.

VIII. Caracterizada desta forma, a detenção consiste numa situação de facto em que se encontra aquele que funciona como intermediário do possuidor no controlo material da coisa.

À detenção a ordem jurídica portuguesa, em particular, o regime jurídico do art. 1251º e seguintes do código civil, não associa quaisquer efeitos jurídicos, nomeadamente, nenhum dos efeitos jurídicos da posse, incluindo a tutela possessória ou a usucapião.

Nada disto deve surpreender. O detentor actua por conta de um possuidor; se a posse é violada, com turbação ou esbulho, a reacção cabe ao titular da posse, não a um mero intermediário do "poder de facto" como é o detentor.

Não constitui argumento contrário o regime dos artigos art. 1037º, nº 2, 1133º, nº 2, 1125º, nº 2 e 1188º, nº 2 do código civil. Como mais à frente se demonstra, todos estes preceitos referem-se à tutela de possuidores e à

[3134] Sobre isto, cf. o capítulo seguinte.

defesa da posse. De resto, o contrário, uma defesa de uma mera situação de facto, de um nada jurídico, por via de acções possessórias não deixaria de representar um equívoco técnico injustificável. A outorga de acções possessórias implica o reconhecimento normativo da situação possessória e não uma tutela, que seria incompreensível, da detenção.

Capítulo II
O Objecto da Posse

42. Considerações preliminares

I. O estudo do objecto da posse visa revelar sobre que realidades pode incidir a posse. O esclarecimento que daqui advém tem a importância acrescida da delimitação do instituto, ou seja, do âmbito de aplicação do seu regime jurídico.

Se uma dada realidade pode constituir objecto de posse o regime jurídico desta fica imediatamente em equação: a tutela possessória mediante as acções respectivas, a presunção da titularidade do direito e, com particular relevância, a usucapião, sem esquecer naturalmente os outros efeitos (fruição, benfeitorias, etc.).

Quando se discute, por exemplo, se o estabelecimento comercial pode ser possuído, tem-se em vista usualmente a possibilidade de extensão das acções possessórias à sua defesa. Por sua vez, a posse de participações sociais liga-se inevitavelmente à aplicação do regime de usucapião e, com isso, à aquisição do direito social por via dela, em detrimento do verdadeiro titular. A posse de prestações liga-se aos créditos que as têm por objecto e suscita a possibilidade de recurso às acções possessórias em caso de violação.

Uma boa parte das tentativas modernas de ampliação do campo de aplicação tradicional do regime jurídico da posse passa pelo alargamento do seu objecto. Por esta razão, toda a dogmática possessória tem de proceder à análise do objecto da posse e fazer luz onde ocorrem esforços puramente oportunistas e quando interesses mais ou menos dissimulados e pontuais vestem uma roupagem científica com o objectivo de desfazer os contornos que a história legou ao instituto.

II. A história dá como sempre a perspectiva de partida. Relembram-se as palavras de Paulo[3135] que valem para o Direito romano pré-clássico e clássico:

"*Possideri possunt, quae sunt corporalia*".

A posse só pode recair sobre coisas corpóreas[3136]. Isto está perfeitamente assente no Direito romano e representa um dos dogmas do seu regime possessório. Ouça-se novamente Paulo:

"*Non intellegitur possideri ius incorporali*".

Às coisas corpóreas contrapõem-se as incorpóreas; mas estas não têm no Direito romano o significado da dogmática contemporânea. Para os romanos as coisas incorpóreas são os *iura*, os direitos. Relembra-se Gaio[3137]:

Incorporales sunt quae tangi non possunt, qualia sunt ea quae in iure consistunt, sicut hereditas ususfructus obligationes quoquo modo contractae.

A ortodoxia do pensamento romano, que restringia a posse às coisas corpóreas, tinha como coisas incorpóreas direitos reais: o usufruto, o uso e habitação e as servidões prediais. Para estas coisas incorpóreas não havia posse, mas existia uma *quasi possessio*, ou *iuris possessio* no período justinianeu, protegida igualmente por interditos possessórios, úteis e não directos[3138].

Por causa das sucessivas recepções, o Direito romano manteve-se em vigor como Direito comum nos Estados europeus até aos primeiros códigos civis como parte do seu sistema de fontes, aplicado na prática forense por juristas formados nas universidades debaixo da égide do romanismo. Como não podia deixar de ser, todos os códigos civis elaborados e com entrada em vigor no século XIX, no auge dos estudos romanos provenientes da pandectística alemã, receberam uma fortíssima influência romana, incluindo naturalmente a perspectiva do Direito romano quanto ao objecto da posse. Essa influência, mantida na doutrina europeia, persistiu nos códigos civis de segunda geração, incluindo o *codice civile* italiano de 1942 e o código civil português de 1966.

[3135] Cf. o que se disse na Parte Primeira sobre o objecto da posse no Direito romano.

[3136] No Direito contemporâneo, cf., no mesmo sentido, entre outros, Stadler, Soergel BGB, cit., pág. 25 (7), Westermann/Gursky/Eickmannm Sachenrecht, pág. 83, Lorenz, Erman BGB, 14. Auflage, Band II, Köln, 2014, pág. 3747, Joost, Münchener Kommentar, cit., § 854, II, 2, Mühl, Soergel BGB, cit., pág. 38, Brodmann, Planck's Kommentar zum Bürgerlichen Gesetzbuch, Dritter Band, Vierte Auflage, Berlin und Leipzig, 1920, pág. 34, Bianca, La proprietà, pág. 341 e segs.

[3137] *Institutionem*, Livro II, 14.

[3138] Sobre isto, cf. o que se disse na Parte Primeira, com indicações bibliográficas.

O Direito canónico ampliou consideravelmente a tutela possessória na Idade Média e, com isso, operou a extensão da posse a outros objectos, muito em particular, prestações ligadas a créditos da Igreja Católica e a ónus reais na titularidade desta ou dos seus membros[3139].

A influência do Direito canónico não deixou de se fazer sentir no Direito actual, mas com uma intensidade bem menor do papel que teve na *praxis* da Idade Média e Moderna. Os resquícios notam-se, em exclusivo, na tutela da posição do credor de direitos pessoais de gozo, em posições sempre ligadas a coisas corpóreas.

Na verdade, não obstante uma influência do Direito canónico neste ou daquele ponto e até, aspecto normalmente deixado na sombra nas investigações recentes, da *Gewere* e da *saisine*, o regime possessório contemporâneo manteve a ligação umbilical da posse às coisas corpóreas e aos direitos reais a elas atinentes (a *quasi possessio* romana), como a posse de coisas e de direitos do *code civil* francês e do código civil de Seabra. O pensamento romano prevaleceu na história e perdurou até ao presente, embora não sem ter perdido alguns dos seus traços mais característicos.

III. O código civil português de 1966 fez cair a contraposição entre posse de coisas e posse de direitos, um traço do romanismo mantido nos primeiros códigos civis modernos, inclusive, o português de Seabra.

A influência do *codice civile* italiano, nomeadamente, do art. 1140º, cuja redacção é praticamente igual, e da doutrina italiana fizeram-se sentir de modo determinante na preparação do novo código civil português. A fonte remota encontra-se, porém, na teoria possessória da pandectística alemã, a qual, mantendo embora as categorias romanas, deu um novo significado à classificação entre *Sachbesitz* e *Rechtsbesitz*, entendida não já como posse de coisas e posse de direitos no seu sentido literal, mas como posse da totalidade da coisa e posse de alguns aspectos dela[3140]. No pandectismo esteve sempre claro que toda a posse incide somente sobre a coisa (corpórea), não havendo posse sobre direitos[3141-3143].

[3139] Para mais desenvolvimentos e precisões, cf. o que se explanou na Parte Primeira.

[3140] Cf. *supra* na Parte Primeira o que se disse sobre a doutrina alemã do século XIX.

[3141] Lembra-se Wendt, já citado no texto: "na verdade, porém, o objecto da posse de direitos (*Rechtsbesitz*) não é outro senão o da posse (*Sachbesitz*), nomeadamente, em ambas, a própria coisa, e somente se distinguem entre si na extensão, uma abrangendo a coisa na totalidade dos seus aspectos, a outra apenas o *uti frui* e também este nalguns casos somente em algumas particularidades", Lehrbuch der Pandekten, cit., pág. 312 e Windscheid: "na realidade, a posse de direitos (*Rechtsbesitz*) e a posse da coisa (*Sachbesitz*) são apenas manifestações de um mesmo con-

De acordo com o art. 1251º do código civil toda a posse nos termos de um direito real constitui uma posse de coisa. Tem a posse da coisa tanto o proprietário, como o usufrutuário, o usuário, o superficiário, etc., ainda que as posses sejam exercidas, simultaneamente, em concurso.

Com isto desapareceu do Direito português qualquer resquício da velhinha *quasi possessio* ou *iuris possessio* romana, a posse de direitos, atinente às servidões pessoais e prediais. O Direito português vigente não admite, assim, a posse de direitos: toda a posse é uma posse de coisa (corpórea)[3143].

Para além, pois, da quebra da regra romana da exclusividade da posse, que significava só poder haver uma posse única sobre a coisa, usualmente referida à propriedade[3144], a admissão de uma posse da coisa, e não já do direito, em concurso ou concorrência potencial com outra ou outras posses, todas elas posses de coisa, representa uma outra rotura do Direito português vigente com o pensamento possessório romano e o seu Direito.

Quer dizer, assim, que o Direito português manteve a limitação da posse às coisas (corpóreas), ao mesmo tempo que as tornava objecto de qualquer posse exercida nos termos de um direito real (art. 1251º do código civil), numa situação potencial de sobreposição de posses, todas elas posses de coisa.

43. As coisas corpóreas

I. A posse tem por objecto coisas corpóreas – e, adianta-se já, apenas coisas corpóreas – móveis ou imóveis, seja qual for a sua espécie e conformação física ou jurídica[3145].

Isto envolve uma latitude enormíssima de objectos sobre os quais pode haver uma posse, tais como, uma simples colher ou caneta, um computador, um automóvel, um avião, um edifício, uma plataforma petrolífera, um

---

ceito mais elevado: o senhorio de facto da vontade sobre a coisa", Lehrbuch des Pandektenrechts, cit., pág. 492 e seg. e pág. 546 e segs.

[3142] Cf. *supra* na Parte Primeira o que se disse sobre a doutrina alemã do século XIX.

[3143] Cf. também *infra* no texto, com mais detalhe.

[3144] Embora podendo ser igualmente referida ao precarista, ao sequestratário, ao credor pignoratício, ao enfiteuta e, possivelmente, ao superficiário.

[3145] Na doutrina portuguesa, e sem ambiguidades, SANTOS JUSTO, Direitos Reais, cit., pág. 173 e segs. Na doutrina estrangeira, cf. STADLER, SOERGEL BGB, cit., pág. 25 (7), FRITZSCHE, BeckOK BGB, BAMBERGER/ROTH/RAU/POSECK, cit., § 854, 2, ELMAR BUND, STAUDINGER BGB, cit, § 854, 43, pág. 80, 43, WESTERMANN/GURSKY/EICKMANNM Sachenrecht, cit., pág. 83, SOKOLOWSKI Die Philosophie im privatrecht, Der Besitz im klassischen recht und dem deutschen bürgerlichen gesetz, Volume II, 1959, pág. 278 e segs.

terreno, uma fracção autónoma etc. São juridicamente irrelevantes as características físicas ou materiais das coisas, como o tamanho, a dimensão, a duração, a composição, as substâncias de que são feitas, etc. Pode ser objecto de posse uma peça de fruta, ainda que se vá decompor e desaparecer, uma gota de água, ou de qualquer outra composição química, uma bactéria e um vírus, de dimensões microscópicas e não visíveis a olho nu ou palpáveis pelo tacto.

No entanto, e de modo inteiramente similar ao que acontece com qualquer direito real, a coisa deve ser certa, individual e determinada[3146]. Se no contrato de compra e venda as partes convencionam uma cláusula de constituto possessório, mas o vendedor possui mais do que uma coisa em seu poder com as características da coisa vendida, a posse não se transmite ao comprador senão no momento em que vem a ser determinada com o conhecimento de ambas as partes.

A posse recai apenas sobre coisas que têm existência actual. Uma coisa futura não pode ser objecto de posse; somente quando vier à existência.

II. A posse sobre formas variadas de energia tem levantado dúvidas. Alguns autores[3147] negam que possa recair uma posse sobre a electricidade, alegando tratar-se de coisa incorpórea.

A electricidade não constitui, porém, uma coisa incorpórea[3148], ainda que, de modo equivocado, se possa confundir esta com a imaterialidade. Ao contrário, a energia é matéria, tem um corpo, não interessando juridicamente se não é visível ou percepcionada por outros sentidos humanos[3149].

Na sua forma livre – por exemplo, a electricidade atmosférica libertada por um raio – a electricidade não é possuída por ninguém. Todavia, quando apreendida ou produzida e armazenada num qualquer dispositivo técnico de contenção, onde permanece, a electricidade é uma coisa corpórea (móvel), podendo ser objecto de posse[3150] como qualquer outra coisa corpórea,

---

[3146] Na doutrina actual, cf., por exemplo, JOOST, Münchener Kommentar, cit., § 854, 2, ELMAR BUND, STAUDINGER BGB, cit, § 854, 43, pág. 80, STADLER, SOERGEL BGB, cit., pág. 25 (7).

[3147] ELMAR BUND, STAUDINGER BGB, cit, § 854, 44, pág. 80, STADLER, SOERGEL BGB, cit., pág. 25 (7).

[3148] Sobre o conceito de coisa incorpórea remete-se aqui para JOSÉ ALBERTO VIEIRA, Direitos Reais, cit., pág. 124 e segs., com indicações bibliográficas.

[3149] No Direito italiano, para além do reconhecimento do carácter corpóreo da electricidade, tem-se qualificado a mesma como coisa móvel, para o efeito da submeter ao regime jurídico das coisas móveis. Cf. SACCO/CATERINA, Il Possesso, cit., pág. 133 e segs.

[3150] No mesmo sentido, cf., por exemplo, MÜHL, SOERGEL BGB, cit., pág. 38, SACCO/CATERINA, Il Possesso, cit., pág. 133 e segs., RISI, Il Possesso, cit., pág. 93 e segs., GENTILE, Il Possesso Nel

nos termos da propriedade ou de outro direito a que a posse se possa referir. Aquele que recolhe a energia solar através de um painel e a armazena como energia elétrica numa bateria ou outro qualquer dispositivo tem a posse dessa electricidade e beneficia de todo o conteúdo de protecção dela[3151].

O mesmo vale *mutatis mutantis* para energias gasosas, gás natural ou qualquer outro gás. A empresa fornecedora de gás que enche uma botija para vender ao público não possui apenas aquela coisa, possui igualmente o gás no seu interior. Com isto, a tradição de uma botija de gás cheia não envolve apenas a tradição do recipiente, mas igualmente do conteúdo gasoso, como coisa corpórea, certa, individual e determinada.

Assim, quem produz um gás ou o isola do ar, do solo, da água, armazenando-o num qualquer equipamento de contenção, tem a sua posse, aplicando-se à situação o regime geral da posse.

III. O problema da posse da informação armazenada em suportes digitais tem muita semelhança com o tratamento da electricidade ou dos gases. As empresas de telecomunicações, e outras, possuem servidores de grande capacidade de armazenamento, alguns deles processando a informação em nuvem. A uma escala muito mais modesta qualquer pessoa pode ter o seu CD, DVD, *pen* ou outro suporte com informação digitalizada gravada.

Nestes casos, pode falar-se em posse?

Antes de se responder, tem de se saber a que posse se refere a questão. Naturalmente, não está em causa a parafernália de equipamento de processamento e armazenagem da informação, sobre o qual pode incidir a posse, nos termos gerais.

Por sua vez, o conteúdo digitalizado pode ser muito variável, englobando obras (músicas, filmes, etc.), documentos, informações, etc. Os bens incorpóreos digitalizados, como obras, não são susceptíveis de posse, conforme se verá adiante; a digitalização não altera isso.

Ainda assim, a digitalização gera matéria electromagnética, física, que é armazenada e processada nos equipamentos informáticos, os 0s e 1s do código máquina que corre nos computadores. Enquanto não se confundir

---

Diritto Civile, cit., pág. 81 e segs., Bianca, La proprietà, pág. 742, Montel, "Possesso (Diritto Civile)" – Novissimo Digesto Italiano, Vol. XIII, Torino, 1966, pág. 348., Tenella Sillani, "Possesso E Detenzione", cit., pág. 25, Barberini, in Balestra, Proprietà E Diritti Reali, III, Torino, 2012, pág. 303.

[3151] O facto da energia eléctrica armazenada poder perecer com o consumo não altera a susceptibilidade de posse. Esta incide também sobre as coisas consumíveis.

a matéria electromagnética com o conteúdo de representação que ela gera quando corrida no computador, julga-se que a mesma pode constituir objecto de posse como todas as demais coisas corpóreas[3152].

IV. No Direito português, como já no Direito romano, não podem ser objecto de uma posse privada as coisas fora do comércio, nomeadamente, as que integram o denominado domínio público e só este[3153]. O afastamento da posse nestes casos não se liga directamente à natureza das coisas, mas ao regime jurídico a que elas se encontram sujeitas.

A impossibilidade legal de posse diz respeito à posse privada. Com isso não fica excluída a posse da entidade, em regra, pública, a quem pertençam em propriedade (pública) as coisas ou a quem foi concedido um direito para exploração das mesmas.

44. Partes de coisas (corpóreas)

I. A questão que agora se coloca prende-se com a possibilidade de uma posse sobre partes de coisas[3154-3155] ou, conforme decorre do § 865 de BGB alemão, de uma posse parcial.

Pode a posse ter por objecto uma parte de coisa (corpórea)?

[3152] Em sentido contrário, FRITZSCHE, BECKOK BGB, BAMBERGER/ROTH/RAU/POSECK, cit., § 854, 5; em sentido afirmativo BARBERINI, in BALESTRA, Proprietà E Diritti Reali, cit., pág. 303.

[3153] As coisas que integram o denominado domínio privado do Estado ou de outra pessoa colectiva pública podem ser objecto de posse, nos termos gerais.

[3154] Sem prejuízo das referências bibliográficas actuais que se indicarão na nota seguinte, o tratamento dogmático fundamental encontra-se em SAVIGNY, Das Rechts des Besitzes, cit., pág. 260 e segs. e na ciência jurídica alemã do século XIX, pandectista e não só, nomeadamente, WINDSCHEID, Lehrbuch des Pandektenrechts, cit., pág. 495 e segs., DERNBURG, Pandekten, cit., pág. 17, BARON, Pandekten, cit., pág. 224, PUCHTA, Lehrbuch der Pandekten, cit., pág. 193, BRINZ, Lehrbuch der Pandekten, cit., pág. 497, WÄCHTER, Pandekten, cit., pág. 60, ARNDTS, Lehrbuch der Pandekten, cit., pág. 213, ROSSHIRT, "Zu der Lehre vom Besitz und in besondere von der quasi-possessio", cit., pág. 22, BURCHARDI, Das System und die Innere Geschichte des Römischen Privatrechts, cit., pág. 374 e seg., BÖCKING, Pandekten – Grundriß eines Lehrbuches des gemeinen auf das römische Recht gegründeten Civilrechts, cit., pág. 43, RIELRUFF, Theorie des Gemeinen Civilrechts, cit., pág. 373 e segs., TIGERSTRÖM, Die bonae fidei possessio, cit., pág. 268, nota 1, MACKELDEY, Lehrbuch des heutigen römischen Rechts, cit., pág. 16 e segs., SCHILLING, Lehrbuch für Institutionen und Geschichte des Römischen Privatrechts, cit., pág. 462, SINTENIS, Das practische gemeine Civilrecht, cit., pág. 453.

[3155] Na doutrina actual, e num sentido afirmativo, STADLER, SOERGEL BGB, cit., pág. 25 (7), WESTERMANN/GURSKY/EICKMANNM Sachenrecht, cit., pág. 83, LORENZ, ERMAN BGB, cit., pág. 3747, MÜHL, SOERGEL BGB, cit., pág. 38, SOKOLOWSKI Die Philosophie im privatrecht, Der Besitz im klassischen recht und dem deutschen bürgerlichen gesetz, cit., pág. 288 e segs.

O código civil português não dá nenhuma resposta directa a esta questão, não prevendo ou regulando a posse de parte de coisa, a posse parcial. Essa resposta tem, pois, de ser encontrada no tratamento doutrinário da posse, sobretudo, alemão, a partir de Savigny[3156].

A premissa de partida para a análise deste tema deve ser esta:

A posse da coisa afecta-a na sua integralidade e unidade: quem tem posse, tem posse da totalidade da coisa, existindo uma só posse e não uma posse por cada uma das suas partes[3157] ou uma posse do todo e das partes.

A posse tem, assim, carácter unitário. Há, portanto, uma única posse a considerar, a que respeita à coisa juridicamente determinada, e não tantas posses quanto as partes de coisa que se consigam identificar nela. O possuidor do prédio rústico tem a posse deste e não a soma de posses do terreno, das árvores, das plantas, etc., que nele se encontrem; o possuidor do automóvel tem a posse deste e não a posse dos pneus, do volante, da bateria, do motor, etc.

Os exemplos dados permitem compreender o regime possessório quanto às coisas simples e coisas compostas[3158]. Se relativamente às primeiras nunca se levantaria problema algum, quanto às segundas poderia pôr-se a questão de uma posse autónoma das partes, que constituem, quando separadas, coisas em sentido jurídico. No entanto, enquanto as partes estiverem combinadas na coisa composta (por exemplo, os pneus e a bateria no carro) a posse diz respeito somente ao todo: há uma única posse.

Portanto, o possuidor da coisa tem a posse integral da mesma e uma única posse, independentemente de aquela coisa poder ser uma coisa simples ou o resultado da combinação de outras coisas (coisa composta).

II. Esclareceu-se no ponto anterior que quem tem a posse de uma coisa tem a posse da sua totalidade e não de qualquer das suas partes. Volve-se agora à questão de partida: pode uma parte de coisa constituir objecto de uma posse autónoma?

[3156] Para a doutrina mais antiga, cf. autores e obras citadas na penúltima nota.

[3157] Wächter, Pandekten, cit, pág. 60 tem uma explicação muito elucidativa sobre isto. Diz o autor:
– Havendo uma construção no solo, a posse recai sobre a unidade do prédio e não sobre o solo e a construção separadamente;
– Se duas coisas imóveis se combinam, a posse existe sobre o todo. Apenas ocorrendo posteriormente uma separação haverá uma posse para cada uma das coisas separadas;
– Combinando-se uma coisa móvel com uma coisa imóvel, subsiste apenas a posse do imóvel, perdendo a primeira a sua autonomia jurídica na segunda.

[3158] Sobre o conceito destas, que não coincide com o adoptado no código civil (art. 206º), José Alberto Vieira, Direitos Reais, cit., pág. 149 e segs., com indicações bibliográficas.

Para se responder correctamente à pergunta tem de se começar por dividir a mesma consoante se trate de coisas móveis ou imóveis. Há diferenças a assinalar no confronto entre ambas.

Uma posse sobre parte de coisa móvel não se afigura, em regra[3159], juridicamente possível. Ainda que a parte de coisa considerada, quando isolada, valha como coisa *a se*, quando incorporada na coisa composta perde a sua individualidade como tal. Um volante ou uma antena do carro constitui apenas parte dele. Por essa razão, a posse refere-se à coisa no seu conjunto, não à parte de coisa. Se esta vier a separar-se, de algum modo, da coisa em que estava incorporada como sua parte, volta a ser possível uma posse sobre ela; até lá, não é[3160].

No que respeita às coisas imóveis deve fazer-se um paralelismo com o que ficou dito para as coisas móveis. As partes de coisa que integram o imóvel não podem ser possuídas em separado: as construções que nele existam (edifícios ou outras), as árvores, os arbustos, os frutos, enquanto ligados ao solo, e as partes integrantes. Quem tem a posse do imóvel tem a posse de todo ele.

As coisas imóveis oferecem, todavia, uma diferença substancial no confronto com as coisas móveis. Em alguns casos, surge a possibilidade de uma parte do imóvel poder ser possuída, porquanto ela pode constituir por si uma coisa autónoma segundo o Direito, sem que o imóvel fique descaracterizado ou afectado como coisa. SAVIGNY[3161] formulou a hipótese expressamente e a pandectística acompanhou-o; o § 865 do BGB acolheu a solução como norma jurídica.

Ouça-se WINDSCHEID[3162]:

"Partes de um prédio podem como tal ser possuídas, porquanto elas são, de facto, coisas autónomas".

Pense-se num terreno de 100 hectares em que o proprietário concede a terceiro um usufruto sobre 5 hectares; nesta hipótese o usufruto não

---

[3159] Apenas se vislumbra uma excepção no caso de esbulho de coisa móvel que vem a ser incorporada posteriormente numa nova coisa (composta). Os pneus do carro de A que são vendidos pelo ladrão a B, que os coloca no seu carro continuam a ser objecto de posse, nos termos do art. 1267º, alínea d) do código civil. Essa posse não se extingue com a incorporação dos pneus no carro de B. Não se fale neste caso de acessão, porquanto a separação é aqui possível sem detrimento da coisa. Sobre a acessão, cf. JOSÉ ALBERTO VIEIRA, Direitos Reais, cit., pág. 588 e segs.

[3160] Sobre isto, veja-se também SAVIGNY, Das Rechts des Besitzes, cit., pág. 264 e segs., WINDSCHEID, Lehrbuch des Pandektenrechts, cit., pág. 496.

[3161] SAVIGNY, Das Rechts des Besitzes, cit., pág. 260 e seg.

[3162] Lehrbuch des Pandektenrechts, cit., pág. 495 e seg.

recai sobre a totalidade do prédio e a posse exercida nos termos desse direito tem por objecto unicamente os 5 hectares. Esta parte do prédio representa o objecto do usufruto, a coisa objecto deste direito; porém, atendendo a que a coisa do proprietário compreende os 100 hectares e não os 5 hectares do usufruto, a posse do usufrutuário, pode dizer-se, constitui uma posse de parte de coisa. É neste sentido que se pode falar numa posse de parte de coisa ou numa posse parcial.

Outro exemplo pode ser dado partindo do mesmo terreno de 100 hectares; imagine-se que alguém realiza um apossamento de 2 hectares e exterioriza a propriedade: a posse adquire-se, mas respeita apenas à porção envolvida de terreno, dando origem a uma posse de parte de coisa. Todos os efeitos da posse se produzem, incluindo a usucapião, embora só na parte de coisa possuída, que é para todos os efeitos o objecto dessa posse.

O § 865 do BGB alemão faz menção expressa a moradas, lugares de habitação. A doutrina contemporânea ilustra com outros exemplos a possibilidade de posse parcial de coisa, falando em árvores[3163], áreas de parque[3164], pátios e espaços exteriores de edifícios[3165], terraços[3166], jardins e, em geral, partes de prédios[3167].

Todos estes exemplos têm de ser vistos com cautela, sempre tendo presente a possibilidade legal de uma posse autónoma da parte do prédio. As árvores, um exemplo dado por Joost[3168], só podem ser possuídas autonomamente no Direito português se separadas do solo: fisicamente, pelo corte ou arranque, ou juridicamente, com a constituição de um direito de superfície, através da alienação das árvores separada do solo. Até lá integram o prédio (art. 204º, alínea c) do código civil) e a posse deste inclui-as também.

Outros casos de posse de parte de coisa podem-se encontrar em edifícios constituídos em regime de propriedade horizontal; se uma fracção autónoma para habitação compreende ainda, segundo o título constitutivo, para além do espaço principal de habitação ou de comércio, um lugar de

---

[3163] Joost, Münchener Kommentar, cit., § 865, 1. O exemplo é controverso mesmo no Direito alemão; cf. Elmar Bund, Staudinger BGB, cit, § 865, 5, pág. 191. No Direito português as árvores não podem ser possuídas autonomamente, a não ser quando separadas do solo ou alienadas em separado deste, com a constituição de um direito de superfície a favor do adquirente.
[3164] Joost, Münchener Kommentar, cit., § 865, 1.
[3165] Joost, Münchener Kommentar, cit., § 865, 1.
[3166] Joost, Münchener Kommentar, cit., § 865, 1.
[3167] Elmar Bund, Staudinger BGB, cit, § 865, 3, pág. 191 Joost, Münchener Kommentar, cit., § 865, 1.
[3168] Münchener Kommentar, cit., § 865, 1.

garagem (ou vários) e uma arrecadação, pode alguém exercer uma posse sobre qualquer destes espaços, sem ter a posse da fracção autónoma propriamente dita. Quem possua o lugar de garagem incluído numa fracção autónoma possuída por outra pessoa tem posse de parte de coisa[3169].

Um último exemplo pode dar-se relativamente ao edifício sujeito ao regime geral da propriedade[3170] com vários espaços de habitação, de comércio ou de serviços que o proprietário arrenda a múltiplos inquilinos ou sobre os quais constitui vários direitos reais de morada da família. Se sobre este último cenário (direitos reais de morada) não se põe nenhuma dúvida sobre a posse parcial de cada um desses espaços, relativamente aos inquilinos a posse pode ser discutida de acordo com a orientação doutrinal e jurisprudencial prevalente em Portugal, que considera haver nesses casos mera detenção, doutrina que se rejeita, como adiante se verá[3171]. O arrendatário de parte de coisa tem a posse do objecto arrendado.

A posse de fracções autónomas vem, por vezes, referida como posse de partes de coisa. Em Portugal, esse tem sido o ensinamento de OLIVEIRA ASCENSÃO. Não se acompanha esta perspectiva. Juridicamente, a fracção autónoma constitui uma coisa. Quando um imóvel, concretamente, um edifício, até aí no regime jurídico da propriedade geral, passa a estar sujeito à propriedade horizontal deixa de haver juridicamente uma coisa para passarem a existir tantas quantas as fracções autónomas discriminadas no título constitutivo. A circunstância de, para além das fracções autónomas, haver partes comuns não muda isso. Juridicamente, as partes comuns não são partes de uma coisa mais ampla de que as fracções autónomas sejam uma sua parte.

III. A posse de parte de coisa supõe exactamente os mesmos requisitos de toda a posse[3172]: o controlo material da coisa e a exteriorização de um direito.

Naturalmente, o controlo material da coisa, o senhorio físico exercido pelo possuidor, não é exercido sobre todo o prédio, respeitando a uma parte delimitada do mesmo que pode constituir juridicamente uma coisa *a se*.

[3169] O facto de o lugar de garagem ou a arrecadação poderem figurar em abstracto como fracções autónomas não infirma o que ficou dito. Como parte da fracção autónoma, a sua posse constitui uma posse de parte de coisa ou posse parcial.
[3170] Sem haver propriedade horizontal.
[3171] Cf. *infra* no próximo capítulo.
[3172] Cf., por exemplo, JOOST, Münchener Kommentar, cit., § 865, 4.

A POSSE

Valem também quanto à posse parcial as previsões legais de detenção constantes das várias alíneas do art. 1253º do código civil.

IV. Os efeitos da posse de parte de coisa são os mesmos da posse, sem excepção[3173]. A tutela possessória por via das acções possessórias ou a usucapião, só para nomear alguns desses efeitos, beneficiam igualmente o possuidor de parte de coisa.

45. O espaço aéreo e o espaço subterrâneo

I. Por vezes, considera-se o espaço aéreo e o subsolo no tratamento do objecto da posse[3174]. Vejamos.

O espaço aéreo superior ao prédio e o subsolo deste não são usualmente mencionados no regime jurídico das coisas. Não o são, nomeadamente, no art. 204º do código civil, embora sempre se possa dizer que se encontram incluídos na ampla previsão da alínea a) do nº 1 ("os prédios rústicos e urbanos").

Em todo o caso, uma referência expressa ao espaço aéreo e ao subsolo encontra-se no art. 1344º, nº 1 do código civil:

"A propriedade dos imóveis abrange o espaço aéreo correspondente à superfície, bem como o subsolo, com tudo o que neles se contém e não esteja desintegrado do domínio por lei ou negócio jurídico".

Teve-se já a oportunidade, noutro local[3175], de criticar a formulação deste preceito, que sendo embora comum a vários códigos civis modernos apresenta uma confusão entre a delimitação de coisa imóvel e o conteúdo da propriedade[3176]. Não pertence ao conteúdo da propriedade e à acção do proprietário no exercício do seu direito a conformação física dos limites da coisa em altura e profundidade. Essa tarefa cabe ao legislador na elaboração do regime jurídico das coisas imóveis.

O Direito romano não conhecia limites ao prédio, tanto em altura (espaço aéreo) como em profundidade (subsolo), sendo usual dizer-se que aquele abrangia tudo, do céu (*usque ad caelum*) ao inferno (*usque ad inferos*)[3177]. Tudo

---

[3173] JOOST, Münchener Kommentar, cit., § 865, 5.

[3174] FRITZSCHE, BeckOK BGB, BAMBERGER/ROTH/RAU/POSECK, cit., § 854, 5, SACCO/CATERINA, Il Possesso, cit., pág. 123 e segs., defendendo a posse do espaço aéreo como parte da posse sobre o imóvel, o sentido que igualmente se adopta no texto. Cf. igualmente RISI, Il Possesso, cit., pág. 91 e segs.

[3175] O art. 552º do *code civil*, o § 904 do BGB e o art. 840º do *codice civile* italiano.

[3176] JOSÉ ALBERTO VIEIRA, Direitos Reais, cit., pág. 134.

[3177] MENEZES CORDEIRO, Tratado De Direito Civil Português, Parte Geral, Vol. III, Coisas, cit., pág. 181 e seg., JOSÉ ALBERTO VIEIRA, Direitos Reais, cit., pág. 134.

o que se encontrava na projecção superior do prédio, até às estrelas, ou na projecção inferior, até ao centro da Terra, pertencia ao proprietário, ou seja, integrava os limites da coisa.

Na Alemanha do século XIX, alguns atreveram-se a contestar a visão romana, que se mantivera na pandectística[3178]. GESTERDING[3179] defende que o espaço não pode ser objecto do direito de propriedade, por não ser coisa. O proprietário não tem senão um poder a ocupar o espaço aéreo. No centro desta doutrina parece estar uma preocupação de defender que o ar é livre, consistindo numa *res communis*. WERENBERG e, parece, o próprio JHERING aderiram a ela.

A concepção de que o espaço aéreo não é coisa contrariava abertamente os dados do Direito romano, que sempre haviam incluído o poder de actuação sobre ele no conteúdo do direito de propriedade. Uma reacção do próprio WINDSCHEID[3180] e de DERNBURG[3181] não se fez esperar: o espaço aéreo e o subsolo pertencem aos limites do prédio.

II. A construção tradicional de origem romana permaneceu mais ou menos incontestada na dogmática moderna. Pelo menos, nas obras da larga maioria dos tratadistas da matéria. Em Portugal, porém, OLIVEIRA ASCENSÃO defendeu uma perspectiva contrária ao Direito romano e conforme à doutrina que GESTERDING tinha divulgado; nas palavras do ilustre civilista português: "o prédio, como coisa, morre à superfície"[3182]. Haveria depois um poder de expansão em altura a favor do proprietário[3183].

Não se vê qualquer razão plausível para negar que o espaço aéreo seja coisa (ou parte de coisa) e coisa corpórea. Como porção delimitável da realidade exterior constitui coisa; a susceptibilidade de apreensão pelos sentidos humanos[3184] confere-lhe a característica dos *corpora*, das coisas corpóreas.

O Direito positivo português confirma amplamente a análise dogmática. O art. 1344º, nº 1 do código civil dispõe que a propriedade abrange o espaço aéreo correspondente à superfície, ou seja, que o prédio como coisa imóvel integra o espaço aéreo como sua parte.

[3178] Sobre esta matéria, cf. JOSÉ ALBERTO VIEIRA, Direitos Reais, cit., pág. 134 e segs.
[3179] Ausbeute von Nachforschungen über verschiedene Rechtsmaterien, Band 3, 1830, pág. 448.
[3180] Lehrbuch des Pandektenrechts.cit., pág. 454.
[3181] Pandekten, cit., pág. 74.
[3182] Direito Civil – Reais, cit., pág. 185 e seg.
[3183] OLIVEIRA ASCENSÃO, ob. e loc.cit.
[3184] Não necessariamente pelo tacto. A imagem de GAIO das coisas corpóreas como as que podem ser "tocadas" não as limita è percepção pelo tacto, só podendo ser entendida como ilustrativa dos sentidos humanos e não de um deles em particular.

A Constituição portuguesa dá um segundo argumento nesse sentido. Segundo o art. 84º, nº 1 alínea b), pertencem ao domínio público:

"As camadas aéreas superiores ao território acima do limite reconhecido ao proprietário ou superficiário".

O "limite reconhecido ao proprietário ou superficiário", usando a linguagem da Constituição, aponta inequivocamente para a integração do espaço aéreo no prédio objecto daquele direito. Quer o Direito Civil quer o Direito Constitucional convergem no mesmo sentido: o de que o espaço aéreo é coisa e o seu aproveitamento cabe ao proprietário ou a quem tiver o gozo dela.

A partir daqui restam duas questões: se o espaço aéreo integra o prédio, até aonde vai? E se pode o espaço aéreo valer como coisa *a se*, sem integrar o solo?

Admitir a concepção romana de um espaço aéreo ilimitado, que pode ir até ao fim do universo na projecção vertical da superfície do prédio, vai muito para além daquilo que a razão humana pode aceitar. Tem de haver um limite. O art. 84º, alínea b) da Constituição portuguesa supõe esse limite, mas não o fixa. Em nenhum lugar a lei portuguesa o faz. Não se desenvolverá aqui o tema, remetendo-se para o que se expôs sobre o tema noutro lugar[3185].

O que se disse até agora permite configurar o espaço aéreo como parte do prédio. Nessa medida, ele constitui não apenas o objecto de propriedade, como da posse correspondente. A posse de prédio envolve, deste modo, a posse do espaço aéreo que lhe corresponde, e que integra a coisa, implicando todos os efeitos jurídicos do instituto, incluindo a tutela possessória[3186], a usucapião[3187], etc.

À segunda questão acima colocada, a de saber se o espaço aéreo pode ser tomado por si como coisa distinta do prédio em cuja altura se projecta, a resposta deve ser negativa. Segundo o Direito positivo português, o espaço aéreo constitui parte do prédio, a sua extensão superior, mas não tem existência fora dessa conexão. Trata-se de uma parte de coisa que não pode constituir uma coisa autónoma.

[3185] José Alberto Vieira, Direitos Reais, cit., pág. 137 e segs.
[3186] Nesta ordem de ideias, a violação do espaço aéreo, por exemplo, por voos comerciais, pode desencadear a defesa da posse, sem esquecer, no entanto, o teor do art. 1344º, nº 2 do código civil, que tem igualmente aplicação na discussão possessória.
[3187] A usucapião da propriedade prédio envolve a aquisição da propriedade do espaço aéreo que lhe corresponde.

O OBJECTO DA POSSE

Segundo a doutrina que se perfilha[3188], pode haver posse sobre parte de coisa, contando que essa parte possa existir autonomamente como coisa segundo o Direito. Ora, não sendo o caso do espaço aéreo, não pode haver uma posse que o tenha por objecto. Somente a posse do prédio à superfície permite a posse do espaço aéreo que lhe corresponde[3189].

A impossibilidade legal de posse do espaço aéreo enquanto tal, não provém da falta de idoneidade do objecto, como sucede com o estabelecimento comercial, com as coisas incorpóreas ou com os direitos. O espaço aéreo entra no conceito de coisa corpórea, como se viu. E, nesses termos, pode ser objecto de posse como qualquer outra coisa corpórea.

Essa impossibilidade resulta simplesmente da construção do regime jurídico dos imóveis. Porquanto o espaço aéreo não pode constituir por si uma coisa, a propriedade e a posse estão excluídas se dissociadas do prédio. Um olhar prospectivo sobre o futuro augura, porém, uma mudança de perspectiva do regime jurídico, que chegará mais tarde ou mais cedo com a utilização do espaço por veículos de transporte individual, que não apenas os actuais aviões ou helicópteros[3190].

Enquanto essa mudança não chega, a impossibilidade legal de uma propriedade do espaço aéreo, visto como coisa autónoma, acarreta o mesmo desfecho para a posse.

III. A consideração do prédio em profundidade faz-se em moldes ligeiramente diferentes dos atinentes ao espaço aéreo. O subsolo é parte do solo e integra, por isso, o prédio, descontados os elementos retirados por lei, nomeadamente, os que constem do domínio público. O art. 1344º, nº 1 do código civil dá a confirmação normativa necessária.

Não entrando aqui no problema do limite inferior do prédio[3191], a posse do subsolo, na parte que não haja sido desintegrada por lei, não levanta dificuldades. A posse do prédio inclui a posse de todas as partes e também do subsolo.

O problema coloca-se, no entanto, quando o subsolo, todo ele ou uma sua parte, vem a ser considerado de modo separado. Pode haver uma posse que tenha o subsolo como objecto?

[3188] Cf. o que se disse no número anterior.

[3189] A posse de uma parte do prédio permite a posse de uma parte do espaço aéreo daquele. No entanto, uma posse desse espaço separada da porção da superfície que lhe corresponde não se afigura possível no actual regime jurídico das coisas do Direito português. Para uma visão muito crítica deste entendimento, cf. TENELLA SILLANI, "Possesso E Detenzione", cit., pág. 27.

[3190] Sobre isto, cf. o que se disse já em Direitos Reais, cit., pág.

[3191] Cf. JOSÉ ALBERTO VIEIRA, Direitos Reais, cit., pág. 138 e segs. e 141 e segs.

Uma vez mais, e de modo inteiramente análogo ao que se viu quanto ao espaço aéreo, a resposta a esta questão depende da possibilidade legal de autonomização dessa parte da coisa como coisa autónoma. Se a resposta for afirmativa, a susceptibilidade de posse do subsolo não oferece dúvidas legítimas, dado que se trata incontroversamente de uma coisa corpórea[3192].

Perscrutando o regime jurídico dos imóveis, não se vê nenhuma proibição geral de autonomização do subsolo. A constituição de direito de superfície para a construção de parque de estacionamento subterrâneo é hoje prática corrente nas principais cidades portuguesas. Nesses casos, o subsolo do prédio, todo ou uma parte dele, passa a ser o objecto de um direito real. A posse do superficiário sobre a coisa objecto do seu direito não sofre contestação.

Portanto, nada obsta a uma posse do subsolo desligada do solo, contando que o regime jurídico não a haja retirado dos limites do prédio ou não permita que se constitua como coisa autónoma.

46. As águas

As águas são coisas corpóreas imóveis (art. 204º, nº 1 alínea b) do código civil). Como tal, elas podem constituir objecto de posse, nos termos gerais, contando que não hajam sido colocadas fora do comércio.

As águas que constituem domínio público estão naturalmente fora do comércio e uma posse não se afigura possível quanto a elas. O que deixa a problemática da posse das águas circunscrita às denominadas águas particulares (art. 1386º do código civil).

O art. 204º, nº 1 alínea b) do código civil autonomiza as águas relativamente aos prédios, rústicos e urbanos. Essa autonomização parece querer significar substantivamente que a propriedade das águas, e a respectiva posse, por um lado, e a propriedade do leito e das margens, e a posse destes, por outro, podem estar em titularidades diferentes.

Problema particular oferecem os denominados fluxos ou correntes de água. O movimento das águas faz questionar sobre a possibilidade da posse e, inclusive, do seu objecto. O possuidor de um prédio onde passe rio, ribeiro ou outro troço de água corrente tem a posse dessa água?

Esta questão surge por vezes mal compreendida. A posse tem por objecto a água no sentido do aproveitamento feito pelo possuidor e não de uma massa concreta e individualizada deste líquido. E se a água que corre

---

[3192] José Alberto Vieira, Direitos Reais, cit., pág. 138 e segs.

para um prédio inferior não vem a ser utilizada, nem por isso a posse como possibilidade de actuação vem a ser posta em causa[3193], dentro do uso que o possuidor faz dela[3194].

O *corpus* possessório delimita, assim, a extensão física da posse da água e, nessa medida, a posse que pode ser reclamada quanto a ela no confronto com terceiros.

47. Coisas indivisas. O objecto da situação de composse

I. O Direito romano reconheceu a *compossessio* e fê-lo sem prejuízo da regra, segundo a qual, uma coisa não pode ser simultaneamente possuída na íntegra por mais do que um possuidor. Em todo o caso, a quota de cada compossuidor deve estar determinada; diz POMPONIO[3195]: *incertam partem possidere nemo potest*[3196].

A *compossessio* romana tem por objecto uma quota ou parte ideal da coisa: a posse de cada compossuidor não pode ter por objecto toda a coisa indivisa; a razão para isto encontra-se, uma vez mais, na regra romana de que vários não podem ter simultaneamente a posse integral da coisa (*plures eandem rem in solidum possidere non possunt*).

II. A denominada composse, a que no Direito português alude o art. 1286º do código civil, representa a situação em que uma pluralidade de pessoas possui simultaneamente a coisa[3197] nos termos do mesmo direito.

São seus pressupostos:
– Uma pluralidade de possuidores, dois ou mais;
– O mesmo objecto, ou seja, uma coisa comum (ou parte de coisa);
– A simultaneidade do controlo material da coisa (ou de parte dela);
– A coincidência do direito exteriorizado.

A composse designa sempre a situação em que uma pluralidade de pessoas possui o mesmo objecto. Este é, pois, comum a todas as posses, permanecendo indiviso enquanto durar a comunhão na posse.

[3193] No sentido da posse da água, ver também BARBERINI, in BALESTRA, Proprietà E Diritti Reali, cit., pág. 303 e segs.
[3194] Não deve ser confundida a posse da água com a propriedade dela. A delimitação da posse faz--se através do *corpus* possessório, ainda que o direito de propriedade outorgue um gozo maior ou menor do que aquele que efectivamente o possuidor actua sobre aa coisa.
[3195] D.41.3.32.2.
[3196] Cf. o que se disse sobre a *compossessio* na Parte Primeira, no tratamento do Direito romano.
[3197] Ou parte de coisa.

Pluralidade de posses significa que os vários compossuidores exercem simultaneamente o controlo material conjunto da coisa (ou de parte dela) e fazem-no nos termos do mesmo direito (propriedade, usufruto, superfície, etc.).

Não há, pois, composse quando várias pessoas exteriorizam um controlo material sobre a coisa referido a direitos diversos (concurso de posses)[3198] ou quando mais do que uma pessoa exerce antagonicamente um controlo material distinto nos termos de um direito singular[3199].

III. A composse constitui o equivalente no regime possessório à comunhão em Direitos Reais, quer dizer, à compropriedade, ao co-usufruto, à co-superfície, etc., e espelha a posse de cada um dos comunheiros no exercício do seu direito real sobre a coisa.

No modelo dogmático de comunhão que se perfilha[3200], existem tantos direitos sobre a coisa como os comunheiros, todos esses direitos com a mesma natureza. Assim, havendo compropriedade de duas pessoas, cada uma delas tem um direito de propriedade sobre a coisa, que está em comunhão com o direito do outro. Ambos os direitos têm a coisa comum por objecto, não uma quota ideal e abstracta da mesma[3201].

Dentro deste quadro explicativo, cada compossuidor tem a posse nos termos do seu direito próprio na comunhão, sendo detentor quanto aos demais compossuidores. Todos os compossuidores são, assim, a um tempo, possuidores do seu direito em comunhão e detentores relativamente à posse dos demais compossuidores.

A coisa comum constitui o objecto dessa comunhão possessória. Cada compossuidor não tem nunca a sua posição possessória referida a uma quota ou uma parte ideal da coisa, mas a toda a coisa[3202]. Esta e só esta constitui

---

[3198] Exteriorizando um a propriedade e outro o usufruto ou a superfície, não existe naturalmente composse, mas várias posses nos termos dos direitos exteriorizados.

[3199] O autor do furto de coisa adquire a posse por apossamento, enquanto o possuidor esbulhado mantém a posse pelo prazo de um ano (art. 1267º, alínea d) do código civil). Entre ambos não há qualquer composse, mas posses – antagónicas – nos termos da propriedade singular.

[3200] José Alberto Vieira, Direitos Reais, cit., pág. 343 e segs., com indicações bibliográficas complementares.

[3201] José Alberto Vieira, Direitos Reais, cit., pág. 338 e segs. Numa posição de sinal contrário, Santos Justo, Direitos Reais, cit., pág. 175 e segs.

[3202] Neste sentido, entre outros, Joost, Münchener Kommentar, cit. § 866, 1, Elmar Bund, Staudinger BGB, cit, § 866, 194 e seg., Stadler, Soergel BGB, cit., § 866, 3, pág. 71, Wolff//Raiser, Sachenrecht, cit., pág. 38, Sokolowski Die Philosophie im privatrecht, Der Besitz im klassischen recht und dem deutschen bürgerlichen gesetz, cit, pág. 289.

o objecto da posse de cada um dos compossuidores e em conjunto é o objecto simultâneo de todas elas (coisa comum). O Direito português não conhece uma posse de quotas ou de parte ideais de coisa, contrariamente ao que sucedia no Direito romano.

IV. A caracterização que se fez da composse e a ligação à comunhão de direitos reais de gozo vale igualmente para situações de comunhão fora deste âmbito, nomeadamente, para os direitos pessoais de gozo, nos casos em que tem lugar o exercício comum de um direito sobre uma coisa corpórea[3203]. Pense-se, por exemplo, num arrendamento da mesma coisa a vários arrendatários em simultâneo[3204].

48. A posse de conjuntos de coisas corpóreas

I. Sob este título discute-se a possibilidade legal de uma posse que tenha por objecto não uma única coisa ou parte dela, mas uma pluralidade de coisas, em esquemas jurídicos variados.

Os exemplos clássicos do rebanho ou da biblioteca podem ser dados; contudo, o problema transcende largamente estes casos, abarcando outros mais difíceis de responder, como o estabelecimento comercial ou a herança, que serão vistos nos números seguintes.

II. O problema da posse de um rebanho, de uma biblioteca ou de conjuntos de coisas (corpóreas) semelhantes requer o esclarecimento do conceito legal de coisa[3205].

Na doutrina das coisas estas podem ser simples ou compostas[3206]. Os romanos distinguiam a propósito três categorias, aproveitando os ensinamentos da filosofia estóica. Nas palavras de POMPONIUS: *tria autem sunt genera corporum; unum quod continetur uno spiritu (...); alterum, quod ex contingentibus (...); tertium quod ex distantibus (...)*.

A primeira destas categorias era a das coisas simples, as que se encontravam na natureza e não podiam ser decompostas noutras coisas[3207]. A segunda categoria, a das coisas compostas *ex contingentibus*, correspondia aquelas em

---

[3203] Tem-se em vista o caso de comunhão no exercício de direitos pessoais de gozo, nos termos em que se adiantará mais à frente no texto.
[3204] Esta posição compreende-se no quadro de uma posse estendida a outros direitos subjectivos para lá dos direitos reais de gozo. Sobre isto, cf. o que se dirá no capítulo seguinte.
[3205] Sobre isto, cf. JOSÉ ALBERTO VIEIRA, Direitos Reais, cit., pág. 149 e segs. e 193 e segs., com indicações bibliográficas portuguesas e estrangeiras.
[3206] JOSÉ ALBERTO VIEIRA, Direitos Reais, cit., pág. 149.
[3207] JOSÉ ALBERTO VIEIRA, Direitos Reais, cit., pág. 150.

que várias coisas simples eram combinadas artificialmente numa nova coisa, onde perdiam a sua autonomia originária[3208]. A terceira categoria, a das coisas compostas *ex distantibus*, correspondia a um conjunto de coisas individualizadas e separadas, que recebiam, porém, uma designação unitária (*v.g.* o rebanho) e um tratamento jurídico igualmente unitário[3209].

A segunda destas categorias tendeu a desaparecer na Idade Média e no lugar da categoria geral da coisa composta surgiu o conceito amplo de *universitas*, que por se referir a coisas e não a pessoas se denominou a partir da glosa *universitas rerum, corporea* ou *facti*, por contraposição à *universitas iuris, iurium* ou *incorpórea*, precursora, entre todas, da personalidade colectiva.

A assimilação, aliás, abusiva e inexacta, do conceito de coisa composta ao de universalidade de coisas, para mais limitado agora à categoria romana das coisas compostas *ex distantibus*, esteve na origem do art. 816º do *codice civile* italiano, que PIRES DE LIMA trouxe para o Direito português, incorporando a noção italiana no projecto do futuro art. 206º do código civil de 1966[3210].

O art. 206º tem ínsito a confusão entre o conceito de coisa composta e o de universalidade de facto. Na confusão assim criada gerou-se um erro técnico apenas suprível por via interpretativa, com conhecimento dos dados históricos relevantes. A universalidade de facto não constitui uma coisa unitária (composta); por sua vez, as coisas que compõem o conjunto mantêm a sua atribuição jurídica como coisas *a se*, não se transformam numa coisa diferente (a coisa composta) só porque fazem parte de um conjunto e este tem uma qualquer destinação económica ou outra.

Nesta ordem de ideias, sobre a universalidade de facto não pode recair um direito de propriedade, que incide antes sobre cada uma das coisas individuais que integram o conjunto (o rebanho, a biblioteca, etc.). E como não pode recair uma propriedade sobre a universalidade de facto, a posse fica naturalmente afastada, assim como todos os efeitos jurídicos decorrentes desta, nomeadamente, e em particular, a usucapião e a tutela por via das acções possessórias.

Tudo isto decorre do princípio da especialidade, aceite e adoptado pelo Direito português[3211]: os direitos reais incidem somente sobre coisas indivi-

---

[3208] JOSÉ ALBERTO VIEIRA, Direitos Reais, cit., pág. 150.
[3209] JOSÉ ALBERTO VIEIRA, Direitos Reais, cit., pág. 150 e segs.
[3210] JOSÉ ALBERTO VIEIRA, Direitos Reais, cit., pág. 196 e segs.
[3211] JOSÉ ALBERTO VIEIRA, Direitos Reais, cit., pág. 193 e segs., com indicações bibliográficas relevantes.

duais, certas e determinadas. O art. 408º, nº 2 do código civil fundamenta o princípio, na amplitude de um sistema que acolheu integralmente o pensamento romanista na matéria.

Na ordem jurídica portuguesa, tudo o que resta para o conceito de coisa composta presente no art. 206º do código civil esgota-se na possibilidade de a partir de uma única declaração negocial se desencadear um efeito jurídico unitário[3212]. Se, por exemplo, se realiza uma doação de universalidade de facto, a hipótese do art. 942º do código civil, a declaração negocial do doador desencadeia um feixe de transmissões do direito de propriedade, englobando as coisas individuais que integram a universalidade, sem ser necessário concluir tantos negócios jurídicos quanto os direitos de propriedade que respeitam às coisas da universalidade.

Postas as coisas neste termos, evidencia-se o resultado do que se vem dizendo: sobre conjuntos de coisas, móveis ou imóveis, não pode haver uma posse[3213]. Sobre um rebanho ou os livros de uma biblioteca não existe uma posse unitária, que pressuporia, para ser admitida, uma "coisificação" do conjunto. Como a universalidade de facto não constitui uma nova coisa para o Direito, a posse respeita a cada um dos animais do rebanho ou dos livros que integram a biblioteca.

O princípio da especialidade não conhece atenuações ou limitações neste domínio. Nada no regime jurídico português o permite fundamentar de modo minimamente plausível.

49. O estabelecimento comercial. Refutação

I. A discussão sobre a eventualidade de uma posse sobre o estabelecimento comercial transcende a da posse sobre coisas complexas ou pluralidades de coisas[3214]. O estabelecimento comercial integra potencialmente outras

---

[3212] Para uma explicação mais desenvolvida, cf. José Alberto Vieira, Direitos Reais, cit., pág. 196 e segs., nomeadamente, pág. 200 e segs.

[3213] Na doutrina, ente outros, cf. Stadler, Soergel BGB, cit., pág. 25 (7), Elmar Bund, Staudinger BGB, cit, § 854, pág. 80, Fritzsche, BeckOK BGB, Bamberger/Roth/Rau/Poseck, cit., § 854, 5, Lorenz, Erman BGB, cit., pág. 3747, Mühl, Soergel BGB, cit., pág. 38. A orientação contrária é defendida em regra no Direito italiano para os conjuntos de coisas, móveis, imóveis e mistos, atendendo, nomeadamente, ao regime jurídico dos artigos 1160 e 1170 do código civil italiano. Cf. Sacco/Caterina, Il Possesso, cit., pág. 98.

[3214] Porém, para quem entenda o estabelecimento comercial (ou a empresa) como uma universalidade de coisas, a discussão aparenta ser substancialmente coincidente. Assim, na base da admissão de princípio dos conjuntos de coisas como objecto de posse, a doutrina italiana afirma frequentemente que o estabelecimento comercial ou a empresa é objecto de posse. Neste sen-

realidades que não são coisas, nomeadamente, situações jurídicas de natureza variada, conforme se verá.

Há, por outro lado, uma tomada de posição alargada no seio da jurisprudência que introduz na discussão a necessidade de uso de outros argumentos ou, pelo menos, de os apresentar de outra forma.

Na análise das decisões jurisprudenciais portuguesas tomadas no domínio de aplicação do código civil de 1966 detectam-se duas orientações muito claras. Uma primeira de rejeição da posse sobre estabelecimento comercial, que vinga com intensidade até meados da década de oitenta do século XX; e uma segunda, a favor da posição contrária, que começa a tornar-se prevalente na década de noventa desse século, até se tornar praticamente jurisprudência constante no século XXI, sobretudo, nos tribunais de Relação.

Emblemático destes novos tempos, pode ler-se em sumário de acórdão da Relação de Coimbra de 17.10.2017[3215]:

"Um estabelecimento comercial – enquanto unidade económica e jurídica que há muito vem sendo reconhecida – pode ser objecto de posse e, como tal, pode ser adquirido por usucapião".

Já no acórdão de 16.03.2010[3216] a mesma Relação de Coimbra defendia que:

"Um estabelecimento comercial pode ser objecto do direito de propriedade, podendo o mesmo ser também objecto de posse (artº 1251º C. Civ.) e de usucapião (artº 1287º C. Civ.)".

Na fundamentação, o acórdão remete para uma recente, ao tempo, decisão da Relação de Lisboa[3217], de 13.03.2008, sumariada desta forma:

---

tido, veja-se, BIANCA, La proprietà, pág. 743, BRANCA, "Sull possesso dell'azienda", Foro Italiano, I, 1958, pág. 629, SACCO/CATERINA, Il Possesso, cit., pág. 98 (estes autores entendem, no entanto, ob. e loc. cit., que não será assim caso se entenda a empresa como um complexo de coisas e direitos, porque a posse apenas pode ter as primeiras como objecto), MONTEL, "Possesso (Diritto Civile)", cit., pág. 349 (admitindo expressamente que a presença de coisas incorpóreas no estabelecimento comercial não constitui obstáculo contra a posse do mesmo), VANZETTI, "La tutela della proprietà e del possesso dell'azienda", Rivista di Diritto Commerciale, 1958, II, pág. 422, FERRARA, La teoria giuridica dell'azienda, Firenze, 1941, pág. 141 e segs., FAVERO, "Questioni in tema di possesso dell'azienda", Foro Padano, I, 1959, pág. 823, MESSINETI, "Beni immateriali", Enciclopedia Giuridica, V, Roma, 1988, pág. 14. É igualmente nesta base que OLIVEIRA ASCENSÃO e MENEZES LEITÃO, obras ulteriormente citadas, defendem a existência de posse do estabelecimento comercial. Contra esta doutrina, ainda no Direito italiano, TENELLA SILLANI, "Possesso E Detenzione", cit., pág. 28, GENTILE, Il Possesso, cit., pág. 22.

[3215] Proc. nº 235/11.0TBMIR.C1, em www.dgsi.pt.
[3216] Proc. nº 160/07.0TBGVA.C1, em www.dgsi.pt.
[3217] Proc. nº 9186/2007-2, em www.dgsi.pt.

"O estabelecimento comercial constitui uma verdadeira unidade jurídica, objecto do direito de propriedade sendo como tal susceptível de posse e de reivindicação".

Dentro desta perspectiva, não surpreende o reconhecimento da possibilidade da tutela possessória para o estabelecimento comercial. Nas palavras da Relação de Lisboa[3218]:

"É francamente maioritária a tese de que o estabelecimento comercial é susceptível de ser objecto de posse, sendo-lhe, pois, aplicáveis as respectivas acções defensivas perante actos de turbação ou de esbulho".

A admissão aberta da tutela possessória estende-se ao procedimento cautelar de restituição provisória da posse. Em acórdão de 19.03.2009, sustenta a Relação de Lisboa[3219]:

"III – O direito de utilização de espaço em centro comercial, emergente de contratos como o referido em I, não pode ser defendido mediante a providência cautelar de restituição provisória de posse;

IV – Porém, o lojista pode requerer a restituição provisória de posse do estabelecimento comercial instalado no aludido espaço sito no centro comercial, se tiver sido esbulhado violentamente da posse daquele".

Este sumário do acórdão da Relação de Lisboa de 19 de Março de 2009 oferece a oportunidade de se perceber algumas das fragilidades científicas da doutrina que defende a possibilidade de uma posse sobre o estabelecimento comercial. Assim, sobre o imóvel em que repousa a actividade do comerciante, no caso uma loja integrada em centro comercial, não existe posse, mas mera detenção, estando vedada, por conseguinte, a tutela possessória; mas se o dito espaço ou loja se integrar num estabelecimento comercial essa tutela está disponível, por haver posse do estabelecimento.

Deste modo, na tese da Relação de Lisboa, o comerciante que contratou a utilização do espaço ou loja, não tendo ainda iniciado a utilização do mesmo, está impedido de se defender por acções possessórias se for perturbado ou esbulhado, por não ter posse; no entanto, se tiver colocado aí qualquer coisa para vender, passa a poder recorrer às acções possessórias, porque há estabelecimento comercial!

Tudo isto merece reflexão séria e aprofundada.

[3218] Ac. de 16.10.2012, Proc. nº 163/12.2TVLSB-A.L1, em www.dgsi.pt.
[3219] Proc. nº 3028/08.9TVLSB-2, em www.dgsi.pt.

II. Na doutrina portuguesa, a primeira posição a atender, ainda no domínio do código civil de Seabra é a de Manuel Rodrigues[3220]. Este autor não versa sobre o estabelecimento comercial, deixando, no entanto, claro, que nas universalidades de facto a posse não existe quanto ao todo, mas apenas relativamente às coisas que o integram.

Cunha Gonçalves[3221] não aborda especificamente o tema da posse do estabelecimento. Todavia, a propósito do objecto da propriedade, depois de afirmar que este direito só pode ter por objecto coisas materiais, estende a possibilidade dele recair também, entre outros, sobre "um estabelecimento". Isto poderia levar à defesa da tese da existência de uma posse sobre o estabelecimento comercial. Todavia, noutro lugar, Cunha Gonçalves[3222] nega esse desenvolvimento, defendendo a impossibilidade de uma posse sobre o estabelecimento comercial.

Ainda no domínio do código civil de Seabra a posição favorável à posse de estabelecimento comercial viria a contar com defensores ilustres, como Ferrer Correia[3223] e Barbosa de Magalhães[3224]. Como curiosidade, o facto de se tratar de comercialistas, um dado que se manterá amplamente no espectro doutrinário que se pronuncia sobre o tema à luz do código civil de 1966.

No domínio do código civil em vigor aumentou consideravelmente o número de defensores da posição favorável à posse do estabelecimento comercial, a ponto de a podermos considerar largamente dominante.

Cassiano dos Santos[3225] afirma que o estabelecimento comercial deve ser enquadrado nas coisas compostas[3226], não sendo, porém, segundo o autor, nem uma universalidade de facto[3227] nem uma universalidade de direito[3228], caracterizando-o como um "bem incorpóreo"[3229] no quadro de uma "incorporalidade sui generis", no trilho de Orlando de Carvalho.

[3220] A Posse, cit., pág. 140 e segs.
[3221] Da Propriedade E Da Posse, cit., pág. 69.
[3222] Tratado De Direito Civil Português, Vol. III, pág. 324.
[3223] "Reivindicação do estabelecimento comercial como unidade jurídica", Revista De Legislação E Jurisprudência, Ano 89, pág. 261 e segs.
[3224] Do Estabelecimento Comercial, Estudo De Direito Privado, 2ª edição, Lisboa, 1964, pág. 158 e segs.
[3225] Direito Comercial Português, Volume I, Coimbra, 2007.
[3226] Cassiano Santos, Direito Comercial Português, cit., pág. 293.
[3227] Cassiano Santos, Direito Comercial Português, cit., pág. 293.
[3228] Cassiano Santos, Direito Comercial Português, cit., pág. 293 e seg.
[3229] Cassiano Santos, Direito Comercial Português, cit., pág. 295.

Caracterizado o estabelecimento comercial como coisa, Cassiano Santos[3230] afirma isto: "é também o especial modo de ser do estabelecimento como coisa que explica, sem margem para reservas fundadas, que o estabelecimento possa ser objecto de posse e de usucapião". E, mais adiante[3231]: "objecto unitário de direitos reais e de posse, o estabelecimento pode ser objecto, nos termos gerais, de acção de reivindicação e acção de restituição de posse".

Menezes Cordeiro[3232] exprime uma posição de princípio favorável à posse do estabelecimento comercial, elogiando a jurisprudência que a foi afirmando. Começa, de resto, por defender a possibilidade de reivindicação do estabelecimento[3233], embora dirigida "primacialmente" aos "elementos corpóreos" do estabelecimento[3234]. Está, porém, em causa a propriedade, não a posse. Quanto a esta, Menezes Cordeiro[3235] limita-se a afirmar que as acções possessórias cabem ao titular do estabelecimento, sem mais desenvolvimentos.

Embora reconheça que a posse se encontra restringida ao domínio das coisas corpóreas[3236], Menezes Cordeiro admite a extensão analógica das regras possessórias "quando a analogia das situações o justifique"[3237], o que seria o caso para a tutela possessória do estabelecimento comercial[3238].

Oliveira Ascensão[3239] admite a posse do estabelecimento comercial, com o argumento de que o estabelecimento constitui também uma universalidade de facto; a posse incidiria sobre esta dimensão (de universalidade de facto) do estabelecimento, doutrina que Menezes Leitão[3240] acompanha.

III. Não cabe no âmbito deste estudo sobre a posse uma indagação sobre o conceito, objecto e extensão do estabelecimento comercial, assim como das várias doutrinas existentes na matéria. Tudo o que interessa aqui

---

[3230] Cassiano Santos, Direito Comercial Português, cit., pág. 297.
[3231] Cassiano Santos, Direito Comercial Português, cit., pág. 299.
[3232] A Posse: Perspectivas Dogmáticas Actuais, cit., pág. 79 e seg.
[3233] Menezes Cordeiro, Direito Comercial, 4ª edição, Coimbra, 2016, pág. 352.
[3234] Menezes Cordeiro, Direito Comercial, cit., pág. 352.
[3235] Menezes Cordeiro, Direito Comercial, cit., pág. 352.
[3236] Menezes Cordeiro, A Posse: Perspectivas Dogmáticas Actuais, cit., pág. 81.
[3237] Menezes Cordeiro, A Posse: Perspectivas Dogmáticas Actuais, cit., pág. 81.
[3238] Menezes Cordeiro, A Posse: Perspectivas Dogmáticas Actuais, cit., pág. 81.
[3239] Direito Civil – Reais, cit., pág. 64 e Direito Comercial, Parte Geral, Volume I, Lisboa, 1988, pág. 504 e seg.
[3240] Direitos Reais, cit., pág. 113.

consiste em saber se o estabelecimento comercial como tal pode ser objecto de posse, sendo certo que uma resposta afirmativa leva a ponderar os efeitos jurídicos dessa posse, particularmente, a tutela possessória e a usucapião.

Salvo se o contrário resultar de proibição normativa ou da natureza da coisa ou situação jurídica em causa, todas as coisas ou situações jurídicas patrimoniais podem integrar o estabelecimento comercial. Tudo depende da decisão do comerciante, que afecta livremente ao seu comércio os bens que entender.

Assim, o estabelecimento comercial pode envolver à partida composições muito diversas, consoante os elementos que o integram: do estabelecimento tradicional, se assim se pode chamar, composto de um espaço físico (loja, edifício, etc.), mercadorias, móveis, marcas, nome de estabelecimento, etc., bem como de posições jurídicas várias (contratos de trabalho, contratos de prestação de serviços e de fornecimento de bens), ao estabelecimento virtual, por exemplo, uma simples página *web* de venda de música ou filmes em formato digital a clientes em linha.

A composição do estabelecimento comercial decorre aleatoriamente das decisões livres do comerciante que o explora. A ele compete autonomamente escolher os bens a envolver na actividade comercial que decide prosseguir. Daí o carácter multifacetado que o estabelecimento comercial pode apresentar em concreto.

Por outro lado, pode ser igualmente muito diversa a posição jurídica do comerciante sobre os bens que integram o estabelecimento comercial. Ele pode ser o proprietário de todas as coisas corpóreas que o compõem, como pode ser um mero locatário, comodatário, etc. Assim, o estabelecimento que funciona em local arrendado, com equipamento adquirido por via de locação financeira e com mobiliário emprestado (ou também locado).

Como se percebe, adere-se a uma concepção ampla[3241] de estabelecimento comercial que admite serem conteúdo do mesmo[3242]:

[3241] Para uma concepção restrita, que toma apenas como elementos do estabelecimento as coisas corpóreas, cf. OLIVEIRA ASCENSÃO, Direito Comercial, Parte Geral, Volume I, Lisboa, cit., pág. 491 e segs. e MENEZES LEITÃO, Direitos Reais, cit., pág. 113.

[3242] Cf., entre tantos outros, MENEZES CORDEIRO, Direito Comercial, cit., pág. 332 e segs., FERNANDO OLAVO, Direito Comercial, Volume, I, 2ª edição, Lisboa, 1974, pág. 259 e segs. CASSIANO SANTOS, Direito Comercial Português, cit., BARBOSA DE MAGALHÃES, Do Estabelecimento Comercial, cit, pág. 37 e segs., FERRER CORREIA, "Reivindicação do estabelecimento comercial como unidade jurídica", cit., pág. 261 e segs.

- Coisas corpóreas;
- Coisas incorpóreas;
- Situações jurídicas (activas e passivas), incluindo posições contratuais;
- Aviamento[3243];
- Clientela[3244].

O estabelecimento comercial consiste, pois, nos bens[3245] que o comerciante afectou livremente à sua actividade comercial e estão à sua disposição para o exercício desta num dado momento. A oscilação própria da sorte do comerciante determina a variabilidade do conteúdo do estabelecimento comercial, que terá de ser atendido sempre num determinado momento temporal[3246].

Tendo isto presente, pergunta-se de seguida pela natureza do estabelecimento comercial, procurando reconduzir o mesmo a uma das categorias conhecidas ou atribuir-lhe um lugar nas realidades não tipificadas, ditas *sui generis*.

Como usualmente sucede em questões de grande complexidade, as respostas são variadas e muito díspares. Assim, BARBOSA DE MAGALHÃES[3247] defendia ser o estabelecimento comercial, em regra, uma universalidade de facto e, nalguns casos, uma universalidade de direito. Essa universalidade seria uma coisa móvel se composta apenas por coisas móveis e simultaneamente mobiliária e imobiliária se englobasse imóvel e móveis[3248].

JULIANA DE SOUSA[3249] considera-o como "coisa móvel sui generis", com o argumento de que a lei portuguesa não o qualifica como bem imóvel ou bem móvel comum (*sic*)[3250]. Parecendo embora impossível de acontecer, esta tese aparece sufragada nalguma jurisprudência portuguesa de tribu-

---

[3243] MENEZES CORDEIRO, Direito Comercial, cit., pág. 333 e seg.
[3244] MENEZES CORDEIRO, Direito Comercial, cit., pág. 333 e seg.
[3245] Usa-se a palavra "bem" numa acepção não coincidente com coisa, o objecto de situações jurídicas, para envolver igualmente os direitos e outras situações jurídicas, que não são coisas, nem sequer incorpóreas.
[3246] Os elementos que compõem o estabelecimento muito raramente serão os mesmos no princípio, durante e no fim da actividade comercial do comerciante.
[3247] BARBOSA DE MAGALHÃES, Do Estabelecimento Comercial, cit, pág. 89 e segs.
[3248] BARBOSA DE MAGALHÃES, Do Estabelecimento Comercial, cit, pág. 131.
[3249] A Alienação Do Estabelecimento Comercial No Âmbito Do Processo De Insolvência, Braga, 2012, pág. 4.
[3250] JULIANA DE SOUSA, A Alienação Do Estabelecimento Comercial No Âmbito Do Processo De Insolvência, cit., pág. 5.

nal superior. Assim, no acórdão da Relação do Porto de 29 de Setembro de 2016[3251] pode ler-se:

"O estabelecimento comercial, enquanto móvel *sui generis*, é passível de ser adquirido por usucapião, embora com aplicação dos prazos previstos para os bens imóveis".

CASSIANO SANTOS[3252] defende que o estabelecimento comercial deve ser enquadrado nas coisas compostas, excluindo, no entanto, que se trate de uma universalidade de facto[3253]. A posição do autor perde, porém, clareza, quando aduz, mais à frente, que sendo o estabelecimento uma coisa composta reveste igualmente a natureza de uma universalidade de direito, entendida, porém, não em sentido próprio[3254], mas *sui generis*[3255], uma afirmação que dificilmente se compreende e se afasta do entendimento comum dos conceitos envolvidos, de coisa composta e de universalidade de direito.

ORLANDO DE CARVALHO[3256] reserva para o estabelecimento comercial a natureza de uma "coisa incorpórea sui generis", no seguimento de opiniões nesse sentido formuladas pela comercialística italiana da primeira metade do século XX. FERRER CORREIA[3257] acompanhou-o.

MENEZES CORDEIRO[3258], por sua vez, refutando a ideia do estabelecimento como património de afectação, afirma tratar-se de uma esfera jurídica[3259], que "inclui ou pode incluir o passivo e toda uma série de posições contratuais recíprocas".

Passando a uma análise própria, afasta-se com facilidade que o estabelecimento comercial seja uma coisa corpórea[3260], atendendo à inclusão de

---

[3251] Proc. nº 1248/13.3T2AVR-A.P1, em www.dgsi.pt.
[3252] Direito Comercial Português, cit., pág. 293.
[3253] CASSIANO SANTOS, Direito Comercial Português, cit., pág. 293.
[3254] CASSIANO SANTOS, Direito Comercial Português, cit., pág. 293.
[3255] CASSIANO SANTOS, Direito Comercial Português, cit., pág. 294.
[3256] Critério e estrutura do estabelecimento comercial, O problema da empresa como objecto de negócios, Coimbra, 1967, pág. 3 e segs.
[3257] "Sobre a projectada reforma da legislação comercial portuguesa", Revista da Ordem dos Advogado, Ano 44, 1984, pág. 25 e segs.
[3258] Direito Comercial, cit., pág. 355.
[3259] MENEZES CORDEIRO, Direito Comercial, cit., pág. 355.
[3260] A palavra portuguesa "coisa" provém da palavra latina *res*. A *res* romana equivalia aos *corpora* e era usada como sinónimo de materialidade. A *res*, circunscrita às coisas materiais, contrapunha-se ao *iura*, os direitos, caracterizados como coisas incorpóreas. O critério de distinção assentava na percepção humana; a *res* revelava-se aos sentidos, os direitos não. Se a evolução trouxe uma compreensão diversa das coisas incorpóreas (as que apenas são apreensíveis pelo intelecto humano),

outros elementos que não têm essa natureza, desde logo, as coisas incorpóreas e as situações jurídicas, que não são coisas numa acepção moderna. Se se procura identificar a natureza de um objecto não se pode tomar a parte pelo todo, neste caso, as coisas corpóreas (que até podem não existir na composição concreta do estabelecimento) pelo estabelecimento comercial.

Não sendo uma coisa corpórea, não faz qualquer sentido, sendo tecnicamente incorrecto, qualificá-lo como coisa móvel (!). Esta classificação respeita somente às coisas corpóreas[3261] e não se estende além delas. De resto, nem sequer se percebe que uma realidade que pode compreender um ou vários imóveis possa ser qualificada juridicamente como móvel![3262].

Se não se levanta nenhuma dúvida de que não se trata de uma coisa simples, por envolver na sua composição uma multiplicidade de outras coisas, e não uma só, o estabelecimento comercial também não consiste numa coisa composta, incluindo outros elementos que não são coisas corpóreas, desde logo, as coisas incorpóreas, e que não são sequer coisas (situações jurídicas, aviamento, clientela). O conceito de coisa composta, qualquer que seja a espécie considerada (*ex contingentibus* ou *ex distantibus*), abarca apenas coisas corpóreas.

Pela mesma razão pela qual não se torna possível reconduzir o estabelecimento comercial ao conceito de coisa composta, está fora de causa a sua qualificação como universalidade de facto: o estabelecimento abrange realidades que não são, nem coisas (situações jurídicas, aviamento, clientela), nem corpóreas (obras, invenções, patentes, insígnias, etc.)[3263].

Por último, e por razões semelhantes, embora inversas, o estabelecimento comercial não constitui uma universalidade de direito: na sua composição entram coisas, corpóreas e incorpóreas[3264]. Isto, independentemente desta figura poder ou não ser acolhida na ordem jurídica portuguesa.

---

as coisas corpóreas mantiveram-se atidas à materialidade no Direito moderno. Reconduzir o estabelecimento comercial ao conceito de coisa corpórea equivale a ignorar a história e a passar por cima do conteúdo significativo que ela legou ao conceito legal de coisa. Sobre tudo isto, cf. José Alberto Vieira, Direitos Reais, cit., pág. 114 e segs.

[3261] Sobre o ponto, cf. José Alberto Vieira, Direitos Reais, cit., pág. 129 e segs., em particular, pág. 131 e segs.

[3262] A explicação para tão desastrada qualificação encontra-se no propósito de aplicar ao estabelecimento comercial os prazos de usucapião de coisa móvel. A construção jurídica está errada desde os alicerces, como se explicará no texto.

[3263] Veja-se também Menezes Cordeiro, Direito Comercial, cit., pág. 354 e seg.

[3264] Menezes Cordeiro, Direito Comercial, cit., pág. 354.

O enquadramento do estabelecimento comercial no conceito de esfera jurídica, a ideia de MENEZES CORDEIRO[3265], oferece as dificuldades naturais de um conceito que se liga à personalidade jurídica. Como dissociar o estabelecimento comercial como esfera jurídica daquela que cabe ao comerciante como pessoa? Decerto não se confunde com ela; o comerciante não tem duas ou mais esferas jurídicas só porque o seu património integra um estabelecimento comercial. Julga-se, pois, que se trata de uma doutrina que carece de um maior desenvolvimento explicativo.

O que fica depois disto?

Fica simplesmente a ideia de um conjunto ou acervo de bens afectos funcionalmente pelo comerciante a uma dada actividade mercantil. Para que este acervo pudesse ser um património, e constituir, assim, um objecto de direito ou direitos – uma coisa em sentido amplíssimo[3266] – seria necessária a consagração normativa de um regime jurídico específico que o autonomizasse como tal. Isso sucede, porém, somente em situações contadas, por exemplo, no Estabelecimento Individual de Responsabilidade Limitada.

Nas situações gerais, o regime jurídico português toma o estabelecimento comercial como conjunto para desencadear efeitos jurídicos que respeitam directamente aos seus elementos e não a um novo objecto, considerado autonomamente pelo Direito como tal[3267].

Tome-se como exemplo o trespasse: a declaração de trespasse faz desencadear a favor do trespassário a transmissão das situações jurídicas atinentes ao estabelecimento, sem que seja necessário operar uma declaração negocial para cada uma delas individualizadamente. Se o comerciante não tem legitimidade para transmitir algum dos direitos respeitantes a coisas integradas no estabelecimento, nomeadamente, por declarar transmitir a propriedade sem ser o proprietário, o negócio de trespasse é nulo nessa parte e o verdadeiro proprietário pode reivindicar com sucesso a sua coisa do adquirente do estabelecimento. Seria diferente se houvesse um direito

---

[3265] Cf. *supra* no texto.

[3266] Supõe-se ser esse conceito, muito amplo, de coisa o tido em vista por ORLANDO DE CARVALHO, Direito Das Coisas, cit., que fala a propósito, inclusive, num princípio de "coisificação" (a expressão é do autor), e ainda por CASSIANO SANTOS, Direito Comercial Português, cit.

[3267] Em sentido contrário, o Ac. STJ de 20.03.2014, Proc. nº 278/09.4TVPRT.P1.S1, em www.dgsi.pt: "o estabelecimento comercial é, para além de uma unidade económica, uma unidade jurídica objectiva, porquanto o Direito não se limita a ver as coisas em singular, mas antes o todo, como algo distinto de mera pluralidade das partes componentes, suscetível de admitir a existência de um direito autónomo". Na doutrina cf., por exemplo, FERRER CORREIA, "Reivindicação do estabelecimento comercial como unidade jurídica", cit., pág. 267.

sobre o estabelecimento comercial que abrangesse todas as coisas que o compõem, dito por outras palavras, se o estabelecimento fosse verdadeiramente o objecto transmitido pelo trespasse. O mesmo se diga em caso de "venda do estabelecimento comercial", hipótese prevista no art. 829º do Código do Processo Civil.

As coisas não se afiguram diversas na cessão de exploração, na locação do estabelecimento, no "usufruto"[3268], no "penhor"[3269] ou na "penhora" do estabelecimento comercial (art. 782º do Código do Processo Civil). Tome-se esta última por exemplo. A penhora realizada só pode recair sobre os elementos do estabelecimento que sejam penhoráveis[3270], não, nomeadamente, o aviamento, a clientela ou as posições contratuais em que o comerciante seja apenas devedor. Quer dizer, como sempre, a situação vai incidir nos específicos elementos do estabelecimento, que ficam penhorados em conjunto e simultaneamente, e não num pretenso objecto diverso, autonomamente protegido.

Em todos os casos em que o estabelecimento comercial surge como objecto de negócios jurídicos ou de acções os efeitos jurídicos destes dirigem-se aos seus elementos componentes. Uma atribuição jurídica do estabelecimento comercial ao comerciante sob a forma de um direito subjectivo não surge nunca na lei portuguesa[3271]. Essa atribuição opera unicamente ao nível dos elementos do estabelecimento comercial, das coisas, corpóreas e incorpóreas, que o integram.

Isto explica em grande parte a ausência de meios de tutela (ações ou outros) próprios do estabelecimento comercial. Não por acaso, se discute a aplicabilidade da acção de reivindicação ou das acções possessórias ao esta-

---

[3268] Sobre a figura do usufruto de estabelecimento comercial, que, segundo entendemos, não constitui um direito real na ordem jurídica portuguesa, cf. BARBOSA DE MAGALHÃES, Do Estabelecimento Comercial, cit., cuja doutrina não se acompanha.

[3269] Sobre a figura do penhor de estabelecimento comercial, cf. PINTO DUARTE, O Penhor De Estabelecimento Comercial, in Comemorações dos 35 anos do Código Civil E dos 25 Anos da Reforma de 1977, Volume III, Direito Das Obrigações, Coimbra, 2007, pág. 63 e segs. Sobre a penhora do estabelecimento comercial, do mesmo autor, "A penhora e a venda executiva de estabelecimento comercial", Revista da Faculdade de Direito da UNL, Ano V, nº 9, 2004, pág. 123 e segs. Ambos os estudos oferecem uma perspectiva que não se segue.

[3270] E que para o efeito devem ser relacionados (art. 782º do Código do Processo Civil), o que se compreende na perspectiva da penhora incidir realmente sobre eles e não no estabelecimento como coisa autónoma.

[3271] Em sentido contrário, na jurisprudência, o Ac. STJ de 20.03.2014, Proc. nº 278/09.4TV-PRT.P1.S1, cit., Ac. RL de 13.03.2008, Proc. nº 9186/2007-2, cit., Ac. RC, de 16.03.2010, Proc. nº 160/07.0TBGVA.C1, cit., todos em www.dgsi.pt.

belecimento comercial, tudo meios de defesa de direitos reais sobre coisas corpóreas, não do estabelecimento comercial.

Portanto, no nosso modo de ver, o conceito de estabelecimento comercial representa simplesmente uma técnica jurídica de agregação de um conjunto de elementos unidos por um destino de afectação para permitir negócios ou acções com efeitos jurídicos unitários sobre os elementos do conjunto.

Nesta perspectiva, o estabelecimento comercial não constitui um objecto autónomo, nem sobre ele incide um direito próprio do comerciante, qualquer que seja a sua natureza, que acresça aos direitos existentes sobre os elementos que compõem o estabelecimento.

IV. A posse constitui sempre a exteriorização de um direito; sem essa exteriorização, ela não existe[3272].

Deste modo, a defesa da doutrina, segundo a qual, pode haver posse sobre o estabelecimento comercial requer a demonstração do direito nos termos do qual essa posse vem a ser exercida pelo comerciante.

Que direito é esse[3273]?

A avaliar pelas respostas que têm sido dadas pela doutrina, sobretudo comercialista, e pela jurisprudência, esse direito é a propriedade[3274].

[3272] Cf. o que se disse atrás sobre os elementos da posse, *supra* no Capítulo I da Parte Segunda.

[3273] Como se viu no ponto anterior, rejeita-se que sobre o estabelecimento comercial haja um direito subjectivo que o tenha autonomamente como objecto. Isto bastaria para liquidar a possibilidade legal de posse sobre o estabelecimento comercial. Seja como for, e para lá da eventualidade real do comerciante exteriorizar um direito sobre o conjunto ainda que a lei não o atribua, há toda uma riqueza argumentativa que se perderia se não fosse abordada a resposta a esta questão, razão pela qual se desenvolverá a análise como se houvesse realmente um direito subjectivo sobre o estabelecimento comercial.

[3274] A discussão alemã sobre a propriedade da empresa também se tem feito, embora, deve dizer-se, a um nível bem mais modesto daquele que a sua pujança poderia fazer supor. BAUR/STÜNER, Sachenrecht, cit., § 28, pág. 367 e segs. levantam a questão da relação da empresa com o sistema de Direitos Reais, na perspectiva de ela poder constitui objecto de um direito real, perguntando especificamente se haverá uma propriedade de empresa (*Unternehmenseigentum*). Questionando como a referência legal a um usufruto da empresa se pode articular como princípio da especialidade vigente em Direito Reais, BAUR/STÜNER, Sachenrecht, cit., § 28, pág. 369, trazem ainda à colacção o problema de como formalismo na constituição de direitos reais se pode harmonizar com a transmissão da empresa. Seja como for, sem nunca haver um comprometimento com um direito de propriedade no sentido de Direitos Reais, a doutrina alemã menciona uma propriedade alargada (KRAUSE) ou um direito semelhante à propriedade (v. GODIN), entre outras qualificações mais distantes da propriedade. Cf. BAUR/STÜNER, Sachenrecht, cit., pág. 369. Expressa-se no texto o nosso entendimento em face dos dados do Direito positivo português.

Atente-se de novo nas palavras do acórdão da Relação de Coimbra de 16 de Março de 2010[3275]:

"Um estabelecimento comercial pode ser objecto do direito de propriedade, podendo o mesmo ser também objecto de posse (artº 1251º C. Civ.) e de usucapião (artº 1287º C. Civ.)".

Ou nas palavras da Relação de Lisboa já anteriormente citadas[3276]:

"O estabelecimento comercial constitui uma verdadeira unidade jurídica, objecto do direito de propriedade sendo como tal susceptível de posse e de reivindicação"[3277].

Já se sabe que a doutrina que adopta idêntica posição quanto ao carácter objectivo do estabelecimento comercial tem a mesma perspectiva. O comerciante tem a propriedade do estabelecimento comercial. Era essa, em Portugal, a posição de FERRER CORREIA[3278] e de BARBOSA DE MAGALHÃES[3279] ainda no domínio do código civil de SEABRA. E no domínio do código civil de 1966, a doutrina de ORLANDO DE CARVALHO[3280], GRAVATO DE MORAIS[3281], CASSIANO SANTOS[3282], JULIANA DE SOUSA[3283].

Os seguidores desta doutrina não se questionam, no entanto, para saber se a solução defendida tem verosimilhança nas hipóteses em que o comerciante não tem a propriedade das coisas corpóreas que integram o estabelecimento comercial – por exemplo, quando a loja onde se processa a actividade mercantil foi arrendada e os equipamentos usados são objecto de uma locação financeira –, nas hipóteses em que a propriedade do comerciante envolve apenas parte das coisas corpóreas que o integram ou ainda nos casos em que o estabelecimento se compõe unicamente de coisas incorpóreas

---

[3275] Cit.
[3276] Ac. de 13.03.2008, cit.
[3277] A favor da reivindicação de estabelecimento comercial em Portugal, OLIVEIRA ASCENSÃO, Direito Comercial, Parte Geral, Volume I, Lisboa, cit., pág. 505; em Itália, MESSINEO, Manuale Di Diritto Civile E Commerciale, cit., pág. 461.
[3278] FERRER CORREIA, "Reivindicação do estabelecimento comercial como unidade jurídica", cit., pág. 263 e segs. e "Sobre a projectada reforma da legislação comercial portuguesa", cit., pág. 28 e seg.
[3279] BARBOSA DE MAGALHÃES, Do Estabelecimento Comercial, cit, pág. 157 e seg.
[3280] Direito das Coisas, pág. 160, nota 66, Critério e estrutura do estabelecimento comercial, cit., pág. 202 e Revista de Legislação e Jurisprudência, Ano 122, pág. 107.
[3281] Alienação E Oneração De Estabelecimento Comercial, Coimbra, 2005, pág. 63 e segs.
[3282] Direito Comercial Português, cit., pág. 293 e segs.
[3283] A Alienação Do Estabelecimento Comercial No Âmbito Do Processo De Insolvência, cit., pág. 5.

(obras literárias e artísticas, marcas e outros sinais distintivos) numa página *web* (estabelecimento comercial virtual), a partir da qual se processa a actividade mercantil com os clientes (uma loja *on line* de música ou de aluguer de filmes, por exemplo).

Não deixa de ser curioso pensar, na hipótese indicada em primeiro lugar no parágrafo anterior[3284], como se justificaria legalmente a reivindicação pelo comerciante para recuperar a loja e as outras coisas corpóreas afectas à actividade mercantil. Enquanto mero locatário das coisas nunca poderia reivindicar, por a reivindicação estar limitada legalmente aos direitos reais de gozo (artigos 1311º e 1315º do código civil), mas como comerciante que os dedicou à sua actividade mercantil num dado acervo de bens já poderia ... Trata-se, não se vê como dizer de outra forma, de uma pura manifestação de irrealismo jurídico, mesmo sem contar com o desacerto técnico da solução defronte do sistema jurídico de Direitos Reais.

De toda a argumentação expendida, quer pela jurisprudência quer pela doutrina do nosso país, o que mais impressiona, nas posições que consideram haver uma propriedade do estabelecimento comercial, é a olímpica indiferença ao regime jurídico de Direitos Reais, sempre ignorado, e a integral desconsideração pelos seus princípios, que raramente ou nunca são ponderados, tudo como se, afinal, o direito de propriedade pertencesse a uma qualquer órbitra da ordem jurídica diferente do sistema normativo deste ramo do Direito e não houvesse de confrontar o seu regime jurídico para aferir da possibilidade legal da solução avançada. De resto, o mesmo se diga para a posse e para a usucapião, conforme se verá mais adiante.

Mas, não é de propriedade, como direito real, que se trata? – Se assim é, então há que fazer primeiro a demonstração de que a propriedade do estabelecimento comercial se harmoniza com o regime geral da propriedade, visto que não se consagra na ordem jurídica portuguesa um regime jurídico específico de propriedade, especial ou excepcional, que tenha o estabelecimento comercial como objecto, nem tal qualificação resulta de um regime jurídico geral do estabelecimento comercial, que, pura e simplesmente, não existe em Portugal.

[3284] Na hipótese de estabelecimento comercial virtual a reivindicação encontra-se evidentemente vedada. A acção de revindicação confina-se à recuperação de coisas corpóreas no exercício de direitos reais de gozo (artigos 1311º e 1315º do código civil).

Analisando o problema, de vários lugares do sistema normativo de Direitos Reais colhe-se o sentido de uma impossibilidade legal do direito de propriedade[3285] poder ter por objecto o estabelecimento comercial.

Em primeiro lugar, o Direito português limita o objecto dos direitos reais às coisas corpóreas. O art. 1302º do código civil não dá margem para qualquer controvérsia quanto a isso, dispondo que só "as coisas corpóreas, móveis ou imóveis, podem ser objeto do direito de propriedade regulado neste código"[3286].

A limitação dos direitos reais (e não apenas da propriedade) às coisas corpóreas não reveste carácter semântico, assente no puro significado literal do preceito, decorrendo antes de uma duradoura tradição histórica que remonta naturalmente ao Direito romano e à *actio in rem*. A categoria substantiva do *ius in re*, moldada a partir da glosa com base nas acções reais forjadas no Direito romano (reivindicação, publiciana, etc.), abarcou sempre e somente os direitos sobre coisas corpóreas[3287], sendo precisamente o objecto a delimitar a categoria de direito subjectivo em presença, sobretudo, no confronto com o direito de crédito, com origem na *actio in personam*.

Tentativas pontuais de superação do romanismo, como aquelas ensaiadas pelo Landesrecht prussiano ou mesmo pelo código civil austríaco, foram rejeitadas nas principais ordens jurídicas europeias, em particular, a alemã e a italiana, esta última com grande repercussão na elaboração do código civil de 1966.

Simultaneamente, a limitação do objecto dos direitos reais às coisas corpóreas implicou automaticamente o afastamento da propriedade quanto às coisas incorpóreas, sujeitas a regimes jurídicos próprios, de Direito de Autor, quanto às obras literárias e artísticas, e de Direito Industrial, quanto a marcas, desenhos e modelos, patentes, modelos de utilidade, etc. Em Por-

---

[3285] Entendido este na acepção do Direito Civil, como direito real, claro está, e não numa acepção lata de direito patrimonial, como sucede em vários preceitos da Constituição. Para o Direito italiano, veja-se também COLOMBO, L'Azienda E Il Suo Transferimento, in Trattato Di Diritto Commerciale Diretto Da Francesco Galgano, Padova, 1979, pág. 54 e segs.

[3286] Aproveita-se para esclarecer, que não há outro regime de propriedade (privada) para além do que consta dos artigos 1302º e seguintes do código civil.

[3287] Contra, ORLANDO DE CARVALHO, Direito das Coisas, cit., pág. 160, nota 66, que afirma que a categoria dos *ius in re* nem sempre abrangia direitos sobre coisas corpóreas. Este professor não indica, todavia, que direitos são esses, mas podemos supor tratar-se dos direitos atinentes a coisas incorpóreas. Estes, contudo, não constituem verdadeiras propriedades e alusão a este direito tem um significado apenas semântico. Voltar-se-á ao tema adiante no texto, no número relativo às coisas incorpóreas.

tugal, o art. 1303º do código civil resolveu expressamemte a questão, remetendo a protecção das coisas incorpóreas para fora do âmbito da propriedade civil.

O art. 1302º estabelece uma norma imperativa: a propriedade[3288], enquanto direito real, não pode ter por objecto outras coisas, sejam elas de que natureza forem. O objecto marca, assim, a delimitação de um regime jurídico: os direitos reais são os direitos subjectivos sobre as coisas corpóreas[3289].

O estabelecimento comercial constitui um acervo ou conjunto de elementos, entre os quais poderão existir coisas corpóreas, mas não se limita de modo algum a estas, as quais podem inclusivamente faltar em concreto sem descaracterizar a existência do estabelecimento.

Não sendo, de modo algum, uma coisa corpórea, o estabelecimento comercial não pode ser objecto de um direito de propriedade. Veda-o expressamente o art. 1302º do código civil, no significado que a história lhe deu, recebido e incorporado nos códigos civis modernos por legisladores conscientes e conhecedores da tradição jurídica subjacente.

Em segundo lugar, e para além da limitação da propriedade às coisas corpóreas, a disciplina jurídica de Direitos Reais está submetida ao denominado princípio da especialidade. Incluindo a nossa obra de Direitos Reais[3290], mencionam expressamente o princípio da especialidade: MENEZES LEITÃO[3291], ORLANDO DE CARVALHO[3292], MOTA PINTO[3293], SANTOS JUSTO[3294], HENRIQUE MESQUITA[3295] e PINTO DUARTE[3296].

Para além destes autores, ainda no domínio do código civil de SEABRA, e sob a influência directa da pandectística alemã, já GUILHERME MOREIRA[3297] explicava que o direito real apenas pode incidir sobre coisa certa e determi-

---

[3288] Ou, mais precisamente, os direitos reais, sejam de gozo, de garantia ou de aquisição.
[3289] Sobre esta matéria, cf. JOSÉ ALBERTO VIEIRA, Direitos Reais, cit., pág. 87 e segs. e pág. 193 e segs.
[3290] JOSÉ ALBERTO VIEIRA, Direitos Reais, cit., pág. 193 e segs.
[3291] Direitos Reais. cit., pág. 113.
[3292] Direito Das Coisas, cit., pág. 157 e segs. Este Professor considera, porém, possível a propriedade e posse sobre o estabelecimento comercial, apesar da enunciação do princípio da especialidade. Cf. pág. 160, nota 66.
[3293] Direitos Reais, cit., pág. 98 e segs.
[3294] Direitos Reais, cit.
[3295] Direitos Reais, cit., pág. 13, nota 1.
[3296] Curso De Direitos Reais, cit., pág. 40 e seg.
[3297] Instituições De Direito Civil Português, Vol. III, cit., pág. 4.

nada e Pires de Lima³²⁹⁸ fazia o mesmo: "o direito real apresenta-se sempre como poder directo e imediato de uma pessoa sobre coisa certa e determinada".

Com este conteúdo, o princípio da especialidade aflora, nomeadamente, no art. 408º, nº 2 do código civil português e apresenta uma indesmentível consagração normativa no regime jurídico dos Direitos Reais.

Para além deste enunciado simples – o que o direito real só pode ter por objecto coisa (corpórea) certa e determinada – o princípio da especialidade tem ainda outro sentido adicional: a coisa objecto do direito real deve ser única e estar individualizada³²⁹⁹.

O princípio da especialidade em Direitos Reais pode ser, assim, sintetizado da seguinte forma: o direito real recai sempre sobre coisa individual, certa e determinada³³⁰⁰.

Um reconhecimento jurisprudencial da incidência do princípio da especialidade em Direitos Reais tem ocorrido ao mais alto nível. Segundo o acórdão do STJ de 7.04.2011³³⁰¹:

"No domínio dos direitos reais vigora o princípio da especialidade, segundo o qual o direito real só se constitui sobre coisas que tenham autonomia em relação a outras coisas corpóreas".

Olhando para a dinâmica própria da vida mercantil não se pode esperar que o estabelecimento comercial tenha sempre os mesmos elementos. Na normalidade dos casos, quando o comerciante desenvolve a actividade comercial através do estabelecimento comercial, este vai-se alterando sucessivamente na sua composição. Ao contrário de uma coisa corpórea, que é o que é, ressalvando naturalmente a degradação natural e a eventualidade de acidentes, o estabelecimento comercial está predisposto para a mudança, modificando a sua individualidade no decurso da actividade mercantil desenvolvida.

De uma forma mais clara ainda, as coisas corpóreas e incorpóreas que integram o estabelecimento comercial vão oscilando: a mercadoria é

---

³²⁹⁸ Noções Fundamentais De Direito Civil, Vol. II, cit., pág. 1.
³²⁹⁹ Para o necessário desenvolvimento e fundamentação, José Alberto Vieira, Direitos Reais, cit., pág. 195 e segs.
³³⁰⁰ Menezes Leitão, Direitos Reais, cit., pág. 11 e segs., acrescenta ainda que a coisa deve ser presente (excluindo, pois, a coisa futura) e autónoma. Tem razão nisto e não custa, assim, afirmar que a coisa objecto do direito real deve ser individual, presente, certa e determina. Supõe-se que o carácter autónomo da coisa esteja implícito na formulação, tornando desnecessária uma referência específica.
³³⁰¹ Proc. nº 956/07.2TBVCT.G1.S1, em www.dgsi.pt.

vendida ou devolvida, o equipamento é substituído e acrescido, regista-se uma nova marca, uma nova patente, etc., etc.

O estabelecimento comercial não só não tem uma individualidade constante, como a sua composição está em permanente movimento e mudança, afectando o carácter certo e determinado do seu conteúdo.

Deste modo, ainda que a lei portuguesa não limitasse o objecto da propriedade, e dos direitos reais em geral, às coisas corpóreas, como faz, o princípio da especialidade impediria sempre uma propriedade sobre o estabelecimento comercial, por lhe faltar a individualidade e a determinação necessárias para a incidência do direito real.

A afirmação de um direito de propriedade sobre o estabelecimento comercial viola ostensivamente um princípio estruturante da disciplina normativa dos Direitos Reais e choca com isso com o regime jurídico deste ramo do Direito. Se não houvesse já uma outra razão de fundo para a rejeição da tese da propriedade sobre o estabelecimento comercial – a limitação legal dos direitos reais às coisas corpóreas – a violação do princípio da especialidade bastaria por si só para a fundamentar.

Há, no entanto, ainda outra razão para essa rejeição.

Em terceiro lugar, a tese da propriedade sobre o estabelecimento comercial coloca em equação um outro princípio dos direitos reais: o princípio da tipicidade[3302]. Em que medida é que este princípio surge afectado no que respeita ao estabelecimento comercial?

O direito real tem uma coisa corpórea por objecto e esta coisa contribui para moldar normativamente o conteúdo típico do direito, o aproveitamento que o seu titular pode fazer dela. Os poderes conteúdo do direito real em geral consagram possibilidades de actuação sobre a coisa corpórea que constitui o seu objecto e não de quaisquer outras coisas (incorpóreas) ou realidades, cujo aproveitamento se faz de modo juridicamente diverso.

O desenho normativo do tipo de direito real propriedade, que decorre do conteúdo expressado no art. 1305º do código civil, inclui o gozo – todo o gozo – de que uma coisa corpórea é susceptível, mas não prevê poderes de exploração económica de coisas incorpóreas[3303], como a obra protegida

---

[3302] Sobre o princípio da tipicidade, reconhecido pacificamente pela doutrina jusrealista, cf. José Alberto Vieira, Direitos Reais, cit., pág. 185 e segs., com ulteriores indicações de bibliografia, portuguesa e estrangeira.

[3303] Por exemplo, um contrato de edição, um contrato de produção cinematográfica ou a outorga de autorizações de utilização a terceiros.

por direito de autor, ou de aproveitamento de posições contratuais, de aviamento ou de clientela.

Uma propriedade do estabelecimento comercial, a ser admitida, rebenta positivamente – não se vê outro meio mais suave de o dizer – com o conteúdo típico da propriedade, estendendo os poderes de actuação do proprietário muito para lá do conteúdo típico previsto no art. 1305º do código civil. Os poderes de exploração económica de uma obra protegida por direito de autor ou de uma invenção protegida por patente não coincidem, nem de perto nem de longe, com os poderes de gozo do proprietário de coisa corpóreas.

A ser admitida uma propriedade do estabelecimento comercial o conteúdo da propriedade do comerciante excederia em muito o conteúdo da propriedade segundo o tipo legal deste direito previsto no art. 1305º do código civil.

A afectação do princípio da tipicidade surge, assim, como evidente, não se vendo como a negar. Ora, uma tese que concebe uma propriedade com um conteúdo diverso do tipo legal deste direito, num ramo de Direito sujeito a um princípio de tipicidade, não pode ser aceite. A recondução de uma figura a um tipo legal só pode fazer-se com respeito pelo regime jurídico deste último, não com a violação aberta da sua delimitação normativa. O contrário seria incompreensível.

Os três argumentos avançados constituem impedimentos normativos do sistema de Direitos Reais à qualificação do direito do comerciante sobre o estabelecimento comercial como propriedade. Na ordem jurídica portuguesa essa qualificação é legalmente impossível e só pode ser feita em patente contradição, e porque não dizê-lo, violação, do regime jurídico de Direitos Reais e dos seus princípios materiais.

Nada disto resulta contraditado pelas alusões legais à propriedade do estabelecimento que aparecem em vários locais da ordem jurídica, como, por exemplo[3304], no art. 1559º ("os proprietários e os donos de estabelecimentos industriais") ou no art. 1560º, nº 1, alínea a) ("quando os proprietários, ou os donos de estabelecimentos industriais") do código civil e em outros locais[3305].

[3304] Há várias outras que podem ser confrontadas em GRAVATO DE MORAIS, Alienação E Oneração De Estabelecimento Comercial, cit., pág. 63 e segs.
no Ac. RL 13.03.2008, cit.
[3305] Nalguns dos exemplos normativos dados nos locais citados na nota anterior, retira-se de preceitos sem qualquer referência à propriedade uma suposta referência implícita à transmissão

Se estas alusões fossem tomadas ao pé da letra, o mesmo legislador que limitou os direitos reais às coisas corpóreas e que instituiu os princípios da especialidade e da tipicidade na disciplina jurídica da propriedade, e dos direitos reais em geral, estaria a contraditar completamente o regime jurídico que consagrou. Será de entender realmente assim?

Não se trata manifestamente do caso. Indicações como as citadas são de interpretar num sentido lato e não técnico de propriedade, como o nexo de pertença de algo (o estabelecimento comercial) a alguém (o comerciante), sem nenhuma implicação quanto ao direito de propriedade em sentido estrito ou técnico, a figura regulada nos artigos 1302º e seguintes do código civil.

Sabendo-se, por outro lado, que as qualificações jurídicas do legislador não vinculam o intérprete quando falta o acolhimento normativo no regime jurídico, sendo este inequivocamente contrário à propriedade do estabelecimento comercial, como se viu, não se vê nenhuma razão para tomar este argumento como relevante a favor de uma propriedade do estabelecimento comercial.

As palavras propriedade, proprietário ou dono vêm usadas nos preceitos mencionados num sentido puramente semântico, designando simplesmente o comerciante a quem cabe o acervo de elementos do estabelecimento comercial ou o nexo de pertença de um ao outro, sem importar uma qualificação jurídica autêntica da situação jurídica que lhe cabe, que, seria, de resto, perfeitamente deslocada nesses contextos, que não são de regulação normativa do estabelecimento comercial ou sequer do direito de propriedade.

Chegados a este ponto, importa agora considerar um dos verdadeiros motivos do esforço dogmático de qualificação do direito do comerciante como propriedade: a acção de reivindicação do estabelecimento comercial. Na construção dogmática do estabelecimento como propriedade tudo passa por três vectores: a reivindicação, a tutela possessória e a usucapião. É sempre isto que está em causa.

No que diz respeito ao ponto agora em análise, a qualificação do estabelecimento comercial como propriedade desencadeia logicamente a aplicação dos meios de defesa deste direito, em particular, da acção de reivin-

---

desse direito sobre estabelecimento comercial. Um desses exemplos consta do art. 1889º, nº 1 alínea c) do código civil, outro do art. 31º, nº 4 do Código da Propriedade Industrial, entretanto já revogado. Trata-se de uma interpretação manifestamente abusiva dos mesmos.

dicação. Contudo, em vista da finalidade própria deste meio de defesa – a condenação do réu na entrega ao autor da coisa (corpórea) que está em seu poder – o recurso à acção de reivindicação mostra-se totalmente inapropriado quanto ao estabelecimento comercial.

Isto não deve surpreender. A *actio in rem* romana visava a recuperação de coisa corpórea e o pedido feito ao tribunal na acção consistia na condenação do réu na entrega da coisa. A *actio in rem* exercitava o direito de propriedade sobre uma única coisa, justamente aquela que era objecto da propriedade, não sendo idónea para obter a entrega de uma pluralidade ou de um complexo de coisas. Tudo isto mantém pertinência no direito actual (art. 1311º do código civil), com a única diferença da legitimidade activa para a interposição da acção caber agora a todos os titulares de direitos reais de gozo e não apenas ao proprietário (art. 1315º do código civil).

Percebe-se bem que a qualificação do estabelecimento comercial como propriedade se ligue ao poder de reivindicação e à acção judicial respectiva e, para uma figura com um regime fragmentário, que não conhece formas de tutela judicial próprias[3306] tudo isto se afigure conveniente numa dada perspectiva prática. E não admira, por isso, que os comercialistas se afadiguem a sustentar que o comerciante tem a propriedade do estabelecimento desconsiderando todo o regime jurídico da propriedade – e também da posse e da usucapião –, fazendo tábua rasa do mesmo, como se não fosse o único à luz do qual uma tal propriedade se poderia fundar normativamente.

Quando se sustenta que o estabelecimento comercial engloba apenas coisas corpóreas, móveis e imóveis, a noção de universalidade de facto, correctamente entendida e aplicada, dá ainda um fundamento plausível a favor da reivindicação do estabelecimento comercial, embora não possível de sustentar face à lei portuguesa. Afinal de contas, ainda é de coisas corpóreas que se trata. Porém, quando se estende a compreensão do conceito de estabelecimento comercial a coisas incorpóreas, a posições jurídicas em relações contratuais e outras situações jurídicas, ao aviamento e à clientela, a aplicação do regime jurídico da acção de reivindicação perde toda a verosimilhança técnica.

Enquanto meio de defesa do direito real de gozo, a acção de reivindicação tem por escopo propiciar a entrega da coisa corpórea ao titular do

---

[3306] Explicou-se já no ponto anterior, que isso não acontece por acaso, mas porque o regime jurídico português não consagra um verdadeiro direito subjectivo sobre o estabelecimento comercial nem o tem por objecto autónomo para outra coisa que não seja o de desencadear efeitos jurídicos unitários relativamente a todos os elementos que integram o estabelecimento comercial.

direito real quando existe uma dissociação entre a titularidade do direito e a posse da coisa; o pedido da acção consiste, por sua vez, na condenação do réu nessa entrega[3307]. Uma entrega, entenda-se física[3308], de uma coisa incorpórea (uma obra literária e artística, uma invenção, etc.), de direitos, do aviamento ou da clientela do estabelecimento fica evidentemente fora de causa: não é nem física nem juridicamente possível[3309].

Existem ainda outros argumentos contra a admissão da reivindicação de estabelecimento comercial, para além da limitação legal da reivindicação às coisas corpóreas individuais objecto da propriedade (ou de outro direito real de gozo). O primeiro deles reside na titularidade dos direitos reais de gozo sobre as coisas integradas no estabelecimento comercial. Não pode haver reivindicação de coisa sobre a qual não se tem a titularidade de um direito real de gozo (artigos 1311º e 1315º do código civil). Se o estabelecimento funciona em imóvel ou imóveis arrendados, a posição de locatário não permite legalmente a reivindicação. E o mesmo se diga quanto às coisas móveis. A integração da coisa em estabelecimento comercial não altera isso, seja qual for a volta que se pretenda dar à situação.

O segundo desses argumentos é o dos estabelecimentos comerciais sem coisas corpóreas. Com tendência a aumentar num mundo crescentemente informatizado e ligado em rede, o estabelecimento comercial virtual pode não integrar coisas corpóreas. Uma reivindicação de estabelecimento comercial numa hipótese destas não pode ser nunca equacionada como legalmente possível.

A construção dogmática da tese, segundo a qual, sobre o estabelecimento comercial recai um direito de propriedade nasceu no século XIX, sobretudo, por acção da prestigiada doutrina comercialista italiana. No plano do regime jurídico ela foi facilitada pela ausência de uma limitação expressa

---

[3307] Para a caracterização da acção de reivindicação, cf. José Alberto Vieira, Direitos Reais, cit., pág. 424 e segs.

[3308] Não há outra.

[3309] E essa é a razão pela qual Menezes Cordeiro, Direito Comercial, cit., pág. 352, conhecedor do regime de Direitos Reais, precisa que a reivindicação se dirige "primacialmente" aos "elementos corpóreos". Esta reivindicação levaria por arrasto os outros elementos do estabelecimento comercial. Discorda-se, ainda assim, da posição de Menezes Cordeiro, porquanto, para além de admitir genericamente a reivindicação do estabelecimento comercial e de acabar por aceitar que os demais elementos do estabelecimento comercial sejam envolvidos na reivindicação, pressupõe uma reivindicação conjunta das coisas corpóreas do estabelecimento, o que pressupõe, para ser legalmente possível a propriedade de todas elas. A reivindicação fundamenta-se aí, porém, na propriedade das coisas e não do estabelecimento comercial.

dos direitos reais às coisas corpóreas, pelas referências normativas francesa e italiana a uma posse de coisas e de direitos[3310] e pela ambiguidade linguística existente quanto aos direitos sobre coisas incorpóreas, usualmente denominados de propriedade (propriedade literária e artística, propriedade industrial).

A comercialística portuguesa anterior ao novo código civil de 1966, em particular, neste tema, BARBOSA DE MAGALHÃES e FERRER CORREIA, navegaram ao sabor da corrente que vinha de Itália[3311]. A sua influência perdurou nos comercialistas subsequentes, reforçada pela posição favorável de ORLANDO DE CARVALHO.

O que não se atentou, no entanto, é que, em Portugal como em Itália, debaixo da influência poderosa do BGB alemão, os novos códigos civis vieram a consagrar expressamente a limitação dos direitos reais às coisas corpóreas (o art. 1302º do código civil português), estruturando ainda o código civil português a sua disciplina normativa debaixo do princípio da especialidade, com o significado atrás enunciado.

Esta mudança do quadro legislativo português, com a entrada em vigor do código civil de 1966, tinha de ter operado uma repercussão de fundo na doutrina da propriedade do estabelecimento comercial. Em Portugal, porém, isso não aconteceu, fruto de uma comercialística "distraída" do regime civil do direito de propriedade e de uma jurisprudência que igualmente não atentou no logro criado com uma dogmática desajustada do tempo e do regime jurídico.

Por muito conveniente que se afigure o recurso à tutela específica da propriedade e a alguns dos seus efeitos, ela não pode incidir sobre o estabelecimento comercial no Direito português.

V. A ligação da posse à propriedade remonta quase à origem da *possessio* romana. Ela assume uma tal intensidade na visão dos autores, que se vulgarizou, pelo menos, desde o século XVIII, particularmente em França e Itália, mas também na Alemanha, a afirmação de que não pode haver posse onde a propriedade não é admitida. O *codice civile* italiano de 1865 preceituava a propósito no seu artigo 690:

"Não tem efeito jurídico a posse de coisas relativamente às quais não se pode adquirir a propriedade".

[3310] Sobre isto, cf. o que se disse na Parte Primeira.
[3311] Conforme se pode atentar das citações realizadas nas suas obras.

E já na vigência do código civil de 1966, Henrique Mesquita[3312] afirmaria: "a posse só é admissível em relação às coisas que podem ser objecto de propriedade".

Esta máxima da tradição centenária do regime da posse pode bem valer igualmente para a questão da posse do estabelecimento comercial, devidamente adaptada para qualquer objecto e não se limitando apenas às coisas: onde não há propriedade não pode haver posse.

Na verdade, sendo a posse nos termos da propriedade um espelho deste direito, grande parte do que se disse quanto à questão da propriedade do estabelecimento comercial pode afirmar-se *mutatis mutantis* quanto à posse. A limitação dos direitos reais de gozo às coisas corpóreas (art. 1302º) recorta objectivamente a posse: também esta só pode ter por objecto as coisas corpóreas. E num acrescento que envolve o princípio da especialidade: as coisas corpóreas individuais (presentes), certas e determinadas[3313].

Reitera-se, assim, a máxima enunciada há pouco: o que não pode ser objecto da propriedade não pode ser objecto de uma posse nos termos desse direito.

Tudo no regime jurídico da posse pressupõe o carácter corpóreo da coisa, desde logo, o seu elemento estruturante básico: o controlo material da coisa ou *corpus* possessório[3314].

O *corpus* possessório enquanto elemento da posse pode existir quanto às coisas corpóreas que integram a composição do estabelecimento comercial, mas não relativamente a nenhum dos seus outros elementos. O controlo material de coisas incorpóreas, que não se revelam aos sentidos humanos, é fisicamente impossível: realidades puramente intelectuais estão naturalmente subtraídas à posse[3315].

O mesmo se diga quanto a quaisquer dos outros elementos susceptíveis de entrar na composição do estabelecimento comercial. Uma posse da clientela ou do aviamento só pode ser afirmada como abstracção teórica: nenhum comerciante "possui" realmente a sua clientela ou o aviamento do estabelecimento comercial. Pelo menos não no sentido jurídico de controlo material nos termos de um direito. Isso brigaria até com a dignidade das pessoas envolvidas, numa dimensão que, no limite, comporta a ponderação

---

[3312] Direitos Reais, cit., pág. 75.
[3313] Neste sentido, que o princípio da especialidade consagrado em Direitos Reais impede a posse de estabelecimento comercial ou empresa, cf. Stadler, Soergel BGB, cit., pág. 25 (7).
[3314] Cf. o que se disse *supra*, no Capítulo Primeiro da Parte Segunda.
[3315] Cf. o que se dirá no número seguinte, *infra* no texto.

de valores constitucionais e civis, nomeadamente, quanto à personalidade e à liberdade.

Neste ponto, como no anterior relativo à propriedade, a doutrina portuguesa especializada no estudo do estabelecimento comercial mostrou o habitual "alheamento" ao regime jurídico da posse, já para não falar nas considerações históricas que fazem luz sobre esse regime. O confronto da posição de princípio – favorável à posse do estabelecimento comercial – com o regime jurídico pertinente (art. 1251º e seguintes do código civil), o único à luz do qual qualquer posição pode ser fundamentada, não aparece nunca, o que fragiliza ainda mais uma tese já de si bem difícil de defender, apesar das ditosas afirmações do contrário.

Dentro do campo dos defensores da tese favorável a uma posse sobre o estabelecimento comercial encontram-se os mesmos autores que defendem a tese da existência de uma propriedade sobre ele, Barbosa de Magalhães[3316], Ferrer Correia[3317], Orlando de Carvalho[3318], Cassiano Santos[3319], Gravato De Morais[3320], Pinto Duarte[3321], Oliveira Ascensão[3322], Menezes Leitão[3323] e também Paulo Mota Pinto/Sandra Passinhas[3324]. Numa posição muito mais mitigada, reservando a tutela possessória do estabelecimento comercial apenas para os elementos corpóreos, Menezes Cordeiro[3325].

Como seria de esperar a jurisprudência portuguesa acompanhou os recentes desenvolvimentos dogmáticos tendo afirmado a posse do estabelecimento comercial em diversas ocasiões[3326], não, contudo, sem deixar de

---

[3316] Do Estabelecimento Comercial, cit., pág. 159.
[3317] "Sobre a projectada reforma da legislação comercial portuguesa", cit., pág. 28 e seg.
[3318] Direito das Coisas, cit., pág. 152, nota 63, Critério e estrutura do estabelecimento comercial, cit., pág. 202.
[3319] Direito Comercial Português, cit., pág. 293 e segs.
[3320] Alienação E Oneração De Estabelecimento Comercial, Coimbra, 2005, pág. 68 e segs.
[3321] Curso De Direitos Reais, 3ª edição, Lisboa, 2013, pág. 347 e seg.
[3322] Direito Civil – Reais, cit., pág. 64 e Direito Comercial, Parte Geral, Volume I, Lisboa, cit., pág. 504.
[3323] Direitos Reais, cit., pág. 113.
[3324] "Posse e usucapião de estabelecimento comercial de farmácia", Revista de Legislação e Jurisprudência, Ano 146, 2017, pág. 233 e segs.
[3325] A Posse – Perspectivas Dogmáticas Actuais, cit., pág. 79 e segs.
[3326] Ac. RP de 07.07.2003, Proc. nº 0353598, em www.dgsi.pt, Ac. RL de 13.03.2008, Proc. nº 9186/2007-2, cit. Ac. RL de 19.03.2009, Proc. nº 3028/08.9TVLSB-2, cit., Ac. RC, de 16.03.2010, Proc. nº 160/07.0TBGVA.C1, cit., Ac. RL, Proc. nº 163/12.2TVLSB-A.l1, cit., Ac. RP de 26.09.2016 Proc. nº 1248/13.3T2AVR-A.P1, cit.

fazer algumas precisões. Em acórdão de 7 de Julho de 2003 decidiu a Relação do Porto[3327]:

"O estabelecimento comercial é passível de posse, no entanto o instituto da usucapião só é extensível aos elementos corpóreos do estabelecimento, só estes podem ser reivindicados".

A defesa da aplicação da posse ao estabelecimento comercial tem sempre em vista dois objectivos práticos: a extensão da tutela possessória e a usucapião. A jurisprudência portuguesa faz eco disto mesmo

Pode ler-se no acórdão da Relação de Lisboa de 16.10.2012[3328]:

"É francamente maioritária a tese de que o estabelecimento comercial é susceptível de ser objecto de posse, sendo-lhe, pois, aplicáveis as respectivas acções defensivas perante actos de turbação ou de esbulho".

E da mesma Relação no acórdão de 19 de Março de 2009[3329]:

"O lojista pode requerer a restituição provisória de posse do estabelecimento comercial instalado no aludido espaço sito no centro comercial, se tiver sido esbulhado violentamente da posse daquele".

Conforme surpreendeu correctamente a Relação do Porto no seu acórdão de 7 de Julho de 2003[3330], a tutela possessória só se pode estender às coisas corpóreas do estabelecimento comercial. Isto significa, evidentemente, que não pode incidir sobre a restante parte do estabelecimento comercial e, no seu significado consequente, compromete a própria ideia de posse do estabelecimento comercial. Como acervo de elementos de natureza variada, a maior parte dos quais não sendo sequer coisas, a posse não é legalmente possível.

Faz-se notar, para que não surjam dúvidas, que a posse vem excluída no que respeita ao conjunto das coisas corpóreas do estabelecimento comercial. A posse respeita às coisas corpóreas que o integram, mas só relativamente a cada uma delas isoladamente tomada; não há qualquer posse do conjunto afecto à actividade do comerciante, que não representa por si o estabelecimento comercial, mas apenas uma porção eventual dos seus elementos integrantes, uma parte delimitada daquele.

As medidas possessórias tendentes à recuperação da coisa, nomeadamente, a acção de restituição e o procedimento cautelar de restituição provisório da posse visam a entrega física da coisa ao autor; o pedido feito

---

[3327] Proc. nº 0353598, cit.
[3328] Cit.
[3329] Cit.
[3330] Cit.

ao tribunal consiste na condenação do réu esbulhador a essa entrega[3331]. Ora, isso somente se afigura possível no domínio material das coisas corpóreas, o domínio legal da posse. As acções possessórias, todas elas, requerem e pressupõem a materialidade da coisa objecto da posse, não são naturalmente possíveis quanto a coisas com mera existência intelectual (as coisas incorpóreas), a posições contratuais, ao aviamento, à clientela, a todos os demais elementos integrantes de estabelecimento comercial.

Assim, no caso de "esbulho" do estabelecimento comercial o comerciante pode lançar mão da defesa possessória respeitante a cada uma das coisas corpóreas que possui, provando a posse relativamente a cada um delas, não bastando nunca a mera alegação e prova da "posse" do estabelecimento comercial.

Esquemas de natureza estritamente processual que favoreçam o pedido de restituição de todas as coisas corpóreas do estabelecimento comercial, e mesmo dos demais elementos do mesmo, não implicam nem logica nem juridicamente uma posse do estabelecimento, mas simplesmente o exercício simultâneo de todas as posses numa única acção, o que é coisa bem diversa.

Fica, por último, um dos efeitos jurídicos desejados da tese da posse do estabelecimento comercial: a usucapião. Os autores favoráveis à tese da existência de uma posse sobre o estabelecimento comercial defendem habitualmente a susceptibilidade de usucapião do mesmo. Assim, Barbosa de Magalhães[3332], Orlando de Carvalho[3333], Ferrer Correia[3334], Cassiano Santos[3335], Gravato de Morais[3336] e Mota Pinto/Sandra Passinhas[3337]. Já Menezes Cordeiro[3338] mostra-se mais comedido, excluindo a usucapião que não respeite às coisas corpóreas do estabelecimento comercial.

A jurisprudência que admite a posse do estabelecimento comercial aceita a usucapião da propriedade sobre ele[3339], numa extensão lógica das posições

---

[3331] Sobre o ponto, cf. José Alberto Vieira, Direitos Reais, cit., pág. 546 e segs.
[3332] Do Estabelecimento Comercial, cit., pág. 159.
[3333] Direito das Coisas, cit., pág. 152, nota 63.
[3334] "Sobre a projectada reforma da legislação comercial portuguesa", cit., pág. 28 e seg.
[3335] Direito Comercial Português, cit., pág. 293 e segs.
[3336] Alienação E Oneração De Estabelecimento Comercial, Coimbra, 2005, pág. 75 e segs.
[3337] "Posse e usucapião de estabelecimento comercial de farmácia", cit., pág. 237 e segs.
[3338] A Posse: Perspectivas Dogmáticas Actuais, cit., pág. 81.
[3339] Ac. RC de 17.10.2017, Proc. nº 235/11.0TBMIR.C1, cit., Ac. RC, de 16.03.2010, Proc. nº 160//07.0TBGVA.C1, cit., Ac. RP de 26.09.2016 Proc. nº 1248/13.3T2AVR-A.P1, cit.

assumidas quanto à propriedade e a posse, discutindo ainda se aplicáveis são os prazos de usucapião de coisa móveis ou imóveis.

Quanto a este ponto, encontram-se decisões a favor da tese da usucapião de coisa móvel, igualmente a doutrina de Cassiano Santos[3340] e Paulo Mota Pinto/Sandra Passinhas[3341], e decisões que determinam a aplicação dos prazos gerais de usucapião de imóveis. Quanto a esta segunda posição, o acórdão da Relação do Porto de 16.09.2016[3342]:

"O estabelecimento comercial, enquanto móvel *sui generis*, é passível de ser adquirido por usucapião, embora com aplicação dos prazos previstos para os bens imóveis".

Todas estas posições carecem de revisão profunda pela colisão criada com o sistema de Direitos Reais, o único que conta para a sua justificação e à luz do qual a correcção das soluções dadas deve ser aferida. Não existe na ordem jurídica portuguesa outro regime jurídico senão o de Direitos Reais para fundamentar a usucapião (como a propriedade, como a posse) de estabelecimento comercial.

Os argumentos que excluem a propriedade e a posse do estabelecimento comercial permitem excluir igualmente a usucapião ou não estivesse esta figura integrada no sistema de Direitos Reais, valendo para ela as normas e princípios aplicáveis aos direitos reais de gozo[3343]. Deste modo, a usucapião admitida pelo sistema português de Direitos Reais é a usucapião da propriedade de coisa corpórea individual (presente), certa e determinada, a partir de uma posse que a tenha por objecto. Esta posse tem os elementos estruturantes gerais: o controlo material da coisa e a exteriorização de um direito.

O estabelecimento comercial não é uma coisa corpórea, mas um acervo patrimonial de elementos, entre os quais podem existir coisas corpóreas ou não (estabelecimento virtual). Não sendo coisa corpórea, a classificação do estabelecimento comercial como coisa móvel ou imóvel surge como completamente despropositada, tão longe se encontra do significado técnico-jurídico do conceito de coisa móvel ou imóvel[3344]. O propósito de aplicação do regime da usucapião, um dos escopos de toda esta construção dogmática

---

[3340] Direito Comercial Português, cit.
[3341] "Posse e usucapião de estabelecimento comercial de farmácia", cit., pág. 239.
[3342] Cit.
[3343] Sobre a figura da usucapião, os seus requisitos e regime jurídico, remete-se para José Alberto Vieira, Direitos Reais, cit., pág. 354 e segs., com indicações bibliográficas relevantes.
[3344] Sobre a matéria, cf. José Alberto Vieira, Direitos Reais, cit., pág. 131 e segs.

do estabelecimento comercial, não pode importar um tão grande, e grave, desvio ao regime jurídico das coisas!³³⁴⁵.

Não há, por conseguinte, lugar a qualquer usucapião do estabelecimento comercial³³⁴⁶. O regime da usucapião aplica-se unicamente a cada uma das coisas corpóreas que o integram, nos termos gerais de Direitos Reais.

A recusa da posse do estabelecimento comercial, assim como, de resto, da propriedade, não deriva de qualquer conceptualismo. Não se partiu aqui de nenhum conceito apriorístico ao qual se procurou afeiçoar o regime jurídico. Ao contrário, procurou-se antes evidenciar que a qualificação de um possível³³⁴⁷ direito sobre o estabelecimento comercial não se acomoda nem ao regime jurídico da propriedade consagrado pelo legislador do código civil de 1966 nem ao regime jurídico da posse aí previsto e que os comercialistas portugueses, bem como a jurisprudência que os segue, não tomam isso na devida conta, ignorando integralmente as normas e os princípios de Direitos Reais, como se, afinal, esse não fosse o regime jurídico a atender e houvesse um qualquer outro aplicável.

VI. A impossibilidade de posse do estabelecimento comercial não constitui nenhuma inevitabilidade lógica, mas decorre simplesmente do modo como a história e a tradição jurídica dos povos de cultura romano-germânica moldaram o instituto da posse e lidaram com a herança do romanismo, com a limitação mencionada do carácter real às coisas corpóreas e a rejeição de direitos sobre conjuntos de coisas, sempre a favor das coisas individuais certas e determinadas, tudo num quadro de um rígido e inflexível princípio da tipicidade.

Não há decisões ou concepções jurídicas sempre erradas ou definitivamente certas. Tudo depende como o sistema jurídico regula as situações. No sistema de Direitos Reais subjacente ao código civil de 1966 uma teoria sobre a propriedade ou a posse do estabelecimento comercial só pode valer no plano do Direito a constituir, como construção dogmática perfilhada para o eventual direito sobre o estabelecimento enquanto objecto. No plano do Direito positivo português a afirmação de uma propriedade ou de uma posse sobre o estabelecimento comercial, com os efeitos jurídicos decorrentes (tutela possessória, usucapião), só pode ser feita *contra legem*.

---

³³⁴⁵ De resto, basta ver o modo como se tem tentado fazer a aplicação do regime da usucapião ao estabelecimento comercial para se confirmar a confusão reinante. Qual é a posse relevante para a usucapião? Qual o prazo aplicável? Como se conta? Nenhuma das respostas que se vislumbram na doutrina têm verosimilhança em face do regime jurídico português.

³³⁴⁶ Na doutrina italiana, veja-se COLOMBO, L'Azienda E Il Suo Transferimento, pág. 54 e segs.

³³⁴⁷ E, segundo se crê, não existente.

50. As coisas incorpóreas

I. O Direito romano associava a *res* à ideia de materialidade. Inicialmente, no período pré-clássico, a noção de coisa abrangia apenas os *corpora*; as coisas eram apenas as coisas corpóreas, que se confundiam com a propriedade. Aos poucos, porém, as necessidades de regulação obrigaram a distinguir um novo termo classificatório: o das coisas incorpóreas[3348].

A filosofia estóica deu uma ajuda na teorização. Cícero alude às coisas *quae sunt*, que distingue das coisas *quae intelliguntur*. Quanto a estas, *demonstrarive non possunt, cerni tamen animo intellegi possunt*.

A teorização romana da classificação entre coisas corpóreas e incorpóreas encontra-se sintetizada em Gaio[3349]: *corporales hae (sunt) quae tangit possunt; incorporales sunt quae tangi non possunt*.

O critério de distinção da classificação repousa na percepção física. A coisa corpórea consiste na porção da realidade exterior susceptível de ser captada através dos sentidos. As coisas incorpóreas, por sua vez, revelam-se apenas ao intelecto humano: os sentidos não as alcançam.

No pensamento romano as coisas incorpóreas, impermeáveis à realidade física e não apreensíveis pelos sentidos, são situações jurídicas: os *iura*. As servidões e os créditos são exemplos disso. Lembre-se a discussão romana: a posse não pode ter por objecto direitos, apenas coisas. Assim, para os primeiros não há uma *possessio*, existe apenas uma *quasi possessio* ou *iuris possessio*: esta sim incide sobre direitos (as servidões, pessoais e prediais)[3350].

O *mos gallicus* traduziu o pensamento romano com uma precisão e elegância inexcedíveis, que vale a pena recordar. Nas palavras de Donellus[3351]: *"quia res incorporales non possidentur"*, ou ainda, na formulação de Duarenus[3352], *"non possunt enim possideri, cum res sint incorporales"*.

II. Numa abordagem contemporânea ao conceito de coisa os direitos, ou as situações jurídicas em geral, ficam de fora. Adoptando uma perspectiva que neste ponto se assume como antagónica ao ponto de partida

---

[3348] Sobre isto e o que se segue, cf. José Alberto Vieira, Direitos Reais, cit., pág. 124 e segs. e a bibliografia aí citada., Menezes Cordeiro, Tratado De Direito Civil Português, Parte Geral, Vol. III, Coisas, 3ª edição, Coimbra, 2013, pág. 155 e segs.
[3349] Institutas, 2, 13. e 14.
[3350] Cf. *supra*, o que se disse na Parte Primeira no tratamento da posse no Direito romano.
[3351] Donelus, Commentarii Ad Codicis Iustinianis, Partes Eas quas sequens pagina indicabit, ex Office Plantiniana, apud Franciscum Raphelengium, 1587, pág. 274.
[3352] Opera Omnia, cit., pág. 30.

romano, os direitos não são coisas[3353], corpóreas ou incorpóreas; podem ter coisas por objecto, mas, de um ponto de vista lógico, não se confundem com elas.

E isto vale igualmente para os casos denominados de direitos sobre direitos (o usufruto de créditos, o usufruto de acções, o penhor de créditos, etc.)[3354], em que, por deficiente técnica legislativa, o objecto de um direito existente surge afectado a um novo direito subjectivo[3355].

Um direito subjectivo constitui a síntese de um regime jurídico que realiza a atribuição de um dado objecto a uma pessoa, nunca constitui ele próprio o objecto de um outro direito subjectivo ou situação jurídica.

A coisa constitui uma porção da realidade objectiva exterior à pessoa. De acordo com esta noção, as prestações, enquanto condutas humanas, não são coisas, corpóreas ou incorpóreas, embora a conduta humana, isolada e determinada, possa constituir objecto de uma situação jurídica, concretamente, de um direito de crédito[3356]. Nem todo o objecto de uma situação jurídica é uma coisa.

Igualmente fora de causa estão os denominados bens da personalidade[3357]. A autonomização de aspectos diversos da personalidade para atribuição nos termos de um direito (direitos da personalidade) não faz da pessoa coisa, corpórea ou incorpórea. Os bens da personalidade não integram o conteúdo do conceito de coisa incorpórea.

O que resta, então, como significado conceitual de coisa incorpórea?

Restam os denominados bens intelectuais[3358]: a obra literária e artística, protegida pelo Direito de Autor, e os vários objectos dos direitos privativos industriais, a invenção, a marca, os desenhos ou modelos, a insígnia, a topografia dos semi-condutores, etc., integrados no sistema de regulação do chamado Direito da Propriedade Industrial.

[3353] José Alberto Vieira, Direitos Reais, cit., pág. 126, Menezes Cordeiro, Tratado De Direito Civil Português, Parte Geral, Vol. III, Coisas, cit., pág. 158 e segs.

[3354] Menezes Cordeiro, Tratado De Direito Civil Português, Parte Geral, Vol. III, Coisas, cit., pág.

[3355] Menezes Cordeiro, Tratado De Direito Civil Português, Parte Geral, Vol. III, Coisas, cit., pág. . Na perspectiva de Direitos Reais, Marco Comporti, Diritti reali in generale, seconda edizione, Milano, 2011, pág. 116 e segs.

[3356] Sobre isto, cf. igualmente Menezes Cordeiro, Tratado De Direito Civil Português, Parte Geral, Vol. III, Coisas, cit., pág. 162.

[3357] Menezes Cordeiro, Tratado De Direito Civil Português, Parte Geral, Vol. III, Coisas, cit, pág. 163 e seg.

[3358] José Alberto Vieira, Direitos Reais, cit., pág. 126, Menezes Cordeiro, Tratado De Direito Civil Português, Parte Geral, Vol. III, Coisas, cit., pág. 158 e segs.

Portanto, actualmente, quando se pergunta pela possibilidade de posse sobre coisas incorpóreas, questiona-se se sobre os bens intelectuais mencionados pode recair uma posse[3359]. Havendo posse, há que contar com os efeitos jurídicos que a mesma desencadeia relativamente à tutela possessória e à usucapião.

III. Uma das razões para a pertinência da questão colocada – a possibilidade de uma posse sobre coisas – prende-se com o discurso jurídico sobre a denominada propriedade intelectual, que abrangeria, por um lado, a propriedade literária e artística, o domínio hoje mais conhecido por Direito de Autor, e, por outro, a propriedade industrial. A afirmação de uma propriedade sobre o objecto protegido por estes ramos de Direito arrasta inevitavelmente consigo o problema de uma posse correspondente a essa propriedade.

Uma breve incursão histórica dá o enquadramento devido.

As mais primitivas formas de protecção das obras literárias e artísticas, concedidas a partir do final do século XV, não foram reconhecidas aos seus autores, mas a terceiros, editores ou livreiros que monopolizavam a impressão e venda de livros por deterem privilégios concedidos por autoridades ou poderosos, inicialmente, a República de Veneza, os Duques de Florença e o Papa. Em França, para além da submissão prévia à censura, os autores tinham de obter um privilégio real antes dos seus livros serem publicados.

Nos séculos seguintes a luta dos autores para obterem a protecção da sua autoria e auferirem o ganho do seu trabalho intelectual faz-se pela defesa da propriedade do criador intelectual sobre a sua obra. O jusnaturalismo inglês de JOHN LOCKE ou de THOMAS HOBBES intenta colocar o criador intelectual no centro da discussão sobre a protecção das suas obras. A teoria da propriedade de JOHN LOCKE sobre a obra tem o objectivo de estimular a discussão a favor da protecção do criador intelectual, contra os editores e outros terceiros com privilégios exclusivos de exploração da obra[3360].

Num contexto de combate pela protecção dos resultados do trabalho intelectual a propriedade surge como o instrumento jurídico adequado

---

[3359] Para uma perspectiva europeia, cf. BAR, "Rechtsbesitz", in Festschrift für Theodor Baums zum siebzigsten Geburtstag. 2017, pág. 134 e segs.

[3360] Sobre isto, cf., por exemplo, LOEWENHEIM, no SCHRICKER/LOEWENHEIM Urheberrecht Kommentar, 5. Auflage, München, 2017, 8, pág. 61, com outras referências bibliográficas, HEINEMANN, Immaterialgüterschutz in der Wettbewerbsordnung, Tübingen, 2002, pág. 2 e segs.

para o efeito. Afinal de contas, não se poderia esperar outra coisa. Com uma ciência jurídica incipiente e uma enciclopédia jurídica limitada, a propriedade, a mãe de todos os direitos patrimoniais, serve o propósito, oferece o amparo normativo desejado e confere o espaço de liberdade pretendido pelo jusnaturalismo para o autor, removendo as grilhetas da censura e da concessão real de privilégios.

Nestes tempos, que duram do século XVI ao século XIX, a propriedade de bens intelectuais não surge referida num sentido técnico de direito real sobre coisas, mas num sentido filosófico, ideológico e político de afirmação da defesa do autor criador intelectual: "a mais sagrada de todas as propriedades". Basta ver que essa defesa não passou nunca pela extensão do regime jurídico da propriedade à obra literária e artística, aos inventos, etc., mas pela criação de regimes jurídicos novos, desde os Estatutos da Rainha Ana de Inglaterra (1710), aos vários decretos revolucionários franceses aprovados pela Assembleia Nacional e a todas as leis que se seguiram no final do século XIX, início do século XX, e que são as antecessoras dos códigos modernos nestas matérias.

A regulação normativa da propriedade enquanto direito real nunca foi aplicada às obras, aos inventos, às marcas, etc., durante todo o período histórico de afirmação da protecção dos bens intelectuais. O que não surpreende. Estruturada sobre as coisas corpóreas, a propriedade romana nada tem a ver com os modos de aproveitamento das coisas incorpóreas, assentes na ideia de um exclusivo de exploração económica[3361] com terceiros utilizadores, e o seu regime jurídico surge insusceptível de qualquer aplicação a elas.

Enquanto por força do uso linguístico ou da tradição se manteve largamente na doutrina a alusão a uma "propriedade" intelectual, a uma "propriedade literária e artística" e a uma "propriedade" industrial, a ciência do Direito acabou por identificar uma nova categoria de direitos subjectivos: os direitos sobre coisas incorpóreas ou imateriais. Na linha da frente da pesquisa destes novos direitos, como pioneiro, indica-se o alemão JOSEF KOHLER[3362], cuja base teórica se encontra nas tomadas de posição filosóficas

---

[3361] Veja-se também MARCO COMPORTI, Diritti reali in generale, cit., pág. 119 e seg.
[3362] JOSEF KOHLER, o grande combatente pela autonomização jurídica dos bens imateriais (coisas incorpóreas) no quadro da teoria das coisas, espalhou a sua doutrina por várias obras, de que se destacam Das Autorrecht, Jena, 1880, pág. 1 e segs., "Zur Konstruktion des Urheberrechts", Archiv für bürgerliches Recht, Band 10, 1895, pág. 243 e segs., Urheberrecht an Schriftwerken

de Hegel, Fichte e Schopenhauer[3363], mas no seu trilho vários outros juristas de primeira grandeza, como, na Alemanha, ULMER[3364], HUBMANN[3365], na Suíça, TROLLER[3366], na Itália GRECO[3367], ARE[3368], VOLTAGGIO LUCCHESI[3369], COMPORTI[3370], em Portugal, OLIVEIRA ASCENSÃO[3371], seguidos por muitos outros[3372]. Na civilística, destaca-se ENNECCERUS[3373] e PAWLOWSKI[3374].

A disciplina normativa destes novos direitos subjectivos conduziu ao aparecimento de outros ramos de Direito Privado. O Direito de Autor e o Direito Industrial constituem ramos autónomos do Direito, com o seu próprio objecto de regulação e com princípios materiais próprios, que não são os de Direitos Reais ou mesmo somente da propriedade[3375].

Parecendo não se ter querido comprometer na polémica atinente à propriedade ou não das coisas incorpóreas, deixando a regulação destas fora do regime jurídico da propriedade (art. 1303º do código civil), o legislador

---

und Verlagsrecht, Stuttgart, 1907, pág. 1 e segs. Kunstwerkrecht (Gesetz vom 9. Januar 1907), Stuttgart, 1908, pág. 1 e segs.

[3363] Sobre isto, cf., por exemplo, HUBMANN/REHBINDER, Urheber und Verlagsrecht, 7. Auflage, München, 1991, pág. 14.

[3364] Urheber und Verlagsrecht, 3. Auflage, München, 1980, pág. 11 e segs.

[3365] Urheber und Verlagsrecht, cit., pág. 14 e segs. (a primeira edição com REHBINDER).

[3366] Immaterialgüterrecht: Patentrecht, Markenrecht, Muster- und Modellrecht, Urheberrecht, Wettbewerbsrecht, Vol. I, 3. Auflage, Frankfurt am Main, 1983, pág 1 e segs.

[3367] I diritti sui bem immateriali, ditta, marchi, opere dell'ingegno, invenzioni industriali, Torino, 1948, pág. 3 e segs., "Beni immateriali", Novissimo Digesto Italiano, II, Torino, 1958, pág. 365.

[3368] L'oggetto del diritto di autore, Milano, 1963, pág. 250 e segs., "Beni immateriali", Enciclopedia del diritto (diritto privato), V, Milano, 1959, pág. 258 e segs.

[3369] I beni immateriali, Milano, 1962.

[3370] MARCO COMPORTI, Diritti reali in generale, cit., pág. 119 e seg.

[3371] Direito Civil – Direito De Autor E Direitos Conexos, Coimbra, 2008 (Reimpressão), pág. 682 e segs.

[3372] Mais recentemente, e sempre a título meramente exemplificativo, REHBINDER/PEUKERT, Urheberrecht, 17. Auflage, München, 2015, pág. 1 e seg.

[3373] ENNECCERUS/KIPP/WOLFF, Lehrbuch des Bürgerlichen Rechts, Erster Band, Allgemeiner Teil, Marburg, 1926, pág. 175. O autor sublinha expressamente que os direitos sobre os bens imateriais não são direitos reais.

[3374] HANS-MARTIN PAWLOWSKY, Der Rechtsbesitz im geltenden Sachen und Immaterialgüterrecht, Göttingen, 1961, pág. 73 e segs.

[3375] Há que reconhecer, em todo o caso, que mesmo autores que aderiram à teoria dos direitos sobre bens imateriais (coisas incorpóreas) nem sempre tiraram dessa adesão as consequências lógicas associadas. Assim, GRECO vê nesses direitos (como o direito de autor) verdadeiros direitos reais, indiferente à natureza incorpórea do objecto. Cf. I diritti sui beni immateriali, cit. Outros, como MESSINEO, Manuale Di Diritto Civile E Commerciale, cit., e ARE, L'oggeto del diritto di autore, Milano, 1963, pág. 295 e segs. assumem a natureza real dos direitos sobre coisas incorpóreas.

português manteve a tradição romanista de ligação exclusiva deste direito às coisas corpóreas (art. 1302º do código civil).

No Direito português, a obra, a invenção, os desenhos, os modelos, etc. são o objecto de direitos subjectivos sobre coisas incorpóreas e, sendo embora direitos patrimoniais[3376], não são direitos reais de qualquer espécie, propriedade ou outro. O estudo de cada um deles mostra um conteúdo de aproveitamento muito diverso daquele que propicia uma coisa corpórea, que se explica pela falta materialidade do objecto[3377] e a incidência, aliás, de um conteúdo pessoal de protecção (em particular o Direito de Autor), que tendo por escopo a protecção da personalidade do criador intelectual se mostra inteiramente estranho ao regime jurídico da propriedade, que não conhece nenhuma preocupação com a personalidade do proprietário[3378].

Na dogmática jurídica moderna os direitos sobre coisas incorpóreas, os bens intelectuais, constituem objecto de protecção de direitos subjectivos, os quais, tendo embora natureza patrimonial[3379], não são propriedade nem estão sujeitos ao regime jurídico dela.

IV. A argumentação contrária à posse de coisas incorpóreas não advém apenas da limitação da propriedade, e dos direitos reais, às coisas corpóreas (art. 1302º do código civil), mas decorre da própria natureza das coisas incorpóreas, como muito bem se decidiu no acórdão da Relação de Lisboa de 22 de Novembro de 2012[3380]:

"A natureza da marca não se harmoniza com o regime jurídico do instituto da usucapião, já que a mesma não é passível de posse como o demonstra, além do mais, o facto de a lei apenas atribuir ao usuário da marca livre ou não registada, por prazo não superior a seis meses, um direito de prioridade para efectuar o registo, durante esse prazo, (artigo 227º do Código da Propriedade Industrial)".

Com efeito, se a posse se estrutura na base de um dado controlo material de uma coisa, que se processa, por sua vez, nos termos de um direito, a imaterialidade da coisa incorpórea torna fisicamente impossível tal con-

---

[3376] Com a ressalva de que existe igualmente um conteúdo pessoal de protecção do criador intelectual destas coisas, atendemos apenas ao direito patrimonial à exploração económica da coisa corpórea.

[3377] Como aqui, também VOLTAGGIO LUCCHESI, I beni immateriali, cit., pág. 389, MARCO COMPORTI, Diritti reali in generale, cit., pág. 119 e seg.

[3378] Muito próximo, MARCO COMPORTI, Diritti reali in generale, cit., pág. 119 e seg., incluindo as notas respectivas.

[3379] Com a ressalva do que se disse na nota anterior.

[3380] Proc. nº 88/12.1TYLSB.L1-6, em www.dgsi.pt.

trolo, contando que não se confunda a obra com o seu suporte corpóreo[3381]. As coisas incorpóreas não se revelam aos sentidos e têm existência meramente intelectual; a sua apreensão e tomada de controlo não podem ter lugar, pura e simplesmente.

De resto, a tradicional ideia de exclusividade associada à posse – mesmo mitigada actalmente com a possibilidade legal de concurso de várias posses sobre a mesma coisa – não pode acontecer com as coisas incorpóreas. Atente-se na obra literária: uma vez divulgada, qualquer pessoa a pode ler as vezes que quiser, citar, declamar, sem que o titular do direito de autor se possa opor. O mesmo sucede com a música, que pode ser livremente escutada, cantarolada, assobiada por qualquer um ou o filme, passado vezes sem conta no leitor de casa do utilizador. Contando que não se pratiquem actos de exploração económica da obra, a leitura, a visualização, a audição da obra podem ser realizadas por cada um de nós, sem que o titular do direito de autor se possa opor alegando o seu direito.

Isto basta para se perceber que, independentemente da limitação normativa às coisas corpóreas (art. 1302º do código civil) e à impossibilidade física de controlo material da coisa, uma posse de coisa incorpórea não pode acontecer uma vez quebrado o inédito. As coisas incorpóreas não são susceptíveis de posse[3382-3383-3385-3386].

[3381] Não se deve confundir a obra e o suporte corpóreo em que a mesma se exterioriza. O livro, o quadro, o DVD não são a obra literária, a pintura ou o filme. Sendo incorpórea, a obra pode exteriorizar-se em vários suportes corpóreas mantendo-se a mesma; por outro lado, a destruição do suporte corpóreo não afecta a obra enquanto houver a possibilidade de exteriorização em qualquer outro suporte material. Sobre este recai uma propriedade, havendo uma natural susceptibilidade de posse; sobre a obra incide um direito de autor.

[3382] Neste sentido, MENEZES LEITÃO, Direitos Reais, cit., pág. 113. Igualmente neste sentido para as obras protegidas pelo Direito de Autor, SÁ E MELLO, Manual De Direito De Autor E Direitos Conexos, 2ª edição, Coimbra, 2016, pág. 113 e "Contratos Relativos A Bens Industriais – Algumas Notas", Revista De Direito Intelectual, 2016, Nº 2, pág. 107, nota 16, para as patentes. Na doutrina estrangeira, contra a posse de coisas incorpóreas (também designadas por vezes coisas imateriais), entre outros, STADLER, SOERGEL BGB, cit., pág. 25 (7), ELMAR BUND, STAUDINGER BGB, cit, § 854, pág. 80, FRITZSCHE, BeckOK BGB, BAMBERGER/ROTH/RAU/POSECK, cit., § 854, 5, LORENZ, ERMAN BGB, cit., pág. 3747, WOLFF/RAISER, Sachenrecht, cit., § 5, II, pág. 24, BIANCA, Diritto Civile, La proprietà, pág. 743, TENELLA SILLANI, "Possesso e detenzione", cit., pág. 27 e seg., FABIANI, "Sul possesso dell'opere dell'ingegno", in Giurisprudenza di Merito, 1970, pág. 62 e segs., GALGANO, Trattato Di Diritto Civile, Volume Primo, terza edizione, Milano, 2015, 102, ASCARELLI, Teoria della concorrenza e dei beni immateriali, Milano, 1960, pág. 696 e segs.

[3383] O grande defensor da doutrina contrária é HANS-MARTIN PAWLOWSKY, Der Rechtsbesitz im geltenden Sachen und Immaterialgüterrecht, cit., pág. 73 e segs. e 126 e segs. O autor defende a ideia de uma posse de direitos relativamente às coisas incorpóreas, baseada no exercício dos di-

V. Recusar a posse de coisa incorpórea implica negar quaisquer dos efeitos jurídicos associados a ela, incluindo, pois, a tutela possessória, que seria descabida[3386], e a usucapião[3387]. Quanto a esta última, a Relação de Lisboa[3388] já declarou a sua inaplicabilidade à marca, uma decisão cuja lógica vale integralmente para todas as coisas incorpóreas.

No domínio do Direito de Autor dispõe o art. 55º do Código Do Direito De Autor E Dos Direitos Conexos:

"O direito de autor não pode adquirir-se por usucapião".

Preceitos como este parecem ter uma função clarificadora, afastando eventuais polémicas sobre o ponto regulado, mas têm o inconveniente de abrir a porta a outras. Pode sempre dizer-se, que se o legislador afasta a usucapião é porque considera possível uma posse sobre a obra protegida por direito de autor, pois, de outro modo, que sentido faria excluir a usucapião?

Não obstante a pertinência da questão, a exclusão da usucapião implica um juízo negativo sobre existência de posse. Por esta não ser possível sobre obras, que constituem coisas incorpóreas, não pode ter lugar a usucapião do direito de autor sobre obra protegida.

reitos sobre bens intelectuais. No mesmo sentido, cf. igualmente Masi, Il possesso, cit., pág. 443 e seg. e Possesso E Detenzione, cit., pág. 115 e segs., Barassi, Diritti Reali e Possesso, cit., pág. 153 e seg., Alcaro, Il Possesso, cit., pág. 149 e segs., Gentile, Il Possesso Nel Diritto Civile, cit., pág. 82, Greco, I Diritti su beni immateriali, cit., pág. 22 e segs., Montel, Il Possesso, pág. 102 e "Possesso (Diritto Civile)", cit., pág. 349, Funaioli, Tradizione, Padova, 1942, pág. 315 e segs., Gitti, "Il «possesso di beni immateriali» e la riversione dei frutti", AIDA, 2000, pág. 152 e segs. Parecem igualmente admitir a posse de coisas incorpóreas, De Martino, Del Possesso, cit., pág. 5 e seg. e Auteri, "Il pegno del diritto di autore: constituzione e opponibilità nei confronti dei terzi", XVIII, 2009, pág. 141 e segs,

[3384] Rejeitando a posse para bens intelectuais, mas admitindo a produção de alguns efeitos do seu regime jurídico, incluindo a usucapião, Nuno Aureliano, "A posse referida a direitos industriais", Revista De Direito Intelectual, 2015, nº 2, pág. 39 e segs.

[3385] Hesitante, parecendo admitir a posse de bens incorpóreos, mas ao mesmo tempo afirmando não se tratar de posse no sentido do regime jurídico da figura no código civil, cf. Sacco/Caterina, Il possesso, cit., pág. 125 e segs.

[3386] A obra, a invenção, o desenho, etc., enquanto acessíveis apenas ao intelecto humano não podem ser objecto de uma condenação judicial na entrega. A imaginação jurídica, por mais rica que seja, tem limites, não pode violar as regras lógicas do pensamento e do agir humanos.

[3387] Admitindo a usucapião de patente, Remédio Marques, "Contrato De Licença De Patente", in Contratos De Direito De Autor E De Direito Industrial, Coimbra, 2011, 7 e Nuno Aureliano, "A posse referida a direitos industriais", cit., pág. 62 e segs. No sentido que temos por correcto, Sá e Mello, "Contratos Relativos A Bens Industriais – Algumas Notas", cit., pág. 107, nota 16, Pola, L'usucapione, Quarta edizione, Milano, 2011, pág. 104.

[3388] Ac. 22.11.2012, Proc. nº 88/12.1TYLSB.L1-6, cit.

VI. Na ideia de uma posse sobre coisa incorpórea reside não apenas o gérmen da superação do instituto romano acolhido nos códigos civis dos países do sistema romano-germânico como parte da sua tradição e cultura jurídicas, mas também a semente da sua completa aniquilação. Tal ideia destrói qualquer noção de posse que se possa ter. Primeiro, por não ser possível um controlo material quanto a coisa incorpórea e, segundo, por não se poder impedir juridicamente que qualquer pessoa use e faça proveito dela, contando que não seja praticado nenhum acto de exploração económica integrado no exclusivo do titular do direito.

Desta forma, das duas uma: ou se mantém a concepção romana da posse limitada às coisas corpóreas e aos direitos que permitem uma actuação sobre estas ou se implementa a ruptura com essa concepção, evoluindo para um conceito que reduz a posse apenas à exteriorização de um direito[3389], suprimindo o elemento inicial da fórmula de PAULO, segundo a qual, a posse se adquire *corpore et animo*. Seguido este segundo rumo passará a haver na ordem jurídica um instituto que atribuirá alguma forma de tutela àquele que exterioriza um direito, eventualmente, sem o ter, mas já não se poderá falar mais de posse. Esta terá morrido no curso da história.

Pelo menos defronte do regime jurídico actual de Direitos Reais e com respeito pela história e evolução da figura, a posse respeita unicamente a coisas corpóreas.

51. Os direitos

I. O Direito romano concebeu a posse como uma situação de senhorio físico sobre uma coisa corpórea. Para os juristas romanos a posse tem sempre por objecto uma coisa (corpórea) e implica um domínio voluntário sobre ela. Caracterizada nestes termos, ela existe sempre em exclusividade sobre a coisa e pode respeitar apenas a um número restrito de direitos.

Nascida originariamente da atribuição do *precarium* e da concessão de terras do *ager publicus* romano, evoluindo igualmente na tutela da posição do *dominus*[3390], a posse era reconhecida inicialmente ao proprietário, ao precarista, ao credor pignoratício, ao sequestratário e, posteriormente, no período justinianeu, ao enfiteuta e possivelmente ao superficiário[3391].

Ao lado da *possessio* autêntica, que exprimia o senhorio sobre a coisa, o Direito romano conhecia uma *quasi possessio* ou, na linguagem posterior do

---

[3389] Ou o *animus* para o subjectivismo.
[3390] Sobre isto, cf. o tratamento do Direito romano realizado na Parte Primeira.
[3391] Sobre isto, cf. o tratamento do Direito romano realizado na Parte Primeira.

Direito justinianeu, uma *possessio iuris*. Essa *possessio iuris* tinha, no entanto, um âmbito bem delimitado: recaía apenas sobre as *servitutes*. E tanto as servidões pessoais (o usufruto, o uso e habitação) como as servidões prediais.

A *possessio iuris* romana não era uma verdadeira posse. Sobre as coisas incorpóreas, os direitos, não podia haver posse. O objecto da *possessio* só podia ser uma coisa corpórea.

DONELLUS[3392], conhecido jurista do *mos gallicus*, exprime o pensamento romano com incomparável clareza: *"in re possessa exigimus primum, ut res sit corporalis. Quod non tam iure, quam natura possessionis ita cogente efficitur. Sola enim corporalia, ut tangi, ita et tenere possunt (...) Incorporalium contraria de caussa nula possessio est, et servitutum. Ideo nec servitutes usucapi possunt"*.

II. A distinção entre a *possessio* e a *quasi possessio* ou *iuris possessio* conheceu várias aplicações em momentos distintos da história[3393]. A mais significativa e de maior impacto aconteceu durante a Idade Média pela mão dos juristas do Direito Canónico, que estenderam a tutela possessória a um número muito significativo de situações jurídicas, a grande maioria de natureza obrigacional, fazendo corresponder-lhes a qualificação de posse, e a sua tutela, na base da existência de um exercício duradouro do direito[3394].

Não obstante na Idade Média e na Idade Moderna os juristas europeus formados nas universidades haverem mantido a dogmática do Direito romano, persistindo nos tratados jurídicos a classificação romana que alude a uma posse de direitos (*possessio iuris*) ao lado da *possessio*, a influência do Direito Canónico foi sentida no Direito comum, penetrando igualmente no Direito dos povos germânicos, não apenas na Alemanha, mas igualmente na França[3395].

No século XVIII, larga parte da dogmática alemã fazia um apelo intenso ao conceito de posse de "direitos"[3396], o que SAVIGNY[3397] não deixaria de criticar anos mais tarde. À defesa de um mais extenso âmbito possessório – muito para além da propriedade, portanto – juntava-se a quebra da regra romana, segundo a qual, vários não podem possuir integralmente a coisa ao

---

[3392] Opera Omnia, Tomus Primus, cit., pág. 962.
[3393] Sobre isto, cf. o estudo desenvolvido de BEERMANN, Besitzschutz bei beschränkten dinglichen Rechten, cit., múltiplos locais na obra.
[3394] Sobre isto, cf. o que se disse na Parte Primeira acerca do Direito Canónico.
[3395] Sobre isto, cf. o que se disse na Parte Primeira acerca do Direito Canónico e da posse da Alemanha e França nos séculos XVIII e XIX..
[3396] Cf. *supra* na Parte Primeira o que se disse sobre a doutrina alemã da posse nos séculos XVII e XVIII.
[3397] Das Rechts des Besitzes, cit, § 12.

mesmo tempo. Ainda assim, um esclarecimento deve ser feito. Os direitos a cuja posse se alude neste movimento reformista da posse são tipicamente os direitos reais de gozo além da propriedade, nas situações em que os romanos falavam de *quasi possessio*: o usufruto, o uso e habitação, as servidões prediais e ainda a enfiteuse e a superfície.

O ALR prussiano bebeu a influência do Direito Comum e da dogmática alemã antecedente, que reconhecia para a posse um âmbito bem mais lato do que o Direito romano. Enquanto o § 4 do Título Sétimo dispõe que quem exerce um direito tem a detenção do mesmo, o § 5 preceitua que quem exerce um direito para si próprio é reconhecido como possuidor.

De modo semelhante, o ABGB prevê expressamente no § 311 que a posse tenha por objecto tanto as coisas corpóreas como as coisas incorpóreas, definindo estas, porém, de acordo com a tradição romanística, como direitos (§ 292)[3398].

O ABGB caracteriza ainda o tipo de actuação que exterioriza a posse de coisas móveis e de coisas imóveis e, relativamente a estas últimas, o § 312 dispõe que a mesma tem lugar através do uso (*Gebrauch*) da coisa ou do direito em nome próprio, ou seja, de acordo com o pensamento originário da canonística no que respeita ao papel do exercício do direito para o reconhecimento da posse[3399].

Finalmente, uma referência para o *code civil* francês e para o código civil italiano de 1865. No que toca ao primeiro, a doutrina oitocentista francesa nunca deixou de afirmar que a posse tanto incide sobre as coisas corpóreas como nos direitos[3400], embora quanto a estes últimos fale de uma *quasi-possession*. Lembra-se que para POTHIER[3401] este conceito abrangia qualquer direito que origine uma prestação de fazer durante um certo tempo.

O art. 685º do *codice civile* italiano de 1865 dispõe, por sua vez, que a posse é a detenção de uma coisa ou o gozo de um direito, num trecho assumido da repercussão do romanista na dogmática possessória.

Este périplo pela história[3402] pretende retratar e pôr em evidência o facto de que a defesa de uma posse de direitos, na decorrência histórica da *quasi*

[3398] Sobre isto, cf. o que se disse na Parte Primeira sobre o ABGB austríaco.
[3399] Sobre isto, cf. o que se disse na Parte Primeira sobre o ABGB austríaco.
[3400] Cf. sobre a dogmática francesa do *Code Civil* o que se disse na Parte Primeira.
[3401] Traités De La Possession Et De La Prescription, cit., pág. 32 e segs.
[3402] A obra clássica neste ponto é a de FINZI, Il Possesso Dei Diritti, cit., que realiza uma construção teórica da posse que hoje se mostra inteiramente estranha aos dados do Direito positivo português (e de outras ordens jurídicas) e que, por essa razão, não se acompanha.

possessio ou *iuris possessio romana*, não respeita tanto ao objecto da posse propriamente dito – coisa (corpórea) ou direito – como à extensão da posse e do seu regime jurídico a outras situações de exteriorização de um direito sobre a coisa; para além, pois, do direito de propriedade.

Dito por outras palavras, a posse de direitos representa a afirmação doutrinária ou normativa de que a posse ocorre no âmbito de outros direitos, não existindo apenas quanto à propriedade, como pretendia a romanística, insensível aos desenvolvimentos operados desde a Idade Média por via do Direito Canónico, do Direito dos povos germânicos e do Direito Comum.

A pandectística alemã do século XIX viria a pôr ordem na discussão[3403]; não, porém, sem alguma ambiguidade pelo meio. Relembra-se aqui WENDT e WINDSHEID[3404]. Diz o primeiro[3405]: "na verdade, porém, o objecto da posse de direitos (*Rechtsbesitz*) não é outro senão o da posse (*Sachbesitz*), nomeadamente, em ambas, a própria coisa, e somente se distinguem entre si na extensão, uma abrangendo a coisa na totalidade dos seus aspectos, a outra apenas o *uti frui* e também este nalguns casos somente em algumas particularidades". E WINDSCHEID[3406] esclarece: "na realidade, a posse de direitos (*Rechtsbesitz*) e a posse da coisa (*Sachbesitz*) são apenas manifestações de um mesmo conceito mais elevado: o senhorio de facto da vontade sobre a coisa"[3407].

Não deixando de manter a distinção entre a posse de coisa (*Sachbesitz*) e a posse de direitos (*Rechtsbesitz*), a pandectística fere-a de morte. Afinal na denominada posse de direitos o objecto da posse encontra-se na coisa, não no direito. O problema passa depois para a questão de saber a que direitos se pode referir a posse, ou seja, qual o âmbito ou extensão desta[3408].

[3403] Lembra-se o que ficou dito sobre a pandectística alemã na Parte Primeira deste trabalho. Cf. ainda BEERMANN, Besitzschutz bei beschränkten dinglichen Rechten, cit., pág. 82 e segs.

[3404] Cf. o que se disse na Parte Primeira sobre a doutrina alemã do século XIX.

[3405] Lehrbuch der Pandekten, cit., pág. 312. Do mesmo autor veja-se igualmente Das Faustrecht oder Besitzvertheidigung und Besitzverfolgung, cit., pág. 129 e segs.

[3406] Lehrbuch des Pandektenrechts, cit., pág. 492 e seg. e pág. 546 e segs.

[3407] Cf. ainda RIELRUFF, Theorie des Gemeinen Civilrechts, cit., pág. 359 e segs. e BUCHHOLTZ, Versuche über einzelne Theile der Theorie des heutigen Römischen Rechtes, cit., pág. 92 e segs. Contra, BRINZ, Lehrbuch der Pandekten, cit., pág. 786 e segs., para o qual a *Rechtsbesitz* recai sobre direitos e não sobre uma coisa corpórea, e DEGENKOLB, que sublinha a ideia de que a *quasi possessio* romana incidia apenas no *uti frui*, não na coisa. Para uma visão crítica das posições de BRINZ e de DEGENKOLB, Platzrecht und Miethe, cit., pág. 58 e segs., pode ver-se WENDT, Das Faustrecht oder Besitzvertheidigung und Besitzverfolgung, cit., pág. 130 e segs.

[3408] Na doutrina posterior ao séc. XIX, cf. KRÜCKMANN, Sachbesitz, Rechtsbesitz, Rechtsschein in der Theorie des Gemeinen Rechts, Archiv für die civilistische Praxis, 1912, 108, pág. 179 e segs.,

III. De uma posse de direitos fala-se no Direito português, pelo menos, desde CORREIA TELES[3409]. Autores posteriores mencionam igualmente uma posse de direitos. LIZ TEIXEIRA[3410] é um deles, mas embora o faça, não deixa de esclarecer que quanto a eles existe uma quase posse e só impropriamente se pode falar em posse[3411]. COELHO DA ROCHA[3412] defende, por seu lado, que o regime da posse das coisas corpóreas se aplica à posse de direitos e que esta consiste numa *quasi possessio*, que radica no exercício de direitos[3413].

Sob a aparência de uma terminologia semelhante, as abordagens não têm subjacente o mesmo pensamento possessório. Enquanto CORREIA TELES se filia na corrente dogmática por detrás da elaboração do ALR prussiano, LIZ TEIXEIRA e COELHO DA ROCHA seguem inequivocamente a construção romana da posse, que se inspirava já, não obstante de modo indirecto, na doutrina de SAVIGNY sobre o Direito romano da posse.

Nos trabalhos preparatórios do primeiro código civil português, o VISCONDE DE SEABRA escreveu no art. 567º do seu Projecto[3414]:

"Só podem ser objecto de posse, cousas e direitos, certos e determinados, susceptiveis de appropriação".

Não obstante a referência expressa aos direitos, a formulação de SEABRA, apoiada de forma inequívoca no tratamento francês do instituto, tem indiscutivelmente em vista direitos cujo exercício se processe sobre coisas corpóreas, o que se torna claro quando se atenta na susceptibilidade de "apropriação".

O pensamento do VISCONDE DE SEABRA surpreende-se bem na resposta à controvérsia suscitada pelo vogal da comissão revisora do Projecto, PAIS DA SILVA[3415]. Afirma SEABRA[3416]:

KRESS, Besitz und Recht, cit., pág. 9 e segs. e 84 e segs. Veja-se ainda numa perspectiva de discussão europeia, BAR, "Rechtsbesitz", cit., pág. 127 e segs.
[3409] Cf. *supra* na Parte Primeira dedicada à doutrina portuguesa do século XIX. Admite-se que a ideia esteja já em LOBÃO, mas os textos deste autor não são esclarecedores. Cf. loc. cit.
[3410] LIZ TEIXEIRA, Curso De Direito Civil Portuguez, cit., pág.40.
[3411] LIZ TEIXEIRA, Curso De Direito Civil Portuguez, cit., pág.40.
[3412] Instituições De Direito Civil Portuguez, cit., pág. 343.
[3413] COELHO DA ROCHA, Instituições De Direito Civil Portuguez, cit., pág. 348.
[3414] Codigo Civil Portuguez, Projecto, Redigido Por Antonio Luiz De Seabra, cit., pág. 144.
[3415] Cf. o que se disse na Parte Primeira, no número atinente à doutrina portuguesa do código civil de SEABRA ao código civil de 1966.
[3416] Resposta Do Auctor Do Projecto Do Código civil Às Observações Do Sr. Doutor Joaquim José Paes Da Silva, cit, pág. 42.

"É comtudo preciso não perder de vista uma distincção indispensavel. O colono, o arrendatário, não têm sem dúvida a posse da cousa em si mesma; mas têm certamente a posse do direito, que adquire pelo seu arrendamento, e é fóra de dúvida, que possue em seu nome o usufructo".

O art. 474º do código civil de SEABRA deu corpo normativo ao pensamento de SEABRA, definindo posse como "a retenção ou fruição de qualquer cousa ou direito". O art. 479º dispõe ainda que "só podem ser objecto de posse cousas e direitos certos e determinados, e que sejam susceptíveis de apropriação".

A expressão posse de direitos do código civil de SEABRA foi interpretada no quadro do romanismo pela civilística portuguesa do tempo, para incluir os casos da *quasi possessio*. DIAS FERREIRA[3417] esclarece que o art. 472º abrange tanto as coisas corpóreas como as incorpóreas, mencionando dentro destas últimas as servidões e o usufruto.

Já no século XX, GUILHERME MOREIRA, sem rebater expressamente a contraposição entre posse de coisas e posse de direitos, que consta do código civil em vigor, alude apenas à primeira categoria e nela engloba os direitos reais de gozo, estendendo a posse a estes, sem atender à limitação da posse (de coisa) à propriedade, habitual no seu tempo. A rejeição da categoria da posse de direitos, que a pandectística tinha operado, não oferece nenhuma dúvida na doutrina possessória de GUILHERME MOREIRA[3418] e prepara o campo para a superação que há-de chegar com o código civil de 1966.

Ainda no domínio de vigência do código civil de SEABRA, MANUAL RODRIGUES exprime um pensamento peculiar quanto ao objecto da posse:

"Formulámos já por mais de uma vez o princípio, de que, em face do direito português, se possuem direitos e não coisas e que, portanto, não há uma única espécie de posse"[3419].

Esta posição, que será anos mais tarde acompanhada por PAULO CUNHA[3420] e por DIAS MARQUES[3421], é defendida com uma importante

---

[3417] DIAS FERREIRA, Codigo Civil Portuguez Annotado, Volume II, cit., pág. 11.
[3418] Para mais desenvolvimentos, veja-se o que se disse na Parte Primeira, no número respeitante à evolução do Direito português até ao código civil de 1966.
[3419] MANUEL RODRIGUES, A Posse, cit., pág. 171. Não se cuida aqui da incongruência manifesta com o que se defende em matéria de objecto da posse.
[3420] PAULO CUNHA, Direitos Reais, cit., pág. 107: "não se pode falar em posse de coisa, mas em posse de certo direito".
[3421] DIAS MARQUES, Prescrição Aquisitiva, cit., pág. 12. Cf. *supra* no texto na Parte Primeira deste estudo.

delimitação: apenas os direitos relativos a coisas são considerados[3422]. Nesses direitos não se compreendem apenas os direitos reais de gozo, incluindo-se direitos reais de garantia, bem como créditos que envolvam uma actuação material sobre coisa corpórea[3423].

Finalmente, PIRES DE LIMA[3424], na linha de GUILHERME MOREIRA, ensinava que apenas as coisas que podem ser objecto da propriedade podem ser possuídas, num passo que pressupunha o legado pandectista e o abandono formal da dicotomia posse de coisa posse de direitos perfilhada pelo romanismo.

IV. A observação da história e do Direito comparado mostra, assim, que a expressão posse de direitos não pode ser entendida com o sentido literal ou semântico de posse de qualquer direito. Não se trata simplesmente de indicar que a posse pode ter por objecto um direito subjectivo, seja ele qual for, mas sim que ela pode recair também sobre certos direitos[3425], para além, pois, da propriedade.

Na verdade, dada a solução jurídica romana de que a posse da coisa só pode ocorrer num número muito restrito de situações, em que avulta naturalmente a propriedade, e que em todos os outros casos de exercício de direitos sobre a coisa, nomeadamente, das servidões (pessoais e patrimoniais), não existe *possessio*, mas antes uma *quasi possessio* ou *iuris possessio*, que não constitui uma posse autêntica, a contraposição moderna entre a posse de coisa e a posse de direitos assumiu o significado de uma extensão do regime possessório da primeira aos casos englobados na segunda.

O código civil português de 1966 não deu guarida ao conceito de posse de direitos, que não surge mencionado em lugar nenhum do regime jurídico da posse[3426]. Enquanto limita a posse às coisas corpóreas, definindo-a

---

[3422] Para mais detalhes, cf. o que se disse na Parte Primeira, no número respeitante à evolução do Direito português até ao código civil de 1966.

[3423] Para mais detalhes, cf. o que se disse na Parte Primeira, no número respeitante à evolução do Direito português até ao código civil de 1966.

[3424] PIRES DE LIMA/ANTUNES VARELA, Noções Fundamentais De Direito Civil, cit.

[3425] Que direitos são esses é outra questão. Aqueles que o Direito romano considerava no âmbito da *quasi possessio*? Os direitos reais de gozo? As situações, incluindo créditos, contempladas pela tutela possessória desenvolvida pelo Direito Canónico durante a Idade Média? Neste domínio, há divergências claras, doutrinárias e de regulação. A doutrina do ALR prussiano, por exemplo, diverge acentuadamente da posse de direitos prevista no *code civil* francês, de matriz romanista.

[3426] Ao contrário do BGB alemão, à luz do qual ainda se sustenta, residualmente embora, a existência de *Rechtsbesitz* à luz dos §§ 1029 e 1090, 2 do BGB. Cf., por exemplo, ELMAR BUND, STAUDINGER BGB, cit., § 854, pág. 80 e segs., STADLER, SOERGEL BGB, § 854, cit., 8, pág. 25 e seg., WESTERMANN/GURSKY/EICKMANN, Sachenrecht, cit., pág. 175 e segs., BAUR/STÜRNER, Sachenrecht,

como "poder de facto", de modo ajustado ao objecto definido para os direitos reais (art. 1302º do código civil), o art. 1251º alarga o âmbito da posse aos direitos reais de gozo, a todos eles.

A contraposição clássica entre a posse de coisa e a posse de direitos, que faz sentido num determinado contexto interpretativo do romanismo e das suas insuficiências dogmáticas no tocante ao objecto da posse, foi superada no código civil de 1966, abraçando-se a perspectiva pandectista e italiana (do codice civile de 1942)[3427], de englobar os casos históricos de *quasi possessio* no regime jurídico da posse, a par dos outros casos de direitos reais de gozo em que essa posse era já reconhecida (superficiário, enfiteuta).

Deste modo, no Direito português vigente, a posse do usufrutuário, do usuário, do superficiário, do enfiteuta (antes da revogação deste direito), daquele que exterioriza uma servidão, representa posse de coisa, não de direito, e todas as posses sobre a coisa coexistem, ou podem coexistir, simultaneamente com a posse do proprietário, que tem a posse integral da coisa.

E o que dizer relativamente aos outros direitos em cujo exercício se encontra uma actuação material sobre uma coisa, nos direitos reais de garantia ou nos direitos pessoais de gozo? Poder-se-á ainda quanto a eles falar-se numa posse de direitos?

A resposta à segunda questão é sempre negativa. Poder-se-á discutir nesses casos se existe posse ou mera detenção. A haver posse, porém, ela tem sempre por objecto a coisa, nunca o direito, qualquer que seja a natureza jurídica deste, direito real, direito de crédito ou eventualmente outra.

Não há, por conseguinte, no Direito português nenhum caso de posse que tenha por objecto um direito; a posse tem sempre por objecto coisa corpórea. E isso é igualmente assim nas situações de posse fora do âmbito dos direitos reais de gozo[3428], nos direitos reais de garantia e nos direitos pessoais de gozo: a coisa (corpórea) e só esta constitui o objecto da posse.

---

cit., pág. 69, Hans-Martin Pawlowsky, Der Rechtsbesitz im geltenden Sachen und Immaterialgüterrecht, cit., pág. 73 e segs., Wesener, "Zur Dogmengeschichte des Rechtsbesitz", cit., pág. 453 e segs., Wieling, Sachenrecht, cit., pág. 83 e seg., Lorenz, Erman BGB, cit., pág. 3747, Krückmann, Sachbesitz, Rechtsbesitz, Rechtsschein in der Theorie des Gemeinen Rechts, cit., pág. 179 e segs., Wolff/Raiser, Sachenrecht, cit., pág. 74 e segs., Lenz, Der Rechtsbesitz außerhalb des BGB, Archiv für bürgerliches Recht, Band 33, 1909, pág. 345 e segs., Heck, Sachenrecht, cit, § 16, Strohal, Der Sachbesitz nach dem Bürgerlichen Gesetzbuche für das Deutsche Reich, cit, pág. 29 e segs., Dernburg, Entwicklung und Begriff des juristischen Besitzes des Römischen Rechts, Halle, 1883, pág. 66 e segs. (para o Direito anterior ao BGB).

[3427] Para o Direito italiano, veja-se Bianca, La proprietà, pág. 740 e seg.

[3428] Sobre isto, cf. *infra* o que se dirá no capítulo seguinte.

V. Na questão geral, desprendida de qualquer enquadramento histórico, de saber se um direito pode ser objecto de posse, responder-se-á nos termos, aliás, já mencionados no número anterior, relativo às coisas incorpóreas.

Os direitos não são coisas, tão-pouco coisas corpóreas. A sua realidade pertence ao mundo do Direito, não ao mundo real dos objectos. A "coisificação" de um direito, quando sucede, respeita na verdade ao objecto de um outro direito. A história da *quasi possessio* romana ilustra isso de modo abundante. Por esta razão, a evolução moderna da dogmática jurídica reconhece a posse na coisa e não no usufruto, no uso e habitação ou nas servidões prediais. A posse exterioriza um direito, mas tem por objecto a coisa.

Para além disso, o carácter meramente jurídico do direito subjectivo basearia a posse unicamente no elemento exteriorização do direito, dada a impossibilidade física de um controlo material (*corpus*). Isso implicaria levar o regime jurídico da posse para fora dos limites naturais da sua criação e desenvolvimento históricos, o das coisas corpóreas, e torná-la-ia potencialmente aplicável a quase todos os direitos subjectivos, exceptuando os direitos da personalidade e os da família, inerentes à pessoa.

Fora da referência objectiva a uma coisa corpórea, e à exigência de um *corpus* possessório, o regime possessório transforma-se numa protecção do exercício de uma situação jurídica e redunda, afinal, numa forma mais ou menos assumida de tutela da aparência.

Mesmo sem contar com o sentido implícito que a história e o Direito legaram ao instituto da posse, com a sua ligação às coisas (corpóreas), a tutela do exercício jurídico de um direito subjectivo pelo regime jurídico da posse envolve efeitos jurídicos que não se conseguem fundamentar em lado algum do sistema normativo português. E o Direito nacional não contempla uma protecção da aparência jurídica com uma tal amplitude.

Por tudo isto, insiste-se que a posse protege apenas a exteriorização de um direito que se processe mediante a actuação sobre uma coisa corpórea. Os direitos não são objecto da posse.

52. As participações sociais

I. De modo análogo ao estabelecimento comercial, embora porventura com menor envolvimento doutrinário, sobretudo da comercialística, sempre propensa a sugerir desenvolvimentos oportunísticos que possam beneficiar algum interesse do "comércio", tem-se igualmente sustentado, em algumas ocasiões, a posse[3429] ou a usucapião[3430] de participação em sociedade comercial, independentemente do tipo legal desta[3431].

Como não pode deixar de ser, a jurisprudência faz eco desse entendimento. De acordo com o sumário do acórdão da Relação do Porto[3432], de 17 de Junho de 1993:

"I – O conceito jurídico de coisa deve satisfazer aos seguintes requisitos: a)- Tratar-se de uma realidade delimitada e autónoma; b)- Ter utilidade para o homem; c)- Ser susceptível de domínio exclusivo pelo homem.

II – Em tal conceito cabe perfeitamente a quota social, reunindo-se no quotista todas as condições do possuidor:
– tem o "corpus", porque lhe pertence a fruição da quota, e tem o "animus", isto é a intenção de exercer os seus poderes de proprietário no seu próprio interesse.

III – São passíveis de posse todos os bens passíveis de domínio; isto é, todas as coisas no entendimento já referido e cujo conceito se estende até às coisas incorpóreas e complexas.

IV – O dono de uma quota é proprietário dela; é titular de um direito de propriedade.

V – Os artigos 103 e 101 do Código do Notariado preveem o usucapião para efeitos de registo e reatamento do trato sucessivo de quotas ou partes de capital social, aderindo, assim, o legislador à tese de se tratar de um autêntico e verdadeiro direito real".

Este acórdão sintetiza quase todos os aspectos envolvidos quanto à problemática das participações sociais: propriedade, posse e usucapião. Só ficam de fora a reivindicação e a tutela possessória.

II. Os argumentos que se usou para rejeitar a posse do estabelecimento comercial, das coisas incorpóreas e dos direitos têm em larga parte cabimento e pertinência na análise ao problema da posse das participações sociais[3433]. Vai-se sumariá-los de seguida.

[3429] Risi, Il Possesso, cit., pág. 107 e segs.
[3430] João Carlos Gralheiro, "Da usucapibilidade das quotas sociais", in Revista Da Ordem Dos Advogados, 1999, pág. 1137 e segs.
[3431] A problemática pode estender-se sem dificuldade a outras formas de titularidade sobre outras pessoas colectivas privadas. O tratamento a que se procede no texto vale também para estas hipóteses.
[3432] Proc. nº 9241015, em www.dgsi.pt.
[3433] No sentido do texto para as quotas de sociedades, Menezes Leitão, Direitos Reais, cit., pág. 113.

O primeiro ponto, e da maior importância, prende-se com o objecto que está em causa. As participações sociais (as quotas, acções, etc.), seja qual for a qualificação jurídica que se pretenda dar[3434], não são coisas corpóreas[3435]. Conforme se pode ler no aresto do Supremo Tribunal de Justiça de 10.11.1992[3436]:

"O direito à quota de uma sociedade comercial não é usucapível nem perante o Código Civil de 1867 nem perante o Código Civil de 1966: em referência ao primeiro, por não ser um direito sobre uma coisa móvel, no sentido de objecto material, nem por tão-pouco se configurar como um direito real; em referência ao segundo, por não se apresentar como um direito real de gozo nem, na perspectiva do direito de propriedade, incidir sobre uma coisa corpórea".

O segundo ponto decorre da conexão da posse à propriedade e demais direitos reais de gozo. Se não pode haver uma propriedade não pode igualmente haver posse[3437]. O espelho entre a propriedade e a posse no sistema normativo de Direitos Reais impede tal resultado.

A propriedade enquanto direito real de gozo só pode recair sobre coisas corpóreas (art. 1302º do código civil), individuais, certas e determinadas (princípio da especialidade). Enquanto direito real típico (art. 1306º, nº 1 do código civil) tem o conteúdo injuntivo predisposto pelo regime jurídico para ela (art. 1305º do código civil), que não é naturalmente o regime jurídico das participações sociais do código das sociedades comerciais.

A tipicidade como princípio material de Direitos Reais (art. 1306º, nº 1 do código civil) obsta também à consideração de uma propriedade sobre as participações sociais. O conteúdo jurídico do direito do sócio, do acionista, etc. apresenta-se muito diverso do aproveitamento (gozo) atribuído pela lei ao proprietário de coisa corpórea, nada tendo a ver com ele.

III. A tendência para reconduzir qualquer direito patrimonial à propriedade é bem conhecida e tem muitos momentos na história do Direito Civil, como se viu para as coisas incorpóreas. Ela reflecte a incapacidade para classificar dentro da enciclopédia jurídica outros direitos subjectivos patrimoniais e uma certa inabilidade científica para lhes dar o tratamento adequado.

[3434] Tema em que naturalmente não se entrará neste estudo sobre a posse.
[3435] Nem tão-pouco coisas incorpóreas. Cf. o que se disse sobre estas no número respeitante às coisas incorpóreas.
[3436] Proc. nº 082124, em www.dgsi.pt.
[3437] Cf. o que se disse anteriormente no número atinente ao estabelecimento comercial.

Nada disso parece aceitável com o grau de desenvolvimento actual da ciência do Direito. Cada direito subjectivo, como produto de normas jurídicas que realizam a atribuição de um bem a uma pessoa, tem a natureza jurídica conforme ao regime jurídico que o consagra. O regime jurídico das participações sociais, quaisquer que elas sejam (acções, quotas ou outras), não cria nenhum regime especial da propriedade, mas funda direitos subjectivos de outro tipo, que não são direitos reais.

A impossibilidade legal de uma propriedade sobre as participações sociais determina igual impossibilidade da posse[3438]. A posse, definida legalmente como "poder de facto", supõe a materialidade do objecto, da coisa. O objecto da posse, como dos demais direitos reais, é uma coisa corpórea. O art. 1302º do código civil vale para a propriedade como vale para os restantes direitos reais, posse incluída.

Na estrutura da posse existe sempre um *corpus* possessório[3439], o controlo material que funda o senhorio de alguém sobre a coisa, o "poder de facto" a que alude a lei portuguesa em vários locais. Na ausência de uma coisa corpórea, falta o *corpus* possessório[3440] e a posse transforma-se numa mera exteriorização de um direito. O regime jurídico dos artigos 1251º e seguintes do código civil não contém a regulação de um tal fenómeno, que não é posse nem desencadeia os efeitos jurídicos dela.

Não adianta procurar estender o conceito de coisa corpórea que está bem assente na dogmática do Direito Civil[3441]. A coisa corpórea representa uma porção delimitada da realidade física exterior, perceptível pelos sentidos. As participações sociais não são coisas; mas ainda que assim não se entenda, num significado amplíssimo de coisa, não são decerto coisas corpóreas, sejam quais forem as voltas que se dêem. E a posse só as tem por objecto.

IV. A aplicação do regime possessório às participações sociais, nomeadamente, a usucapião, suporia a susceptibilidade de posse destas últimas. Afastada essa posse, os seus efeitos não se produzem.

[3438] No mesmo sentido, cf. SACCO/CATERINA, Il possesso, cit., pág. 131 e segs.

[3439] No Ac. da RP de 17.06.1993, cit., fala-se na fruição do sócio de sociedade por quotas para demonstrar a existência de um *corpus* possessório de quota de sociedade. No entanto, a fruição como poder que permite a atribuição de frutos civis (rendimento) ao titular do direito não constitui, de modo algum, um exclusivo das coisas corpóreas e pode surgir naturalmente em direitos que não as têm por objecto. Não pode atestar, por isso, qualquer forma de actuação material sobre uma coisa corpórea.

[3440] Como também notam SACCO/CATERINA, Il possesso, cit., pág. 132.

[3441] Neste sentido o Ac. da RP de 17.06.1993, cit., e JOÃO CARLOS GRALHEIRO, "Da usucapibilidade das quotas sociais", cit.

Muito correctamente, o Supremo Tribunal de Justiça, em acórdão de 10 de Novembro de 1992[3442], rejeitou a aplicação do regime da usucapião a quota de sociedade comercial, com o argumento, irrebatível, de que o regime jurídico português requer uma coisa corpórea como objecto da posse.

A extensão analógica do regime da posse às participações sociais carece do pressuposto técnico do uso da analogia: a existência de uma lacuna. O Direito português não contém qualquer lacuna nesta matéria. A usucapião está limitada aos direitos reais de gozo, que têm apenas por objecto coisas corpóreas. O instituto tem historicamente por escopo fazer coincidir a titularidade com o aproveitamento da coisa (corpórea), não proteger qualquer forma de exercício de direito subjectivo por titular aparente ou por quem se arroga a titularidade.

V. O que se disse para a usucapião vale integralmente para qualquer forma de tutela possessória. As acções possessórias ajustam os seus efeitos ao carácter corpóreo do objecto da posse e mostram-se inteiramente inadequadas a participações sociais. Como condenar judicialmente alguém na entrega de participação social? Objectos imateriais não possibilitam actos de entrega. A não ser que se confunda a participação social com o eventual documento que a titula, um tal pedido carece de toda a verosimilhança, não podendo ser cumprido.

53. A herança

Enquanto complexo de coisas e de outras situações jurídicas, unido em função da sua destinação – a sucessão de alguém nesses elementos patrimoniais –, pode sempre perguntar-se pela possibilidade de uma posse sobre a herança.

O Direito português desde o século XVIII conhece a sucessão na posse, permitindo, pois, que aquela continue na esfera jurídica dos sucessores, independentemente da apreensão material da coisa e até do seu conhecimento (cf. actualmente o art. 1255º do código civil).

A sucessão na posse opera, contudo, relativamente às coisas corpóreas objecto da herança e quando tem lugar esvazia a questão colocada, que só faz realmente sentido para a herança indivisa e antes da aceitação pelos sucessores.

A posição que tem vindo a ser exposta no tocante ao objecto da posse indicia já o que se pensa sobre o problema colocado. A herança enquanto

---

[3442] Proc. nº 082124, em www.dgsi.pt.

complexo de elementos patrimoniais e não apenas de coisas corpóreas não pode ser objecto de posse[3443]. Esta só pode recair sobre os elementos corpóreos da herança, ou seja, de modo individual sobre cada uma das coisas corpóreas que a integram.

54. Os animais

A recente reforma levada a cabo pela Lei nº 8/2017, de 3 de Março, criando o estatuto jurídico dos animais, veio "descoisificar" os animais, retirando estes do sentido subjacente ao conceito legal de coisa móvel.

Tendo embora sido mexidos alguns preceitos relativos ao regime da propriedade, incluindo o atinente ao objecto deste direito (art. 1302º, nº 2 do código civil, na nova redacção), o mesmo não aconteceu quanto ao regime possessório. Relativamente a este nada se dispõe no novo estatuto jurídico dos animais.

Em todo o caso, a nova regulação dos animais não alterou nada do que já resultava para eles do regime jurídico da posse. Mesmo não sendo coisa (corpórea), o animal constitui objecto de posse[3444] e esta desencadeia para o possuidor todos os efeitos e o conteúdo de protecção previsto nos artigos 1251º e seguintes do código civil, conforme decorre do disposto no art. 201º-D deste código.

Assim, e entre outros efeitos, a posse do animal faz presumir a titularidade do direito exteriorizado pelo possuidor (art. 1268º, nº 1 do código civil), confere a ele a tutela possessória através das acções tipificadas na lei, sem excepção, e permite-lhe adquirir o direito por usucapião, nos termos gerais.

55. Situações familiares. A posse de estado e o poder paternal

I. O Direito Canónico, estendendo o instituto da posse além da delimitação romana do mesmo, introduziu o regime possessório num domínio que era estranho ao Direito romano: o das situações familiares[3445].

No tratamento dado pelos juristas da Igreja Católica durante a Idade Média a posse não se atinha ou esgotava no patrimónío conjugal, por exemplo, na posse do marido relativamente aos bens constantes do dote da

---

[3443] No sentido de que a herança, enquanto *universitas*, não é susceptível de posse, DE MARTINO, Del Possesso, cit., pág. 7 e BARASSI, Il Possesso, cit., pág. 126.
[3444] Neste sentido, STADLER, SOERGEL BGB, cit., pág. 25 (7), LORENZ, ERMAN BGB, cit., pág. 3747.
[3445] Cf. o que se disse na Parte Primeira, no número 18.

mulher, mas incluía o estado de casado e mesmo o próprio cônjuge[3446]. O marido abandonado podia diligenciar o retorno da sua mulher exercendo um direito à restituição, que se discute ter lugar através de uma verdadeira *actio spolii* ou antes de uma providência de outra natureza, a opinião expressa por SAVIGNY[3447].

O outro campo no qual o Direito Canónico opera a extensão da posse a situações familiares reside no exercício do poder paternal. Este traduziria um estado possessório dos pais relativamente à pessoa dos seus filhos e não apenas aos bens destes.

II. Alusões a posse de estado, que se notam ainda em textos legislativos mais antigos e até na linguagem corrente das pessoas, traduzem hoje apenas um uso puramente semântico da palavra posse, a par de outros[3448]. A esse uso não se liga, porém, a aplicação do regime jurídico da posse, em qualquer dos seus efeitos. Este regime jurídico respeita apenas à posse exercida sobre coisa corpórea, o que não constitui evidentemente o caso quanto ao estado das pessoas, que não ostenta qualquer materialidade.

Por outro lado, uma posse referida ao cônjuge ou aos filhos, a ser admitida, levaria a considerar uma posse sobre pessoas, com implicações atinentes ao direito constitucional à liberdade e a direitos da personalidade, incluindo, pelo menos, o direito à dignidade da pessoa humana.

Não por acaso, a extensão do regime jurídico possessório aos estados das pessoas e a estas, nos exemplos do cônjuge e dos filhos, por não se ajustar ao tratamento jurídico da pessoa humana nas sociedades contemporâneas e à sua ideia de Direito, caiu na história. O que resta são fragmentações do uso linguístico, sem qualquer valor jurídico e, sobretudo, sem ligação à posse moderna, exclusivamente centrada no objecto corpóreo.

56. Objecto da posse e exteriorização de um direito

I. Um olhar sobre a problemática da posse de estabelecimento comercial, de participações sociais em sociedade comerciais ou simplesmente de

---

[3446] Cf. igualmente BARASSI, Il Possesso, cit., pág. 124 e segs.

[3447] Cf. BARASSI, Il Possesso, cit., pág. 125.

[3448] No Direito público a investidura de alguém num cargo ou numa função toma muitas vezes a designação de "tomada de posse", rodeada de formalismo próprio. Trata-se de um outro resquício da prática canónica aplicada aos cargos dos dignatários da Igreja Católica. E se bem que a excepção de esbulho ou a acção de esbulho (restituição) se aplique na idade medieval para os casos de afastamento de Bispo dos seus bens e cargo pela força ou, em geral, de modo ilícito, essa extensão nunca permaneceu nos quadros privatísticos da posse e do seu regime jurídico.

direitos mostra à evidência que existe na *praxis* uma tentação arreigada, secundada por vezes por decisões judiciais, de estender a aplicação do regime jurídico da posse a realidades que estão integralmente de fora do seu âmbito objectivo, que é o das coisas corpóreas.

Esta tentação explica-se por alguns dos efeitos da posse, entre os quais se destacam a tutela possessória e a usucapião, conforme mostra a jurisprudência existente na matéria. Nenhum outro direito, nem mesmo a propriedade, tem uma selecção tão vasta de meios processuais de tutela e, sobretudo, nenhum regime jurídico atribui a um não titular do direito o poder de o vir a adquirir ao fim de um determinado tempo de exercício (usucapião).

Na falta de coisa corpórea, porém, e na impossibilidade de um *corpus* possessório, que se liga naturalmente ao controlo material da coisa, a afirmação de uma posse de direitos, de participações sociais ou de estabelecimento comercial obriga a uma construção da figura sem o seu elemento fáctico natural, o senhorio sobre a coisa, e a deixá-la assente num único pilar: o da exteriorização de um direito[3449].

Isto representa uma manifesta e incontornável subversão do instituto, não apenas do ponto de vista histórico e da tradição jurídica do sistema romano-germânico, mas também do seu Direito positivo.

As sentenças de PAULO, *possideri autem possunt, quae sunt corporalia*[3450] e *et apiscimur possessionem corpore et animo, neque per se animo aut per se corpore*[3451], não representam unicamente uma relíquia da história para ornamentar literariamente os tratados, antigos e modernos, com sabedoria antiga sobre a posse. Elas valem ainda hoje na veste das normas dos códigos civis que adoptaram as soluções romanas como conteúdo material do regime jurídico instituído no culminar de um longo processo de recepção, filtrado por uma ciência jurídica florescente e pujante. Ignorar isso não revela apenas desprezo pela história, revela uma incompreensão geral da mesma e do seu papel na interpretação do sistema jurídico ou, pior, quando consciente, uma genuína rebelião contra o Direito, neste caso, o Direito da posse.

Sem coisa corpórea a que se referir, não pode haver *corpus* possessório, o "poder de facto" da lei portuguesa, e não resta nada que se assemelhe a uma posse; nada, pelo menos, se a palavra "posse" assumir ainda um sig-

---

[3449] Para um subjectivista o *animus*.
[3450] D.41.2.3pr.
[3451] D.41.2.3.1.

nificado cultural ligado à tradição jurídica e não ostentar um mero cunho semântico (ainda assim empobrecido).

Sem coisa corpórea nenhuma norma do regime jurídico da posse pode receber aplicação directa, nem mesmo com adaptações. Se não houver coisa corpórea, torna-se impossível o apossamento, a tradição, a inversão do título, o abandono, o esbulho, a usucapião, etc.

Qualquer instituto jurídico tem um limite para a sua evolução e transformação, sem deixar de ser o que é. A concepção de uma posse sem coisa corpórea ultrapassa qualquer limite possível do instituto, descaracterizando-o ao ponto de o tornar irreconhecível.

Faltando a coisa corpórea, ou substituída esta como objecto de protecção, passa a existir uma mera tutela da exteriorização de direito, um trecho de protecção da aparência jurídica, a qual, insiste-se, já não é posse e que, além do mais, requer um amparo normativo próprio, que de forma alguma se pode apoiar no actual regime jurídico da posse.

No contexto sistemático onde pertence no ordenamento jurídico, o de Direitos Reais, a posse tem por objecto somente as coisas corpóreas, articulando-se dessa forma com o objecto geral (e único) dos direitos reais e em harmonia, afinal, com a sua natureza jurídica[3452].

II. A concepção romana que limita a posse, enquanto posse de coisa, a um único possuidor, proclamando que dois ou mais não podem possuir a coisa integralmente, relegou a exteriorização de outros direitos reais sobre coisas corpóreas para o campo da *quasi possessio* ou *iuris possessio*, que não constitui posse verdadeira, mesmo quando vem protegida por interditos, que recebem aplicação por via útil e não directa.

O alargamento da posse efectuado pelos canonistas ocorreu na zona da *possessio iuris*, na base da ideia de um exercício continuado e duradouro de um direito. Com isto extrapolou-se largamente o Direito romano, estendendo-se a posse e sua tutela (entretanto aumentada igualmente) a direitos estruturados com base em relações obrigacionais e não apenas reais.

A superação contemporânea da *possessio iuris* romana fez-se em boa parte integrando as situações nela compreendidas (os direitos de usufruto, uso e habitação, servidões prediais) num amplo conceito de posse, que não se atém somente ao direito de propriedade, abrangendo potencialmente todos os direitos que outorgam ao titular um poder de actuação material sobre uma coisa corpórea.

[3452] Sobre a natureza da posse, cf. o número respectivo, adiante no texto.

Simultaneamente, este alargamento manteve o objecto original da posse do Direito romano, com a limitação às coisas corpóreas e a estas unicamente. Sobre o resto não pode haver posse.

Nesta concepção, que corresponde ao Direito positivo português, não há lugar para uma posse baseada numa ideia de exercício de um direito ou de uma situação jurídica em geral. Tendo por objecto uma coisa corpórea, e somente esta, a posse é sempre posse de coisa e nunca posse de direito. O exercício de um direito, qualquer que seja, não funda nunca uma posse se o objecto desse exercício não for uma coisa corpórea. Os direitos não podem ser objecto de posse e de uma posse de direitos não se pode falar hoje defronte do regime jurídico do código civil português.

Capítulo III
A Extensão da Posse

57. Considerações gerais

I. Toda a posse consiste num dado controlo material de uma coisa (corpórea) nos termos de um direito. O possuidor exterioriza sempre um direito próprio através da sua actuação sobre a coisa. Isso levanta o problema de saber a que direitos se pode referir a posse.

Se o objecto (a coisa corpórea) opera uma primeira delimitação da posse, uma delimitação objectiva, a determinação do número de direitos a que a posse se pode referir opera uma segunda delimitação, neste caso respeitante à sua extensão. Individualizar os direitos a que a posse se pode reportar determina o âmbito da posse.

O art. 1251º do código civil dispõe a este propósito o seguinte:

"Posse é o poder que se manifesta quando alguém actua por forma correspondente ao exercício do direito de propriedade ou de outro direito real".

No culminar de uma evolução que partira do BGB e tinha tido o seu último assento no *codice civile* italiano de 1942, o código civil português operou uma machadada final na distinção romana entre a *possessio*, a posse autêntica segundo o Direito romano, e a *quasi possessio* ou *iuris possessio*, a situação atinente ao usufrutuário, usuário e titular de servidão predial, que subsistira ainda no domínio do código de SEABRA, e dos outros códigos civis oitocentistas, nomeadamente, o francês e o italiano, sob a forma da contraposição entre posse de coisa e posse de direitos.

No Direito português vigente, toda a posse é posse de coisa, ou dito de outra forma, toda a posse tem por objecto uma coisa e não um direito. Por sua vez, o direito exteriorizado pode ser, segundo o art. 1251º do código civil, a propriedade ou outro qualquer direito real de gozo.

Com efeito, a parte final do preceito ("correspondente ao exercício do direito de propriedade *ou de outro direito real*"), realizando a extensão da posse a outros direitos reais, deve ser compreendida no contexto sistemático do Livro III do código civil, que como se sabe inclui apenas a categoria dos direitos reais de gozo.

A delimitação realizada pelo art. 1251º do código civil tem, porém, apenas o alcance de fixar os direitos nos termos dos quais vale o regime integral da posse previsto nos artigos seguintes: os direitos reais de gozo. O preceito não exclui ou veda, seja de que maneira for, uma extensão da posse que vá além desses direitos reais, que abranja, nomeadamente, direitos reais de outra espécie, em particular, de garantia, ou ainda direitos subjectivos de natureza diversa da real, contando que o seu exercício se processe sobre uma coisa corpórea, o objecto fixado pelo regime jurídico para a posse.

Clarificado pelo art. 1251º do código civil que a posse abrange os direitos reais de gozo – todos eles além da propriedade – resta apurar se a posse se afigura possível relativamente a outros direitos, não obstante o regime possessório só poder valer na íntegra para a posse exercida nos termos de um direito real de gozo.

II. O Direito romano começou por reconhecer a posse do concessionário do *ager publicus*, a posse do precarista e a posse do *dominus* (proprietário), estendendo-a depois progressivamente durante a época clássica ao credor pignoratício, ao sequestratário e, posteriormente ainda, ao enfiteuta e possivelmente ao superficiário[3453].

O Direito romano nunca limitou a posse à propriedade, tão-pouco a tomou como o ponto de partida da protecção interdital, conforme pretenderam os romanistas do século XIX, com SAVIGNY[3454] e JHERING[3455] à cabeça. Um traço que resulta do grupo de casos assinalados é a sua falta de homogeneidade quanto ao regime jurídico. De todos os direitos assinalados apenas a propriedade, a enfiteuse, a superfície e o penhor correspondem à

[3453] Cf. o que se disse *supra*, na Parte Primeira, capítulo respeitante ao Direito romano.
[3454] Cf. *supra* na Parte Primeira o que se disse sobre o tratamento da posse por SAVIGNY.
[3455] Cf. *supra* na Parte Primeira o que se disse sobre o tratamento da posse por JHERING.

categoria dos *ius in re* identificada pela glosa. Nem o *sequester*, um depositário judicial no sentido moderno do termo, nem o precarista, nem ainda o beneficiário de uma espécie de concessão pública (as terras do *ager publicus*), tinham qualquer posição jurídico-real sobre a coisa. As acções reais, quer dizer, as *actiones in rem*, não valiam para eles.

Do ponto de vista histórico, pelo menos, e no que ao Direito romano respeita, a posse nunca dependeu da natureza jurídico-real do direito exteriorizado através dela, embora os direitos em causa implicassem sempre, sem excepção, um exercício de facto sobre uma coisa corpórea.

Relativamente aos demais direitos reais de gozo, as servidões pessoais (usufruto, uso e habitação) e prediais, o Direito romano desenvolveu na época clássica o conceito de *quasi possessio* e no Direito justinianeu a *iuris possessio*. Não se tratava de posse genuína, porquanto o Direito romano não admitia o concurso de posses sobre a mesma coisa; a posse era vista como exclusiva. Se a posse cabia ao proprietário, o usufrutuário, o usuário ou aquele que exercia uma servidão não tinha posse: *plures eandem rem in solidum possidere non possunt*.

A *quasi possessio* permitia ainda assim uma tutela interdital, por via útil e não directa, o que aproximava de algum modo, no que à tutela dizia respeito, o quase possuidor do genuíno possuidor.

Quem não tinha nem a *possessio* nem a *quasi possessio* era o locatário, o arrendatário, o comodatário, o depositário, o mandatário e semelhantes, aos quais cabia uma mera *possessio naturalis*[3456], o equivalente antigo da detenção, desprovida de protecção interdital.

III. Se as várias recepções do Direito romano na Europa e o ensino nas Universidades mantiveram o paradigma jurídico romano na matéria, a Idade Média e Moderna conheceram a fortíssima influência do Direito Canónico, que não apenas desenvolveu novos meios de tutela possessória como a estendeu a situações jurídicas de cariz muito diverso daquelas que o Direito romano conheceu no âmbito da posse, aplicando-as igualmente aos leigos.

E se, curiosamente, o Direito Canónico rejeita a posse do locatário[3457], a aplicação do seu regime jurídico ao dízimo, a outras prebendas da Igreja Católica e, de um modo, geral, a direitos cujo exercício de prolonga no tempo, incluindo ónus reais e situações familiares (poder paternal, situações

---

[3456] Sobre esta figura, cf. *supra* o que se disse na Parte Primeira, no tratamento do Direito romano.
[3457] Cf. o que se expôs na Parte Primeira no contexto do Direito Canónico.

dos cônjuges), confere-lhe uma extensão nunca conhecida anteriormente e que deixará marcas, não apenas no pensamento jurídico, mas na *praxis* dos advogados e tribunais europeus que aplicam a dogmática canónica.

IV. As influências de institutos germânicos, como a *Gewere* alemã ou a *Saisine* francesa, sobre a posse permanecem em larga parte por estudar[3458]. Seja como for, a doutrina alemã do século XVIII interpretava amplamente o *animus* possessório como *animus sibi habendi* (e não como *animus domini*), abrindo o leque de situações jurídicas a que a posse se podia referir, incluindo direitos pessoais de gozo, como o direito do locatário[3459].

Esta doutrina, que se distanciava consideravelmente do entendimento romano quanto à extensão da posse, não deixou de influenciar a regulação constante do ALR prussiano, nomeadamente, na sua classificação entre posse completa e incompleta, sobre a qual v. GIERKE[3460] diria, no contexto da discussão do 1º Projecto do BGB para os Direitos Reais, corresponder à tradição germânica e dos seus povos, na rejeição da delimitação romana da posse que aflorava nesse Projecto.

A pressão sobre o pensamento jurídico romano que a pandectística alemã adoptara através da recepção do seu Direito não deixou de se fazer sentir na versão final do BGB, que vai além dos direitos reais de gozo no âmbito admitido da posse nos §§ 854 e seguintes.

V. A discussão sobre a extensão da posse, os direitos a que ela se pode referir na exteriorização do controlo material sobre a coisa (corpórea), aflorou naturalmente no Direito português no seguimento da controvérsia que seguia curso na Europa.

A maioria dos autores portugueses oscilou entre o pensamento romanista e, a partir do século XIX, a orientação defendida pela grande maioria dos autores alemães (e franceses e italianos), mais restritivos com a limitação da posse aos casos de *animus domini*, a posse admitida apenas relativamente à propriedade, a doutrina de SAVIGNY[3461], que o próprio JHERING sufragaria, embora com uma fundamentação diametralmente diversa.

[3458] Sobre a primeira, cf., no entanto, GIERKE, Deutsches Privatrechts, cit., pág. 209 e segs.
[3459] Lembra-se a propósito, MINDANI, SPANGENBERG ou COCCEJI no ponto atinente ao pensamento doutrinário alemão nos séculos XVI, XVII e XVIII; cf. *supra* na Parte Primeira o número correspondente.
[3460] Cf. o que se disse na Parte Primeira sobre a dogmática alemã anterior ao BGB.
[3461] Que, como se sabe, qualifica os outros casos de posse do Direito romano como posse derivada.

Defensores claros de um âmbito da posse superior aos direitos reais de gozo são, antes do código civil de SEABRA, CORREIA TELLES[3462] e o próprio SEABRA[3463] e, no domínio de vigência desse código, a figura incontornável de MANUEL RODRIGUES[3464] e daqueles que o seguiram neste ponto, nomeadamente, JOSÉ TAVARES[3465], JAIME DE GOUVEIA[3466], LUÍS PINTO COELHO[3467], CUNHA GONÇALVES[3468] e DIAS MARQUES[3469].

58. Os direitos reais de gozo. A propriedade

I. Se há ponto incontroverso na história da posse e do seu regime jurídico ele reside na posse do proprietário. Esse constitui um traço comum a todas as teorias sobre o *animus* (*animus possidendi, animus sibi habendi, animus domini*) ou entre o subjectivismo e o objectivismo. Qualquer visão da posse, requerendo o *animus* ou prescindindo dele, vê na propriedade o direito por excelência ao qual aquela se pode referir.

Como não podia deixar de ser, o art. 1251º do código civil português menciona expressamente a posse nos termos da propriedade. Essa posse pode recair sobre toda a coisa corpórea no comércio, móvel ou imóvel, contando que seja individual, tenha existência actual e se apresente certa e determinada.

A posse nos termos da propriedade pode ser exercida quanto:
- À propriedade singular;
- À compropriedade;
- À propriedade horizontal.

De todos os exercícios de controlo material da coisa nos termos do direito de propriedade, a posse relativa à propriedade singular apresenta-se como o mais simples. Ele pode ter lugar em exclusividade ou em concurso

---

[3462] CORREIA TELLES, Digesto Portuguez, cit., pág. 105. Cf. *supra* o que se disse na Parte Primeira sobre a dogmática portuguesa anterior ao código civil de SEABRA.

[3463] Englobando embora as situações na posse de direitos; veja-se a Resposta Do Auctor Do Projecto Do Código Civil Às Observações Do Sr. Doutor Joaquim José Paes Da Silva, cit, pág. 42. Cf. *supra* o que se disse na Parte Primeira sobre a doutrina portuguesa no domínio de vigência do código civil de SEABRA.

[3464] A Posse, cit., pág. 110 e segs.

[3465] Os Princípios Fundamentais Do Direito Civil, cit., pág. 635.

[3466] Direitos Reais, cit., pág. 177.

[3467] Lições De Direitos Reais, cit., pág. 132.

[3468] Da Propriedade E Da Posse, cit., pág. 185.

[3469] Direitos Reais, cit., pág. 184.

com outras posses, todas aquelas que sejam admitidas em simultâneo pelo Direito relativamente ao mesmo objecto.

A regra romana *plures eandem rem in solidum possidere non possunt* já não pode ser entendida no Direito português como o era no Direito romano. Não obstante ser a posse de maior extensão e respeitar a toda a coisa, a posse reportada à propriedade pode coexistir ao mesmo tempo com posses de menor extensão, as que respeitem aos outros direitos, reais e pessoais de gozo, nos termos dos quais possa haver uma posse sobre a mesma coisa.

II. A posse do comproprietário exerce-se, em regra[3470], em composse com o outro ou outros comproprietários[3471].

A posse de cada compossuidor tem a coisa comum por objecto e articula-se com a dos outros compossuidores nos termos do exercício individual de cada um dos direitos de compropriedade[3472].

Deste modo, o compossuidor tem a posse relativamente ao seu direito, sendo detentor no tocante à posse dos outros. Assim, todos os compossuidores são simultaneamente possuidores e detentores: possuidores por referência ao direito de compropriedade próprio que exercem sobre a coisa e detentores quanto aos direitos dos outros.

A situação de composse nos termos da compropriedade constitui uma réplica da construção dogmática mais vasta da comunhão de direitos reais[3473] e constrói-se em obediência a ela.

III. A propriedade horizontal decompõe um edifício integrado num prédio unitário num conjunto de novas coisas, as fracções autónomas, com a particularidade de combinar a propriedade destas com a compropriedade das partes comuns (cf. os artigos 1414º e seguintes do código civil).

[3470] Naturalmente, sendo a propriedade e a posse situações jurídicas distintas, a situação possessória pode não coincidir com a compropriedade; por exemplo, se um dos dois compossuidores comproprietários inverter o título da posse com sucesso e decorrer um ano, passa a existir uma posse singular sobre um prédio em compropriedade.

[3471] Numa análise não coincidente com a que se faz no texto, cf. SACCO/CATERINA, Il Possesso, cit., pág. 112 e segs.

[3472] Pode ler-se no aresto da RP de 4.11.2013, Proc. nº 857/08.7TBAMT.P1, em www.dgsi.pt, que "à composse aplicam-se, supletivamente, as regras relativas à compropriedade (artº 1404º, do CC)". Esta afirmação só pode ser entendida no sentido de que a actuação dos compossuidores sobre a coisa se regula pelo regime da compropriedade, o direito que é exteriorizado na situação, e não que a situação de composse está sujeito ao regime jurídico da compropriedade.

[3473] Cf. JOSÉ ALBERTO VIEIRA, Direitos Reais, cit., pág. 313 e segs., especialmente, pág. 338 e segs., com indicações bibliográficas.

Esta arquitectura jurídica projecta-se naturalmente na situação possessória. Sobre cada fracção autónoma existe uma posse, singular ou composse, consoante o controlo material exercido sobre a coisa[3474]. À posse sobre a fracção autónoma acresce a composse sobre as partes comuns, exercida em conjunto com os demais possuidores das fracções autónomas.

Não existe qualquer posse sobre o edifício constituído em propriedade horizontal. Havendo este sido decomposto em fracções autónomas com a constituição da propriedade horizontal, cada uma delas coisa para o Direito, a posse passa a referir-se a cada fracção autónoma, isoladamente tomada.

A posse sobre cada fracção autónoma é exercida em conjunto com a composse atinente às partes comuns. E assim como não se afigura juridicamente possível separar a propriedade de fracção autónoma da compropriedade das partes comuns, a posse sobre a primeira acarreta a composse sobre as segundas.

59. Os direitos reais de gozo menores

I. Conforme se foi analisando ao longo deste trabalho, o código civil de 1966 rompeu com o pensamento jurídico romanista ainda subjacente ao código civil de SEABRA equiparando a posse nos termos dos direitos reais menores à posse do proprietário, pondo fim à distinção multissecular entre a posse de coisa, a verdadeira posse, e a posse de direitos, esta última referente à situação do usufrutuário, do usuário e daquele que exerce servidão predial.

No código civil português vigente toda a posse constitui posse de coisa (corpórea), podendo ser reportada a qualquer um dos direitos reais de gozo previstos na lei[3475], desde logo, o usufruto, o uso e habitação, a superfície e as servidões prediais[3476]. Isso decorre expressamente do disposto no art. 1251º.

A solução portuguesa, que segue neste ponto a orientação alemã do BGB e italiana do *codice civile*[3477], encontra-se nos antípodas do princípio

---

[3474] Enquanto coisa sobre a fracção autónoma pode incidir uma propriedade singular ou uma compropriedade.

[3475] MENEZES LEITÃO, Direitos Reais, cit., pág. 115. Para o Direito italiano, veja-se RISI, Il Possesso, cit., pág. 60 e seg., TENELLA SILLANI, "Possesso e detenzione", cit., pág. 12 e segs.

[3476] Sobre o problema da posse nos termos de direito real de gozo não contemplado no código civil, cf. o que se diz no número seguinte.

[3477] Sobre a evolução italiana desde o código de 1865 até ao actual, de 1942, e o conceito possessório nele compreendido (artigo 1140), as interessantes considerações de BARASSI, Il Possesso, pág. 96 e segs.

romano *plures eandem rem in solidum possidere non possunt* possibilitando um concurso de posses sobre a mesma coisa, ou seja, de várias posses em simultâneo, tantas quantos os direitos reais de gozo que podem ser constituídos tendo a mesma por objecto.

Exemplificando, se sobre um prédio estão constituídas, para além da propriedade, uma superfície e uma servidão de passagem, em termos de normalidade, coexistirão sobre a coisa a posse do proprietário[3478], a posse do superficiário e a posse relativa à servidão, todas elas posses de coisa e sujeitas, por igual, aos efeitos jurídicos da posse (presunção da titularidade do direito, tutela possessória, usucapião, etc.).

II. O modo como as várias posses coexistem sobre a coisa e se articulam entre si não resulta directamente do regime jurídico da posse, mas do regime jurídico dos vários direitos reais a que se referem as posses. O ponto de partida encontra-se no conceito de oneração[3479] e no conteúdo da relação jurídica concreta que o sistema de Direitos reais estabelece entre o titular do direito real maior e o titular do direito (ou direitos) real menor.

A pluralidade de posses que podem incidir sobre a coisa, nos termos admitidos pelo art. 1251º do código civil, não faz delas posses iguais quanto ao conteúdo e extensão. A posse nos termos da propriedade tem subjacente os poderes de actuação material que o Direito permite ao proprietário, apresentando, por isso, uma extensão maior do que qualquer outra.

Tendo em conta que todos os direitos reais são defronte da propriedade direitos reais menores, e direitos sobre coisa alheia, o controlo material da coisa nos termos da propriedade projecta-se sobre toda a coisa de acordo com o conteúdo do gozo permitido ao titular da propriedade. O que não sucede com as outras posses, atidas aos poderes de gozo dos direitos que exteriorizam e que são naturalmente menos extensos do que os do proprietário.

Consoante a intensidade da oneração sofrida pela propriedade em resultado de constituição de direito real menor, assim o possuidor nos termos da propriedade fica ou não excluído da actuação material sobre a coisa[3480]. Na oneração da propriedade pelo usufruto, para dar o exemplo mais elu-

---

[3478] Ou a compose dos comproprietários, se houver comunhão.
[3479] Sobre este, cf. José Alberto Vieira, Direios Reais, cit., pág. 90 e segs.
[3480] Não confundir actuação material com controlo material sobre a coisa. Este último existe sempre enquanto a posse se mantém (com excepção da situação prevista na alínea d) do art. 1267º, nº 1 do código civil); a actuação material concreta, no entanto, pode não ter lugar. Como se explica no texto, a oneração da propriedade por um usufruto, implicando o gozo da coisa a favor do usu-

cidativo, o proprietário fica apenas com o dever de fazer as reparações extraordinárias (art. 1473º do código civil); em tudo o resto, a compressão do seu direito pela oneração impede-o de gozar (usar, fruir) a coisa, em benefício do usufrutuário[3481]. Isto repercute-se na situação possessória correspondente, arredando o possuidor nos termos da propriedade da actuação material sobre a coisa, embora o controlo respectivo se mantenha através do usufrutuário, que possui a coisa em nome alheio quanto ao direito de propriedade (art. 1252º, nº 1 do código civil).

Se em vez do exemplo da oneração máxima da propriedade (o usufruto) se der outro em que essa oneração assume muito menor intensidade, como no caso de uma servidão de passagem, por exemplo, percebe-se que uma posse concorrente pode não privar o possuidor nos termos da propriedade (ou de direito real maior) da actuação material integral sobre a coisa. Com efeito, o possuidor nos termos da servidão de passagem possui a mesma coisa do possuidor nos termos da propriedade, mas apenas na parte que implica o exercício do direito exteriorizado e sem que o possuidor do direito máximo fique impedido de actuar sobre toda ela, incluindo a parte afectada pela posse da servidão, contando que não impeça, diminua ou torne mais gravoso o exercício da servidão.

Na medida em que ocorra um concurso de posses sobre a mesma coisa, o possuidor nos termos do direito real menor reveste simultaneamente a qualidade de detentor por referência à propriedade (ao direito real maior), ou seja, a um tempo possuidor, relativamente ao direito por si exteriorizado, e detentor, no tocante à posse exercida nos termos do direito real maior.

III. Se a posse pode existir relativamente a cada um dos direitos reais de gozo previstos na lei (art. 1251º do código civil) e se qualquer dessas posses

---

frutuário, afasta o proprietário do exercício dos poderes de uso e fruição da coisa durante o tempo em que subsiste a oneração.

[3481] Muito correctamente, afirma a Relação do Porto o seguinte (acórdão de 22.01.2001, Proc. nº 0051482, em www.dgsi.pt): "no usufruto não há uma posse exclusiva da coisa por parte do titular daquele direito real menor, mas só este tem contacto directo com aquela (usar, fruir e administrar) enquanto que o dono da nua propriedade apenas poderá demonstrar o seu contacto directo com o prédio no caso previsto no artº 1471º, do CC, ou seja, se fizer obras ou melhoramentos de que seja susceptível a coisa usufruída e que não diminuam os direitos do usufrutuário". O *corpus* possessório, com o que implica de controlo material sobre a coisa, pode existir através da intermediação de terceiro (art. 1252º do código civil), que actuando por conta do possuidor concretiza o senhorio físico deste. O possuidor nos termos do usufruto não exterioriza a propriedade, sendo relativamente a este direito o intermediário do possuidor nos termos da propriedade: a um tempo possuidor, no tocante ao usufruto, e detentor, quanto ao direito de propriedade.

está sujeita ao mesmo regime jurídico, a actuação material que propicia sobre a coisa afere-se pelo conteúdo do direito real exteriorizado[3482]. Posses referentes a direitos reais diversos têm conteúdos diferentes.

O regime jurídico português (art. 1251º e seguintes do código civil), sendo embora aplicável a qualquer posse exteriorizada nos termos de um direito real de gozo[3483], está predisposto para a posse exercida nos termos da propriedade, o paradigma possessório por excelência. O que implica a necessidade de adaptação de uma boa parte das normas constantes do regime possessório às posses exercidas nos termos dos outros direitos reais de gozo.

Tome-se como exemplo o regime jurídico dos frutos, um dos efeitos da posse segundo os artigos 1270º e 1271º do código civil. Dispõe o nº 1 do art. 1270º:

"O possuidor de boa fé faz seus os frutos naturais percebidos até ao dia em que souber que está a lesar com a sua posse o direito de outrem, e os frutos civis correspondentes ao mesmo período".

A lei tem aqui em vista uma situação de posse formal, dado que se houver direito real sobre a coisa os frutos cabem ao titular desse direito de acordo com o aproveitamento concedido pelo tipo legal.

Em todo o caso, nem o possuidor nos termos de uma superfície nem um possuidor nos termos de servidão predial podem aspirar a beneficiar deste poder de fruição, pela razão simples de que os direitos em causa não conferem poder de fruição. Apenas a posse nos termos da propriedade, do usufruto, do uso e habitação[3484], ou de outro direito real que atribua fruição pode suscitar a aplicação dos artigos 1270º e 1271º do código civil.

Para aquilo que importa pôr aqui em evidência, a possibilidade de incidirem várias posses simultaneamente sobre a mesma coisa não torna essas posses iguais quanto ao seu conteúdo de actuação material.

IV. O sistema português de Direitos Reais e a sua prática assimilaram correctamente os novos dados do regime jurídico da posse. A posse nos termos de direitos reais menores vem amplamente afirmada e articulada com a

---

[3482] Rejeita-se a tese de que a posse integra o conteúdo do direito real (*ius possidendi*), propugnada por JHERING. Posse e direito real constituem situações jurídicas separadas, independentes, embora a primeira se refira ao aproveitamento da coisa conteúdo do segundo.

[3483] E só a estes.

[3484] E este apenas na proporção que caiba ao usuário ou morador usuário de acordo com a extensão do poder de fruição, que segundo a lei depende da condição social e das necessidades do titular e da sua família.

posse do proprietário. Nas palavras da Relação do Porto[3485], em acórdão de 22.01.2001:

"O usufrutuário tem a posse em nome alheio referida à (nua) propriedade e a posse em nome próprio referida ao usufruto.

Verifica-se, assim, uma sobreposição de posses, cumulando-se a posse do usufrutuário com a posse do proprietário da raiz".

Relativamente à posse nos termos do direito de superfície, a mesma é afirmada em vários arestos dos tribunais portugueses[3486]. Assim, diz a Relação do Porto[3487], em acórdão de 15.07.2009:

"O direito de superfície como direito real de gozo que é pode constituir-se por usucapião, sendo que neste caso, a sua duração resultará do conteúdo da respectiva posse que funcionará como pressuposto do título de aquisição".

Quanto ao direito de servidão[3488], a mesma Relação do Porto[3489] esclarece: "Sucede que a servidão é um direito real de gozo susceptível de posse (cf. arts. 1543º e 1546º do Cód. Civil), podendo por essa razão, caso se verifique esbulho violento, ser defendido através da providência cautelar de restituição provisória de posse".

Como corolário desta prática, os efeitos da posse são frequentemente actuados, com destaque particular para a tutela possessória e a usucapião[3490].

V. A posse nos termos do usufruto e do uso e habitação resulta hoje de modo inequívoco do art. 1251º do código civil[3491], que rompeu definitivamente no Direito português com a concepção de que nesses casos haveria unicamente uma posse de direitos e não autenticamente uma posse de

---

[3485] Proc. nº 0051482, em www.dgsi.pt.

[3486] Assim, por exemplo, Ac. RL, de 22.10.1992, Proc. nº 0062722, em www.dgsi.pt.

[3487] Proc. nº 3981/07.0TVPRT.P1, em www.dgsi.pt.

[3488] Cf., por exemplo, Ac. da RP, de 15.04.2013, Proc. nº 151/07.0TBSJP.P1 (servidão de vistas), em www.dgsi., Ac. RC de 02.12.2014, Proc nº 174/12.8TBSBG.C1, em www.dgsi.pt.

[3489] Ac. de 12.11.2013, Proc. nº 1213/13.0TBVRL-C.P1, em www.dgsi.pt.

[3490] A título meramente indicativo, para além dos arestos citados no texto, cf. o Ac. RP, de 22.04.2013, Proc. nº 444/10.0TBCHV.P1 (usucapião de servidão de passagem), em www.dgsi.pt, Ac. RP, de 21.06.2011, Proc. nº 566/07.4TJVNF.P1 (usucapião de servidão de passagem), em www. dgsi.pt, Ac. RL de 26.01.2016, Proc. nº 6097/13.6TBSXL.L1-7 (servidão), em www.dgsi.pt, Ac. RL de 12.11.2015, Proc. nº 340-12.6TBMTJ.L1-6 (servidão), em www.dgsi.pt, Ac. RL de 2.05.2013, Proc. nº 357/2001-6, em www.dgsi.pt, Ac. RL de 05.12.2013, Proc. nº 517/10.9TVLSB.L1-2 (servidão de vistas), em www.dgsi.pt., Ac. RL de 06.03.2102, Proc. nº 463/2002.L2-1, em www.dgsi.pt, Ac. RC, de 16.12.2003, Proc. nº 648/03, em www.dgsi.pt.

[3491] Cf. também MENEZES LEITÃO, Direitos Reais, cit., pág. 115, MOTA PINTO, Direitos Reais, cit., pág. 197, HENRIQUE MESQUITA, Direitos Reais, cit., pág. 77.

coisa. Aquele que exterioriza o usufruto e o que o faz quanto ao uso e habitação têm posse, a posse atinente ao direito exteriorizado, valendo para ambos todos os efeitos previstos no art. 1251º e seguintes.

De modo surpreendente, há quem defenda hoje em face da regulação semelhante do *codice civile* italiano que o nu proprietário, o proprietário cujo direito se encontra onerado com o usufruto, não tem posse enquanto dura o usufruto[3492]. É a posição de NATOLI[3493] e de RISI[3494]. O fundamento para esta doutrina seria o de que o proprietário ficaria excluído de qualquer actuação material, dada a extensão do gozo do usufrutuário, e isso justificaria a perda do estatuto possessório.

Nada disto se articula com o regime português da posse. Enquanto dura o usufruto, o possuidor nos termos desse direito actua em nome do proprietário relativamente ao direito de propriedade, sendo detentor da coisa (art. 1253º alínea c) do código civil)[3495]. É a lógica subjacente ao art. 1252º, nº 1 do código civil, que nada justifica desconsiderar. O possuidor nos termos do usufruto age por conta do proprietário no que respeita à propriedade, assegurando para ele o *corpus* possessório respeitante a este último direito.

Assim, se a coisa for esbulhada por um terceiro, o possuidor nos termos da propriedade tem a tutela possessória de qualquer possuidor, assim como a pode actuar contra o usufrutuário, se este violar a sua posse[3496].

VI. Em Itália existe alguma discussão sobre a possibilidade de haver posse nos termos do direito de superfície[3497]. O fulcro dessa controvérsia coloca-se relativamente ao poder de construir obra em terreno alheio, que

---

[3492] No sentido afirmativo, que corresponde à orientação geral trazida pelo *codice civile* de 1942, PUGLIESE, Usufrutto, Uso E Abitazione, Seconda edizione, Torino, 1972, pág. 416, DE MARTINO, Dell'Usufrutto, in Commentario Del Codice Civile A Cura Di Antonio Scialoja E Giuseppe Branca, Della Proprietà, Libro Terzo, Art. 957-1099, Bologna, Roma, 1947, pág. 138, TENELLA SILLANI, "Possesso e detenzione", cit., pág. 12, MASI, Possesso E Detenzione, cit., pág. 109.
[3493] Il Possesso, cit., pág. 48 e segs.
[3494] RISI, Il Possesso, cit., pág. 71 e segs.
[3495] Neste sentido, cf. igualmente PUGLIESE, Usufrutto, Uso E Abitazione, cit., pág. 416.
[3496] Como aqui, MENEZES LEITÃO, Direitos Reais, cit., pág. 115.
[3497] SACCO/CATERINA, Il Possesso, cit., pág. 101 e segs., MONTEL, Il Possesso, cit., pág. 117 e seg., NATOLI, Il Possesso, cit., pág. 65 e seg., RISI, Il Possesso, cit., pág. 73 e segs. No sentido afirmativo, falando na usucapião do direito de superfície, PUGLIESE, Della Superficie, in Commentario Del Codice Civile A Cura Di Antonio Scialoja E Giuseppe Branca, Della Proprietà, Libro Terzo, Art. 810-956, Terza Edizione, Bologna, Roma, 1962, pág. 517, TENELLA SILLANI, "Possesso e detenzione", cit., pág. 12.

não poderia ser objecto de posse antes da construção ter lugar, o que afastaria também a usucapião³⁴⁹⁸.

O problema está mal colocado e desfoca o enquadramento que deve ser feito. Em primeiro lugar, o poder de construção reporta-se ao conteúdo do direito de superfície; a posse incide sobre a coisa enquanto objecto material, não sobre qualquer poder, que tem realidade jurídica³⁴⁹⁹. Por esta razão, a posse atinente à superfície nunca poderia existir nem sobre o poder de construção nem sobre o poder de manutenção que cabe ao superficiário.

Em segundo lugar, e com excepção do caso de construção em edifício, o direito de superfície tem sempre por objecto um terreno e somente este. Sobre ou sob esse terreno pode ser construída ou mantida obra ou plantação. Esse terreno é a coisa sobre a qual a posse recai no que toca ao direito de superfície³⁵⁰⁰.

Imaginando-se uma superfície antes da construção ou plantação, o terreno é a única coisa a considerar. Ele constitui simultaneamente o objecto da propriedade e da superfície³⁵⁰¹. Em todo o caso, o conteúdo do direito de superfície não atribui o gozo integral da coisa, como o usufruto. Se a superfície tem por finalidade a construção de obra no subsolo (um parque de estacionamento, por exemplo), o direito não envolve o gozo do solo. O inverso surge igualmente verdadeiro.

A posição possessória do superficiário coincide com o âmbito de actuação material permitido pelo direito respectivo³⁵⁰², a não ser que tenha havido uma inversão do título da posse. A posse do superficiário não abrange, assim, a totalidade da coisa, como sucede com a posse do usufrutuário da coisa³⁵⁰³, mas apenas a porção dela que constitui o objecto da superfície.

A existência do implante – obra ou construção – não altera isto. Na verdade, de acordo com a construção dogmática da superfície que se apre-

---

³⁴⁹⁸ Cf. em Portugal, sobre o ponto, MENEZES LEITÃO, Direitos Reais, cit., pág. 115.
³⁴⁹⁹ Neste sentido, cf. igualmente MENEZES LEITÃO, Direitos Reais, cit., pág. 115.
³⁵⁰⁰ No sentido correcto, cf. SACCO/CATERINA, Il Possesso, cit., MONTEL, Il Possesso, cit., pág. 117 e seg.
³⁵⁰¹ Esta pode abranger, porém, apenas uma parte da coisa objecto da propriedade.
³⁵⁰² A actuação material de alguém sobre uma coisa nos termos de um direito de superfície acontece normalmente em virtude de um qualquer facto constitutivo deste direito (contrato ou outro), independentemente da sua validade. Nada impede, por outro lado, que mesmo na ausência de um título constitutivo de superfície alguém actue sobre prédio exteriorizando este direito. Revelando o *corpus* possessório a actuação correspondente, a posse exerce-se relativamente à superfície.
³⁵⁰³ Excepto naturalmente o usufruto de parte de coisa.

sentou noutro lugar[3504], o implante constitui uma coisa autónoma e separada do prédio superficiário com o qual não se deve confundir. Sobre essa coisa recai uma propriedade[3505] e uma posse nos termos da propriedade.

O exercício possessório nos termos da superfície obriga, assim, a distinguir potencialmente três situações de posse:
- A posse do proprietário sobre o terreno (ou sobre o edifício no caso da superfície de sobreelevação);
- A posse do superficiário sobre a parte do terreno afecta ao seu direito[3506];
- A posse sobre o implante (obra ou plantação), nos termos da propriedade, que cabe a quem a exercer, em princípio, ao superficiário.

No quadro mais simples anterior à construção da obra ou realização da plantação, o cenário possessório será apenas o das duas primeiras posses.

O possuidor nos termos da superfície é um detentor quanto à exteriorização da propriedade, reunindo simultaneamente as duas qualidades, como sucede sempre na posse nos termos de direito real menor. A posse do implante (obra ou construção), por sua vez, não tem o mesmo objecto da superfície e não deve ser confundida com a posse do superficiário atinente àquele direito.

Postas as coisas assim, a posse do superficiário não merece dúvida ou hesitação[3507], sendo sancionada inequivocamente pelo art. 1251º do código civil.

VII. A posse nos termos de uma servidão positiva[3508-3509] apresenta-se incontroversa[3510]. Aquele que controla um prédio por referência a um direito

---

[3504] JOSÉ ALBERTO VIEIRA, Direitos Reais, cit., pág. 697 e segs.

[3505] E potencialmente outros direitos reais e pessoais de gozo (locação, comodato, etc.).

[3506] Como se disse no texto, ainda que a superfície abranja toda a extensão do solo ou do subsolo, o proprietário mantém sempre a disponibilidade da actuação material sobre a parte restante que não é atingida pelo direito de superfície.

[3507] Cf., porém, RISI, Il Possesso, cit., pág. 73 e segs. Veja-se também MASI, Possesso E Detenzione, cit., pág. 11 e seg. admitindo amplamente a posse do superficiário.

[3508] Sobre a noção respectiva, cf. JOSÉ ALBERTO VIEIRA, Direitos Reais, cit., pág. 731, com indicações bibliográficas.

[3509] Para a admissão de posse sobre servidões no Direito português, ver também MENEZES LEITÃO, Direitos Reais, cit., pág. 117, MOTA PINTO, Direitos Reais, cit., pág. 197.

[3510] Para o Direito italiano, veja-se RISI, Il Possesso, cit., pág. 61 e seg., BRANCA, Servitù Prediali, in Commentario Del Codice Civile A Cura Di Antonio Scialoja E Giuseppe Branca, Della Proprietà, Libro Terzo, Art. 1027-1099, Quarta Edizione, Bologna, Roma, 1967, pág. 348 e seg., MASI, Possesso E Detenzione, cit., pág. 110 e segs. No âmbito relativo à tutela possessória das servidões prediais, cf. GROSSO/DEJANA, Le Servitù Prediali, Torino, 1951, pág. 933 e segs.

de servidão tem a posse da coisa no âmbito da actuação material que esse direito permite e em concurso, pelo menos, com a posse do proprietário.

Tendo em conta o conteúdo possível da servidão predial, o senhorio físico sobre a coisa nos termos deste direito tem uma extensão menor do que qualquer posse atinente a outro direito real de gozo, não excluindo, à partida, uma actuação concorrente do possuidor nos termos de outro direito. Assim, por exemplo, a servidão de passagem não impede que o proprietário do prédio serviente use igualmente a parte da coisa afecta a essa utilidade.

VIII. Se a posse relativa a servidão activa não trás controvérsia – aquele que actua materialmente sobre o prédio serviente nos termos de uma servidão tem a posse da coisa atinente a este direito – a existência da mesma quanto a servidões negativas deve ser esclarecida.

O conteúdo da propriedade (e de outros direitos reais de gozo) impõe limites ao gozo do proprietário na forma de variados deveres de abstenção (*non facere*): não construir, não abrir janelas, portas, óculos, frestas a uma certa distância (art. 1360º, nº 1 do código civil), não emitir ruído, fumo (art. 1346º do código civil), etc. Estes deveres não devem ser confundidos com o conteúdo de um direito de servidão (*altius non tollendi* ou *non aedificandi*, de vistas, etc.). Se é certo que uma parte deles podem ser objecto autónomo de uma servidão predial negativa, aqui eles integram-se no conteúdo (negativo) do direito real e não fundam uma servidão a favor de ninguém.

O proprietário do prédio vizinho que beneficia da proibição de abertura de portas ou janelas a menos de um metro e meio do limite do seu prédio não tem nenhum direito de servidão, mas apenas o gozo do seu prédio enquanto proprietário. A imposição de deveres (limites) ao proprietário em contexto de relações de vizinhança não se faz através de servidões negativas aos proprietários dos prédios vizinhos.

A violação pelo proprietário de alguns dos deveres a que se encontra adstrito pode gerar uma desvinculação dos mesmos a seu favor. A doutrina fala a propósito na constituição de servidões desvinculativas[3511]. A essa temática se refere o art. 1360º, nº 2 do código civil, que dispõe:

"A existência de janelas, portas, varandas, terraços, eirados ou obras semelhantes, em contravenção do disposto na lei, pode importar, nos termos gerais, a constituição da servidão de vistas por usucapião".

Como a usucapião se funda numa posse mantida por um certo lapso de tempo, o art. 1360º, nº 2 sugere a existência de uma posse nos termos de

---

[3511] Cf. José Alberto Vieira, Direitos Reais, cit., pág. 731 e seg.

uma servidão negativa. A jurisprudência portuguesa faz eco desta orientação[3512]. Assim, no Ac. da RC de 03.03.2015 pode ler-se:

"V – A edificação e manutenção dessas aberturas irregulares, sem as características indicadas nos arts. 1363º e 1364º do CC, excedem o conteúdo do direito de propriedade e sujeitam o proprietário vizinho a um encargo a que este se pode opor, exigindo que as aberturas sejam afeiçoadas às condições (dimensão e afastamento do solo ou sobrado) impostas na lei. Se o proprietário vizinho não se insurgir contra o abuso cometido, a posse das utilidades daí resultantes pode originar a aquisição, por usucapião, de uma servidão predial, embora não de uma servidão de vistas atípica°".

A violação pelo proprietário de dever a que se encontra sujeito tem lugar no seu prédio, aquele que possui como proprietário. É aí que ele constrói ou abre portas ou janelas em violação do dever de não o fazer. Nenhuma actuação material se processa no prédio vizinho a favor do qual a ordem jurídica consagra o dever de *non facere*.

Não se vê, assim, como se possa falar num *corpus* possessório sobre o prédio dito serviente ou sequer numa nova posse, diferente, pois, daquela que o proprietário já exerce sobre a sua coisa. Ao construir, ao proceder à abertura de portas, janelas, frestas ou ao proceder a emissões em violação de deveres de sinal contrário o proprietário exerce apenas a sua posse, aquela que já exterioriza sobre o prédio.

Não se aceita, deste modo, que o proprietário que haja violado dever de vizinhança tenha a posse do prédio vizinho nos termos de uma servidão (negativa)[3513] e que esta dita "posse" dê azo à usucapião desse direito (de construção, de vistas, etc.). O fenómeno tem, de resto, maior similitude com a figura da *usucapio libertatis*[3514], embora também não se deva confundir com ela.

O regime do art. 1360º, nº 2 do código civil explica-se de outra forma. O proprietário[3515] que violou dever de *non facere* previsto a favor do proprietário de prédio vizinho poderá ficar desvinculado do mesmo após o decurso

---

[3512] Cf., entre muitos outros, Ac. RL de 12.11.2015, Proc. nº 340-12.6TBMTJ.L1-6, em www,dgsi.pt.
[3513] Em sentido contrário, admitindo a posse nos termos de servidão negativa no Direito português, MENEZES LEITÃO, Direitos Reais, cit., pág. 117.
[3514] Sobre a figura e a sua colocação no sistema de Direitos Reais, cf. JOSÉ ALBERTO VIEIRA, Direitos Reais, cit., com indicações bibliográficas.
[3515] Ou o titular do direito real de gozo sujeito ao limite (usufrutuário, superficiário).

do prazo de usucapião[3516]. Trata-se, assim, da extinção do dever e não da constituição de uma servidão de sinal contrário a ele.

IX. O que se disse no ponto anterior não contende com a possibilidade legal de constituição de servidões negativas. Por exemplo, o proprietário do prédio atingido pela abertura de janelas a menos de metro e meio pode constituir uma servidão de vistas a favor do prédio vizinho onde as janelas serão abertas. Gera esta servidão uma posse a favor do proprietário[3517] do prédio dominante?

Na Itália a resposta tem sido alvo de controvérsia, com a costumeira tomada de posição a favor[3518] e contra[3519]. A posição que aqui se toma vai no sentido da rejeição da posse. A servidão negativa não dá azo a qualquer espécie de actuação material sobre o prédio serviente, mas apenas no prédio dominante. Sem possibilidade de actuação material não existe *corpus* e sem este elemento não há posse. As servidões negativas não geram, deste modo, qualquer posse no prédio serviente que acresça à posse do titular sobre o prédio dominante.

X. Coloca-se agora o problema da posse relativamente a servidões prediais não aparentes[3520]. Em Portugal, o art. 1548º, nº 1 do código civil estabelece que as servidões prediais não aparentes não podem ser adquiridas por usucapião, enquanto o nº 2 do preceito esclarece que por não aparentes se deve entender as servidões que não se revelam por sinais visíveis e permanentes.

As servidões prediais não aparentes são servidões positivas, envolvendo uma actuação material no prédio serviente e com isso a possibilidade de um *corpus* possessório nos termos do direito de servidão.

A exclusão da usucapião não pode nem deve ser confundida com a insusceptibilidade de posse. São coisas diferentes[3521]. Por razões de difi-

---

[3516] O prazo para a usucapião é naturalmente sempre o das coisas imóveis e variará consoante a boa ou má fé do agente violador do dever.

[3517] Ou do titular do direito real de gozo a favor do qual a servidão foi constituída.

[3518] GROSS/DEJANA, Le Servitù Prediali, cit., pág. 933 e segs., SACCO/CATERINA, Il Possesso, cit., pág. 102 e segs., MONTEL, Il Possesso, cit., pág. 119 e segs., DE MARTINO, Il Possesso, cit., pág. 6, SACCO, Il Possesso, cit., pág. 25 e seg., RISI, Il Possesso, cit., pág. 63 e segs., MASI, Possesso E Detenzione, cit., pág. 110 e seg.

[3519] Cf., por exemplo, NATOLI, Il Possesso, cit., pág. 63 e seg., BARASSI, Il Possesso, cit., pág. 174.

[3520] Cf. SACCO/CATERINA, Il Possesso, cit., pág. 102, TENELLA SILLANI, "Possesso e detenzione", cit., pág. 12, MASI, Possesso E Detenzione, cit., pág. 110 e seg.

[3521] No mesmo sentido, por exemplo, MONTEL, Il Possesso, cit., pág. 122, SACCO/CATERINA, Il Possesso, cit., pág. 102, MASI, Possesso E Detenzione, cit., pág. 110.

culdade de prova ou outras, o legislador pode querer proibir a usucapião nos termos de servidão predial. No entanto, provados os elementos constitutivos da posse, nada obsta a que o possuidor nos termos de servidão não aparente beneficie de qualquer dos outros efeitos da posse, por exemplo, da tutela possessória.

Aquele que actua sobre a coisa nos termos de uma servidão não aparente é possuidor nos termos do art. 1251º e seguintes do código civil[3522], estando apenas coarctado no poder de usucapir o direito exteriorizado na sua actuação.

60. O direito real de habitação periódica

I. O direito real de habitação periódica não vem consagrado no código civil. Isto pode levar a que se questione se a menção a outro direito real constante do art. 1251º se pode estender a esta figura constante de lei avulsa[3523] ou se se deve entender, ao invés, que o seu âmbito de aplicação inclui apenas os direitos reais de gozo previstos no código civil.

É natural pensar-se que no momento inicial de vigência do código civil a alusão a "outro direito real" se devesse compreender de acordo com a sistemática da lei portuguesa, como os direitos reais de gozo incluídos no Livro III, até porque ao tempo não tinham subsistido outros direitos reais de gozo em lei avulsa e mesmo a disciplina do direito de superfície, estranha ao código civil de SEABRA, havia sido transposta para o novo código civil.

A dinâmica da evolução temporal e das fontes de Direito obriga, no entanto, o intérprete a considerar um sentido actualista do texto legal, em vez de o cristalizar num dado momento histórico. Há, por outro lado, que ponderar outros vectores de sentido do próprio sistema de Direitos Reais, a começar pelo regime jurídico da posse, que identifica os elementos da posse, e pelos princípios materiais deste ramo de Direito, em particular, o princípio da tipicidade constante do art. 1306º, nº 1 do código civil.

Quanto aos elementos da posse, o controlo material de uma coisa corpórea e a exteriorização de um direito, podem certamente ocorrer em outras situações, de cariz real ou obrigacional, para além, portanto, dos direitos reais de gozo previstos no código civil.

[3522] Contra, na doutrina portuguesa, MOTA PINTO, Direitos Reais, cit., pág. 197 e seg., HENRIQUE MESQUITA, Direitos Reais, cit., pág. 78; na doutrina italiana, RUGGIERO, Istituzioni Di Diritto Civile, Vol. I, Roma, 1926, pág. 719. No mesmo sentido para o Direito italiano, veja-se SACCO//CATERINA, Il Possesso, cit., pág. 102.

[3523] Ou a qualquer outros direito real de gozo regulado no exterior do código civil

O princípio da tipicidade, por seu lado, postulando um número fechado de figuras com natureza real e, por isso, também de direitos reais de gozo, não limita esse *numerus clausus* ao código civil, mas à lei (às fontes de Direito) em geral.

Podendo haver direitos reais de gozo fora do código civil, quer dizer, direitos que têm por objecto coisas corpóreas, a lógica do sistema de Direitos Reais obriga a considerar uma posse para tais direitos e uma posse sujeita ao regime jurídico dos artigos 1251º e seguintes.

Saber se esta lógica do sistema fundamenta só por si uma posse referida ao direito real de habitação periódica tem de se aferir no confronto com o regime jurídico deste direito.

II. O direito real de habitação periódica[3524] tem uma íntima conexão com o exercício da actividade turística podendo ser constituído em hotéis-apartamentos, aldeamentos turísticos e apartamentos turísticos (art. 1º do DL nº 275/93, de 5 de Agosto).

Objecto do direito de habitação periódica é a unidade de alojamento integrada em hotéis-apartamentos, aldeamentos turísticos e apartamentos turísticos constituídos em regime de direito de habitação periódica (art. 1º do DL nº 275/93). Essa unidade de alojamento constitui igualmente objecto de uma propriedade, que deverá caber à mesma pessoa (art. 2º, nº 1 do DL nº 275/93).

As semelhanças entre as unidades de alojamento objecto do direito de habitação periódica e as fracções autónomas de edifício constituído em propriedade horizontal são muito evidentes. Também aquelas devem ser independentes, distintas e isoladas entre si, com saída própria para parte comum ou via pública (art. 4º, nº 1 alínea a) do DL nº 275/93).

Esta semelhança funda desde logo uma fortíssima analogia com o regime da propriedade horizontal, no qual se reconhece pacificamente a posse das fracções autónomas, como coisas corpóreas que são[3525].

Ainda assim, o desenho jurídico do direito de habitação periódica concebe-o como um direito que, podendo embora ser perpétuo (art. 3º, nº 1 do DL nº 275/93), atribui ao titular o gozo da coisa por um período determinado no ano (art. 3º, nº 2 do DL nº 275/93).

[3524] Sobre a figura, José Alberto Vieira, Direitos Reais, cit., pág. 743 e segs., Henrique Mesquita, "Uma nova figura real: o direito de habitação periódica", Revista De Direito E Economia, VIII, nº 1, 1982, pág. 49 e segs., Maria Judite Matias, Do Direito De Habitação Periódica, Lisboa, 1997, Isabel Pereira Mendes, Direito Real De Habitação Periódica, Coimbra, 1993.
[3525] Cf. o que se disse no número anterior.

Assim, e neste ponto de modo inteiramente diverso do que sucede com o condómino da propriedade horizontal, que é um proprietário, o titular do direito de habitação periódica não tem o poder de actuar ininterruptamente sobre a coisa, mas apenas durante o período anual de duração do seu direito, sendo que sobre a mesma unidade de alojamento objecto do direito incidem outros direitos de habitação periódica, de duração igual (art. 3º, nº 3 do DL nº 275/93), em outros períodos do ano. Se, por exemplo, o título constitutivo determinar a duração de 7 dias para o direito real de habitação periódica, podem existir até 51 titulares de direitos de habitação periódica sobre cada unidade de alojamento (cf. o art. 3º, nº 5 do DL nº 275/93).

O titular do direito de habitação periódica, para além do proprietário, enfrenta, por conseguinte, o concurso de outros titulares de direitos da mesma natureza sobre a unidade de alojamento, com a particularidade de esses direitos não estarem em comunhão e incidirem na coisa em períodos diferentes do ano.

Se a posse do proprietário das unidades de alojamento não está em causa, tratando-se estas de coisas autónomas para o Direito, em perfeito paralelismo com a propriedade horizontal, a situação de a actuação sobre o objecto poder apenas acontecer por um período muito curto em cada ano e durante o resto do ano a mesma ter lugar a favor de outros titulares de direito de habitação periódica coloca um ponto de interrogação grande relativamente à posse daquele que exterioriza o direito real de habitação periódica sobre a unidade de alojamento. MENEZES LEITÃO[3526] pronuncia-se pela negativa, rejeitando a posse nos termos deste direito real de gozo.

III. A existência de intervalos temporais significativos na actuação material sobre a coisa aconteceu igualmente no Direito romano com os pastos de utilização sazonal e nem por isso a posse deixou de ser reconhecida. A possibilidade de se retomar a actuação física sobre a coisa, desaparecido o obstáculo climatérico, levava a considerar subsistente a posse durante o período de tempo em que havia uma impossibilidade de aceder ao pasto. O que foi o passo decisivo para a reconstrução posterior do *corpus* possessório sem o contacto físico ou material permanente com a coisa por parte do possuidor. Valerá o mesmo raciocínio na hipótese do direito de habitação periódica?

[3526] Direitos Reais, cit., pág. 115.

Sem prejuízo de se notar a diferença substancial de haver outras pessoas (titulares de outros direitos de habitação periódica) a actuar materialmente sobre a unidade de alojamento no intervalo de tempo entre o fim do período de exercício do direito e o começo de outro, no ano seguinte, existe, ainda assim, um *corpus* possessório no tempo de exercício do direito, sendo o controlo material da coisa acompanhado pela exteriorização desse direito. Quer dizer, os elementos estruturantes da posse estão presentes.

Por outro lado, o regime possessório português não requer uma actuação continuada sobre a coisa, contando que a mesma possa ser retomada a todo o tempo (art. 1257º do código civil, no fim). A intermitência da actuação material não constitui um obstáculo à posse, contando que persista o senhorio de facto.

A isto acresce, que a duração do *corpus* possessório apenas releva normativamente na perspectiva do controlo material da coisa. Estando este consumado, existe posse, ainda que a mesma seja de curta duração, episódica ou transitória[3527], o que não é forçosamente o caso do direito de habitação periódica, tendencialmente perpétuo (art. 3º, nº 1 do DL nº 275/93).

Adaptando o regime jurídico da posse ao desenho normativo do direito real de habitação periódica, se o titular do direito de habitação periódica não se depara com nenhum obstáculo exterior representado pela acção de terceiro, que o impeça de gozar a coisa, actuando sobre ela, não se vê nenhum impedimento legal a uma posse nos termos de direito de habitação periódica. Relembre-se, que o direito de habitação periódica reveste natureza real, constitui um direito real de gozo[3528] e tem uma coisa corpórea por objecto, os ingredientes da posse segundo o regime dos artigos 1251º e seguintes do código civil.

Um concurso de posses sobre a mesma coisa vem admitido hoje pelo Direito português (art. 1251º do código civil), quer relativamente a direitos reais de gozo de tipo diverso quer no tocante ao mesmo direito em situação de comunhão (composse).

A posse atinente a direito real de habitação periódica, implicando um concurso de posses relativas ao mesmo direito, mas sem comunhão, acarreta

---

[3527] Sobre este ponto, cf. o que se disse *supra* na caracterização do *corpus* possessório.
[3528] Neste sentido, José Alberto Vieira, Direitos Reais, cit., pág. 749, Henrique Mesquita, "Uma nova figura real: o direito de habitação periódica", pág. 49 e segs. Na jurisprudência, cf. o Ac. STJ de 06.03.2012, Proc. nº 692/05.4TBGDL.E1.S1, em www.dgsi.pt, o Ac. RE de 18.01.2017, Proc. nº 350/06-3, em www.dgsi.pt e o Ac. RG de 27.02.2014, Proc. nº 5443/12.4TBBRG.G1, em www.dgsi.pt

uma nova espécie de concurso de posses sobre a coisa. O proprietário da unidade de alojamento tem a posse aferida à propriedade, enquanto cada um dos titulares de direito real de habitação periódica, contando que a haja adquirido e não a tenha entretanto perdido a favor de terceiro, tem a posse da coisa (unidade de alojamento) nos termos do seu direito. Haverá, deste modo, e em regra[3529], tantas posses nos termos do direito real de habitação quantos os direitos desta natureza constituídos sobre a unidade de alojamento.

A posse daquele que exterioriza um direito de habitação periódica constitui uma exigência de tratamento sistemático igual dos titulares de direitos reais de gozo. Não se compreenderia, de resto, que a circunstância de não se tratar de um dos direitos reais constantes do elenco do Livro III do código civil fosse impedimento da posse, estando presentes todos os elementos normativos desta.

61. A posse nos termos de direito real de garantia. Generalidades

Depois de analisado o âmbito da posse respeitante a direitos reais de gozo o passo seguinte consiste em analisar o mesmo problema, agora por referência a outra categoria de direitos reais: os direitos reais de garantia[3530]. Colocado o problema à luz do código civil de 1966, o aspecto que se destaca imediatamente prende-se com os direitos dentro desta categoria em relação aos quais a discussão faz sentido, embora alguns autores optem, de forma apriorística ou não, por excluir de antemão a posse quanto aos direitos reais de garantia[3531].

A posse tem por elementos estruturantes o *corpus* possessório e a exteriorização de um direito[3532]. O primeiro desses elementos evidencia o

---

[3529] Não havendo factos em sentido contrário, quer no sentido da não aquisição da posse (falta de tradição ou outro), quer no sentido da perda da posse (abandono, esbulho de terceiro, ou outro).
[3530] Cf. igualmente MENEZES CORDEIRO, A Posse – Perspectivas Dogmáticas Actuais, cit., pág. 70 e seg., MENEZES LEITÃO, Direitos Reais, cit., pág. 116 e seg.
[3531] PIRES DE LIMA/ANTUNES VARELA, Código Civil Anotado, cit., pág. 3 e segs., HENRIQUE MESQUITA, DIREITOS REAIS, cit., pág. 79 e seg., MOTA PINTO, Direitos Reais, cit., pág. 196, SANTOS JUSTO, Direitos Reais, cit., pág. 174 e seg.. Em Itália, cf. a posição negativa de RUGGIERO, Istituzioni Di Diritto Civile, cit., pág. 750 e D'AVANZO, Il Possesso, cit., pág. 99 e seg. (ambos no domínio do código civil italiano de 1865). Também BARASSI, Il Possesso, cit., pág. 145 e segs. considera apenas a possibilidade de posse para o penhor, excluindo que possa existir para os outros direitos reais de garantia. Para um aceno crítico desta orientação, cf. DE MARTINO, Del Possesso, cit., pág. 6 e seg.
[3532] Cf. o que se disse sobre isto no Capítulo I da Parte Segunda.

controlo material de uma coisa corpórea; direitos reais de garantia que não suscitem uma actuação física sobre coisa corpórea, e, portanto, relativamente aos quais não sejam possível um *corpus* possessório, ficam à partida afastados da posse. A opinião contrária, sustentada por vários autores em Itália[3533], com base no argumento que a posse pode incidir sobre direitos, não pode ser defendida no Direito português, onde o objecto da posse são coisas corpóreas e não direitos (art. 1251º do código civil)[3534].

Isto leva a excluir liminarmente a consideração de uma posse reportada à hipoteca[3535] e aos privilégios creditórios[3536-3537]. Nenhum destes direitos propicia ao titular um senhorio físico, um dado controlo material, sobre a coisa corpórea que constitui o seu objecto e que permanece sempre em poder do devedor.

Diversamente da hipoteca e dos privilégios creditórios, tanto o penhor de coisa como o direito de retenção supõem que o credor tenha o *corpus* possessório, ou seja, que tenha a coisa em seu poder. Se este *corpus* gera uma posse, por estar associado a uma exteriorização de direito e não haver norma jurídica que desqualifique a situação[3538], ou se cria antes um caso de mera detenção representa justamente o que importa clarificar neste momento.

62. A posse nos termos de direito real de garantia. O penhor de coisa

I. A análise que se fará de seguida vale para o penhor de coisa segundo o regime geral do código civil. O denominado penhor de direitos fica fora dessa análise, por a posse não incidir sobre direitos. Regimes especiais de penhor que prescindam da entrega ao credor pignoratício da coisa objecto

---

[3533] Que admitem a posse nos termos de hipoteca. Cf. SACCO/CATERINA, Il Possesso, cit., pág. 104, SACCO, Il Possesso, cit., pág. 28, DE MARTINO, Possesso, cit., pág. 7, MONTEL, Il Possesso, cit., pág. 114, TENELIA SILLANI, Possesso E Detenzione, cit., pág. 12. Em sentido contrário, NATOLI, Il Possesso, cit., pág. 61 e segs., BARASSI, IL Possesso, cit., pág. 129, GENTILE, Il Possesso, cit., pág. 295, GALGANO, Diritto Civile E Commerciale, pág. 415, RISI, Il Possesso, cit., pág. 76 e seg.

[3534] Remete-se aqui para o que se disse no Capítulo referente ao objecto da posse.

[3535] No mesmo sentido OLIVEIRA ASCENSÃO, Direito Civil – Reais, cit., pág. 66, MENEZES LEITÃO, Direitos Reais, cit., pág. 116, BARASSI, Diritti Reali e Possesso, cit., pág. 147 e segs.

[3536] No mesmo sentido OLIVEIRA ASCENSÃO, Direito Civil – Reais, cit., pág. 66, MENEZES LEITÃO, Direitos Reais, cit., pág. 116.

[3537] MENEZES CORDEIRO, A Posse – Perspectivas Dogmáticas Actuais, cit., pág. 71 menciona os direitos reais de garantia "que impliquem o controlo material da coisa", o que leva a supor estar igualmente de acordo com a posição expressada no texto.

[3538] Favorável em geral à posse nos termos de direito real de garantia, DE MARTINO, Del Possesso, cit., pág. 6 e seg.

desse direito têm um tratamento igual ao da consignação de rendimentos, da hipoteca e dos privilégios creditórios: não são susceptíveis de posse, por falta de *corpus* possessório. Será diferente se a lei prescindir da entrega da coisa, mas consagrar a favor do credor pignoratício um efeito jurídico de transmissão da posse com a constituição do penhor[3539].

A história mostra que durante a época pré-clássica e clássica do Direito romano o credor que recebe de devedor coisa móvel em garantia (penhor) tem a posse dela, com tutela interdital, apesar de ao devedor ser reconhecido também o poder de beneficiar da usucapião[3540].

As tentativas de menosprezar as outras posses para além da posse relativa à propriedade, protagonizadas por Savign e pelo próprio Jhering, com o primeiro a denominá-las "posses derivadas"[3541] e outros, como Bonfante, a chamá-las posses "anómalas", chocaram sempre com a evidência: a posse afigura-se possível não apenas nos termos da propriedade, mas relativamente a todas as situações jurídicas em que alguém está investido no poder de actuar fisicamente sobre uma coisa corpórea.

Há que reconhecer, todavia, que na construção dogmática da posse, dos glosadores à actualidade, pouco ou nenhum espaço foi dado à discussão da situação do credor pignoratício que é investido no poder de facto sobre a coisa pela entrega do devedor, sendo a situação objecto, por vezes, de menções apressadas, quase sempre para negar a posse e fazê-la corresponder a mera detenção.

No domínio do código civil de Seabra a doutrina portuguesa também não examinou a posse do credor pignoratício e os dados sobre o problema são praticamente inexistentes. A situação mudou, no entanto, na vigência do novo código civil, muito por culpa da abordagem doutrinária italiana do século XX, já com menções em número razoável à posse nos termos dos direitos reais de garantia e não somente do penhor, que a doutrina portuguesa acompanhou.

II. Na interpretação do regime da posse do código civil de 1966, Santos Justo[3542], Henrique Mesquita[3543] e Pires de Lima/Antunes Varela[3544]

[3539] Neste caso valerão as considerações que fazemos para o penhor de coisa.

[3540] Afirma Paulo (D.41.2.1.15): *"per servum corporaliter pignori datum non adquirere nos possessionem iulianus ait (ad unam enim tantum causam videri eum a debitore possideri, ad usucapionem), nec creditori, quia nec stipulatione nec ullo alio modo per eum adquirat, quamvis eum possideat".*

[3541] Cf. *supra* o que se disse na Parte Primeira no número respeitante a Savigny.

[3542] Santos Justo, Direitos Reais, cit., pág. 174 e seg.

[3543] Direitos Reais, cit., pág. 79 e seg.

[3544] Código Civil Anotado, cit., pág. 3 e segs.

pronunciam-se contra a possibilidade de uma posse nos termos de direitos reais de garantia, os dois últimos, fundamentalmente, com dois argumentos: os efeitos da posse, nomeadamente, a usucapião (art. 1287º do código civil)[3545], respeitam apenas aos direitos reais de gozo; o art. 670º do código civil seria desnecessário se existisse posse a favor do credor pignoratício ou daquele que exerce o direito de retenção[3546].

Nenhum dos argumentos convence ou se apresenta definitivo quanto à rejeição de uma posse relativa ao penhor. Vejamos.

O art. 1251º do código civil menciona apenas a posse nos termos dos direitos reais de gozo. Isso parece ser inequívoco. O seu significado, porém, não reside no afastamento de outras posses, numa proibição a essas posses, mas simplesmente na delimitação do âmbito de aplicação do regime jurídico consagrado: este aplica-se somente à posse que exterioriza um direito real de gozo[3547].

Deste modo, posse para efeitos de aplicação dos artigos 1251º e seguintes do código civil é unicamente a que se processa por referência a um direito real de gozo. As normas sobre a usucapião, as normas sobre frutos, benfeitorias, etc., apenas podem ser aplicadas ao possuidor que exterioriza um direito real de gozo.

Entre reconhecer que o regime jurídico dos artigos 1251º e seguintes do código civil tem aplicação restrita à posse nos termos de direito real de gozo e rejeitar qualquer posse nos termos de direito real de garantia, ou de outro direito, com a alegação da inaplicabilidade do regime jurídico da posse, vai um passo gigante, que não se crê que o legislador português haja querido dar com a redacção do art. 1251º.

Por outro lado, e ao contrário do segundo argumento aduzido por PIRES DE LIMA/ANTUNES VARELA[3548], a previsão constante de vários preceitos em que se outorga tutela possessória, além do credor pignoratício (art. 670º, alínea a)), ao que exerce o direito de retenção (art. 758º e art. 759º, nº 3), ao locatário (art. 1037º, nº 2), ao comodatário (art. 1133º, nº 2), ao depositário (art. 1188º, nº 2) e ao parceiro pensador (1125º, nº 2) faz supor, em sentido diametralmente oposto, que o legislador admitiu abertamente a posse nessas situações. Em Itália, a doutrina sustenta pacificamente a posse atinente a direitos reais de garantia justamente com o argumento da

---

[3545] PIRES DE LIMA/ANTUNES VARELA, Código Civil Anotado, cit., pág. 4.
[3546] PIRES DE LIMA/ANTUNES VARELA, Código Civil Anotado, cit., pág. 4.
[3547] Num sentido próximo, cf. OLIVEIRA ASCENSÃO, Direito Civil – Reais, cit., pág. 67.
[3548] Código Civil Anotado, cit., pág. 4.

consagração de tutela possessória pelo *codice civile*, em moldes em tudo idênticos aos que constam do código civil português.

A alternativa interpretativa proposta por Henrique Mesquita e Pires de Lima/Antunes Varela consiste em dizer simplesmente que a lei opera uma extensão da tutela possessória ao detentor, permitindo-lhe defender a sua posição contra terceiros, incluindo o seu contraente, uma leitura que se tornou largamente dominante no espectro doutrinário e jurisprudencial português, como se terá a oportunidade de ver mais adiante.

Esta interpretação, porém, não consegue resistir a duas observações muito simples. A primeira é a de que o detentor não beneficia de qualquer dos efeitos jurídicos da posse, incluindo qualquer forma de tutela possessória, que seria um contra-senso, atendendo a que a lei diferencia a posse da detenção para deixar esta sem qualquer protecção. Se a detenção não goza de tutela possessória no regime geral, por que razão a lei multiplicaria regimes excepcionais na maioria dos casos legais de detenção, atribuindo-lhe uma protecção contranatura?

A este propósito convém lembrar, que o detentor não exterioriza qualquer direito sobre a coisa, limitando-se a actuar em nome do possuidor, sendo aquilo que tradicionalmente se designa por possuidor em nome de outrem, por contraposição ao possuidor, que tem a coisa para si nos termos de um direito.

Uma vez que o detentor não tem qualquer posição jurídica sobre a coisa, não exteriorizando um direito próprio, a ordem jurídica não lhe confere qualquer forma de tutela. Por uma razão lógica: não há nada a proteger. O detentor não beneficia de qualquer forma de protecção possessória porque à sua posição nunca se associa a exteriorização de qualquer direito e, por isso, uma posse.

A segunda observação salienta o óbvio: a tutela possessória protege uma posse. A acção possessória dirige-se à protecção material da posse e supõe a mesma existente. Como afirma com inteira pertinência Oliveira Ascensão[3549]: "atribuir só as acções é incompreensível; a toda a acção corresponde um direito, e o direito correspondente a estas acções só pode ser a posse". O detentor, não afirmando nenhum direito sobre a coisa, não tem nada a proteger.

[3549] Direito Civil – Reais, cit., pág. 68.

A outorga da tutela possessória num dado contexto de controlo material de uma coisa corpórea comprova a existência da posse[3550], por estar ligada substancialmente à exteriorização de um direito[3551].

III. Para ser constituído validamente o penhor requer a entrega da coisa no momento da celebração do contrato respectivo. Uma vez ocorrida a constituição da garantia, o credor pignoratício fica investido no controlo material da coisa, exteriorizando o seu direito (o penhor) sobre ela.

Os elementos estruturantes da posse (*corpus* possessório e exteriorização de direito) estão, pois, presentes no penhor, de modo inteiramente coincidente com a posse atinente a um direito real de gozo.

A isto acresce, que o Direito português não exclui a posse do credor pignoratício em lado nenhum, nomeadamente, no art. 1253º do código civil. Na verdade, sendo embora um detentor no sentido da alínea c) daquele preceito, é-o apenas no que respeita ao exercício da propriedade[3552]. E, neste aspecto, nada diferencia a posição do credor pignoratício da posição de um possuidor nos termos do usufruto ou da superfície, que é igualmente um detentor quanto ao direito de propriedade.

O controlo material de coisa corpórea nos termos de um direito, na ausência de uma norma que descaracterize a situação para detenção, seria por si só suficiente para afirmar a natureza possessória da mesma: uma posse nos termos do penhor. No entanto, a lei portuguesa dá ainda outros dois argumentos a favor desta doutrina.

O primeiro radica na tutela possessória concedida pelo art. 670º, alínea a) do código civil, conforme se teve oportunidade de expor no ponto anterior. A atribuição da tutela possessória faz-se no pressuposto teleológico da mesma: a defesa da posse. A detenção não se defende de coisa nenhuma,

---

[3550] No mesmo sentido, para além de OLIVEIRA ASCENSÃO, MENEZES CORDEIRO, A Posse – Perspectivas Dogmáticas Actuais, cit., pág. 71.

[3551] No sentido favorável à posse do credor pignoratício na doutrina italiana, cf. SACCO/CATERINA, Il Possesso, cit., pág. 101 e segs., SACCO, Il Possesso, cit., pág. 28, DE MARTINO, Possesso, cit., pág. 7, MONTEL, Il Possesso, cit., pág. 114, TENELLA SILLANI, Possesso E Detenzione, cit., pág. 12, MESSINEO, Manuale Di Diritto Civile E Commerciale, cit., pág. 253 e segs.. Em sentido contrário, NATOLI, Il Possesso, cit., pág. 61 e segs., BARASSI, IL Possesso, cit., pág. 129, GENTILE, Il Possesso, cit., pág. 295, RISI, Il Possesso, cit., pág. 75 e seg., GALGANO, Diritto Civile E Commerciale, cit., pág. 415.

[3552] Se for outro o direito nos termos do qual o penhor foi constituído, a detenção ocorrerá por referência à propriedade e a esse direito. O possuidor nos termos de direito real menor é sempre um detentor defronte das posses relativas a direitos reais maiores que tenham a mesma coisa por objecto.

uma vez que não corresponde a qualquer direito ou situação jurídica: é um nada jurídico.

O segundo argumento encontra-se no art. 669º, nº 2 do código civil[3553], que tem a seguinte redacção:

"A entrega pode consistir na simples atribuição da composse ao credor, se essa atribuição privar o autor do penhor da possibilidade de dispor materialmente da coisa".

O argumento não tem apenas valor semântico, porquanto se integra na lógica da posse. E é mais um local do sistema normativo onde se afirma a qualidade de possuidor, neste caso, compossuidor, do credor pignoratício. A lei confirma o estatuto possessório deste.

Postas as coisas nestes termos, uma vez constituído o penhor, o credor pignoratício fica investido numa posse da coisa. Essa posse não se reporta naturalmente ao direito de propriedade, que não é o direito afirmado por ele, mas sim ao direito exteriorizado: o penhor.

Por sua vez, o devedor que constitui o penhor continua na posse da coisa, a mesma posse que tinha. Se era possuidor nos termos da propriedade, permanece possuidor relativamente a esse direito, da mesma exacta maneira que permanece possuidor o proprietário com posse que constitui a favor de terceiro um direito de uso, de servidão ou qualquer outro direito real de gozo menor e lhe entrega a coisa ou faculta de algum modo a actuação material sobre ela.

A constituição de penhor de coisa faz nascer uma nova posse a favor do credor pignoratício (posse nos termos de penhor), sem eliminar a posse do devedor que constituiu a garantia.

IV. A prática do sistema mostra a mesma divisão que ocorre na doutrina. No âmbito especializado da jurisprudência administrativa decidiu o Tribunal Central Administrativo do Sul, em acórdão de 26.01.1999[3554]:

"I – O credor pignoratício não tem posse susceptível de fundamentar embargos de terceiro.

II – A tutela possessória conferida ao credor pignoratício pela alínea a) do artº 670 do código civil, não se fundamenta em qualquer posse daquele em nome próprio da coisa empenhada, mas na relação jurídica de mera detenção subjacente ao penhor (cf. o art. 669º do código civil).

[3553] Cf. também no mesmo sentido MENEZES CORDEIRO, A Posse – Perspectivas Dogmáticas Actuais, cit., pág. 71.
[3554] Proc. nº 01378/98, em www.dgsi.pt.

No sentido oposto, com a interpretação que se tem por correcta do regime jurídico português da posse, decidiu o STJ[3555]:

" – É princípio aceite na doutrina e na jurisprudência que o credor pignoratício não pode embargar de terceiro a penhora efectuada em execução movida contra o proprietário das coisas dadas em penhor, visto o mesmo não exercer posse em nome próprio sobre esses bens.

– O credor pignoratício tem posse em nome próprio do direito resultante do penhor, mas não a tem do direito de propriedade da coisa empenhada, sendo, portanto, possuidor em nome alheio do direito de quem constituiu a penhora".

V. A posse, desde a sua origem no Direito romano até à actualidade, nunca foi um domínio exclusivo de Direito Reais, menos ainda dos direitos reais de gozo. Por outro lado, a existência de mais do que um regime jurídico para a posse era a situação do Direito romano, que distinguia a *possessio civilis* da simples *possessio* ou posse interdital[3556]; a primeira permitia ao possuidor, entre outros efeitos, invocar a usucapião; a segunda disponibilizava apenas os interditos possessórios. Ambas posses, dois regimes jurídicos diferentes.

Também o Direito português vigente contém um regime jurídico para a posse relativa a direitos reais de gozo, o que consta dos artigos 1251º e seguintes do código civil, e outro para a posse "interdital"[3557], a posse que, reconhecida como tal, recebe fundamentalmente a protecção pela via dos meios de defesa da posse[3558].

Numa linha que já vem de Oliveira Ascensão[3559], de Menezes Cordeiro[3560] e de Menezes Leitão[3561], reitera-se aqui que o credor pignoratício tem a posse da coisa nos termos do seu direito de penhor.

63. A posse nos termos de direito real de garantia. O direito de retenção

I. É quase inexistente o tratamento doutrinário sobre o problema da posse daquele que exterioriza um direito de retenção, tendo a coisa em seu

---

[3555] Proc. nº 068124, em www.dgsi.pt.
[3556] Sobre isto, cf. o que se disse na Parte Primeira, no Capítulo respeitante ao Direito romano.
[3557] Não gostamos de recorrer a classificações já mortas, mas reconhece-se haver na expressão um grande poder sugestivo. Usa-a Menezes Cordeiro, A Posse – Perspectivas dogmáticas actuais, cit., pág. 83, 86 e segs.
[3558] Sobre o regime jurídico desta, com mais detalhe, cf. *infra* no texto.
[3559] Direito Civil – Reais, cit., pág. 65 e segs.
[3560] Menezes Cordeiro, A Posse – Perspectivas Dogmáticas Actuais, cit., pág. 71.
[3561] Direitos Reais, cit., pág. 116.

poder. Que se conheça, apenas GALVÃO TELES[3562] se pronunciou especificamente sobre o tema, separando a posição possessória do devedor relativamente àquele que exerce a retenção e reconhecendo a este uma posse nos termos do direito exteriorizado. E também MENEZES CORDEIRO[3563] e MENEZES LEITÃO[3564] se pronunciaram a favor da posse nos termos do direito de retenção.

Quanto à jurisprudência portuguesa, apesar do número considerável de arestos em matéria de direito de retenção, as pronúncias sobre o tema da posse ou detenção do titular do direito de retenção são muito escassas e apontam normalmente para a doutrina, segundo a qual, o titular do direito de retenção tem a mera detenção da coisa.

Assim, no acórdão de 4.02.2010 da Relação de Lisboa[3565] pode ler-se:
"I. São requisitos do direito de retenção que alguém possua a detenção de uma coisa, que não lhe pertença e tenha obrigação de entregar a seu verdadeiro titular, e que seja credor deste último em virtude de despesas feitas com a coisa detida ou de danos por ela causados.

II. O direito de retenção subentende, para sua real existência, a detenção efectiva do bem ou a conservação do bem em poder do reconhecido detentor, com exclusão de outrem, designadamente do seu proprietário ou legítimo possuidor.

III. Sem detenção actual do bem não pode ser invocado direito de retenção, como não pode ser invocado este direito para se legitimar o início, ou reinício, da detenção de facto da coisa reclamada como objecto deste mesmo direito".

Já no sumário da Relação do Porto referente ao acórdão de 29.10.2012[3566] o Tribunal parece inclinar-se para a qualificação da situação do titular do direito de retenção como posse:

"Tendo sido penhorado o direito de superfície que abrange também a obra nele implantada, o empreiteiro que construiu essa obra goza de direito de retenção como garantias das despesas que efectuou na construção dessa obra enquanto tiver a posse da mesma".

[3562] O Direito, Anos 106º-109º
[3563] MENEZES CORDEIRO, A Posse – Perspectivas Dogmáticas Actuais, cit., pág. 71.
[3564] Direitos Reais, cit., pág. 116.
[3565] Proc. nº 5703/09-6, em www.dgsi.pt.
[3566] Proc. nº 2361/10.4TBPVZ-A.P1, em www.dgsi.pt.

A leitura da decisão mostra, contudo, uma acentuada ambiguidade[3567], que não surge eliminada pela citação do trecho de GALVÃO TELES em que este autor se pronuncia a favor de uma posse nos termos do direito de retenção.

II. A constituição do direito de retenção pressupõe a satisfação dos requisitos legais entre os quais se encontra o *corpus* possessório (art. 754º do código civil). O controlo material da coisa ocorre nos termos de um direito, o próprio direito de retenção. Os elementos estruturantes da posse estão, pois, presentes para o titular do direito de retenção.

Na ausência de norma jurídica que descaracterize a situação para mera detenção, a tutela possessória propiciada pelos artigos 758º e 759º do código civil confirma o juízo legal da situação. A tutela possessória reconhecida ao titular do direito de retenção implica a atribuição da posse. As acções possessórias defendem a posse de quem a tem, nunca a detenção, que não tem por detrás qualquer situação jurídica a defender.

Aquele que exerce o direito de retenção tem, assim, posse[3568], do mesmo modo que o credor pignoratício, reportada como este a um direito real de garantia. A posse do titular do direito de retenção exerce-se relativamente a este direito e não deve ser confundida com a posse do devedor, que se mantém incólume, não obstante a posse do credor.

No tocante à posse do devedor, o que exerce o direito de retenção tem uma mera detenção, uma posse em nome alheio nos termos do disposto no art. 1253º, alínea c) do código civil. Assim, o titular do direito de retenção tem a posse nos termos do direito que exerce sobre a coisa, sendo mero detentor quanto à posse do seu devedor sobre a coisa.

64. A posse nos termos de direito real de garantia. A consignação de rendimentos

A consignação de rendimentos em que a coisa corpórea objecto deste direito real fica com o devedor não levanta problemas de qualificação da situação defronte do regime possessório, uma vez que não investe ninguém, nomeadamente, o credor garantido, num novo controlo material da coisa.

[3567] Que se colhe, por exemplo, quando o Tribunal observa que "a questão que agora se coloca é se a reclamante ainda está na posse (detenção) da obra". Cf. Ac. RP, Proc. nº 2361/10.4TBPVZ-A. P1, cit.
[3568] No mesmo sentido, MENEZES CORDEIRO, A Posse – Perspectivas Dogmáticas Actuais, cit., pág. 71.

Isso não se passa, todavia, quando, nos termos do disposto no art. 661º, nº 1 alíneas b) e c) do código civil, as partes acordem que a coisa corpórea passe para o poder do credor ou de terceiro. Importa, nestes casos, clarificar a posição do credor e do terceiro relativamente à coisa: há posse ou mera detenção?

Começando pela situação da alínea c) do art. 661º, nº 1 do código civil, dir-se-á que o terceiro ao qual a coisa foi entregue em cumprimento do acordado entre credor e devedor na constituição da consignação de rendimentos tem a qualidade de um mero detentor.

Com efeito, falta ao terceiro a exteriorização de um direito próprio para que se possa falar em posse. A ausência de afirmação de um direito faz dele alguém que possui em nome de outrem, que actua sobre a coisa por referência a direito de outra pessoa. A existência de detenção não suscita quaisquer dúvidas (art. 1253º, alínea c) do código civil).

Diferente se afigura a situação no caso da coisa ser entregue ao credor, porquanto neste caso ele exterioriza um direito próprio: o direito de consignação de rendimentos. O art. 661º, alínea b) do código civil complica, no entanto, a qualificação dispondo que o credor "fica, na parte aplicável, equiparado ao locatário, sem prejuízo da faculdade de por seu turno os locar".

Quem vê no locatário um simples detentor, dirá que o credor terá nesta situação a mera detenção, a doutrina de ORLANDO DE CARVALHO[3569]. Quem afirme, ao invés, a posse do locatário poderá dizer que o credor tem a posse nos termos da locação, a posição de MENEZES LEITÃO[3570].

A doutrina que se propugna neste caso, assemelhando-se embora a MENEZES LEITÃO, na admissão de uma verdadeira posse, afasta-se, porém, na construção dogmática dessa posse. Vejamos.

A equiparação do credor garantido pela consignação de rendimentos ao locatário tem o significado de lhe reconhecer o gozo da coisa, ou seja, os poderes de uso e fruição. O art. 661º, nº 1 alínea b) fala mesmo no poder de locar a coisa, deixando claro o poder de fruição.

Este gozo representa um alargamento do tipo legal da consignação de rendimentos, que tecnicamente consiste num direito real de garantia, e não de gozo, ou dever-se-á entender que a lei faculta ao credor um novo direito – neste caso, um direito pessoal de gozo atípico – além, pois, do direito de garantia?

[3569] Direito Das Coisas, cit., pág. 272.
[3570] Direitos Reais, cit., pág. 116.

As duas hipóteses são verosímeis. A primeira tem a originalidade de transformar a consignação de rendimentos num tipo misto de direito real, com escopo de garantia, mas com conteúdo de gozo. A segunda confere ao credor um segundo direito, de natureza não real, um direito pessoal de gozo atípico, acessório da garantia, o que parece decorrer da "equiparação" à figura do locatário.

Qualquer que seja a resposta[3571], a actuação material do credor sobre a coisa revela os dois elementos estruturantes da posse. Apena mudas a exteriorização do direito: ou nos termos do direito de consignação de rendimentos ou do direito pessoal de gozo.

No seu significado substantivo, a equiparação do credor ao locatário disponibiliza o regime jurídico da locação e com isto a aplicação do art. 1037º, nº 2 do código civil. O credor investido no poder de actuação material sobre a coisa goza de tutela possessória, o que traduz a sua qualidade jurídica de possuidor[3572].

Possuidor nos termos de direito real de garantia, como parece ser o caso, ou nos termos de direito pessoal de gozo análogo ao locatário, o credor na hipótese constante da alínea b) do art. 661º, nº 1 do código civil apenas beneficia da tutela possessória. O regime jurídico do art. 1251º e seguintes do código civil está reservado para a posse exercida por referência a um direito real de gozo.

65. A posse nos termos de direito real de aquisição

Não existe nenhum obstáculo teórico ou conceptual a uma posse exercida nos termos de direito real de aquisição. Admitido um âmbito de posse superior ao dos direito reais de gozo, nada impede a extensão a outros direitos reais que impliquem uma actuação material sobre coisa corpórea. OLIVEIRA ASCENSÃO[3573] afirma-o expressamente para esta categoria de direitos reais[3574].

Ainda assim, a admissão teórica tem de passar pelo crivo do regime jurídico. Os tipos mais importantes de direitos reais de aquisição, como sejam, a promessa real (art. 413º do código civil) e o pacto de preferência com eficácia real (art. 419º do código civil) não outorgam poderes de actuação

---

[3571] Propende-se para a primeira, mas a justificação coloca-se fora do âmbito do presente trabalho.
[3572] Sobre a posse nos termos de direito pessoal de gozo, cf. *infra* no texto.
[3573] Direito Civil – Reais, cit., pág. 68 e seg.
[3574] Em sentido oposto, MOTA PINTO, Direitos Reais, cit., pág. 196, SANTOS JUSTO, Direitos Reais, cit., pág. 175.

material sobre o seu objecto. Não há, pois, nenhuma possibilidade de posse relativamente a estes direitos reais.

Caso exista tal possibilidade, haverá posse. Esta não estará sujeita, no entanto, ao regime geral dos artigos 1251º e seguintes, exclusivo da posse atinente a direitos reais de gozo, mas apenas ao regime de tutela da posse[3575], conforme se viu para os direitos reais de garantia.

66. A posse nos termos dos direitos pessoais de gozo[3576]. Generalidades

I. A posse nunca foi na história um domínio exclusivo de Direitos Reais[3577]. Além da posse do proprietário, do enfiteuta, do superficiário e do credor pignoratício, o Direito romano reconheceu a posse ao concessionário de terras do *ager publicus*, ao precarista e ao *sequester*, tudo titulares de direitos que hoje se colocariam fora do sistema de Direitos Reais.

O Direito Canónico operou uma significativa extensão da *possessio* romana a uma série de direitos que envolviam não só a Igreja Católica, mas também a sociedade secular, numa orientação que se repercutiu de modo profundo na *praxis* europeia até ao século XX, por exemplo, na tutela judicial do locatário através dos interditos possessórios.

E se uma boa parte da extensão canónica do Direito romano ficou pelo caminho, por não se enquadrar nos quadros romanistas da *possessio*, a sua influência no modo de viver dos povos europeus e do seu Direito não se deixou de fazer sentir no alargamento da tutela possessória a situações de cariz obrigacional, como evidencia a dogmática alemã do século XVIII e mesmo a reacção enérgica de vários autores alemães ao primeiro Projecto do BGB para os Direitos Reais e o romanismo subjacente[3578].

O romanismo que adveio das sucessivas recepções do Direito romano na Europa retirou das fontes do *corpus iuris civilis* o que elas exteriorizavam quanto ao locatário, ao comodatário, ao depositário e semelhantes e que era a *possessio naturalis*, a mera detenção, numa linguagem moderna. A força

---

[3575] Num sentido muito próximo, OLIVEIRA ASCENSÃO, Direito Civil – Reais, cit., pág. 69.

[3576] Sobre a figura dos direitos pessoais de gozo, MENEZES CORDEIRO, Tratado De Direito Civil Português, VI, Direito Das Obrigações, 2ª edição, Coimbra, 2012, pág. 580 e segs. (com amplas indicações bibliográficas).

[3577] Por essa razão, devem ser evitadas afirmações desenquadradas de investigação suficiente e de contexto histórico analisado, como a proferida pelo STJ, em acórdão de 30.06.1987, Proc. nº 075080, em www.dgsi.pt, segundo a qual, "a posse é um instituto privativo dos direitos reais". Nesta linha, pode ver-se também o Ac. RE, de 12.03.2015, Proc. nº 55/14.0TBAVS.E1, em www.dgsi.pt

[3578] Sobre tudo isto cf. o que se disse *supra* na Parte Primeira.

dos estudos romanistas, sobretudo, na Alemanha do século XIX reiterou o postulado romano, muito reforçado ainda com os trabalhos dos corifeus da posse, Savigny e Jhering, que a limitavam à propriedade.

A esta tendência universitária a *praxis* objectou sempre com o alargamento da tutela possessória a outras situações jurídicas que implicavam uma actuação sobre uma coisa corpórea[3579], de que a posição do locatário serve como paradigma. E aquilo que a certa altura passava como um assunto de práticos passou ao Direito: ou com o alargamento do conceito de posse para além dos direitos reais, o caso do BGB, ou com a previsão expressa da tutela possessória em algumas situações, o caso italiano[3580] e também português.

Contrariamente a uma muito divulgada doutrina em Portugal, que tem os seus arautos principais em Pires de Lima/Antunes Varela[3581], com larga e funda penetração na jurisprudência portuguesa dos tribunais superiores, o *animus* nunca teve nada a ver com a extensão da posse ao exercício do "poder de facto" nos termos de outros direitos que não direitos reais. A exclusão da posse do locatário, do comodatário, do depositário e de outros resultou apenas do facto de ser essa a orientação romana na matéria e da mesma ser seguida sem contestação nos séculos todos que precederam as grandes codificações civis, por força das sucessivas recepções do Direito romano e ainda pela influência do romanismo no ensino do Direito nas universidades europeias, até que os legisladores de vários países cederam ao movimento contrário que entretanto se formara na *praxis* ou à pressão social a favor da protecção de situações que diziam respeito a um grande número de pessoas, em particular, o arrendamento.

II. Como situação construída na base de um controlo material de uma coisa corpórea nos termos de um direito, a posse pode existir relativamente a todos os direitos subjectivos (ou outras situações jurídicas) cujo exercício implique esse controlo e não apenas quanto aos direitos reais[3582]. Tudo sem prejuízo dos efeitos jurídicos decorrentes do regime jurídico da posse,

---

[3579] E não só, mas sobre isso já se teve a oportunidade de se versar, no Capítulo sobre o objecto da posse.
[3580] Cf. Messineo, Manuale Di Diritto Civile E Commerciale, cit., pág. 254. O que ainda assim não motiva todos os autores italianos a admitir uma posse relativa a direitos emergentes de relações jurídicas obrigacionais. Veja-se a posição contrária de Barassi, Il Possesso, pág. 116 e segs.
[3581] No Código Civil Anotado, cit., pág. 3 e segs.
[3582] Cf. também, embora para o enquadramento jurídico alemão, diferente do português, Diederichsen, Das Recht zum Besitz aus Schuldverhältnissen, 1965.

para além da tutela possessória, respeitarem unicamente aos direitos reais de gozo.

A tradição jurídica proveniente de séculos de história posteriores ao Império romano postulou esta solução. De resto, e como já se sublinhou, também o Direito romano conheceu dois regimes possessórios, o da *possessio civilis*, que desencadeava todos os efeitos da posse e o da *simples possessio*, ou posse interdital, que reclamava apenas a protecção pelos interditos possessórios.

Em termos dogmáticos nada impede a extensão da posse ao seu domínio natural: o da actuação física de uma pessoa sobre uma coisa corpórea. Se o direito exteriorizado incide sobre a própria coisa, sendo inerente a ela, quer dizer, por outras palavras, se é ou não um direito real, não parece ter relevância[3583]. Contando que alguém tenha o controlo de uma coisa corpórea nos termos de um direito e não haja uma norma jurídica que afaste essa qualificação, há posse, ainda que ela possa não estar sujeita ao regime jurídico dos artigos 1251º e seguintes do código civil, por este regime respeitar unicamente à posse exercida por referência a um direito real de gozo[3584].

Como sempre, o *animus* não tem nada a ver com isto. De resto, mesmo nos quadros de um pensamento subjectivista, parece evidente que aquele que exterioriza um direito através da actuação sobre a coisa corpórea tem a intenção de o fazer, por outras palavras, tem *animus* e *animus possidendi*. As afirmações em sentido oposto não têm qualquer verosimilhança, por contrariarem a evidência do comportamento humano subjacente: aquele que actua sobre uma coisa corpórea no exercício de uma permissão normativa de o fazer tem a vontade correspondente a esse exercício, seja o direito exercido um direito real ou não. Por ser assim, a extensão da posse aos direitos pessoais de gozo não deixou de ser defendida por vários autores subjectivistas[3585], à frente dos quais MANUEL RODRIGUES.

Em qualquer circunstância, o juízo sobre a posse cabe inteiramente ao Direito, não estando na esfera individual de decisão de qualquer interessado. O Direito decide sobre a posse, não a vontade (o *animus*) do possuidor. O *animus* não tem qualquer papel no regime jurídico da posse.

[3583] No mesmo sentido, MENEZES CORDEIRO, A Posse – Perspectivas Dogmáticas Actuais, cit., pág. 73 e segs.

[3584] Na doutrina portuguesa, cf. no mesmo sentido OLIVEIRA ASCENSÃO, Direito Civil – Reais, cit., pág. 65 e segs.

[3585] Todos os autores portugueses que se indicaram no primeiro número deste capítulo como defensores da extensão da posse aos direitos pessoais.

Na ordem jurídica portuguesa, a consagração de uma protecção possessória em múltiplas situações de exercício de um direito sobre coisa corpórea concretiza uma valoração legal da situação no sentido da posse. Não pode ser de outra maneira. A insistência na visão do locatário e do comodatário como detentores, com o argumento desfasado e artificial da falta de *animus*, contraria a qualificação legal da situação como posse, que está inerente à protecção possessória, e gera uma inexplicável tutela da detenção, que não tem por detrás qualquer direito a proteger.

A atribuição da defesa possessória no quadro de direitos que têm natureza obrigacional, mas cujo exercício se processa sobre uma coisa corpórea, confirma a extensão da posse para além de Direitos Reais. A posse não tem aí por objecto a prestação do devedor, o que seria inadmissível[3586], recaindo antes na coisa disponibilizada ao credor para o exercício do seu direito. A posição de controlo material em que ele é investido (*corpus*), conjugada com a exteriorização de um direito (de crédito), confere à situação a natureza de posse, que a outorga de defesa possessória vem confirmar.

III. Depois dos nomes de CORREIA TELLES, VISCONDE DE SEABRA, MANUEL RODRIGUES, JOSÉ TAVARES, JAIME DE GOUVEIA, LUÍS PINTO COELHO, CUNHA GONÇALVES e DIAS MARQUES[3587], no Direito anterior ao código civil de 1966, pronunciaram-se a favor da existência de posse nos termos de direitos pessoais de gozo no domínio do código civil em vigor OLIVEIRA ASCENSÃO[3588], MENEZES CORDEIRO[3589], MENEZES LEITÃO[3590] e nós próprios, em obra anterior[3591]. Trata-se de uma mancha muito relevante de autores, alguns deles, no número dos maiores juristas da nossa história.

A jurisprudência portuguesa[3592], por seu lado, ficou agarrada, como sempre, à posição de PIRES DE LIMA/ANTUNES VARELA no Código Civil Anotado[3593], repetindo à exaustão os argumentos ali aduzidos. Assim, os titulares de direitos pessoais de gozo não podem ter posse por falta de *animus*, que se entende circunscrito aos direitos reais de gozo (!), o argumento

---

[3586] Cf. o que se disse *supra* relativamente à posse de direitos no Capítulo II desta Parte Segunda..
[3587] Obras e locais anteriormente citados.
[3588] Direito Civil – Reais, cit., pág. 69.
[3589] A Posse – Perspectivas Dogmáticas Actuais, cit., pág. 71 e segs.
[3590] Direitos Reais, cit., pág. 116.
[3591] JOSÉ ALBERTO VIEIRA, Direitos Reais, cit., pág. 488 e segs.
[3592] Para além dos arestos citados no texto, veja-se também, a título exemplificativo, o Ac. RE, de 12.03.2015, Proc. nº 55/14.0TBAVS.E1, em www.dgsi.pt.
[3593] Cit. No mesmo sentido deste autores, excluindo a posse nos termos de direito pessoal de gozo, cf. igualmente ORLANDO DE CARVALHO, Introdução À Posse, in Direito Das Coisas, cit., pág. 267.

principal de Pires de Lima/Antunes Varela, que justificam ainda a tutela possessória do locatário, comodatário, depositário, parceiro pensador, etc., com "motivos de equidade", atribuindo-lhe natureza excepcional[3594].

O acórdão da Relação de Lisboa de 16.10.2012[3595] sintetiza este pensamento da seguinte forma, na linha de tantos outros arestos:

"III – O nosso legislador não aceitou a concepção objectiva da posse, pois que, para que ela exista, é preciso alguma coisa mais do que o simples poder de facto, ou seja, é preciso que haja por parte do detentor a intenção de exercer, como seu titular, um direito real sobre a coisa.

IV – (...)

V – O legislador, por motivos de equidade, concedeu excepcionalmente a defesa possessória em casos em que não existe posse, mas mera detenção. Assim, a tutela possessória foi ainda especialmente concedida aos direitos pessoais de gozo derivados do contrato de locação (art.1037º, nº 2), de comodato (art.1133º) e de depósito (art.1188º, nº 2)".

Deixou-se já por várias vezes expressado o que se pensa sobre o valor do *animus* no contexto da posse, em geral, e no dos direitos pessoais de gozo, em particular. O *animus* não tem no regime jurídico da posse nenhum papel; a posse pode valer sem e mesmo contra a intenção do possuidor.

Por outro lado, o *animus* pode, em termos teóricos, existir tanto quanto à posse reportada a direito real de gozo quanto a qualquer outro direito subjectivo. Foi isso, aliás, que a dogmática alemã do século XVIII defendeu com a expressão *animus sibi habendi*[3596], a intenção de exercer um direito em nome próprio, seja esse direito a propriedade ou outro direito qualquer, real ou não. Por essa razão, a doutrina da posse nos termos de direitos pessoais de gozo foi quase sempre sustentada por autores subjectivistas, como, de resto, se pode atentar naqueles que no Direito português se pronunciaram a favor dela e que foram acima individualizados.

Finalmente, a limitação da posse aos direitos reais de gozo constante do art. 1251º do código civil tem somente o significado de restringir o regime jurídico dos artigos seguintes a esses direitos, mas não o de tolher a posse para além deles. Isso entraria em contradição com todos os preceitos que outorgam tutela possessória fora do domínio dos direitos reais de gozo.

[3594] Pires de Lima/Antunes Varela, Código Civil Anotado, cit., pág. 5 e seg.
[3595] Proc. nº 163/12.2TVLSB-A.L1, em www.dgsi.pt.
[3596] Sobre isto, cf. o que se disse sobre o ponto na Parte Primeira.

Nesta ordem de ideias, o que fazem os artigos 670º, alínea a), 758º, 759º, nº 3, 1037º, nº 2, 1133º, nº 2, 1188º, nº 2 e 1125º, nº 2, todos do código civil, é reconhecer a posse nessas situações, conferindo a tutela judicial que corresponde à natureza jurídica das mesmas. Nada disto tem a ver com a equidade, nem esta pode ser chamada aqui para coisa nenhuma.

As normas jurídicas que fundam uma tutela possessória fora do exercício de direitos reais de gozo não são normas excepcionais, nem defronte do art. 1251º do código civil nem defronte de outra qualquer norma do sistema jurídico português. Para que o fossem seria necessário que aquele preceito, ou qualquer outro, limitasse a posse à actuação material sobre uma coisa corpórea nos termos de um direito real de gozo. Não é, porém, esse o sentido do art. 1251º. Além de enunciar os elementos estruturantes da posse (o *corpus* possessório e a exteriorização de um direito), o preceito delimita o campo de aplicação do regime jurídico constante dos artigos seguintes. Este aplica-se unicamente à posse referida a direitos reais de gozo.

Quando muito, poder-se-ia falar num regime especial de posse, com tutela possessória, mas despojado dos restantes efeitos da posse constantes do regime geral. Tudo isto se afigura muito diferente da qualificação das regras constantes dos artigos 670º, alínea a), 758º e 759º, nº 3, 1037º, nº 2, 1133º, nº 2, 1125º, nº 2 e 1188º, nº 2 do código civil como regras excepcionais.

IV. Na Alemanha a posse nos termos de direitos pessoais não sofre qualquer contestação[3597]. O locatário e o comodatário são vistos pacificamente como possuidores, como outro qualquer possuidor atinente a direito real de gozo. A sua posse vem qualificada no BGB como posse imediata ou directa, por contraposição à posição do locador ou comodante, cuja posse vem descrita como mediata ou indirecta (§ 868).

As relações jurídicas obrigacionais, das quais não emergem direitos reais, mas direitos de crédito, podem fundar, assim, posses atinentes a estes direitos, protegidas através dos meios gerais de tutela da posse.

Este facto tem conduzido alguns autores de nomeada a sustentar que a posse referida a relações jurídicas obrigacionais visa dotar direitos de crédito de eficácia de protecção contra terceiros. É essa, nomeadamente, a posição defendida por DIETER MEDICUS[3598].

[3597] Por último, cf. SZERKUS, "Besitzmittlungswille und Besitzmittlungsverhältnis: Begriff und Fallgruppen", Juristische Ausbildung, 2017, 3, 2017, pág. 251 e segs.
[3598] Schuldrecht II, Besonderer Teil, 14. Auflage (a última do autor), München, 2007, pág. 302, "Besitzschutz durch Ansprüche auf Schadensersatz", Archiv für die civilistische Praxis, 165, 1965, pág. 137 e seg.

Esta doutrina insere-se numa corrente inaugurada por Dulckeit[3599], em 1951, que veio sustentar haver direitos não reais aos quais o regime jurídico conferia caraterísticas reais ou de carácter real. A expressão nova usada por Dulckeit, "Verdinglichung", pretendia elucidar como, segundo o autor, algumas disposições do regime jurídico conferem carácter real a direitos de crédito, dando-lhes uma oponibilidade que transcende a usual eficácia relativa dos mesmos.

Para Dulckeit[3600] a posse seria condição necessária, e ao mesmo tempo suficiente, para a atribuição de carácter real a direitos obrigacionais. O autor vai, porém, ainda mais longe, defendendo que a posse converteria em real cada um dos direitos obrigacionais.

A doutrina de Dulckeit deixaria lastro noutros autores[3601]. O próprio Canaris[3602] dedicou-lhe um estudo aprofundado, defendendo a sua pertinência defronte das críticas entretanto movidas por Westermann[3603] e Diederichsen[3604]. Segundo Canaris[3605], no contexto do princípio da publicidade em Direitos Reais, e sem a exclusividade pretendida por Dulckeit, a posse manter-se-ia com um papel fundamental para a atribuição do carácter real a direitos obrigacionais[3606].

Apesar da defesa de Canaris, e a adesão de um autor do mérito de Medicus, esta doutrina só pode ser lida como um exercício teórico de construção jurídica, tal a distância que a separa quer da história quer do regime jurídico da posse.

Em primeiro lugar, há nesta doutrina uma assimilação da oponibilidade absoluta ao carácter real, que se afigura inaceitável. Trata-se de coisas distintas; apesar de os direitos reais serem absolutos, há direitos absolutos que não são reais. Direitos de crédito eventualmente dotados de oponibilidade absoluta não se transformam em direitos reais.

[3599] Dulckeit, Die Verdinglichung obligatorische Rechte, 1951.
[3600] Die Verdinglichung obligatorische Rechte, cit., pág. 14 e 63 e segs.
[3601] Para além de Canaris, citado na nota seguinte, cf. Weitnauer, Verdinglichte Schuldverhältnisse, Festschrift für Karl Larenz zum 80. Geburtstag, München, 1983, pág. 705 e segs.
[3602] Die Verdinglichung obligatorische Rechte, Festschrift für Werner Flume, zum 70. Geburtstag, Vol. I, 1978, pág. 371 e segs.
[3603] Archiv für die civilistische Praxis, 152, pág. 95 e segs.
[3604] Das Recht zum Besitz aus Schuldverhältnissen, cit., pág. 76 e segs.
[3605] Die Verdinglichung obligatorische Rechte, cit., pág. 380.
[3606] Canaris identifica depois cinco aspectos do regime possessório em que, no seu entender, isso sucede. Cf. Die Verdinglichung obligatorische Rechte, cit. pág. 392 e segs.

Em segundo lugar, a não ser que se integre a posse no conteúdo do direito obrigacional, levando-a a perder a sua autonomia, ignorando a máxima de separação posta em evidência desde ULPIANO, não se vê como a oponibilidade da posse passa para o direito pessoal que exterioriza.

Sendo posse e direito exteriorizado situações jurídicas diversas, independentes no regime jurídico, a oponibilidade da posse permanece atida a si; isso implica que nenhuma mudança ocorre na oponibilidade do direito de crédito exteriorizado através dela. As acções possessórias protegem a posse, e representam um exercício dela; não tutelam o direito exteriorizado através dela nem envolvem o seu exercício.

Tudo isto se torna cristalinamente claro quando se considera a hipótese de uma posse formal, ou seja, de uma posse nos termos de um direito obrigacional dissociada da titularidade do mesmo. O locatário que celebrou contrato de locação nulo pode opor a sua posse a qualquer terceiro; no entanto, a falta do direito exteriorizado torna evidente que a oponibilidade deriva da posse e somente desta. Dando-se o caso de o locatário possuidor vir a perder a posse para terceiro a recuperação da coisa fica dependente da colaboração do locador, visto que o direito do locatário não assegura uma protecção absoluta ao seu titular: relativo à nascença, relativo sempre.

O sistema jurídico português admite a posse nos termos dos direitos pessoais de gozo, e dos outros direitos que abaixo se considerará; essa posse não se repercute na natureza da relação obrigacional que funda tais direitos, não os tornando direitos reais[3607] nem lhes assegurando oponibilidade *erga omnes*. Enquanto situação jurídica distinta, que pode ou não coincidir com a titularidade do direito exteriorizado, a posse reveste-se de autonomia relativamente a este último.

67. A posse nos termos dos direitos pessoais de gozo. A posse do locatário

I. O Direito romano considerou sempre o locatário no âmbito da *possessio naturalis*, um detentor da coisa, ao qual não cabia tutela interdital, nem sequer por via útil, como sucedia nos casos de *quasi possessio* ou *possessio iuris*.

[3607] Quanto a este aspecto CANARIS, Die Verdinglichung obligatorische Rechte, cit., pág. 372, não cai no devaneio de DULCKEIT e deixa bem claro que a mencionada outorga de carácter real não transforma o crédito defendido por uma posse num direito real.

Em Portugal, o regime romano penetrou inclusive nas Ordenações do Reino, nomeadamente, nas Ordenações Filipinas[3608]. Lembra-se o disposto no ponto 10. do Título XLV do Livro III destas Ordenações. Aí se preceitua que se for demandado lavrador, colono, inquilino, rendeiro, feitor ou procurador que tenha a coisa e a possua em nome de outro "deve nomear por autor à tal demanda o senhor da cousa, em cujo nome a possúe, e a quem principalmente essa demanda pertence". O locatário esbulhado não pode reagir por si contra o esbulho, apenas o "senhor da cousa" o pode fazer; o que quer dizer, que se não lhe reconhece tutela possessória.

Os desenvolvimentos operados durante a Idade Média pelo Direito Canónico na tutela da posse contra o esbulho de terceiro, em especial no que se refere à *actio spolii*, trouxeram por arrastamento a protecção do locatário pelos meios de tutela da posse[3609]. Estes, que no início visavam apenas os bens da Igreja Católica e os seus dignatários, passaram a receber aplicação aos leigos, e não somente nos tribunais da Igreja, em situações de exercício duradouro de direitos.

Essa tendência chegou também a Portugal por via dos académicos, com destaque para ÁLVARES PEGAS e GONÇALVES DA SYLVA[3610], e, sobretudo, dos canonistas, em particular, AUGUSTO BARBOSA[3611]. A discussão sobre a tutela do locatário por via de acções possessórias consegue situar-se com segurança no século XVII, sendo provável que seja anterior. Ainda assim, a doutrina portuguesa desde MELLO FREIRE até CORREIA TELLES, e deste a GUILHERME MOREIRA, continuou a tratar o locatário como um mero detentor[3612], no seguimento da orientação do Direito romano. A extensão da defesa possessória ao arrendatário foi obra da *praxis*, dos advogados e dos tribunais chamados a decidir pedidos de restituição da coisa locada.

Um dos autores no qual se colhe o conhecimento da polémica é LOBÃO. O autor[3613] defende que ao arrendatário cabe a "acção de espolio"

[3608] Cf. o que deixou dito na Parte Primeira na dogmática portuguesa anterior ao código civil de SEABRA.

[3609] Cf. o que se disse na Parte Primeira no ponto relativo ao Direito Canónico.

[3610] Cf. o que deixou dito na Parte Primeira na dogmática portuguesa anterior ao código civil de SEABRA.

[3611] Cf. o que deixou dito na Parte Primeira na dogmática portuguesa anterior ao código civil de SEABRA.

[3612] Cf. *supra* o que se disse no número respeitante à doutrina portuguesa anterior ao actual código civil.

[3613] LOBÃO, Tratado encyclopedico compendiario, pratico e systematico dos interdictos e remedios possessorios geraes e especiaes conforme o direito romano, patrio e uso das nações, cit., § 223, pág. 159 e seg.

contra o senhorio que o esbulha, contando que o arrendamento subsista. E o mesmo quanto à acção de manutenção[3614].

A civilística portuguesa oitocentista assumiu sempre a posição tradicional ligada ao Direito romano[3615] e no início do século XX um autor com o peso de GUILHERME MOREIRA[3616], conhecedor da discussão prática, rejeitava expressamente a tutela possessória do arrendatário.

II. Os dados do problema mudariam nas duas primeiras décadas do século XX, por força de várias intervenções legislativas em matéria de arrendamento. A primeira dessas intervenções teria lugar com o decreto de 30 de Agosto de 1907, o qual atribui ao arrendatário de prédios rústico o direito à defesa da sua posição sobre a coisa mediante acções possessórias (art. 27º).

A segunda intervenção aconteceria com o decreto de 14 de Novembro de 1910, em matéria de arrendamento de prédio urbano. Dispõe-se no art. 30º do diploma:

"O arrendatário ou sublocatário, que for pelo respectivo senhorio illegalmente perturbado ou esbulhado da posse do prédio arrendado, poderá usar contra elle das competentes acções possessorias a fim de ser restituido ou mantido ao uso e fruição do mesmo predio durante o prazo do arrendamento".

A solução seria mantida nos arrendamentos de prédios urbanos pelo decreto de 27 de Junho de 1918 (art. 33º) e pelo decreto 5.411, de 17 de Abril de 1919. Preceitua o art. 20º deste último diploma:

"O inquilino que fôr ilegalmente perturbado ou esbulhado da posse dos direitos que, pelo arrendamento, tem sôbre o respectivo prédio, pode usar das acções possessórias e dos embargos de terceiro, a fim de ser mantido ou restituido da sua posse durante o prazo de arrendamento".

Conforme se disse anteriormente[3617], os regimes jurídicos do arrendamento rural e urbano aprovados no início do século XX puseram fim a, pelo

---

[3614] LOBÃO, Tratado encyclopedico compendiario, pratico e systematico dos interdictos e remedios possessorios geraes e especiaes conforme o direito romano, patrio e uso das nações, cit., § 223, pág. 159.

[3615] Cf. o que se disse na Parte Primeira no número respeitante à doutrina portuguesa do código civil de SEABRA código civil de 1966.

[3616] GUILHERME MOREIRA, Instituições Do Direito Civil Português, Livro III, Dos direitos reaes, cit., pág. 31.

[3617] Cf. o que se disse na Parte Primeira no número respeitante à doutrina portuguesa do código civil de SEABRA código civil de 1966.

menos, dois séculos de disputa sobre o direito do arrendatário a lançar mão das acções possessórias em defesa da sua posição jurídica.

Se bem se atentar, porém, o art. 20º citado do decreto 5.411 foi mais longe do que a simples extensão da tutela possessória, falando expressamente na posse do inquilino, uma admissão inequívoca da natureza (possessória) da posição do mesmo sobre a coisa locada.

Esta orientação permaneceria até hoje na lei portuguesa, dispondo o art. 1037º, nº 2 do código civil:

"O locatário que for privado da coisa ou perturbado no exercício dos seus direitos pode usar, mesmo contra o locador, dos meios facultados ao possuidor nos artigos 1276º e seguintes".

III. A posição adversa de PIRES DE LIMA/ANTUNES VARELA[3618] à posse do locatário (bem como dos demais titulares de direitos pessoais de gozo) motivaria uma boa parte da doutrina nacional a permanecer atida ao ensinamento tradicional romanista, mesmo perante os dados absolutamente contrários do Direito positivo. A sua repercussão mais profunda seria, no entanto, ao nível da jurisprudência portuguesa, que abraçou essa doutrina com devoção religiosa[3619].

A título exemplificativo, lê-se no acórdão do STJ, de 09.10.2006[3620]:

"A posse do arrendatário é precária, já que a relação locatícia não tem ínsito – como num direito real – um dever geral de abstenção e o locatário (como o cessionário, trespassário ou arrendatário) detem a coisa em nome de outrem"[3621].

No acórdão da Relação de Lisboa, de 20.03.2012[3622] decidiu-se o seguinte:

"A causa de pedir, nas acções possessórias intentadas ao abrigo do art. 1037º, nº 2 do C. Civil, não é a posse, mas antes a relação jurídica de mera detenção, no caso, locação, a que a lei estende a tutela possessória".

A mesma Relação de Lisboa diria no acórdão de 19.11.2015[3623]:

[3618] Código Civil Anotado, cit., pág. 5 e seg.
[3619] Em sentido favorável à posse do arrendatário, Ac. RP, de 15.01.1998, Proc. nº 9750476, em www.dgsi.pt.
[3620] Proc. nº 06A2868, em www.dgsi.pt
[3621] Tem sido a posição quase unanimemente adoptada pelo STJ. Assim, por exemplo, no acórdão deste Supremo Tribunal de 12.06.1991, Proc. nº 080710, em www.dgsi.pt, afirma-se que: "o locatario, ainda que seja detentor ou possuidor precario, pode excepcionalmente usar dos meios facultados ao possuidor se for perturbado no exercicio dos seus direitos".
[3622] Proc. nº 163/12.2TVLSB-A.L1, em www.dgsi.pt.
[3623] Proc. nº , em www.dgsi.pt.

"O locatário é um detentor ou possuidor precário, exercendo o proprietário a posse efectiva através dele".

IV. A posição jurídica do locatário foi moldada na história debaixo do regime jurídico das Obrigações. No Direito romano ao locatário não era reconhecido o direito de recorrer à *actio in rem* em caso de esbulho da coisa. A *rei vindicatio* ou a *publiciana* eram-lhe negadas, porquanto o seu direito não incidia sobre a coisa. Para o locatário estava disponível, ao invés, a *actio in personam*, a acção destinada a assegurar o cumprimento obrigacional pelo devedor.

A formação da categoria do direito real (*ius in re*) pela glosa medieval tomou por base os direitos defendidos no Direito romano através das *actiones in rem*, deixando de lado todos os outros, nomeadamente, aqueles que estruturados em contratos eram tutelados por uma *actio in personam*.

A tradição jurídica do sistema romano-germânico manteve ao longo dos séculos o esquema romano da relação obrigacional fundada no contrato de locação e não numa posição jurídica inerente à *res*. O direito do locatário não tem, assim, por objecto a coisa corpórea, mas a prestação do senhorio a providenciar-lhe o gozo dessa coisa.

Não sendo um direito real, mas um direito pessoal de gozo[3624], o direito do locatário não se adquire por meio de qualquer um dos factos jurídicos com eficácia real, mas simplesmente por via do contrato de locação. Todavia, a celebração deste contrato não investe o locatário por si só no gozo da coisa; este obtém-se apenas mediatamente, pelo cumprimento da obrigação de entrega da coisa ao locatário e com a abstenção de todos os comportamentos que o possam perturbar.

Se o locador, violando a sua obrigação, não entrega a coisa ao locatário, este não pode reivindicá-la daquele, assim como também não o pode fazer do terceiro com o qual a coisa se encontre. De resto, o mesmo se passa se num momento posterior à entrega da coisa o locatário sofre um esbulho, do próprio locador ou de terceiro. A impossibilidade legal da reivindicação atesta a diferença de oponibilidade e dos meios de defesa do direito real e do direito de crédito[3625].

[3624] Neste sentido, ver José Alberto Vieira, "Arrendamento de imóvel dado em garantia", Estudos Em Homenagem Ao Professor Doutor Inocêncio Galvão Telles, Volume IV, Coimbra, 2003, com as indicações bibliográficas pertinentes. O estudo de referência nesta matéria é o de Menezes Cordeiro, Da Natureza Do Direito Do Locatário, Revista Da Ordem Dos Advogados, 40, I e II.

[3625] O primeiro passo a dar na apreciação da questão da natureza jurídica do direito do locatário consiste na separação entre o direito do locatário e a posse atinente a esse direito. A máxima de

ULPIANO que devem ser separadas a posse e a propriedade vale naturalmente para qualquer direito a que se reporte a posse. Feita essa separação, o passo seguinte consiste no esclarecimento do objecto do direito do locatário. Os direitos reais são direitos inerentes a coisas corpóreas ou, dito de outra maneira, têm coisas corpóreas por objecto: são reais todos os direitos cujo objecto seja uma coisa (corpórea); direitos cujo objecto seja uma prestação ou outro qualquer *quid* não são direitos reais. O direito do locatário nasce de um contrato especial, o contrato de locação, o que em si não depõe a favor ou contra a natureza real. Os direitos reais podem ser constituídos igualmente por contrato. No entanto, na locação, o direito do locatário não incide sobre a própria coisa locada. A lei portuguesa obriga o locador a prestar o gozo da coisa ao locatário (art. 1022º do código civil) e assegurar-lhe esse gozo enquanto durar a locação (art. 1032º, alínea b) do código civil), incluindo o dever de efectuar reparações na coisa (art. 1036º do código civil), responsabilizando-o contratualmente se não o fizer (art. 1034, alínea a) do código civil). Isto mostra que o direito do locatário tem por objecto a actividade (prestação) da contraparte, o locador, e não a coisa. O usufrutuário, o superficiário, o morador usuário, etc., não dependem de ninguém para o gozo, exercem-no directamente sobre a própria coisa, que constitui o objecto do seu direito. Assim, enquanto o locatário depende do locador para a entrega da coisa e está atido à acção de cumprimento contratual, se o locador não cumprir a sua obrigação de entrega (art. 1031º, alínea a) do código civil), o titular de direito real de gozo pode simplesmente reivindicá-la e obter a condenação do réu nessa entrega (art. 1311º e art. 1315 do código civil). Do mesmo modo, se o locador houver locado a coisa a um terceiro e procedido à respectiva entrega a este último, o locatário continua atido ao instrumento contratual de defesa do seu direito, a acção de cumprimento contra o locador, enquanto o titular do direito real de gozo pode sempre reivindicar a coisa do terceiro, por o seu direito ter inerência à coisa e isso conferir-lhe oponibilidade absoluta. De uma forma mais impressiva, se a coisa locada houver sido esbulhada do locador antes de haver procedido à entrega ao locatário e este estiver impossibilitado fisicamente de o fazer, o locatário fica nas mãos do locador quanto à recuperação da coisa; diversamente, um titular de direito real de gozo pode reivindicar a coisa de terceiro, sem ter de fazer mais do que a prova do seu direito. Se o terceiro não tiver direito que prevaleça, terá de entregar a coisa ao titular do direito real. Se em vez de se olhar para a posição do locatário antes da entrega da coisa, se olhar agora para a situação do locatário esbulhado, as conclusões são iguais, contanto que não se misture na análise a defesa possessória (art. 1037º, nº 2 do código civil), que representa o exercício da posse e não do direito do locatário. Isto percebe-se melhor quando o locatário deixou passar um ano após o esbulho, tendo caducado a posse (art. 1267º, nº 1 alínea d) do código civil), ou quando o esbulhador tenha entretanto transmitido a posse da coisa locada a terceiro de boa fé e a posse do locatário seja inoponível ao primeiro (art. 1281º, nº 2 do código civil). Nestes casos, o locatário terá de recorrer ao locador para que este lhe restaure o gozo, conforme está obrigado pelo contrato de locação. A falta de inerência do direito do locatário impede-o de recuperar a coisa directamente do terceiro por via da reivindicação. A incidência do direito do locatário sobre a prestação do devedor e não sobre a coisa, retira-lhe a natureza real. Foi assim que a história o moldou. A possibilidade de se construir um direito real de gozo com o conteúdo igual ao conteúdo do direito do arrendatário permanece uma possibilidade de regime jurídico, como é evidente. Porém, isso alteraria os dados da discussão. Porquanto o regime jurídico não coloca a coisa como objecto do direito do locatário, ele não tem meio de a obter por via da reivindicação. Resta-lhe a acção de cumprimento, a *actio in personam* dos romanos. Se entretanto o locador, em violação da obrigação de entrega da coisa, a alienou a terceiro ou constitui um ónus incompatível com aquela obrigação, o locatário não tem

Uma vez cumprida a obrigação de entrega pelo locador, ou acedendo à coisa locada por qualquer outro facto, o locatário fica investido no controlo material da mesma, ou seja, por outras palavras, adquire o *corpus* possessório. Quanto ao uso da coisa, o *corpus* possessório do locatário pouco ou nada difere do que cabe ao usufrutuário ou ao usuário, titulares de direitos reais de gozo, envolvendo a prática dos mesmos actos ou muito semelhantes.

Ao controlo material da coisa junta-se a exteriorização de um direito. O locatário actua sobre a coisa locada por referência ao seu direito, que emerge do contrato de locação. Neste ponto da exteriorização, nenhuma diferença se nota entre o locatário e um qualquer titular de direito real de gozo. Também o locatário afirma um direito próprio na actuação sobre a coisa.

Com os dois elementos estruturantes presentes, a posse só poderia ser negada ao locatário se a lei portuguesa vedasse a posse fora dos direitos reais de gozo ou descaracterizasse normativamente a sua situação para mera detenção. Mas a lei portuguesa não faz nem uma coisa nem outra. Como se viu, o art. 1251º do código civil limita o regime da posse dos artigos seguintes à posse nos termos dos direitos reais de gozo, sem afastar ou impedir de algum modo outras posses sujeitas a regime jurídico diverso.

Por sua vez, o art. 1253º só pode ser invocado no tocante à alínea c) para descaracterizar a situação do locatário relativamente à posse do senhorio. Naturalmente, o locatário tem a mera detenção quanto à posse do locador (nos termos da propriedade ou do usufruto). Isso não impede, porém, a posse nos termos do direito próprio exteriorizado: o direito pessoal de gozo emergente do contrato de locação.

O locatário, com a coisa locada em seu poder, aparece simultaneamente como detentor no que diz respeito à posse do locador, exercida nos termos da propriedade (a situação regra) ou do usufruto, e possuidor no que se refere ao seu direito, o direito de locatário.

Isto mesmo vem confirmado no art. 1037º, nº 2 do código civil com a atribuição ao locatário das acções possessórias. O legislador, reconhecendo a posse, confere a tutela correspondente. Com isso, não fica implicado o regime jurídico dos artigos 1251º e seguintes, disposto apenas para a posse nos termos dos direitos reais de gozo, mas unicamente a defesa dada a um

---

meios jurídicos de a obter dele. Não tem porque o seu direito não é inerente à coisa, como um direito real, e não tem a oponibilidade absoluta deste direito.

possuidor, aquilo que no Direito romano acontecia quanto à denominada posse interdital.

Na linha de OLIVEIRA ASCENSÃO[3626], de MENEZES CORDEIRO[3627] e de MENEZES LEITÃO[3628] na interpretação do Direito vigente, também aqui se afirma que o locatário tem posse e não mera detenção, posse essa exercida nos termos do direito que corresponde à sua actuação: o direito de locatário.

V. O que fica dito tem inteira pertinência relativamente ao arrendamento rural, actualmente regido pelo DL nº 294/2009, de 13 de Outubro, quanto aos seus vários tipos (art. 3º).

Não estando a tutela possessória do arrendatário rural regulada por aquele diploma, tem aplicação o disposto no art. 42º, nº 1 do mesmo, que remete para o regime geral da locação e assim também para o art. 1037º, nº 2 do código civil.

O locatário rural é um possuidor nos mesmos exactos termos do locatário urbano, por referência ao seu direito de locatário.

VI. No contrato de locação financeira (*leasing*) o locatário é tido usualmente na jurisprudência como mero detentor da coisa locada, em termos perfeitamente análogos à locação civil geral.

Não obstante o peso da orientação tradicional, o locatário financeiro, investido na coisa por um acto de entrega ou qualquer outro facto, tem o controlo material da coisa, exteriorizando o direito próprio emergente do contrato de locação, o que, na falta de regra jurídica que descaracterize a sua situação para detenção, lhe confere a qualidade jurídica de possuidor.

Os argumentos que fundam a posse do locatário em geral são os mesmos que permitem justificar a posse do locatário financeiro nos termos do seu direito pessoal de gozo.

68. A posse nos termos de direitos pessoais de gozo. A posição do lojista de centro comercial

I. O contrato de cedência de espaço em loja de centro comercial tem sido qualificado no Direito português como um contrato atípico e inominado, na sequência de pareceres emitidos, por exemplo, por ANTUNES VARELA[3629],

---

[3626] Direito Civil – Reais, cit., pág. 65 e segs.
[3627] A Posse – Perspectivas Dogmáticas Actuais, cit., pág. 71 e segs. e Da Natureza Do Direito Do Locatário, cit., pág. 374 e segs.
[3628] Direitos Reais, cit., pág. 116.
[3629] Centros Comerciais – Shopping Centers, "Natureza Jurídica dos Contratos de Instalação dos Lojistas", Coimbra, 1995, pág. 56 e segs. e Revista De Legislação E Jurisprudência, 122º, pág. 63 e segs. e 80 e segs.

Oliveira Ascensão[3630], Menezes Cordeiro[3631], Calvão da Silva[3632] não obstante algumas posições contrárias[3633-3634].

A jurisprudência tem seguido esse caminho em várias ocasiões[3635]. Assim, pode ler-se no acórdão do STJ de 20.01.1998[3636]:

"O contrato celebrado para instituição e funcionamento de um centro comercial é um contrato inominado, regulável pela vontade das partes, nos limites legais, e, se necessário, pelas regras da figura que lhe esteja mais próxima".

No Acórdão de 04.05.2000[3637], o mesmo STJ reitera a posição:

"II – A locação dos espaços do "Centro" não está tipificada no simples arrendamento comercial do prédio urbano.

III – O negócio de cedência do espaço é um atípico contrato de fornecimento e utilização do espaço, a regular pelas cláusulas inclusas no contrato, de harmonia com o princípio genérico da liberdade contratual".

Num tempo mais recente, o STJ teve oportunidade de reiterar a sua jurisprudência anterior. Em aresto de 20.05.2015[3638]:

"III – A questão dos centros comerciais (shopping centers), no que concerne à natureza jurídica dos contratos de instalação dos lojistas, tem merecido da doutrina estudo cuidado sem que, contudo, seja unânime a sua caracterização;

[3630] "Lojas em centros comerciais; integração empresarial; forma – Anotação Ao Acórdão do Supremo Tribunal de Justiça de 24 de Março de 1992", Revista Da Ordem Dos Advogados, 1994, pág. 835 e segs. e "Integração empresarial e centos comerciais", Revista da Faculdade de Direito de Lisboa, XXXII, 1991, pág. 29 e segs.

[3631] Direito Comercial, cit., pág. 762 e segs.

[3632] Revista de Legislação e Jurisprudência, Ano 136, 2007, pág. 329 e segs.

[3633] Ver as opiniões contrárias de Galvão Teles, "Utilização de espaços em "shopping centers" (Parecer), Colectânea De Jurisprudência, Ano XV, 1990, Tomo II, pág. 33, Contratos de utilização de espaços nos centros comerciais, O Direito 123, 1991, pág. 521 e segs., Contratos de utilização de espaços em centros comerciais, in Contratos: actualidade e evolução, Coordenado por António Pinto Monteiro, Coimbra, 1997, pág. 241 e segs., Cassiano Santos, "O contrato de instalação de lojistas em centro comercial (e a aplicação do art. 394º do Código Civil) quando celebrado por adesão", Cadernos De Direito Privado, nº 24, 2008, pág. 3 e segs.

[3634] Mais indicações bibliográficas pode ver em Menezes Cordeiro, Direito Comercial, cit., pág. 764.

[3635] Uma lista significativa de arestos na matéria porde ser confrontada em Menezes Cordeiro, Direito Comercial, cit., pág. 765 e segs.

[3636] Proc. nº 97A949, em www.dgsi.pt.

[3637] Proc. nº 00B289, em www.dgsi.pt

[3638] Proc. nº 6427/09.5TVLSB.L1.S1, em www.dgsi.pt.

IV – É, no entanto, jurisprudência dominante do STJ que, na sua grande maioria, tais contratos são inominados, não existindo razões para, no estádio actual dos estudos doutrinais e das realidades da vida jurídica, ser afastado este entendimento;

V – Trata-se de um contrato atípico ou inominado, cuja origem jurídica ainda não está directamente traçada na lei, sem que possa ser considerado um contrato de arrendamento comercial, ou uma cessão de exploração de estabelecimento comercial ou um contrato misto".

II. Como se pode atentar, os autores e os tribunais portugueses, na sua larga maioria, têm-se pronunciado no sentido de afastar a qualificação do contrato de utilização de loja em centro comercial como contrato de arrendamento (comercial), o que acarreta naturalmente que o seu regime jurídico não receba aplicação directa à situação.

Para o aspecto que interessa aqui analisar, o lojista ocupa o espaço comercial, a "loja", actuando fisicamente sobre ela, em moldes quanto a este ponto perfeitamente similares ao do locatário de fracção ou edifício comercial.

De todo o modo, ainda assim são possíveis diferentes perspectivas de enquadramento jurídico da posição do lojista. Em acórdão de 19.03.2009[3639], sustentou a Relação de Lisboa:

"III – O direito de utilização de espaço em centro comercial, emergente de contratos como o referido em I, não pode ser defendido mediante a providência cautelar de restituição provisória de posse;

IV – Porém, o lojista pode requerer a restituição provisória de posse do estabelecimento comercial instalado no aludido espaço sito no centro comercial, se tiver sido esbulhado violentamente da posse daquele".

Interpretando a decisão citada, o lojista não pode requerer a restituição provisória da posse relativa ao espaço em centro comercial cuja utilização contratou, por não ter posse, mas pode requerer a restituição do estabelecimento comercial onde se integra o dito espaço e assim obter o mesmo efeito jurídico, por haver posse do estabelecimento comercial.

Quer dizer, qualifica-se o lojista como detentor relativamente ao imóvel que utiliza, embora do mesmo passo se afirme a posse do estabelecimento comercial em que ele se integra como seu elemento componente.

Discorda-se em absoluto desta decisão e das premissas que tem subjacentes. Com efeito, deixou-se já explicado[3640] que o Direito português não

---

[3639] Cit.

[3640] Cf. *supra* no capítulo anterior sobre o objecto da posse o que se disse sobre a posse de estabelecimento comercial.

permite que se fale em propriedade ou posse do estabelecimento comercial. Como realidade que não constitui uma coisa corpórea, a posse (ou a propriedade) encontra-se legalmente excluída quanto a ele. Por esta razão, não se afigura legalmente possível a recuperação do espaço em centro comercial por via da defesa possessória do estabelecimento comercial.

As coisas são, porém, diferentes quando se considera a posição possessória do lojista sobre o espaço propriamente dito.

III. A loja integrada em centro comercial constitui uma coisa corpórea imóvel. Investido no controlo material, com a entrega da coisa, o lojista, querendo, pode actuar sobre ela, envolvendo-a no seu comércio. Tem, pois, o *corpus* possessório necessário à posse.

Por outro lado, o lojista exterioriza na sua actuação sobre a coisa o direito que adquiriu com a celebração do contrato de utilização da loja. Esse direito, não sendo um direito real, por não ter a coisa por objecto, envolve uma permissão específica de actuação sobre a coisa, de natureza creditícia.

O direito de lojista de espaço em centro comercial, embora não constitua um direito típico de locatário, tem com ele toda a afinidade no que respeita ao uso da coisa que autoriza ao seu titular. A analogia com a locação surge, assim, indesmentível e incontestável.

De resto, temos como certo que o contrato atípico se rege, para além das suas cláusulas e das normas gerais sobre o negócio jurídico e as obrigações, pelas disposições do tipo legal afim[3641]. Como bem salienta o STJ, no aresto de 20.05.2015[3642]: "a cedência de um dado espaço num centro comercial pode configurar um contrato inominado cuja regulamentação se encontra em primeiro lugar nas suas próprias cláusulas, depois nas disposições gerais e, finalmente, nas normas da figura típica mais próxima".

O tipo legal afim do contrato de utilização de loja em centro comercial é o contrato de locação. Isso trás consigo a disponibilização do seu regime jurídico e a aplicação do art. 1037º, nº 2 do código civil. Por aplicação directa ou por analogia, o lojista pode recorrer, em caso de esbulho ou turbação, às acções possessórias previstas para o locatário.

Desta forma, tudo concorre para que se possa afirmar que o lojista de espaço integrado em centro comercial seja um possuidor da coisa, sendo a sua posse referida ao direito atípico constituído com a celebração do contrato de utilização. O art. 1037º, nº 2 do código civil, por aplicação directa ou por analogia, dá a confirmação necessária a essa posse.

[3641] José Alberto Vieira, O Contrato De Concessão Comercial, Coimbra, 2006.
[3642] Cit.

O quadro final da situação do lojista descreve-se do seguinte modo: detentor relativamente ao direito que o cedente do espaço exterioriza sobre a coisa, em regra, a propriedade, e possuidor em nome próprio no tocante ao seu direito de utilização do espaço.

IV. A natureza creditícia da posição do lojista sobre a coisa não infirma a conclusão tirada ano ponto anterior. A posse não tem por objecto qualquer prestação do cedente do espaço, mas a própria coisa (corpórea) cedida, em termos que aproxima a natureza do direito em causa da figura dos direitos pessoais de gozo, em particular, da locação.

À posse reconhecida ao lojista não é aplicável o regime integral do art. 1251º e seguintes do código civil, predisposto para a posse exercida por referência aos direitos reais de gozo, mas apenas o regime da tutela possessória.

69. A posse nos termos dos direitos pessoais de gozo. A posse do comodatário

O tratamento doutrinário da posse do comodatário apresenta indisfarçáveis semelhanças com o do locatário, embora, reconheça-se, a expressão social muito maior do último faça da sua posição um problema jurídico de impacto bem superior no confronto com a figura do comodatário.

A posição corrente em Portugal, subserviente da lição de PIRES DE LIMA/ ANTUNES VARELA[3643], vai no sentido do comodatário ser um simples detentor ou possuidor precário[3644].

Na jurisprudência, os arestos sucedem-se neste sentido. Apenas para ilustrar, citam-se as palavras da Relação de Lisboa, em acórdão de 03.04.2014[3645]:

"1. O comodatário, possuidor em nome alheio, goza dos meios de tutela da posse, nos termos do artigo n 1133º, nº 2 do Código Civil, incluindo os embargos de terceiro.

2. A atribuição ao possuidor em nome alheio de legitimidade para embargar só se compreende como medida de tutela directa do interesse do terceiro, pessoa diversa do executado, que através dele possui, na medida em que dele dependa o interesse do embargante".

[3643] Código Civil Anotado, cit., pág. 5 e segs.
[3644] Cf. neste sentido ORLANDO DE CARVALHO, Introdução À Posse, in Direito Das Coisas, cit., pág. 267.
[3645] Proc. nº 1245/12.6TBALQ-B.L1-6, em www.dgsi.pt

Em sentido semelhante, a mesma Relação de Lisboa, em acórdão de 06.12.2007[3646]:

"O comodatário é um possuidor precário (art. 1253º, al. c), do C. Civil), sendo equiparado, quanto a benfeitorias, ao possuidor de má fé, com direito a ser indemnizado pelas benfeitorias úteis realizadas na coisa e que não possam ser levantadas sem detrimento desta".

No Direito português a validade do comodato pressupõe a entrega da coisa ao comodatário. Apesar da entrega, o comodante permanece na posse da coisa, por referência ao direito que exterioriza sobre ela (propriedade ou outro). O comodatário funciona como intermediário do comodante na posse deste, sendo, por isso, um detentor no sentido do art. 1253º, alínea c) do código civil.

Conquanto actue em nome de outrem relativamente à posse do comodante, o comodatário exterioriza simultaneamente sobre a coisa emprestada um direito próprio, o seu direito de comodatário. Por essa razão, o facto de ser detentor quanto ao direito exteriorizado pelo comodante não preclude ou impede que seja igualmente possuidor, nos termos do seu direito.

Os elementos constitutivos da posse estão presentes no comodatário do mesmo modo que estão no locatário. Também o comodatário tem o controlo material da coisa nos termos de um direito. Por essa razão, a lei portuguesa outorga ao comodatário a protecção possessória (art. 1133º, nº 2 do código civil), formulando um juízo implícito quanto à natureza da situação.

Na linha que vai de MANUEL RODRIGUES[3647] a DIAS MARQUES[3648], passando hoje por OLIVEIRA ASCENSÃO[3649], MENEZES CORDEIRO[3650] e TEIXEIRA DE SOUSA[3651], também aqui se defende que o comodatário é possuidor, beneficiando, por isso, da tutela possessória prevista na lei.

70. Direitos pessoais de gozo atípicos

I. O tratamento normativo das duas formas principais de prestação pessoal do gozo de coisa, a remunerada (locação) e a gratuita (comodato), evi-

---

[3646] Proc. nº 6310/2007-2, em www.dgsi.pt.
[3647] A Posse, cit., pág. 166 e 170 e seg.
[3648] Direitos Reais, cit., pág. 184.
[3649] Direito Civil – Reais, cit, pág. 68 e seg.
[3650] A Posse – Perspectivas Dogmáticas Actuais, cit., pág. 75.
[3651] "A penhora de bens na posse de terceiros", Revista da Ordem dos Advogados, Revista da Ordem dos Advogados, Ano 51, 1991, pág. 78.

dencia a perspectiva do sistema normativo quanto à posição daqueles que exteriorizam um direito pessoal de gozo atípico sobre uma coisa corpórea em seu poder: e essa é a da existência de uma posse.

Na verdade, os direitos pessoais de gozo atípicos ou são onerosos ou são gratuitos. Em qualquer dos casos, a analogia das situações permite recorrer aos artigos 1037º, nº 2 e 1133º, nº 2 do código civil para integrar a lacuna do sistema normativo e responder afirmativamente tanto à questão da posse como à da tutela possessória. Em Portugal, essa tem sido a doutrina de MENEZES CORDEIRO[3652], a que também se adere.

Por definição, a atipicidade pressupõe a ausência de regime jurídico para a situação jurídica atípica. Essa falta de regime obsta naturalmente à previsão normativa de tutela possessória para esses casos, mas não constitui obstáculo à aplicação dos dispositivos normativos previstos para casos semelhantes. A analogia representa a continuidade da lógica de regulação do sistema normativo. A solução contrária, de reconhecer a mera detenção ao que tem a coisa em seu poder nos termos de um direito, contraria essa lógica e carece de justificação material, que não se encontra em lado nenhum.

Havendo um controlo material de coisa corpórea nos termos de um direito, a posse existe sempre, a não ser que seja excluída por uma norma de delimitação negativa (em Portugal, as várias alíneas do art. 1253º do código civil). Que o direito exteriorizado seja pessoal e atípico não causa nenhuma dificuldade, contando que os elementos da posse estejam presentes e se mantenha bem diferenciado o campo de aplicação do regime jurídico dos artigos 1251º e seguintes do código civil, que se dirige unicamente à posse exercida por referência a direitos reais de gozo, da simples tutela possessória, que cobre todas as situações de posse.

Aquele que tem coisa corpórea em seu poder por referência a um direito pessoal de gozo, exteriorizado como um direito próprio, é possuidor relativamente a esse direito, sem prejuízo de possuir em nome de outrem, sendo detentor, quanto à posse do proprietário (art. 1253º, alínea c) do código civil).

II. A jurisprudência portuguesa, sempre atida a uma ideia imprecisa e mal colocada do *animus* possessório, como se esta questão fosse ou devesse ser decidida debaixo da contraposição subjectivismo/objectivismo[3653], tende

---

[3652] A Posse – Perspectivas Dogmáticas Actuais, cit., pág. 71 e segs.

[3653] Basta lembrar, para que não se perca a perspectiva das coisas, que os defensores da tese da possibilidade de posse nos termos de direitos pessoais de gozo, MANUEL RODRIGUES à cabeça, eram todos autores subjectivistas.

a rejeitar a posse àquele que actua materialmente sobre a coisa nos termos de direito pessoal de gozo atípico, qualificando-o como mero detentor.

Em alguns casos, por exemplo, na utilização de lugar de garagem ou de arrecadação em condomínio, a situação pode reconduzir-se à figura geral da locação, sendo então aplicável o art. 1037º, nº 2 do código civil, mas em outros casos tal não se vislumbra possível, por exemplo, na cedência de espaço em centro comercial, como se viu, ou na concessão de jazigos, campas ou similares em cemitérios[3654], por se entender tratar-se de bens do domínio público e, por isso, fora do comércio[3655].

71. A posse do depositário

I. O *sequester*, uma espécie de depositário judicial, tinha posse no Direito romano, ao lado das outras posses admitidas. Esse antecedente histórico ajuda a perceber por que razão o Direito português, como o italiano, conferem tutela possessória ao depositário.

Em todo o caso, é mais difícil reconhecer a posse a um depositário que a alguém que actua sobre a coisa nos termos de um direito pessoal de gozo. O depositário está obrigado a guardar a coisa, estando-lhe vedado quer o uso quer a fruição.

Seja como for, o depositário tem o controlo material da coisa depositada e exterioriza sobre ela o crédito que lhe advém da posição contratual do depósito. Os elementos estruturantes da posse verificam-se, assim, quanto a ele.

A extensão da tutela possessória ao depositário (art. 1188º, nº 2 do código civil) significa que a lei vê nele um possuidor, conferindo-lhe os meios de defesa da sua posição possessória[3656]. Deste modo, o depositário é um detentor no tocante à posse do depositante, sendo possuidor em nome próprio quanto ao direito exteriorizado.

II. O depositário que se refere no ponto anterior é aquele que celebra um contrato de depósito sujeito ao disposto nos artigos 1185º e seguintes

---

[3654] A orientação do STJ no domínio do código civil de Seabra era favorável à posse dos concessionários sobre os túmulos construídos em cemitérios municipais e paroquiais. Assim, no Assento 5/37, de 14 de Dezembro decidiu o STJ: "os túmulos construídos em cemitérios municipais ou paroquiais são susceptíveis de posse, a qual os concessionários e seus sucessores podem defender pelos respectivos meios". Cf. o aresto em www.dgsi.pt.

[3655] Cf., por exemplo, Ac. RG, de 12.06.2008, Proc. nº 991/08-1, em www.dgsi.pt

[3656] No sentido da posse do depositário, Teixeira de Sousa, "A penhora de bens na posse de terceiros", cit., pág. 78 e seg.

do código civil. Depositários judiciais ou aqueles que são nomeados depositários em consequência de diligência processual de penhora[3657] ou arresto, não exteriorizando qualquer direito próprio sobre a coisa, não são possuidores, mas detentores, de acordo com o art. 1253º, alínea c) do código civil.

72. Prestadores de serviços. Em especial o mandatário sem poderes de representação e o empreiteiro

I. De uma forma geral, pode-se dizer que aquele que tem a coisa em seu poder nos termos de um contrato de prestação de serviços, ficando obrigado a realizar alguma actividade relativamente à coisa, não exterioriza um direito próprio sobre ela e não pode, por isso, ser considerado possuidor[3658]. A sua posição é a de um devedor, vinculado à realização de uma prestação a favor do possuidor da coisa, o oposto de alguém com permissão normativa de actuação material sobre coisa corpórea, ou seja, de um titular de direito subjectivo[3659].

O sapateiro que recebe os sapatos para colocar solas novas, o reparador automóvel que tem o veículo consigo para arranjo, o transportador ao qual a mercadoria é entregue para transporte, a empresa que providencia serviço de fotocópias na qual o livro é deixado para reprodução, etc., todos eles, possuem em nome de outrem, não afirmam um direito seu sobre a coisa. Por essa razão, não têm a posse. A sua situação corresponde à prevista na alínea c) do art. 1253º do código civil: são meros detentores.

O paradigma legal do prestador de serviços, o mandatário, vem expressamente mencionado no art. 1253º, alínea c) do código civil, juntamente com o representante (procurador, por exemplo), como um detentor ou possuidor precário. A regra vale, assim, para o prestador de serviços que

---

[3657] Cf., por exemplo, o Ac. do STJ, de 08.05.2001, Proc. nº 01A1116, Ac. RL, de 06.12.2007, Proc. nº 9011/2007-2, em www.dgsi.pt.

[3658] A excepção a isto encontra-se no depositário. Existem, no entanto, razões históricas para a protecção possessória do depositário, na figura do *sequester* do Direito romano, que parecem ter influenciado os legisladores modernos, em Itália e em Portugal. Apesar de um prestador de serviços, o depositário viu a sua posse ser expressamente reconhecida pelo art. 1188º, nº 2 do código civil.

[3659] Com interesse, cf. o Ac. do STJ de 26.06.2014, proc. nº 2889/08.6TBCSC-B.L1.S1, em www.dgsi.pt. Segundo o STJ: "se os mandatários entregam ao mandante a chave dos imóveis para realização das obras, tal entrega, no âmbito do contrato atípico definido em II, não permite presumir que se trata de uma traditio, já que, sendo a realização das obras uma obrigação do mandante, aquele entrega mais não é do que um acto de colaboração para permitir o seu cumprimento".

recebe a coisa no quadro de uma obrigação de *facere* e que não tem um direito a actuar sobre ela.

II. A posição do mandatário sobre a coisa impõe, no entanto, uma ponderação ulterior: saber se actua em nome do mandante ou em nome próprio. Com efeito, no mandato com representação o mandatário age em nome do mandante também no que respeita à coisa, pelo que nessa situação não existem dúvidas quanto à aplicação do disposto no art. 1253º, alínea c) do código civil. O mandatário tem a mera detenção da coisa, agindo nela por conta do possuidor.

A actuação do mandatário em nome próprio obriga, contudo, a uma análise diferenciada[3660]. Parta-se da hipótese de mandato para compra de coisa móvel ou imóvel, sem poderes de representação. O mandatário que executa o mandato adquirindo a coisa e sendo investido no seu controlo material, por tradição do vendedor ou outro facto aquisitivo da posse, tem a qualidade de possuidor, porquanto reúne simultaneamente o *corpus* possessório e a exteriorização do direito adquirido. Tratando-se da propriedade, a posse do mandatário exerce-se nos termos desse direito.

Deste modo, sustenta-se aqui que enquanto não promove a transmissão para o mandante daquilo que obteve no cumprimento do mandato, nomeadamente, realizando a tradição[3661] da coisa, o mandatário sem poderes de representação tem a posse dela e beneficia de todos os efeitos legais dessa posse, incluindo a tutela possessória e a usucapião.

Suponha-se agora um mandato não representativo para venda de coisa, com entrega da mesma ao mandatário. Implicando a execução do mandato a aquisição do direito a vender pelo mandatário[3662], este torna-se no proprietário da coisa; se a isso se juntar o controlo material dela, estão presentes os elementos estruturais da posse. A solução apresenta-se, por isso, igual à do mandato para compra.

A referência literal ao mandatário como detentor contida no art. 1253º, alínea c) do código civil vale, assim, somente para o mandatário sem poderes representativos, que age em nome do seu mandante. O mandatário que age em nome próprio tem a posse da coisa obtida em execução do mandato

---

[3660] Na doutrina, cf. SACCO/CATERINA, Il Possesso, cit., pág. 116 e segs.
[3661] A transmissão da posse opera por qualquer um dos factos legalmente definidos para esse efeito.
[3662] De forma a assegurar a legitimidade do mandatário para a venda a celebrar com terceiro, e a validade desse contrato, o direito a transmitir pelo mandatário tem de entrar na sua esfera jurídica, nomeadamente, por via negocial.

enquanto não promover a tradição ao mandante (mandato para compra) ou a terceiro (mandato para venda)[3663].

III. Outra situação a considerar em particular é a do empreiteiro. Não se tem em vista agora a posição que resulta para ele da constituição do direito de retenção – que é a de um possuidor nos termos desse direito[3664] –, mas sim aquela que subjaz à sua actuação sobre a obra.

Também não está em causa a posição do empreiteiro relativamente às ferramentas, equipamentos e utensílios que utiliza na realização da sua prestação. Quanto a essas coisas poderá ser possuidor ou não[3665], consoante haja ou não exteriorização de um direito que permita a sua actuação material sobre elas.

Na empreitada de coisa móvel executada com materiais fornecidos pelo empreiteiro, a posse pertence a este até que se verifique a tradição ou qualquer outro facto aquisitivo da mesma a favor do dono da obra.

Sendo a empreitada de coisa móvel realizada em parte com materiais fornecidos pelo dono da obra e em parte com materiais fornecidos pelo empreiteiro, este apenas tem a posse relativamente aos seus materiais[3666]. O dono da obra permanece possuidor no tocante aos materiais que entregou ao empreiteiro para a execução da empreitada, visto que o último não exterioriza qualquer direito próprio sobre eles, intervindo materialmente nas coisas em cumprimento de uma obrigação.

Em empreitada de coisa móvel com materiais fornecidos na totalidade pelo dono da obra o empreiteiro é apenas um mero detentor quanto às coisas em questão. Com efeito, ele não exterioriza relativamente a elas qualquer direito próprio, actuando sempre em nome do possuidor no cumprimento de um dever de prestar (art. 1253º, alínea c) do código civil).

[3663] Admitindo, mas sem confirmar a tese em definitivo, que o mandante em mandato não representativo possa igualmente ser possuidor, numa situação de dupla posse, SACCO/CATERINA, Il Possesso, cit., pág. 116. Não se sufraga esta perspectiva, nem se vê como a fundamentar no regime jurídico da posse (e da propriedade).

[3664] Cf. o que se disse sobre a posse do retentor, *supra* no texto.

[3665] A situação possessória relativamente a essas coisas pode ser muito variada e deve ser aferida uma a uma. Na verdade, o empreiteiro pode usar essas coisas como proprietário, usufrutuário, comodatário, locatário (locação geral, locação financeira, etc.) ou noutra qualidade, o que faz variar o juízo possessório sobre a situação.

[3666] Sempre sem prejuízo da necessidade de uma aferição feita coisa a coisa, pelo facto de a posse ter por objecto coisa individual, certa e determinada e não qualquer conjunto afecto a uma finalidade, qualquer que esta seja. Assim, se, por exemplo, o empreiteiro usar na obra coisa que usava por acto de tolerância do possuidor, não tem a posse dela (art. 1253º, alínea b) do código civil).

Finalmente, em empreitada de coisa imóvel, e dada a variação potencial das hipóteses a atender, a aferição da posse depende da conformação fáctica da situação. Se o empreiteiro actua sobre prédio que adquire para execução da empreitada e integra nele os seus materiais, permanece possuidor da obra até que se verifique um facto translativo da posse, a tradição ou outro.

Se o imóvel pertence ao dono da obra e o empreiteiro executa nele a obra planeada com materiais seus, a posse do imóvel permanece no primeiro[3667], perdendo o empreiteiro a posse atinente aos materiais incorporados à medida que o vá fazendo. Existe aqui um efeito correspondente a uma tradição da coisa (art. 1263º, alínea b) do código civil). O art. 1212º, nº 2 do código civil confere um argumento adicional a favor desta solução, uma vez que considera os materiais fornecidos pelo empreiteiro propriedade do dono da obra à medida que forem sendo incorporados no imóvel.

Por último, se o imóvel pertence ao dono da obra, sendo seus os materiais incorporados nela pelo empreiteiro, a única posse a considerar é a do primeiro. Não há sequer alternativa. No cumprimento de obrigação proveniente do contrato de empreitada o empreiteiro não exterioriza um direito próprio sobre a coisa, sendo, por isso, um detentor (art. 1253º, alínea c) do código civil).

73. A posse do parceiro pensador

Dentro da figura geral da parceria pecuária o código civil regula unicamente a parceria de animais. Ora, a parceria pecuária de animais (art. 1221º e seguintes do código civil) gera um problema jurídico em tudo semelhante aos anteriores: alguém, no caso, o parceiro pensador, fica investido por força de um direito (não real) no poder de actuar fisicamente sobre animais, fazendo deles um dado uso e controlando a sua utilização.

Estando os animais sujeitos nesta parte ao regime jurídico das coisas corpóreas (móveis) pergunta-se: o parceiro pensador tem posse ou a situação deve qualificar-se como detenção, de acordo com o art. 1253º, alínea c) do código civil?

Os dados do problema são praticamente idênticos às situações anteriormente analisadas, nomeadamente, do locatário, do comodatário, do depositário. O senhorio físico dos animais permite que se fale num *corpus* possessório do parceiro pensador, em tudo análogo ao do locatário ou do comodatário. A natureza viva dos animais não altera isso.

[3667] Uma vez que o empreiteiro não exterioriza quanto a ele qualquer direito, estando ao invés obrigado a actuar na coisa por força da vinculação emergente do contrato de empreitada.

Por outro lado, o parceiro pensador exterioriza na actuação sobre os animais o direito nos termos do qual actua e que lhe advém do contrato de parceria pecuária. Os dois elementos estruturantes da posse estão, pois, também eles presentes na modalidade de parceria pecuária prevista no artigo 1221º do código civil.

O art. 1225º, nº 2 do código civil, atribuindo a defesa possessória ao parceiro pensador, sanciona a sua posse. Apenas um possuidor recebe tutela possessória; um detentor, que não exterioriza um direito próprio sobre a coisa, não beneficia de qualquer situação jurídica que deva ser protegida pelo Direito.

Ao parceiro pensador pertence, deste modo, a posse concernente ao seu direito, sendo simultaneamente detentor dos animais no que se refere ao direito exteriorizado pelo parceiro contraente, o direito de propriedade ou outro.

74. A posição do promitente-comprador em contrato-promessa de compra e venda com tradição da coisa

I. Chega-se agora ao problema da qualificação da posição do promitente-comprador decorrente de contrato-promessa de compra e venda com tradição da coisa. Pelo número considerável de arestos[3668] que têm sido proferidos na matéria percebe-se facilmente a importância do mesmo.

Infelizmente, apesar do tema envolver o regime jurídico da posse e suscitar a sua aplicação – para qualificar a posição do promitente-comprador que recebe a coisa por tradição como simples detentor ou para lhe reconhecer a posse – as abordagens doutrinárias que se encontram são feitas, praticamente na totalidade, por civilistas especializados em Obrigações, normalmente no contexto da exposição do tema do contrato-promessa, onde a discussão vem enxertada, com pouca ou nenhuma consideração pela dogmática jusrealista em geral e, muito particularmente, pela dogmática possessória, que sai, normalmente, muito mal tratada.

Em virtude disso, da falta, simultânea, de especialização dos juristas que as empreendem e do enquadramento sistemático adequado, que é o da posse e não o das Obrigações em geral, os resultados dessas abordagens ressentem-se significativamente quanto à sua qualidade científica e conformidade ao Direito positivo.

[3668] Cf. *infra*, no ponto III, as citações de jurisprudência que acompanham o texto

Ao contrário do que tem sido feito até aqui, o problema da posse ou detenção do promitente-comprador investido na coisa pela *traditio* deve fazer-se imperativamente no quadro da teoria possessória e do seu regime jurídico e não no quadro do regime jurídico do contrato-promessa. Em primeiro lugar, e desde logo, pela razão óbvia: o que está em causa é justamente saber se há posse ou mera detenção, o que não se vê como possa deixar de ser feito defronte da sede normativa da matéria.

Em segundo lugar, porquanto o problema mencionado não diz respeito unicamente ao contrato-promessa de compra e venda e ao promitente-comprador que tem a coisa consigo, envolvendo igualmente todos os outros negócios jurídicos que impliquem a tradição de coisa corpórea a favor de alguém sem a transmissão do direito real; por exemplo, a posição do comprador em venda com reserva de propriedade acompanhada de entrega da coisa.

Trata-se, afinal, neste problema, de aferir defronte do regime jurídico da posse o significado da *traditio* e dos seus efeitos na posição daquele que recebe a coisa e não evidentemente de versar sobre o cumprimento antecipado de uma obrigação ou qualquer outro aspecto obrigacional.

Por força de um menor domínio da matéria ou por simples incompreensão dela, assistiu-se nos últimos vinte cinco a trinta anos a uma considerável desconstrução de partes muito importantes da dogmática possessória e do regime jurídico da posse, em alguns casos, a raiar a pura e simples subversão do último, a ponto, aliás, de um dos pilares centrais da posse e dos Direitos Reais, a *traditio*, ficar irreconhecível.

Qualquer jurista estrangeiro que aterrasse em Portugal nos dias de hoje, trazendo na bagagem o conhecimento milenar do instituto da posse, da sua evolução e que houvesse lido atentamente o código civil português, conhecendo as ordens jurídicas próximas e a influência que tiveram sobre a portuguesa, ficaria decerto surpreendido com as leituras encontradas pela doutrina jurídica portuguesa sobre o tema da posse do promitente-comprador a favor do qual foi realizada a tradição da coisa pelo promitente-vendedor e, ainda mais, com o sentido decisório das dezenas de arestos dos tribunais superiores proferidos durante o século XXI.

II. Com interesse para o problema posto surge primeiramente a Anotação de VAZ SERRA[3669] ao acórdão do STJ de 28.11.1975[3670]. Embora no qua-

---

[3669] Revista De Legislação E De Jurisprudência, Ano 109º, pág. 347 e segs.
[3670] Revista De Legislação E De Jurisprudência, Ano 109º, pág. 344 e segs.

dro do subjectivismo possessório, a análise de Vaz Serra surpreende muito correctamente o que está em causa, tendo em conta, de modo muito preciso, o regime possessório do código civil.

Respondendo directamente à questão de saber se o promitente-comprador tem posse ou mera detenção, Vaz Serra[3671] sustenta certeiramente que "o promitente-comprador, que toma conta do prédio e nele pratica actos correspondentes ao exercício do direito de propriedade, sem que o faça por mera tolerância do promitente-vendedor, não procede com a intenção de agir em nome do promitente-vendedor, mas com a de agir em seu próprio nome". E, mais à frente, continua[3672]: "tendo celebrado um contrato-promessa de compra e venda com o promitente-vendedor e, nessa qualidade, e na previsão da futura outorga do contrato de compra e venda, passando a conduzir-se como se a coisa fosse já sua, não pratica os actos possessórios com a intenção de agir em nome do promitente-vendedor (...) donde resulta, que ao praticar na coisa actos possessórios, o faz com o *animus* de exercer em seu nome o direito de propriedade". Sendo possuidor tem ao seu dispor a tutela possessória[3673].

Calvão da Silva[3674] viria a pronunciar-se brevemente sobre a matéria. O ilustre professor não toma apenas posição sobre a existência ou não de posse a favor do promitente-comprador, separando antes os factos à luz dos quais este pode ter a coisa em seu poder, mencionando o apossamento, a tradição e a tolerância do promitente-vendedor. Neste contexto, diz Calvão da Silva[3675] que não se pode dizer *a priori* se o promitente-comprador tem posse ou detenção: "tudo dependerá do *animus* que acompanhe esse *corpus*"[3676]. No entanto, no ponto atinente à existência de tradição da coisa, Calvão da Silva[3677] defende inequivocamente que o promitente-comprador será possuidor nos termos da alínea b) do art. 1263º do código civil.

[3671] Revista De Legislação E De Jurisprudência, Ano 109º, pág. 347 e seg.
[3672] Vaz Serra, Revista De Legislação E De Jurisprudência, Ano 109º, pág. 348.
[3673] Vaz Serra, Revista De Legislação E De Jurisprudência, Ano 109º, pág. 348.
[3674] "Contrato-promessa – Análise Para Reformulação do Decreto-Lei Nº 236/80", Boletim do Ministério de Justiça, nº 349, pág. 86, nota 55.
[3675] Boletim do Ministério de Justiça, nº 233, pág. 86, nota 55.
[3676] Sem acompanhar Calvão da Silva quanto ao *animus*, no demais este Professor sublinha correctamente a necessidade de se perceber a fonte da actuação material sobre a coisa. No texto aborda-se unicamente o problema da posição do promitente-comprador que foi investido no controlo material da coisa por tradição.
[3677] Boletim do Ministério de Justiça, nº 233, pág. 86, nota 55.

Este cenário interpretativo seria alterado com a doutrina de Pires de Lima/Antunes Varela, no Código Civil Anotado[3678], e ainda com as intervenções isoladas, e fortemente contundentes, de Antunes Varela[3679], em anotações avulsas a arestos do Supremo Tribunal de Justiça. Vale a pena transcrever os passos fundamentais da doutrina expendida por estes dois autores, primeiro, com a finalidade de crítica, depois, para que se ateste a fonte directa das formulações encontradas nos principais arestos do Supremo Tribunal de Justiça e demais tribunais superiores nesta matéria.

Qualificando a posição do promitente-comprador investido na coisa pela tradição como um direito pessoal de gozo[3680], Pires de Lima/Antunes Varela[3681] sustentam que "o contrato-promessa (...) não é susceptível, só por si, de transmitir a posse ao promitente-comprador. Se este obtém a entrega da coisa antes do negócio translativo, adquire o *corpus* possessório, mas não adquire o *animus possidendi* ficando, pois, na situação de mero detentor ou possuidor precário".

Antunes Varela[3682] reforçaria esta doutrina. Depois de lembrar que a posse não se esgota no *corpus*, compreendendo ainda o *animus*, argumenta desta forma: "o promitente-comprador, investido prematuramente no gozo da coisa, que lhe é concedido na pura expectativa da futura celebração do contrato prometido, não é possuidor dela, precisamente porque, sabendo ele, como ninguém, que a coisa pertence ainda ao promitente-vendedor, e só lhe pertencerá a ele depois de realizado o contrato translativo prometido, não pode agir seriamente com a intenção de um titular da propriedade ou de qualquer outro direito real sobre a coisa".

Apesar da autoridade dos autores em causa no meio científico e jurisprudencial português, uma ponderação serena e fria realizada sobre os fundamentos da doutrina apresentada revela as fragilidades técnicas de que que padece defronte da dogmática possessória e a contradição constante em que entra com o regime jurídico da posse.

[3678] Código Civil Anotado, cit., pág.
[3679] Anotação ao Ac. do STJ de 25 de Fevereiro de 1986, Revista De Legislação E De Jurisprudência, Ano 124º, pág. 343 e segs. e na mesma Revista, Ano 128º, em anotação ao Ac. do STJ de 2 de Novembro de 1989, pág. 104 e seg. e 136 e segs.
[3680] Pires de Lima/Antunes Varela, Código Civil Anotado, cit., pág. 6, Antunes Varela, Anotação ao Ac. do STJ de 25 de Fevereiro de 1986, Revista De Legislação E De Jurisprudência, Ano 124º, pág. 347 e segs. e na mesma Revista, Ano 128º, em anotação ao Ac. do STJ de 2 de Novembro de 1989, pág. 145 e segs.
[3681] Código Civil Anotado, cit., pág. 6.
[3682] Revista De Legislação E De Jurisprudência, Ano 128, pág. 146.

Deixando a análise da natureza do direito exteriorizado pelo promitente-comprador para um momento ulterior, começa-se por sublinhar como um recurso deslocado e mal orientado do *animus* – que Pires de Lima/Antunes Varela levaram ao topo em Portugal – pode produzir resultados tecnicamente desastrosos.

Em primeiro lugar, lembra-se o dado de partida de toda a construção dogmática da posse. Nas palavras de Ulpiano: *nihil commune habet proprietas cum possessione*[3683]; e *separata esse debet possessio a proprietate*[3684].

A separação da posse e da propriedade, como situações jurídicas distintas e totalmente independentes entre si, postula um regime jurídico diverso para cada uma delas, desde logo, o dos factos aquisitivos (e extintivos). A posse não se adquire pelos mesmos factos da propriedade, sendo o inverso igualmente verdadeiro.

Tendo isto presente, sublinha-se o óbvio: o possuidor (nos termos da propriedade) pode não ser proprietário da coisa, como, inversamente, o proprietário pode não ter a posse dela, por nunca a haver adquirido[3685] ou entretanto a haver perdido[3686].

Deste modo, a circunstância do contrato-promessa não importar a transmissão nem da posse[3687] nem do direito real não constitui qualquer obstáculo ou impedimento a que a posse se transmita para o promitente-comprador, se ocorrer algum facto translativo dela, como a *traditio*. Haverá, então, uma posse dissociada da propriedade.

[3683] D. 41, 2, 12, 1.

[3684] D. 43, 17, 1, 2. Vale a pena transcrever o texto todo: *Huius autem interdicti proponendi causa haec fuit, quod separata esse debet possessio a proprietate: fieri etenim potest, ut alter possessor sit, dominus non sit, alter dominus quidem sit, possessor vero non sit: fieri potest, ut et possessor idem et dominus sit.*

[3685] Justamente, porquanto os factos aquisitivos da posse são diversos dos factos aquisitivos da propriedade.

[3686] Nas palavras intemporais de Ulpiano: "*Differentia inter dominium et possessionem haec est, quod dominium nihilo minus eius manet, qui dominus esse non vult, possessio autem recedit, ut quisque constituit nolle possidere. si quis igitur ea mente possessionem tradidit, ut postea ei restituatur, desinit possidere*".

[3687] Na verdade, nem o contrato-promessa nem o contrato translativo do direito real (a venda, a doração, a permuta, etc.) promovem a transferência da posse. A transmissão da posse apresenta-se como o resultado de um facto translativo específico: a tradição ou o constituto possessório. Assim, celebrada, por exemplo, a compra e venda, a posse só se transfere para o comprador se for acompanhada da tradição da coisa, a não ser que ocorra a *traditio brevi manu* ou o constituto possessório. Ainda assim, nestes últimos casos, a transmissão da posse é o resultado do facto possessório e não do contrato real, que apenas produz a transmissão do direito real, de acordo com o regime geral do art. 408º, nº 1 do código civil.

Por isto ser assim, o promitente-comprador pode muito bem ser possuidor, sabendo perfeitamente não ser proprietário, se houver beneficiado de um facto aquisitivo da posse segundo a lei, seja ele o apossamento, a tradição da coisa ou a inversão do título da posse.

E aqui chega-se ao segundo momento da crítica a ANTUNES VARELA: a ligação da posse (do *animus* possessório) à aquisição (titularidade) da propriedade. Para este professor[3688] o promitente-comprador não poderia ser possuidor, apesar de investido na coisa por tradição, por não ter o *animus*: ele saberia perfeitamente não haver adquirido o direito relativo ao contrato prometido[3689].

Revela-se aqui um segundo erro técnico desta doutrina, que se ilustra com exemplos extraídos do regime jurídico da posse. Para começar, aquele que esbulha o possuidor, apossando-se da coisa, pode muito bem não beneficiar de um facto aquisitivo do direito e sabê-lo, que nem por isso deixa de ter adquirido a posse (art. 1263º, alínea a) do código civil): o ladrão que furta ou rouba a coisa é um possuidor! Sabe muito bem que a coisa não lhe pertence e ainda assim tem posse. Como tem posse o terceiro que recebeu do ladrão a coisa roubada, apesar do conhecimento do facto!

O mesmo se diga na inversão do título da posse. O detentor que, por oposição ao possuidor, inverte o título da posse não tem título aquisitivo do direito e sabe bem que não adquiriu o mesmo. Ainda assim, a lei portuguesa reconhece-lhe a aquisição da posse (art. 1263º, alínea d) e art. 1265º do código civil), o que não deve ser confundido evidentemente com a aquisição do direito exteriorizado através dela.

Naturalmente, o mesmo sucede com a tradição da coisa, que a lei portuguesa, na sequência de uma longa tradição histórica, coloca entre os factos aquisitivos da posse (art. 1263º, alínea b) do código civil). Aquele que, por convenção com o possuidor, recebe deste a coisa por entrega, adquire a posse, enquanto o transmitente a perde (art. 1267º, alínea c) do código civil). Haveria de ser diferente por se tratar de um promitente-comprador?

O equívoco seguinte da doutrina de ANTUNES VARELA, o terceiro, prende-se com a eficácia jurídico-possessória da *traditio*. O promitente-com-

---

[3688] Revista De Legislação E De Jurisprudência, Ano 128, pág.

[3689] Parece haver neste passo uma influência da doutrina da causa no apuramento do *animus*. Como se salientou no lugar próprio (cf. o que se disse no ponto relativo ao problema do *animus*), em caso de falta de título aquisitivo do direito exteriorizado, a doutrina da causa falha completamente em dar ao intérprete uma orientação sobre a direcção da vontade do possuidor. Uma boa elucidação encontra-se no texto citado de ANTUNES VARELA.

prador investido na coisa pela tradição não adquire a posse, mas a simples detenção. Aquele que realiza a tradição permanece, por isso, com a posse da coisa, enquanto a tradição transmite uma ... detenção! Trata-se, não sabemos como lhe chamar outra coisa, de um colossal erro técnico!

Regresse-se à história por um momento. A *traditio* era num primeiro momento do Direito romano arcaico a investidura real na coisa, pela entrega mão a mão, no caso dos móveis, ou pelo atravessamento do prédio a pé, no caso dos imóveis. As necessidades práticas da dinâmica social e comercial impuseram aos poucos uma crescente imaterialização da *traditio* (*traditio longa manu, traditio brevi manu*) e o recurso a formas simbólicas da tradição real (*traditio clavium, traditio per chartam*).

No Direito romano clássico a *traditio* não implicava somente a passagem da coisa do possuidor para uma nova pessoa, estando-lhe associada a transmissão do direito de propriedade das coisas *nec mancipi*[3690]. Consistia, pois, também num facto translativo da propriedade. Nesse período, para haver *traditio* era necessária uma *iusta causa* (venda, doação, etc.). Com o desaparecimento da distinção entre *res mancipi* e *res nec mancipi*, mediante a supressão da primeira categoria, a *traditio* transformou-se no Direito justinianeu no facto típico de transmissão da propriedade. Esta transmitia-se apenas com a transferência da posse da coisa. Contratos como a compra e venda tinham unicamente efeitos obrigacionais (venda obrigatória); a aquisição da propriedade pelo comprador era o efeito jurídico de um segundo acto: a *traditio*.

Independentemente da conformação concreta da *traditio* ao longo da história, do seu papel na transmissão dos direitos reais, nomeadamente, da propriedade, e da adopção pelas várias ordens jurídicas contemporâneas de sistemas de título, de modo, ou mistos, há uma nota que permanece sempre na evolução da figura, do Direito romano até aos nossos dias: a transmissão da posse.

Uma tradição da coisa sem transmissão da posse não ocorre nunca nem na história nem no Direito das várias ordens jurídicas que comungam com a nossa a herança do romanismo. Uma tradição em que aquele que cede o controlo material da coisa permanece na posição de possuidor, apesar de se demitir voluntariamente do *corpus*, e aquele que o recebe não adquire

---

[3690] Para as *res mancipi* havia a *mancipatio*. Para além da *traditio* e da *mancipatio* a propriedade podia ainda ser transferida processualmente pela *in iure cessio*. Sobre isto, cf. José ALBERTO VIEIRA, Direitos Reais, cit., com referências bibliográficas.

a posse, ficando na posição de detentor, pura e simplesmente, não existe. Ela contraria a dogmática básica da posse, seja qual for o modelo teórico adoptado, subjectivista ou objectivista[3691], que não é chamado aqui para coisa nenhuma.

No Direito português a tradição transmite a posse, como sempre transmitiu ao longo da história; isso resulta de modo incontroverso do art. 1263º, alínea b) do código civil. Aquele que se demite do *corpus* possessório e cede voluntariamente o controlo da coisa, entregando-a, perde a sua posse (art. 1267º, alínea c) do código civil) a favor daquele que a recebe (art. 1263º, alínea b) do código civil). A tradição investe, assim, na posse o beneficiário da entrega, enquanto faz cessar a posse do cedente[3692].

A ligação da *traditio* ao *animus*, feita por ANTUNES VARELA, distorce a colocação normal deste último elemento na teoria possessória, porque o vislumbra não na actuação material sobre a coisa entregue, mas na consciência da titularidade do direito, uma anormalidade injustificável que o regime jurídico da posse desmente em absoluto. Aquele que entrega a coisa, cumprindo o acordo de *traditio*, tem a vontade de ceder o controlo dela, assim como aquele que a recebe por tradição tem a intenção, o *animus*, de assumir esse controlo. É nesse sentido que PAULO[3693] menciona que a posse se adquire *corpore et animo*.

Tudo isto mostra abundantemente que, para além de errada nos seus fundamentos, a doutrina de PIRES DE LIMA/ANTUNES VARELA e de ANTUNES VARELA está em aberta contradição com o Direito positivo português, em particular, com o disposto nos artigos 1263º, alínea b) e 1267º, alínea c) do código civil[3694]. O que beneficia de uma verdadeira tradição da coisa torna-se possuidor por virtude desse facto[3695]; assim, o promitente-comprador

---

[3691] Dizemos isto, para deixar claro que a explicação do efeito translativo da *traditio* nada tem a ver com a discussão entre o subjectivismo e o objectivismo.

[3692] A posse, como se afigura evidente, não o direito real a que ela se refere.

[3693] D. 41.2.3.1.

[3694] A posição que aqui se toma não tem nada a ver com a controvérsia entre o subjectivismo e o objectivismo, mas apenas com um dado modo de usar o *animus* sem qualquer critério, fora das hipóteses em que ele possa fazer sentido de acordo com a teoria subjectivista. A invocação abstracta do *animus* não pode valer contra o disposto em norma jurídica de sentido contrário. Trata-se de uma solução em aberta contradição com o Direito, que nenhuma teoria do *animus* pode justificar só por si.

[3695] Não é pelo facto do contrato-promessa não transmitir o direito real relativo ao contrato prometido, insiste-se, que o promitente-comprador deixa de adquirir a posse, como se lê em muitos arestos da jurisprudência portuguesa, contanto que ocorra a seu favor um facto aquisitivo da posse (não do direito), como a tradição da coisa (art. 1263º, alínea b) do código civil).

que recebe por tradição a coisa prometida vender é sempre um possuidor, nunca um detentor, reunindo os dois elementos estruturantes da posse.

A doutrina defendida no Código Civil Anotado não fica, porém, por aqui. Como se não chegasse de desconchavo, PIRES DE LIMA/ANTUNES VARELA[3696] abrem a possibilidade de excepcionalmente, em casos contados, o promitente-comprador ser um verdadeiro possuidor. O primeiro desses casos é o do pagamento antecipado da totalidade do preço devido com a celebração do contrato prometido; o segundo caso, o de não haver o propósito de formalizar a compra e venda, por qualquer razão, e a coisa ser entregue ao promitente-comprador como se fosse sua[3697]. ANTUNES VARELA[3698] sufragaria também esta posição em Anotação a aresto do STJ.

O equívoco manifesta-se aqui na persistência da ligação do *animus* do possuidor à consciência da titularidade do direito de propriedade, agravado agora pelo nexo afirmado entre a aquisição da posse e o cumprimento integral da obrigação de preço emergente do contrato de compra e venda prometido. Trata-se de outro gravoso erro técnico.

Sendo a posse uma situação separada da propriedade, com a qual se não deve confundir, os factos aquisitivos são próprios, respeitam apenas a ela, e operam de modo absolutamente independente quer da aquisição da propriedade quer do cumprimento de qualquer das obrigações constantes do contrato que vise a transmissão do direito real.

Uma analogia interessante, de valor sistemático, colhe-se do regime de constituição e transmissão dos direitos reais. Segundo o princípio da consensualidade (art. 408º, nº 1 do código civil), o direito real constitui-se ou transfere-se por efeito da celebração do contrato e do momento da celebração do mesmo. Assim, concluída a venda, o direito de propriedade (ou outro) transfere-se imediatamente para o comprador, esteja ou não cumprida, no todo ou em parte, a obrigação de pagamento do preço pelo comprador[3699].

[3696] PIRES DE LIMA/ANTUNES VARELA, Código Civil Anotado, cit., pág. 6 e seg.
[3697] Um exemplo, aliás, dado em aberta contradição com o defendido na hipótese geral relativamente ao promitente-comprador. Sabendo este que não celebra o contrato prometido pode ter *animus* nesta hipótese? Não se percebe porque nesta hipótese há *animus* e nas outras não há.
[3698] ANTUNES VARELA, Anotação ao Ac. do STJ de 25 de Fevereiro de 1986, Revista De Legislação E De Jurisprudência, Ano 124º, pág. 348.
[3699] Como com a entrega da coisa pelo vendedor (tradição) se transmite para o comprador a posse dela ainda que nenhuma parte do preço haja sido paga.

Com a posse passa-se o mesmo. A verificação do facto aquisitivo desencadeia a aquisição da posse, seja qual for a situação jurídico-real sobre a coisa e o cumprimento ou não de obrigações derivadas de contrato. Aquele que se apossa da coisa, por exemplo, o ladrão, adquire a posse com o apossamento; o detentor que se opõe ao possuidor adquire a posse por inversão do título. E verificada a entrega, real ou simbólica, correspondente à tradição da coisa, o beneficiário do acto adquire a posse correspondente ao direito exteriorizado.

No Direito português o pagamento do preço desempenha para a posse o mesmo papel que desempenha para a transmissão do direito real: nenhum. E, por isso, é totalmente indiferente para a aquisição da posse pelo promitente-comprador que o preço esteja ou não pago na totalidade.

Como sempre, a única coisa a apurar é se houve tradição ou não. Tendo havido tradição, a posse transmite-se para o promitente-comprador, segundo o disposto na alínea b) do art. 1263º do código civil. A eficácia do facto translativo possessório apenas depende da sua própria verificação, sem estar condicionada a qualquer outro facto[3700].

III. O magistério de A*NTUNES* V*ARELA* teve sempre grande repercussão na jurisprudência portuguesa dos tribunais superiores, muito particularmente, no Supremo Tribunal de Justiça, que nunca se cansou de mostrar grande reverência pelas posições do ilustre mestre.

Em matéria de apreciação da posição do promitente-comprador com tradição da coisa a seu favor, e depois da pronúncia de P*IRES DE* L*IMA*//A*NTUNES* V*ARELA* e de A*NTUNES* V*ARELA* isoladamente, os tribunais de recurso portugueses, com o Supremo Tribunal de Justiça na liderança, adoptaram a lição destes professores, seguindo-a à letra como um mandamento religioso, um dogma de verdade incontestável e intemporal.

É verdade que numa primeira fase da vigência do código civil, que se situa até meados da década de noventa, a jurisprudência portuguesa foi várias vezes favorável a uma posse do promitente-comprador assente na

---

[3700] Com a ligação do *animus* à aquisição do direito de propriedade e ao pagamento da totalidade do preço, A*NTUNES* V*ARELA* terá querido coarctar a aquisição de posse ao promitente-comprador, e a defesa possessória deste, antes da verificação de qualquer daqueles factos, o que parece justificar-se com o desiderato de proteger o promitente-comprador. A*NTUNES* V*ARELA* nunca o afirma, mas é o que decorre da posição sustentada. Importa esclarecer, todavia, que o promitente-vendedor, perdendo embora a posse pela tradição da coisa ao promitente-comprador, mantém a propriedade e, com isso, o poder de reivindicar a coisa a todo o tempo, contra quem quer que seja (art. 1311º do código civil), e também naturalmente do promitente-comprador, isto sem prejuízo da defesa obrigacional contra o promitente-comprador.

eficácia jurídica da *traditio*[3701], ainda que com algumas variações, antes que os ventos que sopravam da doutrina de ANTUNES VARELA varressem o pensamento divergente.

A doutrina que faz hoje jurisprudência constante do Supremo Tribunal de Justiça[3702-3703] repousa numa máxima simples retirada de PIRES DE LIMA/ /ANTUNES VARELA: a tradição da coisa operada a favor do promitente-comprador não transfere a posse a seu favor, por falta de *animus*.

Em consequência, a aquisição do *corpus* possessório sem o *animus* faz do promitente-comprador um mero detentor, posição que pode alterar mais tarde por inversão do título da posse.

O promitente-comprador que tenha beneficiado da tradição da coisa goza, porém, do direito de retenção para garantia do direito a ser indemnizado pelo incumprimento do contrato-promessa.

O Ac. do STJ de 12.03.2015[3704] faz a síntese desta orientação, que se cita na íntegra para plena elucidação do leitor e para efeitos de crítica a fazer mais abaixo:

"1. O contrato promessa de compra e venda , embora acompanhado de tradição da coisa prometida vender, mas sem que se mostre integralmente

---

[3701] Cf. o Ac. STJ de 19.11.1996, Proc. nº 96A362, em www.dgsi.pt: " I – Em contrato-promessa de compra e venda de imóvel, a tradição da coisa para o promitente-comprador, acompanhada de factos que traduzam o "animus sibi habendi", transfere a respectiva posse para este, sem necessidade de registo, podendo ele defender a sua posse mediante embargos de terceiro em execução movida contra o promitente-vendedor, ainda que tenha havido penhora registada".

[3702] Ac. STJ de 29.03.1966, no Boletim do Ministério de Justiça, nº 175, pág. 272, Ac. STJ de 15.01.1974, no Boletim do Ministério de Justiça, nº 233, pág. 173, Ac. STJ de 28.11.1975, na Revista De Legislação E De Jurisprudência, Ano 109º, pág. 344 e segs., Ac. STJ de 25.02.1986, na Revista De Legislação E De Jurisprudência, Ano 124º, pág. 339 e segs., Ac. STJ de 11.05.1993, Colectânea De Jurisprudência, Acórdãos do Supremo Tribunal De Justiça, Ano I, Tomo, II, 1993, pág. 95 e seg., Ac. STJ de 29.10.1998, Proc. nº 98B709, Ac. STJ de 06.05.2004, Proc. nº 04B1343, Ac. STJ de 27.05.2004, Proc. nº 04B1445, Ac. STJ de 23.05.2006, Proc. nº 06A1128, Ac. STJ de 17.04.2007, Proc. nº 3121/06.2TVLSB.E1.S1, Ac. STJ de 4.12.2007, Proc. nº 07A4070, Ac. STJ de 09.09.2008, Proc. nº 08A1988, Ac. 16.06.2009, Proc. nº 240/03.0TBRMR.S1, Ac. STJ de 03.11.2009, Proc. nº 2172/06.1TB GRD.C1.S.1, Ac. STJ de 07.01.2010, Proc. nº 860/03.3TLBGS-B.E1.S1, Ac. STJ de 22.03.2011, Proc. nº 3121/06.2TVLSB.E1.S1, Ac. STJ de 29.11.2011, Proc. nº 322-D/1999. E1.S2, Ac. STJ de 12.09.2012, Proc. nº 4436/03.7TBALM.L1. S1, Ac. STJ de 16.10.2012, Proc. nº 20417/09.4T2SNT.L1.S1, Ac. STJ de 21.03.2013, Proc nº 1223/05.1TBCSC-B.L1.S1, Ac. STJ de 04.02.2014, Proc. nº 360/09.8TCCGMER.G1.S1, Ac. STJ de 12.03.2015, Proc. nº 3566/06.8TB-VFX.L1.S2, Ac. STJ de 12.05.2016, Proc. nº 810/14.1TAVR-A.P1.S1, Ac. STJ de 09.06.2016, Proc. nº 299/05.6TBMGD.P2.S2, estes últimos em www.dgsi.pt

[3703] E até na jurisprudência do Supremo Tribunal Administrativo se encontra a orientação fundamental do STJ na matéria. Cf. o Ac. STA, de 19.05.2016, Proc. nº 09492/15, em www.dgsi.pt

[3704] Proc. nº 3566/06.8TBVFX.L1.S2, em www.dgsi.pt.

pago o preço devido pela transacção, não é, em regra, susceptível de transmitir a posse ao promitente comprador que, normalmente, não se verificando circunstâncias excepcionais, adquire o *corpus* possessório, mas não o *animus possidendi*, ficando numa situação de mero detentor.

2. A posse em nome próprio do promitente comprador pode, porém, resultar de superveniente inversão do título da posse, a qual pressupõe a sua efectivação por oposição à contraparte, levada ao conhecimento desta, em termos de poder razoavelmente inferir-se uma oposição séria ao seu direito de propriedade.

3. Ao beneficiário da *traditio* (eventualmente geradora de direito de retenção a favor do promitente comprador) assiste, porém, o direito de conservar a detenção da fracção enquanto não for indemnizado pelo incumprimento da promessa de venda, ou não for convencido de que o promitente-vendedor não foi o culpado do incumprimento".

Alguns arestos flexibilizam, contudo, a doutrina, levando a admitir em alguns casos a transferência da posse a favor do promitente-comprador com tradição da coisa, por força de alguns factores, dos quais o pagamento integral antecipado do preço constitui certamente o mais importante. Tudo seguindo à risca PIRES DE LIMA/ANTUNES VARELA[3705]. Ouça-se de novo o STJ, em acórdão de 09.06.2016[3706]:

"I. Quando, no âmbito de um contrato-promessa, a coisa prometida vender tenha sido logo entregue pelo promitente-vendedor ao promitente-comprador, tal entrega traduzir-se-á numa aquisição derivada da posse, nos termos previstos na alínea b) do artigo 1263º do CC, a qual se presume, por força do nº 2 do artigo 1257º do mesmo Código, que continua em nome de quem a começou, ou seja, do promitente-vendedor.

II. Nessas circunstâncias, o promitente-comprador fica investido na situação de mero detentor, enquadrável no artº 1253º do CC, ainda que, dada a sua expectativa de realização do contrato definitivo, se lhe reconheça a titularidade de um direito pessoal de gozo, de base contratual, mais precisamente o acordo respeitante à *traditio*.

III. Não obstante isso, a sobredita presunção da continuação da posse em nome do promitente-vendedor pode ser ilidida no sentido de que a vontade das partes fora a de transferir, desde logo, para o promitente-comprador, por razões específicas, alicerçadas em situações excecionais, a título definitivo, a posse da coisa correspondente ao direito de propriedade".

[3705] Código Civil Anotado, cit., pág. 6 e seg.
[3706] Proc. nº 299/05.6TBMGD.P2.S2, em www.dgsi.pt.

Nalguns casos, a admissão da posse ao promitente-comprador não passa apenas pelo pagamento do preço. Segundo o Ac. do STJ de 12.05.2016[3707]: "o promitente adquirente pode ser havido como possuidor em nome próprio conquanto, além da entrega da coisa, pratique, em nome próprio, atos materiais correspondentes ao exercício do direito em causa com o intuito de o exercer". Outro trecho literal da doutrina propugnada no Código Civil Anotado[3708].

Quer dizer, a tradição da coisa não opera a transmissão da posse a favor do promitente-comprador, a não ser "em situações excepcionais". Em vários arestos encontra-se alguma concretização destas situações. Assim, no Ac. STJ, de 19.11.1996[3709], sustenta o Tribunal: "efectivamente, a tradição da coisa para o promitente-comprador, após este ter feito o pagamento integral do respectivo preço, recebido as chaves e ocupado o imóvel em que passou a fazer obras de beneficiação, traduz o "animus sibi habendi" acompanhado do corpus, ainda que, no título inicial do contrato-promessa, se haja estipulado que a posse só seria transmitida após a escritura definitiva de compra e venda".

O Ac. do STJ, de 07.01.2010[3710] sintetiza a orientação básica do Supremo Tribunal de Justiça, que se tem difundido pelos tribunais inferiores do país[3711], com muito poucas excepções[3712]:

"– Um contrato promessa não é susceptível de, só por si, transmitir a posse ao promitente-comprador.

– No entanto, são configuráveis hipóteses, a título excepcional, de verdadeira posse.

[3707] Cit.

[3708] PIRES DE LIMA/ANTUNES VARELA, Código Civil Anotado, cit., pág. 7.

[3709] Cit.

[3710] Cit.

[3711] Cf., entre outros, Ac. RL de 17.01.2013, Proc. nº 420/06.7TVLSB.L1-8, , Ac. RL de 25.10.2011, Proc. nº 237/06.9TBMTJ-A.L1-7, Ac. RL de 04.06.2009, proc. nº 1837/08.8TVLSB.L1-6, Ac. RL de 16.06.2009, Proc. nº 32/1997.L1-7, Ac. RL de 01.04.2008, Proc. nº 10354/2007-7, Ac. RP de 20.01.2009, Proc. nº 0827049, Ac. RP, de 29.01.2009, Proc. nº 0838116, Ac. RP de 30.03.2009, Proc. nº 978/06.0TBOAZ.P1, Ac. RC de 10.11.2015, Proc. nº 3592/13.0TBVIS.C1, Ac. RE de 03.11.2016, Proc. nº 1294/13.7TBLGS.E1, todos em www.dgsi.pt.

[3712] Ac. RP de 13.11.2007, Proc. nº 0724885, em www.dgsi.pt: "tendo havido tradição da coisa, o promitente-comprador é um verdadeiro possuidor e não possuidor precário ou, pelo menos, enquanto titular de um direito de retenção, pode usar dos meios possessórios, podendo embargar de terceiro"; o Ac. RP de 11.05.2006, Proc. nº 0631638, em www.dgsi.pt: "O promitente-comprador, tendo havido tradição da coisa, é um verdadeiro possuidor e não um mero detentor, ou pelo menos que, como titular do direito de retenção, goza de tutela possessória".

– Trata-se de situações em que o promitente transmissário pratica, com a traditio e em relação à coisa, actos materiais em nome próprio, correspondentes ao exercício do direito em causa.

– Uma das hipóteses que tem vindo a ser apontada com base neste entendimento tem sido a de ter havido pagamento da totalidade do preço aliado à entrega da coisa, com a prática, a partir desse momento, de actos materiais correspondentes ao exercício do direito em causa".

Muito recentemente o Ac. do STJ de 17.04.2017[3713] parece ter introduzido uma nova variante na corrente jurisprudencial do Supremo Tribunal de Justiça sobre o tema, apelando ao pensamento expressado por CALVÃO DA SILVA[3714]:

"I – A eventual posse do promitente-adquirente não emerge do contrato-promessa, alheia que é ao respectivo objecto, mas de um outro acordo negocial e da efectiva entrega do bem pelo promitente-alienante.

II – Em regra, o promitente-comprador exercerá sobre o bem um direito pessoal de gozo, semelhante ao do comodatário, mas que lhe não confere a realidade da posse, nem mereceu ainda equiparação legal.

III – Sendo embora essa a regra, pode efectivamente haver posse do promitente-adquirente, o que sucederá quando, obtido o corpus pela tradição, a coberto da pressuposição de cumprimento do contrato definitivo e na expectativa fundada de que tal se verifique, pratica actos de posse com o animus de estar a exercer o correspondente direito de proprietário em seu próprio nome, ou seja, intervindo sobre a coisa como se sua fosse.

IV – Não é, assim, possível qualificar dogmaticamente como mera posse precária ou como verdadeira posse a detenção exercida pelo promitente-comprador sobre a coisa objecto do contrato prometido em que é beneficiário de traditio, havendo de ser o acordo de tradição e as circunstâncias relativas ao elemento subjectivo a determinar a qualificação da detenção.

V – A posse iniciada como precária só é apta para conduzir à usucapião mediante a inversão do título de posse".

Dando uma ordem lógica a esta orientação jurisprudencial do Supremo Tribunal de Justiça, ela pode ser explanada como se segue: o promitente-comprador investido na coisa pela tradição do seu contraente é um mero

---

[3713] Revista 480/07, 1ª Secção, em www.pgdlisboa.pt/jurel/stj_mostra_doc.php?nid=25362&codarea=1.

[3714] "Contrato-promessa – Análise Para Reformulação do Decreto-Lei Nº 236/80", cit., pág. 86, nota 55. Trata-se de apelar à necessidade de se aferir qual o facto que origina o *corpus* possessório do promitente-comprador.

detentor; não adquire a posse por falta de *animus*, dado que o contrato-promessa não tem aptidão para transferir a propriedade e a posse. No entanto, em algumas situações, nomeadamente, havendo sido pago a totalidade do preço, o promitente-comprador pode adquirir a posse da coisa por tradição.

O julgamento da bondade desta jurisprudência ficou feito no ponto anterior, na crítica à doutrina de PIRES DE LIMA/ANTUNES VARELA e de ANTUNES VARELA. Pelo desacerto técnico revelado pela mesma no confronto com a dogmática possessória básica e pela colisão criada com o regime jurídico positivado no código civil português, que não difere nada nesta parte da herança romana bebida nos códigos civis modernos, a orientação jurisprudencial seguida pelos tribunais portugueses nos últimos vinte anos constitui, com toda a certeza, a página mais negra da aplicação do Direito português da posse desde a entrada em vigor do código civil.

IV. O promitente-comprador que fica investido no controlo material da coisa por tradição[3715] operada pelo promitente vendedor adquire a posse por esse facto (art. 1263º alínea b) do código civil). Com efeito, ele reúne ambos os elementos estruturantes da posse: o *corpus possessório* e a exteriorização de um direito.

Se o *corpus* possessório advém da entrega da coisa pelo promitente-vendedor, pergunta-se agora pelo direito exteriorizado. Que direito é esse?

PIRES DE LIMA/ANTUNES VARELA[3716], ANTUNES VARELA[3717] e a jurisprudência do Supremo Tribunal de Justiça[3718] que se tem firmado na matéria

---

[3715] O controlo material da coisa pelo promitente-comprador pode não ter ocorrido por força de acto de tradição, mas ter resultado de apossamento, inversão do título da posse ou da mera tolerância do possuidor. Saber se houve tradição ou não constitui uma questão de facto. O promitente-comprador que invoca tradição a seu favor, deve prová-la, de acordo com as regras de distribuição do ónus da prova. No texto, considera-se apenas a posição do promitente-comprador que beneficiou de tradição da coisa a seu favor.

[3716] PIRES DE LIMA/ANTUNES VARELA, Código Civil Anotado, cit., pág. 6.

[3717] ANTUNES VARELA, Anotação ao Ac. do STJ de 25 de Fevereiro de 1986, Revista De Legislação E De Jurisprudência, Ano 124º, pág. 348 e segs. e na mesma Revista, Ano 128º, em anotação ao Ac. do STJ de 2 de Novembro de 1989, pág. 145 e segs.

[3718] No Ac. do STJ de 17.04.2017, cit., pode ler-se: "em regra, o promitente-comprador exercerá sobre o vb bem um direito pessoal de gozo, semelhante ao do comodatário, mas que lhe não confere a realidade da posse, nem mereceu ainda equiparação legal". No Ac. do STJ de 04.12.2007, cit., afirma-se: "Em regra, o promitente-comprador que obteve a *traditio*, apenas frui um direito de gozo, autorizado pelo promitente-vendedor e por tolerância deste – é, nesta perspectiva, um detentor precário – art. 1253º do Código Civil – já que não age com *animus possidendi*, mas apenas com o *corpus* possessório (relação material)". Na jurisprudência das Relações esta orientação vem igualmente sustentada. A título de exemplo, diz-se no Ac. RP de 29.01.2009, cit.: "A tradição da coisa, só por si, não confere a posse ao promitente-comprador, mas apenas um direito pessoal de

qualificam o direito do promitente-comprador investido na coisa por tradição como um direito pessoal de gozo, embora, por sua vez, considerem que a exteriorização deste direito apenas confere detenção e não posse.

ANTUNES VARELA[3719] explica que os direitos pessoais de gozo "envolvem sempre um poder de uso, de fruição ou de utilização da coisa, de conteúdo variável consoante a natureza do direito (...)". E, noutro lugar[3720], sustenta que "os poderes em que o promitente-comprador fica investido com a *traditio* da coisa objecto da promessa integram, sem sombra de dúvida, um verdadeiro direito de uso e quando, como no caso presente acontece, os poderes atribuídos envolvem ainda a faculdade de ceder (onerosamente) a outrem o gozo da coisa, o promitente-comprador passa a deter mesmo um direito de uso e fruição (...)".

Neste ponto, como em toda a construção dogmática da posição do promitente-comprador que recebe a coisa por tradição, os tribunais portugueses encarreiraram as suas decisões pela doutrina colhida em ANTUNES VARELA, segundo a qual, ao promitente-comprador cabe um direito pessoal de gozo por força da celebração do contrato-promessa com tradição da coisa.

Um olhar mais detido sobre a eficácia jurídica do contrato-promessa não dá, no entanto, razão à tese sustentada por ANTUNES VARELA e pela jurisprudência recente do Supremo Tribunal de Justiça. Na verdade, com a celebração do contrato-promessa, o promitente fica investido num crédito cujo conteúdo consiste somente no poder de exigir ao devedor (promitente-vendedor) a prestação de facto jurídico acordada entre as partes: a celebração do contrato prometido.

Este crédito não envolve no seu conteúdo qualquer poder de actuação sobre a coisa prometida vender: nem um poder de uso nem tão-pouco um poder de fruição. Basta fazer o confronto com o regime jurídico da locação ou do comodato para se perceber isso imediatamente. O locador fica pelo contrato de locação obrigado a prestar o gozo da coisa ao locatário (art. 1022º do código civil), que, em contrapartida, tem o direito a exigi-lo do seu devedor. O comodatário, por sua vez, adquire, através do contrato de comodato, o poder de usar a coisa (art. 1129º do código civil).

Nada disto se passa no contrato-promessa, do qual resulta apenas para o promitente-comprador o poder de exigir da outra parte a celebração do

---

gozo que, aliado ao incumprimento contratual do promitente-vendedor, é suficiente para que o promitente-comprador possa exercer o direito de retenção".

[3719] Revista De Legislação E De Jurisprudência, Ano 124º, pág. 348.
[3720] ANTUNES VARELA, Revista De Legislação E De Jurisprudência, Ano 128º, pág. 145 e seg.

contrato prometido (art. 410º, nº 1 do código civil). Nem a concessão de eficácia real ao contrato-promessa (art. 413,º, nº 1 do código civil) afecta este quadro, visto que o direito real constituído (direito real de aquisição) não engloba poderes de gozo e, por conseguinte, não outorga nem o uso nem a fruição ao seu titular.

Dir-se-á, em contrário, que isso contraria a evidência, porquanto o promitente-comprador, investido na actuação material da coisa, usa-a e pode fruí-la. Isto, no entanto, só pode ser dito negligenciando a compreensão do regime jurídico da posse. A posse referida a um direito de gozo faculta sempre ao possuidor o uso da coisa e ao possuidor de boa fé, além do uso, a fruição da mesma (art. 1270º do código civil). Assim, o ladrão tem o uso da coisa que esbulhou, apesar de não beneficiar de qualquer direito, real ou pessoal, sobre ela; como tem o uso e a fruição o comprador de venda nula que esteja de boa fé. Também aqui o uso e a fruição decorrem da posse, não de um direito cuja titularidade não existe.

O uso e a fruição possibilitados ao promitente-comprador pela *traditio* decorrem da posse, não de qualquer imaginário direito pessoal de gozo, que o contrato-promessa manifestamente não faculta ao promitente-comprador.

Com isto afasta-se a hipótese do direito exteriorizado na posse ser um direito pessoal de gozo; mas permanece em aberto a questão de que direito se trata.

A tradição da coisa antes da celebração do contrato de compra e venda prometido antecipa o cumprimento da prestação de entrega pelo vendedor (art. 879º, alínea b) do código civil). Quer dizer, a entrega da coisa a que o vendedor estaria obrigado com a celebração da compra e venda processa-se antes do contrato.

Se o escopo da tradição da coisa antes da conclusão do contrato prometido reside na antecipação do cumprimento deste, parece lógico depreender que o promitente-comprador que é investido na posse da coisa pela entrega antecipada da mesma refira a sua actuação ao direito objecto do contrato prometido, por outras palavras, à propriedade.

Num pensamento que nesta parte se aproxima de VAZ SERRA[3721], também aqui se sustenta que o promitente-comprador investido no *corpus* possessório pela *traditio* exterioriza na sua posse o direito de propriedade, exercendo os poderes conteúdo deste direito. Que o promitente-comprador

---

[3721] Revista De Legislação E De Jurisprudência, Ano 109º, cit., pág. 347 e segs.

não esteja na titularidade do direito não assume qualquer relevância no regime jurídico da posse, contando que se separem e mantenham distintas a posse e a propriedade. A tradição investe o promitente-comprador na posse atinente à propriedade, mas não na titularidade do direito, que supõe um facto aquisitivo específico.

Menezes Cordeiro[3722] assume uma posição mais complexa, distinguindo três hipóteses: a antecipação do cumprimento do contrato prometido, a entrega de favor e a entrega com "cariz remuneratório"[3723]. A primeira destas hipóteses é aquela que se julga corresponder à natureza da situação de *traditio* e revela uma posse nos termos da propriedade. Neste ponto, concorda-se em absoluto com Menezes Cordeiro.

A segunda hipótese, porém, não consubstancia uma verdadeira tradição da coisa, mas uma disponibilização material desta por mera tolerância do possuidor. A situação é de detenção, não de posse, segundo o disposto no art. 1253º, alínea b) do código civil.

Quanto à terceira hipótese, não se vislumbra razão para se falar numa entrega remuneratória. De qualquer modo, ainda que assim seja, o escopo do acto mantém-se: a antecipação do cumprimento devido na celebração futura do contrato prometido. A actuação que o promitente-comprador vem a realizar sobre a coisa na sequência da *traditio* só pode respeitar ao direito de propriedade. Por que razão haveria de referir tal conduta a um direito (locação ou comodato) que não está implicado na promessa? Após a tradição (verdadeira) da coisa, o promitente-comprador exterioriza o direito que espera adquirir no futuro. Não há outro a considerar.

V. Todo o discurso realizado até este momento deve compreender-se na suposição de que o promitente-comprador beneficiou de um acto de verdadeira tradição[3724]. A disponibilização material da coisa por mera tolerância, o apossamento ou a inversão do título da posse têm enquadramentos normativos próprios, que não são os que aqui se considera[3725].

A qualificação da disponibilização da coisa ao promitente-comprador como tradição deve fazer-se perante as circunstâncias do caso. A tradição

---

[3722] A Posse – Perspectivas Dogmáticas Actuais, cit., pág. 77.
[3723] Menezes Cordeiro, A Posse – Perspectivas Dogmáticas Actuais, cit., pág. 77.
[3724] Uma explicitação da *tradito* e do seu regime jurídico, para além do que ficou dito no texto, está fora de causa no contexto da presente investigação. Remete-se, por isso, para as obras de cariz geral sobre a matéria.
[3725] Calvão da Silva, Contrato-promessa – Análise Para Reformulação do Decreto-Lei Nº 236/80", cit., pág. 86, nota 55.

da coisa nos termos da propriedade implica para o cedente a demissão do *corpus* e para o promitente-comprador o controlo material permanente. Disponibilizações de favor não constituem actos de tradição e não devem ser qualificados como tal.

A tradição da coisa a favor de promitente-comprador constitui um facto, a provar segundo as regras gerais do ónus da prova.

VI. A tradição da coisa pode operar no momento da celebração do contrato-promessa ou vir a acontecer mais tarde, qualquer que seja a razão; do mesmo modo, a convenção de tradição, o acordo para esta suceder, tanto pode ter lugar no contrato-promessa, numa qualquer das suas cláusulas, como ter lugar posteriormente a ele.

Seja como for, e como facilmente se compreende, sendo a *traditio* o facto translativo da posse, e não o contrato-promessa, que não tem essa eficácia jurídica, a aquisição da posse pelo promitente-comprador ocorre somente no momento em que a tradição fica consumada através da cedência do controlo material da coisa a seu favor e não antes.

VII. Uma vez adquirida a posse nos termos da propriedade, por tradição, o promitente-comprador beneficia de todos os efeitos da posse regulados nos artigos 1251º e seguintes do código civil.

Entre esses efeitos, e à cabeça, a tutela possessória pelos meios de defesa previstos na lei, incluindo, naturalmente, os embargos de terceiro. A rejeição ao promitente-comprador da defesa por embargos constitui uma das faces mais visíveis do destempero jurisprudencial das últimas décadas, consequência dos equívocos técnicos da doutrina assumida que vê nele um simples detentor[3726].

Para além da tutela possessória, o efeito mais relevante da aplicação do regime jurídico da posse ao promitente-comprador reside na usucapião. Possuidor nos termos da propriedade, o promitente-comprador pode adquirir este direito por usucapião, se entretanto vier a decorrer o prazo legal[3727].

[3726] De resto, ainda que assim fosse, e não é, ao promitente-comprador estaria sempre disponível a tutela possessória, por ser possível a posse relativa aos direitos pessoais de gozo, como confirmam os artigos 1037º, nº 2 e 1133º, nº 2 do código civil. Sobre isto, cf. *supra* neste Capítulo o que se disse quanto à posse atinente a direitos pessoais de gozo.

[3727] Por razões que se explicam noutro lugar (José Alberto Vieira, Direitos Reais, cit., pág. 367 e seg.), o promitente-comprador não pode beneficiar, porém, do regime da acessão na posse contra o promitente-vendedor.

VIII. O promitente-comprador com posse da coisa nos termos da propriedade não deixa de beneficiar do direito de retenção, em caso de verificação dos requisitos de constituição respectivos. A posse não afasta ou preclude esse direito real de garantia.

Nesse cenário, o promitente-comprador será possuidor nos termos da propriedade e titular do direito de retenção. Uma dupla posse[3728] está fora de causa.

75. A posição do promitente adquirente em contrato-promessa com tradição da coisa

I. Para além da transmissão da propriedade, o contrato-promessa pode ter por objecto uma prestação relativa à celebração de contrato constitutivo ou translativo de direito real de gozo menor (usufruto, uso e habitação, superfície, servidão, habitação periódica) ou de direito pessoal de gozo (locação ou outro atípico)[3729].

Ocorrendo a celebração de contrato-promessa com tradição da coisa envolvendo direito real de gozo menor ou direito pessoal de gozo, a pergunta a fazer consiste em saber se o promitente-adquirente tem a simples detenção ou se lhe cabe uma genuína posse? Exemplificando: o promitente-comprador[3730] do direito de usufruto ou de superfície que fica investido na coisa por tradição tem a posse ou a detenção? O promitente-locatário nesta circunstância é possuidor ou detentor[3731]?

A posição que se adopta quanto a este problema é inequivocamente a que o promitente-adquirente colocado no senhorio físico ou material de coisa pelo acto de tradição é um possuidor, por força da eficácia própria da *traditio* (art. 1263º, alínea b) do código civil).

[3728] Conforme se disse anteriormente, o titular do direito de retenção tem a posse da coisa referida a este direito. Porém, quando o credor já é possuidor da coisa por referência à propriedade, o caso do promitente-comprador que haja beneficiado de tradição da coisa, não há uma nova posse (a relativa ao direito de retenção) a considerar, apenas a que já existia (reportada à propriedade).

[3729] O mesmo não se pode dizer quanto aos direitos reais de garantia. Não faz sentido uma promessa de constituição de direito de retenção. Quanto ao penhor, a entrega da coisa por *traditio* desencadeia a constituição do direito, salvo melhor opinião. É essa igualmente a solução com a tradição antecipada da coisa em promessa de comodato.

[3730] Dá-se o exemplo da promessa de compra e venda por ser o mais fácil de ilustrar, mas o problema estende-se à promessa de doação ou a qualquer outro contrato, típico ou atípico, do qual resulte a transmissão ou constituição de um direito, real ou pessoal, que possibilite a actuação material sobre coisa corpórea.

[3731] Lembra-se que se defende neste trabalho a posse nos termos de direito pessoal de gozo. Cf. *supra* no texto.

A argumentação que sustenta esta doutrina foi expendida no número anterior e não se vê qualquer razão que imponha solução contrária. Dentro da lógica de que a posse pode ser exteriorizada não só quanto a direitos reais de gozo, mas também quanto a direitos pessoais de gozo que envolvam uma actuação material sobre coisa corpórea, o acto de tradição gera a favor do promitente-adquirente uma verdadeira posse.

Com efeito, os elementos constitutivos da posse estão presentes: o *corpus* possessório e a exteriorização de um direito. Na ausência de norma proibitiva de posse, a situação gera uma posse a favor do promitente-adquirente.

II. A posse gerada a favor do promitente-adquirente de contrato-promessa de aquisição de direito real de gozo, que não a propriedade, e de direito pessoal de gozo não implica a perda de posse do promitente-transmitente que realize a *traditio*.

No Direito romano, a investidura por entrega da coisa realizada pelo proprietário a favor do usufrutuário ou de titular da servidão era qualificada como *quasi traditio*. A tradição respeitava somente a coisas corpóreas, não a direitos. Esta *quasi traditio* não desencadeava, assim, a transmissão da posse, porquanto não havia posse de direitos, apenas a *quasi possessio* ou *iuris possessio*.

Ultrapassado este obstáculo conceptual no Direito português actual, não há nada que impeça o promitente-usufrutuário, superficiário ou outro promitente-adquirente de direito real de gozo de adquirir a sua posse por tradição. O mesmo se diga no tocante a promitente-adquirente de direito pessoal de gozo. Com uma única diferença: o cedente não perde a posse nos termos do art. 1267º, alínea c) do código civil.

Com a tradição da coisa, por exemplo, a promitente-superficiário, este adquire a posse relativa ao direito de superfície, mantendo o promitente-transmitente a posse relativa ao seu direito. O mesmo raciocínio vale nas demais hipóteses.

III. Os efeitos da posse do promitente-adquirente nos termos de direito real de gozo são os do regime geral da posse (art. 1251º e segs.), incluindo a tutela possessória e a usucapião. Quanto a isto, não existe qualquer diferença entre o promitente-comprador da propriedade e o promitente-adquirente dos demais direitos reais de gozo.

O mesmo não se pode dizer relativamente à posse do promitente-adquirente de direito pessoal de gozo, que está fora do âmbito de aplicação do regime geral da posse. Para esse haverá apenas tutela possessória (art. 1037º, nº 2 do código civil).

76. A posição do comprador em contrato de compra e venda com reserva de propriedade e entrega da coisa

I. A lei portuguesa admite expressamente que em contrato de alienação do direito de propriedade as partes convencionem que o efeito real seja sustido, não se desencadeando nos termos do art. 408º, nº 1 do código civil, até à verificação do evento de que as partes fizeram depender a transmissão do direito. É o que se chama reserva de propriedade (art. 409º, nº 1 do código civil).

Apesar dessa cláusula, mantêm-se os demais efeitos gerados pelo contrato celebrado. Assim, na compra e venda com reserva de propriedade o vendedor permanece obrigado à entrega da coisa e o comprador tem direito a ela, nos termos gerais (art. 879º, alínea b) do código civil), a não ser que as partes hajam convencionado solução contrária.

Isto quer dizer, que o comprador de venda com reserva de propriedade ou, mais latamente, o adquirente em contrato de alienação com a inclusão desta cláusula, pode ficar investido no controlo material da coisa por força da entrega realizada pelo outro contraente. Pergunta-se, então: tem posse ou mera detenção?

A esta questão dá-se resposta idêntica à que se deu no âmbito de problema semelhante no contrato-promessa com entrega da coisa ao promitente-comprador. O comprador que recebe a coisa por tradição do vendedor adquire a posse dela, com fundamento no disposto no art. 1263º, alínea b) do código civil.

Com efeito, a tradição implica a passagem voluntária do controlo material da coisa daquele que até aí era possuidor para o novo possuidor que a recebe. O antigo possuidor, cedendo a coisa, perde a posse (art. 1267º, alínea c) do código civil); o novo possuidor, sendo investido na posse, adquire a mesma (1263º, alínea b) do código civil). A tradição da coisa envolve a transmissão da posse até aí com o transmitente.

A posse do beneficiário da *traditio* repousa nos elementos constitutivos gerais da figura. Se o *corpus* se cria com o empossamento na coisa, fruto do acto de entrega, a exteriorização liga-se ao direito a que se reporta o contrato de compra e venda (ou de alienação) celebrado.

Nestes termos, a posse do comprador em contrato de compra e venda com reserva de propriedade e tradição da coisa respeita a este direito. Não há qualquer outro a considerar.

A posse do comprador com reserva de propriedade, exercida nos termos deste direito, está sujeita ao regime geral da posse, ou seja, à aplicação do art. 1251º e seguintes do código civil. Convém sublinhar, por isso, que não se verificando o evento que as partes subordinaram a transmissão da propriedade esta pode ser adquirida pelo comprador com reserva de propriedade por efeito da usucapião, contando que se venham a preencher os requisitos legais para essa aquisição.

II. Uma boa parte da doutrina portuguesa mostra-se favorável à posse do adquirente com reserva de propriedade ao qual a coisa haja sido entregue. Era essa já a posição veiculada por Raúl Ventura[3732], seguida depois por Lima Pinheiro[3733], Ana Maria Peralta[3734], Romano Martinez[3735] e outros[3736].

A jurisprudência mostra-se, porém, dividida, encontrando-se arestos nos dois sentidos. No sentido que se perfilha, o Ac. do STJ de 29.11.1989[3737] sustenta que: "no contrato de compra e venda com reserva de propriedade da coisa vendida, havendo "tradição material" desta para o comprador, este adquire a posse real e efectiva sobre a coisa".

No recente acórdão da RL, de 03.10.2017 lê-se o seguinte: "o caráter sui generis de uma tal condição permite a afirmação de que o adquirente, ainda que conhecendo a reserva de propriedade, tem já o *animus possidendi* próprio do titular de um direito real".

A jurisprudência contrária à posse do adquirente com reserva de propriedade baseia a sua posição na alegação usual da falta de *animus*. A crítica que se fez anteriormente a propósito do promitente-comprador beneficiário da tradição da coisa vale aqui em toda a sua plenitude[3738].

Esta doutrina confunde a aquisição da posse com a da propriedade, concebe o *animus* como consciência da titularidade da propriedade, em completa contradição com o que contrário resulta do regime jurídico da posse, e não atende à eficácia jurídica própria da tradição da coisa, segundo aquele regime jurídico: o que é investido na coisa por tradição adquire a posse do

---

[3732] "O contrato de compra e venda no código civil", Revista Da Ordem Dos Advogados, 43, 1983, pág. 610.
[3733] A Cláusula De Reserva De Propriedade, Coimbra, 1988, pág. 48 e segs.
[3734] A Posição Jurídica Do Comprador Na Compra E Venda Com Reserva De Propriedade, Coimbra, 1990, pág. 67 e segs.
[3735] Direito Das Obrigações (Parte Especial), Contratos, 2ª edição, Coimbra, 2003, pág. 40, nota 2.
[3736] Paulo Ramos de Faria, "A reserva de propriedade constituída a favor de terceiro financiador", Julgar, nº 16, 2012, pág. 16 e seg.
[3737] Proc. nº 077972, em www.dgsi.pt.
[3738] Cf. *supra*, no número anterior.

possuidor anterior, que a perde (artigos 1263º, alínea b) e 1267º, alínea c) do código civil).

No caso da compra e venda com reserva da propriedade a alegação da falta de *animus* surge ainda mais criticável do que no contrato-promessa com tradição da coisa, atendendo ao elemento objectivo da celebração de um contrato com eficácia real que ocorre neste caso.

Investido no controlo material da coisa pela *traditio*, actuando sobre ela por referência ao direito de propriedade a cuja aquisição se dirige o contrato celebrado, o comprador é naturalmente um possuidor e um possuidor nos termos da propriedade, sujeito ao regime geral da posse (art. 1251º e segs. do código civil).

III. O comprador em compra e venda com reserva de propriedade, ou o adquirente em contrato de alienação deste direito com esta cláusula, tem a posse somente na medida em que beneficie de um facto translativo da posse, tradição ou outro.

O contrato de compra e venda, ao contrário do que várias vezes se colhe de alguns arestos judiciais e de alguma doutrina, não tem entre os seus efeitos a transmissão da posse, mas a obrigação de entrega da coisa, que é coisa bem diversa. A transmissão da posse, que deve ser mantida distinta da transmissão do direito real, ocorre somente por força de factos translativos próprios (art. 1263º, alínea b) e c) do código civil).

Assim, se por força de convenção constante do contrato de alienação do direito de propriedade ou, simplesmente, por incumprimento da obrigação de entrega, a coisa não foi disponibilizada materialmente ao adquirente, nem se acordou cláusula de constituto possessório, a posse não se transmitiu àquele, permanecendo com quem estava. A transmissão da posse, insiste-se, resulta unicamente da verificação do facto translativo respectivo, quando tem lugar.

77. O regime jurídico da posse fora dos direitos reais de gozo

I. A posse não tem de ter um regime jurídico uniforme; não o tinha no Direito romano, que distinguia marcadamente a *possessio civilis*, a posse boa para usucapião, da posse interdital, que conferia unicamente os interditos possessórios[3739]. Nada impede, por isso, que a posse nos termos de direito real de gozo fique sujeita a um regime jurídico geral (art. 1251º e seguintes do código civil), que possibilita, nomeadamente, a usucapião, enquanto

---

[3739] Sobre isto, cf. o que se disse na Parte Primeira no tratamento do Direito romano.

as outras posses mereçam apenas os meios de defesa, excluindo todo o restante regime jurídico ou quase todo[3740], uma ideia que surge amplamente fundamentada em OLIVEIRA ASCENSÃO[3741] e MENEZES CORDEIRO[3742].

A previsão disseminada de preceitos que contemplam somente a tutela possessória (artigos 670º, alínea a), 758º e 759º, nº 3, 1037º, nº 2, 1133º, nº 2, 1125º, nº 2 e 1188º, nº 2 do código civil) comprova que o Direito português reconheceu a posse fora do âmbito dos direitos reais de gozo, sem, contudo, estender a essas situações o regime jurídico do art. 1251º e seguintes do código civil.

Esse reconhecimento alarga-se igualmente aos casos em que não há sequer menção à tutela possessória. Contando que haja um controlo material de uma coisa corpórea nos termos de um direito, há posse, que será somente afastada pela incidência de uma norma que qualifique a situação como mera detenção. O regime jurídico dessa posse será então o da posse exercida fora do âmbito dos direitos reais de gozo.

II. Reflectindo sobre a aplicabilidade jurídica do regime da posse a posses exercidas por referência a outros direitos que não direitos reais de gozo, OLIVEIRA ASCENSÃO[3743] enuncia um conjunto de normas que teriam aplicação geral a qualquer posse. Elas seriam:

– A presunção da titularidade do direito (art. 1268º, nº 1 do código civil);
– A indemnização pelos danos decorrentes da violação da posse (art. 1284º do código civil);
– Os meios de defesa da posse;
– A sucessão na posse (art. 1255º do código civil).

A presunção de titularidade do direito liga-se à função de publicidade espontânea do direito real, desempenhada pela posse. A extensão desta presunção a uma posse exercida nos termos de direito pessoal de gozo, para os quais nenhuma publicidade é requerida, parece ser de excluir.

A indemnização por danos resulta da violação de um direito, nos termos gerais da responsabilidade civil extracontratual (art. 483º, nº 1 do código civil). Quem reconhece na posse um direito não tem qualquer dificuldade na solução, que emerge, de resto, do próprio art. 483º, nº 1 do código civil e não do regime geral da posse. A aplicação do regime jurídico da respon-

---

[3740] Nesse sentido já MENEZES CORDEIRO, A Posse – Perspectivas Dogmáticas Actuais, cit., pág. 83.
[3741] Direito Civil – Reais, cit., pág. 66 e segs.
[3742] MENEZES CORDEIRO, A Posse – Perspectivas Dogmáticas Actuais, cit., pág. 83.
[3743] Direito Civil – Reais, cit., pág. 67.

sabilidade civil (extracontratual) à posse exercida fora dos direitos reais de gozo não deve merecer qualquer hesitação.

Os meios de defesa da posse representam a zona de regulação comum a todas as situações de posse, as exercidas por referência a um direito real de gozo e as outras. Por via directa ou por analogia, todas as posses recebem a tutela possessória geral prevista no art. 1251º e seguintes.

Finalmente, quanto à sucessão na posse, não se crê que a mesma possa ser estendida a situações de posse reportadas a créditos estruturados em relações jurídicas com duração normalmente limitada no tempo, diferentemente dos direitos reais de gozo[3744]. Por essa razão, também não se acompanha o pensamento de Oliveira Ascensão nesta parte.

O que fica, então, do regime geral da posse que possa ser aplicado a uma posse reportada a um direito que não seja direito real de gozo?

Respondendo, dir-se-á que fica a tutela possessória e a responsabilidade civil por violação da posse, neste último caso, por força do regime jurídico específico da responsabilidade civil.

A violação da posse confere, assim, ao possuidor o recurso a qualquer um dos meios de defesa da posse contemplados pelo ordenamento jurídico português e o direito a ser indemnizado pelos danos causados pelo facto. O direito à defesa possessória e o direito de indemnização são comuns a todas as posses, as exercidas nos termos de direito real de gozo e as outras, que exteriorizam um direito real de garantia ou um direito pessoal de gozo.

78. Considerações conclusivas sobre a extensão da posse

A posse, sendo um instituto de Direitos Reais, por ter uma coisa corpórea como objecto, ostenta tradicionalmente uma extensão que compreende situações jurídicas não reais. A origem histórica da figura explica isso. Germinada como meio de defesa do concessionário de terras públicas do *ager publicus* romano e do precarista de terras de patrícios romanos, que não beneficiavam de qualquer *actio in rem*, a *possessio* romana não se estruturava sobre nenhuma das categorias de direitos subjectivos modernos, incluindo antes situações que pertenceriam hoje aos Direitos Reais, ao Direito das Obrigações e até ao Direito Processual Civil (*sequester*).

[3744] Aliás, a solução deixa dúvidas mesmo no contexto da posse atinente aos direitos reais de gozo, particularmente para os direitos (usufruto, uso e habitação) que se podem extinguir com a morte do titular. Importa perceber, de facto, que a regra sobre a sucessão na posse foi forjada historicamente para a posse nos termos da propriedade e que, por essa razão, a sua aplicação fora desse contexto deve ponderar o destino do direito com a morte do seu titular.

A incursão do Direito Canónico pela posse, desde a Alta Idade Média, acentuou a diversidade das situações jurídicas às quais a posse se podia referir, algumas das quais, de resto, manifestamente fora do espírito do instituto (por exemplo, as que envolviam o poder paternal e o estado de casado). A influência do Direito Canónico e dos meios de tutela da posse entretanto desenvolvidos no seu âmbito, nomeadamente, a acção de esbulho, fizeram-se sentir na *praxis* dos reinos europeus e ajudaram a moldar o instituto, até a entrada em cena da pandectística alemã com a recepção do Direito romano puro.

As ordens jurídicas contemporâneas exprimem esta confluência, entre a herança do romanismo, os resultados da penetração do Direito Canónico e ainda a tradição jurídica dos povos europeus. Como resultado, a posse estende-se potencialmente a todas as situações em que alguém, por força de um dado regime jurídico, tem a permissão normativa de actuação material sobre uma coisa corpórea. E isso não sucede apenas com os direitos reais. Outros direitos que não são inerentes a coisa corpórea autorizam o titular a gozar a coisa – o caso típico dos direitos pessoais de gozo (a locação, o comodato, a parceria pecuária, outros) – ou, pelo menos, a tê-la em seu poder para dado fim (os direitos reais de garantia, o depósito).

Isto afasta a posse do domínio exclusivo dos direitos reais de gozo e mesmo dos direitos reais em geral, pois, conforme se viu, a posse é possível relativamente a direitos reais de garantia (penhor, direito de retenção e consignação de rendimentos) e a direitos de crédito cuja prestação consista na disponibilização do gozo ou de qualquer outra forma de aproveitamento de coisa corpórea[3745].

De todo o modo, a extensão da posse atém-se ao domínio da actuação material que expressa um senhorio físico sobre o objecto, confinando-a ao mundo das coisas corpóreas. A coisa corpórea funciona, assim, simultaneamente como objecto e limite da posse. Este último aspecto dita que apenas os direitos que compreendam no seu conteúdo poderes de actuação material sobre coisa corpórea possam ser exteriorizados por ela.

Da digressão feita pelas situações jurídicas a que a posse se pode reportar resulta que esta pode exitir quanto a:

– Direitos reais de gozo;

[3745] E essa tem sido a orientação de MENEZES CORDEIRO, A Posse – Perspectivas Dogmáticas Actuais, cit., pág. 81 e segs.

- Direitos reais de garantia, nos casos assinalados (penhor, direito de retenção e consignação de rendimentos havendo entrega da coisa ao credor);
- Direitos pessoais de gozo;
- Outros direitos pessoais que compreendam poderes de actuação material sobre coisa corpórea (o caso paradigmático do depósito).

De todas estas situações jurídicas, o regime geral da posse constante do art. 1251º e seguintes do código civil recebe aplicação somente na posse exercida no tocante a direitos reais de gozo. Às demais posses resta a tutela possessória, que é igual, e o direito de indemnização do possuidor pelos danos decorrentes da violação ilícita da sua posse.

PARTE TERCEIRA
A POSSE NO SISTEMA JURÍDICO

Capítulo Primeiro
A Posse como Parte do Sistema de Direitos Reais

79. As funções da posse. O fundamento da protecção possessória
I. Existe uma razão que explica porque se pergunta pelo fundamento da posse quando não se faz o mesmo para a generalidade dos outros direitos subjectivos, direitos reais, direitos de crédito ou outros[3746].

Na verdade, a ordem jurídica tutela a posse independentemente da exteriorização do direito pelo possuidor coincidir com a titularidade do mesmo e ainda que – e este afigura-se o aspecto mais significativo – ela haja sido adquirida ilicitamente em violação de um direito de alguém (propriedade ou outro). O ladrão, como outro qualquer esbulhador, adquire a posse por apossamento e recebe a mesma tutela possessória do possuidor causal e do possuidor de boa fé[3747]. O mesmo se diga quanto aos demais efeitos jurídicos da posse.

O problema do fundamento da posse reside, pois, na justificação encontrada para a protecção do possuidor formal num quadro de aquisição que pode ocorrer em violação do Direito.

II. A discussão do fundamento da posse surge em tempos relativamente recentes, se se atender à antiguidade da discussão jurídica sobre a posse. As primeiras tomadas de posição surgem no século XVIII, sendo verdadeiramente no século XIX que o tema ganha o seu impulso principal.

[3746] Como já observava JHERING em Ueber den Grund des Besitzesschutzes, cit., pág. 3.
[3747] E com excepção do regime jurídicos dos frutos, das benfeitorias e do prazo para a usucapião, o resto da regulação normativa coincide inteiramente.

Na indagação sobre o fundamento da posse a obra fundamental é da autoria de JHERING[3748]: *Ueber den Grund des Besitzesschutzes – Eine Revision der Lehre vom Besitz*[3749]. Nesta obra JHERING passa em revista o estado da dogmática preexistente, agrupando as doutrinas encontradas de acordo com uma classificação principal: as doutrinas absolutas e as doutrinas relativas[3750].

As doutrinas a que chama relativas encontram o fundamento da posse no exterior do instituto, as absolutas no seu interior[3751]. No campo das primeiras, JHERING[3752] isola quatro teorias:

- As que fundam a posse na proibição da violência, defendidas por SAVIGNY[3753] (a violação da posse é um delito) e RUDORFF[3754] (a violação da posse consiste numa violação da ordem jurídica);
- A que sustenta que ninguém pode molestar a posição de outro sem ter um direito prevalente (THIBAUT[3755]);
- A que defende que o possuidor, que tem um direito à posse, não pode ser molestado até demonstração em contrário (RÖDER);
- As teorias que fundamentam a posse na propriedade, que JHERING formula como:
  - As que a consideram uma autêntica propriedade;
  - As que vislumbram na posse o início da propriedade;
  - As que consideram a posse no interesse da requerida complementação da defesa da propriedade, a doutrina do próprio JHERING[3756].

Para as teorias absolutas, e ainda no quadro explicativo de JHERING, a posse seria tutelada:

[3748] Na literatura jurídica alemã do século XIX, cf. sobre o tema SAVIGNY, Das Recht des Besitzes, cit., pág. 46 e segs., RUDORFF, "Ueber den Rechtsgrund der possessorischen Interdikte", cit., pág. 90 e segs., BEKKER, Ueber Besitz und Besitzklagen, cit., pág. 20 e segs., PUCHTA, Pandekten, cit, pág. 182 e segs., BRUNS, Das Recht des Besitzes im Mittelalter und in der Gegenwart, Tübingen, cit., pág. 487 e segs. e Die Besitzklagen des römischen und heutigen Rechts, cit., pág. 263 e segs., RANDA, Der Besitz nach österreichischem Rechte, cit., pág. 359 e segs., KINDEL, Die Grundlagen des Römischen Besitzrechts, cit., pág. 199 e segs., WINDSCHEID, Lehrbuch des Pandektenrechts, cit., pág. 481 e seg.

[3749] Cit. Cf. do mesmo autor neste tema "Beiträge zur Lehre vom Besitz", cit., pág. 3 e segs. e "Der Besitz", cit., pág. 57 e segs.

[3750] JHERING, Ueber den Grund des Besitzesschutzes, cit., pág. 4.

[3751] JHERING, Ueber den Grund des Besitzesschutzes, cit., pág. 4 e segs.

[3752] Ueber den Grund des Besitzesschutzes, cit., pág. 5 e segs.

[3753] Das Recht des Besitzes, cit., pág. 46 e segs.,

[3754] "Ueber den Rechtsgrund der possessorischen Interdikte", cit., pág. 93 e segs.

[3755] Thibaut, System des Pandekten-Rechts, cit., pág. 213 e segs.

[3756] Ueber den Grund des Besitzesschutzes, cit., pág. 5 e pág. 45 e segs. e "Der Besitz", cit., pág. 67.

- Por ser a incorporação fáctica da vontade (Puchta³⁷⁵⁷, Bruns³⁷⁵⁸);
- Por permitir a defesa da propriedade através do controlo de facto sobre a coisa (Stahl).

As posições de Savigny, Rudorff, Thibaut, Röder permitem explicar parcialmente o regime jurídico da posse, mas enquanto assentes num fundamento isolado tendem a ser insuficientes para justificar por si toda a dimensão de efeitos gerados pela posse.

As teorias assentes na propriedade, incluindo a de Jhering, não podem ser aceites³⁷⁵⁹. Fruto de um tempo que procurou comprimir a posse na exteriorização do direito da propriedade, elas não servem para justificar um regime normativo que concebe a posse no âmbito lato dos direitos reais, incluindo direitos reais de garantia, e que a alarga a outros direitos subjectivos (não reais) que autorizam o titular a actuar materialmente sobre uma coisa corpórea (direitos pessoais de gozo, etc.). Isso vale igualmente para a teoria absoluta de Stahl.

A posse não representa qualquer incorporação de vontade, nem o Direito tutela a posse por esta a objectivar no controlo material de uma coisa, o que inquina as posições de Bruns ou de Puchta.

III. Tal como no passado, a discussão do fundamento da posse tem lugar, sobretudo, na doutrina alemã, com os inevitáveis ecos na sua congénere portuguesa. Para além de diferentes perspectivas do problema, quando se confronta a doutrina actual com a do século XIX, uma nota de diferença reside na defesa frequente de uma pluralidade de fundamentos e não apenas de um único³⁷⁶⁰.

Na verdade, a doutrina mais recente prefere falar em funções da posse, misturando o plano operativo das normas possessórias com o fundamento da protecção legal³⁷⁶¹. Importa, pois, não perder de vista que a identificação das funções da posse se liga a esse fundamento e, em última análise, é este último que importa clarificar.

[3757] Puchta, Pandekten, cit, pág. 182 e segs.
[3758] Bruns, Das Recht des Besitzes im Mittelalter und in der Gegenwart, cit., pág. 487 e segs. e Die Besitzklagen des römischen und heutigen Rechts, cit., pág. 263 e segs.
[3759] Cf. também Menezes Leitão, Direitos Reais, cit., pág. 100.
[3760] Sobre isto, cf., por exemplo, Elmar Bund, Staudinger BGB, cit., pág. 68 e segs., Baur/Stürner, Sachenrecht, cit., pág. 64 e segs., Joost, Münchener Kommentar, cit., § 854, 13, Westermann/Gursky/Eickmann, Sachenrecht, cit., pág. 83 e segs., Vieweg/Werner, Sachenrecht, cit., pág. 15 e seg., Schwab/Prütting, Sachenrecht, cit., pág. 23 e seg., Müller/Gruber, Sachenrecht, cit., pág. 43 e segs., Wolf/Wellenhofer, Sachenrecht, 32. Auflage, München, 2017, pág. 35 e seg.
[3761] Muito críticos desta abordagem Brehm/Berger, Sachenrecht, cit., pág. 34 e segs.

Na primeira parte do século XX a posição dominante defendia caber à posse uma função de publicidade e legitimação[3762]. E, com efeito, ainda hoje uma função de publicidade da posse é admitida pela generalidade dos autores[3763].

Para além da publicidade, são ainda assacadas como funções da posse: a função de protecção[3764], a conservação ou continuidade da situação[3765], a preservação da paz social[3766], a transmissão da propriedade[3767], a presunção e aparência da propriedade[3768], e a defesa da pessoa ou da personalidade do possuidor[3769].

[3762] BAUER, Zur Publizitätsfunktion Des Besitzes Bei Übereignung Von Fahrnis, Festschrift für Friedrich Wilhelm Bosch, zum 65. Geburtstag, Bielefeld, 1976, pág. 1, WESTERMANN/GURSKY//EICKMANN, Sachenrecht, cit., pág. 85, WOLFF/RAISER, Sachenrecht, cit., pág. 23, HANS STOLL, Grundriss des Sachenrechts, cit., pág. 60 e seg., EICHLER, Institutionen des Sachenrechts, cit., pág. 58, LENT/SCHWAB, Sachenrecht, cit., pág. 11.

[3763] JOOST, Münchener Kommentar, cit., § 854, 13, FRITZSCHE, BANBERGER/ROTH/HAU/POSEK BGB Kommentar, § 854, 11, STADLER, SOERGEL BGB, cit., pág. 23 e seg., BAUR/STÜRNER, Sachenrecht, cit., pág. 66, BAUR, Sachenrecht, cit., pág. 47 e seg., WESTERMANN/GURSKY//EICKMANN, Sachenrecht, cit., pág. 85, VIEWEG/WERNER, Sachenrecht, cit., pág. 15 e seg., LORENZ, ERMAN BGB, cit., pág. 3747, MÜLLER, Sachenrecht, cit., pág. 32, MÜLLER/GRUBER, Sachenrecht, cit., pág. 44, PRÜTTING, Sachenrecht, cit., pág. 18 e seg., SCHWAB/PRÜTTING, Sachenrecht, cit., pág. 23 e seg., BREHM/BERGER, Sachenrecht, cit., pág. 34, VIEWEG/WERNER, Sachenrecht, 7. Auflage, München, 2015, pág. 15, WOLF/WELLENHOFER, Sachenrecht, cit., pág. 35.

[3764] WESTERMANN/GURSKY/EICKMANN, Sachenrecht, cit., pág. 83 e seg., VIEWEG/WERNER, Sachenrecht, cit., pág. 15, STADLER, SOERGEL BGB, cit., pág. 23 e seg., BAUR/STÜRNER, Sachenrecht, cit., pág. 64, BAUR, Sachenrecht, cit., pág. 45, BREHM/BERGER, Sachenrecht, cit., pág. 34, PRÜTTING, Sachenrecht, cit., pág. PRÜTTING, Sachenrecht, cit., pág. PRÜTTING, Sachenrecht, cit., pág. 19, WIELING, Sachenrecht, cit., pág. 43 e segs. e Sachenrecht, Sachen, Besitz an beweglichen Sachen, cit., pág. 121, VIEWEG/WERNER, Sachenrecht, cit., pág. 15, WESTERMANN/GURSKY/EICKMANN, Sachenrecht, cit., pág. 83 e seg., STOLL, Grundriss des Sachenrechts, cit., pág. 60, SCHAPP//SCHUR, Sachenrecht, 4. Auflage, München, 2009, pág. 25.

[3765] Na doutrina portuguesa, ORLANDO DE CARVALHO, Introdução À Posse, in Direito Das Coisas, cit., pág. 262. Na doutrina estrangeira, VIEWEG/WERNER, Sachenrecht, cit., pág. 16, BAUR/STÜRNER, Sachenrecht, cit., pág. 65, BAUR, Sachenrecht, cit., pág. 46 e seg., BREHM/BERGER, Sachenrecht, cit., pág. 35, PRÜTTING, Sachenrecht, cit., pág. 19, STADLER, SOERGEL BGB, cit., pág. 23 e seg., VIEWEG//WERNER, Sachenrecht, cit., pág. 16, WOLF/WELLENHOFER, Sachenrecht, cit., pág. 36.

[3766] As posições de SAVIGNY e de RUDORFF. Mais recentemente, cf. WESTERMANN, BGB-Sachenrecht, cit., pág. 13, WESTERMANN/GURSKY/EICKMANN, Sachenrecht, cit., pág. 88, LORENZ, ERMAN BGB, cit., pág. 3747, MÜLLER/GRUBER, Sachenrecht, cit., pág. 43 e seg., SACCO/CATERINA, cit., pág. 17 e segs., RISI, Il Possesso, cit., pág. 27, MOTA PINTO, Direitos Reais, cit., pág. 192.

[3767] VIEWEG/WERNER, Sachenrecht, cit., pág. 16, WOLF/WELLENHOFER, Sachenrecht, cit., pág. 35, LENT/SCHWAB, Sachenrecht, cit., pág. 11.

[3768] Para além de JHERING, MÜLLER/GRUBER, Sachenrecht, cit., pág. 44.

[3769] WILHELM, Sachenrecht, cit., pág. 221 e segs., WIELING, Sachenrecht, cit., pág. 46 e seg.

IV. Em Portugal, o tema da função da posse tem conhecido abordagens diversificadas.

Santos Justo[3770] entende haver para a posse duas funções:
- A da tutela (defesa) do possuidor;
- A do acesso à aquisição do direito a que a posse se refere.

Menezes Cordeiro[3771], por sua vez, reconduz a função da posse:
- À defesa da ordenação dominial subjacente[3772];
- À tutela da confiança.

A primeira destas funções limita a posse aos direitos reais de gozo. Uma ordenação dominial tem em vista primariamente a propriedade e, quando muito, os demais direitos reais de gozo. Ora, a posse exerce-se também nos termos de alguns direitos reais de garantia e de direitos de crédito[3773] e, particularmente no que a estes diz respeito, não se vê que possa estar em causa qualquer ordenação dominial.

A tutela da confiança visa a situação e protecção de terceiros no tráfego jurídico. A posse centra-se na posição do possuidor; o ladrão e o possuidor de má fé em geral têm a mesma tutela possessória do possuidor de boa fé. Não se vê, pois, como sufragar esta leitura do regime possessório.

No que diz respeito à função da posse, julga-se poder autonomizar quatro funções[3774]:
- Atribuição provisória de um direito;
- Garantia da paz social, através da prevenção da violência;
- Publicidade;
- Consolidação.

As funções ora isoladas não são compreensíveis por si, mas enquanto trecho de um sistema normativo de regulação do instituto.

A ideia, segundo a qual, a posse envolve a atribuição provisória de um direito está subjacente à colocação sistemática da figura na parte final da disciplina normativa de Direitos Reais constante do *codice civile* italiano e surge em autores estrangeiros como Heck[3775] e Wolff/Raiser[3776]. Na dou-

---

[3770] Santos Justo, Direitos Reais, cit., pág. 158 e seg.
[3771] A Posse – Perspectivas Dogmáticas Actuais, cit., pág. 49 e seg.
[3772] De ordenação dominial fala também Orlando de Carvalho, Introdução À Posse, in Direito Das Coisas, cit., pág. 262.
[3773] Os que se identificaram na Parte II do presente estudo.
[3774] Cf. José Alberto Vieira, Direitos Reais, cit., pág. 459 e segs.
[3775] Grundriss des Sachenrechts, cit., pág. 9.
[3776] Sachenrecht, cit., pág. 19, por exemplo.

trina portuguesa, esta linha argumentativa emerge já em Paulo Cunha[3777], passando por Dias Marques, ainda no domínio do código civil anterior, encontrando apoio recente em Henrique Mesquita, Orlando de Carvalho[3778] e Santos Justo[3779].

A ordenação possessória, com a tutela respectiva, funciona como elemento dissuasor do jogo de forças entre as pessoas, prevenindo a violência, a alteração da ordem pública e a imposição do mais forte. Ela garante, assim, a paz social, tanto quanto o Direito o pode fazer[3780].

Quanto à função de publicidade, a posse faz presumir a titularidade do direito real exteriorizado na actuação do possuidor (art. 1268º, nº 1 do código civil), sobretudo, para as coisas móveis relativamente às quais não haja uma publicidade organizada sob a forma de registo. Embora na ausência de um princípio "posse vale título" e da desnecessidade da *traditio* para a transmissão do direito real a função de publicidade da posse tenha em Portugal um impacto menor, comparativamente com outras ordens jurídicas, não deixa de se manifestar no regime jurídico.

A função de consolidação[3781] caracteriza-se pela possibilidade de fazer coincidir a exteriorização do direito com a titularidade do mesmo no caso da posse formal. Esta função só existe para a posse nos termos de direito real de gozo e liga-se à eficácia própria da usucapião, um dos efeitos da posse.

V. Procede-se aqui a uma distinção entre a função da posse e o seu fundamento de protecção. No problema da função da posse pergunta-se pelo quadro de efeitos que ela propicia na ordem jurídica, ao possuidor e a terceiros; com a questão do fundamento pretende-se saber a razão justificativa da protecção da posse pelo Direito.

Em tema de fundamento da posse – que se mantém separado do problema da função – começa-se por lembrar Manuel Rodrigues[3782]. Este autor

---

[3777] Direitos Reais, cit., pág. 108.

[3778] Introdução À Posse, in Direito Das Coisas, cit., pág. 262, que fala numa ordenação dominial provisória.

[3779] Santos Justo, Direitos Reais, cit., pág. 158 e segs.

[3780] Negando esta função, Orlando de Carvalho, Introdução À Posse, in Direito Das Coisas, cit., pág. 262.

[3781] Num sentido próximo, Orlando de Carvalho, Introdução À Posse, in Direito Das Coisas, cit., pág. 263, Stadler, Soergel BGB, cit., pág. 23 e seg., Baur, Sachenrecht, cit., pág. 47 (que trata o tema debaixo da função de conservação), Wieling, Sachenrecht, cit., pág. 44 e seg. e Sachenrecht, Sachen, Besitz an beweglichen Sachen, cit., pág. 121, Müller/Gruber, Sachenrecht, cit., pág. 45.

[3782] A Posse, cit., pág. 29 e segs.

afirma que o exercício de um poder sobre a coisa constitui um facto que o público considera e que tem um valor económico, sendo, por isso, "disciplinado e protegido"[3783]. ORLANDO CARVALHO[3784] e MOTA PINTO[3785] viriam a aderir a esta tese.

MENEZES LEITÃO[3786], depois de um périplo pelas doutrinas expostas em JHERING e da ponderação da doutrina portuguesa, defende a mesma ideia de MANUEL RODRIGUES: que o controlo fáctico da coisa representa um valor económico que deve ser protegido, sendo essa a justificação para a protecção possessória[3787].

OLIVEIRA ASCENSÃO[3788], de modo diverso, invoca o fenómeno da inércia social humana para explicar que o Direito estimula a estabilidade de uma situação em que alguém mantém a coisa em seu poder até que seja judicialmente demonstrado que não tem a titularidade do direito. Apesar da invocação da inércia, OLIVEIRA ASCENSÃO[3789] acaba por mencionar a "estabilidade da situação fundada na aparência do direito", parecendo ser esta aparência o fundamento apontado para a protecção possessória.

Que dizer de tudo isto?

A protecção possessória justifica-se por uma razão simples: estando subjacente a ela a exteriorização de um direito, a ordem jurídica protege a posição do possuidor na presunção de que o direito existe e lhe pertence. O controlo da coisa e a exteriorização do direito conferem a base de facto para essa presunção. O detentor não beneficia dela, porque não exterioriza um direito próprio.

A presunção mantém-se enquanto o possuidor não for derrotado judicialmente por aquele que tem um melhor direito. Até lá todos os outros estão inibidos de perturbar ou esbulhar a sua posição, podendo o possuidor defender a sua posse pelos meios de defesa previstos no ordenamento.

A protecção possessória tem sempre natureza provisória quando não acompanhada da titularidade do direito exteriorizado. A posse formal, dissociada dessa titularidade, cede sempre defronte daquele que tem o direito a possuir a coisa. Eventualmente, decorrido o prazo de usucapião, a exte-

---

[3783] MANUEL RODRIGUES, A Posse, cit., pág. 32.
[3784] Revista de Legislação e Jurisprudência, 122, 1990, pág. 66.
[3785] MOTA PINTO, Direitos Reais, cit., pág. 194.
[3786] Direitos Reais, cit., pág. 97 e segs.
[3787] Direitos Reais, cit., pág. 101.
[3788] Direito Civil – Reais, cit., pág. 73 e segs.
[3789] Direito Civil – Reais, cit., pág. 75.

riorização do possuidor formal pode redundar na aquisição do direito real de gozo exteriorizado. Nesse momento, a eficácia retroactiva da usucapião assegura a conversão da protecção provisória numa protecção de cariz definitivo, com a aquisição do direito exteriorizado.

Vistas as coisas desta forma, o fundamento da protecção possessória encontra-se com a função (ou funções) assinalada para a posse.

80. Posse: facto ou direito?

I. Chegados a esta questão atinge-se o pico da controvérsia histórica que subjaz a todo o instituto, desde a sua origem histórica. Na Parte Primeira deste estudo fez-se o levantamento das várias posições que foram sendo exprimidas sobre o tema até à alvorada do movimento codificador moderno e dos primeiros códigos civis, incluindo a colocação sobre o tema dos autores portugueses antes e no domínio do código civil de SEABRA[3790].

Desse levantamento resulta claro que a doutrina que vê na posse um mero facto, e que tem as suas raízes profundas no Direito romano, alcançou ao longo da história o favor da larga maioria dos autores[3791]. Da glosa ao *mos gallicus* e deste à pandectística alemã as opiniões sucedem-se no sentido de qualificar a posse como um facto[3792]. E nem a hesitação de SAVIGNY[3793], que concebe a posse como um híbrido, a um tempo facto e direito, contribuiu

---

[3790] Cf. *supra* a Parte Primeira.

[3791] Na doutrina moderna, cf., por exemplo, LARENZ/CANARIS, Schuldrecht II/2, Dreizehnte Auflage, München, 1994, § 76 II, f), pág. 396, BAUR/STÜRNER, Sachenrecht, cit., pág. 19, VIEWEG/WERNER, Sachenrecht, cit., pág. 15, KEGEL, Von Wilden Tieren, zerstreuten Leuten und versunkenden Schiffen. Zum Verhältnis von Besitz und Eigentum beweglicher Sachen, Festschrift für ERNST VON CAEMMERER, zum 70. Geburtstag, Tübingen, 1978 pág. 149 e segs., WIELING, Sachenrecht, cit., pág. 45 e Sachenrecht, Sachen, Besitz an beweglichen Sachen, cit., pág. 135, WOLF/WELLENHOFER, Sachenrecht, cit., pág. 33, BRODMANN, PLANCK's Kommentar zum Bürgerlichen Gesetzbuch, cit., pág. 32, STOLL, Grundriss des Sachenrechts, cit., pág. 57, SCHAPP//SCHUR, Sachenrecht, cit., pág. 26, SACCO/CATERINA, Il Possesso, cit., pág. 3 e segs., RISI, Il Possesso, cit., pág. 18 e seg., BARBERO, Sistema Del Diritto Privato Italiano, cit., pág. 290 e segs., BARASSI, Istituzioni Di Diritto Civile, quarta edizione, Milano, 1955, pág. 419 e segs., MAZZON, Il Possesso, cit., pág. 5 e segs. Uma longa lista de autores de ambos os lados da barricada pode ser confrontada em FINZI, Il Possesso Dei Diritti, cit., pág. 23 e segs.

[3792] No sentido da posse direito, lembra-se, todavia, e primeiro que todos, ainda na glosa, BALDO DE UBALDI; depois, no século XVIII, MINDANI, GIPHANII, BACHOVII, SCHRÖTER, HAHN, GABLER, STRUVII, SCHAUMBURG, LAUTERBACHS, WIELING, FRIESEN, NETTELBLADT e Höpfner (cf. a análise histórica contida na Parte Primeira deste estudo) e, já no século XIX, Gans (em crítica a SAVIGNY).

[3793] Das Recht des Besitzes, cit., pág. 43 e segs. Não se pense, porém, que esta doutrina de SAVIGNY se deve a ele de modo pioneiro. No século XVIII, e na doutrina alemã, a tese tinha já defensores. Cf. *supra* no número respeitante à doutrina alemã dos séculos XVI, XVII e XVIII.

muito para alterar o balanço de forças a favor da parte da doutrina que a qualifica como mero facto.

Em Portugal, a civilística portuguesa contemporânea começou por pender nitidamente para o campo daqueles que vêem na posse um facto ou não fosse essa, afinal, a posição de PIRES DE LIMA/ANTUNES VARELA[3794], seguida pela sempre reverente e submissa jurisprudência dos nossos tribunais superiores. O legado opinativo de MANUEL RODRIGUES[3795] foi, uma vez mais, ignorado.

No campo da qualificação da posse como facto, para além de PIRES DE LIMA/ANTUNES VARELA, também ORLANDO DE CARVALHO[3796].

O enunciado desta doutrina sintetiza-se na formulação de WINDSCHEID[3797]: "a posse, embora não seja um direito, tem consequências jurídicas". Ela constitui, pois, nesta visão, um facto a que o Direito liga um feixe de efeitos jurídicos determinados.

Embora a doutrina que vislumbra na posse um facto tenha feito carreira entre os autores portugueses, nos últimos anos a doutrina oposta, que qualifica a posse como um direito, tem recebido uma adesão crescente de autores, a ponto de ser hoje maioritária no nosso país. Depois de HENRIQUE MESQUITA[3798], MOTA PINTO[3799], OLIVEIRA ASCENSÃO[3800] e MENEZES CORDEIRO[3801], SANTOS JUSTO[3802], na sequência temporal, CARVALHO FERNANDES[3803], PAULA COSTA E SILVA[3804], PINTO DUARTE[3805], nós próprios[3806] e MENEZES LEITÃO[3807].

II. Na dogmática jurídica um facto vem usualmente descrito como um evento ou acontecimento. A juridicidade do mesmo, por sua vez, advém do

---

[3794] Código Civil Anotado, Vol. III, cit., pág. 1 e segs.1
[3795] A Posse, cit., pág. 37.
[3796] Introdução À Posse, in Direito Das Coisas, cit., pág. 262 e 269 e segs.
[3797] Lehrbuch des Pandektenrechts, cit., pág. 479.
[3798] Direitos Reais, cit., pág. 84 e segs.
[3799] Direitos Reais, cit., pág. 214 e seg.
[3800] Direito Civil – Reais, cit., pág. 128 e segs.
[3801] A Posse – Perspectivas Dogmáticas Actuais, cit., pág. 163 e segs.
[3802] Direitos Reais, cit., pág. 180.
[3803] Lições De Direitos Reais, cit., pág. 281 e segs.
[3804] Posse ou Posses?, cit., pág. Posse ou Posses?, cit., pág. 56.
[3805] Curso De Direitos Reais, cit., pág. 343 e seg.
[3806] Direitos Reais, cit., pág. 559 e segs.
[3807] Direitos Reais, cit., pág. 151 e segs.

Direito lhe associar efeitos jurídicos. Um facto jurídico constitui, assim, um acontecimento ou evento que produz efeitos jurídicos[3808].

Um acontecimento ou evento esgota-se no momento em que ocorre, não sendo algo que permanece no tempo. Descrever a posse como um facto equivale a concebê-la como um momento episódico da realidade, que termina quando tem lugar.

Nada disso corresponde ao regime jurídico da posse. Conquanto possa ocasionalmente ser episódica, e durar um curto período de tempo, a posse estabiliza-se no controlo material da coisa, prolongando-se na possibilidade de actuação do possuidor sobre a coisa.

Por esta razão, julga-se que a afirmação corrente da posse como um facto deve ser corrigida no sentido de a identificar antes como situação de facto[3809]; já não um puro evento ou acontecimento, mas como o estado que decorre da sua verificação.

A pergunta correcta a fazer não é, pois, a se a posse consiste num facto ou num direito, mas se constitui uma situação de facto ou uma situação jurídica, concretamente, um direito.

III. A qualificação da posse como facto, ou melhor, como situação de facto, só pode harmonizar-se com um regime jurídico fragmentário, como era o caso no Direito romano e no Direito comum, e com uma ciência jurídica incipiente. Todos os dados normativos actuais apontam num sentido contrário.

Olhando para a colocação sistemática da posse no contexto normativo de Direitos Reais, no mesmo plano e ao lado dos outros direitos reais de gozo, incluindo a propriedade, não se pode deixar de atentar estar aqui um primeiro argumento a favor da qualificação da posse como direito. No entanto, não se pretende dar a este argumento um valor decisivo. A lei regula outros factos jurídicos e isso não altera a sua natureza.

Existem, todavia, aspectos do regime normativos da posse que confirmam integralmente a natureza de situação jurídica. Para começar, a posse adquire-se nos termos do art. 1263º do código civil. Este preceito contempla formas de aquisição originária da posse (apossamento e inversão do título da posse) e formas de aquisição derivada (tradição e constituto

---

[3808] MENEZES CORDEIRO, Tratado de Direito Civil Português
[3809] Como faz ORLANDO DE CARVALHO, Introdução À Posse, in Direito Das Coisas, cit., pág. 262. Veja-se também NATOLI, Il Possesso, cit., pág. 147.

possessório) ou, numa terminologia objectiva, a constituição e a transmissão da posse[3810].

As formas de aquisição da posse representam tecnicamente factos, aqueles pelos quais a posse se adquire. Se a posse fosse um facto, como explicar que ela se adquire, ou seja, se constitui e transmite?

Os factos são eventos ou acontecimentos; eles ocorrem ou têm lugar, mas não se adquirem. As situações jurídicas, ao contrário, constituem-se e transmitem-se, podendo ser adquiridas, por efeito de factos jurídicos que produzam tais vicissitudes. Só as situações jurídicas se adquirem, não os factos.

As situações jurídicas podem entrar na sucessão do titular pessoa singular falecido, mas os factos (ou situações de facto) não entram na sucessão de ninguém. Um evento ou acontecimento não cabe em nenhuma herança. Ora, se isto é assim, como explicar que a posse passe para os sucessores do possuidor, com a singularidade de a sucessão operar independentemente da apreensão material da coisa pelos sucessores (art. 1255º do código civil)? – A posse entra na sucessão do possuidor porque o regime jurídico a concebe como situação jurídica hereditável[3811].

Um facto (ou uma situação de facto) não se extingue, ao invés do que sucede com a posse. Esta cessa em todas as situações previstas no art. 1267º do código civil. A extinção é própria das situações jurídicas, não dos factos.

O regime jurídico dos factos aquisitivos e extintivos da posse deixa perceber bem a natureza subjacente ao tratamento jurídico da mesma. Embora com factos específicos, a posse adquire-se e extingue-se como qualquer outra situação jurídica real, propriedade incluída.

A possibilidade de actuação do possuidor sobre a coisa constitui outro trecho da construção jurídica da posse como direito. Com efeito, a posse atribui ao possuidor um dado aproveitamento de uma coisa corpórea. Esse aproveitamento inclui o uso e a fruição, na medida do direito exteriorizado, como decorre, nomeadamente dos artigos 1270º e 1271º do código civil.

[3810] Sobre o carácter negociável da posse e o valor do argumento para a qualificação da posse como direito subjectivo, cf. HENRIQUE MESQUITA, Direitos Reais, cit., pág. 85 e seg.

[3811] Sobre o argumento, cf. igualmente HENRIQUE MESQUITA, Direitos Reais, cit., pág. 86. SAVIGNY, Das Recht des Besitzes, cit., pág. 44 e seg. via na impossibilidade de sucessão na posse um dos argumentos da sua dimensão de facto. Os regimes modernos, como o português (desde o século XVIII), dispõem que a posse se transmite *mortis causis*, afastando um dos tradicionais argumentos invocados para justificar a natureza de facto da posse.

O uso e a fruição da coisa constituem o conteúdo de uma situação jurídica, de modo inteiramente análogo aos demais direitos reais de gozo, cujo tipo legal os combina em dada medida. Um mero facto não confere naturalmente o aproveitamento de um bem, não, pelo menos, um que o Direito tutele. O uso e a fruição do possuidor são consequência da atribuição de um direito que contém a permissão ao possuidor para realizar esse aproveitamento.

A turbação ou esbulho da coisa concede ao possuidor um direito à reparação dos seus danos (art. 1284º do código civil). A responsabilidade civil em causa (extracontratual) requer a violação de uma situação jurídica, como inequivocamente decorre do lugar respectivo (art. 483º, nº 1 do código civil). Não há responsabilidade civil por ofensa a factos (ou a situações de facto)!

Um outro ponto elucidativo do regime jurídico da posse consta do art. 1267º, alínea d) do código civil. Sendo o possuidor esbulhado e privado do senhorio sobre a coisa, a posse subsiste ainda assim pelo prazo de um ano. A permanência de uma posse dissociada do *corpus* possessório e da exteriorização do direito supõe a existência de uma situação jurídica que permanece na titularidade do possuidor. Uma situação de facto cessaria por si com a quebra do *corpus*.

A outorga de tutela judicial ao possuidor (artigos 1276º e seguintes do código civil), incluindo o possuidor formal, culmina a construção jurídica da posse no edifício normativo português. Como já anteriormente se expôs, a defesa judicial da posse faz actuar um direito existente: esse direito só pode ser a posse. A uma acção corresponde um direito, não um facto!

Se alguns aspectos do regime jurídico se harmonizam com uma posse situação de facto, nomeadamente, as presunções legais, as classificações da posse, o regime das benfeitorias e a usucapião, tudo o resto só se entende numa dogmática moderna à luz da qualificação da posse como situação jurídica[3812], mais concretamente, um direito. A posse constitui, pois, um direito subjectivo[3813].

[3812] No número seguinte analisa-se a corrente doutrinária alemã que vê na posse uma situação jurídica, mas não um direito subjectivo.

[3813] A doutrina alemã contemporânea rejeita ver na posse um direito subjectivo, qualificando-a preferencialmente como simples situação jurídica, concretamente, como *Rechtsposition*. Cf. os autores que se citam no número seguinte na discussão sobre a natureza jurídica da posse. Na doutrina alemã menos recente, e no sentido da posse como direito subjectivo, a posição que se defende no texto, cf. WOLFF/RAISER, Sachenrecht, cit., pág. 24 e segs., ENNECCERUS/KIPP/WOLFF,

A posse não tem um regime jurídico abstracto e intemporal, válido qualquer que seja a ordem jurídica considerada. Pelo contrário, o Direito é um fenómeno situado no espaço e no tempo, numa dada ordem jurídica. Por isso, afigura-se possível que o tratamento da posse no Direito romano, e até no Direito comum, fosse compatível com uma qualificação da mesma como mero facto (ou situação de facto). A evolução juscientífica e o enquadramento normativo final no código civil português conferiram, porém, à posse o cariz de um direito. A generalidade dos efeitos jurídicos previstos no art. 1251º e seguintes apenas são explicáveis para uma situação jurídica e mostram-se inteiramente desadequados a um facto jurídico.

IV. A qualificação da posse como direito não infirma a existência de factos ligados a esta, desde logo, o *corpus* possessório e a exteriorização do direito. Estes elementos constitutivos da posse são factos, a provar segundo as regras gerais. Da sua existência depende a posse, mas esta pertence já ao domínio das situações jurídicas.

81. O conteúdo do direito posse

I. Como direito subjectivo a posse tem um conteúdo composto de situações jurídicas menores, em regra, poderes simples[3814]. A dogmática jurídica obriga a distingui-los, elucidando que os mesmos não são direitos em sentido técnico, mas apenas as situações jurídicas menores que encontram no direito posse a sua fonte.

A doutrina tradicional, portuguesa e estrangeira, trata-os como meros efeitos jurídicos da posse, na sequência dos ensinamentos da pandectística alemã, baseada na compreensão da posse como situação de facto, *res facti*, e não direito. Quando, porém, se qualifica a posse como direito os supostos efeitos revelam-se, na verdade, genuínos poderes jurídicos[3815].

Já noutro lugar[3816] se procedeu ao elenco dos poderes conteúdo da posse. Há, no entanto, algumas precisões a fazer.

Lehrbuch des Bürgerlichen Rechts, cit., pág. 177, Westermann/Gursky/Eickmann, Sachenrecht, pág. 85, nota 13; na doutrina italiana, cf. Messineo, Manuale Di Diritto Civile E Commerciale, cit., pág. 253.

[3814] Posições contrárias que sustentam a falta de poderes no conteúdo da posse, como a de Medicus (Schuldrecht II, cit., pág. 268) ou a de Natoli (Il Possesso, cit., pág. 154 e segs.), devem ser rejeitadas, por não se harmonizarem com o regime jurídico português da posse.

[3815] A presunção da titularidade do direito (art. 1268º, nº 1 do código civil) constitui, no entanto, um verdadeiro efeito jurídico da posse.

[3816] José Alberto Vieira, Direitos Reais, cit., pág. 535 e segs.

II. O conteúdo da posse não é uniforme para todas as situações de posse[3817], o que resulta, desde logo, do regime jurídico não ser igual relativamente a todas elas. Como se explicou anteriormente, a regulação normativa constante do art. 1251º e seguintes do código civil vale unicamente para a posse que exterioriza um direito real de gozo. Para as posses que exteriorizam outros direitos fica apenas o poder de defender a posse e o poder de indemnização decorrente da violação da mesma.

Existe, todavia, um traço comum do seu conteúdo que uniformiza todas as posses, seja qual for o direito exteriorizado através delas e que explica a defesa possessória. Esse traço reside no poder de conservação da situação possessória. Com efeito, as acções possessórias asseguram ao possuidor que ele mantém a situação de controlo material nos termos de um direito ou providenciam, no caso da acção de restituição e do procedimento de restituição provisória, o regresso a ela.

Deste modo, o primeiro poder, e o principal, a considerar no conteúdo da posse é o poder de conservação da mesma.

III. A partir daqui, o conteúdo possessório tem de ser deslindado relativamente a cada posse, ponderando-se o conteúdo do direito exteriorizado[3818] e os caracteres da posse, sempre sem perder de vista que o regime jurídico do art. 1251º e seguintes apenas tem aplicação directa à posse nos termos de direito pessoal de gozo e que esse mesmo regime se encontra construído por referência à posse paradigmática exercida nos termos da propriedade, a posse de maior extensão.

Se considerarmos exemplificativamente o conteúdo da posse do possuidor de boa fé nos termos da propriedade, teremos[3819]:
– O poder de conservação do controlo material da coisa;
– O poder de usar a coisa;
– O poder de fruir a coisa;
– O poder a ser indemnizado por benfeitorias feitas na coisa;

[3817] Neste ponto concorda-se com PAULA COSTA E SILVA, Posse ou Posses?, cit., pág. 55, embora se discorde quanto à coincidência com o conteúdo do direito exteriorizado.

[3818] Chegados a este ponto convém fazer alguns esclarecimentos. Já se disse anteriormente neste estudo, que a actuação material do posssuidor funciona em espelho relativamente ao direito exteriorizado. Com isto quis-se dizer, não que o conteúdo da posse é igual ao do direito que exterioriza, mas que o âmbito do controlo material da coisa (o *corpus* possessório) tende a coincidir com ele, o que é diferente.

[3819] Cf. JOSÉ ALBERTO VIEIRA, Direitos Reais, cit., pág. 536 e segs., MENEZES LEITÃO, Direitos Reais, cit., pág. 137 e segs., que fala, porém, em efeitos da posse e não em conteúdo.

- O poder a ser indemnizado por violação ilícita da posse;
- O poder de usucapião;
- O poder de acessão;
- O poder de defesa da posse.

O poder de conservar a posse tem um cariz provisório. A posse cede sempre no caso de conflito com um direito prevalecente, desde logo, tratando-se de posse formal, para a propriedade.

Como qualquer direito subjectivo, no conteúdo da posse encontram-se igualmente situações jurídicas passivas, como documentam o dever de pagamento dos encargos com a coisa, o dever de restituição dos frutos (possuidor de má fé) ou o dever de indemnizar em caso de perda da coisa[3820].

IV. A enunciação do conteúdo da posse relativa à propriedade mostra que nenhum dos extremos por vezes afirmados tem exactidão: nem a posição de MEDICUS[3821], de acordo com o qual, a posse ostenta um vazio de poderes jurídicos, nem a de PAULA COSTA E SILVA[3822], de que "a posse, seja causal ou formal, goza do conteúdo decorrente do regime a que se encontra sujeita a situação de fundo".

Para começar, os caracteres da posse introduzem diferenças no conteúdo da posse. O possuidor de boa fé nos termos da propriedade (do usufruto e do uso e habitação) tem direito aos frutos; o possuidor de má fé não tem (art. 1271º do código civil); o proprietário, por sua vez, tem sempre direito aos frutos.

Por outro lado, sendo a posse uma atribuição provisória de um direito, poderes que envolvem a atribuição definitiva estão fora do conteúdo da mesma. Assim, o proprietário pode destruir a coisa, como titular de um poder de disposição sobre ela; o possuidor (formal) não o pode fazer.

Finalmente, dentro da lógica de separação e autonomia entre a posse e o direito exteriorizado através dela, há um conteúdo próprio de cada um deles. O poder de usucapir (para a posse nos termos de direito real de gozo) só existe na posse, não no direito de propriedade, ou no direito real de gozo em geral. O poder de reivindicar a coisa, presente no conteúdo do direito real de gozo, está ausente na posse, assim, como inversamente, os meios de defesa da posse só a esta dizem respeito, não ao direito real.

[3820] Cf. a propósito José ALBERTO VIEIRA, Direitos Reais, cit., pág. 539 e segs.
[3821] Schuldrecht II, cit.
[3822] Posse ou Posses?, cit., pág. 55.

O conteúdo da posse afere-se defronte do direito exteriorizado, podendo variar defronte do mesmo direito em função do regime legal atinente aos caracteres da posse, sem nunca esquecer que uma aplicação directa do regime jurídico constante do art. 1251º e seguintes do código civil só tem lugar para a posse nos termos de direito real de gozo.

82. *Ius possessonis* e *ius possidendi*. A inutilidade da distinção
As expressões são utilizadas incontáveis vezes pela doutrina ao longo da história. O uso da expressão *ius possessionis* exprime a ideia da posse como um direito e tem o significado do próprio direito de posse ou simplesmente posse.

Por *ius possidendi* pretende-se diferentemente aludir a um direito à posse. Ele caberia, desde logo, ao proprietário ou a quem com o qual a coisa se deveria encontrar nos termos de um dado direito (real ou outro).

O *ius possessionis* confunde-se com a posse. Qualquer menção a ela envolve-o, sem haver qualquer interesse em autonomizá-lo. Não se vê, por isso, utilidade no uso da expressão, cada vez mais rara no tratamento contemporâneo da posse.

A expressão *ius possidendi* exprime o poder, em sentido jurídico, de reclamar a posse da coisa. Em si, porém, ele não integra o conteúdo de nenhum direito, real ou de outra natureza. No caso específico dos direitos reais de gozo, o direito real tem a coisa por objecto, por ela estar envolvida na atribuição do aproveitamento ao titular. Este tem, assim, um direito à coisa e não à posse. O significado não é puramente semântico, traduzindo a valoração legal subjacente ao regime jurídico. O direito real tem a coisa por objecto e confere direito a ela, não à posse.

83. A natureza da posse
I. Uma vez assente que a posse constitui um direito subjectivo, a questão da natureza jurídica consiste em saber que direito é esse, ou seja, em que classe se integra. Diversamente do que sucede relativamente aos outros problemas jurídicos da posse, este tem sido um dos menos versados pela doutrina ao longo dos tempos. Isso tem uma explicação simples. O postulado romano da posse como *res facti* levou a que todos os que com ele concordaram não necessitassem de abordar o problema da natureza da posse. Esta só se discute verdadeiramente quando se concluiu que se trata de uma *res iuris*.

Como aqui se configura, o problema da natureza da posse começou a ser discutido no século XVIII, na Alemanha, quando uma boa parte dos estudiosos da posse a qualificou como um direito[3823]. HAHN[3824], indo mais longe que os seus conterrâneos, define a posse como um *ius in re*, conferindo-lhe, pois, natureza real. No mesmo campo, entre outros, STRUVII[3825], SCHAUMBURG[3826], LAUTERBACHS[3827], WIELING[3828].

A afirmação primeira da natureza real da posse, ou seja, como um *ius in re* ao lado dos outros, encontra-se, porém, muito antes, na glosa, em BALDO DE UBALDI.

Ao mesmo tempo em que uma corrente importante de autores do século XVIII reconhece na posse um direito real, outros, mesmo afirmando a posse como um direito, qualificam-no como um direito especial entre os *iura in re* e os *iura ad rem* (ou além destes). Assim, nomeadamente, FRIESEN[3829], NETTELBLADT[3830] e HÖPFNER[3831].

Seria, contudo, SAVIGNY[3832] a dar o mote da discussão moderna. Sem prejuízo da dupla dimensão que atribui à posse, facto e direito, o mestre alemão defende, separando Direitos Reais e Direito das Obrigações, que a posse pertence a este último ramo do Direito[3833]. Ligando a posse a dois efeitos, a usucapião e a protecção interdital, e considerando o primeiro pertinente à sua dimensão fáctica, SAVIGNY[3834] integra a disciplina jurídica interdital no Direito das Obrigações, argumentando que o regime jurídico dos interditos se fundamenta nas *obligationes ex maleficiis*[3835-3836].

[3823] Cf. o que se disse acerca da doutrina alemão dos séculos XVII e XVIII na Parte Primeira.
[3824] HAHN, De Iure Rerum Et Juris In Re Speciebus, cit., LX.
[3825] Annotationes Succinctae, cit., pág. 160 e 167 e segs.
[3826] Compendium Iuris Digestorum, cit., pág. 68.
[3827] Collegii theorico-practici a Libro Trigesimo Nono Pandectarum, cit., pág. 239.
[3828] Repetitio institutionum iuris civilis, Lispiae, cit., pág. 65
[3829] De Genuina Possessionis Indole, cit., pág. 1 e segs.
[3830] Nova Introductio In Iurisprudentiam Positivam Germanorum Communem, cit., pág. 717 e segs.
[3831] Theoretisch practischer Commentar über die Heineccischen Institutionen, cit., pág. 282 e segs.
[3832] Das Recht des Besitzes, cit., pág. 48 e segs.
[3833] SAVIGNY, Das Recht des Besitzes, cit., pág. 48.
[3834] Das Recht des Besitzes, cit., pág. 48.
[3835] SAVIGNY, Das Recht des Besitzes, cit., pág. 49.
[3836] A posição de SAVIGNY é de facto um pouco mais complexa, porquanto o autor só considera a dimensão jurídica da posse, como direito, no momento da sua ofensa com violência, o que justifica a ligação da natureza da posse à natureza dos interditos e ao contexto sistemático destes. Para uma crítica funda a este modo de ver, cf. GANS, Ueber die Grunlage des Besitzes, cit., pág. 9 e segs., especialmente, pág. 18 e segs., com a defesa da tese de que a posse constitui um direito.

A posição de SAVIGNY, que pondera unicamente os meios de defesa da posse para responder ao problema da sua natureza jurídica, afigura-se não só injustificável como indefensável. Nem o momento jurídico da posse reside somente na violação por terceiro, nem tão-pouco a natureza da figura pode decorrer do fundamento dos interditos. Não surpreende, assim, que não obstante o impacto esmagador da obra de SAVIGNY na teoria possessória este trecho da sua teoria da posse não tenha recebido seguidores e seja sempre alvo de críticas adversas.

II. Dentro daqueles que atribuem à posse a natureza de um direito, mais ninguém depois de SAVIGNY a situou na órbita do Direito das Obrigações. Estruturado em torno de uma relação jurídica – a relação jurídica obrigacional – o direito de crédito tem por objecto uma prestação do devedor e não uma coisa corpórea, o que só por si basta para excluir a pertinência de qualquer aproximação da posse a esta classe de direitos subjectivos. A posse não torna o possuidor num credor de uma prestação.

Outros autores oferecem uma perspectiva diversa da natureza da posse. Assim a posse vem vista:

a) Como acção;
b) Como início de defesa da propriedade;
c) Como um interesse legítimo;
d) Como uma expectativa jurídica;
e) Como um direito enfraquecido;
f) Como um direito da personalidade;
g) Como um direito com a natureza do direito exteriorizado;
h) Como situação jurídica (activa), mas não direito subjectivo;
i) Como um direito *sui generis*;
j) Como um direito real.

Não se mencionam neste lugar as doutrinas que vêm a posse como uma relação de facto entre o sujeito e a coisa[3837] ou a descrevem como a "imagem" da propriedade. A primeira tem a seu favor a grande maioria dos pandectistas alemães do século XIX, mas assenta no entendimento de que a posse constitui um facto e não um direito, o que se afasta do pressuposto prévio desta discussão: a natureza de direito da posse.

[3837] Estruturadas em torno do conceito de relação jurídica estas doutrinas incorrem num erro lógico inaceitável: elas figuram uma relação jurídica entre uma pessoa e uma coisa. Ora, as relações jurídicas são relação entre pessoas; as coisas constituem objecto de situações jurídicas, não estão no mesmo plano das pessoas, nem lógica nem ontologicamente. Por esta razão, ainda que se considerasse a posse uma situação de facto, esta ideia seria sempre de rejeitar.

A teoria da posse como imagem da propriedade, tão cara a JHERING ou a BONFANTE, tem o grave inconveniente de ligar a posse somente a este direito, o que surge desmentido quer pela história do instituto quer pelo Direito positivo, que estende o âmbito da posse à exteriorização de outros direitos, reais e pessoais.

A primeira das doutrinas enunciadas em cima acentua a natureza exclusivamente processual da posse e deve-se a CARNELUTTI[3838]. Construindo a posse no âmbito do processo civil, esta doutrina apaga a vertente substantiva da posse e o seu carácter de direito subjectivo, o que a torna absolutamente indefensável. De resto, como se tem observado[3839], a uma acção corresponde um direito e neste modo de ver não haveria direito algum por detrás da acção.

A doutrina que vê no direito posse o início da defesa da propriedade deve-se a GANS[3840]. Este autor, que crítica fortemente o dualismo de SAVIGNY quanto à natureza da posse, sustenta convictamente a tese de que se trata somente de um direito, concebendo-o, contudo, com uma função instrumental de defesa da propriedade. A teoria padece, assim, entre outros, do defeito de todas as teorias que oferecem explicação semelhante, associando a posse apenas à propriedade e desconsiderando a ligação com todos os restantes direitos que podem ser exteriorizados através dela.

A terceira doutrina foi desenvolvida por um cultor do Direito público, um administrativista: ZANOBINI[3841]. O autor sustenta que em ordem à prossecução de interesses gerais o ordenamento jurídico pode impor às pessoas deveres sem que em contrapartida haja um direito subjectivo correspondente; protegem-se indirectamente interesses individuais pela via da protecção directa do interesse público geral. A posse seria uma dessas situações.

Com diferente fundamento, também GENTILE[3842] veio a sufragar a ideia da posse como defesa de um interesse legítimo. Impressionou a este autor que a posse pudesse constituir um direito como o direito de propriedade,

---

[3838] Istituzioni del nuovo processo civile italiano, vol. 1, Roma, 1942, 216.
[3839] OLIVEIRA ASCENSÃO, Direito Civil – Reais, cit., pág. 127, MENEZES CORDEIRO, A Posse – Perspectivas dogmáticas actuais, cit., pág. 160 e seg., MONTEL, Il Possesso, cit., pág. 256 e segs.
[3840] System des römischen Civilrechts im Grundrisse, Berlin, 1827, págs. 202 e segs.
[3841] Interessi occasionalmente protetti nel diritto privato, in Studi in memoria di F. Ferrara, 1943, II, pág. 707. Outros defensores da mesma doutrina podem ser confrontados em MONTEL, Il Possesso, cit., pág. 256, nota 6.
[3842] Il Possesso Nel Diritto Civile, cit., pág. 31 e segs.

levando a uma confusão prática ente ambos: dois direitos sobre o mesmo objecto e na titularidade da mesma pessoa.

Sendo embora uma situação jurídica, o interesse legítimo representa uma forma de tutela indirecta de bens, que pode ser activada por quem sofra danos com a violação da norma de protecção, sem que haja uma atribuição subjectiva do bem a alguém. Ora, nisto reside justamente uma razão para a rejeição desta doutrina. A posse outorga ao possuidor um dado aproveitamento de uma coisa corpórea e nessa medida investe-o no direito correspondente. A posse consiste num direito atribuído pela ordem jurídica ao possuidor, e, portanto, numa situação jurídica subjectiva que não só o tem como titular como lhe confere directamente o aproveitamento do seu objecto (a coisa corpórea), não numa qualquer forma indirecta de protecção de bem (público) em nome de interesses gerais.

A doutrina da posse como expectativa jurídica deve-se a NATOLI[3843]. Este autor, admitindo embora consistir a posse numa situação jurídica, e não um mero facto ou situação de facto, não vê no seu regime jurídico um conteúdo de protecção que lhe permita ascender à categoria do direito subjectivo. Por outro lado, enquanto dura, a posse traz ao possuidor a possibilidade de vir adquirir através da usucapião o direito exteriorizado. Neste estado residiria a expectativa jurídica do possuidor e a natureza da posse[3844].

Rejeita-se que a posse possa ser qualificada como uma mera expectativa jurídica[3845]. Desde logo, porque, ao contrário do pretendido por NATOLI, ela apresenta sempre um conteúdo de protecção, embora o mesmo possa variar na sua extensão tendo em conta o direito exteriorizado pelo possuidor. Pensando na posse reportada a direito real de gozo, o possuidor tem quase sempre o uso da coisa e pode ter igualmente a fruição, estando de boa fé, se o direito exteriorizado a admitir[3846]. Beneficia ainda de um amplo poder de disposição, podendo transmitir a sua posse, constituir outras posses de menor âmbito e também renunciar a ela. Por outro lado, a sua posição sobre a coisa é tutelada por acções possessórias, procedimentos cautelares e a sua violação gera um direito de indemnização.

[3843] Il Possesso, cit., pág. 154 e segs.
[3844] NATOLI, Il Possesso, cit., pág. 156.
[3845] Sobre esta situação jurídica, cf. MENEZES CORDEIRO, Tratado de Direito Civil Português, I, Coimbra, 2012 (Reimpressão da 4ª edição).
[3846] Conforme se disse anteriormente, a posse funciona em espelho face ao direito exteriorizado através dela. Se este não confere o gozo (superfície, servidões prediais, por exemplo), o possuidor também não pode fazer seus os frutos da coisa.

Por tudo isto, a remoção do poder de fruição ao possuidor de má fé (art. 1271º do código civil) não se mostra suficiente para colocar em risco a qualificação jurídica da posse como direito subjectivo com conteúdo próprio de aproveitamento da coisa. Esse conteúdo de protecção oferece uma complexidade bem maior daquela que o conceito de expectativa jurídica pode abarcar e não se limita evidentemente ao estreito poder de usucapir conferido ao possuidor no âmbito do seu direito de posse. A posse não constitui, por isso, uma simples expectativa jurídica.

A tese da posse como um direito subjectivo enfraquecido desenvolveu-se em Itália, a partir do trabalho de BRANCA[3847], com a adesão posterior de MONTEL[3848]. Os seus antecedentes encontram-se, porém, na doutrina alemã[3849]. A premissa de base da doutrina assenta na provisoriedade da tutela possessória. Sendo a posse formal, ou seja, estando dissociada da titularidade do direito a que se refere, ela vai ceder sempre a favor da propriedade em caso de conflito judicial, nomeadamente, se o proprietário recorrer à acção de reivindicação[3850]. O destino da posse e do possuidor, estaria, deste modo, inteiramente nas mãos de um terceiro (o proprietário), o que explicaria o seu carácter de direito "enfraquecido".

Esta doutrina realça um aspecto verdadeiro do regime jurídico possessório. A posse não atribui ao possuidor uma protecção definitiva da sua posição sobre a coisa, que se mantém somente por força da titularidade do direito exteriorizado (posse causal)[3851] ou com a eventual usucapião do mesmo. O conflito entre o possuidor formal e o titular do direito real resolve-se sempre a favor deste último (art. 1311º e 1315º do código civil) e até no conflito com outro possuidor, numa situação de conflito de posses, a posse cede defronte daquele que tem melhor posse (art. 1278º, nº 2 do código civil). Há ainda a situação do possuidor esbulhado em conflito com terceiro de boa fé, que a lei portuguesa resolve a favor do último, retirando a oponibilidade à posse (art. 1281º, nº 2 do código civil).

[3847] "Il Possesso como diritto affievolito", em Scriti in onore di Francesco Carnelutti, Vol. III, pág. 387 e segs.
[3848] Il Possesso, cit., pág. 258 e seg. e "Possesso (Diritto Civile)", cit., pág. 377 e seg.
[3849] Em WOLFF/RAISER, Sachenrecht, § 3, III, pág. 19. Cf. também ERNST WOLF, Lehrbuch des Sachenrechts, cit., pág. 44 e seg.
[3850] MONTEL, Il Possesso, cit., pág. 259.
[3851] Sendo certo que neste caso é o direito exteriorizado que permite manter a posição do possuidor e não a posse.

Ainda assim, o enfoque na oponibilidade reduzida ou mitigada não ajuda nada a esclarecer a natureza da posse. Um direito "enfraquecido" não tem lugar em nenhuma classe conhecida de direitos subjectivos, nem tão-pouco confere um carácter *sui generis*, como decorre de outras doutrinas sobre a natureza da posse. Um direito "enfraquecido" pode ser um direito real, um direito de crédito, etc. O que seja a posse no campo dos direitos subjectivos não fica esclarecido nesta doutrina.

A qualificação da posse como direito da personalidade encontra-se em PUCHTA[3852]. No entender deste autor, a posse constitui um meio de realização da pessoa do possuidor e um instrumento de exteriorização da sua vontade. Como crítica decisiva a esta doutrina, pode dizer-se, desde logo, que a posse não tem por objecto um bem da personalidade, mas uma coisa corpórea, e não protege por isso qualquer personalidade do possuidor. A natureza patrimonial da posse compromete igualmente qualquer aproximação aos direitos da personalidade. A posse não é certamente um deles.

Na doutrina estrangeira, STROHAL[3853] defendeu que o direito posse não tem uma natureza unitária, podendo ser um direito real, de crédito, sucessório e até familiar[3854]. A natureza da posse seria dada pelo direito exteriorizado através dela, variando assim consoante o direito considerado. Esta posição não permaneceu isolada. No tempo actual, STADLER[3855] vê a posse como uma situação "intermédia" entre os Direitos Reais e o Direito das Obrigações, argumentando que uma posse existente no domínio de uma relação obrigacional consiste num direito relativo sobre uma coisa.

Por força de influência estrangeira ou não, a doutrina de STROHAL aparece também no ensino português da posse, nomeadamente, em LUÍS PINTO COELHO[3856], PAULO CUNHA[3857] e DIAS MARQUES[3858]. Ela repousa no entendimento de que a posse constitui parte do conteúdo do direito exteriorizado e reflecte o seu exercício de facto, que remonta a JHERING.

[3852] "Zu welcher Klasse von Rechten gehört der Besitz?", Rheinisches Museum für Jurisprudenz, Jg. 3, pág. 305 e segs.
[3853] Der Sachbesitz nach dem Bürgerlichen Gesetzbuche für das Deutsche Reich, cit., pág. 40 e segs.
[3854] STROHAL exemplifica com o poder paternal, Der Sachbesitz nach dem Bürgerlichen Gesetzbuche für das Deutsche Reich, cit., pág. 40 e seg.
[3855] SORGEL BGB, cit., pág. 14 (47).
[3856] Lições De Direitos Reais, cit., pág. 117 e segs.
[3857] Direitos Reais, cit., pág. 106 e segs.
[3858] Direitos Reais, cit., pág. 183 e segs.

A construção descrita ignora basicamente o pressuposto histórico de autonomização da posse face à propriedade. Quando, contudo, se tem presente a separação entre posse e direito exteriorizado não há meio de assimilar a natureza da primeira à classe do direito subjectivo a que se refere. A posse não constitui conteúdo do direito exteriorizado, mas uma nova e distinta situação jurídica. Por outro lado, a posse tem sempre por objecto uma coisa corpórea e isso não sucede com os direitos de crédito, de família ou sucessórios, todos com diferentes objectos[3859]. Mesmo, porém, quando o direito exteriorizado seja real, o conteúdo da posse confere-lhe uma identidade jurídica própria, que não deve confundir-se com aquele. A natureza jurídica da posse não se retira nunca do direito exteriorizado através dela.

O entendimento da posse como situação jurídica (*Rechtsposition*) surge em alguns autores germânicos contemporâneos[3860], que consideram que os efeitos jurídicos decorrentes do regime possessório a retiram do âmbito de uma mera realidade ou situação de facto, mas ao mesmo tempo consideram-nos insuficientes para fundamentar um verdadeiro direito subjectivo. Nesta linha de pensamento, JOOST[3861], STADLER[3862], ELMAR BUND[3863], FRITZSCHE[3864], GURSKY[3865], WIELING[3866], LORENZ[3867], EICHLER[3868], HECK[3869], LENT/SCHWAB[3870], ESSER/WEYERS[3871], entre outros.

Os argumentos que nos levam a sustentar que a posse constitui um direito subjectivo foram apresentados no número anterior. Como situação jurídica complexa, que oferece um conteúdo de aproveitamento sobre um objecto, uma coisa corpórea, com meios de defesa próprios, não se vê o que possa faltar para a qualificação como direito subjectivo. A natureza provisó-

---

[3859] E isto mesmo sem atender à impossibilidade legal de uma posse referida a situações jurídicas familiares e sucessórias.
[3860] No mesmo sentido para a doutrina italiana, cf. NICOLÒ, Istituzioni di diritto privatto, Milano, 1962, pág. 44 e 49, PUGLIATTI, Il transferimento delle situazioni soggetive, Milano, 1964, pág. 54.
[3861] Münchener Kommentar, § 854, III, 9 a 11.
[3862] SOERGEL BGB, cit., pág. 24 e seg.
[3863] STAUDINGER BGB, cit., pág. 76 e seg.
[3864] BeckOK BGB, BAMBERGER/ROTH/RAU/POSECK, cit., § 854, 15.
[3865] WESTERMANN/GURSKY/EICKMANN, Sachenrecht, cit., pág. 85 e segs.
[3866] Festschrift für Ulrich Lübtow zum 80. Geburtstag, 1980, pág. 574.
[3867] ERMAN BGB, cit., pág. 3747.
[3868] Institutionen des Sachenrechts, cit., pág. 56 e segs.
[3869] Grundriss des Sachenrechts, cit.
[3870] Sachenrecht, cit., pág. 12.
[3871] ESSER/WEYERS, Shuldrecht, Band II, Besonderer Teil, Teilband 2, 5. Auflage, Heidelberg, Karlsruhe, 1979, pág. 142.

ria e a tutela enfraquecida no confronto com o direito real do proprietário, ou de outro titular, não derrotam esta qualificação.

A posse como direito *sui generis* corresponde à teoria que nega o carácter de direito real à posse, sem, todavia, lhe fazer corresponder qualquer outra classe de direitos subjectivos. Em Portugal, esta ideia tem frutificado, embora nem sempre com os mesmos argumentos.

MENEZES CORDEIRO[3872] e, no seu encalço, MENEZES LEITÃO[3873] afirmam tratar-se na posse de um "direito de gozo diferenciado", nem direito real nem direito pessoal. O argumento, único, seria o de que a posse não era no Direito romano protegida por *actiones in rem*.

Mesmo situando a discussão no Direito romano, não é exacto que todos os direitos hoje tidos por reais fossem defendidos por uma *actio in rem*, o caso da superfície durante todo o período clássico e até ao Direito justinianeu, permanecendo ainda hoje dúvidas sobre se alguma vez o terá sido[3874].

Fora do Direito romano, nunca foram defendidos por *actiones in rem* os privilégios creditórios, o direito de retenção e os direitos reais de aquisição, como a promessa real ou a preferência real. Ninguém duvida, porém, de que se trata de direitos reais. No campo específico dos direitos reais de gozo, o direito de habitação também nunca foi defendido por uma *actio in rem*. Não tem este direito natureza real?

A ligação da natureza real de um direito à sua defesa, nomeadamente, por reivindicação, foi quebrada há mais de dois séculos. Ela não faz hoje qualquer sentido. A natureza real não advém do particular meio de defesa do direito – aliás, variado em função das diversas categorias de direitos reais – mas da inerência do direito a uma coisa corpórea. O objecto – uma coisa corpórea – decide da natureza real, não o meio de defesa.

Assim, a classe dos *ius in re* não retira da *actio in rem* o denominador comum da sua natureza, mas da coisa que constitui o seu objecto[3875]. O direito real é o direito sobre uma coisa corpórea (*ius in re*): direito cujo objecto consista numa coisa corpórea tem natureza real. Os direitos reais só podem recair sobre coisas corpóreas e todos os direitos que têm uma coisa corpórea como objecto são reais. Não há qualquer outro regime jurídico para eles.

[3872] A Posse – Perspectivas dogmáticas actuais, cit., pág. 164.
[3873] Direitos Reais, cit., pág. 153.
[3874] Sobre isto, cf. o que se disse *supra* no tratamento do Direito romano.
[3875] De resto, no Direito romano a *actio in rem* está predisposta para a defesa da propriedade sobre a coisa. O objecto do direito determina o meio de defesa respectivo e não o inverso.

Dito isto, não se desconhece que a alusão de MENEZES CORDEIRO e de MENEZES LEITÃO às *actiones in rem* suscita o paralelismo com o direito do locatário. Crê-se, contudo, que não há analogia entre ambas as situações. Fundado num contrato (contrato de locação), o direito do locatário não tem a coisa por objecto, mas a prestação do locador ao gozo da coisa. Por esta razão, se o locatário está privado da posse, ou se a vem a perder[3876], não a pode obter fora da colaboração do locador; o seu direito não tem inerência à coisa.

O possuidor, ao invés, só vê o direito de posse constituído quando se reúnem os dois elementos estruturantes da posse, nomeadamente, e especificamente, o *corpus* possessório, o que significa que tem sempre a coisa em seu poder. Isto faz da posse um direito inerente à coisa. Os interditos possessórios defendiam essa inerência, algo que evidentemente está fora do escopo da acção obrigacional de cumprimento, dirigida à realização de uma prestação.

A ausência de protecção da posse pelas *actiones in rem* não tem, por conseguinte, o mesmo significado que tem para o locatário e outros titulares de direitos pessoais de gozo. Estruturada no *corpus* possessório, a posse tem por objecto a coisa corpórea, e se não se confundir a posse com o direito exteriorizado, há nela a mesma inerência de qualquer outro direito real.

Finalmente, OLIVEIRA ASCENSÃO[3877] rejeita a natureza real da posse, argumentando que no regime do actual código civil lhe falta inerência e carácter absoluto, por força do disposto no art. 1281º, nº 2 do código civil.

A inerência do direito real constitui aspecto diverso da sua oponibilidade. Por isso, a confusão entre estas características deve ser evitada; na sua base encontram-se princípios diversos de Direitos Reais[3878]. A inerência provém simplesmente da circunstância da coisa constituir o objecto do direito real. Justamente porque incide sobre uma coisa corpórea, a posse tem inerência a ela, constituindo, assim, um direito inerente, como os demais direitos reais.

A oponibilidade, por outro lado, deriva da eficácia da defesa do direito defronte de terceiros. Todos os direitos subjectivos oferecem oponibilidade, em maior ou menor medida, ou não fossem eles tutelados pela ordem jurídica; em todo o caso, essa oponibilidade pode limitar-se a pessoa ou

---

[3876] Com o decurso do prazo de um ano (art. 1267º, nº 2 do código civil).
[3877] Direito Civil – Reais, cit., pág. 130 e segs.
[3878] Sobre isto, cf. José ALBERTO VIEIRA, Direitos Reais, cit., pág. 189 e segs. e 202 e segs.

pessoas delimitadas (oponibilidade relativa) ou estender-se a quem quer que seja (oponibilidade absoluta).

A posse tem oponibilidade absoluta[3879], podendo ser feita valer contra qualquer pessoa[3880-3881]. Isso decorre directamente do disposto no art. 1278º, nº 1 do código civil. Se o possuidor for esbulhado da coisa, pode defender a sua posse contra o esbulhador, seja ele qual for, enquanto não estiver decidida a questão da titularidade do direito. Se o esbulhador falecer, o possuidor pode reclamar a sua posse contra os sucessores daquele. Esta oponibilidade contra todos funda justamente a afirmada oponibilidade absoluta[3882], a eficácia de defesa do direito posse contra qualquer pessoa, portanto, um

---

[3879] SCHAPP/SCHUR, Sachenrecht, cit., pág. 26 chegam mesmo a equiparar neste ponto a posse aos demais direitos reais do gozo.

[3880] Como sempre, a oponibilidade da posse não deve ser confundida com a que respeita ao direito exteriorizado através dela. Trata-se de direitos distintos, cada um deles com regime jurídico próprio, que não coincide nunca em matéria de eficácia de defesa contra terceiros. A título exemplificativo, a oponibilidade do direito real de gozo provém da acção de reivindicação, que toma hoje o lugar que as *actiones in rem* tinham no Direito romano; a oponibilidade da posse advém da acção de restituição. A acção de reivindicação é declarada imprescritível (art. 1311º, nº 2 do código civil), enquanto a acção de restituição caduca um ano após o esbulho (art. 1282º do código civil). A acção de reivindicação confere ao direito real de gozo protecção contra terceiros; a acção de restituição, contudo, não pode ser oposta contra terceiro de boa fé ao qual a posse do esbulhado haja sido transmitida (art. 1281º, nº 2 do código civil). Por sua vez, se a propriedade deixa de ser oponível ao terceiro de boa fé nas situações decorrentes da aplicação dos artigos 291º do código civil, 5º, nº 1 e 17º, nº 2 do código do registo predial, a posse mantém a sua oponibilidade contra ele, até a questão da titularidade do direito real ser dirimida no local próprio (art. 1278º, nº 1 do código civil).

[3881] Um outro problema que por vezes vem colocado neste contexto é o da relatividade do conceito de posse. Ele exprimiria a posição do possuidor cuja coisa esteja no poder de facto de outra pessoa, a situação típica decorrente da oneração da propriedade por um usufruto ou outro direito que importe a entrega da coisa ao titular. Não se vê, porém, que a intermediação na posse por um terceiro, mero detentor quanto ao direito exteriorizado, altere a oponibilidade (absoluta) da posse. O possuidor nos termos da nua propriedade, por exemplo, não está inibido de modo algum pelo regime da posse de fazer valer esta contra o terceiro que haja esbulhado a coisa. A defesa possessória do possuidor de maior extensão não se dirige apenas contra o seu detentor, podendo ser movida contra o esbulhador terceiro, nos termos admitidos pelo art. 1281º, nº 2 do código civil.

[3882] No ponto 66. IV analisou-se a doutrina, segundo a qual, a posse conferiria carácter real aos direitos obrigacionais exteriorizados através dela e teve-se, então, a oportunidade de a rejeitar, por basicamente assentar numa confusão entre a eficácia própria da posse e a oponibilidade específica do direito exteriorizado por ela. Num plano diverso estão os autores que afirmam, de modo diferente, que a posse exercida no âmbito de relações jurídicas obrigacionais (a posse do locatário, do comodatário, etc.) tem carácter relativo. Trata-se agora de afirmar para a posse a oponibilidade atinente ao direito exteriorizado, o que representa o mesmo equívoco da doutrina oposta. A oponibilidade da posse decorre dos seus meios de defesa, que supõem o exercício da posse e não do direito exteriorizado por ela, um direito juridicamente autónomo e diferenciado.

terceiro, pratique este o esbulho da coisa, ameace fazê-lo ou promova actos de turbação.

A quebra da oponibilidade da posse ocorre, todavia, se após o esbulho a coisa for parar a um terceiro (não esbulhador) e este estiver de boa fé. Neste caso, a lei portuguesa prefere tutelar a posição deste à posse do esbulhado (art. 1281º, nº 2 do código civil)[3883]. Em termos possessórios, o possuidor nada poderá fazer, restando-lhe, se quiser recuperar a coisa, o recurso ao meio de defesa do direito exteriorizado (por exemplo, a acção de reivindicação), se for titular do mesmo[3884].

Não se vê, porém, que esta solução comprometa a natureza real da posse. Se ela fosse impeditiva dessa natureza real, o que se diria então da propriedade face ao regime do art. 291º do código civil, do art. 5º, nº 1 do código do registo predial ou do art. 17º, nº 2 do mesmo código. Em todos estes casos, o proprietário vê o seu direito ser sacrificado em função da protecção do terceiro de boa fé, não podendo opô-lo a este. A propriedade perde a sua natureza real por causa da falta de oponibilidade nestes casos?

Nenhum direito subjectivo, mesmo absoluto, conserva a sua oponibilidade em todas as situações. Nem mesmo direito com oponibilidade *erga omnes*. O instituto do abuso de direito ilustra isso actualmente com grande exuberância. A falta de oponibilidade da posse nos termos do art. 1281º, nº 2 do código civil não chega, nem de perto nem de longe, para descaracterizar a sua natureza real e fazer dela um híbrido sem lugar na enciclopédia jurídica.

Por último, e ainda em crítica a OLIVEIRA ASCENSÃO, a natureza real não advém da oponibilidade *erga omnes*, embora esta seja tendencial nos direitos reais, mas da inerência à coisa. E não é por se definir o direito real como absoluto, que ele perde a sua natureza quando a oponibilidade falta. O carácter real de um direito decorre do regime jurídico, não da conformidade a um conceito doutrinário pré-dado.

III. A posse apresenta realmente características únicas no contexto da ordem jurídica, a começar pelo facto de poder ser adquirida através de um facto ilícito, como o furto e o roubo. Subtraída a coisa ao proprietário, o ladrão fica investido na posse contra o proprietário e possuidor esbulhado,

---

[3883] A posse continua a ser oponível a terceiro de má fé. Note-se que o terceiro aqui considerado não coincide com o esbulhador. O possuidor pode sempre fazer valer a sua posse contra o esbulhador, apenas não o pode fazer contra quem não haja esbulhado a coisa e esteja de boa fé.
[3884] Se não for, não poderá recuperar a coisa do terceiro de boa fé.

não obstante haver cometido uma violação da propriedade e praticado mesmo um crime. E, enquanto possuidor, o ladrão pode invocar o seu estatuto possessório contra qualquer pessoa, defendendo a sua posse de actos de perturbação e de esbulho.

No entanto, como a coisa vem atribuída definitivamente ao proprietário[3885] para o seu aproveitamento, ele pode sempre, a todo o tempo, reivindicá-la do possuidor formal e obter a restituição dela. Neste caso, a posse cederá no confronto com o direito de propriedade[3886], dando lugar a uma situação de coincidência entre a posse e o direito exteriorizado, o desfecho a que tenderá sempre a ordem jurídica.

É esta possibilidade da posse vir a ser quebrada pela actuação do titular do direito real contra o possuidor formal que leva vários autores a falarem numa tutela provisória da posse ou num direito "enfraquecido".

A acrescer a isto está igualmente o facto de a posse poder ceder no caso de conflito de posses, a favor de quem tem a melhor posse (art. 1278º, nº 2 do código civil) e ainda do possuidor vir a ficar impedido de opor o seu direito de posse ao terceiro de boa fé (art.1281º, nº 2 do código civil).

Nada disto obsta, porém, à natureza real da posse. A posse tem sempre, e somente, uma coisa corpórea por objecto e, por esta razão, constitui um *ius in re* no significado moderno da expressão. Os direitos reais são os direitos subjectivos sobre as coisas corpóreas.

Nestes termos, defende-se aqui a posição já veiculada em Portugal por MANUEL RODRIGUES[3887], JOSÉ TAVARES[3888], JAIME DE GOUVEIA[3889], PAULO CUNHA[3890], PENHA GONÇALVES[3891], CARVALHO FERNANDES[3892], SANTOS JUSTO[3893], PAULA COSTA E SILVA[3894], PINTO DUARTE[3895] e SOUSA ANTUNES[3896] quanto à natureza real da posse. Dentro das três categorias existentes, a posse constitui naturalmente um direito real de gozo.

[3885] E aos titulares de outros direitos reais.
[3886] Ou qualquer outro direito real de gozo.
[3887] A Posse, cit., pág. 38 e segs.
[3888] Os Princípios Fundamentais Do Direito Civil, cit., pág. 628.
[3889] Direitos Reais, cit., pág. 196 e seg.
[3890] Direitos Reais, cit., pág. 107.
[3891] Curso De Direitos Reais, cit., pág. 251.
[3892] Lições De Direitos Reais, cit., pág. 283 e segs.
[3893] Direitos Reais, cit., pág. 180, que fala num direito real provisório.
[3894] Posse ou Posses?, cit., pág. 56.
[3895] Curso De Direitos Reais, cit., pág. 344.
[3896] Direitos Reais, cit., pág. 290 e seg.

84. O lugar da posse no sistema jurídico

I. Uma vez assente a natureza real da posse e a sua inserção na categoria dos direitos reais de gozo parece encontrado o lugar da posse no sistema jurídico. Ela pertence a Direitos Reais[3897].

Ainda assim, subsistem dúvidas sobre a colocação da figura no sistema externo de comunicação do ramo de Direito, ou seja, sobre o momento do seu ensino, bem como na ordem em que deve figurar na exposição legal dos direitos reais de gozo, no sistema normativo, portanto. Embora seja este segundo ponto o que mais interesse tem para a elaboração do sistema normativo, o primeiro releva para a ciência jurídica e a sua dogmática. Ambos serão abordados de seguida.

II. No sistema científico de Direitos Reais o momento de exposição da posse varia consoante a visão particular dos autores. A orientação mais distintiva encontra-se em OLIVEIRA ASCENSÃO[3898] e MENEZES LEITÃO[3899], que tratam a posse exclusivamente na parte geral, omitindo-a na parte especial de exposição dos tipos de direitos reais. A explicação para esta orientação, pensa-se, reside na recusa de atribuição de natureza real a este direito.

Para a grande maioria da doutrina, porém, tudo se resume à questão de colocação da posse no início ou no final da exposição do regime jurídico dos direitos reais de gozo. E aqui regista-se realmente uma clivagem entre os autores.

De um modo geral, pode dizer-se que a orientação tradicional dos nossos autores está na colocação da posse no início da exposição da matéria dos direitos reais, orientação que se encontra igualmente na pandectística alemã do século XIX, que terá porventura servido de modelo à doutrina portuguesa. GULHERME MOREIRA[3900], no início do século XX, ensinava a posse antes da propriedade, seguindo-se a exposição dos demais direitos reais de gozo. Na sua esteira viria o ensino de HENRIQUE MESQUITA[3901], MOTA PINTO[3902] e, mais recentemente, SANTOS JUSTO[3903], em Coimbra,

---

[3897] Até EICHLER, que rejeita a qualificação da posse como direito real em sentido técnico, acaba por admitir que o lugar sistemático da posse é em Direitos Reais, Institutionen des Sachenrechts, cit., pág. 56 e segs.
[3898] Direito Civil – Reais, cit., pág. e segs.
[3899] Direitos Reais, cit., pág.
[3900] Instituições Do Direito Civil Português, Livro III, cit., pág 47 e segs.
[3901] Direitos Reais, pág. 65 e segs.
[3902] Direitos Reais, cit., pág. 177 e segs.
[3903] Direitos Reais, cit., pág. 176 e segs.

e JAIME DE GOUVEIA, nós próprios[3904], em Lisboa, e CARVALHO FERNANDES[3905].

Numa linha divergente com GUILHERME MOREIRA, PIRES DE LIMA[3906] optava por ensinar a posse no final da exposição dos direito reais de gozo. Na Faculdade de Direito de Lisboa, LUÍS PINTO COELHO[3907] assumiu igual procedimento, assim como DIAS MARQUES[3908].

No meio destas duas tendências, uma outra emergiu: a do ensino da posse a seguir à propriedade e antes dos outros direitos reais de gozo. JOSÉ GABRIEL PINTO COELHO, JOSÉ TAVARES e PEDRO MARTINS, todos professores da Faculdade de Direito de Lisboa, ensinaram desta forma[3909].

Finalmente, PINTO DUARTE[3910] relega a posse para o final da exposição relativa a todos os direitos reais, direitos reais de garantia e de aquisição incluídos, defendendo que a posse perdeu o seu papel central em Direitos Reais, diminuindo a sua importância, e que, por isso, nenhuma razão há para privilegiar o seu estudo sobre os demais direitos reais.

II. Nos códigos civis modernos notam-se duas grandes tendências de sistematização da posse: a do BGB alemão e a do *codice civile* italiano. No primeiro, e na ausência de uma parte geral, a posse encabeça o regime de Direitos Reais (§§ 854 e seguintes), representando o início do elenco dos direitos reais de gozo, da mesma exacta forma que foi feita no código civil português de 1966.

Em Itália, e diversamente da solução seguida pelo BGB alemão, o *codice civile* trata a posse no final da disciplina dos direitos reais de gozo (artigos 1140 a 1170). A razão para isto reside no carácter provisório atribuído à posse, que se compatibilizaria com uma menor dignidade sistemática da figura, nomeadamente, por contraposição à propriedade.

Sopesados os aspectos envolvidos na escolha que cada uma destas ordens jurídicas tomou na inserção sistemática da posse, julga-se preferível a opção alemã[3911]. A posse desempenha ainda hoje várias funções[3912], entre as

---

[3904] Direitos Reais, cit., pág. 565 e segs.
[3905] Direitos Reais, cit., pág. 283 e segs.
[3906] Noções Fundamentais De Direito Civil, cit.
[3907] Lições De Direitos Reais, cit., pág. 117 e segs.
[3908] Direitos Reais, cit., pág. 183 e segs.
[3909] Sobre tudo isto, cf. JOSÉ ALBERTO VIEIRA, Direitos Reais – Perspectiva Histórica D Seu Ensino Em Portugal, cit.
[3910] O Ensino Dos Direitos Reais, pág. 44 e Curso De Direitos Reais, cit., pág. 351 e seg.
[3911] Cf. igualmente o que se disse nos nossos Direitos Reais, cit., pág. 448 e seg.
[3912] Cf. o primeiro número desta Parte Terceira.

quais a de consolidação, que lhe conferem um papel de equilíbrio no sistema de Direitos Reais. O efeito de usucapião que lhe está ligado, verificados os outros requisitos legais, fazendo sobrepor a situação possessória ao titular do direito real, ao adquirente de boa fé com registo a seu favor (art. 5º, nº 2 alínea a) do código do registo predial), bem assim como a desvinculação de numerosos deveres de vizinhança (servidões desvinculativas), mostra bem como ainda hoje a posse constitui uma das pedras angulares do sistema de Direitos Reais, apenas abaixo da propriedade na importância relativa das situações reais.

III. A posse constitui um direito real de gozo ao lado dos outros. O seu lugar é, pois, o da disciplina jurídica destes direitos. Na ordem sistemática da regulação normativa, a escolha pela sua apresentação em primeiro lugar marca, desde logo, a contraposição entre a tutela real provisória (a da posse) e a tutela real definitiva (dos outros direitos reais de gozo) e depois o papel equilibrador da posse no regime jurídico da atribuição das coisas corpóreas.

CONCLUSÕES

I. A posse consiste no controlo material de uma coisa corpórea nos termos de um direito.

Definida nestes termos, a posse adquire-se quando a um senhorio de facto sobre a coisa, obtido de qualquer modo, e ainda que ilicitamente, se soma a exteriorização de um direito exercido em nome próprio.

Se o direito exteriorizado está ou não na titularidade do possuidor não releva para o regime jurídico da posse, que não distingue entre a posse causal (aquela em que se verifica a coincidência entre a exteriorização do direito e a titularidade) e a formal (aquela em que a dita coincidência não se verifica). O possuidor formal, o exemplo típico do ladrão, beneficia dos efeitos jurídicos da posse, todos eles, embora a lei possa distinguir, e o faça efectivamente, entre a posse de boa fé e a posse de má fé.

Concebida desta forma, a posse estrutura-se em dois elementos:
– O *corpus* possessório;
– A exteriorização de um direito.

Salva a situação excepcional prevista no art. 1267º, alínea d) do código civil, em que a posse se mantém após a consumação do esbulho da coisa, para permitir a concretização da defesa possessória contra o esbulhador ou o terceiro que tem a coisa, todas as situações de posse requerem a combinação simultânea do elemento material e da afirmação de um direito.

Sem a exteriorização de um direito sobre a coisa todo o controlo material sobre ela redunda numa situação de mera detenção, desprovida de qualquer tutela jurídica. A detenção consiste, assim, no estado de facto correspondente à intermediação de alguém sobre a coisa a favor de outra pessoa, o possuidor. Sem exteriorização de um direito não há posse, apenas detenção.

A estrutura normativa da posse, apoiada no dado de facto da exteriorização de um direito, prescinde do *animus* e é, na verdade, incompatível com ele. O Direito, não o possuidor, decide da posse e dos seus efeitos jurídicos. Por isso, a indagação sobre se em concreto se verifica uma situação de posse ou de mera detenção deve ser realizada debaixo da interpretação do regime jurídico possessório, nomeadamente, da regulação normativa dos factos aquisitivos e extintivos da posse e não por referência a uma qualquer intenção do possuidor.

Não por acaso, o Direito português prescindiu de toda a referência à intenção como elemento da posse. O art. 1251º do código civil não a faz e ela não surge com essa função em nenhum outro local do sistema normativo.

II. O controlo material reporta-se somente às coisas corpóreas. A herança do romanismo, neste ponto, permaneceu no Direito português contemporâneo fixando as fronteiras lógicas do domínio possessório.

Assente na ideia de um senhorio físico sobre a coisa, a posse está limitada ao mundo natural onde se exprime a materialidade, entendida aqui de molde a abranger todas as manifestações da mesma, incluindo aquelas que requerem a intervenção humana para a produzir e manter, como a energia eléctrica, qualquer que seja a sua proveniência (eólica ou outra), ou os gazes, incluindo o ar atmosférico, quando contido em recipiente adequado.

A posse tem, assim, por objecto uma coisa corpórea[3913]. Esta, por sua vez, deve ser certa, determinada e individual. Sobre conjuntos de coisas (corpóreas), móveis ou imóveis, não pode incidir a posse, que ocorre somente no que toca a cada uma das coisas que integra o conjunto.

Por maioria de razão, situações que envolvam a combinação de coisas corpóreas com situações jurídicas ou de outra natureza (por exemplo, o aviamento ou a clientela do estabelecimento comercial) não podem originar uma posse. O objecto possessório consiste unicamente numa coisa corpórea.

Bens imateriais, como a invenção, o modelo de utilidade, o desenho industrial, a marca, a obra literária e artística são insusceptíveis de posse. Realidades que os sentidos não apreendem e que tomam existência apenas no domínio intelectual da consciência humana não são aptas nem a produzir uma qualquer forma de dominação ou senhorio sobre elas nem uma exteriorização associada a um controlo da coisa.

[3913] Ou uma parte de coisa corpórea, nos termos que se deixaram assinalados.

Formas de exercício de direitos podem suscitar situações de aparência jurídica, mas não são posse e não têm qualquer semelhança com ela. A sua confusão com a posse apenas descaracteriza este instituto, esticando-o para lá dos seus limites possíveis, que se encontram atidos à materialidade e os seus efeitos na acção humana.

O objecto da posse coincide com o da propriedade (art. 1302º do código civil). Segundo a tradição jurídica que remonta ao Direito romano, apenas sobre o que pode ser objecto do direito de propriedade pode recair a posse. O sistema normativo assegura assim a coincidência do objecto de ambas as situações jurídicas e faz coincidir o mesmo com o domínio, exclusivo, das coisas corpóreas.

III. Se o carácter corpóreo da coisa constitui a delimitação objectiva natural da posse, o seu âmbito estende-se até onde o Direito faculta a constituição de direitos que atribuam algum tipo de controlo material sobre a coisa.

Esses direitos não têm de ser direitos reais. Outra das lições que se colhe da observação histórica é a de que a posse não nasceu atida ao domínio que é actualmente o de Direitos Reais, incluindo situações que hoje pertenceriam ao Direito das Obrigações (*precario*, por exemplo), ao Direito Processual Civil (*sequester*) e até ao Direito Administrativo (concessões de terras do *ager publicus*).

Contando que haja um controlo material de uma coisa corpórea nos termos de um direito, e a lei não exclua a solução, há posse. A outorga de acções possessórias em situação de cariz obrigacional (locação, comodato, parceria pecuária e depósito) confirma este modo de ver. A tutela possessória não exprime a protecção do detentor, que seria contrário ao fundamento da mesma – a exteriorização de um direito –, mas o reconhecimento normativo da posse.

Neste modo de ver, a posse estende-se a direitos pessoais, contando que não se pretenda ver aqui um alargamento indiscriminado da mesma: apenas direitos que confiram poderes de actuação sobre uma coisa corpórea são considerados, os casos típicos do locatário, do comodatário e semelhantes.

Fora de causa estão direitos que impliquem unicamente prestações, ou seja, que envolvam apenas prestações de facto (positivo ou negativo), e situações familiares, como a tutela dos filhos ou o estado de casado na relação entre os cônjuges. Sem uma coisa corpórea implicada, o regime possessório não tem aplicação, directa ou por analogia.

IV. O fundamento de protecção da posse pelo Direito encontra-se na presunção de que o possuidor é o titular do direito exteriorizado. Por essa razão, a ordem jurídica assegura-lhe uma protecção provisória, que cederá apenas no confronto com o titular do direito real se não conseguir provar a titularidade de um direito a ter a coisa consigo.

Atendendo ao regime jurídico instituído, a posse constitui um direito subjectivo. A inerência a uma coisa corpórea faz dela um direito real, um direito real de gozo, com integração no sistema normativo de Direitos Reais, ao lado dos demais direitos de igual natureza, ainda que nestes haja uma atribuição definitiva da coisa ao titular e na posse isso não suceda.

BIBLIOGRAFIA

Abreu, António José Teixeira de – Curso De Direito Civil, Coimbra, 1910
— Lições de direito civil português, Tomo I, Coimbra, 1898
Accursius, Franciscus – Glossa Ordinaria, Codex, Liber 1-9, 1316
Agricola, Alfred – Die Gewere zur rechter Vormundschaft als Princip des Sächsischen ehelichen Güterrecht, Gotha, 1869
Alauzet, Isidore – Histoire De La Possession Et Des Actions Possessoires En Droit Français, Paris, 1849
Albert, carl – Ueber den Besitz unkörperlicher Sachen oder sogenannter Gerechtigkeiten und die für den Schutz derselben angeordneten possessorischen Rechtsmittel, Hartmann, 1826
Albertario, Emilio – Il Diritto Romano, Milano, Messina, 1940
— La involuzione del possesso del precarista, del creditore pignoratizio e del sequestratario nel diritto postclassico giustinianeo, in Studi Di Diritto Romano, Volume Secondo, Cose – Diritti Reali – Possesso, Milano, 1941, pág. 141
— Possessio E Detentio, in Studi Di Diritto Romano, Volume Secondo, Cose – Diritti Reali – Possesso, Milano, 1941, pág. 159
— In tema de classificazione di possesso, in Studi Di Diritto Romano, Volume Secondo, Cose – Diritti Reali – Possesso, Milano, 1941, pág. 173
— Un interessante testo di Giavoleno, in Studi Di Diritto Romano, Volume Secondo, Cose – Diritti Reali – Possesso, Milano, 1941, pág. 299
— Distinzioni E Qualificazioni In Materia Di Possesso, in Studi Di Diritto Romano, Volume Secondo, Cose – Diritti Reali – Possesso, Milano, 1941, pág. 183
— D. 41, 2, 8 e la perdita del possesso nella dottrina giustinianea, in Studi Di Diritto Romano, Volume Secondo, Cose – Diritti Reali – Possesso, Milano, 1941, pág. 245
— Il Possesso Dell'Usufrutto, Dell'Uso, Della Habitatio, Volume Secondo, Cose – Diritti Reali – Possesso, Milano, 1941, pág. 307

- Il Possesso Dell' Superficie, in Studi Di Diritto Romano, Volume Secondo, Cose – Diritti Reali – Possesso, Milano, 1941, pág. 411
- Il Possesso Dell'Ager Vectigalis E Dell'Enfiteusi, in Studi Di Diritto Romano, Volume Secondo, Cose – Diritti Reali – Possesso, Milano, 1941, pág. 387
- "Il possesso delle servitù prediali", in Studi di Diritto Romano, Volume Secondo, Cose – Diritti Reali – Possesso, Milano, 1941, pág. 337
- "Actiones e Interdicta", in Studi Di Diritto Romano, Volume Quarto, Eredità E Processo, Milano, 1946, pág. 117
- VAT. FR. 90 (Contributo Agli Studi Sulla Origine Della Possessio Iuris), in Studi Di Diritto Romano, Volume Secondo, Cose – Diritti Reali – Possesso, Milano, 1941, pág. 369

ALBRECHT, WILHELM EDUARD – Die Gewere als Grundlage des ältern deutschen Sachenrechts, Königsberg, 1828

ALBUQUERQUE, PEDRO DE – Direito Das Obrigações, Contratos Em Especial, Volume I, Tomo I, Coimbra, 2017

ALCARO, FRANCESCO – Il Possesso, Artt. 1140-1143, Milano, 2003

ALCIATI, ANDREA – Opera Omnia, Basilea, 1582

ALEF, FRANZ – De Vera Possessionis Indole, Heidelberg, 1743

ALEXANDER (DE imola) – Commentaria in Digestum Vetus, Infortiatus, Novum, in Codicem Repertorium, 1575

ALIBRANDI, ILARIO – Teoria del possesso secondo il diritto romano, Opere, Roma, 1871

ANTUNES, HENRIQUE SOUSA – Direitos Reais, Lisboa, 2017

ARANGIO-RUIZ, VINCENZO – Istituzioni Di Diritto Romano, Seconda Edizione, Napoli, 1927
- "La struttura dei diritti sulla cosa altrui in diritto romano", Archivio Giuridico, 1908, pág. 361 e Archivio Giuridico, 1909, pág. 417

ARAÚJO, ANTÓNIO LIMA/SEARA, FERNANDO ROBOREDO – Direitos Reais, Lisboa, 1980

ARE, MARIO – L'oggetto del diritto di autore, Milano, 1963
- "Beni immateriali", Enciclopedia del diritto (diritto privato), V, Milano, 1959, pág. 258

ARETINO, ANGELO – In Quator Institutionum Iustiani Libri Commentaria, Venetia, 1609

ARGELO, CESARE – De Acquirenda Possessione, Roma, 1624

ARGOU, M. – Institution au droit françois, Tome Premier, huitiéme edition, Paris, 1753

ARNDTS VON ARNESBERG, KARL LUDWIG – Gesammelte civilistische Schriften Band 1, Stuttgart, 1873
- "Zur Lehre von der Emphyteuse", Zeitschrift für Civilrecht und Prozeß, Bd. 3, 1847, pág. 367

Arumaeus, Dominicus (DOMINICI ARUMAEI) – Disputationes Ad Praecipuas Pandectarum Et Codicis Leges, Consuetudines Feudales, Quatuor Institutionum Libros, Jenae, 1613
— Exercitationes Iustiniani Ad Institutiones Juris, Jenae, 1607
Ascarelli, Tulio – Teoria della concorrenza e dei beni immateriali, Milano, 1960
Ascensão, José de Oliveira – Direito Civil – Reais, 1ª ed., Coimbra, 1971
— Direito Comercial, Parte Geral, Volume I, Lisboa, 1988
— Direito Civil – Reais, 5ª edição (Reimpressão), Coimbra, 2000
— Direito Civil – Teoria Geral, Vol. I, 2ª ed., Coimbra, 2000
— Direito Civil – Direito De Autor E Direitos Conexos, Coimbra, 2008 (Reimpressão)
Aubry, Charles/Rau, Charles, – Cours De Droit Civil Français, Après La Methode De Zachariae, Cinquieme Édition, Tome Deuxieme, Paris, 1897
Aulanier, A. – Traité des actions possessoires, Nantes, 1829
Aureliano, Nuno – "A posse referida a direitos industriais", Revista De Direito Intelectual, 2015, nº 2, pág. 39
Auteri, Paolo – "Il pegno del diritto di autore: constituzione e opponibilità nei confronti dei terzi", Annali Italiani dei Diritto D'autore (AIDA), XVIII, 2009, pág. 129
Azo, Porcius – Summa Codicis, 1168
Azo, Porcius/Bassiano, Johannes/Hugolinus – Summa Codicis et Institutionam, Veneza, 1499
Bachovii – Ver ECHT
Bähr, Otto – "Zur Besitzlehre", Jahrbücher für die Dogmatik des heutigen römischen und deutschen Privatrechts, Band 26, 1888, pág. 224
— Zur Beurtheilung des Entwurfes eines bürgerlichen Gesetzbuches für das Deutsche Reich, München, 1888
— "Ein weiterer Beitrag zum bürgerlichen Gesetzbuch", Archiv für bürgerliches Recht, Band 2, 1889, pág. 97
— Zur Frage des bürgerlichen Gesetzbuches, Leipzig, 1891
— Gegenentwurf zu dem Entwurfe eines bürgerlichen Gesetzbuches für das Deutsche Reich, Kassel, 1892
Baldi De Ubaldi – Commentaria in Quartam & Quintum Codicis Libros, Veneti, 1560
— Consiliorum Sive Responsorum, Volumen Quintum, Venetiis, 1575
Balestra, Lorenzo – Proprietà E Diritti Reali, III, Torino, 2012
Bar, Christian von – "Rechtsbesitz", Festschrift für Theodor Baums zum siebzigsten Geburtstag. 2017, pág. 127
— "Questiones fundamentales para la compreensión del Derecho Europeo de Cosas", Anuario De Derecho Civil, Tomo LXX, II, pág. 353
Barassi, Lodovico – Il Possesso, Milano, 1952

Barbero, Domenico – Sistema Del Diritto Privato Italiano, Volume Primo, Torino, 1965

Barbosa, Augusto – Pronotarii Apostolici, Collectanea Doctorum, Tomus Quintus, Lugduni, 1688

— Repertorium Juris Civilis Et Canonici (obra póstuma), Lugduni, 1712

Barni, Gianluigi – "Possesso (Diritto Intermedio)", Novissimo Digesto Italiano, Vol. XIII, Torino, 1966, pág. 330

Baro, Eguinarius – Ad digesta seu pandectas, Livro VII, Colonia, 1557

— Institutionum seu Elementorum, Lutetia, 1562

Baron, Julius – "Zum Begriffe des sog. Rechtsbesitzes", Beiträge zur Erläuterung des preußischen Rechts durch Theorie und Praxis, 1861, pág. 79

— "Zur Lehre vom Erwerb und Verlust des Besitzes", Jahrbücher für die Dogmatik des heutigen römischen und deutschen Privatrechts Bd. 7 1865, pág. 38

— "Zur Lehre vom Besitzwillen", Jahrbücher für die Dogmatik des heutigen römischen und deutschen Privatrechts, Band 29, 1890, pág. 192

— "Noch einmal der Besitzwillen", Jahrbücher für die Dogmatik des heutigen römischen und deutschen Privatrechts, Band 30, 1891, pág. 197

— Pandekten, 9. Auflage, Leipzig, 1896

Bartels, W. – "Zweifel gegen die Theorie vom abgeleiteten Besitz", Zeitschrift für Civilrecht und Prozess, Band 6, 1833, pág. 177

Bartolo De Saxoferrato – Commentaria In Primam Digesti Noui Partem, Tomus Quintus, Venetiis, 1602

Bassiano, Johannes – ver Azo

Bauer, Marianne – Zur Publizitätsfunktion Des Besitzes Bei Übereignung Von Fahrnis, Festschrift für Friedrich Wilhelm Bosch, zum 65. Geburtstag, Bielefeld, 1976, pág. 1

Baur, Fritz – Sachenrecht, 10. Auflage, München, 1978

Baur, Fritz/Stürner, Ralf – Sachenrecht, 18.Auflage, 2009

BeckOK BGB, Bamberger/Roth/Rau/Poseck, 43. Edition, 2017

Beermann, Christopher – Besitzschutz bei beschränkten dinglichen Rechten, Eine Untersuchung zum Rechtsbesitz: versuch der Rechtfertigung eines verkannten Instituts aus rechtshistorischer Sicht, Münster, Hamburg, London, 2000

Bekker, Ernst Immanuel – Die Aktionen Des Römischen Privatrechts, Band 2, reimpressão, 1970, da edição original publicada em Berlim, 1873

— Ueber Besitz und Besitzklagen, *Kritische Vierteljahresschrift für Gesetzgebung und Rechtswissenschaft*, Vol. 18, nº 1, 1876, pág. 1

— Das Recht Des Besitzes Bei Den Römern, Festgabe An Johann Caspar Bluntschli zum Doktorjubiläum, Leipzig, 1880

— "Zu den Lehren von L. A. sacramento, dem Utipossidetis und der Possessio", Zeitschrift der Savigny-Stiftung für Rechtsgeschichte, Band 5, 1884, pág. 136

— "Zur Reform des Besitzrechts", Jahrbücher für die Dogmatik des heutigen römischen und deutschen Privatrechts, Band 30, 18, 1891, pág. 235
— Der Besitz beweglicher Sachen, Jena, 1895
BELLAPERTICA, PIETRO – Commentaria in digestum novum, Francofurti ad M., 1571
BELIME, W. – Traité Du Droit De Possession Et Des Actions Possessoires, Paris, 1842
BENEVENTANO, ROFREDO – Tractatus Iudiciarii Ordinis, Coloniae Agrippinae, 1659
BENÖHR, HANS-PETER – Der Besitzerwerb durch Gewaltabhängige im klassischen römischen Recht, Berlin, 1972
BERGER, ADOLF – "Miszellen aus der Interdiktenlehre", Zeitschrift der Savigny--Stiftung für Rechtsgeschichte, Romanistische Abteilung, Band 36, 1915, pág. 176
— Encyclopedic Dictionary Of Roman Law, Philadelphia, 1991, reimpressão do original de 1953
BERMAN, HERALD J. – Law and Revolution: The Formation of the Western Legal Tradition, Cambrige, London, 2009
BESELER, GEORG – Beiträge zur Kritik der römischen Rechtsquellen, III, Tübingen, 1913, e IV, Tübingen, 1920
BESELER, GERHARD – Juristische Miniaturen, 1929
BIANCA, MASSIMO C. – Diritto Civile, La proprietà, Milano, 1999
BICCIUS, GREGOR – Commentatio Ad L. Poßideri. 3. Paragraph. Ex contrario. 5. ff. de acquir. vel amitt. posseßi : In qua De Possessione Duorum Pluriumve Unius Eiusdemque Rei Disseritur, Argentorati, 1645
BIERMANN, JOHANNES – Traditio Ficta, Ein Beitrag Zum Heutigen Civilrecht Auf Geschichtlicher Grundlage, Stuttgart, 1891
BIOCHE, M. – Traité Des Actions Possessoires, Paris, 1865
BIONDI, BIONDO – Istituzioni Di Diritto Romano, Milano, 1972
— "Cosa (Diritto Romano)", Noviss. Dig. It., Volume IV, 1959, pág. 1006
— "Cosa corporale ed incorporale (Diritto romano)", Noviss. Dig. It., Volume IV, 1959, pág. 1014
— Le Servitù Prediali nel Diritto Romano (Corso Di Lezioni), Milano, 1946
— La Categoria Romana Delle "Servitutes, Milano, 1938
BISCARDI, ARNALDO – La Protezione Interdittale Nel Processo Romano, Padova, 1938
BLUNTSCHLI – Deutsches Privatrechts, Dritte Auflage, München, 1864
BÖCKING, EDUARD – Corpus legum sive Brachylogus iuris civilis, Berlin, 1829
— Römisches Privatrecht, Institutionen des römischen Civilrechts, Zweite Ausgabe, Bonn, 1862
— Pandekten – Grundriß eines Lehrbuches des gemeinen auf das römische Recht gegründeten Civilrechts, fünfte Auflage, Bonn, 1861

Böhmer, Justus – Introductio In Ius Digestorum, Sexta Editio, Halae Magdeburgicae, 1741
— Consultationes Et Decisiones Iuris, tomo 2, Iuris Civilis Et Criminalis Argumenta Selectiora Iuxta Ordinem Digestorum A Libro I usque ad Librum XXX Exhibens, Halae Magdebvrgicae, 1758
Böhr, Richard – Das Verbot der eigenmächtigen Besitzumwandlung im römischen Privatrecht, Ein Beitrag zur Rechtshistorischen Spruchregel Forschung, München, Leipzig, 2002
Bömer, Guido – Besitzmittlungswille und mittelbarer Besitz, Tübingen, 2009
Bonfante, Pietro – Istituzioni Di Diritto Romano, Milano, 1987
— Corso Di Diritto Romano, Vol. III, Milano, 1972
— Corso Di Diritto Romano, Vol. II, Parte Seconda, Milano, 1968
— La "possessio civilis e la possessio naturalis", in Scritti giuridici vari, Vol. III, Torino, 1926, pág. 534
— Lezioni sul possesso, 1906
— Il Punto Di Partenza Nelle Teoria Romana Del Possesso, Torino, 1905
Born, Jacobus – De Jure In Re Actiones Reales Producente, Lipsiae, 1704
Bourcart, Gabriel – Étude Historique Et Pratique Sur Les Actions Possessoires, Paris, 1880
Brackenhoeft, Theodor – "Ueber die Sogen. Juristische Gewere an Immobilien", Zeitschrift für deutsches Recht und deutsche Rechtswissenschaft, Band 3, 1840, pág. 1
— "Ueber die Sog. Juristische Gewere an Mobilien", Zeitschrift für deutsches Recht und deutsche Rechtswissenschaft, Bd. 5, 1841, pág. 133
Branca, Giuseppe – Servitù Prediali, in Commentario Del Codice Civile A Cura Di Antonio Scialoja E Giuseppe Branca, Della Proprietà, Libro Terzo, Art. 1027-1099, Quarta Edizione, Bologna, Roma, 1967
— "Sull possesso dell'azienda", Foro Italiano, I, 1958, pág. 629
Bremer, J. – "Beiträge zur der Lehre von dem Besitzerwerbe durch einen Stellvertreter", Zeitschrift für Civilrecht und Prozeß, Band 11, 1854, pág. 211
— "Besitzerwerb durch einen procurator omnium bonorum", Zeitschrift für Civilrecht und Prozeß, Band 17, 1860, pág. 193
— "Beitrag zur Lehre von dem Besitzerwerbe durch einen Stellvertreter – Unterschied zwischen dem Besitzerwerbe durch einen Stellvertreter und dem Besitzerwerbe mittelst Tradition von Seiten einer Mittelsperson", Zeitschrift für Civilrecht und Prozeß, Band 20, 1863, pág. 25
Brini, Giuseppe – Possesso Delle Cose E Possesso Dei Diritti Nel Diritto Romano, Roma, 1978 (reimpressão integral da edição original de 1906)
Brinz, Alois von – Lehrbuch der Pandekten, 2. Aufl. Band 1, Erlangen, 1873
Brissaud, Jean – Manuel D'Histoire Du Droit Privé, Paris, 1908

BRODMANN, E. – PLANCK's Kommentar zum Bürgerlichen Gesetzbuch, Dritter Band, Vierte Auflage, Berlin und Leipzig, 1920

BRUNNEMANN, JOHANN – Commentarius in quinquaginta libros Pandectarum, Lipsiae, 1672

BRUNS, CARL GEORG – Das Recht des Besitzes im Mittelalter und in der Gegenwart, Tübingen, 1848

— "Der ältere Besitz und das Possessorium ordinarium", Jahrbuch des gemeinen deutschen Rechts, Band 4, 1860, pág. 1

— Das Wesen der bona fides bei der Ersitzung, Ein practisches Gutachten nebst einem theoretischen Nachtrage, Berlin, 1872

— Die Besitzklagen des römischen und heutigen Rechts, Weimar, 1874

BRUNS, VIKTOR – Besitzerwerb durch Interessenvertreter, Tübingen, 1910

BÜCHEL, KONRAD – Über die Natur des Pfandrechts, Marburg, 1833

— Civilrechtliche Erörterungen, Band 1, Marburg und Lepzig, 1847 BUCHHOLTZ, ALEXANDER AUGUST VON – Versuche über einzelne Theile der Theorie des heutigen Römischen Rechtes, Berlin, 1831

BUCKLAND, WILLIAM WARWICK – "Le Constitut Possessoire, animus et corpus", Revue historique de droit français et étranger, 1925, pág. 335

BUDISSINO, GREGORIO BICCI – Commentatio Ad L. Possideri. 3. §. Ex contrario. 5. ff. de acquir. vel. amitt. possessi: In qua De Possessione Duorum Pluriumve Unius Ejusdemque Rei Disseritur, Argentorati, 1645

BURCKHARD, HUGO – "Ueber den Begriff und Beweis der bona fides bei der Eigenthumersitzung", Zeitschrift für Civilrecht und Prozeß, Band 21, 1864, pág. 287

BURCHARDI, GEORG CHRISTIAN – "Ueber die richtige Begriffsbestimmung des animus possidendi", Archiv für die civilistische Praxis, Band XIII, zweites heft, 1830, pág. 169

— "Possessio civilis ist weder gleichbedeutend mit possessio ad usucapionem, noch mit possessio ad interdicta", Archiv für die civilistische Praxis, 1837, 20, pág. 14

— Das System und die Innere Geschichte des Römischen Privatrechts, Zweite Abtheilung, Stuttgart, 1844

BURDESE, ALBERTO – "In Tema Di Animus Possidendi", in Studi in Onore Di Biondo Biondi, Milano, 1965, pág. 517

— "Possesso (in generale) – Diritto Romano", Enciclopedia Del Diritto, XXXIV, 1985, pág. 452

BURDESE, ANTONIO – Manuale Di Diritto Privato Romano, 1964

BUTRIGARI, JACOBO – In primam e secundam veteris digesti partem, I, Romae, MDCVI

CANARIS, CLAUS-WILHELM – Die Verdinglichung obligatorische Rechte, Festschrift für Werner Flume zum 70. Gerburtstag, Vol. I, 1978, pág. 371

— Ver LARENZ

Cannata, Carlo Augusto – "Possesso (Diritto Romano)", Noviss. Dig. It., Vol. XIII, 1966, pág. 323

Carnelutti, Francesco – Istituzioni del nuovo processo civile italiano, vol. 1, Roma, 1942

Carosso, Luigi – Il possesso dei beni immateriali, 1983

Carou, M. – Traité Théorique Et Pratique Des Actions Possessoires, Seconde Edition, Paris, 1841

Carvalho, Orlando de – Critério e estrutura do estabelecimento comercial, O problema da empresa como objecto de negócios, Coimbra, 1967

— Direito Civil (Direito Das Coisas), Lições ao 4º ano jurídico de 1968-69 da Faculdade de Direito da Universidade de Coimbra, Coimbra, 1969

— Direito Das Coisas, 1ª edição, Coimbra, 2012

Castro, Paulo de (Paulis Castrensis) – In Secundam Codicis partem Commentaria, Lugduni, 1583

Caterina, Raffaele – ver Sacco

Cervelli, Stefania – I diritti reali, terza edizione, Milano, 2014

Champeaux, Ernest – Essai sur la Vestitura ou Saisine, Paris, 1899

Cludius, Andrea – Res quotidianae, 1620

Cocceji, Samuelis de – Jus Civile Controversum, Francofurti Et Lipsiae, 1740

— Jus Civile Controversum, Pars II, Francofurti Ad Uiadrum, 1727

Coelho, José Gabriel Pinto – Direito Civil (Noções Fundamentais), Lisboa, 1938

Coelho, Luís Da Câmara Pinto – Direitos Reais, Apontamentos das aulas dadas ao 4º Ano do ano lectivo de 1953-54, Lisboa, 1954

— Lições de direitos reais, Segundo as prelecções do Senhor Professor Doutor Luís da Câmara Pinto Coelho ao Curso Jurídico de 1944-45, Lisboa, 1945

— Da compropriedade no direito português, Lisboa, 1939

Coing, Helmut – Europäisches Privatrecht, Band I, Älteres Gemeines Recht, München, 1985

Colognesi, Luigi Capogrossi – "Interdetti", Enciclopedia Del Diritto, XXI, pág. 901

Colombo, Giovanni – L'Azienda E Il Suo Transferimento, in Trattato Di Diritto Commerciale Diretto Da Francesco Galgano, Padova, 1979

Comporti, Marco – Diritti reali in generale, seconda edizione, Milano, 2011

Connani, Francisci – Commentarium iuris ciuiles libri derem argumentis tum ante singulorum librorum capita, Hanovia, 1609

Contii, Antonio – I. C. celeberrimi: ad VIII. titulos libri VII. Codicis Materiam Praescriptionum Continentes, Spirae Nemetum, 1595

Corasii, Ioannis – In aliquot titulos & capita legum Secundi ac tertii tomi Pandectarum (Infortiatum & Digestum nouum uocant) nusquam hactenus editi commentarii, Lugduni, 1566

Corbino, Alessandro – "Servitù (dir. rom.)". Enciclopedia Del Diritto, Vol. XIII, 1990, pág. 243

Cordeiro, António Menezes – Direitos Reais, Lisboa, 1979
— A Posse – Perspectivas Dogmáticas Actuais, 3ª edição, 2014 (2ª Reimpressão da edição de 2000)
— Tratado de Direito Civil Português, I, Coimbra, 2012 (Reimpressão da 4ª edição)
— Tratado De Direito Civil Português, VI, Direito Das Obrigações, 2ª edição, Coimbra, 2012
— Tratado De Direito Civil Português, I, Parte Geral, Tomo III, Coisas, 3ª ed., Coimbra, 2013
— Direito Comercial, 4ª edição, Coimbra, 2016

Correia, Ferrer – "Reivindicação do estabelecimento comercial como unidade jurídica", Revista De Legislação E Jurisprudência, Ano 89, pág. 261
— "Sobre a projectada reforma da legislação comercial portuguesa", Revista da Ordem dos Advogados, Ano 44, 1984, pág. 5

Cosack, Konrad – Das Sachenrecht mit Ausschluß des besonderen Rechts der unbeweglichen Sachen im Entwurf eines Bürgerlichen Gesetzbuches für das Deutsche Reich, Berlin, 1889

Crémieu, J. – Théorie des actions possessoires, Paris, 1866

Cujacii, Jacobi – Operum, Tomus Secundus, Napoli, 1722
— Operum, Tomus Quartus, Napoli, 1722
— Operum, Tomus Quintus, Napoli, 1722

Cunha, Paulo – Direitos Reais, Lições coligidas por Maria Fernanda Santos e Castro Mendes, Lisboa, 1950

Curasson, M. – Traité Des Actions Possessoires Du Bornage Et Autres Droits De Voisinage, Dijon, 1842

Cuperus, Angelus Jacobus – Observationes Selectae de Natura Possessionis, Jena, 1804

D'Avanzo, Walter – Il Possesso, Milano, 1939

De Martino, Francesco – Del Possesso, Della Denunzia Di Nuova Opera E Di Danno Temuto, Quarta Edizione, Bologna, Roma, 1966
— Dell'Usufrutto, in Commentario Del Codice Civile A Cura Di Antonio Scialoja E Giuseppe Branca, Della Proprietà, Libro Terzo, Art. 957-1099, Bologna, Roma, 1947

De Francisci, Pietro – "Sull'acquisto dell possesso por mezzo dello schiavo", Rend. Ist. Lomb., 40, 1907, pág. 1002

Decius, Philippus – Consiliorum, Tomus Primus, Veneti, 1575
— De Regulis Iuris, Lugduni, 1591

Degenkolb, Heinrich – Platzrecht und Miethe – Beiträge Zu Ihrer Geschichte Und Theorie, Berlin, 1867

DEJANA, GIOMMARIA – ver GROSSO

DELBRÜCK, BERTHOLD – Die dingliche Klage des deutschen Rechts, Leipzig, 1857

DEMOULIN-AUZARY, FLORENCE – L'influence du droit canonique sur l'érmergence d'une théorie de la possession d'état", in Der Einfluss der Kanonistik auf die europäische Rechtskultur, Band 1, Zivil und Zivilprozessrecht, editado por Orazio Condorelli, Franck Roumy e Mathias Schmoeckel, Köln, Weimar, Wien, 2009

DERNBURG, HEINRICH – Pandekten, 6. Auflage, Band 1, 2, Berlin, 1900

— Entwicklung und Begriff des juristischen Besitzes des Römischen Rechts, Halle, 1883

DIEDERICHSEN, UWE – Das Recht zum Besitz aus Schuldverhältnissen, 1965

DIURNI, GIOVANNI – "Possesso (dir. interm.)", Enciclopedia del diritto, xxxix, Milano, 1985, pág. 467

DI MARZO, SALVATORE – Istituzioni Di Diritto Romano, Quinta Edizione, Milano, 1946

DOMAT, JEAN – Legum Delectus Ex Libris Digestorum Et Codicis, Paris, 1700

— Les Loix Civiles Dans Leur Ordre Naturel, Le Droit Public Et Legum Delectus, Nouvelle Edition, Tome Premier, Paris, 1767

DONELLUS, HUGO – Opera Omnia, Commentariorum De Iure Civili, Tomus Primus, Lucae, 1762

— Commentarii Ad Codicis Iustinianis, Partes Eas quas sequens pagina indicabit, ex Office Plantiniana, apud Franciscum Raphelengium, 1587

DOUARD, CHARLES – La Réintégrande, Paris, 1899

DUARENI, FRANCISCI – In Lib IV Cod et Tertiam Partem Digest Commentarii, Avrelia Allobrogum, 1608

— Opera Omnia, Volumen Quartum, Lucae, 1768

DUARTE, RUI PINTO – Curso De Direitos Reais, 3ª edição, Lisboa, 2013

— O Penhor De Estabelecimento Comercial, in Comemorações dos 35 anos do Código Civil E dos 25 Anos da Reforma de 1977, Volume III, Direito Das Obrigações, Coimbra, 2007, pág. 63

— "A penhora e a venda executiva de estabelecimento comercial", Revista da Faculdade de Direito da UNL, Ano V, nº 9, 2004, pág. 123

DULCKEIT, GERHARD – Die Verdinglichung obligatorische Rechte, 1951

DUNCKLER, HEINRICH – Die Besitzklage und der Besitz, Ein Beitrag zur Revision der Theorie vom subjektiven Recht, Berlin und Leipzig, 1884

DUNOD DE CHARNAGE – Traités Des Prescriptions De l'Aliénation Des Biens D'Église Et Des Dixmes, Seconde Edition, Paris, 1744

DURANTIS, GUILELMUS – Speculum iudiciale, Livro 2, com aditamentos de Johannes Andreae e Baldus de Ubaldis, Roma, 1474

DURANTON, M. – Cours De Droit Français Suivant Le Code Civil, Quatrième Edition, Tome Quatrième, Paris, 1844

ECHT, REINER BACHOFF VON (BACHOVII) – COMMENTARII IN PRIMAM PARTEM PANDECTARUM: quibus tum singularum materiarum principia & fundamenta, tum textus uniuersi & singuli, qui sub singulis titulis continentur, plenè & accuratè sub certa methodo explicantur: adiectis ubique castigationibus in Rationalia Antonii Fabri, Moeno-Francofurtensis, 1630
— Notae et animadversiones ad disputationes Hieronymi Treutleri, Coloniae Agripinae, Volume I, 1688
— Notae et animadversiones ad disputationes Hieronymi Treutleri, Coloniae Agripinae, Volume II, Pars Prior, 1688
— Notae et animadversiones ad disputationes Hieronymi Treutleri, Coloniae Agripinae, Volume II, Pars Posterior, 1688
— Ver WESENBECK
ECKERT, JÖRN – Sachenrecht, 4. Auflage, Baden-Baden, 2005
EICHLER, HERMANN – Institutionen des Sachenrechts, Berlin, 1954
EICKMANN, DIETER – ver WESTERMANN
ELMAR BUND – Ver STAUDINGER BGB
ELVERS, RUDOLF – Die römische Servitutenlehre, Marburg, 1856
ERNST, WOLFGANG – Eigenbesitz und Mobiliarerwerb, Tübingen, 1992
ESMARCH, K. – Vacuae possessionis traditio, Prag, 1873
ESQUIROU DE PARIEU, M. – Études Historiques Et Critiques Sur les Actions Possessoires, Paris, 1850
ESSER, JOSEF/WEYERS, HANS-LEO – Shuldrecht, Band II, Besonderer Teil, Teilband 2, 5. Auflage, Heidelberg, Karlsruhe, 1979
EXNER, ADOLF – Die Lehre vom Rechtserwerb durch Tradition nach österreichischem und gemeinem Recht, Manz, 1867
FABER, ANTONIUS – Jurisprudentiae Papinianeae scientia, ad ordinem Institutionum imperialium efformata, 1607
— Codex Fabrianus Definitionum, Lugduni, 1661
— Conjecturarum juris civilis libre XX, Lugduni, 1661
FABER, JOHANNES – In Quator Libros Institutionum Commentaria, Venetiis, 1572
FABIANI, MARIO – "Sul possesso dell'opere dell'ingegno", in Giurisprudenza di Merito, 1970, pág. 62
FARIA, PAULO RAMOS DE – "A reserva de propriedade constituída a favor de terceiro financiador", Julgar, nº 16, 2012
FAVARA, E. – "Enfiteusi", Novissimo Digesto Italiano, Volume VI, Torino, 1960, pág. 539
FAVERO, – "Questioni in tema di possesso dell'azienda", Foro Padano, I, 1959, pág. 823
FEDELE, ALFREDO – Nozioni generali sulla fattispecie del possesso, Torino, 1974
FERNANDES, LUÍS CARVALHO – Lições De Direitos Reais, 6ª edição (reimpressão), Lisboa, 2010

Ferrara, Francesco – La teoria giuridica dell'azienda, Firenze, 1948
Ferreira, José Dias – Codigo Civil Portuguez Annotado, Volume II, Lisboa, 1871
Ferrini, Contardo – Manuale Di Pandette, Terza Edizione, Milano, 1908
Finzi, Enrico – Il possesso dei diritti, Roma, 1915
Fitting, Hermann – Juristische Schriften Des Früheren Mittelalters, Halle, 1876
Fleck, Ferdinand Gotthelf – Hermeneutices tituli pandectarum. De adquirenda vel amittenda possessione-specimina dus, Lipsiae, 1796
Frantzke, Georg (Georgii Frantzkii) – Commentariun In Viginti Et Unum Libros Pandectarum Juris Civilis Priores, Argentorati, 1644
Freire, José Pascoal de Mello – Institutiones Juris Civilis Lusitani, cum Publici tum Privati, Liber III, Conimbricae, 1828
Friesen, Johann Bernhard – De Genuina Possessionis Indole, Jena, 1725
Fritzsche, Jörg – BeckOK BGB, Barnberger/Roth/Rau/Poseck, 43. Edition, 2017
Fritz, Johann Adam – Erläuterungen, Zusätze und Berichtigungen zu v. Wening-Ingenheims Lehrbuch des gemeinen Civilrechts, Band 1, Freiburg, 1833
— Erläuterungen, Zusätze und Berichtigungen zu v. Wening-Ingenheims Lehrbuch des gemeinen Civilrechts, Zweites Heft, Freiburg, 1834
Funaioli, Carlo Alberto – Tradizione, Padova, 1942
Gabler, Johannes – De Possessione, Basel, 1630
Gaio – Instituições, tradução portuguesa de J. A. Segurado e Campos, Lisboa, 2010
Galgano, Francesco – Trattato Di Diritto Civile, Volume Primo, terza edizione, Milano, 2015
Galvano (Galvanii), M. Aurelio – De usufructu dissertationes variae. Tractatibus nonnullis per occasionem intercisæ ac potissimum. Quibus Justinianicum ius; partim ad Antiqua Principia, cum Romanaem tum Atticae Sapientiae revocatur; partim multiplici usu veterum historiarum illustratur, Genevae, 1776
Gamauf, Richard – ver Hausmaninger
Gambaro, A./Morello, U. – Trattato Dei Diritti Reali, Volume I, Proprietè E Possesso, Milano, 2010
Gans, Eduard – Scholien zum Gaius, Berlin, 1821
— System des römischen Civilrechts im Grundrisse, Berlin, 1827
— Über die Grundlage des Besitzes, Berlin, 1839
Garnier, François Xavier Paul – Traité de la possession et des actions possessoires et pétitoires, Paris, 1847
Gaupp, Ernst Theodor – "Kritische Untersuchungen über die Gewere des deutschen Rechts", Zeitschrift für deutsches Recht und deutsche Rechtswissenschaft, Band 1, 1839, pág. 86
Gazzaniga, Jean Louis – Ver Ourliac

GENIUS, KLAUS – Der Bestandschutz des Mieterverhältnisses in seiner historischen Entwicklung bis zu den Naturrechtskodifikationen, Stuttgart, Berlin, Köln, Mainz, 1972

GENTILE, FRANCESCO – Il possesso nel diritto civile, Napoli, 1956

GERBER – "Ueber die Gewere in den deutschrechtlichen Quellen des Mittelalters", Zeitschrift für Civilrecht und Prozeß, Band 11, 1854, pág. 1

GIERKE, OTTO V. – Der Entwurf eines bürgerlichen Gesetzbuchs und das deutsche Recht, Leipzig, 1889

— Deutsches Privatrecht, Band 2, Sachenrecht, Leipzig, 1905

GIPHANII, HUBERTI – In Quator Libros Institutionum Iuris Civilis Iustiniani Principis, Commentarius Absolutissimus, 1629

GIOFFREDI, CARLO – Contributo Allo Studio Del Processo Civile Romano, Milano, 1947

GITTI, G. – "Il «possesso di beni immateriali» e la riversione dei frutti", Annali Italiani dei Diritto D'autore (AIDA), 2000, pág. 152

GLASSON, E. – "De la possession et des actions possessoires au moyen-âge", Nouvelle revue historique de droit français et étranger, 1890, pág. 588

GLÜCK, CHRISTIAN FRIEDRICH VON – Ausführliche Erläuterung der Pandecten nach Hellfeld, 2. Auflage, Band 2, Erlangen, 1800

GOECKE, FEODOR – De Exceptione Spolii, Dissertatio Inauguralis, 1858

GOLDSCHMIDT, LEVIN – Grundlagen der Besitzlehre, Vermischte Schriften, Band 1, 1901

— Studien zum Besitzrecht, Festgabe für Rudolf von Gneist zum Doktorjubiläum am XX. November MDCCCLXXXVIII, Berlin, 1888, pág. 61

— Kritische Erörterungen Zum Entwurf Eines Burgerlichen Gesetzbuchs Fur das Deutsche Reich, Leipzig, 1889

GONÇALVES, AUGUSTO DA PENHA – Curso De Direitos Reais, 2ª edição, Lisboa, 1993

GONÇALVES, LUÍS DA CUNHA – Da Propriedade E Da Posse, Lisboa, 1952

— Tratado De Direito Civil Português, Volumes XI e XII, Lisboa, 1936 e 1937

GONZÁLEZ, JOSÉ ALBERTO – Direitos reais e direito registal imobiliário, 4ª Edição, Lisboa, 2009

GORDON, WILLIAM – "Constitutum Possessorium", in Studi in Onore di Biondo Biondi, I, Milan, 1963, pág. 301

— "Acquisition of Ownership by Traditio and Acquisition of Possession", Revue Internationale Des Droits De l'Antiquité, 1965, pág. 279

— Studies In The Transfer Of Property By Traditio, Aberdeen, 1970

GOTTOFREDO DA TRANI (GOFFREDUS TRANENSIS) – Summa super titulus decretalium, 1519 (Reimpressão Scientia Verlag, Aalen, 1968)

GOUVEIA, JAIME AUGUSTO CARDOSO DE – Direitos Reais, Lisboa, 1935

GRECO, PAOLO – I diritti sui bem immateriali, ditta, marchi, opere dell'ingegno, invenzioni industriali, Torino, 1948
— "Beni immateriali", Novissimo Digesto Italiano, II, Torino, 1958, pág. 365
GRETTON GEORGE – ver REID
GROSSO, GIUSEPPE – Corso di diritto romano: Le cose, Torino, 1941
— Usufrutto e figure affini nel diritto romano, 2. Edizione, Torino, 1958
GROSSO, GIUSEPPE/DEJANA, GIOMMARIA – Le Servitù Prediali, Torino, 1951
GROTIUS, HUGO (HUGO DE GROOT) – The Introduction To Dutch Jurisprudence, London, 1845
GUICHARD, A. C. – Questions possessoires ou explication méthodique des lois et de la Jurisprudence Concernant Les Actions Possessoires, Paris, 1827
GÜNTHER, CHRISTIAN AUGUST, Principa Iuris Romani Privati Novissimi, Ienae, 1809
GURSKY, KARL-HEINZ –ver WESTERMANN
GRUBER, URS PETER – ver MÜLLER
GUYET – "Noch einige Bemerkungen über den Begriff des animus possidendi", Zeitschrift für Civilrecht und Prozess, Band 4, 1831, pág. 361
HAASE, WOLFGANG – ver TEMPORINI
HACKL, KARL – ver KASER
HAHN, HEINRICH – De Iure Rerum Et Juris In Re Speciebus, Halmstadt, 1647
HAUSMANINGER, HERBERT/GAMAUF, RICHARD – Casebook zum römischen Sachenrecht, Manz, 2012
HAUSMANINGER, HERBERT/SELB, WALTER – Römisches Privatrecht, 9. Auflage, Wien, Köln, Weimar, 2001
— Besitzerwerb solo animo, in Festgabe für Arnold Herdlitczka, 1972, pág. 113
HECK, PHILIPP – Grundriss des Sachenrechts, 1930
HEDINGER, MARTIN P. – System des Besitzrechtes, Bern, 1985
HEINECCII, JOHANN GOTTLIEB – Elementa Iuris Civilis Secundum Ordinem Institutionum, Editio Quarta, Goettingae, 1796
— Recitationes In Elementa Juris Civilis Secundum Ordinem Institutionum, Tomus I, Bassani, 1838
HEINEMANN, ANDREAS – Immaterialgüterschutz in der Wettbewerbsordnung, Tübingen, 2002
HEUSLER, ANDREAS – Institutionen des Deutschen Privatrechts, Band 2, Leipzig, 1886
— Die Gewere, Weimar, 1872
Hofacker, Karl Christoph – Principia Iuris Civilis Romano-Germanici, Tomo II, Tubingae, 1794
HÖLDER, EDUARD – Institutionen des römischen Rechtes, 2. Auflage, Freiburg, 1883

— Ueber den Entwurf eines deutschen bürgerlichen Gesetzbuches, Erlangen, 1889

HOMEYER, C. G. – Des Sachsenspiegels, Zweiter Theil, Zweiter Band, Berlin, 1844

HÖPFNER, LUDWIG JULIUS FRIEDRICH – Theoretisch practischer Commentar über die Heineccischen Institutionen, Siebente Auflage, Frankfurt, 1803

HOTOMANI, FRANCISCI – Commentarius verborum iuris, antiquitatum Ro. elementis amplificatus, Basileae, 1558

HUBER, EUGEN – Die Bedeutung Der Gewere Im Deutschen Sachenrecht, Festschrift in Namen und Auftrag Der Universität Bern, Bern, 1894

HUBERI, ULRICI (HUBER, ULRIK) – Digressiones Justinianeae, In partes duas, quarum altera nova, distinctae: Quibus Varia & in primis Humaniora Juris continentur; Cum indice Rerum et Verborum. Insertus Est De Jure In Re & Ad Rem Quod dicitur, Tractatus, & adjecta de Ratione discendi atque docendi Juris Diatribe, per modum Dialogi, Franequerae, 1696

— Praelectionum Juris Civilis Secundum Institutionem Et Digesta Justiniani, Tomus I, Maceratae, 1838

HUBMANN, HEINRICH – Urheber und Verlagsrecht, 6. Auflage, München, 1987

HÜBNER, RUDOLF – A History of Germanic Private Law, New Jersey, 2000

HUFELAND, GOTTLIEB – Neue Darstellung der Rechtslehre vom Besitz vorzüglich durch genauere Feststellung ihres Hauptgesichtspunkts, Tasche, 1815

IGLESIAS, JUAN – Instituciones De Derecho Romano, Volumen Primero, Barcelona, 1950

JACOBI, LEONARD – "Immobiliar Miethe und Pacht, im Sisteme des Entwurfs des bürgerlichen Gesetzbuch für das Deutsche Reich", Archiv für bürgerliches Recht, Band 2, 1889, pág. 31

JACOBI, PIETRI – Aurea Practica Libellorum, Coloniae Agrippinae, 1575

JHERING, RUDOLF VON – De heridate possidente. Dissertation, Berlin, 1842

— "Beiträge zur Lehre von der Gefahr zum Kaufcontract", Teil 1, in Jahrbücher für die Dogmatik des heutigen römischen und deutschen Privatrechts, Band 3, 1859, pág. 449

— "Beiträge zur Lehre von der Gefahr zum Kaufcontract", Teil 2, In Jahrbücher für die Dogmatik des heutigen römischen und deutschen Privatrechts, Band 4, 1861, pág. 366

— "Beiträge zur Lehre vom Besitz", In Jahrbücher für die Dogmatik des heutigen römischen und deutschen Privatrechts, Band 9, 1868, pág. 1

— "Der Besitz, die Thatsächlichkeit des Eigenthums", In Allgemeine österreichische Gerichtszeitung, 1868, pág. 171

— Über den Grund des Besitzschutzes. Eine Revision der Lehre vom Besitz, 2. Auflage, Jena, 1869

— "Ist der ehemalige gutgläubige Besitzer einer fremden Sache verpflichtet, nach deren Untergang dem Eigenthümer derselben den gelösten Kaufpreis

herauszugeben? Ein Beitrag zur Lehre von den Grenzen des Eigenthumschutzes", In Jahrbücher für die Dogmatik des heutigen römischen und deutschen Privatrechts, Band 16, 1878, pág. 230
— Der Besitzwille. Zugleich eine Kritik der herrschenden juristischen Methode, Jena, 1889
— "Besitz", in Johannes Conrad und Wilhelm Elster (Hg.): Handwörterbuch der Staatswissenschaften. Babeuf – Dutot, Band 2, 2 Bände, Jena, 1891, pág. 406
— "Der Besitz", In Jahrbücher für die Dogmatik des heutigen römischen und deutschen Privatrechts, Band 32, 1893, pág. 41

JOOST, DETLEV – Münchener Kommentar zum BGB, 7. Auflage, 2017
— "Besitzbegriff und tatsächliche Sachherrschaft", Gedächtnisschrift für Dietrich Schultz, 1987, pág. 167

JÖRS, PAUL/KUNKEL, WOLFGANG/WENGER, LEOPOLD/HONSELL, HEINRICH/MAYER-MALY, THEO/SELB, WALTER – Römisches Recht, 4. Auflage, Berlin, Heidelber, 1987

JUSTO, SANTOS – Direito Privado Romano, III, Coimbra, 2010
— Direitos Reais, 5ª edição, Coimbra, 2017

KARLOWA, OTTO – Römische Rechtsgeschichte, Leipzig, 1901

KASER, MAX – Das Römische Privatrecht, Das Altrömische, Das Vorklassisches und Klassisches Recht, München, 1955
— Das Römische Privatrecht, Das Altrömische, Das Vorklassisches und Klassisches Recht, München, 1971
— Das Römische Zivilprozessrecht, München, 1966
— Das Römisches Rechts, Die Nachklassischen Entwicklungen, München, 1975
— Direito Privado Romano, Lisboa, 1999

KASER, MAX/HACKL, KARL – Das Römische Zivilprozessrecht, 2. Auflage, München, 1996

KASER, MAX/KNÜTEL, ROLF/LOHSSE, SEBASTIAN – Römisches Privatrecht, 21. Auflage, München, 2017

KEGEL, GERHARD – Von Wilden Tieren, zerstreuten Leuten und versunkenden Schiffen. Zum Verhältnis von Besitz und Eigentum beweglicher Sachen, Festschrift für ERNST VON CAEMMERER, zum 70., Geburtstag, Tübingen, 1978, pág. 149

KELLER, FRIEDRICH LUDWIG – Pandekten, 2. Auflage, Band 1, Leipzig, 1867

KIERULFF, J. F. – Theorie des Gemeinen Civilrechts, Altona, 1834

KINDEL, M. – Die Grundlagen des römischen Besitzrechts, Berlin, 1883

KLEIN, FRANZ – Sachbesitz und Ersitzung, Forschungen im Gebiete des römischen Sachenrechtes und Civilprocesses, ein Beitrag zur Geschichte jener beiden Institute, Berlin, 1891

KLIMRATH, HENRY – Travaux Sur L'Histoire Du Droit Français, Tome Second, Strasbourg, Paris, 1848

— Essai Sur L'Étude Historique Du Droit, Et Son Utilité Pour L'Interprétation Du Code Civil, Strausbourg, 1833
KLINCK, FABIAN – Erwerb durch Übergabe an Dritte nach klassischen römischen Recht, Berlin, 2004
KNIEP, CARL FRIEDRICH FERDINAND – Der Besitz des Bürgerlichen Gesetzbuches gegenübergestellt dem römischen und gemeinen Recht, Jena, 1900
— Vacua Possessio, Jena, 1886
KNÜTEL, ROLF – ver KASER
KOCH, E. – Die Lehre vom Besitz nach Preussischen Rechte, mit Rüchsicht auf das gemeine Recht und die Materialen des Allgemeinen Landrechts, Zweite Ausgabe, Breslau, 1839
KOHLER, JOSEF – Das Autorrecht, Jena, 1880
— "Zur Konstruktion des Urheberrechts", Archiv für bürgerliches Recht, Band 10, 1895, pág. 243
— Urheberrecht an Schriftwerken und Verlagsrecht, Stuttgart, 1907
— Kunstwerkrecht (Gesetz vom 9. Januar 1907), Stuttgart, 1908
KONOPAK, Christian Gottlieb – Die Institutionen des römischen Privatrechts als Grundlage zu Vorlesungen darüber, Jena, 1824
KRESS, HUGO – Besitz und Recht, Eine civlrechtliche Abhandlung, Nürberg, 1909
KRÜCKMANN – Sachbesitz, Rechtsbesitz, Rechtsschein in der Theorie des Gemeinen Rechts, Archiv für die civilistische Praxis, 1912, 108, pág. 179
KRÜGER, HUGO – Das prätorische Servitut, Munster, 1911
KRÜGER, PAUL – Geschichte der Quellen und Litteratur des römischen Rechts, Leipzig, 1888
KUNKEL, WOLFGANG – ver JÖRS
KUNKEL, WOLFGANG/SCHERMAIER, MARTIN – Römisches Rechtsgeschichte, 14. Auflage, Köln, 2005
KUNZTE, JOHANNES EMIL – Institutionem und Geschichte Des Römisches Rechts, Erster Band, Leipzig, 1869
— Zur Besitzlehre Für Und Wider RUDOLF VON JHERING, Leipzig, 1890
LABAND, PAUL – Die Vermögensrechtlichen Klagen Nach Den Sächsischen Rechtsquellen Des Mittelalters, Königsberg, 1869
LAFÈRRIERE, – Histoire du Droit Français, Tome Premier, Paris, 1837
LAMOUZÈLE, EDMOND – Abrégé D'Histoire Du Droit Privé Français, des Origines au Code Civil, Paris, 1908
LANG, JOHANN JAKOB – Lehrbuch des justinianisch römischen Rechts – Zum Gebrauche bei Institutionenvorlesungen, Mainz, 1830
LARENZ, KARL/CANARIS, CLAUS-WILHELM – Schuldrecht II/2, Dreizehnte Auflage, München, 1994
LAST, ADOLF – "Fragen der Besitzlehre", Jherings Jahrbücher für die Dogmatik des bürgerlichen Rechts., Band 62, 1913, pág. 1

Lauterbach (Lauterbachs), Wolfgang Adam – Collegii theorico-practici a Libro Trigesimo Nono Pandectarum Usque ad finem, & sic Ad Digestum Novum, Pars Tertia, Cottae, 1711

Leitão, Luís de Menezes – Direitos Reais, 6ª edição, Coimbra, 2017

Lenel, Otto – Zeitschrift der Savigny-Stiftung für Rechtsgeschichte / Romanistische Abteilung, Band 34, 1913, pág. 373

Lent, Friedrich/Schwab, Karl Heinz – Sachenrecht, 13. Auflage, München, 1972

Lenz, Gustav – Das Recht des Besitzes und seine Grunlagen, Berlin, 1860

Lenz, Friedrich – Der Rechtsbesitz außerhalb des BGB, Archiv für bürgerliches Recht, Band 33, 1909, pág. 345

Leonhard, Rudolf – Der entwurf eines bürgerlichen gesetzbuchs für das Deutsche Reich und seine beurteilung,

Leyser, Augustinus – Meditationes ad Pandectas, Quibus Praecipua Juris Capita Ex Antiquitate Explicantur Cum Juribus Recentioribus Conferuntur Atque Variis Celebrium Colegiorum Responsis Et Rebus Ivdicatis Illustrantur, Volumen VII, Halae, 1772

Lewald, Hans – Recensão a Siro Sollazi, em Zeitschrift der Savigny-Stiftung für Rechtsgeschichte / Romanistische Abteilung., Band 34, 1913, pág. 449

Liebe, V. von – Der Besitz als Recht in Thesi, Civilitische Abhandlung, 1876

Lima, Fernando Andrade Pires de/Varela, João De Matos Antunes – Noções Fundamentais De Direito Civil, Vol. II, 5ª edição, 1962

— Código Civil Anotado, Volume III, 2ª ed. (Reimpressão), Coimbra, 1987

Lobão, Manuel de Almeida e Sousa de – Tratado encyclopedico compendiario, pratico e systematico dos interdictos e remedios possessorios geraes e especiaes conforme o direito romano, patrio e uso das nações, Lisboa, 1867

— Notas Do Uso Prático E Críticas, Adições, Ilustrações E Remissões, À Imitação Desde As de Muller A Struvio, Sobre Todos Os Títulos E Todos Os Paragraphos Do Livro Terceiro Das Instituições Do Direito Civil Lusitano Do Dr. Pascoal José De Mello Freire, Parte III, Lisboa, 1883

Loewenheim, Ulrich – Schricker/Loewenheim Urheberrecht Kommentar, 5. Auflage, München, 2017

Lohsse, Sebastian – ver Kaser

Longo, Giannetto – "In Tema Di Aquisto Del Possesso", in Ricerche Romanistiche, Milano, 1966

Lorenz. A. – Besitz, in Erman BGB, 14. Auflage, Band II, Köln, 2014

Lucchesi, Franco Voltaggio – I beni immateriali, Milano, 1962

Mackeldey, Ferdinand – Lehrbuch des heutigen römischen Rechts, 12. Auflage, Band 2, Giessen, 1842

Magalhães, Barbosa de – Do Estabelecimento Comercial, Estudo De Direito Privado, 2ª edição, Lisboa, 1964

Marani, Guilielmi – Opera Omnia, seu Paratitla Digestorum et Varii tractatus juris civilis, 1741
Marques, José Dias – Direitos Reais, Lisboa, 1960
— Prescrição Aquisitiva, Lisboa, 1960
Martinez, Pedro Romano – Direito Das Obrigações (Parte Especial), Contratos, 2ª edição, Coimbra, 2003
Masi, Antonio – Il possesso e la denuncia di nuova opera e di danno temuto, in Tratt. dir. priv. diretto da Rescigno, Torino, 1982
— Possesso E Detenzione, in Diritto Civile diretto da Nicolò Lipari e Pietro Rescigno, Volume II, La Proprietà E Il Possesso, Milano, 2009
Massen – "Zur dogmengeschichte der Spolienklage", Jahrbuch des gemeinen deutschen Rechts, Band. 3, 1859
Matias, Maria Judite – Do Direito De Habitação Periódica, Lisboa, 1997
Mazzon, Riccardo – Il Possesso, Milano, 2011
Medicus, Dieter – "Besitzschutz durch Ansprüche auf Schadensersatz", Archiv für die civilistische Praxis, 165, 1965, pág. 115
— Schuldrecht II, Besonderer Teil, 14. Auflage, München, 2007
Medicus, Dieter, Lorenz, Stephan – Schuldrecht II, Besonderer Teil, Auflage, München, 2014
Meicheider, Emil – Besitz und Besitzschutz, Studien über alte Probleme, Berlin, 1876
— Die alten Streitfragen gegenüber dem Entwurfe eines Bürgerlichen Gesetzbuches für das Deutsche Reich, Berlin, 1889
Melo, Alberto Sá e – Manual De Direito De Autor E Direitos Conexos, 2ª edição, Coimbra, 2016
— "Contratos Relativos A Bens Industriais – Algumas Notas", Revista De Direito Intelectual, 2016, Nº 2
Mendes, Isabel Pereira – Direito Real De Habitação Periódica, Coimbra, 1993
Menochii, Jacobii (Giacomo Menocchio) – De Adipiscenda, Retinenda Et Recuperanda Possessione Doctissima Commentaria. Item Responsa Causae Finariensis, Lugduni, 1606
Merêa, Paulo – "Esboço de uma história da Faculdade de Direito", Boletim da Faculdade de Direito, 1952, pág. 99
— "Lance de olhos sobre o ensino do Direito (Cânones e Leis) desde 1772 até 1804", BFD, Vol. XXXIII, 1957, pág. 187
Merendae, Antonii (Antonio Merenda) – Controversiarum Iuris Libri Sex. Opus quaestionum illustrium, et rerum forensium, ac difficillimarum diligenti tractatione, novarumque animadversionum ingenti numero, versantibus in Iure proficuum, Venetiis, 1625
Messineo, Francesco – Manuale Di Diritto Civile E Commerciale, Nona Edizione, Milano, 1965

MESSINETI, DAVIDE – "Beni immateriali", Enciclopedia Giuridica, V, Roma, 1988, pág. 8

MESQUITA, MANUEL HENRIQUE – Direitos Reais, Sumário Das Lições Ao Curso De 1966-67, Coimbra, 1967

— "Uma nova figura real: o direito de habitação periódica", Revista De Direito E Economia, VIII, nº 1, 1982, pág. 49

WESTERMANN, HARM PETER/GURSKY, KARL-HEINZ/EICKMANN, DIETER, Sachenrecht, 8. Auflage, Heidelberg, 2011

MEVIUS, DAVID – Decisiones super causis praecipuis ad summum tribunal regium Vismariense delatis, Francofurti ad Moenum, 1712

MEYER, HERBERT – Entwerung und Eigentum Im Deutschen Fahrnisrecht, Jena, 1902

MEYLAN, PHILIPPE – Per Procuratorem Possessio Nobis Adquiri Potest, in Festschrift Hans Lewald, Basel, 1953, pág. 105

MINDANI, PETRI FRIDERI – De Cavsa Et Materia Possessionis Commentarius perspicuus: Ad Tit. De Acqvirenda Vel Amittenda posseßione, Francofurti ad Moenum, 1600

MITTEIS, LUDWIG – Zur Geschichte der Erbpacht im Alterthum, Teubner, 1903

— Gesammelte civilistische Schriften, Band 1, Stuttgart, 1873

— "The Amherst Papyri Nr. 68", Zeitschrift der Savigny-Stiftung für Rechtsgeschichte / Romanistische Abteilung, Band 22, 1901, pág. 15

MOGEN, LUDWIG GOTTFRIED – Commentatio juridica de vera ac genuina rerum mobilium et immobilium indole, secundum diversa juris Romani et Germanici principia, Gissae, 1760

MOLITOR, J. P. – La Possession Et Les Actions Possessoires, Deuxiéme Edition, Paris, 1868

MOMMSEN, THEODOR – "Zur Geschichte der Erbpacht", Zeitschrift der Savigny--Stiftung für Rechtsgeschichte / Romanistische Abteilung, Band 23, 1902, pág. 441

MONTEL, ALBERTO – Il Possesso, Seconda edizione, Torino, 1962

— "Possesso (Diritto Civile)" – Novissimo Digesto Italiano, Vol. XIII, Torino, 1966, pág. 333

Motive zu dem Entwurfe eines Bürgerliches Gesetzbuch für das Deutsche Reich, Band III., Sachenrecht, Amtliche Ausgabe, zweite unveränderte Auflage, Berlin, 1896

MORAIS, FERNANDO DE GRAVATO – Alienação E Oneração De Estabelecimento Comercial, Coimbra, 2005

MORELLO, U. – ver GAMBARO

MÜHL, OTTO – SOERGEL BGB, Band 6, 12. Auflage, Stuttgart, Berlin, Köln, 1989

MÜHLENBRUCH, CHRISTIAN FRIEDRICH – Lehrbuch des Pandekten-Rechts, Halle, 1836

MÜLLER, KLAUS – Sachenrecht, 4. Auflage, München, 1997
MÜLLER, KLAUS/GRUBER, URS PETER – Sachenrecht, München, 2016
MÜLLER, THERESE – Besitzschutz in Europa, Tübingen, 2010
NEIVA, ANTONIO DA CUNHA PEREIRA BANDEIRA DE – Observações Sôbre O Projecto Do Codigo Civil, Coimbra, 1860
NETTELBLADT, DANIELIS – Nova Introductio In Iurisprudentiam Positivam Germanorum Communem, 1772
NICOLÒ, ROSARIO – Istituzioni di diritto privatto, Milano, 1962
NICOSIA, GIOVANNI – L'acquisto del possesso mediante i «Potestati subiecti», Milano, 1960
— Possesso nel diritto romano, in digesto delle discipline privatistische, Sezione Civile, XIV, 1996, pág. 94
— Il Possesso, Catania, 2008
NOODT, GERARDI (GERARD NOODT) – Opera Omnia, Lugduni Batavorum, 1735
— Opera Varia, Quibus Continentur Probabilium Iuris Civilis Libri IV, De Iurisdictione Et Imperio Libri II, Ad Legem Aquiliam Liber Singularis, Lugduni Batavorum, 1705
OBRECHT, GEORG – Disputationes ex variis iuris civilis, Digest. Cod. Nov. Constit. Iustin. & Feudorum materijs, Ursellis Sutorius, 1603
ODOFREDUS – Super Codice, Tridini, 1514
OLAVO, FERNANDO – Direito Comercial, Volume, I, 2ª edição, Lisboa, 1974
OLIVECRONA, KARL – Three Essays In Roman Law, Ejnar Munksgaard, 1949
OTHO, JUSTINUS GÖBLER – Summa Othonis Senosensis de interdictis iuditiisque possessoris, et eorum libellis, Moguntiae, 1536
OURLIAC, PAUL/GAZZANIGA, JEAN LOUIS – Histoire du droit privé français, de L'an mil au Code Civil, Paris, 1985
PALADINI, ANDREA – "Superficie (Diritto Romano)", Noviss. Dig. It., pág. 94.
PARIEU, M. ESQUIROU DE – Études historiques et critiques sur les actions possessoires, Paris, 1850
PASSINHAS SANDRA – ver PINTO, PAULO MOTA
PAWLOWSKY, HANS-MARTIN – Der Rechtsbesitz im geltenden Sachen und Immaterialgüterrecht, Göttingen, 1961
PEGAS, MANUEL ÁLVARES – Tractatus de competentiis inter archiepiscopos, Episcoposve, Et Nuntium Apostolicum, Lugduni, 1685
— Opusculum de maioratus possessorio interdicto seu De ordine procedendi in Causis Maioratus possessionis, et proprietatis, Ulyssipone, 1695
PERALTA, ANA MARIA – A Posição Jurídica Do Comprador Na Compra E Venda Com Reserva De Propriedade, Coimbra, 1990
PEREZII, ANTONII – Praelectiones In Duodecim Libros Codicis Justiniani Imp. Quib. Leges Omnes, Et Authenticae Perpetua serie explicantur, mores hodier-

ni inseruntur & quid sit juris antiqui, novi, & novissimi Enodatur, ac breviter exponitur,Tomus Primus, Neapoli, 1755

PEROZZI, SILVIO – Istituzioni Di Diritto Romano, Seconda Edizione, Volume I, Roma, 1928, e Volume II, Roma, 1928

— "I Modi Pretorii D'Acquisto Delle Servitù", Rivista Italiana per le Scienze Giuridiche, 1897, Volume XXIII, Fascicolo I, Torino, 1897, pág. 3

PETERSEN, JENS – "Grundfragen zum Recht des Besitzes", JURA Juristische Ausbildung, 2002, 3, pág. 160

— "Sonderfragen zum Recht des Besitzes", JURA Juristische Ausbildung, 2002, 3, pág. 255

PEUKERT, ALEXANDER – Ver REHBINDER

PFEIFER, R. – Was ist und gilt im römischen Recht des Besitz? – Eine Abhandlung gerichtet gegen die von Savignysche Doktrin über das Rechts des Besitzes, Tübingen, 1840

PFLÜGER, HEINRICH HACKFELD – Über Besitz und Ersitzung von Teilen einer Sache, Bremen, 1886

— Zur Lehre vom Erwerb des Eigentum nach römischen Recht, München, 1937

PIETRI JACOBI, Aurea Practica Libellorum, Colonia, 1575

PINHEIRO, LUÍS LIMA – A Cláusula De Reserva De Propriedade, Coimbra, 1988

PININSKI, LEO GRAF – Der Thatbestand des Sachbesitzerwerbs nach gemeinem Recht, Leipzig, 1885

PINTO, CARLOS DA MOTA – Direitos Reais, Prelecções ao 4º Ano Jurídico de 1970-71, recolhidas por ÁLVARO MOREIRA e CARLOS FRAGA, Coimbra, 1972

PINTO, PAULO MOTA/PASSINHAS SANDRA – "Posse e usucapião de estabelecimento comercial de farmácia", Revista de Legislação e Jurisprudência, Ano 146, 2017, pág. 220

PINTO, RUI – Direitos Reais De Moçambique, Teoria Geral Dos Direitos Reais, Posse, Coimbra, 2006

PLACENTINUS – Summa Codicis, ed. de Francesco Calasso, Torino, 1962

PLANCK, D. W. – Die Lehre vom Besitze nach den Grundsätzen des französischen Civil-Rechtes, Göttingen, 1811

POLA, PAOLO – L'usucapione, Quarta edizione, Milano, 2011

POTHIER, ROBERT-JOSEPH – Pandectae Justinianeae, In Novum Ordinem Digestae, Cum Legibus Codicis, Et Novellis, Tomus Quintus, Parisiis, 1770

— Traités De La Possession Et De La Prescription, Tome II, Paris, 1772

PRÜTTING, HANNS – Sachenrecht, 36. Auflage, München, 2017

— Ver SCHWAB

PUCHTA, GEORG FRIEDRICH – "Zu welcher Klasse von Rechten gehört der Besitz?", Rheinisches Museum für Jurisprudenz , Jg. 3, 1829, pág. 289

— Kleine civilistische Schriften, Leipzig 1851

— Lehrbuch der Pandekten, 9. Auflage, Leipzig, 1863

PUGLIESE, GIOVANNI – Istituzioni Di Diritto Romano, em colaboração com Francesco Sitzia e Letizia Vacca, Padova, 1986
— Usufrutto, Uso E Abitazione, Seconda edizione, Torino, 1972
— Della Superficie, in Commentario Del Codice Civile A Cura Di Antonio Scialoja E Giuseppe Branca, Della Proprietà, Libro Terzo, Art. 810-956, Terza Edizione, Bologna, Roma, 1962
RADIN, MAX – "Detention at Roman Law", in Studi In Onore Di Pietro Bonfante, Volume Terzo, Milano, 1930
RANDA, ANTON – Der Besitz nach österreichischem Rechte, 4. Auflage, Leipzig, 1895
RAU, CHARLES – Ver AUBRY
REATZ, CARL FERDINAND – "Der Besitz", in Gutachten aus dem Anwalts-Stande über die 1. Lesung eines bürgerlichen Geseztbuch, Berlin, 1890, pág. 747
REBUFFI, PETRI – Repetitiones Variae, Lugduni, 1600
REHBINDER, MANFRED/PEUKERT, ALEXANDER – Urheberrecht, 17. Auflage, München, 2015
REID, KENNETH/GRETTON GEORGE, – The Law of Property In Scotland, 1996
REINHARDT, KARL FRIEDRICH VON – Ueber die gegenstände (Objekte) des Besitzes, in Vermischte Aufsätze aus dem Gebiete der reinen und angewandten Rechtswissenschaft, Erstes Heft, Stuttgart, 1822
RÉVIGNI, JACQUES DE – Lectura super codice, Forni, 1967
RICCOBONO, SALVATORE – "Zur Terminologie der Besitzverhältnisse. [Naturalis possessio, civilis possessio, possessio ad interdicta]", Zeitschrift der Savigny--Stiftung für Rechtsgeschichte/Romanistische Abteilung, Band 31, 1910, pág. 321
— "Interdicta", Novissimo Digesto Italiano, Vol. VIII, pág. 792
— "Traditio Ficta", Zeitschrift der Savigny-Stiftung für Rechtsgeschichte/ Romanistische Abteilung, Band 33, 1912, pág. 259
— "Traditio Ficta", Zeitschrift der Savigny-Stiftung für Rechtsgeschichte /Romanistische Abteilung. Band 34, 1913, pág. 159
RISI, CARLO – Il Possesso, Milano, 2012
RIVINUS, ANDREAS FLORENS – De eurematicis in materia possessionis et compossessionis, Wittenberg, 1743
ROCHA, MANUEL ANTÓNIO COELHO DA – Instituições De Direito Civil Portuguez, Tomo II, 4ª edição, Coimbra, 1857
RODRIGUES, MANUEL – A Posse, Estudo De Direito Civil Português, 3ª edição, Coimbra, 1980
ROFREDO – Tractatus Iudiciarii Ordinis, Coloniae Agrippinae, 1659
ROSELLI, FEDERICO – Il possesso e le azioni di nunciazione, Torino, 1993
ROSSHIRT, CONRAD FRANZ – Gemeines deutsches Civilrecht, Band 2, Vermögensrecht unter Lebenden, Heidelberg, 1840

— "Zu der Lehre vom Besitz und in besondere von der quasipossessio", Archiv für die civilistische Praxis, 8, 1825, pág. 1
— "Ueber den sogenannten abgeleiteten Besitz", Archiv für die civilistische Praxis,1838, 21, pág. 242
Rotondi, Giovanni – Possessio quae animo retinetur – Contributo alla dottrina classica e postclassica del possesso e dell' animus possidendi, in Scritti Giuridici, Vol. III, Milano, 1922
Rückert, Ludwig – Untersuchungen über das Sachenrechts der Rechtsbücher zunächst des Sachsenspiegels, Leipzig, 1860
Rudorff, Adolf August Friedrich – Grundriss zu Vorlesungen über das gemeine Civilrecht, zweite Ausgabe, Berlin, 1843
— "Beitrag zur Geschichte der Superficies", Zeitschrift für Geschichtliche Rechtswissenschaft, Band 11, 1842, pág. 219
— "Ueber den Rechtsgrund der possessorischen Interdikte", Zeitschrift für geschichtliche Rechtswissenschaft, Band 7, 1831, pág. 93
Ruggieri, Odoardo – Il Possesso E Gl'Instituti Di Diritto Proximi Ad Esso, Trattato In Dirito Romano, Parte Prima, Il Possesso In Diritto Romano, Vol. I, Firenze, 1880
Ruggiero, Roberto – Istituzioni Di Diritto Civile, Vol. I, Roma, 1926
Sacco, Rodolfo – Il Possesso, Milano, 1988
— "Detenzione autonoma e qualificata", Digesto delle Discipline Privatistiche, Sezione Civile, Aggiornamento, Torino, 2010, pág. 515
Sacco, Rodolfo/Caterina, Raffaele – Il Possesso, Terza Edizione, Milano, 2014
Saleilles, Raymond – Étude Sur Les Éléments Constitutifs De La Possession, Dijon, 1894
Salyceto, Bartholomaeus – In VII, VIII et IX Codicis Libros Commentaria, Venetiis, 1586
Sandhaas, Georg – Germanistische Abhandlungen, Ricker, 1852
Sanfilippo, Cesare, – Istituzioni Di Diritto Romano, Decima Edizione, 2002
Santos, Eduardo dos – Curso De Direitos Reais, Volume I, Introdução. Direitos Reais De Gozo, Lisboa, 1983
Santos, Filipe Cassiano – Direito Comercial Português, Volume I, Coimbra, 2007
— "O contrato de instalação de lojistas em centro comercial (e a aplicação do art. 394º do Código Civil) quando celebrado por adesão", Cadernos De Direito Privado, nº 24, 2008, pág. 3
Savigny, Friedrich Carl von – Das Rechts Des Besitzes – Eine Civilistische Abhandlung, Darmstadt, 1967
Scapini, Nevio – "Usufrutto (dir. rom.)", Enciclopedia del diritto, Milano, 1992
Schapp, Jan/Schur, Wolfgang – Sachenrecht, 4. Auflage, München, 2009

SCHAUMBURG, JOHANN GOTTFRIED – Compendium Iuris Digestorum, Volume I, Editio Secunda, Jenae, 1751
— Compendium Iuris Digestorum, Volume III, Editio Secunda, Jenae, 1751
SCHERMAIER, MARTIN – ver KUNKEL
SCHEURL, CHRISTOPH GOTTLIEB ADOLF VON – Zur Lehre vom römischen Besitzrecht, Deichert, 1886
SCHMIDT, ADOLF – Das Interdiktenverfahren der Römer. In geschichtlicher Entwickelung, Leipzig, 1853
— "Das Recht der Superficies", Zeitschrift der Savigny-Stiftung für Rechtsgeschichte, Romanistische Abteilung, Bd. 11, 1890, pág. 121
SCHMIDT, GEORG EDUARD – "Ueber den Willen und die Grenze der Tätigkeit des Besitzers", Zeitschrift für Civilrecht und Prozess, Band 10, 1844, pág. 112
— Das Commodatum und precarium – Eine Revision der Grundlehren beider, Leipzig, 1841
SCHREIBER, KLAUS – "Possessorischer und petitorischer Besitzschutz", JURA Juristische Ausbildung, 1993, 8, pág. 440
SCHRÖTER, ERNST FRIEDRICH – De Essentia Possessionis, Jena, 1653
SCHRÖTER, A. W. VON – "Ueber den abgeleiteten Besitz", Zeitschrift für Civilrecht und Prozess, Band 2, 1829, pág. 233
SCHUBART, WOLFGANG CHRISTOPH – De exceptione spolii, 1690
SCHUBERT, WERNER – Die Entstehung der Vorschriften des BGB über Besitz und Eigentumsübertragung. Ein Beitrag zur Entstehungsgeschichte des BGB, Münster, 1966
SCHULTINGII, ANTONII (ANTON SCHULTING) – Jurisprudentia Vetus Ante-Justinianea, Lipsiae, 1737
SCHULZ, FRITZ – Einführung in das Studium der Digesten, Tübingen, 1916
— Derecho Romano Clásico, Barcelona, 1960
SCHUR, WOLFGANG – ver SCHAPP
SCHWAB, KARL HEINZ/PRÜTTING, HANNS – Sachenrecht, 32. Auflage, München, 2006
— Ver LENT
SEABRA, ANTÓNIO LUIZ DE – Codigo Civil Portuguez, Projecto, Redigido Por Antonio Luiz De Seabra, Coimbra, 1858
— Resposta Do Auctor Do Projecto Do Código Civil Às Observações Do Sr. Doutor Joaquim José Paes Da Silva, Coimbra, 1859
SEARA, FERNANDO ROBOREDO – ver ARAÚJO
SEGRÈ, GINO – Sulla Natura Dell Compossesso In Diritto Romano – Contributo Alla Teoria Della Divisibilità Delle Cose E Dei Diritti, Roma, 1889
SELB, WALTER – ver HAUSMANINGER
SERRA, ADRIANO PAIS DA SILVA VAZ – Revista De Legislação E De Jurisprudência, Ano 109º, pág. 344

SEUFFERT, JOHAN ADAM – Practisches Pandektenrecht, Erster Band, Zweite Auflage, Würzburg, 1848

SIBETH, FRIEDRICH WILHELM – Erörterungen aus der Lehre vom Besitz, Stiller, 1800

SIEBER, HEINRICH – Römisches Recht in Grundzügen für die Vorlesung (römisches Privatrecht), II, 1928

— Versuche ueber den Quasi-Besitz, Halle, 1806

SILVA, JOÃO CALVÃO DA – "Contrato-promessa – Análise Para Reformulação do Decreto-Lei Nº 236/80", Boletim do Ministério de Justiça, nº 349

— Sinal E Contrato-promessa, 14ª edição, Coimbra, 2016

SILVA, JOAQUIM JOSÉ PAIS DA – Observações Sobre O Projecto Do Codigo Civil, Coimbra, 1859

— Novas Observações Sobre O Projecto Do Codigo Civil, Coimbra, 1863

SILVA, PAULA COSTA E – Posse Ou Posses?, Coimbra, 2004

SIMONCELLI, VINCENZO – Delle Enfiteuse, Volume Primo, Seconda Edizione, Napoli, Torino, 1922

SINTENIS, Carl Friedrich- Das practische gemeine Civilrecht, Leipzig, 1844

— "Ueber Besitz und Ersitzung verbundener Sachen", Archiv für die civilistische Praxis, 1837, 20, pág. 75

— "Beiträge zu der Lehre vom juristischen Besitz überhaupt, und den Pfandbesitz in Besondern", Zeitschrift für Civilrecht und Prozeß, Band 7, 1834, pág. 223 e 414

SITZIA, FRANCESCO – "Superficie (dir. Rom.)", Enciclopedia Del Diritto, Vol. XLIII, pág. 1459

— ver PUGLIESE

SYLVA, MANUEL GONÇALVES DA – *Commentaria Ad Ordinationes Regni Portugalliae*, Tomus Secundus, Ulyssipone Occidentali, 1732

SLEVOGT, JOHANN PHILIPP – De possessione non transeunte, Jenae, 1707

SPANGENBERG, CARL FRIEDRICH WILHELM VON – Versuch einer Systematischen Darstellung der Lehre vom Besitz, Bayreuth, 1794

SOHM, RUDOLPH – Institutionem Des Römischen Rechts, Geschichte Und System Des Römischen Privatsrechts, vierzehnte auflage, Leipzig, 1911

SOKOLOWSKI, PAUL – Die Philosophie im privatrecht, Sachbegriff und korper in der klassischen jurisprudenz und der modernen gesetzgebung, Volume I, 1959

— Der Besitz im klassischen recht und dem deutschen bürgerlichen gesetz, Volume II, 1959

SOLAZZI, SIRO – Di alcuni punti controversi nella dottrina romana dell'acquisto del possesso per mezzo di rappresentanti, Scritti Di Diritto Romano, Vol. 1, Napoli, 1972, pág. 295

— La tutela ed il possesso delle servitù prediali nel diritto romano, 1949

Sousa, Miguel Teixeira De – "A penhora de bens na posse de terceiros", Revista da Ordem dos Advogados, Ano 51, 1991, pág. 75

Staudinger BGB, Einleitung zum Sachenrecht; §§ 854-882, Allgemeines Liegenschafstrecht 1, Berlin, 2007

Stein, Friedrich – Die Entwicklung und Fortbildung des deutschen Sachenrechtes in der Zeit vor Aufnahme des römischen Rechtes, Erlanger, 1857

Stintzing, Wolfgang – Zur Besitzlehre, Kritische Streitzüge, München, 1892

— "Besitz, Gewere, Rechtsschein", Archiv für die civilistische Praxis, 109, 1912, pág. 347

Stoll, Hans – Grundriss des Sachenrechts, Heidelberg, 1983

Strohal, Emil – "Zum Besitzrecht des Entwurfs eines bürgerlichen Gesetzbuchs für das Deutsche Reich", Jahrbücher für die Dogmatik des heutigen römischen und deutschen Privatrechts, Band 29, 1890, pág. 336

— "Zum Besitzrecht des Entwurfs eines bürgerlichen Gesetzbuchs für das Deutsche Reich: Zweiter Beitrag", Jahrbücher für die Dogmatik des heutigen römischen und deutschen Privatrechts, Band 31, 1892, pág. 1

— Der Sachbesitz nach dem Bürgerlichen Gesetzbuche für das Deutsche Reich, Jena, 1897

— "Der Sachbesitz nach dem B.G.B", Jherings Jahrbücher für die Dogmatik des bürgerlichen Rechts, Band 38, 1898, pág. 1

Stobbe, Otto – "Gewere", in Ersch und Gruber Enzyklopädie 56, 1857, pág. 428 (Die Gewere, Leipzig, 1860)

— Handbuch des deutschen Privatrechts, 2. Auflage, Band 2, Berlin, 1883

Stouls, Ernest – Étude sur la protection de la possession, Paris, 1874

Struvii, B. Georgii Adami – Annotationes Succinctae, Frankfurt, 1816

— Syntagma jurisprudentiae secundum ordinem Pandectarum concinnatum, Jenae, 1663

Strykii, Samuelis – Disputatio Juridica de Possessione Instrumentali, Frankfurt, 1700

— Succintae annotationes ad W.A. Lauterbachii Compendio Digestorum, Lipsiae, 1741

Szerkus, Oscar – "Besitzmittlungswille und Besitzmittlungsverhältnis: Begriff und Fallgruppen", Juristische Ausbildung, 2017, 3, 2017, pág. 251

Tavares, José – Os Princípios Fundamentais Do Direito Civil, Volume I, 2ª edição, Coimbra, 1929

Teixeira, António Ribeiro de Liz – Curso De Direito Civil Portuguez Ou Commentario Às Instituições Do Dr. Paschoal José De Mello Freire Sobre O Mesmo Direito, Parte Segunda, Divisão 1ª, Segunda edição, Coimbra, 1848

Teles, Inocêncio Galvão – "Utilização de espaços em "shopping centers" (Parecer), Colectânea De Jurisprudência, Ano XV, 1990, Tomo II, pág. 33

— Contratos de utilização de espaços nos centros comerciais, O Direito 123, 1991, pág. 521
— Contratos de utilização de espaços em centros comerciais, in Contratos: actualidade e evolução, Coordenado por António Pinto Monteiro, Coimbra, 1997, pág. 241
Telles, José Homem Correia – Digesto Portuguez Ou Tratado Dos Direitos E Obrigações Civis, Accommodado Às Leis E Costumes Da Nação Portugueza, Para Servir De Subsídio Ao Novo Código Civil, Tomo I, 5ª edição, Coimbra, 1860
Tenella Sillani, Chiara – "Possesso e detenzione", in Dig. disc. priv. (sez.civ.), XIV, Torino, 1996, Pág. 8
Tengler, Ulrich – Layen Spiegel, 1536
Temporini, Hildegard/Haase, Wolfgang – Aufstieg und Niedergang der Römischen Welt, Berlin, New York, 1980
Thibaut, Anton Friedrich Justus – Ueber Besitz und Verjährung, Jena, 1802
— System des Pandekten-Rechts, 9. Ausgabe, Band 1, Jena, 1846
— "Beiträge zur Lehre von den Interdicten", Archiv für die civilistische Praxis, Band 1, 1818, pág. 105
— Juristisches Archiv, Bd. 4, 1804, pág. 419
Thon, E. – "Über *civilis* und *naturalis possessio*", Rheinisches Museum für Jurisprudenz, Bd. 4, 1833, pág. 95
Tigerström, Friedrich Wilhelm – Die bonae fidei possessio oder das Recht des Besitzes – Eine civilistische Abhandlung, Berlin, 1836
Titius, Gottlieb Gerhard – Observationum Ratiocinantium in compendium Iuris Lauterbachianum Centuriae quindecim, 1717
Tomassetti, Alessandro – Il Possesso, Torino, 2005
Torrente, Andrea/Schlesinger, Piero – Manuale Di Diritto Privatto, Ventitressima Edizione, Roma, 2017
Treutler, Hieronymus – Selectarum disputationum ad jus civile Justinianaeum, Volume II, 1628
Troller, Allois – Immaterialgüterrecht: Patentrecht, Markenrecht, Muster- und Modellrecht, Urheberrecht, Wettbewerbsrecht, 3. Auflage, Frankfurt am Main, 1983
Troplong, M. – Commentaire Du Titre XX Du Livre III Du Code Civil: De La Prescription, Paris, 1835
Ubbelodhe, August – Ausführliche Erläuterung der Pandecten nach Hellfeld, no Kommentar de Christian Friedrich von Glück, Band 43/44, Erlangen, 1889
Ulmer, Eugen – Urheber und Verlagsrecht, 3. Auflage, München, 1980
Vacca, Letizia – ver Pugliese
Vaccari, Pietro – "Enfiteusi (Storia)", Enc. Del Dir., Vol. XIV, pág. 915

VANGEROW, KARL ADOLPH VON – Lehrbuch der Pandekten, 7. Auflage, Band 1, Marburg, 1863
— Leitfaden für Pandekten – Vorlesungen, 3. Auflage, Band 1, 1, Marburg, 1843
VANZETTI, A. – "La tutela della proprietà e del possesso dell'azienda", Rivista di Diritto Commerciale, 1958, II, pág. 422
VARELA, JOÃO DE MATOS ANTUNES – Revista De Legislação E Jurisprudência, 122º, pág. 63
— Anotação ao Ac. do STJ de 25 de Fevereiro de 1986, Revista De Legislação E De Jurisprudência, Ano 124º, pág. 343
— Anotação ao Ac. do STJ de 2 de Novembro de 1989, Revista De Legislação E De Jurisprudência, Ano 128º, pág. 104
— Centros Comerciais – Shopping Centers, "Natureza Jurídica dos Contratos de Instalação dos Lojistas", Coimbra, 1995
VARELA, JOÃO DE MATOS ANTUNES – ver LIMA
VENTURA, RAÚL – História Do Direito Romano, Lisboa, 1965
— "O contrato de compra e venda no código civil", Revista Da Ordem Dos Advogados, 43, 1983, pág. 610
VIEWEG, KLAUS/WERNER, URS PETER – Sachenrecht, 7. Auflage, München, 2015
VIEIRA, JOSÉ ALBERTO COELHO – Direitos Reais, Coimbra, 2016
— Direitos Reais, Perspectiva Histórica Do Seu Ensino Em Portugal, Coimbra, 2008
— O contrato de concessão comercial, Coimbra, 2006
— "Arrendamento de imóvel dado em garantia", in Estudos Em Homenagem Ao Professor Doutor Inocêncio Galvão Telles, Volume IV, Coimbra, 2003
VINNI, ARNOLDI (ARNOLDUS VINNIUS) – In Quatuor Libros Institutionum Imperialium Commentarius Academicus & Forensis, Tomus Primus, Lugduni, 1755
— In Quatuor Libros Institutionum Imperialium Commentarius Academicus & Forensis, Tomus Secundus, Lugduni, 1755,
— Jurisprudentiae Contractae Sive Partitionum Juris Civilis, Libri IV, Lugduni, 1748
— Selectarum Juris Quaestionum, Libri Duo
VIOLLET, PAUL – Histoire Du Droit Privé Français, Seconde Édition, Paris, 1893
VOET JOHANNIS – Commentarius Ad Pandectas: In Quo Praeter Romani Juris Principia AC Controversias Illustriores, Jus Etiam Hodiernum, Et Praecipuae Fori Quaestiones Excutiuntur, Tomus Secundus, Coloniae Allobrogum, 1778
VOET, PAULI – In Quatuor Libros Institutionum Imperialium, Ubi juris Civilis Tum Antiqui, Tum Novi Cum Divino, Forensi, Canonico & Feudali In Multis Collatio Instituitur, Pars Prior, Gorinchemi, 1668
— In Quatuor Libros Institutionum Imperialium, Ubi Juris Civilis Tum Antiqui, Tum Novi Cum Divino, Forensi, Canonico & Feudali In Multis Collatio Instituitur, Pars Posterior, Gorinchemi, 1668

— Mobilium Et Immobilium Natura, Modo Academico Et forensi Ad Evidentiorem Juris Statutarii Intellectum Strictim Proposita, Leodii, 1699

WARNKÖNIG, LEOPOLD AUGUST A./WARNKÖNIG, TH. A. – Geschichte der Rechtsquellen und des Privatrechts, Band 2, Basel, 1848, in WARNKÖNIG, LEOPOLD AUGUST/STEIN, LORENZ VON – Französische Staats- und Rechtsgeschichte

— Institutiones iuris Romani privati, in usum praelectionum academicarum vulgatae cum introd. in universam iurisprudentiam et in studium iuris romani, Bonnae, 1860

— "Über die richtige Begriffsbestimmung des animus possidendi", Archiv für die civilistische Praxis, Band XIII, Heft 2, 1830, pág. 169

WARNKÖNIG, TH. A. – ver WARNKÖNIG

WATSON, ALAN – The Acquisition of Young in the usufructus gregis, in Studies in Roman Private Law, London, 1991

— Acquisition Of Possession per Extraneam Personam, in Studies in Roman Private Law, London, 1991, pág. 63

WÄCHTER, CARL GEORG VON – Die bona fides, insbesondere bei der Ersitzung des Eigenthums, Leipzig, 1871

— Der Fruchterwerb des bonae fidei possessor, zur Lehre von der Pendenz der Rechtsverhältnisse, Jena, 1872

— Pandekten, Band 1, Allgemeiner Theil, Leipzig, 1880

— Pandekten, Band 2, Besonderer Theil, 1. Sachenrecht., 2. Obligationenrecht., 3. Familienrecht., 4. Erbrecht, Leipzig, 1880

WATSON, ALAN – "The Acquisition of Young in the usufructus gregis", in Studies In Roman Private Law, 1990

WEITNAUER, HERMANN – Verdinglichte Schuldverhältnisse, Festschrift für KARL LARENZ zum 80. Geburtstag, München, 1983, pág. 705

WENDT, OTTO HEINRICH – Das Faustrecht oder Besitzvertheidigung und Besitzverfolgung, Jena, 1883

— Lehrbuch der Pandekten, Jena, 1888

— "Besitz und Inhabung. Entwurf eines bürgerlichen Gesetzbuches für das deutsche Reich. Drittes Buch. Zweiter Abschnitt", Archiv für die civilistische Praxis, Band 74, 1889, pág. 135

— "Der mittelbare Besitz des bürgerlichen Gesetzbuches", Archiv für die civilistische Praxis, 1897, 37, pág. 40

— Besitz und Besitzwille, Berlin, 1907

WELLENHOFER, MARINA – ver WOLF

WENGER, LEOPOLD – Istituzioni Di Procedura Civile Romana, Milano, 1938

— ver JÖRS

WENING-INGENHEIM, JOHANN NEPOMUK VON – Lehrbuch des Gemeinen Civilrechtes, nach Heise's Grundriss eines Sistems des Gemeinen Civil Rechtes zum Behuf von Pandecten Vorlesungen, Band 1, Vierte Auflage, München, 1831

WERNER, URS PETER – ver VIEWEG
WESENBECK (WESENBECII), MATTHAEUS – Commentarii in Pandectas Juris Civilis Et Codicem Justinianeum olim dicti Paratitla, Cum Notis & Observationibus Reinhardi Bachovii Echtii, Amstelodami, 1665,
WESENBERG, GERHARD/WESENER, GUNTER – Neuere deutsche Privatrechtsgeschichte im Rahmen der europäischen Rechtentwicklung, Vierte Auflage, Wien, Köln, Graz, 1985
WESENER, GUNTER – "Zur Frage der Ersitzbarkeit des Ususfructus", in Studi In Onore Di Giuseppe Grosso, Volume Primo, Torino, 1968, pág. 201
— "Zur Dogmengeschichte des Rechtsbesitz", in Festschrift für Walter Wilburg, zum 70. Geburtstag, 1975, pág. 453
— ver WESENBERG
WESTERMANN, HARM PETER – BGB-Sachenrecht, 12. Auflage, Heidelberg, 2012
WESTERMANN, HARM PETER/GURSKY, KARL-HEINZ/EICKMANN, DIETER – Sachenrecht, 8. Auflage, Heidelberg (e outras), 2011
WESTPHALS, ERNST CHRISTIAN – System des römischen Rechts über die Arten der Sachen, Besitz, Eigenthum, und Verjährung, Leipsig, 1788
WEYERS, HANS-LEO – Ver ESSER
WIEACKER, FRANZ – Römisches Rechtsgeschichte, Erster Abschnitt Einleitung, Quellenkunde Frühzeit und Republik, München, 1988
WIELING (WIELINGII), ABRAHAM – Repetitio institutionum iuris civilis, Lispiae, 1781
WIELING, HANS JOSEF – Sachenrecht, fünfte Auflage, Berlin, Heidelberg, 2007
— Sachenrecht: Band 1: Sachen, Besitz und Rechte an beweglichen Sachen, 2. Auflage, Berlin, Heidelberg, 2006
— Die historischen Voraussetzungen des modernen Besitzschutzes, in Hundert Jahre Japanisches Zivilgesetzbuch, Herausgeben von Rolf Knütel und Shigeo Nishimura, Köln, Berlin, München, 2003
— Voraussetzungen, Übertragung und Schutz des mittelbaren Besitzes", 1984, 184, pág. 439
WILHELM, JAN – Sachenrecht, 5. Auflage, Berlin, Boston, 2016
WINDSCHEID, BERNHARD – Lehrbuch des Pandektenrechts , 6. Auflage, Frankfurt, 1887
WISSENBACHII, JOHANNIS JACOBI (JOHANNES JACOBUS WISSENBACH) – Disputationes Ad Instituta Imperialia, Franekerae, 1700
— Exercitationum Ad Quinquaginta Libros Pandectarum Partes Duae: Quae In Praecipuis, Cognituque Maxime Necessariis Difficultatibus & Controversiis Commentarii Vice Funguntur, Editio Tertia, Franekerae Frisiorum, 1661
— Disputationes Juris Civilis, Franekerae, 1648
WITTE, HERMANN – Das Interdictum Uti Possidetis Als Grundlage Des Heutige Possessorium Ordinarium, Leipzig, 1863

Wodon, M. Léon – Traitè Théorique Et Pratique De La Possession Et Des Actions Possessoires, Tome Premiere, Bruxelles, 1866

Wolf, Ernst – Lerhbuch des Sachenrechts, 2. Auflage, Köln, 1971

Wolf, Manfred/Wellenhofer, Marina – Sachenrecht, 32. Auflage, München, 2017

Zachariä, Theodor Maximilian – "Neue Revision der Theorie des Römischen Rechts vom Besitze: mit besonderer Rücksicht auf Savigny", Civilistische Abhandlungen, Vol. 1, 1824

Zachariä von Lingenthal, Karl Salomo, Handbuch des französischen Civilrechts, 8. Auflage, Band 1, Freiburg, 1894

Zanobini – Studi in memoria di F. Ferrara, 1943, II

Zeiller, Franz von – Commentar über das allgemeine bürgerliche Gesetzbuch für die gesammten Deutschen Erbländer der Oesterreichischen Monarchie, Zweiter Band, Erste Abtheilung, Wien und Triest, 1812

Ziegenhorn, Christoph Georg von – Iuris Civilis Romani De Possessione Et Iuribus Ex Ea Enatis Sive Concessis Doctrina In Ordinem Redacta, Ienae, 1734

Zielonacki, von – Der Besitz nach dem Römischen Rechte, Berlin, 1854

Zoesius, Henricus Jacobus (Henrici Jacobi Zoesii) – Commentarius Ad Institutionum Juris Civilis Librus IV, Lugduni, 1738

ÍNDICE

INTRODUÇÃO   7

PARTE PRIMEIRA
EVOLUÇÃO HISTÓRICO-DOGMÁTICA

CAPÍTULO PRIMEIRO. A POSSE NO DIREITO ROMANO   15
1. A etimologia da posse   15
2. A terminologia possessória usada entre os romanos. Confronto com a terminologia actual   16
3. A origem da posse no período arcaico do Direito romano   17
4. A *possessio civilis* e a *possessio naturalis*. A *possessio ad interdictum*   20
5. Outras classificações relevantes   30
6. O objecto da *possessio*   40
7. *Possessio* e *quasi possessio* ou *possessio iuris*   48
8. Os direitos que admitem posse   51
9. Casos em que não há posse   70
10. Os elementos da posse no Direito romano   74
11. A tutela possessória. Os *interdicta*   89
12. Aquisição da posse   122
13. Conservação e perda da posse   162
14. *Possessio plurium in solidum*   189
15. *Compossessio*   193
16. A posse é um facto ou um direito?   195

CAPÍTULO II. A POSSE NA IDADE MÉDIA E NA IDADE MODERNA   203
17. A posse na glosa   203

18. O Direito Canónico … 215
19. Os pós-glosadores. Os ultramontanos e a escola dos comentadores (conciliadores) … 235
20. O Direito germânico da Idade Média. A *Gewere* … 247
21. O Direito francês da Idade Média. A *saisine* … 265
22. A posse no humanismo francês do século XVI (*mos gallicus*) … 278
23. A posse na Alemanha dos séculos XVI, XVII e XVIII … 286
24. A posse na escola humanista holandesa dos séculos XVII e XVIII … 305
25. Outros autores relevantes do mesmo período (século XVII e XVIII). A doutrina italiana e espanhola … 310

CAPÍTULO III. DOS PRIMÓRDIOS DA CODIFICAÇÃO CIVIL NA IDADE CONTEMPORÂNEA AO PRIMEIRO CÓDIGO CIVIL PORTUGUÊS … 317
26. O ALR prussiano e o ABGB austríaco … 317
27. A doutrina possessória de Savigny … 319
28. O pensamento possessório alemão na pandectística do século XIX e para além dela … 327
29. Carl Georg Bruns. O pensamento de um historiador da posse … 343
30. Jhering. A crítica ao pensamento possessório de Savigny e o combate pela teoria objectivista … 347
31. A posse nos projectos do BGB alemão e na doutrina alemã contemporânea deles … 357
32. A posse na doutrina francesa imediatamente anterior ao *Code Civil*, o regime possessório acolhido neste e a dogmática oitocentista … 370
33. O *codice civile* italiano de 1865 … 384
34. O Direito português da posse. Das Ordenações do Reino ao Código Civil de Seabra … 385
35. O Direito português da posse. A dogmática portuguesa do código civil de Seabra ao código civil de 1966 … 403

PARTE SEGUNDA
O DIREITO POSITIVO PORTUGUÊS DA POSSE

CAPÍTULO I. OS ELEMENTOS DA POSSE … 431
36. Considerações gerais … 431
37. Subjectivismo possessório. O problema do *animus* … 434
38. O controlo material de uma coisa (*corpus* possessório) … 462
39. A exteriorização de um direito … 482

40. Exteriorização de um direito e *animus* possessório ... 488
41. A mera detenção ... 489

CAPÍTULO II.   O OBJECTO DA POSSE ... 495
42. Considerações preliminares ... 495
43. As coisas corpóreas ... 498
44. Partes de coisas (corpóreas) ... 501
45. O espaço aéreo e o espaço subterrâneo ... 506
46. As águas ... 510
47. Coisas indivisas. O objecto da situação de composse ... 511
48. A posse de conjuntos de coisas corpóreas ... 513
49. O estabelecimento comercial. Refutação ... 515
50. As coisas incorpóreas ... 544
51. Os direitos ... 552
52. As participações sociais ... 560
53. A herança ... 564
54. Os animais ... 565
55. Situações familiares. A posse de estado e o poder paternal ... 565
56. Objecto da posse e exteriorização de um direito ... 566

CAPÍTULO III.   A EXTENSÃO DA POSSE ... 571
57. Considerações gerais ... 571
58. Os direitos reais de gozo. A propriedade ... 575
59. Os direitos reais de gozo menores ... 577
60. O direito real de habitação periódica ... 588
61. A posse nos termos de direito real de garantia. Generalidades ... 592
62. A posse nos termos de direito real de garantia. O penhor de coisa ... 593
63. A posse nos termos de direito real de garantia. O direito de retenção ... 599
64. A posse nos termos de direito real de garantia. A consignação de rendimentos ... 601
65. A posse nos termos de direito real de aquisição ... 603
66. A posse nos termos dos direitos pessoais de gozo. Generalidades ... 604
67. A posse nos termos dos direitos pessoais de gozo. A posse do locatário ... 611
68. A posse nos termos de direitos pessoais de gozo. A posição do lojista de centro comercial ... 618
69. A posse nos termos dos direitos pessoais de gozo. A posse do comodatário ... 622
70. Direitos pessoais de gozo atípicos ... 623
71. A posse do depositário ... 625
72. Prestadores de serviços. Em especial o mandatário sem poderes de representação e o empreiteiro ... 626

73. A posse do parceiro pensador ... 629
74. A posição do promitente-comprador em contrato-promessa de compra e venda com tradição da coisa ... 630
75. A posição do promitente-adquirente em contrato-promessa com tradição da coisa ... 649
76. A posição do comprador em contrato de compra e venda com reserva de propriedade e entrega da coisa ... 651
77. O regime jurídico da posse fora dos direitos reais de gozo ... 653
78. Considerações conclusivas sobre a extensão da posse ... 655

PARTE TERCEIRA
A POSSE NO SISTEMA JURÍDICO

CAPÍTULO PRIMEIRO — A POSSE COMO PARTE DO SISTEMA DE DIREITOS REAIS ... 661

79. As funções da posse. O fundamento da protecção possessória ... 661
80. Posse: facto ou direito? ... 668
81. O conteúdo do direito posse ... 673
82. *Ius possessonis* e *ius possidendi*. A inutilidade da distinção ... 676
83. A natureza da posse ... 676
84. O lugar da posse no sistema jurídico ... 689

CONCLUSÕES ... 693

BIBLIOGRAFIA ... 697